第三届石油石化安全与应急技术交流会论文集

中国应急管理学会
中国应急管理学会石油石化安全与应急工作委员会　组织编写
公共安全科学技术学会石油与化工安全专业工作委员会

中国石化出版社

图书在版编目(CIP)数据

第三届石油石化安全与应急技术交流会论文集／中国应急管理学会，中国应急管理学会石油石化安全与应急工作委员会，公共安全科学技术学会石油与化工安全专业工作委员会组织编写．—北京：中国石化出版社，2023.11
ISBN 978-7-5114-7307-3

Ⅰ．①第… Ⅱ．①中… ②中… ③公… Ⅲ．①石油化工企业-安全生产-中国-文集 ②石油化工企业-安全管理-中国-文集 Ⅳ．①F426.22-53 ②TE687-53

中国国家版本馆 CIP 数据核字(2023)第 193465 号

中国石化出版社出版发行
地址:北京市东城区安定门外大街 58 号
邮编:100011 电话:(010)57512500
发行部电话:(010)57512575
http://www.sinopec-press.com
E-mail:press@sinopec.com
北京科信印刷有限公司印刷
全国各地新华书店经销
*
787 毫米×1092 毫米 16 开本 44 印张 1116 千字
2023 年 11 月第 1 版　2023 年 11 月第 1 次印刷
定价:398.00 元

编　委　会

前　　言

应急管理体系和能力现代化是我国国家治理体系和能力现代化的重要组成部分，是防范化解各类风险挑战、统筹好发展和安全以及“两个大局”的重要保障。党的二十大报告提出：“坚持安全第一、预防为主，建立大安全大应急框架，完善公共安全体系，推动公共安全治理模式向事前预防转型。推进安全生产风险专项整治，加强重点行业、重点领域安全监管。”这一论述深刻体现了党中央对安全生产与应急管理工作的高度重视，是做好安全生产与应急管理工作的根本遵循和行动指南。

石油石化行业高质量、可持续安全发展对于保障国家能源安全、保障人民群众幸福生活意义重大，影响深远。为进一步提高石油石化企业安全管理和综合应急救援能力，推动新形势下安全应急理念思路、体制机制、方法手段创新，探索应急救援体系建设新模式，促进行业高质量发展，中国应急管理学会石油石化安全与应急工作委员会、公共安全科学技术学会石油与化工安全专业工作委员会联合中国石油、中国石化、中国海油、国家管网、国家能源等企业的相关部门及应急管理部四川消防研究所、中国石油大学(北京)、中国石油大学(华东)、西南石油大学、重庆科技学院共同举办第三届石油石化安全与应急技术交流会议。会议以“科技创新赋能石油石化安全发展”为主题，交流分享石油石化企业安全与应急创新成果和经验做法，探索应急救援体系建设新模式，促进提升企业安全应急管理水平。

本次论文征集得到行业内各企事业单位的积极响应和精心组织，经专家组评审，共有118篇优秀论文收录在会议论文集。这些研究成果及案例内容丰富、题材新颖，充分发挥了创新技术在防范化解各类重大风险挑战中的重要作用，对促进石油石化行业高质量发展具有良好的理论和实践指导意义，并为加快推进应急管理体系和能力现代化建设、保障国家能源安全贡献智慧和力量。

在此对各主办单位、协办单位及承办单位的大力支持表示感谢！

限于时间和水平，本书编审中的不妥之处，敬请读者批评指正。

目　录

大型油气管网公司生产运行突发事件应急体系建设

余春浩　周　伟　余春雨　唐振维　戴兴正　徐阔洋　宋　航

（中油国际管道有限公司）

摘　要：近年来，随着国民经济的快速发展，社会对油气能源的需要也愈发旺盛，由此导致的油气管道方面的安全事故也频发。本文针对大型油气管道公司应急体系的建立和运行、组织机构的建立及职责分配、应急响应的流程、应急预案的管理以及其他保障等内容，详细地阐述了油气管道企业面对生产运行突发事件的应急管理体系的总体框架各要素，以期能更好地为企业提高应急管理和应急抢险救援能力提供参考。

关键词：油气管道；应急；突发；处置；保障

1　引言

大型油气管网系统属于重要的基础设施，其安全和稳定运行关系到国计民生和社会经济发展。但是，由于管网规模巨大，埋设环境复杂，设备运行条件艰苦等因素，生产运行过程中会面临各种突发事件的威胁，如地质灾害、第三方破坏、设备失效事故等，这些突发事件会给管网系统带来损坏和经济损失，严重时可能造成较大规模的用户供应中断，而油气管道一旦发生泄漏，将会带来不可挽回的巨大损失。发生在 2013 年 11 月 22 日的青岛东黄输油管道泄漏爆炸特别重大事故，导致 62 人死亡，胶州湾海面约 3000m^2 被污染，同时也造成城市的供水、供气、供电设施及周边建筑物受到不同程度损坏，其产生的恶劣影响引起国内外对油气管道运行安全的高度关注。实施生产运行突发事件应急体系建设，对于提高管网系统的抗风险能力和应急响应能力，是管网公司要解决的重点问题之一。

近年来，在不断应对日益增加的突发事件，我国的生产运行突发事件应急体系也在不断丰富和完善。需要系统策划和设计生产运行突发事件的应急体系，它涉及组织体系设计、应急资源配置、监测预警系统建设、应急预案制定、演练评估机制完善等方面，为的是最大限度地减少突发事件对企业的生产运行的影响和损失。本论文拟对大型油气管道公司生产运行突发事件应急管理体系的总体框架与各要素进行详细设计和论证。首先，以管网系统的安全生产要求和突发事件类型为基础，提出应急体系的总体架构；然后，围绕准备、响应、恢复三个管理阶段，分别对组织体系、应急资源、预案、演练等要素进行具体设计；最后，通过实例验证和理论论证，评价总体设计方案的科学性、可操作性与应用前景等。本论文的研究成果可为管网企业生产运行突发事件应急体系建设提供理论参考和实施指导。

2　生产运行突发事件类型与危害分析

一般大型的长距离油气输送管道是一个由多种设备设施如管道、阀门、输油泵、压缩机、储罐等组成的复杂综合系统。同时其输送的介质也是具有易燃易爆、有毒等特性，一旦管道的某一位置出现泄漏，就极易可能引发一场较大的安全事故，给人民群众的生产生活以及环境造成巨大损失。以某油气管道企业为例，其下具有输气管道 5 条、输油管道 3 条、30×10^4t 原油码头一座以及 12 个 10×10^4m^3 储罐形成的油库一座，常年不断运行，从实际出发全面分析危险性因素，在天然气管道、原油管道、原油码头、油库等生产运行过程面临的风险主要包括：

（1）站场、阀室内设备设施故障或操作失误等原因，造成原油或天然气泄漏，油气遇静电火花、明火、雷击火花或其他点火源时，可能引起火灾或爆炸等造成人员伤亡和财产损失。

（2）输油管道在输送具有高黏、高黏凝易黏品质的原油过程中可能发生初凝现象，初凝现象演变为凝管事故时，会给输油生产造成严重影响。

（3）输油管道因设备设施故障或误操作造成水击，有可能导致管线破裂和设备损坏，会对阀室、监测设备等埋地设施造成破坏，严重影响管线运行。

（4）油气长输管道因第三方破坏、腐蚀、材质、施工缺陷、自然灾害等因素可能引起泄漏或断裂，造成油气与空气混合从而达到爆炸极限遇明火而发生火灾和爆炸导致人员的伤亡和财产损失。

（5）在受限空间作业、开挖、吊装、焊接、维修等作业过程中，可能引发人员伤亡、财产损失、油气火灾、爆炸等事故。

（6）输油管道泄漏后，油品进入水源保护区、自然保护区等环境敏感区域，以及重要河流、水体等可能引发环境污染事件。

（7）油气管道非计划性停输，造成油气能源通道供应出现断供，可能影响下游用户用气，影响集中供暖、居民生活用气。

3　一般油气长输管道体制机制建设

根据在石油石化企业领域里的调研了解到，当前大部分油气管道企业并未设置负责应急管理职责的专门部门，而大部分做法是将该职责放在安全管理部门，成立如图 1 所示的应急组织机构，且未有专职人员来负责应急管理工作。但《中华人民共和国安全生产法》中明确规定从事危化品运输的企业应由专职机构及专职人员负责应急管理工作，这明显与国家相关法律相违背。此外，虽然大部分企业成立了应急管理领导小组或应急指挥部，但缺少中枢协调机构，加之缺乏日常的机制磨合，应急管理职责往往得不到有效落实。一旦发生生产安全事故时，难免会出现职责不清以及各部门各自为政的现象。这些管理上的混乱在国内许多事故频发的煤炭企业体现得非常明显。

为确保急管理工作的顺畅性和应急救援的高效协同性，需要建立一个健全完善科学的机制体制来保障。经过广泛的调研了解，发现国内外相关比较成熟应急指挥体系有国内的如《国家安全生产事故灾难应急预案》以及各省市建立的省级突发公共事件总体应急预案，国外则有诸如美国的具有指挥、控制和协调应变功能于一体的事故指挥体系（Incident Command System，ICS）可处理各类型紧急事故等，总结起来它们具有的共同特点就是分级指挥体系，设置不同级别的专业组织包括应急领导小组、应急专项工作组、事发单位应急领导小组、现场工作组、应急工作组和应急专家组，并明确各个小组的职责和工作范围，确保应急工作的各个环节都有人落实。

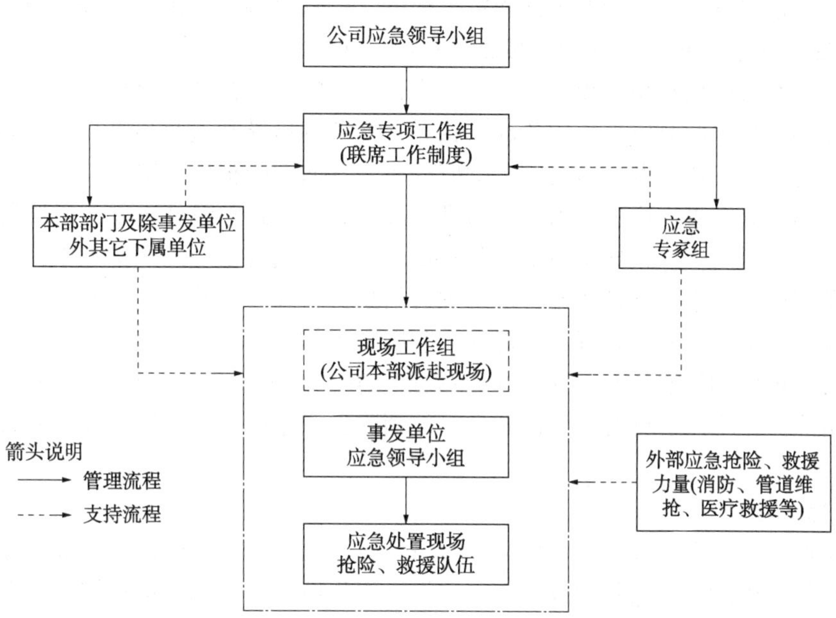

图1　应急组织体系示意图

3.1　应急领导小组及职责

应急领导小组主要负责突发事件的应急决策和组织指挥，负责突发事件的应急组织领导和决策指挥工作，组织或授权突发事件应急专项工作组开展Ⅱ级突发事件的应对工作具体包括应急决策、指挥处置、派出现场工作组、协调应急资源等。

3.2　应急专项工作组及职责

应急专项工作组负责收集事故事件相关信息，提供应急决策建议，在应急领导小组指挥下，组织Ⅱ级生产运行突发事件应急响应处置与救援工作，做好相关的协调预防与应急准备、事故的预测与预警、应急处置与救援、恢复与重建、事后的评估与总结、全流程的信息发布与舆情应对等工作，同时对Ⅲ级突发事件进行预警。

3.3　事发单位应急领导小组

该小组是事发单位组织协调生产运行突发事件应急处置的责任单位和处置对突发事件的责任主体，负责本单位应急工作的督促落实和应急指令的组织实施，对其辖区范围内的突发事件应对拥有直接指挥权、处置权。

3.4　现场工作组

现场工作组一般由应急领导小组指派赴事故现场具体处理突发事件，一般由经验丰富且熟悉现场的企业相关部门人员及专家组成。

3.5　应急专家组

建立生产运行突发事件应急处置专家库，选派相关专业背景和应急管理经验丰富的专家，能够根据当前事件类型和事态发展，客观科学评估事态，提出合理的处置方案并提供现场技术指导，为现场处置提供有效的技术支持。

4　一般油气长输管道的应急预警及信息报告

4.1　应急预警

为了顺利进入紧急情况的准备状态，预警条件、预警级别的设定以及预警行动的启动都起着重要作用。根据管道事件的严重性和紧急程度，将管道事件的预警划分为四个级别，分别是红色(Ⅰ级)、橙色(Ⅱ级)、黄色(Ⅲ级)和蓝色(Ⅳ级)。一旦预警发出，相关部门和单位必须做好应急准备或启动相应级别的应急响应，对应的预警行动主要包括：

(1) 应急领导小组此时应进入应急准备状态，并负责指导和追踪预警行动。必要时召开会议，研究应急准备工作，做好启动应急响应准备，并向上级报告情况；

(2) 生产运行突发事件应急专项工作组进入准备状态，跟踪事件进展，指导信息报告和指令传达工作，及时向应急领导小组汇报各种情况，并落实各项应急准备工作；

(3) 相关所属单位进入准备状态，传达预警信息，召开会议研究应急准备，向上级报告情况，采取控制措施，协调应急资源，确保应急准备工作的顺利进行；

(4) 若发生黄色(Ⅲ级)事件，事发单位按照程序启动应急响应，并向上级报告情况。

预警的解除需在生产运行突发事件的危险被消除且经过评估确认后，方可发布解除预警的指令。

4.2 信息报告

在发生生产运行突发事件或满足启动预警条件时，相关部门、机构和所属单位应立即按照应急信息报告流程组织初报和续报工作，向上级报告情况。为确保信息报告和指令传达的顺畅，应急处置现场应指定专人与调控中心保持联系。事发单位应利用应急指挥系统、车载应急通信系统、工业视频监控系统等手段，与调控中心进行互联互通，提高现场音视频和数据信息的报送能力。值班部门在接到突发事件信息报告后，应向领导和上级单位呈报相关情况，传达应急指令，并做好相应的记录。

5 一般长输管道的应急响应

5.1 启动条件

当出现突发情况时，应在第一时间按照相关的应急预案启动机制将相关的事件层层报送至应急领导小组。符合下列条件之一时，可由应急领导小组研究并决定是否启动应急响应程序：

(1) 发生Ⅱ级及以上突发事件，造成严重影响，或对人员生命安全、生产经营活动造成严重后果，需要统一协调应对。

(2) 发生Ⅲ级突发事件，需要提供应急支持或协调协助的。

一旦应急响应程序启动，企业内的各级相关机构须按照相关的预案启动相应的应急措施。根据处置程序，一般会根据突发事件总体应急预案，启动相应的应急响应程序包括应急机构的启动程序、应急领导小组的操作程序、首次应急会议的程序、现场工作组的程序和后勤保障的程序等。在发布启动令之前，事发单位应采取必要的措施，以避免事态扩大和影响加重。一旦发布启动令，突发事件相关专业工作组及有关单位的成员必须立即进入应急状态，图2便为某管道运输企业的应急反应程序图。

5.2 应急处置

针对Ⅱ级或以上级别的生产运行突发事件，应急专项工作组按照应急领导小组的指令，采取以下处置措施：

(1) 协调管道水力系统上下游单位、货主等相关各方，应急调整管输气运行计划并制定运行调整方案，经应急指挥中心确认后执行；

(2) 实施应急状态下的运行调整和抢修资源协调；

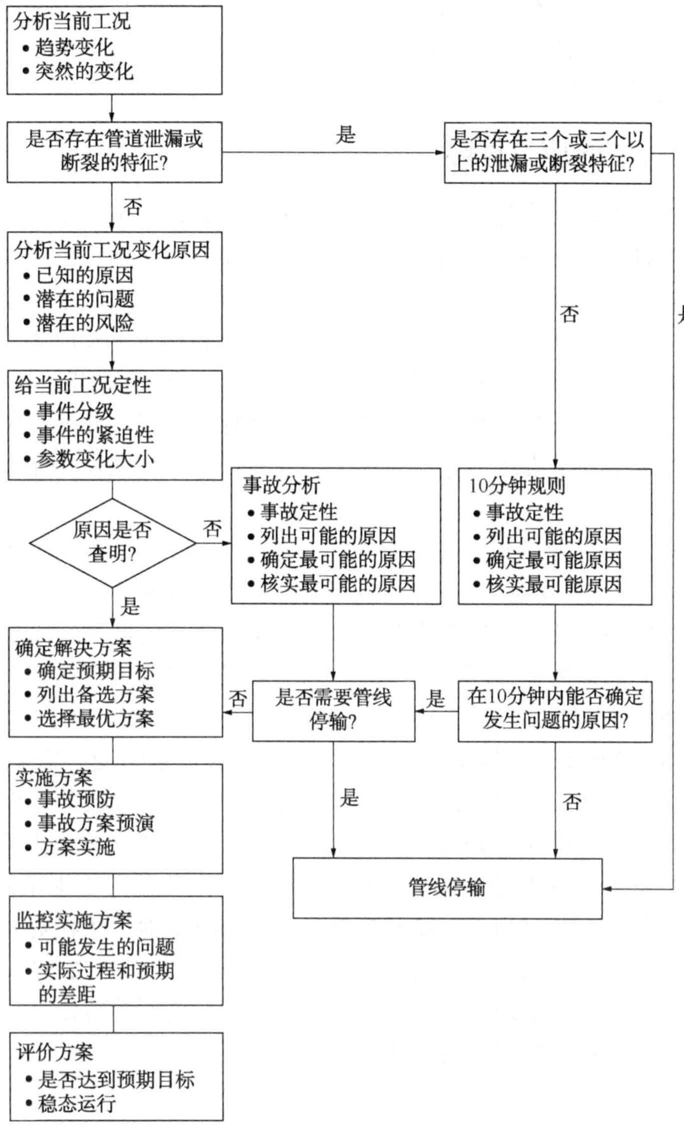

图2　应急反应程序

（3）开展对应急抢修抢险实施方案的审核并发布，经应急领导小组批准后组织实施；

（4）联络适宜的生产运行应急抢修抢险专家，参与决策和实施；

（5）跟踪现场方案执行进展，必要时派员指导抢修抢险工作；

（6）加强现场数据和管道运行情况调度监控；

（7）对应急领导小组指令和决定进行传达并执行；

（8）初审公告信息，报应急领导小组审核；

（9）对整个应急的工作动态及信息及时进行收集并向应急领导小组汇报；

（10）向上级单位报告事件相关信息，落实上级单位指示及相关政府部门要求；

事发单位根据公司应急决策、指令，开展现场应急处置，要做到迅速反应、科学处置，努力控制、减轻或消除突发事件造成的影响和后果，防止危害扩大或衍生、次生事件的发生。

应急状态的解除应在生产运行突发事件应急处置工作结束或相关危险因素排除后，由事发单位应急领导小组确认应急状态可以解除时，向应急领导小组提出申请，由应急领导小组组长或授权副组长决定。

6 一般长输管道的应急保障

通过对历次处置突发应急事件的经验教训总结来说，物资人员装备的充足准备与训练是能够成功处置突发事件的必要条件。因此，良好的应急保障应包括一支高素质、训练有素的应急专业队伍、物资装备、通信与信息保障以及其他保障包括但不限于：跟踪国内外有关突发事件应急处置与应急救援新技术、新工艺、新材料或新装备研发及应用情况，组织开展应急监测、预警、处置等新技术、新方法研究与应用，结合应急工作实际和特点，做好推广应用以提升应急救援工作的科技化、智能化水平，因地制宜考虑建立并共享区域应急资源包括医疗救护、治安、交通等充分发挥地企应对重大突发事件的联防联控功能。

6.1 应急队伍

各企业应结合自身的行业特点建立自己的应急救援队伍，加强管道抢维修、油气站场（含油库）、码头、办公生活驻地等着火爆炸、医疗救护等专兼职应急抢险救援队伍力量，做好专业及义务应急队伍的业务培训和应急演练，强化员工应急能力。大型油气管道一般具有距离长跨省域、跨不同地质地理环境等特点，因此其风险等级也存在较大不同。按照国际通行做法以及相应的行业标准如SY/T 6621—2016《输气管道系统完整性管理规范》和SY/T 6648—2016《输油管道完整性管理规范》等并结合企业自身运营情况，需要开展包括数据收集、高后果区识别、风险评价、完整性评价、维修与维护和效能评价等工作来确定管道不同区段的风险等级来部署相应的应急处置力量。例如以下是某输油管道企业的应急布置力量情况：①在Ⅱ级及以上发生突发事件的周边1000km范围内，布置安排维抢修机构24h值班、维抢修机具处于备用状态、备好物资，随时等待命令；同时本地区依托资源也需要同时做好准备工作随时准备赶往事故现场。②对可能发生Ⅲ级突发事件点周边350km范围内，安排维抢修人员24h值班、设备热备用和物资集装；本地区依托资源等待命令；邻近维抢修机构应做好人员、设备的后续保障随时准备赶往事故现场。

6.2 物资和装备

企业里涉及应急物资管理的相关部门应依据突发事件应急处置的需求，建立企业集中储备、区域储备和基层单位储备结合的3级储备模式，并注重配套性和实用性。实行定额储备、专业管理、保障急需、定期更新、专物专用的应急物资装备管理原则，储备方式可以采取实物储备、市场储备或生产能力储备等方式。

各属地单位应根据本地区、本单位的风险情况，储备必要的应急物资，主要包括但不限于：

（1）可能发生的事故灾害所需的应急装备及物资。

（2）所在区域可能发生的自然灾害所需的应急装备及物资。

（3）急救药品和器械，传染病和流行病的预防和治疗药品。

（4）人员疏散和撤离的交通工具、地图等。

6.3 通信与信息保障

在处理应急事件中各种案例都表明一个稳定、安全、可靠的通信网络对取得应急处置的成功有着关键性的作用，例如发生在2008年5月12日的汶川特大地震造成重大人员伤亡，同时也使震区彻底与外界失去了联络，在抢险赈灾中首要的就是建立震区与外界的通信联络，才有了后来 15 个空降兵“冒死”盲降汶川的感人故事发生，由此可见在发生这种突发事件时通信保障的重要性。通过建立健全公用网络和专用网络相结合应急通信系统，可有效的保障文本、语音、图像和视频等信息即时传输，确保应急指挥人员及时与现场保持联络畅通，确保指挥人员能够根据现场及时做出准确的判断。

7 海外跨国长输管道的安全应急管理

以上针对的是国内常规管道而言，但随着中国对石油天然气的需求不断上涨，为保障国家对能源的需求，也已建设了不少跨国长管道，如中缅、中亚油气管道等。针对跨国长输管道而言，由于涉及多国的问题，对于突发事件的应急响应和处置必然会面临国内管道不曾有过的问题，如政治、外交、语言等诸多问题，这些客观问题的存在会给应急处置和响应带来时间上的迟滞和效率上的降低，而面对突发事件的处置最重要的就是时间。另外，客观来说涉及跨国管道的所在国普遍经济发展较差，导致社会依托差，难以为应急资源的提供足够的保障。因此，在面对海外跨国长输管道的应急管理建设时应有别于国内管道的应急体系建设，需深刻与所在国特点结合，积极联合项目所在国的应急管理组织建立针对突发事件应急响应的双边跨国协调机制以及联合安委会机制等多边联防联治机制。与此同时，海外企业要做强、做好自身的应急体系建设如应急队伍的建设就需比国内的队伍无论从质量还是数量上都要高标准，应急物资的保障也需要相应的储备更充分等。最后，由于国外的舆论环境不同于国内，需充分利用当地媒体联合所在国政府及时权威地发布各项进展信息，避免被不良媒体报道从而引发世界舆论而对中国企业的走出去带来负面的影响。

8 结语

当前随着我国经济的快速发展，对石油、天然气需求越来越旺盛，尤其是在国家提出“双碳”政策以来，对天然气的需求与日俱增，据国际能源署(IEA)预测，2023 年中国的天然气消费量将增长 6%以上，这就对国内以及已然建成的三大跨国战略能源通道的管道运行提出了严苛的管理要求，而保障这些管道的运行安全具有十分重要的意义。近年来，由于受到腐蚀穿孔、违章占压、自然灾害以及操作维护不当等因素的影响，我国油气管道呈现出突发事件多发、频发现象。油气管道发生突发事件发生，应急管理工作的及时高效地对于减少人员伤亡和财产损失、减轻环境污染具有良好的促进作用，尤其是部分管道为跨国管道其产生的后果更是难以估量，因此需不断提高油气管道企业应对突发事件的应急管理能力以及水平，“做到平时多流汗流血，战时少流血流汗”。通过应急体系的建立和运行，可以最大限度减少突发事件对人员、设备、环境和社会等造成的危害和损失。应急体系的实施可以增强企业对突发事件的防范和响应能力，避免或减少事故的发生，以确保生产装置和系统的安全稳定运行。

参 考 文 献

[1] 薛鲁宁，宋文博，郑洪龙等．油气管网系统安全指标体系的构建[J]．油气储运，2017，36(08)：897-902.

[2] 魏沁汝，姚安林．输油管道泄漏事故多米诺效应分析[J]．中国安全科学学报，2014，10(11)169-172.

[3] 胡苏．基于油气管网及城市规划相互作用机制的城市安全脆弱性研究[D]．中国石油大学(华

东），2016.
［4］张宏．解读黄岛事故调查报告，落实管道完整性管理［J］．油气储运，2014，33（11）：1171-1173.
［5］国静．油气管道企业长输油气管道突发事件应急管理能力评价［D］．成都：西南石油大学，2015：39-40.
［6］严大凡，翁永基，董绍华．油气长输管道风险评价与完整性管理［M］．北京：化学工业出版社，2005：1-11.
［7］王林．提升突发公共事件治理体系和治理能力现代化水平研究［J］．武汉公安干部学院学报，2020，34（2）：1-4.
［8］胡盛强，周慧媚，赵宸，等．基于批发价及期权契约的应急物资采储优化［J］．物流技术，2022，41（1）：1-5.
［9］钟爽，张书维．多重灾害风险情境对我国应急体系的挑战及对策分析［J］．人民论坛·学术前沿，2020（14）：80-84.
［10］付立武．油气长输管道维抢修预警分级响应体系［J］．油气储运，2012，31（5）：390-393.
［11］王永东，孙敏．海外跨国长输管道社会安全应急管理探索与成效［J］．中国安全科学学报，2019，12（15）：119-121.
［12］武强，涂坤，曾一凡．"双碳"目标愿景下我国能源战略形势若干问题思考［J］．科学通报，2023，68（15）：1884-1898.
［13］天然气市场报告［R］. IEA，2023.
［14］庞名立．我国油气进口管线中国天然气工业网．http：//www. cngascn. com/html/news/show_wl_1_21542. html. 2012-10-23.
［15］刘杨．油气管道事的多米诺效应研究［D］．哈尔滨：哈尔滨理工大学，2012.

【作者简介】余春浩，男，硕士毕业于中国石油大学（北京），中油国际管道有限公司生产运销部，工程师。目前主要从事长距离输油气管道的生产运行管理工作，电话：18811391303。邮编：102206，地址：北京市昌平区沙河镇西沙屯桥西科技园 A12 地块 B2 座。

国家安全生产危险化学品应急救援队伍战训工作研究与探索

马向波　朱福敏　王庆银　刘红飞

（中国石化中原油田分公司应急救援中心）

摘　要：国家安全生产应急救援队伍是由应急管理部牵头规划，在重点行业领域依托国有企业和有关单位建立的专业应急救援队伍，是国家常备应急骨干力量，是重点行业领域事故灾害救援不可或缺的中坚力量。为更好地担负起国家危险化学品应急救援队伍的使命和责任，保持和提高国家安全生产危险化学品应急救援队伍的专业救援能力，本文结合国家危险化学品应急救援中原油田队实际，就如何通过抓好战训工作，提高队伍战斗力开展了研究与探讨，为国家安全生产危险化学品应急救援队伍抓好战训工作提供参考。

关键词：救援队伍；战训工作；战斗力

1　队伍现状

国家危险化学品应急救援中原油田队（以下简称："中原油田队"）依托中国石化中原油田分公司建设，始建于1978年8月，现有1600余人，设有7个职能科室，5个直属科级单位，12个应急救援大队，28个国内外技术服务项目，执勤力量分布于全国12省（直辖市、自治区）20余个市（县区）。建队以来，参与危化品事故、交通事故、地震灾害、水旱灾害、民房火灾、山林火灾等各类事故灾害应急救援15000起，抢救遇险遇难人员5000余人，在卫-146井、濮3-347井、清溪1井井喷抢险，上海"6·18"石油化工火灾、达州好一新商场火灾等火灾处置，四川汶川"5·12"地震、云南彝良"9·7"地震和四川雅安"4·20"地震抢险救灾，河南"7·20"暴雨洪灾、河北涿州洪灾等抗洪抢险任务中屡立战功。近年来，中原油田队忠诚践行习近平总书记"对党忠诚、纪律严明、赴汤蹈火、竭诚为民"训词精神，坚持"生命至上、人民至上"，认真贯彻落实国家应急管理部工作部署，坚持"四化建队"（军事化铸魂、正规化塑形、精细化提质、专业化赋能）方针，以"四特精神"（特别讲政治、特别能吃苦、特别能战斗、特别能奉献）为文化引领，培养了一支英勇善战、一专多能的综合性应急救援队伍，各项工作呈现出持续向好、蓬勃向上的发展态势。

2　队伍面临的问题

2.1　指挥员队伍的组织指挥能力亟待提高

近年来，随着20世纪60年代老一辈实战经验丰富的指挥员逐步退出工作岗位，新一代年轻的指挥员占比越来越多，指挥员队伍的整体指挥决策能力有所欠缺，主要表现在以下几个方面：一是部分年轻指挥员业务理论水平仅停留在书本上，与实际联系不够紧密，没有得到实践检验；二是参与大型和典型事故的处置较少，年轻指挥员实战经验不足，组织指挥能力和对事故的预判能力较弱；三是对各类事故处置的作战原则、基本程序、技战术方法、作战方案确定、力量部署等内容不够娴熟。在遇到有大型或特殊火灾事故时，指挥员的指挥决策能力将体现得尤为明显。

2.2　队员整体业务素质有待加强

随着队伍外部市场的逐步拓展，队伍人员数量在不断增加，但整体业务素质与实战仍有差距，队员在业务理论水平、体技能素质和装备器材操作维保能力等方面有待提高。主要原因有以下几个方面：一是部分从油田内部单位借聘人员呈老龄化趋势，对中心的业务训练和军事化管理模式带来了诸多不确定性，自身业务能力与应急救援工作还有差距；二是从劳务公司招聘的外包人员虽然比较年轻，但对单位的归属感、责任感存在极大的不确定性，人才流失率较大；三是随着外包员工的增多，队伍内部员工日常疲于带新，对钻研业务和细扣训练有所淡化，业务能力提升出现原地踏步；四是员工队伍中由于身体患病等原因，不能适应业务训练的人员逐渐增多。

2.3　业务学习和训练效果不佳

随着外部市场的逐步拓展，受用工机制和人员进出机制影响，中原本埠各执勤队伍人员配备紧张且力量分散，形成聚合式战斗力难度增大，人员数量相对较少且各项日常工作较多，人员训全、时间训够、效果训高的要求，落实标准有所下降，练兵氛围难以形成你追我赶、积极向上的态势，业务学习和训练效果与期望目标还有不小差距。

2.4　队伍作风纪律有待提高

近年来，随着信息化的蓬勃发展和社会体系的高速蜕变，企业人员结构不断多元，应急救援“军事化”管理的难度呈几何式增加，军事化管理水平较以往有所下降，主要体现在日常工作疏忽细节，应急救援战斗行动不够迅捷等方面，队伍坚忍不拔、雷厉风行的作风和严、细、准、快的精神面貌有待提高。

2.5　基础设施建设有待完善

基层队伍大多成立于20世纪80年代，基础设施虽经过了多次整修，但受企业经营形式的影响，缺少对基层队伍基础设施建设资金投入，尤其是在训练场地和训练设施的建设方面，中原本埠部分大队的训练场地和训练设施已不能满足开展业务训练的需求，导致诸多训练科目无法开展，在一定程度上也影响了战训工作的开展和队伍正规化建设。

3　战训工作建议及设想

3.1　完善“三项机制”

3.1.1　建立集中轮训机制

结合队伍当前工作实际，在不影响正常战备执勤工作的情况下，建立全员轮训制度，充分利用实训基地的场地器材和培训资源，每年分批次对队伍所有指挥员和战斗人员开展一次全员轮训，每期集中轮训时间可在15天左右，轮训的主要内容可依据《国家危险化学品应急救援队伍训练大纲及考核要求(试行)》，根据指挥员和队员岗位不同进行制定并考核。

3.1.2　完善考核机制

在冬季执勤岗位练兵和全员岗位练兵考核验收的基础上，针对开展的集中轮训内容，按照岗位不同制定相应的考核验收标准，在每期集中轮训结束时组织参训人员进行考核验收，对于考核不达标人员，继续参加下期轮训，两次轮训考核仍不达标人员，纳入年度绩效考核进行兑现。

3.1.3　实行奖惩机制

在冬季执勤岗位练兵、全员岗位练兵和集中轮训考核验收中对成绩突出、表现优异的队伍和个人进行表彰，对作风松散、训练不力的队伍和个人予以通报并扣除相应的绩效工资，确实做到奖优罚劣，奖勤罚懒，使队员树立练与不练不一样、练多练少不一样、练好练坏不一样的思想，努力营造比、学、赶、帮、超的浓厚训练氛围，提高队伍业务学习训练的积极性和主动性。

3.2　加强“三个环节”

3.2.1　加强教育引导

在干部队伍和队员队伍中开展自上而下的学习教育，进一步强化“防灭火”工作的中心工作地位，使广大指战员充分认识战训业务学习和训练是干好本职工作，提高应急处置能力的基础，树立“不懂业务就是最大隐患”的思想意识，充分认识开展战训工作的重要性。

3.2.2　加强组织领导

从机关和基层两个层面成立岗位练兵工作领导小组，加强岗位练兵活动的组织领导、技术指导、考核验收和过程监督工作，严格落实“三项”工作机制，充分利用全员普训、集中轮训、比武竞赛、绩效考核等方法，全面落实了一级抓一级，层层抓落实的练兵责任，切实把练兵工作当作基础性、常规性、重要性工作常抓不懈，把业务提升作为头等大事抓实抓牢，从而提高指战员业务素质，提升队伍整体作战能力。

3.2.3　加强措施保障

一是落实人员保障，从机关层面减少基层资料报送、公差勤务等方面的工作，减少基层负担；从基层大队层面减少日常事务对人员的占用，使基层大队指战员从日常琐事中解脱出来，把时间和精力用到业务学习和训练中来，保证指战员的训练时间和参训率。二是落实经费保障。建议在资金允许的情况下，对部分基层队伍的训练场地进行修整和完善，并适时更新和配备相应的训练设施和器材，满足基层队伍组织开展业务训练的需求，为基层开展训练提供场地保障。

3.3　强化“三项学习”

3.3.1　强化理论学习

坚持以打牢业务理论知识基础为根本，采取集中授课、自学掌握、理论培训等多种形式，组织指战员开展思想政治、纪律条令、职业道德、业务理论和安全知识等理论教育学习，增强指战员的思想认识、执行能力、职业道德观念、业务理论素质和安全意识，打牢全体人员理论基础，增强队伍凝聚力、向心力和战斗力。

3.3.2　强化指挥员学习

针对指挥员理论基础薄弱和指挥决策能力欠缺的问题，指挥员学习要把精力和时间放在研究事故灾害的特点、战术方法、处置措施、组织指挥和力量协同上，尤其针对高层、地下、石油、化工、公众聚集场所火灾，以及建筑倒塌、有毒气体泄漏等灾害事故的特点规律、处置措施，开展认真学习研究和典型事故案例战术研讨，使指挥员在救援指挥过程中能够严格落实指挥程序，明确指挥职责，规范指挥用语，对接警出动、灾情侦查、作战方案制定、战斗展开、力量部署等环节的指挥进行规范，切实提高指挥员的组织指挥能力和临场应变能力，确保在救援过程中实施科学指挥、高效指挥，真正做到“让每一名消防员安全回家”。

3.3.3　强化辖区“六熟悉”和重点单位工艺流程学习

俗话说“知己知彼、百战不殆”“不打无准备之仗、方能立于不败之地”，组织基层大队进一步加强辖区重点单位“六熟悉”和工艺流程的学习，详细了解辖区重点单位的结构特点、重点部位、道路水源情况及内部消防设施，并了解掌握重点部位及装置的工艺流程、储存介质及其特点，在应急救援工作中才能真正做到底数清、情况明，确保应急救援任务的圆满完成。

3.4　狠抓“四项训练”

3.4.1　狠抓队列训练

以开展队列训练为抓手，进一步加强军事化管理水平。队伍制定队列考核制度，每年组织基层大队开展一次队列会操考核；基层大队制定队列训练计划，值班人员每天坚持队列训练不少于30min，每周进行一次集中队列训练。通过队列训练进一步培养队伍组织纪律观念、集体观念和雷厉风行的工作作风和良好的精神面貌。

3.4.2　狠抓体能训练

体能是完成各项应急救援任务的基础，按照年度业务训练计划、冬季执勤岗位练兵活动和全员执勤岗位练兵活动安排部署，建立完善体能达标标准，坚持严格施训、全员参训、干部带训，从增强指战员身体素质、业务技能水平着手，突出训练经常性，严格遵循科学训练方法，合理制定详细的体能训练计划，确保人人过关、个个达标。

3.4.3　狠抓技战术训练

坚持从实战出发，采取单兵训练、班组训练和合成训练的方法，本着实战需要什么就设置什么科目，有什么装备就设置什么内容的原则，突出技术应用训练，开展技战术协同综合训练，使指战员熟练掌握常用的操作技能，科学合理运用战术方法，掌握各种灾害事故的处置程序和扑救对策，提高指战员的单兵和协同作战能力。

3.4.4　狠抓装备实操训练

为了达到人与装备的最佳结合，充分发挥装备在应急救援过程中的作用，全面开展全员学装、科学用装、规范管装，结合每个基层大队的工作实际和现有的装备器材，科学制定装备器材实操训练计划，让每名队员都能够深入了解装备器材的参数和性能，熟练掌握装备器材的使用方法，应切实做到会操作、会讲解、会保养、会简单维修，提高指战员装备器材应用能力，从而为应急救援实战打下坚实的基础。

3.5　开展“三种演练”

3.5.1　开展随机演练

督导基层各大队每月开展1次随机演练，采取“盲演”的方式，无预案、无脚本、不计划、不通知，随机选定演练地点、设置演练科目，从力量调派、指挥决策、力量部署、战斗分工、战斗展开、通信联络、战术措施、战斗纪律等环节进行评定。检验指挥员快速反应临机处置能力，以及班组号员之间分工、协作能力，从而全面提升队伍实战能力。

3.5.2　开展辖区重点单位联合演练

督导基层各大队每季度开展一次与辖区重点单位的联合演练，指导各大队按照辖区重点单位的灭火预案和实际情况，制定联合演练方案，分期分批与辖区重点单位开展实地联合演练，进一步检验灭火预案的实用性、科学性和有效性，提高大队指战员与辖区重点单位员工之间的联合作战能力。

3.5.3　开展综合演练

每半年组织开展一次综合演练，根据全年演练计划，结合工作实际情况，每半年组织油田相关单位和各基层大队开展一次综合性联合演练。按照最难、最复杂、处置难度最大的课目设置，从报警受理、自防自救、人员疏散、启动应急预案、力量调集、联合作战、灾后恢复等环节全面演练，检验各参战单位应急响应和各单位之间的协同作战能力，提高油田应对突发事件的综合应对能力。

3.6 落实“三个制度”

3.6.1 落实执勤战备制度

进一步完善执勤战备制度，明确战备值班、战备职责、战备等级、战备检查等内容，各基层大队严格落实24h战备值班，值班、执勤人员必须坚守岗位，不得脱岗、漏岗、酒后上岗。战训部门应不定期对基层各大队执勤战备情况进行抽查和普查，对于违反战备执勤制度的情况进行通报并给予严肃处理，确保执勤制度落实，提高应对突发事件处置能力。

3.6.2 落实干部带班制度

在严格落实执勤战备制度的基础上，进一步强化干部带班制度的落实，尤其在应急救援行动、动火监护、业务训练和施工作业现场，必须实行干部带班。战训部门应对干部在队值班和应急救援行动、动火监护等现场干部带班情况进行检查和抽查，发现问题及时督促整改，并追究相关责任人责任。

3.6.3 落实一日生活制度

基层各大队应严格遵守一日生活制度，严格落实“四个秩序”，加强队伍军事化、正规化管理，战训部门对一日生活制度落实情况定期或不定期进行检查，促进中心队伍正规化建设，提高队伍执行力和战斗力。

3.7 加强战勤保障，提高队伍作战能力

作为国家危险化学品应急救援队伍，应时刻做好远距离、长时间作战和打大仗、打恶仗的准备，做好战勤保障工作是确保队伍快速出动、打持久战的坚强后盾，在现有基础上，应进一步增加人员配置和装备配备，进一步完善战勤保障机制，建设战备物资库房，增加战勤保障车辆，确保战备物资的快速集结和出动，提高队伍快速反应机动能力和保障能力，提高队伍整体作战水平。

4 结语

随着社会的进步和发展，应急救援队伍面临的各种事故灾害，尤其是危险化学品事故占比越来越多，涉及面越来越广，给应急救援队伍专业化应急处置能力提出了更高的要求，战训工作作为应急救援队伍一项经常性基础工作，是提高救援队伍战斗力和正规化管理水平的中心工作，必须结合队伍自身工作实际抓细、抓实、抓牢。

【作者简介】马向波，男，中国石化中原油田分公司应急救援中心工程师。通信地址：河南省濮阳市华龙区五一东路油田应急救援中心，电话：13849338502；邮箱：zymaxb@163.com。

应急指挥平台建设实践与思考

侯 莉 梁龙龙 丁 博 王玉梅

(中国石油西北销售公司质量健康安全环保部)

摘 要：西北销售公司应急指挥平台基于西北销售公司完善的信息化建设成果和应急管理体系，瞄准生产过程主要风险和典型突发事件，全面梳理应急管理业务需求，充分集成共享，以“事件预防智能化监测、应急全过程数字化管理、辅助决策信息自动化汇聚、事件处置可视化指挥调度”为目标，构建包括应急业务应用、应急演练、辅助决策和移动应用三个子系统和应急指挥大厅的应急管理指挥平台，提升西北销售公司突发事件应对能力和处置效率，强化平时应急业务监管和战时现场处置指导，为下属二级单位Ⅱ级以上突发事件应对提供决策支撑。通过信息化手段，全面提升应急管理数字化、可视化、自动化、智能化水平，提高突发事件响应能力和处置效率。

关键词：风险监测预警；应急指挥保障；智能决策支持；应急响应；应急处置

1 应急管理信息化发展现状及趋势

国家层面，2018 年底，国家应急管理部组织编制并下发了《应急管理信息化发展战略规划框架(2018—2022)》，提出“构筑应急管理信息化发展‘四横四纵’总体架构，形成‘两网络’‘四体系’‘两机制’”。阐释了构建科学、全面、开放、先进的应急管理信息化体系，加快现代信息技术与应急管理业务深度融合，促进体制机制创新、业务流程再造和工作模式创新，不断提升风险监测预警、应急指挥保障、智能决策支持、政务服务和舆情引导应对等应急管理能力，应用云计算、大数据、物联网、人工智能等新技术，全面支撑具有系统化、扁平化、立体化、智能化、人性化特征的现代应急管理体系建设。2019 年 2 月 19 日，应急管理部下发了关于加快编制地方应急管理信息化发展规划的通知。通知指出提高国家应急管理水平，提升防灾减灾救灾能力，是关系人民群众生命财产安全和国家安全的大事。目前国家应急管理体系和能力仍然相对落后，应急管理信息化水平不高，迫切需要与大国应急管理能力相适应的中国现代应急管理体系。2021 年 5 月，应急管理部发布了《关于推进应急管理信息化建设的意见》，明确指出要“建设应急资源管理平台、‘互联网+执法’、应急管理‘一张图’、‘天眼’卫星监测系统等应用系统”。应急管理的智慧化转型有赖于数字化赋能，未来应急指挥中心将聚合各类应急数据，基于多种现代信息技术逐步构建包含应急基础信息和动态数据的海量数据库，通过各类智慧型应用对应急管理综合监管提供全方位的服务内容和资源。此外，应急管理需要纵向跨层级、横向跨部门跨区域的协同联动，“上下贯通、左右衔接、互联互通、信息共享、互为支撑”的应急指挥体系对应急管理信息化提出了更高的要求。

2 应急指挥平台建设背景

中国石油西北销售公司是一家负责西部地区13家直属炼化企业，中西部21个省(区、市)成品油资源产销衔接、收购、调运和结算以及地炼资源的集中采购的企业，管理运营9座油库，总库容$216.5\times10^4m^3$，拥有铁路专用线近20km，开展成品油管道、公路、铁路、码头装卸作业，作业现场安全风险较大，应急处置能力要求较高，公司已经建立相对完善的安全生产数字化管理平台，可以实现天气预警，现场关键装置设备参数监控、预警、报警，工艺设备运行流程3D展示。同时西北销售公司结合地域分散的实际情况，建立了统一领导、综合协调，分类指导、分级负责，动态管理、持续改进的应急管理体系。预案分为公司级、分公司级、油库级和班组级四个层级；预案响应分为Ⅰ级(集团公司级)、Ⅱ级(公司级)、Ⅲ级(分公司级)、Ⅳ级(油库级)；预案类型分为生产事故、自然灾害、社会安全、公共卫生和专项业务五个类别。构建了横向到边纵向到底的应急管理体系。西北销售公司现阶段在应急管理信息化建设方面还存在很多不足，包括突发事件信息快速传递、应急资源统一管理调度、演练过程监控、预案数字化等方面都需要一定的改进和提升。

3 应急指挥平台建设目标

基于西北销售公司完善的信息化建设成果和应急管理体系，瞄准生产过程主要风险和典型突发事件，全面梳理应急管理业务需求，充分集成共享，以“事件预防智能化监测、应急全过程数字化管理、辅助决策信息自动化汇聚、事件处置可视化指挥调度”为目标，构建包括应急业务应用、应急演练、辅助决策和移动应用三个子系统和应急指挥大厅的应急管理指挥平台，提升西北销售公司突发事件应对能力和处置效率，强化平时应急业务监管和战时现场处置指导，为下属二级单位Ⅱ级以上突发事件应对提供决策支撑。通过信息化手段，全面提升应急管理数字化、可视化、自动化、智能化水平，提高突发事件响应能力和处置效率。具体目标是开发PC端应急管理系统平台，支撑公司及下属二级单位开展突发事件处置，利用应急管理系统发挥辅助值守办公、监测预防、信息发布等作用，对应急管理的平时应急业务监管和战时现场处置指导；开发移动终端应急管理系统，在平时的演练与培训学习，战时的应急响应与交互处置。实现快速应急响应，及时获取现场信息，与上级实时交互；通过系统实现值班管理、信息接报、应急保障、检测防控、预测预警、指挥调度、培训学习、应急演练等功能，提升突发事件应对能力和处置效率。

4 应急指挥平台建设实践

4.1 建设思路和功能定位

基于公司信息化建设成果，瞄准生产过程主要风险和典型突发事件，全面梳理应急管理业务需求，以“应急全过程数字化管理、辅助决策信息自动化汇聚、事件处置可视化指挥调度”为目标，构建包括应急业务应用、辅助决策和移动应用三个子系统和应急指挥大厅的应急管理指挥平台。见图1。在突发事件应对方面设置突发事件快速上报、应急程序启动执行、事发现场快速联通、事件态势智能分析、辅助领导处置决策、应急资源科学调度、现场处置动态同步、事件案例再现分析八项功能。与集团公司应急管理平台通过数据交互实现救援队伍、应急物资等信息共享，应急信息及时上报和接受集团公司应急处置指令。应急管理系统由基础信息管理和各支撑子系统构成，其中基础信息主要通过西北销售公司已经建成的油库监控平台、生产运行系统、可燃气体检测、报警等已建系统中通过数据交互获取应急管理基础信息，通过对信息进行判断触发预警、报警条件。除生产运行类系统以外，在已建成使用的危险源监控管理信息、安全隐患管理信息、安全教育培训等系统中接入数据，对数据进行集成作为应急管理数据库的组成部分。系统界面功能展示模块主要有应急资源管理、应急演练与培训、救援队伍管理、应急专家管理等。系统主要瞄准油库泄漏、爆炸，铁路、公路、码头收发油品泄漏爆炸等重大风险，实现平时业务规范管理，战时按流程有序处置。

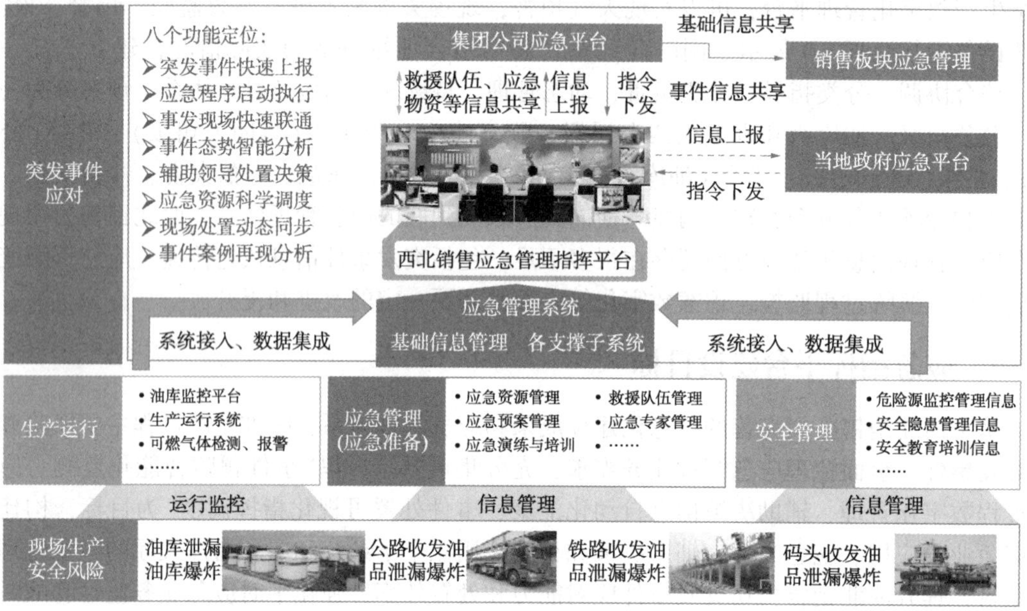

图 1 指挥平台功能定位

4.2 应急指挥平台架构

应急指挥平台的建设遵循面向服务的核心构架思想，采用组件化、面向对象的设计开发模式、B/S 的技术体系架构，采用以业务为驱动的自顶向下顶层框架设计方法，贯彻以新建和整合相结合的系统建设方式进行总体设计。根据西北销售公司应急管理业务实际和信息化建设现状，提出总体架构，见图 2。

在整体架构中，感知层主要利用公司现有的相关设备，包括现有的视频感知、现场监测感知和移动互联网感知设备等。基础层包括构建平台所需 IT 硬件，包括服务器、存储、网络设备，构建系统运行的硬件环境。同时包括应急平台实现音视频接入的硬件支撑，包括广域网、4G/5G 网络等。数据层包含地理信息、事件信息、应急资源、应急预案、知识法规、多媒体、接入信息等几大库，实现对相关信息的存储。支撑层包括二三维地图服务、移动接入服务、数据共享服务、数据可视化服务、应急通信接入服务等。应用层涵盖平时业务和战时业务两部分，平时业务包括值班管理、培训学习、预案演练、应急保障、监测预防、预案管理等，战时业务包括接警研判、总结评估等。展示层需适应大屏幕、展示终端、电脑、移动终端、防爆终端。

平台采用多层分布式体系架构，分为数据层、业务层、表示层。具体的平台技术架构模型如图 3。数据层是持久层，其功能主要是负责数据库的访问。业务层实现业务逻辑，并调用 EJB 服务，向上层提供 Restful 风格的资源服务，数据格式为 JSON。使用 JPA 进行数据库持久化实体映射，并结合 EJB 实现实体的持久化操作，并向上层提供 EJB 接口服务。表示

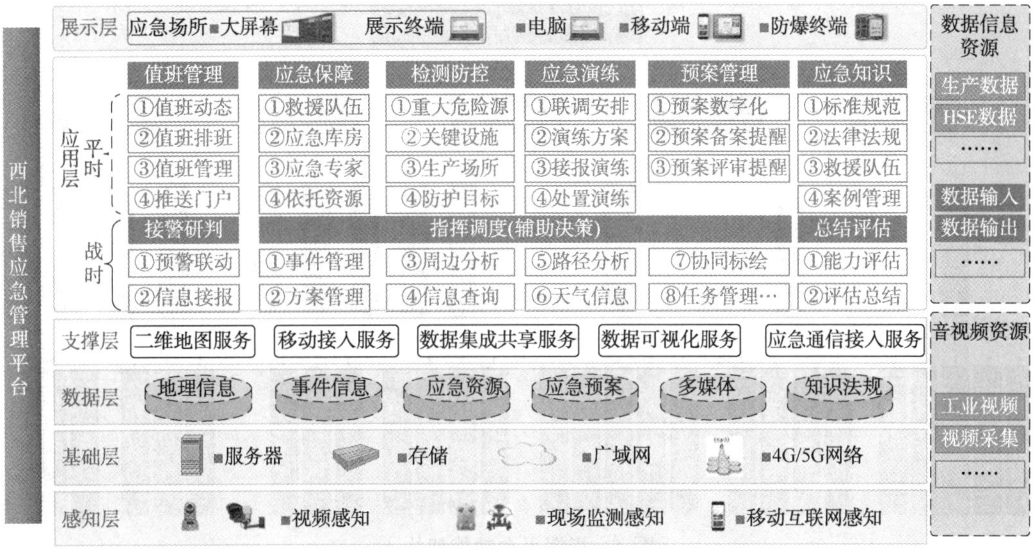

图 2　指挥平台总体架构

层 Angular 是协助搭建单页面工程的开源前端框架，它通过 MVC 模式使得开发与测试变得更容易，采用 Bootstrap 前端样式框架实现统一页面展示。

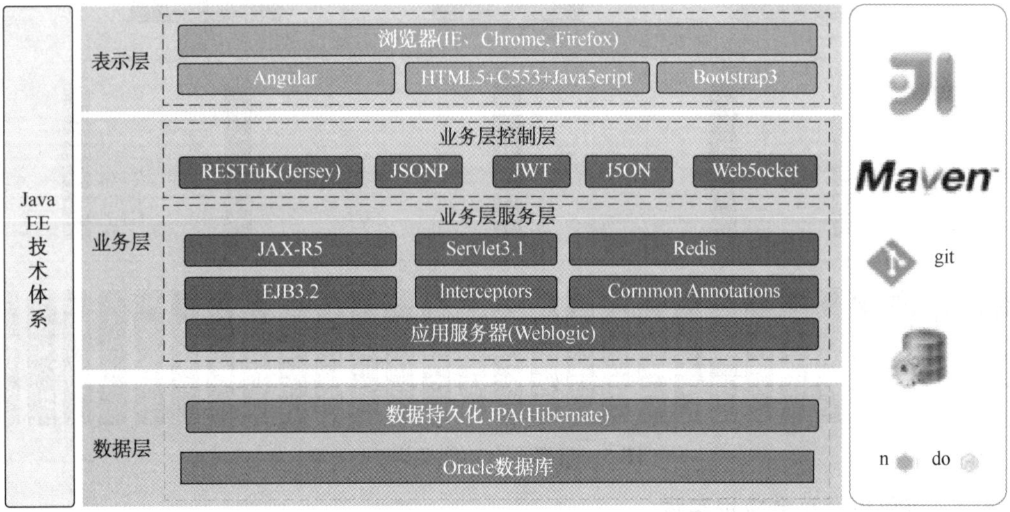

图 3　指挥平台技术架构

应急指挥平台建设，实现了 1 个应急管理系统(值班管理、信息接报、应急保障、监测防控、指挥调度、总结评估、应急演练、基础管理和系统管理 9 个基础模块共 47 个功能点)，2 个移动 APP(信息上报、信息查询、辅助决策、指挥调度、应急处置、处置过程 8 个功能点)，1 个学习考试系统。接入西北销售公司数字化平台实现工业视频监控访问权限，油库工艺图查看推送，预警信息研判上报。实现了集中监控综合监控管理、综合资源管理、综合运维管理、系统管理，集中接入语音接入、视频接入、录音录像管理、短信平台接口、管理终端；并完成西北销售应急管理平台集中管理。功能架构如图 4、图 5所示。

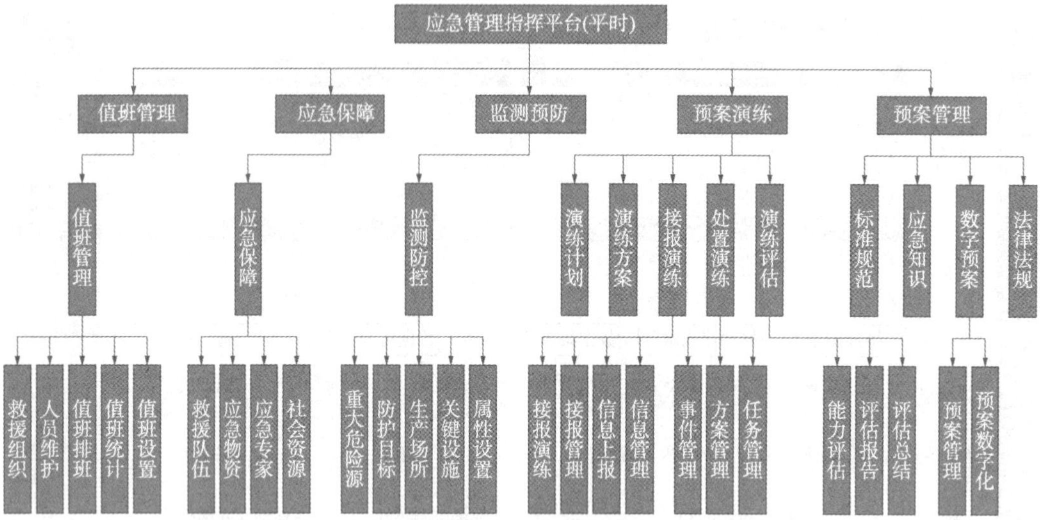

图 4　指挥平台功能架构 1

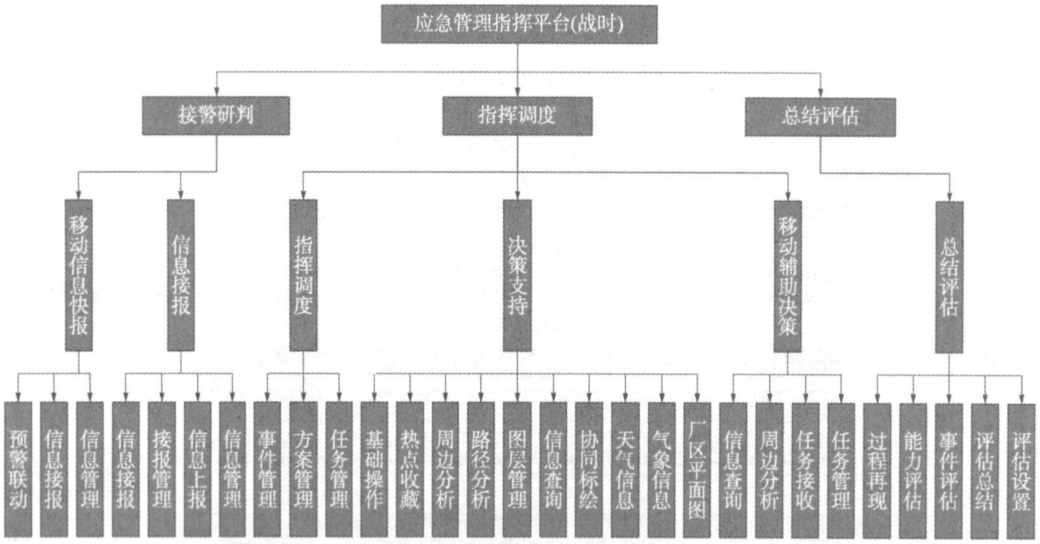

图 5　指挥平台功能架构 2

4.3　应急指挥平台应用实践

应急指挥平台按照“强化平时应急业务监管和战时现场处置指导”的工作要求，在集团公司应急管理系统总体框架下，进行通用功能迁移、特性化需求定制开发和与油库安全生产数字化平台集成应用等工作，完成了平时、战时功能建设，支撑平时应急管理工作，构建战时应用模式，支撑公司及所属分公司开展突发事件应急处置。利用西北销售公司生产调度中心指挥大屏，充分集成生产监控、视频会议、工业视频等监控和通信信息及应急管理业务信息，打造应急战时指挥大屏信息汇聚展示。

4.3.1　战时应急指挥平台应用

战时应急响应在公司总部构建公司应急场所战时大屏，为领导了解突发事件信息，掌握现场处置流程和处置进展提供了决策支撑。在属地单位层面构建了突发事件现场处置流程功能和处置进展反馈移动应用，为现场处置步步确认提供功能支撑。战时业务中设置预警联动功能、战时大屏幕、现场处置卡执行交互反馈等 7 项功能；提升了辅助决策信息展示等 2 个功能。对安全生产数字化平台数据进行了集成对接，实现了应急远程指挥调度、处置流程步步确认、现场处置动态展示。通过对现场预案进行数字化拆解，将应急处置流程固化；通过模块化设计，在系统中对各应急小组处置步骤进行全面展示；现场处置人员通过移动端，按步骤处置并回传现场照片或视频，实现处置流程步步确认。通过辅助决策地图图层，在系统中可通过高清视频、移动视频对现场情况进行动态跟踪和查看；通过移动手持终端、广播系统、电话连线等方式，实现远程指挥交互和现场处置动态展示。突发事件处置所需应急物资、救援队伍、社会依托资源信息实现地图图层展示；集成油库工艺流程图、消防图和工业视频图像，实现一键地图查看；对厂区平面图矢量化处理，实现储罐装置等精准定位，生产运行信息动态查看。实现处置决策"一张图"展示。

以所属咸阳油库 TD-02 罐发生油品泄漏突发事件为例，按照突发事件处置流程，分阶段进行战时功能应用演示如图 6。

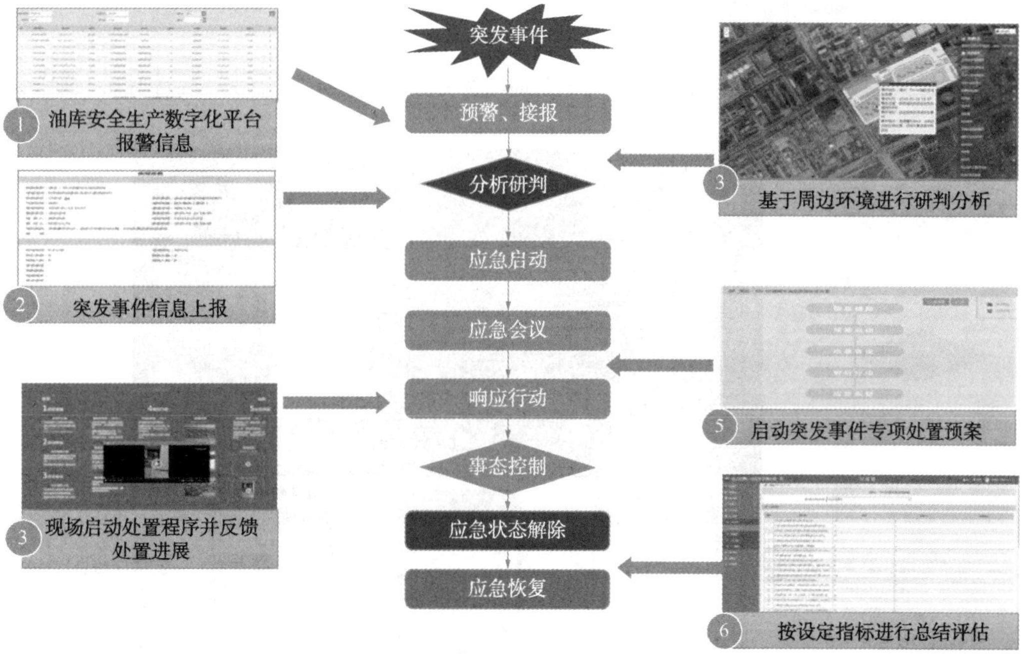

图 6　指挥平台战时处置流程演示

系统接到事件信息，后台调取各类资源信息，对事件进行分析研判，大屏对展示事件周边应急保障、周边环境、战时信息、队伍资源(图 7)，突发事件发生后西北销售公司在应急指挥中心召开应急会议，公司领导通过战时大屏幕了解突发事件情况，查看现场视频与现场连线，通过应急处置程序掌握现场事件处置进展并进行指挥调度。

在事件处置过程中，通过大屏展示事件发生时间、事发位置、人员伤亡情况等事件信息、事件等级、气象信息，显示预案确定的应急组织机构人员及相应的应急职责信息，大屏显示应急响应流程以及现场各处置小组的任务职责，实时显示各小组现场处置进度以及现场处置过程中反馈的图片、音视频、文字等信息，全面掌握事件处置进展。大屏显示事发现场的卫星影像地图并叠加事发单位厂区平面图，显示周边救援队伍及应急物资情况，并通过集成自数字化平台的移动视频、工业视频、工艺图、安防图、储罐实时数据等为领导决策提供辅助支持。应急处置组根据应急会议决策启动相应级别处置程序。见图 8。

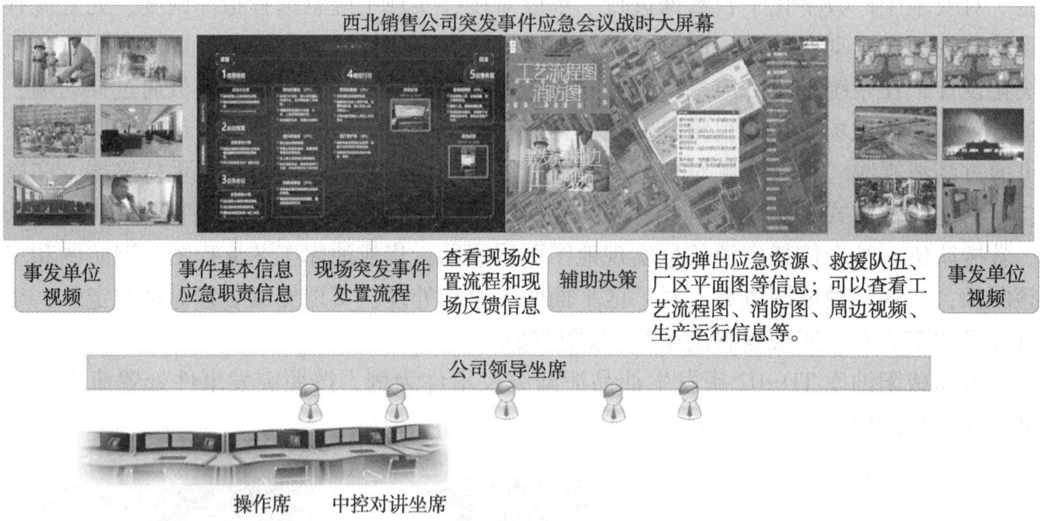

图 7　指挥平台战时指挥大屏信息展示

图 8　指挥平台战时应急响应

突发事件处置完成后，通过企业设定的评估指标对事件处置过程及每个参与单位进行综合评定，可进行横向、纵向对比，并可通过图表进行展示。

4.3.2　平时应急指挥平台应用

西北销售公司应急管理部门通过系统各业务应用功能，掌握分公司值班值守、应急预案制修订和备案、应急演练计划及执行情况，应急资源配置和管理情况，分公司应急组织构成及职责，应急通信信息，强化应急业务管理工作。所属各单位通过系统功能管理应急资源信息、开展预案制修订和备案、制定应急演练计划，按照突发事件处置流程开展演练并进行量化评估，编制应急值班和应急通信录等。平时业务中设置预案演练功能模块、应急组织、数字预案功能。通过应急管理系统，实现了应急预案、应急物资、应急演练和知识学习在线管理，应急管理初步实现全过程信息化管理。其中应急演练管理可以实现演练计划执行监督、演练过程观摩，提高应急演练计划执行力；实现演练信息共享，各分公司可通过系统分享对应急演练方案，取长补短；通过系统评估和专家评估，实现量化打分，提高演练评估的针对性。应急组织管理根据突发事件类型实现应急组织管理，明确组织职责，规范应急组织管理；实现现场应急小组及职责数字化管理，强化按专业职责执行应急处置任务；建立应急组织人员通信录，满足日常联络和战时信息查询需要。数字化预案实现各分公司应急预案基本信息、备案和审核管理并实现工作提醒备忘；将应急预案进行结构化拆分，提升预案突发事件应对中的可执行性；实现预案处置流程和处置卡的任务情景化分解，支撑战时按流程处置和反馈确认。知识学习在线考核功能模块实现相关应急法律法规、标准规范、应急知识和案例的信息共享；针对岗位设置专业知识考核、在线答题及考核结果统计，为提升应急人员知识学习和技能考核提供便捷手段，促进应急人员素质提升。例如应急保障模块可实现各单位对应急队伍、应急物资等应急保障信息进行管理维护，具体功能包括定期维护信息、物资台账、空间查询、物资出入库等；公司总部可对下属单位所管理维护的信息进行查询应用，并通过更新情况报告对各单位日常维护进行管理。见图 9。

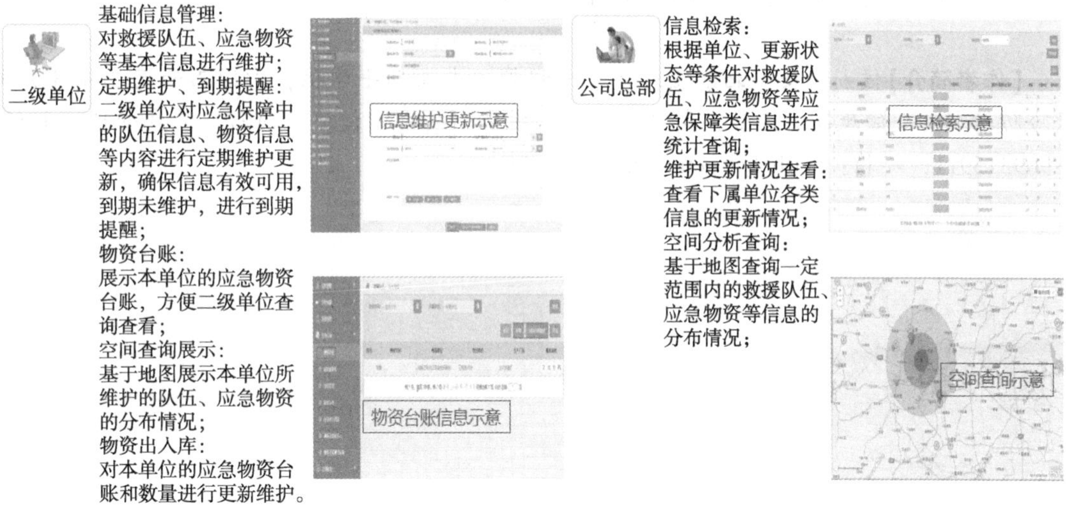

图 9　应急保障模块功能

5　应急指挥平台成果及后期展望

应急指挥平台的建设实现了平时应急业务包括值班管理、应急保障、监测防控、应急演练、基础管理、系统管理等 6 大功能，重点建设了值班信息自动推送公司及二级单位门户和应急管理指挥平台 APP、应急资源信息管理、应急物资到期提醒、应急演练过程全流程管理、预案备案及数字化管理、应急预案数据和应急演练数据与 HSE 系统同步等功能。实现战时应急业务包括信息接报、指挥调度、总结评估等 3 个功能和突发事件信息快报、应急管理指挥平台 2 个移动应用 APP，实现战时应急处置远程指挥调度能力，定制开发了各油库厂区平面图，自动展示周边救援队伍、应急物资等应急资源，并通过集成自数字化平台的移动视频、工业视频、工艺图、安防图、储罐实时数据等为领导分析研判、指挥决策提供辅助支持，实现了预警信息自动研判上报、突发事件应急处置“一键启动”、多预案同时启动，提升了在应急处置环节应对复杂突发事件的处置能力。应急管理指挥移动应用 APP 实现了突发事件信息快速上报，应急处置流程步步确认。同时实现了应急管理远程指挥，实现突发事件基础信息展示、应急领导小组远程指挥调度、现场应急处置工作步步确认、处置动态实时反馈。在平台应用过程中，随着各类信息系统的建设，现有应急管理系统调度决策基础数据需要进一步拓展，特别是油库三维地理管理信息系统建成以后，应急突发事件发生点周边设备(储罐、工艺管线)的运行工况、阀门开关情况、存油温度、液位、气体浓度等已具备条件有针对性展示出来，为应急调度指挥提供决策依据；随着“互联网+安全生产”中人员定位系统的建设应用，应急指挥平台中可以增加应急救援过程中现场监控方式，增加人员身份识别定位系统，在应急抢险和救援过程能通过人员佩戴式定位仪器，从系统辨识人员所处位置，方便调度指挥，缩短救援搜寻时间。为进一步提升西北销售公司应急处置能力，打破各类系统之间的信息壁垒，建立数据共享，消除信息孤岛，提高应急管理系统实用性，实现预警信息自动研判上报、突发事件应急处置“一键启动”、智能联动等功能。

参 考 文 献

[1] 宋承泓．应急管理信息化发展问题对策研究[J]．华信文摘，2021 年．
[2] 应急管理部．应急管理信息化发展战略规划框架(2018-2022 年)．

【作者简介】侯莉，女，北京理工大学工程管理专业硕士学位，中国石油西北销售公司风险防控部安全健康高级主管，高级工程师，现从事安全、健康、消防、应急管理。电话：18909315911，邮箱：houlixb@ petrochina. com. cn。

原油有机氯检测在油田中的应用

胡浩杰　王陈珑　宁小勇　屈晓芳

（中国石油冀东油田公司）

摘　要：准确检测原油中有机氯的含量，及时掌握原油中有机氯含量实况，是外销原油控制的指标之一。有机氯检测，是利用204℃以前的馏分油经过高温燃烧，将有机氯转变成无机的氯，电解液浓度的变化使滴定池中的指示电极对的电位发生变化，依据法拉第定律进行数据处理，则可计算出样品含量。

关键词：有机氯；微库仑；稠油；原油蒸馏；电解液

1　引言

原油是当今社会的重要能源，外销原油也有其质量标准。原油中有机氯的检测，是有效控制外输原油有机氯含量，避免出现有机氯超标对原油质量产生影响。是油田企业面临的重要问题。如果原油中的有机氯超标不仅会腐蚀炼油装置，还会有可能造成炼化企业安全事故。

2　实验原理

2.1　获取馏分油

原油通过常压蒸馏获得204℃馏分油，用碱和水洗脱，除去其中的硫化氢和无机氯部分。

2.2　氧化燃烧电解反应

将洗脱后的馏分油注入到含有80%的氧气和20%的惰性气体的气流中，在800℃的高温燃烧后，将有机氯转化为氯化物和氯氧化物，在滴定池内与银离子发生反应。消耗的银离子由库仑计的电解作用补充，根据补充银离子所消耗的电量计算原油中的有机氯含量。图1为馏分油检测流程图。

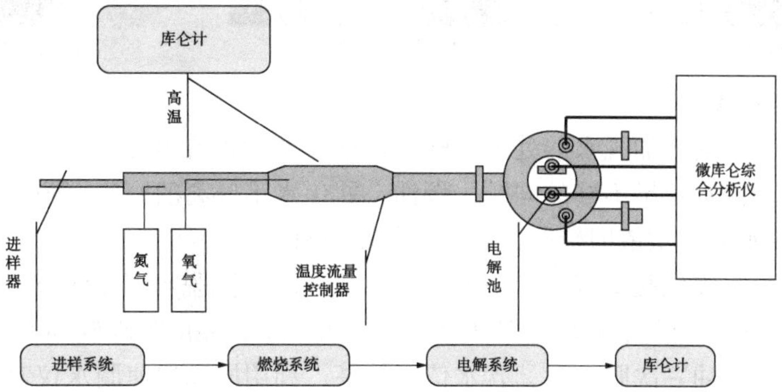

图1　馏分油检测流程图

氯化物在滴定池中的反应：

$$Cl^- + Ag^+ \longrightarrow AgCl$$

消耗银离子发生的库仑反应：

$$Ag \longrightarrow Ag^+ + e^-$$

2.3 计算公式

$$L = \frac{L'}{D} \times \frac{\omega}{m}$$

式中 L——原油有机氯含量，ng/μL；

D——馏分油密度，g/mL；

L'——馏分油有机氯含量，ng/μL；

ω——馏分油重，g；

m——原油试样重，g。

3 应用探讨

3.1 原油蒸馏前增加前处理步骤的探讨

3.1.1 实际问题

按照GB/T 18612—2011《原油有机氯含量的测定》规定，样品直接进行蒸馏操作，然而在实际工作中原油多数含水且含水较高。蒸馏前无前处理步骤，蒸馏过程中蒸馏烧瓶内壁聚集大量水珠，水珠回流到高温的原油中存在原油爆沸甚至溢出、着火的风险，无法正常获取馏分油，实验无法继续。见图2~图4。

图2 原油含水

图3 原油溢出

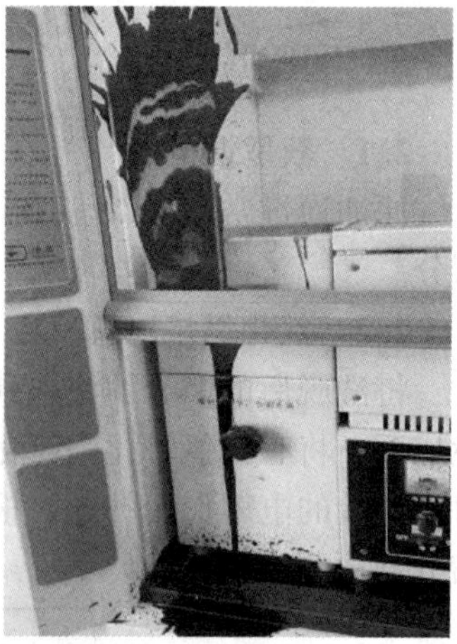

图4 原油喷出

3.1.2 问题解决

将含水原油蒸馏前增加脱水前处理步骤，保证原油含水在0.5%以下。原油脱水过程中出现脱水时间长、脱水效果不好的问题。稠油，乳化水难分离的原油，脱水前处理步骤20~28h。部分原油脱水后含水依旧较高，蒸馏操作难以继续。

步骤一：实验室优化脱水流程。一般原油以及轻质原油脱水温度130℃及以下，稠油脱水温度调节至150℃。当脱水温度达到150℃时，把恒温10min降到5min。

步骤二：部分原油一次脱水后，含水依旧较高，利用原油快速脱水仪对原油进行重复脱水，直至将原油中含水降到0.5%以下，降低蒸馏过程中着火风险。

3.1.3 结果讨论

取不含水原油进行脱水前和脱水后有机氯测定。由表1数据对比可以看出，增加脱水前处理步骤对原油有机氯检测准确度无影响，提高了实验的安全性和检测效率。

表1 脱水前后原油有机氯数据比对

序号	未脱水的204℃馏分油有机氯/(ng/μL)	脱水后的204℃馏分油有机氯/(ng/μL)	偏差/(ng/μL)	结果判定
原油1	6.438	6.500	0.062	合格
原油2	0.375	0.335	0.040	合格
原油3	5.337	5.523	0.186	合格
原油4	2.360	2.255	0.105	合格
原油5	6.817	6.512	0.305	合格
原油6	10.018	9.982	0.036	合格

优化仪器程序后，多数原油脱水平均时间达到了3~4h，大大提高了原油的脱水效率（如果原油中添加高分子类添加剂，脱水时间会延长）。见表2。

表2 多次脱水数据对比

原油名称	一次脱水后204℃有机氯含量/(μg/g)	二次脱水后204℃有机氯含量/(μg/g)	三次脱水后204℃有机氯含量/(μg/g)
原油7	7.176	7.521	—
原油8	6.438	6.566	—
原油9	3.708	4.869	5.281
原油10	6.059	8.927	9.847
原油11	18.332	14.897	16.242
原油12	11.259	12.394	10.173
原油13	10.781	11.218	—
原油14	11.991	11.657	—
原油15	15.042	16.862	16.867
原油16	1319.145	1327.143	1328.194
原油17	332.938	329.193	333.065

通过多次脱水数据比对，多次脱水有机氯数据基本稳定，多次脱水对原油有机氯检测准确度基本无影响。从图5中可以看出，经过脱水后的原油，加热过程中蒸馏瓶内壁不再聚集水珠，完全避免了原油爆沸，溢出等安全事故的发生。

图5 增加脱水前处理步骤后原油

3.2 升高蒸馏温度的探讨

3.2.1 实际问题

按照GB/T 18612—2011《原油有机氯含量的测定》中要求收集204℃前石脑油馏分，然而实际工作中经常遇到原油重组分含量高，初馏点大于204℃，204℃前无馏分油，导致无法判定原油中有机氯含量。

3.2.2 问题解决

针对204℃以前无馏分的原油，现场实验过程中，继续加大蒸馏温度，直到300℃。通过选取不同有机氯含量的原油，分别比对0~204℃馏分油、204~300℃馏分油、0~300℃馏分油的有机氯数据，探讨高温度馏分油有机氯的代表性。

3.2.3 结果讨论

通过表3数据比对可以看出，对不同温度下馏分油有机氯检测，可以看出0~300℃馏分油有机氯数据与0~204℃馏分油有机氯数据接近，趋势一致，检测结果差值波动在-6%~30%之间。0~300℃馏分油有机氯数值，实际工作中可以使用升高温度馏分油有机氯作为样品有机氯参考使用。

表3 六种原油在0~204℃馏分油中有机氯含量

样品序号	0~204℃馏分油中有机氯含量/(ng/μL)	原油中有机氯含量/(μg/g)	204~300℃馏分油中有机氯含量/(ng/μL)	原油中有机氯含量/(μg/g)	0~300℃馏分油中有机氯含量/(ng/μL)	原油中有机氯含量/(μg/g)
样品1	2.548	0.557	1.000	0.189	2.932	0.847
样品2	1.569	0.343	1.184	0.368	2.032	0.632
样品3	0.466	0.0876	0.404	0.0787	0.601	0.124
样品4	0.568	0.1056	0.449	0.0697	0.668	0.168
样品5	12.329	2.094	1.079	0.208	11.612	2.242
样品6	12.800	2.169	1.504	0.277	12.641	2.223

3.3 增加系统反标定步骤的探讨

3.3.1 实际问题

按照GB/T 18612—2011《原油有机氯含量的测定》中要求“每4h用氯标准溶液进行测定，检查系统回收率，系统回收率在85%以上”。实际操作过程中系统回收率出现过超过100%，虽然满足标准要求但检测结果准确度较低。

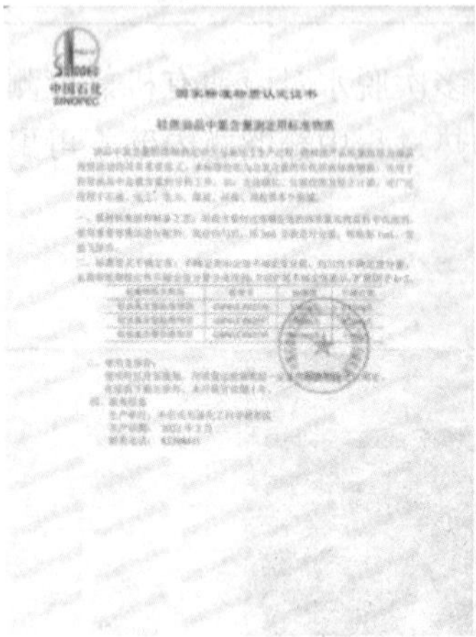

图6 标样证书

3.3.2 解决方法

现场实验过程中，确定系统回收率大于85%以后，增加标准溶液反向标定的步骤，确定系统在满足回收率的基础上准确度也满足要求。每检测1~5个样品后标定一次标准样品，保证系统稳定且准确的前提下进行样品结果测定，保证样品结果的真实性，准确性。

3.3.3 结果探讨

通过对标准溶液的标定，反标定实验更能够准确反映仪器状态以及检测能力，保证结果准确有效。

图6为标液证书，检测数据如表4所示。

表 4　标液不确定度范围

标准溶液	规定浓度/(mg/L)	不确定度/(mg/L)	规定检测范围
氯标准溶液	5.0	0.15	4.85~5.15
氯标准溶液	10.0	0.20	9.80~10.20
氯标准溶液	30.0	0.25	29.75~30.25
氯标准溶液	50.0	0.25	49.75~50.25

3.4　馏分油进样体积的探讨

3.4.1　实际问题

按照 GB/T 18612—2011《原油有机氯含量的测定》中对馏分油进样量要求是 30~40μL，不能低于 5μL。实际工作中经常遇到同一样品不同进样量数据偏差较大的情况，结果无法判定，尤其是有机氯含量恰好处于合格线上下，超标与否无法确定。检测过程中出现样品浓度较高，检测峰形出现平头峰，造成测量误差。图 7 中显示由于浓度太大导致峰形超过最高线，无法短时间内回归到基线处。图 8 中显示由于检测浓度过大，检测用的电极发生了的损毁。

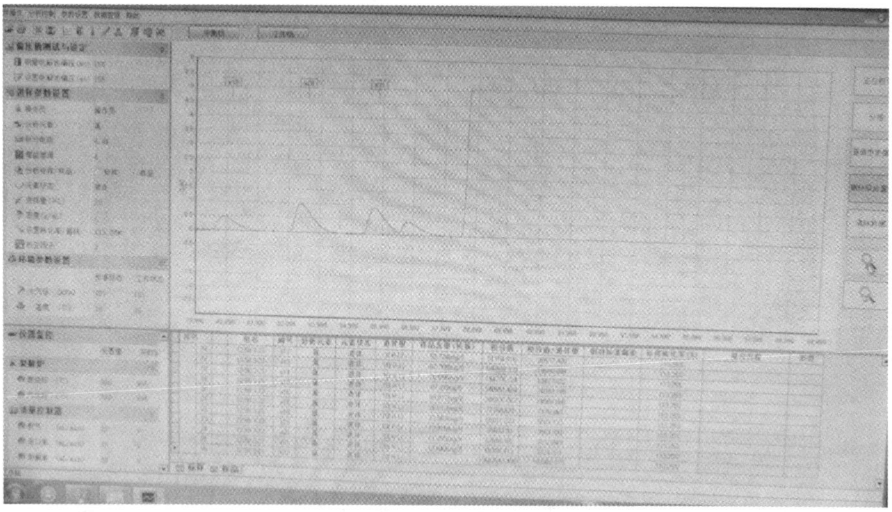

图 7　大浓度有机氯检测峰形

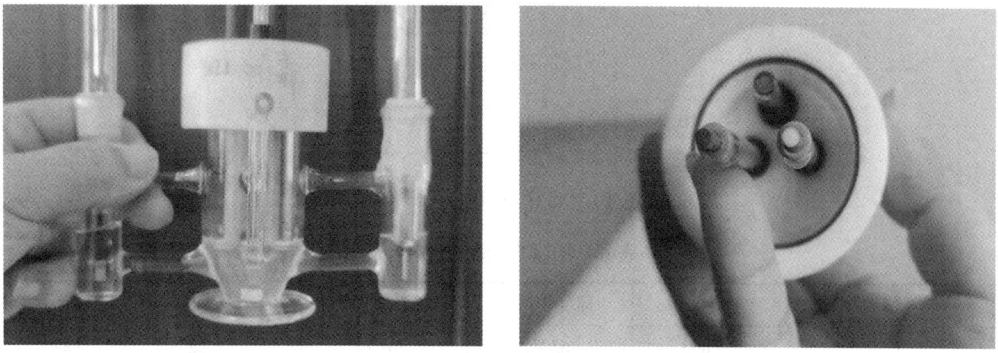

图 8　高浓度有机氯检测后的电解池和电极

3.4.2　解决方法

样品检测优化进样体积。

步骤一：通过对标准样品不同进样体积检测结果考察，挑选最优进样体积。

步骤二：随着有机氯浓度变大，出现异常峰、平头峰等现象，进样量必须减小，但不能低于 5μL。减少体积仍然无法满足峰型要求，需要对样品进行稀释。根据情况进行不同的稀释后检测，稀释剂选择与标准样品溶剂一致的异辛烷，且对稀释剂进行空白实验校准，减少误差。

3.4.3 结果分析

根据样品初测的检测结果，确定检测时的最佳进样量。当样品含量正好处于检测临界值(10mg/L)时，取进样量较大的结果出具数据。通过进样量结果分析，进样量越大，样品的代表性越强，结果准确度越高。见表 5。

表 5 进样量对检测结果的影响

进样体积/μL	10	15	20	25	30	40
氯标准样品(10±0.2)/(mg/L)	10.202	10.145	10.103	10.076	10.041	10.007

高浓度样品稀释后的样品检测结果见图 9、图 10 和表 6。

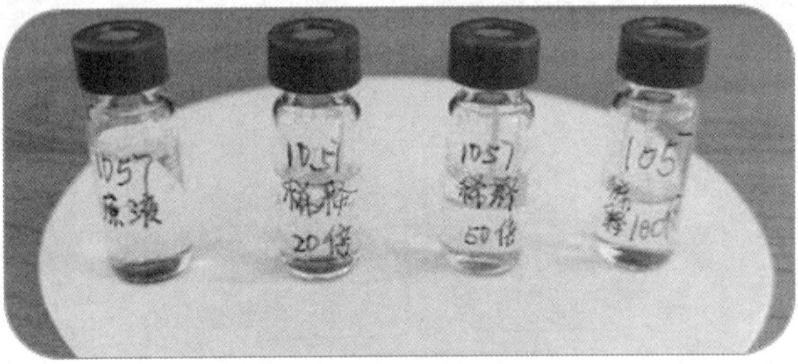

图 9 稀释不同倍数样品

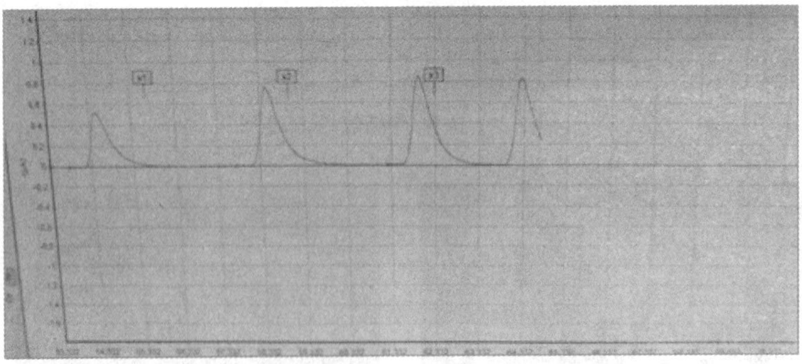

图 10 稀释后仪器检测峰形

表 6 稀释后样品检测结果

样品稀释情况	原样	稀释 10 倍	稀释 20 倍	稀释 50 倍	稀释 100 倍
样品 1	170.003	163.13	191.12	233.25	244.1
样品 2	209.12	218.92	230.94	249.8	239.6
样品 3	268.658	283.15	331.12	349.9	412.3
样品 4	404.732	423.91	420.64	597.9	599.2

续表

样品稀释情况	原样	稀释 10 倍	稀释 20 倍	稀释 50 倍	稀释 100 倍
样品 5	433. 728	450. 12	452. 46	616. 50	600. 5
样品 6	441. 528	462. 30	462. 20	550. 30	532. 3
样品 7	—	1033. 12	1102. 46	1116. 25	1255. 2
样品 8	—	1055. 26	1211. 12	1283. 2	1301. 2
样品 9	—	986. 48	1004. 42	1132. 6	1512. 3

当检测到高浓度样品时，根据样品浓度大小进行不同程度的稀释，通常情况取稀释后仪器测定值在标准点附近，引入的误差较小，数据稳定性好，取最大进样量样品检测结果上报数据。

3.5　对高无机氯样品检测的探讨

3.5.1　实际问题

按照 GB/T 18612—2011《原油有机氯含量的测定》中要求对 204℃前馏分油进行除硫和除无机氯离子干扰，主要过程是进行等体积的氢氧化钾碱洗三次和去离子水水洗三次，见图 11，但是在实际工作中，部分原油(尤其涉及酸化压裂工艺的原油)的馏分油中无机氯离子三次碱洗三次水洗无法完全去除无机氯。见图 12。

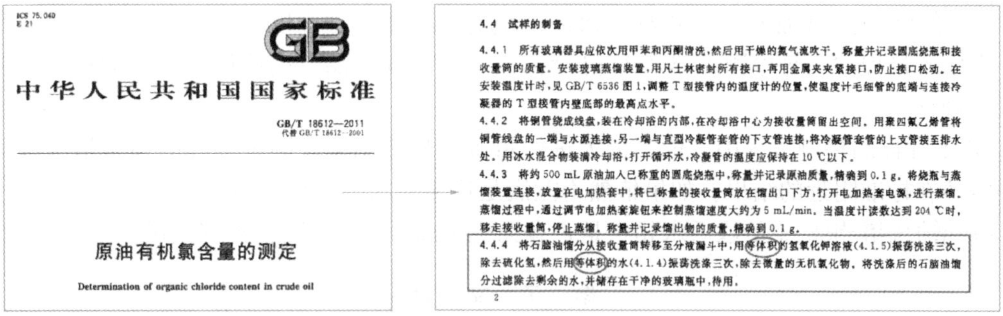
ICS 75.040
E 21

中华人民共和国国家标准

GB/T 18612—2011
代替 GB/T 18612—2001

原油有机氯含量的测定

Determination of organic chloride content in crude oil

4.4　试样的制备

4.4.1　所有玻璃器具应依次用甲苯和丙酮清洗，然后用干燥的氮气流吹干。称量并记录圆底烧瓶和接收量筒的质量。安装玻璃蒸馏装置，用凡士林密封所有接口，再用金属夹夹紧接口，防止接口松动。在安装温度计时，见 GB/T 6536 图 1，调整 T 型接管内的温度计的位置，使温度计毛细管的底端与连接冷凝器的 T 型接管内壁底部的最高点水平。

4.4.2　将铜管绕成线盘，装在冷却浴的内部，在冷却浴中心为接收量筒留出空间。用聚四氟乙烯管将铜管线盘的一端与水源连接，另一端与直型冷凝管套管的下支管连接，将冷凝管套管的上支管接至排水处。用冰水混合物装满冷却浴，打开循环水，冷凝管的温度应保持在 10 ℃以下。

4.4.3　将约 500 mL 原油加入已称重的圆底烧瓶中，称量并记录原油质量，精确到 0.1 g。将烧瓶与蒸馏装置连接，放置在电加热套中，将已称量的接收量筒放在馏出口下方，打开电加热套电源，进行蒸馏。蒸馏过程中，通过调节电加热套旋钮来控制蒸馏速度大约为 5 mL/min。当温度计读数达到 204 ℃时，移走接收量筒，停止蒸馏。称量并记录馏出物的质量，精确到 0.1 g。

4.4.4　将石脑油馏分从接收量筒转移至分液漏斗中，用等体积的氢氧化钾溶液(4.1.5)振荡洗涤三次，除去硫化氢，然后用等体积的水(4.1.4)振荡洗涤三次，除去微量的无机氯化物。将洗涤后的石脑油馏分过滤除去剩余的水，并储存在干净的玻璃瓶中，待用。

2

图 11　标准中要求

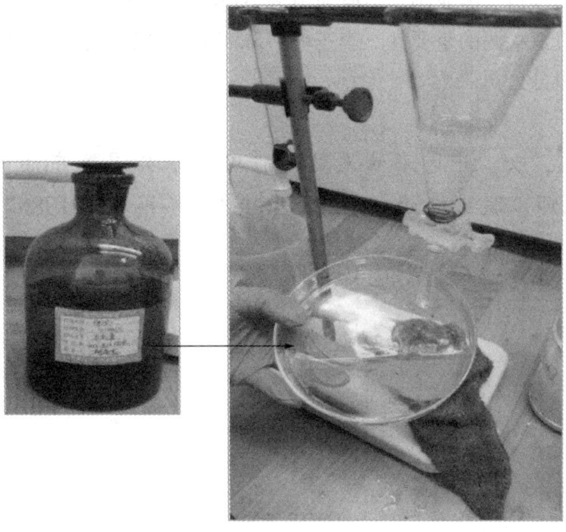

图 12　按标准清洗后用硝酸银检测效果

3.5.2 解决问题

在实际工作中所有样品增加“硝酸银检测水洗后水中无机氯离子是否存在”，结果显示正常措施井原油有机氯可正常排除，原油(主要是经过酸化压裂后)三次水洗后水相中依然有无机氯离子存在，馏分油中无机氯离子未水洗彻底，导致有机氯检测结果偏高。

按标准要求将氯离子清洗不彻底的样品，选择加大水相用量、增加水洗次数，用硝酸银溶液检测无沉淀生成后才能进行后续试验。

3.5.3 结果分析

通过对检测设备检测原理的分析，无机氯离子干扰未清除彻底，导致有机氯与无机氯共同进入电解池内，使检测结果偏高。在原有的实验过程中增加硝酸银检测氯离子排除干扰的步骤，大大减小了无机氯离子的干扰，提高了检测准确度。

4 结语

① 为了提高实验检测效率和降低检测风险，高含水原油在检测前增加脱水前处理步骤，对于一次脱水效果不好的稠油必须进行多次脱水后方可实验，保证原油样品含水率0.5%以下。

② 经过大量实验证明，升高蒸馏温度至300℃获得馏分油，对于原油有机氯检测有一定的代表性，在生产上可以作为参考。

③ 样品检测前增加反标定步骤，保证系统的回收率和准确度满足实验要求后再进行实验。在实验过程中，每检测1~5个样品后标定一次标准样品，确保检测系统的稳定和检测结果准确性。

④ 实际样品检测过程中，依据最大进样量确定检测结果。高浓度样品通常情况取稀释后测定值在标准附近的结果，如果依然不能满足检测要求，再加大稀释倍数。

⑤ 增加硝酸银检验萃取后水相中是否有无机氯离子干扰，提高检测的准确度。

参 考 文 献

[1] GB/T 18612—2011《原油有机氯含量的测定》.

[2] 原油有机氯含量测定与探讨. 庞龙刚. 中原油田分公司技术监测中心.

[3] 浅谈石油及产品中有机氯检测的重要性. 李玉峰，陈海波，同建国，万献勇，汪玉轩. 中国石油化工股份有限公司中原油田分公司.

【作者简介】胡浩杰，女，中国石油天然气股份有限公司冀东油田分公司开发技术公司生产技术中心主管工程师，联系电话：15097536068，邮箱：hhj19850123@qq.com。

石油天然气行业工程建设系统性安全创新管理与实践
——基于 SQPC 模型与 PDCA 循环有机融合实现储气库项目工程建设增值

廖 凯 夏若琛 吴 伟 曾正荣 许多林 黄 平

（中国石油西南油气田分公司蜀南气矿）

摘 要：储气库工程建设涉及复杂问题多，除优化施工技术、资源配置外，安全管理是重点，如何采取合适对策实现工程建设安全高效、质量可靠、降本增效是关键。本文以中国石油蜀南气矿储气库先导试验工程为例，针对施工过程 D914 大管径定向钻穿越、焊接质量、管道与 800kV 特高压输电线并行施工安全、集注站大挖方与高填方防沉降、90m 放空火炬吊装安全等难题，创新总结 SQPC 模型与 PDCA 循环有机融合，系统性安全创新管理出发，从管理和技术上解决工程各项难题并实践，实现储气库工程建设增值管理。

关键词：储气库建设；SQPC 模型；PDCA 循环；系统性安全创新管理；工程建设增值

蜀南气矿储气库建设项目部为气矿下属单位，负责四川首座储气库群牟家坪、老翁场储气库建设任务。工程位于宜宾市境内，承担川渝管网供气调峰、应急与全国管网调峰。其总库容约 $60\times10^8m^3$，设计工作气量 $43\times10^8m^3$，采气规模 $2600\times10^4m^3/d$，注气规模 $1500\times10^4m^3/d$，投资约百亿，供应市场辐射全国。

作为供气调峰、应急、国家战略储能三位一体重点工程，如何安全高效开展储气库先导试验工程，解决建设过程各项难题，为正式建库奠定坚实基础是首要任务。

1 建设背景

（1）国家天然气能源储备和战略新形势下必然需求

目前我国储气库工作气量占天然气消费量不足 5%，远低于国际 12%~15%；我国多地不具备日均 3 天用气储气能力，在冬、春用气高峰全国较大范围曾出现供应紧张，暴露储气短板，成为我国天然气产业可持续发展瓶颈。

加强储气和调峰能力建设，是国家解决气量储备和能源战略重要决策，作为四川首座储气库群，提高建设质量和安全可靠性是实现储气库工程建设增值前提。

（2）公司实现川渝应急调峰迫切需要

按川渝总体规划，储气能力不低于消费量 15.82%，经预测，2025 年储气能力应达 $55\times10^8m^3$，2030 年达 $70\times10^8m^3$。

按中国石油储气库建设规划，拟建西南储气中心承担全国管网和川渝调峰、应急。“十四五”期间，四川拟建牟家坪、老翁场储气库。

（3）气矿实现“1311”发展目标重要保障

气矿“十四五”“1311”发展目标，第三个“1”：建成四川首个储气库群。响应国家清洁能源储备和能源战略，为川渝应急调峰做贡献。

2 困难挑战

（1）外部环境制约

选址困难，大挖方与高填方结合。四川位于中国西南部，由丘陵、平原、盆地和高原组成，宜宾以丘陵为主，储气库集注站占地面积大(122 亩)，无大面积平坦地区，经多地比选最终选址仍有缺点，最大高差达 25m，需大挖方与高填方结合，地基安全是重点。

暴雨频繁，制约施工安全和进度。宜宾属亚热带湿润季风气候，低丘、河谷地带有南亚热带气候属性，雨季雨量大，尤其在 2021 年 5~6 月，暴雨达 43 天，严重制约工程进度和安全施工。

（2）技术困难多

大管径定向钻进及回拖技术难度和安全风险大。长宁阀室－老翁场集注站管道长 13. 4km。管径 D914mm，设计压力 10MPa，定向钻穿越长宁河(中型河流)633m，穿越断面在海拔 247. 1m 以上卵石和基岩为不稳定层，且管径较大可能导致塌陷和回拖卡钻等风险。

防沉降攻关迫在眉睫。老翁场集注站占地 122 亩，原地貌山丘与冲沟相结合，最大高差 25m，需大挖方与高填方结合，如何保证场地压实质量避免沉降，杜绝因塌陷导致管线拉裂发生事故为工程难题之一。见图 1～图 4。

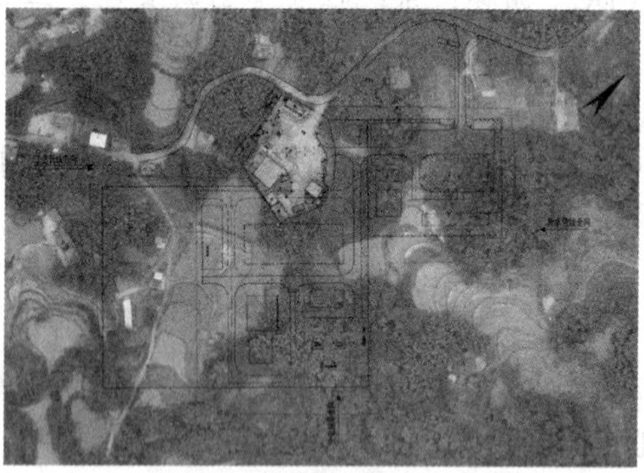

图 1　老翁场集注站原地貌

图 2　穿越河流段

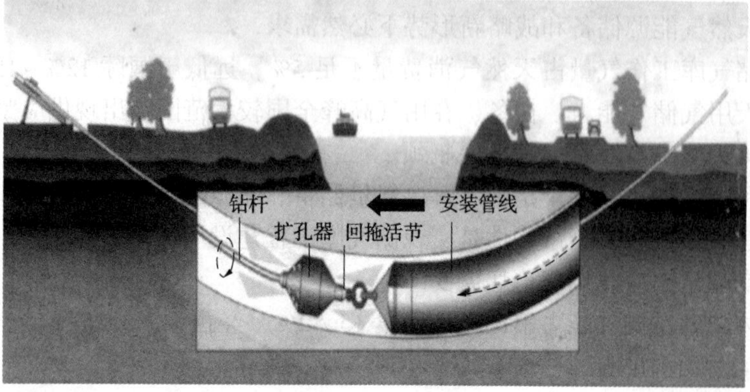

图 3　回拖示意图

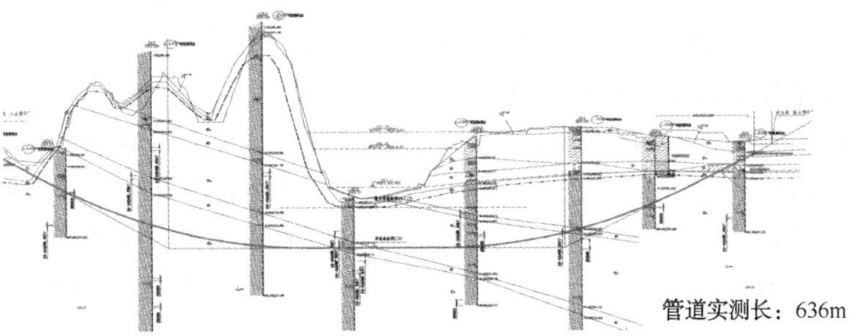

图 4　定向钻河流穿越设计示意图

（3）安全挑战大

800kV 特高压输电线伴行施工安全风险大。输气管道沿线以丘陵为主，按躲避民房建筑、敏感区、尽量不占基本农田原则，路由沿当地能源走廊，与国家电网 2 条 800kV 特高压输电线和接地极线路交叉(合计 4 次)，且近距离并行 5km，该输电线为江苏、上海骨干输送通道，管道施工存在较大安全风险。一是挖机开挖管沟和管道吊装与高压电线触碰可能发生触电亡人事故。二是施工破坏输电设施可能导致华东大面积停电瘫痪和火灾事故。

大管径高火炬吊装风险高。集注站放空火炬区占地 625m^2，最大设计放空量 $700\times10^4m^3/d$，出口管径 *DN*750，设计高度 90m，为气矿目前最大最高火炬。火炬总质量 123.8t，因场地和道路限制，吊装施工难度大，需 2 台吊车协作分多次组装和吊装，安全风险极高，存在可能发生吊装事故造成人员伤亡风险。见图 5、图 6。

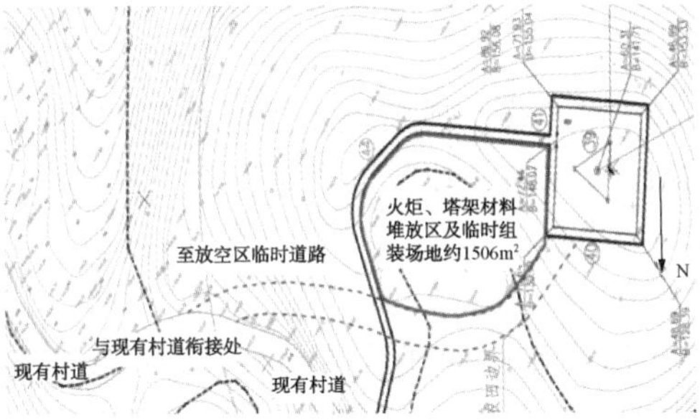

图 5　放空火炬吊装施工平面布置图

图 6　火炬吊装和组装照片

（4）建设质量要求严

建设过程质量把控是难点。储气库为百年民生工程，必须高质量建设。与其他工程比储气库工程建设质量面临挑战多，一是周期高低压频繁注采、大吞大吐运行工况，处理设备和管线必须质量过硬。二是如何保证承受交变荷载注采管线焊接质量是关键和难点。

3　创新管理

针对以上难点和挑战，气矿探索、总结形成系统性安全创新管理模式，SQPC 模型与 PDCA 循环有机融合，逐项克服困难和挑战，从质量、安全、进度、成本等方面优化，实现储气库先导试验工程建设增值。

工程建设增值：通过管理手段和措施，确保工程建设安全、高质量并利于成本和进度控制。

SQPC 模型：以精细化管理为基础，从设计、施工、监督等入手，采取精准措施确保设计安全有效和施工安全(safety)、施工质量(quality)过关、进度(progress)把控有序、投资成本(cost)优化等精细化管理的一种模型和手段。

PDCA 循环将管理分四阶段：Plan(计划)、Do(执行)、Check(检查)和 Act(处理优化)。

SQPC 模型与 PDCA 循环有机融合是一种系统性安全创新管理方法，在 SQPC 模型基础上，融入 PDCA 循环管理理念，在安全、质量、进度、成本四方面分别 PDCA 循环管理和优化，针对工程困难和安全挑战，制定一策一案动态优化，实现储气库工程建设增值。示意图见图 7。

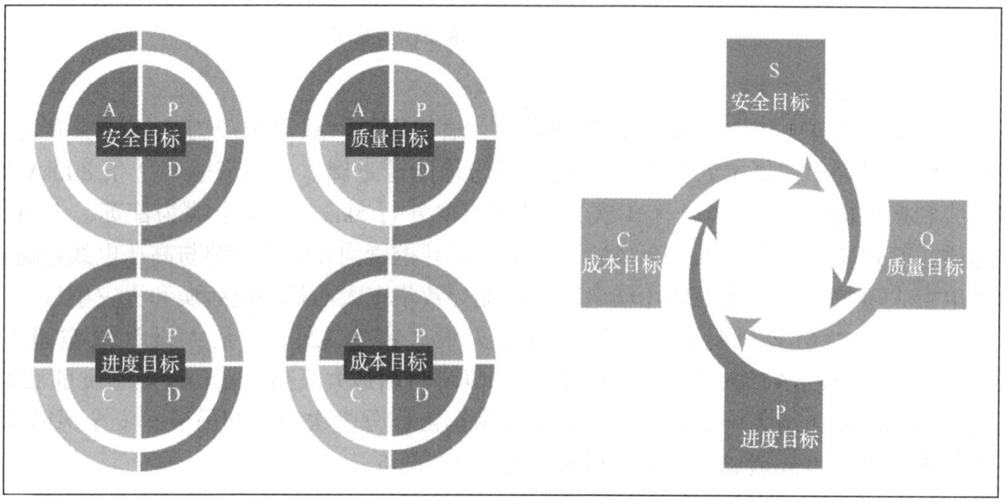

图 7　SQPC 模型与 PDCA 循环有机融合系统性安全创新管理模式示意

(1) 制定安全生产目标计划(Plan)

以“控风险、抓监管、保目标”为指导思想，以“守红线、抓关键、控过程”为思路，夯实基础管理、强化业务主导、严格闭环验证、狠抓施工风险，扎实推进储气库工程建设。

安全目标：杜绝一般 A 级及以上安全事故和环境事件。

(2) 夯实安全施工管理(Do)

严控风险作业。梳理次日风险作业计划，结合《风险作业管理目录及人员到现场矩阵》，确定到场人员及管控要求。对施工风险点合理安排人员，现场重点监督与全线巡检结合。

严守重点环节。如对管道定向钻等重点管控。针对定向钻卡钻风险，采取优化泥浆配比、提升泵排量等措施；对塌孔风险科学控制泥浆黏度，及时抽排工作坑泥浆保证内部泥浆液面防压力不均导致塌方事故；因穿越深受上部结构压力，回拖中可能出现防腐结构破坏、管道拉伤等，科学设置焊接流程优化焊接质量，利用超声波、射线探伤等查验，采用同防腐材料热收缩修复防腐性能。

严格现场管理。狠抓施工现场作业许可，提高现场风险管控能力，加强承包商安全监督和专项审核落实施工风险控制措施，提高管理水平。

(3) 三措并举，提升监督检查质量(check)

三个结合进一步加强监督效能。全面与专项监督相结合，检查与指导相结合，两级机关与现场三级监督纵深结合，落实关键时期、部位监督要求。

① 打造可靠安全监督管控体系。

构建“建设、监理、监督”一体化，自检、外检、专检相结合形成监督合力。施工信息共享及时收集进度安排，明确日检查计划，组织工作交流和监督管理对接，提升施工现场管控水平。会议通报典型问题和正确做法。

② 以无人机、安眼工程为科技手段，助力施工过程全方位监督检查。

信息化监督，利用安眼工程、无人机对集注站施工、90m 放空火炬吊装、D914 管道焊接等现场等飞行检查。

(4) 三个加强，助力安全施工管理再上新台阶(Act)

① 加强问题溯源整改，补短板促提升。

按“诊问题、溯管理、补短板”原则，对检查问题梳理分析，以安全大检查、日常监督检查为契机，举一反三，开展专项短板提升。

② 加强落实安全环保责任制，严考核强执行。

发布《蜀南气矿储气库工程建设项目 HSE 管理体系文件》和《质量管理手册》，分解目标指标，落实岗位职责，考核监理履职。严抓、严管、严考核，执行力不断提升。处罚承包商 5 家、个人 9 人次(黄牌警告 3 人)，罚款约 75 万元，辅以通报表扬和激励。

③ 加强施工现场 QHSE 标准化建设，抓关键控过程。

持续强化培训和 HSE 工具运用，“识”风险。强化“四条红线”和培训，参建员工安全意识和能力提升。利用会议、培训、知识测试等加强学习风险辨识。持续强化隐患排查治理，“减风险”。分轻重缓急对问题分类管理，分立即整改、待改，落实整改时间和责任人。持续强化风险管控和应急，“控”风险。制定“一点一案”(集注站、定向钻、90m 放空火炬吊装等)、“一线一案”(D914 管线等)确保风险受控。

同理，将 PDCA 循环融入质量、进度、投资管理，实现动态优化，在此不再赘述。

4 成果运用

(1) 暴雨季节施工进度和安全管理优化

2021 年 5 至 6 月，长宁县暴雨持续 43 天，影响管道焊接施工和安全管理，严重制约后续关键节点和工程进度。通过模型中 P(progress)与 PDCA 循环有机融合，对比计划与实际进度、分析甘特图，通过调整施工顺序、优化资源配置，如采取室内提前预制配件、将穿越涉水段施工调到晴天、对小雨配置施工遮挡雨伞等，通过优化技术与管理措施，保障关键线路、关键工作、关键节点施工周期，安全施工前提下最终提前 6 天完工(总工期优化提前 46 天)。

(2) 大挖方、高填方集注站防沉降攻关

老翁场集注站占地 122 亩，高差 25m 山地与冲沟结合区域，挖方 $13.6\times10^4m^3$，填方 $14.5\times10^4m^3$，标高较原始洼地高 19m，如何保证场站压实密度和安全稳定性，避免沉降导致管线拉裂是关键。通过管理模型中 Q(quality)和 S(safety)与 PDCA 循环有机融合，结合地勘和施工图设计综合分析，对场地碾压施工设计五优化、对桩基施工及检测和边坡防护设计进行调整加固，提高质量保证和安全性。

① 五措并举，确保场地压实质量和安全。

一是优化地基压实设计，如由原设计整个区域实行相同填料压实和碾压方式，变更为因地制宜按不同岩层和分布分区分策。二是执行先轻后重，先静后振碾压要求。三是填方保证边缘部位压实质量。四是平碾碾压一层后表层拉毛。土层表面太干时洒水湿润保证上下层良好接合。五是填方预留一定沉降量。根据工程性质、填方高度、填料、压实系数和地基情况等因素，合理考虑沉降量。

② 优化钻孔灌注桩，精准提升基础稳定与安全性。

一是增加灌注桩数量。将原设计场地 120 根钻孔灌注桩增加到 166 根，增加桩基密度整体稳固性大提升。二是增大灌注桩尺寸。将原设计中 *DN*600 深度 6m 桩基变更为 *DN*700 深度 6~15m(深度按原始地貌、岩层、场地使用功能等不同而异)，大大提高桩强度和坚固性。三是优化灌注桩布局。四是严格灌注桩施工质量标准和验收，确保质量可靠。见图 8、图 9。

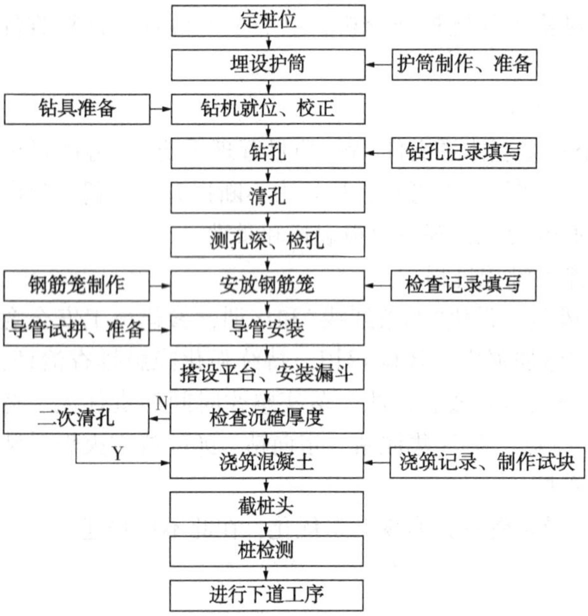

图 8　钻孔灌注桩施工程序示意

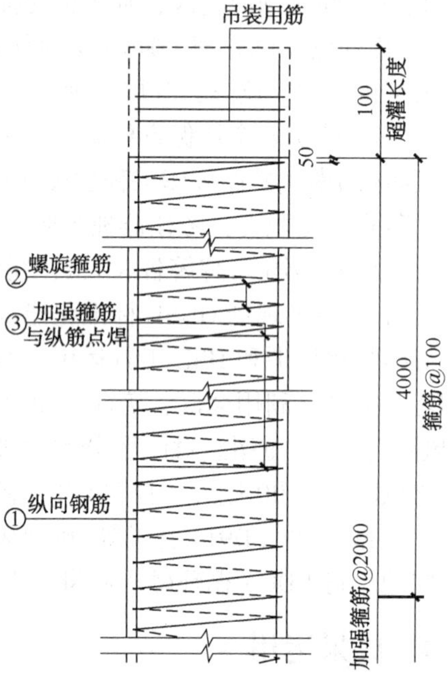

图 9　泥浆护壁钻孔灌注桩设计局部实例

③ 优化桩基检测方案。

为保证集注站地基承载能力和上方建筑物、设备安全。需桩基静载实验检测，本工程选择堆载法。一是根据区域使用功能分类制定检测桩数和点位。对压缩机厂房区、消防水池区等分类确定。二是按不同区域承重情况计算不同试验压力。三是坚持完整性检测全覆盖、承载力检测代表性点位均布原则。本次完整性检测 166 处，承载力单桩检测 10 处，区域整体性检测 5 处。见图 10。

图 10　堆载法桩基检测现场照片

④ 挖方与填方边坡分类优化。

对边坡分类设计优化，原设计采用“框锚护坡+坡底设护脚墙”变更为：“挖方与填方边坡分类优化”，挖方边坡-用直立式护墙角支护，坡顶以上边坡放坡，坡面采用框锚支护，坡顶周边设置截排水沟；填方边坡-用加筋土边坡支护，坡面植草绿化，采取坡面平台，C25 混凝土硬化。对高填方边坡，加筋土挡墙稳固效果更好。见图 11、图 12。

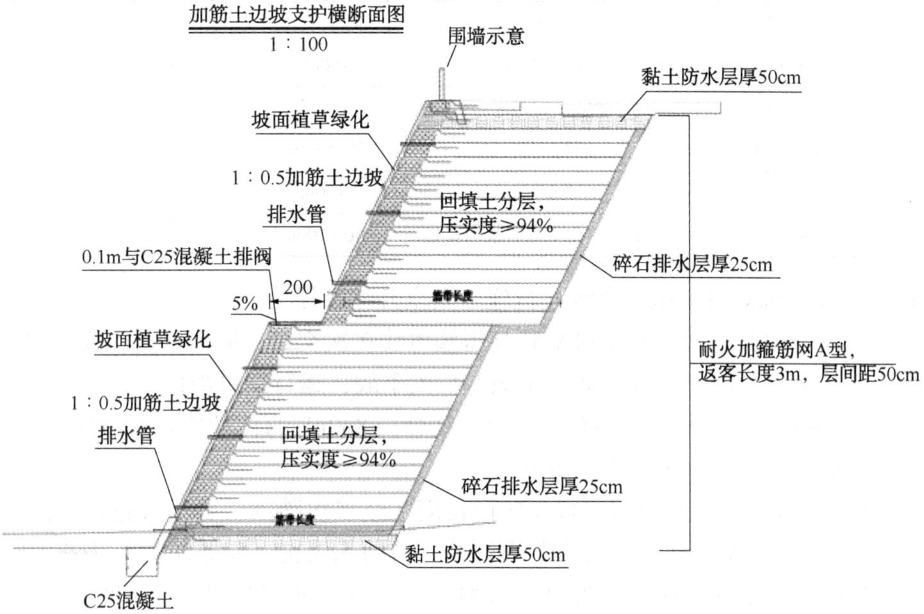

图 11　加筋土边坡支护横断面图

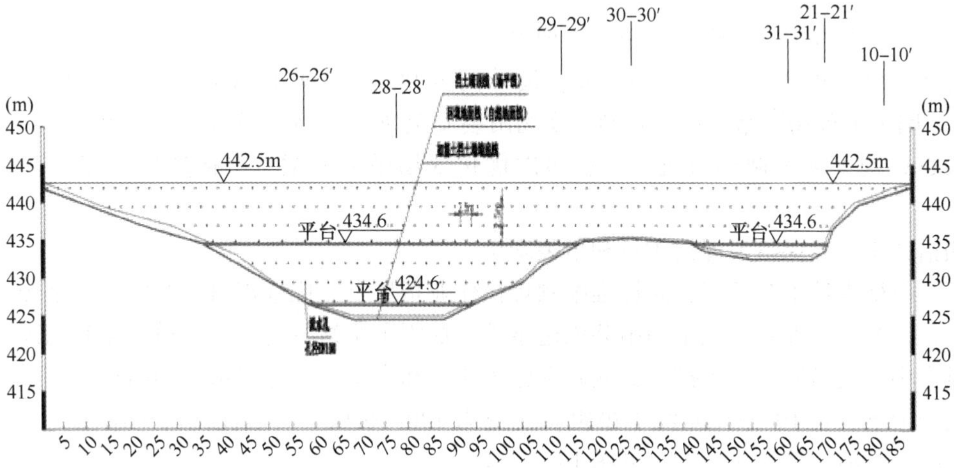

图 12　某加筋土挡墙立面示意图

（3）大管径定向钻卡钻风险防控

该工程管线定向钻穿越长宁河，与小管径相比，易孔壁坍塌抱管、泥浆泄漏、管线回拖卡钻、防腐结构破坏、管道拉伤等问题，穿越难度增大。针对该技术难题和安全风险，通过管理模型中 Q（quality）和 S（safety）与 PDCA 循环有机融合，结合地勘报告，优化施工图设计，反复修订施工专项方案和应急预案，确保施工安全到位、质量可靠。

动态优化设计、施工方案。

根据现场环境和地勘成果，结合地下岩层岩性、地面地形和高差变化，优化入土点和出土点位、角度，回拖速度，反复论证磁场矫正，实时把控泥浆配比。见表 1。

表 1　定向钻相关技术参数优化

项目	穿越长度	深度、距河底距离	曲率半径	入土点角度	出土点角度
原设计	650m	30m；12.5m	1500D	9°18′	6°
优化后	633m	30m；12.5m	1500D	9°	8°
	最大回拖力	回拖速度	磁场矫正	回拖黏滞系数	安全系数
原设计	2554kN	2m/s	100m	0.18	2
优化后	3006kN	1~2m/s 入孔 1/3 后适当提速	50~100m	0.175	3

（4）管道与 800kV 特高压输电线并行施工安全升级管控

管线原走向与国家电网 2 条 800kV 特高压输电线多次交叉，同时并行 5km，和宜宾地区接地体线路交叉 1 次。施工过程可能发生触电亡人事故，运行期可能因雷击引起火灾。通过管理模型中 S(safety)与 PDCA 循环有机融合，结合《±800kV 直流架空输电线路运行规程》等规范要求，三措并举，确保施工和运行安全。

一是优化调整 D914 管线走向，减少伴行长度。经多次踏勘、分析和论证，5km 减少为 3km。二是严格施工安全措施加强安全距离管控，借助无人机、安眼工程等手段实行全方位监督。三是做好运行期安全保障。管道埋深加强，伴行段和穿越段由 1m 增加到 2m；保护措施加强，对交叉点前后 100m 管道包裹绝缘胶垫，采用加强级防腐层；迁改不满足间距要求电线接地体确保大于规范 25m 要求。通过以上措施，该段管线安全、高质量完成施工对后期安全运行奠定基础。

（5）大管径高放空火炬吊装精细化把关

集注站放空火炬出口管径 *DN*750，设计高度 90m，气矿目前最大最高火炬，总质量 123.8t。因施工现场道路、环境限制，现场吊装安全风险极高。通过管理模型中 Q(quality)和 S(safety)与 PDCA 循环有机融合，多次优化现场吊装方案，严格现场焊接工艺和组装措施。

四措并举，确保组装焊接质量和吊装安全。

一是严格焊接工艺评定，高标准编制焊接作业指导书。优选焊材，配资质合格经验丰富焊工。二是精细化准备为施工和吊装创造条件。加固吊车站位地基，村道扩宽和加固，选择晴朗风力小天气吊装；三级技术交底确保施工质量和安全。三是严格控制吊车负载率，超额预留安全余量。将 100t+500t 汽车吊组合变更为 130t+650t。四是优化吊车站位，开展吊装书面和指令预演，精细化把控。见图 13、图 14。

图 13　两吊车协作吊装站位示意

图 14　火炬现场吊装图

5 运用实施效果

(1) 工程质量和安全风险管控双提升。

气矿以“守红线、严禁令”为思路，以 SQPC 模型中 S(safety)工程施工安全与 PDCA 循环有机融合为抓手，以 QHSE 监督站和监理为助手，构建“建设、监理、监督”一体化监管体系；以无人机、安眼工程为手段，助力储气库工程施工全方位监督检查，累计查问题 156 项，发监理通知单、整改通知单 24 份，均已严格闭环整改并举一反三；累计召开安全专题分析会 12 次，专项安全培训 8 次，应急演练 4 次。持续强化培训和运用 HSE 工具，识风险、减风险、控风险，制定安全环保风险管控“一点一案”、一线一案；通过问题溯源、补短板、强执行，实现储气库项目安全施工管理再上新台阶。在工程建设阶段实现建设安全有序，风险受控到位，为工程建设增值。

以“抓关键、控过程”为思路，以 SQPC 模型中 Q(quality)施工质量与 PDCA 循环有机融合为手段，源头把关严控设计和采购，重点设备工厂监造、严格工序质量，施工质量过硬。通过质量问题分析，对症优化，首次引入 PAUT+TOFD 检测保证线路本质质量；对承包商 HSE 培训及考核，累计考试 142 人，严控焊工入场关考试焊工 55 人，实现牟家坪储气库焊接一次合格率 98.1%，老翁场 97.02%，确保工程本质质量。在工程建设阶段实现工程建设安全和质量增值。

(2) 过程监管和优化及时，项目建设提速明显

通过 SQPC 模型与 PDCA 循环有机融合，实现精细化管理，领导带头，直线负责，强化履职。事前计划与施工动态调整和优化，克服 43 天暴雨、疫情等困难，优化工序、强化组织等措施，在保证质量和安全前提下提速，实现牟家坪和老翁场分别耽搁 43 天和 50 天工期情况下，仍分别提前 6 和 15 天完工，提速分别 49 和 65 天，实现工程建设进度增值。

(3) 精准投资管控，动态管理与降本增效双优化

以“控总价、定清单、核准量”为思路，以 SQPC 模型中 C(cost)工程投资管理与 PDCA 循环有机融合为举措，细化目标、加强动态投资管控，突出确认、纠偏。提高物资周转率，积极平库、利库，平库物资 40 余项金额 300 余万，实现提质增效。建设阶段投资精准管控，2021 年节约投资 1913 万，2022 年节约 178 万，降本增效，动态投资管控高效精准实现工程建设投资增值。

(4) HSE 与智能化提升齐头并进，工程辅助功能增值明显。

以“安全、环保、节能、健康、智能”为思路，以 SQPC 模型与 PDCA 循环全方位有机融合为举措，以系统化设计和自动控制系统相结合安全配置大升级；改进往复式压缩机震动、升级降噪房、设置隔声屏三措并举，厂界噪声降低 6db，消除噪声扰民；通过优化总平布置，调整变配电站与重点用电设备布局等措施，充分节水节能。智能化数字化联动，储气库注气生产信息化，运用智能监控设备实现厂界入侵报警升级、作业实时监督；站外管线和井口采用无人机巡检与人工巡检结合。实现储气库先导试验工程辅助功能增值。

(5) 技术攻关、安全与质量并重，创气矿工程建设五个最。

针对 D914 大管径定向钻进及回拖、90m 放空火炬吊装、800kV 超高压输电线与 D914 管线伴行、集注站大挖方与高填方防沉降、进度优化等难题和安全风险，以“安全第一、质量至上、进度保证、成本优化”为目标，以 SQPC 模型与 PDCA 循环有机融合为举措，实现储气库先导试验工程建设增值。创造气矿工程建设五个最，建成气矿最大单体场站(集注站

占地 122 亩）、最大高差场站（原地貌高差 25m）、气矿最大和最高火炬（*DN*750，90m，放空能力达 $700\times10^4m^3/d$）、气矿最大管径（*DN*914）管道 20.6km（输气达 $3000\times10^4m^3/d$）、气矿最大管径（D914）定向钻穿越。目前该先导实验工程已投入试运行，为下步正式建库工程奠定坚实基础。见图 15、图 16。

图 15　试运行的老翁场集注站

图 16　90m 高放空火炬

6　结语

石油天然气行业，尤其在川渝地区，因其特殊地形地貌、周边环境敏感区、人员集聚等特点，工程建设安全管理较北方部分地广人稀地区有较大不同，在综合权衡质量、进度、成本情况下，系统化安全管理是重点。气矿通过摸索总结提出工程建设系统性安全创新管理模式，以储气库先导实验工程为实践，基于 SQPC 模型与 PDCA 循环有机融合实现工程建设增值。

【作者简介】廖凯，男，中国石油西南油气田分公司蜀南气矿工程师，上海交大研究生在读，主要研究方向 QHSE 管理、工程管理、三同时管理等。通信地址：四川省泸州市江阳区百子路 110 号。电话：15984043644，邮箱：726753371@qq.com。

轻烃回收装置液化石油气充装安全受控管理

黄 诗 杜景 曾燕光

（川中油气矿轻烃厂）

摘　要：鉴于金誉石化发生的充装事故，为保证充装过程时人员与设备安全，必须了解及掌握液化石油气充装的安全防护措施。本文通过对液化石油气泄漏危害进行分析，并结合轻烃回收装置充装流程，从规范操作管理、联锁自控保护、设备设施保护三个方面进行泄漏预防和控制措施介绍。

关键词：液化石油气；充装；泄漏；安全管控措施

1　液化石油气泄漏的典型事故案例

1979年12月18日14点7分，吉林市煤气公司液化气站的102号400m³液化石油气球罐发生破裂，大量液化石油气喷出，顺风向北扩散，遇明火发生燃烧，引起球罐爆炸。直接经济损失约627万元，死36人，重伤50人。

1984年11月19日5时30分，墨西哥市圣胡安区郊外的墨西哥国家石油公司的液化石油气储运站，由于管线破裂，释放出大量液化石油气，形成蒸气云后，遇火源着火爆炸。爆炸和燃烧波及站区周围1200m内的建筑物，估计毁坏民房1400间以上，造成约650人死亡，6000人受伤，近3.1万人无家可归，财产损失高达2250万美元。

1988年10月22日凌晨，上海高桥石化总公司炼油厂小梁山球罐区，因员工未按规程操作，发生一起液化气爆燃事故，造成过火面积625m²，26人死亡，15人被烧伤。

2007年11月24日7时51分，某石油销售分公司租赁经营的油气加注站在停业检修时，因违章电焊动火作业发生液化石油气储罐爆炸事故，造成4人死亡、30人受伤。

2017年6月5日凌晨1时左右，临沂市金誉石化有限公司储运部装卸区的一辆液化石油气运输罐车在卸车作业过程中发生液化石油气泄漏，引起重大爆炸着火事故，造成10人死亡，9人受伤，直接经济损失4468万元。

液化石油气具有易燃、易爆、毒害性、窒息性等特征，其气态状比空气重，液态时比水轻，由液态变为气态时体积扩大250倍以上，当储存液化石油气的储罐发生泄漏时其危害程度是无法估量的，为保证充装过程时人员与设备安全，必须了解及掌握液化石油气充装的安全防护措施。

2　充装单元概况

2.1　充装单元简述

轻烃回收装置主体工艺由预处理单元、精馏单元、产品气（原料气）增压单元、储存与充装单元构成，其中储存与充装单元主要包含储罐、充装泵、定量装车仪及地磅秤。充装流程为液化石油气自轻烃回收单元进入液化石油气储罐底部进行存储，再经液化石油气充装泵输至定量充装系统后经鹤管装车。见图 1。

充装单元主要风险体现在储罐的介质泄漏和充装过程中的充装泄漏。

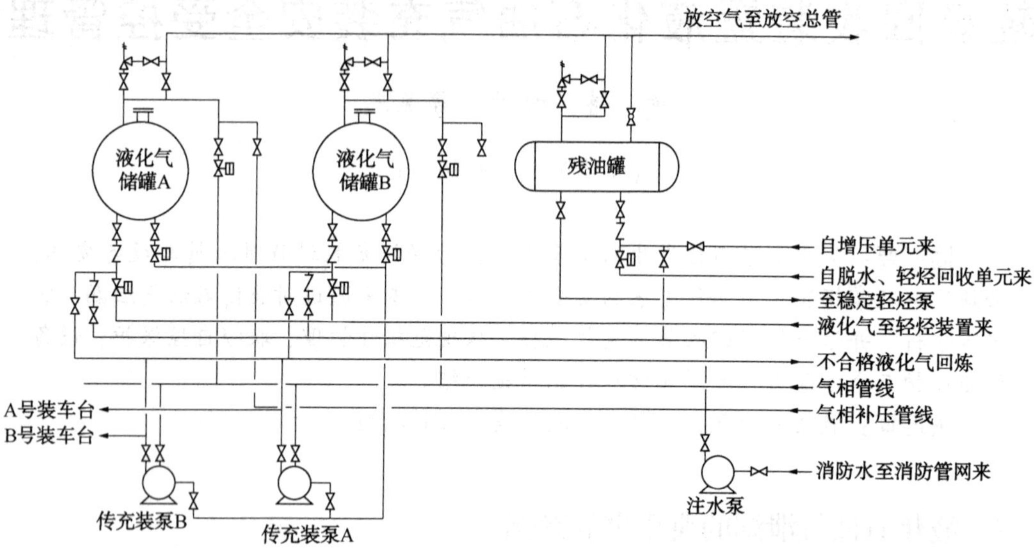

图 1　某轻烃回收装置液化石油气储存及充装流程示意图

2.2　液化石油气定义

液化石油气主要由丙烷、正丁烷、异丁烷组成，部分含少量的乙烷、大于碳 5 的有机化合物、丙烯、丁烯等不饱和烃。

液化石油气为无色气体或黄棕色油状液体，有特殊臭味，气态的液化石油比空气重，约为空气密度的 1.5~2.0 倍，易积聚在地势低洼处引发火灾和爆炸事故。液态液化石油气比水轻，其密度约为水的 0.5~0.6 倍，膨胀系数比汽油、煤油和水大。

3　液化石油气泄漏危害

3.1　易燃易爆

液化石油气具有很强的挥发性，闪点低于-60℃，在一定温度、压力条件下可保持蒸气压平衡，当设备突然破裂发生泄漏时，$1m^3$ 液态液化石油气可转变成 $250\sim300m^3$ 的气态液化石油气，极易因急剧的相变而引起爆炸。当设备设施或管件因泄漏着火后，其本身以及邻近设备设施均会受到火焰烘烤；内部液化石油气受热膨胀后，压力超过设备所能承受的强度时，设备破裂，介质在瞬间膨胀，并高速释放出内能，引发物理性蒸气爆炸。喷出的液化石油气迅速气化被火源点燃，出现火球，产生强烈的热辐射。若没有立即点燃，喷出的液化石油气与空气混合形成可燃性气体，液化石油气的爆炸极限按 1.5%~9.5%的近似值计算，则 $1m^3$ 的液态液化石油气泄漏在大气中，将会变成 $3000\sim15000m^3$ 的爆炸性气体。一旦遇到电器火花、摩擦产生的静电或其他火源，则发生二次化学性爆炸，其爆炸威力是 TNT 炸药当量的 4~10 倍，爆速可达 2000~3000m/s，液化石油气的化学性爆炸威力和破坏程度远大于物理性爆炸。

液化石油气最小点火能量为 0.2~0.3mJ，泄漏形成为爆炸性气体极易发生燃烧爆炸事故，由于液化石油气热值大，$1m^3$ 发热量是煤气的 6 倍，火焰温度高达 1800℃。因此，液化石油气爆炸起火后，会迅速引燃爆炸区域的一切可燃物，形成大面积燃烧，造成重大破坏和人员伤亡。

3.2 人员中毒

组成液化石油气的全体碳氢化合物均有较强的麻醉作用，吸入大量高浓度的气态液化石油气会引起人员中毒，出现头晕、乏力、恶心、呕吐等症状，严重者可出现麻醉及意识丧失。若在相对密闭的空间内，液态液化石油气大量气化，导致空气中氧含量的减少，可使人员窒息死亡。

3.3 低温冻伤

液化石油气以常温储存在设备内，一旦设备、管线破漏或瓶阀崩开，大量液化气喷出，由液态急剧减压变为气态，大量吸热，结霜冻冰，可达-42℃，若接触到皮肤，会造成冻伤。

4 充装单元液化石油气安全管控措施

充装区域的泄漏原因，主要为设备质量问题、经营管理问题、人员误操作及设备运行时突发情况导致的泄漏，下面从合规性管理、技术管理及规范操作管理三个方面详细介绍泄漏预防及控制措施。

4.1 合规性管理

4.1.1 制度管控

为确保液化气充装安全措施、产品质量满足国家有关法律、法规、标准，轻烃回收装置根据《特种设备安全监察条例》《移动式压力容器安全技术监察规程》《移动式压力容器充装许可规则》的要求需建立安全质量管理体系，编写安全质量管理手册，包括各项管理制度。从宏观上的安全管理制度、安全责任制度，到充装过程中的装卸过程关键点控制制度、槽车检查登记制度，以及各类人员的岗位责任制度、培训考核制度等等，这些基于国家法规，符合各装置实际情况的管理制度，使全体员工有章可循、有规可依，为装置的安全生产奠下夯实基础。

4.1.2 人员管控

轻烃回收装置管理人员、充装人员应通过市质量技术监督局认证，取得特种设备安全管理证书、移动式压力容器充装证书，严格落实持证上岗。同时《移动式压力容器充装许可规则》要求，充装人员不少于 4 人，且每班不少于两人；检查人员不少于两人，且每班不少于 1 人；有关安全技术规范及其相应标准对充装介质有要求时，充装单位应当配备与充装介质相适应的化验人员，化验人员应当能熟练化验、分析介质组分。充装人员资质合格后，仍需定期开展有针对性的业务技能培训、应急实战演练，务必熟练掌握充装单元各类设备操作及《充装应急处置卡》。

4.1.3 设备管控

轻烃回收装置充装设备应通过省质量技术监督局认证，取得移动式压力容器充装许可证，且每 4 年进行一次复审。充装单元所有特种设备及其安全附件应定期进行检验，包括压力容器、安全阀、压力表、温度计、变送器及计量仪器，另外装卸用管必须每半年进行一次耐压试验，试验压力为 1.5 倍的公称压力。建立完整的特种设备安全技术档案以及仪器仪表、消防等台账，同时加强设备日常维护和定期检查，发现问题及时整改闭环，保持充装单元的设备、仪器仪表处于良好工作状态。

4.2 技术管理

4.2.1 依靠联锁自控保护进行安全管控

(1) 储罐液位/压力联锁保护

液态液化石油气密度较小，膨胀系数较大，在储存容器中不能充满，须留有一定的气相空间。如果液化石油气在容器内全充满，若温度上升，则形成液压缸现象，容器内压力将急剧升高，可造成容器变形甚至爆破。当储罐液位较低时，若进行充装作业，会造成储罐抽空，引发系统串压，造成低压设备或管线泄漏，引发安全事故。按照规范要求，液化石油气储罐液位不能超过80%，故宜设置当液位大于70%时触发高液位报警提示，当液位持续升高大于80%时，将关闭各储罐入口管线切断阀。当液位小于20%时触发低液位报警提示，当液位持续降低小于15%时将关闭各储罐出口管线切断阀。

液化石油气在储存过程中会由于各种原因导致储罐的压力逐步升高，为保证储罐安全运行，设计上采用储罐放空调节阀、压力报警手动放散、安全阀起跳三级安全保护措施来进行储罐的超压保护。其保护顺序为：一是当压力上升到放空调节阀设定开启值时，放空调节阀自动开启，自动调节阀门开度进行放空泄压；二是当放空调节阀失灵，罐内压力继续上升，达到压力高报警值时，手动放散进行放空卸压；三是当放空调节阀失灵且手动放散未开启时，安全阀起跳卸压，保证液化石油气储罐的运行安全。对于最大工作压力为1.80MPa的液化石油气储罐，放空调节阀的设定开启压力宜设置为1.10MPa，同时当储罐处于火灾事故状况下，中控可手动开启事故储罐超压放空阀，将液化石油气通过放空系统排放，从而阻止液化石油气现场大量泄漏。

(2) 定量装车仪自我保护

充定量装车仪由鹤管和撬装部分组成，撬装部分包含球阀、过滤器、流量计、数控电液阀、可燃气体探测器、气相切断阀、液相切断阀，液化石油气气相、液相管道中的切断阀为气动阀。装车过程中，如出现可燃气体泄漏，当可燃气探测器检测到泄漏的可燃气体达到联锁值(30%LEL)时，联锁关闭液化气装车仪至罐车处液相切断阀和气相切断阀；如出现静电接地夹故障，装车仪数控电液阀自动关闭，装车仪停止装车；如出现阀门、流量计等设备故障，可按装车仪上的停止按钮，数控电液阀、液相切断阀、气相切断阀关闭，装车仪停止装车。

(3) 紧急切断阀

紧急切断阀用于安装在液化石油气储罐的进出口管道上及充装鹤管前，当罐区及充装区发生火灾、泄漏等事故时能够快速切断和隔离物料的开关阀。从紧急切断阀到球罐管口之间除了接管外不得安装任何其他管件或阀门，其间距应符合配管安装、阀门维修和工艺要求。紧急切断阀应具有自动和手动关闭功能，手动关闭功能应包括控制室遥控手动关闭及现场手动关闭，且紧急切断阀应设置在防火堤外，避免在事故状态下阀门因低温、高温情况发生配件损坏，执行机构无法动作，液化石油气无法截断，造成事故扩大。

通常情况下，宜对控制室及充装区现场两个部位设置急停按钮，以控制充装系统紧急切断阀，实现对产品管线的切断。在紧急情况下，两个按钮任意一个按下时，关闭装车系统气相返回管线切断阀、液相管线切断阀，防止事故进一步扩大。

(4) 联锁自控保护使用效果评价

目前，依照相关要求，各装置联锁回路无特殊情况时要求100%投用，联锁回路率高，出现紧急时可迅速通过切断阀对物料进行切断，避免事故进一步扩大。查询部分装置的联锁试验记录，发现触发联锁条件时，各切断阀均能在10s内完成响应。各充装系统切断阀多采用气动球阀，切断阀性能完好，响应时间短，能实现快开快关，使用效果较好。

但是少数装置仍存在液位计故障导致装置切断阀误操作的情况，原因为该装置液化石油气储罐采用差压式液位变送器，因场地限制，引压管线较长，夏季时，温度较高，引压管线中液化石油气气化，导致液位计显示故障，故而调节阀误操作。

4.2.2 依靠设备设施保护进行安全管控

（1）阻火器

阻火器是用来阻止易燃气体、液体的火焰蔓延和防止回火而引起爆炸的安全装置，通常装在输送或排放易燃易爆气体的管线上，主要由壳体和滤芯两部分组成。壳体应具有足够的强度，以承受爆炸产生的冲击压力，滤芯是阻止火焰传播的主要构件，常用的有金属网滤芯和波纹型滤芯两种。

储罐及充装管道，宜选用阻爆轰型阻火器，其安装位置应远离火源。阻火器滤芯按其结构分类，可分为金属型和波纹型，金属型滤芯通常采用16~22目金属网，为4~12层，这类阻火器熄灭火焰的能力有限，目前已很少使用。波纹型滤芯用不锈钢、铜镍合金、铝或铝合金支撑，能阻止爆燃的猛烈火焰，并能承受相应的机械和热力作用，流动阻力小，易于清洗和更换，由于其性能稳定而得到广泛应用。

（2）鹤管用紧急拉断阀

鹤管用紧急拉断阀(ERC)是一种安装在鹤管前端，用于在紧急情况下使槽车与鹤管自动、快速脱离的机构，鹤管配装紧急拉断阀可以保护鹤管，确保流体装卸过程中人身和财产安全，减小事故损失，避免环境污染。它适应于油品、液化石油气、天然气、液氯等各种化工介质的装卸领域。

如图2所示，紧急拉断阀主体由两个切断阀、夹紧机构和拉断机构组成，切断阀一般为采用弹簧力关闭的单向阀，单向阀主要由壳体、阀瓣、主密封圈、主密封座、导流板等组成；两切断阀靠夹紧机构连接，夹紧机构与拉断机构通过钢丝绳连接。在紧急情况下随着槽车“逃逸”出工作范围后，通过拉断机构自动开启夹紧机构，使紧急脱离装置的两切断阀分离，两切断阀随着分离而自动密封，实现鹤管与槽车无泄漏分离，整个过程无须电、液等外加动力。

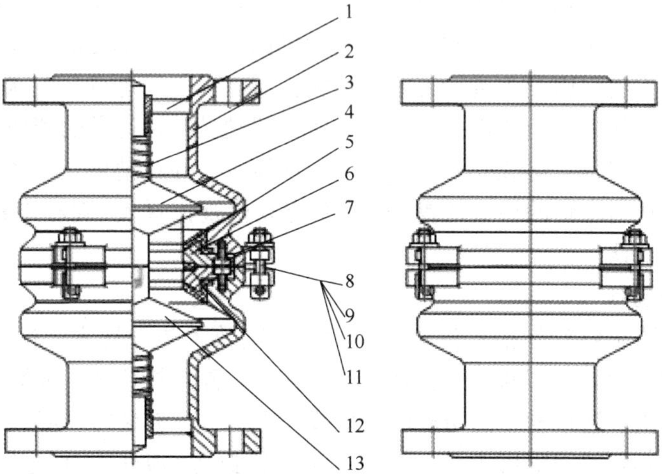

图2 鹤管用紧急脱离装置的结构总图

1—导流板；2—外壳；3—弹簧；4—阳头阀瓣；5—主密封；6—主密封座；7—螺钉；
8—拉断螺栓；9—垫片；10—螺母；11—挡销；12—副密封；13—阴头阀瓣

槽车正常装卸时，钢丝绳拉断机构处于松弛自由状态。当槽车驰离，其接口进入警戒区时，钢丝绳张紧并逐渐延伸拉长，当超出极限范围后进入拉断区，首先将连接锥顶和连接轴的开口销剪断，然后紧固环被拉出夹板凸台，锥顶撑开左/右夹板，实现装置分离。分离后，一个切断阀留在鹤管外臂上，另一个留在槽车上(同时还有鹤管前端的旋转接头、球阀、快速接头等)，两切断阀在内部弹簧力的作用下均实现密封。

(3) 不发火地面

不发火地面指采用的碎石应选用大理石、白云石，或者其他材料加工成，并以金属或者石料撞击时不发生火花为合格的地面。不发火地面按构造材料性质可分为两大类，即不发火金属地面和不发火非金属地面。不发火金属地面，其材料一般常用铜板、铝板等有色金属制作，因制造成本较高，使用范围较窄。不发火非金属材料地面，是采用不发火水泥石砂、细石混凝土、水磨石等无机材料制造，骨料可选用石灰石、大理石、白云石等不发火材料，这类材料硬度较低、易于破碎、纯度较高、杂质较少，使用范围较广。液化石油气充装地坪宜选用 80 厚 C30 细石混凝土，随打磨抹光(骨料用石灰石、白云石)作为不发火地面。

(4) 注水系统

为防止液化石油气储罐底部阀门发生破裂或其他原因导致泄漏，出现不可控情况，利用液化石油气密度比水轻、不溶于水的特性，通过注水泵将水从罐体底部注入，水沉积在储罐底部，托起液化石油气，液化石油气液面位置上升，使液化石油气液面高于泄漏点，从而达到水封作用。注水系统一般需设置止回阀，防止液化石油气进入新鲜水系统。

4.3 操作规范管理

充装工作应当符合《移动式压力容器安全技术监察规程》有关装卸工作质量要求，严格进行装卸前检查、装卸过程控制、装卸后检查，并且按照其规定进行记录，向介质买受方提交证明材料。其中规范装卸前检查、装卸过程控制及装卸后检查的操作是液化石油气安全充装的主要途径。

(1) 装卸前检查

充装前充装检查人员应对充装系统设备进行检查，对参数进行记录如储罐温度、压力、液位等，同时应对联锁及部分设备进行测试，包括对紧急停车按钮和对应联锁阀、静电保护联锁和槽车紧急切断联锁阀、防爆轴流风机进行测试，对充装单元消防器材、可燃气体探测器、火焰监测仪等安防设施设备进行完好性检测，对流程阀门进行开关状态确认。

在车辆进站前销售人员应严格把控用户车辆、驾驶员、押运员的资质合规查验，同时对车辆连接部位、安全附件、运载介质等进行安全性检查，并在销售点入场前出具回检等合格相关证明。充装人员对车辆的检查应参照《槽车充装检查记录表》对槽车的外观、安全附件的完整性进行再次确认。

(2) 装卸过程控制

充装人员确认槽车停放到指定位置并熄火，正确放置防滑枕木，槽车钥匙放至指定位置，确认司机站在车辆紧急切断阀旁，押运员站在紧急停车按钮旁。充装人员准备充装时提前开启防爆轴流风机，连接槽车的防静电接地线。人员进入充装区域必须消除人体静电、关闭手机，操作过程必须使用防爆工具，充装人员严格执行《液化石油气充装操作卡》，并落实“一人操作、一人监护”的双人“唱票制”，充装过程中充装人员、司机、押运员不能离开岗位，同时除司机外的现场工作人员禁止“越界”操作车辆所属设备设施，避免紧急情况下因人员误操作造成事故扩大。

运行液化石油气充装泵时，严格控制充装流速$<3m/s$，避免因流速过快可能产生静电，从而引发的着火、爆炸事件。充装过程中如出现充装鹤管脱落立即停运充装泵，就近关闭鹤

管进口手阀，通知司机立即关闭槽车上的紧急切断阀，同时拍下定量装车系统或现场充装紧急停车按钮。

当槽车充装至预定重量时，停液化石油气充装泵，确认所有阀门关闭后卸下装车鹤管，车辆静置5min后，卸下槽车防静电接地线，引导槽车驶出充装区，停防爆排风扇。

(3) 装卸后检查

充装完成后检查人员应对充装系统设备进行再次检查，对参数进行记录如储罐温度、压力、液位等，以确保剩余量符合要求，同时应对确认流程阀门开关状态是否正确；确认密封面、接管等是否泄漏；安全附件、装卸附件是否完好。充装人员对槽车质量复核后，应按照规定进行记录，并向介质买受方提交证明材料。

5 其他建议措施

(1) 增设充装系统失压保护，及在充装管道上增加压力开关，并与紧急切断阀联动，当管道压力突然变化时，可迅速关闭紧急切断阀，切断物料来源通道，阻止事态扩大。

(2) 增设充装系统喷淋系统，加入火焰检测仪信号，当火焰检测仪检测到火焰时，立即打开喷淋水，对起火点进行降温稀释，防止事故发生。

6 结语

轻烃回收装置属于易燃易爆场所，特别是储存及充装区域，属于重大危险源，本着安全第一的原则，员工应严格按照操作规程进行充装作业，同时从储罐液位/压力联锁保护、定量装车仪自我保护、紧急切断阀、阻火器、鹤管用紧急拉断阀、不发火地面等方面进一步削减液化石油气泄漏风险，切实保障人员与设备安全。

参 考 文 献

[1] 喻振．液化石油气储罐泄漏与预防．石油与天然气化工，2003，32(1).

[2] 冷琴，唐春红．液化烃球罐注水系统设计．石油化工设计，2015，32(1).

[3] 韩旭．阻火器选型准则．化学工程与装备，2016，11.

[4] 洪梅，徐康．石油化工装置中管道阻火器的选用及安装[J]．石化技术.2015(12).

[5] 徐四忠，周德勇，徐水根．紧急切断阀在低温液体充装中的应用[J]．深冷技术.2015(07).

[6]《建筑设计防火规范》GB 50016—2014.

[7] 盛天保．不发火地面面层材料选择和试验中的几个问题[J]．建筑工人.2006(11).

【作者简介】黄诗，女，四川省广安人，川中油气矿轻烃厂HSE办公室。地址：四川省遂宁市船山区金科美湖湾2期2-2-601。邮编：629000。电话：15282568587。

压裂平台火灾应急处置技术及方案

张 源

（中石油集团西南油气田开发事业部完井管理中心）

摘 要：压裂平台火灾应急处置技术及方案旨在提高工作人员应对火灾事故的能力，保障压裂作业的安全进行。本文首先分析了压裂平台火灾的危险性、火灾类型与特点以及火灾危害。接着，从火灾探测技术、火灾报警技术等方面详细介绍了压裂平台火灾应急处置的关键技术。随后，详述了压裂平台火灾应急处置方案，包括应急组织机构及职责、应急预案的制定等内容。最后，通过实例分析，展示了应急处置过程及效果。本文研究结果为压裂平台火灾的预防和处置提供了有益的参考。在未来的研究中，需要考虑更多影响因素，以提高压裂平台火灾应急处置的技术水平和应对能力。

关键词：压裂平台火灾；应急处置技术；方案

压裂平台是一种用于天然气、页岩气等非常规油气资源开采的关键设备，其运行安全备受关注。然而，压裂平台火灾是一种潜在的严重安全事故，可能导致人员伤亡、财产损失和生态环境破坏。因此，制定有效的火灾应急处置技术及方案对于压裂平台的安全运行具有重要意义。

1 压裂平台火灾的特点

1.1 火灾危险性分析

（1）易燃物质

压裂平台作业过程中涉及大量易燃物质，如石油、天然气、柴油、润滑油等，这些物质在泄漏后易与空气形成爆炸性混合物，增加了火灾危险性。

（2）高温高压环境

压裂平台作业过程中需要高温高压条件，设备及管线在高温高压环境下运行，容易导致设备损坏、管线破裂等事故，从而引发火灾。

（3）操作失误

压裂平台作业过程中需要严格按照操作规程进行，操作失误可能导致设备故障、油气泄漏等事故，进而引发火灾。

（4）雷电及静电

压裂平台作业过程中容易产生静电积聚，遇到雷电或静电放电时，可能引发火灾。

1.2 火灾类型及特点

（1）油气火灾

油气泄漏与空气形成爆炸性混合物，遇火源引发火灾。油气火灾具有燃烧速度快、火焰温度高、辐射热强等特点，容易导致人员伤亡和设备损坏。

(2) 电气火灾

压裂平台中的电气设备因短路、过载、接触不良等原因引发火灾。电气火灾具有突发性、隐蔽性等特点，容易造成设备损坏和电路系统故障。

(3) 物料火灾

压裂平台中使用的化学品、材料等因接触火源、化学反应等原因引发火灾。物料火灾具有突发性、燃烧剧烈、扩散迅速等特点，容易导致人员伤亡和生态环境破坏。

1.3 火灾危害

(1) 人员伤亡

火灾产生的高温、有毒气体和烟雾等对人员造成严重威胁。烧伤、窒息、中毒等伤害可能导致人员死亡或终身残疾。此外，火灾导致的恐慌和混乱还可能导致人员踩踏等次生灾害。

(2) 财产损失

压裂平台火灾可能导致设备、设施、库存物资等财产损失。高压、高温环境可能导致设备损坏、管线破裂等事故，造成严重的直接经济损失。同时，火灾还可能导致压裂作业中断，影响油气资源的正常生产与供应，带来间接经济损失。

(3) 生态环境破坏

火灾产生的有害气体及污染物排放到环境中，可对大气、土壤和水体造成严重污染。例如，油气燃烧产生的二氧化碳、一氧化碳、氮氧化物等气体排放到大气中，可加剧温室效应和空气质量下降。另外，火灾扑救过程中使用的消防废水、泡沫等灭火剂可能对生态环境造成二次污染。

(4) 社会影响

压裂平台火灾不仅给企业带来经济和声誉损失，还会引发社会关注和舆论压力。事故发生后，公众可能会对企业的安全管理措施提出质疑，导致企业形象受损。此外，火灾还可能导致当地居民对压裂平台的抵触情绪，影响压裂平台的后续建设和运行。

2 压裂平台火灾应急处置的关键技术

2.1 火灾探测技术

火灾探测技术是及时发现压裂平台火灾的关键。目前常用的火灾探测技术包括感温火灾探测器、感烟火灾探测器、红外火焰探测器、可燃气体探测器等。这些探测器通过监测温度、烟雾、火焰和可燃气体等参数，实时监控压裂平台内的火灾情况。火灾探测技术的应用有助于早期发现火灾，为及时启动应急处置措施提供依据。

2.2 火灾报警技术

火灾报警技术是压裂平台火灾应急处置的重要环节。当火灾探测器检测到火灾信号时，需要通过火灾报警系统及时发出报警信号。火灾报警系统应具备声光报警、信息记录和传输等功能，以便操作人员迅速响应，实施应急处置措施。火灾报警技术的应用有助于提高火灾应急处置的效率和效果。

2.3 消防设备与器材

消防设备与器材是压裂平台火灾应急处置的基础。常见的消防设备与器材包括消防栓、水枪、水带、灭火器、防火服、呼吸器等。这些设备与器材需要定期检查、维护和更新，确保其在火灾应急处置过程中发挥作用。操作人员需要熟悉各类消防设备与器材的使用方法，以便在火灾发生时能够正确操作，提高火灾扑救效果。

2.4 消防人员培训

消防人员培训是提高压裂平台火灾应急处置能力的关键。消防人员需要接受专业培训，掌握火灾扑救、应急处置、人员疏散等方面的知识和技能。通过定期举办消防演练，提高消防人员的实战能力，确保在火灾发生时能够迅速组织扑救，降低火灾损失。

2.5 通信技术

通信技术在火灾应急处置中发挥着重要作用。需要建立可靠、高效的通信系统，确保火灾发生时，操作人员能够及时与现场人员和应急指挥中心取得联系。此外，通信系统还应具备防火、防爆功能，保证在火灾条件下的通信畅通。压裂平台应采用先进的无线通信技术，如无线对讲机、卫星电话等，确保在紧急情况下的通信畅通。

3 压裂平台火灾应急处置方案

3.1 应急组织机构及职责

应急组织机构是压裂平台火灾应急处置的关键保障。需要建立火灾应急组织机构，明确各级职责，以确保火灾应急处置工作的有序进行。应急组织机构通常包括应急指挥中心、现场处置小组、技术支持小组、后勤保障小组等。应急指挥中心负责统筹协调火灾应急处置工作，制定应急预案，下达应急处置指令，协调各方资源。现场处置小组负责火灾现场的扑救、人员疏散、设备保护等工作。技术支持小组负责提供消防技术指导、分析火灾原因、评估火灾损失等。后勤保障小组负责提供物资、设备、交通等保障支持。

3.2 应急预案的制定

应急预案是压裂平台火灾应急处置的重要依据。需要制定针对性强的应急预案，明确火灾应急处置的程序、措施和职责。应急预案应根据压裂平台的实际情况，对火灾风险进行评估，制定相应的预防措施和应急处置措施。应急预案应包括以下主要内容：火灾风险分析、组织机构及职责、火情检测与报警、火灾扑救、人员疏散、设备保护、现场管控、事故调查等。应急预案需要定期更新，并根据实际情况进行演练，确保应急处置人员熟悉应急预案的内容和要求。

3.3 应急处置措施

应急处置措施是压裂平台火灾应急处置的关键环节。在火灾发生时，需要迅速启动应急预案，采取有效措施控制火势，减少损失。应急处置措施包括：立即报警、启动应急预案、扑灭火源、关闭设备、切断电源、保护现场、人员疏散、医疗救援等。

3.4 应急预案的演练与评估

应急预案的演练与评估是提高压裂平台火灾应急处置能力的有效手段。需要通过定期组织开展消防演练，提高操作人员应对火灾的实战能力。演练内容应根据应急预案进行设置，包括火灾报警、人员疏散、火灾扑救、现场管控等环节。演练结束后，需要对演练效果进行评估，总结经验教训，完善应急预案和应急处置措施。评估内容包括：演练组织、预案执行、处置措施、人员表现、设备使用等方面。通过持续改进，提高压裂平台火灾应急处置的水平。

3.5 培训与宣传教育

培训与宣传教育是提高压裂平台火灾应急处置能力的基础。需要定期组织操作人员参加消防培训，内容包括消防法律法规、火灾预防、灭火技能、自救逃生等。此外，还应通过消防安全学习、桌面及现场演练等形式，提高员工的消防安全意识和防火灭火技能。

4 案例分析

4.1 事件背景

2023年某石油企业在其位于西部地区的压裂平台进行作业。在进行压裂作业期间，由于操作人员违规操作，导致油气泄漏，引发大火。火势迅速蔓延，导致平台设备严重受损，并有多名工作人员受伤。

4.2 应急处置过程

（1）火灾发现与报警

平台操作人员在发现火情后，立即报告了当班负责人。当班负责人确认火情后，立即启动了火灾应急预案，并向当地消防部门报警。

（2）现场处置

现场处置小组根据应急预案，迅速组织人员进行灭火和疏散工作。操作人员利用现场灭火器、消防栓等设备扑灭火源，防止火势进一步蔓延。同时，安全员组织现场工作人员有序撤离至安全区域。

（3）外部救援

当地消防部门接到报警后，迅速派出消防车和消防员赶赴现场。消防人员根据现场情况，采取专业的灭火措施，最终成功扑灭火源。

（4）人员救治与环境监测

医疗救援队赶赴现场，对受伤工作人员进行救治。同时，环境监测部门对现场及周边环境进行监测，确保无次生灾害发生。

（5）事故调查与整改

事故发生后，政府有关部门成立事故调查组，对事故原因进行调查。调查结果显示，事故主要原因是操作人员违规操作，导致油气泄漏。基于调查结果，该石油企业对压裂平台进行了全面安全检查，加强员工培训，提高消防安全意识，防止类似事件再次发生。

4.3 分析与总结

（1）原因分析

本次事故的主要原因是操作人员违规操作，导致油气泄漏，引发大火。同时，压裂平台可能存在安全管理不足、消防设施不完善等问题，导致火灾应急处置效果不佳。

（2）处置措施分析

在火灾发生后，压裂平台及时启动应急预案，组织现场人员灭火和疏散，并寻求外部救援力量。这些处置措施对于控制火势、减少损失起到了积极作用。

（3）改进措施

为预防此类事故再次发生，应加强员工培训，提高消防安全意识。同时，应对压裂平台进行定期安全检查，完善消防设施，确保应急预案的有效性。此外，还应建立与外部救援力量的联动机制，确保在事故发生时能够迅速调动救援力量。

5 结语

综上所述，压裂平台火灾应急处置是一项复杂而重要的工作，需要全面考虑、精心组织，以确保压裂平台的安全稳定运行。通过掌握关键的处置技术和制定完善的应急预案，压裂平台能够有效地降低火灾风险。此外，企业还应与外部救援力量建立紧密的联动机制，确保在事故发生时能够迅速调动救援力量，协同开展火灾扑救、人员救治等工作。

参 考 文 献

[1] 唐伟，王文麟，王文和，等．页岩气压裂施工现场压裂车火灾演化行为数值模拟[J]．消防科学与技术，2022，41(1)：72-75.

[2] 魏学成．页岩气压裂井场火灾智能预警及远控消防系统[J]．今日消防，2019，4(5)：53-55.

【作者简介】张源，男，中石油集团西南油气田开发事业部，油气田开发工程师，成都市锦江区沙河街道下沙河铺街59号开发事业部完井管理中心，电话：18315091122，邮箱：zhangyuan890522@163.com。

手持激光甲烷遥测仪在两个现场中的应用

赵长明

（中国石油西南油气田分公司重庆气矿梁平采输气作业区）

摘　要：介绍了手持激光甲烷遥测仪工作原理，阐述了该遥测仪在天然气生产现场和施工现场中的四种检测方法，并在天东12井集气站两个现场得到应用。通过现场检测，证明空中测量法、平行交叉测量法、垂直交叉测量法和定点测量法等四种检测方法，能够快速对生产现场的工艺设备、装置及管线进行监测，能够对施工现场的不同作业区域进行监测(特别是监护人员无法达到的作业区域)，能快速检测到泄漏区域、泄漏点，有助于提高两个现场巡检和监督检查效率，证明该遥测仪在天然气生产现场和施工现场中的适用性。

关键词：手持；激光；甲烷遥测仪；两个现场；应用

“两个现场”是指天然气生产现场和施工现场。油气开采行业“两个现场”涉及易燃易爆区域较多，施工作业风险较高，借助信息化管理手段，能够对油气田安全管理工作进行有效提升。“两个现场”最大风险就是天然气泄漏引发火灾、爆炸和人员中毒等事故，因此，天然气等可燃气体应设可燃气体检测报警系统，油气田易燃、易爆场所应安装可燃气体检测报警器。在生产和检修过程中需要临时检测可燃气体、有毒气体的场所，应配备移动式气体探测器。常规移动式气体探测器在两个现场中有很大局限性，要求探头置于可能含有天然气泄漏的环境中，探头与天然气需要直接接触，探头容易损坏，并且受设备高度、施工区域(如受限空间)限制，增大检测人员危险性。这就造成“两个现场”气体检测不能全覆盖。手持激光甲烷遥测仪采用先进的激光气体探测技术，非接触测量，可对人员无法到达的地方进行遥测，并能够准确定位，快速查找泄漏源。

1　手持激光甲烷遥测仪工作原理

激光甲烷遥测仪采用先进的可调谐半导体激光二极管吸收光谱(TDLAS)技术与DSP数字信号处理相结合。TDLAS是利用半导体激光二极管的波长扫描和电流调谐特性对痕量气体进行检测的一种技术，选用甲烷特有的吸收线，实现气体的零交叉干扰。采用DSP数字信号处理技术，信号的产生及分析处理均采用数字电路，有效地提高系统的抗干扰能力，稳定性，可重复性。

当遥测仪发出的激光束照向目标天然气设备或管道时，如果存在气体泄漏，激光束一部分会被吸收，穿过泄漏气团后，由气团后的地表或者墙面等背景物体散射后返回，散射光经过光学透镜收集，并被高灵敏的探测器接收，特征气体浓度越高，吸收量越大。经过信号处理，就可以计算出探测器及反射背景物之间的气体积分浓度(单位ppm. m)。当浓度超过设置的报警阈值(默认值100ppm. m)时，仪器会发出声光报警。测量原理如图1所示。

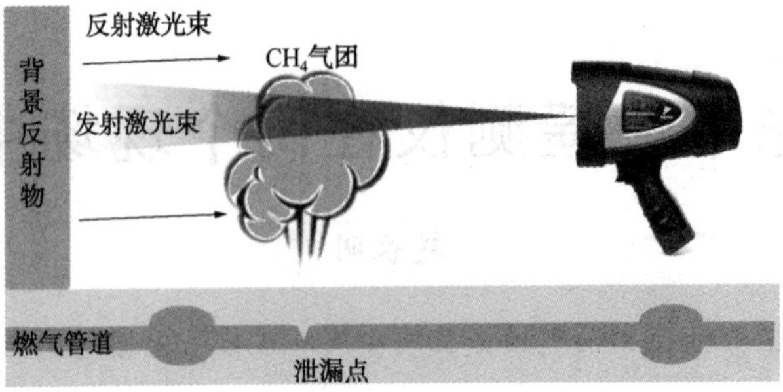

图 1　测量原理示意图

2　手持激光甲烷遥测仪测量方法

2.1　天然气生产现场测量

天然气生产现场包括各类天然气生产场站，以及天然气集输管道及阀室。利用手持激光甲烷遥测仪对天然气生产现场进行检测时，其检测方法如下。

对天然气生产场站按照不同装置进行分区。天然气集输管道按照距离和地形进行分区，平整地形且长度在仪器有效测距内为一个区块，特殊地形(如山沟、河流穿跨越处、公路穿跨处、铁路穿跨越处、地质灾害处等)应单独划分为一个区块，天然气集输管道阀室应单独划分为一个区块。

对每个区块综合采用以下测量方法。一是利用空中测量法，对天然气生产现场上空大气进行检测，确定装置区上空是否存在天然气(甲烷)云团。二是利用平行交叉测量法，对装置区四周水平方向进行检测，判定其四周水平方向是否存在天然气(甲烷)云团。三是利用垂直交叉测量法，对装置区四周垂直方向和水平方向进行检测，判定其四周垂直方向和水平方向是否存在天然气(甲烷)云团。四是采用定点测量法，对各密封点进行定点测量。

天然气生产现场综合采用以上四种测量方法，检测出天然气云团，快速准确排查出天然气泄漏点。

平行交叉测量法适用于装置主要为单一水平方向安装、空间结构简单、附件少的简单装置，如单井集气站、多井集气站、配气站、集输气管道及阀室等。垂直交叉测量法适用于装置立体安装、空间结构复杂、附件多的复杂装置，如增压站、脱水站、脱硫站、净化厂等。空中测量法和定点测量法对各类生产现场都适用。

2.1.1　空中测量法

进入待测区块，确定装置高度，在装置最高点四周找到反射背景物(围墙或装置)。靠近装置区，手持激光甲烷遥测仪对准装置最高点，从上至下，环绕装置区使用一个平稳的“S”形路线无死角360°全扫描，检测装置区上空有无天然气(甲烷)云团。当扫描某区域，仪器报警，提示有天然气(甲烷)云团，操作者可以在此来回多扫描几次，如果每次都有报警，就可确定报警声音最大的地方存在天然气(甲烷)云团，查找泄漏源。

测量天然气管道时，使用一个平稳的“S”形路线扫描管道，保证检测激光穿过待测管道上空。当扫描某区域，仪器报警，提示有气体泄漏后，操作者可以在此来回多扫描几次，如果每次都有报警，就可确定报警声音最大的地方就是泄漏点。如果有疑问，可以在该点开挖，使用便携式可燃气体检测仪(甲烷)重新进行检测，确认管道具体泄漏点。

通过空中测量法，可快速检测出装置区(天然气管道)是否存在天然气(甲烷)泄漏。

2.1.2　平行交叉测量法

空中测量法可确定存在装置区上空某处存在天然气(甲烷)云团，但不能检测出具体的泄漏装置及泄漏点。平行交测量法主要针对单一水平安装装置及其附件进行检测。进入待测区块，在装置区四周找到反射背景物(围墙或装置)。靠近装置区，手持激光甲烷遥测仪对准装置区先进行前后横向扫描，之后再进行前后纵向扫描，检测装置区有无天然气(甲烷)云团。当扫描某区域，仪器报警，提示有天然气(甲烷)泄漏，操作者可以在此来回多扫描几次，如果每次都有报警，就可确定报警声音最大的地方存在泄漏。为进一步验证是否为设备泄漏，需靠近设备检测(排除大气云团)。若近距离检测，报警声音仍然最大，就可初步确认该设备存在泄漏。最后，用验漏液进行查证，在泄漏装置上找出具体的泄漏点。

2.1.3　垂直交叉测量法

平行交叉测量法只能检测出装置区水平方向上是否存在天然气(甲烷)云团。装置垂直方向上检测应采用垂直交叉测量法。按照装置区垂直方向上主要设备分布划分出多个垂直方向检测线。进入待测区块，在装置区四周找到反射背景物(围墙或装置)。靠近装置区，手持激光甲烷遥测仪对准装置区垂直方向检测线从上到下扫描，依次完成全部检测线扫描。之后再进行平行交叉法，对装置区水平方向进行扫描，从上到下依次扫描不同水平面，检测装置区有无天然气(甲烷)云团。当扫描某区域，仪器报警，提示有天然气(甲烷)泄漏，操作者可以在此来回多扫描几次，如果每次都有报警，就可确定报警声音最大的地方存在天然气(甲烷)云团或设备泄漏。为进一步验证是否为设备泄漏，需靠近设备检测(排除大气云团)。若近距离检测，报警声音仍然最大，就可初步确认该设备存在泄漏。最后，用验漏液进行查证，在泄漏装置上找出具体的泄漏点。

2.1.4　定点测量法

对各设备、装置、计量仪表及其附件等密封点进行定点测量。靠近密封点，手持激光甲烷遥测仪对准密封点，先上下扫描，然后再左右扫描。当扫描某区域，仪器报警，提示有天然气(甲烷)云团，操作者可以在此来回多扫描几次，如果每次都有报警，就可确定报警声音最大的地方存在天然气(甲烷)云团。最后，用验漏液进行查证，在密封点上找出具体的泄漏点。

2.2　天然气施工现场测量

天然气施工现场包括各类天然气生产场站施工现场，以及天然气集输管道及阀室施工现场。利用手持激光甲烷遥测仪对天然气施工现场进行检测时，其检测方法如下。

天然气施工现场按照施工区域及动火区域进行分区。距离动火点30m内不准有液态烃或低闪点油品泄漏，半径15m内不准有其他可燃物泄漏和暴露。因此，分区原则为装置区或动火点15m范围内，并兼顾不同装置、不同作业点等进行划分。天然气集输管道按照施工现场、距离和地形进行分区，平整地形且长度在仪器有效测距内为一个区块，特殊地形(如山沟、河流穿跨越处、公路穿跨处、铁路穿跨越处、地质灾害处等)应单独划分为一个区块，天然气集输管道阀室应单独划分为一个区块。

对每个区块综合采用以下测量方法。一是利用空中测量法，对天然气施工现场上空大气进行检测，确定施工区上空是否存在天然气(甲烷)云团。二是利用平行交叉测量法和垂直交叉测量法，对施工区四周垂直方向和水平方向进行检测，判定其四周垂直方向和水平方向是否存在天然气(甲烷)云团。四是采用定点测量法，对施工区各设备、装置、计量仪表及其附件等密封点进行定点测量，对施工区域指定点进行定点测量。天然气施工现场采用以上测量方法，就能够快速准确排查出天然气泄漏点。其测量方法如下。

2.2.1　空中测量法

距离施工装置区15m开外，进入待测区块，确定施工装置高度，在施工装置最高点四周找到反射背景物(围墙或装置)。由远到近，靠近施工装置区，手持激光甲烷遥测仪对准装置最高点，从上至下，环绕装置区使用一个平稳的“S”形路线无死角360°全扫描，检测施工装置区上空(包括装置上各高度施工点)有无天然气(甲烷)云团。当扫描某区域，仪器报警，提示有天然气(甲烷)云团，操作者可以在此来回多扫描几次，如果每次都有报警，就可确定报警声音最大的地方存在天然气(甲烷)云团。同时，采用相同方法对施工装置区15m范围内所有正在运行的天然气设备、设施进行检测，确保施工装置区15m范围内无天然气泄漏。

测量天然气管道施工区时，使用一个平稳的“S”形路线扫描管道，保证检测激光穿过待测管道上空。当扫描某区域，仪器报警，提示有气体泄漏后，操作者可以在此来回多扫描几次，如果每次都有报警，就可确定报警声音最大的地方就是泄漏点。如果有疑问，可以在该点开挖，使用便携式可燃气体检测仪(甲烷)重新进行检测，确认管道具体泄漏点。

通过空中测量法，可快速检测出施工装置区(天然气管道)是否存在天然气(甲烷)泄漏。

2.2.2　平行交叉测量法和垂直交叉测量法

空中测量法只能检测出施工区大气中是否存在天然气(甲烷)云团，未能检测出施工区15m范围各类设备、设施是否存在天然气泄漏。对此，应采用平行交叉测量法和垂直交叉测量法进行检测(与生产现场相同)，对施工区15m范围所有设备、设施进行检测。当扫描某区域，仪器报警，提示有天然气(甲烷)泄漏，操作者可以在此来回多扫描几次，如果每次都有报警，就可确定报警声音最大处可能存在天然气泄漏，采用验漏液查证，找出泄漏源，并进行处置，保证在施工区15m范围内所有设备、设施无天然气泄漏。

2.2.3　定点测量法

在施工区域及其附近的以下区域应进行定点测量。一是施工区域的气体检测检测范围应从在施工点(动火点)延伸到其周围15m处；动静密封点的1.5m范围、管道开口端、排放口、阀门的密封件、连接件、盲板、安全阀、泵的密封、管沟等部位应进行重点检测。二是在管道(设备)开口端、附近尚在运行的管道(设备)、排放口、导淋处进行检测，确保管线(设备)完全隔离。三是对于受限空间作业，所有人孔、排污口、排渣口、外浮筒导淋处进行检测；淤泥、灰尘、水垢等进行检测；地井、地沟距水面20cm左右进行检测；在不同位置的低点进行检测。注意：检测人员必须做好相应防护和应急处置。

定点测量法：靠近指定点，手持激光甲烷遥测仪对准指定点，先上下扫描，然后再左右扫描。当扫描某区域，仪器报警，提示有天然气(甲烷)云团，操作者可以在此来回多扫描几次，如果每次都有报警，就可确定报警声音最大的地方存在天然气(甲烷)云团，或者存在天然气泄漏。最后，用验漏液进行查证，找出具体泄漏点，并及时处置。

3　手持激光甲烷遥测仪现场应用

使用手持激光甲烷遥测仪在天东12井集气站开展生产现场检测和施工现场检测，验证四种检测方法效果。天东12井集气站为两口天然气井(天东12井和天东19井)集气站。天东12井和天东19井产出天然气经分离、脱硫、调压、计量后直接供给当地作为民用气。天东12井和天东19井产出天然气经分离器产生的气田水进入气田水池，经气田水转输泵转输至回注井站，气田水处理后回注地层。

3.1 天然气生产现场应用

首先利用空中测量法，对天东12井集输工艺区上空大气进行检测，经检测该装置区上空无天然气(甲烷)云团。采用空中测量法对天东12井脱硫装置区上空进行测量。进入脱硫装置区，确定装置高度，以装置最高点为反射背景物(因装置远高于围墙)。靠近装置区(间距约15m)，手持激光甲烷遥测仪对准装置最高点，环绕装置区进行无死角360°全扫描，检测值为3ppm. m，说明装置区上空无天然气(甲烷)云团，脱硫装置无泄漏。如图2所示。

图2　空中测量法现场测量图

利用平行交叉测量法对集输工艺区单一水平安装的调压、计量装置及其阀门等进行检测。进入待测区块，在装置区四周找到反射背景物(围墙或装置)。靠近装置区(间距约5m)，手持激光甲烷遥测仪对准调压、计量装置区先进行前后横向扫描，之后再进行前后纵向扫描，检测值为2ppm. m，说明该装置区无天然气(甲烷)云团，装置无泄漏。如图3所示，红色箭头所指方向为检测方向。

利用垂直交叉测量法对集输工艺区卧式气液分离器及其阀门等进行检测。进入待测区块，在装置区四周找到反射背景物(围墙或装置)。靠近装置区，手持激光甲烷遥测仪对准装置区垂直方向检测线从上到下扫描，依次完成全部检测线扫描。之后再进行平行交叉法，对装置区水平方向进行扫描，从上到下依次扫描不同水平面。检测值为7ppm. m，说明该装置区无天然气(甲烷)云团，装置无泄漏。如图4所示，红色箭头所指方向为检测方向。

图3　平行交叉法现场测量图

图4　垂直交叉法现场测量图

采用定点测量法对集输工艺区密封点进行定点测量，未检出泄漏点。

采用定点测量法对采气井口装置的密封点进行定点测量。靠近井口装置，对其套管头、油管头、采气树等进行检测(间距约5m)，未发现泄漏。当对采气树油压变送器与其引压管连接活接头处检测时，激光甲烷遥测仪显示为120ppm. m(发出报警)。其四周检测值都低于该值(未报警)。最后，用验漏液从油压变送器与其引压管连接活接头处开始，从上向下依次对所有接头进行查证，证实为变送器下端的控制阀上端连接处泄漏(验漏液起泡)，现场立即整改。通过定点检测可看出，若存在垂直高度上连续有多个密封点(各类仪表、导压管及其控制阀等各连接点)，在垂直高度上报警值最大的地方不一定是泄漏点，也有可能是其下面密封点才是泄漏点(泄漏天然气在泄漏点上方形成云团)。此时，必须采用验漏液进行查证。如图5所示。

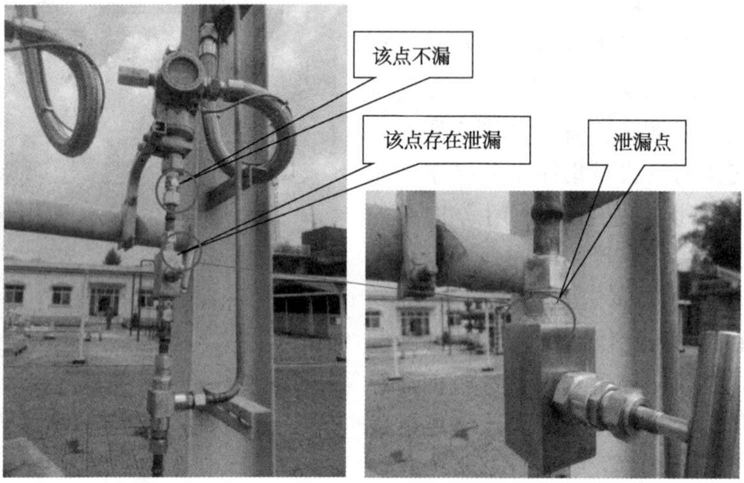

图5　定点测量法现场测量图

综合采用以上四种测量方法，就能够快速准确排查出天然气生产现场天然气云团，排查出天然气泄漏点，并及时采取相应控制措施。

3.2　天然气施工现场应用

天然气施工现场已实施远程移动视频监控。远程监督受摄像机覆盖范围和AI模型准确度限制，在未来较长的一段时间内依然容易出现存在监管盲点的不足，特别是无法对施工现场气体检测情况进行远程实时监控。天东12井集气站采用干法脱硫装置对原料天然气进行脱硫净化处理，需要定期更换脱硫剂。采用手持激光甲烷遥测仪对脱硫装置更换脱硫剂施工作业进行现场监测，更有利于施工现场监督。

更换脱硫剂前，对流程进行倒换，隔离、氮气置换、注水等，对脱硫装置四周采用空中测量法、垂直交叉测量法和定点测量法进行测量，检测值为3ppm. m(见图2)，脱硫装置不存在天然气泄漏。当打开脱硫装置顶部盖板后，对顶部盖板处采用定点测量，最大检测值为1525ppm. m(水平间距约15m)，脱硫装置中残余天然气(甲烷)通过顶部盖板孔泄漏。约2min后，检测值降至33ppm. m。当打开脱硫装置底部盖板后，对低部盖板处采用定点测量，最大检测值为1037ppm. m(水平间距约15m)，脱硫装置中残余天然气(甲烷)通过底部盖板孔泄漏。约2min后，检测值降至17ppm. m。脱硫剂清掏期间检测值在16ppm. m到35ppm. m之间。通过此次检测，证实脱硫装置打开盖板瞬间风险较大，应做好残余天然气泄漏引发燃烧、爆炸、中毒等控制措施，特别应加强作业人员安全防护。打开脱硫装置顶部盖板后检测值如图6所示。

根据手持激光甲烷遥测仪在天东12井脱硫装置更换脱硫剂施工现场的应用，证明其在天然气施工现场具有较好的适用性。

图 6　打开脱硫装置顶部盖板后检测值

4　结语

手持激光甲烷遥测仪适用于天然气生产现场和施工现场气体监测，能够快速准确排查天然气泄漏点，并采取相应的控制措施，有效提高“两个现场”巡检和监督检查效率。

空中测量法能快速判断“两个现场”大气中是否存在天然气云团，确定是否存在天然气泄漏。平行交叉测量法适用于单一水平方向安装、空间结构简单、附件少的简单装置测量，能快速判定其四周水平方向是否存在天然气(甲烷)云团，确定装置是否存在天然气泄漏。垂直交叉测量法适用于立体安装、空间结构复杂、附件多的复杂装置测量，能快速判定其四周垂直方向和水平方向是否存在天然气(甲烷)云团，确定装置是否存在天然气泄漏。定点测量法适用于天然气生产现场各密封点测量及其施工现场指定点测量，能够快速准确排查出“两个现场”天然气泄漏点。

参　考　文　献

[1] 袁艺朗，李倩，魏东. 移动视频监控系统在油气田安全管理中的应用[J]. 天然气工业，2021. 41(增刊2)：150-154.

[2] 邹伟，刘强，赵帅，等. 石油天然气工程可燃气体检测报警系统安全技术规范[S]. 北京：国家发展和改革委员会，2008.

[3] 王国春，张继峰，许铁民，等. 可燃气体检测报警使用规范[S]. 北京：国家石油和化学工业局，2000.

[4] 文科武，裴炳安，朱华兴，等. 石油化工可燃气体和有毒气体检测报警设计标准[S]. 北京：中华人民共和国住房和城乡建设部国家市场监督管理总局，2019.

[5] 蒋兴富，文红军，唐华，等. 移动激光甲烷遥测仪在天然气泄漏检测中的应用[J]. 石油工程建设，2016，42(6)：78-79.

[6] 华胜，王泽华，裴玉起，等. 动火作业安全管理规范[S]. 北京：中国石油天然气集团公司，2009.

[7] 黄鑫，李静，秦林，等. 智能时代下的油气勘探生产安全监督模式思考[J]. 天然气工业，2021. 41(增刊2)：90-95.

【作者简介】赵长明，男，工程师，1991 年 6 月毕业于西南石油大学，在西南油气田分公司重庆气矿梁平采输气作业区从事 HSE 监督工作。电话：13594829887，邮箱：zcm_13594829887@163.com。

石南 21 集中处理站硫化氢治理措施及效果

王羽璇　杨　磊　何明杰

（中国石油新疆油田公司陆梁油田作业区）

摘　要：石南 21 集中处理站在原油处理系统和污水处理系统中发现大量硫化氢气体，给生产带来严重安全隐患。2021 年处理站对原油系统和污水系统产生硫化氢的机理进行了调查研究，确定硫酸盐还原菌是硫化氢产生的主要因素之一；通过分析温度、pH 值和矿化度等影响硫酸盐还原菌生长的几大因素，对比差异变化，通过现场试验对杀菌剂加药量进行调整来优化措施取得了巨大的经济效益。

关键词：联合站；硫化氢；硫酸还原菌；杀菌剂

1　引言

石南 21 集中处理站于 2004 年建成投产，由原油系统，天然气系统，污水处理系统和注水系统组成，是大型综合型站库。2020 年 6 月 10 日在污水系统发现硫化氢浓度高达 500g/mL。硫化氢是一种有特殊臭味的有毒有害气体，会对人体造成伤害，浓度达到 1000g/mL 会造成人员瞬间死亡，给油田生产带来了极大的安全隐患，这需要对硫化氢的成因进行分析并及时采取有效措施进行治理。

2　硫化氢成因分析

2.1　石南 21 集中处理站原油及污水工艺流程图

石南 21 集中处理站采用了热化学沉降工艺，原油通过沉降罐进行脱水后进入净化油罐合格后外输。具体工艺见图 1、图 2 所示。

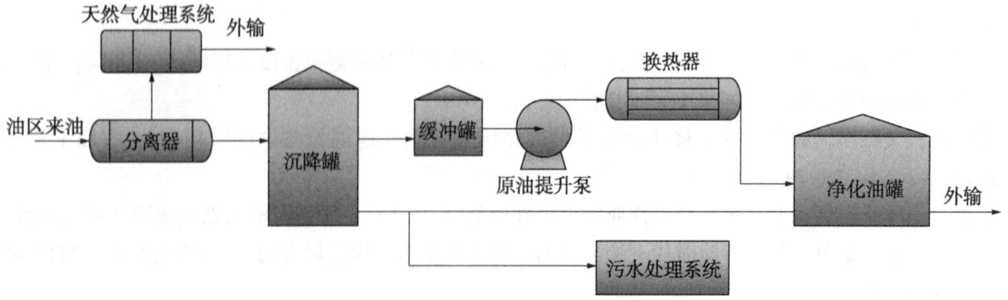

图 1　石南 21 集中处理站原油处理工艺图(一)

石南 4 含油污水、石南 31 含油污水、石南 21 含油污水和站内回收水进入调储罐沉降后经反应提升泵增压至反应器旋流反应后进入混凝沉降罐沉降，出水进入缓冲罐由过滤提升泵增压至过滤器过滤后储存于注水罐用于油田注水。污泥处理及污水回收部分，调储罐、反应罐、沉降罐和过滤器的排污和反洗水进入 300m^3 污泥池沉降，污泥经离心脱水机脱水后排

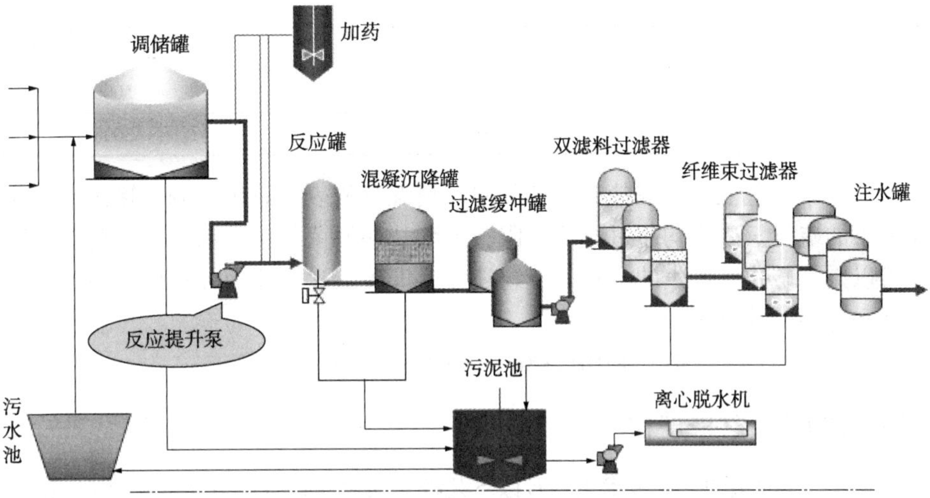

图2　石南21集中处理站污水处理工艺图(二)

出，上清液进入污水池回收至调储罐。调储罐入口投加缓蚀剂、除氧剂，调储罐出口投加催化剂，在反应罐入口、反应罐中部分别投加净水剂和助凝剂，在过滤器至注水罐管线上投加杀菌剂。

2.2　油田硫化氢产生机理

油田产生的硫化氢主要两种途径：

(1) 高温还原成因：硫化氢形成是由于硫酸盐在烃类(以∑CH代表，即油气)或有机物(以C代表)参与下的高温还原而成。(主要产生于井筒和地下)

$$2C+CaSO_4+H_2O \longrightarrow CaCO_3+H_2S+CO_2 \quad ①$$

$$\sum CH+CaSO_4 \longrightarrow CaCO_3+H_2S+H_2O \quad ②$$

(2) 生物还原成因：硫酸盐还原菌利用各种有机质(C和∑CH)作为给氢体来还原硫酸盐。(主要产生在集输过程中)

$$\sum CH[或C]+CaSO_4(SRB) \longrightarrow CaCO_3+H_2S+H_2O \quad ③$$

2.3　硫化氢分布情况

石南21集中处理站内硫化氢首先在污水沉降罐取样中发现，通过对污水系统和原油处理系统的全过程进行硫化氢检测，发现其主要分布在石南31来水，石南4来水，调储罐，原油沉降罐，净化油罐和污水重力沉降罐。再次通过对污水处理系统和原油处理系统的全过程进行硫化氢检测，发现硫化氢的主要来源为石南21、石南31、石南4来水，后进入污水处理系统。现以10天为周期，对发现硫化氢的主要来源地点进行取样后测硫化氢及细菌含量，取平均值(表1)。

表1　石南21集中处理站硫化氢分布检测表

取样地点	硫化氢/(g/mL)	SRB菌量/(个/mL)(40℃)
调储罐出口	>500	11000
石南4来水	>500	7000
石南31来水	423	6000
原油沉降罐出口	310	6000

续表

取样地点	硫化氢/(g/mL)	SRB 菌量/(个/mL)(40℃)
混凝沉降罐出水线	289	5000
反应罐出口	170	3000

从生产过程中硫化氢与硫酸盐还原菌的对应情况分析表中看出，调储罐出口硫化氢浓度和石南 4 来水的硫化氢浓度均超过检测上限，硫酸盐还原菌的个数和产生硫化氢的浓度成正比，由此可以判断硫化氢产生的方式是生物还原，即硫酸盐还原菌(SRB)能将硫酸盐还原成极具腐蚀性和毒性的硫化氢：

$$SO_4^{2-}+10H^++8e^-\longrightarrow H_2S+4H_2O+\text{能量} \quad ④$$

3 治理措施及效果评价

目前，硫酸盐还原菌的治理技术主要有以下几种，通过比较各个方法的优缺点(见表 2)，综合考虑之后选择采用投加化学杀菌剂的方法来抑制硫酸盐还原菌的繁殖，治理硫化氢。

表 2 硫酸盐还原菌治理技术对比

主要内容	优点	缺点
电离射线	射线穿透能力强且不受外部形状影响	所需设备复杂，射线产生辐射对人体造成伤害
超声波杀菌	所需设备复杂，射线产生辐射对人体造成伤害	超声波技术在作用范围内才有效
相似微生物形成竞争	种类多，干净无污染，适用范围广	可控性较差，工艺研究不发达
投加化学杀菌剂	成本低，见效快，已经具备现成的工艺条件，方便可靠，简单易行	在水中的残留量高，药品有保质期

3.1 影响硫酸还原菌生长的因素

3.1.1 温度对硫酸盐还原菌的影响

在 25~40℃时该菌种产硫化氢相对较多，也最适合其菌种生长，超过这个范围菌体的生长就很缓慢，甚至不生长。处理站来水温度为 25℃，适合硫酸还原菌的生长，在不同温度下 SRB 产硫化氢速率如图 3 所示。

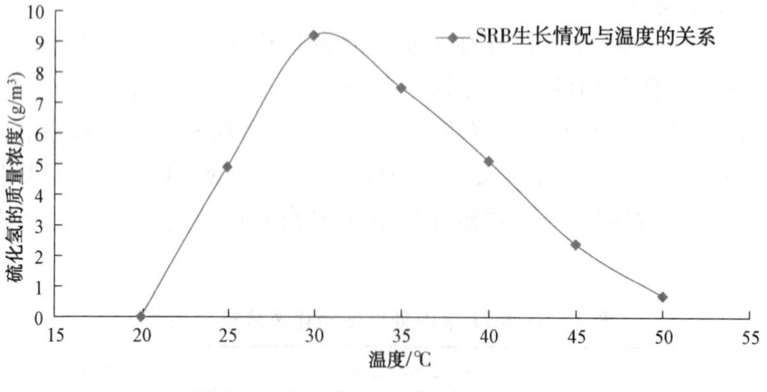

图 3 SRB 产硫化氢速率与温度关系

3.1.2 酸碱度对硫酸盐还原菌的影响

pH 值在 6.5 到 7.5 之间时，最适合 SRB 的生长，超过或者低于这个范围细菌的数量都会减少，当 pH≥9 时，SRB 不能生存。石南 21 处理站来水和原油的 pH 值在 7.1~7.4 之间，适合 SRB 的生长，SRB 生长情况与 pH 值的关系如图 4 所示。

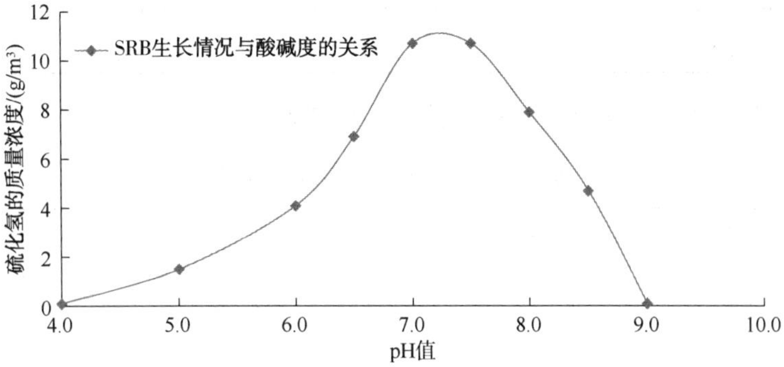

图 4　SRB 产硫化氢速率与酸碱度的关系

3.1.3　矿化度对硫酸盐还原菌的影响

SRB 生长的适宜矿化度范围是(1.0~5.5)×10^4mg/L，在此矿化度区间内，SRB 菌量变化不大；随着矿化度的增加或减少，SRB 菌量随之减少，石南 21 处理站来水的矿化度是 1.8×10^4mg/L，适合 SRB 的生长。SRB 生长情况与矿化度的关系如图 5 所示：

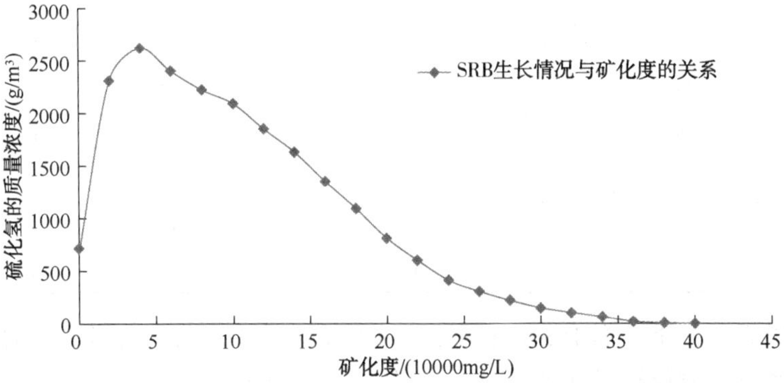

图 5　SRB 产硫化氢速率与矿化度的关系

3.2　杀菌剂的选择

针对表 3 中沉降罐原油，石南 4 和石南 31 来水的情况可知改变现在的温度，酸碱度和矿化度等影响因素的方法成本高，难度大，实现起来有一定的困难，因此选择减少投加杀菌剂来优化措施。

表 3　污水处理系统水质情况表

取样点	温度/℃	pH 值	矿化度/(mg/L)	水量/(m^3/d)
沉降罐出水	23.0	7.8	1.8×10^4	5000
石南 4 来水	26.2	7.4	1.5×10^4	1300
石南 31 来水	27.4	7.1	1.1×10^4	700
回收水	25.2	7.3	1.0×10^4	300

为了满足石南区块注水需求特筛选出适合石南处理站的杀菌剂，2021 年 7 月份进行了室内试验。试验样品为石南 21 集中处理站调储罐进口水样，数据见表 4。

表 4　试验用污水水质表

水样	SRB/(个/mL)	TGB/(个/mL)	FB/(个/mL)	固体悬浮物/(mg/L)	溶解氧浓度/(mg/L)	含油浓度/(mg/L)
调储罐进口水样	700	250	300	8	0.03	14

现将几种杀菌剂进行同浓度对比进行筛选，得到表 5。

表 5　杀菌剂种类及加药浓度筛选

药剂种类	加药浓度/(g/mL)	FB/(个/mL)		TGB/(个/mL)		SRB/(个/mL)	
		4h	6h	4h	6h	4h	6h
4001	30	0	0	>110	>110	25	>110
	50	0	0	0	0.5	0	0
4002	30	0	0	>110	>110	>110	>110
	50	0	0	>110	>110	25	70
YLJ	30	0	0	>110	>110	>110	>110
	50	0	0	0	0	0	0
KL-204(粉)	30	0	0	>110	>110	2.5	>110
	50	0	0	0	0	0	0
GAN	30	0	0	>110	>110	6	25
	50	0	0	3	>110	2.5	13
JXSH-1	30	0	0	2	70	0.6	0
	50	0	0	0.6	2.5	0	0.9
DL-328	30	0	0	>110	>110	0	6
	50	0	0	0	0	0	0

由表 5 可以看出，杀菌剂 JXSH-1 和 DL-328 杀菌效果较好。加药点选择了原油沉降罐的进油管线上和进入调储罐的来水管线上。为了避免因细菌产生耐药性而影响药剂杀菌效果，两种药剂交替使用，确保注水水质达标。

3.3　杀菌剂加药量优化

在含油污水来水管线处投放 100g/mL 油用杀菌剂，阶段性降低沉降罐杀菌剂的浓度，对现用的硫酸盐还原菌的杀菌剂添加方案进行优化，在 2021 年 7 月进行现场试验，实验分七个阶段进行，每个阶段为十天，结果见图 6、图 7。

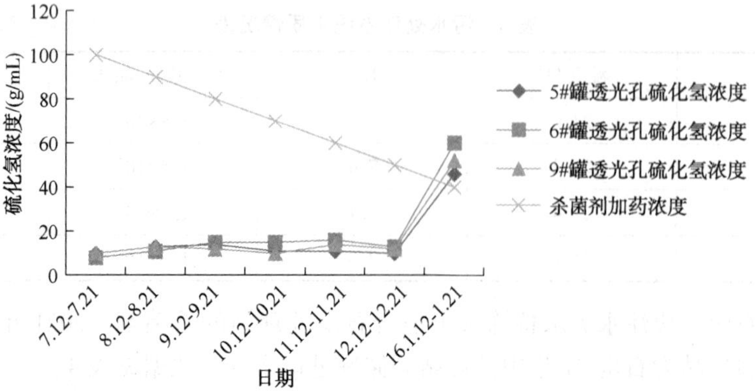

图 6　试验油用杀菌剂投放量与硫化氢浓度关系

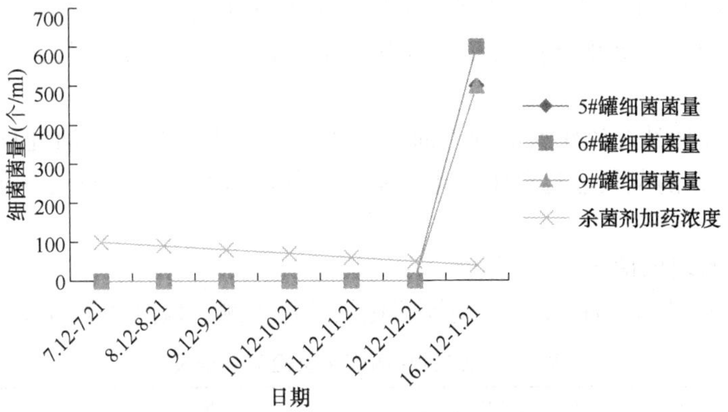

图 7 试验油用杀菌剂投放量与细菌菌量关系

在含油污水来水管线处投放 50g/mL 水用杀菌剂，阶段降低沉降罐杀菌剂的浓度，对现用的硫酸盐还原菌的杀菌剂添加方案进行优化，在 2021 年 7 月进行现场试验，实验分五个阶段进行，每个阶段为十天，结果见图 8、图 9。

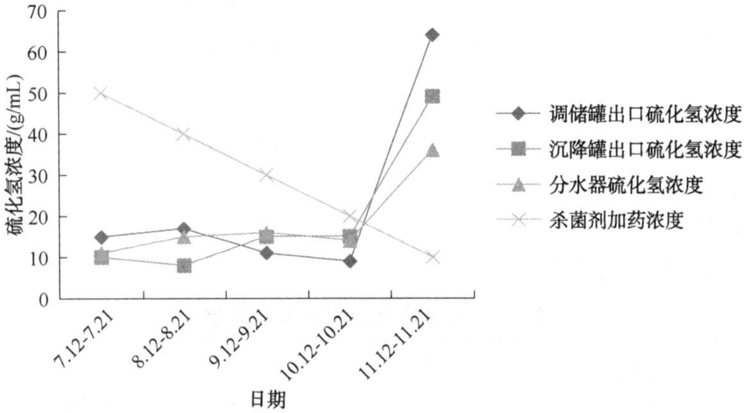

图 8 试验水用杀菌剂投放量与硫化氢浓度关系

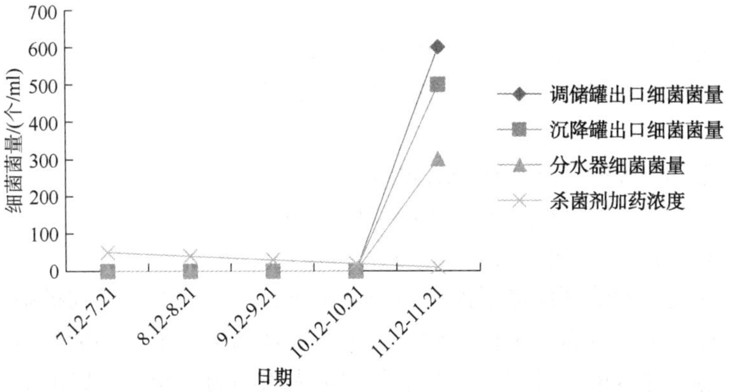

图 9 试验水用杀菌剂投放量与细菌菌量关系

油用杀菌剂从初始加药浓度 100g/mL 开始阶段性递减，发现降到 50g/mL 时杀菌剂的杀菌效果仍然良好，继续降到 40g/mL 时发现硫化氢浓度又开始增长，最终确定加药浓度为

50g/mL。水用杀菌剂从初始加药浓度 50g/mL 开始阶段性递减，发现降到 20g/mL 时杀菌剂的杀菌效果仍然良好，继续降到 10g/mL 时发现硫化氢浓度又开始增长，最终确定加药浓度为 20g/mL。

石南 21 集中处理站在硫化氢治理方面下一步的工作重点是在原油处理过程中，做好硫酸盐还原菌的监测，防范集输过程中产生的硫化氢气体，在水处理系统方面继续保持设备的精细管理。

3.4 优化后的现场情况

2021 年 6 月 20 号到 6 月 24 号对现场硫化氢进行检测，检测数据可以见表 6。

表 6 优化后现场硫化氢检测数据表

检测位置	硫化氢浓度/(g/mL)	检测位置	硫化氢浓度/(g/mL)
5#原油沉降罐	12	污水沉降罐进口管线	12
6#原油沉降罐	19	污水沉降罐出口管线	13
9#原油沉降罐	14	污水过滤提升泵出口	23
调储罐进口管线	21	注水泵进口	21
调储罐出口管线	27	过滤缓冲罐进口管线	11
反应罐上部取样口	14	过滤缓冲罐出口管线	13
反应罐下部取样口	18	分水器	19

通过检测数据可知改变了加药的类型和浓度以后现场硫化氢浓度没有超标，硫酸盐还原菌得到了有效治理。

3.5 效果评价

优化前后的加药类型与浓度见表 7。

表 7 优化前后的加药类型与浓度

优化前	加药类型	浓度/(g/mL)	优化后	加药类型	浓度/(g/mL)
油用杀菌剂	KL-204	100	油用杀菌剂	DL-328	50
水用杀菌剂	JXSH-Z	50	水用杀菌剂	JXSH-1	20

优化前：

(油)182.5 吨/年×1.21 万元/吨=220.825 万元/年

(水)127.75 吨/年×1.21 万元/吨=154.58 万元/年

优化后：

(油)91.25 吨/年×0.96 万元/吨=87.60 万元/年

(水)51.10 吨/年×0.96 万元/吨=49.056 万元/年

节约费用：375.41 万元/年 - 136.66 万元/年=238.75 万元/年

社会效益：硫化氢的治理保障了油田的安全生产，所采取的一系列措施消除了重大安全隐患，为员工创造安全、可靠的工作环境，实现了处理站生产工艺环境的本质安全。通过对措施进行优化，达到降本增效目的地同时也节约了人力物力，减少了腐蚀的发生，增加了管道的使用寿命。

4 结语

通过在原油处理系统添加杀菌剂，处理站的硫化氢问题得到了根本的治理，取得了良好的效果。在研究中有以下几点启示：

（1）石南 21 集中处理站硫化氢产生的原因主要为生物还原成因，即硫酸盐还原菌新陈代谢过程中产生硫化氢。

（2）处理站针对硫化氢问题采取的一系列防范措施在实际中取得良好效果，是安全生产的保障措施，投加杀菌剂是最佳治理的措施。

（3）通过实验，筛选出了满足当前生产状况的杀菌剂种类和加药方案，在保证注水水质细菌达标的前提下减少了药剂的用量，节约成本。

（4）通过此次对硫化氢的治理，形成了配套的治理方案，方法技术也日渐趋于成熟。

参 考 文 献

[1] 中国石油天然气股份公司，预防硫化氢中毒指南[S]2006.

[2] 王丰，硫化氢中毒及防治措施研究概况[D]，东南大学 MPH 学位论文：16-27.

[3] 李文忠，石油行业有毒有害知识手册，2008，(6)：52-53.

[4] 方世平，张岩，李丽华，马岩，石油石化企业硫化氢危害识别与中毒防治措施[J]，安全健康与环境，2009.09：40-55.

[5] 宋臣．电解盐水杀菌技术[J]．油气田地面工程，2014，33(9)：55.

[6] 侯友祥，含油硫化氢的研究与防护[J]，工业安全与环保，2009，35(2)：63-64.

[7] 严忠，庄术艺，马晓峰，等．曝气脱硫技术在新疆油田含油污水处理中的应用[J]．石油与天然气化工，2013(5)：530-546.

基于 DSP 芯片的数字语音降噪系统研究

陈　鑫　马朋举　孙　剑

（中国石化胜利油田分公司）

摘　要：随着石油行业的蓬勃发展，石化行业的从业人数呈现显著增长。其中一线员工为了进行工作，需要穿戴全身覆盖的防化服，这给员工之间的通话和联系带来了困难。目前，公司已经为员工配置了通话设备，然而传统的通话设备存在诸多功能上的缺陷，无法满足高质量通话的需求，本研究旨在基于 DSP 芯片开展数字语音降噪系统的研究。数字语音降噪系统在实现语音清晰度和降低噪声干扰方面具有重要意义，本文将重点关注采用滤波算法和数字滤波器的技术路线，以实现高效的语音降噪效果。通过充分利用 DSP 芯片的计算能力和实时处理能力，研究致力于提供一种性能卓越的数字语音降噪系统。实验结果表明该联合降噪方法效果明显，通过实验验证和性能评估，信噪比超过 80dB，表明该系统在降噪效果方面取得了良好的成果，有较好的实际应用价值。

关键词：DSP 芯片；数字语音降噪系统；滤波算法；数字滤波器

1　引言

语音降噪技术利用滤波算法去除语音中的噪声，提取有用信号。它在助听器、军队通信等领域得到广泛应用。然而，现有的通话设备无法应对胜利油田石化行业中各种噪声干扰，导致通话质量下降，传统的对讲机和骨传导耳机无法降噪，影响了作业小组的协作效率和信息传递。为解决这些问题，迫切需要开发适用于胜利油田的低成本语音降噪系统，能在复杂噪声环境下保证高质量通话，并可集成到微型数字芯片中，这将解决通话质量和实时性的问题，提高员工之间的联络效果。

国内外学者在基于 DSP 芯片的数字语音降噪系统的研究领域进行了广泛的工作。国内研究方面，王瑜琳提出了一种基于 DSP 芯片的自适应语音降噪算法。他们采用小波变换和自适应滤波器来实现语音信号的降噪，通过 DSP 芯片的并行计算能力实现了实时处理。国外研究方面，Ephraim 和 Malah 提出了基于最小均方误差准则的语音增强方法，对语音降噪领域有重要贡献。Hakan 设计了基于 DSP 芯片的实时语音降噪系统，利用小波变换和频域滤波器实现了降噪和增强。

综上所述，研究者主要关注算法的设计和实现，包括小波变换、维纳滤波器、自适应滤波器和深度学习等方法的应用。实时处理和降噪效果的提升也是研究的重点。然而，在非线性环境下的降噪效果和实时性方面仍存在改进的需求，因此，基于 DSP 芯片的数字语音降噪系统的研究仍有进一步探索的空间。

语音降噪系统将采用线性化卡尔曼滤波原理，基于德州仪器公司的 DSP 芯片实现。文章主要讨论了两方面内容：第一，研究方法与算法选择；第二，降噪算法在 DSP 上的实现。

本文将对语音降噪技术进行简要概述，并对滤波方案进行比较，最终确定了采用微处理器方案，并对滤波算法进行了改进。具体地，将采用基于线性化卡尔曼滤波原理的语音降噪系统，通过德州仪器公司的 DSP 芯片来实现。同时，还构建了仿真模型，并得出了一些有意义的仿真结果。

2 语音降噪技术概述

2.1 语音降噪的定义和作用

2.1.1 语音降噪的定义

语音降噪是一种通过滤波算法或其他信号处理技术，从语音信号中去除噪声成分，以提取出清晰且可辨识的语音信号的技术。它旨在改善语音通信、语音识别、语音合成以及其他语音相关应用中的语音质量和可靠性。

2.1.2 语音降噪的作用

语音降噪技术在现实生活和各个领域中具有广泛的应用，其主要作用如下：

(1) 提高语音信号的清晰度和可理解性。

(2) 提升语音通信质量和可靠性。

(3) 改善语音识别的准确性和可靠性。

(4) 优化语音合成的音质和自然度。

(5) 在特定环境中应用，如工业和军事领域，确保通话质量和安全性。

总之，语音降噪技术通过去除噪声提高语音信号的质量和可辨识度，满足各种语音应用中的要求。

2.2 数字滤波器在语音降噪中的作用

数字滤波器在语音降噪中起着关键作用。它们能够滤除语音中的噪声，选择性地增强语音信号，提高语音的可听性和清晰度。通过去除噪声、频率选择和信号增强，数字滤波器有效地改善了语音质量，并使语音在低信噪比环境下更易于辨识。此外，数字滤波器还能根据实时需求进行动态调整，以适应不同场景的降噪要求。数字滤波器信噪比较好，电路设计相对容易，所以得到了大量的应用。

2.3 传统滤波算法的优缺点概述

传统滤波算法在语音降噪中有优点和缺点：

优点：首先，算法简单易实施。其次，实时性好。因此适用于线性系统和稳定噪声环境。

缺点：算法的非线性系统效果有限。其次对突发信号敏感；另外，参数设置困难；而且受限于噪声特征。

综上所述，传统滤波算法具有一些优点，但在面对复杂的非线性语音信号和噪声环境时，其降噪效果可能不理想。更先进的数字滤波器等技术提供了更好的解决方案，可根据具体需求选择合适的应用。

3 研究方法与算法选择

3.1 滤波方案对比

模拟滤波器和数字滤波器在构成和信号处理方法上有所区别。模拟滤波器依赖于模拟电路元件和连续信号处理方法，而数字滤波器则基于数字计算和离散信号处理技术。

与模拟滤波器相比，数字滤波器具有以下重要优点：

(1) 灵活性：数字滤波器可根据需要调整参数和算法，适应不同的滤波要求，提供可靠且适应性强的解决方案。

(2) 可编程性：通过编程精确控制数字滤波器行为，实现复杂的滤波操作。在实时应用中具备高度的灵活性和可定制性。

(3) 精度：数字滤波器使用固定数值表示和算法进行计算，实现高精度的滤波效果。相比之下，模拟滤波器受到元件误差和噪声等因素的影响，精度较低。

(4) 低成本实现：数字滤波器可使用数字信号处理器(DSP)或通用计算机等数字设备实现，无需大量模拟电路元件，降低成本并提高可扩展性。

综上所述，数字滤波器相对于模拟滤波器具有更高的灵活性、可编程性、精度和实现成本低，使其成为语音降噪和其他数字信号处理应用中的重要工具。

基于上述特性，本语音降噪系统采用数字滤波器。典型的数字滤波算法有维纳滤波，时域滤波算法，和卡尔曼滤波等。

维纳滤波的原理由 N. Wiener 于 1942 年提出。维纳滤波器是采用最小均方误差准则设计的数字滤波器，是在平稳条件的最小均方误差意义下的最优估计。见图 1。

另外一种滤波器设计方案是基于深度学习的时域滤波算法。该算法利用深度学习方法设计基于时域信号的滤波器，使用带噪声语音以及干净语音样本训练降噪模型，使用模型对输入语音进行降噪处理。见图 2。

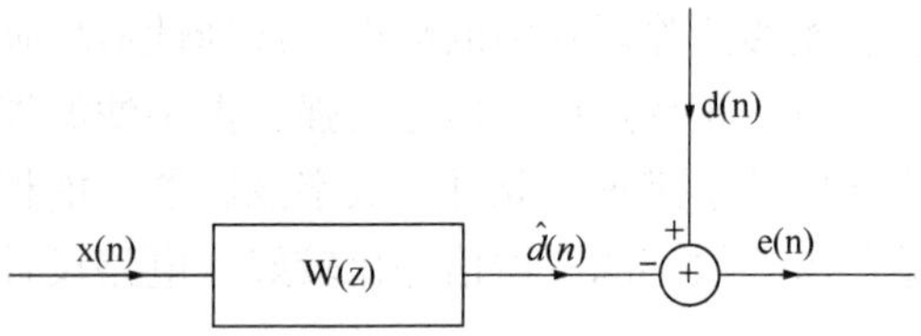

图 1　维纳滤波器设计框图

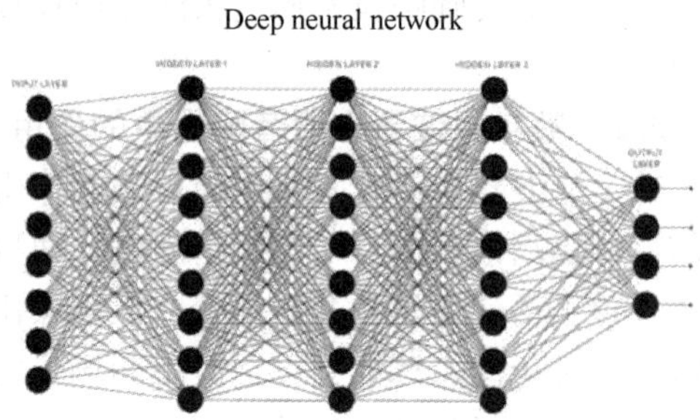

图 2　深度学习原理框图

深度学习理论中，从一个输入中产生一个输出所涉及的计算可以通过一个流向图来表示：流向图是一种能够表示计算的图，在这种图中每一个节点表示一个基本的计算以及一个计算的值，计算的结果被应用到这个节点的子节点的值。考虑这样一个计算集合，它可以被允许在每一个节点和可能的图结构中，并定义了一个函数族。

但是深度学习方法仍然有较大的缺陷。首先，深度学习方法的模型设计较为复杂。其次，训练模型对硬件要求非常高，普通 CPU 根本无法满足训练要求。最致命的是，该类型滤波器特别依赖训练样本，可靠性难以保证。

卡尔曼滤波算法是一种高性能的滤波算法。

传统的卡尔曼滤波是一种利用线性系统状态方程、通过系统输入输出观测数据对系统状态进行最优估计的算法。

综上所述，传统的卡尔曼滤波算法在效果、实时性和可移植性方面相对其他滤波算法具有优势，适合作为本语音降噪系统的设计方案。然而，传统卡尔曼滤波算法仅适用于线性过程和模型，而实际系统大多是非线性的。此外，传统卡尔曼滤波器对尖峰等突发信号过于敏感，存在一定缺陷。因此，在考虑实际油田环境的基础上，本文将改进卡尔曼滤波算法，以在更贴近实际的非线性环境下仍能有效降噪。研究深度学习的动机在于建立模拟人脑进行分析学习的神经网络，它模仿人脑的机制来解释数据。

3.2 滤波算法的改进

3.2.1 非线性改进

大多数常见滤波器仅能适用于线性系统，但是实际情况中绝大多数系统噪声的特点和属性包括高分贝级别、低频率成分、持续性和间歇性、多元性，都是非线性的。

在油田噪声的产生和传播过程中，存在多个噪声源、复杂的机械设备和工艺，以及噪声在环境中的传播和相互作用等因素，这些因素使得油田噪声系统呈现非线性特征。因此，油田噪声可以被视为非线性系统。为了使本数字语音降噪系统有更大的适用范围，并适应实际油田环境，就需要对非线性系统进行线性化。

非线性系统线性化的一个可行的方式就是对非线性函数进行泰勒展开。一般情况下，在对非线性函数做泰勒展开时，只取到一阶导数项和二阶导数项。而由于二阶导数项的计算相对比较复杂，更多的实际应用只取到一阶导数，同样也能有较好的结果。取一阶导数时，状态转移方程和观测方程就近似为线性方程，高斯分布的变量经过线性变换之后仍然是高斯分布。这样一来，就能够延用各种滤波算法的框架。滤波算法框架如图 3 所示。

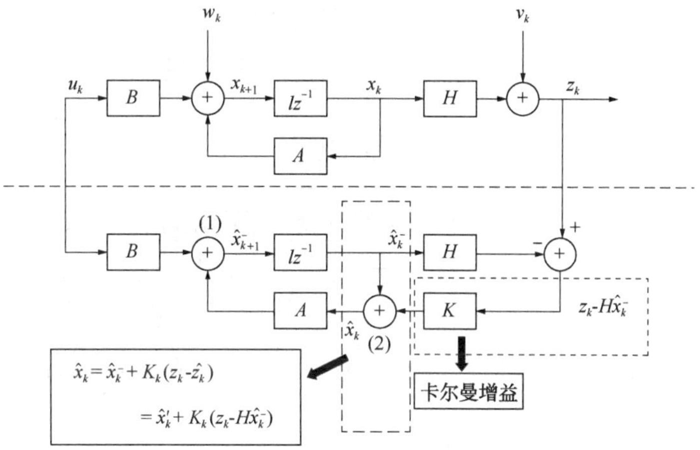

图 3　滤波算法框图

3.2.2 自适应改进

为了实现较好的实时性，可以引入自适应算法。自适应滤波器是一种能够调节自身传输特性以实现最优维纳滤波器的滤波器。它不需要对输入信号有先验知识，计算量较小，特别适用于实时处理。

图 4 展示了一个通用的自适应滤波估计问题。离散时间线性系统代表可编程滤波器，其冲激响应为 $h(n)$，也称为滤波参数。自适应滤波器的输出信号 $y(n)$ 估计期望响应信号 $d(n)$，误差信号 $e(n)$ 为 $d(n)$ 与 $y(n)$ 之差。自适应滤波器的冲激响应或滤波参数随外部环境变化，并在自动调整的收敛时间内达到最佳滤波效果。

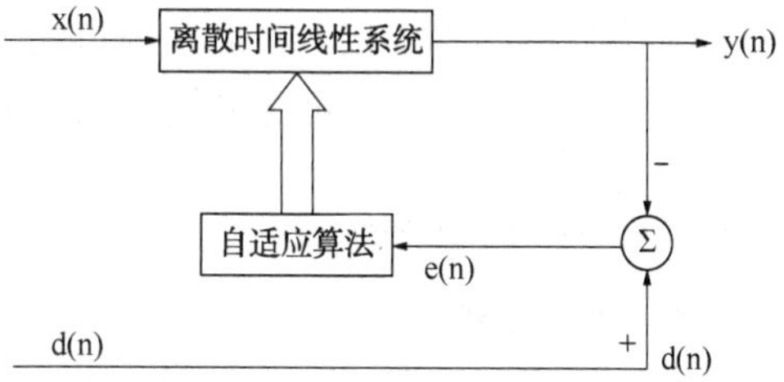

图 4　自适应滤波器原理图

自适应滤波器包含一个重要的自适应算法，根据输入、输出和原始参数值，按准则改变滤波参数以有效跟踪外部环境变化。

3.3 微处理器方案确定

微处理器是一种中央处理器，由少数几片大规模集成电路组成。它执行指令、进行信息交换，并担当微型计算机的核心。微处理器相比传统中央处理器更小巧、轻便，且易于模块化。主要组成部分包括寄存器堆、运算器、时序控制电路以及数据和地址总线。

市面上常见的微处理器主要有 ARM 和 DSP 两种。

在油田实际工况中，需要保证通话的实时性。这就需要一个高性能的专用处理器。结合 DSP 芯片快速数字运算的特点，可以得出 DSP 芯片更适合被应用于本语音降噪系统的结论。

4 基于 DSP 芯片的系统移植

DSP 芯片是一种在信号处理领域广泛应用的微型数字芯片。它采用哈佛结构，内部具备专用的硬件乘法器，并采用广泛的流水线操作。DSP 芯片提供特殊的 DSP 指令，可快速实现各种数字信号处理算法。该芯片的程序和数据空间是分开的，允许同时访问指令和数据，非常适合用于语音降噪处理。它的强大数据处理能力和高运行速度，是最值得称道的两大特色。见图 5。

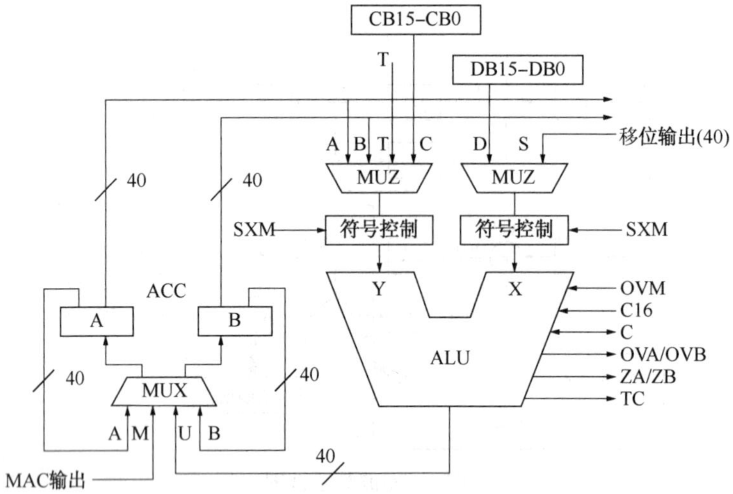

图 5 DSP 芯片架构

在本数字语音降噪系统的软件设计中，主要包括主程序、中断服务程序、中断向量表和链接命令文件。其中，主程序和中断服务程序是最关键的部分。中断服务程序的主要功能是实现数据采集和数据更新。系统的主函数是程序执行的入口，负责完成必要的初始化工作，如时钟和串口的配置。接着，启动串口使其正常工作，并最终进行降噪算法处理，输出降噪后的语音信号。这些组成部分共同构成了数字语音降噪系统的软件设计。

5 系统仿真测试

5.1 仿真流程

MATLAB 主要应用于工程计算、控制设计、信号处理与通信、图像处理、信号检测、金融建模设计与分析等领域。

使用 MATLAB 进行仿真实验。为了保证仿真结果的可靠性，我们在油田环境中采集了两种噪声，并同步采集了一段干净的音源。噪声波形如图 6、图 7 所示。

图 6　噪声 1

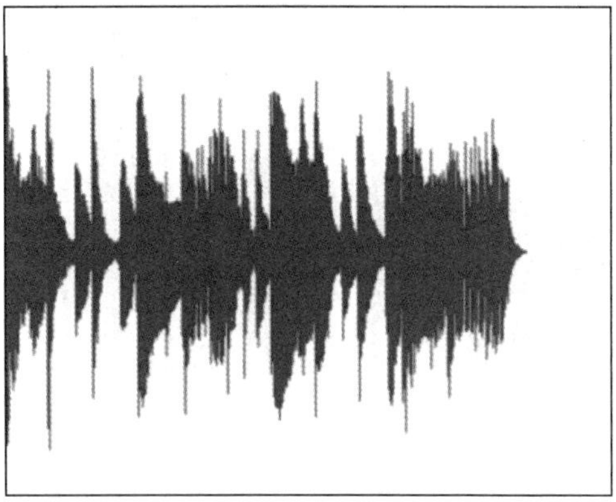

图 7　噪声 2

仿真测试时，将噪声叠加在干净的音源上，就形成了带噪声的音频。把带噪声频作为滤波器的输入端，检测输出波形与干净音源波形的差异。可以通过计算信噪比(SNR)来定量评估降噪效果。信噪比是正常声音信号与无信号时噪声信号(功率)之间的差值。信噪比的单位是 dB，计算方法为 $10\lg(P_s/P_n)$，其中 P_s 和 P_n 分别表示信号和噪声的有效功率。也可以表示为电压幅值的比率关系：$20\lg(V_s/V_n)$，其中 V_s 和 V_n 分别代表信号和噪声的有效值。

5.2　仿真结果

第一组：

图 8 为时域平面干净音频与输出音频波形对比，其中干净音频为红色曲线，输出音频为绿色曲线。图 9 为频域平面干净音频与输出音频波形对比，其中干净音频为红色曲线，输出音频为绿色曲线。

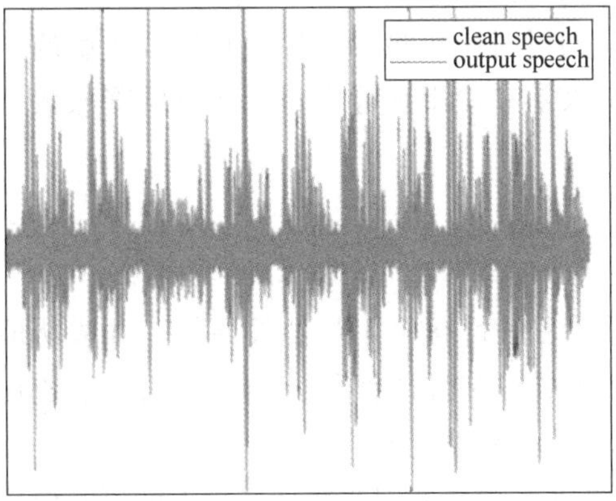

图 8　时域干净音频与输出音频波形对比

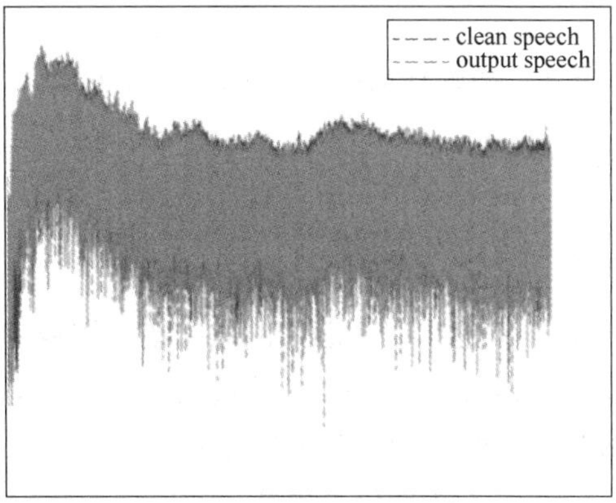

图 9　频域干净音频与输出音频波形对比

经过 MATLAB 计算，第一组的信噪比为 85.32dB。

第二组：

图 10 为时域平面干净音频与输出音频波形对比，其中干净音频为蓝色曲线，输出音频为绿色曲线。

图 11 为频域平面干净音频与输出音频波形对比，其中干净音频为蓝色曲线，输出音频为绿色曲线。

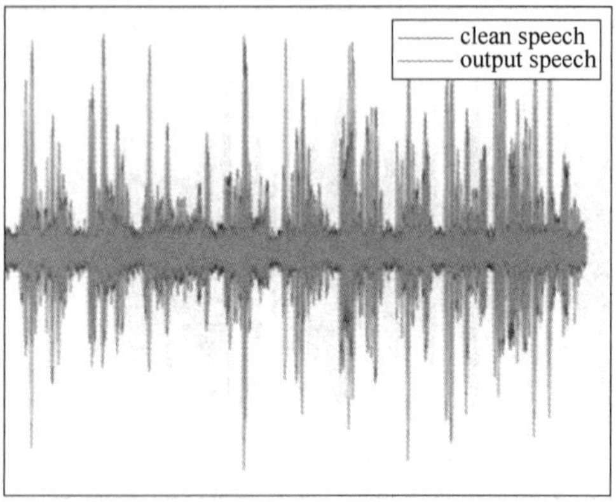

图 10　时域干净音频与输出音频波形对比

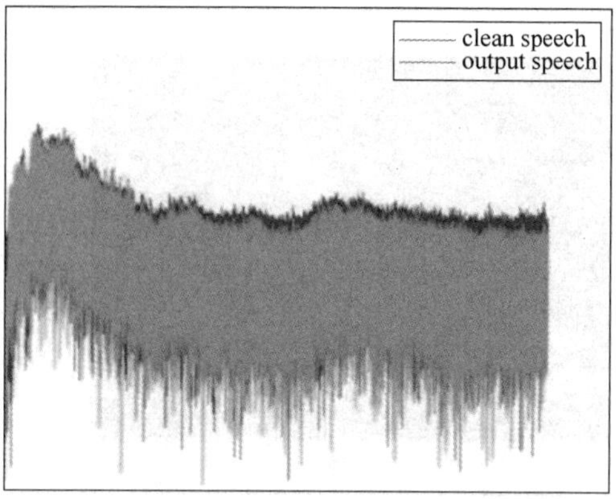

图 11　频域干净音频与输出音频波形对比

经过 MATLAB 计算，第二组的信噪比为 83. 29dB。

此外，我们还使用传统卡尔曼滤波方法设计的滤波器对上述第一组音源做了仿真，图 12为频域平面干净音频与输出音频波形对比，其中干净音频为红色曲线，输出音频为绿色曲线。

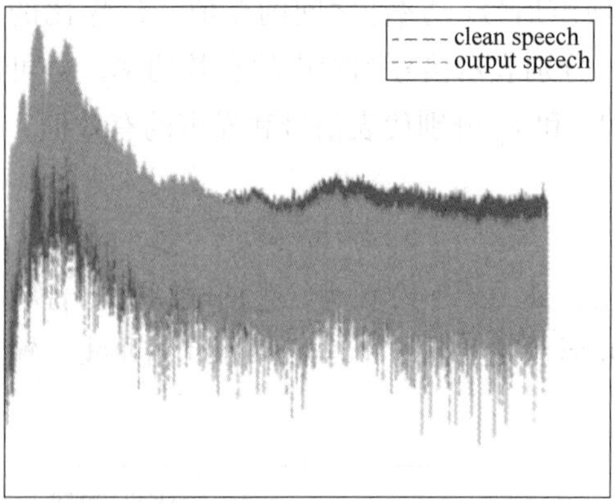

图 12　频域干净音频与输出音频波形对比

通过图 12 与图 9 的对比，可以很明显地发现改进卡尔曼滤波的滤波效果要好于传统卡尔曼滤波。

5.3　仿真结果分析

通过上述仿真实验，我们可以发现两次仿真的信噪比均超过 80dB，达到了文章的要求。而且通过对比实验可以发现我们改进版的卡尔曼滤波器在油田环境下对于音频的降噪效果比较出色。

6　结论与展望

本研究基于 DSP 芯片的数字语音降噪系统采用了线性化卡尔曼滤波原理，并成功地基于德州仪器公司的 DSP 芯片进行了实现。通过实验验证和性能评估，结果表明该系统在降噪效果、实时性和可移植性方面取得了良好的成果。具体结论如下：

（1）基于线性化卡尔曼滤波原理的数字语音降噪系统在处理非线性环境下的语音信号表现出较好的降噪效果。通过对系统进行实时采样、滤波和重构，噪声成分得到有效去除，从而提升了语音信号的清晰度和可辨识度。

（2）德州仪器公司的 DSP 芯片作为系统实现的核心部件，具备较高的计算性能和实时性，为实现数字语音降噪系统提供了可靠的硬件支持。系统在 DSP 芯片上的具体实现证明了其可行性和有效性。

尽管本研究取得了一定的成果，但在基于 DSP 芯片的数字语音降噪系统研究领域仍存在一些挑战和待改进的方面。未来的研究可以从以下几个方面展开：

（1）改进算法与技术：优化线性化卡尔曼滤波原理，探索深度学习等方法，提高降噪效果和系统适应性。

（2）提升系统性能：优化计算效率和资源利用率，降低延迟和功耗，满足实时性要求。

（3）改进硬件平台：探索先进的 DSP 芯片和硬件平台，提升计算和处理能力，保证系统的可扩展性和适应性。

（4）实际应用验证：将数字语音降噪系统应用于通信设备、助听器等领域，并进行实地测试，与商业产品进行比较，验证系统的实用性。

参 考 文 献

[1] 王勇，孙磊．主动降噪技术发展前景分析[J]．电子世界，2020(21)：49-50.

[2] 王瑜琳，田学隆，高雪利．自适应滤波语音增强算法改进及其 DSP 实现[J]．计算机工程与应用，2015(1)：208-212.

[3] Ephraim Y，Malah D. Speech enhancement using a minimum mean-square error log-spectral amplitude estimator[J]. IEEE transactions on acoustics，speech，and signal processing，1985，33(2)：443-445.

[4] Erdogan H，Hershey J R，Watanabe S，et al. Phase-sensitive and recognition-boosted speech separation using deep recurrent neural networks[C]//2015 IEEE International Conference on Acoustics，Speech and Signal Processing(ICASSP). IEEE，2015：708-712.

[5] 谢雪峰．FIR 数字滤波器在石油仪器系统中的应用[J]．电脑编程技巧与维护，2021(09)：49-50+75.

[6] 杜社会，肖启国，罗昌友，杨辉，王金江．基于 AR 模型的维纳滤波器设计分析[J]．信息技术与信息化，2020(09)：159-161.

[7] 张琨瑶，王华朋，牛瑾琳，倪令格，刘元周．基于深度卷积神经网络的语音降噪研究[J]．刑事技术，2021，46(05)：457-463.

[8] 高登峰，杨波，刘洪，杨红雨．多特征全卷积网络的地空通话语音增强方法[J]．四川大学学报(自然科学版)，2020，57(02)：289-296.

[9] 鲍长春，项扬．基于深度神经网络的单通道语音增强方法回顾[J]．信号处理，2019，35(12)：1931-1941. DOI：10.16798/j.issn.1003-0530.2019.12.001.

[10] 语音信号处理[M]．国防工业出版社，易克初等编著，2000.

[11] 张汝波，何立刚，李雪耀．强噪声背景下莫尔斯信号的自动检测与识别[J]．哈尔滨工程大学学报，2006(01)：112-117.

[12] Ephraim Y，Van Trees H L. A signal subspace approach for speech enhancement[J]. IEEE Transactions on speech and audio processing，1995，3(4)：251-266.

[13] Tan K，Wang D L. Learning complex spectral mapping with gated convolutional recurrent networks for monaural speech enhancement[J]. IEEE/ACM Transactions on Audio，Speech，and Language Processing，2019，28：380-390.

[14] 张力．基于 MSP430 单片机的温室自动控制系统的设计研究[J]．科技信息，2013(12)：261.

[15] 叶鸿，顾乃杰，林传文．DSP 处理器上的高效串匹配实现[J]．小型微型计算机系统，2021，42(04)：847-852.

[16] 王龙，官洪运，刘捷．基于 DSP 的语音降噪系统设计[J]．微型机与应用，2010，29(22)：86-88. DOI：10.19358/j.issn.1674-7720.2010.22.029.

[17] 于光宇．基于 MATLAB/Simulink 的船舶混合动力系统能量管理策略研究[J]．内燃机与配件，2021

(20)：21-22.
[18] 周思洋．基于机器学习的大动态信噪比下调制模式识别方法研究[D]．哈尔滨工业大学，2021. DOI：10. 27061/d. cnki. ghgdu. 2021. 000131.
[19] 杨洁，黄敏，刘庆．气相色谱-质谱联用仪噪声的定义与信噪比不确定度的评定[J]．中国计量，2018(09)：84-86. DOI：10. 16569/j. cnki. cn11-3720/t. 2018. 09. 034.

【作者简介】陈鑫，男，胜利油田应急救援中心石化专业救援站经理、通信专家，电话：18654698733，邮箱：ch_xn@ 163. com。

海上平台VR应急处置演练系统的构建与应用

郭庆照　荆　波　李国兴

（中石化胜利油田海洋采油厂）

摘　要：海上环境恶劣、风险集中，事故救援处置困难，是集团公司和油田安全环保高风险点及监管的重点、难点。由于海上生产涉及到大量的石油、天然气等危险品，因此一旦发生事故，不仅会对环境造成严重的污染，还会对周围的水域和海洋生态造成极大的破坏。为实现海上油田安全绿色发展，采油厂将高风险作业和应急处置管理纳入了日常重点管控环节，通过开展模拟演练和培训，提高海上平台高风险作业和应急处置管理水平。

为确保生产安全事故发生后，现场人员能够将事故消灭在萌芽状态，迅速、高效、正确、安全地进行应急处置。亟需进一步强化职工生产安全事故应急处置和高风险作业流程管控培训，通过持续高效的模拟培训和重复性应急演练，提升职工的各项安全技能，保障安全绿色生产。

关键词：虚拟仿真；VR；应急演练；安全培训

1　实施背景

1.1　适应安全生产新形势的要求

安全培训是企业安全生产工作“三大对策”之一，也是防止“三违”行为、防范生产安全事故的基本举措。大量国内外的调查统计报告显示：因人的不安全行为而发生的事故数量占事故总数的75%~90%。新形势下，安全发展已经成为衡量企业发展前景的重要指标之一，这要求企业员工要不断提高安全生产意识、安全操作技能以及应急处置能力。面对新形势新要求，在安全培训中，需要积极应对发展过程中人员队伍复杂化、大量使用承包商带来的风险，同时也要面临生产条件复杂化、生产集约化等对人的安全素质要求越来越高的现状。因此，安全教育培训要在方式、内容、形式、手段、计划和评估上适应新形势的要求，创新安全教育培训方法、加强和改进培训工作，提高教育培训质量效果。

1.2　提高安全培训质量和效率的要求

随着海上平台规模的不断扩大，各种先进技术的广泛应用，对于员工安全作业水平的要求也越来越高。培训则是提高作业人员素质重要而又有效的手段之一。现在培训还是以现场培训和考试形式为主的培训模式，该种培训模式还存在着一定的问题。

1.2.1　职工安全素质参差不齐，安全培训针对性不强。

安全培训通常是对平台中所有的生产作业人员进行的。随着时代的发展，日常生产中的环境也在不断变化，各种工具、技能也在不断更新换代。采油厂目前的培训模式还是把每种技能零散地灌输给员工，缺乏相应的变通。在实际工作中，员工由于年龄、业务基础的不同，对新知识、新技能的接受能力也不同，比如有些老员工只有中专水平，而年轻一代几乎都是本科学历以上，甚至硕士学位和博士学位，若不加区别、无针对性、统而划一地培训，效果肯定不会太理想。

1.2.2 应急演练频次相对较低，应急处置经验不足。

一直以来采油厂都是重安全意识教育，轻安全技能教育，再加上受制于生产、气候和海况等因素的影响，应急演练的频次相对较低。为避免影响海上油田的连续生产以及因为人员倒班、气候、海况的因素，相对陆地油田而言，海上平台的演习频率明显偏低。相关规定要求，消防演习为每倒班期一次，弃平台演习为每倒班期一次，井控演习为每倒班期一次，人员落水救助演习为每季度一次。但实际上，受制于生产、气候和海况等因素的影响，很多平台演习频次达不到要求，应急处置水平急需提升。传统的培训模式只会告诉员工面对事故的时候应该怎么做，但是不能将经验教给员工。当真实面对事故的时候，由于缺乏经验，员工依然不知道如何去应对。

1.2.3 培训内容、形式枯燥，工学矛盾突出，员工参与感不强。

传统的安全培训方法都是背“安规”、考“安规”，或者阅读传达事故简报，形式单一、内容缺乏吸引力，培训员工容易感到枯燥、单调。同时，传统面授培训方式，需中断工作，进行集中培训，采油厂人力资源紧张，各岗位员工的工作量大，普遍存在一人多岗。海上作业岗位为两班轮换，安全培训与生产工作存在时间冲突，工学矛盾尤其突出。

引入 VR 虚拟仿真技术可以解决目前传统培训的低效率，低安全性的问题，可以提高培训效率，缩短培训时间，同时可以避免运用实际系统时可能带来的危险性及高昂的代价。所谓仿真培训就是在计算机的控制下营造出一种尽可能逼真的工作环境，受训人员在这个仿真系统中接受种种训练，从而增强其对实际系统的操作控制能力和对事故的判断处理能力。虚拟仿真作为一门利用模型进行试验、研究和培训的技术，具有可控、安全、经济、节约时间、允许多次重复的特点。因此利用仿真技术培训技能操作人员，上述问题可迎刃而解。

2 成果内涵

VR 虚拟现实技术最大程度还原真实事故情况，让培训人员在自主互动中反复学习实操流程，提高应急水平。功能模块图见图 1。开发虚拟仿真 VR 培训系统的主要成果有：

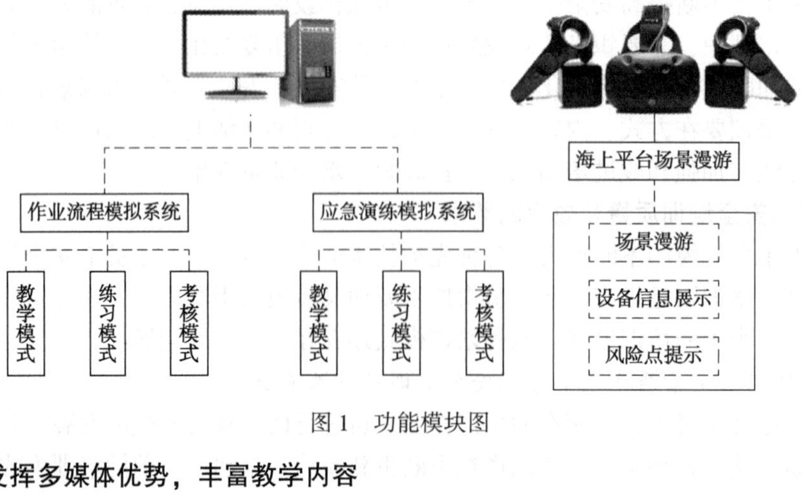

图 1　功能模块图

2.1 发挥多媒体优势，丰富教学内容

基于情景模拟法的沉浸式安全教育培训充分整合各类多媒体资源，利用包括 VR、AR、

3D 影像等技术的沉浸式情景模拟系统，将生活中和施工作业当中的不同情景活灵活现地展示在受训人员面前。

2.2 采用沉浸式教学，提高学习效率

沉浸式学习通过角色扮演的方式，提高了受训人员的学习积极性，加深其对培训知识的理解，并且引导受训人员自发地发现问题、提出问题，并通过实践、思考和交流最终解决问题。

2.3 打破时空的限制，提升培训规模

通过虚拟现实技术，可以实现打破空间限制，同时对多人数的受训人员进行安全教育培训；通过网络数据库储存已有课程，可以打破时间限制，让受训人员随时随地进行学习。

2.4 引入体验式教学，强化理论知识

体验式实践教学在真实或仿真环境中进行，其进行过程中存在的不确定性能够锻炼受训人员的应变能力。体验式实践教学以实践演练作为手段，重视在实践演练中的思考；以交流回顾作为保障，强调实践演练后的总结反思，以此提高培训质量，达成培训目的。

3 主要做法

针对传统培训模式的局限性，我们构建了虚拟仿真培训系统，由作业流程模拟系统、VR 场景漫游以及事故应急演练模拟三部分组成。

系统仿真了生产系统运行、检修、巡视、调度等标准作业的流程，加强了对安全作业的培训，此外还对许多典型事故进行了立体还原，用于对事故的教育培训。系统具有娱乐性、互动性、实用性等特性，能够在一定程度上弥补现有培训模式的不足，实现对职工进行技能与安全培训的目的。

3.1 作业流程模拟系统

包括动火作业、受限空间作业、临时用电作业、高处作业、起重作业等五部分，分为三种模式，分别是教学模式、练习模式及考核模式。学员通过教学模式步骤提示熟悉操作流程，完成教学模式后凭借所学知识操作练习模式，多次练习达到考核标准后可进行考核模式，考核结束将出现考核报告。见图 2。

图 2 作业流程模拟说明图

系统具有技术先进、身临其境、实景体验、事故效果逼真模拟、实时互动、学练结合、

极强的过程安全性、较低的建设和运营成本、极强的系统扩展性、满足“随时随地”进行安全培训需求、超强的用户体验、提高本质安全水平等优势和特点，适合进行员工安全生产模拟体验和教育培训。通过对作业流程操作，模拟直接作业环节监护人、申请人、审批人、接收人等不同角色，使学员能够更加直观地了解作业流程，从而达到培训教学的目的。主要培训形式和内容如下：

3.1.1　作业模式培训

当前针对特种作业人员进行培训时，主要围绕作业模式、操作熟练程度以及安全意识等方面着手。其中作业模式指的是在完成安全技术培训的过程中，还要保证设备的生产要求，这样才能对安全与质量等方面做出保证。在安全培训中，针对特种作业人员进行安全培训，保证各项安全技术措施的落实程度，不仅要保证作业人员的安全意识，还要针对各类新式设备与技术进行完全掌握，这样才能保证企业的综合生产效率。

3.1.2　操作熟练性培训

熟练程度培训指的是针对安全技术培训内容与理论进行夯实，不仅要作业人员具备良好的操控能力，而且还能熟练应用各类安全控制措施，这样才能在发生突发事件时快速且正确地解决问题，以此来对自身的人身安全提供保障。尤其是在新设备与技术引用后，会对特种作业的运行模式与环境提出全新要求，这时为满足实际的生产质量，便要从多方面入手，并且不断贯彻落实安全技术培训内容，强化作业人员的操控熟练性。见图3。

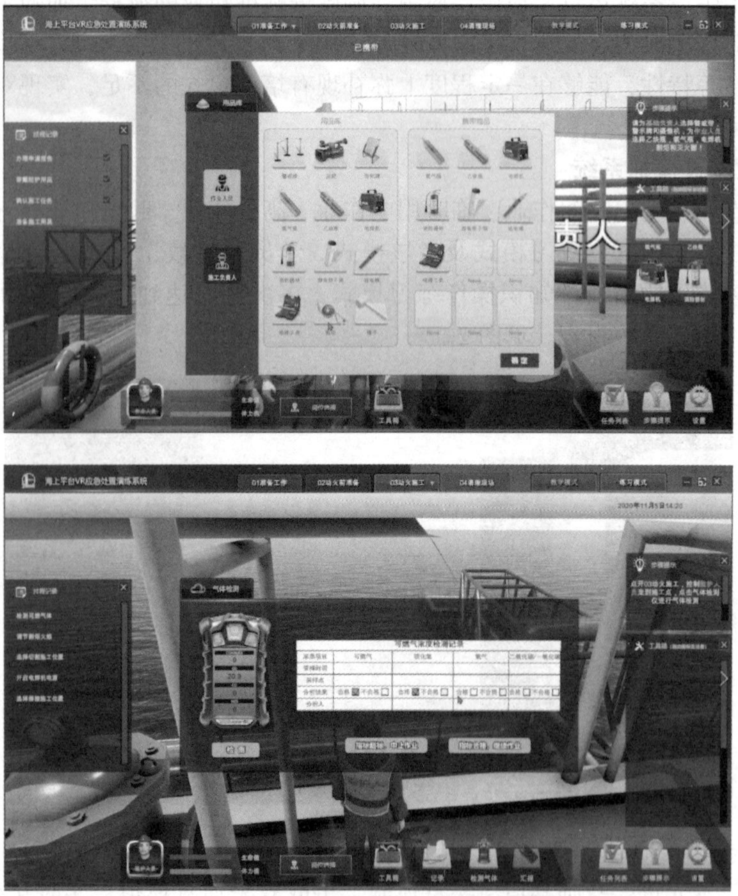

图3　熟练操作性培训说明图

3.1.3　安全意识培训

在具备相应的安全操控能力时，还要促进特种作业人员的安全意识，并且将安全意识落实到具体工作环节，这样才能有效避免设备运行中的隐患故障问题，在保证作业人员安全的基础上，还能够进一步促进生产质量与效率。因此当前安全技术培训的具体方式也会将安全教育合理融入安全技术培训中，通过从作业人员的思想观念层面入手，这样在各种作业环境与生产要求的变化下都可以更好地保证自己的生命安全。见图4。

图4　安全意识培训说明图

3.2　海上平台场景漫游

利用VR特有的场景、特效模拟和实时交互技术，以实时互动的方式在海上平台真实工作场景中漫游，深入了解设备设施和工艺流程，掌握安全生产基本知识和操作技能。漫游模式有两种：

3.2.1　漫游模式

该模式下操作人员可以在仿真场景中如同在真实平台中一样自由行走观看和学习了解，操作人员初次进入某个区域时会显示该区域的基本情况、功能介绍和区域布局等。见图5。平台中的重点设备有交互UI进行设备设施介绍，除了图片、文字、语音方式，还有爆炸图、3D动画等方式。在漫游过程中，可实时显示操作人员在平台中的位置，还可通过点击地图进行位置跳转。

图 5　漫游模式说明图

3.2.2　固定路线参观模式

该模式下操作人员按预设的路线、速度在平台行进，查看沿途的设备、流程、数据等。在本模式下，通过合理的路线规划、UI 设计和语音提示，可以保证操作人员不会错过重要的学习内容。见图 6。另外，由于设定了行进速度，每次参观学习的时间随之固定，这种方式一定程度上限制了操作人员的自主性，但也使学习进度和学习效果更为可控，尤其适合新学员的学习培训。

图 6　固定路线说明图

3.3　单人版应急演练模拟系统

单人版应急演练系统的内容主要由采油树电缆或毛细钢管穿越处油气泄漏应急处置、动力平台变电所着火应急处置和硫化氢泄漏应急事件及处置三种场景组成。见图 7。

系统内容根据不同的培训需求阶段进行内容定制：阶段一：防护用品的佩戴使用，包括安全帽、防护服、防护鞋等装备的正确佩戴；阶段二：各类安全标识认知与辨识，包括：消防安全标识、电气安全标识、危化品安全标识、交通安全标识、禁止类安全标识、警示类安全标识、强制类安全标识、提示类安全标识、特种设备安全标识等；阶段三：通过“建立预案、设置故障、录制处置故障操作流程、回放录制预案”等步骤建立针对各种不同情况的应急演练预案，模拟事故现场，让学员亲身体验事故经过，积累应对经验。对学员的处理应急

图 7　单人版应急演练说明图

事故的能力出具考核报告。单人版应急演练系统可实现如下功能：

（1）实现事故情景和处置预案的逼真呈现。以变电所着火的火灾事故为例，通过对火势、浓烟等情景进行建模，真实再现现场危险情况。同时，本系统以真实的火灾事故专项应急处置预案为蓝本，设置事故的应急处置演练流程并做技术实现，操作人员可以在系统中逼真体验事故发生时紧急应对和处置的整个操作流程过程，模拟真实事故场景开展应急演练，从而帮助操作人员学习、掌握事故应急处置操作技能，帮助企业提升应急处置预案的实操性和科学性。

（2）建立流程控制和评分机制。为使演练培训更接近真实环境，锻炼训练人员的心理素质和应急应变能力，每次应急演练培训的起火位置、火势大小、灭火难度(时间限制)可由管理员进行配置。另外，根据训练人员的临场操作，每次演练培训的具体流程走向也可能不同。训练人员必须熟悉各种不同情形下的应急应对策略并正确操作才能取得好的成绩，从而帮助企业科学地开展应急演练培训及评价演练培训效果。

3.4　多人协同应急演练系统

将虚拟仿真应急演练单人版升级为多人协同操作演练模式，并对场景模型、事故模型、后台数据等系统功能进行了升级，同时增加了应急装备的使用教学、考核的模块。见图 8。多人协同操作以开放式的演习方式替代传统表演性演习方式，在虚拟空间中最大限度模拟真实情况的发生、发展过程，以及人们在灾害环境中可能做出的各种反应。

图 8　多角色协同演练

多人版应急演练系统具有以下功能：
a. 多人联机。
b. 局内实时语音通话。
c. 局内操作记录录制及上传到后台。
d. 各种事故与不同的处理工具(图 9)、穿戴物品(图 10)、事故伤害对应。

图 9　处理工具

图 10　穿戴物品

e. 气体扩散：根据风向、室内扩散。
f. 火事故蔓延：火势没有及时扑灭，会将周围设备点燃。见图 11。

图 11　火事故蔓延

g. 设备标签：操作阀门、开关时显示对应模型的名字、状态。
h. 应急设备的图文、视频资料。见图 12。
i. 对应急设备的答题考核。考核的习题可通过表格形式自定义。
j. 后台管理系统：管理培训人员的个人注册信息、演练记录、演练成绩。

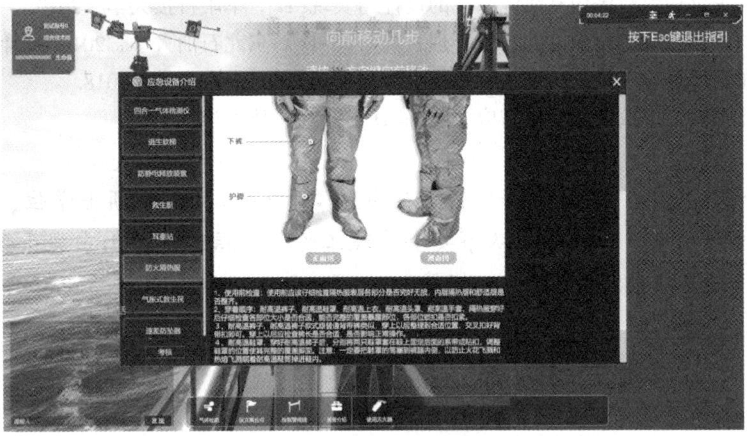

图 12　应急设备介绍

4　实施效果

4.1　减少了培训成本

虚拟仿真培训不需要场地、设备以及教师来进行培训，大大地节省了企业的成本及人力资源。系统可以共享给其他海洋平台，在线多人进行培训，不受空间时间的限制。虚拟仿真实训平台的重复使用性可以降低安全培训和应急演练的经济成本与人员的时间成本，一次支付费用，终生免费。同时系统的可更新性和可持续性可以使企业花费较低的经济成本进行更新，将一些新的突发事件应急处理进行更新。

4.2　避免了经济损失

一个企业最好的预防事故发生的办法是让企业“发生”事故，一般来说，发生事故以后三到五年内一般不会出现事故，这就是安全事故周期理论。运用 VR 还原事故经过，让员工参与进去，身处事故的环境中，感受事故发生的瞬间带来的体验。VR 技术不能杜绝安全生产事故，但却可以将安全事故周期大幅度延长。采用 VR 虚拟仿真培训，具有较大的社会效益。采用 VR 技术进行培训和管理，可有效延长安全事故周期，避免类似的损失。

4.3　提高了培训效果

通过三维仿真及虚拟现实技术全方位最大限度地模拟海上平台的真实现场环境，通过人机交互式的培训模式，提高受训人员对事故危险性及救援过程的认识。为用户提供 360 度、全方位的感官，使学员感觉“身临其境”一般，具有极高的画面冲击力以及强烈的浸没感、真实感，使学员在整个应急演练过程中犹如在实战演练一般，达到帮助培训学习的效果。目前，培训系统已经培训员工及承包商共计 2460 余人次，培训达标率提升至 96%，职工主动参与学习，自我提升的积极性明显增强。

参　考　文　献

[1] 李晶，崔程，张秋．食品安全突发事件应急演练开放式虚拟仿真线上云平台设计研究[J]．中国食物与营养，2022，28(11)：11-14.

[2] 曹文馨．播出系统虚拟仿真演练平台的构思和设计[J]．现代电视技术，2022(10)：122-125.

[3] 孙红江．构建基于虚拟仿真技术的油气田应急培训[J]．中国石油和化工标准与质量，2020，40(08)：105-106.

[4] 王汉杰. 地震灾害应急救援仿真演练系统的设计与实现[D]. 华中科技大学，2019.
[5] 邵志伟. 面向油田三维应急演练的场景推理系统研究[D]. 东北石油大学，2019.000496.
[6] 丁志飞. 基于本体的应急预案仿真演练系统设计与实现[D]. 南京大学，2018.
[7] 万倩男. 石化消防三维数字化分析与应急演练[D]. 青岛科技大学，2018.

【作者简介】郭庆照，男，毕业于中国石油大学(华东)，工学硕士学位，现工作于中石化胜利油田海洋采油厂，工程师，从事安全管理工作。通信地址：山东省东营市河口区仙河镇海洋采油厂，电话：18554652387，邮箱：guoqingzhao. slyt@ sinopec. com。

基于多源异构信息融合通信在油田应急指挥系统的构建与应用

刘　超　陈　鑫　吴　昊

（中国石化胜利油田分公司应急救援中心）

摘　要： 油田生产基地规模大，生产工艺类型多样，火灾应急处置复杂，高效有序的应急指挥调度必然需要综合可靠的信息和数据。以胜利油田为实证分析，梳理油田突发事件处置的特点和安全生产需求，整合安全生产自动化和信息化数据流，集成各类独立的通信单元或系统，融合贯通不同协议通信系统，提出融合多源信息的通信系统建设目标，设计系统基本架构，构建集通信电话、视频共享、无线对讲、视频监控、车辆轨迹定位、设备参数提取等于一体的综合化通信调度指挥平台，既实现服务于油田生产调度，又促进消防应急救援处置能力提升。

关键词： 消防；应急处置；高效融合；综合提升应急处置能力

1　引言

在石油石化行业的发展过程中，信息化建设一直发挥着重要的支撑作用，在一些核心竞争力上更是作用突出。在当今“大数据时代”，随着“数字油田”“数字石化”等石油石化行业信息化普及应用大发展阶段，全球石油石化行业高质量发展已经进入新一轮的信息化竞赛的实力较量阶段。在我全球石油工业不断发展壮大的状态下，我国也相应不断提速石油生产规模，随着油田企业生产设施投产时间延长，油气管网、设备设施不断老化，随时面临牵一发动全身的突发事故，并且因石油石化行业的特殊性，突发事故不断呈现一些新情况、新特点、新问题，应急救援及相关处置工作的难度、复杂度和危险性不断增大，油田的应急处置能力迫切需要紧跟技术发展而相应提升。在此背景下，作为保障油田生产安全的应急救援指挥系统，亟需打通数据壁垒、整合通信资源、高效数据融合，为综合提升应急处置能力做好信息化保障。

2　融合通信的应急救援指挥系统架构

2.1　融合通信指挥系统的建设目标

融合通信的应急指挥系统建设目标是综合各类通信业务联动应用，融合贯通各系统的综合运用能力，从而达到提高生产运行调度和应急救援处置综合能力。该系统主要采用多媒体融合通信技术，为各生产单位综合协调单位，建立固定电话、无线通信、语音会议、视频监控、视频会议、GIS 地理信息系统、车辆轨迹定位、设备参数提取等交互通信为一体的综合应急指挥信息系统。

2.1.1　整合通信平台，贯通多渠道信息通路

通过部署融合通信平台相关设备，实现各生产单位和综合协调单位的指挥中心和现场通

信指挥车辆的无线对讲、模拟信号电话、固定 IP 电话、智能设备终端、声音传输设备等进行集成融合，实现指挥中心、通信指挥车、现场一线指挥员同步会议，并将现场广播、信息私信、位置定位、图像传输等功能进行整合利用。

2.1.2 提升指挥中心，调度实现全信息支撑

通过部署综合调度软件，生产单位或综合协调部门的指挥中心，依托应急通信指挥车和救援现场指战员携带的各类单兵智能化设备，实现了现场视频回传、作战现场的会商会议召开、各类视频监控信号的传输；在 GIS 地图上，还能系统的显示应急力量所处的位置和路线推进情况，并且应急资源可以做到一目了然，快速调集；在无线对讲传输方面，是通过无线集群网关 ROIP-4 连接，实现应急通信指挥车电话与指挥中心无线对讲终端的互联通信。同时，依托于此技术支持各类终端多级通话的特点，实现指挥中心的广播会议系统。

2.2 融合通信应急指挥系统的架构设计

2.2.1 系统总体架构

融合通信应急指挥系统的总体架构如图 1 所示。该系统配合指挥中心综合调度软件，各生产单位和综合协调部门的指挥中心收集智能单兵系统的各类数据信息，并进行信号的整合应用，实现在各系统间的交互传递和内容检索，整个通信资源和应急资源达到高度融合程度，通信达到高度畅通状态。融合通信应急指挥系统通过通信指挥车，搭建移动指挥平台，该平台内置 GOIP 模块与 GSM/CDMA 网络语音互通，是通信指挥车上一体化融合通信平台的基本技术支撑，配合内置 ROIP 模块连接通信车上的无线电台，既能达到一体化融合通信平台建设需求，又能通过无线对讲重点实现移动的多级通话功能。

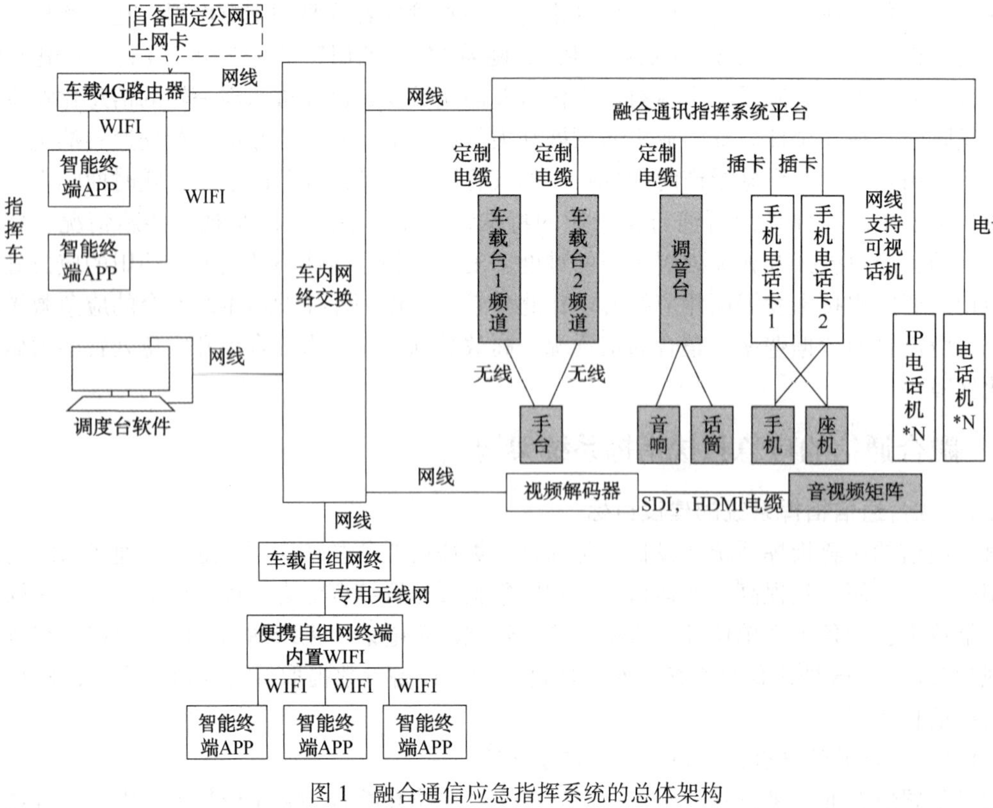

图 1 融合通信应急指挥系统的总体架构

2.2.2 底层数据采集架构

融合通信应急指挥系统由智慧化应急车辆组建大数据链路网为数据采集底层，如图 1 所示。以“广泛的透彻感知、全面的物联共享、可视的报警服务”为理念，建设应急处置现场智能车辆装备态势管理系统。该系统采用 B/S 系统架构，通过自组网与安装在救援车辆上的车载智能通信模块建立连接，实时接收模块采集的数据，并进行实时分析、呈现、管理为一体的现场管理系统，如图 2 所示。其具备自动发现应急处置区域内的救援车辆和应急处置准备资源，并将数据实时分析处理，基于 GIS 地图展示救援车辆定位、车辆行驶轨迹信息、车辆运行信息、消防装备信息，对正在运行中的车辆或状态进行详细信息监控、远程控制操作、状态自动提醒、异常自动报警等功能。生产管理部基于 GIS 地图对现场车辆及装备情况一目了然，辅助实现车辆安全大数据管理决策。同时，应急车辆车载智能通信模块也通过自组网数传网络与现场智能应急救援车辆装备态势系统通信，可自动发现救援区域内进入的应急处置车辆等资源，在现场进行第一时间的指挥研判和指挥调度。

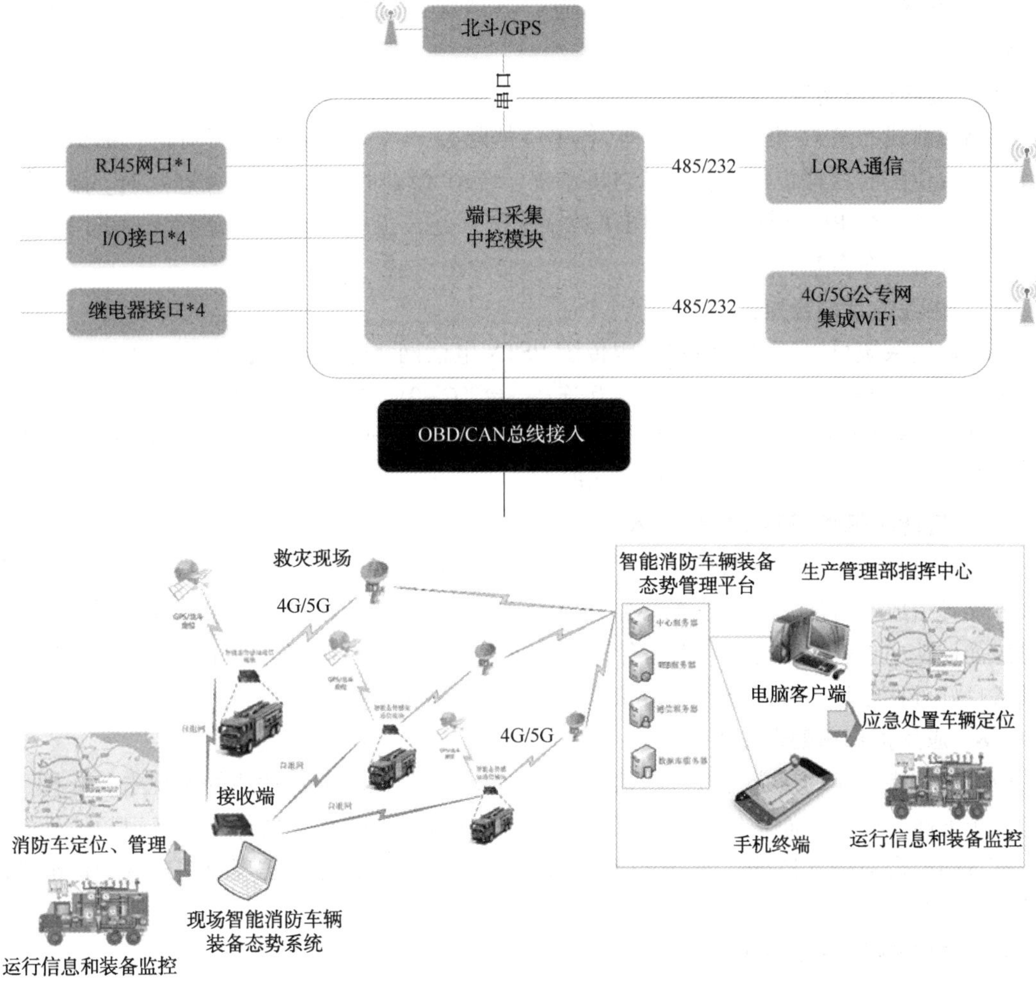

图 2 数据链路

1—数据采集构架；2—应急车辆组建大数据链路网

3 融合通信指挥系统构建关键技术及解决方案

在油田指挥中心机房部署一台融合通信服务器和一系列网关实现与监控系统融合接入、无线通信系统融合接入、视频会议系统融合接入、内线电话接入等功能。

3.1 视频会议系统融合接入

视频会议服务器支持 SIP、H.323 协议，融合通信服务器可通过一台视频会议服务器跟标准 SIP 或者 H.323 协议的视频会议系统互连，实现视频会议系统跟其他系统互连，另外又可以将视频会议系统延伸到应急指挥车或者指挥现场，满足用户日常生产调度和战时应急指挥的需求。

3.2 监控系统融合接入

指挥中心现有监控系统为独立运行系统，资源无法共享，融合通信系统将监控系统整合接入，可以解决用户各个平台不能互连互通的问题。符合国标 GB 28181 标准的监控平台通过 VG-GB28181 网关和融合通信服务器互连，其他模拟监控设备可通过模拟网关与融合通信平台互连。

3.3 无线通信调度融合接入

油田目前建有 PDT 集群系统，下辖各单位都配有 PDT 车台或者手持对讲，油田系统内还有其他单位配有模拟集群或者模拟对讲系统，各个无线对讲系统无法互连互通。融合通信服务器可通过一台 PDT 对讲网关跟 PDT 数字集群互连，也可以通过两台无线对讲网关分别与 8 台集群对讲车台互连。

3.4 内线电话融合接入

融合通信系统可以通过电话网关跟传统 PSTN 电话网络进行互连，也可以可通过一台电话网关或者中继网关跟程控交换机实现互连(一台 TG-2E/T1-2P 网关可同时连接办公电话交换机和 PSTN 电信网络)，融合通信系统还可以通过一台 GOIP 网关插入 4G 移动专网的 SIM 卡实现调度系统跟移动终端的直接互连。

3.5 智能车辆管理系统融合接入

智能应急处置车辆装备态势管理平台由中心服务器、WEB 服务器、通信服务器及数据库服务器等组成。智能车辆装备态势管理平台基于“高内聚、松耦合”的原则和顶层模块化的思想而设计，包含 GIS 地图、配置管理、数据存储、远程控制四大应用模块，平台各个模块具备良好可移植性、伸缩性，适应未来应用动态升级的需要。

3.6 应急指挥车融合接入

应急通信指挥车的接入是融合通信移动功能的重要组成部分，功能的实现主要依托于软硬件两个方面，软件方面是依托综合调度软件和 GIS 地图，作用主要体现在音视频信号的回传、现场会商会议的支持等，得益于应急通信指挥车的移动特点，实现救援现场通信范围的延伸和扩展。

3.7 移动现场设计接入

移动现场应用包含移动指挥终端应用和移动终端应用。移动指挥终端就是一个便携式可移动的指挥调度台，它方便领导或者调度员携带。移动终端设计有三防功能，同时配备高分辨率、防抖摄像头，支持北斗和 GPS 卫星定位，让智能终端实现支持对讲、定位等多种通信功能，还能根据使用场景的不同，选择智能手机、平板电脑等安装载体。

4 融合通信应急指挥系统应用效果

融合通信应急指挥系统在胜利油田进行建设部署应用，有效提升了应急通信信息的多源采集与调度应用，促进油田突发事件应急处置能力的提升。

4.1 通信链路优化设计实现指挥中心通信资源高度融合

借助语音、视频、网络、CALLCENTER、可视电话、无线接入、电子地图、车辆轨迹定位、设备参数提取等各种调度手段串并联设计通信链路，及时协调系统内的各个单位，使各级领导准确、快速地对突发事件进行决策、指挥，如图3所示。融合通信指挥系统作为通信支撑层，将用户所有现有通信资源进行融合，并在此基础上对用户现有业务进行整合和补充，从而更加高效、更加便捷地提升了生产各环节安全程度，提升各类安全生产突发事件的应对程度。特别是在突发事件的应急处置方面，能够全程跟踪、支持应急处置的全过程。过程渗透包括突发事件的上报、关键信息采集、事故危害程度判断、实时沟通、会商研判、联动指挥、应急资源支撑、辅助决策指挥等，不仅实现了在短时间快速应对突发性危机事件，还提供了妥善的应对措施预案；融合通信系统的建立极大地缩短了应急处置响应时间，和处置效率，从信息上报到任务下发，平均缩短时间50%以上，各类资源设备进入统一平台，大大节约了设备重复投资率，节省设备投资金额35%以上。

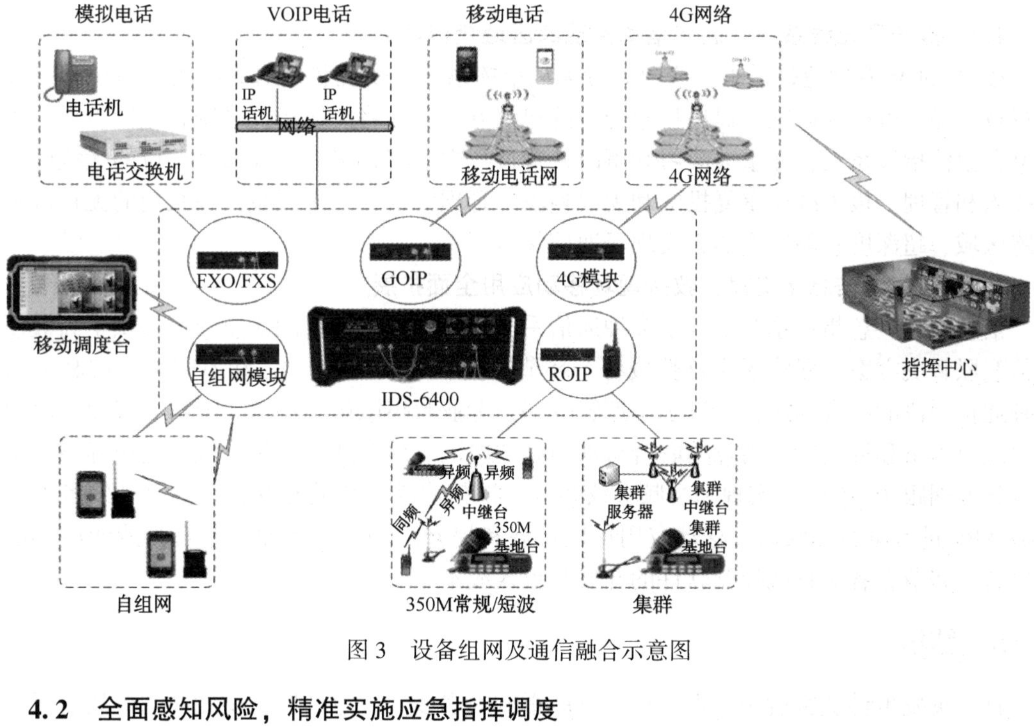

图3 设备组网及通信融合示意图

4.2 全面感知风险，精准实施应急指挥调度

融合通信应急指挥系统解决了无网络情况应急指挥车充当临时指挥中心负责周围PDT集群系统，如图4所示。将车辆定位信息、消防侦察检测设备采集数据、无人机采集影响、智能单兵信息等融合汇总，为实现精准的风险和态势研判提供信息支撑。同时，有效解决了模拟对讲系统、视频会议系统、卫星地面落地系统、有毒有害气体检测系统、照明系统、扩音系统、无线办公系统的互联互通和以往信息孤岛应用的单一性问题，实现了现场各种通信资源连入指挥中心，并可从指挥中心获取远方及现场视频监控和参战

人员、车辆、装备等各类资源信息。系统应用有效提升了精细化管理程度，且减少单位运营成本 20%以上。

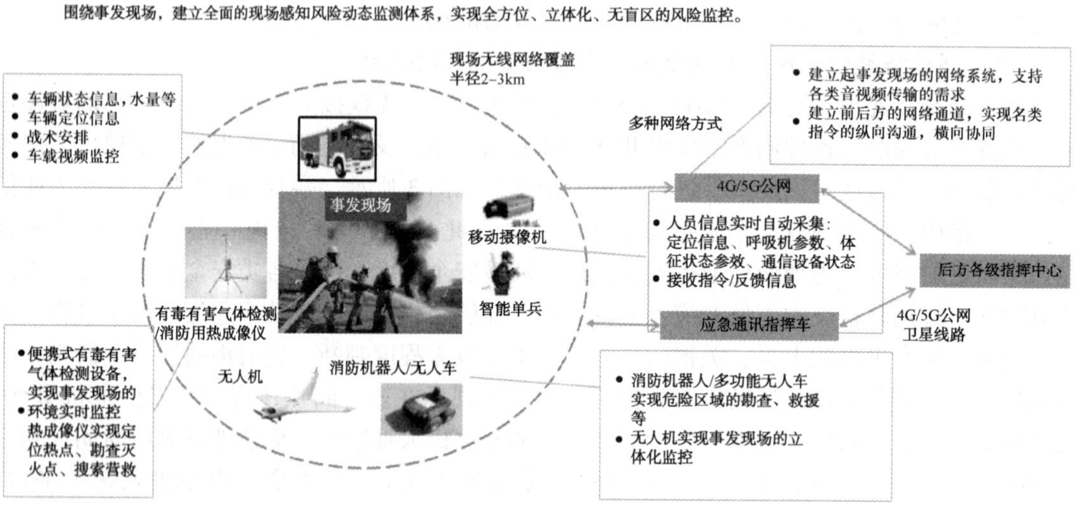

图 4　通信链路设计示意图

4.3　提升了无线系统，通信指挥实现跨区域全覆盖

按照 350M 专网建设需求，应急处置无线指挥系统建设现状，对无线指挥系统升级改造进行技术经济可行性研究，提出科学合理的建设方案，并将无线指挥系统各频段，无障碍融入融合通信指挥系统，在重大演习和事故处置过程中，将各采油厂和参战单位的无线频率进行接入和管理。极大减少重复投资和无线频段的管理混乱，实现无线指挥系统的无盲区覆盖及跨区域、超深度、超广度的火灾现场通信保障。

4.4　聚焦全信息化支撑，救援现场移动应用全面扩展

信息融合应急指挥系统集合了多种通信手段，针对不同情况的应急救援提供了高效便捷通信互联解决方案，保障了应急救援各个环节通信联络的“总体化”和不间断，有利于内部多种通信手段的综合利用，促进了生产管理部、专业救援队伍、环保、通信、气象、电力等多种应急力量和社会联动力量的联合行动与高效协同。融合通信指挥系统通过边界服务器连入视频专网跟 4G 专网，实现和视频会议系统、视频监控系统的互联，并且可开发各类相关领域 APP 进行融合和联通，移动应用得以扩展和提升的同时，将原来各自为战的应用端予以融合，将节省各类终端控制软件的开发和投入成本。

5　结语

针对突发事件危害后果严重、事故发展影响因素多、应急处置复杂度高的事故场所，建立多源信息融合的通信指挥调度系统是十分必要的，且能够有效提升应急救援能力。多源信息融合通信的应急指挥系统建设的基础在于底数清、情况明，全面梳理需要采集必要数据类型和已有“信息孤岛”互通共享；建设关键在于融合数据顶层链路设计和数据传输网络的畅通性与时效性；建设应用的实效在于对融合数据支撑指挥决策的应用和指挥调度决策的高效反馈。

参 考 文 献

[1] 丁广贵，郭宝龙．多媒体数据压缩标准化的现状与发展[J]．计算机工程与应用，2002，(1)：104-107.

[2] 蔡安妮，孙景鳌．多媒体通信技术基础[M]．北京：电子工业出版社，2000.

[3] 陈黄兴．多媒体电力调度指挥应急系统的设计与实现[D]．电子科技大学，2014.

[4] 张亚娟，赵海升，李洋伟．城市突发公共事件应急管理平台研究[J]．河南科技，2016，(17)：53-55.

[5] 朱振华，汪宁．基于 PGIS 的扁平化指挥调度系统的设计与实现[J]．警察技术，2014，(02)：12-14.

[6] 李阳，云环境下应急指挥系统研究综述，计算机科学[J]，2018.

[7] 王磊，基于融合通信技术的应急指挥系统设计与实现，电力系统自动化[J]，2019.

[8] 张三，浅谈云技术在应急领域的应用与发展，信息安全与通信[J]，2021.

【作者简介】刘超，男，中国石油大学硕士，胜利油田应急救援中心副经理，高级政工师。电话：15666216006，邮箱：liuchao. slyt@ sionpec. com。

智能无人机在火灾监测和应急救援中的应用

荆　波　逯少森　陈　鑫

（中国石化胜利油田分公司）

摘　要：针对传统无人机在火灾监测或救援应用中仅停留在搭载不同传感器获取火灾现场信息的水平，未实现智能处理，本文基于大数据分析和平台处理技术，提出了搭载微型自动处理器的智能无人机。针对火灾多源异构数据，采用混合处理方法；基于Spark和Hadoop的大数据集成平台，构建了一个火灾监测混合的大数据分析系统，对火灾进行实时动态监测与预警，大大提升了火灾的检测率及救援率。该研究对无人机在火灾检测和预警等方面具有一定的应用价值。

关键词：智能AI无人机平台；云计算；多元异构动态数据；深度学习；边缘计算

我国虽然在火灾扑救的应急处理方面取得了突出成绩，但针对火灾频发且影响巨大的实际情况，在监测及救援方面仍存在很多问题。特别是在应对诸如大规模森林火灾、化工厂爆炸、油罐爆炸及大型井喷等传统灾害的处理方法较少，火灾前期监测和救援期待更多样化的处理手段和设备应用。由于无人机在火场上方高空飞行，视野宽广，能够大范围且高效采集火场信息，而且自身风险小，可以大幅避免消防勘测人员的伤亡，为火灾现场的救援提供了丰富的处置手段。传统无人机通过搭载可见光及红外摄像机等设备，按照飞行轨迹对各类现场进行巡察，将空中获取的影像资料回传到相关部门，以便及时发现火情隐患。但传统无人机影像资料回传后需人工审查，效率较为低下，并且回传过程中有时会受环境等因素的干扰，导致其传输速度不稳定，极有可能造成漏检、误检等隐患，导致火灾的发生。针对传统无人机在火灾监测、救援等方面的不足，本文基于大数据分析、机器学习的BP神经网络提出了新型的智能无人机，提高了对判别图像时的准确性；通过分析5G通信和边缘计算等新兴技术的优势，对无人机在火灾预警、监测、救援等方面的未来发展方向提出了建议。

1　智能无人机技术

传统火灾检测主要依靠专业防火人员对无人机传回的图像信息进行判读，容易发生误判或者信息遗漏，且耗费的人力巨大。智能火灾应急处置技术基于大数据的火灾分析技术和人工智能的火灾检测技术，同时配合具有高机动性、覆盖范围广、操作方便的无人机，对图像数据实时处理，使火灾应急处置更加自动准确，效率大大提高。与传统火灾检测技术相比，智能火灾应急处置技术还可利用火灾图像中如火焰形状、纹理以及烟雾信息，具有非接触式、探测范围大、响应时间短、可以自动处理等优点，由于受现场环境情况的影响较小，该技术广泛用于火灾应急处置和灾后救援。

智能无人机应用和MANIFOLD妙算如图1所示。智能无人机搭载MANIFOLD妙算可完成各种计算机视觉及深度学习等人工智能计算，使无人机具备现场环境感知、各类物体自动辨识和实时有效反应能力，搭配无人机机载相机可实时获取图像信息，通过图像处理算法分析处理，将采集到的火情数据回传监控中心，利用大数据技术，更精确的判断火情火势，为灭火救援工作提供决策依据，提升火灾处置救援效率。

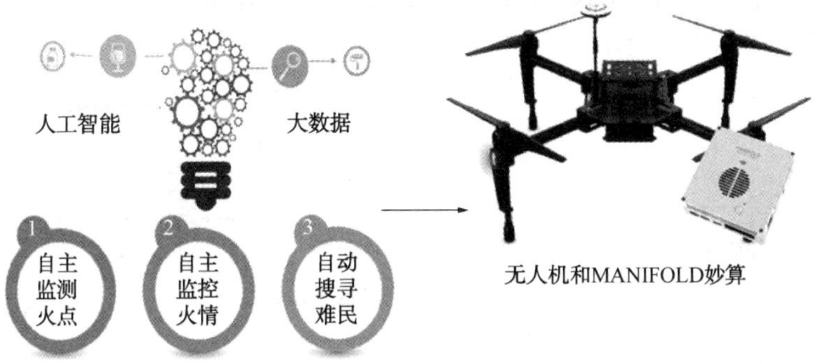

图 1　智能无人机应用和 MANIFOLD 妙算

2　基于 Spark 和 Hadoop 的大数据分析系统

智能火灾应急处置技术在大数据分析方面的研究主要针对数据的分析与处理。Spark 是一种无论基于内存还是硬盘都具有非常快的运算速度，且同时具有通用性和扩展性的大数据分析引擎。Hadoop 能够解决海量数据的存储和分布式计算问题，具有很高的可靠性、拓展性、高效性以及容错性。

火情混合大数据分析系统的检测流程如图 2 所示。该系统基于 Spark 和 Hadoop 的大数据集成分析平台，将数据储存、数据处理及数据可视化等功能分模块实现，构建一个火情混合大数据分析系统，对多源异构数据，采用混合处理方法，实现对火情实时动态预警与监测，同时能够代替工作人员处理无人机实时回传的数据，自主分析火情火势，为防火救灾救援工作提供更有力的决策依据。

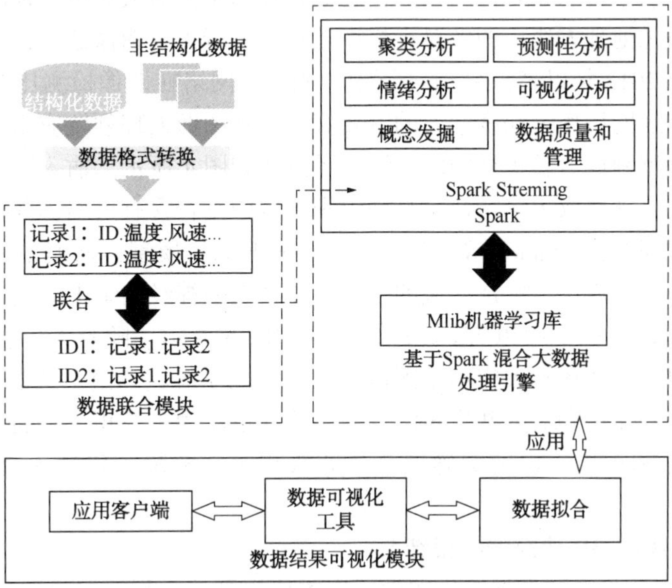

图 2　火情混合大数据分析系统检测流程

2.1 基于改进 Mask R-CNN 的算法

针对传统火焰检测算法具有主观性和盲目性且泛化能力差的问题，提出一种基于改进 Mask R-CNN 的火焰图像识别算法。基于 Mask R-CNN，改进了损失函数，使边框定位更准确，同时识别定位精度更高。Mask R-CNN 的网络总体由目标定位、目标分类和掩膜预测这三部分组成，其结构如图 3 所示。

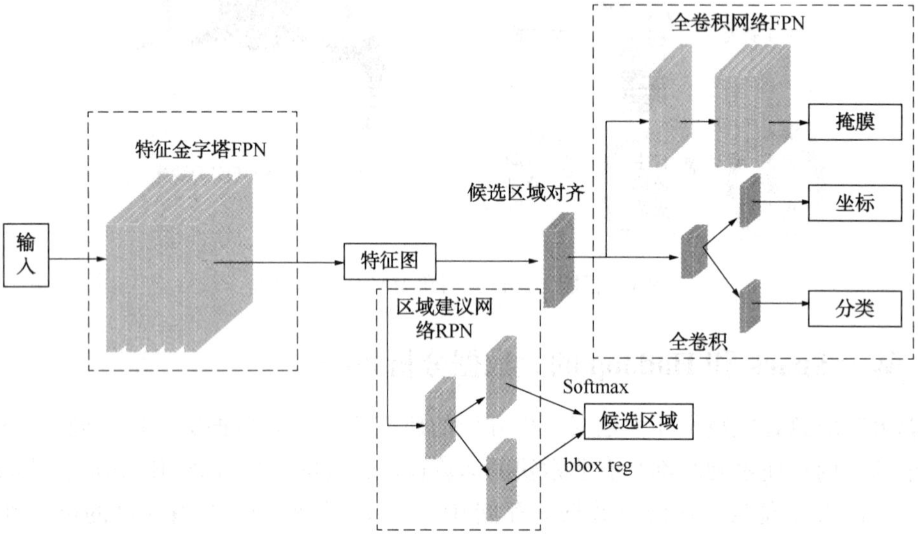

图 3　Mask R-CNN 框架结构图

由于该算法引入了自下而上的特征融合路径，优化了特征金字塔网络，从而使得特征信息图的细节得到放大，同时使火焰目标的检测定位得到了改善。改进后的算法具有更高的检测准确率，误报率和损失率也得到了进一步的优化。

2.2 Faster-RCNN 模型

在人工智能方面，智能无人机的火灾应急处置技术主要对火灾进行检测。早期的火灾检测主要采用传统图像处理方法，即针对火焰视觉特征进行人工图像处理，误报率较高，且耗费的人力巨大。自 2012 年以来，Alexnet 深度卷积神经网络在图像检测比赛中取得了引人注目的成绩，卷积神经网络作为深度学习的主要算法，在图像处理领域应用广泛，并逐渐应用于火灾中的火焰检测领域。卷积神经网络结构示意图如图 4 所示。输入图像经过卷积层和池化层等处理，通过自动提取火焰特征，自动识别图像中是否含有火焰，并输出判断结果。

针对火焰检测问题，Girshick 等人提出了 Faster-RCNN 模型，该模型也是图像目标检测最有效的模型之一。该算法将候选区域的获取集成在卷积神经网络中，实现了点对点训练与测试，效率大幅提高。Faster-RCNN 算法的构架如图 5 所示。随着人工智能技术的飞速发展，机器自动学习的方法逐渐被应用于图像型火灾检测系统，通过对火焰特征的精确分析，使用圆形度、面积变化率和灰度共生矩阵等二次统计量作为火焰识别的特征，利用 BP 神经网络进行系统训练和识别，识别准确度高达 88%以上，解决了传统火灾监测误报率高等问题。

2.3 AdaBoost 和 BP 神经网络相结合

BP 神经网络算法将已知目标输出的学习样本传输到输入层、隐含层以及输出层，得到各层之间的权值和阈值，但当输出值不满足期望输出时，需调整各层之间的权值和阈值，减小误差，如此循环，直到误差不再下降为止。在利用各类算法对火灾进行判断和识别的基础上，以火灾的特征量作为火灾判别算法的输入变量，大大降低了判别训练图像量和运算量，有效提高了识别速度和准确度。同时考虑监督学习和无监督学习的火焰前景提取算法，训练各类专用的分类器来确定有危险状态的疑似目标，根据 Real AdaBoost 分类器计算结果求解聚类算法的初始中心，并使用求解出的聚类中心对有危险的区域进行聚类分割划定，得到最后的前景区域。基于人工智能的火焰检测技术，智能无人机可远程发现火点，监测火情，帮助专业防火人员实现火情早发现、早扑灭，最大可能减少火灾带来的损失。

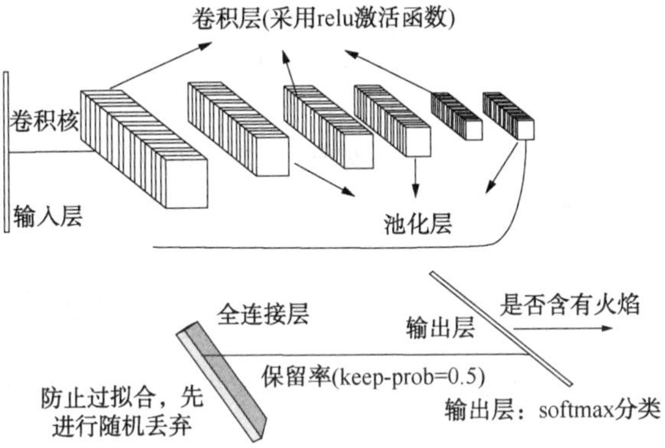

图 4　卷积神经网络结构

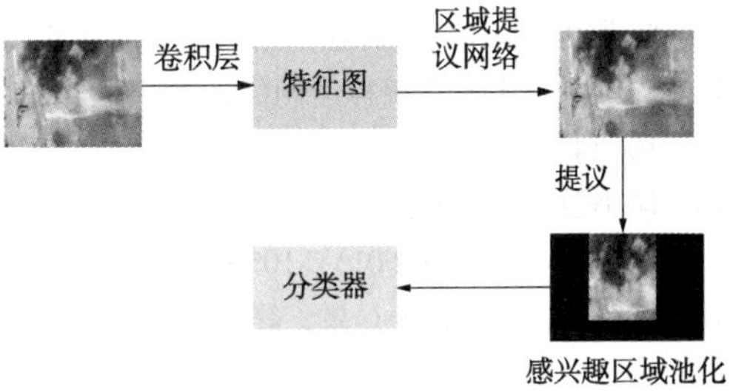

图 5　Faster-RCNN 算法构架

3　结论与展望

智能无人机火灾检测技术在火焰检测实时性等方面的要求非常高，采用传统图像处理技术，需要人工提取火焰特征，速度慢，面临无法实现实时检测等问题。利用机器学习中的卷积神经网络，优化了火焰图像检测过程，能够克服以上问题。但这些方法在无人机机载平台硬件设备上的运行速度还是很难满足实时性的要求。因为这些深度学习方法模型的体量大，需要海量的数据支持，要求硬件设备的计算能力强，同时无人机采集到海量视频数据也对硬件设备和计算复杂度等方面提出了比较严格的要求。

现阶段无线边缘智能将运算、存储以及网络等核心能力下沉到了接入网边缘，在网络边缘引入了基于深度学习的无人机火灾检测技术，可以更好地实现智能无人机监测。此外，边缘智能可利用网络分布来分流系统在云端的计算压力，同时具有网络延时低和安全可靠的优势。今后结合 5G 通信网络和边缘计算等新兴技术的智能无人机有望在火灾的应急处置救援上有更大的发展和突破。

参　考　文　献

[1] 油永登，叶云飞．高层建筑的消防灭火救援有效措施研究[J]．今日消防，2021，6(07)：39-41.

[2] 应志登．浅析无人机在消防灭火救援工作中的运用体现[J]．新型工业化，2021，11(06)：61-62.

[3] 张斌．无人机遥感技术在自然保护地生态资源保护监测中的应用——以甘肃某地为例[J]．广东蚕业，2022，56(01)：142-144.

[4] 杨松．消防灭火救援中的 5G 技术[J]．中国科技信息，2021，2021(02)：45-46.

[5] 付瑞玲，王宁，杜志强，等．基于多传感器信息融合的火灾报警器设计[J]．计算机测量与控制，2018，26(1)：206-208.

[6] Freire J G，DaCamara C C. Using cellular automata to simulate wildfire propagation and to assist in fire manage-

ment[J]. Natural hazards and earth system sciences, 2019, 19(1): 169-179.
[7] 李万利，崔巍．无人机在消防灭火救援中的应用分析[J]．今日消防，2020，5(12)：2.
[8] 杨睿．基于云安全与深度学习的区域大数据分析方法研究[J]．电子设计工程，2021，29(10)：15-18，23.
[9] 邓青，杨宁．Spark 环境下并行萤火虫群优化算法设计与实现[J]．工业控制计算机，2022，35(02)：84-85+87.
[10] 毛娜．基于 Hadoop 的石油大数据平台设计[J]．信息技术，2022，2022(02)：145-150.
[11] 曾志强，何小东，王颖，等．基于 Hadoop 和 Spark 的森林火灾混合大数据分析系统研究[J]．世界林业研究，2018，31(2)：55-59.
[12] 喻丽春，刘金清．基于改进 Mask R-CNN 的火焰图像识别算法[J]．计算机工程与应用，2020，56(21)：194-198.
[13] 陈燕红．基于卷积神经网络的无人机森林火灾检测研究[D]．西安：西安理工大学，2019.
[14] 白贺伊．基于卷积神经网络的健康大数据智能分析方法研究[J]．电子设计工程，2021，29(10)：10-14.
[15] 徐小强，张瑞琦，冒燕，等．基于卷积神经网络的水面火焰倒影滤波方法[J]．江苏大学学报(自然科学版)，2021，42(01)：105-110.
[16] 梁哲恒，邓鹏，姜福泉，等．基于卷积神经网络的无人机影像违章建筑检测应用[J]．测绘通报，2021，2021(4)：111-115.
[17] 徐伟，张立晓，陈智寿，等．基于 Faster-RCNN 的鳌江特大桥车辆识别技术[J]．物联网技术，2021，11(1)：21-24.
[18] 付秋新．BP-Adaboost 集成学习算法在地铁施工沉降预测中的应用研究[J]．现代城市轨道交通，2021，(5)：94-98.
[19] ZHOU H, YU G, WANG W. Research on Fast Pedestrian Detection Algorithm Based on Autoencoding Neural Network and AdaBoost[J]. Complexity, 2021, 2021(6): 1-17.
[20] 莫鸿彬，李猛．无人机边缘计算网络：架构，关键技术与挑战[J]．广东通信技术，2021，41(4)：54-59，79.

石油化工企业专职救援队伍利用无人机结合“卫星+4G/5G”安全生产应急指挥的实践与应用

王忠伟　方志伟　闻吉鸿

（中国石油消防应急救援吉林石化支队）

摘　要： 近年来，石油化工产业发展蓬勃迅速，国企民营大型炼化企业产能和技术均处于世界领先地位，国内化工能源的消耗与产出成倍增长，化工生产负荷不断扩大；与此同时，危险化学品的交通运输数量也在不断增加，潜在中让石油化工生产、贮存、运输的安全环保压力不断增大。就安全环保和生产调度来说，周期性巡检、生产异常检查、巡视人员不便到达区域，以及时效性要求较高的安全监管工作，在石油化工生产运行工作中占有量非常巨大；就安全监护来说，装置安全施工作业、检修风险受控以及现场安全管理是石油化工安全环保高质量发展不可忽视的重要因素；就应急救援来说，易燃易爆、有毒有害事故的科学处置、远程指挥快速响应的应急联动、科学决策灾害控制的正确方案，都是石油化工、危险化学品应急救援的重要生命倚仗。针对以上石油化工生产诸多需要，能够为石油化工企业创建多元式的解决方案，打造“平时保生产、战时保应急”的新型应急指挥模式，是危化品应急救援队伍服务生产、保障安全、科学救援的重要倚仗。

关键词： 远程指挥；信息化；远程视频传输；卫星网络；4G/5G

无人机、卫星网络现在在应急救援中已经占据的信息传输的重要地位，那么按照信息化手段将其进行整合，形成一套主要的应急保障系统，已经成为当前多数应急厂家正在研发的攻坚项目；但系统建设就在于服务器，服务器的部署位置涉及控制维护、信息安全等多重问题；另外，石油石化企业生产任务重，应急安全监护多，巡检检查工作多，那么通过无人机+卫星、4G/5G 等手段协助其完成日常安全保障任务，能够为企业安全创效、升级效率做出重要贡献。第三，就是服务需求，能够促使队伍在全天候、全方位、全国范围内无限制地提供应急需要防护，也是无人机+卫星、4G/5G 建设的关键，某企业针对以上需求，完成相关建设，并历经多年测试形成自建保障系统，为企业安全生产、巡检巡查、应急救援提供可靠保障。

1　整合科技手段，为企业生产提供应急解决方案

当前，国有和民营的石油化工企业信息化建设日趋成熟，信息化的技术与手段亦十分丰富；石油化工企业专职应急救援队伍信息化发展和职能化拓展在企业生产生活中已逐渐凸显。以某大型石油化工国企为例，企业应急救援队伍依托信息化技术为企业打造“平时保生产、战时保应急”的应急管理理念，为企业的生产调度、安全监护、应急救援提供了重要保障。

1.1 信息化要充分利用现有网络架构

大型石油化工企业在国内网络部署覆盖面大、范围广，分支站点众多，专线、企业广域网建设十分成熟；企业专职应急救援队伍结合业务需要，充分利用企业网络部署覆盖优势，将各站点与总部的业务数据进行信息化整合，让关键性应急救援信息能够不受区域限制地在企业专网、应急系统专网内完成信息分享，全力为应急救援提供专业化信息保障；在此前提下，数据的传输媒介可以是普通网线、光纤，可以是4G/5G的移动网络，也可以是卫星网络。应急指挥人员可根据使用环境和实际需要，配合现有网络架构与实际情况灵活选择信息接收发送模式。在网络内搭建专业应急指挥平台，由专业网络运维队伍为远程应急指挥业务的提供信息化保障；依照应急信息专业性、时效性制定网络数据传输规则，让应急指挥信息数据得到优化保障，实现应急网络基础运行的高质量和低延迟。

1.2 无线网络成为信息传输的重要选择

在执行生产调度、安全监护和应急救援等工作任务时，由于应急处置的时间、地点、事件存在较多的不确定性因素，那么信息传输更多地会选择无线接入。卫星入网的优势是不受基站信号的范围限制，在大型灾害事故中作用明显，但4G/5G移动网络传输速度快，带宽足，应用更为广泛，费用更加低廉。近年来，随着各类石油化工安全事件的发生，国家大型石油化工企业为应对突发事件的快速响应，相继投巨资建设各自应急响应服务平台，大部分以车载卫星通信系统和单兵卫星通信系统为建网基础，实现了应急通信无障碍网络传输。4.20四川雅安地震，在现场通信全部中断的情况下，某石油化工企业应急通信卫星车为救援现场搭建了信息生命线，为灾区的救援工作发挥了巨大作用。

近年来，石油化工企业无人机远程图传技术开始兴起，让企业的生产调度、安全监护和应急救援的反应能力得到了大幅度的提升。在某石化公司利用远程移动卫星平台结合无人机远程图传技术，协助企业在大检修期间发现多项安全及作业隐患，还为危化品应急救援提供了重要信息保障；综合以上来看，指挥调度的解决方案主要还是以移动网络平台为基础，为远端提供现场的信息保障服务，事实也证明了该方法在应用中取得了良好的效果；但是随着应用需求的增加，远程平台移动网络需要承载的信息流量逐步增大，受限于卫星网络的有限带宽，远程服务平台还是难以承载大流量的服务需要，这就为服务平台转型和业务迁移提出了新的升级要求。

2 升级系统架构，迁移服务平台缓解卫星链路载荷

无人机远程图传技术服务的瓶颈在于卫星网络链路带宽；当前，民用、工业专用卫星链路带宽相对较低，而卫星网络作为最可靠通信保障的特性无法取代，那么远程移动卫星平台一旦出现大流量信息交互，链路一定会超负荷工作，势必网络拥塞、服务中断等严重问题。

2.1 制定有效的解决方案

远程移动卫星平台在应急现场承载着绝大部分应急信息传输任务；在此情况下，用户访问的应用数据唯有通过卫星链路进入平台方可实行信息查询和视频查看；作为应急现场重要的信息保障，远程移动卫星平台要有效降低卫星链路流量，缺平台业务的连续不间断，最有效的方法就是升级现有业务模式，将平台的大流量数据实施基站式迁移，即在远程固定网络站点建立与远程移动卫星平台业务互通的应急保障系统，将现场信息业务通过技术手段，实时推送至固定点应急保障系统，由应急保障系统在内网分担远程移动卫星平台的大流量业务，此项办法有效降低卫星链路负荷；用户终端只需访问应急保障系统即可得到与访问远程移动卫星平台相同服务，此升级方法既缓解了卫星链路带宽的紧张，也增强了应用服务运行能力，为远程平台提供了更稳定的信息保障。

2.2 建设稳定的服务平台

远程移动卫星平台常规服务方式主要依靠高清编码硬件设备对现场采集输入的视频流进行压缩直播，远程用户通过卫星网络远程调用高清编码设备视频信息进行调取查看，以此达到远程指挥目的；在此情况下，用户过多、流量增大时，不但大量占用卫星链路带宽，同时过多地占用了高清编码设备系统资源，致使硬件设备难以为远程终端提供可靠的应用解决方案。为解决此项问题，某石化消防应急救援队伍采用性能更稳定、系统资源更充足的计算机服务器与移动应急指挥平台进行业务对接，全面承担远程指挥信息业务中转应急保障系统；系统采用 Linux 服务系统搭载 Nginx+Rtmp 服务，当现场视频在进入应急保障系统后能够有效将视频数据包进行排队缓存、有序播放，有效为远端提供不间断视频服务取得了良好效果，确保了视频数据在清晰流畅播放的同时能够为更多的远程用户提供应用保障。在应用新方案后，远程用户在访问应急保障系统时与访问远程移动应急平台的应用形式能够完全一致，在保证了业务服务质量的同时极大地提供了用户工作效率。远程指挥卫星网络架构见图 1。

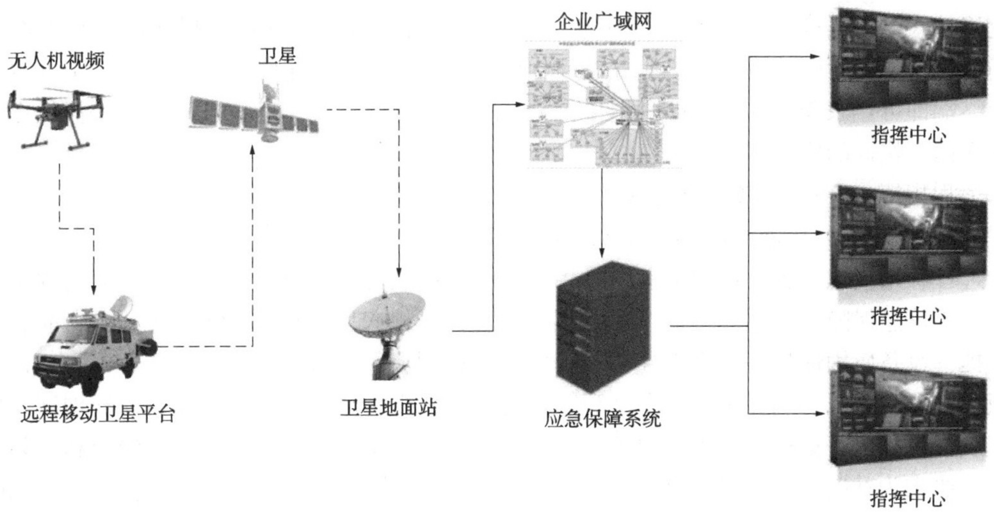

图 1 远程指挥卫星网络架构

2.3 搭建优化的信息网络

远程移动应急平台在推送现场视频流的过程中，需经过卫星网和广域网方可到达应急保障系统；那么网络的传输质量就占据着重要比重。由于传统网络传输数据采用先入先出的默认策略进行数据转发，卫星网络或广域网络的使用率一旦达到峰值，网络拥塞不可避免，应急保障系统在接收数据时依然会出现数据延迟；造成网络拥塞并形成视频卡顿，中断，严重影响应急指挥调度；为解决这一问题，网络参数的优化在整体业务中就发挥着重要作用。由于该业务运行在广域网络，采用适当的网络优化技术，改变网络运行默认策略，是调整优化网络的最佳方案之一。策略初始化是在各网络边界路由设备内运行数据先入先出的原则，技术部门利用 QOS 技术，对专有的视频业务数据进行专项调整，在数据传输的每一个网络节点利用 QOS 技术实施视频数据优先转发，确保在网络拥塞的情况下视频数据无需排队等待即可转发，有效保证了视频数据在网络中的时效性和完整性。

3 发挥 4G/5G 优势，精简结构助力企业生产指挥应用

远程移动应急平台在卫星网络的支持下为企业的安全生产和应急指挥领域发挥了重要作用，特别是在应急保障系统的支撑下，平台的应用性和拓展性得到了有效的升级；但系统依托于卫星网络和广域网，各地应急专家因公出、异地或非工作时间，使其所在位置难以满足远程指挥需要，其现场视频信息查看会受物理条件的严重受限；为打破这一瓶颈，让更多用户同步分享远程应急指挥信息数据，是远程移动应急平台实时 4G/5G 改造升级的另一主要功能。

3.1 部署应急保障系统到 DMZ 区域

应急保障系统的成功部署能够为网络用户提供更强、更便利的拓展性应用；而服务器部署的位置不同能够取得的成效也不同。当前，个人手机终端的智能化、信息化发展越来越快，联合石油化工生产应急的时效性和紧迫性较强，有效利用个人智能化终端助力生产应急是近年来国内各行各业信息化发展的首选方案。某企业创新将应急保障系统部署于企业 DMZ 区域，让应急保障系统同步为企业外部个人智能化移动终端提供生产指挥视频服务，将应急保障系统与企业网络边界实时业务专项对接（NAT 地址转换技术），即可实现个人智能化移动终端通过 4G/5G 网络访问应急保障系统，有效解决了利用远程智能终端查看应急现场情况的重要后台建设；此项业务设计，让生产指挥人员无论身在何处，开启个人智能化移动终端即可登录服务器查看即时图传视频，为生产调度、安全监护、应急救援提供更加高效、便捷、快速的应急通道。

远程指挥 4G/5G 网络架构见图 2。

3.2 创新设计机动灵活的远程 4G/5G 服务

远程移动应急平台是依靠卫星网络将现场应急信息传送至应急保障系统，为远程用户提供了重要信息保障。移动 4G/5G 平台在建设之初的目的是在继续节约应急现场成本的同时持续提升设备应用便携性、机动性和稳定性，保证现场利用 4G/5G 网络将视频回传至 DMZ 区域应急保障系统，确保为外网个人智能化终端、各级生产控制室、调度指挥管理部门提供更优质、更稳定、更便捷的视频业务保障，要切实为公司生产生活带来更大的便利。某企业以以上要求为基础，设计采用便携式移动导播系统，利用其高清视频输入输出、4G/5G 网络连接、RTMP 推流等业务功能，有效结合其支持各类网络协议，以及便携性强、操作简单、展开迅速等特点，成功利用无人机+4G/5G 结合模式将无人机移动视频回传至 DMZ 区域应急保障系统，实现了个人智能化手机终端、生产控制室和应急调度指挥部门有效应用，做到了生产指挥人员无论身在何处，开启个人智能化移动终端软件即可登录服务器查看即时

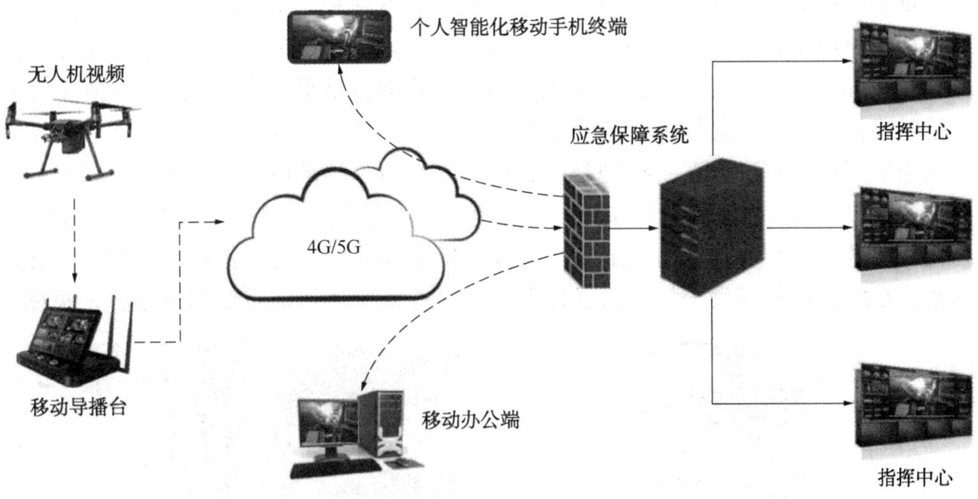

图 2　远程指挥 4G/5G 网络架构

图传视频，极大地满足了危化品应急救援远程信息业务保障及石油化工企业生产调度、安全监护、高点巡检的工作需求，为石油化工企业的生产生活提供了强大的信息保障。

4　发挥创新优势，用高质量信息平台保障生产服务

信息化大数据、智能化控制平台已经在当今社会生产生活中发挥着重要作用；一直以来，石油化工信息化数据和智能化操控在生产过程中早已占据主导地位，但众所周知，石油化工企业易燃易爆、有毒有害安全风险大、救援难度高，有针对性的信息化技术发展并不迅速，模式较为单一；这就需要具有实战化队伍不断针对各类救援问题进行业务创新，寻找应急救援业务发展具体方向是什么。

4.1　信息化优势与趋势

在数据化、信息化的今天，人们的生活已经完全进入了互联网时代，日常生活无处不在的信息智能化为人们的日常生活提供了无限的便利，也让社会发展进入了高速时代。石油化工生产亦是一样，生产装置的智能化控制取代了大量的人力物力，有效降低了企业的运行成本，智能化监管控制更是让产量调整、运行调节更加受控；生产数据的采集、存储、计算及结果输出让生产评估、安全评估更加及时，让安全监管更加到位；总而言之，石油化工企业生产信息化已经全面贯穿于石油化工企业生产，完全占据了主导地位。但单纯的生产运行数据随着生产需求的不断增多以及安全要素的不断增加，让仅在生产控制上的信息化、智能化无法满足新时代石油化工生产的各项需要，寻求综合数据汇集和大数据发展，让各类资源信息实现更大范围的共享是石油化工企业管理发展必然趋势。

4.2　应急系统信息化的发展与拓展

近些年，石油化工企业的安全生产越来越重要，2010—2020 年十年间，国内接连发生的多起危化品生产储运事故，为国内石油化工的生产调度、安全环保、应急指挥等业务提出了严峻考验；因企业以产量和效益为主，故生产信息化建设主要针对生产数控应用，没有为安全应急项目进行过多的开发；但近年来的安全教训已经给各石油化工企业提出警示，应急安全建设也在不断完善。现阶段，以应急卫星网络为主体搭建远程移动卫星平台为生产应急指挥提供重要信息支撑，其主要功能是将应急现场音视频回传至各级指挥中心，为远程应急

指挥提供重要的信息保障和技术保障。但随着技术的发展和需求的增加，无人机远程传输已经在远程移动卫星平台发挥着主导作用，而由单一的应急业务也逐渐将生产调度、安全环保、应急指挥绑定到一个区域链，石油化工的远程移动卫星平台在以无人机为核心手段的基础上，已经逐步将单一应急指挥打造成集生产、安全、环保、巡查、检修、维护、应急为一体的多功能生产技术解决方案；特别是在新技术开发后，移动应急卫星平台技术从常规卫星网络传输变成卫星+4G/5G双网络保障，各新型技术在得到更广泛应用的同时，部分技术也更精简化、便携化、智能化，为企业生产调度、安全环保、应急指挥提供了更多元化的技术解决方案，至此，远程移动卫星平台已逐渐成为企业安全生产的重要组成部分。见图3。

图3　远程移动卫星应用实例

4.3　继续坚持应急管理创新建设

随着时代的进步，石油化工产业发展异常迅速，炼化产量大幅增长，随之而来的就是安全环保形势的日趋严峻；应急发展不断推陈出新，但发展主线依然是围绕信息化。各大安全厂商也在不断推出应急信息化产品，但从实际应用来看，能够有效与实际应用完全契合的并不多，这就需要应急队伍实际应用人员更多地发挥自身岗位优势，不断提升个人综合能力，不断针对自身需求完成业务创新。近年来，国家应急管理部门和石油化工企业都在不断建设各自应急队伍，提升应急救援反应能力，远程移动卫星平台就成为应急响应重要依仗。但地区不同、企业不同，各自应急需求亦是不同，企业定制化建设了应急主体框架，应急队伍要针对实际需求继续完善需要，在定制化基础上针对进行创新；某炼化企业提出无人机结合远程移动应急平台建设解决方案，将应急队伍“养兵千日、用兵一时”的传统模式改为“平时保生产、战时保救援”的理念，为地区企业生产调度、安全环保、应急指挥提供了综合信息保障。当前，石油化工企业救援队伍正处在数据化、信息化救援的起步阶段，应急指挥、远程联动、生产调度、安全监护等工作对时效性及数据信息依赖也越来越强；应急救援队伍合理地将信息结构进行规划设计，建立无障碍远程应急平台，充分发挥大数据支撑保障作用，让各类信息有序为应急工作提供救援服务，正已逐步成为当前石油化工企业生产调度、安全监护、应急指挥等工作重要保障。

【作者简介】王忠伟，男，中国石油消防应急救援吉林石化支队支队长兼政委；主要从事从事石油化工消防救援技术、石油化工企业消防系统建设。电话：13159552271，邮箱：jh_wangzw@ petrochina. com. cn。

加速数字化转型提升生产运行效率
——基于中国石油物流服务平台的案例分析

邓 立 杨 文 杜 阳

（中国石油运输有限公司）

摘 要：中国石油数字化转型背景下，中国石油运输有限公司通过搭建“中油物流服务平台”推进数字化转型来提高市场竞争力。数字化转型可从减少生产成本、提高运营效率、强化内部控制、提升数据分析能力、加强供应链一体化协同等方面来促进生产运行效率提升。本文将数字化转型对提升生产运行效率的作用与“中国石油物流服务平台”的应用相结合，从平台的数字化能力建设、改进数据管理方式、优化业务运行模式三个方面剖析，以期为集团公司供应链物流业务顺利推进数字化转型提供一定的借鉴。

关键词：数字化转型；运行效率；物流服务平台；案例分析

1 引言

随着数字经济时代的来临，互联网、大数据技术的发展和现代生产力的大幅提升，促使物流企业向信息化、自动化发展，积极推进数字化转型已成为物流企业的共识。特别是党的十九大以来，数字产业化、产业数字化的发展趋势越来越凸显，数字经济已提高到国家重要战略层次，被视作传统产业转型升级的巨大引擎。

2020 年，集团公司戴厚良董事长在新疆对运输公司调研时要求运输公司“尽快打造一流的服务企业，尽早建成一流的物流企业”。2021 年初，戴厚良董事长发表了题为《以数字化转型驱动油气产业高质量发展》的署名文章，作出“按照业务发展、管理变革、技术赋能三大主线实施数字化转型”的指示。运输公司据此提出以数字化转型带动传统运输向现代物流转型的工作思路，将“两个转型”进程有机统一，由此开启了中国石油物流服务平台（以下简称“物流平台”）的建设与应用。

物流平台作为运输公司面向客户提供现代化物流服务的载体，已经逐步嵌入公司各项业务，也彻底改变传统的线下要车模式，让运输业务如同“货拉拉”和“网约车”平台一样简单方便，通过电脑网页或者手机 APP 的操作实现“一键下单、轻松接单、随时查单、便捷买单”的应用效果。平台已在全国 31 个省市自治区，整合 800 多个物流站点，并在 5 个油田、化工销售 6 个大区等集团公司下属 40 多家企业上线，5 万多台（套）运输车辆（设备）在线运行，吸纳 1300 多家社会承运商，上线用户 4.8 万个，形成了覆盖全国的物流服务网络和运力资源池。为中国石油集团公司及社会客户提供安全高效的综合物流服务，荣获国资委国企数字场景创新专业赛二等奖等多个奖项。

对于运输公司来说，加快数字化转型升级就是推进现代物流转型，也是打破运行效率提升的瓶颈的关键，因此有必要进一步探讨数字化转型提升生产运行效率的具体路径。本文将数字化转型对提升生产运行效率的作用与物流平台的推广应用过程相结合，通过分析得知，加速数字化转型能够提升生产运行效率，以期为集团公司供应链物流业务顺利推进数字化转型提供一定的借鉴。

2 强化平台数字化能力

平台在建设规划时，提出按照“标准化、模块化、数字化、智能化”的理念，构建业务流程畅通、服务响应高效、运营决策量化、智能应用突出的技术平台，支撑物流业务协同高效发展。

2.1 重视物流数据标准建设

统一了物流订单、运单、运力、业务点、路径等数据标准，规范物流作业服务标准和统计指标，致力于构建石油石化行业物流数据标准，确保平台使用唯一数据源，提高了信息交互效率。当前，参与了集团公司数据治理专项工作要求，正在开展物流数据治理。

2.2 推动物流设备、设施数字化升级改造

延伸物流末端感知能力，按照物联网、车联网、仓联网技术要求，加大地磅、车辆、仓库、道闸等物流站点和设备、设施数字化能力建设，形成“人、车、货、场、站”全要素感知能力，夯实物流共享服务高效运行基础。

2.3 强化物流服务平台拓展能力

构建适应业务特点和发展需求的物流业务中台、物流数据中台和移动应用体系，打造快速“复制”和“定制”的服务拓展能力，以快速响应新市场、新客户的业务需求。推动物流信息互联共享，建成资源共享、服务集约、运作智能、响应敏捷的现代物流运行体系，极大地提升了提高了运营效率，具备支撑集团公司油气产业高质量发展的物流服务能力。

2.4 实现供应链业务协同

充分发挥物流联通作用，全面对接产、炼、运、销、储、贸各环节相关信息，整合集团公司上下游、内外部物流需求，构建集团公司统一物流资源池，实现商流、物流、信息流和资金流的融合，形成一体化供应链物流服务体系。物流平台对接了集团公司财务共享系统、合同管理2.0系统、销售板块二配系统、炼化板块化销物流系统、新疆油田车辆智能调度系统，依靠标准化的数据接口快速实现供应链业务高效协同。

2.5 提高数据分析能力

深度挖掘物流大数据应用，为企业物流降本增效提供决策依据。通过物流平台，可对货运量、周转量、运费、用车数量、运力分布等指标和动态随时查看，同时通过对货物流向、运输频率等指标的分析，提供运行车辆画像、成本分析、货物流向等定制化数据服务。全年自动生成运行报表2500余份，通过小程序、短信提醒等多种方式及时向用户反馈，问题处理效率提升70%，赋能各级管理人员高效决策。

2.6 打通业务数据化的关键环节

2.6.1 运力准入快速便捷

和交通运输部运政平台对接，通过证照OCR技术自动采集车辆和驾驶员资质信息进行系统校验，实现快速认证和注册审核。高效整合社会临时运力，支持车辆和人员在作业现场

办理准入，为网络货运和管理公司模式提供全方位技术支持。

2.6.2　运单真实性校验功能

通过车辆运行轨迹对比运输运单信息、手机 APP 拍照上传车辆装货卸货现场照片、应用大数据分析等手段校验运单的真实性和准确性。强化了内部控制，减少盈余管理，解决了多级审核造成的业务链条长的问题。

2.6.3　电子合同标准化应用

物流平台对接合同管理系统 2.0 和 e 签宝天印 6.0 系统。实现合同在线签订，简化审核流程，提升物流业务运营效率，为及时结算费用提供支撑。对外节约用户时间，提升工作效率，降低运营成本。对内优化业务流程，关联准入信息，提高合同签订效率。实现面向外协承运商的线上签约。

2.6.4　实现了在线结算环节和运费抵扣消费

物流平台结算模块实现与集团公司财务共享系统的对接集成，又能和物流平台电商增值服务进行快速抵扣结算，统筹兼顾结算中心功能模块的高效自动化运行。

2.6.5　整合生产运营管理移动应用

为托运方、承运商都提供了 APP 端，满足移动办公需求，对运输公司管理人员 APP、物流服务平台、ERP 运输管理系统的移动应用 APP 进行有效开发整合，实现业务入口唯一，统一登录验证，提高用户体验和工作效率。

2.6.6　政企直连满足监管

直连交通运输部联网联控、电子运单交换平台；支持车辆运行数据、运单数据实时转发；有效降低企业备案、过检、审查费用，提高运行效率；实现电子运单全国扫码可查，满足政府监管要求。避免了调度员或驾驶员登录多个监管平台提交运单数据，减轻员工工作负担。

3　改进数据管理方式

物流平台想要兼顾运行顺畅性和业务严谨性，一定要加强后台逻辑控制和校验，减少人为干预和管理层级，简化业务流程，减少盈余管理，从而解放人力，提升管理效率。

3.1　服务式管理

实行服务式的管理，“轻”管控，以解决业务问题为目标，而不以数据质量为唯一目标。不能因为一个传统的业务管控需求，就增加数据负担，什么该管什么该放需要视情况具体讨论，但是不能忽视数据标准是为了业务服务的，数据顺畅的要跑起来才有价值。

3.2　以场景为核心

运输公司已建系统在开发过程中往往是先有了业务想法和需求，先有“领导要看什么”，然后再去采集和处理对应的数据做出什么报表给到领导，这样的数据距离场景很远，为场景提供支持的速度很慢。数据标准应该越轻越好，强调与业务场景的融合，能够服务好业务场景，产生业务价值的数据标准就是好标准。

3.3　数据驱动

在信息化时代，数据管理很多都是事前进行管控，让数据管理服从于传统业务流程，比如某些主数据的管理，需要有复杂冗长的事前审批。而数字化时代的数据管理是以数据驱动业务，将审批流程弱化，通过自动化数据技术，让业务无感，从事前管控变成事后归因。不影响业务交付的速度，将复杂的事情放在后台。

4 优化业务运行模式

数字化转型同时带来了生产工具的升级，物流平台依托数字化技术，实时获取大量业务数据，消除信息孤岛，结合业务特点，重构了原先在线下运行的各项业务的运行模式。

4.1 油田物流区域共享服务模式

建立油田物流调度指挥中心，减少工作界面，强化物流资源集中度，建立集约高效的运行机制，构筑“智慧协同、区域共享”的油田物流服务模式，形成“油田公司→物流平台→社会小微”的监管治理格局。对接单井储罐液位仪、地磅、油田自建系统，通过数据共享、业务协同，将物流服务深度融入油田勘探开发、生产经营全过程，逐步实现油田物流作业智能化、少人化。打破油田厂处条块分割管理模式，按作业区域共享物流资源，推动物流运行组织从分散到统一、从线下到线上、从粗放到精细，全力保障油田生产运输作业安全、合规、高效运行，科学合理降控运输成本。

2021 年 10 月，物流平台在吐哈油田正式上线。经过 4 个月运行，车辆总数从 246 台降至当前的 162 台，降幅达 34%，有效压减车辆总数。单车日均运行趟次从 1.78 趟增至 2.2 趟，物流效率整体提升 23.6%。2022 年运输费用较 2021 年降低 5000 万元。

4.2 化工品物流敏捷服务模式

整合现有社会承运商，通过招标优选队伍、利用物流平台统一管理标准、统一资源调配、统一过程监管、统一运费结算，达到规范管理、降低安全和经营风险的效果。加强关键仓储设施建设和智能化升级改造，加快侧卸式集装箱等新设备规模化应用，统筹公路、铁路、海运和内河等多种运力资源，推动以甩挂运输为主的运输组织方式，发展化工品仓配一体和多式联运能力，为化工品自提用户提供“一单制”服务，实现“一次委托、一次付费、一单到底”，形成高效敏捷的供应链物流服务体系。实时掌控化工产品流向，快速响应市场需求，支撑化工品供应链向“以市场为中心、以客户为中心”转变。上线平台后，运力准入时间从 24h 下降为 5min，工作量确认时间从 7 天下降为 1 天，业务处理效率综合提升 3 倍以上。

4.3 成品油物流精益服务模式

深耕细作成品油智慧供应链，以市场需求为中心，运输资源为纽带，库存为调节点，通过对业务数据化，赋能物流各环节，打通物流运行全过程，发展以精准调运、智能预警、自动作业、过程可视、统筹预测等为特征的智慧物流，打造端到端的数字化供应链体系，对产销、库存、运力进行一体化管理和配置，构建成品油物流协同决策和信息资源互通机制，实现成品油运输组织模式从条块化向网络化转变，形成运输配送“全国一盘棋”，及时将物流资源向高效市场优先配置。上线平台后，成品油车辆工作率从 78.22%提升至 86.23%；平均月车吨产量由 3548.66 吨公里提升至 4128.48 吨公里，增幅 16.3%。

4.4 客运出行全场景服务模式

整合集团内部公务车资源，按照业务分布，打破行政区划界限，建设乌鲁木齐、西安、成都、北京四个公务车区域服务中心，共享运力资源，盘活超标闲置车辆，大幅压减车辆总数。支持生产指挥、公务出行、接送机(站)、公务接待、通勤5大应用场景，提供自主选车、拼车合单、司机抢单等多种运行模式。实现用车人一键下单、驾驶员轻松接单、管理者随时查单、企业快速结算，使公务出行更便捷、更合规、更经济。上线平台后，车辆调度效率提升80%，接送准时率从85.2%上升到99.8%，运单确认从5天下降到1天。

5 结语

综上所述，本文以物流平台为例，从平台的数字化能力建设、改进数据管理方式、优化业务运行模式三个方面剖析了数字化转型对提升生产运行效率的影响。本文结合物流平台上线后取得的应用成效，得出了加速数字化转型在一定程度上能够促进物流企业生产运行效率的提升，以期为集团公司供应链物流业务顺利推进数字化转型提供一定的借鉴。

【作者简介】邓立，男，中国石油运输有限公司总调度室物流研发室主任，电话：13611077005。

LPG运输安全事故预防与应急预防对策

司　亮　陈　楠

（中国石油运输有限公司华北化工燃气运输分公司）

摘　要：近年来国内外液化石油气运输安全事故频发，给人民生命、财产造成了重大损失。因此对液化石油气的运输管理和研究尤为重要。

关键词：危险品运输；火灾；泄漏；爆炸；预防措施

1　运输LPG具有的危险性

在这里，液化石油气的运输特指将液化石油气由产地输送到储配（供应）站的过程，运输液化石油气包括装、运、卸三个环节。由于通常采用槽车、汽车槽车运输，汽车装载钢瓶以及管道输送液化石油气，因此，运输液化石油气通常分为槽车运输、汽车槽车运输、汽车装载钢瓶运输及管道输送四种形式。

2　液化石油气运输的危险分析

由于液化石油气具有易燃、易爆、易产生静电等特性，因此，运输液化石油气的过程具有很大的危险性。

2.1　着火危险

运输液化石油气的槽车储罐、钢瓶以及输气管道，由于违章操作或因长期使用，缺乏维修造成性能损失、失灵等，往往会泄漏气体。泄漏的液化石油气在扩散中遇到各种明火、电气火花、静电火花、机动车辆排气筒喷出的火星等着火源。具有着火危险。

2.2　爆炸危险

在常温条件下，液化石油气在容器内处于气—液两相平衡状态，按规定灌装的容器气相压力可达980kPa以上。我国地域辽阔，各地气温有一定差别；公路交通不甚发达，车辆交通事故时有发生。因此，长途运输液化石油气的车辆有时会受热、强力震动和撞击，具有发生爆炸的危险。另外，从槽车、钢瓶以及输气管道中泄漏出的液化石油气，在空气中的浓度达到它的爆炸极限，遇到火源也有发生爆炸的危险。

2.3　发生火灾爆炸事故的常见原因

（1）违章操作：违章操作不仅是造成其他事故的重要原因，而且也是造成液化石油气运输火灾爆炸事故的重要原因。

（2）交通事故：运输液化石油气的车辆发生重大交通事故后往往泄漏液化石油气气体，造成爆炸燃烧。

（3）槽车、输气管道的安全设备损坏、失灵：槽车及输气管道的安全设备和附件损坏、失灵以后，往往会产生两种后果；一是当槽罐及输气管道内升高到安全泄压值时不能安全泄压，发生爆炸；二是泄漏、排放气体，引起爆炸着火。

（4）排放气体：输送液化石油气的槽车、管道，一般不得排放气体，只有在可能发生爆炸的情况下，允许紧急放空，紧急排放的液化石油气体，在扩散中遇火源发生爆炸着火，也是运输液化石油气发生事故的一个重要原因。

（5）运输容器受热爆炸：装运液化石油气的槽车储罐钢瓶，若超量充装，再受到太阳长时间曝晒，有时也会泄漏气体并着火；若在发生着火之后，不及时冷却降温。也会发生爆炸。

3 我国液化石油气运输安全管理存在主要问题

液化石油气属易燃易爆物质，发生的事故多是瞬间燃爆型，没有足够时间进行扑救。槽罐车一旦在人口密度大的区域发生交通事故，槽罐撞击泄漏，液化石油气达到爆炸极限，遇明火发生爆炸，后果不堪设想。据统计，2002～2004 年 12 个主要城市中，因运输车辆发生交通事故而引发的危险化学品事故有 68 起，占运输型危险化学品事故总数的 47.9%。我国液化石油气运输风险主要由以下几个方面造成的。

一是运输企业和人员安全意识淡薄。人的因素与运输系统安全关系密切，在液化石油气运输系统中，主要涉及驾驶员、押运员、装卸人员以及车辆的维护人员。如果对这些人员的日常管理、资质审查、业务培训不到位，就容易造成液化石油气运输中的违章操作、疲劳驾驶、违章装卸等人为失误甚至玩忽职守，其中疲劳驾驶引发翻车泄漏、爆炸事故是造成液化石油气运输风险的主要原因之一。

二是液化石油气运输工具和容器的定期安检工作不到位。不符合安全要求的钢瓶、槽罐车不及时销毁而继续使用，如遇碰撞、翻车等交通事故极易引发重大泄漏和爆炸事故，槽罐车超载也是导致交通事故进而引起危险化学品事故的主要原因之一，这是目前液化石油气运输环节存在的最普遍隐患。

三是道路运输安全监控体制不健全。对打击无证运输、超载、混载行为执法力度不够，特别是 8h 以外的道路交通管理相对薄弱，液化石油气的运输往往选择车流较少的晚上或清晨，给安全监管带来很大难度。异地运输安全监管难度更大，而目前国内 95%的危险化学品涉及异地、长距离、大吨位运输。四是液化石油气从业单位布局不合理。一般情况下，液化石油气灌装场基本设在城市郊区，而加气站基本位于城市内，使用单位遍及城市各个角落。液化石油气运输车辆不得不穿越车流密集的市区，发生撞车和侧翻等运输事故的可能性大大增加。通过事故分析可以发现目前液化石油气运输安全管理中普遍存在以上问题。

4 液化石油气运输火灾爆炸事故特点

火灾爆炸事故的主要特点有：一是违章操作危害十分严重。二是设备不良、设备损坏是造成火灾爆炸事故的主要原因之一。三是静电火花是主要火源，例如，1978 年 2 月，某炼油厂液化石油气灌瓶间，无通风设备，大量液化石油气体充满空间并达到爆炸极限，因一女工用手推动尼龙头巾产生静电火花，引起爆炸燃烧，造成重大火灾。四是灌瓶间是主要起火部位。

5 液化石油气运输安全事故预防和应急处置措施

5.1 石油气运输安全预防分析

由于液化石油气泄漏爆炸需要三个基本条件，因此，预防液化石油气发生泄漏爆炸事故，首先要控制液化石油气泄漏浓度，使其和空气混合后达不到爆炸极限浓度，同时在爆炸极限区域内控制火源也同样重要。由于液化石油气本身没有毒性，因此，在泄漏发生后首先要控制事态进一步发展，只要不发生爆炸，就有时间稀释液化石油气在空气中的浓度，疏散群众，泄漏事故后果比爆炸事故要轻得多。因此，从预防从业人员的不安全行为、运输设备、设施的不安全状态和不安全的环境条件三方面提高液化石油气运输安全管理水平，加强液化石油气运输、装卸、存储作业的安全管理，杜绝一切人为事故隐患，减少液化气运输过程中泄漏、爆炸事故风险。一旦发生泄漏、爆炸事故，立即启动应急预案，各部门各司其职，分工协作，采取有效应急措施，把事故危害减少到最小。

5.2 不同运输途径的安全预防措施

5.2.1 汽车槽车运输的预防安全措施

（1）液化石油气汽车槽车的设计、制造，必须符合国家和劳动部门的有关规定，运输液化石油气的汽车槽车的压力安全阀、紧急切断阀、防静电接地链等安全附件必须齐全、符合安全技术要求，并应在运输途中经常检查，保持灵敏可靠，同时，为防止发生火灾，运输液化石油气的汽车槽车应按规定采用防爆电气装置，槽罐上应涂有醒目的“严禁烟火”红色标志，发动机排气筒加戴性能可靠的火星熄灭器。此外，为了能及时地扑救运输途中发生的初期火灾，槽车还应装配两具5kg以上干粉灭火器或3kg以上1211灭火器。

（2）汽车槽车运输液化石油气必须遵守国家和地方政府关于管理、运输化学易燃、易爆物品和交通安全管理的有关规定。运输前应认真检查车况，在车前悬挂醒目的“危险品”标志牌，不得拖带挂车，不得携带其他易燃、易爆物品。途中通过立交桥，涵洞、隧道等重要的公路交通设施，应注意标高，限速行驶，不得停留；进入城市郊区应按当地公安机关规定的行车时间、行车路线限速行驶，不得通过重要的公共场所和闹市。押运员必须跟随车辆，中途不得离开。车上禁止吸烟，不得搭乘其他人员。夏季长途运输应采取遮阳措施，经常观察槽罐液相温度和气相压力，当液相温度达40℃时，应进行罐外喷水或泼水降温。冬季道路冰冻时，不宜长途运输。否则，应在轮胎上加戴防滑铁链，限速行驶。

（3）运输途中，临时停车位置应通风良好，远离机关、学校、桥梁、厂矿、仓库和人员密集的场所。与重要的公共建筑、设施须保持25m以上的安全间距，与明火或散发火花的地点应保持40m以上的安全间距。中途停车时，司机或押运员必须留车监护，不得使用明火或能发火的工具进行检修。夜间休息时，不得将槽车停放在公共停车场以及易燃、易爆物品库房，普通车辆附近。夏季停车时，应避免日光曝晒。

（4）液化石油气站采用汽车槽车运输液化石油气时，须在站内设置汽车槽车装卸台。否则，应在灌瓶间或压缩机房引出汽槽装卸嘴。汽车槽车装卸台与其他建筑物的防火间距不小于15m，与液化石油气储罐的防火间距不小于30m。装卸台或装卸嘴附近应设置接地电阻不小于10Ω·cm的接地桩，以供装卸作业前静电接地。为确保发生火灾后能及时地疏散槽车，灭火救灾，槽车装卸台或装卸嘴前应设置不小于15m×15m的回车场，装配2具8kg以上干粉灭火器。

（6）汽车槽车在进行装卸作业前应停车熄火，接好地线，牢固连接管道接口，排尽管内空气。进行装卸作业时，不得发动车辆、排液放气，不得使用能发火工具。如遇雷雨天、液压异常、附近着火，以及其他威胁装卸安全的因素，汽车槽车应停止装卸作业，汽车槽车在充装液化石油气时，应认真计量，不得超装。装运液化石油气的汽车槽车到站后，应先静置30min，然后及时卸液，不得把槽车当作临时储罐使用，不得从槽车直接给钢瓶充气。槽车卸液后，槽罐内应留有49kPa以上的余压，以免空气进入罐内形成爆炸危险。

（7）汽车槽车卸液后，应停放在专用的汽车槽车库房内，不得在其他场所随意停放，汽车槽车车库应为一、二级耐火等级建筑，与民用建筑的防火间距不应小于30m，与厂房、库房的防火间距不应小于12m。库内应通风良好，照明等电气设备应符合防爆要求，并应配2具以上8kg干粉灭火器。库内禁止设置地下室、地沟，禁止修理车辆，禁止存放其他易燃、易爆物品。

5.2.2 铁路槽车运输安全预防措施

（1）液化石油气槽车的设计、制造、使用检修及运行应遵守国家及劳动、铁路、化工等部门的有关规定。槽罐上应涂有醒目的“严禁烟火”的红色标志，在适当位置装配必要的消防器材。

（2）液化石油气槽车充装液化石油气前，应认真检查压力、液位、紧急切断装置等安全附件的状况，核对槽车充装介质的名称。安全附件不全或性能不佳的禁止充装，装运液氯等液化气体的槽车不得装运液化石油气。槽车装卸液化石油气时应严格执行安全操作规程，严防跑液漏气，以免装卸场所积聚液化石油气，形成火灾危险。遇雷雨天气或出现槽罐液压异常、泄漏气体、装卸场所附近着火等威胁装卸安全的因素时，应停止装卸作业。

（3）液化石油气槽车押运员不但要熟悉液化石油气的性质，了解槽车结构、性能以及铁路运输危险货物的安全规定，还须掌握必要的防火灭火知识，以便运输途中发生泄漏着火等事故时能正确处理。对于未按规定进行充装前检查、超量充装以及封车情况不明的槽车，押运员可拒绝押运。

（4）液化石油气槽车在运输编组时，与牵引的机车、乘坐旅客车辆和装运起爆器材车辆应有4辆以上的车辆相隔离，与牵引的内燃机车、电力机车、使用火炉的车辆、装载除起爆器材以外爆炸物品的车辆，以及装载易燃易爆物品的车辆，应有1辆以上的车辆相隔。

（5）装运液化石油气的槽车，不得在沿途各站久停，到达铁路终站后应用机车及时推进液化石油气站，槽车在运输途中发生重大泄漏时，押运人员应及时向列车主管人员反映，发出危险信号，停车紧急堵漏，并迅速向当地政府及公安、消防部门报告，设立警戒区，组织安全疏散。槽车运输途中泄漏气体并着火时，应采取紧措施，并及时向当地消防部门报警，组织抢险救灾。

5.2.3 管道运输的安全预防措施

（1）远距离输送液化石油气的管道系统，由起点储罐、起点泵站、计量站、中间泵站、管道及终点储罐组成，其安装应符合有关安全规定。管道宜选用无缝钢管。为了检修的方便管道连接应以焊为主，辅以法兰连接。管道通常采用埋地敷设。

（2）输送液化石油气的管道系统，不得穿越有液化石油气设施的建、构筑物，也不得穿越具有易燃易爆物品、腐蚀性液体的场所，与其他管道、建筑物及构筑物的间距应符合有关规定。

（3）液化石油气输送管道的埋地深度不应小于0.6m。管道与铁路或公路相交叉时，应从铁路下面穿越，并且穿越管段应设保护套管。保护套管应具有足够的强度，内壁与管道外壁应留一定间隙，两端应用软质材料填封。管道穿越铁路时，从铁轨底至管道顶的深度不应小于1.4m。穿越套管两端应分别伸出铁路3m。管道穿公路时，从道路内路面至管道顶的深度不应小于1m，穿越套管两端应分别伸出公路1m。管道跨越铁路、公路及人行通道时，应具有一定的安全高度。管道与河、湖泊相交时，可采用架空跨越或河底穿越的方式。

（4）为了满足液化石油气输送管道的安装、工艺、检修及防火安全的需要，一般应在场站的进出，分支管起点互为备用管线的分切点，重要的铁路、公路干线，以及重要河流两侧，设置阀门。为便于事故控制及维修，应在管线上每 10～20km 设一分段阀。阀门的耐压力不低于管道的设计压力，并不得低于 2450kPa。埋地管道的阀门一般设在阀室内，阀室应设在地形开阔、地势较高、交通方便和便于检查的地方。在重要河流的两侧应设在阀室内。带有放散管的阀室应设在便于安全放散的地点。放散时，周围 30m 范围内不得有明火或散发火花。

（5）为导除液化石油气在管道内流动与管壁摩擦产生的静电荷，管道应完全接地，并每隔 80m 设一接地极。连接管道的法兰应用铜片或铝片跨接。进行输气操作时，应控制管道内液化石油气液相流速。一般液相允许流速为 0.8～2.5m/s，最大不得超过 3m/s。

（6）要巡回检查，定期维修液化石油气输送管线，及时发现和消除管道、阀门等处漏气点。在检查和消除漏气点时，禁止使用明火。动火检修应落实防火安全措施。

5.2.4　汽车装载钢瓶运输的安全预防措施

（1）不宜使用汽车装载钢瓶长途运输液化石油气。装运液化石油气钢瓶的汽车应悬挂“危险品”标志旗，装配 2 具以上 8kg 干粉灭火器。发动机排气筒应加戴性能可靠的火星熄灭器。

（2）装卸液化石油气钢瓶的场所应严禁烟火。装卸钢瓶应轻拿轻放，不得滚动、碰撞。钢瓶在车厢内应竖直码放一层为宜。容重 15kg 以下的钢瓶，不得超过两层码放，并应采取措施，码放稳固，严防途中车辆颠簸碰坏钢瓶及其角阀，泄漏气体。运输液化石油气钢瓶的汽车不得载人装物。超重、漏气以及没有橡胶护圈的钢瓶不得装车运输。

（3）装运液化石油气钢瓶的汽车应配备押运员。司机和押运员应经过安全培训，学习防火、灭火等安全知识。运输途中及中途停车等方面的防火安全措施，可参照汽车槽车运输液化石油气的做法。

（4）运输途中泄漏液化石油气时，应认真查找漏气钢瓶和漏气原因，关闭角阀，进行堵漏，钢瓶角阀损坏或堵漏无效时，应疏散漏气钢瓶到安全地带，进行安全监护，让泄漏的气体自然扩散，熄灭周围火源。堵漏、疏散漏气钢瓶不得使用能发火的工具，钢瓶漏气并着火时，司押人员应采取紧急措施，并应立即向地消防部门报警。

6　人性管理和合作方面的安全措施

（1）加强对从业单位和从业人员安全意识教育和安全技能培训。通过宣传教育、培训、专项治理等措施提高液化石油气从业单位和从业人员的责任意识、安全意识、专业技能，尽量杜绝液化石油气运输过程中从业人员的不安全行为。

（2）市政、交通、安监、质监等政府部门通过制定法令法规、标准、规范，提高液化石油气运输设备、设施的标准等级。加强对运输车辆、设施的定期保养、检测、检修，采取各种措施减少液化石油气运输过程中设备的不安全状态。运输车辆必须安装 GPS，随车配备防护设备和应急处置器材，运输企业建立 GPS 实时监控系统，随时掌握车辆的运输状况；强制推广 HAN 防爆阻隔技术，确保槽罐车发生事故后最多只能进行燃烧，而不能爆炸。

（3）市政、交通、气象等部门通过优化运输路线、调整运输时间等措施减少液化石油气运输过程中不安全环境条件对液化石油气安全运输的影响，如高温、降雨、台风、雷电等，并及时向社会通告，减少事故发生概率，减少事故危害。

（4）建立监管部门信息通报制度，联合监管液化石油气运输风险。交通、市政、公安、安监等部门之间对液化石油气运输违法违规行为建立数据库，并供各部门共享。

7 火灾爆炸事故后的应急处置措施

一旦发生液化石油气运输安全事故，根据事故等级和紧急程度，立即启动应急预案，严格按照分级处置程序，相关部门按程序在第一时间赶赴现场，组织救援，发挥消防、交通、安监、公安等政府部门的应急救援网络整体协调作用，科学制订应急处置方案，如运用正确的堵漏、稀释、阻燃、防爆等技术，合理划分警戒区，及时救护受伤人员等，高效处置事故，减小危害。

（1）建立多渠道的事故信息报告体系。一旦发生液化石油气运输泄漏、爆炸事故，司乘人员、市民、企业等及时向救援单位报告，如：向城市应急联动中心、市政应急指挥中心、燃气集团报告，也可向公安、消防、医疗、民防等社会公共救援单位报告事故信息。

（2）液化石油气检测单位携带检测设备，检测液化石油气的数量、浓度以及可能的危害，并提出初步的救援措施。

（3）消防部门携带消防设备、设施，根据槽罐车和钢瓶的不同特点、损坏程度，以及事故现场情况，采取合适的堵漏、更换、稀释、阻燃、防爆等技术等应急处置措施，控制事态进一步发展，减少泄漏事故的影响范围，防止泄漏事故发展为爆炸事故。

（4）液化石油气专业救援单位对液化石油气事故进行控制和扑灭，尤其是控制火源。

（5）公安交警部门封锁路口，控制人员、车辆进入事故现场，并组织群众疏散撤离。

（6）通信部门及时发布撤离信息，发布疏散撤离方位、撤离距离、最短撤离时间、疏散去向以及相关求救信息等。

（7）卫生救护部门为伤亡群众和救援人员提供医疗保障。

（8）交通部门为应急救援提供必要的人员运输、设备以及物资运输。

（9）环保部门及时提供环境危害检测报告。

（10）事故所在的区县、乡镇等政府部门组织群众向安全地点转移。

参 考 文 献

[1] 中国安全生产科学研究院．危险化学品事故案例．北京：化学工业出版社，2005.

[2] 吴宗之，刘茂．重大事故应急救援系统及预案导论．北京：冶金工业出版社，2003.

[3] 陈家强．危险化学品泄漏事故及其处置[期刊论文]-化工标准·计量·质量 2005，25(5).

[4] 王雪峰．危险化学品道路运输泄漏事故的处置[会议论文]-2008.

[5] 涂军．浅谈危险化学品泄漏的危害和处置措施[期刊论文]-江西化工 2007(4).

[6] 黄金印，张庆利，姜连瑞．典型公路气体槽车泄漏事故统计分析及对策研究[期刊论文]-消防科学与技术，2014(3).

【作者简介】司亮，男，华北化工燃气运输分公司安全设备科科长，从事安全管理，电话：18603266807。

应急管理平台建设及关键技术的发展趋势探究

王勇杰　谢　晓　孟庆飞

（中国石油运输有限公司）

摘　要： 本文对国内外应急管理平台建设情况进行了分析和研究，全面梳理了应急管理平台架构，分析了当前应急管理平台的发展层次及关键技术的应用情况。应急管理平台建设需与新技术的发展相契合，实现应急管理系统智能化、数字化，满足应急管理中“平战”需求，提高应急管理能力。

关键词： 应急管理；平台建设；关键技术；发展趋势

1　引言

应急管理是为了应对特重大事故灾害危险而提出的，为保障公众生命、健康和财产安全，维护社会稳定进行的有关活动，包括预防与应急准备、监测与预警、应急处置和善后恢复，应急管理能力是国家治理能力的重要体现。

应急管理平台是应对突发事件的重要支撑，应急管理平台在“平时”应用生产经营、安全监察、应急演练等需要，在“战时”应用于提供决策支持依据，实现应急管理指挥中心与现场之间的通信，满足视频接入、异地会商、调度指挥、信息传送、指令下达等业务需求，促进上下级间的协调沟通，提高应急管理效率。

近年来，国内外不断推进应急管理平台建设工作的高质量发展，但从实践来看，仍存在事故危险性高、情况复杂、应急处置难度大、突发事件判断失误、人员沟通不畅等问题，并且随着数字化时代的到来，应急管理平台的建设更趋向于科技化、信息化、智能化。本文研究了国内外应急管理平台的建设情况，并介绍了应急管理平台的整体架构，分析了最新的支撑技术和未来的发展趋势，以期为未来应急管理平台的建设提供理论支撑。

2　国内外应急管理平台的现状

2.1　国内应急管理平台的现状

我国应急管理平台的建设始于2003年总结抗击非典的经验和教训，2003年以前灾害管理是我国应急管理研究的重点。20世纪70年代中后期以后，我国应急管理的内容更多、范围更广，在灾害理论、灾害保险、单项灾害、区域综合灾害以及减灾对策等方面都取得一些进展。总体上可以按照时间进行划分：2005年，国家安全生产应急救援指挥中心正式运行。2006年，国家制定《国民经济和社会发展第十一个五年规划》。2008年，胡总书记指出，建立健全集中领导、统一指挥、反应灵敏、运转高效的工作机制，我国应急体系建设站到了历史新起点上。2018年，中共中央印发了《深化党和国家机构改革方案》，在政策背景和现实环境下，各行业都加强了应急体系建设，其中石油石化行业是我国国民经济的重要支柱，同时也具有高危特性，其应急管理工作承担的责任重大，一方面，需要有效地防范化解重大风险，另一方面，还需要对各种突发事件作出及时应对。因此，建立高效、可靠的应急管理平台刻不容缓。

表1为国内主要能源企业构建的各具特色的应急管理平台体系，效果比较突出，为其应急管理提供高效的支持手段。

表1　主要能源企业应急管理平台建设情况

分析范围	平台体系	平台应用技术情况
中国石油化工集团有限公司	2007年启动应急平台体系建设，建成了总部应急指挥场所，按板块推进应急平台部署	建立了“川气东送管道工程基于完整性管理的数字化管道GIS平台”；建立三维数字化工厂平台；建成三维应急管理系统，具有实战、模拟、指挥、训练等功能的三维应急管理可视化平台
中国海洋石油集团有限公司	实行总部、企业分级建设，总部顶层设计，制定企业应急平台技术规范，企业协同建设	建立了数字化三维应急信息展示平台，集成和接入数据量都比较丰富，可以基于三维实现生产动态数据和工艺流程、装置场景的可视化展示和集成应用
国家电网有限公司	构建了以国家电网总部为核心，省公司和地市级为节点的三级平台体系	平台在GIS应用方面建设了基于前端塔架气象信息采集设备，利用电力GIS平台实现预警及告警图形化。三维展示方面建立输变电三维可视化系统，实现变电站现场的三维综合监控

2.2　国外应急管理平台的现状

国外应急管理平台的发展相对较早，经过长期管理实践，在应急管理领域积累了大量经验。表2展示了美国、英国、挪威和欧盟的应急管理平台建设情况。

表2　国外应急管理平台建设情况

国家或地区	应急管理平台简介
美国	应急平台体系由应急运行中心（EOC）使用，应用于风险分析、监测监控、预警预测、动态决策、综合协调、应急联动与中介评估
英国	英国应急管理系统（IEM）基于先进信息技术、信息系统（GIS地理信息系统、GPS全球定位系统、RS遥感遥测系统、电视会议系统等）和应急信息资源，软硬件相结合的应急保障技术系统，具有风险评估、监测监控、预测预警、动态决策、综合协调、应急联动与总结评价等功能
挪威	利用Google地图和地理信息系统（GIS）等现有技术平台，建立精确的定位地图。通过互联网实现全球信息共享，可对突发事件进行记录、跟踪和处置
欧盟	欧盟于2000年建立了基于卫星通信的网络基础架构的e-Risk系统，可实现在不同国家、不同专业、不同警种间高效及时地处理突发公共事件和提供自然灾害支持服务

3　应急管理平台发展趋势

3.1　应急管理平台整体架构

为适应国家应急管理工作新形势，围绕提升应急管理数字化、可视化、自动化、智能化水平，提高突发事件响应能力和处置效率的目的，为各类突发事件应急指挥、研判分析提供有力支持。本文结合应急管理的实战需求，以新一代技术为支撑，构建统一指挥、功能完善、反应灵敏、协调有序、运转高效的应急管理平台，实现统一监测、统一决策、统一指挥，提升专业系统接入能力，满足综合信息展示、应急场所监测、应急案例分析需求，提升应急实战中综合指挥和管理的能力。

应急管理平台总体架构如图 1 所示，主要由六个层次组成：感知层主要通过无人机、智能机器人、现场监测设备、移动应用等内容，同时充分利用视频监控实现事发现场的多方信息监控及现场信息的感知。基础层是应急指挥中心运行的基础支撑层，主要包括云服务器、存储、4G/5G 网络、卫星网等。数据层包括地图信息、三维地图、事件信息、应急资源、应急预案、多媒体信息、知识法规以及接入信息等内容。支撑层主要对相关系统的运行提供基础的支撑服务，包括三维地图服务、移动接入服务、数据集成共享服务、数据可视化服务、应急通信接入服务。应用层包括应急通信指挥平台、综合信息集成应用平台、移动应急平台、应急场所集成平台。展示层是应急管理指挥中心相关系统应用、音视频接入和应急通信等信息均应用于应急指挥场所，通过大屏幕系统结合电脑、移动终端等作为系统应用展示界面。应急管理平台充分利用、卫星网以及互联网，将应急指挥中心、应急指挥场所以及现场应急指挥部进行互联互通，实现“听得见、看得见、能分析、能决策”的联动应急处置模式。

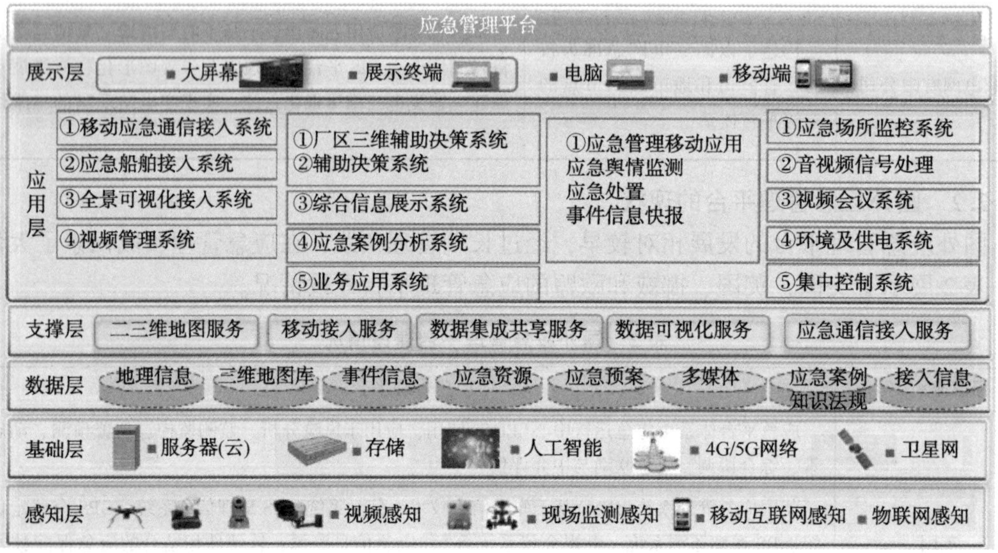

图 1　应急管理平台总体架构

3.2　应急管理平台发展层次

目前，以清华大学为代表的国内应急平台建设研究机构，将应急管理平台关键技术的理论攻关成果转化成信息技术、通信技术，软件产品和硬件装备、设备产品，在各级平台的应用建设项目中得到应用。应急管理平台以广泛的数据集成共享、互联互通作为发挥作用的有效保障，以物联网和大数据作为未来技术发展方向的建设趋势。见图 2。按照应急平台的发展层次，大致可以划分为应急管理平台体系、物联网应急、大数据与应急和智慧安全四个层次。应急管理平台体系指由单一系统、单一平台、分散的通信设备、采集装置整合而成。实现以突发事件为核心的全体系、全过程的体系。物联网应急指应急管理平台依托于政府公共安全物联网，实现感、传、知、用的综合应用；大数据与应急建立在广泛的数据采集、传送和汇集基础上，通过大数据手段基于丰富的结构化、非结构化数据，实现有效的数据分析，实现风险管控和安全治理，并逐步实现智能化；智慧安全通过广泛采用物联网、云计算、人工智能、数据挖掘和大数据分析等技术，提高规划、建设、管理、服务智能化水平，实现感知、自动反应、主动服务、辅助决策。

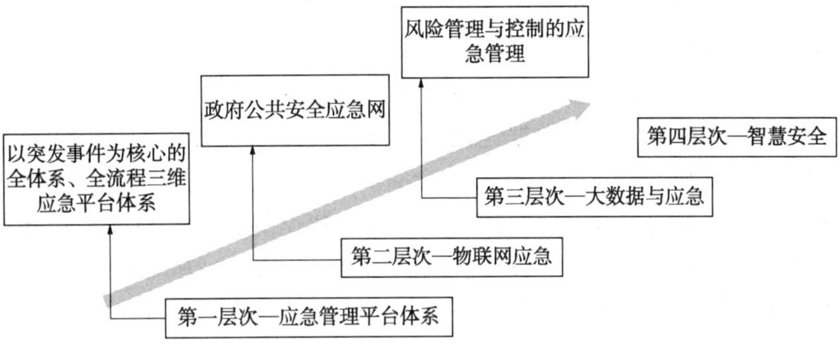

图 2　应急管理平台发展趋势图

3.3　应急管理平台新技术应用与发展

我国应急管理工作经过多年的摸索实践，在应用技术方面取得了长足的进步，以移动互联网、云计算为代表的新技术为应急平台的发展提供了坚实的技术支撑。目前新技术的发展要求应急管理更加智能化、数字化，所以应急管理体系必须与人工智能、大数据技术相结合，提升应急管理水平。

3.3.1　技术应用

（1）全景视频技术

全景视频技术，通过科学计算设计、精选相机参数、有序排列相机位置，在多相机各自采集分景视频的基础上，采用视频拼接融合技术，将多个分景画面拼接融合成一个整体，形成连续动态画面。相比于平面图片，利用全景视频技术分割的图片更立体，具有更真实可信、交互性能好、图像信息表达丰富的特点。全景视频技术结合透视处理技术能更加真实地模拟三维实景，使用户身临其境，带来更好的体验感，而且生成方便，制作周期短，目前已广泛应用于城市、工厂、设备等真实场景的全景展示。

（2）云计算技术

云计算技术指的是以开放的标准和服务为基础，以互联网为中心，提供安全、快速、便捷的数据存储和网络计算服务的技术，是网格计算和虚拟化技术的融合，具有大量计算机集群的计算处理能力和存储能力。云计算的核心思想是将大量用网络连接的计算资源构成一个资源池，统一管理和调度，并按需求给用户提供服务。具有以互联网为中心、灵活性、经济性、可靠性、可扩展性和可持续性的特点。相关的实现技术包括虚拟化技术、Web 服务、SOA 技术、并行编程模型等。

（3）三维可视化技术

三维可视化技术是一种通过使用计算机生成的图形和视觉效果，将数据和信息以三维形式展示的技术。它可以将抽象的数据转化为可视化的图像，使用户能够更直观地理解和分析数据。中国海洋石油集团有限公司、中国石油化工集团有限公司均顺利建设完成了三维 GIS 平台，该平台可实现信息的有效共享和可视化展示、事故发展态势的推演，应急救援方案模拟与实施，支持应急响应决策。

（4）物联网技术

物联网技术是指以互联网、移动通信网等为基础，借助计算机技术、传感器技术(智能传感器、射频识别(RFID)、红外感应器、全球定位系统(GPS)、激光扫描器、遥感)对数字信息进行收集、整理、传递、分析及发送的技术。按照不同的应用需求，构建人物互联、物物互联的智能信息服务系统，实现全面感知和智能处理。

（5）大数据分析技术

大数据泛指规模巨大、关系混杂、动态持续、变化不定的数据集，大数据分析包括数据清洗与融合、大数据处理框架、大数据建模与分析、大数据可视化以及大数据隐私保护。基于大数据技术的数据分析平台，可以充分整合重大危险源、关键设施、关键场所、应急物资、应急专家、生产相关的关键指标数据和生产监控数据等，扩展目前的数据层级和范围，利用平台将这些海量数据进行分析、存储、建模、应用和转化，从中提取有意义、有价值的信息，从而提供最有利的决策依据和参考。

（6）数字孪生技术

数字孪生的本质就是信息建模，通过抽象实体对象的形态特征、功能特征和运行机理，建立在虚拟空间的数字孪生体，从而实现对实体对象全生命周期的全息感知、实时监控和业务协同等任务功能。在应急管理方面，数字孪生技术融合了多维度的灾查等静态要素数据和动态感知数据，建立一系列数字化虚拟空间场景，形成场景孪生库，支撑应对越发复杂的应急业务场景，具有写实性、自主性和预测性，主要应用于应急管理战略规划与部署、突发事件势态感知和推演、应急演练模拟仿真与灾后重建、应急指挥与教育培训等方面。

3.3.2　技术发展

（1）“工业互联网+工业应急”技术

“工业互联网+工业应急”技术是指通过建立智能机器间的连接实现“人-机”交互，“机-机”交互的新一代信息化、智能化的技术，该技术与互联网、物联网、人工智能、大数据、风险管理等技术融合，可用于解决工业活动中的应急管理关键技术问题。在激发生产力要素的同时，全面提高应急管理能力和水平。以西北地区某油田企业为例，该油田以油气生产数据云端直采为核心，实现了 SCADA 系统向工业互联网平台过渡，以油气集输、安全环保、应急抢险为核心，建成了覆盖公司、厂处、作业区、班站的四级生产运行与应急指挥系统和责任制体系，建设了油气泄漏预防“三道防线”，极大提高了应急管理效率。

（2）“5G+应急管理”技术

“5G+应急管理”技术主要是用于解决应急管理工作中的“网络切片”和“边缘计算”等问题，具有大带宽、高速率、低延时、高可靠、超大连接的优点，通过“5G”技术可以实现“万物互联”，实现应急管理的数字化、信息化、智能化和科学化，提高应急管理的效能。如“5G+石油生产”技术：通过 5G 技术实现对设备的控制，实现勘探、开采、脱水、脱气、监测监控等设备的无人操作，支持建设无人采油工作面建设，乃至形成“无人”油田。再如，通过 5G 技术实现对油厂等高危场所应急救援、应急处置设备的控制，实现高危环境现场应急处置的“无人化”。

（3）重大风险监测预警技术

该技术主要是基于 5G 技术、人工智能技术、大数据技术实现对风险数据的采集、运输、危险源管理和危险源风险评估。具有多维度、快速、直观的优点，能识别由多维度、复杂变量组成的宏观巨系统存在的风险。根据风险评估结果，可以对重大危险源、关键设施、生产场所、防护目标、扩展属性和工业视频等实行分级管理和防控。

（4）“战时”应急物资调度技术

该技术就是应用 5G、大数据技术、人工智能技术、物联网等技术在“战时”快速高效的调度应急物资，将“平时”的资源调度模式快速的转换为“战时”模式，并将物资快速配送到灾难区域。该关键技术包括："战时"资源快速评估技术；生产能力识别研判技术；将"平时"物资储运、配送能力转化"战时"物资储运、配送能力的物资识别、运输、储存、配送技术。

4 结语

应急管理涉及到社会生产运作的各个环节，关系到每个人的切身利益，是应对突发事件的必要保障。应急管理平台在应对突发事件方面得到了充分的利用，极大地提升了应急管理能力，同时，随着大数据技术的发展，未来应急管理平台也将与大数据技术紧密结合，以应对突发事件中大数据分析的需求，实现智慧安全，进一步提高应急管理的效率。

参 考 文 献

[1] 侯新，张雅倩．石油化工企业应急管理思考[J]．合作经济与科技，2022，8：138-139.

[2] 国家环境保护总局．环境信息术语标准：HJ/T416-2007[S]．北京：中国环境科学出版社，2007.

[3] 全国人民代表大会常务委员会．中华人民共和国安全生产法[S/OL].(2014-08-31)[2014-12-01].

[4] 全国人民代表大会常务委员会．中华人民共和国环境保护法[S/OL].(2014-04-24)[2015-01-01].

[5] 张金明，栾国华，储胜利，等．国有石油石化企业应急救援管理体系的构建研究[J]．理论探索，2022，95：25-29.

[6] 苗春光．浅谈油气田生产上游板块的安全应急指挥平台建设[J]．科学管理，2021，14：92-96.

[7] 谢迎军，马晓明，刁倩等．国内外应急管理发展综述[J]．观察与交流，2010，12A：28-32.

[8] 徐淑珍，顾欣，曹雪松．智慧应急指挥平台关键技术研究[J].2023，29(12)：107-112.

[9] 管淦．应急管理技术创新体系对提升应急管理能力的经济学分析[J]．理论研究，2022，136-138.

[10] 王欢赛．基于物联网技术的智慧消防建设[J]．应急救援技术，2023，8(05)：55-57.

[11] 张文光，阚宗峰．创新煤矿应急预案演练模式提升应急救援处置能力[J]．产业与科技论坛，2016，15(15)：214-215.

[12] 徐淑珍，顾欣，曹雪松．智慧应急指挥平台关键技术研究[J].2023，29(12)：108-112.

[13] 王秉，徐方廷，曹春秀．孪生应急：数字孪生赋能应急管理的新范式[J]．情报杂志，2023，1-6.

[14] 张兴凯．新基建"提高应急管理技术效能——技术路线与关键技术的探讨[J]．中国应急管理，2020，6：62-65.

[15] 胡建国，马建军，李秋实．长庆油气田数智化建设成果与实践[J]．石油科技论坛，2023，42(03)：1-11.

【作者简介】王勇杰，男，中国石油运输有限公司质量健康安全环保部交通监督与应急管理科科长，电话：15899166778。

储层氮气专打配套安全措施

聂建华　吴小丁　黄　兵　高　飞

（中国石化中原油田普光分公司）

摘　要：储层氮气钻井技术可以有效降低钻井液对地层压持作用，降低钻井液对储层的污染，充分释放产能，为解决低渗、致密油气藏储层易污染导致产能低提供了一种全新的手段。四川盆地川东北通南巴区块首次应用储层氮气专打技术，通过优化设计氮气钻井配套装备，配套应急关井系统，强化安全施工措施，制定井下风险预防及处理和规范的应急响应程序，保障了氮气钻井的安全实施，此次须家河组储层氮气专打的成功实施，为通南巴地区须家河组储层的氮气钻井技术的进一步推广应用奠定了基础。

关键词：氮气钻；井控安全；安全措施；降低储层污染

常规钻井液钻井，对储层的压持作用，钻井液污染地层，导致后期投产后的产能下降。采用气体钻井可以提高钻头的破岩能力，提高机械钻速的同时减少对储层的污染。近些年针对致密砂岩气藏采用储层氮气专打可以有效地避免气体钻井井下燃爆和常规钻井液钻井时钻井液对储层的污染，实现快速钻进，提高产能。由于氮气钻属于欠平衡钻井，一是存在井壁不稳定，地层出水，造成钻头泥包或卡钻事故；二是钻遇裂缝性气层，带压换井口，井控风险较大；三是钻进中，颗粒、粉尘可能堵塞防喷器、排砂管线发生刺漏、破裂，可能存在人身伤害风险，四川盆地川东北通南巴区块须家河致密砂岩储层，××井采取了氮气储层专打，通过配套安全保障措施，取得了良好的效果。

1　概况

中原油田分公司先导试验井×××，位于四川省通江县新场镇窄口村一社，是部署在通南巴区块马路背构造马 1 块川涪 82 井区的 1 口定向评价井。设计斜深 3762. 93m，垂深 2812m，造斜点 1370m，最大井斜 89. 71°，水平位移 1635. 09m。目的是评价马 1 块西南部须四 1 砂组缝洞型储层发育及产能，兼顾评价须二上河道砂储层发育及产能，为最大限度保护和解放油气层，设计在主要目的层采用氮气钻井和钻杆裸眼完井工艺。设计采用三开制井身结构，一开、二开为泥浆钻，三开储层氮气钻专打：一开套管下至上沙溪庙组底部，封易出水层；二开技套下至须四 1 砂组顶部，封储层段上部不稳定地层，为三开氮气钻专打创造条件。

2　安全风险描述

通南巴气田须家河组储层开发实践表明属于致密、水敏性低渗气藏，储层存在水敏和弱酸敏，常规完井方法易发生储层伤害，后期无法得到有效解除，多年来在通南巴气田须家河致密砂岩储层采用不同井型、不同改造工艺均未获得有效突破。前期中石化西南油气分公司新场构造新 8-2 采用氮气钻穿须家河储层，取得无阻流量 $120\times10^4m^3$ 天然气产能，但高压储层氮气钻井、带压换装井口极易导致井口失控，引发井喷、火灾、人员伤亡和环境污染等严重事故。

3 安全保障措施

3.1 成立决策小组

成立了以分公司、工程公司局级层面的氮气钻专项施工领导小组，下设 7 个专项小组，综合评价具备实施氮气钻完井的工程条件，编制《×××井氮气钻施工手册》，开展了地质风险评价、地面排砂管线刺漏、弯头刺漏、井筒强度、井控安全风险评价，制定了 15 种风险预案措施；同时做好操作技术人员氮气钻井技术培训和案例警示教育。开钻前，进行氮气钻井工况下的防喷演习，各作业人员做到熟练掌握，储备好各类应急物资。对各项应急预案进行演练，达到熟练程度，人员分工明确，信号统一，井口换装最快在半小时内完成。

3.2 强化钻杆内防喷工具

与常规钻井液钻井相比，加强钻柱内防喷系统。由于钻开高压气层时，气固两相流在高压作用下会进入钻具水眼，导致内防喷工具失效和钻头堵塞。本次在钻铤上部安装三支特制的 105MPa 箭形止回阀，避免密封冲蚀失效，备用投入式止回阀、井口配套有钻杆专用背压阀，在近钻头内防喷工具全部失效后，能迅速起到钻柱内防喷的目的。

3.3 优化井场布局

制定了氮气钻排砂管线走向，在保证能安全连接的前提下，尽量优减弯头使用数量。通过改造钻井专用排砂四通，排砂管线全部采用套管改进的 244.5mm×155×10.03mm，连接方式也由原来的卡猪式改成了法兰式连接，增大侧出口通径，外径达到 244.5mm，现场钻井时大通径排砂管线达到 2 条，同时内部焊接耐冲蚀材料，减少弯头连接，以直线连接并水平布局，有效降低了高速岩屑对井口的冲蚀，同时为提高排屑管线的稳定性和抗冲击能力，排屑管线间采用钢圈密封，支撑采用框架固定，变径变向处采取防冲蚀处理，采用 120°以上弯角的排屑管线。

3.5 提升智能化监测与控制系统

采用智能化监测系统，提升预警监控力度，在原有监测系统基础上，增加了新的监测手段。在顶驱旋塞处安装了应力波检测仪，监测钻具的横向和纵向振动，对于及时发现井下憋卡和钻具的上顶具有重要作用；在排砂管线上增加了对返出流体的流量、压力、成分、声音的监测，及时发现返出流量以及岩屑返出量；在钻台、井口、两端燃烧池安装了视频监视系统，既可监视旋转控制头胶心是否存在泄漏，又可观察燃烧池返出流体的情况；在注气管线上增加了对注入气体的流量、含氧量、温度、压力的监测；增加了地层岩性随钻监测，为氮气钻井技术措施的制定提供重要参考。在井控装备控制系统方面，实现氮气钻井井控装备的远程控制和自动化。实现司控台、远控台、辅助控制台、无线控制台四种方式对井控装备的控制，实现对井控装备的远程控制。节流管汇、压井管汇、内控闸门、排砂四通、平衡管汇等关键闸门采用液动控制，提高了倒换闸门的效率和人员的安全性。安装了一键点火联动放喷系统，能够实现一键打开放喷阀、放喷管线点火、关闭环形防喷器等动作，提高了关井放喷的效率。

3.6 井控设备配套

3.6.1 氮气钻井口装置(图 1)

采用Ⅰ类井口 SLXFD35-17.5/35(旋转防喷器)+FH35-35/70+2FZ35-70+2FZ35-70 组

合。根据氮气钻设计，更换排砂四通两侧手动平板阀为液动平板阀，连接多功能四通、特殊升高短节，连接处密封试压 70MPa，试压合格。

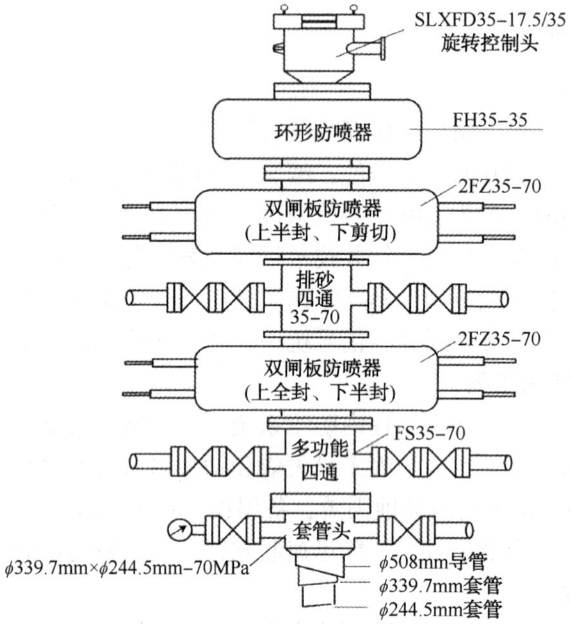

图 1　井口装置

3.6.2　排砂四通的应用

根据实际情况，优化排砂四通的应用。四通本体内进行防冲刷处理，镶嵌硬质合金，通过增大氮气钻井的返出通道面积，降低排砂管线的流体速度和减小冲蚀；可降低排砂管线高度，增加排砂管线强度，方便固定；减少粉尘对井控设备的冲刷，保证井控设备安全；防喷和关井可同时操作，降低井控风险。

3.6.3　注气冲砂、注水冲砂及压力平衡系统(图 2)

从旋转防喷器壳体灌浆口处接一条 2″管线至平衡管汇，再从平衡管汇接至清水冲砂泵和氮气钻管线，主要用于定期使用清水或氮气冲洗井口防喷器组的砂屑及监测旋转防喷器壳体与半封闸板防喷器之间的压力，实现防喷器组防砂堵冲洗和用于打平衡压。氮气钻井期间，在不停气和不关闭下半封的情况下，每隔 6h 通过旋转防喷器灌浆口及平衡管汇对防喷器组用氮气进行冲洗，防止砂子在防喷器腔室内堆积，完井作业前采用清水清洗防喷器内腔。

3.6.4　地面流程专用控制系统(一键应急关井系统)

配套一键应急关井系统，在无法通过常规关井程序实施关井的紧急情况下使用，快速控制井口。通过双手操作，实现打开放喷及关闭环形。发生紧急情况时，同时按下司钻台面板上的“主按按钮”+“应急关井按钮”，防喷器控制装置开始执行应急关井程序(打开放喷管线及关闭环形防喷器)。

4　施工保障措施

4.1　钻进施工风险规避措施

(1) 司钻送钻要均匀，密切注意并记录立压、扭矩、悬重等参数的变化，发现立压升高、扭矩增大、憋跳严重、上提遇卡等井下异常现象时，应立即停止钻进，上提 1 根单根循

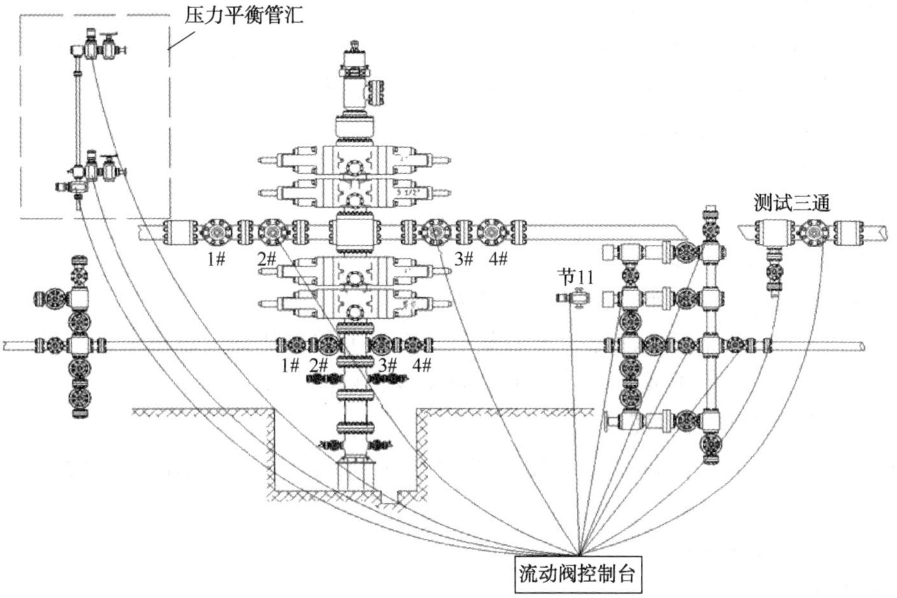

图 2　冲砂及平衡压力系统

环观察，正常后适当控制机械钻速，继续钻进，并注意观察。

(2) 钻井队、录井、气体钻井派专人观察捞砂取样口的岩屑润湿度及返出量，并做好记录，及时判断井下是否出水，若返出岩屑润湿或岩屑返出量少，及时通知司钻上提钻具、循环观察。

(3) 每钻进 5m 划眼两次，特殊情况，根据实际情况加强划眼，保证井眼的畅通；每钻完立柱，充分循环，尽量将井底的岩屑循环干净，防止沉砂卡钻，岩屑是否循环干净要根据随钻安全监测数据和排砂管返砂情况综合判断。

(4) 监测方及时汇报产气情况，达到理想产量，及时决策，转入钻杆完井程序。

(5) 氮气钻人员做好对排砂管线和旋转控制头进行巡视、检查，发现管线或旋转控制头胶心刺漏立即汇报、处理。

(6) 氮气钻人员每 3~4h 测量一次排砂四通及排砂管线上容易受冲蚀的部位的厚度(使用手持式探伤检测仪)，并做好记录。如发现测量壁厚减小到 5mm，及时按照应急预案进行更换排砂管线。

(7) 起钻前必须充分循环，起钻中途遇阻时采取倒划眼方法解除。

(8) 氮气钻井期间，在不停气和不关闭下双闸板上半封的情况下，每隔 6h 通过旋转防喷器灌浆口及平衡管汇对防喷器组用氮气进行冲洗，防止砂子在防喷器腔室内堆积。方法：打开 1 号液动清洗闸门—用氮气钻管线按 $30m^3/min$ 排量向防喷器内腔注入氮气清洗 2~3min，关闭 1 号液动清洗闸门。

(9) 氮气钻井期间，无特殊情况未经许可禁止停气，如注气设备或钻井设备出现故障需停止注气，则起钻至安全井段。

(10) 开、停注气由钻台统一指挥，同时加强钻井与氮气钻井方的沟通和交流。

4.2　不压井起下钻技术

钻遇产层后，需带压起、下钻作业，执行以下措施：

(1) 司钻起钻前充分清洁井眼。

（2）带压起钻，井口仍走排砂管线流程。

（3）起钻过程中记录悬重与钻具实重。若发现钻具失重，计算产量达到 $5\times10^4m^3/d$ 以上，立即下钻转入完井作业程序；若钻具未发生失重，则执行以下措施：

a. 司钻起钻至钻头出全封闸板防喷器；

b. 司钻打开两路放喷管线；

c. 司钻关闭全封闸板；

d. 气体钻取出旋转控制头；

e. 司钻正常起出钻头，转下钻或下步作业。

（4）带压起下钻司钻随时注意指重表基重，根据上顶力和钻具重量来确定带压起下钻的是否安全，如果上顶力等于或大于钻具重量的 50%，停止起下钻作业。

4.3 井下风险预防及处理

根据可能存在的风险，制定了详细的预防和处理方法，主要包括以下方面：

（1）地层出水；

（2）钻遇高产天然气；

（3）井壁失稳垮塌；

（4）断钻具；

（5）卡钻；

（6）水眼堵塞应急程序；

（7）有油气显示情况下排砂管线刺坏应急措施；

（8）钻进时注气管线刺漏应急措施；

（9）胶芯突然失效的应急措施；

（10）井口意外着火时应急措施；

（11）应急压井方案。

4.4 应急响应程序

井队成员发现紧急情况，应急相应程序见图 3。

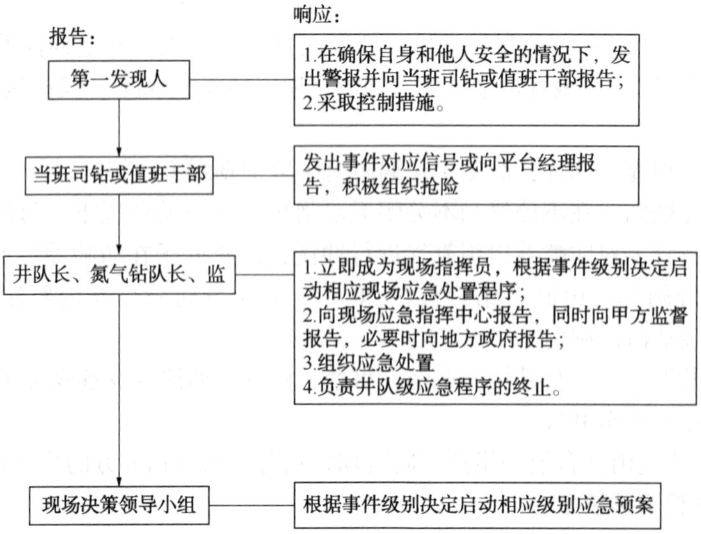

图 3 应急响应程序

5　现场氮气钻施工效果

钻具组合：ϕ215.9mm 牙轮+430＊410 双母浮阀+单流阀 411＊410+411＊4A10+158.8mm 短钻铤+4A11＊410+单流阀 411＊410+411＊4A10+158.8mm 钻铤＊4 根+4A11＊410+ϕ127mmHWDP＊30 根+流道转换接头+ϕ127mmDP。

施工过程：2022 年 5 月 21 日马 1-11 井采用 ϕ215.9mm 牙轮钻头，排量 145m^3/min（氮气），氮气排量 150m^3/min，实现三开氮气钻井一趟钻，累计进尺 54m，储层间钻进钻时仅为 5~7min/m，钻遇含气层两个，实现了钻井工程工艺的新突破，为地质认识须家河组地层含气特性提供了可靠的参考依据，也为今后同类井施工提供了强有力的技术支撑。

6　结论及建议

（1）氮气钻可以最大限度地获得储层的原始产能，该技术的推广和应用，对于通南巴地区的致密气藏资源的勘探和开发具有重要意义。

（2）氮气钻井施工前，应组织各协作方进行全员氮气钻施工方案、各工序步骤施工流程、应急处置措施等全方位系统培训和联动演练。

参　考　文　献

[1] 魏武，乐宏，许期聪，等．气体钻井应用技术[M]．东营：中国石油大学出版社，2008.

[2] 廖兵，黄述春，戴铁龙，等．储层氮气钻井实施效果分析[C]//2013 年全国天然气学术年会论文集．昆明：2013 年全国天然气学术年会，2013：63-68.

[3] 杨虎，王利国．欠平衡钻井基础理论与实践[M]．北京：石油工业出版社，2009.

【作者简介】聂建华，男，中原油田普光分公司通南巴项目部，高级工程师，钻井作业管理。

某山区成品油管道泄漏应急处置的经验与启示

邵　奇

（国家管网集团华南公司维抢修中心）

摘　要： 随着国家石油天然气管网集团有限公司的成立，我国长输油气管道得到飞速发展，管道全生命周期管理受到了前所未有的关注。以我国西南山区某成品油管道泄漏事件为案例，通过阐述管道泄漏事件发生经过和应急处置全过程，并对管道泄漏发生原因进行深入系统分析，最后得出长输管道保护的工作启示。以期切实提高管道管理水平，为我国长输管道安全高效平稳运行提供参考和借鉴。

关键词： 成品油管道；油品泄漏；应急处置；开孔封堵；溢油回收

国家石油天然气管网集团有限公司的成立，是响应习近平总书记“四个革命、一个合作”能源安全新战略的重要举措，标志着我国长输油气管道由过去的各石油企业分散式自主管理向国家层面集中式统一规划布局进行深度变革。

近几年来，国内专家学者对山区管道的关注度越来越高，山区油气管道在路由设计、施工建设、投产运行、应急抢修等方面相对平原管道而言在管理上均存在一定的难度，同时伴随着较高的风险。

1　管道概况

某成品油管道地处我国西南山区，于2010年开工建设，至2016年建成投产，管径406.4/355.6mm，壁厚7.9/7.1mm，设计压力为9.5MPa，运行压力在5.5MPa左右。投产后结合公司实际情况根据下游市场需要陆续进行工程扩建，管道全长686km，沿线共设置7座输油站、28座截断阀室。管道顺序输送0#柴油、92#汽油和95#汽油，在保障国计民生方面发挥重要作用。

2　事件经过

2022年5月19日，SCADA系统显示位于我国西南山区的某成品油管道压力异常下降（停输时由4.74MPa降至4.41MPa，压降0.33MPa），经调度人员分析研判并经管道巡护人员连夜拉网式现场徒步排查，确认该段管道发生油品泄漏，管道所属企业立即启动应急响应。在地方政府和管道企业共同努力下，前后历经56h的应急抢修，于5月22日完成破损管段更换，随即解除公司突发事件总体应急预案响应，成功完成了应急救援工作。

通过复盘获悉，在抢险过程中管道企业及应急联动协作企业投入抢险260余人，油罐车、挖掘机等车辆45车次，地方政府投入应急人员300余人，累计设置10道拦油坝（其中，2道过水坝、8道活性炭坝）、24道围油栏，回收含油废物及土壤629t。整个应急处置过程未造成次生灾害，没有引发河流水体污染，无负面舆情。

3 处置步骤

（1）事件预警与初期处置。一是做好压力异常分析研判。根据工艺研判情况，5月19日20时，公司应急领导小组召开Ⅱ级应急响应预警首次会议，启动储运设施、环境、新闻三项突发事件专项预案Ⅱ级预警。23时57分确认渗漏后，公司立即启动Ⅱ级应急响应。二是全力以赴做好初期应急处置。5月19日晚至5月20日8时30分左右，集结抢险人员、油罐车、挖掘机等抢险力量，完成20余处探坑开挖，进一步排查渗漏源和污染面，开挖45m导油沟、约400m^{3}集油池，持续组织对渗漏油品进行回收。三是做好周边水系调查。5月19日夜间至20日凌晨，联合地方政府连夜排查渗漏点周边明沟、暗河及水系走向，在渗漏点东侧约80m有一个暗河入口，渗漏点东南方向1.3km、1.5km、1.6km处，分别有泉点、娃娃洞、鱼孔等3处出水口，沿途通过多次汇流最终进入长江干流。根据调查情况，并结合前期开展的水系调查情况，制定了水体污染拦截方案：沿河流布设5道拦截点24道围油栏，并设置2处过水拦油坝、8道活性炭坝，布设吸油毡、吸油剂等收油设施，明确分级防控目标，细化落实不让污染物出县界的防控目标。四是迅速集结应急资源力量。5月20日管道企业集结了公司内部维抢修队伍以及外部应急协作单位的机具物资。应急救援力量和专家陆续抵达现场协助抢险，现场指挥部每3小时召开碰头会，统筹指挥抢险工作。五是严格落实事件信息报告。确认渗漏后，管道企业第一时间向上级部门应急值班室和应急中心电话报告，随后1小时内书面报告，后续严格按时间节点续报应急抢险信息；同时，第一时间向当地管道保护主管部门、生态环境局进行了报告，政府部门同步启动了油气输送管道安全事故Ⅲ级应急响应。

（2）全力以赴做好管道抢修。一是做好管道渗漏点开挖排查。5月20日凌晨，现场开挖探坑逐步探明渗漏点位于公路底部附近，立即布设了围油、截油措施。由于渗漏点不明、封堵未完成，且公路是唯一转运物资通道，暂未破路开挖，现场设置了三级拦油收油措施。二是谨慎制定管道抢修方案。根据管道地质分析、水体敏感性、渗漏量分析等情况，制定了先封堵、后开挖找漏点、再换管的抢修方案，依托100m外的东山阀室，在渗漏点外120m设封堵点一个。三是紧张有序做好抢修封堵。5月21日完成上游管道封堵，随即现场开挖确认管道漏点，对管道进行排油，更换破损管段。

（3）严控谨防环境污染。一是快速排查渗漏油品的可能去向和敏感受体。5月19日启动应急预警后，公司安排专项工作组排查泄漏管段环境敏感受体信息，确认渗漏部位后，与地方政府联合，连夜完成渗漏点附近地质特征、管道周边明沟暗河情况和水流走向排查，以及下游可依托坝体等排查，形成了水污染拦截方案。二是全力做好污染源头治理。对渗漏点区域，开挖45m导流沟、约400m^{3}集油池；做好污染探边，挖20处探坑，找准污染范围；在渗漏点下方山坡开挖2道扇形截油沟，及时拦截、回收油水混合物；做好含油泥土的分类堆放，全部垫防渗膜，用防渗吨袋装运，委托有资质单位处置，累计转运含油废物及土壤629.43t。三是集中力量在泄漏管段附近实施油品拦截回收。严格落实地方政府环保要求，专门制订水面油品拦截处置方案。累计设置围油栏24道，活性炭坝8道、拦截坝2道，布设吸油拖栏、吸油毡、吸油颗粒，5月19日材料陆续到现场，5月21日持续调整优化，拦截效果明显提升，周边水质持续好转。四是严格落实拦油点值守和含油材料的回收。在每处围油栏、拦油坝设专人24小时值守，设专人巡检，定期施放吸附剂，及时回收吸油毡、替换活性炭；后续各出水口、拦油点均未见油花油膜。五是持续做好环境监测。委托应急监测队伍，完成渗漏点处 9 个点位土壤采样，与当地政府生态部门的监测单位一同对渗漏点下游 7 处水体持续水质监测，根据水质监测结果及时调整活性炭坝等措施。经地方环保部门检测，断面石油类检测数据分别从 5 月 26 日 14 时、18 时起持续达标，应急监测工作调整为跟踪监测。

（4）有效落实综合保障工作。一是积极组织市场保供。事件发生后，管道企业立即组织与上游炼厂、下游石油公司进行对接，优化资源调配，保障市场供应。此事件未造成市场供油问题。二是安排专人监测舆情。经政府网信办、公司舆情监管中心监控排查，未发现相关负面舆情。三是紧密组织物资与后勤保障。现场指挥部设立专门小组，跟进抢险物资供应和后勤保障，及时上传下达抢险信息，有力保障了抢险工作顺利开展。四是及时做好保险理赔工作。管道企业快速启动保险理赔程序，形成出险索赔通知书，向保险经纪公司进行财产险和责任险报案，同日人保公司受理，次日上午评估专家到达现场查勘。

4　原因分析

（1）管道建设期施工不规范埋下隐患。管道下沟时，未按 GB 50369—2014《油气长输管道工程施工及验收规范》要求敷设，在石方段沟底未预先垫 300mm 厚细土（细土的最大粒径不得大于 20mm）；管沟回填施工不规范，违反《油气长输管道工程施工及验收规范》回填要求，未对石方段管沟预先回填细土至管顶上方 300mm 后再回填原土石方；管道底部、侧面及顶部与大量碎石挤压，造成管道防腐层破损。

（2）多重因素加速管道腐蚀。一是存在阴极保护电流屏蔽。石块挤压造成防腐层破损和褶皱，防腐层破损处管体与石块紧密接触形成阴保电流屏蔽，阻碍保护电流到达管体。二是渗漏点局部区域土壤腐蚀性强。渗漏点管道正上方及临近区域的土壤腐蚀性调查结果表明，渗漏点正上方附近土壤为黄壤土混合煤粉，土壤腐蚀性为强，距离渗漏点下游 20m，土壤腐蚀性为中。三是存在氧浓差腐蚀因素。由于管体与石块、已剥离防腐层之间存在狭小缝隙，缝隙内外出现氧浓差环境，因氧浓差电池效应造成腐蚀。

（3）内外检测质量不高未及时发现缺陷。一是该段管道内检测于 2016 年完成并出具检测报告和完整性评价报告，建议在 2024 年再进行内检测。但内检测报告显示，此处未存在超标缺陷，存在内检测质量不高等问题。二是管道企业每年组织管道年度检查，包括自然电位测试、阴极保护系统检查、防腐层检漏等内容，由输油站外线人员独立完成，受检测仪器和检测人员技能水平的限制，未能及时发现此处的防腐层漏点。三是两轮内检测间隔周期过长，未能及时发现腐蚀速率高的金属损失缺陷点。

5　事件启示

本次应急抢险遵循“早停输、早截断、早通报、早疏散”的原则，做到“第一时间、第一现场、第一处置”，从而得以顺利完成。通过复盘得出如下启示。

（1）切实加强管道建设质量管控。主要措施包括：

一是严格执行《油气长输管道工程施工及验收规范》，落实管沟施工质量与验收要求。二是严格管沟验收管理。检查管沟沟底是否平整，沟内石块、积水等杂物是否被清除或置换；石方段的管沟，还应检查沟内是否有任何存在可能损伤管道防腐层的石块、硬质土块，管沟沟壁不得有欲坠的石头，沟底不应有石块；开挖后应及时对管沟进行检查验收，不符合要求时，及时修整。三是管道下沟前，复查管沟深度，清除沟内塌方、石块、积水、冰雪等异物；石方段管沟，将预先在沟底垫300mm厚细土，细土的最大粒径不得大于20mm。四是规范管道下沟及回填：管道使用吊管机等起重设备进行下沟，吊具使用尼龙吊带或橡胶辊轮吊篮，起吊高度1m；下沟过程中，使用电火花检漏仪检查管道防腐层，检测电压是否符合设计及现行有关标准的规定，如有破损或针孔应及时修补；管道下沟时，避免与沟壁刮碰，以防止擦伤防腐层。一般地段管道下沟后及时回填，回填前组织排除沟内积水，山区易冲刷地段、高水位地段、人口稠密区及雨季施工等将立即组织回填。管沟回填前完成焊缝“双百”检测、第三方交叉互评和第四方评定，落实好焊缝对齐、焊缝底片电子化存档等工作。阴极保护测试引线焊接，并引出地面。回填土平整密实，对于石方段管沟回填细土应至管顶上方300mm，后回填原土石方。细土的最大粒径不应大于20mm，原土石方最大粒径不得大于250mm；陡坡地段管沟回填采取袋装土分段回填。对于管道易受外力损伤处，宜设置钢筋混凝土盖板保护，并设警示带。五是管道下沟和回填作业全过程进行录像，确保沟底清晰可视，施工完成后视频资料随工程资料一并存档。六是管沟开挖、管道下沟、管沟回填等相关工作，监理单位必须旁站，进行现场验收并履行验收手续，详细做好记录。七是严格承包商管理。通过公开招标选择优秀承包商，加强对承包商施工过程的监管，督促监理人员对管道下沟回填作业认真旁站履职，加强施工过程质量检查，对存在拒不执行相关规范要求、设计规定，或者不能提供下沟和回填作业全过程视频资料的，从严对施工单位考核扣罚，连带扣罚监理单位；对情节严重及屡教不改的，将从重考核，将施工单位、监理单位列入黑名单。

（2）强化管道腐蚀专项排查。一是加快推进与渗漏段类似管道的风险隐患排查，委托有资质单位开展，保障工作质量，及时发现和处理存在问题。二是缩短山区石方段管道的内检测周期。三是抓实管道无套管、箱涵等保护措施穿越公路情况全面排查，综合考虑管道埋深、重型车辆通行频次、管道本体完好性等因素评判风险大小，按照轻重缓急有序实施开挖验证、修建盖板涵等风险消减措施。四是针对山区石方、未受保护穿越公路、防腐层质量差和交直流干扰管段等多种风险因素叠加的管段，进一步抽检开挖检查管道本体情况，开挖比例不低于0.002%。对高后果区、高风险管段，逐年分步实施试片、内腐蚀监测、管道应力预警等检监测技术，提升管道风险判识与预警水平。

（3）切实加强管道保护工作。一是对渗漏点附近过路管道，按照修盖板涵的设计方案进行保护。同时，举一反三，对穿越公路管段管道的保护措施进行全面专项排查，制定落实整改措施。二是针对反映出的部分区段巡线质量不高的问题，进一步优化巡线必经点，针对性扩大巡检范围，增加巡线小道，提升巡护质量。三是加强对巡线承揽人的培训，尤其是提升其发现问题和应急处置能力，确保能够及时发现异常，做到早发现、早处置。四是开展复杂环境下的管道腐蚀风险判识、评价与防护技术研究。收集整理渗漏点的管体、腐蚀产物及开挖点处的水样、土样，做好试验分析，加快管道失效原因调查和分析。进一步开展防腐层剥离、电流流失、阴保屏蔽、交直流干扰评价准则等研究，探索杂散电流干扰、强腐蚀土壤、应力集中等多种复杂环境下的管道腐蚀规律，建立复杂环境下管道的腐蚀风险判识、评价与防护体系。五是开展管道停输状态下的泄漏诊断技术研究。分析停输状态下打孔盗油、管道泄漏、油品温降、阀门内漏、维检修作业等对管道压降的影响，通过大数据统计、分析的方法实时、自动判断管道发生泄漏的可能性，提升响应速度。

6 结语

不应急是最好的应急，只有切实提高政治站位，有针对性地扎实开展日常岗位练兵，建立 QHSE 体系思维，定期开展风险辨识，有理有据开展应急处置，通过"以干代练"检验管理成效，才能有效保障管道安全平稳高效运行。

参 考 文 献

[1] 邵奇．我国山区油气管道安全风险现状浅析[J]．中国储运，2023(02)：101-102.

【作者简介】邵奇，男，现任国家管网集团广州维抢修中心抢修技术办主任，工程师，2016 年硕士毕业于中国石油大学(北京)石油与天然气工程专业，在读工程博士生。研究方向为长输油气管道生产运行管理及应急维抢修技术。邮箱：shaoqi@ pipechina. com. cn。

外浮顶石油储罐新型扩散式泡沫导流装置的设计与应用

黄军本　刘　翔　赵　钊

（国家管网集团联合管道有限责任公司西部甘肃输油气分公司）

摘　要：通过对外浮顶原油储罐在役泡沫导流装置和设计试验的新型扩散式泡沫导流装置原理、结构、效果等方面的对比，阐述了新型扩散式泡沫导流装置快速有效覆盖二次密封环形空间、缩短初期灭火时间的优点，并给出结构设计参考。

关键词：扩散式；导流装置；结构；效果；快速覆盖；初期灭火；结构设计

目前，我国原油储罐大部分是外浮顶结构，其容量多为 $0.5\times10^4m^3$、$1\times10^4m^3$、$5\times10^4m^3$、$10\times10^4m^3$ 及 $15\times10^4m^3$，有些成品油储罐也为外浮顶结构。但目前的泡沫灭火导流装置普遍存在如下问题，以 $10\times10^4m^3$ 原油储罐为例，罐直径 80m、高度 21m，其罐顶壁板周围均匀布置有 12 套泡沫导流装置，即每间隔 20.93m 的弧长安装一套，而在用泡沫导流装置沿罐壁流淌的泡沫宽度不足 1m，这对于泡沫落点 20.93m 弧长之间的着火点来说，需要经过泡沫向两侧流淌、不断充盈覆盖，而不是"直落覆盖"。

这一现状实际上不能满足"快速扑灭储罐一、二次密封初期火灾"的要求，不能将泡沫"快速、准确"送达起火位置，延迟了泡沫有效覆盖时间以达快速扑灭初期火灾的目的。

1　外浮顶储罐泡沫灭火原理

在用的石油外浮顶结构储罐的泡沫灭火系统，主要依靠罐顶壁板边缘均匀布置的泡沫发生器和泡沫导流装置组件构成（图 1），泡沫发生器将产生的大量泡沫通过导流装置喷出并沿着罐壁流入罐壁和泡沫堰板之间的环形空间，用泡沫覆盖一、二次密封着火点、隔绝空气以达到快速灭火的目的。

图 1　泡沫发生器与泡沫导流装置

2 在役泡沫导流装置

2.1 结构设计

在役泡沫导流装置结构，由支撑板组件、泡沫弧形挡板及泡沫导流罩组成，组装后固定到罐壁边缘角钢上，与泡沫发生器相连接(图 2)。当泡沫混合液经过泡沫发生器发泡后进入导流装置，由该装置内的弧形导流板改变泡沫混合液流向，使泡沫混合液向下、向两侧分流。为了限定泡沫混合液顺着罐壁下流，在弧形导流板外面又设计安装了半密封型的方形导流罩。

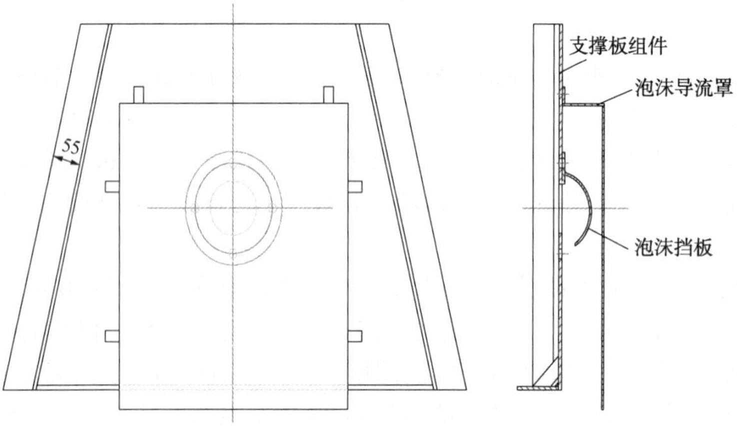

图 2　在役泡沫导流装置主、侧视图

2.2 泡沫覆盖效果

目前，大多数外浮顶原油储罐由于泡沫导流装置原结构设计所限，事故状态下启动消防泡沫灭火时，泡沫直接喷射覆盖二次密封的弧长区域非常有限(不足 1m)，以 $10\times10^4m^3$ 储罐为例，其“直落覆盖率”仅为 4.8%，而且从时效上来说延迟了泡沫对着火点的覆盖时间。见图 3。

图 3　在役泡沫导流装置泡沫覆盖示意图

2.3 在役泡沫导流装置的缺点

导流罩采用不同形状弧面与平面结合的、半封闭结构设计，将泡沫液约束在与导流罩同宽度，呈现“条状泡沫带”向下沿罐壁流淌至泡沫堰板和一二次密封环形空间内。

低倍数泡沫液在储罐圆周方向上条状分布，对管内壁降温覆盖面积不到 5%，对着火点罐壁降温几乎起不到作用。

泡沫导流罩组件为长方体形状，带压泡沫液喷射至导流罩上经过折返、约束，“条状泡沫带”向下沿罐壁落下，在圆周方向上，泡沫到达着火点时间长，“泡沫直落覆盖率”不到5%，扑灭初期火灾的能力低。

3 新型扩散式导流装置

3.1 结构设计

图4为原油外浮顶储罐泡沫灭火系统中的扩散式泡沫喷射导流装置，安装在泡沫发生器后端，是泡沫灭火系统最末端的装置，也是最关键的组件之一。该泡沫导流板装置由支撑板组件、泡沫导流罩组件及泡沫挡板组成，支撑板组件底部平面设计有与罐壁板顶部安装孔匹配的长孔，便于调整位置，其垂直安装的支撑板中间位置设计有与输送泡沫液管道相连接的法兰安装孔及泡沫液出口孔，通过一段两端带法兰的管道将其与泡沫发生器相连接。泡沫导流罩通过螺栓连接安装在支撑板组件泡沫液出口孔处，其导流部分采用曲面与平面结合的设计，曲面与平面的切线正好与泡沫液出口中心线在同一平面，曲面设计具有将垂直的、带压力的泡沫液向两边引流的功能，平面设计具有将泡沫液向下均匀引流的功能，这样组合设计，能够将垂直的、带压力的泡沫液均匀、呈弧形放射状扩散分布，扩大了泡沫直落覆盖一、二次密封泡沫堰板环形空间的范围。泡沫导流罩组件呈现半圆形封闭状态，在支撑板上采取对称分布螺栓连接，防止泡沫液向储罐中心径向方向喷溅，其主要目的是将横向扩散的泡沫液和纵向飞溅的泡沫液约束在一个泡沫罩范围内沿着罐壁均匀流淌。

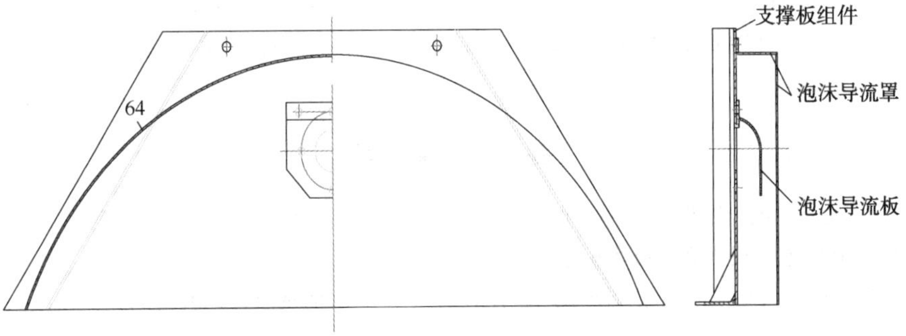

图4 扩散式泡沫导流装置主、侧视图

3.2 扩散式导流装置泡沫覆盖效果

图5为罐容为$10\times10^4m^3$原油储罐液位6.3m时泡沫试验效果，泡沫喷射均匀，形状规则，经测量辐射宽度达到19m。而10W方原油储罐直径80m、高度21m，其罐顶壁板周围均匀布置有12套泡沫导流板罩，即每间隔20.93m的弧长安装一套，19m的辐射宽带使泡沫在此高度的“直落覆盖率达到90.7%”。

3.3 扩散式泡沫导流装置的优点

该装置导流罩采用曲面与平面结合的开放式、扩散型设计，曲面与平面的切线正好与泡沫液出口中心线在同一平面，而平面则与支撑板保持平行，最大限度将泡沫液向下、向侧面180°方向均匀扩散，沿罐壁流淌至泡沫堰板和一二次密封环形空间内。

泡沫弧形挡板组件呈现大半圆形状，且两侧设计有防止泡沫液向储罐中心径向方向喷溅的异形挡板，这种设计约束，能够保证带压泡沫液向两侧呈抛物线型沿罐壁下落，圆周方向

图 5　扩散式导流装置泡沫覆盖示意图

上，大大增加泡沫直落覆盖范围，使“覆盖率”达到 35%～100%（浮盘从最高液位到最低液位）不等，泡沫到达着火点时间短，灭火性能大幅提升。

低倍数泡沫液同时为储罐内壁进行降温，罐内壁降温覆盖面积随浮盘高度不同也可达到 35%～100%不等。

4　结语

国内石油储备库中、大型外浮顶储罐罐顶灭火泡沫导流装置，几乎都采用老旧的“泡沫直落覆盖率”不到 5%的在役泡沫导流装置结构设计。而这种新型结构设计的泡沫导流装置与在役外浮顶石油储罐泡沫导流装置技术相比，新型扩散式泡沫导流装置大大提高了“泡沫直落覆盖率”和灭火有效性，缩短扑救初期火灾的时间，同时还能够为壁板持续降温，应用前景广阔。

参 考 文 献

[1] 张守森，骆杰，张明，张明星．外浮顶储罐泡沫导流罩设计应用对比分析．化工管理．
[2] GB 50151—2021 泡沫灭火系统技术标准．
[3] 徐兴芳，窦占祥．大型原油储罐火灾成因及扑救对策[J]．水消观点，2007.（3）．

炼化企业应急体系建设与创新发展及实践

何鸿娥

（中国石油庆阳石化公司质量健康安全环保部）

摘　要：本文通过对炼化企业事故案例调研，从应急技术管理措施的分析，提出针对性安全应急管控措施及策略，以期降低炼化企业生产安全突发事件发生率，提高炼油炼化企业应急体系建设与创新发展及实践。

关键词：炼油炼化企业；应急体系建设；创新发展；实践

炼化企业存在泄漏、着火、爆炸、中毒窒息等突发事故、事件，若措施采取不得当或错误应急处置措施，必然会导致事件的扩大或发生次生事故，进而造成人身安全伤害和财产损失等后果及不良的社会影响。为将突发事件造成的人身伤害和财产损失等降到最低限度，社会影响范围控制到最佳程度，做好应急管理至关重要。本文通过对炼化企业事件特点的分析，试图在突发事故事件的应急管理措施及方法的分析应用等方面提出新思路、新方法，为炼化企业的安全生产保驾护航，守住安全底线，推动应急安全管理再上新台阶。

1　炼化企业生产安全事故事件类型及特点

炼化企业生产过程涉及到危险工艺和危险有毒有害物料，其特殊性决定了生产过程中随时随处存在安全风险。炼化企业生产经营过程中涉及的高温、高压、着火爆炸、有毒有害的环境，生产装置、设备设施连续在此环境下高效运转，加之加工过程一些物质对设备设施、管道阀门的腐蚀性作用，使机件磨损或腐蚀加大，设备设施的运行寿命缩短，易出现各类机械事故或事件。“三违”现象也会导致设备损坏，安全事故发生的可能性增大。常见的生产安全事故有泄漏类、火灾类、爆炸类、中毒和窒息类、触电类及机械伤害类等等十多类。目前依然存在风险防护措施有效性和应急处置能力针对性不强、管理制度的执行和落实等不下去等不强等问题，企业主要负责人重形式轻实际，压力传导层层削减，基层依然我行我素；出了事故就紧一阵，过去了就松一阵，“好了伤疤忘了疼”，事故发生概率就可能会反弹。

企业发生事故的原因是多方面的，但其中最主要的问题还是管理问题，特别是对安全事故重视程度不够，面对企业发展、社会进步遇到的新情况、新问题，却习惯于用“老套路、老思路”应对，这往往导致辛辛苦苦做了大量基础工作，却事与愿违，达不到降低事故发生率和提升应急措施有效率的目的。

2　提升生产安全事故应急管理办法与措施

2.1　排查安全生产事故隐患管控风险

2.1.1　有效推进各级安全生产责任制落实

炼化企业主要负责人应切实落实好“五带头”示范引领作用，带头组织重大隐患排查整治工作；带头落实全员岗位安全责任；带头对动火等特殊作业开展排查治理；带头对外包外租等生产经营活动场所排查整顿；带头开展应急救援演练及时解决突出问题。各业务主管部门落实直线管理责任，安全环保监督部门落实综合监管责任，基层单位落实主体安全生产责任。各级主要负责人对责任悬空、推诿、层层衰减等问题导致的管理流程不畅、运行机制不顺、风险源头失控、隐患整治不及时等问题应纳入重大隐患管理机制。

2.1.2　有效落实特殊作业许可管理制度

将动火、吊装、高处、受限空间、设备管线打开等特殊作业和无操作规程的非常规作业许可管理制度执行情况作为排查重点；排查作业预约、作业现场确认审批、工器具及人员资质查验、作业方案执行及变更审批、作业过程监护等关键环节；排查电气焊、汽车吊、带压堵漏等高风险作业许可程序和现场监管措施；排查作业设施和特种设备安全检测验证、特种作业人员资质情况，严防设备设施带“病”运行和人员无证上岗。把特种作业未持证上岗、许可制度不落实、流程走捷径、特殊敏感时段升级管控不到位等问题作为重大隐患来治理；对性质恶劣、问题严重的作业(项目)实施停工整顿，对责任人严肃问责。

2.1.3　严格承包商管理制度落实落地

把外包项目承包商管理作为排查重点，强化建设(发包)单位外包项目安全管理主体责任落实，重点监督承包商招标选用、合同签订、培训教育、作业过程、绩效评价等关键环节，重点排查违规选商、违法转包违规分包、教育培训走过场、施工队伍安全准入不规范、作业现场以包代管、绩效评价不真实、末位淘汰不严格等典型问题，导致安全风险突出的管理问题成为重大隐患，对触及法律红线和严重违规的承包商队伍和人员严格清退，纳入“黑名单”管理。

2.1.4　抓好消防应急管理

重点排查生产经营和作业场所配套消防设施、办公楼、职工餐厅人员密集场所消防应急设施安全管理情况，对消防设施完整性、专职消防队伍和应急人员配置、消防安全设施更新、火灾监测预警和消防联动报警、消防应急演练、构建筑物安全、车辆动态监控和驾驶人员规范行车等系统性问题进行排查治理。

2.1.5　严格危险化学品安全风险受控管理

对照国家及行业标准系统排查梳理炼化危险化学品生产经营过程中不符合标准规范和管理要求的重大安全隐患。突出排查炼化工艺装置运行管理、带压带料检修等重点生产作业，突出排查油气和危险化学品罐区、危险化学品仓库、危险化学品实验室等重点场所；加强防雷防静电检测和三级防控体系评估，严防雷击和泄漏事件；加强泄漏风险管控、腐蚀监测、工艺联锁与紧急切断、高低压隔离与小接管、装置设施带“病”运行监测、防火间距和安全距离等方面的符合性排查；排查安全生产承诺公告、危化品安全风险监测预警系统应用、双重预防数字化建设情况；对严重问题纳入重大隐患清单，制定整治方案。

2.1.6　狠抓重大危险源的风险管控，落实生产安全管理措施

建立完善重大危险源安全管理规章制度和安全操作规程，并采取有效措施保证其执行，对辨识确认的重大危险源及时、逐项进行登记建档；对重大危险源的检查，严格按照标准逐一检查，对偷懒漏查的工作人员给予严格处罚和严肃教育；建立健全重大危险源设备设施的安全操作规程，对操作员工进行特定培训。四是危险化学品重大危险源现场应当设置明显的安全警示标志，同时建立健全安全监控区，重点监督可能发生重度危险事故的区域，同时对其他生产装置的监控也应当是全天候的。

2.2 建立健全应急管理体系，进一步提升应急管理水平

全面落实国家“一案三制”应急管理体系要求，扎实开展组织建设、预案建设、制度规范、保障能力以及科技支撑为一体的全方位应急管理体系建设。企业应建立健全应急组织体系，建立应急准备与响应组织机构和管理制度，明确相关单位和人员的职责、指挥和运行机制，按管理层次分别成立企业、车间两级应急领导小组，负责对各类突发事件应急统一决策和指挥。落实防汛救灾主体责任，形成“统一指挥、分级负责、快速反应、科学施救”的防汛救灾指挥调度机制。科学研判风险，加强与地方气象、水文等部门联系，提升灾害监测预报预警能力。

2.2.1 修订完善应急预案体系

及时对应急预案体系动态修订，坚持“科学、实用、简明、易行”原则，突出“统一、规范、可操作”管理方针，形成综合预案、专项预案、现场应急处置方案、应急操作卡；建立“纵向到底、横向到边”的预案体系。一是综合应急预案是应急管理的总纲，也对企业应急管理体系建设起到统领和指导作用，重点突出应急工作的原则，以及应急工作职责、任务分工等管理要求。同时，考虑炼化企业应对的各类突发事件，内容应全面，管理界面应清晰，工作流程应清楚明了。二是现场应急处置方案是针对重大危险源、关键生产装置、要害部位及场所，根据发生的突发事件编制处置、响应、救援等具体预案。三是针对具体高中度风险，具体位置、设备、风险类型编制岗位应急操作卡，达到内容简明、易记、可操作，作为指导作业现场、岗位操作人员进行应急处置的规定动作。

2.2.2 建立运转高效的安全生产联动机制

按照风险将应急管理工作思路聚焦在企业应急能力提升上，特别是应急准备能力建设方面，以应急准备为主、应急准备与应急救援相结合的原则，建立健全集中统一、坚强有力的组织指挥机构，主要包括：指挥调度系统、处置实施系统、资源保障系统、信息管理系统、决策辅助系统和应急处置专业队伍、专家队伍，发挥国家的政治优势和组织优势，形成强大的地企联动机制。

结合自身实际风险，对应急管理体制机制进行评估，全面系统梳理企业应急管理体系，不断理顺管理体制，完善运行机制，妥善处理和衔接好“预防”与“救援”的关系。并落实企业及属地单位安全生产应急主体责任和主要负责人的安全生产应急管理第一责任人责任，建立统一领导、分类管理、分级负责、属地为主、相关方协调联动的管理体制。应急管理工作按照企业协调、专业部门归口、属地负责的模式，建立统一指挥、分工负责、部门联动、协调有序、反应灵敏、运转高效的应急工作机制，积极推进与当地政府的应急处置、抢险机构和建立互助联动机制。

随着企业不断发展，面对的风险也在不断变化，要做好应急管理工作唯有结合自身实际控制风险，做好预防和准备工作，从大量事故教训和应急案例分析来看，企业应急管理措施：一是加强预案管理，即结合企业风险做好应急预案的编制评估及演练培训工作。二是强化组织体系保证，通过职责划分、流程梳理和任务分级，应急演练，特别是按照应急指挥体系设立和训练现场指挥部，以避免出现管理体制不健全、运行机制不顺畅等组织缺陷。三是健全应急管理制度，落实应急责任制，通过培训、检查及演练等方式进行应急能力考核，形成自我约束和持续改进的应急管理运行模式。

2.2.3 通过事故反思吸取教训举一反三强化管理

2003 年“12・23 重庆开县井喷事故”、2005 年“11・13 松花江水体环境污染事故”。一

度给企业带来了严重的负面影响，惨痛经历暴露出企业安全生产工作中的薄弱环节，对事故危害程度认识不到位、第一时间响应不够、丧失了有利的处置时机导致事故扩大，体现了主管领导危机意识的薄弱，应急职责不清晰、应急响应程序不完善、应急措施不到位。

2.3 强化应急准备工作，筑牢生产安全最后一道防线

企业开展应急预案培训计划性、分层次全员性，针对性和演练，提高全员的安全生产应急意识能力。通过广播、电视、互联网、手机短信等媒体，以视频、图片、文字等多种形式生动形象、快速高效地进行应急知识培训。设立宣传栏、展板、LED 电子屏，发放应急手册、拍摄应急公益广告和应急知识短片，举办应急知识、技术展览和应急知识竞赛等，不断提高各级员工的应急意识。

一是领导干部要增强应急管理意识，掌握相关应急预案，提高事故管理、应急处置和应急指挥决策能力。二是管理人员应急管理全流程培训，包括应急预防与准备、监测与预警、处置与救援、恢复与重建整个应急管理流程，掌握各类安全生产应急预案和相关法律法规及应急救援技能，提高应急管理水平。三是其他管理人员培训事故防范意识、部门内及部门间的协同、互动与沟通，提高安全生产应急管理和重大事故应急处置能力。四是生产安全救援队伍熟悉应急预案和事故发生的特点，熟练掌握事故隐患辨识和事故救援技能，具备系统化的应急专业技能，提高实施救援和协同处置的能力。五是岗位员工应急培训岗位危险因素分析，危险源和隐患辨识和事故应急救援技能，具备系统化的应急专业技能。提高有毒有害危化品物质泄漏应急处置的安全意识、防护意识，个人防护、警戒疏散、应急处置，防止事故扩大。六是关注危化品及有毒有害物料泄漏对环境的污染，依法合规处置泄漏物质，杜绝大气、水质和土壤污染。七是日常演练必须结合岗位实际扎实有效开展。确保每个人遇到突发事件都能第一时间正确处置，为企业安全生产提供坚实屏障。八是每周开展一次演练，把演练当成实战，出现问题及时解决，提高员工真正事故发生及时灵活应急水平。九是落实企业员工掌握应急疏散通道、受伤员工的救助注意事项及危险因素避险方案、应急操作卡、报警程序等内容。十是检查稳高压系统、消防设施、气防设备及用品、各类报警装置、应急物资是否完好备用，消防力量是否足够且处于备战状态，应急联动机制完备。

2.4 突出重点，从源头实现生产本质安全

企业风险管理是应急管理的前提和基础，贯穿于应急管理始终。通过风险识别、分析与评估，风险控制，确定需要考虑的危险与紧急状况及应急管理对象。开展应急能力评估，应急资源需求分析，为应急预案的编制、应急准备和应急响应系统提供信息资料。运用新设备、新技术、新工艺，加快老化管道和设施的隐患排查整治，从源头减少或消除事件发生的诱因。全面推行“一企一策”智能化方案，加强物联网、大数据、人工智能等信息技术在企业应急中的应用。

2.5 构建现代化科技应急管理体系

打造应急指挥、应急通信、工业视频、应急地图、灾害预警、信息系统“六张网”。将难于接近、直接观测不到的装置设施或介质等用现代化技术手段模拟和计算事件发展规律趋势，建立事件演化模型，有利于开展有针对性的应急准备。突发险情后立即开展事件演化分析，提早研判应急响应，把事故事件消灭在萌芽状态，提高企业应急管理智能化水平。

3 结语

在安全设备设施完好且有效的防范事故发生的情况下，对炼化企业重大危险源采取了安

全技术管理措施；建立了安全管理规章制度和安全操作规程，并不断健全和完善应急体系，健全了突发事件应急预案，细化应急职责、应急救援机构、抢险救援队伍，配备必要防护和救援器材、物资。本文作者充分分析炼化企业生产事故成因的基础上，结合炼化企业产品的物理和化学特性，提出了应对炼化企业生产安全事故预案体系，预警管理，职工安全意识，应急知识培训教育、应急预案演练、应急物资储备等，为进一步提升事故应急救援管理打下基础。

参 考 文 献

[1] 程荣. 石油天然气安全事故应急管理策略分析[J]. 中国石油和化工标准与质量，2022，42(02)：69-70.

[2] 邹建辉. 应急管理理念下的石油天然气安全管理[J]. 化工管理，2021(02)：139-140.

[3] 冯阳. 对石油天然气安全事故应急管理的办法分析[J]. 石化技术，2019，26(07)：335+337.

【作者简介】何鸿娥，女，庆阳石化公司质量健康安全环保部，安全环保工程师，电话：15213895092，邮箱：hhe_qysh@ petrochina. com. cn。

多通讯技术下的网络管理平台研究及应用

吴　东　李冬林　陈亚颐　许湘燚　谢亚莉　戴　静

（准东采油厂信息管理（自动化中控）站）

摘　要：随着物联网时代的到来，油田物联网设备大幅度增加，由于油田地域广、各作业区分散、需求多样等特点，因此油田通讯网根据不同区块的不同要求，采用了多样性的组网方式来满足不同场景的需求。目前油田应用的通讯技术包括光传输、路由交换、LORA、卫星通讯、数传电台、无线网桥、NB-LOT、3G/4G/5G等，各种通讯技术具有不同特点，针对于油田不同的地域、地形，采用了不同技术进行组合的方式来实现油田数据传输。因此，探索新的网络管理模式，确保网络建设适应于不断提高的智能油田建设发展需要，提高网络高效运维和管理水平成为亟待研究的技术课题。

关键词：多通信技术；物联网；网络管理平台；网络安全；系统安全

1　油田面临的问题

准东油田所辖油区大多处于戈壁、沙漠地带，存在管理难度大，管理成本高的问题。随着油田智能化建设发展速度越来越快，油田生产逐渐呈现出数字化、智能化的趋势。油田的生产过程包含采油、注水、储运等，在油田生产过程中会产生大量的数据信息，这些数据信息覆盖面积广，数量也十分庞大，及时、准确的采集油田生产数据是油田物联网正常运行的重要保证。准东油田物联网建设根据实际情况，采用多通讯技术，能够实现核心机房、作业区汇聚机房、端点设备到油气水单井及计量站的全覆盖。如何解决多应用场景、多通讯技术下的网络管理成为整个管理环节中的关键，因此加强对网络管理平台建设，能够提高数据传输质量能够加快油田智能化发展，为油田创造更多的经济效益。

2　网络管理平台研究的内容及达到的效果

油田信息部门针对多通讯技术下的网络管理平台的研究与应用这一研究课题，通过多通信技术研究，建设针对多技术、多应用场景的网络管理平台，实现了物联网前端计量站、井场无线网络设备的运维管理，实现对作业区网桥设备、LORA 网关的拓扑管理、分层管理；在厂级生产指挥中心实现对全网的分级、分层监控，网络故障统计、预警等功能，主要研究内容包括：

（1）多设备、多技术应用的统筹管理，实现设备分层、分级、分类化管理，建立统一的监控模式；

（2）各类设备 MIB 库的编译、浏览及管理，对关键设备实现可视化管理；SYSlog 的查询、统计的应用；

（3）挖掘有线、无线设备的 QOS 功能，实现工控流、视频流的精细管控，实现数据流的优先级处理；利用 NETFLOW 技术，实现关键链路段的异常流量阈值管理，实现链路预警；

(4) 利用网管技术和工具实现网内有线及无线设备的性能管理，实现对关键设备的 CPU、MEM、接口及端口信息及配置、安全认证等管理，实现设备统一管理及预警；

(5) 综合利用传输网管系统、SNMP 网管系统、无线网桥网管系统快速定位网络故障点，提高故障处理响应速度，缩短故障处理时间，确保井、站采集数据上传过程中的准确性、可靠性。

建设油田网络管理系统平台，需要充分考虑油田网络的典型性网络设备和架构，油田网络的主要网络故障发现和判定规则，油田网络的运维支撑特点等因素；网络管理平台要能够实现对不同厂家、不同类型、不同地域的路由器、交换机以及油田网络特定设备(网桥、网关等设备)进行集中监控、集中维护、集中管理。通过调研与使用部门和人员沟通具体需求，结合标准网管监控软件功能设置，构建适合网络管理人员真实需要的网管平台软件系统，实现报表功能，提高网络综合运维水平。通过本项目的研究与应用，达到了以下效果：

(1) 实现无线、有线网络设备融合管理；对物联网网络流量进行监测控制，有效规划数据传输优先级；

(2) 网桥配置软件嵌入网管平台，简化优化操作，统一管理。使用网络管理平台管理的无线网络设备数量提升至 70%；

(3) 实现对无线设备进行远程配置及安全管理，实现了实时监测报警；

(4) 通过网络综合监控管理系统快速定位故障点，缩短故障处理时间；

(5) 实现可视化分级分层分类管控；

(6) 实现对无线网络设备的自动发现及设备信息自动获取存储。

3 油田网络管理平台设计思路

3.1 平台总体架构设计

系统应采用适配层、网管监控层、应用层三层架构模式，适配层采用底层采集引擎，实现对现场网络设备自动发现，网络设备信息采集及控制，并同步实现网络设备基础信息的存储与备份；网管监控层实现设备存活自动监控、网络流量/性能监控、设备端口状态监控、实现网络拓扑管理和网络质量监控，同时提供告警配置管理、各类数据统计分析报表功能；系统最上层为用户提供友好的功能操作界面，通过便捷操作实现后台管理，可灵活实现移动终端管理。

平台实现节点管理、配置管理、端口管理、网络设备管理、流量监控、网络质量监控、监控任务自动分发等功能，可灵活扩展升级，为网络服务监测、多地系统主动/被动检查监测，数据差异检查同步、LORA 网关对接、数据修正管理、服务器管理、设备配置管理等多种功能模块提供开发接口。

3.2 平台网络架构

系统部署在物理服务器上，为长期可靠运行考虑，采用冗余服务器的高可靠架构，核心功能服务器(监控数据存储和功能核心服务器，部署有数据库、管理站点、数据集中存储和分析等功能)采用双服务器+共用存储构建成双机热备架构；网管采集服务器实现对常规网络设备的 Snmp 数据采集；网桥控制对接服务器实现网桥设备的对接、数据采集和控制。平台网络架构如图 1 所示。

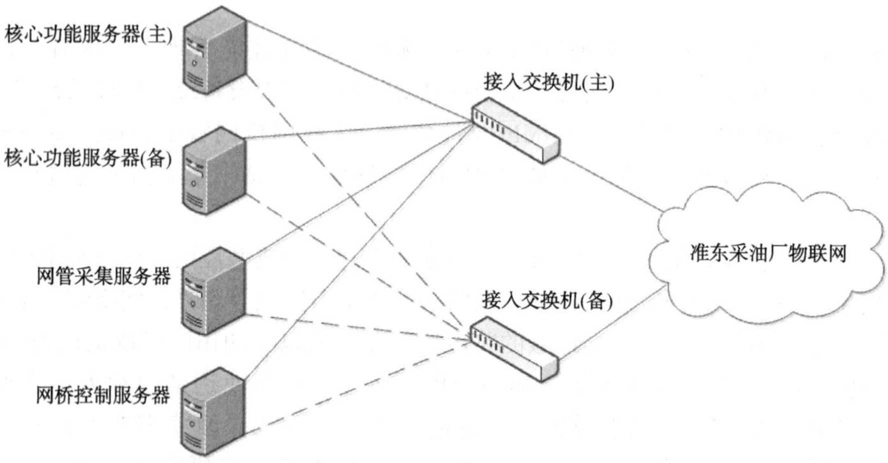

图 1 平台网络架构图

3.3 平台功能架构

具体来说，开发的网络管理平台应具备如下能力：

(1) 对可网管网络设备(包括交换机、路由器和典型的网络服务)进行集中的在线存活监控(通过 PING、Snmp 响应存活测试)和告警。

(2) 对可网管网络设备(包括交换机、路由器)进行集中的性能和管理。包括网络设备的基础信息，端口、端口属性、端口状态、端口带宽、端口流入流出流量等。

(3) 支持网络拓扑功能，具备分层管理，中继电路和设备故障图示，告警传递，设备性能查看，设备端口状况实时查看，设备端口流量时序图等。

(4) 具备汇总监控能力，可以实现自定义任意数量的汇总，自动汇聚时序图，自动刷新等功能。

(5) 具备故障发现和告警，包括设备存活告警、性能阈值告警、端口状态告警、端口流量阈值告警、端口带宽占用阈值告警、网络质量告警以及网桥设备存活\指定参数阈值等针对性故障发现告警等类型的故障告警和管理，实现拓扑声光告警，邮件告警手段。

(6) 具备多种基础统计报表和通过定制实现一定针对性分析报表的功能。

3.4 平台安全管理

平台的安全性包括服务器的安全性、网络的安全性、系统安全性及安全制度四个方面。

(1) 服务器的安全：服务器严格限制安装软件，仅安装系统运行必须的内核模块和应用软件，禁止安装任何无关软件，禁止系统运行任何无关后台服务，不得借用服务器做系统无关服务。严格设置 OS 防火墙，仅对指定网络开放端口，并对常用端口号做变更。严格保护操作系统账号。定期、不定期(发布严重安全漏洞补丁时)安装系统补丁(离线安装)。定期检查系统安全策略，登录日志，发现异常及时处理。应用服务器安全：防火墙对客户端子网开放 web 端口。服务器子网网卡不配置网关。对于采集服务器安全：防火墙对应用服务器开放数据访问端口，对受控网络开放 trap 和 syslog 接收端口；在数据库服务器安全方面，防火墙对应用服务器和采集服务器开放数据库端口，数据库避免使用默认端口，最好改用其他端口号。敏感数据采用加密存储。

(2) 网络安全性：工控网负责全厂重要的生产控制和数据采集传输，因此需要高度的安全性、稳定性和保密性。目前工控网络都已经接入油田局域网，生产数据通过局域网进行传输，工控网和办公网之间存在数据传输和交换。当有生产数据向办公网传送，在接收和应答来自办公网的请求时，这个过程可能会受到外部的病毒入侵。如受到网络攻击，就存在一定边界安全隐患，对工控网的安全性带来威胁，因此有必要在办公网和工控网之间部署安全措施。整个平台通过划分单独子网(VLAN)加强自身安全，通过对网络设备采用VLAN物理隔离、逻辑隔离的方式，以及架设防火墙等措施有效的防止病毒威胁，确保采油厂工控网的绝对安全。按照统一的技术措施安排，分步实现工控网与办公网、视频网的物理隔离。从底层设备、线路完全物理隔离，并且部署网闸，实现了三网隔离，确保三网的网络安全。平台建设中要求采集服务器既要连接网管服务器子网，又要连接受控网络，受控网络需要设置访问列表，限制采集服务器的访问权限，仅对采集服务器开放特定端口。

(3) 系统安全性：系统平台采用私有网络互连保证系统间数据传输安全，用户只能访问应用服务器，数据库服务器和采集服务器对用户不可见。通过对登录网络设备、安全设备的用户进行身份鉴别及权限控制，只允许相关管理及维护人员等登录设备，保持服务器的环境相对简单。对油田网中的安全设备或安全组件进行统一管理，建立一条安全的信息传输路径，实现策略集中配置下发，收集汇总分散在各个安全设备上的审计数据进行集中分析。该平台需具备日志审计、安全运维、准入控制等功能：采集工控网络中的网络设备、上位主机、操作系统、数据库系统、用户业务系统、安全设备的日志、警报等信息进行汇集存储，关联分析，实现全网综合安全审计；对应用服务器、网络设备、数据库等设备的本地操作和工控网内部远程运维进行身份认证、资源授权及操作审计；只允许合法的、值得信任的端点设备接入网络，而不允许其他设备接入。对于登录网络安全设备采用强制进行加密方式，同时使用安全审计、建立分层管理等措施。在部署安全管理系统的过程中，根据实际情况封闭闲置或有潜在风险端口，防止黑客攻击端口，并且屏蔽有扫描症状的端口，在黑客攻击之前进行防范。

(4) 安全管理制度：安全管理制度是平台安全的最基本保障。制定合理安全管理制度，确保制度能严格执行。对于网络设备的管理，网络管理平台应针对系统变更、重要操作、物理访问和系统接入等事项建立审批程序，按照审批程序执行审批过程，对重要活动建立逐级审批制度；并且制定安全审核和安全检查制度规范安全审核和安全检查工作，定期按照程序进行安全审核和安全检查活动，确保网络设备的安全。

4 结语

通过探索油田物联网多传输技术应用场景下一体化的网络管理模式，积累了油田物联网网络管理经验；建立了多通讯技术网络管理机制。通过对多网络管理技术、多网络管理协议工作机制的探索，逐步完善现有网络管理的不足，做到设备、线路预警和提前干预，降低设备、线路故障率。通过网络管理平台的研究与应用，提高网络管理效率，降低网络运营成本，提升准东物联网油气生产数据收发的可靠性，保证了油田网络安全、稳定的运行。

参 考 文 献

[1] 王逸飞，杨欣欣，李慧颖，王美，于示. 油田工业物联网设备全生命周期一体化智能管理技术研究[J]. 智能制造，2021(S1)：224-226.

[2] 叶林佶，郭刚，杨超，唐萍峰，周娟．工业互联网平台安全应用实践研究[J]．信息安全与通信保密，2022(09)：28-36.

【作者简介】吴东，男，新疆油田公司准东采油厂信息管理站高级工程师，主要研究计算机系统及网络安全等方面。电话：15899091631，邮箱：wudong@ petrochina. com. cn。

浮顶罐泡沫堰板高度对密封圈火灾的影响及对策

杜　鹏　郭亚冰　张正伟

（中国石油新疆油田分公司质量安全环保处）

摘　要：储罐建成投入使用后，主要用来盛装各类油品，浮顶罐储量大，主要通过一次机械密封和二次密封圈，减少油品的蒸发损耗。储罐具有较高的火灾危险性，发生火灾扑救难度大，通过在设计阶段为其配置固定泡沫灭火系统和冷却水系统，有利于扑救初期火灾和控制火势。外浮顶罐按照其结构特点，通常发生火灾的部位为二次密封圈部位，本文主要通过在储罐泡沫灭火系统泡沫喷射验收中，发现泡沫混合液通过泡沫产生器发泡后，在泡沫堰板环形区域内不断堆积至泡沫堰板顶部后，泡沫通过堰板进入罐顶，未覆盖至二次密封的高度，无法扑灭外浮顶罐厂常见的密封圈火灾，查找出泡沫堰板高度不足是导致灭火失败的直接原因。通过两种不同高度计算覆盖二次密封圈的时间，分析了泡沫堰板高度不足对扑救外浮顶储罐火灾的影响，并提出相应的对策。

关键词：浮顶罐；泡沫灭火系统；泡沫堰板；二次密封

随着国家能源需求逐步增加，大型储罐在石油化工行业迅速发展，外浮顶油罐经常适用于油库、储备库及转油泵站，为了提高储油安全性，减少蒸发损耗，储量大于 $5\times10^4m^3$ 一般均使用外浮顶形式。浮顶罐发生火灾具有温度高、辐射热强、易形成大面积火灾的特点，如果不及时利用消防设施控制火势，一旦发生爆炸或者沸溢喷溅，一是造成原油向罐外大量泄漏，进而发生油罐区大面积的火灾，严重影响邻近油罐和生产设施的安全；二是短时间内使罐壁迅速升温，罐壁失去支撑能力，可能出现储罐倒塌危险；三是高温和热辐射会破坏消防设施，也会对泡沫覆盖灭火造成影响。

例如：2007 年 5 月 24 日某油库外浮顶油罐由雷击起火，二次密封烧毁长度为 12. 2m，开裂最大宽度为 22cm，一次密封烧毁长度为 18m，整个着火面积达 15. $3m^2$。见图 1。

图 1　外浮顶罐及密封圈火灾

按照国家相关规范要求，在储罐固定消防系统建成投用之前，要进行调试验收，通过实地喷射泡沫，从泡沫混合液送达最不利点泡沫产生器的时间，以及泡沫发泡堆积覆盖罐顶着火的密封圈的情况，检验固定泡沫灭火系统工作性能是否完好有效，对于油罐的安全运行提供了良好的消防安全保障，利用消防系统验收阶段进行喷射试验，及时发现存在的问题是系统工程验收最重要的环节之一，对储罐的安全生产具有重要意义。

1 浮顶罐及其泡沫灭火系统概述

1.1 储罐结构特点

浮顶罐浮盘的外边缘与罐壁板之间有环形间隙，此间隙是浮盘上下运行的必备空间，也是储罐最危险部位，是散发油气的主要渠道，通常使用密封装置对间隙进行密封，通常由一次密封和二次密封组成，以减少油品的蒸发损失。储罐还有浮顶排水系统、限位导向管、罐壁加强圈、抗风圈、盘梯、浮顶转动扶梯、静电导出连线、刮蜡机构、泡沫堰板等，此外，储罐内部设有旋转喷射搅拌设施，浮顶设有自动通气阀、人孔、采样口等。

1.2 泡沫灭火系统概述

储罐泡沫灭火系统一般由泡沫消防泵、泡沫液储罐、泡沫比例混合器(装置)、泡沫产生装置、控制阀门及管道组成，如图 2 所示。

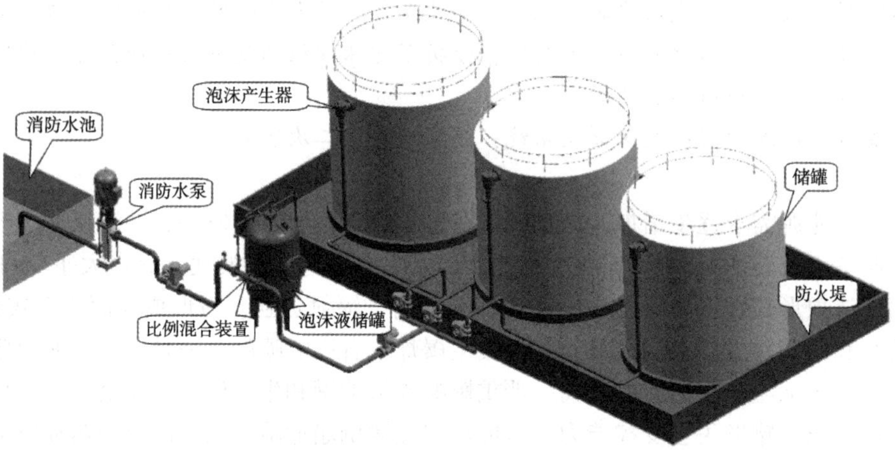

图 2　泡沫灭火系统组成示意

1.3 储罐泡沫灭火系统的工作原理

储罐发生火灾后，启动泡沫水泵，将水送达泡沫比例混合装置，通过比例混合装置与泡沫液混合，形成一定比例的泡沫混合液，通过管网送达储罐顶部泡沫产生器，泡沫产生器进行发泡，将形成的泡沫群送入罐内，覆盖储罐二次密封环形区域，形成灭火。固定式低倍数泡沫灭火系统灭火示意见图 3。

储罐泡沫灭火系统的作用：一是在原油表面覆盖一定厚度的泡沫层，是燃烧液体表面与空气隔绝；二是泡沫堆积覆盖原油表面，阻隔火焰的辐射热，阻止原油受热的油气挥发；三是由于形成的泡沫中 94% 以上的水，在蒸发的过程中吸收大量的热，起到冷却储罐温度作用；四是泡沫受热产生水蒸气可以稀释原油罐内液体表面空气浓度减少助燃物的量。

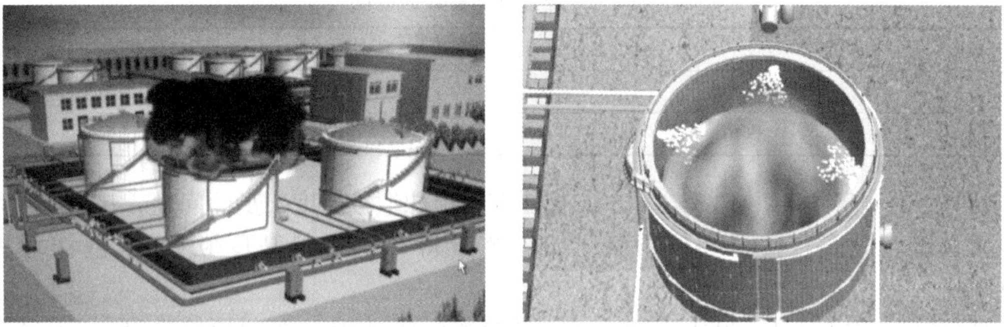

图 3　泡沫灭火系统灭火示意

2　泡沫灭火系统泡沫喷射验收(图 4)

2.1　实施验收及数据记录

对于外浮顶罐来说，泡沫产生器设置在罐壁顶部，不论浮船上下移动，都不会对泡沫产生器产生影响，由于外浮顶罐浮盘有雨排装置，可以直接对泡沫灭火系统进行喷射试验，通过在罐顶观察发泡和覆盖泡沫堰板与二次密封环形区域的情况，来验收系统工作性能。

图 4　泡沫灭火系统现场泡沫喷射验收

对 2 座 $5\times10^4m^3$ 外浮顶罐泡沫灭火系统验收过程中的数据进行记录，如表 1 所示。

表 1　外浮顶罐泡沫灭火系统发泡情况

验收编号	容积/m^3	最不利点喷射时间	覆盖二次密封区域	发泡情况	备注
1	5×10^4	3′58″	未覆盖	正常	泡沫从堰板顶部进入浮顶
2	5×10^4	4′21″	10′21″	正常	

在对外浮顶罐泡沫灭火系统进行检测时，发现 1 号 $5\times10^4m^3$ 外浮顶罐在 3′58″时，泡沫混合液送达最不利泡沫产生器，发泡正常，按照泡沫灭火系统设计规范要求：固定式泡沫灭火系统的设计应满足在泡沫消防水泵或泡沫混合液泵启动后，将泡沫混合液或泡沫输送到保护对像的时间不大于 5min，满足规范要求。

持续测试 15min 后，仍然未见到泡沫堆积覆盖至二次密封区域，经过现场观察，1 号 $5\times10^4m^3$ 罐喷射至罐内的泡沫不断从泡沫堰板顶部进入浮盘，在浮盘堆积形成泡沫群。

2.2　储罐泡沫堰板高度不足

测量 2 座储罐泡沫堰板高度数据如表 2 所示。

表 2　外浮顶罐测量数据记录

验收编号	容积/m^3	二次密封高度/m	泡沫堰板高度/m	是否存在泡沫流失
1	5×10^4	0.70	0.30	从堰板顶部流失
2	5×10^4	0.75	0.98	未流失

从表 2 的测量结果看，1 号 $5\times10^4m^3$储罐存在泡沫堰板高度不足的问题。其泡沫喷射口均设置在罐壁顶部、密封和挡雨板上方，测量得二次密封高度 0.70m，泡沫堰板高度 0.30m。

现行规范 GB 50151—2021《泡沫灭火系统技术标准》规定，外浮顶储罐的泡沫导流罩应设置在罐壁顶部，其泡沫堰板的设计应符合下列规定：当泡沫喷射口设置在罐壁顶部、密封或挡雨板上方时，泡沫堰板应该高出二次密封部位 0.2m，当泡沫喷射口设置在挡雨板下方时，泡沫堰板应该高出二次密封部位 0.3m。对照上述规范得出结论，泡沫堰板高度至少为 0.9m。见图 5。

图 5　浮顶罐二次密封图

3　堰板高度不足的影响分析

从泡沫喷射验收情况看，1 号 $5\times10^4m^3$罐内泡沫通过泡沫堰板进入浮盘，未堆积覆盖到二次密封部位。由于浮顶罐二次密封处容易形成油气混合气体，在储罐进出油期间，遇到静电、雷电、火花极易引发火灾，如果泡沫堰板存在问题，在火灾情况下，泡沫堆积高度无法达到二次密封部位，除非泡沫覆盖整个浮船，将需要大量的泡沫液，尤其是对于 $5\times10^4m^3$和 $10\times10^4m^3$的大型储罐，直径可达 60m 和 80m，固定泡沫系统泡沫储备量根本无法满足灭火要求。

以 $5\times10^4m^3$外浮顶罐为例，选用混合比为 6%型的泡沫液，发泡倍数为 6，储罐直径 60m，罐壁顶部设有 8 个 PC-8 横式泡沫产生器，泡沫堰板与罐壁的距离 1.25m。

（1）正常情况下，泡沫堰板能够阻止泡沫流入罐顶，只需覆盖二次密封部位，所需泡沫液量和覆盖时间为：

储罐截面积：

$$S_1=\pi R^2=3.14\times30^2=2826(m^2)$$

泡沫堰板内截面积：

$$S_2=\pi r^2=3.14\times28.75^2=2595.41(m^2)$$

二次密封内环形空间体积：

$$V_1=(S_1-S_2)h_1=(2826-2595.41)\times0.7=161.41(m^3)$$

灭火需要泡沫液：

$$V_1\times0.06=161.41\times0.06=9.69(m^3)$$

8 个泡沫产生器能够产生泡沫体积为：

$$V=8L/s\times6\times8=384L/s=0.384m^3/s$$

所需时间为：

$$T_1=\frac{V_1}{V}=\frac{161.41}{0.384}=420.34(s)=7'01''$$

（2）泡沫堰板高度不足的情况下，泡沫堆积后通过堰板顶部进入浮盘，需要覆盖整个罐顶浮船，所需泡沫液量和覆盖时间为：

灭火需要覆盖体积：

$$V_2=S_1h_1=2826\times0.7=1978.2(m^3)$$

灭火需要泡沫液：

$$V_3\times0.06=1978.2\times0.06=118.69(m^3)$$

所需时间为：

$$T_2=\frac{V_2}{V}=\frac{1978.2}{0.384}=5151.56(s)=1.43h$$

由上述量化分析可以看出：在泡沫堰板高度不满足规范要求的情况下，扑救一座 $5\times10^4m^3$ 储罐需要消耗泡沫液量 $118.69m^3$，与正常情况下的 $9.69m^3$ 相比，额外消耗 $109m^3$，泡沫喷射时间大于理论计算标准时间为 1h 19′。

4 应对措施

（1）停止储罐收发油品作业，将罐内油品外输或者转存至其他储罐，将浮盘位置降至最低。对罐内进行彻底清扫，打开人孔，进行空气置换，进行检维修作业，将泡沫堰板高度增加至 0.9m，动火期间做好可燃气体浓度监测和消防措施落实。

（2）利用现有监控手段实时监控储罐运液位，加大巡检频次。

（3）利用感温报警或液位监控系统，及时掌控储罐运行情况。

（4）发生火灾后，利用移动消防设施或罐顶消火栓或二分水器针对二次密封着火点进行普及，防止火势扩大。

（5）增加泡沫液储备量，确保能够连续供给时间大于 1h 19′。

5 结论和展望

本文针对外浮顶罐泡沫灭火系统泡沫产生器设置特点，在外浮顶罐运行过程中，不论浮船上下移动，都不会对储罐和泡沫产生器造成影响；另外，泡沫喷射后可以通过泡沫堰板排水孔和浮盘的雨排装置进行排空。对两座 $5\times10^4m^3$ 外浮顶储罐泡沫灭火系统喷射验收，发现泡沫堰板设置高度过低的问题，导致泡沫通过堰板顶部流失，泡沫堰板的设置对泡沫堆积覆盖二次密封的时间有重要影响，对容积 $5\times10^4m^3$ 储罐二次密封高度 0.7m，泡沫堰板高度为 0.3m 的情况下分析，需要延长泡沫喷射时间 1h 19′，消耗泡沫液量 $109m^3$，建议增加泡沫储备量。

参考文献

[1] 石守文. 泡沫灭火系统的施工、验收及维护管理[J]. 消防技术与产品信息，1998(S1)：296-327.

[2] 石中玉，孟甜. 大型浮顶原油储罐消防系统的设计与运行管理[J]. 油气田地面工程，2009，28(05)：40.

[3] 刘永斌. 油品储罐火灾爆炸事故分析与防范[J]. 石油化工安全环保技术，2011，27(4)：1-5.

[4] GB 50183—2004，石油天然气工程设计防火规范[S].

[5] 郎需庆，陶彬，张玉平，张卫华，牟善军. 成品油油库消防系统可靠性检测与评估研究[J]. 消防技术与产品信息，2014(09)：13-15.

[6] 聂世全. 油罐泡沫灭火系统和冷却水系统综合性能检测的方法与步骤[J]. 石油库与加油站，2005，14(02)：22-24.

如何提升企业专职消防队应急救援能力

殷基平

（中国石油独山子石化分公司）

摘　要：为进一步提升企业专职消防队应急救援处置能力，紧紧围绕灭火救援中心任务，以“拉得出、上得去、打得赢”为目标，聚焦队伍“指挥能力、战斗能力”提升，提高各级指挥员指挥能力以及指战员消防战斗力。

关键词：消防队；应急指挥能力；消防战斗能力

1　全面落实企业专职消防队消防业务“两个能力”提升的要求，进一步提升各级指挥员指挥能力，进而提升支队消防应急救援处置能力

1.1　强化指挥员培训管理

严格按照消防指挥员培训计划分层级组织落实，每季度进行考核验证，全年覆盖两个层级，并根据考核情况进行打分排序，讲评总结，明确具体的提升部位。支队机关指挥员的个人防护训练和体能训练由支队专业主管领导组织；消防基础理论、决策指挥、灭火救援技战术学习与研究等内容，应采用集中培训与自学相结合，外请教授与轮流授课相结合，学习与研讨相结合等多种方式，按计划进行业务知识学习培训。基层大队指挥员的个人防护训练和体能训练，与本大队消防员同步进行。消防基础理论、灭火救援技战术学习与研究、执勤战斗预案制作、组训能力、指挥能力以及装备器材的操作与使用等专业训练，应在支队集中培训的基础上，以自学为主，支队每月进行检查验证。

每月按照学习计划下发厂区重点单位、关键装置和罐区的“六熟悉”内容和常见危险化学品理化性和消防应急处置方式的学习内容，各部室、消防基层站队认真学习，积极到现场踏勘、复核厂区重点单位、关键装置和罐区的基本情况。

每季度组织开展各类举高车和特种车辆在灭火救援现场应用操作培训，主要针对车辆的基本性能、适用环境、注意事项、应急操作及场所要求等方面开展培训。

1.2　多种形式开展合成演练

按照“一切面向实战、一切为了实战”的原则，每月组织开展桌面模拟演练、导演式演练、“四不两直”抽查演练等有竞争性的应急演练，各层级指挥员指定人员参加，让各层级指挥员在装置区域，复杂环境下练指挥、练战法、练协同、练保障；同时检验各层级指挥员应急指挥及履职情况，检验各级指挥员对灭火战斗预案的熟悉程度，检验基层指挥员对灭火战术运用及车辆部署情况的合理性。根据演练指挥情况进行量化评比打分，并作为指挥员季度考核内容之一。

以支队为单位，每月组织开展多个基层队参加的联合灭火救援演练，提高大队整体战术措施的运用能力、基层队之间的协调配合能力以及指挥员的科学指挥、协调和决策能力。

根据历年来全国、行业及公司内部发生的火灾案例，每季度设置战术研讨课题，开展火

灾处置原则、战术部署、处置难点、部防重点以及具体处置措施等方面的讨论，针对战术研讨的成果及时组织演练进行验证，查找不足，固化成果。

1.3 建立指挥员轮训机制

以提升机关指挥员的初战指挥能力和基层指挥员的专业管理能力为目的，每季度安排一名战训干部与基层大队战训员进行对调，相互接管对方工作，各自履行好岗位职责，认真完成上级交办的工作任务。或将作战经验缺乏的干部安排到接、出警任务相对较重的大队，也可以派遣他们到战训岗位上进行锻炼，以上方式有利于增强初战指挥员群体的实战能力、经验。待轮训期满后轮训人员撰写心得体会，根据轮训人员日常表现进行评价打分。

根据《中国石油天然气股份有限公司消防安全管理办法》指挥员每年的脱产培训不应少于40学时，采取脱产集训的方式，落实结业考核，每季度组建集中培训班，各部室、站队选派1~2名指挥员参加，并聘请行业专家或教授进行授课(8h)。集训班主要组织开展体能、火灾扑救指挥、责任区熟悉、预案编制、组训能力及火灾扑救应用计算等方面的训练，培养指挥员的战略思维、心理素质及全局观念，促使指挥员快速掌握现场组织指挥的层次、程序、原则和方法，掌握作战行动保障的内容，掌握决策形成的过程和要素，能准确判断作战的重点和关键因素，把握关键环节，确定作战行动意图，提升应急指挥能力。

各部室、站队成立消防业务学习小组，以竞赛的形式开展消防业务知识学习大比拼，每月定期组织开展活动，学习讨论消防业务知识。各学习小组可以从消防业务管理、通讯保障、装备管理、车辆管理及现场应用、思想政治教育、业务训练模式、应急处置策略等方面研究讨论，如何提升消防应急处置能力，认真分析调研，从点到面的影响程度，形成完整可行管理措施。

1.4 加强指挥员考评与考核力度

以日常考评和季度考评工作开展情况为依据，不断完善对消防指挥员的考评标准，重点关注模拟实战、初战处置程序、应急演练、应急指挥等方面的考核成绩。按照等级来制定考核科目，利用分层、分级的考评制度，把消防应急指挥能力的考核与评定情况与职务晋升选拔有机结合，给予政策和待遇方面的倾斜。

2 紧紧围绕灭火救援这个中心任务，树立“练为战”的思想，推进训战一体化建设，提高消防战斗力

消防业务训练必须具有全员参与性、持续性、科学性和标准化的特征，科学安排体能、技能、智能训练比例，形成以体能训练为基础，以科学知识学习为重点，以掌握装备技能使用为根本的训练体系，只有全体指战员严格按照训练大纲参与训练，不断优化操作训练规程，做到战训整齐划一，才能满足战时救援抢险的需要。

2.1 压实训练责任，落实“一把手”工程

落实训练为大队的主责主业，压实责任，要做好典型推树。树立“练与不练不一样”“练好练坏有区别”的支队练兵特色。要建立“胳膊不行得练腿、下肢不行练上肢、病号也要练思想”的意识。对伤病人员大队自行制定替代科目进行训练考核。

严格落实一日生活制度，抓好训练时间，各大队按照月度训练计划，分解周训练计划，扎实开展每项科目训练，训练一项科目考核一项，不能“练了就代表练好了”，大队每月要对训练进行点评、考核。

2.2 打牢业务理论基础，熟练掌握装备器材操作

采取“集体学习、共同提高、以老带新，重点帮助”的方式，从灭火救援的基本理论入手，结合装置区危险部位及介质，对全体指战员开展预案及危化品处置培训，专业干部坚持每周利用一天的时间进行业务理论授课和辖区重点单位情况的“六熟悉”培训，通过多媒体教学，促进了业务理论素质的提高。

强化器材“五知一能”培训，抓好人装结合训练。支队战训承包干部带头讲授器材参数原理，大队按照器材操作规程，坚持每周对各种器材进行操作训练，本着“先理论、后操作，先基础、后运用，先技能、后战术”的训练步骤，针对火场及灾害现场使用器材情况，组织战评会讨论平时训练和实战应用是否有脱节，是否有需要改进的方面，不断总结提高。支队将器材一口清纳入月检中去，通过多种形式多种方法的训练，使全体指战员能熟练地掌握器材装备，达到“知性能、懂原理、会操作、能排除一般故障”的水平，实现人与装备的最佳结合。

2.3 突出实战化训练，提高人员战斗能力

做好“两个支撑”。即预案修订和战斗力量编程调整。一是人装有机结合。注重执勤、训练、灭火的一致性和连贯性，保持平时的值勤状况与战时的灭火状态相一致，平时的训练展开模式与战时的战斗展开模式相一致，持续开展夜间突击接警出动测试，抽查个人防护装备，强化指战员执勤战备。二是反复修订预案。坚持把灭火预案修订与“六熟悉”工作紧密结合，认真修订灭火预案，尤其是对大型机组、关键设备及重点部位，反复修订，反复验证，使灭火预案更加科学实用。三是调整力量编程。结合辖区火灾特点和车辆装备现状，根据人员变化及时调整战斗力量编程，科学合理分工火场战斗任务，加强第一时间处置灾害事故的能力，有效地解决第一出动力量不足造成贻误战机、小火酿大灾的现象。

突出“训练重点”，强化灭火救援战术训练。改变传统的训练场训练模式，重心由单兵科目、班组操号等技能训练向灭火救援战术操法转移，把以装置区域作为灭火救援训练的基础，以模拟演练为依托，探索各类应急处置操法，研究灭火救援战法，规范灭火救援的程序内容、方法、手段及保障。每月设置一项典型设备、特殊介质应急处置科目，情景设置上，通过战斗经历、灭火案例为背景，力求训练贴近实战。

强化进厂实地演练。大队要结合应急预案实地开展装置六熟悉和重点部位的典型火灾扑救以及危化品泄漏处置现场演练，通过专家讲解，全面掌握装置区的危化品处置措施、工艺流程、重点部位等内容，弥补知识空白，努力做到对装置区底数清晰。

完善训练量化管理措施，大力开展比武练兵。落实训练登记、统计、考勤和通报制度，大队每周通报一次训练考核情况，每月开展全员普考，支队每季度组织技能竞赛，开展技能比武，深化训练考核机制，提高专业化水平。将“以赛促学、以赛促练、以赛促干”落到实处，调动全员练兵的积极性和练兵热情，投身练兵活动。

2.4 科学组织体能训练，有效提高指战员身体素质

消防救援队伍体能训练，应该是全方位的综合训练，以提高指战员身体素质为目的，以适应灭火救援任务需求，要的是综合体能素质，不是培养专项运动员，要结合消防救援队伍特点，从源头做起，学习体能训练基本理论，在体能训练基本理论中找路子，掌握体能训练规律，从根本上克服体能训练的盲目性。

行动上的盲目，来源于理论上的不清醒。每个体能训练内容，都有它具体的训练方法和要求，在具体实施过程中，训练能否科学有效，关键在这些训练要求是否落实。比如在双杠臂屈伸训练时，完成的次数和组数，每组的间歇时间，都要严格控制，否则就会降低训练的科学性。组训者可以借助 KEEP APP，组织人员开展针对性的训练。

组织体能训练时，应当合理分组，根据人员身体体能、承受能力的差异性，区分对象层次，进行更有针对性的训练。如在组织训练时，可大致区分为高、中、低三种水平或更多层次，进行分组训练；在受到气候等条件影响时，可进行室内训练，以充分挖掘训练潜力，合理使用训练资源，提高训练的效益。每季度对所有指战员的身体素质进行测试，总结分析在体能训练中存在问题，掌握和应用科学合理的训练方法，拓展消防员体能训练内容，为提高战术技术训练打下了扎实基础。

2.5　求真务实严战评，总结固化打仗经验

坚持小仗讲评、大仗战评，发扬求真务实、较真碰硬的精神，认真开展每一次战评研讨，将前期处置的火灾案例，重新整理，利用现场录像、执法记录仪等视频资料，还原现场，按照现场勘查、程序复盘、提问答疑、经验总结及专家点评的程序，由“闭门思过”向“开门纳谏”转变，通过战评，总结经验，固化战术，真正做到“讲一次，长一智；打一仗，进一步”。

2.6　减轻基层负担，在厘清战斗力标准上下功夫

要找准“落脚点”。必须要牢固确立战斗力这个唯一的根本的标准，按照实战化要求，让人员回归战位、时间回归中心、内容回归实战、质量回归打赢，引导队伍将全部心思向打仗聚焦、各项工作向打仗用劲，确保能随时应战、随时胜战。支队机关要做基层大队的表率，机关各级领导要强化灭火救援“主业”意识，牢固树立战斗力标准的观念，机关各部室各项工作的出发点和落脚点都要有利于提高队伍的战斗力。要理清工作清单及工作职责，力戒形式主义，减少文山会海，少搞“程序主义”，不要任何工作靠大队，尽量减轻基层大队的负担，让他们有更多的时间和精力去搞训练，“谋打赢”。

2.7　严格奖惩导向，打通晋升渠道

利用奖金杠杆外部加压，拉开奖金差距。将业务考核成绩列入个人业绩合同，合理设置权重，根据每月考核成绩进行评比打分，同时个人业绩合同作为年度评先依据，人事经营部负责落实。设置业务专项奖励，每月评比岗位训练标兵及业务训练先进大队，树立先进典型，激发人员的学习动力和积极性，营造浓厚的“比、学、赶、超”练兵氛围，有效促进基层业务训练。

建立等级达标、结果应用的考核体系。用标准化给指战员画下上岗要求的底线，用等级化给指战员立起成长进步的轨道，打通晋升通道，优秀的骨干及标兵可以借调支队或大队管理岗位进行锻炼，培养后备干部；切实让员工切身利益有保障、职业发展有空间、个人进步有舞台。

浅谈船舶救援对海洋钻井平台火灾的重要性

付士帅　孙鹏菲　吴　昊

（中石化胜利油田海洋石油船舶中心）

摘　要：随着我国经济发展的快速增长，对于石油能源的需求量也急剧增大，除了大量的进口原油外，发展国内石油能源开发也十分重要。目前，我国海洋石油分布储量十分丰富，海洋石油钻井平台开采技术是海洋石油开采的最主要方式。然而，复杂的设备设施，多变的海洋环境使得钻井平台作业危险性极大，其中钻井平台火灾是危害性最大的事故。船舶作为海上最主要的交通方式，担任了各种救援角色，也因此成为了海洋钻井平台火灾事故的最重要救援力量。

关键词：海洋钻井；火灾；船舶救援

为了控制海洋钻井平台火灾的蔓延，减少火灾污染物的扩散，降低灾害伤亡和经济损失，需要提供有秩序，有速度，有效率的船舶救援力量。本文重点探讨船舶救援对于海洋钻井平台火灾的重要性，从海洋钻井平台火灾的特点，危害性分析，将船舶救援的作用逐一体现，并通过真实的案例分析生动呈现出来，最后也会对船舶救援提出一些个人的见解和建议，希望对日后海洋钻井平台救援力量的培养有所帮助。

1　海洋钻井平台火灾的特点

（1）火灾蔓延速度快

海上钻井平台空间狭小，设备集中，平台构架全金属，其金属导热性能较好，一旦发生火灾，就会导致火势迅速蔓延。同时受到舱室和通风孔及楼梯通道的结构影响，在发生火灾时极易产生热对流和烟囱效应，从而增加了火灾的扩散面积。

（2）火灾危险系数高

由于海上钻井平台的作业需求和生产机能，平台上贮藏了大量的易燃易爆物品，如燃油、天然气、化学品等，一旦发生火灾，油气混合物在有限的空间内燃烧，极易导致爆炸的发生，直接提高了危险系数。

（3）火灾救援难度大

为了追求空间利用率，海洋钻井平台一般都建造得比较紧凑，空间比较复杂，其内部的通道和楼梯都比较狭窄，很多舱门和出入口仅能容一人通过，发生火灾时人员逃生的空间相对较小，同样在救援时会增加一定的难度。与此同时，海洋钻井平台的身处大洋深处，岸基救援力量无法顾及，受到船舶航行环境的影响，在海面上独立难援，加之受到风向和水流的影响，也为救援船只接靠船舶救援增加了难度。

（4）火灾损失大

海上钻井平台是一种高科技、高价值的生产设施，其造价往往较高，平台上的各种装备的成本更高。例如中国南海的“蓝鲸一号”钻井平台其造价高达70亿美元。一旦发生火灾，将会造成严重的经济损失和技术损失。此外，海上钻井平台火灾还会产生大量的有毒有害气体和溢油，这将对海洋环境造成非常严重的污染和破坏，影响海洋生态系统和周围海域的渔业资源。

2 海洋钻井平台火灾的危害性

（1）人员伤亡

海上钻井平台发生火灾最直接的受害者就是平台的工作人员。火灾会导致人员被困、继而发生爆炸烧伤、人员窒息、有毒有害气体中毒、高空跌落，溺水、冻伤等各种伤害，并且由于海洋钻井地理位置的特殊性，逃生通道受阻或救援不及时会加剧各种伤害的危险性甚至导致死亡。根据不完全统计 2010~2019 年间，在全球范围内共发生了 23 起海上钻井平台火灾事故，造成了至少 54 人死亡。

（2）财产损失

海上钻井平台火灾往往伴随着平台爆炸坍塌等次生灾害，钻井平台上的各种生产设备、运输管道、通讯电缆等都将收到受损或毁坏。与此同时火灾事故将会耽误正常的生产作业工作，造成的环境污染也面临巨额的经济赔偿，对石油公司造成巨大的经济损失。

（3）环境污染

海上钻井平台火灾会破坏钻井设备的结构完整性，导致生产燃油、天然气、化学品等有毒有害物体的泄漏或溢出，严重污染大气和海洋环境，影响海洋生物和渔业资源。2010 年 4 月 20 日墨西哥湾的深水地平线深海钻井平台发生井喷爆炸事故，导致每天有 12000~100000 桶原油从钻井处流入墨西哥湾，大约泄漏了 320 万桶原油，导致至少 2500km^2 的海水被石油覆盖，漏油污染直接导致大量鱼类、鸟类、海洋生物以及植物病态甚至死亡。

3 船舶救援的作用

舶救援的作用是指船舶在海洋钻井平台发生火灾时，能够及时赶到现场，进行水上灭火、人员转移、物资运输等任务，从而有效地减少事故的损失和影响，保护海洋资源和环境。船舶救援的具体内容如下所示：

（1）现场指挥和协调

海洋钻井平台火灾的救援是一个复杂多变的救援过程，需要考虑火灾救援时机，救助顺序，气象条件，水文条件等各种救援因素。这就需要有一个良好的指挥中枢，救援船舶搭载无线电通讯设备，方便救援指挥人员就地建立指挥中心，各救援船舶之间以及钻井平台，救援直升机，岸基支持等可以实现信息共享和实时通讯。与此同时，船舶还可以运送一些专业的设备和人员，如油气控制专家、海洋工程师等，为钻井平台上的事故处理提供技术指导和协助。整个救援过程在指挥中心的指挥和协调下会更加及时、顺畅、高效，对于火灾救援起到了十分重要的作用。

（2）人员转移和搜救

为了维持正常的生产作业，海洋钻井平台生活有大量的工作人员。当火灾爆炸事故发生时，火灾现场往往不具备直升机救援环境，除了部分人员乘坐自闭式救生艇逃生外，也会有来不及撤离的工作人员。当救援船舶到达火灾现场，一方面要搜寻海面的逃生人员，另一方面在确认船舶自身安全的情况下，船舶可以靠近和稳定靠泊钻井平台，为钻井平台上的人员提供安全的撤离通道。船舶可以使用吊篮、绳索、滑梯等设备，将钻井平台上的人员快速地转移到船上。另外船上往往会搭载专业的医疗设施和医护人员，能够及时救治受伤人员，减少人员的伤亡程度。

（3）火场冷却和降温

海洋钻井平台主要结构为金属材料，一旦发生火灾其传热效率很高，这也是给火灾蔓延提供了有利的条件。当救援船舶到达救援现场后，会在现场指挥的分工下对钻井平台各部位进行喷水降温，防止火灾蔓延到其他生产区域，也给躲在其他区域等待救援的遇险人员提供庇护场所。同时，在一线参与灭火的救援船舶因为长时间靠近火场，其船舶也会受到热浪影响，救援船舶自身也需要喷水降温，以保证一线灭火作业的持续进行。

（4）火灾控制和扑救

火灾的控制和扑救是船舶救援的最核心任务。作为火场救援的主力船舶，消防船舶一般都配备对外消防炮等十分专业有效的消防救援设备。例如海洋船舶中心的多用途工作船胜利291船，配备有三台大功率的对外消防炮，其射程为150m，每台炮的流量为7200m^3/h。救火时，消防船舶会根据风向和流速靠近火灾现场，到达有效射程范围内后，会利用消防泵吸取大量的海水，并通过消防炮对火灾现场进行扑救，直至火灾被扑灭。

（5）溢油回收和收集

海洋钻井平台火灾事故的发生往往伴随着非常严重的溢油污染事故。大量的原油和污染物将漂浮在海面并随着洋流四处漂流，这些污染物会对海洋环境和渔业发展造成不可估量的损失。因此，火灾现场的溢油回收工作也十分重要。目前对于海洋溢油的回收主要分为专业溢油回收船舶和搭载溢油回收装备船舶的回收两部分。2021 年 4 月 27 日 9 时许，巴拿马籍杂货船“义海”轮与利比里亚籍锚泊油船“交响乐”轮在青岛朝连岛东南海域发生碰撞，导致油船一货舱受损，造成溢油入海。为防止溢油随海流方向向青岛沿岸飘去，“胜利 505”“胜利 503”船和“胜利 212”专业溢油回收船队员相继到达青岛海域。在为期一个多月的海上溢油回收作业里，各艘船所载应急设备优势，最大限度实现溢油回收。“胜利 505”船启动蒸汽进行黏度高的溢油进行回收，“胜利 503”船通过曲线行进、蛇形扭动，船载上行带收油机实现油污和含油垃圾回收，“胜利 212”船利用船上携带的两艘应急冲锋舟拖带收油拖网及克令吊配合，收油效果良好。

（6）运输人员和物资

海洋钻井平台火灾的扑救一般是一个较长周期的救援工作，各项救援行动都需要耗费大量的人力、物力、财力。虽然直升机可以快速投运物资，但是其运输成本较高且运送的数量也有限。船舶救援的交通支持，可以充分地与岸基支持联动，多频次大批量地将消防设备，医疗器械，生活物资，溢油回收设备等运输到救援现场。与此同时，救援现场救助的伤病员，轮换的救援人员等也需要返回陆地进行休整和进一步治疗。救援船舶航行所需的油料，水源等也需要专业的加油船舶和加水船进行供应。

4　对船舶救援的建议

（1）健全应急预案，建立有效的联动机制（图 1）

当火灾发生时，时间就是生命，快速有效的救援是保证生命财产安全最有力的保障。建立健全海上钻井平台的火灾报警和应急处置机制，明确各级指挥部门和人员的职责和权限，制定详细的处置程序和方案，建立各单位有效的联动机制可以有效提高救援效率。海洋钻井

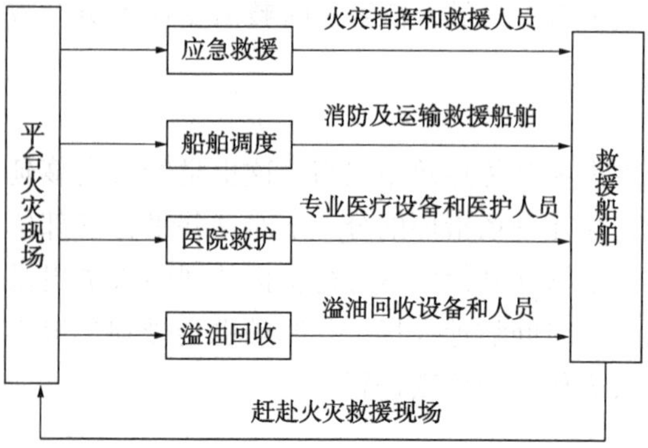

图1 联动机制

平台一旦发生火灾，平台指挥及时启动应急预案，迅速组织人员疏散和火场控制，并与外部救援力量保持联系和协调。与此同时，各单位也在指挥调度下迅速行动，应急救援中心派遣有经验的指挥人员和专业消防力量，医院派遣专业医护人员携带专业医疗设备，溢油回收队携带专业溢油回收设备，各单位在船舶码头集合分别乘坐消防救援船舶，指挥交通船舶，溢油回收船舶等各类专业船舶赶赴火灾救援现场，行使各单位使命，组织实施火灾现场救援。

（2）推行应急演练常态化

为了提高船舶救援的及时性和有效性，推行应急演练常态化迫在眉睫。定期开展平台火灾事故的模拟演练，能有效的检验和提高应急预案的有效性和应急处置的能力，增强防范和应对风险的意识和水平。

可以熟悉和掌握应急预案的内容和程序，提高应急响应的速度和效率；可以检验和完善应急组织、指挥、协调、保障等机制，增强应急管理的系统性、整体性、协同性；可以培养和锻炼应急人员的专业技能和心理素质，提高应对复杂多变情况的能力；可以增强公众的风险防范意识和自救互救能力，提高社会的安全文化水平。作为海洋救援力量重要一分子，中石化胜利油田海洋石油船舶中心每年都会派出大量专业救援船舶和应急装备参加由集团公司，东营市，山东省等各级部门组织的大型海上综合应急演练。

（3）加强船舶救援力量的建设

随着海洋工程技术的发展和壮大，建设强大的船舶救援力量也变得越来越重要。首先要有一支专业化的救援船队，船舶的建设是一个复杂和漫长的过程，要提前布局关键时刻才能拿得出来、顶得上去。与之配套的还要有专业化的技术人才，包括航海驾驶员，轮机工程师，消防工程师，医疗救护员，专业的指挥调度等等。为了维持救援系统的长期高效地运转，还需要定期开展专业技能培训，提高救援技能技巧。各救援团队之间也应该经常组织经验交流会，加强组织合作和交流，互相借鉴先进的救援理念和救援经验，提升跨区域跨海域的救援能力。

5 结语

海洋强国战略是我国和平发展和中华民族走向复兴的必由之路，习近平总书记在胜利油田考察时强调；“石油能源建设对我们国家意义重大，中国作为制造业大国，要发展实体经济，能源的饭碗必须端在自己手里。”随着我国经济发展的快速增长，对于石油能源的需求量也急剧增大，除了大量的进口原油外，发展国内石油能源开发也十分重要。目前，我国海洋石油分布储量十分丰富，海洋石油钻井平台开采技术是海洋石油开采的最主要方式。然而，复杂的设备设施，多变的海洋环境使得钻井平台作业危险性极大，其中钻井平台火灾是危害性最大的事故。船舶作为海上最主要的交通方式，担任了各种救援角色，也因此成为了海洋钻井平台火灾事故的最重要救援力量。

参 考 文 献

[1] 程明远. 建设海洋强国背景下我国海上应急救援工作发展建议. 东海救助局. 201914.

[2] 刘成杰. 海洋石油钻井平台安全风险以及风险管控探究. 中海石油有限公司天津分公司. 300450.

【作者简介】付士帅，男，2010年毕业于山东交通学院获得工学学士学位，现工作于中石化胜利油田海洋石油船舶中心，电话：13854695515。

大型消防通讯指挥车的运行管理

沙黎明

（中国石化西南油气分公司元坝应急救援中心）

摘　要：消防通讯指挥车具备高效的通讯和数据传输功能，可用于火灾应急指挥和救援工作。为确保其运行的高效和安全，需要进行科学规范的运行管理和有效执行。具体措施包括建立明确的管理规范、定期巡检和维护车辆设备、人员培训和应急演练、加强通信系统的网络安全管理以及使用专业设备和技术。通过这些措施，消防通讯指挥车能提高应急处置能力，保障元坝气田的平稳运行，并提高灾害应对和救援工作的效果和安全性。

关键词：消防通信指挥车；运行管理；设备维护

大型消防通讯指挥车作为重要的应急指挥设备，在灾害应对和救援过程中起着至关重要的作用。据消防领域专家指出，大型消防通讯指挥车要求具备高度的可靠性和灵活性，在复杂环境和紧急情况下能够快速响应并提供准确的指挥和信息支持。因此，科学规范的运行管理成了确保其高效性和可靠性的基石。研究结果也表明，定期的巡检和维护是保持大型消防通讯指挥车良好状态的关键。通过定期检查和维护关键设备，如电力供应系统、通信系统和数据传输设备，可以及时发现和解决潜在问题，确保其正常运行。而合理的维护计划和灵活的维修机制能够保障车辆设备的可靠性和稳定性，从而提高其应急指挥和信息传输的可靠性。此外，高质量的人员培训和实战演练可以有效提高指挥人员的应急处理能力和协作配合能力，进一步提升应急指挥车的运行效率和响应能力。持续的培训和演练计划可让指挥人员熟悉设备的操作和功能，并能在紧急情况下快速、准确地做出反应。因此，通过科学规范的运行管理，大型消防通讯指挥车将能够以更高的效率和可靠性履行其重要的灾害应对和救援使命。

1　消防通讯指挥车的功能和特点

1.1　通讯和数据传输功能

可确保火灾发生时前线指挥部与指挥中心间的通讯和数据传输，提供应急通信平台，实现高效的信息交流和指挥调度。同时配置车载发电机和外接市电，为指挥系统提供稳定的电力供应。并采用会议终端，包括 46 英寸液晶显示屏，支持视频会议和实时图像显示。配备指挥系统录播服务器，可录制摄像头、无人机和单兵系统传输的视频。

1.2　地理环境和风险因素

山高林密的地区，人员分散居住，通讯信号差。酸气管线穿过隧道，翻越山岭，跨越江河，进一步增加通讯和调度的困难。因此相关风险因素包括洪涝、滑坡、山林火灾等，需要及时有效的指挥和应对。此外，边远地区的通讯信号差，会对指挥信息的传输和接收产生较大影响。

1.3 车辆配置和设备特点

车载发电机提供电力供应，也可使用外接市电，会议终端采用46英寸液晶显示屏，支持多方视频会议和实时图像显示。指挥系统录播服务器可录制视频，并根据需要进行回放和分析。单兵系统与通讯指挥车实现无缝链接，实时传输火场画面和情报信息。此外，大疆经纬M300RTK无人机与通讯指挥车链接，执行火情侦察、井喷点火、抛投作业、组织撤离等任务。无人机搭载禅思H20摄像机，实现广角拍摄、高清变焦、热成像拍摄、红外线测距等多种功能同时，无人机可收集高度、风向、风速、方位、气压等数据，提供重要的火情侦察信息。

2 运行管理的重要性

2.1 确保火灾应急指挥的高效性和迅速响应能力

首先，建立明确的运行管理规范，包括车辆的日常保养维护计划、设备的定期检查和更新计划等。同时制定车辆和设备的巡检制度，定期进行检查和维护，确保车载通讯设备、电力供应系统和数据传输系统等的正常工作。并注意建立紧急情况下的故障排除和维修机制，确保能够及时解决设备故障和技术问题，减少因故障造成的延误。其次，进行定期的人员培训，包括车辆操作人员和通信指挥人员的技能培训和应急知识培训。并注意组织定期的应急演练，模拟火灾应急场景，检验通信指挥车的运行和通信系统的稳定性，提高指挥人员对应急情况的应变能力。另外，加强对通信系统的网络安全管理，采取有效的防护措施，防止黑客攻击和数据泄漏。建立完善的数据备份和保护机制，确保重要数据的安全性和可恢复性。最后还要注意配备专业的通讯指挥人员，能够快速响应火灾应急指挥需求，熟悉通信设备的操作流程和调度流程。并使用先进的通信设备和技术，支持实时视频传输、地理定位、数据共享等功能，提高指挥调度的迅速性和准确性。

2.2 保障西南气田的平稳运行

首先，完善火灾预防措施，加强设备的维护和管理，定期检查和修复潜在的火灾隐患。并注意配备火灾监测系统，监测火灾风险区域的温度、烟雾等指标，及时报警并采取相应措施。其次，消防通讯指挥车作为移动的通信指挥中心，配备先进的通信设备和技术，可以快速建立与气田内外各个关键点的通信通道，确保信息传输和指挥调度的畅通。因此在火灾发生时，消防通讯指挥车可以迅速响应，协调救援资源，安排人员和装备的调度，以及火灾现场的指挥和指导。另外，消防通讯指挥车配备紧急救援设备，如灭火器、水枪等，可以在火灾初期进行初期扑救和灭火工作，以防止火势扩大。通过通信系统和无人机等设备，也能够实时掌握火灾情况和火灾范围，以便抽调足够的救援力量和物资进行灭火。最后，消防通讯指挥车的通信系统支持数据传输和信息管理，可以实现现场数据的实时共享和传输，为指挥决策提供准确的数据支持。同时，通过视频监控系统能够对火灾现场进行实时监控和录像，为事故原因分析和事后处理提供依据。

2.3 提高灾害应对的效果和救援工作的安全性

（1）消防通讯指挥车的配置设备和功能特点：单兵系统可以提供实时火场画面和情报信息，通过个体消防员携带的设备，可以进行情报搜集、目标指示和地形侦察等任务。消防通讯指挥车通过接收和分析单兵系统传输的数据，可以了解火灾现场的具体情况，为指挥决策提供重要依据。此外，消防通讯指挥车配备无人机，可以进行航拍、热像仪探测、高空监控等任务。通过无人机的飞行，可以获取火场全貌和灾情分析，为灾害应对和救援工作提供准确的数据支持。

（2）运行管理的科学规范和有效执行，建立科学的运行管理规范，包括设备的日常保养维护、定期检查和更新计划。优化设备巡检制度，定期进行设备检查和维护，确保通信系统、电力供应系统和数据传输系统等的正常运行。并确立紧急情况下的故障排除和维修机制，及时解决设备故障和技术问题，减少因故障造成的延误和安全隐患。

（3）人员培训和组织架构优化，进行定期的人员培训，包括车辆操作人员和通信指挥人员的技能培训和应急知识培训，提升他们的应急指挥技能和专业素养。优化通讯指挥人员的组织架构，确保指挥体系的高效运行，提高协同作战和应急决策的能力。

3 运行管理的关键要素

3.1 人员培训和组织架构

（1）灾害应急指挥人员的培训和素质要求，灾害应急指挥人员是关键的运行管理要素，他们承担着应急指挥和协调救援工作的重要职责。以下是相关的培训和素质要求：灾害应急指挥人员应具备丰富的应急管理经验和灾害救援知识，以及熟悉通信指挥车的功能和特点。他们需要了解灾害应急指挥流程、指挥调度技巧和危险性评估等方面的知识，并能在紧急情况下快速做出判断和决策。培训还应包括应急心理学、领导力发展、团队合作等方面，以提高应对灾害事件和应急救援的能力。指挥人员也应具备良好的沟通能力、组织协调能力和应变能力，能在紧张的环境下高效地指挥和管理。

（2）通讯指挥车的指挥系统和会议终端的操作培训，通讯指挥车配备的指挥系统和会议终端是保障指挥调度的关键设备。相关的操作培训包括以下内容：指挥员需要熟悉指挥系统的各项功能，如通信设备的连接、视频会议的发起和管理、图像显示和录制等。他们需要了解系统的操作流程和技巧，以便快速响应和指挥火灾应急情况。指挥员和其他参与人员还应了解会议终端的使用方法和功能，如视频会议的调度和控制、实时图像显示和共享、录制和回放等。需要进一步掌握终端的设置和调校，以确保设备正常运行和高效地指挥交流。通过这些培训，灾害应急指挥人员和通讯指挥车的操作人员将能够灵活运用指挥系统和会议终端，确保高效地指挥调度和信息交流，提高应急响应能力和指挥效果。同时，在组织架构方面，建立明确的指挥链条、职责分工和沟通机制，以确保指挥和协调的有序进行。

3.2 车辆维护和设备更新

（1）车载发电机和电力供应的管理，车载发电机是通讯指挥车正常运行的关键部件，在运行管理中需要进行以下管理：定期检查和维护车载发电机，包括清洁滤网、更换机油、检测电缆连接等，确保发电机的正常运行和稳定供电。注意维护发电机的燃油供应，及时补充燃料，并保持燃油质量良好，以确保发电机长时间稳定供电。针对长时间停留或不使用车载发电机的情况，进行定期试运行，保持其正常功能。

（2）外接市电的使用和维护，外接市电是通讯指挥车电力供应的备用选项，在使用和维护方面需要注意以下事项：需要了解外接市电的使用规范，包括接入电缆的正确连接、安全操作和地线接地等，确保外接市电的正常供电。定期检查市电接口和线路，确保其完好无损，避免出现损坏或松动导致的电力故障。在外接市电时，要确保电源稳定和供电质量合格，以避免不稳定的电压或电流对设备造成损害。

（3）会议终端和录播服务器的更新和维护，会议终端和录播服务器是通讯指挥车实现指挥调度和信息共享的关键设备，更新和维护需要考虑以下方面：定期检查和更新会议终端和录播服务器的软件和硬件设备，以确保其正常运行和性能优化。在更新系统时，需要备份重要数据和设置，以防止数据丢失和配置失效。对于设备的维护，包括清洁设备表面、检查线缆连接、处理故障和进行诊断修复等，确保设备处于良好的工作状态。针对录播服务器，需要定期清理存储空间，删除无用的录像或备份文件，以便释放空间和提高存储效率。通过定期维护和设备更新，可以确保车辆维护和设备的稳定性和可靠性，提高通讯指挥车的运行效率和应急处置能力。

4 配置的单兵系统和无人机的使用

（1）单兵系统的操作和信号传输，单兵系统是一种便携设备，用于个体作消防员的情报搜集、通信、导航、目标指示等任务。以下是单系统的操作和信号传输相关事项：单系统的操作包括了解系统的功能和各项操作指令，熟悉使用界面和操作流程。操作员需要进行相关培训和实操训练，以熟练掌握单系统的使用方法。信号传输是单系统的核心功能之一，通过卫星、无线电、蓝牙等信号传输方式，与指挥系统进行数据共享和通信。操作员需要了解信号传输的配置设置、安全保密措施以及通信频率的选择等。

（2）M300RTK 无人机的使用和应用，M300RTK 无人机是多旋翼无人机系统，具备高稳定性、高精度定位和长续航等特点，可以用于航拍、搜寻救援、数据采集等应用。以下是 M300RTK 无人机的使用和应用方面：使用 M300RTK 无人机前需要进行相关培训和取得必要的执照，了解无人机的操作原理、飞行安全规范和飞行技巧。进行飞行任务前，需要对无人机进行检查和预飞准备，包括电池检查、摄像头校准、无人机配置等。在飞行过程中，需要掌握遥控器的操作，包括起飞、降落、遥控器摇杆的控制、飞行路径的规划和调整。M300RTK 无人机可以应用于航拍、搜寻救援、物资运送等多个领域，操作员需要根据具体任务目标进行操作和应用。

（3）设备的维护和更新，设备的维护和更新是保证单系统和无人机正常运行的重要环节，以下是相关事项：定期对单系统和无人机进行保养和维护，包括清洁设备表面、检查线缆连接、更换电池、进行软件更新等。如果设备出现故障，需要及时进行诊断修复，可以联系相关售后服务或专业技术人员进行维修。针对软件部分，需要定期检查系统版本，了解是否有最新的更新版本，以保证设备性能和功能的优化。通过合理的操作和维护，保证单系统和无人机的正常运行，可以提高应急救援和指挥调度时的情报搜集、目标指示和地形侦察等能力，为灾害应急工作提供有效支持。

5 结语

综上所述，消防通讯指挥车作为重要的灾害应对设备，在保障元坝气田的平稳运行和灾害应急情况下发挥了关键作用。它的配置设备和功能特点包括通讯和数据传输功能、单系统和无人机的使用等。通过提供高效的信息交流和指挥调度能力，消防通讯指挥车能够快速响应灾害事件，协调救援资源和指挥调度，进一步保障元坝气田的安全和运行稳定。通过科学规范的运行管理和有效的实施，消防通讯指挥车可以在面对各种地理环境和风险因素的挑战时，迅速应对灾害事件并确保元坝气田的安全和运行稳定。

参 考 文 献

［1］王宇. 无线通信技术在应急指挥车中的应用［J］. 长江信息通信，2022，35(10)：98-100.

[2] 刘琦. 通信系统在消防安检搜爆中的应用[J]. 今日消防，2022，7(05)：70-72.
[3] 张兰相. 关键消防装备在洪涝灾害救援处置中的应用[J]. 消防界(电子版)，2021，7(23)：26-27.
[4] 迟勇睿，罗鹏，丁春龙等. 核电厂火灾应急融合通讯系统的设计与实现[J]. 科技与创新，2021(20)：12-14+17.
[5] 王超. 消防应急指挥系统运行情况及改进建议[J]. 石油化工安全环保技术，2021，37(05)：10-12+31+5.

海上石油平台溢油应急处置分析

邢　莹

（中石化海洋石油工程有限公司）

摘　要：典型的事故案例表明海洋石油平台溢油污染的危害已经引起世界各国的高度重视，在发生溢油污染时，物理和化学处置方法仍然是传统有效的回收和处置方式，其处置方式也受到海况、溢油量、应急物资等条件的影响，现场操作者应根据实际情况充分利用现有的应急资源来采取适合当时海况条件合理有效的回收或处置方式，为减少或避免溢油对海洋环境的污染，最关键还是要控制或降低引发溢油事故的风险。

关键词：石油平台；原油；溢油应急；物理处置；化学处置

海上石油平台是海上油气勘探与开发的主要生产设施，海上石油的勘探开发给人类带来油气资源的同时，也带来巨大的环保和安全风险，一旦发生井喷等溢油应急事故，将会对海洋环境带来重大影响或灾难。同时溢油的扩散、漂移，又会污染海滩、养殖场、毁坏海岸自然风景。比较典型的如2010年4月20日位于墨西哥湾的“深水地平线”石油平台发生爆炸引发原油泄漏事件，每天泄漏原油达到5000多桶，海上浮油面积最大达到近万平方公里，该事故应急处置时间持续近3个多月，在此期间，超过160公里的海岸受到泄漏原油的污染。此次漏油事件造成了巨大的环境和经济损失，被称为历史上最严重的海洋原油泄漏事故。其后果是墨西哥湾沿岸生态环境几乎遭遇“灭顶之灾”，污染导致该国沿岸1000英里长的湿地和海滩被毁、渔业受损甚至脆弱的物种灭绝（见图1、图2）。

图1　海洋生态污染

图2　海洋水面环境污染

因海上石油平台特殊的作用特点和环境决定其发生溢油事故时其应急处置受多种因素的影响，本文将就海上石油平台在生产作业过程中发生原油泄漏事故时应急处置方式和影响因素进行分析和探讨。

1　原油特性与对海洋的危害

原油一般指从地下开采出来未加工的石油，也称石油。原油的性质(如密度)因产地而异，通常情况下，我国海洋油田产出的原油的密度在 $0.84 \sim 1.0g/cm^3$ 之间，海水密度因其含盐度的不同在各海域也不一样，但都在 $1.0g/cm^3$ 以上，所以当石油平台发生原油泄漏事故时，密度较海水低的原油在浮力作用下就会上升到海面，并在本身重力、表面张力及黏性力的综合作用下扩散成大面积的油膜，最终成片的油膜在风、流等作用下在海面飘散和移动。由于石油本身成分复杂，包含有毒或有害物质，其物质进入或溶解在海水中对海洋生物会产生直接的危害，同时覆盖油膜的海面不仅直接污染海洋环境，也隔绝了海洋与空气的接触和阻止阳光的进入，对依赖光合作用生存的海洋生物带来严重影响，并由此会进一步影响到整个海洋完整生物链的合理构成，最终形成海洋环境灾难。

2　溢油应急的处置方式

在溢油应急处置方面，第一时间切断溢油源是最传统也是最有效的控制手段，但在目前的技术和设备条件下，对于诸如海上石油平台原油泄漏无法在第一时间或短期内做到。为防止或降低溢油对事发海域海洋环境的影响，就必须对溢出的油污进行必要的现场回收和处理，其方法分为物理处置和化学处置两类。

2.1　物理处置方法及影响因素

当海上石油平台发生原油泄漏时，溢出的原油因密度比海水密度小而浮出海面，在潮流、风、浪和其他外界因素的影响下，会迅速扩散成较大的油膜污染面积，并在海面向四周扩散、漂移，此时最紧迫的处置措施就是防扩散，尽可能地将溢出的原油限制在一个有限的区域内，其中就必须使用到一个关键设施——围油栏。

2.1.1　围控海面漂浮油膜

当海面因原油泄漏形成一定面积的油膜，此时可通过使用围油栏将油膜围控和集中，再进行人工回收处理。其具体操作方式如下：

(1) 单船环绕式

在只有一条作业船的条件下，通过单船拖带围油栏对海上的油膜进行包围式的运动，直至围油栏将整个油膜包围并围控在围油栏的闭环区域内(见图3)。

图3为单船环绕围控海上漂浮油膜示意图，此种情况一般要求围油栏足够长，至少要达到浮油面积外围周长，在操作过程中，如存在风或流的情况，则船舶应从下风或下流(以油膜为参照物)附件开始旋回航行运动，直至最后封闭。

(2) 双船协作包围式

双船协作包围式是通过双船同时拖带一定长度的围油栏，对海上成片油膜进行“包抄”，整体如双拖网渔船保持“V”形运动，让海上油膜进入“V”形区域，最终双船靠拢会合形成闭合如图4所示。

因海上自由漂浮的油膜存在面散、厚度薄的特点，一般在围油栏合拢后，无法用机器设备(如撇油器)分离回收，此时可将合拢的“包围圈”进行压缩和收紧，通过减少面积来增大控油区油膜的厚度，以增加回收溢油的效率，最后剩余少量部分浮油则需要通过利用吸油毡的吸附进行人工回收处理。

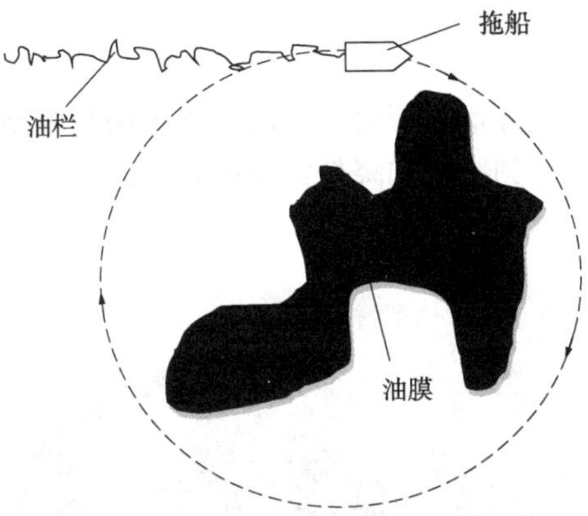

图 3　单船围控

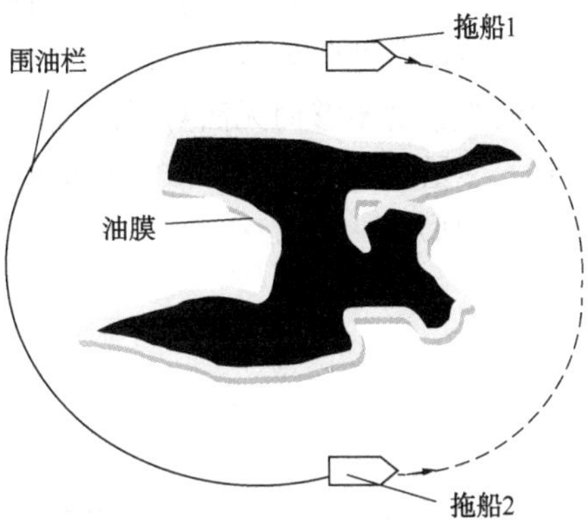

图 4　双船围控

上述方法只适用于海上定量的漂浮油膜，同时要求海况条件较好的理想情况。

2.1.2　围控持续泄漏的溢油

当原油持续性地溢出且在短时间里无法对泄漏点进行封堵时，为防止溢出的原油对海洋生态环境的影响，其应急处置方式是对溢出的原油在海面的扩散区域进行控制，并在对漏点进行封堵过程中持续对浮出(如从水下溢出)水面的石油进行区域围控和回收。以海上钻井平台为例，当发生水下溢油时，则可快速通知附近守护船舶拖带围油栏将平台桩腿(自升式)或浮桩(半潜式)紧紧环绕在封闭圈内(见图 5、图 6)。

图 5　自升式钻井平台

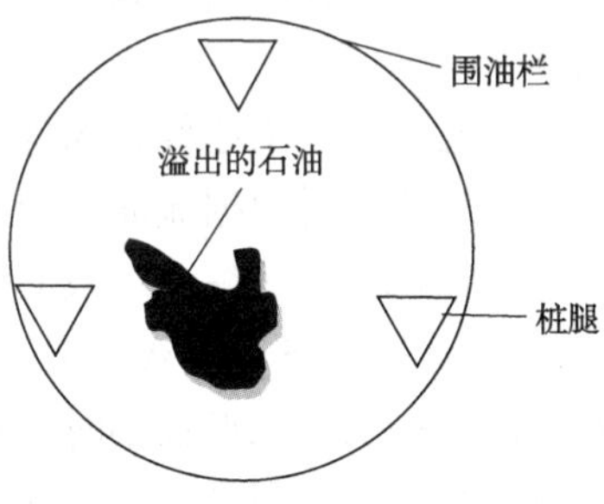

图 6　环绕围控示意图

如图 6 所示，当围油栏形成封闭的闭封圈后，从水下泄漏的原油浮出水面后将会聚集在围油栏内，并随着溢出的量越多其浮油厚度越厚，此时须及时进行机械回收，以确保封闭的油层厚度不要漫出围油栏的水上高度而出现外溢。

(1) 环境及条件要求

海况条件要求较好，一般浪高小于 1.5m，风力小于 6 级，同时要求有足够长度的围油栏(如以中石化海洋石油工程有限公司所属“勘探二号”平台为例：平台型长 65m、型宽、64.6m，其最短所需围油栏长度应至少在 300m 左右)。

注意事项：考虑到原油成分的复杂性存在易燃易爆的特性，在进行作业时应撤出平台所有人员，同时在回收作业时应重点对可能的燃烧及爆炸风险进行管控，如存在有毒气体(如硫化氢)情况，则作业者应保持在上风向位置。

（2）围控堵截回收处置

当围油栏长度不够而无法对泄漏点设施进行封闭环形包围时，此时就须采用临时堵截并物理回收，尽量降低石油的扩散量和扩散规模，已达到减少和降低污染的目的，其具体方法如图7、图8所示。

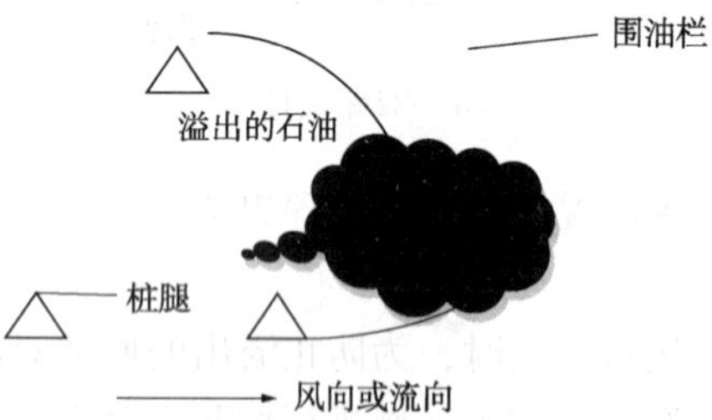

图7 围控堵截操作

图8 围控堵截操作

操作要领：

选取油膜漂移的方向，一般为下风下流处，既可单船操作、也可双船操作，使用拖船将围油栏在下风下流布置成半包围或弧形，也可将围油栏的两端固定于平台(如自升式)两个桩腿上。阻止持续泄漏的原油向下风漂移和扩散，此时靠近下风处围油栏弧内侧油膜或油层厚度在流压力和风压力的作用下将明显厚于上风处，则可在下风下流最集中处开展机械回收处置，形成一个泄漏流动与回收的动态平衡。

注意事项：

此方式流速越快效果越好，风速不宜大于5级，浪高不宜超过1米，同时要充分考虑到转流的影响，需要及时根据流向做出动态布置调整，只适用于初期应急物资短缺时的应急处置。在外援应急物资到达后，应及时布置环形封闭围控。

2.1.3 特殊条件下的替代措施

当海况条件特别是风浪较小时，在围油栏不够或缺乏的情况下，漂浮的纤维缆绳也可临时作为围油栏使用，特别是对于海面油膜厚度较薄的大片海面，通过释放纤维缆来拦截和围堵，并防止其进一步扩散或漂移，本替代方案不受流的影响。一般在基本无风或3~4级微风海况下效果明显。同时外加吸油毡的使用可明显地提高回收效率和防止对海洋的污染和大面积扩散。

考虑到物理处置方法对海况条件的限制，特别是外(深)海水域一般常年海况都比较恶劣，少有风力小于5~6级的海况气象，如中石化上海海洋油气分公司所属的东海平湖油气田海域，除开春夏之交少有的风平浪静期外，其他季风、台风的影响，基本常年风力都在6~7级，浪高年平均3~4m。冬季更是风力8~9级，浪高7~8米。此时就满足不了物理处置的前提条件，就得考虑化学处置措施。

2.2 化学处理方法及影响

化学处置法一般是指通过氧化作用(如燃烧)、乳化(分解)等方式对海面的漂浮的原油进行处理，其方法适用于远海及恶劣海况等气象条件下无法开展物理处置的情况，且各化学处置方法在实施过程中也有严格的条件限制。

2.2.1 燃烧法处置溢油

燃烧法是最传统的化学处置法，当石油平台发生大量原油泄漏并伴随可燃性气体或有毒有害气体喷出时，此时在优先撤离平台所有作业人员前提下，须对泄漏点组织封堵，在封堵无效时为减少溢出原油对海洋环境污染和发生次生灾害，可以考虑采用点火燃烧的方式，此方法的优点是成本低、效果好，并能在短时间内清除海面大量浮油。

存在问题及注意事项：对于石油平台原油泄漏处置，燃烧法一般是在万不得已的情况下才会实施，原因是在点燃溢油的同时，整个海上石油设施也会彻底报废和毁损。另外，原油的不完全燃烧而放出浓烟，产生大量一氧化碳、含硫废气等二次污染物。可以说燃烧法是在不得已的情况下其相害取其轻的应急处置方法。在实施过程中，平台撤离人员、船舶须保持在事发平台上风位置并尽量远离平台。

2.2.2 喷洒消油剂法

消油剂又名乳化分散剂，它的作用是能将石油分散成极小的油滴，油滴可以悬浮于海水中，使其增大与海洋生物的接触面积，最终利用海洋生物自然降解。其操作方法是将消油剂喷洒在漂浮油膜海面，此方法适用于恶劣的天气条件下，物理回收受到限制的少量溢油处置。

存在问题及注意事项：消油剂本身存在一定的毒性，有学者认为，石油溶解分散后更增加了对海洋生物的毒性，对海洋生物的危害会比未乳化前更大。同时，乳化效果与喷洒覆盖的均匀度有直接关系，研究表明，消油剂一般仅适用于5mm及以下厚度的油膜处理。

此外各国对消油剂的使用范围和条件也有严格规定，如我国《海洋石油勘探开发化学消油剂使用规定》中就明确要求：

我国内海、领海及其他管辖海域只有在海况较差(波级四级、五级风以上)，无法使用物理、机械方法回收溢油的，或使用消油剂处理溢油所造成环境损害小于溢油自然扩散所造成的环境损害的，才能容许使用。且要求油膜厚度不得大于5mm。同时对各海区溢油点的使用量也有严格限制，使用单位须将情况如实记载于防污记录簿，某些特殊情况(如特殊海域或水深小于10m)作业者使用前还必须事先报备，在获得相关主管部门批准后方可使用。

2.2.3 其他化学方法

除了常见的消油剂外，还有其他化学处理剂，如凝油剂、集油剂、沉降剂等，其中凝油剂和集油剂类似于化学围油栏作用，都是通过凝固或活性剂将海面油膜汇聚和凝聚，其中凝油剂处理溢油不受风浪及潮流的影响，集油剂适用于良好海况下作业，最好配合围油栏进行人工回收处理。沉降剂其主要作用是使石油沉降到海底，后果是污染海底，达不到防污的效果，一般仅限深海使用。

3 有关现实问题的探讨

3.1 溢油危害的风险管控

随着海洋油气勘探与开发向深海迈进，中石化海洋石油工程有限公司对“蓝海”战略的突破，以所属“勘探3号”钻井平台为代表的中深海域作业设备长期奋战于南海并从事“高温高压”井的勘探作业任务，发生井喷或井喷失控的风险被作为最高风险加以管控，但限于目前科技水平和技术条件的限制，不确定因素和未被认知的风险依然存在，如今年4月5日中海油下属蓬勃作业公司V平台V29井钻井作业过程中发生井喷着火事故更说明对海上平台突发事故溢油事故风险的认知存在不确定性，在无法杜绝人类认知的局限性的当前，对已知的风险进行必要的管控，以降低突发海洋环境事故的可能性，才是根本。

3.2 溢油应急物资配备

海上石油平台作为海上独立的生产设施，其空间场所的限制决定其配备的应急物资极其有限，如以中石化海洋石油工程有限公司所属“勘探x号”钻井平台为例，其作业海域为北部湾，其本身和日常守护船舶携带溢油应急物资见表1。

表1 平台及船舶溢油应急物资配备清单

设备(物资)名称	消油剂/t	围油栏/m	吸油毡/kg	消油剂喷雾泵/台	消油剂可消除溢油/t
石油平台	1.5	250	200	1	3.2-4.5
守护船舶	0.02	0	50	0	0.04-0.06

上表为在北部湾海域作业的钻井平台及守护船舶各自携带的溢油应急物资清单，以所带消油剂根据所属海域的要求(消除1.5t溢油需要普通型消油剂为0.5~0.7t)来计算，其消油剂总量只能消除最多4.5t溢油，这对于出现大面积和大吨位溢油来说，其应急物资远远不够，同时围油栏的长度也不够对平台形成环形包围圈(至少需要300~350m)。由此可以看出，应急物资的配备仅能针对小量且非持续性的原油泄漏开展处置。对于突发的大量且持续性的溢油必须有外部应急资源的协助。

3.3 现场应急决策的后果及责任担当

当发生各种复杂因素综合作用时，特别是某些极端情况如恶劣的海况及突发的井喷失控事故，此时现场应急指挥与决策者就需要在财产损失和环境危害之间做出某种选择，且这种选择还必须主动并果断，决策者需要在点火燃烧来控制环境污染和保留平台设施固有财产之间做出选择。无论如何决策，其损失或危害都是不可避免，但现场事态的发展让现场决策者无法对决策后的损害程度进行预判，决策的后果的不明确性更让决策者产生心里压力和犹豫，现实是没有一个明确决策量化标准，但相关法律法规、企业制度却对事后责任追究有严格规定，更让现场应急指挥与决策者承受着额外的心里压力和情绪影响。

4 结论

控制海上石油平台溢油污染的最好方法就是防止溢油事故的发生，对于小量的溢油事故，在海况条件允许的前提下，可以通过物理方法短时间内完成处置并减少对海洋环境污染的影响。对恶性溢油事故如井喷或井喷失控，此类事故一旦发生，大量原油泄漏于海洋，物理方法不足以或来不及短时间内完成处置，其造成的环境污染和影响更可能是灾难性和长期性的，在当今技术条件下，最重要的就是需要管控并降低重特大溢油事故风险，应急处置需重点做好溢油源的修复、溢油的及时回收和清理。合理应急物资的配备，特别是新材料、新装备的及时更新和应用，更需要通过完善制度来保障事发现场应急指挥与决策者的决策权利。

参 考 文 献

[1] 中华人民共和国海洋石油勘探开发环境保护管理条例实施办法[z]1990-09.
[2] 海洋石油勘探开发化学消油剂使用规定[z]. 1992-08.

[3] 张帅等. 围油栏辅助海面溢油的处理方法[J]. 科学技术与工程 2012-33.
[4] 夏文香等. 分散剂在溢油污染控制中的应用[J]. 环境污染治理技术与设备. 2004-07.
[5] 张柯. 海洋油田企业应急平台建设的经验及问题探讨[J]. 中国科技投资-安全应急救援专刊.
[6] 廖国祥, 等. 墨西哥湾溢油事故对我国深海溢油污染防治管理的启示[J]. 海洋开发与管理. 2012-05.

【作者简介】那莹，中石化海洋石油工程公司健康安全环保部主管，注册安全工程师，2003 年毕业于大连理工大学，研究方向港口航道与海洋工程。

过度应急响应在突发事件中的运用研究

张　柯

（中石化海洋石油工程有限公司）

摘　要：在突发事件全过程的应急响应过程中如何把控“度”，在突发事件的预警和爆发初期，根据事件特点和行动目标，为确保应急处置高效，主动实施适当的过度应急响应可行、合理也有必要，针对影响实施应急响应的相关因素具体分析，并从底线思维等4个方面给出优化主动实施过度应急响应的建议。

关键词：过度应急响应；影响；因素；优化

应急响应是应急管理的重要内容，是消除突发事件或控制危害的重要手段。如何来根据突发事件多变特点、应急资源保障情况、应急指挥与决策专业能力、救援队伍与装备规模、应急技术运用与防护工程布局、局部与整体、目标与对象利益关系等因素来合理地启动应急响应级别和优化处置措施，以达到预防和救援社会效益的最大化，从而避免因应急响应不足而失控，这既是应急响应效果的评价问题，还是目前值得广泛思考和探讨的应急响应“度”的把控问题。

笔者交流发现，上海赛科石化在日常应急管理过程中大胆探索并创新管理模式，不生搬硬套，不恪守成规和教条式的执行条条框框，根据本企业生产实际和存在的风险，系统构建和分析可能的突发事件之前、之中、之后的发生情景和发展规律，全过程、全方位、系统性地制定应急响应措施，大胆提出了突发事件初期“主动实施过度应急响应”可行性和必要性，并通过相关技术和工程预设计来保证有效实施，在实际管理中制度化和灵活运用，取得了令人意想不到的效果，其应急管理经验一度被同行业作为标杆和典范学习和效仿。本文将就过度应急响应在突发事件中运用的有效性及可行性进行探讨。

1　过度应急响应的简单介绍

“过度”一词字面解释为“超过限度或超越其价值或超越适当程度”，“过度”是相对“适度”“精准”和“不足”而言。同样，过度应急响应也是相对于“不足”和“适度（或精准）”应急响应而言的。严格意义上来说，突发事件全过程应急响应的“度”无法通过时间轴线来具体量化，也就是没有绝对“适度”或“精准”的标准。但从某个具体事件如火灾救援来说，可以通过某个局部的目标任务来大致量化其投入所需的人力、物力（成本）而能救出或保护住处于危害中的财产量（收益）。简单意义上说，在应急救援中如果投入的成本大于获救的收益都可认为是“应急过度”，反之就是“应急不足”。

一般造成所谓过度应急响应的原因存在主观和客观两方面，主观方面如指挥决策上的“不惜一切代价”“尽一切努力”“不达目的不罢休”“十防十空也要防”等指令下的应急响应；客观方面主要表现在社会力量如志愿者、社会团体自发无组织的参与、救援物资的大量集中捐赠等使得现场实际所需的应急资源远超过实际救援所需。此外，还有主客观综合因素影响下的不明真相群体恐慌性的过激反应，如对事态过分恐慌引发盲目逃离、盲目采购并囤积药品、食品及生活日用品的过激行为等。

2 过度应急响应适用性分析

过度应急响应给人最明显的一个表象特征就是投入的应急资源超过事后评估的实际需求，也就是“杀鸡用牛刀”。表面看过度应急响应是浪费了应急资源，但“牛刀绝对能杀鸡，鸡刀则难以屠牛”是不争的事实。综合来看，某种特定条件或环境下，过度应急响应不仅效果明显，而且也有必要。

2.1 可行性

突发事件现场(或附近)可使用的应急资源能否完全满足甚至远超过当前状态下控制并消除危机所需的最低量，是能否利用资源实施过度应急响应的前提。突发事件的爆发从发生、发展的时间轴来看是一个持续的不断扩大的动态过程，相比事件失控衍生次生灾害来说，事件失控前与失控后所需投入的应急资源以及产生的危害和损失远不能相提并论。

2.2 必要性

当发生突发事件，目标价值可量化值远超应急响应所需的投入或其目标的社会价值远高于其本身的使用价值时或目标本身价值不可量化时，就有实施过度应急响应的必要。如对事故失踪人员和受伤人员“不惜一切代价”地搜寻与救治，因为人的生命是无价的；“动用一切资源”对危化品集中储存区单个储罐的灭火救援应急行动，因为若不采取断然措施控制事态并消除危害将会产生难以预料的灾难和连锁反应(如危及到周围储罐)；“十防十空也要防”的防台风应急响应，因为面对台风这种极端且复杂的灾害性气象不能抱有任何侥幸心理等等。

针对灾害的特点，过度应急响应必有为。在突发事件的应对过程中，针对不同的灾害类型决策者需要根据其风险特点以“可能出现最坏的情况”来做出超前预警和提级响应准备，特别是在很难预测事态如何发展，防控措施是否有效的如危化品火灾等复杂和直接危害明显存在不可控的突发事件。

针对灾害受影响对象，过度应急响应必可为。灾害受影响对象就是受灾客体，简单地说就是受灾客体值不值得通过扩大应急响应来防范和实施援救，其可挽救的经济价值和社会价值如何。

针对灾害危害后果，过度应急响应必须为。应急响应级别决定了本层级的应急响应程度和响应措施。如果措施明确而执行者没有严格执行或执行上打折扣，其后果肯定不理想或恶化。

2.3 合理性

严格意义上来说，过度应急响应的合理性没有一个可量化的评判标准，但可以通过对针对目标价值或价值取向的效果来判断或评估。对有具体价值的目标来说可以通过所消耗的应急资源量对比受到保护目标的价值或能消除不利后果的严重程度来衡量；对于至高无上的生命来说，可以通过所有受影响的生命是否全部或部分获救来衡量。严格意义上说，对生命的尊重和保护产生的社会意义远高于其他一切权衡标准，不惜一切代价保护或救援生命为目的的过度应急响应，其行动本身引导的社会价值观和所产生的社会意义远不是“合理性”这个词语本意所能体现的。

目标价值可量化时，局部过度防护或应急处置行动来维护整体免遭危害。如油库某油罐发生火灾，其失控后果危害极大且影响极广。为避免局部火灾危及整体油库安全，这时动用一切手头资源对某局部火源点展开扑救，尽快消除危害因素或最大限度地控制其漫延并争取获得外援所需时间，此时若可投入应急物资的价值低于甚至是远低于所有被保护或受益目标的价值，则通过实施过度应急响应来快速扑灭火灾并消除隐患是可行且合理。

目标价值不确定时，突发事件的发生发展以及如何发展及复杂性无法预测，事态的不确定性，决策者须考虑到可能的极端后果。对于突发事件的不确定性的特征，预警和应急都是建立在“从最坏处准备，争取最好的结果”的基础之上，其合理性主要体现在“宁可备而无险，不可险而无备”的防范意义上。

目标价值特殊时，以人的生命为例，对生命的搜救不到万不得已决不能放弃，哪怕为此需要投入过量的应急资源。因此，对包括生命等特殊目标的应急救援行动的合理性评估，其主要体现在社会价值观的引导、民族凝聚力和相关社会意义上。如我国“98 洪灾”“02 非典”“08 地震”等突发事件的应急救援响应，其彰显的“勇于牺牲、不畏艰险”救援奉献精神以及“生命高于一切”的价值理念不仅感动中国，也感动全世界。这种在“抗洪抢险”“抗震救灾”“防疫抗疫”等突发事件应急响应过程中彰显出来的凝聚人心和忘我奋斗精神既是中华民族伟大的精神财富和核心价值观的有益补充，也是我国强大“软实力”的集中体现。

3 影响过度应急响应的主要因素

突发事件的“魅力”就在于一定有人类未知的因素在里面，即使事先做好多么完善的应对措施，等突发事件到来时，也一定有超出预想的事件(或事件的某个方面)出现。因此，其应急响应“度”的把握就难以做到精准或适当，特殊情况下主动实施适当过度应急响应在所难免，也有必要。有时为了一个总体好的结果而“过度顾此来弥补彼失”也是不得已的办法，总体来看，决定或影响实施过度应急响应有如下因素：

3.1 价值导向及社会环境因素

“生命至上”是突发事件应急救援响应的根本价值遵循，也是全人类的对生命的终极关切和逐渐形成的一种笃定而自觉的价值传承。社会环境主要是指全体社会对突发事件应急响应全方位跟踪、监督以及对结果的美好期盼，由此引发的社会舆论及产生的影响。2008 年汶川大地震，当时全世界都通过直播关注着现场救援进展情况，“只要有一线希望，就要用百倍的努力”成为现场对生命救援的基本要求，废墟中哪怕探测到疑似微弱的生命迹象，则无论多困难，空间多狭小，成功率多低，也会调用一切力量(大型装备，人员，医疗)开展救援，此时，过度应急救援的度没有上限。同样，马航 MH370 失联国际重大事件的海上搜救应急响应行动，即使人员失踪时间已超过人类存活的生理极限，相关海域国家都本着搜救生命“不放弃、不抛弃”的原则和国际人道主义精神，继续加大投入搜寻飞机、船舶、人员等资源，不想放弃哪怕成功率极其渺茫但社会大众心底仍保留着对生命尊重和产生奇迹的希望，其社会影响是无法用度来衡量的。

3.2 应急物资和应急技术因素

应急物资主要是指应对突发事件全过程应对所需的防护、支持、救援、保障等一切物资。应急技术简单说就是应对突发事件所需的专业知识和技能。新冠肺炎爆发初期，因传播快、危害大、防护物资(口罩、手套、防护服等)紧缺、病毒危害机理不明确、检测手段不完善、针对性疫苗尚未成功研发以及治疗技术的不成熟和效果有限等诸多客观原因，国家果断启动公共卫生最高级别应急响应，全国上下也对大型集体活动，人员流动作出严格限制。

湖北省武汉市作为疫情最严重的地区甚至采取了最为“激烈”的“封城”措施。回头来看，“封城”措施似乎有些过头，但在当时爆发初期应急资源欠缺和治疗手段有限的特殊条件下，过度的限制行动恰恰为后续实施动态防控管理赢得了时间和空间。根据事后调查结果，在疫情初期，对于全国其他地区的人来说，武汉的“封城”反而给他们带来了更高的安全感。

3.3 利益相关者因素

突发事件利益相关者是指有权对应急决策和应急响应行动施加影响或直接受应急决策和应急响应行动影响的所有个人、群体和组织等。根据弗里曼关于利益相关者的论述即国内相关学者的研究，从与突发事件应急响应紧密性、影响力、紧急性三个维度，将突发事件应急响应行动利益相关者可分为核心利益相关者、边缘利益相关者、潜在利益相关者三类。

（1）核心利益相关者因素

一般指管理者或决策者以及直接获取利益的个人或组织，对应突发事件就是应急响应行动指挥决策者、事件当事人等。首先，决策者本身可以通过行使决策权权力来为自己政绩或政治声望或通过过度响应的“轰动效应”来表现自己的“有所作为”。此外，也有决策者或责任方为避免应急不力产生对自己的不利影响或追责后果而实施不惜代价、动用一切手段的过度应急响应来控制事态和减少损失，已达到免除或减少自己所需承担的管理和领导责任。其次，事件当事人(受影响者)为尽可能降低自己的损失或为了获取更多救援物资，提出除生命、健康需求外其他日常生活物资的过分诉求，这种不切实际的过分利益诉求在信息不明的突发事件初期极易影响决策者的决策。

（2）边缘利益相关者因素

突发事件应急响应边缘利益相关者主要指建言献策或提供信息预判参考的专家或职能部门、信息传播和新闻报道的网络媒体。如危化品泄漏应急响应，气象部门对风力风向变化情况的预报是决策者扩大应急响应范围的重要依据，同时相关专家对危化品危害分析解读，对主管部门的建言献策并以网络媒体公开释放，最终形成某种公众的共同认知和对防灾减灾后果的高期待，这种期待引导并放大了决策者对突发事件危害及后果的判断，以此影响决策者做出过度应急响应度的决策。

（3）潜在利益相关者因素

突发事件应急响应潜在利益者简单来说就是与事件无直接关系的所有个体或群体组织。在这里主要指志愿者或参与捐赠的个人、群体、民间组织，围观的网民等一切社会力量。在某些突发事件的应急救援行动中，民间组织、个体等社会救援力量的大量无序参与、社会各界出于贡献爱心大量的物资捐赠致使救援人员、救灾物资远多于实际需求，这种社会力量的过度和无序的参与本身就是明显的过度应急响应。

4 执行并优化过度应急响应建议

4.1 牢固树立底线思维意识

党的二十大报告指出，“我们必须增强忧患意识，坚持底线思维，做到居安思危、未雨绸缪，准备经受风高浪急甚至惊涛骇浪的重大考验。”底线思维是一种以底线为导向的思维方法和心态，强调“立足最低点，争取最大期望值”，随时做好出点事、出大事的准备，其实质就是一种忧患思维和危机意识的集中体现。底线思维可以用三个关键词来概括，即“守底”“有为”和“主动权”。突发事件应急响应工作，不单单是“防与救”的事情，最重要的是在坚持底线思维的前提下，针对突发事件的特征和特点早做准备，大力整合各类资源，积极主动作为。只有做到有备无患，才能做到心中有底、遇事不慌，牢牢把握突发事件应急响应的主动权。

4.2 完善过度应急响应决策保障机制

《中华人民共和国突发事件应对法》第一章总则部分第十一条规定："有关人民政府及其部门采取的应对突发事件的措施，应当与突发事件可能造成的社会危害的性质、程度和范围相适应；有多种措施可供选择的，应当选择有利于最大程度地保护公民、法人和其他组织权益的措施"。第六章整个法律责任部分中的第六十三、六十四条款都是明确对直接责任人或负直接责任的主管人员因采取措施处置突发事件不及时或处置不当造成后果进行依法追责。可以看出，作为我国应急法制代表的《突发事件应对法》明确规定了应对突发事件采取的措施应当与事件危害的性质、程度和范围相适应和对应急不力的强制追责，但涉及相关过度应急响应决策及强制执行方面缺乏相应免责条款规定，建议有关专业学者和法律专家能在其可行性方面进行研究，为健全主动过度应急响应机制的法治保障提供理论指导和依据，为突发事件应急指挥决策者或当事人提供其在复杂环境和条件下发挥主观能动性提供法治保障。

4.3 充分利用科技支撑及配套服务

2019 年 11 月 29 日，习近平总书记在主持十九届中央政治局第十九次集体学习时强调："要依靠科技提高应急管理的科学化、专业化、职能化、精细化水平。要加大先进适用装备的配套力度，加强关键技术研发，提高突发事件响应和处置能力"。当前，科技的迅猛发展为快速、精准地研判突发事件的发展态势提供了可能。特别是云计算、物联网、大数据、人工智能等现代科技的发展和应用，为第一时间开展突发事件研判、启动应急响应和开展处置工作提供了全新手段。为此，需要加快推进应急科技成果在实践中的转化与应用，通过运用成熟的应急科技来提升预防、应对和韧性能力，

针对已知、可预测的风险，探索复杂化和系统化风险评估和情景构建技术；针对未知、潜在风险，探索未知、模糊风险评估技术和不确定风险的识别和预测能力。

4.4 提升应急物资的储备和保障能力

"物资稳则天下安"。应急物资储备及保障是推进我国建立"大安全大应急"框架和应急管理能力现代化的重要支撑。只有不断优化应急物资储备和提升区域保障能力，才能让物资保障在应急响应行动中发挥关键作用。"巧妇难为无米之炊"，实施必要的过度应急响应行动，其最基本的前提就是应急物资的充足。只有坚持需求导向的应急物资储备和保障逻辑，才能构建集中管理、统一调拨、平时服务、灾时应急、采储结合、节约高效的应急物资保障体系。

应充分考虑到突发事件对应急物资需求的峰值要求，必须完善应急物资储备和优化区域快速调用机制。充分挖掘和利用各级政府、企业和社会力量的应急物资储备能力和保障功能，以此降低并有效分摊应急物资集中储备和日常维护管理的高成本。同时，要加强应急物资的有效管理与区域协调，优化配套服务措施，实现各级各类应急物资的信息共享、快速调用与协同保障。

5 结语

突发事件具有突然性和偶然性，一旦发生，通常发展迅速、危害巨大，必须快速处置，果断遏制，否则会产生严重后果，但从实践和日常发生的案例来看，事态发展往往超出预想，应急响应行动效果有限，损失和危害总超出想象，其中很大一部分原因就是对危害后果

的可能性和严重性估计不足，以至于应急预警和响应行动不足以起到有效警示和快速遏制事态发展的目的。

突发事件的应急响应初期就应该采取“就高不就低”的原则，以用优势悬殊的力量主动打“歼灭战”而不是均势下的被动“防疫战”或劣势下“狙击战”。

参考文献

[1] 苗飞飞. 过度应急响应关键影响因素及内在机理研究[D]. 河南理工大学. 2017.

[2] 罗宏森，钱洪伟. 新发展阶段我国应急管理基本理论与务实研究[J]. 中国应急管理，2021-04.

[3] 充分发挥我国应急管理体系特色和优势. 积极推进我国应急管理体系和能力现代化[N]. 人民日报，2019-12-01.

[4] 钱洪伟. 应急科普理论与实践：应急科学与工程知识体系视角[M].

[5] 徐州：中国矿业大学出版社，2019. 8.

[6] 李雪峰，佟瑞鹏. 应急管理概论[M]. 北京：应急管理出版社，2021.

[7] 钟开斌，应急管理十二讲[M]. 北京：人民出版社，2020. 7.

[8] 郭雪松，刘莹莹. 应急管理理论与应用[M]. 北京：科学出版社，2021. 6.

[9] 任国友. 应急决策理论与方法[M]. 北京：北京大学出版社，2020. 8.

[10] 闪淳昌，薛澜. 应急管理概论：理论与实践[M]. 北京：高等教育出版社，2020. 10.

【作者简介】张柯，中石化海洋石油工程有限公司安全环保部高级主管，高级工程师，研究方向为海洋工程安全与应急管理。电话：13918975196。

油田修井现场远程一键启动灭火装置研制与试验

杨义兴[1,2,3]　隋明祥[1,2,3]　刘江波[1,2,3]
余建军[4]　刘利娜[1,2,3]　付彦丽[1,2,3]　李鹏刚[4]

（1. 中国石油长庆油田分公司油气工艺研究院，陕西西安，710021；
2. 低渗透油气田勘探开发国家工程实验室，陕西西安，710021；
3. 国家级杨义兴井下作业技能专家工作室，陕西西安，710021；
4. 中国石油长庆油田分公司第十采油厂，甘肃庆阳，745000）

摘　要：油田现场是油气生产、输送的聚集场所，油气属易燃易爆品，稍有不慎就可能引发灾难性后果。长庆油田采用丛式井组开发，目标井修井过程中临井均正常生产，对于部分区域开采井油气比高的井，油田修井现场消防预防工作面临更严峻的挑战。前期油田修井火灾事故经验表明，现场配备的消防设备在油气比高的区域，存在着人工操作不及时、有效射程及持续工作时间短、环境适应性差等问题，本文自主研制出远程一键启动灭火装置，在及时发现火灾的第一时间可以迅速启动、高压持续工作、可覆盖整个油田修井现场，实现多次全方位灭火，为油田安全生产保驾护航。

关键词：油田修井；远程灭火；一键启动

1　引言

长庆油田采用丛式井组开发，以 5~8 口油井布设为主，现场抽油机间隔仅 5 米，目标井修井时打开油气井井口后，井口散发大量可燃性气体，且在作业过程中临井均正常生产，对于部分区域开采井油气比高的井，油田修井现场消防预防工作面临更严峻的挑战。前期修井现场配备主要配备 35kg 灭火器和 8kg 灭火器，在发现火情后以人工灭火为主，对于部分区域开采井油气比高的井存在着人工操作不及时、有效射程及持续工作时间短、环境适应性差等问题，无法迅速灭火，一旦蔓延更增加灭火难度，错失了最佳灭火时机发生事故，危害大，风险大，环境破坏强，会加剧油田企业的经济损失，同时也危害着一线员工的生命财产安全。

本文在总结分析前期油田修井火灾事故经验的基础上，充分调研修井现场实际布设，自主研制出一套远程一键启动灭火装置，在及时发现火灾的第一时间可以迅速启动、高压持续工作、可覆盖整个油田修井现场，实现多次全方位灭火，为油田安全生产保驾护航。

2　前期事故分析

目前修井现场配备 4 个 35kg 灭火器和 8 个 8kg 灭火器进行消防戒备，在实际应用过程中，主要存在以下不足：

（1）人工操作不及时。现场消防器材处于备用状态，发生火灾时，操作人员需拿取灭火器后赶赴火源点，实施过程相对较慢，往往失去最佳灭火时机。

（2）有效射程较小。35kg 灭火器喷射距离为 6~8m，8kg 灭火器喷射距离为 3~5m。

（3）持续工作时间短。火势较大时，配备的消防器材无法满足持续灭火要求，火势存在复燃的可能。

（4）环境适应性差。修井现场井架普遍采用 18~21m 高井架，目标井与临井抽油机之间间隙仅有 5m 且有高低不等的基础，还有地势较低的井口输油管线（距离操作平台 0.5m 左右）及多个油管桥（占地 10×10m，距离地面高度 0.5m 左右）等，人工操作在超过 5m 的高空及地势低的区域无法进行灭火。

3 远程一键启动灭火方案设计

针对修井现场着火热辐射高，火焰高，着火面积大等问题，结合调研修井现场实际布设情况，设计出远程一键启动灭火方案：

（1）一键启动及多组联动系统设计。设计了启动气瓶组、电磁型驱动装置、信号反馈装置，使系统具有气动远程一键启动、紧急情况下可手动应急启动两种启动方式。在发现火情后反应时间仅需要 5s，比人工灭火减少 5s 以上。工作原理见图 1。

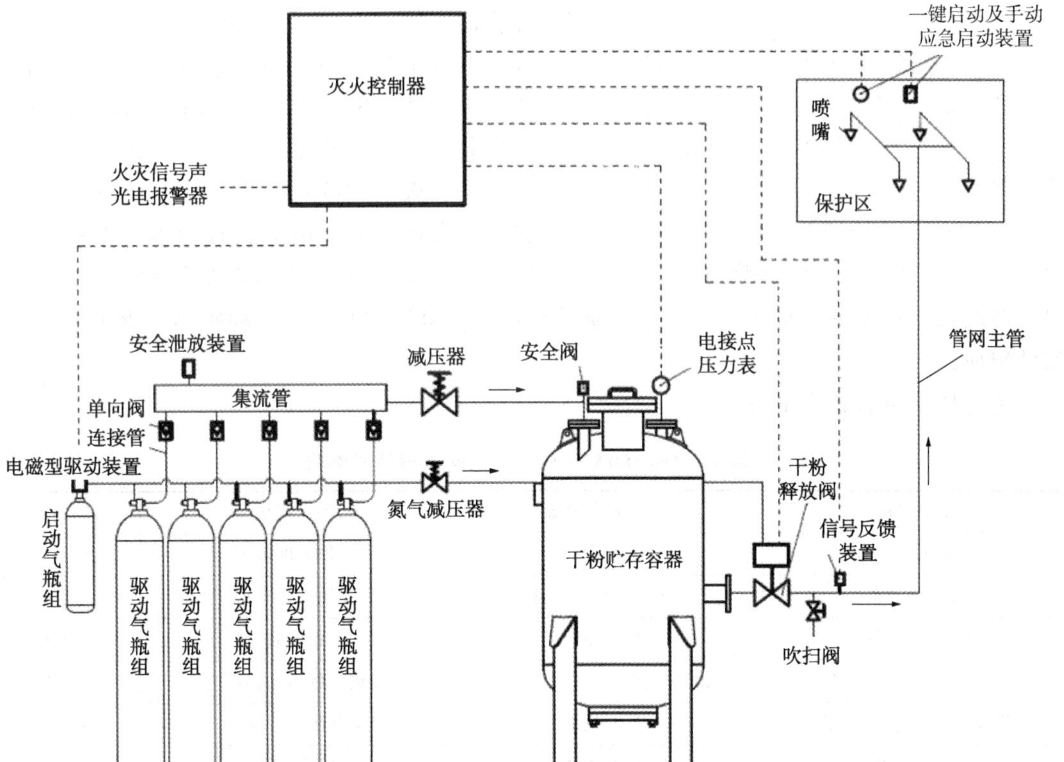

图 1　一键启动灭火装置灭火原理图

使用多组联动组合装置可及时进行多次启动灭火，既可防止火灾复燃同时能预防井喷着火等重大隐患。同时采用分路控制，解决了现场着火点多，定点进行防护，多点使用问题。见图 2、图 3。

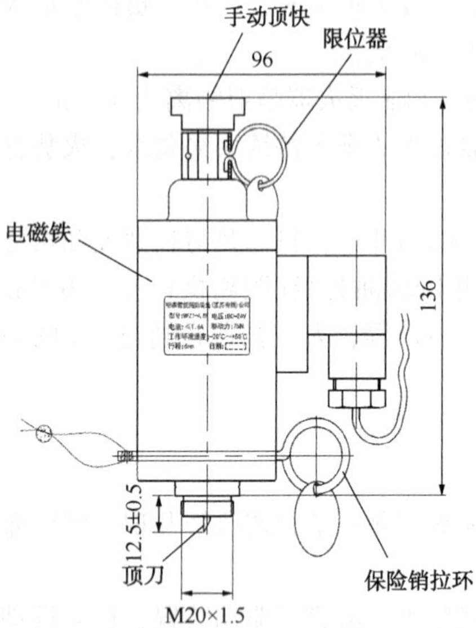

图 2　自动应急启动装置

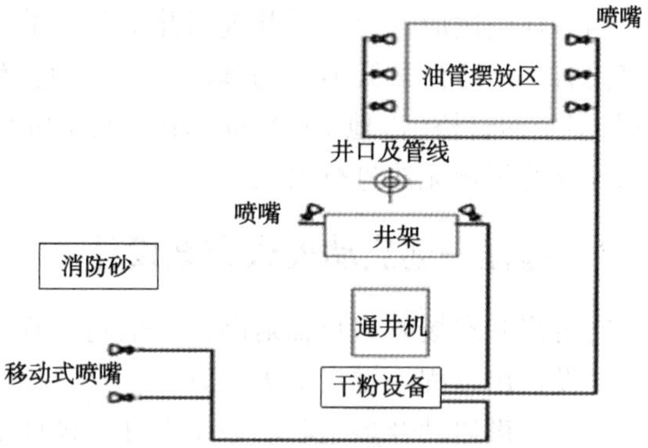

图 3 一键启动灭火装置分路控制示意图

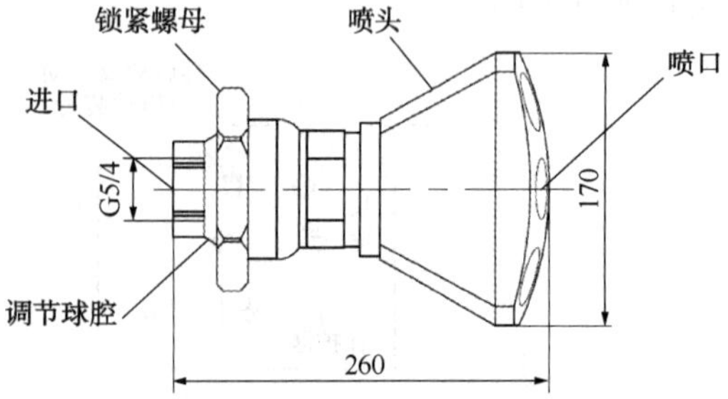

图 4　立体灭火喷头

（2）采用高压喷射原理。当干粉灭火剂贮存容器内的压力达到 1.4MPa 时，打开释放阀，混合好的干粉气固二相态通过喷洒管网流向立体灭火喷头（图 4），有效射程可以达到 12m，喷向着火防护区域保护对象，实现灭火。

（3）灭火设备的设计。设计出 ZEF500A 干粉灭火设备，主要由撬装式箱体、干粉贮存容器、安全阀、释放阀、驱动气瓶组、启动气瓶组、单向阀、集流管、减压器、电磁型驱动装置、信号反馈装置、干粉喷嘴、灭火控制器等部件组成。

关键技术参数如表 1 所示。

表 1　ZEF500A 干粉灭火设备关键技术参数

系统名称	干粉灭火设备	型号规格	ZFP500A
最大工作压力	1.6MPa	工作温度范围	-20～+60℃
灭火剂种类	ABC 干粉灭火剂	驱动气体类型	氮气
干粉贮罐容积	0.75m^3	干粉充装量	≤500kg
驱动气瓶组容积/数量	70L/5 瓶组（按现场配置）	驱动气瓶组贮存压力	13.5MPa
启动气瓶组容积/数量	8L/1 瓶组	启动气瓶组贮存压力	6MPa
启动方式	自动/手动/机械应急	充气增压时间	≤20s
出口释放阀动作压力	1.4MPa	有效喷射时间	≥60s
设备外形尺寸	2700mm×1100mm×2500mm	设备质量	约 2.5t

（4）消防管道设计。在目标井口位置设计了 8m 消防立柱，在地势较低的井口输油管线和油管桥位置设计了 4×4m 和 12×12m 的地毯式灭火喷头，在解决灭火剂有效射程短、喷射

面积小的问题同时极大提高了环境适应性。

3 现场试验

（1）试验方案

布置立体灭火试验。火盆尺寸 3000mm×2300mm×200mm。中间预留穿心 *DN*50×300 喷油管，火盆下部垫 5cm 水，加燃油，油面离盆上口 10cm。在点燃火盆及喷油口，启动喷油设备后，燃烧数分钟。达到一定的燃烧温度后，启动干粉灭火设备灭火。在干粉灭火剂喷射完毕后应无明火，10min 后无复燃为合格。验证 4 个立体灭火喷头，1 个移动喷头，6 个喷射面积，喷射时间。

（2）试验设施及工具备件

油气区域远程一键启动灭火装置、灭火管网、燃油槽（3000mm×2300mm×200mm，带 *DN*50×300 喷油管）、喷油泵、防护板、脚手架、消防车、无人机、秒表、点火装置、隔热防护服 4 套、柴油 800L、汽油 100L 等，18m 修井井架 1 副，地势较低的井口输油管线 1.5×1.5m，油管桥占地面积 10m×10m。

（3）试验结果

① 消防装置有效喷射时间 66s。油槽灭火时间 19s。

② 消防装置启动时间为 5s；出口释放阀动作压力 1.6MPa，符合设计要求。

4 结语

（1）该装置能够全时段、全天候现场戒备，在着火初期能够达到一键启动、多组设备联动，实现远程灭火的目的，提高灭火的有效性，为有效防控井下作业现场井喷着火等安全事故提供有力保障。

（2）通过优化设计，解决了目前修井现场灭火器材射程小，压力低，无法实现对现场迅速灭火的难题。

（3）设计的 ZEF500A 干粉灭火设备解决了灭火剂运输，长期储存后结实不能与驱动气体充分混合的问题。

（4）消防管道解决了现场着火点多，定点进行防护，多点使用问题，在实现了分路控制前提下大幅增加了有效射程、喷射面积，更好地适应了油田修井现场。

参 考 文 献

[1] 赵勇宁. 新形势下油田消防安全环保管理的新措施[J]. 消防界：电子版，2020，6(4)：54-54.

[2] 黄富富. 油田消防工作中存在的问题及解决方法[J]. 消防界(电子版)，2020.

[3] 谭海峰，向东奎，万想，等. 油田消防智能化探索[J]. 管理信息化，2021.

[4] 陈松波. 加强油田企业采油厂消防安全的探讨[J]. 消防界(电子版)，2020.

【作者简介】杨义兴，男，中国石油天然气集团公司长庆油田分公司油气工艺研究院，中国石油天然气集团公司技能专家，首席技师，主要研究方向油田井下作业。电话：13993481632，邮箱：yyx4_cq@ petrochina. com. cn。

新消防规范对油田消防安全工作的影响研究

魏　宏[1]　黄德卫[2]

(1. 华北油田公司消防支队；2. 华北油田公司生产运行处)

摘　要：2022 年下半年，我国住房和城乡建设部相继发布了《消防设施通用规范》GB 55036—2022 和《建筑防火通用规范》GB 55037—2022 两项最新国家标准，同时废止了《建筑设计防火规范》GB 50016—2014(2018 年版)、《石油天然气工程设计防火规范》GB 50183—2004、《储罐区防火堤设计规范》GB 50351—2014 等工程建设标准中部分相关强制性条文。本文对新消防规范产生的涉及油田油气站场防火设计、消防设施设置等消防安全要求的变化进行分析总结，研究了新消防规范的实施对当前油田消防安全工作的具体影响，并立足于新消防规范的实施背景，对油田防火和灭火救援等消防安全工作提出相关具体建议。

关键词：新消防规范；油气站场；油田防火；消防设施；灭火救援

当今油田油气站场生产储存规模不断扩大，新材料及先进装置设备的使用、工艺流程的更新，使其面临的消防安全风险也不断发生变化。站场防火设计、生产设施和消防设施等作为油气站场建设的重要模块，直接关系到油气站场安全、平稳运行。当突发灾害事故时，完善的消防设计和管理更是关系到消防应急功能的有效发挥、人员生命安全和财产安全。新消防规范实施后，油气站场部分消防设计和管理要求也有相应改变，有必要对其中的变化和影响作总结分析。

1　新消防规范的发布

最新消防规范发布之前，油田油气站场防火设计和消防设施设计参考的消防规范主要为《石油天然气工程设计防火规范》GB 50183—2004、《建筑设计防火规范》GB 50016—2014(2018 年版)等相关规范，但随着油气站场消防安全要求及工艺流程精细化程度不断提升，原规范中的部分条文已经很难再对目前的消防设计和管理工作进行全面约束和指导，因此在 2022 年，国家住房和城乡建设部相继发布了《消防设施通用规范》GB 55036—2022 和《建筑防火通用规范》GB 55037—2022 两项最新国家标准，将涉及的相关工程建设标准中的强制性条文按最新规范执行。新消防规范体系更为完整和稳定，其技术约束性进一步优化，同时兼顾未来油气站场的发展变化，对当前油田油气站场消防安全工作的开展具有重要指导意义。

2　新规范涉及的变化及分析

2.1　火灾危险性分类和油气站场等级划分

原规范对石油天然气火灾危险性按照危险程度不同采取了甲$_A$、甲$_B$、乙$_A$、乙$_B$、丙$_A$、丙$_B$的单独分类方式，同时考虑了操作温度对火灾危险性分类的影响。新规范取消了该分类方式，将石油天然气生产和储存过程中涉及到的相关介质纳入《建筑设计防火规范》

GB 50016—2014(2018 年版)中关于生产或储存火灾危险性分类统一管理，简化了介质管理程序。

原规范中油品、液化石油气、天然气凝液站场按照储存总容量划分站场等级；天然气站场按照生产规模划分站场等级。新规范取消了油气站场等级分类，使后续涉及不同规模的油气站场的各项消防设计、管理按照统一标准执行。

2.2 油气站场总平面布置

原规范对油气站场、火炬与周围居住区、相邻厂矿企业、交通线等防火间距作出具体规定。同时明确要求油气站场内部总平面布置的防火间距、火炬的防火间距以及油气站场内的甲、乙类工艺装置、联合工艺装置的防火间距；五级油品站场和天然气站场值班休息室(宿舍、厨房、餐厅)与甲、乙类油品储罐以及甲、乙类工艺设备、容器、厂房、汽车装卸设施的防火间距；甲、乙、丙类液体储罐(区)和乙、丙类液体桶装堆场与其他建筑的防火间距以及甲、乙、丙类液体储罐之间的防火间距；甲、乙、丙类液体储罐成组布置时的组内储罐的单罐容量和总容量、组内储罐的布置排数、储罐之间的防火间距；可燃气体储罐与建筑物、储罐、堆场等防火间距以及可燃气体储罐(区)之间的防火间距；氧气储罐与建筑物、储罐、堆场等防火间距；液化天然气气化站的液化天然气储罐(区)与站外建筑等防火间距；液化石油气供应基地的全压式和半冷冻式储罐(区)与明火或散发火花地点和基地外建筑等防火间距；液化石油气储罐之间的防火间距；Ⅰ、Ⅱ级瓶装液化石油气供应站瓶库与站外建筑等防火间距；架空电力线与甲、乙、丙类液体储罐，液化石油气储罐，可燃、助燃气体储罐的最近水平距离。与《建筑设计防火规范》中关于厂房、仓库、民用建筑等防火间距具体参数要求取消一样，新规范按照尽可能节约用地的原则，在确保生产操作和消防安全要求的前提下取消了油气站场上述选址及内外部防火间距具体参数要求，同时取消液化天然气站场的部分选址要求和部分油气站场通向外部道路的出入口数量要求。

原规范考虑到液化烃罐区在液化烃切水时，可能会有少量泄漏，为避免泄漏的气体就地积聚，要求液化石油气罐组防火堤或防护墙内严禁绿化。随着液化烃罐区相关消防安全措施的不断完善，新规范取消此规定，起到美化环境、改善小气候、减少环境污染的效果。

2.3 油气站场生产设施和油气田内部集输管道设置

原规范明确要求天然气站场及天然气处理装置的管道截断阀、泄压放空阀设置；沉降罐顶部最大积油厚度；采用天然气密封的罐防止采出水容器液位超高冒顶、超压破坏并防止火灾蔓延的相关措施；油品的铁路装卸设施的安全斜梯设置、液下装车鹤管设置、装卸泵房至铁路装卸线的距离、油品输入管道上的紧急切断阀设置、零位油罐容器、零位罐至铁路装卸线距离；火炬设置的高度、进入火炬的可燃气体分离要求、防止回火的措施、点火设施设置、可燃气体放空距离、排入火炬系统的气体限制。新规范取消上述油气站场生产设施的消防强制要求。

针对储罐区防火堤，原规范对卧式油罐组防护墙和沸溢性油品的地上式、半地下式储罐防火堤设置作出了具体要求；要求液化石油气储罐组或储罐区的四周应设置高度不小于1.0m 的不燃性实体防护墙；对含油污水排水管水封设施和雨水排水管封闭、隔离装置设置作出规定。新规范取消上述规定。

原规范要求天然气集输管道输送部分湿天然气或输送其他酸性天然气时，集输管道及相应的系统设施必须采取防腐蚀措施；天然气集输管道输送酸性干天然气时，集输管道建成投产前的干燥及管输气质的脱水深度必须达到相关规定。新规范取消上述规定。

2.4 消防设施设置

原规范对油气站场消防用水水源作了较具体的规定和要求，要求储罐(区)周围应设置室外消火栓系统。新规范取消此强制规定，将站场消防用水按照《消防给水及消火栓系统技术规范》GB 50974—2014 中关于消防水源管理要求统一执行，便于油气站场的消防安全管理。

针对泡沫灭火系统，原规范根据油罐区单罐容量、储罐类型、火灾扑救难易程度不同对低倍数泡沫灭火系统的设置形式(固定式低倍数泡沫灭火系统、半固定式泡沫灭火系统、移动式泡沫灭火系统)作出要求；明确规定储罐区泡沫灭火系统的泡沫混合液设计流量计算和确定方式；要求油品站场应采用电机拖动的泡沫消防水泵做主用泵，采用柴油机拖动的泡沫消防水泵做备用泵；明确规定甲、乙、丙类液体储罐区的泡沫炮灭火面积计算方式，泡沫炮泡沫混合液的供给量计算方式。新规范取消上述规定。

针对消防冷却水系统，原规范根据油罐区单罐容量、储罐类型不同对消防冷却水系统设置形式(固定式消防冷却水系统、半固定式消防冷却水系统、移动式消防冷却水系统)作出要求；规定了油罐区消防水冷却范围以及油罐的消防冷却水供给范围、供给强度和连续供给时间；规定了天然气凝液、液化石油气罐区的固定式消防冷却水系统的用水量计算以及辅助水枪或水炮用水量确定方式；根据油气站场设计规模、火灾危险类别及固定消防设施的设置情况等综合考虑确定生产装置区的消防用水量，并明确火灾延续供水时间；对油品储罐和液化烃储罐用于防护冷却的水喷雾灭火系统的供给强度、持续供给时间、响应时间均有数据要求。新规范取消消防冷却水系统设置形式规定；将消防冷却水相关参数纳入《消防给水及消火栓系统技术规范》GB 50974—2014 中关于甲、乙、丙类可燃液体储罐及液化烃储罐的消防给水设计流量统一管理，统一了灭火应用计算方式；取消了生产装置区的消防用水量和火灾延续供水时间要求；明确水喷雾灭火系统需要基于不同防护目标，充分考虑保护对象自身特性和环境条件等因素合理确定关键技术参数，满足系统有效灭火、控火、防护冷却或防火分隔的要求即可。

原规范对部分固定顶油罐的泡沫灭火系统与消防冷却水系统的连锁程序操纵功能、自动操纵功能以及部分浮顶油罐的火灾自动报警系统设置、外浮顶油罐光栅光纤感温火灾探测器相邻光栅间距离作出相关规定。新规范取消上述规定。

2.5 电气要求

针对消防电源及配电，原规范对石油天然气工程一、二、三级站场消防泵房用电设备的电源负荷作出具体要求；要求室外消防用水量大于 35L/s 的可燃气体储罐(区)和甲、乙类液体储罐(区)的消防用电应按二级负荷供电。新规范取消上述规定。

针对防雷，原规范要求工艺装置内露天布置的塔、容器等，当顶板厚度等于或大于 4mm 时，必须设防雷接地；要求可燃气体、油品、液化石油气、天然气凝液的钢罐，必须设防雷接地，并应符合相关规定。新规范取消上述规定。

3 新消防规范对油田消防安全工作的影响

《消防设施通用规范》GB 55036—2022 和《建筑防火通用规范》GB 55037—2022 本身作为强制性工程建设规范，主要通过两个方面对部分原有条文进行重新梳理：一是将废止的部分工程建设标准相关强制性条文的内容重新梳理纳入到本规范中，包括叙述方式的细微改动、将具体性参数改为原则性要求，便于消防设计和管理更加贴合生产实际；二是针对某一项强制性要求在多个规范中重复体现的情况，删除部分规范中重复叙述的条文，便于消防设计标准的查询和参考。此外，《消防设施通用规范》GB 55036—2022 规定了油田油气站场在建设工程中设置的各类消防设施应满足的基本目标、功能要求和性能要求，相关具体的技术参数、明确的技术措施和具体的维护管理要求可按照国家相应消防设施的技术标准等由相关责任主体确定。

3.1 使站场防火工作落实落地

以往油气站场防火设计要求纷繁芜杂，导致实际执行过程中存在标准不统一、可操作性不强的问题。新消防规范的实施，尽可能使不同规模的油气站场执行统一要求；取消相关平面布置强制要求，使得现有已建成的部分油气场站能够纳入规范并结合生产实际统一管理；简化生产设施、油气田内部集输管道、消防电源及配电、防雷等防火设计要求，优化完善消防设施设置标准，有助于削减不必要的消防设计和维保成本，便于油气站场的后期消防安全管理。

3.2 使灭火救援工作贴合实际

当油气站场储罐、生产装置等重点部位发生火灾时，站场内的固定、半固定和移动消防设施发挥着不可或缺的作用。以往规范对消防设施的设置形式、技术参数都有较为详细的规定。新规范结合灾害事故的一般规律和灭火救援的实际情况，对站场消防设施的设置要求进行优化：一是考虑到灭火救援过程中灭火剂需求量的不确定性，简化或取消泡沫灭火、消防水冷却的部分相关技术参数要求；二是取消涉及消防给水系统、火灾自动报警系统等部分系统中非必要的消防设施功能强制要求，在确保消防安全的前提下减少消防设计成本。通过一系列优化，使站场灾害事故的初期处置和后续灭火救援更加贴合实际情况，为科学高效地开展消防工作指明方向。

4 提升油田消防安全工作成效的对策建议

4.1 强化油气站场的防火工作

我国消防安全工作的方针是“预防为主，防消结合”，由此可见防火工作是消防安全工作的重中之重。在新消防规范的实施背景下和现有油气场站建设的基础上，应结合实际情况综合分析并判定火灾隐患，合理优化站场内外部结构布局，确保新建生产设施、设备和油气管道符合相关工程建设标准。与此同时，应落实油气站场的火灾自动报警系统、消防水系统、泡沫灭火系统等消防设施的基础资金保障，同时结合“天眼”监控系统等最新的安防技术，达到及时发现火灾隐患、有效遏制初期火灾的目的。

4.2 加强油气站场日常风险研判

新消防规范的变化并不代表消防安全工作标准的降低。油田油气站场的风险种类众多、变化频繁并长期存在，在此基础上，应持续加强油气站场的风险识别、风险评估、风险应对和风险监控等风险管理工作，定期开展多部门联合应急演练，进一步规范站场消防安全管理，确保不局限于规范条文最低标准开展消防安全工作，真正做到未雨绸缪、防患于未然。

4.3 改进专职消防队伍的技战术措施

结合新消防规范的变化，作为油田专职消防队伍，应转变传统的训练方式，将训练场由消防营区“搬”到油气站场内，开展有针对性的技战术训练和实战演练，并进一步结合油气站场工艺流程、消防设施的更新换代，改进相关技战术措施和传统的灭火应用计算方式，特别注重初期火灾的扑救。同时，充分考虑现场重点部位布局、消防通道、防火堤、消防水源、现场风向、地势等多种因素，灵活布置参战消防力量，做到更加科学有效地处置灾情，筑牢油田安全生产的最后一道“屏障”。

5 结论与展望

消防安全与油田的安全生产和平稳运行直接相关，新消防规范的实施给油田消防安全设计和管理提出了新的要求。在生产实践过程中，对标并深入分析新消防规范的相关要求，找准不达标项目的整改方向、明确改进措施，对油田油气站场的消防设计、施工、管理等具有深刻的意义和影响，有助于持续推动油田消防安全工作落实，也为其他消防安全工作的开展提供指导。

参 考 文 献

[1] 吴立志，董希琳，郭其云，等. 我国能源结构调整中消防技术规范问题的研究[J]. 消防科学与技术，2008，27(2)：95-97.
[2] 中华人民共和国住房和城乡建设部，国家市场监督管理总局. 建筑防火通用规范：GB 55037-2022[S]. 北京：中国计划出版社，2023.
[3] 中华人民共和国住房和城乡建设部，国家市场监督管理总局. 消防设施通用规范：GB 55036-2022[S]. 北京：中国计划出版社，2022.
[4] 刘小辉. 新形势下油田消防安全管理工作问题及对策探析[J]. 科技资讯，2018，(32)：116-117.
[5] 于立家. 提高油田企业消防救援能力的措施[J]. 化工管理，2018，(13)：84.

【作者简介】魏宏，男，中国石油天然气股份有限公司华北油田分公司消防支队，工程师。电话：15227568793，电子信箱：xf_weih@ petrochina. com. cn。

信息技术在油田现场气防监测中的运用

毛振宁　曹雪健　乔政博

（中国石化西北油田分公司油田治安消防中心）

摘　要： 信息技术与油田企业的管理水平有密切的关联性，油田企业在进行安全生产的过程当中，必须要有效的借助信息技术来提升油田安全生产管理水平。油田现场气防监测是油田安全生产的重要组成部分，信息技术在油田现场气防监测中的应用可以提高监测的准确性和效率，从而保障油田生产的安全性和可靠性。本文首先阐述了石油石化企业气体危害和检测的基本概念，其次将介绍一种基于信息技术和物联网的气防监测信息展示方案，旨在提高应急现场的气防监测效率，提升公司现场安全管理水平。

关键词： 信息技术；气防监测；有毒气体；硬件设备；数字化建设；安全管理

1　研究背景及意义

石油石化企业作为具有高温、高压、易燃、易爆、易腐蚀和易中毒等生产特点单位，在采油生产过程中经常会产生多种对人体有害的有毒气体，极易产生员工在生产过程中发生中毒、窒息事故，因此气防监测显得尤为重要。气防工作就是预防职业病发生，保障员工安全与健康的一项重要工作，它是安全工作的分支，是劳动保护的重要组成部分，在石化企业中发挥着重要作用。将信息技术运用于现场气防监测可以帮助我们更好地了解和控制有毒气体的存在，检测和测量有毒气体的种类和浓度，不仅关系到企业的经济发展状况，甚至影响着企业员工的安危和健康状况。因此，研究信息技术在现场气防监测中如何运用、在安全管理中推广使用具有重大意义，有利于油田持续经营。

2　国内外研究现状

2.1　国内研究现状

我国对有毒有害气体的检测工作已经在医疗，食品，化工制造和燃料能源等方面得到了具体的实施。现如今也是十分热门的一项技术操作。在有害气体的检测中做到事无巨细，万无一失的标准。对有毒有害气体的检测技术上也研究了多种方式方法，例如化学分析法，仪器分析法，传感器以及报警器报警等。在进行有毒有害气体的检测过程中，要针对有害气体的浓度，性质和结构经过系统了解后，进行定性定量的检测过程。经过检测结果所收集到的数据变化进行严谨的分析，对有毒气体的含量，浓度以及分布情况做到充分地了解，对检测结果进行系统准确的整合后，在相关有害气体的防控防治工作当中，提供有帮助的分析数据结果进行接下来的防治措施。

2.2　国际研究现状

20 世纪 30 年代，国外开始进行研究开发气体传感器的工作，主要运用于厂矿有毒有害气体的监测、控制和报警。国外的毒气监测技术具有多样性特点，基于光谱分析的技术是当前比较流行的监测技术，该方法具有检测范围广、精度高、响应速度快等特点。20 世纪 70 年代 Noxon 提出差分吸收光谱技术(DOAS)，在大气污染监测、烟气环境及石油石化有毒有害气体监测中应用广泛。同样，近期出现的可调谐激光二极管激光吸收光谱(TDLAS)技术具备高灵敏、高分辨率的特点，目前已实现对于大部分常见气体的高灵敏度检测。

3 石油石化企业常见有毒气体的危害与防护

3.1 硫化氢气体的特点与危害性

硫化氢气体在油田作业中比较常见，是一种无色、易燃、有毒的气体，具有非常强烈的刺激性。它在油田作业中通常是一种有害和危险的存在，对工人和环境都构成潜在的威胁，低浓度的硫化氢可能引起头痛、恶心、呕吐等不适症状，长期接触也可能对神经系统造成损害。而高浓度的硫化氢则可能导致立即窒息、死亡等严重后果。除此之外，硫化氢还可能导致酸雨等环境问题，对生态系统的健康产生影响。为了防止硫化氢的危害，应佩戴专门的防毒面具和呼吸器，避免直接接触含有硫化氢的环境。

3.2 油田其他常见有毒气体

甲烷与空气混合能形成爆炸性混合物，遇热源和明火有燃烧爆炸的危险。二氧化硫易被湿润的黏膜表面吸收生成亚硫酸、硫酸，对眼及呼吸道黏膜有强烈的刺激作用，大量吸入引起肺水肿、喉水肿、声带痉挛而致窒息。一氧化碳进入人体之后会和血液中的血红蛋白结合，产生碳氧血红蛋白，进而使血红蛋白不能与氧气结合，从而引起机体组织出现缺氧，导致人体窒息死亡。

3.3 气体防护措施

正压式空气呼吸器是我们进入浓烟、毒气、粉尘或缺氧的环境中进行灭火作战、抢险和救护时使用的一种防护装备，它的主要作用是在浓烟毒气、缺氧或有毒物质环境中有效保护使用者自身安全。含硫油气田硫化氢监测与人身安全防护规程(SY/T 6277—2005)5.1.1 正压式空气呼吸装置明确规定：在硫化氢浓度较高或浓度不清的环境中作业，均应采用正压式空气呼吸器。

正压式空气呼吸器主要由气瓶、减压阀、供气阀、面罩、背托夹、系带、压力表七部分组成。正压式空气呼吸装置使用相关规定：在硫化氢浓度较高或浓度不清的环境中作业，应采用正压式空气呼吸器。与供气系统配套使用的是可外接供气系统的正压式空气呼吸装置，或者是带快速接头的防毒面罩。供气系统应设置报警装置。多人长时间在含硫化氢环境中工作时，应建立正压供气系统，供气系统的空气压缩机压力应采用 0.5～0.7MPa，供气量按每人不小于 50L/min 计算。

4 应急现场气防监测信息系统建设

油田应急现场气体防护主要依靠无线多点、手持式检测仪等设备进行监测。数据依靠人工汇报，难于实时反映现场的多组数据及变化情况，为提升现场救援效率，辅助做出决策，通过信息技术与现场气防监测的结合，对现场气防监测流程进行优化，建立一体化智慧气防流程。

4.1 应急现场气防监测信息系统工作流程

可燃气体报警器在井场井口采油树附近处检测到有可燃气体泄漏，由无线多点检测报警仪、智能空呼数据、气象监测一同数据集成处理，检测信息反馈至井场报警器、集结准备点、应急指挥部。物联网技术通过在关键井场和关键卡口部署安排视频监控系统，可以完成安全生产工作。若发现隐患，可以马上采取有效措施。同时，通过实时监控出入作业区的车辆和人员，可以及早发现盗窃、破坏等情形，并及时纠正、规避风险。

另外，传感器在实时采集井口和井底数据后，将这些数据和信息传输到物联网平台。根据业务和技术建模，可以进行即时预警和趋势预测，作出事前处理控制。当出现异常人员、车辆进入采气井作业区，或者其他突发情况时，可以马上采取告警、及时通知相关负责人妥善处置等举措，进而提升生产制造可靠性和生产率。

气防监测信息流程见图 1。

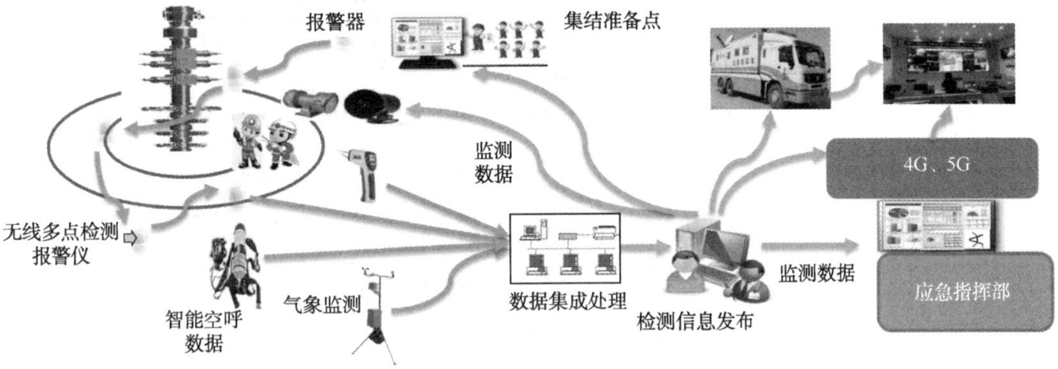

图 1　气防监测信息流程

4.2　应急现场气防监测信息系统功能模块

应急现场气防监测信息系统能够实现现场气防监测信息的整体架构，具有查阅和编辑功能，可以方便地修改场景信息并保存修改后的内容。此外，还可以根据实际需求，进行自定义设置，以满足不同场景的需求。软件界面简洁明了，操作方便快捷，能够大大提高现场气防监测工作的效率和准确性。同时具有实时监测功能，可以实时监测现场气防设备的运行状态，及时发现设备故障或异常情况，从而有效预防安全事故的发生。同时，该软件还支持多种数据格式，能够实现数据的快速导入和导出，方便用户对数据进行处理和分析。气防监测信息软件整体架构见图 2。

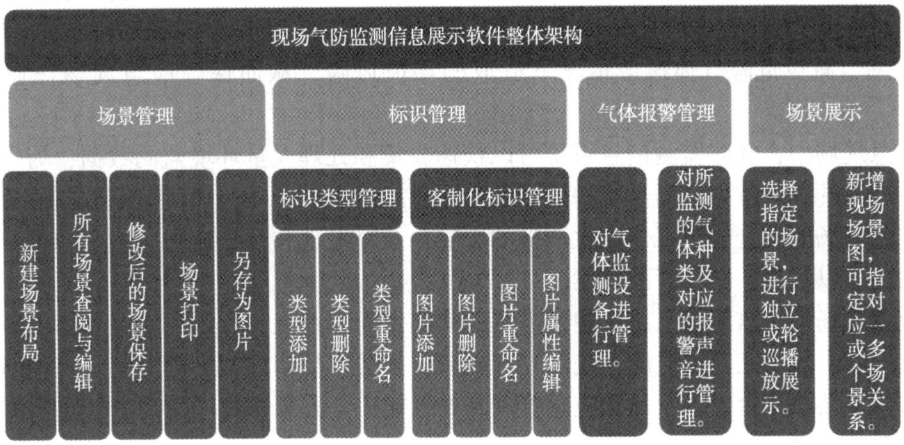

图 2　气防监测信息软件整体架构

4.3 应急现场气防监测信息系统连接架构(图3)

气体监测仪通过射频传输、电台发送等方式传输到现场监控服务器，由其现场硬件设备和通信网络的连接架构，这些设备通过连接到计算机或服务器上的视频接口相连，并通过无线信号传输到屏幕上显示实时视频流，将现场环境数据在屏幕上进行显示，如有异常状况则监控屏幕及报警器显示报警，及时拓展通知至应急指挥部，对显示现场的环境数据进行监测投屏展示。

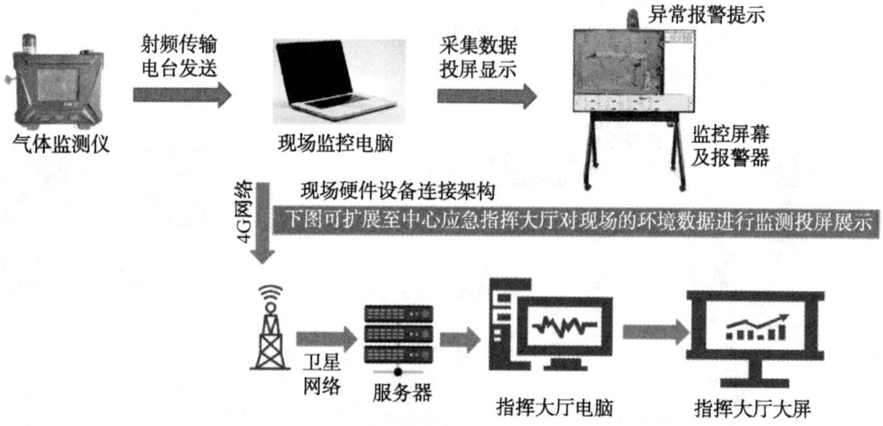

图3 现场气防监测信息系统硬件架构

5 一体化智慧气防的优势

不同于之前的分级汇总，人工定时汇报；一体化智慧气防具备立体检测，实时显示的功能，场景编辑器中的轮巡展示功能支持多个场景信息的轮巡展示，界面下方显示当前场景气体监测信息，监测报警时仅显示报警场景信息。同时对每种类型气体超阈值情形均设定独立的报警音提示，并在界面图标上进行颜色区别标识，超限报警时进行高亮提示显示，相较于之前的人工核验，大大提升了工作效率。

6 结语

应急现场气防监测信息系统建设是一项至关重要的任务，它可以提高应急现场的效率和安全性。通过建立完善的气防监测信息系统，可以实时掌握现场环境信息，提升人员疏散效率，减少危险气体逸散情况下造成的环境风险，从而保障应急现场作业人员的生命安全。

在应急现场中，气防监测信息系统可以快速收集和处理大量环境监测数据，为指挥员提供及时、准确的决策依据，提高指挥效率和协同作战能力。此外，通过监测数据的分析，还可以对应急现场的安全管理工作产生积极的影响，及时发现和预警潜在的安全隐患，采取针对性的措施加以解决，防止事故的发生。

对应急现场气防监测信息系统建设方案的实施，需要组织、计划、实施和评估等各个环节的有效配合。建立完善的监测系统和管理机制，加强人员培训和管理，制定合理的监测计划，建立信息共享平台，以及加强应急管理和处置能力等方面都是应急现场气防监测信息系统建设的关键要素。

参 考 文 献

[1] 李文骏，刘列根，张宇．基于信息技术油田监测系统研究[J]．微计算机信息，2009.

[2] 赵欣梅，黄光玉，徐元柳．运用信息技术构建数字油田[J]．石油规划设计，2007.

[3] 单捷．浅论气体防护工作在石油企业的作用[J]．科技与企业，2015.

[4] 王卫国．有害气体检测现状与发展趋势[J]．皮革制作与环保科技，2020.

【作者简介】毛振宁，男，现就职于中国石化西北油田分公司油田治安消防中心，助理工程师，从事应急与消防救援管理工作。通讯地址：新疆巴音郭楞蒙古自治州轮台县轮南镇采油三队油田治安消防中心，电话：18101347254，邮箱：mzn1998@163.com。

三标管理打造标准化建设示范站队

张　洁　刘　军　谷　健　杨彦杰

（中国石油冀东油田供电公司）

摘　要：近年来，国家高度重视企业安全生产标准化工作的推动、实施，在各级安全监管部门和相关行业管理部门的大力推动下，广大企业积极开展安全生产标准化创建工作。特别是《安全生产法》已将推进企业安全生产标准化建设写入法律条文，成为企业的法定职责。企业安全生产标准化建设越来越受到企业的重视，成为提高企业本质安全、推进隐患排查治理和风险防控的基本措施，是衡量企业负责人是否履行安全生产主体责任的重要依据。本文结合中国石油冀东油田供电公司变电运行工区在基层站队标准化建设中，"三标管理"工作的一些具体实施办法和经验总结，为后续的标准化持续推进工作打下基础。

关键词：安全生产标准化；标准化建设；三标管理

1　安全生产标准化概述

安全生产标准化是企业通过落实安全生产主体责任，全员全过程参与，建立并保持安全生产管理体系，全面管控生产经营活动各环节的安全生产与职业卫生工作，实现安全健康管理系统化、岗位操作行为规范化、设备设施本质安全化、作业环境器具定置化，并持续改进的一个过程。

安全生产标准化建设是企业安全文化的重要组成部分，它是以人为中心，以行为科学为依据，以文化引导为手段，以激发职工的安全生产自觉行为为目的一种独特的管理方法。它的内容广泛、具体，既涉及到了人的思想，又涉及到人的行为，还涉及到企业环境；既规范了人的行为准则，又规定了人的动作标准，还提出了企业环境的具体要求，可操作性强。它既是一种先进的管理思想，又是一种可行的管理手段，更是一种高尚的管理文化。优秀的企业安全文化，必须有一定的形式和方法表现出来，开展安全生产标准化创建，正是这种安全文化在新形势下的具体反映。

2　三标管理及创建经验分享

冀东油田供电公司变电运行工区现有员工 33 人，主要负责 2 座 110kV 变电站、9 座 35kV 变电站和 6 座 10kV 高压配电室的日常运行、维护和检修工作。工区坚持以风险管控为核心，持续开展标准化创建活动，2017 至 2023 年，连续七年通过审核验收，被冀东油田评为"安全环保免检单位"、"A1 级 QHSE 体系基层单位"，2019、2022 年度分别获得集团公司 QHSE 标准化先进基层单位荣誉称号。多年来，该工区在安全生产标准化创建工作上，主要从以下三个方面开展工作：

2.1 管理标准化

主要强调基础管理、规章制度和原始记录。通过制定科学、合理、有效的管理标准来规范员工的认知理解和作业行为，使各个岗位上员工清楚地了解自己所要遵守的行为准则。要求安全基础管理扎实，规章制度齐全，原始记录准确，实现正规化、标准化、科学化管理。

创建实例：

“先有标准，才有安全。”按照这个思路，该工区狠抓标准、规范化管理，全员每年签订QHSE责任书，编制QHSE责任清单，落实“一岗双责”，岗位人员各负其责、主动履责，所有员工都成为有责任、有担当的“电保姆”。为确保责任落实到位，该工区明确了属地责任制，将站内属地、设备管理职责落实到人头，严考核、明奖惩，让每位员工成为“属地卫士”，知责任、守责任，做到“谁当班谁负责”“谁的属地谁负责”。同时，创新推出了岗位“无漏项工作计划表”，将变电站的日常工作梳理清晰，形成工作日历、周历、月历，三者既相互独立又互为补充，有效避免了工作缺项、漏项，确保了安全运行。该工区还将各项制度、标准整合、完善，形成《基层管理手册》和《岗位工作手册》作为日常工作的基本指南和岗位员工的基本培训教材。

2.2 现场标准化

主要强调现场管理，要求工作现场按照国家标准，实现文明、卫生、整洁；各种安全标志、标语齐全醒目，各种信号、安全防护及警报装置齐全可靠，安全通道畅通，给岗位人员创造一个良好的工作环境。这种环境实质上是一种安全文化环境，它能随时提醒、激发人们的安全生产自觉性，也能随时防止人们产生失误时带来的种种危害。

创建实例：

该工区重点从现场区域、设备设施、工器具三个主题完善建设内容。各站点现场布局合理，环境整洁卫生，标志标识规范齐全；现场各类工器具状态完好，定置定位摆放；各站点生产设备设施、安全消防设施、环保设施配置齐全、性能完好、维护保养到位；各类污染物、废弃物达标排放、合规处理。通过查阅大量国家标准和行业标准，编制形成《标准化变电站管理手册》，从厂站视觉形象、站容站貌、劳保穿戴、现场目视化标识、环境卫生、基础资料及设备设施定置管理等方面，积极开展变电站现场标准化治理提升。

2.3 操作标准化

主要强调常规作业管控、非常规作业管控、应急处置标准化。建立完善常规作业操作规程及关键作业操作卡，规定动作执行到位，杜绝自选动作；建立非常规作业和高风险作业清单，编制落实相应的检维修施工方案，严格作业许可，实施作业信息上报、风险告知和区域挂牌，规范办理许可票证，开展工作前安全分析，落实能量隔离措施，严格现场作业监督监护；完善现场紧急突发情况应急处置方案和岗位应急处置卡，强化日常演练，应急处置迅速有效。

创建实例：

倒闸操作是变电运行工最重要的风险作业，为确保安全操作，该工区员工在倒闸时严格执行标准化操作流程，严格落实“两票三审”“倒闸操作把六关”“倒闸操作后备双重监护”“列队三交一问”“电气操作全程录音”“红布幔”等制度，切实做到检修作业现场“只有规定动作，没有自选动作”。2022年，该工区共执行倒闸操作1287次7058项，全部做到了100%安全可靠、及时准确。

“巡视虽频，必不敢减次数；操作虽繁，必不敢减步骤”。巡视是变电站员工的另一个

"规定动作"，一般分为四类，分别是常规巡视包括交接班和夜间巡视、设备单元定点巡视、特殊巡视以及红外检测巡视。通过总结长期巡检经验，该工区总结提炼出"一看、二听、三嗅、四测"的巡视方法，让所有员工受益匪浅，巡视技能也得到了大幅提升。通过实施标准化巡视，该变电站先后发现套管裂纹、变压器渗漏油等多项隐性缺陷，由于发现、处置及时，避免了多起事故的发生。

3 结语

安全生产标准化建设是一项基础性、长期性工作，达到安全生产标准化的目标富有挑战性，而保持其成果，提高其水平更是有难度。因此，要积极倡导全员参与，编制进度计划表，分解标准化创建任务，把责任落实到人，通过动员、布置、实施、监督、检查、评比等环节，让所有的员工都参加到这项工作中来，增强每个人的安全生产意识。同时，安全生产标准化建设需要加强交流，创新发展。要积极进行行业内横向交流，组织单位与单位之间的对口检查活动，在对比中提升创建水平。要因地制宜开展创建工作，按照标准不降、要求不变的创建思想，形成不同创建特色，建成适合自身安全生产管理要求的标准化单位。

【作者简介】张洁，男，中国石油冀东油田供电公司，HSE 工程师。主要从事的工作或研究方向：安全生产管理，安全监督检查，安全技术研究，安全风险分级管控和隐患排查治理。电话：13663292442，邮箱：361541187@ qq. com。

相国寺储气库事故预防与应急处理方法探讨

毛　崴[1]　李　洪[1]　曾维烁[2]

（1. 重庆相国寺储气库有限公司；2. 中国石油西南油气田分公司）

摘　要：地下储气库是当今世界上最主要的天然气储存方式，在世界天然气储存设施的总容量中，地下储气库的容量占90%以上。地下储气库储存的天然气主要用于调节城市用气过程中的不均衡性，以保证用气高峰的用气量。但也因其高压、大流量、往复交变注采的生产特点，安全风险极大。本文通过对地下储气库的风险分析和总结国外储气库事故经验，探讨了相国寺储气库的事故预防与应急处理方法。

关键词：地下储气库；相国寺储气库；风险分析；事故预防；应急处理

据国际天然气协会(CEDIGAZ)的统计数据显示，截至2022年，全球已建成679座地下储气库，较2021年增加12座。另据不完全统计，2011年国内地下储气库数量约12座，2022年全国地下储气库数量提升至36座，累计库容达到613.73×10^8m^3，同比增长9.09%。地下储气库作为天然气能源储备的一种新型方法，在解决天然气调峰和应急供气方面表现突出，但因其高压、大流量等生产特点，安全风险极大。随着运行时间推移，风险程度呈螺旋上升趋势。2015年美国Aliso Canyon地下储气库因储气井地下套管破损导致天然气泄漏，造成了巨大社会影响和经济损失，成为美国历史上最大的天然气泄漏事故。这起事故为相国寺储气库的安全运行敲响了警钟。

1　相国寺储气库简介

相国寺储气库位于重庆市，是由原相国寺气田石炭系气藏改建而成，是西南地区首座利用碳酸盐岩储层改建的枯竭气藏型地下储气库，设计库容42.6×10^8m^3，最大日注气量1517×10^4m^3，最大日采气量2884×10^4m^3。相国寺储气库是连通我国三大气区并把国内多条东西走向的干线管道相互联网，形成全国和区域的不同层次的大型环状管网，提高管网调配灵活性，保障供气安全的输气联络线中卫—贵阳天然气管道的主要配套工程，担负着季节调峰和事故应急重任。

2　枯竭油气藏型地下储气库事故统计分析

地下储气库作为一种新型天然气储备方式，在储气量大、安全系数高以及经济效益高等方面具有诸多优势。然而，由于地下储气库具有高压、大流量、往复交变注采等特点，其生产过程中存在着极大的安全风险。根据文献调研，对枯竭油气藏型地下储气库已发生的事故统计见表1。

据报道的17起事故中，除1起事故原因不明外，按照失效机理，枯竭油气藏型地下储气库事故类型大致可分为3类，气体迁移、注采井或套管损坏和地面设施失效。见图1。

表 1　枯竭油气藏型地下储气库事故概览表

序号	储气库所在地	事故发生时间	事故描述	事故注解	事故类别划分
1	美国加利福尼亚州	2015. 10. 23~2016. 2. 18	储气井 SS — 25 号井地下套管破损导致天然气泄漏。导致 1.1 万名附近居民离家疏散，附近的牧场社区有超过 5000 户家庭和两个当地学校搬迁，直接经济损失约 3.3 亿美元，总损失约 10 亿美元	直接原因是储气设施地下 2.67km 处的天然气注入井套管破裂导致天然气泄漏	注采井或套管损坏
2	美国科罗拉多州	2006. 10	气体泄漏，储气库运行中断，当地 13 户家庭（共计 52 人）紧急疏散	注采井泄漏，固井质量存在问题	注采井或套管损坏
3	英国北海南部	2006. 2	爆炸及火灾，2 人受伤，31 人紧急疏散	脱水装置中的冷却机组失效，引发爆炸	地面设施失效
4	美国伊利诺伊州	1997. 2	爆炸及火灾，3 人受伤	油田在储气库区勘探钻井过程中气体迁移	气体迁移
5	德国巴伐利亚	2003	注采井井筒环空压力升高	固井质量存在问题	注采井或套管损坏
6	美国加利福尼亚州	2003. 4	气体泄漏约 25min，并发生油气混合	压缩机组阀门破裂	地面设施失效
7	美国加利福尼亚州	1975	气体从气藏迁移至邻近区域并泄漏至地表	气体首先迁移至浅表地层，地表橡树砍伐后泄漏至地面	气体迁移
8	美国加利福尼亚州	1950~1986	储气库气量损耗	储气库气体在注气过程中发生迁移，1986 年停止注气，2003 年关停储库	气体迁移
9	美国加利福尼亚州	1940~至今	储气库气体迁移	地质构造存在断层，导致储气库气体迁移至邻近区域	气体迁移
10	美国加利福尼亚州	1993. 10	爆炸，造成 200 万美元的经济损失	气体脱水处理装置发生爆炸	地面设施失效
11	美国路易斯安那州	1980~1999	注气量超负荷，注入气体发生迁移	储气库气体在注气过程迁移，储库仍维持运行	气体迁移
12	美国加利福尼亚州	1974	爆炸，火灾持续 19d，气量损耗	事故原因未明	事故原因未明
13	美国加利福尼亚州	20 世纪 70 年代	注气量超负荷，气体在注气过程迁移	注入气归属其他公司，2003 年关停	气体迁移
14	美国加利福尼亚州	20 世纪 70 年代	气体迁移	气体由储气库迁移至地表，已关停储气库	气体迁移
15	美国加利福尼亚州	不详	注采井损毁	地震导致注采井损毁	注采井或套管损坏
16	美国加利福尼亚州	不详	套管鞋泄漏，注采井损坏	套管鞋泄漏修复过程中注采井不慎损坏	注采井或套管损坏
17	美国加利福尼亚州	不详	套管腐蚀，注采井损坏	腐蚀套管修复过程中注采井不慎损坏	注采井或套管损坏

2.1 气体迁移

此类事故共计发生7起，约占事故总数41%。造成此类事故的主要原因包括以下几个因素：首先，储气库的地下构造特征。地下构造中的裂隙和孔隙介质会影响气体的扩散和运移。而储气库所处的地质环境的复杂性和异质性会导致气体迁移路径的不稳定性，增加了泄漏的风险。其次，注入气体的特性也会影响气体的迁移。比如，注入气体的温度、压力和密度等参数的变化会导致气体的运动方式和路径的改变。同时，注入气体与地下储层的相互作用也会影响气体的迁移。此外，注采井的设计和运行管理也会对注入气体迁移造成影响。井筒的完整性和封堵情况决定了气体是否会从井筒中泄漏。井筒的损坏或井下设备故障可能导致气体逸出并迁移到地表或地下水系统中。

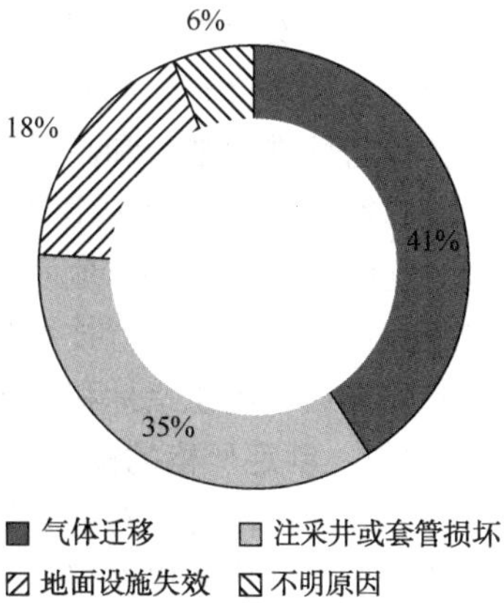

图1 枯竭油气藏储气库发生事故类别占比

2.2 注采井或套管损坏

此类事故共计发生6起，约占事故总数35%。造成此类事故的主要原因包括以下几个方面：井筒完整性失效，例如，井筒出现裂缝、破损或失效时。注采井设备故障，设备故障可能由于设计缺陷、使用寿命到期、材料劣化等原因引起。不正确的操作和管理也可能导致注采井损坏和泄漏事故。例如，操作员可能由于疏忽、技术不熟练或违反操作规程而造成井筒损坏。

2.3 地面设施失效

此类事故共计发生3起，约占事故总数18%。地面设施失效的原因可以是多方面的，比如设备老化、材料腐蚀、设计不当等。当设备老化或材料腐蚀严重时，设施的可靠性和稳定性将大大降低，增加了泄漏事故的发生概率。而设计不当可能会导致设施结构不稳定或易受外界因素影响，从而增加了设施失效的风险。

3 事故预防

3.1 加强设备维护

地下储气库泄漏事故的预防措施是确保储气库安全运行的关键。加强设备维护是预防事故的重要措施之一。制定完善的设备保养与维修计划，确保设备按照规定进行定期保养和维修；根据技术发展和安全要求，定期评估储气库设备的性能和可靠性，并及时进行设备的更新和升级，提高其性能和可靠性；安装并定期维护设备监测系统，可以实时监测设备运行状态和性能；制定明确的设备操作规程，培训和管理操作人员，确保其具备操作技能和应急处理能力，严格按照规程进行操作。

3.2 建立完善的监测系统

地下储气库泄漏事故的预防措施之一是建立完善的监测、预警系统。积极引入微地震、DAS/DTS光纤监测技术，丰富监测手段，建立以“断层开启、盖层失效、储层库容动用”为重点的监测体系技术架构，通过对压力、温度的“两场两变化”动态监测实现内部运行动态和圈闭完整性分析评价；通过有计划的年度试井方案，实现多周期注采后不同注采能力井渗流特征及不同构造位置均衡注采的评价和预测。采用岩石力学实验与力学模型评价相结合的地质体封闭性评价技术，开展气库储层岩石地质力学相关实验，充分认识地质体地质力学特征，建立力学模型评价储气库运行过程中盖层、底托层和断层的封闭性。强化检测评价，建立地面系统安全管控体系，严格执行“五步循环法”(数据管理、风险识别、检测评价、维修维护、效能评价)，实现全流程管理，通过强化管道和站场检测评价、设备管理、风险评价、预防性维护维修和高后果区监控预警，全面保障地面系统安全受控。持续强化储气库全生命周期完整性管理，建立储气库全生命周期安全保障体系，根据相国寺储气库的特点，建立一支涉及地下、井、地面及风险管理多专业的储气库建库达容技术团队；动态监测、分析与跟踪评价储气库运行技术参数变化特征，评估储气库各系统的安全运行状态，及时提出方案调整、运行优化指标和灾害预防建议，确保储气库安全高效运行。

3.3 制定严格的操作规程和工艺纪律

有效的操作规程对地下储气库的安全运行至关重要。首先，应针对注采生产工艺和关键设备制定标准化的操作规程和配置合理的工艺参数，并严格执行。其次，操作规程应针对不同的岗位和责任进行分类，不同岗位的工作人员需要遵循不同的操作规程，以确保各项任务按照预定程序和标准执行。另外，操作规程应明确具体的操作流程和步骤。对于每个操作环节，规程中应详细描述操作的具体步骤、风险提示、所需设备和工具、操作参数限制等。操作人员在执行任务时，应参照规程中的指引进行操作，确保操作的准确性和规范性。此外，应加强对操作人员的培训和管理。操作规程的制定不仅需要明确操作的要求，还需要对操作人员进行培训和考核，确保其熟悉操作规程并能够正确执行。同时，应建立健全的操作记录和监督机制，对操作过程进行记录和监测，及时发现和纠正操作中违规行为。

4 应急处理方法

4.1 快速响应机制

快速响应能够迅速发现泄漏情况并采取措施以降低事故的影响。建立完善的监测系统，通过使用高精度传感器和监测设备对储气库进行持续监测。设置报警设备和预警系统，以便当监测数据超过预设阈值时能够及时发出预警。预警系统应该能够迅速通知相关人员和应急机构，以便能够快速做出有效的响应。制定完善的应急预案，并确保所有相关人员都熟悉并训练过应急响应程序。对相关人员进行必要的培训，提高其对泄漏事故的应急响应能力。建立与应急机构、专家团队和相关部门的有效联络与协调机制，确保在发生事故时能够及时获得专业的支持和资源。准备必要的封堵设备和材料，并确保能够迅速进行封堵操作。及时向公众发布事故信息，并提供相关的安全指引和建议。保证公众的安全意识和应急响应能力，以应对可能的风险。

4.2 应急采气清库策略

建立地下储气库地质体监测和库容复核机制，及时研判储气库盖层、底托层、断层等地质体密封性，一旦出现异常，综合研判后采取应急采气清库策略，降低事故损失和影响，为后续处置留足时间和空间。

4.3 切断供应策略

切断供应的目的是迅速停止天然气的泄漏和扩散，降低事故的影响范围。一旦发生泄漏事故，必须立即启动紧急关闭控制系统。该系统可以通过遥控或自动操作关闭与泄漏源相连的管道和阀门，以迅速切断天然气的供应通路。在切断供应后，需要迅速排空天然气，以减少泄漏量和扩散范围。针对泄漏源的位置和特点，采取合适的封堵措施以阻止气体继续泄漏。对泄漏事故的周边区域进行封控，限制人员和车辆进入，并采取适当的安全防护措施，避免事故的进一步扩大和蔓延。及时启动泄漏事故的应急预案，组织专业救援队伍进行灭火、救援和紧急处理工作，确保事故处置工作的高效进行。值得注意的是，在切断供应策略的实施过程中，应充分考虑安全因素，并与相关部门和专业人员密切配合，确保应急处理的顺利进行。同时，还应定期进行应急演练和培训，提高人员的应急处置能力和专业技术水平，以应对可能发生的储气库泄漏事故。

4.4 封堵泄漏源措施

封堵泄漏源是地下储气库应急处理中的重要措施之一，旨在迅速控制泄漏，防止事故进一步扩大和危害加剧。通过封堵泄漏源所在的井筒，阻断气体的泄漏通道。封堵井头的常用方法有安装封堵器、注入水泥浆等，以实现对井筒的密封和封堵。使用各类堵漏剂来堵塞泄漏点或裂缝，以阻止天然气的泄漏。该方法通常通过将堵漏剂注入泄漏点或裂缝位置，形成堵塞物阻止气体的泄漏。在事故发生后，采用爆破封堵的方式可以快速堵塞泄漏源。对于管道泄漏，可以采取临时或永久性的方法来封闭管线

近年来，一些新型的封堵技术也逐渐应用于地下储气库泄漏事故中，如纳米材料封堵技术、高分子材料封堵技术等。这些技术在封堵效果和速度方面具有一定的优势。

5 从美国 Aliso Canyon 储气库套损事故看政、企、社应急救援

对储气库事故而言，事故带来的影响不仅使人员伤亡，设备设施损坏，更有可能影响群众的正常生活，影响社会稳定，给企业带来负面影响。从美国 Aliso Canyon 储气库可以看出，事故的第一发现者一般还是事故企业的智能监测系统或人工巡检，与此同时也可能接到社区居民报警，这就要求储气库不仅要加强监测预警，更要不断提高应急响应速度，早发现、早处置，防止事故演变为舆情事件。见表 2。

表 2 美国 Aliso Canyon 储气库套损事故应急处置经验

序号	事故名称	事故发生时间	事故原因	影响范围	处置时长	应急响应			处置措施
						企业	政府	社会	
1	美国 Aliso Canyon 储气库套损事故	2015 年 10 月 23 日	注采气井在反复注采过程中，套管由于受温度、压力、腐蚀和循环交变载荷的共同作用，容易因腐蚀穿孔、破裂、断裂引发天然气泄漏	泄漏天然气 10.7×10^4 t，导致 1.1 万名附近居民离家疏散，超过 5000 户家庭和两个当地学校搬迁，直接经济损失约 3.3 亿美元，总损失约 10 亿美元	118 天	最初采用灌入盐水，以水压封住漏气，但没有成功；随后停止注入气体，并请来油气井专业止漏公司 Boots& Coots，Boots&Coots 公司破冰、灌水堵漏失败，泄漏加剧；挖拦截井同时灌水止漏失败，泄漏加速，并导致井口结构失效；补强井口，提气减压，钻救援井直至封堵成功	州长紧急服务办公室 (Cal OES) 成立事故指挥部，同时，在亚里索峡谷建立现场指挥所。主要工作：24 小时监督堵漏措施实施，提供技术指导；指派人员调查公众健康；定时组织地方官员会议，并及时通知周边社区居民事故进展情况；协调各政府机构进行信息共享。 石油天然气与地热资源保护局(DOGGR)技术专家通过现场评估燃气公司的堵漏操作，确保每一步操作的可行性	空气资源委员会(ARB)、南海岸空气质量管理局(SCAQMD)及其他研究机构合作开展持续应急监测，并通过网页向公众和媒体公布	7 次盐水堵漏尝试，最后通过救援井永久性封堵储气井

应急响应几乎都进行了政企联动。事故应急处置技术措施，尤其是工程抢险措施主要由事故企业及相关专家制订实施。应急处置耗时长短不一，井筒事故的主要处置措施是查漏堵

漏，甚至永久性封堵；管线事故的主要处置措施是紧急截断、放空及后期的管线维修或更换；站场事故的主要处置措施主要是控制井口安全，管道紧急截断、放空等。而事故发生后的疏散撤离、后勤保障等措施的实施主要依靠地方政府组织。国外事故处置政府往往会提供技术支持，而国内事故处置政府提供的主要还是行政管理支持，社会救援在国内事故的应急处置中并不突出。美国 Aliso Canyon 储气库套损事故也给相国寺储气库起到了一定的警示作用：建立和完善政府、企业、社会(或第三方机构)3 个层级的应急管理协同机制，制定相互关联、相互衔接的应急预案，明确各层级的职责、流程、措施、公众安全及信息发布等内容，并进行充分的应急演练，不断总结和完善应急预案。

6 结语

地下储气库作为天然气能源储备的一种新型方法，在解决天然气调峰和应急供气方面具有一定的优势。然而，由于天然气易燃、易爆的特性，再加上储气库高压、大流量、往复交变注采的生产特点，其安全风险极大。本文从安全管理的角度出发，首先分析了地下储气库泄漏事故的原因，包括注入气体迁移、注采井损坏、地面设施失效等。针对这些原因，提出了一系列预防措施，如加强设备维护、建立完善的监测系统、制定严格的操作规程等。同时还针对事故的发生，探讨了一些应急处理的方法，包括快速响应、应急采气清库、切断供应、封堵泄漏源等。通过综合运用预防措施和应急处理方法，可以有效地降低地下储气库泄漏事故的发生概率和影响程度。这对于保障天然气的安全供应和促进可持续发展具有重要意义。

无论是事故预防措施，或者是应急处理方法，都是基于企业层面根据自身实际情况而制定的，但是企业的应急资源有限，能调度的救援力量可能不足。从美国 Aliso Canyon 储气库套损事故中可以得到启发，相国寺储气库事故应急处置研究方向应着力于构建一套能将政府、企业和社会公众三方资源有机结合的联合应急响应体系，强化信息共享、优化应急预案和演练、加强救援资源建设与调度，推动技术创新与智能化建设，提高应急响应效率，降低潜在损失。为地下储气库的安全运行提供坚实保障，促进我国能源产业的可持续发展。

参 考 文 献

[1] 苏欣. CPE 西南分公司承担地下储气库地面配套工程建设[J]，天然气与石油. 2010，28(03).
[2] 华经产业研究院. 2023 年中国地下储气库行业市场研究报告[R].
[3] 谢丽华，张宏，李鹤林. 枯竭油气藏型地下储气库事故分析及风险识别[J]，天然气工业. 2009，29(11).
[4] 唐晨飞，张广文，王延平，等，美国 Aliso Canyon 地下储气库泄漏事故概况及反思[J]，安全，健康和环境，2016，16(07).

基于气田生产数字化转型背景下的安全管理探索实践

陈　林

（中国石油西南油气田公司川中北部采气管理处）

智能化是强国战略的必备基础，也是企业转型升级的发展方向。随着大数据、云计算、人工智能、边缘计算和工业互联网等新技术蓬勃兴起，全球石油公司不断通过数字化转型来提高核心竞争力。其中智能化气田以完善的工业控制系统、超级物联网和多业务集成的数字化平台推进生产组织的变革和新型气田管理模式的重新构建，气田生产管理具有全面感知、自动操控、趋势预测、优化决策的典型特征。随着生产组织模式的变化，相对于传统气田生产过程中的安全管控形势，智能化气田的安全风险、管控能力和方式均发生较大变化。如何充分识别智能化气田生产安全风险特征的变化，及时调整和探索管控措施就非常必要。本文以中国石油西南油气田公司川中北部采气管理处（简称采气处）为例进行分析，采气处主要负责川中古隆起高磨地区台缘带和蓬莱气田灯影组气藏的开发生产业务。已开发区块气藏埋深介于5000~6000m，地层温度147~164℃，原始地层压力56.5~64.8MPa，硫化氢含量19~39g/m^3，属于典型的高温、高压和含硫气藏，气田生产安全风险高，在数字化转型背景下，采气处积极探索发挥智能化新技术，配套建立系列安全管控措施和方法，开展提高安全管控的能力方面的尝试。

1　持续安全管理探索的必要性

1.1　加强安全管理是新时代安全生产工作的必然要求

我国已经进入加快推进社会主义现代化的伟大征程，党的十八大以来，以习近平同志为核心的党中央高度重视安全生产工作，把安全发展作为推进国家治理体系和治理能力现代化的重要内容。党的二十大报告提出“坚持安全第一、预防为主，完善公共安全体系，提高防灾减灾救灾和重大突发公共事件处置保障能力”的重要论述，将安全应急工作提到了前所未有的高度。这就要求我们持续坚守安全底线，统筹发展和安全大局，奋楫走好中国式现代化的安全工作新征程。含硫气田开发生产具有易燃、易爆、有毒等特点，如果发生事故，将产生严重后果，正因如此，安全生产更加重要，更应该将安全生产管控贯穿于天然气生产全过程。

1.2　加强安全管理是气田数字化转型过程中的必然要求

近年来，采气处在天然气生产领域积极开展数字化转型工作，操作层面实现“岗位标准化、属地规范化、管理数字化”，管理层面实现“自动化生产、数字化办公、智能化管理”，积极推进生产组织架构扁平化，构建新型采气管理区，生产组织模式发生根本性改变，电子巡检代替了人工巡检，远程监控代替现场值守，微泄漏监测、次声波、振动光纤和机器人巡检、无人机巡线等新技术应用于天然气场站和集输管道，与传统模式相比，安全风险类别和影响发生较大变化，与之对应的管控方式也应进行转变，以适用新的智能化气田安全生产需要。

1.3 加强安全管理是天然气田安全效益开发的必然要求

安全生产是保障企业效益的法治要求。《安全生产法》对生产经营单位安全生产所必需的资金投入给予了明确要求。企业安全生产的基本要求，就是要保护员工的生命财产安全和健康，将其作为安全生产工作的出发点和立足点贯穿到生产经营的各个环节。安全是发展的前提，对企业而言，不应把安全只当作成本，安全其实就是竞争力，是效益。只有确保安全合规，企业才能往更高质量、更大规模发展。相反，那些只顾短期利益而“因陋就简”的企业，只要出事故，往往“一失万无”。因此，唯有脚踏实地，确保安全发展理念落到实处，才能实现可持续发展。

2 数字化转型面临安全管理的新挑战

2.1 气田生产管理模式发生变革

气田数字化转型必然带来生产管理模式的变革，构建新型劳动组织架构，生产管理从传统的“中心井站+单井无人值守”转变为“生产指挥中心+多气田无人值守+多专业联合巡检”，构建起以全气田扁平化直管、全业务统筹运行、全过程协同指挥为特色的生产管理新模式。

一是传统长链条、多层级管控转变为全气田扁平化直管。在采气厂(矿)下不再设置传统的作业区，由采气厂(矿)的生产指挥部门负责全气田集中监控、分析判断和应急处置；生产现场取消中心井站，设立巡护站点，根据指令执行气田维护和属地管理。二是多链条业务独立运作转变为全业务统筹运行。优化传统模式下多各层级多类型工作计划，由生产指挥部门统筹计划制定和跟踪闭环，相关方按计划联合开展工作，提高效率。三是各岗位独立决策转变为全过程协同指挥。打破部门壁垒，在生产指挥部门设立多岗位协同指挥平台，建立分级指挥清单，由不同技术岗位及支撑团队根据生产情况共同作出决策支撑。

2.2 生产环境和安全风险发生新的变化

气田生产数字化时代带来了新的机遇与挑战，这其中重要的一点就是安全环境和风险的变化。一是网络安全的风险。网络是数字化气田的神经系统，网络的不安全和不断变化的威胁因素日益增多，黑客的入侵和病毒攻击、光纤中断、交换机崩溃等将对生产安全造成严重影响。二是工控系统稳定的风险。气田生产全部依靠物联网和自控系统来实现数据采集、分析、指挥，变送器数据失真、自控机构的失效、服务器的宕机等均有可能产生连锁动作、监控失效、超压等异常情况。三是操作失误的风险。传统的气田所涉及学科专业往往集中于石油与天然气工程、机械、油气储运、地质勘探等专业，而数字化气田还需要计算机、网络通信、自动控制、人工智能等专业，生产操作从现场开关阀门转向远程鼠标操作，生产运行分析往往需要更广的知识面和多学科联合会诊，对员工的知识要求提出新挑战。四是生产组织新模式的风险。传统的气田生产是现场值守或中心井站+无人值守，新的组织模式是采取全气田无人值守，生产指挥部门集中监控，气田运行监控的可靠性、应急响应的及时性、属地管理的有效性均有不确定性因素。

3 安全管理新模式的探索路径

通过对标国家法律法规、行业标准和企业制度，运用 HAZOP、PHA 等定性、定量风险分析工具，对气田生产数字化新模式下安全管控适应性进行分析，对全体岗位人员安全技能进行评估，制定针对性安全管控措施和人员技能素质提升举措，匹配完善业务流程，修订岗位工作标准和系统设备设施校检巡护要求，满足数字化新模式下气田生产安全管控要求。

3.1 加强网络安全建设，提升保障能力

夯实网络安全基础。实现网络冗余保障，定期开展网络测试和攻防演练，确保无漏洞。提升网络安全意识。引导员工深刻认识网络安全是企业数字化、智能化转型发展的"神经元细胞"，自觉养成网络安全意识，主动执行网络安全防护措施。构建网络安全环境。加强安全基线配置和口令管理，以桌面终端安全工具箱为抓手，确保每台服务器密码设置、文件资料等信息的储存处理和传输流程安全受控。筑牢网络安全防线，护航数字化转型，驱动新时代油气产业高质量发展，形成管理、控制、技术稳固的三角安全保障体系，提高网络安全保障整体能力。

3.2 做好系统维护和数据治理，确保系统稳定

减少生产网实时数据传输层级。生产组织机构层级的压减也有利于减少数据传输中间环节、提高数据传输的稳定性及映射准确率，生产网内数据全部统一数据源，实现"一次采集、多专业共享应用"。做好系统维护和参数配置，合适系统冗余备份。开展系统诊断和数据治理。上线"生产实时数据全链路质量智能诊断与管理工具"，利用大数据分析、误差智能核准等算法，掌握生产实时数据质量、生产数据链路通信质量及设备运行情况，诊断问题数据原因、定位数据问题环节，形成数字化条件下的实时数据问题高效治理业务流程。

3.3 培训内容融入数字化新内涵，满足技能要求

根据风险识别，开展技能需求矩阵分析，对传统培训内容融入数字化操作新内涵，从技能操作、安全应急、问题分析等多方面形成模块化培训模块，对标岗位需求开展订单式培训，锻炼"一人多岗、一岗多能"的工作能力，适应数字化气田对岗位能力的要求。

3.4 建立数字化应急处置程序，升级应急保障

搭建"一体化智能管控中心+一体化协同工作平台"，围绕气田开发生产精益管控，构建气田生产过程系统管控模式，实现生产操作远程协助、应急处置敏捷抉择、生产管理协同优化，支撑新型管理区的管控模式。配套应急处置流程。气田生产区域设置巡护站点，负责初期应急处置，生产指挥部门负责远程应急处置，外围应急机构根据应急等级负责应急支援，明确了现场各类突发事件的处置措施，各环节对泄漏、超压、硫化氢中毒等突发状况制定标准的数字化处置措施。

3.5 构建数字化监督新模式，提升监督效能

深化应用数字化工作平台，作业许可管理全面上线运行，将安全工作过程标准化，通过安眼工程、安全生产实时分析预警模块，推动"大监督"模式，传统现场监督为主转变为全时域远程监督为主。配套数字化监控环境打造。针对数字化监督的特点，从现场风险专业的目视化、规范化入手，配套各风险作业角色服装、标识、工器具和安防器材等标准要求，便于远程监督识别。

4 应用效果和下一步工作

通过不断深化数字化融合赋能作用，采气处打造了"天然气开发与生产智能化协同管控（AAA 级）"新型能力，优化重构了作业计划统筹、现场巡检管理、生产过程管控、安全监督管理等 11 项业务流程，构建起"全气藏扁平化直管、全业务统筹运行、全过程协同指挥、

全时域过程监督”的四全生产管理新模式，并于2023年通过了国家两化融合管理体系2.0评定认证，管控指令流程时间缩短60%，通过探索数字化气田生产一系列安全管控措施，监督执行效率提升40%，安全管控能力进一步提高，保障了气田安全绿色开发。下一步，采气处将积极推进天然气上游生产全业务链数字化转型落地，持续构建和完善生产管控和风险管控数字化等应用场景，实现数据驱动，进一步提高安全风险管控能力。

【作者简介】陈林，男，就职于中国石油西南油气田分公司川中北部采气管理处，工程师，硕士研究生学历，主要从事油气田开发及安全管理。电话：13419365270。邮箱：chenlinpost@ petrochina. com. cn。

“油公司”模式数字化气田协同应急处置标准化建设

刘俊材　王崇阳

（中国石油西南油气田公司川中北部采气管理处）

摘　要： 数字化、智能化是企业转型升级的发展方向，在组织架构、生产模式发生变革的背景下，如何充分发挥数字化优势，及时调整和探索应急处置模式就非常必要。本文以中国石油西南油气田公司川中北部采气管理处（简称采气处）为例进行分析，在“油公司”模式下，数字化气田协同应急处置标准化建设与实践。

关键词： 油公司；数字化；协同应急处置；标准化

随着社会的不断发展，各种自然灾害、事故灾难、公共卫生事件等突发事件频繁发生，给人们的生命财产安全和社会稳定带来了极大的威胁。因此，建立健全应急管理体系和提高应急管理能力已成为现代社会不可或缺的重要任务。尤其是针对石油石化行业，面临着风险程度高、危及区域大、社会影响深，一旦发生事故事件，不能有效及时处置，极有可能引发群死群伤，因此有效的应急处置模式，提高应急决策质量，能有效发挥应急处置最后一道防线的作用，降低事故损失。采气处是中国石油集团公司首个“油公司”模式的改革试点单位，主要负责川中古隆起高磨地区台缘带和蓬莱气田灯影组气藏的开发生产业务。已开发区块气藏埋深介于5000~6000m，地层温度147~164℃，原始地层压力56.5~64.8MPa，硫化氢含量19~39g/m^3，属于典型的高温、高压和含硫气藏，气田生产安全风险高，一旦发生突发事件，更需要有效的、科学的、及时的应急处置响应机制。成立以来，管理处立足“机关直管井站”的扁平化两级管控模式，以应急处置标准化管理为思路，依托新区数字化气田建设成果，开展协同应急处置标准化建设体系尝试。

1　协同应急处置标准化的必要性

我国已经进入加快推进社会主义现代化的伟大征程，党的十八大以来，以习近平同志为核心的党中央高度重视应急管理工作，提出双重预防机制，筹建国家应急管理部，统筹推进国家应急管理工作。党的二十大报告提出“坚持安全第一、预防为主，完善公共安全体系，提高防灾减灾救灾和重大突发公共事件处置保障能力”的重要论述，将安全应急工作提到了前所未有的高度。这就要求我们持续坚守安全底线，统筹发展和安全大局，防范遏制重特大事故，走好中国式现代化的应急管理工作新征程。含硫气田开发生产具有易燃、易爆、有毒等特点，如果发生事故，将产生严重后果，正因如此，应急处置更加重要，更应该将应急处置标准化建设纳入基层站队全过程管理。

近年来，采气处在天然气生产领域积极开展数字化转型工作，操作层面实现“岗位标准化、属地规范化、管理数字化”，管理层面实现“自动化生产、数字化办公、智能化管理”，积极推进生产组织架构扁平化，构建新型采气管理区，生产组织模式发生根本性改变，电子巡检代替了人工巡检，远程监控代替现场值守，微泄漏监测、次声波、振动光纤和机器人巡检、无人机巡线等新技术应用于天然气场站和集输管道，与传统模式相比，安全风险类别和影响发生较大变化，与之对应的管控方式也应进行转变，以适用新的智能化气田安全生产需要。

协同应急处置标准化有助于应急处理经验的推广、应用和快速响应，将应急突发事件带来的危害降至最低。

2 协同应急处置标准化的探索路径

2.1 搭建扁平化生产应急指挥系统

基于组织架构和调控需求，集成全气藏集中监控、异常情况分析判断和应急先期处置等数据，新建投运生产指挥中心，实现现场应急处置的科学性、可视性；同时优化组织机构，变传统三个层级、长链条管理为两个层级扁平化直管，减少应急响应、决策、指挥层级，实现二级单位机关直管生产现场，提高应急决策效率。

2.2 建立应急处置标准化管理体系

围绕 QHSE 标准化站队“三标”建设，融合信息化技术，围绕生产现场主要风险，从事件判断、应急处置、事件记录等三个方面，编制联锁压力高低报警、井下安全阀状态改变报警等 SCADA 系统报警处置卡，实现应急处置管理标准化。

2.3 实施协同决策应急工作机制

遴选内部专业技术干部，优选外部自控、通讯、电力等服务商运维人员，成立“内部+外部”生产指挥中心工作团队，实施指挥大厅坐班机制，并依托次声波、振动光纤、电力信息等智能应用系统，形成突发事件应急处置协同决策指挥平台，负责异常情况、突发事件的分析、指令下达，实现生产现场异常协同决策、突发事件应急处置协同指挥，有效提升现场异常情况和突发事件的应急处置效率。见图 1、图 2。

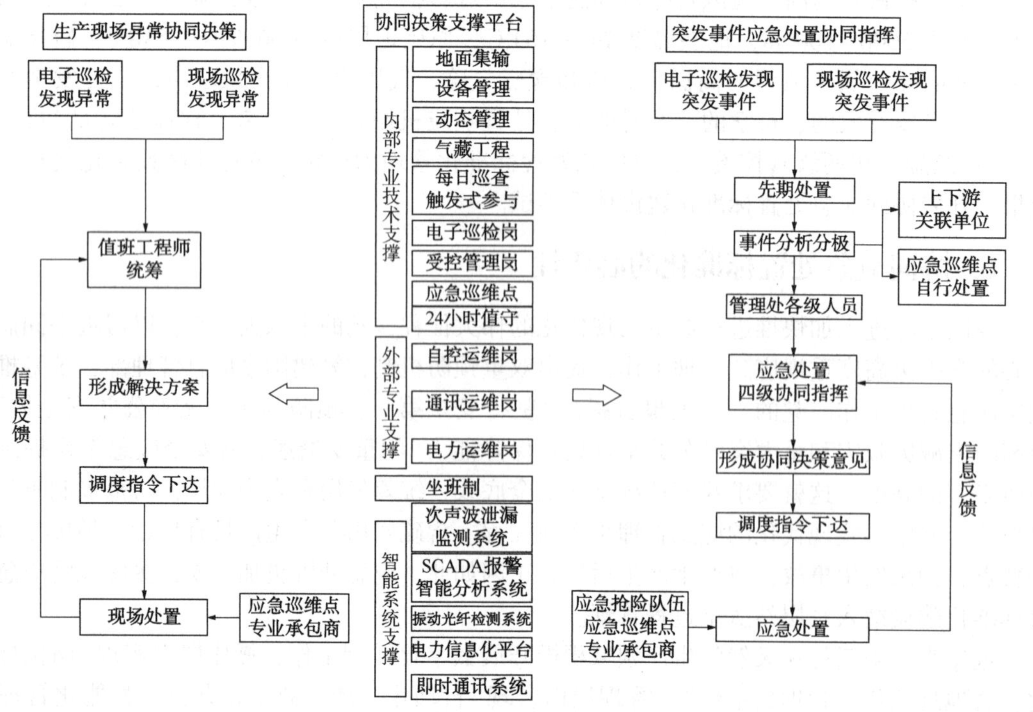

图 1 协同决策机制运行图

分级分类协同决策指挥矩阵

作业名称	分级	影响情况		处领导		生产指挥中心				生产安全办公室			项目建设与运维中心		
		产量或部位	井数	主要领导	分管领导	主 任	副主任	副主任	业务主管	主 任	副主任	业务主管	主任	副主任	业务主管
井口装置	Ⅰ级	无控部位		贾 静	陈 林	吴云波	刘业俊			卿 阳	张 坤	杨晓东	王亚辉	李子轩	
	Ⅱ级	有控部位			陈 林	吴云波	刘业俊			卿 阳	张 坤	杨晓东	王亚辉	李子轩	罗元宏
工艺系统	Ⅰ级	500	58	贾 静	陈 林	吴云波	刘业俊			卿 阳	张 坤		王亚辉	李子轩	罗元宏
	Ⅱ级	300	20		陈 林	吴云波	刘业俊			卿 阳	张 坤		王亚辉	李子轩	罗元宏
	Ⅲ级	100	5				刘业俊				张 坤			李子轩	罗元宏
	Ⅳ级	50	2									李松岑			
自控系统	Ⅰ级	500	58	贾 静	陈 林	吴云波	刘业俊	粟 鹏	魏 瑞			李松岑	王亚辉		
	Ⅱ级	300	20		陈 林	吴云波	刘业俊	粟 鹏	魏 瑞			李松岑	王亚辉		
	Ⅲ级	100	5				刘业俊	粟 鹏	魏 瑞					陶 金	
	Ⅳ级	50	2						魏 瑞						
电力系统	Ⅱ级	500	58		陈 林	吴云波	刘业俊		古 勇		张 坤	李松岑	王亚辉	陶 金	张小刚
	Ⅲ级	300	20			吴云波	刘业俊		古 勇			李松岑	王亚辉	陶 金	张小刚
	Ⅳ级	100	5				刘业俊		古 勇					陶 金	张小刚
通讯系统	Ⅱ级	500	58		陈 林	吴云波	刘业俊	粟 鹏	陈理捷				王亚辉		
	Ⅲ级	300	20			吴云波	刘业俊	粟 鹏	陈理捷				王亚辉		
	Ⅳ级	100	5					粟 鹏	陈理捷					陶 金	

图 2　分级分类协同决策指挥矩阵图

3　应用效果和下一步工作

采气处在某站内西区联络线收球筒旁通球阀注脂阀失效事件中，生产指挥中心调度人员收到报告后第一时间会同值班的多岗位协同团队开展会诊式先期处置，并按照四级协同决策指挥矩阵，立即通知管理处各级领导、各部门人员到生产指挥中心应急指挥席协同指挥，快速制定了现场监控方案和管控措施，并由多岗位协同团队全程统筹全气藏关井整改，安全高效完成各站联锁旁路信息核对、片区 47 口井关井操作、净化装置停车、集气末站放空泄压、注脂阀整改、净化装置及片区气井复产等操作，使事态得到迅速控制，整改全过程仅耗时 3. 5h，最大限度减少对生产的影响；该事件响应快速、处置专业，取得了显著效果和良好反响，检验了协同决策机制的实效性。据统计，2023 年上半年采气处通过应急处置标准化，安全、平稳、高效地完成 55 井次堵塞异常井生产调整、9 井次泄漏事件处置、173 井次停电处置。

通过构建跨部门、跨专业、跨地域的全业务协同决策处置模式，依托数字化条件下远程技术支持，根据突发情况影响程度，由多技术岗位协同决策、领导干部分级指挥，实现分散指挥向协同指挥转变，较传统型三级管理模式，应急处置指令流转时间缩短 40%、处置响应时间缩短 30%、处置有效性提升 20%。

下一步，采气处将积极推进天然气上游生产全业务链数字化转型落地，持续构建和完善应急处置标准化机制，实现协同高效处置，进一步提高应急管理能力。

【作者简介】刘俊材，男，就职于中国石油西南油气田分公司川中北部采气管理处，工程师，主要从事含硫气田 QHSE 及工业安全管理。电话：13778180452。邮箱：liujuncai@petrochina. com. cn。

天然气储气库建设项目安全评价要点分析

黄 丹 李秋萍 何 军 张瑛茵 廉 琪

（中国石油西南油气田分公司重庆气矿）

摘 要：21世纪是天然气的时代，伴随着我国经济的飞速发展，国家对清洁能源天然气的需求量越来越大。加快推进天然气地下储气库（以下简称储气库）建设是持续提升储气调峰能力，助力“双碳”目标顺利实现，保障国家能源安全的重要举措之一。安全评价作为储气库建设项目前期工作中不可或缺的一部分，本文通过对天然气储气库建设项目工程特点的分析，评述了天然气储气库建设项目安全评价的特点，对在施工期和运营期可能产生的安全风险进行了探讨，指出天然气储气库建设项目安全评价的重点应是储气库建设项目里井工程和线路工程的设计、施工和生产运行。

关键词：天然气；储气库建设；安全评价；要点

天然气作为一种清洁能源，在全球能源消费中占有重要地位。由于天然气用户的用气量非恒定，使得上游气源和下游市场之间存在供需矛盾。因此，需采取有效的调峰手段来平衡供需矛盾。

在众多调峰手段中，地下储气库因其调峰气量大、储气成本低等特点，已成为最主要和最经济的供气调峰方式。2018年2月，习近平总书记作出加强天然气产供储销体系建设的重要指示。随后，国家发改委、国家能源局联合印发《关于加快储气设施建设和完善储气调峰辅助服务市场机制的意见》，要求供气企业有不低于合同年销售量10%的储气能力。近年来，我国天然气事业迅猛发展，天然气上游与下游之间存在严重的供气量与需求量不均衡性，调峰保供面临巨大挑战，夏季低峰用气量和冬季高峰用气量相差数倍的情况在某些天然气消费区域时常发生。为了防范和化解天然气供需重大风险，建设地下储气库成为必然选择。

根据国家主管部门对管道项目安全设施“三同时”管理相关规定和项目建设的管理程序，在储气库建设项目设计阶段同时也进行安全评价，以保证建设项目合规合法。因此，对项目开展有针对性的安全评价就显得尤为重要。本文将从以下几个方面来阐述储气库建设项目安全评价中应重点关注的问题。

1 建设项目与法律法规、相关政策的相符性分析

天然气属于清洁能源，天然气储气库项目的建设有利于优化能源供需结构，有效平衡供需矛盾，同时助力“双碳”目标顺利实现，保障国家能源安全。天然气储气库建设列入《关于加快储气设施建设和完善储气调峰辅助服务市场机制的意见》中，该类项目的建设促进了中国天然气产业高速、高质量发展，符合国家能源发展政策。

2　项目工程安全评价

对拟建储气库建设工程评价分为井工程、线路工程、站场工程、公用工程、安全生产管理五个评价单元。并根据储气库建设工程的工艺特点和工艺布置，结合对系统危险有害因素的分析，各个单元采用的评价方法见表1。

表1　单元评价方法

评价单元	评价方法
井工程	安全检查表法(SCL)、预先危险性分析法
线路工程	安全检查表法(SCL)、预先危险性分析法、泄漏后果模拟法
站场工程	安全检查表法、泄漏后果模拟法、定量风险评价法(QRA)
公用工程	安全检查表法(SCL)
安全生产管理	安全检查表法(SCL)

2.1　评价方法简介

2.1.1　安全检查表法(SCL)

安全检查表是一种定性的评价方法。安全检查表是由熟悉工程工艺、设备及操作，并且具备安全知识和经验的工程技术人员，经过事先对评价对象详尽分析，列出检查单元、检查项目、检查要求及检查结果等内容的表格。运用安全检查表进行安全检查，可做到全面周到，避免漏项，达到风险控制的目的。

2.1.2　预先危险性分析法(PHA)

预先危险性分析(PHA)是一种应用范围较广的定性评价方法。它是在进行某项工程活动(包括设计、施工、生产、维修等)之前，对系统存在的各种危险因素(类别、分布)、出现条件和事故可能造成的后果进行宏观、概略分析的系统安全分析方法。可在早期发现系统的潜在危险因素，确定系统的危险性等级，提出相应的防范措施，防止这些危险因素发展成为事故，避免考虑不周所造成的损失。根据危险程度划分为安全的、临界的、危险的及灾难性的等4个危险性等级。

2.1.3　区域性定量风险评价法

定量风险评价(简称QRA)也称为概率风险评价(PRA)，是一种对风险进行量化评估的重要技术手段。该方法以实现工程、系统安全为目的，应用安全系统工程原理和方法，通过对系统或设备失效概率和失效后果进行分析，将风险表征为事故发生频率和事故后果的乘积，从而对重大危险源的风险进行定量描述。目前，许多欧盟国家都在塞维索法令(The SevesoII Directive)第九章要求提交的安全报告中采用QRA方法，用以当局决策重大危险源产生的风险增量以及重大危险源附近的土地开发是否可容许。

2.1.4　泄漏后果模拟法(PHAST软件模拟分析计算)

PHAST软件是由挪威船级社(DNV)开发的，是专门用于石油石化和天然气领域危险分析与安全计算的软件，已在许多国家广泛运用并获得认可。该软件内嵌了4种计算模块，分别是泄漏、扩散、燃烧和毒气扩散。

危险化学品发生重大事故的类型既与其理化特性有关，又与其生产、存储、运输和使用的方式有关。储气库建设项目主要涉及的主要为易燃、易爆天然气，主要考虑其物料泄漏后，发生喷射火、蒸气云爆炸事故的后果情况。

事故情景模式为管道破裂、中孔泄漏、小孔泄漏，事故情景模式下的对应灾害模式为：喷射火、蒸气云爆事故。将根据计算或模拟给出不同灾害模式下以泄漏点或物理爆炸点为中心的人群死亡半径、重伤半径、轻伤半径。

2.2 危险有害因素辨识

储气库建设工程注气管道输送的为净化气，采气管道输送的是微含硫天然气，在钻井过程中，钻至含硫地层时，会涉及危险物质硫化氢，因此本工程涉及的主要危险有害物质为天然气(甲烷)、二氧化碳、乙二醇、三甘醇、硫化氢、二氧化硫、液氮以及柴油、机油、泥浆、钻井液、缓蚀剂、测井放射源等。

2.3 安全评价要点

2.3.1 井工程单元

(1) 井工程方案符合性。依据《钻前工程及井场布置技术要求》(SY/T 5466—2013)、《石油天然气安全规程》(AQ 2012—2007)、《地下储气库设计规范》(SY/T 6848—2012)和《油气藏型地下储气库安全技术规程》(SY/T 6805—2017)等标准规范对井工程进行检查。

(2) 钻完井工程预先危险性分析。对钻前工程、钻井作业、完井作业进行危险、有害因素预先危险性分析。

(3) 井喷失控火灾爆炸事故树分析，见图1。

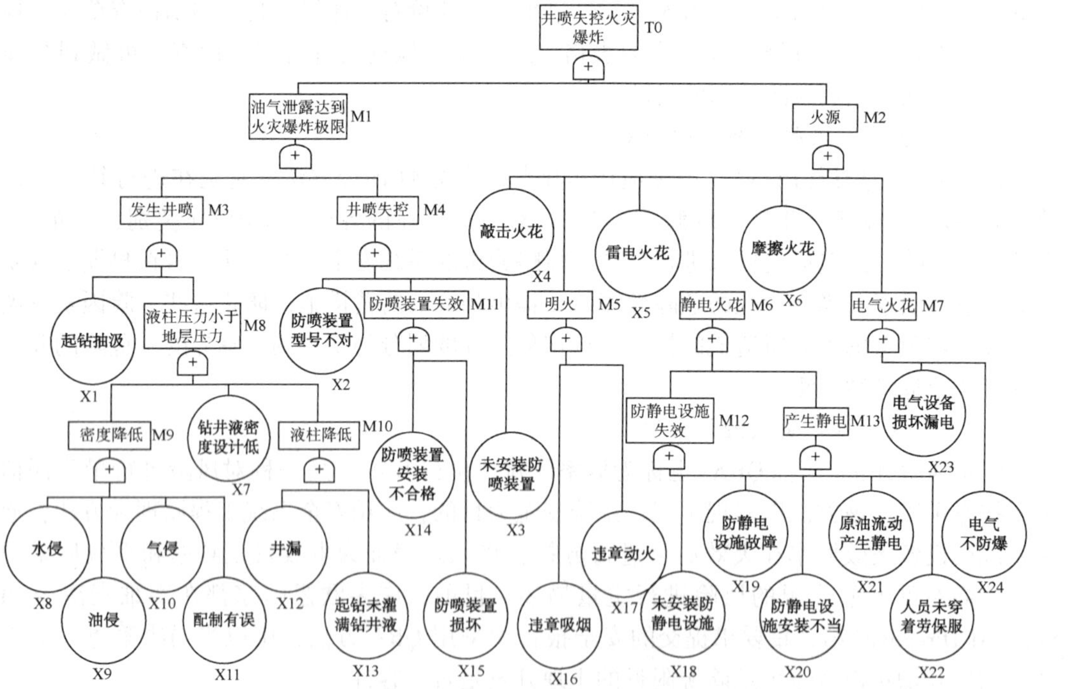

图1 井喷失控火灾爆炸事故树分析

从计算结果可知，造成井喷失控火灾爆炸事故发生的可能性共有81种，说明本项目发生井喷失控火灾爆炸事故的可能性较大。避免事故发生的途径有4个，根据最小径集的基本事件构成来看，严格控制区域内明火、保证防喷装置合格有效、钻井液密度设计合理、严格按规程作业是防止井喷失控火灾爆炸事故的较佳途径。

2.3.2 线路工程单元

对管道本体根据管道设计情况，依据《输气管道工程设计规范》(GB 50251—2015)和《气田集输管道设计规范》(GB 50349—2015)对管道本体进行安全检查，对管道路由及敷设依据《中华人民共和国石油天然气管道保护法》、《输气管道工程设计规范》(GB 50251—2015)、《气田集输设计规范》(GB 50349—2015)等对管道路由及敷设进行安全检查。

通过对天然气高压输送管道的泄漏、喷射火、蒸气云爆炸分析得出，天然气管道一旦发生泄漏、火灾、爆炸，其影响范围跟管径、输气压力、裂口尺寸、输气量等都有着直接的关系。为保证线路安全，还应采取以下相应措施：

(1) 模拟结果仅是在假设的模拟条件下的特定结果，计算的结果可作为制定应急预案的参考，在编制的应急预案中，确定合适的应急距离、撤离路线和方式，便于紧急情况时能快速疏散工作人员及居民。

(2) 模拟计算采用的注采气量、压力等参数来自于可研报告、初步设计，若实际实施过程中相关工艺流程或参数发生变化，需结合实际情况进行调整。

(3) 根据设计要求在站场安装有毒有害气体监测报警装置，巡检或检修时配备便携式气体检测仪。

(4) 制定管道泄漏相关专项应急预案，定期组织相关人员进行演练，并及时进行评估总结。

(5) 加强对管线周边居民、企业的宣传和教育。

(6) 加强管线巡视，发现问题及时上报处理。

2.3.3 站场工程单元

根据《输气管道工程设计规范》(GB 50251—2015)、《石油天然气工程设计防火规范》(GB 50183—2004)、《石油天然气工程总图设计规范》(SY/T 0048—2016)等编制站场选址和区域布置单元安全检查表。采用预先危险性分析对储气库建设项目的站场工艺及设备设施进行分析评价。

2.3.4 公用工程单元

依据《输气管道工程设计规范》(GB 50251—2015)、《石油化工可燃气体和有毒气体检测报警设计标准》(GB/T 50493—2019)等标准规范对仪表及自控系统、通信及安防、供配电、防腐与保温、给排水、消防、建(构)筑物等公用工程进行安全设计检查。

2.3.5 安全管理单元

对储气库建设项目的建设单位的安全管理机构和人员设置、个体防护用品配备、抢维修机构设置及设备配备、安全投入进行评价。

2.4 安全评价建议分析

随着国家行政主管部门对建设项目安全管理工作要求越来越严格，储气库建设项目也越来越得到各级领导和主管部门的重视，结合安全评价要点分析来看，对储气库建设项目中比较注重的井工程和线路工程的设计、施工和生产运行，提出以下建议。

(1) 钻井工程设计应明确绘制本井预测地层压力梯度曲线、并要求施工时绘制 dc 指数随钻监测地层压力梯度曲线和实际钻井液密度曲线，根据监测和实钻结果，及时调整钻井液密度，调整后的钻井液密度应保证钻井施工安全，并保护储气层；完井后应保留方井，各级套管头不应掩埋，安装小量程压力表监测，并具备泄压条件。

(2) 确定井位前，设计部门应对距离井位探井井口 5km、生产井井口 2km 以内的居民住宅、学校、厂矿、坑道等地面和地下设施的情况进行调查，并在设计书中表明位置。井场应设置危险区域、逃生路线图、紧急集合点及两个以上的逃生出口，并有明显标识。

（3）拟建管道与架空电力线路交叉、并行段应按规定进行杂散电流干扰测试，并根据测试结果确定是否采取排流措施。公路穿越段施工作业前，应按照规定制定设计和施工方案、保障公路、公路附属设施质量和安全的技术评价报告以及处置施工险情和意外事故的应急方案，并报公路管理机构许可同意。

（4）管道碰口等作业，要制定好系统置换方案、动火方案以及应急预案，办理相应的作业票。建议碰口作业前氮气置换采用两种不同的气体检测仪检测甲烷；为减小对生产影响，缩短连头作业时间和保证焊接质量，连头处无损检测宜采用相控阵。施工企业和建设单位应依据《石油工程建设施工安全规程》（SY/T 6444）等规范要求进行施工安全管理。施工作业中注意用电安全，编制临时用电方案，工地内架设的电力及照明线路，其悬吊高度及距工作地点的水平距离按标准规范的规定执行。工地内的电线按标准架设。不得将电线捆在无瓷瓶的钢筋、树木、脚手架上；露天设置的闸刀开关装在专用配电箱里，不得用铁丝或其他金属丝替代保险丝。

（5）对站内设备、管线定期进行测厚检查，发现腐蚀严重管段应及时检修或更换，防止管道爆裂事故发生。工程建成后及时向政府备案，加强沿线居民的沟通协调，严格控制管线周边200m范围内的房屋以及学校、医院等公共场所的建设，避免形成高后果区。加强第三方施工管理，及时阻止危及管道安全的施工作业行为，严防因第三方施工损坏油气输送管道引发事故。完善特殊危险事件及突发事件的应急预案，将地企联动纳入预案内容；组织员工、配合地方相关部门进行必要的实战演练，保证突发情况下的应急处理能力，并根据演练情况不断完善应急预案。加强电气设施防火防爆的安全管理。压缩机厂房等易燃易爆场所内保持良好通风。定期对设备管线维修保养，生产设备、贮存容器、管道接头和阀门应严格密封，减少和防止可燃易爆物质的泄漏的可能，按要求巡视检测。

3 结语

目前，我国储气库项目正处在建设的高峰期，为确保储气库建设又好又快发展，选择合理的安全生产技术，促使生产活动安全有序进行，各个环节得到有效监控，同时最大程度上规避安全事故出现，维护人员生命财产安全，推动企业健康持续发展。

参 考 文 献

[1] 刘海萍，梁超. 天然气长输管道建设项目环境影响评价要点分析[J]. 天然气与石油，2010，28(5)：55-58.

[2] 闫云光，陈美宝，雷楠，等. 黄草峡储气库建设工程安全评价报告[R]. 重庆：重庆市安全生产科学研究有限公司，2022.

[3] 王振川. 浅析长输管道建设项目安全设施“三同时”管理[J]. 项目管理技术，2014，12(12)：124-127.

【作者简介】黄丹，女，工程师，就职于中国石油西南油气田分公司重庆气矿，主要从事HSE评价研究工作。电话：18223401897，邮箱：huang_dan@ petrochina. com. cn。

基于风险思维的 QHSE 深度审核实践

李志国　鲍豪杰

（中国石油新疆油田分公司质量安全环保处 HSE 西北工作站）

摘　要：为发挥 QHSE 管理体系审核在体系监督保障机制中的重要作用，体现 QHSE 管理体系审核在体系有效运行和持续改进方面的重要意义，新疆油田公司总结针对风险控制有效性的 QHSE 审核方法，以风险分类具象化、靶向细化差异化审核，开创深度审核新模式。深度审核以破冰管理、能力提升为发力点，深化“四个阶段”，强化“八个突出”，细化“33 个节点”，探索“点、线、面”、蝴蝶结、管理对标在审核工作中的实践与应用，对发挥体系审核系统诊断，评价企业风险管控情况，全方位、多层次推动 QHSE 管理提升有着积极的指导意义。

关键词：深度审核；蝴蝶结模型；点线面；管理对标

QHSE 管理体系具有自我发现、自我纠正和自我完善的功能，体系审核作为监督保障机制中的重要环节，它既是 HSE 管理体系持续改进的需要，也是体系有效运行的不竭动力。但近年来，行业安全环保形势严峻，油气田企业 QHSE 综合监管力度持续加强，QHSE 审核工作也得到前所未有的关注，审核负担也随之加重，使新疆油田的 QHSE 审核发生偏离。形式上，审核与监督检查混为一谈，规定发现的问题数量及关键问题的追责，致使发现问题多停留在“低老坏”与“跑冒滴漏”，很难对被审核单位的 QHSE 管控现状进行系统性诊断并提供改进的建议。内容上，过度关注专业业务工作的推进情况，反而背离了 HSE 管理体系的核心——风险，模糊了审核本质。

1　QHSE 深度审核模式的创建

新疆油田不断总结与实践，借鉴学习集团公司、油气和新能源分公司 QHSE 管理体系审核最佳实践，致力于纠正审核偏差。一方面，新疆油田注重对审核活动的过程风险管控，识别可能造成预计结果偏差的管理风险，并通过组织策划、实施环节加以控制。另一方面，新疆油田坚持“一体化、差异化、精准化”审核要求，按照“周密策划、注重过程、精准把脉、聚焦提升”工作原则，选取试点探索开展深度审核，以破冰管理、能力提升为发力点，补短板、促提升、惩反复，深化“四个阶段”，强化“八个突出”，细化“33 个节点”，全方位、多层次推动 QHSE 管理提升。

2　QHSE 深度审核的主要做法

2.1　突出风险评级开展“差异化”审核

新疆油田强化 QHSE 风险管控，突出精准施策，对 36 家二级单位开展风险分级分类，分为一、二、三类风险单位，一类风险单位实施深度审核（2 家）、全要素审核（8 家）；二类风险单位实施专项审核（11 家）；三类风险单位实施指导审核（15 家），紧扣各单位风险特点，深化“差异化”审核。见图 1。

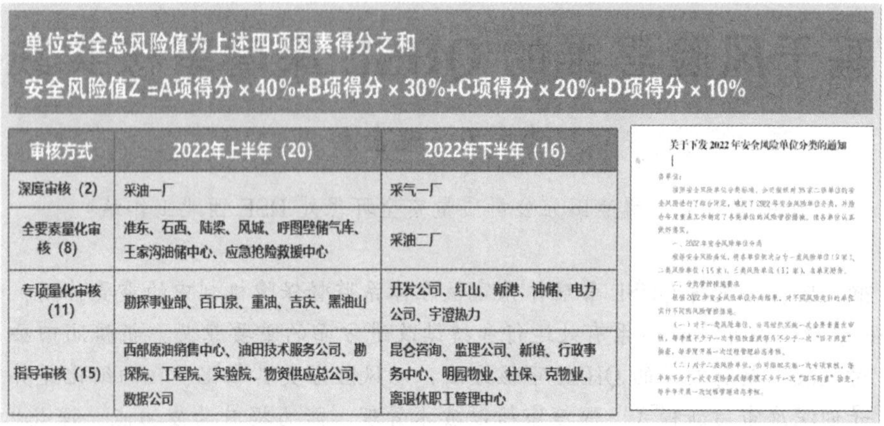

单位安全总风险值为上述四项因素得分之和

安全风险值Z =A项得分 × 40%+B项得分 × 30%+C项得分 × 20%+D项得分 × 10%

审核方式	2022年上半年（20）	2022年下半年（16）
深度审核（2）	采油一厂	采气一厂
全要素量化审核（8）	准东、石西、陆梁、风城、呼图壁储气库、王家沟油储中心、应急抢险救援中心	采油二厂
专项量化审核（11）	勘探事业部、百口泉、重油、吉庆、黑油山	开发公司、红山、新港、油储、电力公司、宇澄热力
指导审核（15）	西部原油销售中心、油田技术服务公司、勘探院、工程院、实验院、物资供应总公司、数据公司	昆仑咨询、监理公司、新培、行政事务中心、明园物业、社保、克物业、离退休职工管理中心

关于下发2022年安全风险单位分类的通知

图 1　基于风险评级的差异化审核

2.2　突出安全大数据分析和感知度调查

(1) 安全大数据分析。运用审核检查历年问题、事故事件、隐患台账、风险管控等开展大数据分析，紧贴被审单位生产经营实际，按星级划分主题要素在管理上的薄弱程度，实施“精准化”审核。见图 2。

(2)安全文化感知度调查。开展安全文化感知度调查问卷设计，围绕安全领导力、安全支持力、安全执行力三个模块，36 项答题内容，对近年体系推进、安全管理、安全理念及工具方法的运用等方面进行验证，发现好的做法及管理短板。见图 3。

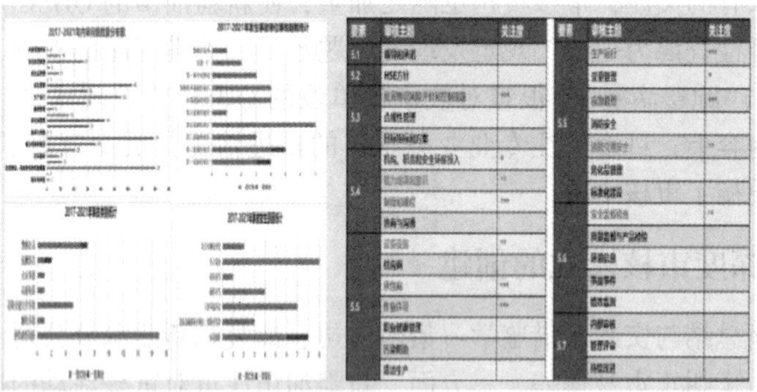

图 2　薄弱审核主题的分析锁定

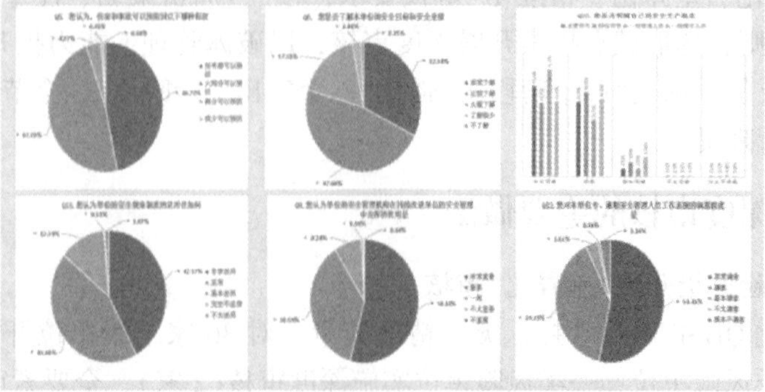

图 3　安全文化感知度调查分析组图

2.3 突出模拟操作和管理过程审核

深度审核历时45天，审核组全过程跟班操作，参与班组交接班、巡检，观察业务管理，与操作层、基层班组长充分交流，能够准确发现深层次管理问题，并在班组对常规操作进行模拟验证，检验员工标准化操作水平。

审核工作运用过程方法，基于风险，关注绩效，突出管理过程审核，将“现场审核、访谈评估、诊断分析、培训指导”有机结合，按照“三步法、三段式”发现深层次、系统性管理问题，深度剖析管理缺陷，实现管理活动螺旋上升。

2.4 突出重大风险管控，评价管控措施

审核紧贴国家形势，重点关注法律法规、国家政策、经营风险等变化，将十五条硬措施、安全生产大检查、建筑物专项整治等，与审核工作深度融合，明确检查内容和工作措施，确保审核走深走实。审核关注重大风险管控情况，利用“蝴蝶结”风险分析工具，分析风险控制措施有效性，确保安全屏障得以保障。

以“井控风险为例”。为提升井控风险管控，成立咨询专家、业务专家和审核员组成的专项组，利用蝴蝶结理论开展井控风险分析，形成检查表，在两个现场开展审核，提升专项审核能力。见图4。

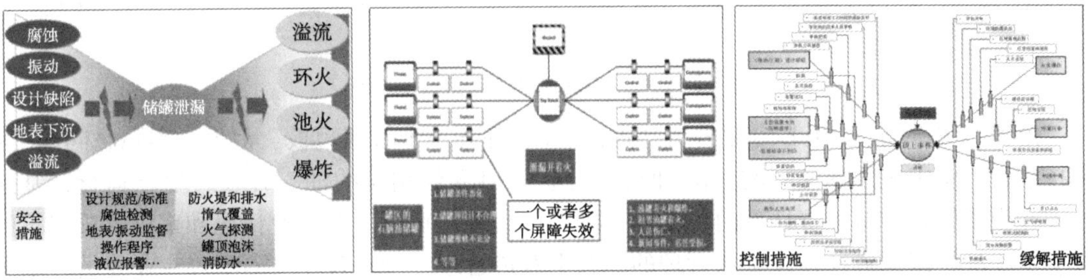

图4　应用蝴蝶结理论分析井控风险

2.5 突出深度诊断分析

分析员工思想认识。对各层级访谈和审核发现，岗位员工、班组长、作业区技术干部、作业区领导、机关科室、厂级领导6个方面，对QHSE管理工作的认识、HSE管理工具、安全意识、领导力等还存在不同程度的偏差。

分析员工安全能力。发现有感领导、承包商管理、应急职责分较高，目标指标、管理改进、工具方法分较低。见图5。

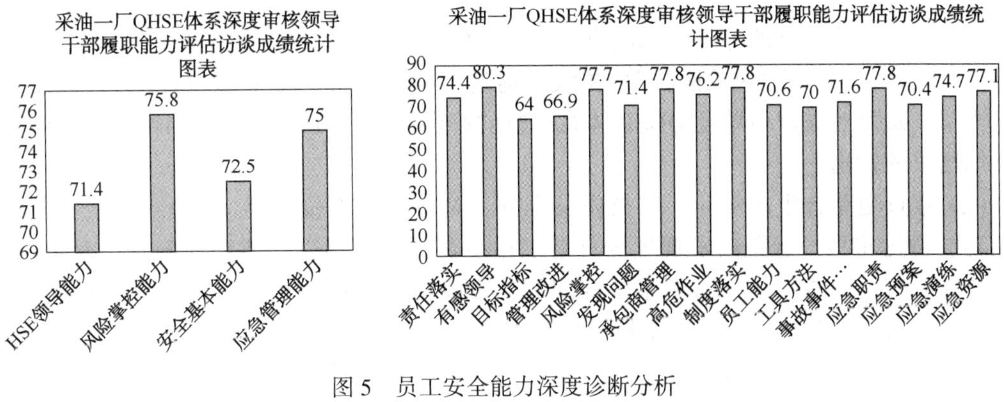

图5　员工安全能力深度诊断分析

2.6 突出 QHSE 短板分析，开展 QHSE 管理对标

将审核发现的问题，按审核主题分类，从管理层级、管理环节、管理缺失原因、涉及专业等方面进行归纳分析。按照问题链的追溯思路，逐项总结归类，寻找管理缺陷，系统性找出二级单位机关的共性管理短板。将审核主题得分结果与国际一流 QHSE 管理公司、集团公司、二级单位进行 QHSE 绩效对标，分析差距，明确了 36 条提升措施。

2.7 突出审核问题整改验证

追溯审核问题产生的根源。针对审核发现的问题，从点、线、面查找岗位、属地、系统存在的问题，并从管理职责、制度规程、能力培训、资源配置、检查考核五个维度开展点、线、面分析。从策划、实施、检查、改进四个维度进行点、线、面分析，针对性采取措施，落实系统性的管控措施。见图 6。

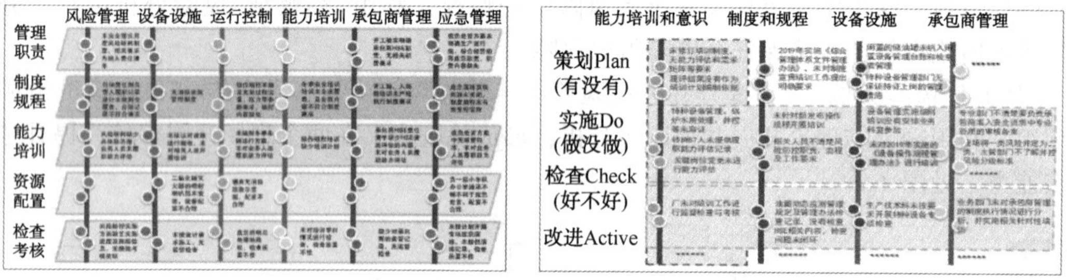

图 6　审核发现问题的点、线、面分析

落实机关部门、QHSE 专业委员会责任。以“补齐一个管理短板、消灭一类隐患问题”为审核宗旨，将审核发现的问题，按“四查”分析，追溯到相应的油气开发、生产运行、基建管理和设备管理等机关责任部门。专业管理部门组织对审核问题整改情况和审核改进建议的落实情况进行跟踪督办，注重从管理的源头上改进管理。公司各相关 QHSE 专业委员会牵头组织开展数据专业分析研究，专题分析研究解决问题的纠正预防措施，制定落实风险管控措施。开展审核“回头看”方式压实整改责任，对整改不力、弄虚作假单位进行问责处罚。

2.8 突出短板要素培训指导，巩固提升

对审核发现典型问题、共性问题、短板要素、对标结果、提升措施，从领导层、管理层、班组员工 3 个层级开展培训指导，指导基层及机关管理人员针对短板对标分析，为直线部门提升提供技术支持，明确改进管理措施，确保问题举一反三系统性整改。

3 结语

（1）基于风险思维的 QHSE 深度审核，一方面通过风险定级，细化差异化审核，另一方面重点关注被审核单位“风险防控”的主线，通过审核策划，严把实施过程中“点、线、面”的输入关，确保对被审核单位 QHSE 体系运行的符合性、有效性进行客观评价，从而达到审核预期结果的输出。

（2）审核更贴合生产实际促审核质量提升。对被审核单位开展“三同(同吃、同住、同劳动)式”深度审核，近距离发现现场日常工作中存在的习惯性、典型性问题。对审核发现进行统计分析、归纳总结，追溯系统性问题，查找机关管理短板和漏洞，落实机关部门责任，并不断迭代完善，用于指导审核，提高审核的精准性。

（3）审核促进了基层风险防控能力的有效提升。审核过程突出了现场模拟演示，引导基层用实战检验现场风险防控能力。实战应急演练中，岗位员工进一步掌握紧急情况下的应急

处置程序，熟悉自身应急职责，基层干部员工实战应急水平得到提升。模拟签票过程中，梳理基层遗漏的风险控制点，强化基层作业许可管控流程，不断提升对高危、高风险作业的生产受控能力。

（4）通过 QHSE 管理对标，对审核单位经营管理的各个层次、业务单元及环节进行差异化分析，评估被审核单位管理短板及改进空间，结合一流 HSE 企业及油气田企业工作亮点，分析与最佳实践的差距及其原因，明确今后 HSE 管理工作重点、目标、重要举措，采取针对性措施实现卓越 HSE 绩效。

（5）审核促进了典型问题整改，夯实了基层安全环保基础。审核以现场问题为切入点，逐一归类汇总分析，根据管理制度和职责，判定管理环节，找出管理短板，精准定位管理责任。审核突出了短板要素能力提升培训指导，促进了基层健全完善管理制度，明晰规范了操作规程标准，切实杜绝了现场问题屡查屡有、重复发生，堵塞了基层管理漏洞。

（6）审核队伍逐步向咨询指导队伍迈进。审核员在审核过程中积极进行双向交流、观察沟通和现场指导，既熟悉掌握了审核知识和方法技巧，又学习借鉴了其他单位的典型经验做法，开阔了视野，提升了能力。通过边审核边辅导，边审核边培训，边审核边整改，审核员能力不断提升，审核队伍逐步转向为咨询队伍。

参 考 文 献

[1] 王香东，崔君才. HSE 审核评估中需应掌握的工具和原则[J]. 科技与企业，2013，(20)：46.

[2] 陈生伟. 油田企业 HSE 审核重点[J]. 安全、健康和环境，2013，13(06)：9-11+19.

[3] 卢霞，索慧斌. 基于蝴蝶结模型分析井控风险[J]. 中国石油和化工标准与质量，2014(10).

[4] 吴枝国，汪文军. 基于蝴蝶结模型的钻井现场井控作业风险分析[J]. 甘肃科技，2008(12).

南缘区块“三高”井井筒落鱼打捞风险分析及控制

王飞文　陈　锐　吴西驰　李　文　刘　涛　相志鹏

（中国石油新疆油田分公司工程技术研究院）

摘　要：南缘山前冲断带中段埋藏深、压力高、温度高、构造复杂，试油工艺及工具配套面临巨大挑战，前期试油过程中两井次出现了射孔管柱断脱情况。本文针对南缘区块X1井井筒落鱼打捞工艺进行风险分析，讨论了打捞作业中存在的井控风险高，压力窗口窄，钻磨失返风险高等风险，提出“试探性整体打捞、认识落鱼状态后分步实施”的思路，按照“先内后外、能倒不套、能套不磨”处理原则，开展了各工况精细控压计算、作业管柱优选、打捞工具梳理、作业参数确定等论证，制定了打捞落鱼作业阶段的具体实施方案及技术参数。通过施工前充分论证、施工中精细操作、施工后及时总结，提高打捞成功率，保障安全实施。形成了“三高”井落鱼安全打捞的方法及流程，为超深高压气井的打捞作业提供技术支持。

关键词：超深高压气井；落鱼打捞；精细控压；打捞工艺；风险分析

南缘山前冲断带位于准噶尔盆地南部，埋藏深度达8000m、压力高于140MPa、温度高于160℃、含CO_2(0.36~4.43)%。自2019年南缘区块高探1井试油获得高产工业油气流后，逐步开启了南缘区块油气勘探开发的新篇章。由于南缘探区地质条件异常复杂，存在高温、异常高压、窄压力窗口等诸多工程技术难题，使得南缘区块试油工艺及工具配套技术面临巨大挑战。目前，针对不同的储层特征、地质条件及试油目的，现已形成了“阀封”/“光油管”和“试油完井一体化”3套试油模式，并相继完成试油10井15层。然而，阀封工艺在南缘中段试油过程中存在一定风险，部分超7500m深井试油过程中出现了射孔管柱断脱情况。为保证南缘区块油气井后续正常生产，超深高压气井井筒落鱼打捞等井下作业技术研究刻不容缓。

本文以南缘区块“三高”气井X1井为例，分析了该井特点，针对打捞作业难点及风险进行了分析，在保障井筒完整性及井控安全的前提下，开展X1落鱼打捞工艺的制定，通过各工况精细控压计算、作业管柱优选、打捞工具梳理、作业参数确定等论证，形成落鱼打捞作业的具体实施方案及技术参数，对“三高”井井筒落鱼安全打捞都具有一定的指导意义。

1　基本工况

X1井为准噶尔盆地南缘区块中段的一口高温高压高产气井，实际井深大于8000m。采用两阀一封射孔测试联作试油工艺，井身结构见图1所示。

2　井内落鱼状况

试产作业完成后，上提管柱时无无过提吨位显示(上提164t，管柱自重162t)，提出油管柱

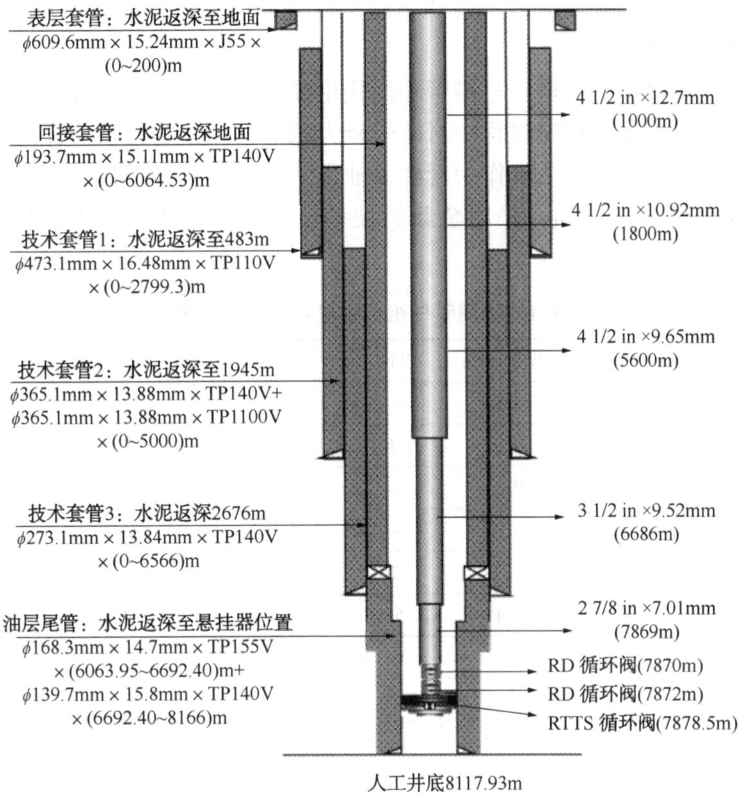

图 1　X1 井试油作业井身结构

检查发现 RTTS 封隔器芯轴上接头公扣端断脱，且断口较为规则平整。结合试产管柱组合，初步判定井筒存在由封隔器胶筒、锥体及卡瓦、油管（19 根）及射孔枪组成的落鱼，长度为 214.88m。

3　作业风险分析及技术思路

3.1　打捞作业难点及风险分析

由于该井前期试产过程中存在较高的地层压力及井口油压，造成后续打捞作业存在较高的井控风险。其次，在前期采用 2.19g/cm^3 泥浆压井过程中，该井静漏失速度达到 0.4m^3/h，证明该井存在压力窗口窄（0.023g/cm^3），钻磨失返风险高的风险。使得落鱼打捞作业过程中精细控压作业设计成为重中之重。

3.2　总体方案及技术思路

根据南缘区块前期打捞作业经验，结合本井作业难点及风险，制定了“试探性整体打捞、认识落鱼状态后分步实施”的思路，按照“先内后外、能倒不套、能套不磨”处理原则，总体技术路线如图 2 所示。

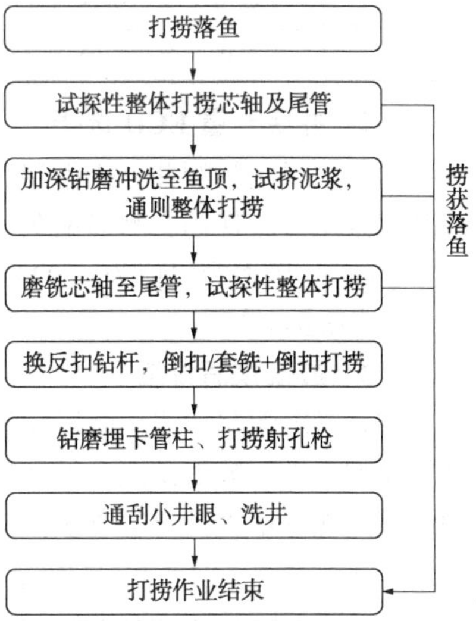

图 2　总体技术思路图

4　精细控压方案设计

在打捞作业过程中，该井井口压力极大，井控风险极高，需要对管柱组合、井底当量

ECD 选择、最低携屑排量设定、精细控压钻进参数等进行设计，以达到井筒精细控压目的。

4.1 打捞管柱优化论证

在精细控压方案设计前需进行打捞管柱优化论证分析，由于该井存在井控风险高、压力窗口窄等问题，井筒管柱在打捞过程中可能受较大载荷作用，为此，应保证井筒管柱尽量采用全新工具，在校核计算时以 2.0 作为管柱单轴及三轴临界安全系数。通过对表 1 中五种钻具组合方式进行优化分析可知，采用全新斜坡(18°)特殊扣型的钻具组合 5，三轴安全系数≥2.00，满足安全作业要求。

表 1 不同管柱组合强度校核及优选表

钻具类型	钻杆外径/mm	钢级	壁厚/mm	内径/mm	接头内径/mm	段长/m	悬重/kN	安全系数
组合 1 一级钻杆	114.3	S135	8.56	97.18	—	5900	1379.23	1.51
	88.9	S135	9.35	70.2	54	718		
	73.02	G105	9.19	54.64	41.3	1500		
组合 2 全新钻杆	101.6	S135	8.38	84.84	65.1	5900	1433.22	1.59
	88.9	S135	9.35	70.2	54	718		
	73.02	G105	9.19	54.64	41.3	1500		
组合 3 一级钻杆	114.3	S135	10.92	92.46	65.1	5900	1584.15	1.63
	88.9	S135	9.35	70.2	54	718		
	73.02	G105	9.19	54.64	41.3	1500		
组合 4 全新钻杆	114.3	S135	8.56	97.18	—	5900	1379.23	1.92
	88.9	S135	9.35	70.2	54	718		
	73.02	G105	9.19	54.64	41.3	1500		
组合 5 全新钻杆	114.3	S135	10.92	92.46	65.1	5900	1584.15	2.09
	88.9	S135	9.35	70.2	54	718		
	73.02	G105	9.19	54.64	41.3	1500		

4.2 井底当量 ECD 选择

通过现场实际测井分析得到 X1 井地层压力系数为 2.167，且前期采用密度 2.19g/cm^{3}的油基泥浆压井，现场实测静漏失达到 0.4m^3/h，在试油层的溢流-漏失当量密度为 2.167~2.19g/cm^3，压力窗口值为 0.023g/cm^3，因此，在精细控压期间，控制井底当量密度设定为 2.17~2.18g/cm^3。

4.3 最低携屑排量

综合考虑泥浆性能、钻屑粒径，模拟钻磨作业临界携屑排量，建立细控压水力参数精细计算模型，进行数值模拟，得到粒径为 2~4mm 时，最低携屑排量在 250~350L/min 范围内，同时满足现场钻进及携岩要求，精细控压水力参数模拟结果如表 2 所示。

表 2 精细控压水力参数模拟结果

液体密度 ρ/(g/cm^3)	固体颗粒直径 d/mm	重力加速度 g/(m/s^2)	沉降速度 v/(m/s)	环空止动返速 v/(m/s)	最低排量 Q/(L/min)
2.09	4	9.81	0.63	1.07	355.28
2.09	3	9.81	0.55	0.93	307.68
2.09	2	9.81	0.45	0.76	251.22

4.4 精细控压钻进参数设计

由于该井存在较高地层压力和井口油压，为保证后续打捞作业正常进行，根据现有压井液性能指标、钻磨灰塞、打捞磨铣工况特点等基础制定合理施工排量及井口控压值，如图3所示。其中在钻磨灰塞作业过程中，按井深6421m模拟不同排量的循环压耗最终可得：当总压耗≤30.0MPa、环空压耗≤7.0MPa，允许最高排量为480L/min；钻磨期间，井口压力控制在1.0~1.6MPa之间，停泵（换单根）期间井口压力为5.0~5.5MPa之间，设备满足要求。打捞磨铣期间，允许最高排量为180L/min。井口压力处于0~0.5MPa，停泵（换单根）期间井口压力位于6.2~7.0MPa范围内。由于该井压力窗口窄，打捞磨铣作业期间允许排量可低于携屑排量，针对于存在碎屑卡钻风险，可采用优选高强度合金齿磨鞋，低钻压中高转速钻磨，形成小颗粒碎屑，同时在管柱中配置强磁、随钻捞杯，消减碎屑沉降卡钻风险。

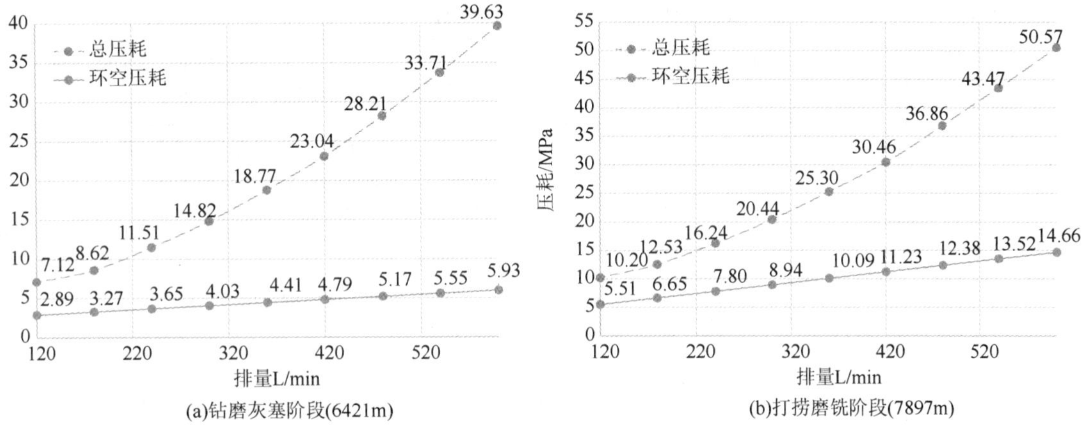

图3 总压耗及环空压耗模拟曲线图

5 落鱼打捞方案设计

根据落鱼打捞作业的总体技术方案，按照“试探性整体打捞、验证落鱼埋卡状态后分步实施”作业方式，为了避免反扣磨铣打捞导致落鱼松扣，作业前期采用正扣钻杆作为钻磨、试探性打捞、磨铣芯轴管柱。在确定尾管及射孔枪被的情况后，采用换反扣钻杆套铣打捞。具体的作业设计方案如下：

5.1 试探性整体打捞落鱼

优先考虑整体打捞，采用可退式引筒打捞矛试探性整体打捞封隔器芯轴及尾管，分析认识落鱼状态。

5.2 试探性整体打捞尾管

采用ϕ104mm进口合金平底磨鞋，钻磨封隔器芯轴至油管接箍（预计进尺1.1m）以下，下入ϕ103mm加长可退式卡瓦捞矛整体打捞磨铣后的2⅞″油管本体，此时若遇卡，在-8~8t悬重范围内尝试解卡，无效退出卡瓦捞矛。

5.3 倒扣打捞尾管（未埋卡）/套铣+倒扣打捞尾管（埋卡）

若落鱼没有被埋卡，则更换反扣钻具，分步打捞至埋卡点。若落鱼被泥浆沉淀埋卡，则先采用合金铣鞋套铣环空，后倒扣打捞。可能会出现情况：①鱼顶为油管本体，用母锥/公锥倒扣打捞；②鱼顶为油管节箍，则用大头公锥倒扣打捞；③鱼顶为减震器，用ϕ89mm大头公锥（打捞范围71~85）打捞。若无法捞获或套铣、倒扣打捞过程中埋卡严重，套铣后仍无法成功倒扣，则用 ϕ104mm 进口合金平底磨鞋磨铣减震器至油管本体后，继续分步打捞下部油管。

5.4 打捞射孔枪

当通过打捞、钻磨处理至射孔枪后，采用薄壁铣管套铣环空，然后进行打捞。用 ϕ104/93mm 整体薄壁铣管套铣清理射孔枪环空，再根据鱼顶为枪身母扣/射孔枪公接头，对应采用公锥/母锥打捞。

详细打捞方案技术参数如表 3 所示。若精细控压条件下，出现井漏严重、多次打捞未成或者套铣射孔枪憋卡严重以及套铣后打捞射孔枪组未成，需磨铣射孔枪(射孔枪硬度高，不具备钻磨性)等异常情况，在综合评估后，终止打捞，转完井作业。

表 3 X1 井打捞作业详细方案及技术参数

<table>
<tr><th>鱼顶状态</th><th>打捞方式</th><th>打捞工具</th><th>工具参数</th><th>技术参数</th></tr>
<tr><td rowspan="2">封隔器芯轴及钢球</td><td>整体打捞</td><td>ϕ102mm 可退式引筒打捞矛</td><td>抗拉 200kN</td><td>①上提下放静止称重；②冲洗鱼顶；③逐级加压打捞；④尝试提钻</td></tr>
<tr><td>磨铣</td><td>ϕ104mm 进口合金磨鞋</td><td>抗拉 600kN
抗扭 12kN · m</td><td>①钻磨前测悬重、空转扭矩；②钻磨作业；③控制磨铣有效进尺</td></tr>
<tr><td>尾管</td><td>整体打捞</td><td>ϕ103mm 加长可退式卡瓦捞矛</td><td>抗拉 400kN</td><td>①上提下放静止称重；②冲洗鱼顶；③逐级加压打捞；④尝试提钻，若遇卡则尝试解卡，无效则退出卡瓦捞矛</td></tr>
<tr><td>油管</td><td>倒扣/套铣+倒扣</td><td>ϕ102mm 高强母锥/ϕ89mm 高强公锥/ϕ89mm 大头公锥</td><td rowspan="3">公/母锥：
抗拉 400kN
抗扭 12kN · m
平底磨鞋：
抗拉 600kN
抗扭 12kN · m</td><td rowspan="4">打捞参数：
①上提下放静止称重；②冲洗鱼顶；③造扣打捞；④抓获落鱼后活动解卡；⑤解卡无效则倒扣。
套铣参数：
①上提下放静止称重；②套铣作业。
磨铣参数：
①钻磨前测悬重、空转扭矩；②磨铣作业；③控制磨铣有效进尺</td></tr>
<tr><td>减震器</td><td>倒扣/磨铣</td><td>ϕ89mm 大头公锥/ϕ104mm 进口合金平底磨鞋</td></tr>
<tr><td>尾管</td><td>磨铣</td><td>ϕ104mm 进口合金平底磨鞋</td></tr>
<tr><td>射孔枪</td><td>套铣+倒扣</td><td>ϕ104/93mm 整体薄壁铣管+ϕ89mm 大头公锥/ϕ102mm 高强母锥</td><td>薄壁铣管
抗拉 200kN
抗扭 7kN · m</td></tr>
</table>

6 结语

(1) 本文针对南缘高温、超高压、超高产、窄密度窗口井的工况特征及技术难点，根据该井前期试产过程作业特点，分析得出 X1 井后续打捞作业存在井控风险高、压力窗口窄等风险，按照“先内后外、能倒不套、能套不磨”处理原则，确定了 X1 井落鱼打捞作业技术思路。

(2) 考虑该井试产过程存在较高的地层压力及井口油压，在进行打捞管柱优化后，分别计算并确定了井底当量 ECD 选择、最低携屑排量设定、精细控压钻进参数设计，以达到井筒精细控压目的，有效削减了后续落鱼打捞作业过程中的井控风险。

(3) 为了避免反扣磨铣打捞导致落鱼松扣，在作业前期采用正扣钻杆作为钻磨、试探性打捞、磨铣芯轴管柱。确定尾管及射孔枪状况后，采用换反扣钻杆套铣打捞的打捞作业方式，为后续落鱼安全打捞作业提供了可靠的技术方案。

(4)通过 X1 井落鱼打捞风险分析，建立了落鱼打捞作业井控安全保障措施，形成了“三高”井落鱼安全打捞的方法及流程，为超深高压气井的打捞作业提供技术支持。

参 考 文 献

[1] 付建华，邓乐，陈国庆，等. 深井裸眼封隔器分段酸压管柱打捞实践[J]. 钻采工艺，2023，46(01)：91-96.

[2] 张武滔，杜汶泽，李军，等. 水平井连续油管落鱼打捞技术研究[J]. 石化技术，2022，29(07)：73-75+51.

[3] 吴宏. 井下复杂落物打捞技术要点分析[J]. 中国石油和化工标准与质量，2021，41(07)：181-182.

[4] 郑会川. 涠洲 X 油田结垢井的大修打捞技术应用与实践[J]. 石化技术，2020，27(11)：80-81.

[5] 彭永洪，魏波，宋雷勇，等. K2 井双重落鱼打捞实践[J]. 钻采工艺，2020，43(04)：108-111.

[6] 田云海，夏凌浩. 井下作业落物打捞工艺技术研究[J]. 化工设计通讯，2020，46(03)：275-276.

[7] 唐寒冰. 高压高含硫气井钢丝落鱼打捞[J]. 钻采工艺，2020，43(02)：82-85+5.

[8] 杨晶. 长落鱼打捞作业在大庆油田的应用[J]. 化学工程与装备，2018(08)：154-155.

[9] 任法德. 油田井下作业落物打捞方法探讨[J]. 石化技术，2016，23(08)：260.

[10] 侯冠中，和鹏飞，祝正波，等. 剪切闸板剪断管柱所致落鱼打捞技术应用[J]. 海洋工程装备与技术，2016，3(04)：222-226.

[11] 曹珍珍. 常用的打捞工具及其工作原理探讨[J]. 科技资讯，2015，13(14)：189.

[12] 李超. 油田井下落物打捞技术探析[J]. 化工管理，2015(14)：257.

[13] 王建军. 丢手封隔器的打捞分析与认识——201-21 井打捞分析[J]. 中国石油和化工标准与质量，2014，34(02)：107.

[14] 刘先富，梁奇敏，张翼. 大尺寸井眼扶正器断裂问题分析与建议[J]. 石油机械，2017，45(02)：32-34.

[15] 邓小强，韩虎成，龙庆，王伟. 长庆区域试油压裂井下事故处理工具优选初探[J]. 钻采工艺，2010，33(S1)：62-67+9.

[16] 吕凤平. 水平井打捞工艺技术新探[J]. 石油天然气学报，2009，31(03)：343-345.

智能工地安全监控管理平台建设研究

郝婳婕　杨开赞　张　汇

（中国石油新疆油田分公司数据公司）

摘　要：随着我国石油能源需求的快速增长，油田地面工程建设安全、质量要求愈发严格，面对工程建设安全盲点多、人员管控难度大、施工变更频繁等问题，本文采用ISO 15926标准，同时引用标准对象库建立统一的油田地面工程数据标准，针对工程建设数据及相互关系进行集中管理，通过研究建设智能工地安全监控管理平台，以智能识别技术为抓手，围绕现场人、机、料、法、环，开展针对施工质量、安全、进度、人员的综合管控。

关键词：油田地面工程；工程建设管理；视频智能分析；安全监控

1　引言

随着我国石油资源需求量的与日俱增，石油能源开采力度的加大，油田地面工程建设作为油气开采的核心工程越来越受到重视，其中安全与质量管理更是核心内容。然而，油田地面工程建设安全盲点多、人员管控难度大、施工变更频繁，地面工程项目过程管理难度不断加大，传统的半手工、半自动管理方式已很难适应现代化管理需求，针对现场旁站、巡检与抽检，管理留痕大多采用手工纸质记录，存在时效性差、效率低等特点，动态违章、安全隐患质量隐患频发，导致施工现场安全与质量无有效保证，急需运用数字化、智能化手段改变施工现场管理现状。

通过建设智能工地安全监控管理平台，以之智能识别技术为抓手，围绕施工现场人、机、料、法、环等影响生产和施工质量安全、进度、投资的关键要素，开展智能化工地建设，保障工程质量、安全、进度、成本等管理目标的顺利实现，防范和遏制安全事故的发生，降低管理成本，提高施工各环节质量、安全管理水平与工作效率；同时结合大数据技术，对地面工程的各类数据及相互关系清洗分类，可将油田地面工程管理中各种数据及相互关系进行管理，为工程质量、安全管理与统计分析提供决策依据。

2　地面工程建设现状分析

地面工程建设项目遍布整个油田，项目实施范围点多面广、参建方众多，工程建设管理多采用人工记录反馈，主要存在以下业务难点：

2.1　建设项目多，进度质量监管难

地面建设传统项目管理信息掌控偏差大，传递效率低，对项目进度、安全、质量、投资执行情况等全面感知和控制力不足，存在延时和滞后，项目群管理控制难度大。

2.2　隐患风险监控难

工程施工现场区域面积大、施工部位分散、参建单位人员众多，针对现场各风险作业、

高危作业、周界、安全保障措施落实的监管存在难度，无法针对建设期间的全范围、全过程、全要素风险隐患进行事前控制、事中监控、事后留痕，存在监管力量不足、监管覆盖范围不够、监管时效不强、监管时长不足等问题。

2.3 人机料实时跟踪难

工程现场各参建单位人员、机具物料流动量大，施工方、监理方、检测方等各方人员进出场、不安全行为实时监控难度大，对进出人员的专业资质、安全培训等情况掌握不足，材料进出库动态掌控存在延迟，难以做到“管住现场、管住承包商、管住三违”。

为解决以上问题，急需通过智能化手段实现工程现场全面监督、异常实时预警、整改及时反馈、人机料实时监控，提升全要素全过程监管效能，保障工程高质量建设。

3 关键技术及架构设计

为奠定油田地面工程管理统一的数据基础，在数据标准方面，本文采用 ISO 15926 标准，同时引用 ISO 15926 标准对象库(RDL)，为地面工程的每一个实体、设备、管线、结构等建立对应的“对象”，该对象存储了与其相关的所有属性以及各个对象之间的关联关系，同时设计完整的对象模型、文件模型，属性集模型，建立对象与对象关联关系，对象与属性集关联关系等。这些模型和关系构成平台核心，同时定义了属性集模板、对象多视图等业务模块。随着油田地面工程在不同阶段的推进，将不同阶段的数据再次追加和补充至此对象，遂同时下游业务可以直接利用上游输入的数据，在保证数据的一致性、数据的准确性的同时，减少数据录入的工作量，加强油田地面工程项目管理质量及管理效率。

技术架构方面，整体采用 SOA(Service-Oriented Architecture)理念进行设计，平台内部采用模块化的方式组织开发系统功能，平台外部接口设计能够方便快速的与其他系统实现集成。平台采用 B/S 架构，方便多用户协同参与工程安全、质量管理过程。从技术架构上，本文将平台整体分为三个层级进行设计：应用级、企业级和企业间，如图 1 所示。

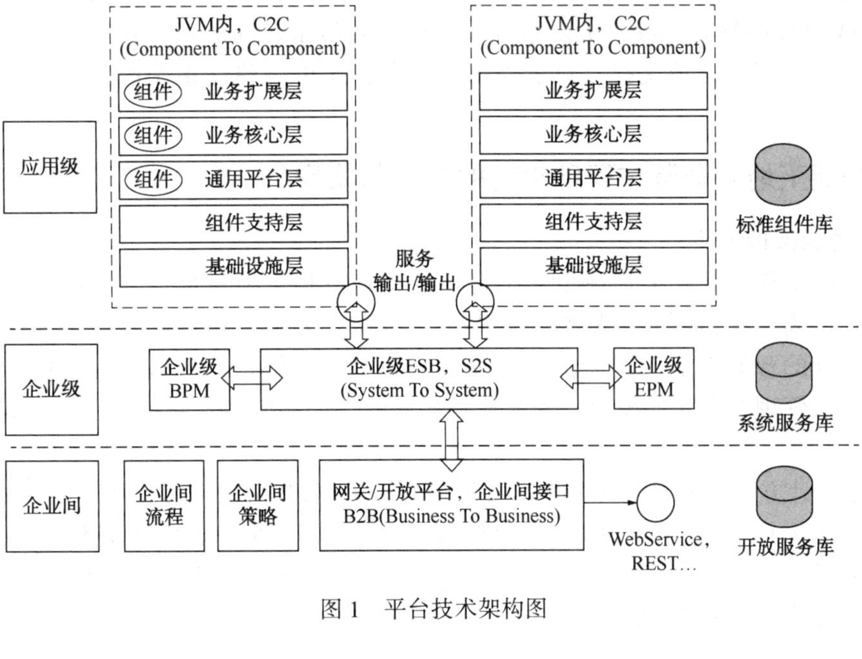

图 1 平台技术架构图

数据架构方面，平台采用工程数据总线技术进行数据层设计。工程数据总线具有强大的工程软件数据解析能力，兼容多种数据采集软件，通过内置的工程数据总线，把各专属软件的几何和属性信息，统一解析为中立的标准数据格式，并自动创建元件之间的关联关系，其他参与方可以通过内置的三维图形引擎来展示图形和数据，查询相关的文件与属性数据。通过数据的标准解析，消除了工程参建各方的信息差，满足了不同参与方系统与系统之间的数据交互。见图2。

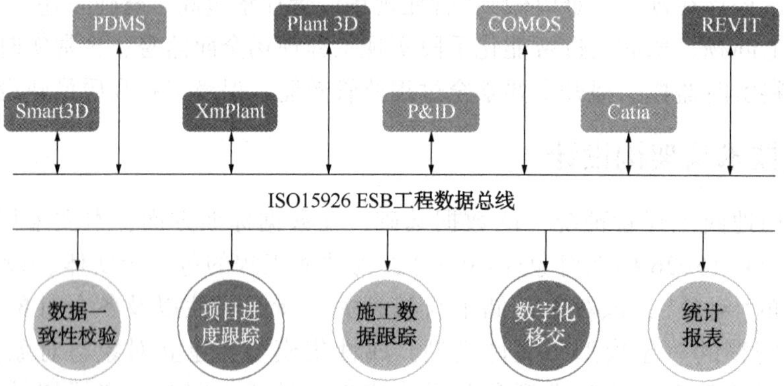

图2　工程数据总线结构图

应用层级主要基于系统模块化的设计思想，根据业务功能和业务流程的逻辑相关性，将所有的业务需求分解为业务独立的模块，模块间通过接口或服务发生业务交互。平台基于开放服务网关标准OSGI(Open Service Gateway Initiative)模块化管理框架，提供了完善的组件管理模型和体系结构，模块间通过服务的形式，将功能开放接口注册到企业级的SOA集成总线上进行统一的部署、管理和调用。

企业层级主要基于SOA的设计理念，提供企业级的业务流程管理BPM(Business Process Management)和企业服务总线ESB(Enterprise Server Bus)实现。其中，BPM基于系统的流程引擎实现统一的业务流程管理，满足系统对流程审批及业务流程的需求；企业级ESB框架是SOA设计的核心组成，实现系统模块间、其他系统间的业务接口和集成需求，统一提供部署、调用和管理支持。对于通用的服务，还可以建立系统服务库，便于管理和复用。

4　智能工地安全监控管理平台的设计与实现

4.1　功能架构设计

油田地面工程项目安全管理是一个有序的系统过程，项目从规划、设计、施工到工程竣工生产的周期中，所有工程参与方需统一组织、分工合作。在明确管理流程的基础上，本文设计的智能工地安全监控管理平台共包括人员管理、机械管理、材料管理、目标管理、安全管理五大功能模块，同时配备相应的移动端应用，系统功能架构设计如图3所示。

为便于设计方、监理方、供应商等多方协同参与、数据分级汇总与共享，本文基于各功能模块同时建立了公司级、项目级的分级管理模式，公司级统一规划项目级安全、质量、进度等管理范围，并计划先行开发部署人员、安全管理等与监控分析相关功能，充分利用已有视频监控，满足工程现场安全监督要求。

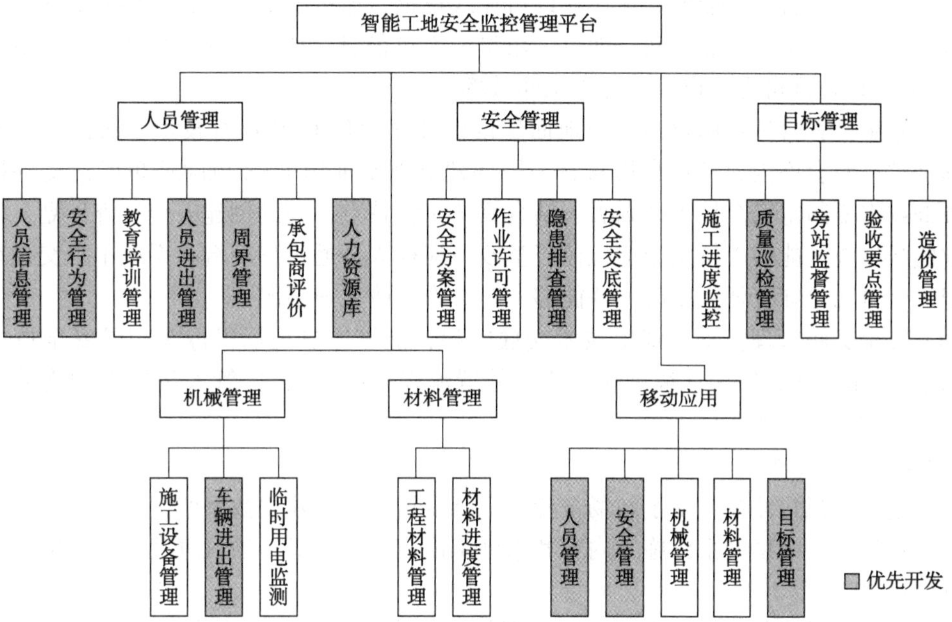

图 3　功能架构设计图

4.2　功能详细设计

4.2.1　人员管理

(1) 人力资源库：包括上级检查人员、项目管理人员、现场实施人员的信息管理。

(2) 周界边防监控：需要对现场区域周界进行入侵、闯入的探测报警。

(3) 人员进出监控：需要针对进出现场的人员基本信息、穿戴劳保进行智能识别录入，并具备各类工种的人力资源分析功能。

(4) 人员违规行为监测：针对现场各类人员的不安全行为，如作业现场无监护人检测、危吊臂下站人检测报警、重点区域穿越/闯入检测报警等情况的实时分析识别、跟踪和预警。

(5) 承包商评价：工程建设涉及各类承包商、模块化建造商等，需要根据承包商人员的安全履职情况等对其进行综合评价，便于后期项目进行承包商优选。

4.2.2　机械管理

(1) 机械设备信息管理：借助移动端 APP，针对施工机械设备按照特定规则生成二维码，检查人员手持移动端扫码后，能够对机械设备的厂家、型号、保养时间等进行核对检查。

(2) 机械设备智能识别：需要自动识别进场车辆、施工机具及设备类别及数量。

(3) 临时用电监测：通过配电箱二维码管理，支撑电工每日现场扫码检查、录入检查信息并采集照片上传系统，系统能够自动核查，对未按要求检查的要点进行提示。

(4) 设备异常联动报警：能够接入现场设备的相关物联网采集设备，实时监测设备运行情况，针对异常状态能够自动报警。

4.2.3　安全管理

(1) 安全方案管理：需要固化统一安全方案，在智能化平台中录入相关规范及制度，施工单位结合施工特点，编制安全施工方案。对各风险作业安全措施进行提交，检查人员使用移动端进行核查，检查问题实时上传，对施工单位整改情况进行跟踪。

(2) 作业许可管理：能够支撑作业许可在线审批，通过线上监控，批票人员在移动端能够查看作业许可清单、作业时间、地点、数量、人员信息、风险等级(不同等级用不同颜色区分)，实现作业许可在线审批，提高工作效率。

(3) 隐患排查管理；固化油气田地面建设标准化承包 HSE 检查技术手册，参建各方能够在移动端按照表格内容进行自检自查；需要建立新疆油田 HSE 风险清单库，支持移动端搜索查询；需要制定安全检查计划表，结合具体工程特点，辅助创建安全检查计划，依据检查计划监督检查。能够支持安全巡检监督整改，巡检人员通过移动端在系统中提交检查过程中的记录，自动通知责任人整改，并能够实时查看整改完成情况。

(4) 安全交底管理：支撑线上技术交底审核，能够通过现场摄像头记录安全技术交底(上传包括技术交底，安全环境确认，应急处置流程等照片)，监管人员在移动终端在线审核通过后，方可开始作业。

4.2.4 目标管理

(1) 进度可视化监控：基于站场全专业三维设计，同步建立数字孪生工厂，需要通过不同颜色直观显示三维模型中已施工内容和未施工内容，直观显示项目进度，自动输出已施工部分百分比。

(2) 工程质量控制：能够支撑旁站监督管理，施工单位在移动端 APP 发起旁站、监督申请，监督人员在移动端接收任务；支撑质量巡检监督整改，巡检员通过移动端提交检查记录(包括拍照、文字、视频)，通知责任人整改，并能实时查看整改情况；需要建立质量问题清单库，对发现的质量问题分类存储，能够支持在移动端按类别、队伍、周期等分类查询。针对现场发现的质量安全问题能按照检查单位进行数据统计分析，能够自动生成报表，提前发现变化趋势，为事前控制提供数据支持，作为参建各方履职的依据。

(3) 工程造价控制：需要包括工厂进度款统计，对已经完成的进度款审批进行线上自动统计；需要对工程变更进行动态管控，当变更(签证)等工程量导致造价变动时，能够在系统内实时显示。

(4) 验收要点管理：能够对验收要点固化查看，在系统中将各专业工序验收、材料、设备验收要点进行整理并汇总建立数据库，检查人员验收时通过移动端查看验收要点，无需再翻阅相关规范标准，提高工作效率，确保工程质量。

4.2.5 材料管理

(1) 工程材料数据管理：能够对工程材料信息(厂家、规格型号、位号、采购编码)等信息集成在二维码上，在出厂(防腐厂)阶段张贴二维码。

(2) 材料进度可视化跟踪：当材料进场完毕，验收人员能够在验收合格后，通过扫码，将工程材料信息与设计蓝图材料、设备、构配件关联，实时掌握材料进场动态。

4.3 工程试点实施方案

本文设计的智能工地安全监控管理平台适用于新疆油田公司范围内新建、扩建、改建的油气田站场、长输管道等公司级四类及以上地面建设工程。平台先期选取采油二厂一区某转油站进行试点实施，后期在新疆油田各大中型油气田地面工程进行全面推广。

4.3.1 工程试点实施依据

(1) 施工风险作业

① 受限空间作业。主要风险为土方坍塌、窒息、中毒、爆炸。涉及工序及人员为各单体及设备基础施工的作业人员、储罐安装作业人员、储罐内防腐作业人员。

② 高处作业。主要风险为高处坠落、物体打击。涉及工序及人员：单体脚手架搭设架子工、主体施工土建施工人员、工艺管道安装施工人员、储罐制作防腐保温施工人员。

③ 吊装作业。主要风险为：物体打击、设备倾覆。涉及工序及人员为设备吊装施工人员、工艺安装施工人员、储罐制作施工人员、土建屋面施工人员。

④ 动火作业。主要风险为：火灾、爆炸。涉及工序及人员为工艺安装动火连头作业。

⑤ 用电作业。主要风险为：触电、火灾。涉及工序及人员为土建现场设备及小型用电工具操作人员、工艺安装用电设备操作人员、电气安装接火作业人员。

（2）监督要点

进入受限空间识别、进入受限空间人员穿戴识别；高处作业识别、作业人员安全带识别、监督人员到场情况检查；吊装作业识别、人员站在吊臂下识别、人员安全帽识别、监督人员到处情况检查；动火作业识别、动火作业气瓶位置识别。

（3）质量关键控制点

材料、设备到场验收；土建基础、隐蔽工程验收；设备安装验收；电气设备、电缆安装验收；现场调试、试运行；管道焊接识别焊接工艺评定、对口数据和焊接工序。

4.3.2　工程试点实施部署方案

（1）监控系统设置

站场尺寸300m长，200m宽，按照监控摄像机监控范围，部署枪机8台、枪机之间部署球机4台，确保站区全面覆盖。站外部署高空全景智能球机1台，用于全景监控。

站区内施工区域配置移动监控设备2套。场区大门口建6米车闸1套，5×3m双向双通道人员闸机1套。

后期除移动监控设备外，其他设备(监控摄像头及监控杆、电脑及监控录像设备、桌面式人证核验终端等)可作为站区生产运行视频监控继续使用。

（2）硬件具体配置及用途

① 网络高清红外球机4台：球机型号为200万星光级红外球形云台摄像机4.8~110mm(i)DS-2DE72ABCDF-XYZL/VWS，分别布置在生产辅助区、采出水区、注水区和伴生气装置区外，设置间距100m，配置6米监控杆。用于施工现场范围监控、入侵跟踪、自动巡视。

② 网络高清红外枪机8台：枪机型号为2200万星光级红外定向电动变焦摄像仪(筒型)2.8~12mm　DS-2CD7A27EWD-IZS(2.8~12mm)(D)，沿站区围墙外布置，间距50米，配置6米监控杆。枪机作为球机补充，枪机与球机在站区外围穿插设置，确保站区全面覆盖。

③ 高空全景智能球机1台：球机型号为200万星光级红外球形云台摄像机4.8~110mm(i)DS-2DE72ABCDF-XYZL/VWS，布置在伴生气装置区站外，配15米杆。用于高空大范围监控、入侵跟踪、自动巡视；满足对工地现场全景观、大范围的智能监控需求。

④ 移动监控设备2套：高清摄像机技术参数满足1080P清晰标准，像素指标满足智能分析要求，近距离监控站内许可作业。

⑤ 网络接入设置：所有监控摄像机的视频信号，通过在现场埋地敷设光缆，将数据回传门卫室，门卫室设置网络硬盘录像机、安全培训工具箱、桌面式人证核验终端、网络路由器等设备，通过路由器将信号上传油田内网。

5　结语

本文以智能识别技术为依托，采用ISO 15926标准，建立了智能工地安全监控管理平台，将接入设备预设的各类智能事件分析算法，设置监控点不同检测场景、检测时间段的配置，实现个性化的监测，基于摄像机、智能门禁，对出入口、安全通道、巡检点实现全天候站场巡检、监测、人脸识别等报警和记录，减少人工巡检次数，进而促进站场少人化管理。辅助工程管理人员开展现场实施人员、机具、车辆的安全监控，进一步掌控施工质量与进度的综合情况，解决了油田地面工程建设过程中现场安全盲点多、人员管控难度大、施工变更频繁等问题，为油田地面工程项目质量与安全管理提供了支撑，为提升工程管理效率、本质安全系数打下坚实基础。

参 考 文 献

[1] 熊非. 油田地面工程建设质量管理之我见[J]. 中国石油和化工标准与质量. 2019(04).

[2] 刘喆. 浅谈油田地面工程管理的信息化建设[J]. 中国新技术新产品. 2019(17).

[3] Anna Romanska-Zapala, Mark Bomberg, David W Yarbrough. Buildings with environmental quality management: Part 4: A path to the future NZEB. 2019, 43(1): 3-21.

[4] GLEN BRIGHT, SHANIEL DAVRAJH. Advanced quality management system for product families in mass customization and reconfigurable manufacturing[J]. 2013, 33(2).

[5] 方振阳，梁磊，王涛. 试论油田地面建设工程的施工项目管理[J]. 化工管理. 2019(15).

[6] 刘育峰. 乍得 Ronier 油田开发地面工程质量管理研究[D]. 吉林大学，2012.

[7] 刘妮. 油田地面工程项目管理措施[J]. 中国石油石化，2016.

[8] 李庆，李秋忙，云庆，等. 国际大型石油公司地面工程建设先进经验和做法[J]. 石油规划设计，2016，(4).

【作者简介】郝婳婕，女，2018 年 6 月毕业于中国石油大学(北京)，学士学位。工作单位：中国石油新疆油田分公司数据公司，助理工程师，专业领域：计算机科学与技术，通信地址：新疆克拉玛依市世纪大道 7 号，邮编：834000，电话：0990－6890307，邮箱：haohuajie@ petrochina. com. cn。

油田提高采收率地面工艺安全风险分析

田鸣邦

（唐山冀油瑞丰化工公司）

摘　要：目前油水井调剖调驱、二氧化碳吞吐和氮气注入作为提高采收率工艺广泛应用于国内外各类油田，在地面施工过程中存在火灾、爆炸、低温伤害、窒息以及管道刺漏伤人等风险。所以提高采收率措施作业活动的危害因素辨识、风险分级及防控措施的制定，对于油田安全生产具有重要意义。

关键词：提高采收率；二氧化碳；危害因素辨识；风险分级

1　提高采收率地面工艺简介

油田采收率工艺技术主要包括调剖调驱施工、二氧化碳吞吐施工、氮气注入施工等，其地面工艺及流程见图 1。

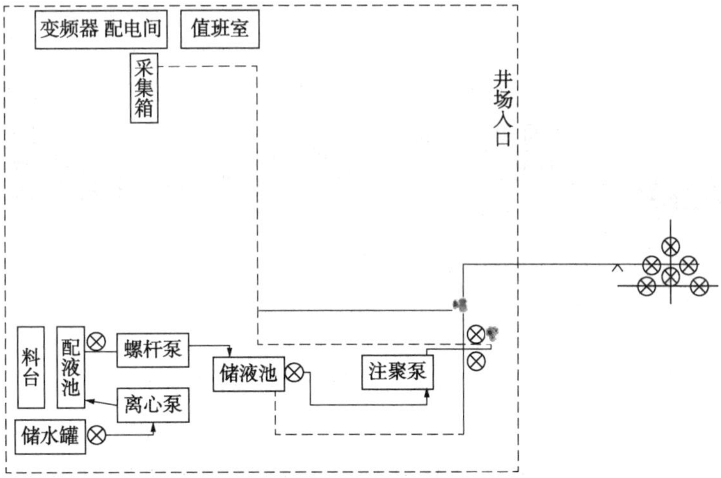

图 1　调剖调驱工艺流程图

1.1　调剖调驱施工

调剖调驱为从注水井进行封堵高渗透层的工作，从而迫使注入水波及含油饱和度较高的中、低渗透层，从而起到提高注入水的波及系数和降低油井含水的目的。

施工步骤：

（1）连接地面流程，达到调剖调驱剂配制及注入条件，油管注入调剖调驱剂，试压 25MPa 不刺不漏为合格。

（2）按设计用量及段塞要求配制调剖调驱剂。

（3）按段塞设计顺序注入调剖调驱剂，具体浓度可根据现场实际注入压力情况适当调整。调剖调驱剂注入时必须连续，确保施工注入时率。

（4）调剖调驱段塞注入完毕，关井候凝。

1.2　二氧化碳吞吐施工

二氧化碳吞吐采油工艺技术是在一定地层压力条件和不超过地层破裂压力的注入压力下将液态二氧化碳，注入地层，然后关井浸泡一段时间，让二氧化碳充分与地层原油接触并溶解，再重新恢复生产。二氧化碳吞吐采油机理主要表现在二氧化碳与地层原油混合后，可以降低原油黏度和界面张力，改善流度比，增加原油流动性；使原油体积膨胀、增加地层弹性能量，起到溶解气驱作用；将地层中的碳酸盐转变为碳酸氢盐，对地层起到酸化解堵作用。CO_2吞吐施工工艺流程见图2、图3。

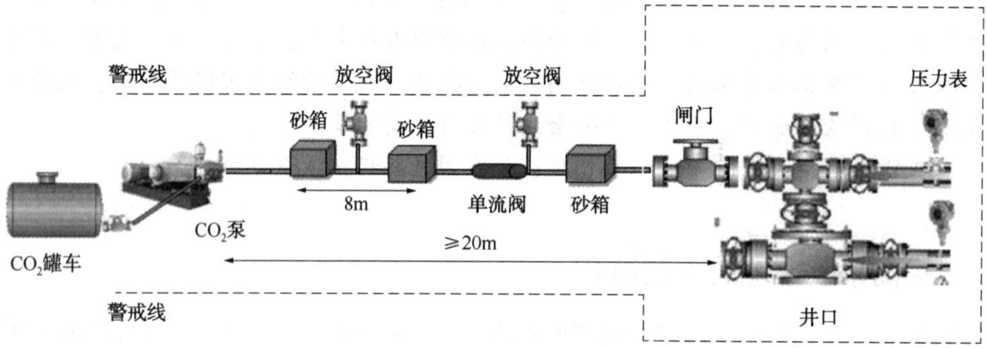

图2　CO_2吞吐施工工艺流程示意图（正注）

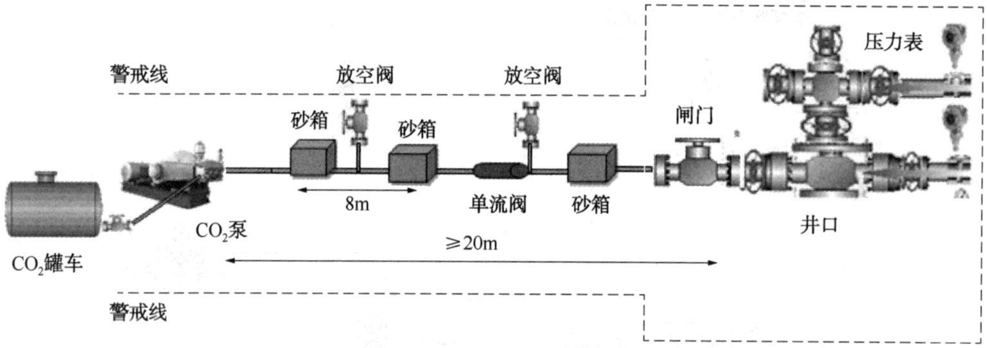

图3　CO_2吞吐施工工艺流程示意图（反注）

施工步骤：

（1）技术交底：施工前主管领导或技术人员对现场施工人员做好安全技术交底工作，经开工验收合格后方可施工。

（2）注入：按设计压力、排量等参数油管正注（套管反注）入二氧化碳；施工压力控制在设计压力以内，如果压力上升较快，停止注气，待压力下降后继续注气。

（3）顶替：完成后通知小修注入活性水；关闭油管阀门，焖井。

（4）施工过程中，废料必须集中放置、回收、统一处理，确保不污染环境。施工结束后，及时通知作业区，等待搬家，回收落地材料、恢复施工场地原貌，做到工完、料净、场地清。

1.3　氮气施工

氮气吞吐：将氮气或者以氮气为主的介质从油井注入地层，焖井一段时间后再开井生产，实现油井增产的一种采油工艺方法。

氮气驱替：将氮气或者以氮气为主体的驱替介质注入油藏，驱替出井间剩余油的一种采油工艺方法。

见图 4。

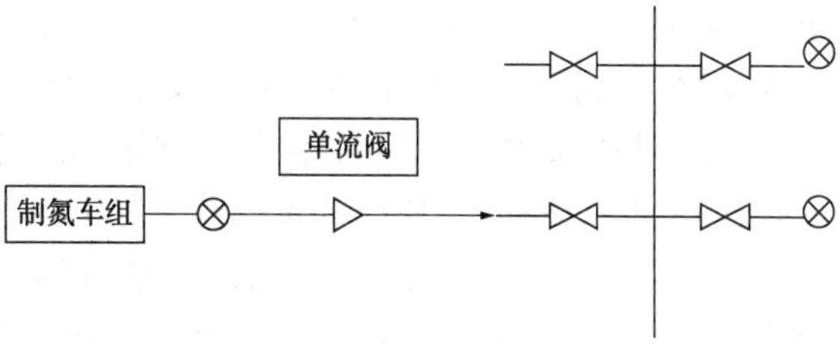

图 4　氮气注入地面流程图

1.3.1　氮气吞吐施工步骤

（1）打开生产闸门，油管闸门管线连接到 40m^{3}收液池子，连接氮气车至井口套管闸门，试压至 16MPa，无渗漏，反注氮气排空油管内液体后，关闭油管闸门；注完后关闭井口闸门。

（2）清理施工现场。

1.3.2　氮气驱替施工步骤

（1）连接注入管线，并试压，注入管线试压 20MPa，均稳压 10min，不刺不漏为合格；

（2）启动氮气设备注入氮气；

（3）注汽方式：采用地下发泡方式，交替注入发泡液、氮气。施工初期，暂定以段塞方式注入氮气泡沫，每个段塞设计的发泡液、氮气量注入。施工平稳后，根据实际注入情况，调整注入段塞。

2　主要工艺设备

调剖调驱主要设备包括：高压往复式调剖泵、高压管线、配液池、清水罐、螺杆泵。

二氧化碳调剖设备包括：高压二氧化碳注入泵，高压二氧化碳注入专用管线、配电箱。

氮气注入设备包括：氮气压缩机、制氮机、配电箱、高压注入管线。

主要工艺设备如表 1 所示。

表 1　主要工艺设备一览表

序号	设备名称	规格型号	单位	备注
1	二氧化碳注入泵	3RC125C-5/35CO2	台	
2	调剖调驱往复高压泵	3DBAM100-3/30	台	
3	调剖调驱往复高压泵	3NB300-11.5/32	台	
4	注氮设备	MZD-1200/350C	套	
5	螺杆泵	2HMG-560A.18.5kW	台	
6	配液池	PYC1000-150720，6000*2350	个	
7	搅拌池	14 方	个	
8	储液池	14 方	个	
9	清水罐	5600*2350*2110mm	个	
10	变频房	2.5*2*2(M)	栋	

3　危险、有害因素辨识与分析

3.1　物质危险性辨识与分析

油田提高采收率工艺施工过程中涉及到的物质主要为原油、二氧化碳(压缩的或液化)、氮气(压缩的或液化)、交联剂、助剂、泡沫主剂(α 烯基磺酸钠)、泡沫助剂(烷基芳基磺酸盐)。依据《危险化学品目录》(2015 版)规定，原油、二氧化碳(压缩的或液化)、氮气(压缩的或液化)均属于危险化学品，不涉及剧毒化学品。

依据《易制毒化学品管理条例》，不涉及易制毒化学品；依据《重点监管的危险化学品名录》(2013 年完整版)，原油为重点监管的危险化学品；依据《易制爆危险化学品名录》(2017 年版)，不涉及易制爆危险化学品；依据《特别管控危险化学品目录》(第一版)，不涉及特别管控危险化学品；依据《高毒物品目录》(2003 年版)，不涉及高毒物品。

各物质的危险、有害特性数据见表 2。

表 2　物质危险性一览表

名　　称	危险性(有毒成分)	有毒成分含量	伤害途径	有害因素
原油	可燃液体	遇热分解释出有毒烟雾。吸入大量蒸气可引起神经症状	皮肤接触、眼睛接触、吸入	火灾、爆炸
聚丙烯酰胺	聚丙烯酰胺本身是无毒的，(含微量丙烯酰胺)	≤0.05%	食入、眼睛接触、皮肤接触	中毒
氮气 (压缩的或液化)	加压气体	无	吸入	窒息
二氧化碳 (压缩的或液化)	加压气体； 特异性靶器官毒性——一次接触，类别 3(麻醉效应)	无	皮肤接触、眼睛接触、吸入	窒息
交联剂	无	无	皮肤接触、眼睛接触	无
助剂	无	无	皮肤接触	无

3.2　作业过程危险、有害因素辨识与分析

提高采收率工艺施工作业过程中存在主要危险、有害因素为井喷、火灾、爆炸、中毒和窒息、冻伤、物体打击、机械伤害、触电、车辆伤害、起重伤害、高处坠落等。

3.2.1　井喷

井喷事故包括井喷失控、井喷失控着火事故。在施工作业过程中一旦发生井喷，井内喷出的流体速度快、易着火、压力高，易造成高压气射流伤害等。井喷事故伤害为多伤害，事故一旦发生，其伤害有可能囊括所有的伤害类型。

3.2.2　火灾、爆炸

作业施工前对地层压力等参数掌握不完全，作业过程中井底压力突然升高，可能导致井喷事故。井内喷出的原油和天然气易引发火灾，若井场处于窝风区，井内喷出的天然气因没有及时散发而聚集达到爆炸极限，电气设备发生短路、漏电、接地，或过负荷等故障时，将产生电弧、电火花、高热，造成电气火灾事故，可能引起天然气爆炸，造成巨大的人员伤亡和财产损失。

3.2.3　物体打击

注入泵本体和注入管线，如果存在缺陷，在高压的工况下会发生刺漏，甚至管线脱节；液态 N_2 或 CO_2 从注入泵出来后，存在一个压降体积膨胀降温的过程，因此会产生结霜现象，逐渐累加会形成局部冻堵，容易造成管线刺漏，甚至管线脱节，喷出的高压气体或物体造成设备损坏或人员伤害。

井口及闸门在高压工况下因低温、腐蚀、设施缺陷导致刺漏。井口及闸门低温或受腐蚀

情况下，密封件会收缩并被 CO_2弱酸液侵蚀，同时由于高压而发生刺漏情况；同时在井下管柱内，同样存在低温情况，如果油管内有液态水存在，就会在注入过程中出现液态水冻结，导致油管涨裂或井口、地面管线刺漏，喷出的高压气体或物体造成设备损坏或人员伤害。

3.2.4 中毒和窒息

作业过程中二氧化碳、氮气注入设施发生泄漏，泄漏的 CO_2、N_2无法及时被吹散，会使作业人员的呼吸感到困难，出现虚弱，眩晕等脑缺氧症状。

调剖调驱现场施工使用的化学药剂多为弱凝胶，主要成分为聚合物(聚丙烯酰胺)和交联剂。作业人员对药剂危害不清楚，防护措施不到位，不了解应急处置方法，易造成人员中毒。

作业过程中发生刺漏或井喷事故，喷出的液体中可能含有一定量的 H_2S，可能造成井场周边人员中毒和窒息。

3.2.5 冻伤

作业人员日常巡查，对泵的维护，以及应急处置过程中，都会接触到低温管线或者泵体。如果作业人员劳保护具佩戴不齐全，触摸低温注入管线及 CO_2低温储罐，可能造成人员冻伤。

3.2.6 机械伤害

气体注入过程中使用注入泵等运转设备，因作业人员操作失误、站位不合理或防护不当，可能造成人员夹击、绞伤、碰伤等，发生机械伤害事故。

3.2.7 触电

引起触电的主要原因有：选用的电气设备绝缘不合格，电气设备或线路的绝缘等级与电压等级不匹配，造成绝缘失效，引起人体触电；带电设备接地或接零保护装置失效或漏电保护装置失效，人触及带电体漏电部位，有发生触电的危险；操作人员在施工、作业、检查、维修过程中，由于未按照电气操作规程进行操作，或缺少安全用电知识，均可能导致触电事故的发生。

3.2.8 车辆伤害

施工队常年在野外施工，路面状况较差，遇到阴天下雨，路面湿滑，且因雨水冲刷，路面上分布有冲沟和塌方，运输人员或物资的车辆在这种状况下行车，若疏忽大意或缺乏经验，易发生交通事故，造成人员伤亡和财产损失。另外，在作业队搬迁过程中，施工单位在井场上移动车辆时，因人多车杂，若指挥混乱，疏忽大意，可能造成车辆伤害。

3.2.9 起重伤害

施工作业队在搬迁过程中需要吊装作业，在装卸重物时，若违章装卸、违章指挥，会造成重物砸伤、碰伤、刮伤操作人员，或造成重物倾覆，导致起重伤害。

3.2.10 高处坠落

施工作业现场水箱、配液池、储液池等均高于 2m。在高于基准面 2m 处作业时，行走中被障碍物所绊或脚步不稳(打滑、踩空)均可能引起身体失控坠落，爬梯上下攀爬时失手而坠落。

4 风险等级评价

采用 LEC 法对调剖调驱、二氧化碳吞吐、氮气施工进行风险等级评价

用公式来表示，则为：$D=L\times E\times C$

式中 D——作业条件的危险性；

L——事故或危险事件发生的可能性；

E——暴露于危险环境的频率；

C——发生事故或危险事件的可能结果。

4.1 二氧化碳吞吐施工作业条件风险等级评价(表3)

二氧化碳吞吐施工作业过程中井喷、火灾爆炸、中毒和窒息的风险等级属于“较大风险”。物体打击、机械伤害、触电的风险等级属于“一般风险”。冻伤、车辆伤害、起重伤害的风险等级属于“低风险”。

表3 二氧化碳吞吐施工作业条件风险等级评价表

序号	危险因素	L	E	C	D	风险等级
1	井喷	3	6	15	270	较大风险
2	火灾、爆炸	3	6	15	270	较大风险
3	中毒和窒息	3	6	15	270	较大风险
4	冻伤	3	6	2	36	低风险
5	物体打击	3	6	7	126	一般风险
6	机械伤害	3	6	7	126	一般风险
7	触电	3	6	7	126	一般风险
8	车辆伤害	3	3	7	63	低风险
9	起重伤害	3	3	7	63	低风险

4.2 氮气施工作业条件风险等级评价(表4)

氮气施工作业过程中井喷、火灾爆炸、中毒和窒息的风险等级属于“较大风险”。物体打击、机械伤害、触电的风险等级属于“一般风险”。冻伤、车辆伤害、起重伤害的危险等级属于“低风险”。

表4 氮气施工作业条件风险等级评价表

序号	危险因素	L	E	C	D	风险等级
1	井喷	3	6	15	270	较大风险
2	火灾、爆炸	3	6	15	270	较大风险
3	中毒和窒息	3	6	15	270	较大风险
4	冻伤	3	6	2	36	低风险
5	物体打击	3	6	7	126	一般风险
6	机械伤害	3	6	7	126	一般风险
7	触电	3	6	7	126	一般风险
8	车辆伤害	3	3	7	63	低风险
9	起重伤害	3	3	7	63	低风险

4.3 调剖调驱施工作业条件风险等级评价(表5)

调剖调驱施工作业过程中井喷、火灾爆炸、中毒和窒息的风险等级属于“较大风险”。物体打击、机械伤害、触电的风险等级属于“一般风险”。高处坠落、车辆伤害、起重伤害的风险等级属于“低风险”。

表 5　调剖调驱施工作业条件风险等级评价表

序号	危险因素	L	E	C	D	风险等级
1	井喷	3	6	15	270	较大风险
2	火灾、爆炸	3	6	15	270	较大风险
3	中毒和窒息	3	6	15	270	较大风险
4	高处坠落	3	3	7	63	低风险
5	物体打击	3	6	7	126	一般风险
6	机械伤害	3	6	7	126	一般风险
7	触电	3	6	7	126	一般风险
8	车辆伤害	3	3	7	63	低风险
9	起重伤害	3	3	7	63	低风险

5　安全防控措施

5.1　施工准备方面的安全对策措施

（1）值班房应放置于季节风的上风向，且距井口不应小于 30m。

（2）井场应设置逃生路线标志、紧急集合点和风向标，设有安全通道并保持畅通。

（3）油、气井场内应设置明显的防火防爆标志及风向标。

（4）施工流程连接应使用钢质硬管线并用地锚（水泥基墩等）固定。

（5）设备停在井口季节风上风方向，距井口和设备不得小于 15m。

（6）施工管线应使用硬管线连接并固定，管线试压不应低于气举设备最高工作压力，在管线上安装放空闸门及单流阀。

（7）中途处理故障时，应停机放压后进行。施工时非操作人员不得进入高压区。

（8）夏季作业时应做好防雷措施，雷雨天气减少野外作业。值班室等铁皮房应至少设置两处接地装置，接地电阻不应大于 4Ω；井场内旗杆等高耸金属物应做好防雷接地，接地电阻不应大于 10Ω；所有电气设备的金属外壳应与接地体等电位连接。

（9）现场特殊作业活动严格按照《危险化学品企业特殊作业安全规范》GB 30871—2022 执行。

5.2　施工作业方面的安全对策措施

（1）应根据井下作业地质设计、工程设计编制施工设计，并按企业规定分级审批按施工设计要求做好施工前准备，经开工验收合格方可开工。施工前进行技术、安全交底，每班坚持安全讲话和班后评价。

（2）井口、套管和流程按规定试压合格。

（3）机械运转部位防护装置的其他防护设施应齐全。

（4）注入过程中应随时监测油套压变化情况，对环空带压井应分析原因，并采取相应控制措施。

（5）注入井录取油套压、测试等作业时，应采取防止冻伤、窒息和冻堵等事故发生的防范措施。

（6）井口压力表应检验有效，不应超压运行，井口连接件无渗漏。

（7）增强现场管理，施工作业时高压区禁止人员穿越。

(8) 遇有6级(含6级)以上大风、能见度较小的浓雾天气、暴雨雷电天气及设备运行不正常时，应停止作业。

(9) 在地层复杂区域作业(如高压气层、可能含硫化氢区域等)，操作人员应经专业知识培训、考核合格，持证上岗。

(10) 配备个人防护用具、气体监测仪器、正压式呼吸器等安全装备。

(11) 完善应急演练的计划、准备、实施、评估总结、持续改进等工作。

5.3 防火防爆、施工用电、消防方面的安全对策措施

(1) 现场应有可燃气体检测仪。可燃气体检测仪应定期校验和维护。

(2) 井场内应禁止烟火，配备足够灭火器，定期检查或更换消防器材，以保证其有效。

(3) 进入井场车辆排气管应装有阻火器。

(4) 配电箱应安装端正、牢固。配电箱前地面有绝缘保护，并有足够的工作空间和通道。

(5) 用电设备的金属壳体都应做保护接零(接PE线)。

(6) 施工现场应采用TN-S接零保护系统。

(7) 电缆架空敷设时走向应合理，固定点间距应保证橡套电缆能承受自重所带来的张力，电缆对地最小距离应大于2.5m。

(8) 电缆埋地敷设时，埋深应不小于0.3m。

(9) 不应将供电线路直接挂在设备、井架、绷绳、罐等金属物体上。

(10) 值班房配线应采用绝缘导线，进户线过墙应穿绝缘管保护，并设防雨弯。

(11) 配电箱内的电器不应使用可燃材料作安装板。若采用金属安装板，应与配电箱箱体作电气连接。

(12) 配电箱内的开关、电器应安装牢固。连接线应采用绝缘导线，接头不应裸露和松动。

(13) 配电箱总开关应装设漏电保护器。分闸应距井口15m以外。若采用不高于36V的安全电压照明，安全电压变压器应防水。

6 结语

在油田提高采收率工艺施工过程中，存在井喷、火灾、爆炸、中毒和窒息、冻伤、物体打击、机械伤害等风险，风险等级有低风险、一般风险和较大风险，所以，在油田生产中一定要对提高采收率施工安全管理工作给予足够重视，并根据作业措施的具体情况，对现行的风险防控措施进行改进和优化，提高企业的安全管理水平，以确保社会的安全和企业的经济的安全。

参 考 文 献

[1] 白宝君，李宇乡，刘翔鹗. 国内外化学堵水调剖技术综述[J]. 断块油气田，1998，5(1)：1-4.
[2] 李季. 二氧化碳驱油的安全风险分析[J]. 化工管理，2014，9：87.
[3] 薛洪旺. 深化HSE管理、提高现场安全管理水平[J]. 安全、健康和环境，2006，9：2-4.
[4] 刘伟. 石油化工企业危化品过程安全管理分析[J]. 山东化工，2021，50(13)：145-146.

化工企业危化品储存安全管理及事故应急措施

龚 敏[1] 田鸣邦[2]

（唐山冀油瑞丰化工公司）

摘 要：在中国化学工业迅速发展的同时，也伴随着频繁发生的危险化学品安全事故，成为人们普遍关心的问题。由于危化品具有易燃易爆以及有毒的特点，一旦发生意外事故会造成财产损失或人员伤亡。由此可以看出，危险化学品安全事故很可能会导致巨大的生命财产损失，而且还会给社会稳定带来严重的危害。在固体废物贮存不当导致安全事故频繁发生的情况下，本文重点对危险化学品贮存的安全管理措施进行了分析。

关键词：化工行业；危化品储存；安全管理

化学行业是我国国民经济和国民经济发展的主要组成部分，是国民经济和国民经济发展的“命脉”。我国化学行业进入新常态，对化学行业来说，既是一次新的机会，又是一次新的挑战。化工的流程是非常复杂的，在化工的生产中，经常会用到很多危险化学品，危险化学品的操作规程与整个公司的安全有很大的关系，所以，要对危险化学品的操作规程进行科学的控制。

1 化工企业危化品储存安全事故的危害性

危险化学品指的是有毒害、腐蚀、燃烧以及助燃等特性，对人体、设施以及环境有危险的有毒化学品和其他化学品。在分析了近年来危险化学品贮存安全事故的基础上，提出了危险化学品贮存安全的对策。一是危险化学品的安全事件给生态环境带来了极大的破坏。危险化学品是一种毒性很大的化工产品，其贮存条件不符合标准，会给周边环境带来严重的危害。以天津港为例，“8·12”事故造成的大气、水环境严重污染，事发地700t有毒害性的氰化钠，其中有320.6t未得以回收。未回收的320.6t氰化钠，只有39%已在水体中得到有效处置或降解，另有58%在爆炸中分解或在大气、土壤环境中气化、氧化分解、降解。二是危险化学品安全事件的发生，可能导致重大生命损失。从近几年来的各类危险化学品安全事件来看，不论其规模有多大，都有或大或小的人员死亡。比如，在2021年上半年，就有三次重大危险化学品安全事件，导致12人死亡，16人受伤。三是对公司和国家都有很大的损害。危险化学品的安全问题，不管是从国家的角度，还是从企业的角度，都不可避免地带来了重大的经济损失。一方面，是由于国家在处理危险化学品安全事故过程中，所引起的一系列救助费用、环境治理费用等。另一方面，则是为减少安全事故造成的后果，对化工企业采取的各类赔偿和补救措施。

2 化工安全管理及事故应急管理的必要性

2.1 确保社会安全稳定发展

危化品具有较大的危险性，一旦发生了危险化学品安全事故，就会对事故发生地附近的居民的身体健康，甚至是生命财产安全造成了很大的不良后果。因此，要想减少安全事故的发生，就必须要通过对危险化学品的安全管理来实现。

2.2 推动企业积极发展

危险化学品作为一种重要的生产资源，在化工企业的生产经营中，如果出现了危险化学品安全事故，不仅会给企业带来巨大的经济损失，而且还会影响到企业在社会上的信誉和企业的形象。因此，通过加强事故应急管理，以及对贮存安全的管理，可以在一定程度上防止危险化学品的出现，进而有助于企业达到长期、稳定发展的目的。

2.3 保障企业员工生命安全

在化工企业开展生产活动、促进企业经济、参与社会竞争的过程中，从业人员是最基本的要素之一。强化事故应急管理与储存安全管理，就是要始终贯彻“以人为本”的生产思想，保证企业员工的生命财产不受伤害，保障企业员工的基本权益。

2.4 保护自然生态环境

危险化学品安全事故一般会导致危险化学品发生泄漏，进而引发火灾、爆炸、中毒等安全事故。危险化学品安全事故不但会给有关人员的生命和健康带来巨大的危险，还会对周边的自然生态系统构成污染和破坏，这对我国进行生态环保建设十分不利。通过对事故应急管理和储存安全管理，可以有效地减少安全事故的发生概率，进而大幅减少生态系统受到污染与破坏的概率，最终达到化工行业与自然环境和谐发展的生态目标。

3 我国危化品生产储存要求

在危化品的生产和贮存方面，国家颁布的《危险化学品安全管理条例》中，明确提出了“按照国家相关的法律、法规和标准，进行危化品的包装和贮存。”在危险化学品的生产和贮存期间，化学公司应该在危险化学品的输送和输送管线上做好警告标记，并且要做好对危险化学品输送管线的定期检查工作。

危险化学品的生产经营活动，必须按照《安全生产许可证条例》的有关要求，申请危险化学品的许可。危险化学品单位应当具备法律、行政法规规定和国家标准、行业标准要求的安全条件，建立、健全安全管理规章制度和岗位安全责任制度，对从业人员进行安全教育、法制教育和岗位技术培训。从业人员应当接受教育和培训，考核合格后上岗作业；对有资格要求的岗位，应当配备依法取得相应资格的人员。

4 化工企业危化品储存安全管理存在的问题

4.1 人员安全防范意识缺失

随着社会经济的飞速发展，中国的化工企业已经拥有了一个非常宽广的市场。最近几年，在化工行业中，各个危险化学品企业之间的竞争变得越来越激烈。为了能够更好地推动企业自身的稳定发展，从而获得更高的经济效益，一些企业管理者把眼前的利益放在了第一位。其中，无论是对专业人才的引进，还是对新产品的技术性研发，都将企业的迅速发展作为其主要目的。因此，在某种程度上，他们忽略了对安全管理工作的优化和创新。企业内部的有关人员缺乏安全防护意识，对安全管理也存在着一些不够严密的地方，由于化学品的生产经营程序比较复杂，从而造成了一些程序混乱、化学品质量不过关等问题。

企业从业人员的素质是确保化学品生产质量，并最终造成安全事故的核心因素。目前，国内的危险化学品公司大多都是中小型公司，这些公司都存在着一些不完善的安全管理体系、人员流动性强、工作人员的专业素质不高等问题。伴随着化学品制作工艺技术的不断升级，复杂的生产流程及工艺参数、自动化控制设备的操作等都对工作人员的专业素质提出了更高的要求。一些公司对工作人员的培训和考核存在一定的缺陷，由于工作人员的专业性不够，造成了错误操作，从而引起了安全事故。

4.2 生产条件有所缺失

我国化学工业的起步比较晚，在化学品安全控制技术、生产工艺等方面，都具有显著的滞后性。一些危化企业在化学品的生产制造方面，缺少先进的生产工艺技术，在新化学品的研发制造方面，缺少创新型的工艺技术，这是因为生产条件的欠缺造成的。最近几年，因为一些公司的生产工艺落后，设备陈旧，以及设备质量差，引起了很多的安全事故。比如，2013 年 8 月 31 日 11 时上海某公司发生液氨泄漏，“8・31”重大事故直接原因，系公司生产厂房内液氨管路系统管帽脱落，引起液氨泄漏，导致企业操作人员伤亡。2015 年 8 月 10 日晚上 10 时许，四川南充市某氮肥厂突然出现液氨泄漏。该事故发生原因系车间一安全阀因压力致阀垫脱落，造成液氨泄漏。化学品自身拥有易燃易爆、毒害腐蚀等危险属性，在与生产设备长时间接触以后，其腐蚀性会对生产设施设备产生化学、物理作用，从而埋下安全事故隐患。

5 化工安全事故应急管理措施

5.1 展现国家力量，强化危化品生产储存方法

尽管国家制定《危险化学品目录》是为了对化学工业中的危险化学品进行安全管理，但是，由于经济和技术的发展，化学药品的品种和数量不断增加，很多新的危险化学品在《危险化学品目录》中没有明确、直观、具体的描述，造成了在实际使用中缺乏有效的管理标准，给企业带来了很大的安全隐患。所以，我国政府部门要根据化工行业的实际发展和我国的发展需求，不断地优化和完善有关的法律法规，对我国化工行业的危险化学品有关的法律规定进行全面的完善，保证化工企业在实际生产中可以有法可依，有据可循。与此同时，还对相关监督管理部门进行了职责明确，确保监管部门可以充分发挥自身监管作用，强化各部门之间的沟通交流，避免在发生安全事故后，出现责任推卸、缺少负责人等现象，以此来预防化工安全事故的发生，从而有效地保护企业生产员工生命安全与企业经济效益，保证社会发展的安全性与稳定性。

5.2 利用信息技术，合理进行危化品生产储存

在危险化学品的生产和存储过程中，应采用周转有序、定量定类的动态管理方式，使危险化学品的种类、库房、数量等清楚、直观，可以充分运用信息技术，提高管理水平。随着科技的进步，各行各业都在积极运用现代资讯科技，提高生产力和品质。将信息化技术应用于化工企业，可以极大地提高危险化学品的安全管理水平。

首先，在化学工业中，可以使用一个动态的监视系统，来实现对危险化学品的管理和监视，像是传感器、无线感应等现代的仪器，可以对危险化学品的存储情况进行全方位的监视和探测，管理者只需在总控系统中事先设定好有关的参数就可以了，如果危险化学品的存储

系统发生了什么问题，那么报警系统就可以及时地向管理者提出明确的指令。与此同时，信息技术可以利用大数据、云计算等手段，对监控的数据信息进行全面地、动态地分析，通过收集和分析大量的危险化学品的状态数据，可以对危险化学品的特定状况进行有效的监控，并可以对危险化学品在短时间内的生产和储存的变化做出有效的预测，进而有助于管理人员对危险化学品的生产和储存过程进行监控。

5.3 加大培训力度，提升管理人员安全意识

危险化学品由于其易燃易爆、有毒和腐蚀性的特点，若不及时采取措施，将会造成更大的危害，造成更严重的后果。在化工企业的生产和经营中，也有一些暂时不会造成重大的安全事故，但是，如果没有得到及时的处理，就有可能使这些危险继续扩大，最后造成严重的安全事故。所以，在企业中，公司的员工是公司安全最主要的、最基本的保证。公司员工的综合素质和职业素养与公司的安全管理质量有直接的联系。在我国的石油、石化、化工行业中，要提高对职工的安全认识，建立企业的安全文化，加大对职工的安全教育，并积极地定期进行安全培训。例如，笔者所在的冀油瑞丰化工公司，员工在进入工作岗位之前，需要对他们进行“三级教育”。在他们进入车间之前，需要对他们进行安全交底，并对他们的产品进行说明，然后对他们进行上岗测试，测试合格后，才可以进入车间工作。与此同时，对公司现有的员工，也要定期地进行安全教育，还可以聘请一些专业人士、消防人员等，对公司的员工进行关于安全方面的讲座，向他们介绍最新的化学方面的知识和安全观念，保证危险化学品管理人员可以具备充分的安全防护意识，从而防止安全事故的发生。

此外，化工企业还必须事先对危险化学品生产储存过程中可能发生的危险事故进行预测和分析，并对行业内已发生的安全风险事故案例进行深入分析，制定出一套科学、完整的事故应急措施和安全防范方案，以达到对危险化学品安全事故的有效预防。

5.4 强化物联网技术应用，优化危化品储存管理

物联网技术作为一种新型的技术，已经在物流、仓储等行业中得到了很好的应用。所以，在危险化学品仓储管理中，可以将物联网技术应用于化工企业，以提高其仓储管理的品质。物联网技术可以对存储系统中的危险化学品的 pH 值、压力值和温度变化等数据展开有效的探测和感知，当危险化学品存在安全隐患之后，可以利用实时警报系统，将危险化学品地信息及时地通知给管理人员，便于企业进行安全事故应急管理。

例如，在危险化学品储罐液位过低的情况下，在与空气混合并与火源接触的情况下，就有可能导致危险化学品的爆炸。但是，通过物联网技术，可以将危险化学品的液位过低的现象，及时地被发现并通知给管理人员，这样就可以协助管理人员来预防和解决这些问题。现在，随着智能手机、移动终端、移动通讯等技术的快速发展和应用，化工企业在进行危险化学品安全管理的过程中，也在持续地进行着改革和创新，朝着更加现代化、科技化的方向发展，这不但可以对危险化学品安全管理的质量和管理效率进行有效的提高，还可以减轻管理人员的工作负担。

5.5 完善应急救援预案，加强应急救援队伍建设

危险化学品企业应该在最短的时间内，建立起一套科学、健全的安全事故应急救援体系，并在制定出与国家规定的标准相一致的应急救援预案时，要与企业的实际情况相结合，对安全事故应急程度进行合理的分类，并采取分类分级的方法，建立起多层级的应急救援预案。在制定应急预案时，应该以各类化学品的危险程度和安全事故分类标准为基础，对其进行合理的设置，比如，将区级应急救援预案定位在危险化学品特级重大事故的层面上，一般

情况下，区级预案包括了一个完整的乡镇级预案和一个企业实施预案，不同级别的预案之间应该有紧密的关系，从而形成一套完整、严谨的应急救援预案。

此外，还应加大对应急救援专业队伍的培训力度，危化企业要坚持“应当坚持安全第一、预防为主、综合治理”的方针，强化和落实企业的主体责任。提高对安全生产的关注，建立健全安全应急救助制度，制订应急救助方案，在日常生活中多进行应急演练，为员工投保安全生产责任保险，以确保安全生产的各项工作都得到了充分的保障。

6 结语

在进行经营和生产的过程中，化工企业要对大量的化学用品展开加工制作，这些化学用品的危险性非常高，在运输、加工与储存等环节都会存在着一定的安全风险，如果安全生产问题出现，就会对人员安全、经济财产等产生重大的影响。所以，在实际的生产中，化工企业一定要对危险化学品的安全管理工作和安全事故应急管理措施给予足够的关注，并根据企业的具体情况，对现行的管理体系和管理措施进行改进和优化，提高化工企业的安全管理水平，以确保社会的安全和企业的经济的安全。

参考文献

[1] 成晨. 化工企业安全生产应急管理中存在的问题及对策[J]. 化工管理，2021(35)：94-95.

[2] 刘伟. 石油化工企业危化品过程安全管理分析[J]. 山东化工，2021，50(13)：145-146.

[3] 戴思思. 危化品生产安全事故的应急管理研究[D]. 广西师范大学，2021.

[4] 黄冰冰. 危险化学品仓储的消防安全管理研究[J]. 佳木斯职业学院学报，2019(04)：250-251.

[5] 宋凯. 新形势下，应高度重视危化品安全事故——专访中国消防协会常务理事董希琳[J]. 中国消防，2019(02)：29-32.

危险化学品应急救援洗消机理与实现

王忠伟　方志伟　赵新艳

（中国石油消防应急救援吉林石化支队）

摘　要：随着石油化工行业规模的不断扩大，工艺的不断增多以及产品种类的增加，石油化工的安全生产、储运正逐步受到越来越多的重视。近年来，国内外危化品事故层出不穷，其破坏力、健康危害是环境危害对社会生产、人类生活产生极大的影响。如何对危化品的污染进行有效处置、根除危化品泄漏对人类生活、自然环境造成的危害，有效处置各类危化品污染，是国家救援队伍的重要职责。

关键词：化学洗消；氧化还原；酸碱中和；洗消剂

随着石油化工产业的快速发展，国家战略能源储备和人民日常生产生活需要对化工产品的依赖依然有增无减。特别是在储运、运输、管道业务日益发达的今天，国内危化品存储、运输、输转数量十分庞大，危化品运输处于24h不停运转的状态，这就让可能出现危化品事故的概率大大增加。

危化品事故属当今世界除自然灾害外破坏力最大的灾害。其在灾难发生后本身形成巨大损失外，对当地的长远影响远比当时的灾难更为可怕。如1984年印度博帕尔农药厂毒气事件，其在发生之后30余年，当地的土壤、水源、患癌率和婴儿夭折率依然存有巨大影响。这就要求危化品对应急救援、有效处置、正确决策提出了非常高的要求。一旦发生危化品泄漏污染事故，专业化的救援队伍、快速准确的应急响应、及时调运的战备物资、联勤联动的响应机制、行之有效的处置方式均是危化品应急救援的重要保障。如何将危化品事故危害降到最低、利用快速、科学、有效的手段将危化品灾害优化处置，是现如今危化品应急救援队伍职责、战力的重要体现，也是保卫人民群众生命财产、社会安全稳定、生态环境保护的重要基石。

1　洗消战术、洗消原则、处置程序及设备应用

1.1　洗消战术

洗消战术共分为四项，分别是局部洗消、全面洗消、固定洗消、移动洗消。

1.1.1　局部洗消

局部洗消是救援现场采用的一种以保证生存及救援能力的一种应急措施。一般是由染毒分队指挥员自行组织染毒分队使用洗消设备对人员和器材装备进行洗消。对染毒人员及装备设定活动区域，染毒人员和染毒分队的器材装备不得随意扩大活动范围，必须经过应急洗消处置、毒性监测合格后方可走出活动区域。

1.1.2　全面洗消

全面洗消即是彻底洗消，需要对救援现场、器材装备、染毒人员、染毒地域等全部环境进行全面的洗消。全面洗消必须要有专业指挥员、专业洗消作业人员、充足的后勤保障以及

相关专业的第三方专业技术保障。

全面洗消后，要对染毒现场进行严格检测，环境指数合格、人员及动植物不再有任何染毒迹象，车辆器材、战斗人员方可以解除防护，染毒现场可以恢复至染毒前一切生活条件。

1.1.3 固定洗消

固定洗消是在洗消现场取上风方向，挑选合适位置设立固定洗消站。固定洗消站要设立清洁区及污染区，污染区要设立在下风方向。主要用于对洗消任务重，环境污染重、染毒器材多等救援现场使用。

洗消现场必须保证洗消区域内完全封闭，保证污染水源、有毒气体泄漏，对洗消站周围固定环境发生污染，洗消废水废气统一处理。器材装备、染毒人员必须从染毒入口进，从清洁出口出。已被清洗过的器材装备、染毒人员不得再次回入污染区。出口要有指挥监测组人员对洗消后器材装备和染毒人员进行安全监测，保证达到安全指标后方可离开洗消站。洗消站附近要有防护大队人员及车辆跟踪保障，当染毒人员中毒深、危及生命安全时，必须第一时间送至医院，以抢救生命为救援第一前提。

1.1.4 移动洗消

移动洗消，主要针对染毒环境大、现场环境复杂、人员中毒需紧急处置等众多不能在固定洗消站完成洗消的任务。例如在污染现场为人口密集区、生活保障区、被困人员在污染现场等诸多问题的时候，就必须要战斗人员进入染毒区域，此时，战斗人员就需要使用各类洗消工具进入洗消现场，对现场实施大规模移动洗消作业，并设法营救被困人员。

1.2 洗消原则

洗消工作通常是在化学灾害事故得到有效控制，被困人员已被救出后，洗消工作才可以全面展开，具体洗消原则分以下四种：

(1) 化学洗消范围必须设定，不得随意扩大洗消范围。

(2) 只对人员、或需要继续履行灭火救援职责的器材装备和染毒环境进行必要的洗消。

(3) 洗消站的位置要尽量靠近污染区前段，并取上风方向。

(4) 对染毒被困人员进行优先洗消抢救。对污染严重、严重威胁生命财产安全的部位或设施进行优先洗消。对急于执行救援任务的器材装备和救援人员进行优先洗消。

1.3 处置程序

(1) 接警后确定事故单位、地址、危化品种类、事故情况、人员伤亡、周边情况等诸多信息。

(2) 隔离现场，建立警戒区。

(3) 组织人员疏散，受现场影响不能疏散要就地保护，等待救援。

2 洗消剂与应用技术

化学危险品的应急洗消基本方法分为物理洗消法和化学洗消法。

2.1 物理洗消法

物理洗消法大略分四种，有吸附洗消法、通风洗消法、转移洗消法、冲洗洗消法。

2.1.1 吸附洗消法

吸附洗消法主要以采用活性炭为主要的洗消方式。活性炭通过物理吸附和化学吸附等多种方式，可以有效的对空气和水中的有毒物进行吸附，同时也可以对部分化学危险品液体进行有效的吸附清毒。活性炭对空气中有毒有害物质可以大部分进行吸附吸收，并通过晾晒等多种方式进行二次回收，具有操作简单、吸附范围广、绿色环保等诸多优点。

2.1.2 通风洗消法

通风洗消法主要适用于局部空间的泄漏污染，适用于有限空间、污水管道、厂房库房等环境。在洗消过程中，要避免气体回流，造成二次污染。在进行通风洗消过程中，可采用装备或机械排风。如排烟机、涡喷车等车辆器材。但是在使用过程中，要注意污染物的燃点、温度要求以及防爆等级，如有防爆要求，非防爆器材禁止使用。

2.1.3 转移洗消法

转移洗消法主要包括两种，即密封转移法和密封掩埋法。密封转移法，化学危险品本质上并没有得到任何改变，但是通过使用一些特殊的密封装备，将化学危险品转移到能够接纳处理环境中进行排放处理，以达到洗消的目的。密封掩埋法，对于一些化学危险品泄漏，经过简单处置后，依然具备相当量的毒性或含有次生灾害危险，一般使用重型机械将剩余化学危险品使用漂白粉或生石灰拌匀后深度掩埋，依然可以将其有效的消除。这样处置的办法是处置速度快，操作方法简单，但是毒性并没有有效的消除。

2.1.4 冲洗洗消法

冲洗洗消法就是在实时消毒时，使用日常常规洗涤液，进行简单的消毒。这种办法是操作简单，腐蚀性小，成本低廉。但是耗水量大，处理不当容易使灾害扩大，造成更大的生命财产损失。

2.2 化学洗消法

化学洗消法主要包括氧化还原洗消法、酸碱中和洗消法、络合洗消法及催化洗消法。

2.2.1 氧化还原洗消法

氧化氯化型洗消剂主要是指含有活性氯和活性氧的物质。由于氯和氧都有较强的氧化性，所以绝大部分化学危险品都使用这类洗消剂来发生氧化还原反应，实现氧化氯化过程，生成低毒或无毒的氧化产物，达到洗消目的。

含氯洗消剂主要包括次氯酸盐类、氯胺类以及其他种类。化学救援中，全面洗消时普遍使用次氯酸盐类洗消剂进行有效的化学洗消救援。而氯胺类由于其成本高、性质温和、腐蚀性和刺激性小，所以大多数应用于对局部洗消或固定洗消时对精密仪器、器材装备和染毒人员进行有效的消毒使用。

次氯酸盐类洗消剂主要包括次氯酸钙、漂白粉、三合二等洗消剂。

氢氰酸泄漏时，可以使用三合二洗消剂进行有效的救援洗消。其对氰化物的氧化反应是一个剧烈的放热过程，直接喷洒三合二可能会引起火灾或爆炸。故应将三合二配置成有效氯为8%三合二水溶液，利用消防车水泵喷射出实时洗消。

2.2.2 酸碱中和洗消法

酸碱物质广泛的应用于各类工业生产中，如纺织、化工、冶金、食品等行业。高浓度的酸碱会对人体及生活环境造成严重的伤害，所以，在日常工业生产和运输中，酸碱类物质都会收到严格的管控。

酸碱电离理论得出，在水中电离出的正离子全部都是 H^+ 的物质为酸，在水中电离出的负离子全部都是 OH^- 为碱。酸碱中和的实际反应是：

$$H^+ + OH^- = H_2O$$

在实际救援中，当有酸性物质或碱性物质泄漏，实际应用原理是

$$酸 + 碱 = 盐 + 水$$

当有大量酸性物质泄漏时，可使用碱性溶液进行中和，反之，当有大量碱性物质泄漏时，可使用适当的酸性溶液进行中和。当有些物质如二氧化硫、硫化氢、光气等物质本身并不具备酸碱性，但是当其与水溶液混合后即生成含有酸碱性的混合物，亦可使用该类洗消剂。

酸碱物质泄漏时，要控制好中和药剂溶液的比例与用量，防止混合液使用过量造成二次污染。在使用时，指挥监测组要实时对 PH 值进行监控，必须将 PH 值控制在 6~9 之间，防止发生次生灾害。

对于泄漏于地面的酸碱物质，如果使用酸碱反应控制，应尽量使用适当的强酸、强碱，如果泄漏于水中，使用弱酸、弱碱进行中和即可。

（1）酸性洗消剂主要包括盐酸（HCl）、硫酸（H_2SO_4）、柠檬酸（$C_6H_8O_7$）、硼酸（H_3BO_3）等。所有酸性洗消剂在应用时全部需要按照比例与水溶液进行混合后方可实施中和操作，严格按照操作设定的 PH 值进行调配，调配时需对 PH 值进行检测。

（2）碱性洗消剂主要包括强碱类氢氧化钠（$NaOH$）、氢氧化钙[$Ca(OH)_2$]等，弱碱包括碳酸氢钠（$NaHCO_3$）、碳酸钠（Na_2CO_3）、氨水（NH_3）等。洗消时，中和使用强酸对强碱、弱酸对弱碱的方式。强碱主要应用于对大面积的酸性物质泄漏或扑救化工泄漏物质时产生酸性物质的中和使用。弱碱类主要应用于对弱酸的中和控制以及在一定比例的混合下对人体皮肤和五官的清洗。碱性洗消剂是化学危险品救援的重要组成部分。

（3）氨气的洗消

氨气溶于水，在对泄漏的氨气进行扑救时，可先采用喷雾稀释的方式，将氨溶解于水中，形成氨水。但是由于氨水在一定温度下，氨气会重新在氨水中发挥出来，所以，在氨水中适量混入酸性水溶液进行中和，生成氯化铵盐，从而将氨气的危险性彻底消除。

在救援过程，初始使用大量的喷雾水进行稀释，当空气中的氨气达到环保值、地面形成一定量氨水时，使用固定水枪对地面安全进行喷洒盐酸水溶液进行操作，氨水被完全中和后，可将地面产生次生产物进行物理洗消处理。

（4）氯气的洗消

氯气泄漏时，由于氯气可溶于水，所以在采用通风洗消后，对固定没有吹散的氯气进行喷雾水稀释。氯气与水反应生成氯化氢（HCl）。由于氯化氢在一定环境下可以再次发生次生灾害生成氯气，所以在将物质稀释成氯化氢（盐酸）后，可使用碱性洗消液进行中和洗消。

在救援过程中，氯气被水稀释后生成氯化氢（HCl），其水溶液为盐酸。氯化氢有特殊性，其在适当的环境中会再次挥发出氯气，产生次生灾害。由于氯化氢水溶液为盐酸，属于强酸性物质，所以在中和洗消时可以采用酸碱中和的方式，在氯化氢水溶液中加入适量的氢氧化钠水溶液或氢氧化钙水溶液，生成氯化钠或氯化钙，从而彻底消除氯气的毒害威胁。

2.2.3 络合洗消法

络合洗消法能与有毒物质发生快速的络合反应，将有毒分子化学吸附在络合载体上使其丧失毒性。在消防救援中，络合洗消法主要应用于对氰化物的洗消上，如氰化氢、氢氰酸、氰化盐等污染物的洗消。

（1）铁盐对氢氰酸的洗消

对氢氰酸泄漏救援最好采用铁盐方法。将硫酸亚铁的氢氧化钠或氢氧化钾溶液，在调配好 pH 值后喷洒至氢氰酸中，使氢氰酸与亚铁盐发生化学反应，生成稳定的氰铁络合物。其次，生成的亚铁根离子在碱性溶液中与三价铁盐发生化学反应，生成深蓝色的普鲁士蓝沉淀。

(2) 铁盐对氰化钠的洗消

对氰化钠的洗消，首先氰化钠与硫酸亚铁反应生成亚铁根离子，亚铁根离子在碱性溶液中与三价铁盐反应生成蓝色的普鲁士蓝沉淀。

在化学危险品种，氰化物毒性是最强的，在对氰化物进行洗消操作时，洗消人员必须要做重型防护，并且检验人员必须时刻对周围的空气质量、水质污染、地面渗透等多方面进行实时监测，保证对周边环境的环境保护。

2.2.4　催化洗消剂

催化剂是一种可以改变化学反应速率，并且不参加化学反应的物质。催化剂分为很多种，按照化学反应的机理，在消防洗消过程中，更多地需要应用氧化催化剂和氯化催化剂，用以加速洗消剂对泄漏污染物的洗消。

在洗消现场救援中，还包含很多种化学洗消剂，如溶剂型洗消剂和洗涤型洗消剂。洗消人员对各类洗消剂的使用方法、适用范围以及洗消目标必须要有充分的了解。在对不同目标、染毒程度的不同以及洗消剂的使用必须要熟练地掌握，所以如何应用洗消剂才是我们消防工作将要面对的重要课题。

3　洗消剂的战备储备

危化品救援队、消防救援队和政府、企业各级调度指挥中心应当建立化学洗消剂应急储备方案。当发生化学泄漏污染后，各战备组织应当立即启动预案，为救援现场提供充足的洗消剂。同时各支救援队伍针对辖区内化学危险品应当结合需要进行适当的洗消剂储备。化工企业也应将其生产过程中能够用于化学洗消的中间产品如氢氧化钠、盐酸等物料作为战备洗消储备，随时为危化品救援现场提供化学洗消药剂支持，确保化学灾害的应急处置需求。

4　结语

在大多数消防部队中在面对重大污染灾害时，相关装备数量是要面对的第一问题。特别是在发生重大危化品污染时，要以消防指挥部、固定洗消站为处置中心，其他消防装备协同辅助是第一要素。

科学的应急处置、及时的调度指挥、正确地实施救援均是危化品污染处置的重要环节。当下，危化品洗消技术在大部分消防救援队伍中依然是空白，队伍仅从理论上进行初步学习，对实际可能出现的情况一无所知，如反应放热威胁、次生灾害发生均难以预见，所以危化品救援队伍在作战中可能面对的未知因素很多，如何加强危化品应急洗消处置能力，有效提高危化品救援队伍的整体洗消处置能力，是下一步危化品事故防范处置的重要课题。

【作者简介】王忠伟，男，中国石油消防应急救援吉林石化支队支队长兼政委；主要从事石油化工消防救援技术、石油化工企业消防系统建设；地址：吉林省吉林市龙潭区龙山路19号；邮编：132022；电话：13159552271；邮箱：jh_wangzw@ petrochina. com. cn。

“互联网+”新业态下传统道路运输企业管理创新的思考

吴辛培　姜　倩

（中国石油运输有限公司）

摘　要：本文阐述了传统道路运输企业的发展历程，分析了“互联网+”新业态下企业的管理创新方向，研究了企业推行现代化物流管理的必要性并提出了针对性的措施，希望为传统道路运输企业的管理创新发展提供思考和借鉴，推动企业把握机遇走向转型发展、科学发展之路。

关键词：“互联网+”新业态；管理创新；现代化物流管理

1　引言

从“党的十八大”到“党的二十大”，物流业在市场经济中的地位逐渐凸显，党的二十大报告在建设现代化产业体系中对物流业发展提出了新要求，要坚持加快建设网络强国，数字中国，深入推动数字经济和物流运输的高效融合，对物流行业发展、企业物流管理都提出了新的发展要求。在“互联网+”新业态下，越来越多的道路运输物流企业开始重视管理创新，通过自身业务与互联网的融合发展来促进企业现代化管理升级，对降低业务成本、提高经营效益、增强企业核心竞争力具有非常大的作用。

2　道路运输企业的发展历程

道路运输作为交通运输五大方式之一，是我国物流行业的重要组成部分。近年来，随着国家加大对道路基础设施建设的投入力度，我国道路货物运输业发展日益迅速，发展状况也在日益改善，促进了道路运输企业的蓬勃发展。总结和回顾道路运输行业的发展历程，对未来更好地推动行业发展和运输企业的创新变革具有重要的理论意义和现实意义。

2.1　萌芽阶段（1978—1988 年）

1979 年，在我国鼓励对外经济活动的因素下，国内外道路运输市场需求增加，道路运输企业在国家政策的鼓励下蓬勃发展。1984—1985 年期间，国家先后开放了多个港口城市、开辟了 5 个经济开放区，为了道路运输行业的发展提供了更为丰厚的条件。随后，国家提出承包经营责任制、确立了社会主义市场经济体制改革目标，各种规范市场化经营制度标准相继出台，在政策导引和一系列制度的规范下，道路运输企业开始进行市场化变革。

2.2　发展阶段（1998—2011 年）

在国家政策的支持下，道路运输企业开启股份制和民营化的经营方式。在这一阶段里，西部大开发战略和中国加入 WTO 两件大事对道路运输企业的发展影响重大，增加了货物运输量，加快了道路运输企业的发展。部分企业在发展国内运输市场的同时，积极拓展国外市场，在国际运输业务中取得了宝贵的经验。

2.3 整合阶段(2012 年至今)

近年来，我国信息、互联网技术发展迅猛，对道路运输业起到了深远的影响，为企业的发展创造了良好的条件。我国道路运输企业已从以往的劳动密集型企业，逐渐发展为知识密集型企业，在“互联网+”思维引领下，部分企业依托现代信息技术的力量进行快速变革，整合信息资源，综合提高运输服务效率。

3 “互联网+”新业态下，企业的管理创新方向

3.1 国家政策的指引

中共中央、国务院印发的《交通强国建设纲要》(2019 年 28 号)中明确要求大力发展智慧交通。推动大数据、互联网、人工智能、区块链、超级计算等新技术与交通行业深度融合。积极打造绿色高效的现代物流系统，发展“互联网+”高效物流，加快新业态新模式发展的总体要求。由此可见，国家鼓励有条件的道路运输企业在业务领域中，积极运用信息化技术整合资源、创新实践，实现道路运输智能化、科技化管理，建立“互联网+”高效物流新业态、新模式。

国家《“十四五”现代物流发展规划》(国办发〔2022〕17 号)中提到基于信息化、智能化、数字化，物流成为供应链核心环节，通过供应链设计，物流、信息流、资金流可以实现融合发展，有利于企业降低成本，进而刺激消费，扩大内需，进而起到国家经济发展的作用。这意味着，在”互联网+“高效物流新业态下，国家鼓励传统道路运输企业通过有效融合互联网技术和现代化物流管理，打造智慧型现代化物流体系，以此来推动整个供应链管理体系变革，从而实现企业高质量发展。

3.2 经济发展带来的挑战

近年来，随着我国经济的高速发展，新技术、新理念、新业态不断出现，道路运输需求水平持续提高，市场对运输的及时性、高效性和服务质量方面提出了新要求。道路运输企业面对内部经营压力的同时，外部市场的竞争也日益激烈，在传统的经营模式下，企业面临的各种问题凸显出来。

一是经营理念过时。传统的运输企业通常以追求运输量、收入最大化为目标，从而获得最大的利润。但是在经济快速发展、国内外市场竞争激烈的背景下，仅通过降价、提升服务的方式维护开拓市场已经非常困难，道路运输企业必须紧跟行业发展形势，改变经营理念和发展战略，创新管理模式进行企业转型，才能保持企业活力，创造新的利润。

二是管理水平不高。我国道路运输企业具有“多、小、散、弱”的普遍特点，企业的业务范围多以区域为基础，覆盖全国的跨省市、跨区域的大规模道路运输企业较少，企业管理的规范程度还比较低。在目前网络技术、通信技术等信息技术迅速发展的关键时期，由于管理水平、资金、人员素质等多种因素，中小型道路运输企业对互联网技术、智慧交通模式等科技创新结果应用还不够普遍，信息资源有待整合，致使在激烈的竞争中信息不通，应变能力差，经营效果不佳。

4 “互联网+”新业态下，推行现代化物流管理的必要性

传统道路运输企业面临的诸多问题，已促使企业深刻认识到管理创新的紧迫性和必要性。在“互联网+”高效物流新模式下，传统道路运输企业必须准确把握机遇，通过有效应用

云计算、大数据等技术手段，深入推进现代化物流管理，为客户提供安全、高效的整体化物流服务，争取企业的长远发展。

现代物流相对传统物流而言的。它是在传统物流的基础上，引入高科技的手段，即运用计算机进行信息联网，并对物流信息进行科学管理，从而使物流速度加快、准确率提高、库存减少、成本降低，以延伸和放大传统物流的功能。

4.1 现代化物流管理将提高企业竞争力

在经济全球化的今天，高效的物流水平直接决定了企业的利润水平。当前，越来越多的企业开始重视物流组织，推行现代物流管理，将物流作为供应链管理中的重要环节，对整个物资供应流程进行整合。物流不再是独立于生产环节之外的辅助流程，而是贯穿于企业整个价值增值过程的重要流程。在国内外激烈的市场竞争中，现代物流企业通过协调、利用、整合周围市场资源来增强自身竞争实力，取代以往通过增加库存来满足生产的低效行为，这样一来，企业大大降低了库存成本、运营成本，优化了资金流，从而提高了企业竞争力。

4.2 现代化物流管理将提高企业经济效益

通过推进现代化物流管理可以有效的提高企业的经济效益。当前，企业都把降低物流成本作为企业重要的发展目标，据中国物流与采购联合会数据显示，2022 年中国物流成本 17.8 万亿元，占 GDP 比重 14.7%，物流成本占生产成本的 30%～50%。这意味着，科学地控制物流成本是提高企业经济效益的重要途经。传统的运输企业业务流程繁琐、步骤多、周期长、组织效率低，内部组织成本增加，企业无法进一步提高生产效率和经济效益。而现代物流管理对业务流程进行了优化创新，简化了业务流程、减少了步骤、缩短了周期，提高了生产效率，合理控制了物流总成本，从而提高了企业的整体经济效益。

4.3 现代化物流管理有助于企业可持续发展

随着经济发展和信息技术的变革，道路运输需求水平逐步提高，而传统的运输企业由于信息资源单一，对市场经济发展的感知力不足，不能及时发现市场动态，在激烈的市场竞争中恐将丢失市场、止步不前。现代企业通常会利用先进的信息技术整合信息资源，建立起物流管理体系，建设物流管理平台，发挥自己的资源优势，快速有效的与客户进行实时交流，满足客户的需求，通过个性化的服务不断改善、提升客户满意度，带给客户安全、高效的一站式体验，从而使企业获得生存、盈利和可持续发展的基础。

5 转型现代化物流的措施

5.1 转变发展观念

首先，在信息化大发展的新业态下，道路运输企业面临前所未有的市场竞争压力和经济转型挑战，企业必须进一步提高认识，转变经营、发展观念，充分认识推进现代物流管理的现实意义。其次，企业要深刻理解现代化物流对企业提高国内外市场竞争实力的重要作用。国外成熟的现代化物流企业，在经营理念、信息整合、物流成本控制等方面具有明显优势，必然给国内物流企业带来很大的危机，因此，我们传统的道路运输企业要充分借鉴国外先进的物流管理经验，因地制宜、开拓创新，转变经营理念，规范现代化物流体系建设，促进企业高质量发展。

5.2 加强科技创新

近年来，我国政府和物流行业协会持续鼓励企业进行物流技术创新，积极探索现代化物流业务模式，为运输企业的良好发展提供了积极的政策环境。在政府良好的扶持下，国内大型的运输、物流企业应率先积极开展物流创新技术科研工作，加大人才和资金的投入，利用现代科学技术，整合信息资源，建设物流管理系统，实现物流现代化智能管理。目前，中国石油运输有限公司作为国有大型运输物流企业，已经率先开始了科技创新推进企业现代化物流转型的变革之路，以“互联网+物流”的发展理念，自主研发建设中国石油物流服务平台，通过数字化转型、智能化发展、物流平台推进和集团公司业务的整合打通仓储运输的整体供应链条，促进公司有质量有效益稳健发展。国有运输企业的成功转型为同行企业做出了示范带头作用，物流科技创新势必会推进企业现代化物流转型，对整个物流行业的可持续发展起到积极深远的影响。

5.3 加强人才培训

人才是企业发展的重要因素，是企业的核心竞争力，必须要高度重视人才的培养和引进，才能够保证企业健康、快速的发展，从而在激烈的市场竞争中脱颖而出。现代物流业更是如此，作为综合性、操作性强的一个行业，要求人才掌握运输学、管理学、经济学、工程技术、外语等多种学科，同时又能将相关知识科学应用到物流工作中。作为推行现代化物流管理的企业，一方面要对全员进行国家、地方、企业相关政策的宣贯，分层级开展人员岗前培训、在职培训，建立竞争机制、奖励机制，鼓励员工进行自我学习，重点培养具有现代化物流管理理念的各岗位人员；另一方面要引进高素质的复合型物流人才，为企业带来先进的经营理念、管理经验和技术支持，同时带动其他员工的学习和成长，共同协助企业更快更好发展。

6 结语

随着我国互联网技术的高速发展，以及物流信息化和智能化的不断推进，道路运输企业迎来了广阔的市场空间和发展机遇，同时又面临着诸多挑战。“互联网+”新业态下，传统道路运输企业要通过持续提升专业化的服务能力、不断整合行业资源、搭建智慧物流平台、培养专业化人才等一系列的管理创新措施，来改变企业发展中出现的种种问题，实现向现代化物流企业的成功转型，以促进企业可持续性高质量发展。

参 考 文 献

[1] 刘洁. 胡健. 道路运输企业 30 年发展回顾. 现代企业文化 理论版[J]，2008(17).

[2] 李华，浅议我国传统运输企业向现代化物流企业转化[J]. 浙江交通职业技术学院学报，2006，(7).

[3] 夏孝军. “互联网”背景下道路运输业转型升级的认识与思考[J]. 运输经理世界，2022，(34).

[4] 丁立. “互联网+”推动道路运输业转型升级的思考[J]. 现代经济信息，2016(7).

【作者简介】吴辛培，女，2007 年 12 月毕业于英国诺丁汉大学，经济学硕士研究生，就职于中国石油运输有限公司总调度室(物流分公司)，综合办公室主管，中级经济师。主要从事统计分析、车辆动态监控管理、综合事务等工作。电话：13522825310，邮箱：wuxinpei@cnpc.com.cn。

成本管理下的危险品运输企业应急管理模式探究

张　龙

（中国石油运输有限公司）

摘　要：随着“碳达峰、碳中和”形势的发展，能源产业面临着愈演愈烈的市场竞争环境，为了确保企业赢得更多的利润，特别是以国企、央企为代表的国有控股企业，需要在成本管理方面作出系列改革或优化措施。同时，随着国家危险品运输企业应急管理工作的不断深入，加强危险品运输应急体系建设管理越来越受到各级领导的高度关注和重视，本文从危险品运输企业应急业务管理现状入手，结合笔者工作实际，分析了危险品运输企业应急管理工作中的不足，总结了危险品运输企业应急管理工作改进提升的方法，对危险品运输企业应急管理体系研究、应急响应、应急现场处置流程等三方面进行了阐述，在“降本增效”“双碳”目标下，构建了危险品运输应急业务新型管理模式，以及对如何进一步提升危险品运输应急业务管理水平提出了一些可供参考的建议。

关键词：成本管理；危险品；应急管理体系；“双碳”目标

我国危险品应急业务安全管理研究起步较晚，关于危险品运输事故应急管理体系的研究更多局限在应急管理工作中的某一方面，如预警、应急响应，事故分析，缺乏对危险品运输应急管理体系科学性分析。因此，如何建立一个完善的应急业务管理模式，预防危险品道路运输事故风险、已成为企业应急管理部门的重点研究对象。由于危险品在运输过程中涉及地域广泛，危险源分布场所较多，部分企业在危机和应急管理过程中授权不清，对于外围资源、政府以及利益相关方协调和沟通管理不到位，应急触发启动机制和升级不明确，导致危险品运输企业和当地应急管理部门联动没有形成良性循环。针对上述情况，本文在对危险品运输企业应急业务调研的基础上，结合自身工作实际，在优化成本管控流程上，对应急业务管理体系进行了研究，系统性分析了应急业务管理体系和应急响应及处置流程，尽可能减少危险品运输事故危害，支撑危险品运输企业加强应急管理水平。

1　危险品运输成本管理与危险品运输企业应急业务管理体系

成本管理是企业管理的重要组成部分，是企业运行中的常规化工作。通常来说，成本管理是通过对企业自身的成本进行预测、控制、分析和考核来降低企业生产运营的成本，提高企业经济效益。相对来说，危险品运输企业面临的商业风险高于其他企业，这是由于在危险品运输企业中，运输成本管理需要充分动员和组织企业全体员工积极参与，在保证运输品质的前提下，降低生产运营成本，进而提高危险品运输企业的经济效益，促进企业长远健康发展。危险品运输企业作为能源运输企业，对国计民生具有重要的战略作用。“安全即效益”

反之，“事故为成本”，由于大多数危险品运输路线长、涉及面广、沿线周边环境复杂，发生事故时损失巨大。加之行业具有突发事件类型多、影响广等特点，对突发事件及时响应、及时控制、妥善处理应急救援工作一直是危险品运输企业考虑的重点。

1.1 应急组织体系

为有效应对各类危险品运输事故，统一指挥危险品应急管理工作，建立一个分工协调、适应性强的危险品运输应急组织体系，意义重大。在充分对企业应急组织工作调研的基础上，企业应急组织机构体系应主要分为应急业务管理流程和应急业务支撑流程两部分。除此之外，为有效应对危险品事发现场的应急救援队伍综合救援实力，应急指挥部应积极调动交通、环保、气象、新闻单位等各部门的救援人员进行应急救援支撑。

1.2 应急反应体系

目前，国内危险品运输企业运输应急救援工作已经迈入新阶段，一些大型企业应急业务管理虽具备完善的应急组织体系，具备一定事故处理能力，但仍然存在应急即时反应弱、救援不及时、管理标准不健全等问题。为有效地解决以上问题，在运输应急管理工作中建立应急反应体系，将推动企业应急管理工作进一步深化，基于危险品运输应急业务管理实际情况，运输企业应急反应体系可以以预警和预防、应急响应、后期处置为主导开展活动。

1.3 应急保障体系

在已经建立完善的应急组织体系和应急反应体系的基础上，为充分保障危险品运输企业应急管理工作高效运转，结合危险品运输突发事故特征，分析了危险品运输企业运输事故的应急保障业务情况，采用应急管理技术与应急业务进行融合，共同提升危险品运输企业应急管理综合水平，保障应急救援车辆燃料供应，完善应急技术现场通信网络基础设施，优化应急救援队伍建设，在复杂的危险品应急管理工作中，为提高应急物资调拨时效性，建设科技含量高、信息化程度高的现代应急管理信息系统，以实现不同部门、不同机构之间的应急物资共用共享。

2 危险品运输企业应急响应及处置程序分析

2.1 应急处置流程与应急响应分析

危险品运输企业应急处置流程主要是应对突发应急事件的时候为提高应急救援效率而设定一系列应急救援处理程序，主要包括：接警、判断响应级别、应急启动、响应行动、事态控制等工作流程，按照以上流程进行突发事件的应对处置，明确职责分工，规范应急处置流程，在落实好危险品应急处置流程的情况下，针对应急情况危险品运输企业应急救援工作人员能够快速响应，第一时间锁定危险源，并制定切实可行的应急预案也是应急业务管理工作中的一个重要过程，通过应急管理部门组织、启动应急处理程序，调动应急资源有序处理运输事故过程是应急反应流程的主要工作。危险品道路运输事故应急响应根据事故的级别分为Ⅰ级、Ⅱ级、Ⅲ级、Ⅴ级四个响应等级，分别应对特别重大、重大、较大和一般危险品运输事故。

2.2 应急现场处置

当危险品突发事件发生后，及时启动应急预案，准确处置应急现场，将最大限度地预防和减少突发事件及其造成的损失和影响，保证危险品运输企业职工生命财产安全。应急救援人员根据泄漏危险品危险区域，对风险等级进行确定，在详细询问遇险人员情况后，设置警戒区，并组建人员营救小组，为防止泄漏向重要目标或危险源扩散，根据现场情况制定切实可行的应急预案。应急结束后对整个事故进行总体调查，立即收集取证并做好应急反应期间的工作记录，对应急反应发生的费用和污染损害造成的直接经济损失进行汇总，并将汇总结果编制成应急事件分析报告，提交至应急指挥中心。

3 “双碳+成本控制”目标下危险品运输企业应急管理模式新思考

首先，完善危险品运输的物流流程。市场经济的快速发展使得交通运输业的发展方向趋向于多元化，在危险品运输业中运输方式也要向多元化发展，从而有效的控制运输成本，完善整个运输体系。同时，在“碳达峰、碳中和”目标下，将持续聚焦“双碳”背景下危险品运输应急业务重点，在加强环境风险评估和应急分级管控的同时开展应急区域碳量计算、碳排溯源等应急低碳环保活动，最大程度降低突发事件造成的人员伤亡、财产损失和环境污染，助力危险品运输企业提升危险品运输应急救援信息化管理和生态环境保护监管水平。其次，危险品运输企业应急管理模式总体建设思路是形成“四化”建设思路，依靠科技进步，强化应急救援体系建设，优化应急救援处置程序，采用AI+信息化技术与危险品运输应急管理业务进行融合，两者之间有着必然的内在联系，面对“双碳+成本控制”目标，将继续加大控碳、降碳力度，全力推进危险品应急领域绿色发展，进一步满足“双碳”在应急组织、反应、现场处置中的核心点，服务“生态环保”的危险品运输企业应急管理新模式建设初心。最后，在信息化高速发展的当下，危险品运输企业还可以选择与第三方企业建立合作关系。利用第三方平台的优势资源进行组合选择，建立长效合作机制以达到减少资源消耗的目的，提高企业收益，达到四化目标：

数字化：对沿线危险品运输事故环境污染应急资源进行调查，尤其在危险品燃料引起的火灾区域，细化碳汇调查，对推动危险品运输企业应急管理模式创新具有重要意义。一是在危险品火灾区域通过卫星遥感进行调查监测。二是通过碳汇调查，对应急现场处置后期存在碳汇问题进行补充调查，保证数据可靠性和严谨性，同时推动危险品运输企业应急救援碳汇调查监测体系的建设和发展。

科学化：以“双碳”目标为契机，针对突发事故灾难事件，科学规划应急措施，力保低碳降碳，探索构建低碳排放的危险品运输应急业务管理体系，对应急周边区域碳汇空间优化，形成更科学的空间支撑。

智能化：推动人工智能、区块链、知识图谱、信息化技术与危险品应急救援业务深度融合，赋能构建低碳高效的危险品应急业务管理体系，助力结构优化和产业升级，促进应急救援方式绿色变革，实现危险品应急根源可循、问题可溯、状态可控，突出5G与无人机技术在危险品仓库火灾事故侦检、辅助消防、应急通讯、应急救援中的作用；构建专职救援队伍，依靠科技进步升级救援队伍装备，推动应急智能化转型，提高应急救援效率。

社会化：充分考虑“央企担当、社会责任”、突发环境事件沿线地区环境特点，将环境保护纳入应急体系，助力应急救援沿线区域生态修复，构建“应急生态联动、协同共控风险”的企业危险品运输事故应急运行模式与组织体系，可显著提高事件应对的有效性，降低危险品运输事故泄漏对周边生态的污染风险，保证危险品应急及周边区域生态系统碳汇稳定性。

4 结语

本文主要在对危险品运输企业应急业务管理模式和应急体系进行了论述，基于现有危险品运输企业应急业务现状进行调研，对应急组织体系、应急反应体系、应急保障体系进行了系统性概述，并对危险品运输企业应急响应及处理程序进行了阐述，最后就“双碳+成本管理”目标下危险品运输企业应急管理模式的发展思路进行了探讨，该应急业务管理模式实现危险品应急救援业务智能化发展的同时，构建系统化的成本控制体系，统筹发展周边生态环境保护，做好危险品应急领域的“双碳”工作，为构建危险品运输企业应急业务管理与和低碳环保一体化发展提供有力支撑保障，促进危险品运输企业应急业务管理全面绿色转型，推动实现高质量发展，在“降本增效”大背景下，新型应急业务管理模式的提出为危险品运输企业后续应急管理工作提供一定的参考及借鉴意义。

参 考 文 献

[1] 庄少扬，沈剑荧. 高速公路危险品运输事故应急处置现状分析及对策研究[J]. 武警学院学报，2012，28(08)：25-26.

[2] 侯亚欣，郭萌萌，王慧飞. 危险品爆炸事故人员搜救应急处置分析[J]. 安全，2021，42(11)：67-71.

[3] 徐守春. 石油运输企业成本管理问题分析及完善建议[J]. 财会学习，2018，(21)：103-103+105.

[4] 吴玉云. 石油企业成本管理模式优化研究[J]. 大众商务，2022，(7)：19-21.

[5] 黄润秋. 把碳达峰碳中和纳入生态文明建设整体布局[J]. 环境保护，2021，49(22)：8-10.

[6] 聂霞. 促进中国物流业发展的政策分析[D]. 吉林大学，2013.

[7] 李清林. 生产企业内部物流体系优化策略分析[J]. 中国物流与采购，2022(10)：73-74. DOI：10.16079/j. cnki. issn1671-6663. 2022. 10. 025.

【作者简介】张龙，男，中国石油运输有限公司副总调度长，中级经济师、主要从事危险品运输经济管理，电话：13332226070。

危废存储库房对危废管理的作用

时嵩然

（中国石油运输有限公司江苏分公司）

摘　要：随着我们国家的经济社会的不断进步，环保成为了当今社会的热点问题，尤其是在化工行业当中的危险废物的管理显得尤为的重要，污染防治成为了国家今后的重要工作，环境保护早已提上工作日程。随着我们国家在危险废物方面的重视程度越来越高，危险废物的管理工作也进一步的规范化，当前的危废物品管理有了很大的进步，但是依然存在很多需要解决的问题。因此，本文首先分析危险废物管理现状，找出了危险废物管理存在的问题提出解决方案，最后使用移动式标准化危废存储库房解决危废管理的优势。

关键词：危险废物；环境；管理；移动式标准化危废存储库房

化工企业是危险废物的重要生产源头，当前，环境保护已经成为了社会发展的重要组成部分，可持续发展理念已经逐渐地渗透到环境保护当中去，必须按照环保要求，全面开展危险废物的管理和治理工作，提升存储和运输、回收利用的能力，全面实施无害化的处理技术的推广，保护当前的生活居住环境。假设这些危险废物没有及时地处理，那么大气、水体和土壤污染就会受到污染，给人们的生活和工作带来重大的影响，所以移动式标准化危废存储库房在危险废物收集、贮存、利用、处置的过程中，可以带来很大很重要的作用。

1　危险废物管理现状

当前，石油化工行业、冶金行业、煤炭行业是产生危险废物的重点行业领域，在工业废物的比例逐年增长，所占比例已经达到5%。近年来，我们国家越加重视危险废物的管理工作，处理方式主要以填埋、焚烧、生物降解、化学处理等为主，处理危废的方式更加丰富，但是在管理方面还有很多需要完善的地方。特别是石油化工企业，产生的危废来源较多，危废物品的数量较大，危废成分较为复杂，而且具备很强的隐蔽性，很多的石油化工企业危险废物产生量、种类、分布、流向等家底不清，造成了很多的危险废物摆脱了法律的监管。

这几年，通过查阅环保部门对一些破坏生态环境、废物贮存、利用处置中的违法行为案件能够发现，一些违法企业虽然受到了相应的处罚，然而，这些危险废物的源头却并没有得到彻底地改变，企业自身的重视程度也有待提升，企业对于危废的收集、贮存、利用、处置未得到有效落实。

2　危险废物管理存在的问题

2.1　危险废物管理不规范

当前很多的产生危险废物的一些化工企业对自身产生的废物源头并不清楚，产生的数量也十分的模糊，危险废物的存储更是没有固定的标准，对上的申报的所有数字并不真实，企业并没有重视。从监管部门的角度分析，却有“重部署，轻落实；重危废，轻一般工业固废”现象发生，另外，监管部门在治理危险废物的监管体系并不完善，检查的危废品类和频次也受到人员紧缺、检查对象分布广情况的影响没有落实到位，尤其是针对危险废物存储的管理并不规范，这是导致很多企业违法行为的重要因素。很多的执法人员并不了解关于危险废物的相关知识，也没有深入到相关的源头企业进行实地的调研，尤其是危险废物的存储方面更是不了解，自身的专业技术水平有限，再加上企业的瞒报、漏报、错报危险废物等行为，给监管工作增添了很大的难度。

2.2 危险废物无害化处置水平低

通过分析当前危险废物的整体状况可知，制约产生危险废物企业的主要因素就是在管理危废上面存在技术限制，自身的处理能力不强，有时是在日常的生产当中缺乏有效的处理危险废物的机制，这就是处置水平低的主要因素，导致后期的处理难度加大，费用增多，中国石油运输有限公司江苏分公司行业为例，制约其管理危险废物的主要因素就是行业特点进行分析，场地多为租赁场地，导致场地会经常搬迁，对于危废库房的建造成本高且不易处理。

2.3 处理危险废物的水平相对较低

因为我们国家当前具备危险废物的处理能力并不高，因此，大部分的地区并不能彻底地完成危险废物的处理，处理效率很难达到规定的标准。还有一部分地区的企业完全不具备危险废物的处理能力，对一些存在执法盲区的领域，甚至将危险废物直接丢弃，造成环境的污染，后续的环境治理需要很大一部分资金去修复。例如含多氯联苯废物污染安全处置、废机油机、废油滤芯、废铅酸蓄电池的收集、贮存。另外，我国对危险废物的开发和利用的水平较低导致一些昂贵催化剂等危险废物不能被回收利用而造成了严重的资源浪费。

2.4 基层危废监管人才紧缺

一些企业的危险废物的管理人员十分的紧缺，首先是人才引进方面受到限制，政府部门的工作人员并没有专业化的知识技能，后期的培训学习也是十分的有限，再加上每个部门的人员数量较少，危废物品的种类、运输、存储越来越复杂，可能出现的问题越来越多，需要掌握的知识也越来越多想要在短时间内补充人员队伍并不现实。

3 危险废物管理的对策

3.1 完善危险废物管理流程

完善危险废物的管理结构，优化管理流程，针对不同级别的危险废物采取不同的措施，建立健全监管机制，始终坚持“源头严防、过程严管、后果严惩”的总方针。首先，在申报登记方面要进一步地规范化。对辖区范围内的危险废物进行登记，督促辖区内的具备危险废物源的企业上报具体的种类、数量、贮存、处置。其次，推行环境影响后评价。因为一些化工企业成立的时间比较长久，加上我们国家监管危险废物的力度不断加大，相关企业最初的环评报告早已无法与当前的环评要求相匹配，因此，这些企业必须通过第三方机构开展环境影响后评价工作，向这些企业提供危险废物的治理工作提供保障，弥补之前环评报告中的遗漏之处。最后，摸清企业底数，强化基础保障。在管辖区域内排查可能产生危险废物的企业数量，对企业的危险废物的生产情况进行数据统计，在过程中进行管控。在危险废物的源头、运输、存储这个过程中落实好年度申报、电子转移、电子审核、审批等手续，通过不断的优化具体的管理流程治理好危险废物的管理工作。

3.2 深化对已有危险废物进行无害化处置

针对当前危险废物的管理状况进行分析，管理创新必不可少，必须通过先进的生产技术解决当前的危险废物对环境造成的影响，提升回收再利用率，广泛推行循环经济的发展。不断的增强企业的环境保护意识，培养专业化的人才梯队，最大限度地降低危险废物的“再生产量”。以中国石油运输有限公司江苏分公司行业为例，从中国石油运输有限公司江苏分公司工作特性进行分析，因集团分公司各个配送中心的场地属于租赁场地，随时可能存在搬迁因素，不利于危废库房的建设投资，存在危废库房建设反复投资的浪费，这些都是制约处理危险废物水平的重要因素，所以研究制定移动式危废库房。

3.3 强化危险废物日常环境监管

加强危险废物环境监管能力建设。加强基层执法队伍建设，强化属地环境执法，在编制、机构、人员上向固废执法领域倾斜。加强执法、环评、固管人员能力建设，加大对生态环境部门基层管理人员的业务培训力度，定期开展培训及技术交流，制定统一的执法依据和执法标准，明确危险废物现场执法检查清单，纳入移动执法平台，实行执法清单化管理，“一把尺子量到底”。各地可以根据实际，细化制定本地区的现场执法清单。明确危险废物日常环境监管职责。各地生态环境执法部门要建立危险废物经营单位现场检查制度，将危险废物经营单位纳入重点监管范围，在“双随机”抽查中实现全覆盖，加强危险废物经营单位事中事后监督管理。对检查中发现的环境问题，要依法依规进行惩处，并督促整改到位；发现与环评情况不一致的，告知企业完善相关手续；发现的安全、消防等方面问题，应及时将有关线索移交相关职能部门。

3.4 培养危险废物的管理人才

人才是推动社会发展的重要因素之一，从危险废物管理的角度而言也同样如此，首先，要从大学专业设置方面进行定点的培养，丰富危险废物的相关课程，增加这方面知识的引入，让大学生在校学习相关的危险废物的知识，与社会实践工作形成良好的对接。其次，用可持续发展的眼光看待问题，危险废物的管理工作是一项长期的、艰巨的任务，需要长期地坚持下去，人才的培养需要储备专业技术人才，对新入职的国家公职人员要强化危险废物相关的技能培训和考试，针对典型案例进行讲解，从理论到实践有机地结合，只有不断提升自己的专业技能才能应对工作中突发的任何情况。最后，扩大环境监管部门的人才队伍。

4 结语

总而言之，纵观我们国家当前的危险废物的管理现状，从产生的源头、运输、存储、回收利用等多个环节面临的形势依旧很严峻。监管部门必须做好危废收运和处置布局，加强危险废物处置设施的建设，在城市规划中充分地将环境保护纳入其中，进一步地优化危险废物的治理工作，摸清危险废物的底数，抓住治理源头，优化管控机制，全方面地提升危险废物的管理能力。同时，针对这些源头企业必须强化环境保护的意识，科学系统地推行环保理念，企业安全生产的同时更要做好环境保护工作，推进危险废物处理和处置技术应用的资源化、绿色化、专业化进程。对于随时可能发生迁移或不便建造危废库房的企业可以将移动标准化危废存储库房作为本企业的危废库房。

参 考 文 献

[1] 孙瑞云. 危险废物的毒性危害及管理措施探讨[J]. 工业，2019(10)：49.
[2] 修太春. 黑龙江省危险废物现状及管理对策研究[J]. 环境科学与管理，2017(42)：106-110.
[3] 杨方圆. 固体废物的危害及污染控制研究[J]. 工业，2018，7(10)：78.
[4] 刘德军. 探讨固体废物污染对环境的危害[J]. 工程技术(全文版)，2016，2(7)：513.
[5] 李国兵，单锋，贡铁军. 含油污泥水泥窑协同处置的技术与实践[J]. 水泥工程，2018(03)：27-30.
[6] 可玉. 石油和化工行业固体废物处理处置现状[J]. 中国石油和化工经济分析，2017(08)：29-30.

危化品运输企业生产运行管理创新与实践

刘 静 李 阳

（中国石油运输有限公司总调度室）

摘 要：本文以危化品运输企业为研究对象，探讨了在当前复杂多变的市场环境下，如何创新与实践生产运行管理，提高企业的运作效率和安全性。通过对行业发展趋势和企业需求的深入分析，本文提出了一种基于信息技术的管理模式，并以一家实际企业为案例进行探索和验证。研究结果表明，该模式能够优化运输计划、提升资源配置效率、降低运输成本、改进应急响应机制，并在生产运行管理中取得显著的效果。本研究的创新之处在于将信息技术与危化品运输企业的需求紧密结合，为企业提供了一种全新的生产运行管理模式，为行业发展提供了有益的经验和借鉴。

关键词：生产运行管理；创新；实践；信息技术

1 引言

在当今复杂多变的市场环境下，危化品运输企业作为一个关键的行业领域，其生产运行管理的创新与实践已经成为一个亟待解决的问题。随着科技的飞速发展和全球化竞争的加剧，危化品运输企业面临着越来越复杂的生产运作环境，而传统的管理模式往往无法满足新的要求。

本文研究目的在于提出一种创新的生产运行管理模式，以满足危化品运输企业的需求和期待。通过采用基于信息技术的管理模式，旨在优化运输计划、提升资源配置效率、降低运输成本、改进应急响应机制，并在生产运行管理中取得显著的效果。

本文旨在探讨危化品运输企业生产运行管理的创新与实践，提高企业的运作效率和安全性。通过对行业发展趋势和企业需求的深入分析，本文将提出一种基于信息技术的管理模式，并以实际案例进行探索和验证。该研究的结果将为行业发展提供有益的经验和借鉴，并为危化品运输企业的生产运行管理提供新的思路和方法。

2 危化品运输生产运行管理现状

2.1 危化品运输生产运行管理的重要性

危化品运输生产运行管理在现代社会中的重要性不可忽视。首先，危化品运输涉及到人民群众的生命财产安全，任何一次事故都有可能造成严重后果。因此，面对日益复杂的危化品运输生产运行管理挑战与问题，需要采取创新的举措。

为应对这些挑战，现代化的危化品运输生产运行管理需要科技手段和业务流程的支持。在科技手段方面，可以运用大数据分析、物联网等先进技术来优化危化品运输的仓储、配送等环节，实现全程可追溯和智能化管理。例如，北斗监控系统、车载视频监控系统、车辆预警系统等，通过实时监测设备和传感器收集数据，实现对危化品运输车辆的实时监控和智能预警，提高事故的预防和应急处置能力。同时，业务流程与制度上的改革也十分必要。可以完善危化品运输生产运行管理制度，建立统一的危化品运输安全管理标准，并加强监管力度，提高违规行为的成本。

为了验证这些创新的效果，需要进行危化品运输生产运行管理创新实践案例分析和效果评估。通过案例分析，可以总结出一些成功经验和可借鉴的做法，为企业提供参考。通过效果分析，可以及时发现问题，指导实践工作的改进，并提高危化品运输生产运行管理的效果和质量。

综上所述，危化品运输生产运行管理的创新与实践具有重要意义。只有通过积极创新，运用科技手段和优化业务流程，才能够更好地应对挑战，提高危化品运输的安全性和稳定性，为经济发展和社会进步做出更大的贡献。

2.2　现行管理模式在安全性、效率等方面的问题

当前，危化品运输企业的生产运行管理存在着一些严重的安全性和效率方面的问题。首先，现行管理模式缺乏对生产流程的全面把控。危化品运输企业的生产流程包括从生产到配送的各个环节，涉及到多个部门和岗位的协同配合。然而，由于现行管理模式的局限性，各部门之间的协作缺乏有效的沟通和协调，导致生产流程上存在信息传递不顺畅、数据共享不完善等问题，给企业的生产运行管理带来了一定的风险隐患。

其次，现行管理模式在安全性方面存在一定的漏洞。危化品运输企业对安全管理的要求极高，一旦发生事故，将会对人员和环境造成严重的伤害。然而，现行管理模式在安全管理方面存在着盲区，安全风险评估不全面，防范措施不够完善，容易造成生产过程中各种事故的发生。这对企业的信誉和经济利益产生了不可忽视的影响。

此外，现行管理模式在提升效率方面也存在一些问题。危化品运输企业面对着严格的时间要求和市场竞争压力，需要提高生产运行的效率。然而，由于现行管理模式对于生产运行的调度和协调能力不足，生产资源分配不合理，导致生产效率低下，难以满足客户的需求，增加了企业的运营成本。

针对现行管理模式存在的问题，危化品运输企业对新的管理模式有着迫切的需求和期待。新的管理模式应该能够实现对生产流程的全面管理，提升安全性和效率，并能够更好地满足企业的发展需求。只有通过管理创新，危化品运输企业才能在激烈的市场竞争中立于不败之地，提高企业的竞争力和可持续发展能力。

3　生产运行管理创新理论与模式

3.1　生产运行管理创新理论介绍

生产运行管理创新是危化品运输企业发展的必然要求。在当前环境下，如何通过创新管理理论和模式来提高危化品运输企业的生产运行效率和安全性成为了亟待解决的问题。

生产运行管理创新理论是危化品运输企业提高生产运行管理效果的基础。它致力于挖掘和应用新的管理理念、新的技术手段以及新的工作方法。这些新理论的引入和应用将有助于加强对危化品运输企业生产流程的控制和管理，提高生产运行的效率和质量。同时，新理论的应用也将进一步推动危化品运输企业转型升级，实现可持续发展。

基于新理论的危化品运输企业生产运行管理模式是创新理论的具体应用和实践。这些模式包括但不限于数字化管理、智能化运作和供应链集成等。数字化管理通过信息化技术的应

用实现对企业生产运行全过程的监控和控制，提高危化品运输企业的生产效益和安全性。智能化运作则通过引入先进的智能化系统，实现运输过程中的智慧化、自适应化和精准化，提高生产运行的灵活性和响应性。供应链集成则通过与供应商、客户的无缝连接，实现资源优化配置和信息共享，提高生产运行的协同效应和整体效能。

期望效果是危化品运输企业生产运行管理创新的目标和追求。通过新模式的引入和实施，危化品运输企业有望实现生产运行过程的高效、安全和可持续发展。然而，实施新模式也面临着一些挑战和问题。例如，资源投入的风险、员工的适应和技能培养以及制度机制的调整等。这些问题需要企业积极应对，采取有效的解决策略。

总结起来，危化品运输企业生产运行管理创新是必要之举。通过引入新理论和应用新模式，危化品运输企业有望在生产运行管理方面取得突破性进展。然而，创新的实施过程中也面临着一些问题和挑战，需要企业积极应对并采取有效的解决策略。通过创新实践和经验总结，危化品运输企业将能够不断提升其生产运行管理水平，实现可持续发展。

3.2 基于新理论的危化品运输企业生产运行管理模式

危化品运输企业生产运行管理是确保企业生产活动安全、高效进行的关键环节。为了满足市场需求并提升企业综合竞争力，危化品运输企业对生产运行管理模式的创新亟待进行研究与实践。

在当前的管理模式中，危化品运输企业的生产流程通常包括货物接收、仓储管理、运输管理等环节。然而，现行管理模式在安全性、效率等方面存在一些问题。首先，危化品运输企业面临着安全风险，如爆炸、泄漏等，而现行管理模式尚未完全解决这些问题。其次，生产过程中的信息传递存在滞后、不准确等情况，导致了运输效率的下降。此外，由于现行管理模式缺乏灵活性和适应性，无法及时应对市场变化和客户需求的变动。因此，危化品运输企业对新的管理模式有着迫切的需求和期待。

为了实现危化品运输企业生产运行管理的创新，引入新的管理理论是必不可少的。新理论的引入有助于提升管理效能和运输安全性。以供应链管理理论为例，它强调企业与供应商、客户之间的合作与协调，可以提高供应链的整体效能。在危化品运输企业中，基于新理论的生产运行管理模式应该紧密结合供应链，优化货物的流动和信息传递，同时保障危化品在整个运输过程中的安全。

通过实践案例分析与评估，我们可以深入了解创新生产运行管理模式的效果和问题。一些危化品运输企业已经采取了基于新理论的管理模式，如引入智能化物流服务平台、实时监控设备等。这些创新模式在提升运输效率、降低风险等方面取得了显著效果。然而，也要注意到一些问题的存在，比如系统故障、人为失误等，这些问题需要及时发现和解决。

综上所述，基于新理论的危化品运输企业生产运行管理模式的创新是非常必要的。在这一领域的研究发展中，需要不断探索适应企业需要的新理论和模式，同时解决现行模式存在的问题。这将有助于提升危化品运输企业的安全性、效率和竞争力。

3.3 期望效果与可能问题

生产运行管理的创新是危化品运输企业实现安全高效运营的重要手段。期望通过创新管理模式，提高危化品运输的安全性和效率，从而推动行业可持续发展。

首先，引入先进的管理理论可以为危化品运输企业的生产运行管理带来新的思路和方法。例如，运用全面质量管理（TQM）理论，企业可以在生产环节中强调质量控制和持续改进，增加产品和服务的可靠性。此外，借鉴供应链管理（SCM）理论，企业可以实施供应链优化，优化物流和托运方环节，提升运输效率。通过引入这些先进的管理理论，期望实现生产运行的全面提升。

其次，基于新理论构建的创新管理模式也能够为危化品运输企业的生产运行管理带来改善效果。例如，企业可以建立信息化系统，将各个生产环节进行有机地集成和管理，实现数据共享和信息流畅，提升运输效率。此外，采用标准化的操作规程和流程，帮助企业建立规范化的运行管理，降低运输风险。通过这些创新模式的引入，期望提高危化品运输企业的生产运行管理水平，实现安全高效运营。

然而，实施生产运行管理创新也可能会面临一些问题。首先，企业在引入新理论和模式时需要面临技术和成本的挑战。例如，建立信息化系统需要投入大量的技术和资金，而且企业需要培训员工适应新的工作方式。其次，创新管理模式的实施需要得到各方的支持和配合，包括企业内部员工和外部合作伙伴。如果相关方对创新模式难以接受或配合不力，可能会导致实施困难。因此，在实施生产运行管理创新的过程中，需要注意解决这些问题，保证创新的顺利实施。

总之，期望通过生产运行管理的创新，危化品运输企业可以实现安全高效运营。通过引入先进的管理理论和基于新理论的创新模式，期望改善危化品运输企业的生产运行管理水平。然而，实施创新也面临一些问题，需要注意解决。只有持续推进创新，才能为危化品运输企业的可持续发展提供有力支撑。

4 实践案例与评估

4.1 创新生产运行管理模式的实践案例

一家危化品运输企业，在生产运行管理方面进行了创新实践。他们引入了新的管理模式，以提高生产效率和安全性。

该企业首先对生产运行管理的现状进行了分析。危化品运输企业现行的管理模式存在一些问题，尤其是在安全性和效率方面存在一定的挑战。例如，传统的生产运行管理模式往往依赖于人力资源，而人为因素容易造成错误和事故的发生。此外，现有的管理模式也无法满足企业在提高生产效率和降低成本方面的需求。

基于对现行管理模式的需求和期待，该企业引入了生产运行管理创新理论和模式。他们通过创新信息化技术，依托物联网、移动应用、大数据等领先技术，为用户提供快速响应、智能调派、可视跟踪、便捷交易的现代物流，实现了生产过程的一站式物流服务。彻底改变传统物流企业运行模式，从而满足企业物流运输资源共享、安全运行、效率提升、合规管理、成本可控的全方位需求。

在实践中，该企业成功地应用了这一创新生产运行管理模式。他们取得了显著的成效。首先，生产效率和质量得到了大幅提升，运行周期和成本得到了有效控制。其次，通过信息化技术，大大降低了人为因素引起的安全事故的概率。同时，他们也遇到了一些问题，如技术和设备更新换代速度快，需要不断进行更新，对人员的技能要求较高等，但这些问题都可以通过加强培训和技术支持来解决。

综上所述，该企业在危化品运输企业生产运行管理方面进行了创新实践，通过引入新模式和理论，成功提高了生产效率和安全性。他们的实践案例表明，创新生产运行管理模式在危化品运输企业中具有良好的应用前景，可以为其他企业提供有益的借鉴经验。

4.2 创新模式实效性分析

创新模式的实效性分析是评估危化品运输企业生产运行管理创新的关键部分。通过对实际案例的分析，可以更好地了解新模式的效果，并找出可能出现的问题以及解决策略。

该创新模式的实效性也存在一些问题需要解决。首先，系统的运行需要大量的数据输入与处理，而企业在短期内未能完全适应这种新的数据管理方式，可能导致数据的准确性和完整性存在一定的问题。其次，系统实施后，员工面临新的技术应用的学习与适应问题，可能存在一定的抵触情绪。这些问题需要企业加强对员工的培训与沟通，以提升系统的可操作性和员工的接受度。

为解决以上问题，企业应采取一系列的策略。首先，加强与员工的沟通与培训，提高员工对新模式的认知和接受度。其次，完善系统的数据采集与处理机制，确保数据的准确性和完整性。最后，建立健全的技术支持与售后服务体系，及时解决企业在使用过程中遇到的问题和困难。

总的来说，通过对创新模式的实效性进行分析，可以发现基于信息技术的生产运行管理系统在提高危化品运输企业生产运行的安全性和效率方面具有很大的潜力。然而，在实践中仍面临一些问题，需要企业加强培训与沟通，改善数据管理与处理机制，并建立完善的技术支持与售后服务体系，以最大程度地发挥创新模式的实效性。

4.3 问题与解决策略

在危化品运输企业生产运行管理的创新与实践过程中，出现了一些问题需要解决。首先，现有的生产运行管理模式存在一些安全性方面的问题。由于危险化学品的特殊性，容易引发火灾、爆炸等事故，因此运输企业必须高度重视安全管理。然而，现行管理模式对于安全防范措施的要求不够明确，导致一些企业在处理突发事件时缺乏应对措施，容易造成严重后果。

其次，现有的生产运行管理模式在效率方面也存在问题。危化品运输企业的生产流程复杂而繁琐，需要进行大量的协调和安排。但是现行的管理模式缺乏灵活性，导致生产过程中的信息传递和协作不够高效，造成了资源浪费和生产周期延长的问题。

针对以上问题，危化品运输企业对生产运行管理模式提出了一些需求和期待。首先，企业需要一个更加详细和明确的安全管理标准，以确保在危险品运输过程中能够准确识别风险，并采取相应的安全防范措施。其次，企业要求生产运行管理模式能够提供更高效的协作机制和信息传递方式，以提升生产效率，并且能够灵活适应不同的生产需求和变化。

为解决以上问题和满足企业的需求和期待，提出了一种新的生产运行管理模式。该模式基于创新的管理理论，通过详细的安全管理标准和灵活的协作机制，以推动危化品运输企业的生产运行管理创新和优化。同时，期望通过这一创新模式，能够提高企业的安全性和效率，从而实现更好的生产运营效果。

然而，在实践中，也面临一些问题需要解决。首先，新模式的推广可能会遇到一些困难和阻力。由于企业的管理习惯和思维方式的惯性，部分企业可能对新模式持观望态度，并不容易接受和实施。其次，新模式的应用可能需要一定的改造和投入，涉及到技术、人员和资源等方面的调整，可能会带来一定的成本和风险。

针对这些问题，提出了一些解决策略。首先，通过充分的宣传和培训，提高企业对新模式的认知和理解，并引导他们逐步接受和实施。其次，建立良好的合作关系，与客户进行沟通和协商，共同制定适合企业实际情况的实施方案，减少对企业的冲击。

综上所述，在危化品运输企业生产运行管理创新与实践中，需要解决现有模式存在的问题，并通过新模式的引入和实施来提升企业的安全性和效率。虽然在实践过程中可能会遇到一些困难和挑战，但通过合适的解决策略和支持机制，有信心能够取得成功，并为危化品运输企业的发展贡献力量。

5 结语

本研究围绕危化品运输生产运行管理进行了创新与实践研究，并从研究背景、问题分析、实验验证等方面提出了一种基于信息技术的创新管理模式。通过对危化品运输生产运行管理的现状、挑战与问题的分析，本文深入阐述了该领域的重要性，同时提出了现代化创新举措，包括科技手段的应用创新和业务流程与制度的改革创新。通过这些创新举措的实施，本研究取得了令人满意的效果。

通过实践案例的分析，我们发现本研究提出的基于信息技术的创新管理模式能够有效提高危化品运输生产运行效率，并降低事故风险，为该领域的创新与实践提供了实证经验。总结了该研究的主要创新和实践经验后，我们也要明确指出，本研究还存在一些不足之处。我们意识到，本研究在创新管理模式的理论构建上还有空间进行深入和拓展，并且实践案例的数量和广度还有待提高。

参 考 文 献

[1] 张海信. 石化企业生产运行管理系统的开发与应用. 石化技术 25. 1(2018)：1.
[2] 张刘军. 利用信息化全面提升危化品运输安全管理水平. 当代石油化工 28. 3(2020)：4.
[3] 陈本才. 石化企业中的生产运行管理策略[J]. 中国化工贸易，2019.

【作者简介】刘静，男，就职于中国石油运输有限公司总调度室(物流分公司)，担任副总调度长、物流分公司副经理职务。电话：18600625569，邮箱：lujin011@ cnpc. com. cn。

压缩机组接地系统研究分析

张洪涛

（国家管网西部管道兰州输气分公司）

摘　要：在天然气长输管道系统中，燃气轮机驱动离心式压缩机（简称压缩机组）被喻为输气管道的心脏，作为主要的增压设备，其功能是提高天然气的输送压力，补充天然气在流动中消耗的能量，其安全可靠运行直接影响着整个管输系统的输气量。

本文以国家管网西部管道兰州输气分公司为例，使用的增压设备是美国 Solar（索拉）燃气轮机驱动德国 MAN（曼透平）压缩机，统计分析历年来压缩机组发生的故障，发现较多的是因为电气元件故障而引起的，而电气元件故障大多数是因为接地线连接不符合要求，瞬间产生干扰导致出现故障。为此，在梳理索拉压缩机组接地线的基础上，重点分析了接地线目前存在的问题，根据相关接地标准，明确各类接地的连接方法，以及检查各类接地的阻值是否满足要求。

关键词：压缩机组；接地；干扰；屏蔽；仪表

压缩机组正确的接地是电气设备回路可靠运行以及人员安全操作的关键，良好的接地有助于保护电气设备免受来自其他临近电气设备以及配电系统上的瞬时干扰，可以消除由潜在波动引起电击的可能性。因此正确的接地是确保压缩机组正常运行的一种有效解决办法。

1　压缩机组接地现状分析

1.1　接地分类

按照石油化工行业接地设计规范，接地分为：保护接地、工作接地、本质安全系统接地、屏蔽接地、防静电接地、防雷接地。

其中保护接地是为人身安全和电气设备安全而设置的接地，也称为安全接地。

工作接地仪表信号或直流电源与公共电位参考点的连接。

本质安全系统接地通常考虑的是齐纳式安全栅接地。

屏蔽接地是为实现对电场、电磁场屏蔽功能，对屏蔽层、屏蔽体所做的接地。

防静电接地是用于泄放静电的接地。

防雷接地是用于泄放雷电流的接地。

按照美国索拉压缩机组设计规范，接地分为：FG（Frame Groung）框架接地/保护接地、PE（Power earth）电源接地、IE（Instrument Earth）仪表接地、HAIE（Hazardous Area Instrument Earth）危险区域的仪表接地、IS（本安接地）。

其中 FG 是指由仪表外壳、仪表板、门以及控制台连接组成的一个公共框架地。在 Solar 设备上这个就是橇体框架。框架接地的目的是减少人员触电的可能性。FG 接地就是“保护地”接地系统。

PE 接地提供了一条回路来消散电力线路与地电位之间的暂态变化。PE 应该以最直接可能的路。

IE 仪表接地保护敏感的电气和电子设备、电路以及线路免受电磁干扰(EMI)和无线电频率干扰(RFI)。Solar 将 IE 接地称为“无噪声接地”，不受瞬态电压和电磁噪声的影响。

HAIR 是本质安全振动系统(1701/06)的要求，HAIE 母排是一个在控制台或箱子里的铜排，它与 FG、PE、IE 以及 IS 母排隔离。

IS 是一种特殊类型的专用接地，用于本质安全控制，只有本质安全仪表屏蔽才能连接到 IS 总线。本质安全回路的屏蔽和信号返回线路通过齐纳安全栅隔离后与 IS 母排相连。

综上所述，索拉压缩机组接地设计规范与石油化工行业接地设计规范对应关系是：FG、PE 对应的是保护接地；IE、HAIE 对应的是工作接地、屏蔽接地；IS 对应的是本质安全系统接地。因此美国索拉压缩机组接地设计规范与国内石油化工行业接地设计规范相符，接地要求和方法适用于现场设备。

1.2　接地存在的问题

通过仔细梳理，目前压缩机组接地存在的典型问题如下：

(1) 控制柜 IE 工作接地汇流排截面积不符合 25mm * 6mm，也没有使用镀锌螺栓紧固，见图 1 所示。

图 1　汇流排截面积不符合要求

(2) 汇流排和汇总排未采用绝缘支架固定，见图 2 所示。

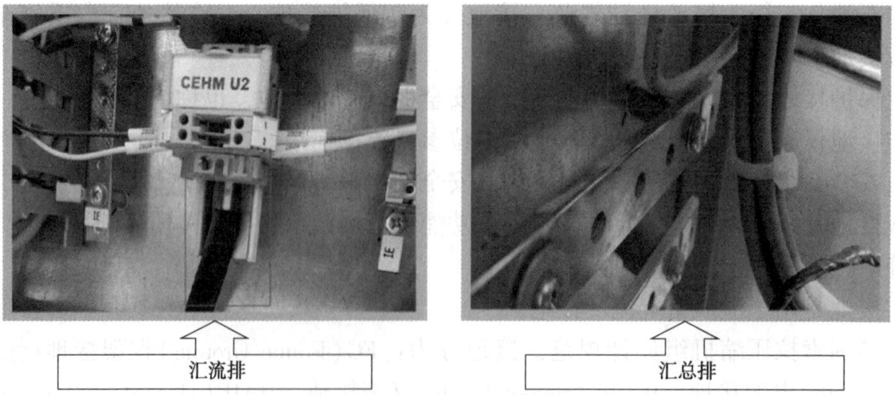

图 2　未使用绝缘支架

(3) 一个螺栓上固定了分别有 2 个或者 3 个接地线，见图 3 所示。

(4) 汇总排上接地线线径和颜色不符合国家化工行业标准，见图 4 所示。

(5) 电源模块接地接线不符合标准规范，PE 接地与 IE 接地线混接，见图 5 所示。

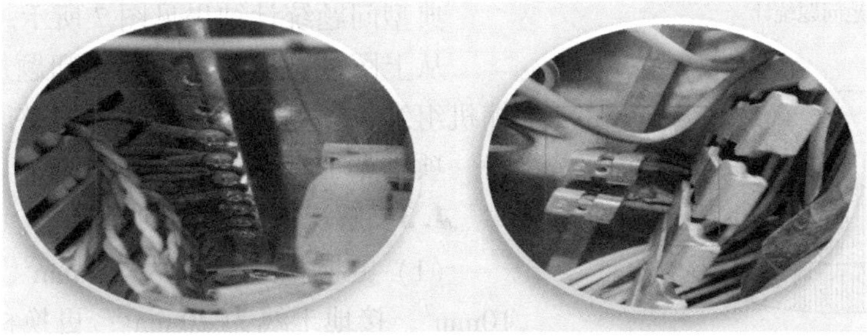

图 3　多个接地线重叠一起

图 4　接地颜色不符合要求

图 5　接地线混接

（6）线缆的总屏蔽线未接、总屏蔽与分屏蔽混淆、分屏蔽未接、屏蔽线未做绝缘处理，见图 6 所示。

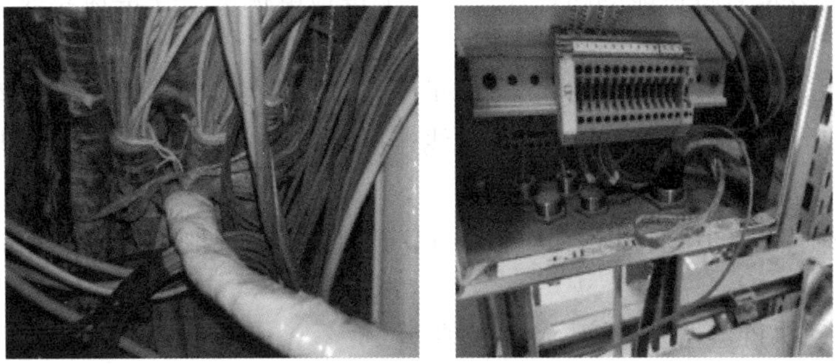

图 6　屏蔽线存在问题

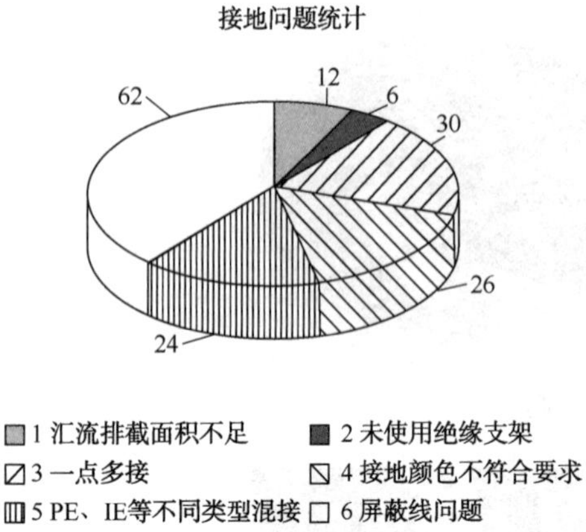

图7 接地问题统计结果

典型问题统计结果见图7所示。

从上图可见，屏蔽线存在问题最多，因此在压缩机组维护保养或检修时，要把整改屏蔽线问题作为一项重点工作。

1.3 解决接地问题的措施

（1）更换接电线缆为 2.5mm^2、接地分干线为 10mm^2、接地干线为 20mm^2；更换机柜内汇流排为 25mm×6mm 的铜条。

（2）所有的汇流排固定时都需要绝缘支架。

（3）拆除原来的一点多接线，分别将每一根接地线连接在汇流排上的不同孔洞处。

（4）接电线缆为黄绿相间、接线线缆与线鼻子之间用黄绿相间的绝缘胶带缠绕。

（5）按照压缩机组电气原理接线图，将 PE、IE 等接地分类连接在正确的位置上；

（6）屏蔽通常在设备末端悬浮，在控制柜与 IE 相连，不能使用菊瓣链接(串级连接)。

2 原因分析

（1）在工程项目建设时期，压缩机组接线工程量巨大，作业过程中施工人员技术水平和工作态度参差不齐，导致接线出现好多错误。

（2）工程验收人员对压缩机组接线标准不熟悉，同时验收检查时不够认真仔细，工程建设遗留了好多问题。

（3）站场运行人员对压缩机组运行维护管控水平力度不够，尤其对电气接线部分维护质量不高。

（4）压缩机组维护保养方案中只是单纯测试各个设备是否正常工作，缺少对控制柜内电气接线检查内容。

（5）压缩机组一些项目改造结束后，缺少更新改造项目的资料，导致后期查找或整改接线问题时缺少图纸等技术资料。

3 压缩机组接地要求及方法

索拉压机组有 5 种接地系统，每一种都独立存在并且互相之间必须隔离，接地系统总体细节要求如下：

（1）FG 接地以最直接可能的路径连接到一个接地电极上，在接地总线和接地极之间测量其接地电阻值应小于 5Ω。

当导轨上连接的元件没有电气连接和电子回路时，端子排导轨只能连接至 FG 接地上。

电缆铠装或屏蔽层在终端箱或控制箱进线连接时，应接至 FG 接地，除非电缆另外一头已经接地。

控制屏与控制屏之间应有辫状编织接至 FG 接地(辫状接地能提供更好的无线电频率屏蔽保护)。

各 PECC 电动执行器外壳应接至 FG 接地。

独立元件或部件外壳应接至框架地，除非内部的回路或仪表信号靠底盘背板传输，例如：1771 Allen Bradley 底盘或 1756 Controllogix 背板，不能接至外壳地。

框架接地保护元器件不受电磁场干扰，必须使 FG 接地和 PE，IE，HAIE，IS 接地隔离开来。

（2）PE 接地排至接地电极间的电阻应该在 5 欧姆或更小，120VDC 和 28VDC 的电源回流可以悬浮，并且和 PE 接地总线隔离开来，以避免干扰输气管道牺牲阳极对埋地管道的保护，如图 8 所示。

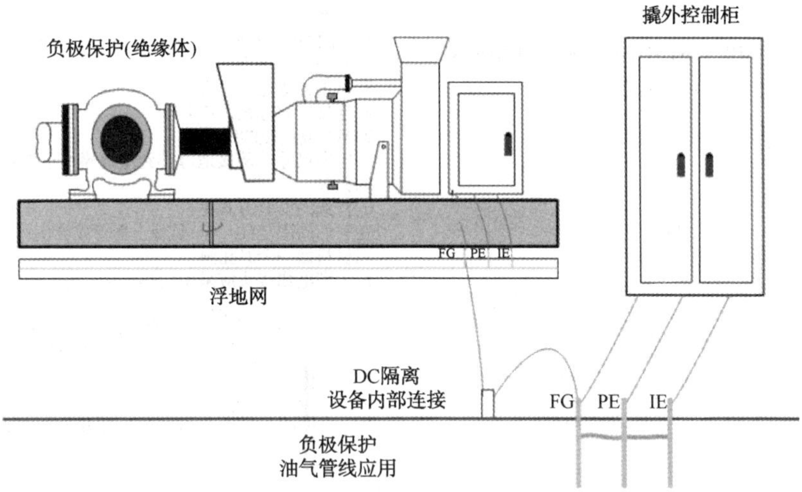

图 8　PE 连接法

（3）IE 接地排至接地极之间的接地电阻测量值应该在 5Ω 或更小。当控制模块和电气回路有物理连接时，模块底座导轨必须连接到 IE 接地排上。

信号电缆的屏蔽必须接到 IE 接地排上，信号屏蔽线应该自信号源处直接并且不间断地接到 IE 接地排。

电子模块元件内部电源消散必须接地到 IE 接地排，例如备用超速探头模块、1771Allen Bradley 支架和 1756 ControlLogix 背板。

（4）HAIE 母排是一个在控制台或箱子里的铜排，它与 FG、PE、IE 以及 IS 母排隔离。HAIE 母排的连接应该以最直接可能的路径连接到一个接地电极上。测得的母排和接地极之间的阻抗应该为 1 欧姆或更小，如图 9 所示。

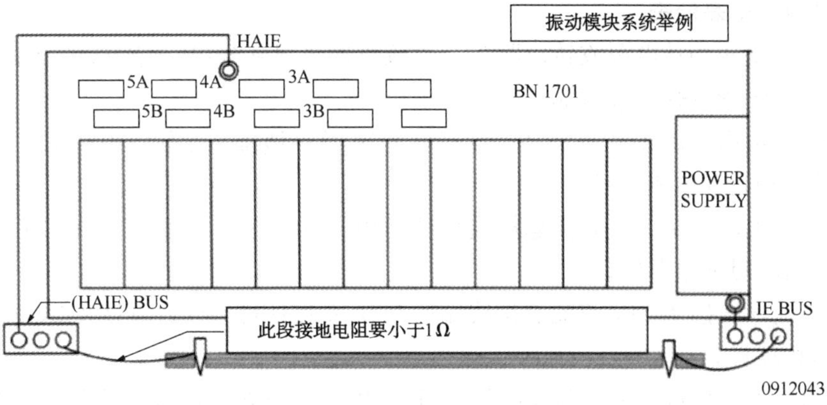

图 9　HAIE 接地

（5）只有本质安全仪表屏蔽才能连接到 IS 总线；本质安全回路的屏蔽和信号返回线路通过齐纳安全栅隔离后与 IS 母排相连。

IS 母排使用 2 根 12AWG 或更大的导线，以最直接的路径连接到接地电极上，所有接地系统必须终止到一个接地点。最低要求的系统是在三角形中至少有 3 个接地桩。

同时为了消除各接地系统之间的潜在差异，所有的接地电极 FG，PE，IE，HAIE，以及 IS 母排应连接一起，如图 10 所示。

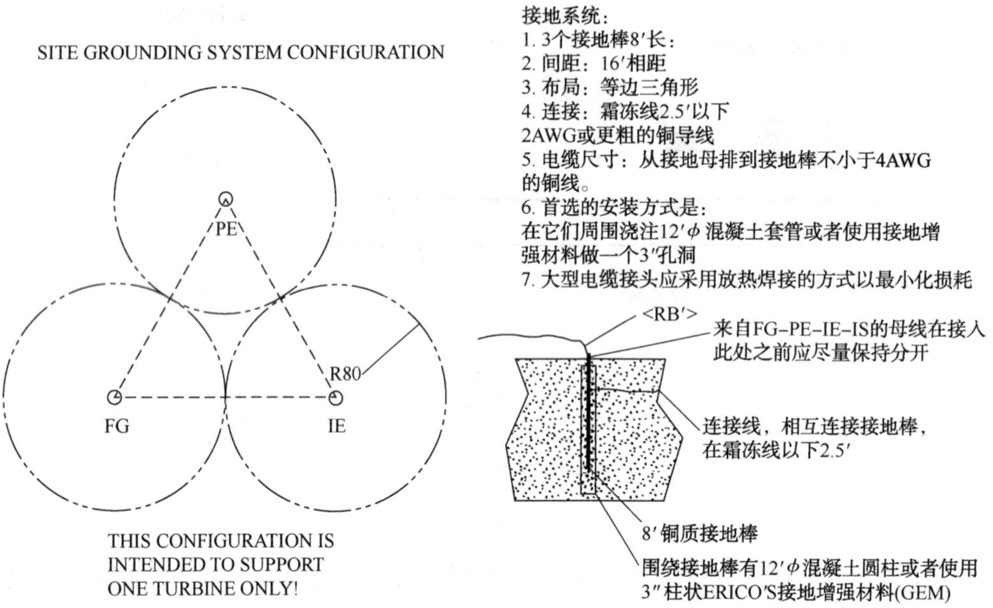

图 10　最小接地系统要求

4　压缩机组接地检查方法

4.1　外观检查

（1）所有电缆线都分别接自各自的接地排，外观检查连接紧密、干燥、干净和没有腐蚀。

（2）每种类型的接地系统，要确保它们之间互相隔离，但最终都接到一个总接地极上。

4.2　使用万用表检查

（1）用直流电压挡从电源或转换器 24V 直流总接线端量至 0V 直流总接线端，万用表电压读数应该在 24V 至 28V 直流之间。

（2）用直流电压挡从 24V 直流总接线端量至 IE 总接地排，读数应该在 12V 至 14V 之间（适用于压缩机项目和电驱项目）。

（3）用直流电压挡从 24V 直流总接线端量至 PE 总接地排，读数应该在 12V 至 14V 之间（适用于压缩机项目和电驱项目）。

（4）用直流电压挡从 24V 直流总接线端量至 IE 总接地排，读数应该在 24V 至 28V 之间（适用于发电机项目）；

（5）用直流电压挡从 24V 直流总接线端量至 PE 总接地排，读数应该在 24V 至 28V 之间（适用于发电机项目）；

（6）用直流电压挡从 24V 直流总接线端量至 FG 总接地排，读数应该在 24V 至 28V 之间（适用于发电机项目）；

（7）用交流电压挡从 24VDC 总接线端量至 0VD 总接线端，读数应该小于 250mV；

（8）用交流电压挡从 24VDC 总接线端量至 IE 总接地排，读数应该小于 250mV；

（9）用交流电压挡从 24VDC 总接线端量至 PE 总接地排，读数应该小于 250mV；

（10）用交流电压挡从 24VDC 总接线端量至 FG 总接地排，读数应该小于 250mV；

（11）用频率挡从 24VDC 总接线端量至 0VD 总接线端，读数应该小于 120Hz；

（12）用频率挡从 24VDC 总接线端量至 IE 总接地排，读数应该小于 120Hz；

（13）用频率挡从 24VDC 总接线端量至 PE 总接地排，读数应该小于 120Hz；

（14）用频率挡从 24VDC 总接线端量至 FG 总接地排，读数应该小于 120Hz。

按照上述检查方法，如果噪声干扰存在，或万用表交流挡电压超过 250mV，在进一步处理前确保切断所有电源，检查确认每种接地总排都是互相隔离的，在每种类型的接地总排处，分别断开 IE、PE、HAIE 和 IS 总接地排至最终接地极之间的连线，如图 11 所示。

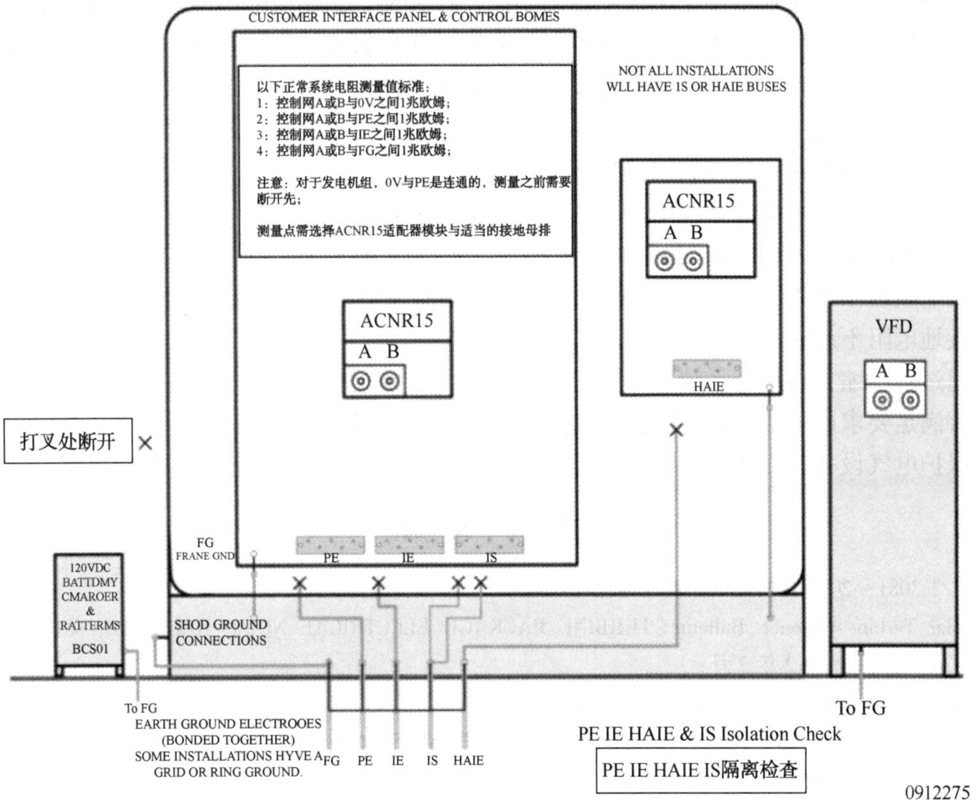

图 11　隔离检查

检查拆除接地线后的各个接地系统的总接地排互相之间的电阻，应该不小于 1MΩ。各总接地排之间的隔离电阻值检查完毕后，分别各自重新接回各接地系统总接地排和接地极之间的导线。

5　提升措施

（1）电缆在槽架中敷设时，本安电缆、电源电缆、信号电缆要用隔板分开，在沟内敷设类似，尤其是要避免交叉、缠绕，电缆不应有中间接头。

（2）线缆的屏蔽层单端接地，一般在控制柜间接地，确保其不会形成感应电流。

（3）控制柜内的接地尽量分开一些，当大电流或感应电流出现时，避免排流不及时。

（4）每种类型的接地系统，要确保它们之间互相隔离，但最终都接到一个总接地极上。

（5）压缩机组新建项目时，要加强施工管理，监督承包商施工质量，按照压缩机组操作维护书册中接地要求，对机组各类接地进行分类连接，做好竣工验收工作。

（6）在压缩机组维护保养时，每年需要对各类接地线外观，接地极阻值、电压值、频率值，以及断开接地线后的阻值进行检测。

（7）强化压缩机组维护人员电气仪表相关知识培训，结合接地检查，掌握电气、接地方面的检查方法，提高压缩机组管控水平。

6 结语

接地根据类型和阻抗特性进行分类，外壳接地，它用来提供接地保护路径以消除电击危害；电源地，它用来提供一个干净的返回路径；仪表地，无噪声的接地同时也是控制柜本质上的安全地。在控制系统中，为了减少电气噪声、配电影响、信号干扰，接地系统的正确安装是一项重要的工作。接地、屏蔽以及危险区域仪表接地，作为一个总接地系统。压缩机组所有本地接地 PE、FG、IE、HAIE、IS 母排，应分别连接到最终的现场接地极，所有的接地都应该以最直接的路径连接到现场接地电极。

压缩机组检查各接地系统阻值符合下列标准要求：

FG、PE、IE 总接地排至最终接地电极之间电阻值小于 5Ω；IS 总接地排到最终接地电极之间电阻值小于 1Ω；任何从 Bently Nevada 振动监测系统 HAIE 接地总线到最终接地极之间的接地电阻不超过 1Ω。

通过对压缩机组接地系统研究分析，明确了各类接地的连接方法，以及检查各类接地阻值是否满足要求的方法，为压缩机组在运行中消除电子和电磁干扰提供了参考依据，以便更好地保护电气设备，为压缩机组平稳运行提供可靠的保障，确保管输系统平稳供气。

参 考 文 献

[1] SH/T 3081—2019 石油化工仪表接地设计规范 .

[2] Solar Turbines Service Bulletin《TURBINE PACKAGE ELECTRICAL NOISE REDUCTION/GROUNDING PRACTICES》，2012 年 2 月 .

[3] HGT 20513—2014 仪表系统接地设计规范 .

[4] Solar Turbines SPECIFICATION NO. ES 2648 GROUNDING SPEC_CHS.

[5] IEEE 标准 STD 1999. 4. 7.

【作者简介】张洪涛，工程师，2009 年毕业于兰州大学行政管理专业，现主要从事长输天然气管道运营管理工作。电话：13139020971，邮箱：59678459@ qq. com。

油气管网安全检测与应急方案

许世安

（国家管网集团西部管道塔里木输油气分公司）

摘　要：油气管网在现代社会中发挥着至关重要的作用，它们是能源输送的重要通道，同样也是国家能源安全的生命线，因为其系统规模十分庞大，赋存环境相对复杂，并且其输送的介质是高压易爆型，所以油气管网的安全运行面临多种威胁。根据油气管网的特性，以管道本体、管道线路和管道所在站场为对象，把业务场景作为切入点，将系统梳理安全监测技术的工程需求，并总结中国油气管网监测技术的应用现状和创新发展思考。在面向国家能源安全新战略和“双碳”目标，具体剖析了当下油气管网安全监测面临的挑战与关键科学问题，提出对管道本体精准检测、管道线路智能监测、管道站场多源监测以及构建面向智慧管网的一体化智能监系统，为构建油气管网安全状态监测技术体系奠定了基础。与此同时，保障油气管网的安全性以及建立应急响应机制也同样至关重要，建立应急响应机制对于迅速应对油气管网事故具有重大作用，事故的发生虽难以避免，但仍可以通过合适的预警系统和培训相关人员来减小损失或避免事故的发生。管道泄漏、设备故障和恶劣天气等因素都可能导致事故发生，对人民生命财产造成威胁。因此，必须采取严格的管道检测和监控措施，确保管道安全系统的完整性。当下可采用先进的技术，如遥感监测及实时数据分析，可以帮助迅速发现问题所在，并采取相应的紧急措施。其次，政府和油气管网企业应制定详细的应急计划，包括事故报告、紧急撤离和油气泄漏应对等方面的措施。除此以外，演练和模拟演习也是提高应急响应能力的有效手段，可以帮助人员熟悉应对程序，避免事故发生时出现混乱和流程错误。本文将讨论油气管网安全监测与应急的关键问题。

关键词：油气管网；安全状态；监测；智能监测；应急响应

管道是五大运输方式与九大基础设施网络的重要组成部分，中国陆上85%原油与99%天然气依靠管道输送。截至2022年底，中国管道总里程达18.5×10^4km，初步形成横跨东西、纵贯南北、覆盖全国、连通海外的油气“全国一张网”。油气管网规模庞大，运行环境复杂，管道威胁与失效事件时有发生，这些事件具有时空随机性、分布广域性、发生隐蔽性、后果灾难性的特点，给管网安全运行带来诸多挑战口。传感技术作为流体流动状态与资产安全状态的信息获取、控制基础，在管网物质流、能量流、信息流全业务领域以及“源—网—荷—储”各个环节均发挥着非常重要的作用。经过多年研究与应用，目前已基本形成管道本体检测、管道环境威胁监测、管道状态预测的监测技术体系。

1　实际监测场景

传感技术是获取自然和生产领域中本质信息的主要途径与手段（如图1），是工业生产过程中使设备工作在最佳状态、产品达到最好质量的重要保障，是现代化生产的基础。油气管网业务流程复杂，资产对象繁多，在管输流体状态监控方面，先后经历"就地仪表、人工操作"的站控管道、"远程监视、集中调控"的自动管道，已形成完备的以SCADA控制系统为核心的工艺设备全流程逻辑控制技术体系，支撑着储运设施安全高效地建设运行。本文将从管道本体管道线路、管道站场3大对象，本体缺陷、油气泄漏等9大典型场景进行应用场景分析。

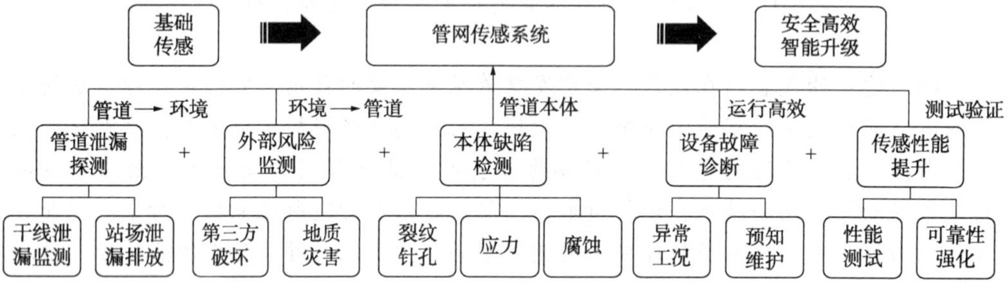

图1　油气管网监测传感系统思路图

1.1　典型场景

1.1.1　管道线路本体安全场景

场景1：本体缺陷。油气管道长期在复杂的环境下运行，管道本体在制造、施工等人为影响及运行期间受运输介质腐蚀、土壤等外部环境影响，容易出现各种内外壁本体缺陷，缺陷的形式包括制造缺陷、焊缝缺陷、划痕、裂纹、凹陷及椭圆变形等。本体缺陷一旦引起管道泄漏，将对生态环境、社会生产与生活造成严重影响，需要定期对管道本体缺陷进行内外检测与适应性安全分析。

场景2：本体应力集中。大量经验表明，埋地管道本体易在岩土大范围移动中直接遭受破坏或与已有缺陷发生耦合破坏，造成经济损失甚至社会影响。管道会受到拉伸、压缩、剪切及弯曲等作用，在断层、地面不均匀沉降等极端地质灾害下，产生较大变形，进而以屈曲失稳或断裂等形式破坏，需要对这些重点区域管道本体的应力状态进行实时监测与预警。

场景3：本体腐蚀。管道腐蚀是本体金属与输送介质、外部土壤等周围腐蚀环境发生电化学反应或微生物作用而导致的一种破坏形式。腐蚀是导致管道失效的重要因素之一，是随着时间发展且不可逆的损伤形式，涉及管材、输送介质、腐蚀环境等多重因素。管道腐蚀形式可大致分为外腐蚀、内腐蚀、微生物腐蚀等，施加防腐层、阴极保护是油气管道的主要防腐手段。随着数字化技术的发展，目前广泛采用腐蚀在线监测技术对管道腐蚀危害开展预测及管控。

1.1.2　管道线路环境安全场景

场景4：油气泄漏。油气管道输送介质具有高压力、易燃、易爆的特性，中国长输油气管道沿线不可避免地穿越人口密集区以及生态环境脆弱敏感地带，高后果区普遍存在且占比较高，一旦发生事故，将会对公共安全与环境保护造成重大的影响。相关资料表明：中国油气管网近10年发生管道泄漏事故370余起，其中重特大事故4起，造成人员伤亡75人，直接经济损失超过100×10^8元，重大环境污染10次。因此，需要开展油气管道泄漏监测，快速发现泄漏事件并及时采取控制措施，从而降低事故发生概率或减小事故损失。

场景5：第三方破坏。中国油气管道点多线长，近10年来，随着中国城镇化进程快速推进，早期建设管道安全边界被突破，新建管道可用安全路由被压缩，管道沿线持续发展变化，人为活动复杂多样，第三方破坏事件易发频发。管道第三方破坏事件包括有意偷盗破坏与无意施工事件，具有位置随机、空间离散、事发突然、时间短暂等特点，是中国长输油气管道失效的主要引发因素之一，对第三方施工事件的实时监测面临极大挑战。

场景6：地质灾害。中国管网全球跨越纬度最多、自然地理及地质构造复杂、地形地貌多样，地质灾害频发，是威胁管道安全运行的重要风险源。同时随着服役时间累积，管周环境极易产生附加载荷并与微小缺陷发生耦合效应而引发失效。油气管网能源大动脉与储运枢纽多位于地质灾害易发区，在中国超过8%的管道失效事故由地质灾害引发。地质灾害的发生地点具有隐蔽性、突发性，发生时间具有长期性、随机性，给监测预警带来极大挑战。

1.1.3 管道站场安全场景

场景7：站场泄漏。油气站场生产设备多、流程复杂、连接点多，存在设备密封受损、管路连接失效、本体腐蚀穿孔等风险挑战，站场设施一旦发生泄漏，小则影响正常生产，大则造成重大的经济损失与严重的人员伤亡，导致恶劣的社会与政治影响。同时，随着政府、社会、企业监督越来越严格以及“双碳”目标的持续实施，对站场泄漏综合监测的能力与量化要求日益提高。

场景8：站场安全防护。随着中国管道事业的快速发展，输油气站场、油库、无人值守阀室的数量与日俱增，数以千计的站场、阀室安全的重要性日益凸显。近年来，站场、阀室的入侵盗窃、恶意破坏等事件时有发生，严重影响管道的安全运行。需要针对站场安全进行监测预警，提高站场的安全防范能力。

1.1.4 全面统一监测场景

场景9：泛在监测感知系统。油气管网安全监测的场景需求复杂多样，可采用的监测技术众多，需要对监测系统进行顶层设计，包括监测哪些信息、如何监测、监测系统协同设计以及多类系统监测数据融合利用等，进而建立一套标准的油气管网安全状态监测系统。

2 监测技术系统构建与发展现状

经过多年发展，中国油气管网安全监测技术取得长足进步，形成管道本体检测、管道线路监测、管道站场精测的技术体系，初步构建了“天空地”一体化的安全监测系统架构如图2。

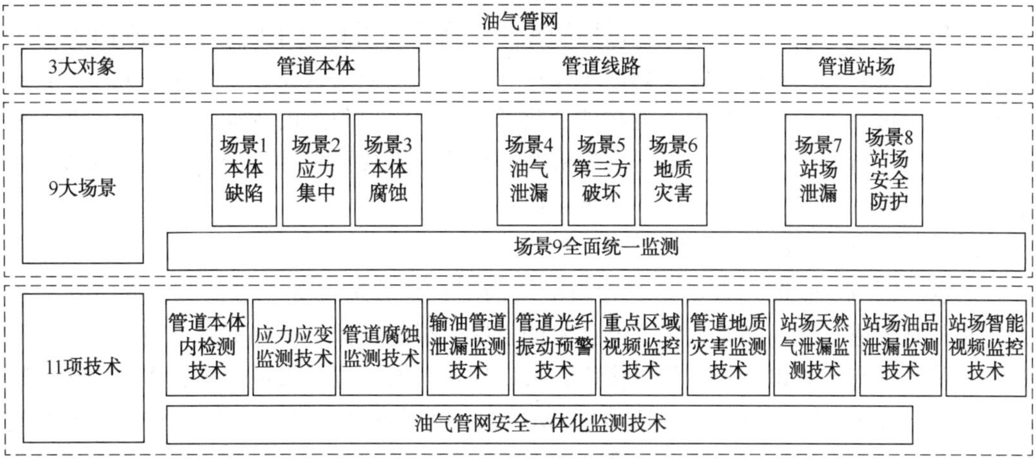

图2 中国油气管网安全监测技术系统框架图

2.1 管道本体安全检测

2.1.1 管道本体内检测技术

管道本体内检测技术具有检测效率高、成本低、识别率高等优点，是目前长输油气管道较常用的检测方法。该技术使用管道内检测载体平台搭载不同类型的传感器，通过管道内部输送介质或者外加流体推动，在管道运行过程中实现对管道凹坑、椭圆等变形，金属缺失、应力应变及裂纹等缺陷的检测与记录，在检测结束后对数据进行分析识别量化表征并定位缺陷。根据检测原理的不同，常规内检测装备可分为漏磁检测、超声检测、电磁超声检测、电磁涡流检测等。

2.1.2 管道应力应变监测技术

管道应力应变监测技术是通过管道本体安装的传感器实时监测与预警管道本体应力状态的技术，通常由应力应变传感器、数据采集器、数据分析平台等部分组成。根据监测原理的不同，用于长期监测的传感器主要有振弦式、光纤光栅传感器，数据采集器通常采用太阳能结合蓄电池的方式供电，采用移动、联通等无线传输方式进行数据传输。

2.1.3 管道腐蚀监测技术

管道腐蚀监测技术是指在管道本体安装腐蚀传感器，通过远程数据传输与用户客户端，在线监测管道阴极保护电位/电流、管道壁厚、腐蚀速率等腐蚀参数。管道内腐蚀监测主要采用侵入式传感器，例如挂片、电阻探针、电感探针、电化学探针以及电化学噪声探针等；管道外腐蚀检测主要采用非侵入式传感器，代表性的有 ER 探头、矩阵式场指纹探针及氢通量探针等。

2.2 管道线路监测

2.2.1 输油管道泄漏监测技术

输油管道泄漏监测技术是通过监测泄漏前后管道内部参数(压力、流量等)或管道外部参数(油气浓度、振动、温度等)的变化，确定管道是否存在泄漏并进行定位，是保障管道安全运行的重要技防措施。根据监测原理的不同，输油管道泄漏监测技术可分为负压波法、负压波结合流量平衡法、模型法等。

2.2.2 管道光纤振动预警技术

管道光纤振动预警技术是利用管道同沟敷设的光缆作为传感器，通过监测管道沿线振动信号的变化，实现对第三方威胁事件的监测预警。当管道附近发生威胁管道安全的事件时，与管道同沟敷设的光缆中的光纤受到声压作用，局部产生微小应变，导致光在光纤中传输时相位改变，通过测量传感光纤中光波相位变化即可获得管道附近的扰动信号，进一步对检测到的振动信号进行分析与处理，即可定位威胁事件并识别威胁事件类型。目前，该技术因识别准确率、误报率等问题，尚未大规模推广应用。

2.2.3 管道重点区域视频监控技术

管道重点区域视频监控技术是在管道沿线阀室、高后果区等重点区域，固定安装摄像机，实时监测管道安全。随着人工智能技术的发展，智能摄像机日趋成熟，目前重点区域视频监测多采用具有智能识别功能的摄像机，可实现对区域入侵、人员聚集、人员徘徊等事件的智能识别与报警，同时摄像机支持 4G 网络传输，可将识别结果与报警信息传输至控制中心，其供电方式多采用太阳能供电。但管道沿线人文环境复杂，该项技术有待进一步研究提升。

2.3 管道站场精测

2.3.1 站场天然气泄漏监测技术

随着可调谐半导体激光吸收光谱(Tunable Diode Laser Absorption Spectroscopy, TDLAS)技术在气体检测领域的快速发展，其已成为站场天然气泄漏的主要监测技术之一。其技术原理表述为因物质对不同频率的电磁波有不同的吸收特征，吸收谱线可作为识别不同气体分子的“指纹”，根据吸收谱线的特征与强度可以确定物质分子的成分与浓度。

2.3.2 站场智能视频监控技术

为保障站场安全，油气站场安装了大量视频监控设备，初期主要依靠人工管理与监控。随着人工智能技术的快速发展，视频智能识别技术在油气站场得到广泛应用。该技术利用视频监控设备采集数据，利用深度学习技术开发智能识别算法，实现对站场威胁事件的智能识别，为智慧站场建设提供了重要支撑。

2.4 管道安全一体化监测系统

针对油气管网典型监测场景，前期的监测系统以独立建设为主，各系统之间无法互联互通，尚未形成面向多场景的综合传感系统以及面向整体管网的一体化传感体系，难以发挥系统协同判断与综合决策能力。随着新一代信息技术的发展与中国油气管网集中统一管理的推进，监测系统也向着统一构建、多源感知、协同决策、集中调控的感传知用一体化监测系统方向发展，目前在标准的通信协议、数据协议等方面取得一定进展。

3 应急解决方案

3.1 管道线路应急处置原则

(1) 属地管理原则。洪汛灾害突发事件的应对以属地管理为主，分公司及所属各基层站队在当地政府的统一领导下开展洪汛灾害的应急工作(如图3)，落实当地政府的整体应急工作部署。

(2) 发生险情，各级应急指挥机构要认真进行综合技术分析，及时处理。要做到五“清”：清楚管道汛情具体情况；清楚洪水性质；清楚管道沿线防汛物资的类型、数量及储放位置；清楚人员情况；清楚内、外部抢险队伍情况及卡点设置情况。

(3) 根据灾害现场实际，可采取相应的工艺流程改变或停用运行设备。如管道发生不同程度的悬空，根据对管道本体的影响，研判是否降压运行。有效控制管道悬空长度，处置中一定要结合现场实际情况最短时间内控制住悬空长度的扩展及管道加固支护措施，以防引发管道变形、断裂。

(4) 结合汛情处置特点，优化队伍、抢险机具及物资的调动顺序，按照最有利于现场处置的原则，优先调动应急指挥、土建队伍、防汛处置所需大型机具设备及物资赶赴现场，根据现场事态发展再确定是否需要调动换管作业所需的管材、氮气等资源。

(5) 当洪汛灾害导致油气管道露管、悬管、光缆中断，抢险人员在抢险的过程中，要时刻注意洪水的变化，随时掌握水情、雨情、河道、水库及自然冲沟水位的变化情况，及时向各级应急领导小组报告。

(6) 受灾现场应利用石笼、编织袋、桩等防汛应急物资采取适当的方式保护管道，必要时应采取围堤、筑坝、引流等措施，降低现场防处置难度，确保管道及附属设施安全。

(7) 受灾现场应及时设置安全警戒线进行布控，划定隔离区，对隔离区设置明显的警戒标志。

（8）因洪汛灾害引起管道漂管、严重变形、断裂甚至导致着火爆炸时，生产人员进行管道应急状态下工艺关断，对于气体管道应对泄漏点上下游两头截断阀室进行紧急截断放空，降低泄漏段管线的压力和泄漏量。对于油品管道工艺组配合处置实施组进行回油作业，尽可能减少油品外泄。

（9）需要地方消防求助时，处置实施组引导消防到达现场。划定危险区域，撤离危险区域内与抢险无关人员，并禁止其他人员或其他地面或水面交通工具进入危险区域。

（10）要做好汛情解除后管道复产方案的编制及论证工作，确保安全复产。

（11）抢险人员做好自身防护措施，如事件已经扩大，首先应保证人员安全，不能盲目抢险。

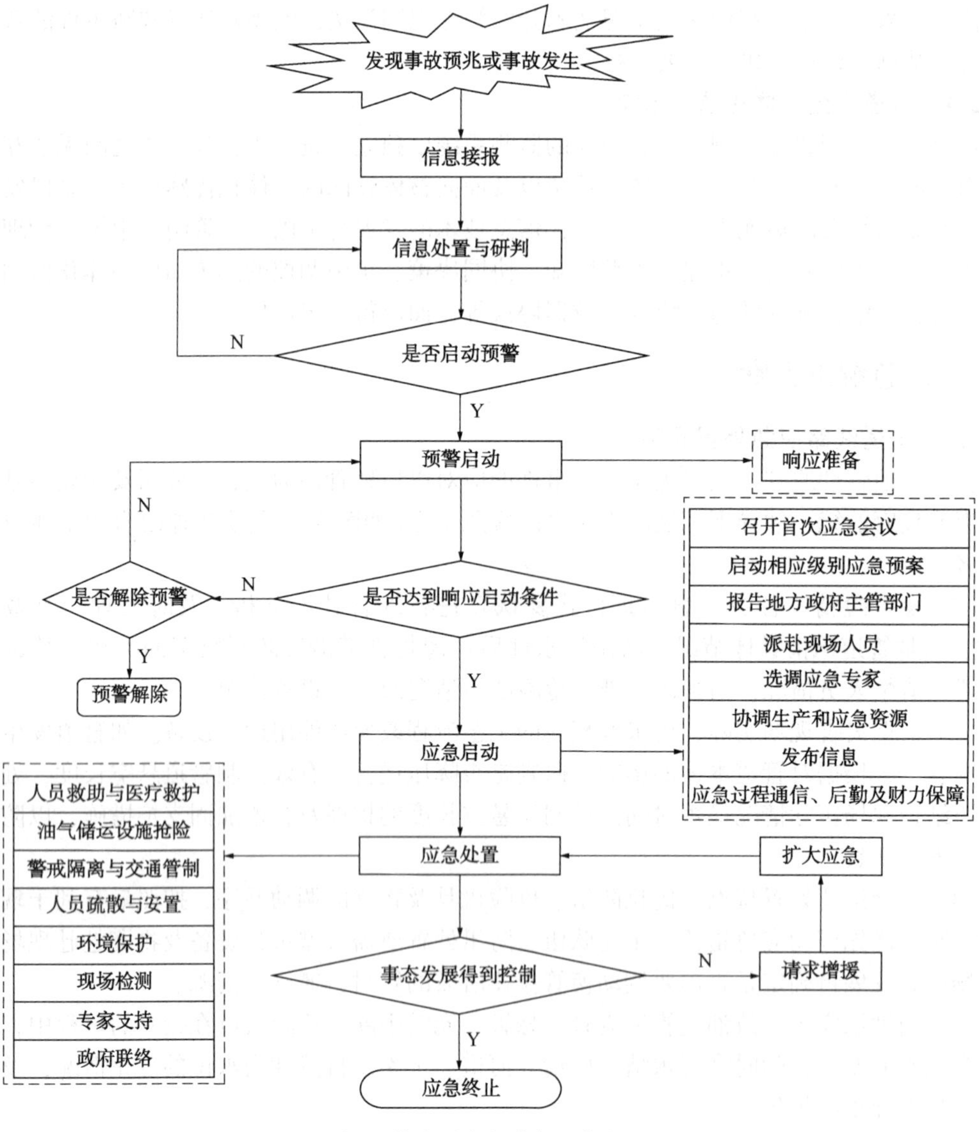

图 3　分公司应急响应基本流程

3.2　管道站场应急（以站场天然气大量泄漏为例的应急步骤）

（1）当站控室发出报警声后，应急值班人员应迅速赶往站控室查看报警信息，并确认报警信息来源。

（2）应急值班人员立即通过工业电视查看现场情况，确认具体报警地点并查明报警原因。

（3）随后应急值班人员拉响站场警报，通过对讲机，将现场情况汇报给作业区领导和值班调度室负责人，并完成信息快报单填写上报。

（4）值班调度室负责人通过 SCADA 系统远程对报警情况进行合理的处理。

（5）全体人员在紧急集合点集合，作业区领导担任总指挥并宣布启动天然气大量泄漏处置预案，安排各小组开展应急处置。

（6）调度室负责人按照汇报程序，通知上下游站场、上级调度，应急值班人员拨打 119、120 报警电话求援，并电话告知维抢修中心请求援助。

（7）现场抢险组穿戴规定装备后，对现场隔离阀门进行检查确认，若未得到有效控制，则进行现场操作。

（8）警戒保卫组人员，带领消防穿戴规定装备，手持可燃气体检测仪、风速仪进行探边。一人组织站内承包商人员疏散，在安全区域进行警戒，安排人员在站门口进行引导；

（9）后勤保障组则安排车辆到柏油路与非铺装路面交界处做好外部抢险力量的道路指引。

（10）站场切换至全越站流程后，警戒保卫组探边后确认安全边界，樊永君安排保安人员完成了警戒带设置，人员疏散，站门口引导布置。

（11）后勤保障组将担架、急救药箱等设备运至现场，消防兵连接消防水带对现场进行雾化喷淋，电气相关人员对工艺区进行电气设备下电。

（12）现场放空完毕后，警戒保卫组对泄漏地点进行可燃气体检测，确认可燃气体为零后，现场抢险组开始对泄漏地点进行处理，维抢修中心进行配合处理。

（13）泄漏问题处理完毕后，对原泄漏点进行检漏，无异常后进行工艺恢复并将现场处置结果向上级调度，相关单位进行汇报，总指挥宣布应急处置完毕。

4 结语

先进的监测技术，如遥感、传感器网络和数据分析，使得管道系统的实时监测成为可能。这些技术可以迅速检测管道内的压力、温度、流量等参数，帮助作业区实时了解管道系统的运行状态。油气管网监测有助于早期发现潜在问题和故障，通过及时识别管道内的异常情况，可以采取预防性措施，减少事故的发生概率，从而保护人员安全和环境。同时监测系统还可以在事故发生时提供关键支持，它不仅可以迅速检测到异常情况、帮助运营商和应急响应团队迅速做出反应、减少事故的危害程度，还可以利用监测数据进行数据分析，帮助运营商预测管道设备的寿命和性能下降趋势，从而制定更有效的维护计划。

在油气管网发生泄漏、故障或其他安全问题时，迅速而协调的应急响应至关重要。这包括快速通知相关机构和人员、疏散受影响区域的人员，以及启动紧急修复工作。同时，建立详细的应急计划，包括清晰的责任分工、通信渠道和资源调配。定期进行演练和模拟演习，以确保各方了解应急程序，提高响应效率。并且油气管网应急需要各相关部门、政府机构和企业之间的密切合作。在站场上，对油气管网工作人员进行安全意识培训至关重要。他们需要了解应急程序，以及如何应对潜在风险和危机情况。应急响应不仅关注人员安全，还应考虑环境保护和社会责任，能够最小化泄漏对生态系统和社区的影响，是应急响应的一部分。

应急响应计划需要不断评估和改进。随着技术和安全标准的发展，应急措施也需要跟进，以适应不断变化的风险。

参 考 文 献

[1] 黄维和，宫敬，王军．碳中和愿景下油气储运学科的任务[J]．油气储运，2022，41(6)：607-613.

[2] 张伟．发挥油气管网作用保障国家能源安全[J]．求是，2022(20)：58-62.

[3] 黄维和，韩景宽，王玉生，沈珏新，程蕾．我国能源安全战略与对策探讨[J]．中国工程科学，2021，23(1)：112-117.

[4] 刘中云．以央企为核心的举国科技创新生态体系研究[J]．科教发展研究，2022，2(1)：44-69.

[5] 国家石油天然气管网集团有限公司．国家管网集团发布2021年度社会责任报告[EB/OL]．(2022-08-30)[2023-03-21].

[6] 黄维和，郑洪龙，王婷．我国油气管道建设运行管理技术及发展展望[J]．油气储运，2014，33(12)：1259-1262.

[7] 郑洪龙，黄维和．油气管道及储运设施安全保障技术发展现状及展望[J]．油气储运，2017，36(1)：1-7.

[8] 陈朋超，冯文兴，燕冰川．油气管道全生命周期完整性管理体系的构建[J]．油气储运，2020，39(1)：40-47.

[9] 马云宾，董红军，孙万磊，张洪，王春清．新冠肺炎疫情下管道线路智能感知技术的思考与探索[J]．油气储运，2020，39(4)：389-394，424.

[10] 蔡永军，蒋红艳，王继方，王潇潇，李莉，陈国群，等．智慧管道总体架构设计及关键技术[J]．油气储运，2019，38(2)：121-129.

[11] 税碧垣，张栋，李莉，薛鲁宁，陈国群．智慧管网主要特征与建设构想[J]．油气储运，2020，39(5)：500-505.

[12] 李柏松，王学力，王巨洪．数字孪生体及其在智慧管网应用的可行性[J]．油气储运，2018，37(10)：1081-1087.

[13] 王振声，陈朋超，王巨洪．中俄东线天然气管道智能化关键技术创新与思考[J]．油气储运，2020，39(7)：730-739.

[14] 李柏松，王学力，徐波，孙巍，王新，赵云峰．国内外油气管道运行管理现状与智能化趋势[J]．油气储运，2019，38(3)：241-250.

[15] 宫敬，徐波，张微波．中俄东线智能化工艺运行基础与实现的思考[J]．油气储运，2020，39(2)：130-139.

[16] 聂中文，黄晶，于永志，王永吉，单超，冯骋，等．智慧管网建设进展及存在问题[J]．油气储运，2020，39(1)：16-24.

[17] 田孝忠，孙巍，王海明，刘路，邱红辉，伍晓勇，等．基于分布式光纤振动传感的清管器跟踪定位方法[J]．油气储运，2017，36(3)：310-313.

[18] 王巨洪，张世斌，王新，李荣光，王婷．中俄东线智能管道数据可视化探索与实践[J]．油气储运，2020，39(2)：169-175.

[19] 黄凯奇，陈晓棠，康运锋，谭铁牛．智能视频监控技术综述[J]．计算机学报，2015，38(6)：1093-1118.

[20] 中国石油经济技术研究院．2060年世界和中国能源展望(2021版)[R/OL]．(2022-08-04)[2023-03-21].

【作者简介】许世安，男，西部管道有限责任公司塔里木输油气分公司。电话：15001579200，邮箱：1141302299@qq.com。

数字化时代下天然气行业安全性和可持续性的挑战与机遇

徐海峰

［中国石油天然气股份有限公司天然气销售（中石油昆仑燃气有限公司）北京分公司］

摘　要：本论文探讨了数字化时代下天然气行业所面临的挑战和机遇。在安全性方面，网络攻击、数据隐私、供应链漏洞等威胁业务的稳定性，需要采取高级的安全策略和技术防护措施。同时，可持续性问题，如气候变化和市场动态，也对业务产生影响，但也为整合可再生能源、提高能源效率等方面创造了机遇。通过持续创新和改进，天然气行业可以在数字化时代实现更高水平的可持续性和安全性，为可再生能源未来提供支持。

关键词：数字化时代；天然气行业；安全性；持续性

1　引言

在当今数字化时代，能源行业正经历着革命性的变革，其中石油和天然气行业领域也不例外。数字化技术的迅猛发展为天然气行业带来了巨大的机遇，同时也带来了前所未有的挑战。本论文旨在探讨数字化时代下天然气行业的两个关键方面：安全性和可持续性。

首先，随着数字化技术的广泛应用，天然气行业的安全性面临着新的威胁和挑战。网络攻击、数据泄漏和供应链漏洞成为了业务运营的潜在威胁，因此保障数据和运营的安全性变得尤为关键。

其次，天然气行业正面临着能源可持续性和气候变化问题。随着对可再生能源的需求增加，以及政府对碳排放的监管日益严格，天然气企业必须寻找可持续性解决方案，以适应这一新趋势。

本论文将深入研究这些挑战，并探讨数字化技术如何为天然气行业创造更安全、更可持续的未来，同时也将关注机遇，包括新能源整合、创新的业务模式和更高效的运营。这个研究旨在为天然气行业的决策制定者和从业者提供有价值的见解，以确保其在数字化时代取得成功。

2　数字化时代下的天然气行业概述

2.1　数字化趋势

数字化趋势在天然气行业中具有深远的影响。首先，随着智能计量、传感技术和物联网的广泛应用，我们可以实时监测和管理天然气供应链，提高了运营的效率和可视化程度。其次，大数据分析和人工智能的应用使得数据的处理和决策制定更加智能化，有助于更好地预测市场需求和优化供应。此外，区块链技术为交易和合同管理提供了更高的透明度和安全性，降低了潜在的纠纷风险。最后，可再生能源和电力系统的数字化整合为天然气行业提供了机遇，实现了更高程度的可持续性和能源多样化。这些数字化趋势不仅提供了更高的效率和安全性，还使天然气行业能够更好地适应不断变化的市场环境，创造更加可持续的未来。

2.2 天然气行业概览

天然气行业是能源行业中的关键组成部分，它涉及从勘探、开采、运输到分销、交付和消费的复杂供应链。在数字化时代，这一业务领域经历了显著的演变。天然气行业涉及勘探、开采、采购、储存、运输和最终供应天然气给工业、商业和家庭用户。数字化技术已经渗透到各个环节，包括供应链管理、计量、交易、安全监测和环境监控。

天然气行业的数字化转型为提高效率、降低成本、增强安全性和可持续性提供了新的机遇。智能计量系统、物联网传感器和大数据分析帮助企业实时监测供应情况，优化库存管理，降低漏气风险。同时，数字技术的应用也有助于提高交易透明度、确保合规性，促进可持续能源整合。

然而，这一数字化转型也伴随着挑战，包括数据隐私和安全性问题、技术成本以及员工培训。因此，深入研究数字化时代下的天然气行业安全性和可持续性问题变得至关重要。

3 安全性挑战

3.1 数字化引入的潜在风险

数字化引入的潜在风险在天然气行业中应予以重视。首先，网络安全威胁不断演进，包括恶意攻击、数据泄漏和勒索软件威胁，这可能导致数据丢失和商业中断。其次，依赖数字技术的天然气供应链可能受到供应链漏洞的威胁，如供应链中断、合同纠纷和数据篡改。此外，技术漏洞和系统错误可能导致运营事故，影响供应的连续性和安全性。这些安全问题对于数字化时代的天然气行业来说是紧迫的挑战，因此需要采取一系列综合性的解决方案。

3.2 安全性解决方案

在数字化时代下，确保天然气行业的安全性至关重要。以下是一些解决方案，以应对安全性挑战：

（1）安全可视化和智能巡检：引入安全可视化工具和智能巡检系统，用于监测关键设施（长、短输管道，城燃管道）和供应链节点，实时检测潜在威胁并采取相应行动。

（2）移动互联技术应用：利用移动应用程序和互联技术，使安全人员能够随时随地访问关键数据，并迅速响应突发情况。

（3）监测预警系统：建立监测系统，能够及时识别潜在的安全威胁，包括供应链问题和网络攻击。

（4）应急通信和应急指挥平台：构建应急通信和指挥平台，以确保在危机时刻的信息传递和决策制定更加高效和迅速。

（5）信息化平台和网络安全系统建设：投资于信息化平台和网络安全系统，以防范网络攻击、数据泄漏和勒索软件威胁。

（6）无人机、智能机器人、VR/AR技术：利用无人机、智能机器人和虚拟/增强现实技术，加强安全生产和应急救援。

通过采用这些综合性的安全性解决方案，数字化时代下的天然气行业可以更好地应对实际安全挑战，确保业务的稳定性和可持续性。

4　可持续性挑战与机遇

4.1　新能源与可持续性

在数字化时代下，新能源成为了天然气行业中的一个关键问题。随着气候变化和环境保护问题的突出，客户和政府对可再生能源的需求不断增加。为了应对这一挑战，天然气销售企业可以探索以下解决方案：

（1）整合可再生能源：将天然气与可再生能源如风能、太阳能相结合，以降低碳足迹，提高可持续性，并满足清洁能源需求。

（2）能源效率提升：通过数字技术监控和优化能源使用，减少浪费，提高能源效率。

（3）市场竞争优势：积极参与新能源市场竞争，推动创新的清洁能源解决方案。

4.2　可持续性挑战

可持续性问题对数字化时代的天然气行业产生了多重挑战。如何应对这些挑战是至关重要的。

（1）减排和环保需求：客户和监管机构对减排和环保要求的增加，需要企业采取措施来降低碳排放和减少环境影响。

（2）市场风险：能源市场的波动和价格波动，需要企业采用灵活的战略，以适应市场的不确定性。

（3）新技术竞争：新技术如可再生能源和电力系统的数字化整合，为天然气行业带来竞争，但也提供了整合新能源的机会。

4.3　可持续性机遇

数字化时代为天然气行业带来了众多可持续性机遇。

（1）数据驱动的效率提升：数字技术允许更精确的数据采集和监控，有助于提高能源效率，减少浪费，降低碳排放。

（2）可再生能源整合：数字化时代促进了可再生能源的整合和分配，增加了能源多样性，确保供应的稳定性。

（3）智能能源管理：智能能源管理和需求响应有助于优化能源供应，提高系统弹性，增强可持续性。

通过利用这些机遇，天然气行业可以在数字化时代下更好地实现经济和环境的双重可持续性目标。

5　数字化与可持续性的融合

5.1　数字技术解决实际问题

数字技术在可持续性方面解决了一系列实际问题，如下所示：

（1）能源效率提升问题：数字技术通过提供精确的监测和数据分析，帮助企业降低能源消耗和减少排放。然而，实际问题在于如何最大程度地利用这些技术来改善工业和商业用能的效率。企业需要制定能源管理计划，利用数据分析和智能传感器来识别能源浪费和低效率，然后采取措施来改进能源使用。

（2）环境保护挑战：虽然数字技术可以实时监测环境参数，但实际问题在于如何减少环境影响，例如降低废弃物产生和污染。企业需要采用智能监测系统，与环保标准和法规保持一致，并实施清洁生产方法，以降低对环境的负面影响。

（3）资源管理复杂性：数字技术可以优化资源管理，但实际问题在于如何处理复杂的资源供应链和多变的市场条件。企业需要建立高效的信息化平台，整合数据并利用大数据分析和人工智能来预测需求、优化供应链、减少资源浪费。

（4）可再生能源整合：数字化提供了更好整合可再生能源的机会，但实际问题在于如何实施这些整合，确保能源供应的可持续性。企业需要制定战略，考虑可再生能源的存储、分配和集成，以满足清洁能源需求。

5.2 持续改进与创新

持续改进与创新在数字化时代下的天然气行业中至关重要。通过不断改进业务流程和采用新技术，企业可以提高效率和安全性。创新包括探索新的可持续能源整合方式、智能监控系统和供应链优化方法，以适应市场变化和客户需求。持续改进和创新还涉及与新技术供应商和合作伙伴的合作，以共同开发解决方案。这种文化促进了可持续性，提高了企业的竞争力，为业务带来了更多机遇，同时也有助于解决挑战，确保业务的稳定性和可持续性。

6 结语

在数字化时代下，天然气行业面临着诸多安全性和可持续性挑战，但同时也蕴藏着巨大的机遇。安全性方面，网络攻击、数据隐私、供应链漏洞等威胁业务的稳定性，需要采取高级的安全策略和技术措施来保障数据和运营的安全性。可持续性问题，如气候变化和市场动态，也对业务产生影响，但同时也为整合可再生能源、提高能源效率等方面创造了机遇。

通过持续创新和改进，数字化时代下的天然气行业可以实现更高水平的可持续性和安全性。数字技术的应用帮助提高效率、降低成本、增强安全性，同时也使得可再生能源整合更为容易。因此，天然气企业应积极采纳新技术、建立强大的安全体系，同时也要关注市场趋势，以适应不断变化的环境。

总之，数字化时代为天然气行业带来了前所未有的机遇，但也伴随着新的挑战。通过综合性的安全性解决方案和可持续性策略，企业可以在这一时代实现稳健的增长，为可再生能源未来提供有力支持，同时也为可持续的未来做出贡献。

抓好“三个转变”提升应急管理水平

王永安

（中石油渤海钻探工程有限公司）

摘　要：应急处置预案、应急处置卡、应急演练三者相辅相成、互为依托，现场应急处置预案是“面”，是对突发事件处置全程的计划方案，在应对突发事件方面可根据实际情况及时做出调整；应急处置卡是“点”，它是以现场应急处置预案为基础，根据岗位操作规程及现场处置经验提炼出来的，需要现场岗位员工第一时间以最直接的方式、最快的动作进行的应急处置操作；应急演练是“线”，它是检验应急预案、应急处置卡是否具有科学性、针对性、实用性的重要方式，通过应急演练及时发现问题，经论证后对应急预案、应急处置卡再做修订，修订完成后，再演练论证，这是一个反复、严谨的过程。

关键词：应急预案；处置卡；演练；评估

近年来，在应急管理方面，公司秉持“第一时间、第一现场、第一处置”的现场应急处置原则，坚持“点、面、线”相结合，丰富应急工作载体，大力提高基层员工的应急反应能力。以应急处置卡推广应用为重点，以现场应急预案为基础面，以应急演练为主线，强化应急演练，抓好应急培训，培养基层员工具有主观能动性的应急意识。

1　应急预案由“有”到“优”的转变

应急预案是全面加强应急管理工作的重要基础，对突发事件应对工作起到了重要的引领和推动作用。应急预案的功能定位应侧重针对性、实用性、操作性，即按照“看得懂、记得住、学得会、用得上”的要求，明确突发事件事前、事发、事中、事后的各个环节谁来做、怎样做、做什么、何时做、何地做、用什么资源做等具体操作问题，为处置突发事件提供具体明确的程序和依据。

目前，随着实践的进一步深入，预案不实用、不管用、不好用的问题日益凸显，宏观化、空心化是当前应急预案的一个突出问题。大而全、大而空，脱离具体场景泛泛而谈，原则性规定多、具体行动方案少，造成针对性和可操作性不强。如何尽快实现从“有”到“优”的转化，提高预案的针对性、操作性和实用性，让预案关键时刻能派上用场，主要注意以下三个方面。

1.1　积极做好危害辨识与风险评价

应急预案是针对可能发生的重大突发事件，为保证迅速、有序、有效地开展应急救援行动而预先制定的计划方案。应急预案主要基于“未雨绸缪”，防患于未然，对可能发生的突发事件做到超前思考、超前谋划、超前化解。由此看来，应急预案核心是“预防”，而做好“预防”的关键是危害辨识与风险评价，危害辨识与风险评价也是确定应急范围和对象的最基础工作。应急预案编制前扎扎实实全面做好危害辨识与风险评价，才能确切提高应急预案的针对性。

1.2 坚决杜绝应急预案编制模板化

编制程序关系到应急预案的科学性。以“情景-任务-能力”为技术路线，以风险评估的结果为出发点，强调突发事件情景构建和描述的先导作用，是当前国际上普遍采用的应急预案编制程序。统一模板的自上而下强力推动的模式，不可避免地出现标准化的模板不适应差异化的属地情形的问题。这种自上到下“一竿子插到底”的集中动员模式，具有快速执行的组织动员优势。在统一模板被层层复制、扩展下移的过程中，造成各单位根据上级所下发的标准化模板的内容规定和格式要求“照猫画虎”、“依葫芦画瓢”，在短时间内迅速编制完成应急预案。不过，在自上而下快速“复制”的过程中，不可避免导致应急预案千篇一律，“上下一般粗、左右一样平”，相互之间机械重复，照搬照抄，结合实际不够，预案文本不符合本单位的突发事件情景，在框架结构、内容要素、具体文本等方面存在高度雷同甚至相互抄袭的情况。

1.3 坚决避免应急预案的内部化

“评估走形式、公开是例外、保密是原则”，是当前应急预案管理中存在的一个突出问题。这使得预案编制和管理有时成为“自弹自唱”、“自娱自乐”的事项。一方面，预案编制和管理“闭门造车”，在实践中异化为由少数不完全深入了解突发事件应对实际工作的人员，关起门来的“拍脑袋”决策活动。另一方面，预案成为“镜中花、水中月”，有些单位制定预案后将其列为机密而束之高阁。由于缺乏公开宣传和普及教育，预案无法入耳、入脑、入心，大家不了解预案的基本情况，导致突发事件发生后临阵磨枪，无法按照事先制定的预案“照章办事”。

2 应急演练由“演”到“练”的变化

演练是验证应急预案的适用性，检验应急管理人员突发事件应对能力，发现应急预案中存在的问题并持续改进的重要手段。按目的与作用划分，应急演练按照演练内容分为综合演练和单项演练，按照演练形式分为现场演练和桌面演练，不同类型的演练可相互组合。应急预案体系都应遵循“未经演练的预案其效果是大打折扣的预案”、“平时是练兵打仗、战时是打仗练兵”的理念，通过重点开展应急演练，加强演练评估，边演练边整改，不断提高预案质量。

目前，应急演练形式化的倾向比较严重，演练不以发现问题为导向，不以完善预案为目的，而是根据事先策划好的脚本按部就班完成“规定动作”，未能充分考虑突发事件发生后各种不确定的动态演进情景。在演练实施中，参演单位和人员“演”的成分居多，走形式，走过场，组织工作不周密、预案执行不严肃，没有按照正确的演练程序操作，场面轰轰烈烈，结果都是“取得了圆满成功”，未能起到发现问题、改进工作、提高能力的效果。要改变“重表演轻练习、重数量轻质量、重展示成效轻发现问题”的现象主要注意以下四个方面。

2.1 注重应急演练针对性

要根据各单位的性质特点、季节特点等情况开展不同类别的应急演练活动，不同单位、不同季节应急演练各有侧重点，例如：钻探企业主要是做好井喷突发事件应急演练、炼化企业主要是做好爆炸着火突发事件应急演练等等；而夏季要组织好防汛、防泥石流等地质灾害的应急演练，冬季搞好防冻、防雾、防滑应急演练等等。不能人家搞撤离演练你也搞撤离，人家搞灭火演练你也搞灭火，千篇一律、敷衍应付。必须从实际出发，有针对性地开展应急演练，才能取得良好的效果。

2.2 注重应急演练实效性

真正的应急演练应以检验性演练和研究性演练为主，以示范性为辅，“演练结合，重练轻演，以练为主，以练促改”，“平时多流汗，战时少流泪”，真正发挥应急演练查找薄弱环节、总结经验教训、改进应急管理工作的目的。首先是验预案，通过应急演练反复论证、修改应急预案，最终形成科学性的预案体系；其次练配合，搞好单位内部的协调配合，检查所有参与演练人员及时到达指定地点和安全撤离情况、应急物资设备储备、有效情况以及各单位、部门之间衔接问题，防止动作脱节、出现失误。还要搞好与外部依托资源的协调配合，努力做到一旦发生事故互通有无，相互补充，共同应对。

2.3 注重应急演练评估

对应急演练活动要及时进行总结，通过演练检验预案的科学性和可操作性，对每一个环节进行认真分析，找出问题和不足，进一步修订完善应急预案，提高实际应急反应能力。如果缺少评估，演练是不完全的，效果也将大打折扣。

2.4 注重应急演练长效机制

要建立应急演练的长效机制，首先落实承办部门和人员责任机制，按照规定要求，按时组织演练活动。不能因为上级催得紧就演练一次，上级抓得不紧就不演练。其次要把应急演练当作一项日常的工作来安排，成为企业、员工的自觉行动，切实做到有备无患。

3 应急处置卡推广由“一队一案”到“一人一卡”的转变

《中华人民共和国突发事件应对法》的基本精神就是重在预防，关口前移，防患于未然，从制度上预防突发事件的发生，及时消除风险隐患。所谓“关口前移”就是把安全生产把关的关口提升至基层一线，从安全事故的起始点把控，引起基层一线的重视。按照国家安监总局在《企业安全生产应急管理九条规定》的要求，应急处置卡的编制推广工作也恰恰是体现“关口前移”的初衷，应急处置卡编制原则上要简明、科学、实用、易行，领导不但要重视，基层员工全面参与才是关键，避免出现“编的不用，用的不编”的现象。

以往，基层队站都有相应的现场应急处置预案，并且都能有计划地进行实战应急演练，各类应急培训也穿插进行，但是长时间固定模式，基层员工很容易产生懈怠和消极心理。这种现象其实就是应急工作环节缺失，应急处置卡是对这种缺失的及时弥补。应急处置卡操作性、针对性强，处置流程简明的特点，让现场岗位员工“看得懂、记得住、做得好”，是提高现场岗位员工“第一时间，第一现场”应急处置能力的重要抓手。主要体现在以下三个方面。

3.1 有利于培养员工自觉学习的习惯

应急处置卡内容简洁，程序清晰，要点突出，注意事项明确，便于携带，所以各单位可以结合实际，学习方式更加灵活，更适合员工掌握现场处置知识。

3.2 有利于完善风险评估机制

风险是动态的，也是随着作业环境不断变化的。在应急处置卡编制过程中，通过发动全体岗位员工风险再识别，新发现了一些风险危害。这种全员参与机制，对于加强风险识别，及时发现问题将起到举足轻重作用。

3.3 有利于增强应急演练的实效性

通过应急处置卡推广应用，各单位将对基层员工进一步加大应急处置卡的演练力度，使应急处置卡中的应急程序尽快变成员工应急处置的习惯性动作，不断提高岗位员工第一时间应急处置能力。同时，对于演练中发现的突出问题，论证后及时修订，并持续改进。对基层应急演练起到了有力助推作用。

综上所述，应急处置预案、应急处置卡、应急演练三者相辅相成、互为依托，现场应急处置预案是“面”，是对突发事件处置全程的计划方案，在应对突发事件方面可根据实际情况及时做出调整；应急处置卡是“点”，它是以现场应急处置预案为基础，根据岗位操作规程及现场处置经验提炼出来的，需要现场岗位员工第一时间以最直接的方式、最快的动作进行的应急处置操作；应急演练是“线”，它是检验应急预案、应急处置卡是否具有科学性、针对性、实用性的重要方式，通过应急演练及时发现问题，经论证后对应急预案、应急处置卡再做修订，修订完成后，再演练论证，这是一个反复、严谨的过程。应急管理工作可以说“路漫漫其修远兮”，永无止境，随着应急新技术、新装备的发展，我们更应该“上下而求索”，创新应急管理方式，不断适应新时代新要求，始终站在相关领域的前沿，沿着这条没有尽头的道路一直走下去。

参 考 文 献

[1] 杨正波. 浅谈如何加强安全生产应急能力建设[J]. 中国安全生产，2021(12).

[2] 张威. 如何科学的开展企业应急演练工作[J]. 现代经济信息，2019(14).

[3] 龚维斌. 科学编制和演练应急预案是有效应对突发事件的关键[J]. 中国党政干部论坛，2017(05).

[4] 吴晓涛. 中国突发事件应急预案研究现状与展望[J]. 管理学刊，2014(01).

【作者简介】王永安，男，1988 年 12 月生，中石油渤海钻探工程有限公司工作，工程师职称，硕士研究生学历，主要从事生产应急及市场管理相关工作，电话：15898958550，邮箱：wyongan@ cnpc. com. cn。

新疆油田稠油井井控风险预防及控制技术

陈 波 周 华 秦本良 邓晓亮 贾 浩

(中国石油新疆油田分公司)

摘 要：稠油油藏开发以热采工艺为主流技术，我国发现的稠油油藏分布广、类型多、埋藏深度变化大，主要储层为砂岩，近年来稠油开采技术发展迅速，在胜利、辽河、河南、大港、新疆等油田形成生产基地，产油量逐年提高，已成为世界稠油生产的主要国家之一。

稠油热采目前形成了以蒸汽吞吐、蒸汽驱、SAGD、VHSD/HHSD 驱泄复合、火驱等代表的技术框架。然而，随着热采技术的进步发展，带来良好经济效益的同时也带来了诸多井控风险，导致事故事件的发生，打乱了正常生产秩序，因此，务必加强井控风险预防与控制能力，以保障热采井开发过程中的井控安全。

关键词：稠油；井控风险；热采；蒸汽预防；控制；井控风险预防

1 新疆油田稠油概况及井控风险特点

新疆油田稠油资源丰富，储量高达 12 亿吨，稠油产量占比达到 33.2%，分布于准噶尔盆地一区至九区和红山嘴、百口泉、风城等 6 个油田，开采工艺历经稠油吞吐、SAGD、薄层驱泄复合驱及火驱先导试验等阶段，基本涵盖国内外各项稠油开采技术。

新疆稠油具有“三高四低”的特点，埋深浅(基本在 120～620m)，注入蒸汽平均温度 260～300℃，平均油气比 0.18，具有热采高能化的特点，井口温度高、蒸汽释放快，井控应急反应时间短；且容易次生 H_2S 等有毒有害气体。

稠油注入的蒸汽在满足压力的条件时，蒸汽的干度要尽可能高。由于蒸汽的比容比饱和水大得多，干度越高，蒸汽的比热容越大。比如在 7.0MPa 压力下，80%干度的蒸汽体积是饱和水(干度为零)体积的 22.6 倍，如果压力降为 5.0MPa，则变为 32.4 倍，蒸汽温度高，且膨胀迅速。

新疆油田共部署 3 个 SAGD 试验区，107 个井组，垂深 185～489m，注采井距 4.84～6.1m，由内到外具有蒸汽腔、流体带、冷油带等三层结构，具有 2 个井控风险：

(1) 高压汽腔：由于注采井距近，又使用对储层扩容及氮气辅助 SAGD 等技术，使注汽量大幅上升，SAGD 试验区局部已存在异常高温高压汽腔。

(2) 汽窜：受长期高温工况影响，筛管悬挂器已出现密封件失效，容易导致汽窜。由于新疆油田稠油、稀油交错分布，注入蒸汽还存在窜入稀油井的井控风险。

2010 年，火驱重力泄油技术(THAI)在新疆油田风城及采油一厂先导试验，采用直井与水平井组合井网模式，直井注入空气超覆燃烧、高温改质，故而存在氧气混入造成井口爆炸及产生次生 CO、H_2S 等有毒有害气体。

稠油井在生产过程中典型事件：

热采井井口腐蚀刺漏，主要原因：(1)多次注汽使井口装置反复经历热胀冷缩，应力受到破坏；(2)蒸汽水腐蚀装置内部钢体(图1)。

图1

井口表套爆裂，主要原因：套管头羊角阀遇堵，导致在注汽过程中表层套管和油层套管环空内的液体受热膨胀增压，井口表层套管发生爆裂(图2)。

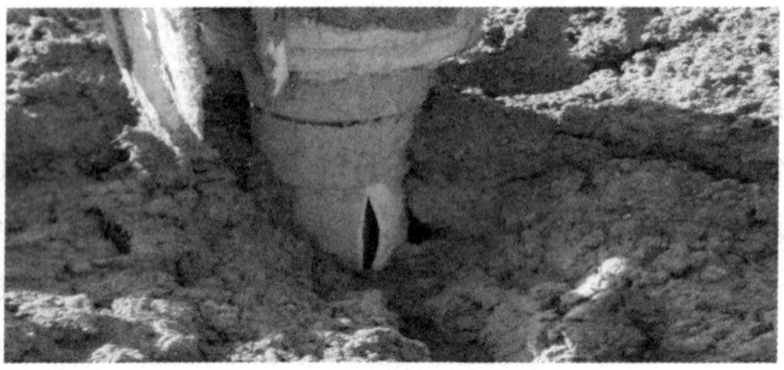

图2

蒸汽刺漏、蒸汽窜，主要原因：长期注蒸汽导致本井与邻井井温、压力升高，减少井口装置正常使用寿命(图3)。

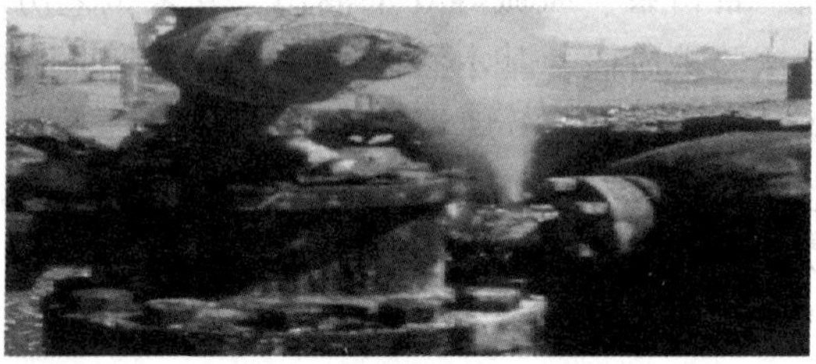

图3

结合上述对新疆油田稠油区块分布、油品性质、注入蒸汽及开采工艺特性的井控风险分析，可以发现稠油井具有温度高、黏度大、注入蒸汽压力释放快，且存在有毒有害气体。为加强这类井控风险防控，开展稠油井控相关关键技术研究。

2 稠油井井控预防及控制技术

2.1 井下温压监测技术

将电缆预制进入连续油管中，再将连续油管连同电缆一起下入井内，是实现对井下温度、压力进行实时监测的主流技术。通过这一技术可监测稠油生产水平井水平段多点温度和压力，可准确了解周围汽驱井井下蒸汽运动方向和推进速度、蒸汽突破位置，为分析水平井地层供液能力、调整注汽井网、合理制定生产制度提供了有力的依据，对稠油井新技术的开发起到重要的指导作用。

2.1.1　工艺实现

使用连续油管设备将测试电缆预置进入连续油管内部，再将预置有测试电缆的连续油管通过连续油管设备下入稠油井底部，从而实现对稠油井井内压力、温度的监测。

2.1.2　实施效果

该技术在井口有效的密封装置、压力可控的前提下，平稳运行 1095 天，保障 1500 多个测温点测试成功率 98.7%。监测数据在循环预热连通判断，对超温超压预警后，立即调整注采参数，确保监测区域井控安全处于受控状态。

2.2　井口控制技术——井口装置

稠油井口装置长期处于高温高压工况下运行，工作介质复杂、多变，存在大气腐蚀、介质腐蚀、蒸汽结垢等风险。另外，为满足工艺要求，如 SAGD 井口装置结构特殊、与常规采油气井口装置有很大的不同。因而针对工作环境优化井口装置材质和结构，是保障稠油井口质量和长期稳定服役的关键。

2.2.1　工艺实现

为提高井口装置承压本体可靠性和抗冲蚀能力，设计制造采用全锻造结构的本体材料，提高了装置的稳定性和可靠性。

在油管头装置的组合设计方面，采用多级油管头装置的组合方式，使油、套环空和各管柱环空均可作为返液通道，满足了特殊注汽工艺对井口装置需设计返液通道的要求。同时各级油管头的油管悬挂设计为芯轴式油管悬挂结构，能够实现各级管柱环空的密封，通过金属密封、非金属防护的双垫环结构设计，实现油管悬挂的可靠密封并对后期维护作业的端部连接和密封做好防护(图 4)。

同时将油管头装置设计为芯轴式油管悬挂结构，采用主、颈双金属密封和非金属材料辅助密封结构，通过顶丝锁紧机构和管柱自重共同激发密封，解决长期高温、高压工况下芯轴式油管悬挂结构在油管头的密封问题(图 5)。

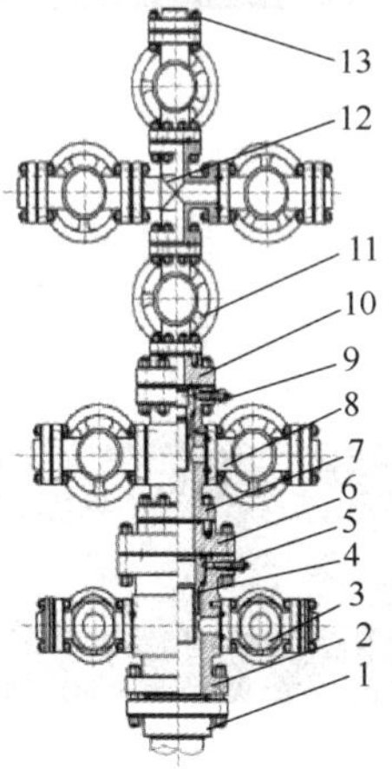

图 4

1—套管法兰组件；2—1 级油管头四通；3—套管闸阀；4—1 级管油管；5—顶丝锁紧机构；6—一级油管头异径接头；7—二级油管头四通；8—二级套管闸阀；9—二级油管悬挂器；10—二级油管头异径接头；11—主控闸阀；12—小四通；13—顶部连接法兰

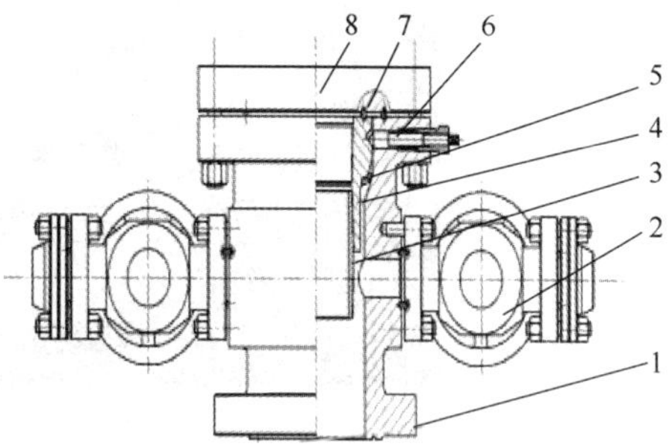

图 5

1—油管头四通；2—套管闸阀；3—油管挂短接；4—油管悬挂器；5—主密封环；6—顶丝锁紧机构；7—颈部密封环；8—油管头异径接头

2.2.2 实施效果

优化设计后的井口在投入使用273天无损坏现象，满足在长期注汽条件下耐温300℃，耐压14MPa，长效密封、操作方便、安全可靠的要求。

2.3 冷冻暂堵技术——更换井口装置

冷冻暂堵带压更换技术是指在井口带压条件下，向需要压力隔离的位置注入暂堵剂，通过冷冻介质(通常为干冰)低温冷冻形成暂堵桥塞隔离压力，实现安全、可控更换井口装置的技术。可缩短作业周期又能节约成本，同时，由于该作业方式不使用压井液，避免了对地面环境的污染，符合HSE的要求，符合可持续发展油气资源战略。

2.3.1 工艺实现

冷冻暂堵工艺技术，是利用特殊的设备、工具，将暂堵剂注入需要隔离的位置，通过冷冻介质低温冷冻形成冷冻暂堵桥塞隔离压力，达到更换井口装置的目的，该技术可用于更换井口、处理管柱憋压或其他需要压力隔离的工况。目前技术现状：①作业环境温度-35-50℃范围；②能够实施环空、管柱内同时封堵；③现场最高暂堵压力达70MPa；④解堵方便，解冻后，通过加热或自然升温解堵，排出暂堵剂。

2.3.2 实施效果

从2013年开始，理论研究结合试验，不断开展技术攻关，依靠技术创新，将应用领域从气井隐患治理，到油、水井、火驱井、拓展SAGD井等，从单一的更换闸阀，推广到更换光杆、盘根盒、全套注气井口、防喷器等等，截至目前，完成293井次以上。

2.4 情景构建——自主研制井喷仿真模拟培训系统

为培养"井控明白人"，提升井控能力和意识，自主研发井喷仿真模拟培训系统，其技术思路高度还原油气井井喷及着火，模拟井涌、溢流、井喷、天然气失控、原油天然气着火状态，研究形成了井喷模拟、着火和安全控制三大核心系统(图6)。

图6

2.4.1 工艺实现

造喷系统：主要由水泵、环保染料管线、文丘里混合器、液压阀门、蒸汽发生器、混合井口等组成，形成安全可控、稳定持续的井喷模拟技术，可展示井涌、井口溢流、井喷状态，可真实模拟井口多介质、多工况井喷状态。

点火系统：主要由燃烧器、风机、燃气管路系统组成，可调节周向旋转火炬及中心火炬大小形状，完善井喷着火演练过程中无明火、火焰范围及高度小、火焰假难题；可模拟井口快速着火状态，并可调节井口火焰大小，燃气管路设有切断、防回火、检漏等功能，安全可控。

安全控制系统：是造喷、点火、燃气管路等系统的指挥中心和联络中心，可实现井口造喷着火模拟系统实时远程操作、状态实时显示、系统安全连锁、紧急启停、远程预警等功能，保证安全可控(图7)。

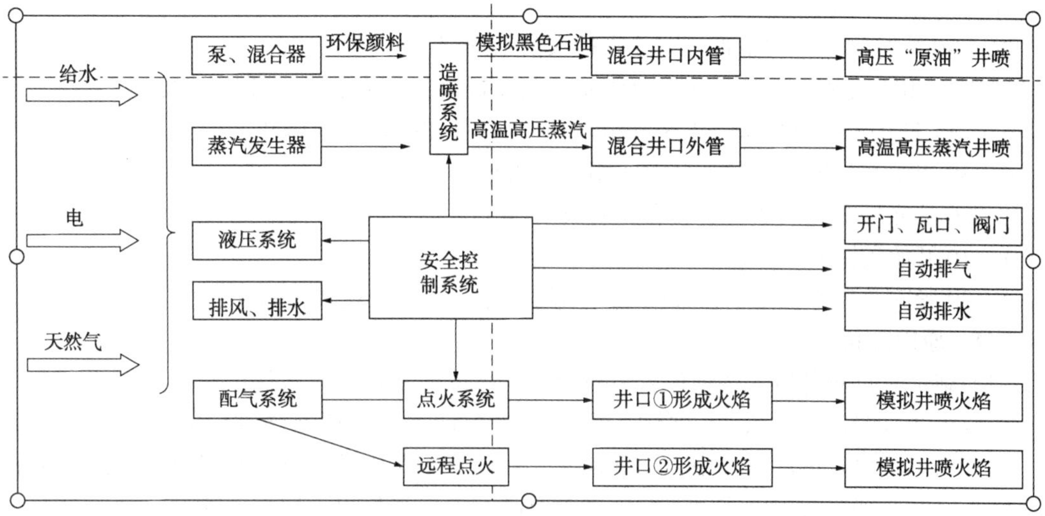

图 7

2.4.2 实施效果

系统具备实时预警、多介质多井况造喷、远程可控点火、自动控制等多项功能。系统安全可靠，可实现险情报警、多系统联动、安全连锁、远程控制、紧急启停。可真实模拟井口溢流、井涌、井喷、着火等井口及周边失控着火全过程，达到良好的训练效果。

3 案例——SAGD 生产井冷冻暂堵更换光杆井喷事件

3.1 基本情况

该井是某区块 SAGD 井区水平生产井，由某公司冷冻班组于 2017 年 5 月冷冻暂堵更换光杆施工。本井人工井底 859.77m，垂深 287.61m，最大井斜角 91.2°。井口压力套管、主管、副管压力 5MPa，5 月 12 日上午上修后该井停注，关井井底温度 223℃。

本次修井作业更换原井光杆、注脂盘根盒，恢复油井正常生产。

3.2 事件经过

5 月 12 日 16：00 清水 20m^3 反洗井，主管未见清水返出，从主管挤注清水，泵压 10MPa，挤不进去，停泵。

5 月 13 日 9：45 注入管线试压 10MPa 合格，分别向套管挤入冻胶 200L，挤入压力 5MPa；向主管挤入冻胶 80L，挤入压力 10MPa。每隔 1h 加入干冰及乙醇开始冷冻，累计进入干冰 280kg，乙醇 40L。

15：00 井口四通试压 10MPa，试压合格；主管试压 14MPa，试压合格。套管及主管，负压测试 30min，合格。

16：00 拆除三通下法兰螺栓及注脂盒、盘根盒，期间加入干冰 30kg，乙醇 5L；

16：30 尝试拆除光杆防脱器接箍，扣紧无法拆卸，期间加入干冰 30kg，乙醇 5L。

17：30 使用氧乙炔焊烘烤光杆防脱器接箍 30min，卸扣成功。

18：00 安装新光杆、三通完，期间加入干冰 30kg，乙醇 5L。

18：25 冻胶、油汽混合物从三通上部溢出，喷势迅速增大，井口失控。

3.3 处置过程

5 月 13 日 19：30，接到险情，组织 700 型 2 部，$30m^3$ 清水罐 7 部，备密度 $1.8g/cm^3$ 泥浆罐车 4 部合计 $90m^3$。

20：30 同时从套管和副管，向井内挤入清水降温。

21：20 组织人员进行第一次抢座注脂盒和盘根盒，未成功，继续用清水降温。

5 月 14 日 0：00 用 $90m^3$、$1.8g/cm^3$ 泥浆从套管和副管注入压井。

0：30 组织人员成功拆除光杆上注脂盒和盘根盒。

1：00 从光杆上套入油管短接和旋塞成功。

1：10 开始紧固井口螺栓。

1：30 紧固井口螺栓完毕，关闭主管闸门，井口受控，观察 30min，井口无刺漏。

3.4 原因分析

（1）施工时只对井口大四通位置进行冷冻，冷冻段塞短，无法保证套管头部位冷冻，且试压部位为井口四通，无法对套管环空试压，井口四通冷冻段塞强度仅能通过负压测试验证。在使用氧乙炔焊烘烤过程中，冷冻段塞受井内热量及外部热量同时双向作用，加速了解冻速度，致使上部连接未完成时，井内冻胶及高温油、汽喷出，发生井喷。

（2）该井转抽后，一直注汽，时间长，汽腔能量充足，上修时油套压力均为 5MPa，上修当天才停注，压力高，停注时间短，造成上修作业时井内温度较高，井筒内依然是高温高压蒸汽。井筒内传热速度大于冷冻剂降温速度，冷冻持续时间内完不成更换作业，最终导致井喷发生。

（3）该井主管下部为泵筒，无法正循环或正挤，注冻胶时压缩主管内高温高压气体，气体窜入冷冻段塞中，造成冷冻段塞不连续，强度减弱，致使解冻时间缩短。

（4）该井无法正循环洗井降温，反循环洗井井口未见液就停止洗井，未持续泵注清水降温，同时未监测井底压力及温度变化趋势，未预判到高温高压对冷冻造成的不利影响。

3.5 取得的经验

（1）SAGD 井冷冻暂堵作业前一定要停注，清水降温降压，达到 A 点温度降至 110～120℃、井口压力降至 1.3～1.5MPa。具备条件的要求 500m 范围内注汽井提前 7 天关井停注。无法满足 500m 范围内停注则要求施工井停注，监测井底压力及温度变化趋势，如波动不明显，则降温降压达到要求即可。

（2）施工工艺方案必须确保施工全程井控受控，达不到全程井控受控条件的，坚决不能施工。

（3）冷冻完成后，井口已经割开或拆卸的，如管杆卸扣困难无法卸开的，不允许使用氧乙炔焊烘烤，应直接采取相应措施恢复井口，避免井口失控。

（4）应急处置要遵循降温降压，引流抢装原则。

4 结语

稠油片区长期注蒸汽的开采方式，造成地下积攒了大量的蒸汽储能，发生井喷时，井口除有油气外，还有大量的高温蒸汽，大幅增加了处置难度。因而稠油片区井控防范工作，以及出现井口装置损坏后的及时控制工作显得极为重要，在生产作业中要注重以下几点：

（1）由于多次注蒸汽使井口装置反复经历热胀冷缩，应力受到破坏，加之蒸汽水的腐蚀，造成稠油井口易发生损坏，需要定期维护、检测以及更换性能不符合要求的经口装置。

（2）入井工具采用耐高温材质，尤其是射孔枪的选用，避免枪身在井内遇高温意外引爆造成井喷事件。

（3）持续开展冷冻技术研究，目前冷冻技术虽然较正常更换井口作业时间大幅减少，但使用干冰形成隔离冻层用时长，若使用液氮配套可操作性的控温装备，可以使冷冻作业更为高效、处置更加迅速。

（4）丰富情景构建内容，稠油井场布置较为复杂，井场周围管线多、受限因素多，除井口、井筒演练演练外，同时加强进入特殊井场布置演练，做到任何现场出现险情时，人员、设备能在第一时间到达处置。

参 考 文 献

[1] 庞德新，杨文新，郭新维，等. 连续油管作业技术实践[M]. 北京：石油工业出版社，2020.

[2] 庞德新，油田超稠油高效开采技术装备研制与应用[M]. 新疆维吾尔自治区，中国石油新疆油田分公司，2015-06-10.

[3] 申玉壮，高亮，庞德新. SAGD 注汽井口装置[P]. CN207905777U，2018-09-25.

[4] 申玉壮，高亮，庞德新. SAGD 生产井口装置[P]. CN207905776U，2018-09-25.

[5] 高亮，王海涛，庞德新. 管中管稠油注汽井口装置[P]. ZL201310387328. 9，2016-07-20.

[6] 孔珑. 工程流体力学：第 2 版[M]. 北京：水力电力出版社，1992.

[7] 唐汝均. 机械工程材料测试手册[M]. 沈阳：辽宁科学技术出版社，1999. 262-263.

[8] 高亮，王海涛. 一种 SAGD 注采井口装置的研究与应用[J]. 新疆石油天然气. 2016，12(02)，74-75.

[9] 高亮，王海涛. 一种 SAGD 注采井口装置的研究与应用[J]. 新疆石油天然气. 2016，12(02)，74-75.

【作者简介】邓晓亮，新疆油田分公司应急抢险救援中心，电话：15999391887，邮箱：xiaoliang_0212@ 126. com。

煤层气企业安全生产管理评价体系研究

吴 迪[1] 刘 展[2] 王 飞[1] 王 濮[1]

（1. 中石油煤层气有限责任公司；2. 中国石油华北油田公司）

摘 要： 煤层气的快速开发给安全生产带来了极大的挑战，由于开采设备老化、自动化程度较低、人员素质和安全意识不强、环境保护意识差等安全现状，安全事故时有发生。本文根据煤层气开采安全现状研究分析煤层气企业安全生产管理评价体系，剖析安全生产管理评价体系的组成要素、各要素的意义，制定出一套适合煤层气开采行业特点的安全生产管理评价体系，对某煤层气开采企业安全生产管理提供指导决策依据，确保安全生产风险控制在合理可行范围。

关键词： 煤层气；安全生产；管理评价体系

1 引言

煤层气作为一个新兴行业，目前正以前所未有的速度发展，研究发现，煤层气行业2021年的工作量大大超过了过去五年的工作量。但随着煤层气面临较为严峻的安全环境形势，分析比较表明，煤层气生产企业迫切需要一套有效的安全生产管理体系。本文通过对煤层气安全形势的分析、问题对比、原因分析，借助安全生产管理系统，旨在通过系统指导和有效保护，建立适合煤层气行业的安全生产管理评价体系，减少煤层气生产企业事故发生率，规范煤层气生产企业管理的方方面面。

2 安全生产管理评价体系

安全生产管理评价体系(简称安全管理体系)是在新形势、新环境下，指导现代企业安全综合管理模式，目前应用最广泛的一种制度，它要求企业不断改善企业的安全生产条件，要向安全生产技术和设备过渡，注重安全生产过程中人的基本控制因素，广泛应用于各行业，安全管理也适用于油气、煤炭等能源密集型行业，对指导科学规范、标准化的安全管理模式，为企业安全生产管理打下坚实基础具有重要意义。

2.1 体系的基本要素

安全生产管理评价体系的主要内容：

(1) 安全和环境政策

准则须经企业总经理批准，并包括总经理和管理层对“遵守法律法规”、“遵守规则”、“管理人员责任”“过程控制”和“持续改进”的承诺。

(2) 预防措施

识别危害，识别危害和有害因素，识别风险，改变危险程度，危害和有害因素。动态变化是指当工作场所的某一因素发生变化时，企业必须为雇员提供再培训，以查明风险和有害因素的来源。

（3）法律、法规和其他要求

企业全体职工必须严格遵守现行法律法规和规章制度，必须遵守企业的行业标准、经营规程、有关制度、规章制度和标准。

（4）目标

系统的目标应该是可以量化的，符合企业的实际情况，并且可以通过一定的努力来实现。

（5）安全及环境管理计划

根据企业管理现状和行业特点，安全环保计划必须符合企业的所有实际情况，管理计划必须包含必要的内容，如工作职责、管理程序、组织结构等。

（6）理事机构和职责

企业负责人应当指定一名管理人员代表，具体负责企业安全工作，即组织制度的建立和实施、实施过程的监督和控制以及实施结果的评估和改进。一定比例的工作人员代表应当参与安全生产管理评价体系的设计、完善、协商和沟通。

（7）培训、宣传和能力

培训的目的，是通过提高安全意识，确保员工在安全的环境下工作，符合安全程序和程序，从而确保安全。培训内容包括工人资格、工作所需的知识和技能、安全生产、环境保护和职业健康等。

（8）文件和数据控制

文件及数据管制的目的，是通过搜寻、联络、培训等方式，确保每名员工都可查阅操作手册及工作程序，以及作为最新文件公布的政策及文件，以供下载及发表。

（9）应急和恢复

（a）查明潜在的紧急情况；（b）根据风险分析，对各种紧急情况作出反应。企业在发生突发事件时，应在不同层面采取应变措施，避免和防止事故和资源浪费。

（10）业绩评估、监测和监督

通过业绩评估、记录、分析和监测过程的各个环节以及确保结果，对结果进行监测。

（11）重复

审计是企业的内部审计。企业每年或在规定期限内根据系统要求进行内部审计，更新系统、管理程序、系统规范和公司标准。通过企业内部审计，可以使系统和管理程序更适应企业的实际，并在执行方面更有效。

（12）管理评价

在“不断改进”的要求下，管理评价不符合公司制度和管理程序的要求。通过与其他监管机构、其他企业或政府合作，或聘请外部专家解决企业系统和管理过程中的安全生产过程问题，企业的安全管理水平不断提高。通过管理评价不断完善管理体系和过程。

2.2 体系应用

安全管理体系起源于美国石油工业，应用于石油工业。随着石油工业的不断完善，一套较为完备的科学管理体系正在逐步形成。中国很晚才开始关注安全生产和安全管理。行业已经建立了自己的安全生产管理体系。由于这一制度的不断完善，我国各行业的安全水平明显下降。中国煤层气行业是近年来新兴产业。随着国家支持的增加，发展强度也呈指数级增长，这是一个增长期。因此，煤层气工业体系不如中石油、石化、煤炭工业体系完善，缺乏系统化和制度化。

虽然每个行业的安全生产监管制度在内容和表述上略有不同，但它们体现了一种安全管理体系的理念，即管理系统的所有要素都与管理的原则和目标、管理过程和模式、风险源的识别相联系，风险评估、风险控制、管理评估、环境因素等。随着各行业制度的进一步完善，安全环境体系对我国各行业以及煤层气、煤层气行业的安全生产将具有较大的指导意义和实践意义。相信这一制度的建立和运用，通过不断完善的评价管理，将在煤层气行业牢固扎根，为煤层气生产企业保驾护航。

3 煤层气安全生产管理评价体系的建立

为规范煤层气生产管理流程，有效保障安全生产，降低风险和事故发生率，项目公司根据我的建议，成立工作组，深入分析隐患和事故情况，着手建立行业和企业安全管理体系。

3.1 系统组成

煤层气安全管理体系的构成是参照职业安全健康管理体系的 10 项基本内容，主要包括：(1)组织结构、职能、资源和文件控制；(2)风险评估和风险管理；(3)管理承包商和供应商；(4)装置(设施和设备)的设计和施工；(5)操作控制：(6)变更管理和应急管理；(7)控制、控制和管理；(8)事故处理、总结和预防；(9)内部审计、审查；(10)持续改进。

3.2 体系应用

建立煤层气行业安全生产管理评价体系，必须在实际生产中加以检验和完善。在某煤层气行业公司的应用降低了事故率，并在安全生产方面取得了一定的优势。主要用途如下：

(1) 实现年度目标

在制度和各项规范性文件的指导下，公司实现了年度目标，即：整体事故零起、一般火灾零起、B 型及以上事故零起、K 型生产事故零起。环境污染和生态破坏总体及以上为零，职业病为零。

(2) 改进系统、文件和数据管理

根据所设计的安全生产管理体系的要求，某煤层气公司与其他煤层气生产企业相比，建立了更加完整、系统的文件数据管理体系。建筑数据等。其他从文件管理的角度出发，保证了现场施工安全和良好的环境保护 .

(3) 确定风险来源，识别环境因素，识别职业风险，评估现场安全风险

根据系统要求，严格按照公司制定的年度计划，公司要求每个业务部门对其业务范围内的工程每月至少进行一次全面检查，每季度至少检查一次。此外，亦规定至少每季度为辖区内所有职业组别进行一次风险来源、环境因素及与职业有关的风险因素鉴定活动。

(4) 签署和执行人身安全承诺和行动计划

公司根据煤层气行业要求，先后签订人身安全承诺书和行动计划，并按计划督促落实，形成了逐级监督、线性负责的管理模式。煤层气公司签署人身安全承诺和行动计划，使安全目标完全分解。通过对所有工作人员进行审查和实施人身安全行动计划，基本上实现了目标和计划。

(5) 推行考绩及薪酬制度

根据该制度建立的绩效考核体系正式纳入公司绩效考核和薪酬体系。然后，为了提高工作效率和绩效，薪酬改革提供了将绩效考核正式纳入企业绩效考核和薪酬体系的机会。这次考试提高了员工的积极性，规范了公司的管理，取得了良好的效果。

(6) 培训所有人员

根据煤层气和煤层气行业的要求，结合个人安全行动计划，各公司和部门制定了年度和每月安全培训计划。从安全生产法、行业规范和企业标准，从识别主要风险源到安全风险评估，从职业风险到环境保护，培训和活动贯穿各个层面、全过程、全方位，安全生产月趣味问答具体活动进一步提高了全体人员的安全意识。

(7) 加强应急管理能力

加强紧急情况管理的能力，即在紧急情况发生时加强紧急情况管理的能力。E. 其他事项根据系统要求，一家煤层气行业行业公司完善了应急预报，增加了台式和实践应急预报课。完善应急预案，从一级、二级、三级抓起，完善应急管理，加大应急准备力度，有效提升人员应急应战能力。

4 结语

安全生产是社会稳定和企业发展的基础。企业管理首先要保证安全。作为一个维护国家利益的行业，煤层气生产必须牢记安全红线，安全第一。安全生产管理评价制度是企业生存发展的基础，是保障职工健康安全和保护自然环境的基本制度。其作用是确立安全生产的目标和准则、规范和标准，全面落实安全生产责任制，将安全生产纳入生产企业的日常经营活动。煤气生产安全管理评价系统在文件管理、现场监督、监督检查、责任履行、绩效考核等方面具有重要的指导作用和重要作用。当然，这个制度也有一些不足之处，需要进一步完善和补充，以及进一步研究。这里建立的煤层气行业安全生产管理评价体系对煤层气生产企业具有重要意义。

参 考 文 献

[1] 樊梅荣，赵蕊，王立龙，丁楠，石斌．企业安全生产标准化与职业健康安全管理体系的有效融合[J]．安全，2018，39(09)：64-65.

[2] 刘建芬，那春光，杨德栋．中国煤层气勘查开发政策及展望[J]．中国经贸导刊(理论版)，2017(20)：27-29.

[3] 江程．煤层气钻井工程的安全管理探析[J]．化工管理，2017(19)：75.

[4] 林钰涵．煤层气企业安全生产管理评价研究[D]．大连交通大学，2015.

[5] 李鹏飞．煤层气钻井工程安全管理措施[J]．化工管理，2015(17)：248.

[6] 陶占盛，庞东林，王晋鳌，晁建军．浅谈煤层气企业标准化安全管理[J]．中国石油和化工标准与质量，2014，34(03)：222.

[7] 王楚峰，谢友友，陈兵替．浅析煤层气企业安全质量标准化与职业健康安全两个体系的结合[J]．中国煤层气，2012，9(04)：45-47.

[8] 国家安全监管总局办公厅关于明确煤层气抽采企业安全监管监察职能的通知[J]．国家安全生产监督管理总局国家煤矿安全监察局公告，2010(03)：60.

影像人工智能识别技术在地震勘探涉爆作业安全管理中的应用

黄　腾　李雪刚　孙伟鹏　敬龙江　李彦彰　鲜汶明

（中石油东方地球物理勘探有限公司西南物探分公司）

摘　要： 在工业领域中，影像人工智能识别技术的应用越来越广泛，其重要性也越来越突出。该技术可以帮助我们快速、准确地检测出目标物体，从而提高生产效率和质量，降低生产成本，同时也能对生产安全检测提供强有力的智能辅助。东方物探公司西南物探分公司将影像人工智能识别技术应用于四川盆地山地地震勘探项目的涉爆工序中，协助分公司在涉爆作业安全无事故的大前提下，实现“提质、降本、增效”的目标。下面我们将从影像人工智能识别技术的应用背景、现状、在山地地震勘探涉爆作业安全管理中的应用方案以及影像人工智能识别技术在该领域中的应用效果几个方面进行阐述。

关键词： 山地地震勘探；AI 智能识别；目标检测技术；涉爆作业；安全检测

1　山地地震勘探下药影像人工智能识别技术应用背景

四川盆地山地地震勘探具备地形复杂、地表环境复杂、人员密集且流动性强等不利于勘施工的因素，这些不利因素直接导致本区域山地地震勘探项目涉爆作业安全管理工作的维度、深度、难度被无限放大，其安全管理工作量被迫直线上升。

以本区域涉爆作业下药工序施工安全管理为例，在野外下药工序中，员工需要将炸药组装并放入已钻好的井位中，并通过压药杆将炸药压至井底，随后回填土质将井口闷实以便后续作业开展，整个过程录像，后续依据影像为下药安全管理提供依据。在这一工序中，每一口勘探炸药井位需要进行的大大小小安全管理重难点多达几十项，单个项目持续 2~4 个月，少则几万炮井多则几十万炮井，工作量巨大。巨大的影像检查复查任务和施工紧凑的时间期限，使施工队下药工序的安全管理检查复核工作稍显“力不从心”。施工队伍为了保证下药视频工序的检查复查按时完成，不得不增加人工，这也导致了成本上升的同时漏查、误查频出。如何高效准确地完成下药视频的检查复查工作成为该工序安全管理中一大难题。见图 1。

基于上述问题，下药影像人工智能识别技术被公司技术人员提出和研发，目的是通过机器智能识别辅助人工检查复查，缩短检查复查时间，降低人工劳作强度，提高检查准确度。其内核为通过计算机视觉进行视频内容识别，其核心为目标检测技术。经过近些年的发展目标检测已经成为当下的热点研究内容，特别是在计算机视觉领域，目标检测算法解决了越来越的实际问题。其结构也从基于手工特征的传统算法转向基于深度学习方法的算法，如这几年来提出的单阶段的 SSD，YOLO 算法以及两阶段的 R-CNN 系列算法。随着计算机算力不断地提升，大规模数据集不断地出现，基于深度学习的目标检测技术逐渐替代传统的人工提

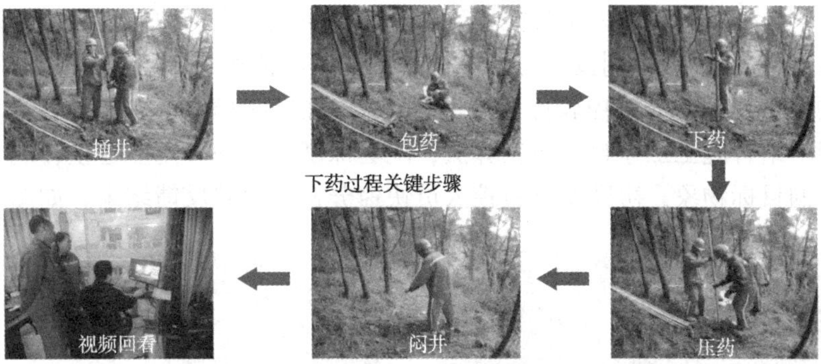

图 1　四川盆地山地地震勘探下药工序安全管理流程简介

取特征的方式成为主流。

现在，日益成熟的目标检测技术已被各行各业引入到各种安全管理流程中，油气勘探行业作为传统能源行业，也逐步引入新技术新手段来解决生产问题。

2　影像人工智能识别技术在山地地震勘探项目涉爆作业应用的现状

东方物探公司以“影像人工智能识别技术”为代表的系列质量、安全过程控制措施，取得了良好的风控效果和生产效能。但随着高炮道密度项目的大范围铺开，视频数据量激增对生产质量管理、安全风险控制带来严峻挑战，尤其是在安全质量评价效率、人工成本、风险控制方面尤为突出。

目标检测技术在国内石油勘探行业目前应用较广，AI 目标检测引入石油行业已经不是一个新鲜话题。AI 目标检测在山地地震勘探涉爆作业全工序的安全风险识别和施工质量管理上都大有前景，近几年公司完成了下药环节涉爆视频的质量、安全管控方面的初步研究和开发，取得了较好的成果和推广效果。

目前用于山地地震采集民爆视频检测环节的相关 AI 智能识别应用系统，除了东方物探公司的 GM-VAC 系统，还未有同类相关成型软件发布并用于生产。2022 年，分公司通过几年的技术积累和沉淀，目标检测技术在生产项目中推广应用顺利推进，能替代部分人工视频质检工作，也起到了较好的安全风险检查和预防效果。

3　影像人工智能识别技术在山地地震勘探民爆中的应用

对计算机而言，能够“看到”的是图像被编码之后的数字，所以它很难理解高层语义概念，比如图像或者视频帧中出现的目标是人还是物体，更无法定位目标出现在图像中哪个区域。目标检测的主要目的是让计算机可以自动识别图片或者视频帧中所有目标的类别，并在该目标周围绘制边界框，标示出每个目标的位置，如图 2 所示。

(a)分类：动物或者斑马　　(b)检测：准确检测出每个斑马在图上出现的位置

图 2　图像中的目标检测

公司研发的涉爆视频影像人工智能识别隐患违章系统，在国内山地地震勘探作业领域范围内，属于首次将 AI 物象识别技术与涉爆视频自证工序流程相结合，在国内是首套规模化应用于生产的采集视频安全质控软件，协助公司物探技术的革新。本软件采用最新的 yolo5 物象识别框架，结合施工工序自主研发算法，配套深度学习的多角度建模，能快速定位和识别涉爆视频中的目标物象，协助安全质控人员快速分析视频并反馈结果，如图 3。

图 3　施工视频的目标检测

研法面向山地地震勘探涉爆工序现场需求和目标检测算法的对应关系，定义和确定目标检测算法所需要的数据架构和数据模型，给出可配置、可扩展、模块化数据采集规划。本软件为平衡精度和速度，同时为了节约硬件成本，在满足精度的情况下，采用 One-stage 检测算法的 YOLOv5 算法，如图 4 所示。

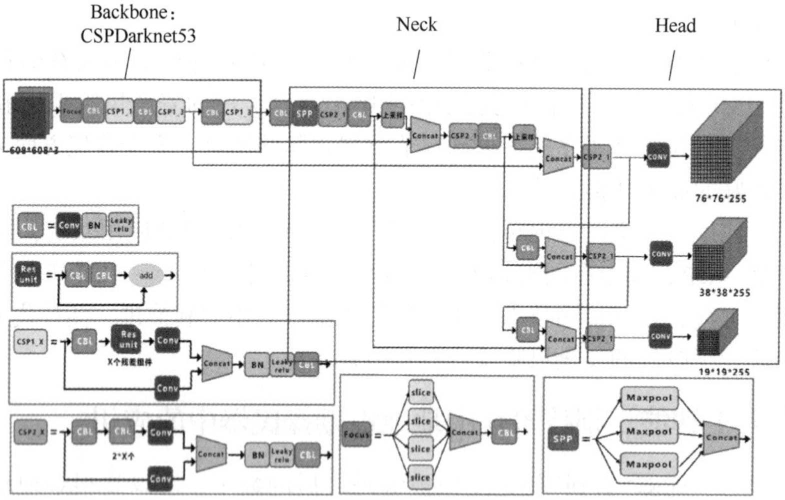

图 4　YOLOv5 结构

该方法具有良好的使用 Pytorch 框架，能够方便地训练自己的数据集，Pytorch 框架更容易投入生产。不仅易于配置环境，模型训练也非常快速，并且批处理推理产生实时结果。能够直接对单个图像，批处理图像，视频甚至网络摄像头端口输入进行有效推理。本检测方法速度非常快，能够在短时间内获取大量作业视频的评判结果。

基于 YOLOv5 检测算法，软件添加了一些新的改进思路，使其速度与精度都得到了极大的性能提升。

(1) 输入端：在模型训练阶段，提出了一些改进思路，主要包括 Mosaic 数据增强、自适应锚框计算、自适应图片缩放；

Mosaic 数据增强-YOLOv5 中在训练模型阶段仍然使用了 Mosaic 数据增强方法，该算法是在 CutMix 数据增强方法的基础上改进而来的。CutMix 仅仅利用了两张图片进行拼接，而 Mosaic 数据增强方法则采用了 4 张图片，并且按照随机缩放、随机裁剪和随机排布的方式进行拼接而成，具体的效果如下图所示。这种增强方法可以将几张图片组合成一张，这样不仅可以丰富数据集的同时极大地提升网络的训练速度，而且可以降低模型的内存需求。见图 5。

图 5　数据增强

（2）基准网络：融合其他检测算法中的一些新思路，主要包括：Focus 结构与 CSP 结构；

Neck 网络：目标检测网络在 BackBone 与最后的 Head 输出层之间往往会插入一些层，Yolov5 中添加了 FPN+PAN 结构；

Focus 结构-该结构的主要思想是通过 slice 操作来对输入图片进行裁剪。如图 6 所示，原始输入图片大小为 608 * 608 * 3，经过 Slice 与 Concat 操作之后输出一个 304 * 304 * 12 的特征映射；接着经过一个通道个数为 32 的 Conv 层（该通道个数仅仅针对的是 YOLOv5s 结构，其他结构会有相应的变化），输出一个 304 * 304 * 32 大小的特征映射。

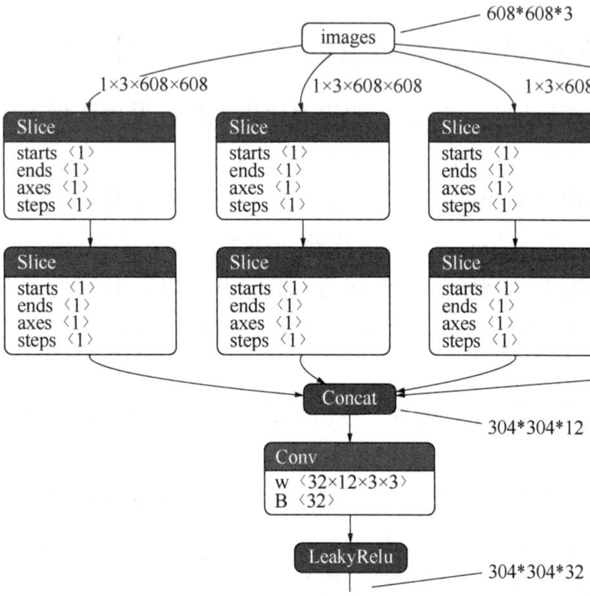

图 6　Focus 网络结构细节

CSP 结构-YOLOv4 网络结构中，借鉴了 CSPNet 的设计思路，仅仅在主干网络中设计了 CSP 结构。而 YOLOv5 中设计了两种 CSP 结构，以 YOLOv5s 网络为例，CSP1_X 结构应用于 Backbone 主干网络中,另一种 CSP2_X 结构则应用于 Neck 网络中。

FPN+PAN-YOLOv5 的 Neck 网络仍然使用了 FPN+PAN 结构，但是在它的基础上做了一些改进操作，YOLOv4 的 Neck 结构中，采用的都是普通的卷积操作。而 YOLOv5 的 Neck 网络中，采用借鉴 CSPnet 设计的 CSP2 结构，从而加强网络特征融合能力。

采用综上网络结构及目标算法，完成了涉爆视频影像人工智能识别隐患违章系统的研发，针对施工环境下普遍存在的环境杂乱、目标被遮挡、目标尺度范围大、正负样本不平衡，现有检测算法实时性不足等问题，将提取到的低层特征与高层特征相融合，增强网络全局感知能力；设计小目标检测层，提高算法对不同尺度目标的检测精度；设计通道-空间注意力模块，增强目标特征，抑制背景特征，最终实现利用 AI 智能目标检测技术进行多项施工安全风险识别与判断，极大提升自证视频的安全风险检查及管控效率，目前已在川内多项目中试点应用，如图 7。

图 7　基于目标检测技术研发的涉爆视频影像人工智能识别系统

4　影像人工智能识别技术在山地地震勘探民爆中的应用情况

东方物探公司将影像人工智能识别技术应用于四川盆地山地地震勘探涉爆工序下药视频安全管理，针对涉爆现场视频进的目标检测有以下几个主要内容。

(1) 井深识别：通过对下药视频中压药杆运行轨迹识别、杆数判定及长度预估，来判断下药井深是否达到施工要求深度(足够的井深能保证炸药在地下激发安全有效)。

(2) 炸药药量识别：通过识别下药视频中蓝色炸药的数量和长度，判定是否按照施工设计下药(炸药量不足会导致勘探信息不充分，炸药量过大会造成对井口周围环境及人员设备的安全隐患)。

(3) 下药人数识别：通过识别下药施工现场人数(涉爆现场有准进人数限制)，判定下药压药流程是否存在暴力压药风险(避免因暴力压药导致炸药爆炸)，是否人数超标。

(4) 常规安全识别：通过对下药现场人物着装，安全帽等特殊装备的识别，判定现场施工人员是否正确穿戴安全防护劳保，避免违章穿戴带来的安全风险(下药施工需要穿戴防静电服和安全帽，避免因衣物摩擦产生静电作业引爆雷管等)。

针对涉爆工序下药视频的目标检测技术能直观及时地反馈下药施工过程中存在的部分安全隐患，提升安全风险管控效能，降低施工安全风险。见图 8。

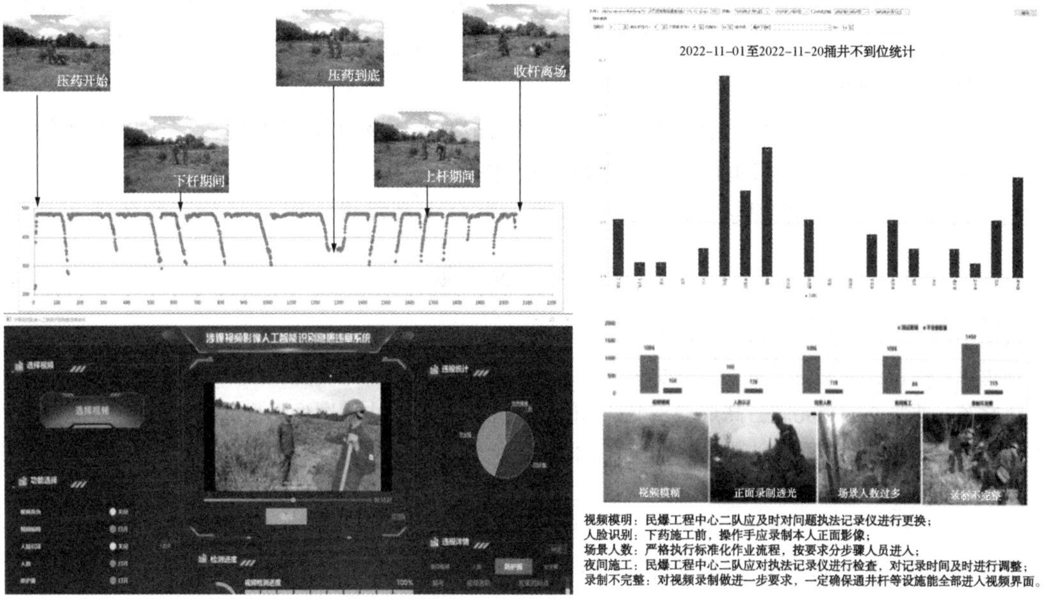

图 8　目标检测技术在生产项目中的应用及效果

另一方面，管理人员通过远程登录访问功能，实时对各个施工项目进行远程协调、控制及监控，极大地提升了安全风险管控效率和效果，对该成果的应用，公司创新提出并实施了“日摄夜检”的施工模式，即白天摄制采集影像，夜间应用软件成果进行全面的视频检测，将完成该工序原需要的 5~7 天时间缩短至 2~3 天，极大地提升了施工效率。见图 9。

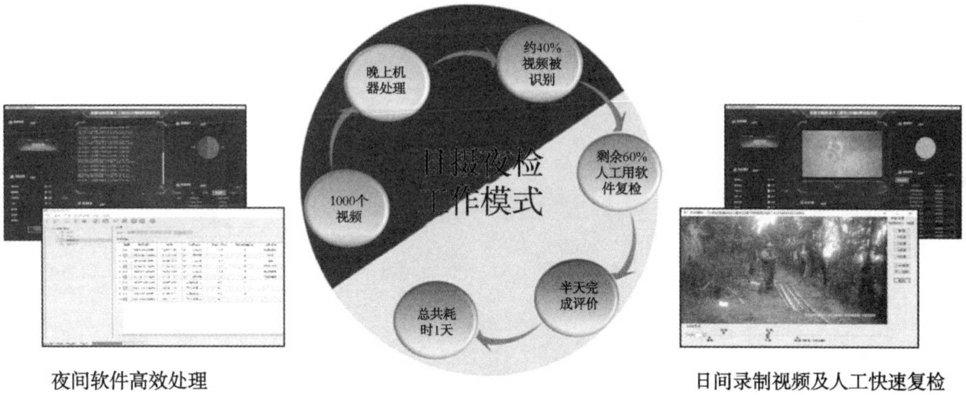

图 9　基于目标检测软件支撑的“日摄夜检”高效施工模式

截至目前，该成果已运用到东方公司多个探区及项目中，四川盆地三地地震勘探项目应用尤其突出，从 2022 年至今，川内多个山地地震勘探项目的应用较为深入，在加强了安全风险管控质量的同时，降低涉爆视频自证工序紧张的物探队人力成本(从以前 10 人/物探队的人数降低到 5 人/物探队)，为各施工队共计节约人工成本数百万元，取得了较好的“提质、降本、增效”效果。

5　结语

涉爆视频影像人工智能识别隐患违章系统，采用人工智能方式实现施工重要信息自动化提取，在国内是首套规模化应用于生产的采集视频安全质控软件。软件成果目前已经在东方公司四川盆地、塔里木盆地、青海等多个探区应用，协助施工单位安全管理部门取得了较好的安全风险管控效果。

新技术引入协助公司物探技术的革新，在软件后续升级研发跟进后，形成更全面的一体化 AI 识别体系，有望在全国所有探区进行专业化推广应用。

未来，影像人工智能识别技术将继续完善，贴合生产需求，服务于公司的各项业务。

参 考 文 献

[1] 数学中国 . 目标检测发展历史 . 2022.

[2] 孙志军，薛雷，许阳明，王正 . 深度学习研究综述[J]. 计算机应用研究，2012，29(8)：2806-2810.

[3] 潘晓英，贾凝心，穆元震，高炫蓉 . 小目标检测研究综述[J]. 中国图像图形学报，2023，28(09).

[4] 宋霄罡，张冬冬，张鹏飞，梁莉，黑新宏 . 面向复杂施工环境的实时目标检测算法[J]. 计算机应用，2023-9-28.

【作者简介】黄腾，男，东方物探公司西南物探分公司，电话：18581861177，邮箱：3679300@ qq. com。

提升扁平化新型班组应急处置能力的对策与措施

王天生　朱　昂

（中国石油辽阳石化分公司）

摘　要：应急处置效果直接决定着事故范围和严重程度能否得到有效控制，对炼化企业长周期安全生产具有重要意义。辽阳石化公司油化运行部加氢联合装置区在公司“一分钟”应急处置原则基础上不断创新完善，在DCS操作界面上设置“应急处置按钮”，实施完成“空呼”挂墙摆放，通过两套装置“应急联动”适应扁平化新趋势，立足自身装置特色培训形成固化应急处置操作法，多措并举提高装置区应急处置能力。

关键词：应急处置；“一分钟”应急；应急管理；安全生产

1　引言

炼化企业生产具有高温高压、有毒有害、易燃易爆的特点，如果应急处置不当，轻则造成装置非计划停工和经济财产损失，重则造成火灾爆炸及人身伤害事故。随着炼化企业生产装备和技术水平的不断提升，炼化装置生产运行周期不断延长，装置在生产紧急状态下应急处置的及时准确性关乎到事故范围和严重程度能否得到有效控制，员工的应急处置能力成为安全生产的重要关注点之一。

公司根据集团公司和炼化新材料分公司的相关要求，在原处理突发事件方式方法上提出了“一分钟”应急处置的新理念、新模式，明确了“一分钟工艺核心处置，三分钟退守稳态，五分钟消防联动”的框架体系，其中“一分钟”是一个虚数概念，强调的是现场快速反应。这个“1”主要是指现场发生危险化学品泄漏、着火爆炸、中毒窒息等险情时，岗位及班组人员能够快速反应、准确判断、精准实施核心工艺和消防操作联动，实现初期险情有效控制。包括：一是险情确认；二是预案启动准确、及时，指令下达正确；三是能量隔离、能量释放准确、及时(工艺处置要求)；四是消防联动启动准确、及时。“3”是指现场发生危险化学品泄漏、着火爆炸、中毒窒息等险情时，在“一分钟”应急处置的同时，三分钟内：一是所有参加应急的人员个体防护；二是人员救护；三是内、外操按应急操作卡要求退守稳态，现场工艺处置；四是初期消防处置；五是环保处置及警戒区设置准确合理，人员疏散及时。“5”则是要求专职消防队伍接到报警后5分钟内必须赶到现场。消防队到达及时，与属地对接事故情况，侦查准确、车辆站位合理，战斗展开迅速。

2　应急处置存在的问题

装置区通过对近几年装置发生的生产波动应急处置工作总结分析，发现存在以下几点问题：

（1）应急预案统筹性不够，生产应急和事故应急衔接不够紧密；应急分级响应程序需要进一步明确；应急操作卡的指导性需要进一步加强，需要发挥应急处置初期“三板斧”的作用。

（2）应急演练需要加强全链条故障模拟练习，应采取不定时、不通知，在管理人员巡检过程中随机触发启动演练，落实“不打招呼、直插现场”的工作原则，要展现出员工最真实的工作状态和处理方法，考察员工的应急处理能力和实际工作水平，做到真正应急和练兵。

（3）装置个别操作人员对于应急处置程序不明确，无法快速准确地对事故事件的发生做出有效判断，无法在独立操作的情况下保证应急处置的快速准确性，在企业体制机制改革、班组操作人员减少的趋势下，存在装置出现异常后，特别是大面积停工情况下人手不足、操作失控的风险。

3 内涵和主要做法

3.1 强化生产管理，确保在事故初期发现异常并做出正确判断

（1）确保各类指示仪表完好准确、确保现场安全类仪表声光报警系统无故障。DCS、SIS 等各类平台运行参数设置合理的报警区间，对重要参数实现超出范围进行短信推送，按照装置区级参数、运行部级参数和公司级参数逐级逐级管控。一旦发生报警，内操要立即对报警参数进行确认，利用视频监控和 DCS 参数趋势等判断可能出现的异常，外操应立即赶往现场报警部位检查，确认准确部位及是否有异常情况，准确分析判断波动原因，提前干预波动参数，将其控制在正常工艺控制指标范围内，防止参数超出控制范围造成生产波动。

（2）确保装置内的视频监控设置合理并全部投入正常使用，设置的监控部位要实现全装置关键机组及重大风险点全覆盖，非重点部位也应该能通过摄像头角度的调整做到监控，操作员应根据视频巡检的相关要求定时利用视频监控对全装置扫描式检查。

（3）严格执行不间断巡检制度，设置合理的巡检路线，实现操作人员现场 24 小时闭环巡检，发现任何跑冒滴漏及异常现象立即汇报；同时设置白班管理人员和节假日期间值班人员巡检路线，及时发现隐患，及时消除。

（4）确保现场工艺管线、设备设施、消防器材等各类目视化标识完好准确，现场事故紧急按钮标识清晰准确，绘制应急按钮的平面布置图放置在现场和外操室的醒目位置，对调节阀进行编号，描述简洁清晰，确保应急处置状态下快速准确执行各项操作。

（5）完善应急处置预案的统筹协调作用，定期组织各专业管理人员和操作人员通过桌面推演的方式提高协作关系，对于预案中的处置流程卡点和薄弱点进行修订，进一步明确应急响应程序及各专业分工内容，提升处置效率；定期开展全员 HAZOP 分析活动，提高员工对事故事件迅速准确判断的能力。

3.2 提高员工“一分钟”应急处置能力

3.2.1 改善各类处置预案“编而不取”“取而不看”的现象

装置区根据公司制度及相关要求，编制有“事故操作卡”“应急处置操作卡”“综合应急预案”等相关文件集中摆放在中控室和外操室，但传统的纸版文案动辄几十项，总计上百页，在异常事件突发情况下，员工很难第一时间找到相应的处置预案，最终只能凭借以往的操作经验和个人能力进行处置，在相对紧张的处置过程中极易发生误操作或者遗漏重大操作项目。针对此问题，装置区将现有操作卡的内容进行了精简优化，与仪表专业沟通确认，将应

急操作卡的内容集成在 DCS 中，每个应急操作卡设置一个专门的“应急处置按钮”放置在对应的重要设备、重要联锁部位旁(如进料泵突停、压缩机突停、加热炉联锁、紧急泄压等)，将主要操作步骤以简单明了、处置排序的语言录入画面，出现异常时直接点开即可快速找到对应的处置步骤，真正起到事故初期处置“三板斧”的作用。此外，在全部画面的固定位置上，设置通用性的处置原则，如“报火警的方法、处理异常泄漏的原则”等，并在信息框内画出装置的位置简图，便于报火警时准确向消防队传达位置信息。通过上述提示卡的设置，员工可以以在发生异常情况时“边参照、边操作”，确保应急处置及时准确。应急处置报警画面如图 1。

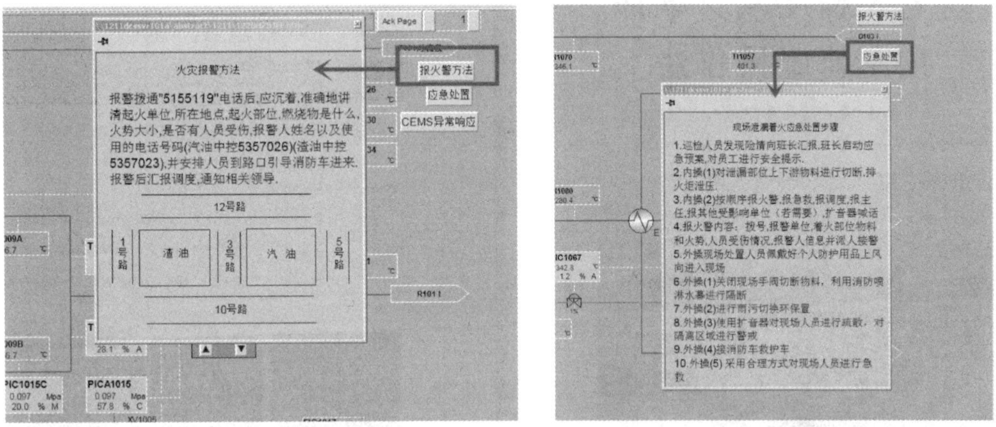

图 1　DCS 画面报警提示设置

3.2.2　“空呼上墙”大幅提升穿戴速度

正压式空气呼吸器(简称“空呼”)的佩戴是炼化装置员工的必修课程，佩戴空呼可以保障员工在日常生产过程(如含硫化氢产品的取样、特殊工作环境)或突发应急情况(如燃烧的浓烟、有毒物质的泄漏)下的人身安全，所以快速佩戴空呼是保障应急处置及时性的重要环节。装置区通过调研，了解到很多同类企业均采取了“空呼上墙”的方式来提高佩戴速度。装置区自主进行支架的设计、测量、绘图、选材、制作和安装，成功地将空呼以挂墙的方式摆放于易取位置，并制定相关规定，挂墙空呼只能作为应急处置时使用，日常取样仍使用器材柜中的备用空呼，同时要求各班组每天对挂墙空呼的备用状况进行检查，严格交接，确保随时可用。如图 2。

3.2.3　完善班组应急处置标准化建设，强化实战处置能力

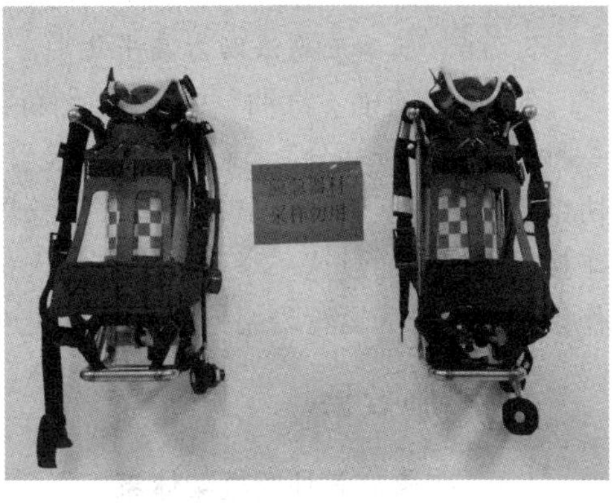

图 2　外操室空气呼吸器挂墙摆放

优化现有的应急处置机构和汇报程序，在现有应急处置机构的基础上进一步细化责任分工，明确岗位职能并将其清单化。首先划分不同岗位在应急处置中的内容和职责，内操负责根据操作提示进行应急操作调整、切断物料阀门、紧急联锁的使用、内外信息的传递、报警、向上级汇报、视频监控的跟踪等工作；班长负责现场应急处置指挥及人员、物资调配；外操在班长的指挥下进行空呼佩戴及防火服穿戴、现场切断危险

源、警戒隔离、使用消防器材进行初期扑救、消防车接警及对接、现场伤员的运输及初期救治等工作。班组要针对每一种突发情况或应急预案进行梳理，固化不同人员的处置内容，做到责任清晰、分工明确，最大限度地展开快速救援。

3.2.4　立足本装置，从事故事件中汲取经验不断完善应急处置操作

自身装置出现的生产波动、异常事件等是员工培训最好的教材，以实际案例进行操作和管理剖析，完善突发情况应急处置程序和操作内容，形成固定的应急处置操作法，防止类似突发情况发生时出现处置偏差，如图3。

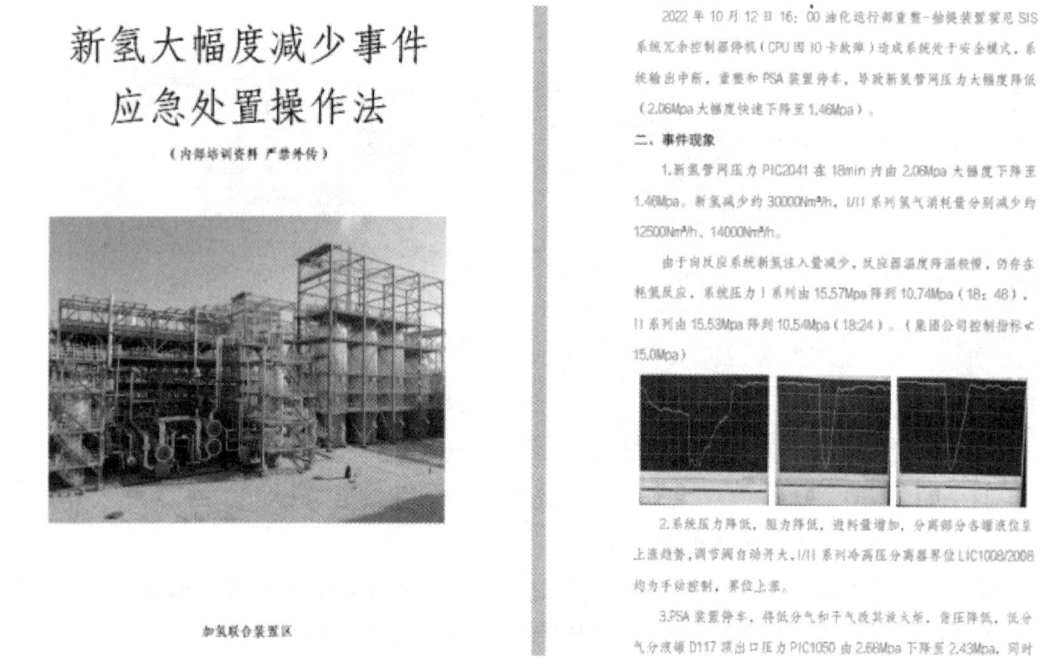

图3　固化的应急处置操作法

3.2.5　加强员工应急器材使用熟练度

根据公司安全文化活动要求，为保证应急处置工作中的人员安全和应急处置的快速有效，装置区逐月进行全员灭火器、空气呼吸器、消防带、消防栓、防火服、消防炮、应急担架、火灾报警等应急处置设施的使用培训，同时进行逐月逐人考核过关，实现月度绩效考核，保证装置区全员达到快速正确佩戴安全防护装备、熟练使用应急处置设施的标准。

3.2.6　创新应急法助力扁平化

装置区“渣油、汽油”两套装置创新实现“应急联动”。应急处置状态下，为使“救援抢先一秒，损失减少一分”，采取了事故装置班组进行工艺处置，兄弟装置班组进行协助，内操协助汇报装置区管理人员、报火警报急救等工作，外操协助完成现场警戒隔离、救援和消防车接引工作。通过这一举措解决班组人员较少的应急难题，形成两套装置“同气连枝”的工作氛围，同时为运行班组抢出充足时间进行一分钟、三分钟应急处置，防止次生事故发生。

4　实施效果

4.1　完善应急处置框架体系

根据公司应急处置的相关规定和要求，对应急处置卡、综合处置操作卡进行修订，使其

更加适应“一分钟”应急处置的需求。在装置区所属两套装置的 DCS 上增加“应急提示按钮”57 项，包括报火警、物料泄漏应急处置、重要机组停机、重要联锁触发等内容，应急处置内容条目化，简明扼要，同时按照操作优先级进行排序，实现真正“一分钟”、“三分钟”和“五分钟”应急处置，将装置快速达到稳定装置，避免出现次生事故。

4.2 完成“空呼上墙”工作

将两台空呼以挂墙的方式摆放于易取位置，并将相关要求及制度下发至班组，组织完成全员学习，挂墙空呼已在日常应急演练中投入正常使用，效果良好，得到员工的认可。通过与器材柜中的空呼佩戴对比，空呼上墙后能节约近 30 秒；如果考虑员工在接到应急指令后，从应急柜内取出空呼再进行正确佩戴，则可节约时间近 60 秒，大大缩短了应急处置时间，提高了应急处置和救援的及时性。

4.3 全面加强应急桌面推演和现场实战演练

装置区组织绘制装置专项流程图 26 份和局部应急处置流程图 28 份，讨论形成 22 份专项操作法和 120 份生产应急处置操作程序，形成固化操作法。在每月班组安全活动上进行桌面推演，全员参与，明确分工。装置区全年完成装置级应急演练 18 次，分厂级“四不两直”应急演练 2 次，公司级“四不两直”应急演练 1 次。演练过程中启用新模式，内操参照 DCS 应急提示按钮内容执行，分工清晰，处理果断；外操佩戴空呼的时间大幅度缩减。渣油加氢装置工艺丁班在公司开展的“四不两直”应急演练中，按照新的应急处置方法和日常模拟演练的应急处置预案执行，各项工作衔接良好、处置得当、汇报准确及时，得到公司应急考评小组的一致好评，取得了综合考评 90 分的优异成绩，创造了公司“四不两直”应急演练开展以来的最高评分。

5 结语

习近平总书记指导我们“人命关天，发展决不能以牺牲人的生命为代价。这必须作为一条不可逾越的红线”，“要健全风险防范化解机制，坚持从源头上防范化解重大安全风险，真正把问题解决在萌芽之时、成灾之前”。这就要求我们做好应急处置工作，通过新的应急管理创新措施，有效提高生产装置应急处置能力，精准实施核心工艺和消防操作联动，及时准确传递救援信息，有效避免事故扩大。

参 考 文 献

[1] 王英琦．应急管理工作改进探索及实践[J]．石化技术，2023，30(06)：266-267.
[2] 何瑞平等．强化应急演练提升应急处置能力[J]．中国应急管理，2023(02)：70-75.

【作者简介】王天生，男，辽阳石化分公司油化运行部，主要从事加氢工艺技术管理，电话：13610996524。

海外应急协调管理工作的研究

边兆博[1]　郝晓萌[2]　孙和平[3]

（1. 中国石油技术开发有限公司质量健康安全环保部；2. 北京市石景山区退役军人事务局军队离休退休干部第七休养所；3. 中国书店出版社发行部）

摘　要：时逢世界“百年未有之大变局”的机遇与挑战，能源行业海外业务面临的风险日趋多样化和复杂化，对于各类海外安全管理工作必然提出更高的标准和要求。海外应急协调管理工作作为海外安全管理的重要组成部分，应急管理水平也应再上新台阶。结合实际业务和工作，如何针对海外国家地区风险的特征和应急协调管理的特点，更加实质高效地持续完善应急协调管理工作，是当前各涉外单位重要的工作内容和研究课题。本文将结合实际工作经验和思考，结合不同领域经验，对海外应急协调管理工作提出建议。

关键词：海外；应急；管理；改善

1　引言

当前正处在世界“百年未有之大变局”的特殊阶段，国际政治形势风云突变，世界自然气候日渐恶劣，海外安全局势日趋复杂，安全生产工作态势依然紧张，海外人员时刻面临着各种更具挑战性和危险性的海外各类安全风险。

中国石油深耕海外业务多年，海外业务类型覆盖油气勘探、开采、炼化、输送、贸易等各个相关专业领域。当前中国石油海外机构或项目已经遍布五大洲超过 70 个国家和地区的城市或野外现场，但以欠发达国家为业务“主战场”。

海外应急协调管理在中国石油的领导和指导下建立体系并运行多年，但当前海外仍然面临着社会安全风险，生产事故引发的不可控风险，全球经济放缓传递给 HSE 管理的风险以及跨文化冲突带来的风险。迫切需要根据海外当地的情况变化对应急协调管理工作进行有目的性，高效性以及持续性的改进和完善。尤其海外机构或项目所在地经济条件差，物质条件差，医疗条件差，国际形势复杂，政治环境动荡所带来的各类风险，对海外应急管理统一协调组织更具紧迫性和价值性。

本文对如何持续做好海外应急协调管理工作的相关内容做出部分研究和探讨。

2　党建引领、纪检保障

海外应急协调管理工作必须要全面坚持党的领导，要遵从外交部、驻外使领馆的领导，要服从中国石油集团党组和公司党委的领导，海外人员要听从海外一线党支部的领导，党员要在海外应急协调管理工作中起到中坚堡垒力量，海外应急协调管理核心工作应该有共产党员参与和组织。

党建工作是开展新时代海外应急协调管理体系建设和运行的基础和保障，实现党建与应急协调管理工作的深入结合，是新时代、新形势下应急工作的核心内容，是海外应急协调管理的重要手段和抓手之一，也是与西方国家应急协调管理体系相较的核心优势。在海外应急协调管理工作中，要认真领悟和贯彻习近平总书记对安全和健康的重要论述以及对各类应急工作的批示精神和要求。

纪检监察作为管党治党的重要力量和必要组成，也是海外应急协调管理工作不可或缺的监督程序和追责环节以及保障应急协调管理工作可靠到位的重要屏障。针对海外应急协调管理体系工作，纪检监察工作应从事中监督、事后问责大力向事前预警转变。将可能出现在应急协调工作中的纪律问题在纪检监察工作的指导和干预下消灭于萌芽状态，时刻保持海外应急协调管理工作处于“风清气正”的良性、健康、高效工作状态。

3 应急协调管理工作改善

3.1 组织结构

海外应急协调管理工作建立起以驻外使领馆为领导统筹，以中国石油为专业协调，海外大区公司为区域管理，以国别牵头单位为牵头指导，以各相关涉外公司为支持保障主体，以各海外机构、项目为分工负责的一体化、体系化、系统化的直线型海外应急管理组织结构。在使领馆、中国石油、大区公司、国别牵头单位四层的各项工作要求和指导下，在各涉外公司支持保障下，全面提升同一国家地区内各海外机构项目作为统一整体的应急水平和处置能力。

同时，将各业务相关承包商纳入到海外应急协调管理组织结构中，实现“系统内、外”无差别统一的全员管理和组织，也同步增强海外应急人员力量。要充分发挥中国石油的专业力量和组织能力，协助驻外使领馆在应急工作中的部署和安排。在海外应急管理实战中，实现“一通到底，一捋到边”的应急全面覆盖响应，实现海外应急协调管理工作的“不掉队、不落人”。

3.2 人员管理与考核

人是各项工作的载体。应急人员的管理，尤其是应急兼职人员的工作管理，应该是常规风险不高的小规模企业应急管理和考核重点。对应急兼职人员应该实现其他兼职部门与应急协调主管部门的多重共同管理与考核，避免独立业务考核且没有应急协调主管部门参与的人员考核模式。应急兼职人员对于应急工作的工作表现和工作能力，应该作为其本人工作考核的主要方面和重要考察内容，并将应急协调“闲时”“兼职”工作作为重要考核内容之一。否则难免会出现应急人员“纸面登记，能力不足，难以胜任，应付工作”的被动应急协调情况，从而拖累整体应急协调工作效率和应急处置结果。

3.3 物资储备

应急物资涵盖应急状态下的吃、喝、用、住、行、救，以满足应急需求，实现应急目标为储备目的，保证海外应急时最急迫且最必须的人员基本需求。储备的物资类别、种类和数量应以国内相关要求作为底线，与所在国家地区规定冲突的要从高执行。

部分特殊应急物资种类，比如卫星通信工具、对讲机、防弹衣等，在部分国家地区受法律法规要求，属于敏感、限制物资，海外当地采购存在困难和缺口，人员自行携带存在法律风险。部分物资专业门槛高，非业内专业人士难以实际掌握产品性能质量。考虑海外实际情况、工作要求和应急需求，以国别牵头单位或有关单位实行特殊应急物资的统一集中采购、供应和维护能够显著提升特殊应急物资的配置比例和质量性能，能够从根本上解决并杜绝海外特殊应急物资储备的短板和不足。

社会经济条件较好的国家地区，应在储备应急物资时丰富应急物资类别、种类、数量，以可行高标准地维持海外人员在应急状态下的生理健康状态，保持海外人员在应急状态下的心理健康状态为应急储备原则。同时要足量储备如压缩饼干、饮用水、净水片、便携尿袋、纱布等作为应急兜底物资，以保证人员的应急状态基本生理需求。

3.4 预案演练

以一体化应急组织的结构为模板和参照，以国别为单位开展涵盖同一国家地区内全机构项目针对各项预案的统一的、由下至上并由上至下双路的应急预案演练模式，以实现应急全链路的演练和衔接，确保应急状态时没有盲点和死点，保证应急响应过程的通贯流畅。

应急培训要和应急演练融合，最好的学习就是实战，脱离演练的培训就是“空中楼阁”难以保证实效。应急演练活动要务必做实、做细演练的总结、分享和反思。应急演练，要以练促学、以练为战、以练查患，应急演练要依据于应急预案要求，应急预案也要立足于应急演练反馈，闭环实现预案和演练的持续双促进。

要通过演练，让海外员工对各项应急处置形成“肌肉记忆”，能够在应急第一时间快速并准确地按照预案要求，完成应急事件上报流程并开展应急处置应对，要在应急的同时确保自身人身安全。

3.5 响应处置

海外应急事件的发生，相比国内受到更多海外国家地区当地基础建设的桎梏和限制，受到客观因素更强烈的影响。海外应急事件的响应，更加要立足自身，把应急准备、队伍建设、能力训练做在平时，以海外机构项目作为应急响应主体和应急救援主体，保障应急响应措施的有序开展和落实。同时在以海外机构项目作为主体之外，还要与相关单位通过建立协调机制组成应急合力，强化应急处置能力。

应急事件的报告，应遵照驻外领事馆、中国石油和相关规定向相关单位和人员进行报告。在报告技术和途径方面，结合海外国家地区当地的基础条件差和生产、社会安全形势突变的特点，依托固定网络技术平台确定更加直接化、“傻瓜”式的，比如一键报警通话报告等的报告技术。从技术上保证不会因为基础通信的薄弱带来应急报告的缺失。

3.6 外部资源

通过“抱团”寻求保障更为有力、协作更为顺畅的各类外部应急资源，包括相关政府部门、驻外使领馆和国际应急企业，也确保在应急协调过程中能更为统一有效的开展应对和处置。单一国家地区内各单位如果零散寻求各种外部应急合作资源，难以形成合力也不便应急协调整体管理。

考虑海外各项专业工作的生产安全风险和社会安全风险，在全面分析风险的基础上，对相关海外生产安全风险和社会安全风险进行全面保险保障，统一标准、完整覆盖，以商业保险作为海外应急的最后一道经济补偿托底防线。

3.7 运输保障

海外生产安全应急的“物防、技防”的各类安全防护设备置备及社会安全应急的安全防护设备置备和人员紧急有序撤离，尤其是处在“亚非拉”等欠发达的高风险国家地区，应急状态下人的安全状态都依靠于前期或后期的运输组织保障。

海外应急运输组织应该确立统一而有力的运输体系和资源。通畅的国际货运组织工作能够为海外欠发达的高风险国家地区提供坚实、丰富的物质保障，提供最有效完善的“物防和技防”措施；可靠的国际客运组织工作可以在紧急撤离时为海外人员提供救命的逃生通道，保证海外人员的生命健康。可以说强化国际运输组织就是保证海外应急工作结果的基石，国际运输组织必然是海外应急协调管理的重点工作之一，也是应急资源落实的具体体现之一。

3.8 持续改进

海外应急协调管理工作既不能一蹴而就，也不能止步不前，必须要时时结合海外生产和社会的风险变化，依据随时发现的问题和隐患的情况而时刻调整。应该充分利用“PDCA 循环”工具，计划阶段落实风险分析和预案编制，执行阶段做好演练计划和预案演练，检查阶段着重演练总结和反思，处理阶段要切实解决问题补齐短板并着手开始下一个循环。通过四个环节的持续循环实现海外应急协调管理工作的持续改进。

4 结论和展望

海外应急协调管理是包含生产应急、社会应急、紧急救护等多个专项的“大应急”。虽然各个应急专项不同、内容不同，但是理论理念和经验实践是高度相仿一致的，对于海外应急协调管理工作的思考和建议也是融汇相通，可以互相借鉴的。只有保证人的安全，才能保障生产的安全。

海外应急协调管理要立足海外实际，以风险辨识和分析为基础，牢固树立“防范胜于救灾”理念，做好各项日常准备，利用“PDCA 循环”工具，实现应急协调管理工作体系的动态持续更新完善，保证整个应急协调管理体系和应急处置措施能够处在动态高效的运行状态。要积极传播、宣传中国安全“红线”意识理念。结合海外实际，从人类命运共同体向人类安全共同体细化具化。

参 考 文 献

[1] 胡大洋．海外中资企业应急管理工作心得[J]．科学管理，2020，2：80-81.
[2] 李雪峰．健全完善应急管理体系[J]．中国应急管理，2023，2：9-10.

【作者简介】边兆博，男，工作于中国石油技术开发有限公司质量健康安全环保部，主要从事国际物流运输、运输安全、海外社会安全以及健康管理工作。电话：13811608266，邮箱：bianzhaobo@ cnpc. com. cn。

加强突发事件管理的对策与措施

孙　鑫　党　伟　罗文丽　胡　涛　李　梅

（中国石油集团渤海钻探工程有限公司工程技术研究院）

摘　要：我国已进入风险社会，突发事件频繁发生，对我国的经济发展和社会稳定造成了重大影响，政府和企业应对各种突发事件的能力面临巨大挑战。通过分析可能出现的突发事件或生产安全事故，行之有效地建立预防预警、信息报送、应急响应和应急处置系统，从而完善应急协调管理体系显得尤为重要。同时，加强岗位人员的应急知识教育培训和演练，培养和强化岗位员工的信息报送意识和应急处置能力同样具有必要性。

关键词：突发事件；应急处置；措施建议

1　引言

突发事件是指突然发生，造成或者可能造成重大人员伤亡、财产损失、生态环境破坏和严重社会危害，危及公共安全的紧急事件，分为自然灾害、事故灾难、公共卫生事件和社会安全事件四大类。近年来，我国非常重视各类突发事件的应急工作，应急管理和应急预案编制等得到各级政府、企业以及全社会的重视。但真正面对各种自然灾害和人为突发事件时所做出的应急响应却不尽如人意。加强突发事件应急信息管理工作，是各级政府和企业应急管理工作的一项重要工作内容，也是应急管理工作运行机制的重要环节。及时、准确报告信息，有利于准确掌握突发事件的动态，便于分析事态发展趋势，积极采取措施，有效预防突发事件，科学规范开展应对处置工作，最大限度地减少突发事件造成的损失，保护人民群众的生命财产安全。因此，在当下信息化发达的“微”时代对做好突发事件的及时应对与处置提出了更高的挑战，防范“微时代”变成“危时代”。

2　突发事件的特征及分类

从社会学、传播学角度看，突发事件有以下几个特征：

2.1　不可预见性

突发事件一般是短时间内发生，政府、社会、民众、大众传播媒介等无法事先预见，因而民众对这类事件一般无法进行事先的心理准备。

2.2　影响力强、涉及面广、持续性大

突发事件会影响到社会生活的各个方面，生活在其中的大部分个体都会感受到它的影响；不仅如此，而且突发事件在基本结束后，仍能够对社会生活的方方面面产生持续的影响作用力。

2.3　信息呈现多渠道传播特征

随着社会进入信息时代，人们获取信息的渠道不仅仅是大众传播媒介，还可以通过网络、短信、微信、抖音等各种自媒体渠道获得关心的信息。

3　我国突发事件及应急管理的现状

3.1　我国正处于突发事件的高发期

我国目前处在突发事件的高发期，而且在未来很长一段时间内，都将面临突发事件所带来的严峻考验。从自然的角度分析，中国是世界上受自然灾害影响最为严重的国家之一，灾害种类多、灾害发生频度高、灾害损失严重。由于受灾害影响的人口大体在2亿左右，占全国人口的1/7以上，自然灾害在中国有着较强的社会性。随着经济建设的发展，灾害造成的损失也逐步增加。我国有70%以上的大城市、半数以上的人口、75%以上的工农业生产值，分布在气象、海洋、洪水、地震等灾害严重的沿海及东部地区。我国每年因自然灾害造成的损失一般都要超过上千亿元。从社会的角度分析，我国目前正处在经济社会发展的关键阶段，面临着各种挑战与机遇，同时国际社会存在百年未有之大变局，在遇到各种突发事件时，如果处置失当，有可能会出现社会危机。另外，我国很多地区自然环境破坏严重，极端天气趋于频发，潜在的危机有可能随时爆发。

3.2　应急处置重视程度还不够

有的地方和企事业单位对于新形势下的突发事件应急处置重视程度不够，应急管理驱动力不强，对常态下如何加强基础性应急管理工作重视不够。工作中重事后处置，轻事前防范；重生产经营，轻安全生产；重硬件投入，轻机制完善；重经济发展，轻社会管理。应急管理配套政策建设相对滞后，突发事件应对责任不够明确；应急管理综合协调能力不统一，各级安全生产应急管理机构与各政府、企事业单位的协调机制不完善，难以快速形成合力，各类救灾要素难以有机整合；应急处置与救援联动等工作机制还不够完善；预案管理工作不够细化，针对性与可操作性不强。

3.3　公众应急意识和自救互救能力薄弱

长期以来，在我们国家的公众意识中比较缺乏忧患意识，普遍存在一种侥幸心理。面对各类突发事件，很多人不具备基本的安全常识，不懂得在危机状态下如何自救和正确地实施疏散和救援，通常靠的是本能的逃生反应。在逃生中从众心理又起了很大作用，结果往往使事态更为严重，对自己和他人造成的伤害和损失更加巨大。无论是普通民众，还是企事业单位，各种社会组织和团体，当突发事件出现的时候，普遍的反应是无所适从。近年发生的多起公共场所火灾、踩踏事件以及多起重大事故的应急救援中都存在这样的问题。

4　对策与措施建议

4.1　完善处理突发事件的应急机制

政府与企事业单位的效能不仅表现在平时的办事效率上，更主要的是表现在对突发事件的处理上，即能否采取恰当而坚决的措施，迅速摆脱危机，尽快恢复正常秩序。建立健全应急核心机制，成为一项重要任务。

4.1.1　监测预警机制

防患于未然，是公共安全危机管理的关键所在。应在现有的公共卫生防疫、气象地震洪涝等信息预报系统的基础上，在与公共安全密切相关的重点行业和企业中建立预警信息系统。加强预警研究，发现苗头，应立即由职能部门分不同等级发出警报。

4.1.2　指挥协调机制

政府与企事业单位尽快建立符合实情的对付突发性事件的指挥中心和协调机构，组织公安、民政、交通、物资、卫生、宣传等部门和驻军部队建设常设的领导指挥中心；应对各种灾情和突发性事件要有应对预案，平时要做好训练和演习，做好必要的物资准备，力求政令统一，做到指挥有力、协调有方。

4.1.3　信息披露机制

政府与企事业单位在突发性事件中应当及时向新闻媒体通报情况，最大限度地公布突发性事件的各类信息，特别是对那些涉及到重大公益的灾难性信息，就更应该及时准确地提供给公众。政府的信息公布的越早、越具体，就越不利于小道消息的蔓延，有利于社会稳定，有利于提高政府的公信力。

4.2　抓媒体应对，提高舆论引导能力

强化舆论引导，一是充分尊重，要与媒体保持必要联系，让其参与其中，自觉受监督；二是真诚面对，对事故采取实事求是的态度，不编造，不欺骗；三是正确引导，事故发生、基本概况了解后，要及时公布于众，因条件限制不便召开新闻发布会的，也要拟出权威的新闻通稿，供媒体采用。

4.3　建立全方位的应急知识宣传教育体系

获得应急知识对于应急意识的形成有着重要作用，应急意识的形成又有助于应急能力的培养和建立。提高应急意识，最根本的就是教育，不断提高人的主动性、积极性和责任心，培养正确的应急准备的态度，尊重自然规律，掌握必要的避难和应急方法，从而在突发事件来临时争取最大的生存机会，减少不必要的伤害及损失。应急意识和能力的提升，不可能在短期内自然形成，而需要很长时间的文化积淀。

4.4　开展应急演练

应急技能的提高必须通过真实的演练，政府和企事业单位应指导和组织应急演练，制定培训和演习计划，并进行及时、合理的评估。利用每年的“5·12”防灾日或安全生产月开展应急演练，针对洪水、地震、火灾等不同灾害事件进行紧急疏散演练。以学校、企业、社区为单位经常性地进行各种应急训练，学习消防工具等应急器材的使用，举办应急演练。通过真实的演练，更有利于直接形成良好的应急意识和应急反应习惯，另一方面能够及时发现应急准备中存在的问题和差距，以便及时进行改进。

5　结语

在互联网加持的快信息时代，“快”是信息报送工作的生命线，突发事件本身充满了不确定性，尤其是对于我们无法预知其演变规律甚至无法预知其发生的非常规突发事件，要在第一时间掌握突发事件信息，做到快速研判、快速汇总、快速编辑、快速上报，保证信息客观真实、准确无误，才能确保有的放矢、有效应对。更为重要的是，提高公众和其他社会主体的应急意识和能力，可以大大减少危机事件爆发的可能性，真正实现防患于未然。

参　考　文　献

[1] 杨力．突发事件应急意识和能力建设探讨[J]．中国安全生产科学技术，2011，8(8)：154-158.

[2] 傅金珍．提高我国突发事件应急管理能力探析[J]．内蒙古农业大学学报：社会科学版，2010，12(3)：235-238.

【作者简介】孙鑫，男，就职于中国石油集团渤海钻探工程有限公司工程技术研究院，主要从事生产协调与应急管理工作。电话：022-66252960。

论伊拉克哈法亚项目应急撤离预案

常　亮　赵　磊　霍小虎

（中国石油集团渤海钻探工程有限公司第四钻井分公司）

摘　要：伊拉克安全形势依然复杂严峻，恐怖袭击多发，武装冲突频繁，战争遗留危险品或爆炸物遍布全国各地，潜在危险较大。外交部和中国驻伊拉克使领馆多次提醒中国公民谨慎前往伊拉克，在伊中国公民和中资机构密切关注当地局势发展，保持高度警惕，加强安全防范和应急准备。

关键词：恐怖袭击；部落冲突；游行示威；应急撤离预案

2003 年，美国发动了伊拉克战争，这场战争造成了大量的人员伤亡和财产损失。随后，国际社会开始关注伊拉克的撤离预案，以确保在紧急情况下能够及时疏散在伊拉克的工作人员和居民。然而，在实际情况中，伊拉克哈法亚项目撤离预案在演练过程中出现较多问题。因此，本文的研究问题和假设是：伊拉克哈法亚项目撤离预案存在哪些问题？如何有效地改进这些问题？应急准备与应急预案体系作为目前应急管理领域的核心内容，刘铁民在分析国内外突发事件应急预案体系发展沿革基础上，提出应急预案体系建设，应以重大突发事件情景构建为基础、加强应急准备为指导思想、提高应急准备能力为核心目标，以系统论和系统工程为基本方法，形成具有战略性、前瞻性、继承性和致用性应急预案体系框架的总体设计。

1　伊拉克哈法亚项目概况

哈法亚项目位于米桑省东南部的哈法亚油田，为渤海钻探伊拉克项目经理部所在地，油田距离南方城市巴士拉 180km，距离米桑省省会阿玛拉市约 35km，距离伊朗边境约 40km，项目部位于中石油哈法亚大营地内部。项目面临的主要社会安全风险为周边部落冲突、不满情绪引发的枪击事件、游行示威和堵路堵门、雇员罢工和阻工、偷盗抢劫、挟持及绑架、潜在的恐怖袭击等。

2　伊拉克哈法亚项目应急撤离预案概述

伊拉克哈法亚项目应急撤离预案分为总则、组织机构与职责、撤离（转移）启动条件、撤离、资产保全五个方面。在此，对撤离进行重点描述。

2.1　撤离路线

空中：哈法亚主营地—巴士拉机场—第三国

陆路：哈法亚主营地—恰扎贝口岸—伊朗

陆路：哈法亚主营地—塞夫万口岸—科威特

2.2　人员集结

以属地化管理为原则，现场以钻井队为管理主体，组织所有中方人员和国际雇员集结撤离到项目主营地，各钻井队负责统计现场需撤离的中方人员和国际雇员数量并每日进行更新。项目集结集合点为中石油哈法亚主营地。

2.3 撤离保障

(1) 通信保障。除个人手机保持畅通外，各单位将自有的卫星电话及对讲机随身携带。通信资源要合理分配，保证每个独立单元都配备卫星电话，确保任何状态下都通信畅通。所有便携式海事卫星电话将本机号码贴在机身背面，防止紧急撤离时忘记号码或拿错电话。

(2) 车辆保障。制定良好的车辆使用、保养维修计划，确保车况良好并配备急救包。每天晚上保证车辆入库，保证油料满箱。项目基地留存足够撤离车队使用的油料和必需品，保证撤离时车队的供给。撤离时优先使用自有防弹车辆或安保公司防弹车辆进行撤离，防弹车辆不可用或是不能满足一次性人员撤离的情况下，可使用非防弹车辆撤离。

(3) 物资保障。根据项目实际人员情况储备一定数量的应急备用金(每人 1000 美元)、2 周生活必需品(包括但不限于：快餐食品、饮用水、柴油等)、医疗急救包、防疫物资等。

2.4 撤离实施

在作业现场接到撤离指令后，在条件允许的情况下，保证所施工井的安全，然后核对人数后将现场中方人员和国际雇员安全撤离到项目指定集合点。

2.5 撤离期间突发情况应对

撤离过程，出现路途受阻情况，选用备用路线继续撤离。无备用路线可用情况下，现场负责人应对形势及时研判，如情况较为危急，等待支持期间会危及员工安全，应立即前往最近的，防护或安保力量防护较强的地点(如 CPF 站等)或返回原井场依托安防设施进行规避，等待后续救援。撤离前，对所有人强调所有人员中途不得下车，如果失散必须在原地等待，并保持手机信号畅通。如遇人员途中失散，由现场自有车辆掉头寻找失散人员并电话联系失散人员，如 5 分钟之内无法找到失散人员现场负责人将立即汇报项目经理部寻求支持，其他人员继续撤离并继续电话联络失散人员。告知人员不要擅自行动、不要惹怒劫匪，让当地翻译与劫匪沟通，稳住劫匪和撤离人员情绪并由现场负责人在可能的情况下，立即汇报项目经理部寻求帮助。

3 应急撤案演练

伊拉克哈法亚项目对预案进行了桌面推演，以验证项目应对伊拉克社会安全突发事件的预警与响应流程是否顺畅；验证各现场是否熟练掌握预警、撤离准备、撤离(转移)各阶段应急撤离预案的内容；验证项目部、现场各级应急指挥与保障人员是否清楚各自应急职责；验证项目及现场是否能针对临时发生的应急情况作出及时正确反应。通过演练发现伊拉克哈法亚项目撤离预案存在以下问题：

3.1 预案准备不足

撤离预案的制定和执行存在漏洞，无法有效应对各种紧急情况。

3.2 撤离计划缺乏灵活性

撤离计划缺乏灵活性，无法适应不同地区和不同情况的变化。

3.3 现场运输能力有限

交通运输能力有限，无法满足大规模撤离的需求。

4 应急撤离预案改进措施

4.1 针对预案准备不足问题

制定更加详细和全面的撤离预案，包括各种可能出现的紧急情况，并有针对不同情况的应对措施。对撤离预案进行多次演练，及时发现并解决预案中存在的问题，确保在真实紧急情况下能够迅速、有效地执行。加强培训和教育，提高员工对紧急情况的处理能力，使其能够熟练操作撤离设备，掌握应急撤离的流程和技巧。建立紧急情况下的通信机制，确保信息畅通，指挥部能够及时掌握现场情况，做出正确的决策。定期检查和维护撤离设备，确保其处于良好状态，以便在紧急情况下能够迅速使用。

4.2 针对提高撤离计划的灵活性方面

制定撤离计划时需要考虑不同地区和不同情况的变化，制定多种方案，以便在紧急情况下能够迅速选择最适合的方案。对撤离计划进行动态管理，及时根据实际情况进行调整和修改，确保计划与实际情况相符。加强与相关部门的沟通和协作，了解不同地区和不同情况下的紧急情况特点，制定相应的撤离计划和措施。对撤离人员进行培训和指导，使其了解不同情况下的撤离方式和技巧，提高其应对紧急情况的能力。建立紧急情况下的决策支持和信息共享机制，及时获取现场情况，做出正确的决策和调整撤离计划。

4.3 针对提高运输能力问题

调配车辆资源，从其他地区调拨车辆资源过来，增加现场的车辆数量。共享车辆资源，与其他机构或组织共享车辆资源，提高车辆的利用率。制定合理的运输计划，根据不同地区和不同情况，制定相应的运输计划，确保车辆资源的合理利用。提前安排人员撤离，提前做好人员撤离的安排，减少现场车辆的压力。

5 结语

本文通过对伊拉克哈法亚项目应急撤离预案和实际演练的分析，发现了伊拉克哈法亚项目撤离预案存在的主要问题，并提出了相应的改进措施。这些改进措施有助于提高伊拉克哈法亚项目撤离预案的有效性，保障在紧急情况下工作人员的安全。未来，我们需要进一步研究和探索如何更好地制定和执行撤离预案，为全球的安全和稳定做出贡献。

参 考 文 献

[1] 刘铁民．突发事件应急预案体系概念设计研究[J]．中国安全生产科学技术，2011，8(8)：5-13.

【作者简介】常亮，男，现工作于中国石油渤海钻探工程有限公司第四钻井分公司，现任国际项目经理部项目副经理。电话：13582762557。

数字化转型对于石油行业生产运行效率的影响

宋　阳　刘卫星

（中国石油集团渤海钻探工程有限公司第四钻井工程分公司）

摘　要： 随着科技的不断发展，数字化转型已成为各行各业提升生产运行效率的重要手段。石油行业作为传统的能源行业，也在不断加速数字化转型，以适应市场变化和满足可持续发展的要求。本文将探讨石油行业数字化转型对生产运行效率的提升作用。

关键词： 数字化转型；数据分析；自动控制；智能决策

数字化转型在石油行业中的应用已经越来越广泛。通过引入数字化技术，石油行业在各个环节实现了自动化、智能化和高效化的改造。例如，在勘探和开发环节，数字化技术可以提高地质分析的准确性和钻井工程的效率；在生产和加工环节，数字化技术可以实现自动化生产、远程监控和故障预测；在物流和运输环节，数字化技术可以优化运输路线和运输方式，提高物流效率。数字化技术在石油行业中对生产运行效率的影响主要体现在以下几个方面：

1　数据分析方面

当前，数据分析在许多行业中的应用已经变得日益重要。在石油行业中石油数字化技术可以对生产过程中产生的海量数据进行实时采集、存储和分析，从而为决策者提供有价值的信息，以优化生产过程和提高效率。

1.1　数据分析在石油勘探和开采过程中发挥了重要作用

通过地震勘探、测井和试井等手段获取的大量数据，可以对地层结构、油气藏分布和储量进行精确的分析和预测。数据分析可以提高石油勘探的精度和效率，降低风险，缩短勘探周期。在开采过程中，数据分析可以帮助优化生产参数，提高采收率，降低成本，从而实现经济效益的最大化。

1.2　数据分析在石油行业风险管理中也起到了关键作用

石油行业具有高风险、高投入的特点，风险管理至关重要。通过数据分析，可以对石油勘探和开采过程中的各种风险因素进行识别和评估，从而制定有效的风险控制措施，降低风险，提高收益。

1.3　数据分析在石油行业投资决策中也扮演了重要角色

石油企业需要进行大量的投资决策，如油田开发、生产设备采购等。通过数据分析，可以对投资项目的可行性、收益预期等进行精确的评估，从而为决策提供有力支持，提高投资效益。

1.4　随着大数据和人工智能技术的不断发展，数据分析在石油行业中的应用将更加广泛

未来，石油企业可以利用数据分析技术实现智能化勘探、自动化生产、精细化管理和智

能化决策，从而推动行业的持续发展。

总之，数据分析在石油行业中具有广泛的应用前景，为石油企业的勘探、开采、风险管理和投资决策提供了有力支持。未来，随着技术的进步，数据分析将在石油行业中发挥更加重要的作用，推动行业实现更加高效、智能化的可持续发展

2　自动控制方面

数字化技术可以实现设备的自动化控制和监测，降低人工操作的风险，提高设备的运行稳定性和效率。石油行业作为全球最大的行业之一，自动控制技术在其发展中起到了至关重要的作用，主要用于钻探、采油、输送等环节，以提高生产效率、降低成本、减少人力劳动。

2.1　在钻探方面，自动控制技术可实现自动化钻井，提高钻井效率

通过实时监测钻井参数，如钻头压力、转速、扭矩等，实现钻井过程的精确控制。此外，自动控制技术还可应用于地质导向钻井，根据地质情况实时调整钻井参数，确保钻井准确性。

2.2　在采油方面，自动控制技术可实现油田自动化生产

通过安装传感器和执行器，实现对油井生产过程的实时监控和调节。例如，通过调节泵的转速、冲程等参数，实现油井产量的精确控制。此外，自动控制技术还可应用于油气分离过程，实现自动化分离和控制。

2.3　在输送方面，自动控制技术可实现管道输送自动化

通过实时监测管道输送参数，如压力、温度、流量等，实现管道输送过程的精确控制。此外，自动控制技术还可应用于油品计量和结算，实现自动化计量和数据采集。

2.4　自动控制技术在石油行业中的应用具有显著的优势

如提高生产效率、降低成本、减少人力劳动等。然而，也存在一些缺点和挑战。例如，自动化设备的安装和维护成本较高，对技术人员的要求也较高。此外，自动化设备在极端工况下的可靠性和安全性也需要进一步改进。

2.5　随着技术的不断发展，自动控制技术在石油行业中的应用将越来越广泛

未来发展趋势包括：智能化，通过引入人工智能、机器学习等技术，实现自动控制系统的智能化，提高系统的自适应性和自学习能力。集成化，将多个自动控制系统集成到一个系统中，实现生产过程的集中管理和控制，提高生产效率。绿色环保，通过自动控制技术降低石油行业的碳排放，实现绿色环保生产。

总之，自动控制技术在石油行业中的应用对于提高生产效率、降低成本、减少人力劳动等方面具有重要的作用。未来，随着技术的不断发展，自动控制技术在石油行业中的应用将更加广泛和深入。

3　智能决策

数字化技术可以结合历史数据和实时数据，进行趋势预测和决策支持，为管理者提供更加精准和高效的决策依据。

3.1　智能决策在石油行业中的应用背景

石油行业是一个高风险、高投入的行业，涉及到地质勘探、油气开发、生产运营等多个环节。在传统的石油行业中，决策者往往凭借经验和直觉进行决策，这种方式存在一定的不

确定性和风险。而智能决策通过运用大数据、人工智能等技术，为石油行业的决策提供了更加科学、高效的手段。

3.2 智能决策在石油行业中的应用现状及发展趋势

目前，智能决策在石油行业中得到了广泛应用，主要表现在以下几个方面：

（1）勘探开发：通过大数据分析和人工智能技术，对地质数据进行处理和分析，提高勘探开发的准确性和效率。

（2）生产运营：利用智能决策技术对生产数据进行实时监测和分析，提高生产效率和设备利用率。

（3）物流管理：通过智能决策技术对物流数据进行处理和分析，优化运输路线和调度方案，降低物流成本。

（4）风险管理：利用智能决策技术对石油行业的风险进行评估和预测，提高风险管理水平。

3.3 未来，智能决策在石油行业中的应用将朝着以下几个方面发展

（1）智能化：随着人工智能技术的不断发展，智能决策将在石油行业中实现更加智能化、自适应的决策。

（2）集成化：将不同领域的智能决策技术进行集成，形成综合性的智能决策支持系统。

（3）微服务化：将智能决策服务以微服务的形式提供给用户，方便用户进行灵活的组合和应用。

3.4 智能决策在石油行业中存在的问题和挑战

（1）数据质量：石油行业的数据来源广泛、结构复杂，如何保证数据的质量和准确性是智能决策面临的一大挑战。

（2）算法可靠性：智能决策的准确性依赖于算法的可靠性，如何提高算法的精度和稳定性是另一个重要的问题。

（3）技术门槛高：智能决策需要具备一定的计算机技术和数据科学知识，对于一些传统行业用户来说，使用门槛较高。

3.5 针对以上问题和挑战采取的解决方案

（1）提高数据质量：通过建立完善的数据采集、存储和管理机制，提高数据的质量和准确性。

（2）优化算法：针对不同的问题和场景，选择合适的算法进行优化和调整，提高算法的精度和稳定性。

（3）降低技术门槛：提供简单易用的智能决策服务，降低用户的使用门槛，提高用户的满意度。

3.6 智能决策在石油行业中的优势

（1）提高效率：通过智能决策，可以快速、准确地处理大量的数据和信息，提高决策的效率和准确性。

（2）降低成本：通过智能决策，可以减少人力投入和资源浪费，降低决策成本。

（3）提高安全性：通过智能决策，可以对石油行业的各个环节进行实时监测和预警，提高生产安全和运营稳定性。

综上，石油行业加速数字化转型是提升生产运行效率的重要途径。通过引入数字化技术，石油行业可以实现自动化、智能化和高效化的改造，提高生产效率和降低成本。同时，

数字化转型也面临着一些挑战和问题。例如，信息安全问题、数据质量和标准规范问题、人才短缺问题等。为了解决这些问题，需要采取相应的措施，如加强信息安全防护、制定数据质量和标准规范、加强人才培养等。未来，数字化转型将继续深入发展，随着 5G、人工智能等新技术的不断涌现，石油行业将进一步实现智能化、高效化和可持续化的生产运行。

【作者简介】宋阳，男，现工作于中国石油集团渤海钻探工程有限公司第四钻井分公司冀东项目部成本会计职务，主管负责经营财务工作。电话：18631733515。

油田井下作业风险识别与应急协调管理分析与研究

冯翌鹏　张　亮　张　乾　滕俊男　杨　志　黄利超　晁　永　刘博文

(渤海钻探井下技术服务分公司连续油管队)

摘　要：油田井下作业是石油工业中至关重要的环节，然而，其所涉及的风险也相当巨大。本文旨在深入研究油田井下作业的风险，并探讨有效的应急协调管理措施。首先，对井下作业中可能遇到的各类风险进行识别与分析，其次，介绍不同类型风险应急处理策略，最后，提出加强协调管理的建议，以保障油田井下作业的安全与高效进行。

关键词：油田井下作业；风险识别；应急处理；应急协调管理

1　引言

石油是全球最重要的能源资源之一，对经济和社会的发展具有巨大的影响。作为主要能源来源，石油广泛用于发电、交通运输、工业生产等领域，支撑着现代文明的发展。石油产业是国家经济的重要支柱，创造大量就业机会。此外，石油还是化学工业的主要原料，影响着众多日常用品和工业产品的生产。保障能源安全、推动科技发展和塑造地缘政治格局也都与石油的重要性密切相关。油田井下作业作为石油开采的核心环节，其重要性不言而喻。然而，井下作业所面临的风险也相当巨大，可能导致人员伤亡、环境污染以及巨额经济损失。地质风险、工艺风险、环境风险、安全管理风险以及设备风险，这些潜在威胁时刻威胁着作业人员的安全和生产的持续稳定。为了有效应对和降低这些风险，必须进行全面的风险识别与应急协调管理研究。本文旨在深入探讨油田井下作业风险的各类识别与分析，并提出科学合理的应急处理策略，同时探讨加强协调管理的途径，以确保油田井下作业的安全高效进行。通过本文的研究与论述，期望能够在油田井下作业领域为相关从业人员提供更为科学有效的应急指导，同时为整个石油工业的可持续发展贡献一份力量。

2　井下作业风险识别与分析

2.1　地质风险

地质风险是油田井下作业中最为复杂和不可控的风险之一。在进行钻井、完井和采油等作业过程中，地质构造和地层的复杂性经常给作业带来挑战。首先，地层异常可能会导致作业人员遭遇未预料的地质情况，例如突然遇到高渗透率的岩层，导致井漏或井喷事故。其次，油气藏压力异常也是地质风险的主要表现之一，高压地层可能导致井下设备故障，甚至威胁作业人员的生命安全。此外，地质构造不稳定性和地层塌陷也是地质风险中的重要问题，这些现象可能会导致井筒变形、设备堵塞和井下设施损坏。

2.2 工艺风险

工艺风险是油田井下作业中另一个重要的风险类别。涉及钻井、完井、固井等工艺的不当操作可能导致严重的后果。首先，在钻井过程中，不合理的钻进参数设置或者操作不当可能会导致钻头损坏、钻井设备故障甚至井筒崩塌。其次，在完井和固井阶段，如果固井液配方不合理或者固井工艺操作不当，可能导致固井质量不达标，引发井下设备泄漏或失效，进而影响油井的生产稳定性。此外，作业人员在操作过程中也可能会因疏忽大意或缺乏经验而导致工艺风险，例如忽略操作规程，导致设备操作失误，造成事故发生。

2.3 环境风险

环境风险是油田井下作业中至关重要的一种风险类型。井下环境复杂多变，存在着多种潜在的危险因素，包括有毒有害气体、高温高压等。首先，有毒有害气体是井下作业环境中常见的危险因素，如硫化氢、甲烷等，它们对人体呼吸系统和中枢神经系统具有严重危害，可能导致工人中毒、窒息甚至死亡。其次，高温高压是井下环境的另一主要特点，工作人员长时间暴露在高温环境下，容易出现中暑、热衰竭等问题，同时高压环境也增加了作业设备的安全风险。此外，井下作业还可能面临地震、地质灾害等外部环境风险，如发生地震可能导致井口和设备的损坏，进而危及作业人员的安全。

2.4 安全管理风险

安全管理风险是油田井下作业中的一个重要方面。缺乏有效的安全管理制度和培训可能导致严重的后果。首先，缺乏完善的安全管理制度会使得作业人员在井下作业中缺乏明确的操作规范和安全指引，容易出现操作混乱和不规范现象，增加了事故发生的概率。其次，安全培训的不足也是安全管理风险的主要表现，如果作业人员缺乏必要的安全知识和技能，就很难应对突发的危险情况，从而可能导致事故的发生。此外，缺乏对安全意识的强化教育，可能导致工作人员对安全问题的认识不足，对危险行为容忍度增加，容易出现违规操作和疏忽大意的情况。

2.5 设备风险

设备风险是油田井下作业中的一个重要风险因素。井下设备经常在高温、高压和腐蚀等恶劣环境下运行，随着时间的推移，设备容易出现老化和损坏。首先，设备老化可能导致设备性能下降，影响作业效率和安全性。例如，井下泵抽送能力下降可能导致油井产量减少，而设备密封失效可能引起液体泄漏，增加火灾和爆炸风险。其次，设备损坏可能导致作业中断，这会造成油井停产和经济损失。设备损坏还可能影响其他设备的正常运行，产生连锁反应，进一步加大事故的可能性。

3 井下作业应急处理策略

3.1 应急预案

应急预案是确保油田井下作业安全的关键措施之一。制定完善的应急预案可以在突发情况下及时做出反应，最大程度地减少事故的损害。首先，应急预案需要明确责任，明确各岗位的职责和权限，确保在应急情况下各部门和人员能够迅速行动。其次，应急预案需要明确应急处置流程，从事故发生到处置的全过程进行规范化和标准化管理，确保应急响应迅速高效。预案中还需要详细列出各类突发事件的应对措施和处置方法，如井喷、泄漏、火灾等。此外，应急预案还要考虑不同风险情景下的处置方案，以应对多样化的突发事件。预案制定后，必须进行定期演练和评估，提高作业人员的应急处理能力和熟悉度，确保应急预案的有效性和可操作性。应急预案的制定和执行是保障油田井下作业安全的重要保障措施，只有通过科学合理的应急预案，才能在关键时刻做出正确决策，最大程度地降低事故风险，保障作业人员和设备的安全。

3.2 应急演练

应急演练是确保油田井下作业安全的重要环节。定期组织应急演练可以提高作业人员的应急处理能力和协调配合能力，增强应对突发事件的应变能力。首先，通过应急演练，作业人员可以模拟真实的紧急情况，学习和掌握应急处置的正确步骤和方法，熟悉应急设备的操作和使用，增强应急意识和技能。其次，应急演练能够加强团队合作和协调配合能力。在演练中，不同岗位的人员需要密切配合，有效地分工合作，以应对复杂多变的应急情况，提高了团队应对突发事件的整体效能。此外，应急演练还有助于查漏补缺，发现和纠正应急预案中的不足之处，提高应急响应的针对性和灵活性。定期的应急演练是一种预防性的措施，能够有效提高作业人员在应对突发事件时的应变能力，减少人为因素造成的错误和延误，最大程度地降低事故发生的可能性。只有将应急演练作为常态化的工作，不断完善演练方案和内容，才能在关键时刻保障井下作业人员的安全和设备的稳定运行。

3.3 技术手段

技术手段在油田井下作业的安全管理中起着至关重要的作用。引入先进的监测技术和设备可以帮助及时监测井下风险，从而有效地避免事故的发生。首先，通过安装高级传感器和监测系统，可以实时监测井下的地质条件、气体浓度、压力和温度等参数，及时发现地质异常和井下设备的异常情况。其次，借助先进的数据采集和分析技术，可以对井下风险进行全面评估，提前预警潜在的风险隐患，减少事故发生的概率。此外，引入自动化控制设备和智能监控系统，可以实现对井下作业过程的自动化和远程控制，减少人为因素引起的事故风险。技术手段的应用还包括使用先进的井下作业装备和工具，提高作业效率的同时降低操作风险。技术手段的引入不仅提高了作业人员对井下风险的认知程度，也提高了对突发事件的应急响应能力。通过持续引入技术手段，保持技术的先进性和创新性，能够不断提升井下作业的安全性和效率，最终实现油田井下作业的安全高效进行。

3.4 紧急撤离

紧急撤离是保障油田井下作业人员安全的重要措施之一。建立快速撤离通道和撤离机制可以确保在紧急情况下作业人员能够迅速离开险情现场，降低事故造成的人员伤亡和财产损失。首先，需要在油田作业区域设置明确的撤离通道和紧急出口，确保作业人员能够快速、顺利地离开井口或危险区域。其次，应建立撤离预警机制，当发生突发事件或事故时，及时发出撤离预警信号，提醒作业人员立即撤离。撤离通道和出口应有明显的标识和照明设施，以便在紧急情况下作业人员能够快速辨认。此外，作业人员应定期进行紧急撤离演练，熟悉撤离路线和流程，增强应对紧急情况的应变能力。紧急撤离的成功与否往往关乎作业人员的生命安全，因此，必须重视撤离通道和机制的建设，确保其畅通可靠。只有通过建立完善的紧急撤离系统，加强作业人员的培训和意识教育，才能在突发事件发生时，确保作业人员能够及时有序地撤离险情现场，最大限度地减少事故带来的损失。

4 井下作业应急协调管理

4.1 多部门协作

在油田井下作业的应急管理中，多部门协作是确保应急响应高效运作的关键。建立跨部门的应急协调机制是为了在突发事件发生时能够迅速调动各方资源和力量，共同应对应急情况。首先，油田作业单位是直接参与井下作业的主体，他们了解现场情况和设备状态，负责第一时间采取应急措施。其次，应急救援单位是专门从事应急救援工作的部门，他们具备专业的救援技能和装备，能够迅速赶赴现场进行救援和处置。监管部门则负责监督和指导井下作业的安全管理工作，他们在应急情况下可以提供专业的技术支持和指导。在建立应急协调机制时，需要明确各部门的职责和权限，明确指挥关系和信息传递渠道，确保各部门之间能够紧密配合、高效沟通。定期组织联合演练和培训，提高各部门之间的协同能力和快速响应能力。只有通过多部门协作，形成合力应对突发事件，才能最大程度地减少事故损失，保障井下作业的安全和稳定进行。多部门协作是应急管理的重要组成部分，也是保障应急响应的关键要素，必须高度重视并不断完善。

4.2 信息共享

建立信息共享平台是在油田井下作业中促进风险信息及时传递和共享的重要措施。该平台可以将油田作业单位、监管部门、应急救援单位等相关各方连接在一起，实现信息的快速传递和共享。首先，通过信息共享平台，油田作业单位可以及时向监管部门和应急救援单位报告井下作业的情况和风险预警信息，使相关部门能够第一时间掌握井下作业的动态。其次，监管部门可以将安全监管和技术支持的信息反馈给油田作业单位，帮助其改进管理措施，预防潜在的风险隐患。应急救援单位可以通过信息共享平台及时了解井下作业的紧急情况，迅速做出响应和救援计划。信息共享平台还可以存储历史应急事件和教训，供相关单位学习和参考。在建立信息共享平台时，需要确保信息的安全和保密，采取必要的措施防止信息泄漏。同时，为了保证信息的及时性，应推广使用先进的通信技术和信息系统。只有通过信息共享平台，实现各方信息的快速传递和共享，才能提高井下作业风险的应对能力，最大程度地减少事故的发生，确保油田井下作业的安全和稳定进行。

4.3 指挥调度

在油田井下作业的应急管理中，设立统一的指挥调度中心是确保应急响应高效运作的关键举措。该中心可以集中管理和协调油田作业单位、监管部门、应急救援单位等各方资源，及时响应和调度应急资源。首先，指挥调度中心可以快速接收和汇总井下作业的风险预警信息和紧急求助信息，实时掌握现场状况，迅速做出应对决策。其次，中心可以根据突发事件的性质和严重程度，调度合适的应急资源，如救援人员、救援装备、医疗设施等，迅速赶赴事发地点进行救援和处置。此外，指挥调度中心还可以协调各方资源的合理配置，避免资源浪费和重复调度，最大程度地发挥应急资源的效能。在建立指挥调度中心时，需要明确指挥人员的职责和权责范围，确保指挥决策的科学性和及时性。同时，中心要与各部门建立紧密的联络和沟通机制，确保信息的畅通流动。只有通过设立统一的指挥调度中心，实现资源的快速调度和合理配置，才能提高井下作业风险的应对能力，最大限度地减少事故损失，确保作业人员的安全和设备的稳定运行。

4.4 人员培训

加强作业人员的应急知识培训是确保油田井下作业安全的重要措施。培训旨在提高作业人员的应对突发情况的能力，使其在面对紧急情况时能够冷静、迅速和有效地采取应急措施。首先，应急培训内容应涵盖各类突发事件的应对策略和处置方法，包括井喷、火灾、泄漏等，使作业人员了解不同风险情景下的应急处理措施。其次，培训要重点强调应急行动的标准流程和规范要求，使作业人员能够按照统一的标准进行应急处置，避免个人行动造成混乱和不安全。此外，应急培训还应包括使用应急装备和设施的操作技能，例如急救技能、灭火技能等，以提高作业人员的实际应急能力。为了保持培训效果，应定期进行应急演练，让作业人员在实际场景中应用所学知识，熟悉应急流程和操作。通过持续的应急知识培训和演练，可以增强作业人员的应急意识和应对能力，使其在突发事件发生时能够冷静应对，妥善处置，最大程度地减少事故的发生。同时，应急培训还要强调团队合作和协调配合，使作业人员能够在紧急情况下密切配合，形成合力应对突发事件。

5 结论与展望

在油田井下作业风险识别与应急协调管理方面，可以得出以下结论：地质风险、工艺风险、环境风险、安全管理风险和设备风险是井下作业中需要高度关注的主要风险类别。针对这些风险，制定应急预案、定期进行应急演练、引入先进的监测技术和设备、建立快速撤离通道和撤离机制，以及设立统一的指挥调度中心等措施都是非常有效的应对方法。未来，随着技术的不断发展，应急管理在油田井下作业中将迎来更多的创新和进步。油田企业可以进一步探索应用人工智能和大数据技术来加强对风险的预测和预警，实现更精准的风险管理。同时，加强国际间的经验交流和合作，借鉴其他国家在油田井下作业应急管理方面的先进经验和技术，进一步提高我国油田井下作业的安全水平。此外，应急管理工作要形成长效机制，持续不断地加强培训和演练，提高作业人员的应急意识和技能。同时，要强化安全文化建设，让每个作业人员都深刻认识到应急管理的重要性，从而形成全员参与、全员负责的安全管理氛围。

参 考 文 献

[1] 孙喜久 . DQ 石油公司井下作业项目 HSE 管理体系应用研究[D]. 大庆：东北石油大学，2019.
[2] 赵磊 . 浅谈海洋石油井下作业安全管理中存在的问题及对策[J]. 中国石油和化工标准与质量，2023，43(9)：82-84.
[3] 毛忠山 . 井下作业施工风险识别及控制方法[J]. 安全，2017，38(4)：4-5+8.
[4] 路义兵 . 油气田井下作业风险辨识及风险分析[J]. 现代职业安全，2018(2)：86-88.
[5] 黄雪萍，井向辉，张昆，等 . 气井井下作业风险识别与应急管理[J]. 化学工程与装备，2018(4)：253-254.
[6] 李继超 . 石油井下作业 HSE 风险管理研究[D]. 北京：中国石油大学(北京)，2018.
[7] 李建忠，祁波 . 油田井下作业项目部的生产调度管理[J]. 企业改革与管理，2017(7)：36+44.
[8] 蒋海洋 . 吉林油田公司井控风险防控措施[J]. 石油知识，2019(4)：60-61.
[9] 朱艳芳 . 事业单位财务管理问题探讨-基于国库支付制度改革视角[J]. 行政事业资产与财务，2014(9)：186.
[10] 高庆顺 . 油田井下作业生产安全管理与事故预防[J]. 化学工程与装备，2022(10)：122-123.

【作者简介】冯翌鹏，男，渤海钻探工程有限公司井下技术服务分公司测试工程作业部连续油管队技术员。电话：18086104271。

中国石油产业生产运营管控创新与实践

黄艳林　霍小虎　刘卫星　徐春霞

（中国石油集团渤海钻探工程有限公司第四钻井工程分公司）

摘　要： 中国石油产业是国民经济的重要支柱产业，其生产运营管控的创新与实践对于保障能源安全和促进经济发展具有重要意义。在当前全球能源竞争加剧的背景下，中国石油产业急需推动生产运营管控的创新发展。本研究力求通过深入探索中国石油产业生产运营管控的创新路径和实践模式，为我国能源产业的可持续发展提供指导意见。本文通过文献综述和实证研究相结合的方法，总结了国内外石油产业生产运营管控的创新理论和实践经验。通过对中国石油产业的调研与分析，深入剖析了现有管理模式存在的问题和挑战，并提出了创新的研究方法。研究结果表明，中国石油产业生产运营管控需在科技创新、信息化建设、流程优化等方面实施创新，强化风险管理体系建设，提升整体运营效率。与此同时，应加强人才培养和团队建设，搭建良好的创新合作平台，提高管理人员的管理水平和创新能力。本文对中国石油产业生产运营管控的创新与实践进行了全面梳理和分析，并对未来的发展方向提出了展望。未来，中国石油产业应着眼于提高技术创新能力，推动运营管控的数字化和智能化发展，以保障能源供应和推动能源产业的可持续发展。

关键词： 石油产业；生产运营；管控创新；实践

1　引言

中国石油产业一直是我国经济发展的重要支柱之一。近年来，随着我国经济的快速发展和能源需求的不断增长，中国石油产业也面临着一系列新的挑战和机遇。在这种背景下，对于中国石油产业的生产运营管控创新与实践的研究变得尤为重要。

在过去的研究中，学者们对中国石油产业进行了一系列的分析和研究，取得了一定的成果。例如，王丹(2007)通过对中国石油产业寡占竞争机制下的市场失灵的剖析，提出了中国石油产业寡占竞争与政府规制并举的中国石油产业发展路径。王维嘉、刘中成(2008)则在对中国石油产业的市场结构特征进行全面分析的基础上，设计了衡量中国石油产业绩效的指标体系，并提出了改善我国石油产业的市场绩效的政策建议。这些研究为我们深入了解中国石油产业的特点和问题提供了重要的参考。

然而，当前的研究仍存在一些问题和不足。首先，对于中国石油产业生产运营管控创新与实践的研究相对较少，缺乏系统性和深入性的分析。其次，现有的研究多集中在石油产业的市场结构和绩效分析方面，对于生产运营管控创新和实践的研究相对较少。另外，现有的研究主要集中在理论层面，对于实践层面的探讨和案例分析相对较少。因此，我们需要进行更加深入和细致的研究，以填补这些研究空白。

中国石油产业生产运营管控创新与实践的研究具有重要的理论和实践意义，对于促进中国石油产业的发展和提升整体经济的竞争力具有重要作用。通过本研究的深入探索和分析，可以为中国石油产业的管理和决策提供科学依据。

2 中国石油产业概述

2.1 中国石油产业发展历程

中国石油产业的发展历程可以追溯到20世纪初。起初，中国石油产业的发展非常薄弱，主要依赖进口石油满足国内需求。然而，在新中国成立后，中国政府逐渐意识到石油产业的重要性，并开始积极推动国内石油产业的发展。

1950年代，中国石油产业开始逐步建立独立的勘探、开发、生产体系。在国内外专家和工程技术人员的努力下，中国陆上石油勘探取得了重大突破。1959年，我国第一口自主钻探的油井——大庆油田的成功发现，标志着中国陆上石油产业的兴起。随着大庆油田的逐步开发，中国石油产量大幅度增加，国内对进口石油的依赖程度逐渐降低。

然而，中国石油产业的发展并非一帆风顺。在1980年代，中国石油产量增长乏力，与国内经济高速增长的需求相比，供应不足的状况严重制约了国家的发展。为解决这一问题，中国政府积极引入外资和外技术，并开展国际合作。通过与国外石油公司合作，中国石油产业进行了技术改造和引进，逐渐提升了石油勘探、开发和生产的能力。

近年来，中国石油产业的发展取得了令人瞩目的成就。随着技术进步和开发能力的提升，中国陆上和海上石油勘探、开发进入了新的阶段。目前，中国已成为世界上最大的石油消费国之一，并具备了一定的石油输出能力。在中国政府的大力支持下，中国石油产业在油气勘探、炼化、储运领域都取得了显著的突破，为国家经济的稳定和可持续发展发挥了重要作用。

然而，中国石油产业依然面临着一些问题和挑战。首先，石油资源的开采和利用效率还需进一步提升，以满足国内能源需求。其次，环境保护和可持续发展的要求对石油产业提出了更高的要求。此外，国际市场竞争加剧，需要进一步提升中国石油企业的竞争力和创新能力。

为应对这些问题，中国石油产业需要不断进行技术创新和管理创新。只有通过技术进步和创新实践，中国石油产业才能更好地适应新的发展环境和需求，实现可持续发展和高质量发展的目标。

总而言之，在中国石油产业发展的历程中，我国石油勘探、开发和生产能力得到了显著提升，但仍然存在一些问题和挑战。通过加强技术创新和管理创新的实践，中国石油产业将能够进一步提升自身发展水平，为国家经济的可持续发展做出更大贡献。

2.2 中国石油产业存在的问题

在中国石油产业的发展过程中，不可避免地面临着一些问题和挑战。首先，中国石油产业的环境影响问题日益凸显。随着石油开采规模的不断扩大，产生的废水、废气、垃圾等污染物的排放也在增加。这些污染物对周边的水资源、土壤质量和空气质量造成了明显的压力，给生态环境带来了巨大的负担。

中国石油产业还存在产能过剩的问题。近年来，由于国内外市场竞争激烈，国内石油产业的供给过剩现象逐渐显现。既有的生产能力难以得到有效利用，导致资源浪费和经济效益下降。这不仅影响了企业的盈利能力，也对行业整体的可持续发展造成了一定的压力。

另外，中国石油产业的技术创新能力相对较弱。虽然中国的石油产业取得了一些成就，但与国际先进水平相比，仍存在着不少差距。特别是在高端技术和装备方面，如海洋油气勘探开发、油气田增产技术等领域，我们还远远落后于国际先进水平。这限制了中国石油产业的综合竞争力和可持续发展能力。

中国石油产业的企业治理和组织结构方面也存在问题。一些企业在发展过程中存在着决策层面不透明、权利结构复杂、管理体系不健全等情况。这些问题对企业内部的效率和创新能力产生了不利影响，也给外部投资者造成了信任危机，制约了中国石油产业的吸引力和发展潜力。

中国石油产业在快速发展的同时也面临着一系列问题。为了推动中国石油产业的可持续发展，我们需要加强环境保护措施，优化产能配置与管理，提升技术创新能力，改善企业治理和组织结构。只有通过创新与实践，并与国际先进水平对标，我们才能够解决这些问题，推动中国石油产业朝着更加可持续和具有竞争力的方向发展。

3　石油产业生产运营管控的创新

3.1　信息化管理技术的应用

在当前信息技术飞速发展的背景下，石油产业生产运营管控也面临着新的挑战和机遇。信息化管理技术的应用成为提升石油产业生产运营管控效率和质量的重要手段。首先，信息化管理技术可以实现石油生产过程的数据化、数字化。通过采集、传输和处理数据，可以准确、实时地掌握石油生产的各个环节的运行状态。例如，通过设备传感器和监测设备，可以实时监测石油井的生产数据，包括油井产量、温度、压力等信息，从而能够及时发现问题和异常情况，并采取相应的措施进行调整和优化。

信息化管理技术可以实现石油生产过程的智能化。通过人工智能和大数据分析，可以对大量的生产数据进行模式识别、预测和优化。例如，利用机器学习算法，可以对石油井的生产数据进行分析，并根据历史数据和趋势预测未来的产量和运行状态。这样，可以提前采取相应的措施，避免产能下降和生产事故的发生。

信息化管理技术可以实现石油生产过程的协同化。通过云计算和物联网技术，可以实现各个环节之间的实时数据共享和协同操作。例如，石油井的生产数据可以通过云平台进行统一管理和分发，不同的操作人员可以在不同的地点、时间协同工作。这样，不仅可以提高生产效率，还可以减少人为因素对生产过程的干扰和误操作。

信息化管理技术的应用在石油产业生产运营管控中具有重要的意义。它可以实现石油生产过程的数据化、智能化和协同化，提高生产效率和质量，降低生产成本和风险。然而，信息化管理技术的应用也面临着一些挑战，例如数据安全和隐私保护等问题。因此，需要在应用过程中做好相关的风险评估和管理。

3.2　供应链管理的优化

在中国石油产业的生产运营管控中，供应链管理的优化扮演着至关重要的角色。随着全球化的进程加速，石油产业供应链环境也变得日益复杂。为了应对这一变化，中国石油产业迫切需要进行供应链管理的优化，以提高生产效率、降低成本、提升市场竞争力。

首先，优化供应链管理需要建立高效的供应链网络。中国石油产业的供应链涉及到从原油采集到炼油、储运再到分销等多个环节。因此，在优化供应链管理时，需要加强各环节间的协同配合，建立高效的信息流、物流和资金流。通过优化供应链网络，可以实现资源的精准分配和高效利用，从而提高生产运营的效率和灵活性。

其次，优化供应链管理需要借助现代技术手段。以信息化技术为例，通过建立集成的信息系统，可以实现全程跟踪和监控供应链的运行状态。这样，生产运营管理者可以及时获取有关原材料采购、生产进度、库存情况等关键信息，从而做出准确的决策和调整。此外，新一代供应链技术，如物联网、大数据分析等，也为优化供应链管理提供了更多的机会。通过运用这些技术手段，可以实现供需匹配的精确预测、减少库存损失、提高运输效率等目标。

再次，优化供应链管理需要注重供应链中的风险管理。石油产业的供应链面临着各种风险，例如市场需求变化、地缘政治风险、自然灾害等。因此，在优化供应链管理时，需要建立相应的风险管理体系。这包括建立风险预警机制，及时监测和评估各种风险；制定灵活的应急方案，以应对突发事件的影响；建立供应商多元化和供应链弹性，从而降低风险带来的影响。

最后，优化供应链管理需要不断创新。充分利用现有资源和技术的基础上，中国石油产业应该不断尝试新的供应链管理模式和方法。例如，可以探索运用共享经济的思维方式，建立更多的合作伙伴关系，实现资源共享和风险分担。同时，可以积极引入新的技术和工艺，提高生产运营的效率和质量。

供应链管理的优化是中国石油产业生产运营管控创新的重要方向之一。建立高效的供应链网络、借助现代技术手段、注重风险管理和不断创新，都是实现供应链管理优化的关键。通过不断优化供应链管理，中国石油产业可以提高生产运营的效率和灵活性，增强市场竞争力，为实现可持续发展奠定坚实基础。

3.3 创新型生产运营模式的探索

在中国石油产业的生产运营管控中，创新型的生产运营模式的探索正在逐渐成为一种趋势。通过引入新的管理理念和方法，以及应用先进的技术和工具，可以提高效率、降低成本，增强石油产业的竞争力。

在创新型生产运营模式的探索中，一些石油企业开始将智能化和自动化技术应用于石油生产过程中。通过自动化设备和监控系统的引入，可以实现对生产过程的实时监测和控制，提高生产效率，减少人为失误。例如，利用无人机进行油田巡检，可以大大节省人力资源，提高巡检效率。另外，通过建立智能化的生产运营管理系统，可以实现对生产数据的集中管理和分析，帮助企业做出科学决策，优化生产安排。

供应链管理的优化也是创新型生产运营模式的重要内容。石油产业的供应链涉及到从原油供应到成品销售的全过程，涉及到原油采购、库存管理、运输、加工等多个环节。通过优化供应链管理，可以提高资源的利用效率，降低库存成本，缩短物流周期。例如，一些石油企业开始采用先进的物流技术，如“即时供应链管理”，通过实时跟踪原油的供应和需求，及时进行资源调配，避免供需失衡的情况发生。此外，通过建立供应链信息平台，可以实现信息的共享和协同，提高供应链的整体效率。

创新型生产运营模式的探索还包括对生产流程和组织结构的优化。一些石油企业开始采用灵活的生产流程，如流水线生产和模块化生产，以适应市场需求的变化。另外，适当调整组织结构，加强协同合作和知识共享，也可以提高石油产业的生产运营效率。例如，一些石油企业将生产运营分为不同的业务单元，每个业务单元负责特定的产品或服务，通过协同配合和知识共享，可以提高整体效率。

创新型生产运营模式的探索在中国石油产业中具有重要意义。通过引入信息化管理技术、优化供应链管理，以及优化生产流程和组织结构，可以提高生产效率、降低成本，为中国石油产业的持续发展奠定坚实的基础。对于石油企业来说，通过创新型生产运营模式的探索，能够在激烈的市场竞争中取得更大的优势，在全球石油产业中占据重要的地位。

4 中国石油产业生产运营管控的实践

4.1 实践背景及理论依据

中国石油产业作为经济发展的支柱之一，在面临全球范围的激烈竞争和复杂多变的市场环境下，亟需推进生产运营管控的创新与实践。该实践的背景可以从两个方面来探讨：一是国内外油气资源日益紧张和能源供应安全的压力逐渐加大；二是中国石油产业的生产运营管控在不断发展和完善的同时，也面临着新的挑战和问题。

国内外油气资源的日益紧张，使中国石油产业在生产运营管控方面面临更加严峻的挑战。随着全球经济的快速发展和人口的不断增加，传统能源的需求量也在不断攀升。然而，石油资源的采集和利用却遭遇到了诸多的制约，诸如勘探成本高、开采难度大、环保要求高等问题，使得油气资源日益稀缺。因此，中国石油产业在生产运营管控方面需要不断创新，提高开采效率，降低成本，以应对资源紧张的挑战。

其次，近年来中国石油产业在生产运营管控方面的发展和完善，也带来了新的挑战和问题。传统的生产运营管控模式已经难以满足日益复杂和多变的市场需求。在全球化、信息化的背景下，中国石油产业需要转变思维方式，拥抱创新，加强技术研发，提高管理水平，以适应新时代的发展要求。在实践中，中国石油产业探索了一系列的创新策略，旨在提高生产运营管控的效能和效益。

在理论依据方面，中国石油产业的创新与实践不仅需借鉴国内外油气行业的成功经验，还需要结合中国国情和行业特点，积极探索适合自身发展的理论依据。从理论层面上看，中国石油产业可以借鉴运筹学、供应链管理等领域的理论与方法，将其与油气行业的实际情况相结合，构建适合石油产业生产运营管控的理论框架。此外，还需要关注行业内外的发展趋势和技术创新，加强与高校、科研机构的合作与交流，以确保实践的创新与科学性。

中国石油产业生产运营管控创新与实践的背景可归结为国内外油气资源的紧张和产业发展的新挑战，在这一背景下，中国石油产业需要积极探索创新策略，将其转化为实践效果和效益。同时，在实践中需要以国内外油气行业研究成果为依据，结合自身实际情况，构建适合中国石油产业的理论框架，并与高校、科研机构等合作交流，确保实践的科学性和创新性。只有这样，中国石油产业的生产运营管控才能不断提升，为国家能源安全和经济发展做出更大贡献。

4.2 实践中的创新策略实施

中国石油公司注重技术创新。通过引入先进的石油勘探、生产技术和设备，不断提升油气资源开发和利用效率。例如，采用三维地震勘探技术，提高勘探准确性和发现率。同时，应用大数据和人工智能技术，优化生产过程，提高产量和降低成本。这些技术创新措施为石油产业的可持续发展提供了有力支撑。

中国石油公司注重管理创新。在生产运营管控中，公司倡导“平安、高效、绿色、创新”的管理理念。通过引入现代管理方法和先进的企业管理系统，优化资源配置和工作流程，提高生产运营的效率和效能。例如，实施精细化管理，以数据驱动决策，提升生产线的运行效率和产品质量。此外，公司还积极推进电子化、智能化管理，提高信息化水平和决策的科学性。

中国石油公司注重人才创新。在实践中，公司非常重视人才培养和引进。通过建立灵活的人才管理机制和培养体系，公司致力于构建一支高素质、专业化的人才队伍。通过与高校、研究机构的合作，公司吸引了许多优秀的科研人员和管理人才，为创新策略的实施提供了有力支持。此外，公司还注重知识管理和经验共享，激发员工的创新潜能，促进企业的可持续发展。

在创新策略实施中，中国石油公司还遇到了一些挑战和问题。例如，在推进技术创新过程中，面临技术转化和应用的难题。解决这些问题需要加强行业内部和外部的合作与交流，促进技术进步和创新成果的转化应用。此外，人才培养和引进也需进一步加大力度，为创新策略的成功实施提供更加坚实的人力资源保障。中国石油产业生产运营管控中的创新策略实施是不可或缺的重要环节。通过技术创新、管理创新和人才创新的综合实施，中国石油公司不断提升核心竞争力，推进石油产业的可持续发展。然而，仍需克服一些挑战和问题，加强合作与交流，共同推动中国石油产业的创新与发展。

4.3 实践效果与效益分析

通过创新策略的实施，中国石油产业在生产运营管控方面取得了显著的效果。一方面，在生产调度方面，通过引入先进的调度优化算法和智能化技术，实现了生产计划的精确制定和资源的高效配置。这使得生产过程更加顺畅，减少了生产线闲置和资源浪费的现象。另一方面，在生产设备管理方面，通过引入大数据分析和监测技术，大幅提高了设备的故障预测和维护效率，降低了设备故障率和停机时间，提高了生产线的稳定性和可靠性。

其次，随着生产效率的提升和资源利用率的提高，产出增加，从而带来了更多的销售收入。减少了因设备故障和停机而造成的损失，降低了维护成本。此外，通过优化供应链和物流运输管理，减少了库存和运输成本。这些经济效益的提升为中国石油产业的可持续发展提供了坚实支撑。

然而，我们也要清醒地认识到，在实践过程中仍然存在一些问题。首先，技术创新的推广和应用仍然面临一些阻力，需要进一步加强与科研机构的合作，加大技术培训力度，提高员工的技术水平。其次，信息化建设和数据安全问题也需要重视，加强信息技术和网络安全的保护，确保数据的完整性和可靠性。此外，还需加强管理层面的创新，完善管控体系，提高组织运营能力。

在未来的发展中仍然面临一系列的挑战和问题，需要加大努力解决。只有持续创新和不断改进，才能满足产业发展的需要，实现更高效的生产运营管控。

4.4 存在问题与对策

当前中国石油产业生产运营管控中存在的问题之一是信息不对称。由于信息流通和共享的不畅，导致不同部门之间的沟通不畅、信息传递不及时，影响了生产运营管控的效率和准确性。为了解决这个问题，我们可以采取以下对策：一是建立健全信息共享平台，促进各部门之间的信息沟通和交流；二是加强人员培训，提高员工的信息处理和传递能力；三是完善信息化系统，提供准确且及时的数据支持。

中国石油产业生产运营管控还存在资金管理上的问题。由于石油产业的特殊性，资金需求量大，资金流动性较差，容易出现资金不足或者浪费现象。为了解决这个问题，我们可以采取以下对策：一是优化资金分配机制，合理调配资金资源，确保资金供给与需求的平衡；二是加强风险管理，建立有效的风险评估和控制机制，降低资金运作风险；三是加强对资金使用的监督和审计，确保资金使用的合规性和效益性。

另外，中国石油产业生产运营管控还面临人才管理方面的问题。随着技术的快速发展和企业的不断扩张，对人才的需求越来越高，但市场上优秀的专业人才并不多。为了解决这个问题，我们可以采取以下对策：一是加强人才引进和培养，建立完善的人才梯队和培训体系；二是加大对人才的激励措施，提供良好的职业发展机会和福利待遇；三是加强与高校、研究机构的合作，共同培养和引进专业人才。

5 结语

在本论文中，我们对中国石油产业生产运营管控的创新与实践进行了深入研究。通过对相关文献的梳理和实地调研，我们了解到中国石油产业在近年来取得了显著的发展与成就。然而，同时也面临着诸多挑战与问题。

中国石油产业生产运营管控创新与实践在取得了一定成绩的同时，也面临着一些挑战和问题。希望能够为中国石油产业的可持续发展和管控体系的完善提供一些有益的参考。完善技术体系、关注环境保护、提升自身核心竞争力、加强国际合作以及依靠政府政策的支持，将是中国石油产业未来发展的关键所在。只有合理应对这些发展趋势，才能确保中国石油产业在全球舞台上的稳定和可持续发展。

参 考 文 献

[1] 冯光．石油工程技术企业三项制度改革管理创新与实践[J]．中国民商，2020.

[2] LI Rui. Research and Practice of Teaching Mode of Palmtop Micro Classroom in Organic Chemical Production Operation and Control[D]. Guangzhou Chemical Industry，2019.

[3] 杨怀福．中国石油广东销售公司油品损耗管控改进研究[J]. 2019.

[4] 马世清，李永军，郝朋朋，等．高质量发展背景下采油企业精益管理创新与实践[J]．中国石油企业，2022.

[5] G Jing，L Zou，W Ji，et al. Innovation and Practice of MOOC System Construction in Meteorological Industry [D]. Journal of Physics Conference，2020.

[6] 刘雷．BYD 公司新能源汽车企业运营管理优化研究[J]. 2019.

[7] 张军贤，张礼安，张震，等．中国石油集团战略规划管理体系创新与实践[J]．国际石油经济，2019.

[8] 宝磊．中国石油大连销售公司安全管理研究[J]. 2019.

[9] 张孝林，李彦普，朱错剑，等．量子化管理在石油企业的应用与创新实践——以中国石油大港油田为例[J]．中国总会计师，2019.

[10] 无．苏伊士新创建携手中国海洋石油共同应对油气行业的环境挑战[J]．中国建设信息，2018.

[11] 张天石．中国石油设备融资租赁出口研究[J]. 2020.

[12] 清泉．石油公司为啥不“作业”[J]．中国石油石化，2020.

[13] 谢刚．云南省中国石油油品供应管理系统的研究与分析[J]．，2019.

[14] 房鑫．关于延长石油集团大生产经营运行模式的思考[J]．中国化工贸易，2018.

【作者简介】黄艳林，男，中国石油集团渤海钻探工程有限公司第四钻井工程分公司冀中 30981 钻井队钻井工程师、书记，电话：13833771840。

加氢装置无氧作业风险与防护

孔京宁

（中国石化上海高桥石油化工有限公司）

摘　要：本文介绍了无氧作业的概念及制度，简述了柴油加氢装置反应器卸剂风险识别及对应措施，针对无氧作业可能造成的风险提出了几点应对策略及防护措施。

关键词：无氧作业；风险；培训

1　无氧作业的定义

无氧作业是属于特殊的受限空间作业，是指在特定受限空间环境作业期间，当作业场所中同时存在或可能产生其他有害气体，为防止发生氧化、燃烧需充入氮气保护的受限空间作业，是一种高风险的受限空间作业。

2　加氢装置无氧作业存在风险及原因分析

2.1　柴油加氢装置概况

2013年中国石化上海高桥石油化工有限公司为了适应国家柴油环保质量升级的要求，采用石油化工科学研究院开发的柴油加氢精制（RTS）技术，建设一套加氢精制装置，RTS技术采用一种或两种非贵金属加氢精制催化剂，将柴油的超深度加氢脱硫通过两个反应器完成，生产硫含量10μg/g的超低硫柴油。

2.2　柴油加氢装置受限空间无氧作业和一般受限空间作业的区别（表1）

表1　无氧作业和一般受限空间作业区别一览表

内容界定＼项目	无氧作业	受限空间作业
	特殊的受限空间作业	一般受限空间作业
氮气保护	防止发生氧化、燃烧需设置专门管线向容器内连续通入氮气保护	氮气等危险介质阀门均已盲断
开票人	工艺员作为开票人	安全员作为开票人
承包商资质	承包商应有合法施工资质，业务主管部门应对无氧作业承包商的能力进行评估合格	未强制承包商应有合法施工资质
承包商管理人员证书	主要负责人、项目负责人、专职安全生产管理人员取得政府部门颁发的安全生产考核合格证书	未强制管理人员应取得政府部门颁发的安全生产考核合格证书

续表

项目 内容界定	无氧作业	受限空间作业
	特殊的受限空间作业	一般受限空间作业
保障系统	(1)呼吸保障系统：采用双路供电，空气压缩机电源独立，供气系统气压小于0.4MPa时，备用机应自动启动供气； (2)个体防护装备：作业面至少配备1个防坠器，入口处至少配备1台气体检测仪； (3)视频监控：容器内应设置实时视频监控监测点，监控布置要求无死角，视频画面清晰，专人进行检查与监控； (4)施工监护人：佩戴空气呼吸器、安全带在无氧作业空间入口处，每3~5分钟与作业人员通过通信对讲系统联络，并实时监控无氧作业人员状况	(1)呼吸保障系统：受限空间外的现场配备空气呼吸器、供风式防护面具； (2)个体防护装备：受限空间外的现场配备救生绳； (3)视频监控：受限空间出入口设置视频监控； (4)监护人：监护人与作业人员约定联络信号在出入口处保持与作业人员的联系
温度	温度不得高于50℃，每小时温升不得超过2℃，现场宜配备一定数量的干冰用来预防控制温度的升高	高温的受限空间，进入时应穿戴高温防护用品，必要时采取通风、隔热等防护措施。低温的受限空间，进入时应穿戴低温防护用品，必要时采取供暖措施
人数、时间	严格限制无氧作业人数，原则上不超过2人同时作业；作业时长原则上不宜超过1h，最长不得超过2h	同一受限空间内作业人员不得超过9人；难度大、劳动强度大、时间长、高温的受限空间作业，应采取轮换作业方式
氧含量	氧含量不应大于2%(体积分数)，催化剂装卸作业时催化剂床层表面氧含量应不大于0.2%(体积分数)	氧含量为19.5%~21%(体积分数)，在富氧环境下应不大于23.5%(体积分数)

2.3 柴油加氢装置卸剂无氧作业的风险分析

2.3.1 火灾爆炸的风险

可燃(有毒)气体含量可能超标的无氧作业空间，必须严格控制火源，控制氧含量，防止在人孔区域形成爆炸性气体空间，引起强烈火灾爆炸。柴油加氢装置反应器顶部大盖打开后，接氮气临时管线至反应器入口进行氮气保护，氮气充补量的大小及入反应器内皮龙长度是由操作人员手动控制的，2021年装置大检修R801、R802受限入口四合一检测仪连续检测氧含量在5%~6%(体积分数)左右，未能保证无氧作业空间内的氧含量不应大于2%(体积分数)。

2.3.2 中毒窒息的风险

受限空间无氧作业，进出口受限，进入含有或作业过程中形成有毒有害物质以及严重缺氧或氮气窒息，装置卸剂无氧作业的呼吸保障系统是作业人员的生命线，包括供气系统电气电源、空气压缩机、缓冲设备、气体过滤、供气管线、管路接头、压力报警、呼吸面罩等，人员防护不到位或者违章作业导致中毒窒息事故的发生，对进入人员的身体健康和生命安全构成威胁。

2.3.3 高处坠落的风险

装置反应器R801(容器高度30m)、R802(容器高度18m)，作业人员个人身体或心理的缺陷，照明不良、场地及通道狭窄、湿滑，安全带、生命绳及直梯存在缺陷，若出现自我防护不当、违章作业等情况，攀爬时未全程正确系挂合格安全带的，可导致高处坠落事故的发生。

2.3.4 催化剂坍塌的风险

催化剂在高温下与烃接触催化聚合反应会生成结焦产物，作业人员在反应器内卸催化剂过程中，采取局部破碎后向周边扩展的方式，板结的催化剂焦块滑落坍塌，可导致坍塌事故的发生。

2.3.5　卸剂无氧作业交叉作业的风险

柴油加氢装置四年左右一次大检修施工作业量大、作业区域多变、施工人员多、检修时间紧，2021 年反应器 R801、R802 卸剂周边大型检修项目多：有六台高压换热器螺纹锁紧环检修、八台高压空冷 A801 整体换新、加热炉烟囱和空气预热器修理、新增 E830 及配套管线技措项目，涉及多台吊车在同一区域吊装、几辆铲车在有限区域转运催化剂，所在区域不大易形成交叉作业。

3　柴油加氢装置无氧作业风险的对策及建议

3.1　对无氧作业承包商对接管理

2021 年 10 月 25 日是装置实际交付检修时间，9 月 9 日加氢装置管理人员，在公司技术部安排下与卸剂承包商阳申公司进行卸剂无氧作业对接，共同编制施工方案编制及审查、开展风险识别，共商风险防控措施；落实装置装卸剂的时间节点、所需天数、需配合的工机具及应急救援物资；落实双方关键人员对接及持证情况和培训要求，施工单位改进施工作业装备满足公司制度管理要求。

3.2　卸剂无氧作业前准备工作

3.2.1　卸剂无氧作业前的工艺处置

反应系统热氢带油结束，自 K802 循环机出口引氮气，D804 放火炬，系统进行 0.5MPa 充泄压置换，反应系统烃+氢≯0.5%置换合格后，系统 0.05MPa 氮气保压，内操严格监控反应器各温度测点，防止超温。

3.2.2　卸剂无氧作业前的盲板作业

对反应器本体相连的所有介质进行盲板隔离，实现反应器的完全隔离，R801、R802 卸剂作业共计加装盲板 10 块。反应器 R801、R802 隔离盲板位置详见图 1、图 2。

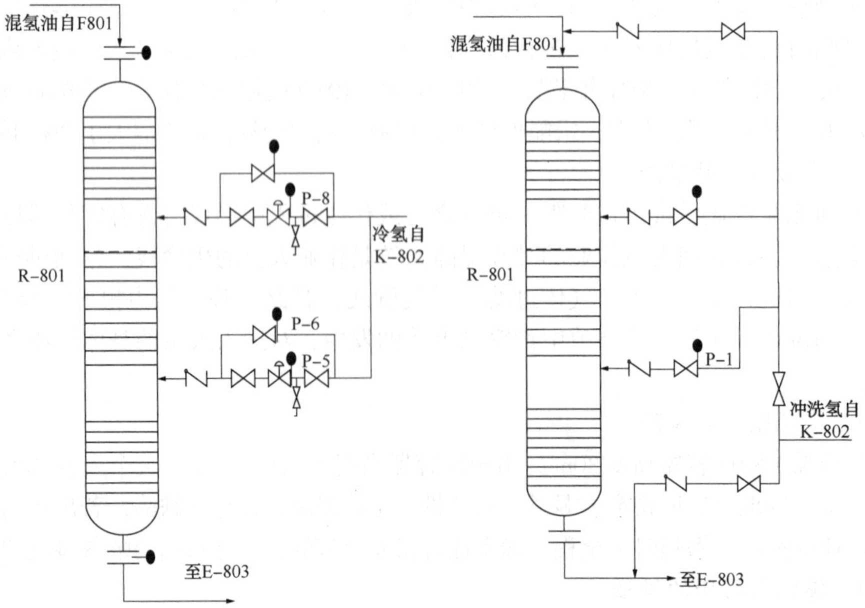

图 1　R801 盲板位置示意图

3.2.3　卸剂无氧作业前接氮气临时管线及应急物资申请

加氢装置反应器顶部大盖打开后，由 1.3MPa 氮气进装置边界处放空接氮气临时管线至反应器 R801、R802 入口，向反应器内充氮气进行氮气保护，保证反应器内部微正压的氮气环境，确保无氧作业空间内的氧含量不应大于 2%(体积分数)；确保催化剂装卸作业时催化剂床层表面氧含量应不大于 0.2%(体积分数)，防止硫化亚铁在氧气环境下自燃，装置申请好足量的干冰对催化剂进行降温和空气隔绝。

3.2.4　卸剂无氧作业前专用电箱安排

装置大检修所有一级电箱，会全部接入多家施工单位二级电箱，卸剂无氧作业呼吸保障系统是作业人员的生命线，涉及供气系统应采用双路供电、空气压缩机电源应独立，装置设备员负责安排了 R802 和 D803 处两个专用电箱给卸剂承包商，张贴了“受限无氧作业专用”警示标识，用脚手架围栏对专用电箱进行硬隔离，每天作业前装置设备员和阳申现场负责人负责进行检查确认。

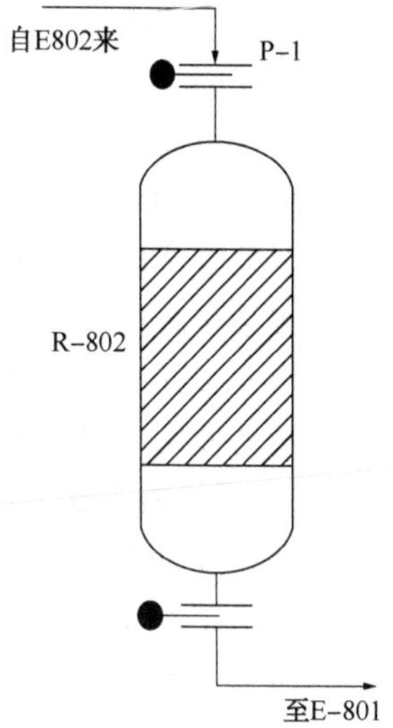

图 2　R802 盲板位置示意图

3.3　开展应急救援演练工作

2021 年卸剂无氧作业前，装置和卸剂单位按照现场应急处置方案，开展了联合应急演练，演练科目是 R801 卸剂作业人员空气呼吸器未佩戴正确氮气窒息应急演练，应急演练检验了装置和施工单位应急处置及反应能力、应急疏散、自我防护、气防设施和器材使用熟练程度、救助伤员及伤员救出后的处置情况，通过应急演练提升作业人员安全意识，提高双方应急处理能力。

3.4　卸剂作业风险的应对措施

3.4.1　卸剂无氧作业硫化亚铁自燃应对措施

加氢装置内操做好反应器床层温度监控，作业过程中应通过 DCS 和现场测温方式，实时监测无氧作业空间内温度变化，温度不得高于 50℃。如出现每小时温升超过 2℃，应立即停止作业，作业现场配备一定数量的干冰用来预防控制温度的升高。作业人员应穿戴防静电服装，使用防爆工具，作业照明应使用电压不大于 12V 的防爆安全行灯或防爆电筒，含硫催化剂卸出后做好密封、定点存放，使用干冰防止和空气接触发生起火燃烧事故。

3.4.2　卸剂无氧作业人员中毒、窒息应对措施

加氢装置作业前 30min 内，装置对受限空间入口进行硫化氢、可燃气体、氧含量分析，分析合格后方可进入，无氧作业人员进入必须佩戴供风式面具、便携式气体报警仪，供风设备安排专人进行监护，四合一检测仪设置在受限空间入口，连续对受限作业环境进行检测，一旦发现氧气、可燃气、有毒气体变动报警应立即停止作业，迅速撤离；施工单位监护人佩戴好空气呼吸器、安全带全程在无氧作业空间入口处每 3~5min 与作业人员通过通信对讲系统联络，实时监控人员状况；装置现场管理人员、监护人与施工单位施工负责人对受限空间作业的全过程实施现场监督和视频监控器进行监控无氧作业人员作业情况；作业现场配备了一台正压式空气呼吸器、4 根救援绳和一支灭火器材，并保持受限空间出入口内外不得有障碍物，保证其畅通无阻，便于人员出入和抢救疏散。

3.4.3　卸剂无氧作业高处坠落应对措施

加氢装置卸剂无氧作业前应对防坠器、钢梯、生命绳、五点式安全带检查完好，卸剂无

氧作业人员应正确佩戴五点式安全带，生命绳与五点式安全带连接可靠，生命绳与防坠器系挂在容器外固定点，作业人员必须系挂好防坠器双手扶钢梯上下，受限外面有佩服五点式安全带并连接可靠的监护人员拉住作业人员的生命绳缓慢放入，确保作业人员钢梯上下安全。

3.4.4 卸剂无氧作业坍塌应对措施

加氢装置严格按照工艺指标平稳操作，避免催化剂在高温或飞温下与烃接触催化聚合反应会生成结焦产物；施工方案及作业安全风险分析应识别出卸剂过程中存在的催化剂坍塌的风险；作业过程应将上部板结催化剂全部破碎，严禁通过采取局部破碎后向周边扩展的方式作业，避免催化剂坍塌事故。

3.5 现场施工交叉作业风险的应对措施

加氢装置 2021 年大检修，反应器 R801、R802 卸剂周边大型检修项目多、任务重、区域又不大，作业过程复杂，包括动火、用电、受限、吊装、盲板、高处作业等多种危险作业，往往交叉进行，涉及多辆大型吊车进行吊装，施工的单位有四家，装置在作业前指定设备员为协调人，组织开展交叉作业风险识别，采取可靠的风险防控措施，确保作业安全。根据吊车施工进度首先安排镇海建安两天对八台高压空冷整体换新，其次安排阳申四天对反应器 R801、R802 进行卸剂，最后安排镇海建安对六台高换热器螺纹锁紧环进行修理，穿插安排 E830 及配套管线技措项目，避免施工现场反应区域的交叉作业。卸剂作业两辆铲车对卸剂的吨桶需要连续转运，装置用硬隔离围栏设置了铲车专用通道，避免车辆伤害事故。

催化剂装卸的分布区域如图 3 所示。

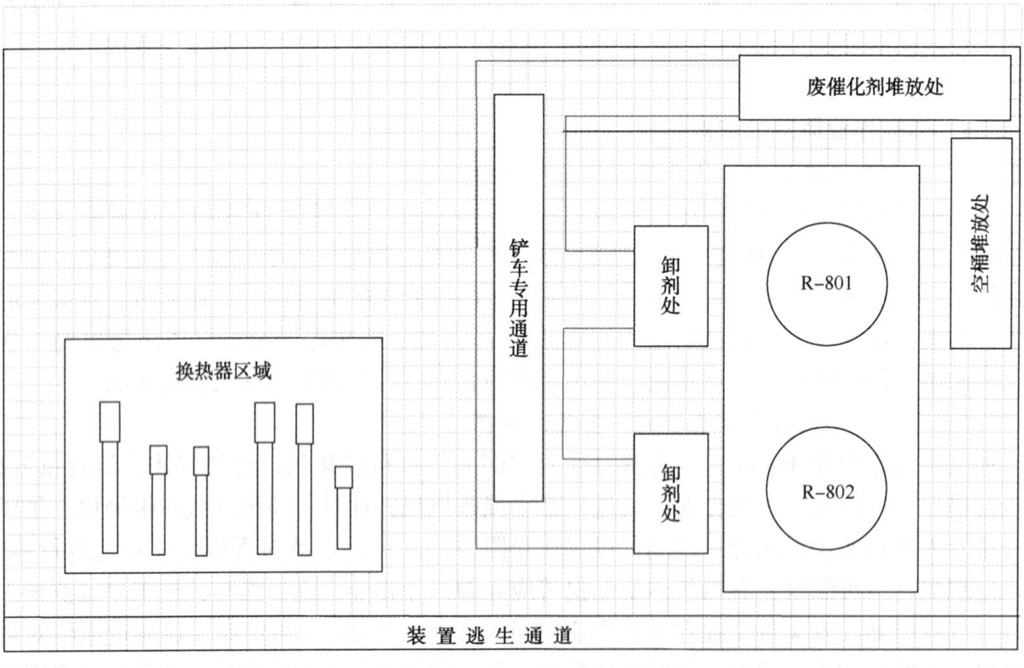

图 3　260 万吨/年柴油加氢装置催化剂装卸图

3.6 装置卸剂无氧作业未解决的问题及解决思路

2021 年加氢装置卸剂无氧作业，设置在 R801、R802 受限空间入口四合一检测仪检测的氧含量在 5%~6%(体积分数)左右，存在受限入口用临时管线充氮气未达到公司制度要求的氧含量不应大于 2%问题，可通过冷氢管线接氮气满足要求；卸剂作业人员随身配备应急气瓶无压力表等有效显示，无法满足人员逃生供气10~20min的问题，作业前承包商应对所有应急气瓶请专业公司检测合格并贴合格标签；《高桥石化受限空间作业安全管理办法》新增催化剂装卸作业时催化剂床层表面氧含量应不大于0.2%(体积分数)要求，通过什么仪器进行检测，现场监护人员现场如何进行检查的问题，承包商应采购氧含量检测设备大于等于0.2%(体积分数)就会报警的氧分仪。

3.7 加强无氧作业的专项安全培训

强化了受限空间作业安全培训管理规定，通过规范化的安全培训，提高全体员工和承包商人员的安全素养，作业人员未经无氧作业或经模拟无氧作业实操训练或者考核不合格的人员不得上岗；将普及培训与专业培训相结合、实操培训与理论培训相结合，提高全体员工和承包商人员的安全技能。

第一，加强受限空间作业制度的培训。让职工和承包商全面掌握受限空间作业防护的要求，预防受限空间作业事故发生。

第二，加强正压式空气呼吸器的穿戴培训。借助于公司消防队的大平台，开展佩戴正压式空气呼吸器的专业培训，做到装置操作人员和承包商作业人员百分百佩戴合格。

第三，承包商受限空间无氧作业专项培训。将安全培训与施工实际紧密结合，围绕强化安全施工、提高安全意识、责任意识等进行培训，内容包括作业前安全分析、受限空间无氧作业的作业性质、作业风险、作业注意事项进行针对性专项培训并开展事故预案演练等。

第四，做实心肺复苏的培训。依托公司职业病防治所的平台，对公司职工和承包商进行心肺复苏培训，从意识和质量上提升职工心肺复苏的能力。

4 结语

加氢装置受限空间无氧作业是一个高风险作业，应尽力查找风险隐患，防范安全事故，做好装置受限无氧作业风险预防工作，加强公司职工和承包商受限空间作业管理规定专项培训，正确穿戴劳动防护用品，掌握正压式空气呼吸器的使用方法和心肺复苏的急救本领。施工的安全管理应落实到全体员工和承包商人员，贯穿于全过程、全方位，确保人员平安、施工安全。

参 考 文 献

[1] 徐卫忠，炼化企业检维修施工作业的HSE管理[J]. 石油化工安全环保技术，2017，33(5)：04-07.

谈双重预防在道路交通运输的实践与应用

贾唤来

(中国石油运输有限公司)

摘　要：近年来，道路交通环境愈加复杂，道路交通安全十分严峻，交通安全风险越来越高，交通安全已然成为影响我国经济发展和人民财产安全的风险。道路交通安全管理水平与道路交通安全紧密相关，人、车、环境是影响道路交通安全的主要风险源，为加强道路交通安全风险的管理，显著提高道路交通安全水平，提出具体的风险防范措施，为道路安全管理者提供一定的借鉴与依据。

关键词：道路交通安全；风险分级防控；驾驶员 ABC 动态分类管控

1　国内道路交通运输安全现状

1.1　公路建设、机动车保有量和驾驶人数量快速增长

截至 2021 年底，我国公路总里程达 528.07 万公里，其中高速公里总里程达 16.91 万公里居世界首位；机动车数量增长速度持续加快，全国机动车保有量为 3.95 亿辆，其中公路营运汽车 1231.96 万辆(载货汽车 1173.26 万辆)；与此同时，机动车驾驶人达 4.81 亿人，其中汽车驾驶人 4.44 亿人，三项数据均为世界第一。随着我国道路交通事业的飞速发展，交通事故猛增已成了交通管理所面临的严重问题。见图 1

图 1

1.2　道路交通安全形势依然严峻

近年来我国道路交通事故万车死亡人数虽逐年下降，但总量依然居高不下，2020 年中国交通事故死亡人数为 61703 人，受伤人数为 250723 人。“十三五”期间，连续发生了 2016 年湖南郴州宜凤高速“6・26”特别重大道路交通事故、2017 年陕西安康京昆高速“8・10”特别重大道路交通事故、2018 重庆万州“10・28”公交坠江事故、2020 年浙江温岭“6・13”槽罐车爆炸事故等一系列重特大事故。道路交通安全形势依然严峻。见图 2。

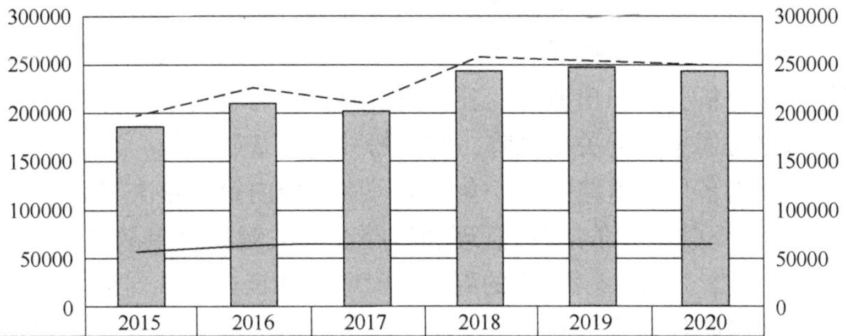

	2015	2016	2017	2018	2019	2020
交通事故期数	187781	212846	203049	244937	247646	244674
—— 死亡人员	58022	63093	63772	63194	62763	61703
- - - 伤亡人数	199880	226430	209654	258532	256101	250723

图 2　2015—2020 年全国交通事故数量、死亡人数和受伤人数统计

1.3　运输公司道路运输和车辆管理面临的风险

运输公司作为国内最大的危险化学品公路运输企业，具有点多线长面广、高温高压、易燃易爆、有毒有害等特点。2 万多台车辆分布于全国各省市及地州县区，每天几万余次危险化学品运输活动，多种风险交汇累积，隐患交织叠加，都给道路交通安全生产带来深刻影响和重大挑战，稍有失控，后果难以预料。

1.4　道路交通安全风险分析

道路交通事故中人的因素起着决定性作用，抓好道路交通事故预防就要坚持以问题为导向，运输公司从历年事故原因中寻找规律，经过多年探索和总结经验，最终形成了以道路关键风险防控为核心的风险管理体系。一是疲劳驾驶安全风险。驾驶员疲劳时，会出现困倦瞌睡，视线模糊、反应迟钝、精力不集中、思考不周全、判断力下降等极易发生事故。二是路口转弯、通行安全风险。路口通行情况多变，机动车、非机动车和行人交叉通行，不确定因素较多，主要存在转弯车辆与直行车辆碰撞、机动车与非机动车和行人碰撞、转弯和追尾碰撞、非机动车和行人横穿道路碰撞等事故风险。三是与行人、摩托车(电瓶车)碰撞安全风险。公司运输车辆体积大，驾驶位高，驾驶员驾驶车辆在通过路口、人车混行路段行车、起步、变道、转弯时观察不全、不及时，容易与行人、摩托车(电瓶车)发生碰撞。四是超速驾驶安全风险。超速行驶时驾驶员不能全面、正确感知车外变化，对空间的认识能力减弱，对速度的判断能力下降，造成思维判断失误，紧急情况不能及时、准确操作。五是新聘驾驶员、押运员安全风险。新聘用驾驶员对运输设备、运行路线和环境、作业程序、操作规程、规章制度、安全要求等不熟悉、掌握不全，容易出现违章作业、危险驾驶、违反规定等不安全行为。六是长期不归队车辆、驾驶员安全风险。长期不归队车辆驾驶员长时间脱离管理，缺少安全教育，存在自我要求松散，安全意识下降，规章制度不执行，违章行为增多。

2　运输公司道路交通安全管理主要做法

从事故发展过程来看，风险管控失效易导致隐患；隐患治理不到位易引发事故。风险分类分级管控和隐患排查治理是构建事故预防体系的“两道防线”。那么，运输公司作为市场经济体制下高危行业的道路危险运输企业，如何从加强风险分级防控和隐患排查治理入手，减少各类道路交通事故发生呢?

2.1　持续完善道路交通风险分级防控体系建设

运输公司风险管控体系以风险辨识为基础，从人、车、管、环四个方面对生产作业全过程进行了辨识分析，应用定量方面确定其风险等级，制定了针对性管控措施，形成了涵盖危险化学品、油田物资、井队搬迁、小车服务等全业务链条的风险管控责任清单。同时，通过对近三年的事故分析，辨识出疲劳驾驶、路口通行、与电动车、行人碰撞、盲区伤人、连续下坡等引发道路交通事故的关键风险，实施驾驶员、基层单位、二级单位和运输公司四级风险管控模式，明确各层级道路交通安全关键风险管控内容、频次和标准，有效落实风险分级防控责任。实行“驾驶员五条禁令”管理和道路交通关键风险事故“零容忍”，对触犯禁令者坚决解除劳动合同，违反“零容忍”的驾驶员没收或注销内部准驾证。

（1）打造风险防控监管机制。一是建立监督机构。设置了安全环保监督中心，在长春、石家庄、合肥、南昌、贵阳、西安和新疆设立7个区域安全生产监督中心，在运输主业单位设立安全监督站，建立了自上而下的安全监督体系。二是设立监控中心。在北京、乌鲁木齐设立两个公司级监控管理中心，在各省二级单位设立监控中心，基层配送中心（车队）设置专兼职监控员，通过车辆管理系统实施三级车辆实时监控。

（2）构建信息化隐患治理机制。运输公司2021年自主研发了主动安全防御系统，提取了54万个路口信息，通过运用大数据和人工智能技术，建立报警分类分级和风险量化标准，设定电子围栏，提升了监控效率和精准度。同时，利用图像识别、雷达技术，实现驾驶员身份、工作状态自动识别，对疲劳驾驶、接打电话等违章行为和靠近车辆的行人、非机动车发出主动预警提示，在国内道路交通安全管理中属于首创。建立了报警分类分级和风险量化标准，将风险划分为高风险、中风险、一般风险、风险提示，使监控工作向高危风险聚焦，提升了监控效率和精准度。

（3）完善违章和风险分析预警工作机制。利用车辆监控管理系统大数据分析和历年交通事故案例数据，开展周分析、月预警，实施重点驻点监督、精准靶向管理、确保风险受控。通过月度通报违章报警、季度考核监控管理情况的方式，有效控制违章报警。

2.2 深化驾驶员ABC动态化管理

有效运用驾驶员ABC动态考核评价管理，对驾驶员实施考核定级，确定分级管控措施，完善ABC动态考核标准，综合设置安全行驶里程、驾驶技能、违章违规频次等关键因素，发挥“正向激励、反向促动、动态管理、分类考核”作用，强化驾驶员安全生产，推动全员落实安全生产责任，预防和减少生产安全事故。一是将ABC评价结果与薪酬挂钩。驾驶员ABC动态考核评价结果应与薪酬挂钩。各单位可结合实践，采取专项奖励或在现有薪酬内划分出专门用于驾驶员ABC分类奖励，也可两种方式结合使用，但奖励标准应拉开分类差距，切实实现“正向激励、反向促动”作用。二是明确分类管控要求。针对不同类别驾驶员实施差异化日常管理，细化管理内容和要求。C类驾驶员按照诚信驾驶员进行提示性管理，B类驾驶员按照合格驾驶员进行常规管理，A类驾驶员按照重点驾驶员进行面对面管理。在日常的任务调派、安全培训、出车前“三交代”、运行监控、违章查处、设备检查等管理中明确A、B驾驶员的参与程度、抽查次数和工作标准，通过给驾驶员挂牌的形式，C类绿牌、B类黄牌、A类红牌，用全方位的严格管理促进驾驶员自我进步。三是建立考核评价模型。按照任务完成、考勤、事故、违章、数质量等对驾驶员进行初评，符合初评的驾驶员按照基础要求、风险管控、责任落实三项内容建立驾驶员评价模型。凡是任务、考勤不达标，涉及暂扣或吊销驾驶证、患有职业禁忌证、发生事故和数质量事件、违反禁令、红线和零容忍、严重不服从管理等情形的驾驶员不纳入考评。根据实际评定等级必须连续保持2个月才能晋级更高等级。实施阶梯式晋级。

2.3 推动违章“画像”精准化管控

以违章分析管理为抓手，以车辆智能管理系统报警数据、日常隐患排查发现的违章行为、交管部门查出的交通违法行为数据支撑，实现驾驶员、基层单位、二级单位、运输公司各维度精准靶向管理。按照各层级管理权限，每日对各级报警数据进行统计、排名，每周对各级进行“画像”，确定下周管控重点，每月对各级“画像”管理进行总结评价，确定次月管控重点和管控措施。同时，将“画像”管理与驾驶员 ABC 考核评价管理相结合，通过分析考核确定重点和关键驾驶员，实施具体针对性的管控措施，有效降低违章报警数量，及时消减安全风险。

2.4 实施分类化重点监督

一是持续落实“一月一风险、月月有重点“的监督工作方法，结合生产特点和月度、季度历年事故发生规律，制定有效措施，按月度实行任务分解、精准防控，将道路交通安全关键风险作为安全环保监督中心月度重点督办事项，把安全监督由“粗放管理”推向“精细管理”。二是开展 HSE 专项督导检查。针对事故单位安全环保管理专项开展的技术诊断或管理评估，采取领导访谈、员工座谈、文件资料查阅、安全环保履职能力测评、现场观察与沟通、随机抽查及验证、管理追溯等多种方式，获取安全环保管理情况和风险管控现状的相关证据和信息，查找管理短板和漏洞。三是建立违章行为曝光机制。公司安全和生产部门以车载视频监控为抓手，大力排查驾驶员违章违法行为，建立违章问题分类分级清单，实行违章问题分级考核问责，及时通过违章曝光台和生产、安全工作群予以通报、处罚和跟踪整改。

3 运输公司道路交通安全管理取得的主要成效

3.1 驾驶员违章管理智能化水平不断提升，违章数量大幅下降

在违章驾驶、路口超速防控和动态监控风险量化等方面取得了较好效果，实现了违章行为事后管理向事前预防的跨越式转变，疲劳驾驶、接打电话、超速等违章行为平均下降30%以上。

3.2 驾驶员安全技能、主动安全和防御性驾驶意识不断提升

通过案例警示教育、情景模拟、应急模拟、操作演练等多种方式分级开展三级安全教育培训，试点推广应用 VR 实景模拟，探索和实践驾驶员防御性驾驶技能提升，深化实施驾驶员 ABC 动态化管理，优秀驾驶员比例逐年以 8%的比例提升。

3.3 道路交通事故总数逐年下降

近年来，运输公司道路交通事故逐年下降，安全管理业绩逐年创新高，交通事故数量较“十二五”末下降了 90%以上，道路交通安全关键风险管控形势持续好转。

4 结语

道路交通运输企业安全生产不仅仅需要加强对机制的健康和完善规章制度，也要有细化优化分解落实的岗位职责和保障安全生产基础的投入，更要有科学的管理与严密的动态风险管理机制建设，但最主要的还是提高各岗位人员对道路交通安全生产工作的积极性与主动性，才能保障规章制度的有效落实，促进生产管理工作有序受控运行。

天然气深冷装置关键设备热应力影响分析

白　伟

（中国石油新疆油田分公司采气一厂）

摘　要：高温、低温及温度交变工况对天然气生产装置长期稳定运行带来不利影响，开展天然气深冷装置关键设备在温度载荷下的应力分析是保障气田安全运行的关键。本文基于瞬态热力学基础理论，针对某采气厂天然气深冷关键设备建立全尺寸有限元模型，分析了温度载荷下关键部位热应力分布规律，并对最大等效应力位置进行强度评估，所得结论为关键容器在复杂温度工况下的风险管控提供理论依据。

关键词：天然气；深冷；温度；风险

压力容器的疲劳破坏已成为石油化工领域最常见的失效形式，其破坏易导致有毒有害介质泄漏，造成严重的环境污染和人员伤亡。国际焊接协会对126起装置破坏事故统计，以温度为影响因素导致的事故占比42%，某采气厂天然气深冷处理装置热交换温度超过30℃参数21处，单台设备最高温320℃，最低温-105℃，热交换最大温差260℃，特别是分子筛脱水吸附塔，工作流程为吸附→再生→吸附交替循环的过程，温度交变工况复杂，热吹最高温度290℃，时间5.5h；冷吹温度30~40℃，时间6h。在温度交变载荷下，吸附塔局部应力集中，易导致塔体失效。

一些学者对单一温度应力载荷下的压力容器疲劳失效已有研究，但对压力容器长期处于高、低温及温度交变载荷下耦合效应研究较少。本文基于瞬态热力学研究机理，系统分析了分子筛吸附塔、脱甲烷塔、脱乙烷塔等天然气深冷关键设备在温度载荷下的热-力耦合场，以揭示瞬时热应力分布规律，为天然气场站风险防控提供理论参考和技术支持。

1　基本情况

为充分回收天然气中的C_2、C_3^+等烃类组分，提高气田综合开发效益，某采气厂新建天然气深冷装置2座，采用部分干气循环工艺回收乙烷、液化气、稳定轻烃。见图1。

为满足产品需求、充分节能，深冷工艺设计较多换热网络，高温、低温及温度交变工况多。在复杂的温度载荷下，装置易发生应力破坏，导致管线、容器膨胀、变形，基础偏移、结构破坏、脱焊等，影响正常生产。

该厂天然气深冷处理主要分为低压气、中压气增压、分子筛脱水、深冷凝液回收、外输增压4个单元，包含各种塔、换热器、过滤器、分离器、压缩机、储罐类型，关键设备为分子筛吸附塔、脱甲烷塔、脱乙烷塔、多股流换热器等。

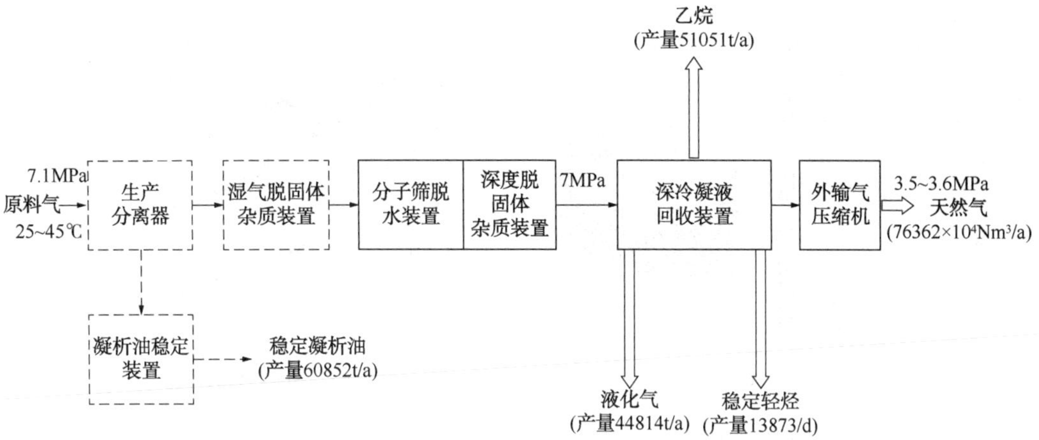

图1　天然气深冷处理工艺简图

2　技术方法

针对深冷装置不同结构特点，采用有限元法分析深冷装置应力薄弱点。主要分析步骤如下：

(1) 模型建立：根据深冷装置关键设备结构特点，采用ANSYS有限元模拟软件建立全尺寸数值计算模型，对温度载荷下深冷装置关键设备安全风险进行分析评估。为减少模型计算量，采用1/2对称模型进行计算。

(2) 划分网格：为了仿真计算有较好的稳定性与易收敛性，仿真模型分为不同区域的非结构网格，在模型过渡、转角与焊接焊缝等位置增加网格数量，相邻单元尺寸为装置壁厚的1/5，对过渡区域的网格进行了粗糙化处理。优化网格敏感性影响，得到最佳网格质量满足计算要求。

(3) 设置边界条件：模型载荷边界条件采用与现场真实工况一致，温度和压力均采用现场实际条件；深冷装置因保温材料的存在，外表面均设为绝热边界条件，热流密度接近于零；此外，对材料的弹性模量、热传导率及热膨胀系数等参数均采取随时间变化量。设置固定约束以限制设备位移，其他位置为自由约束，模型对称面为对称约束。

(4) 计算求解：为解决热-力耦合问题，应力分析采用瞬态计算模块。

(5) 结果分析：后处理模块展示模型计算结果，使结果更好地可视化展示。

3　分析结果

(1) 分子筛吸附塔

吸附塔材料为Q345R，塔体操作温度40~290℃，设计温度320℃。操作压力7.1~7.2MPa，设计压力7.8MPa；考虑极端环境最高温度43.1℃、最低温度-42.8℃影响，塔体外表面设为绝热壁面条件。

① 常温10℃环境计算结果(图2、图3)

温度交变工况下最大应力集中在塔体进出口接管位置，最大等效应力达212.76MPa，最大应力变化幅度达到塔体屈服强度61.7%，塔体底部焊缝位置存在较大的残余应力集中，最大应力为199MPa，环焊缝处最大应力变化幅度达到塔体的屈服强度57.7%。

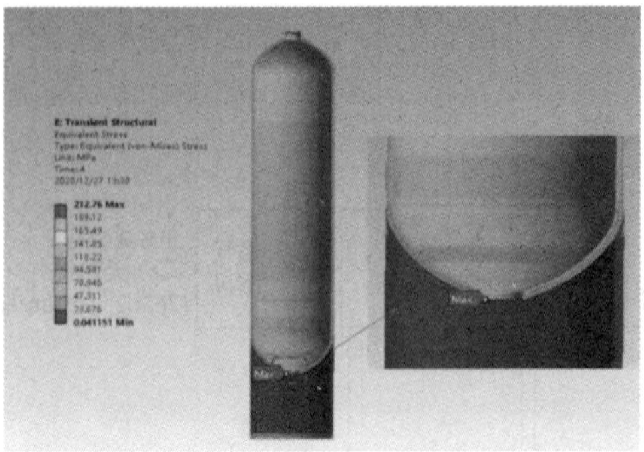

图 2　吸附塔塔体等效应力

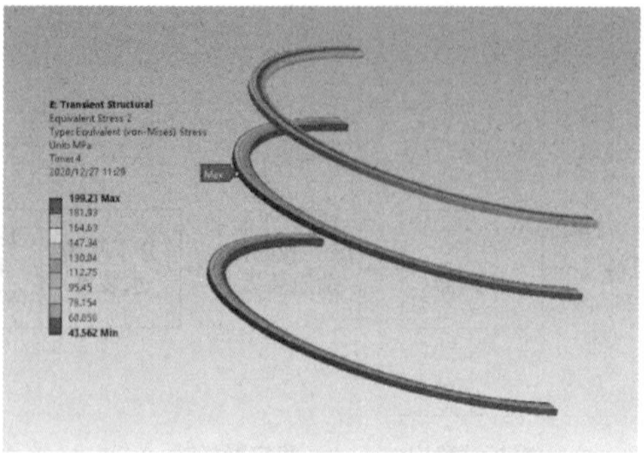

图 3　环焊缝等效应力

② 极端环境温度计算结果(图 4、图 5)

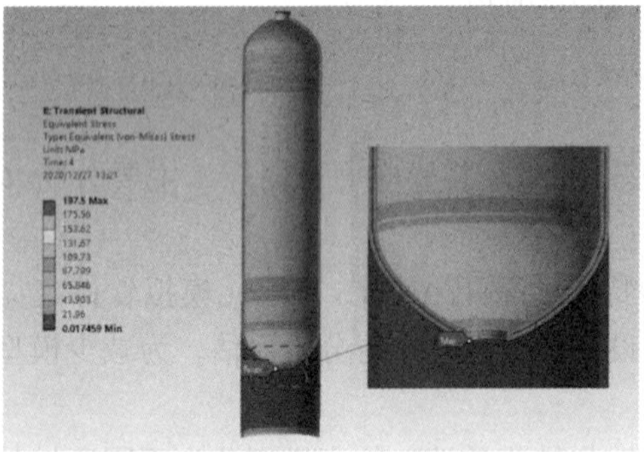

图 4　环境温度-42.8℃应力分布

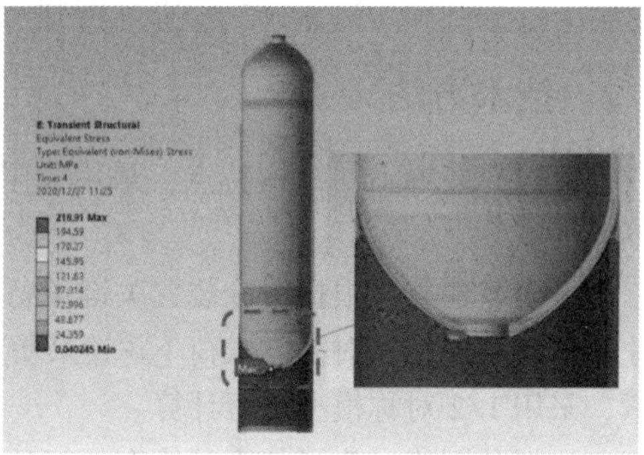

图 5　环境温度 43.1℃应力分布

吸附塔底端进出口处均存在残余应力集中，极端环境温度-42.8℃和 43.1℃下最大残余应力分别达到 197.5MPa 和 218.91MPa，塔体最大应力变化幅度达到塔体屈服强度的 57.2%和 63.5%。吸附塔塔体中间部位应力水平较低，小于塔体材料的屈服强度。

(2) 脱甲烷塔

脱甲烷塔主要材质为 S30408，塔体操作温度：-110~40℃，设计温度：-120~60℃。操作压力 2.0~2.5MPa，设计压力 3MPa；考虑极端环境最高温度 43.1℃、最低温度-42.8℃影响，塔体外表面设为绝热壁面条件。

① 常温 10℃环境计算结果(图 6、图 7)

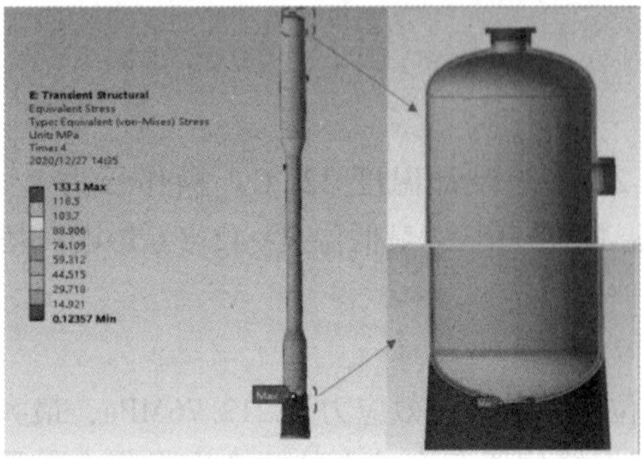

图 6　脱甲烷塔塔体等效应力

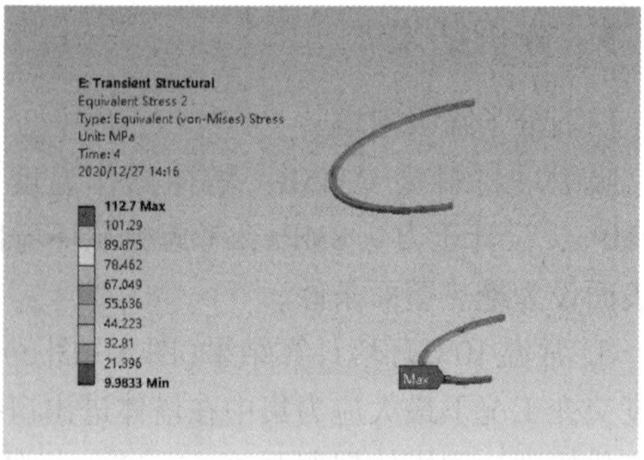

图 7　脱甲烷塔环焊缝等效应力

常温环境下，温度交变引起的脱甲烷塔塔体最大等效应力位于塔体出、入口接管位置。底部进出口位置最大应力 133.3MPa，塔体最大应力变化幅度达到塔体的屈服强度 65.0%，此位置残余应力集中影响塔体接管位置应力分布。塔身其他位置应力较小，分布较为均匀。由于塔体开孔边缘应力集中的影响，导致塔体变径位置处焊缝存在较大的残余应力集中，最大应力为 112.7MPa，最大应力变化幅度达到塔体屈服强度 55.0%。

② 极端环境温度计算结果(图 8、图 9)

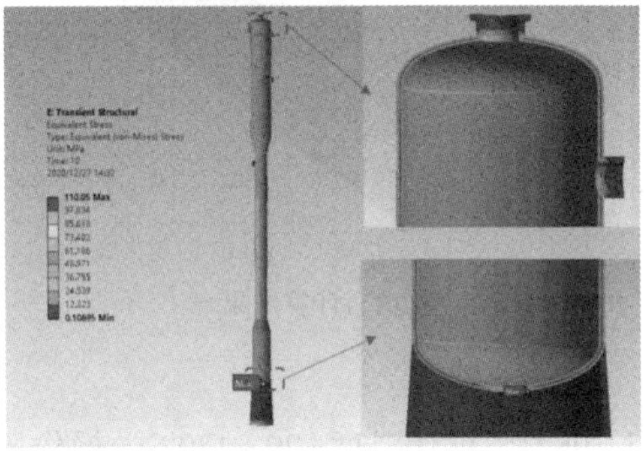

图 8　环境温度-42.8℃应力分布

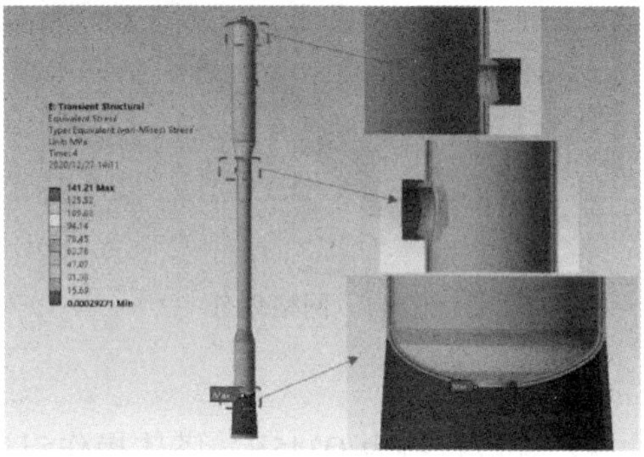

图 9　环境温度 43.1℃应力分布

极端环境温度下，与吸附塔应力分布类似，在脱甲烷塔的介质进出口处存在较大的应力集中，最大残余应力分别达到 110.05MPa 和 141.21MPa，塔体最大应力变化幅度达到塔体屈服强度的 53.7%和 68.7%。

(3) 多股流换热器(图 10)

铝制板翅式换热器材料为 3003/5083，冷箱外壳及安全阀材质为 Q235，其他参数如表 1 所示。

图 10　多股流换热器

表 1　多股流换热器运行参数

通道	A1~A3	B1~B2	C1~C2	D1~D2	E1~E2	F1~F3	G1~G2
压力/MPa	7.8/7	7.8/6.9	4.6/4.1	3.0/2.5	3/2.6	3.0/2.6	3.0/2.6
温度/℃	-120/-45~42	-120/-103.7~-45	-120/-103.7~50	-120/-104.7~31.8	-120/-93.2~-88.4	-120/-39.5~-7.2	-120/-6.9~14.5

考虑板翅式热交换器尺寸及现场工况，分析多股流换热器的应力分布。可以得到，换热器的最大应力分布于冷箱底部，最大为 72.1MPa，达屈服强度的 84.8%。见图 11、图 12。

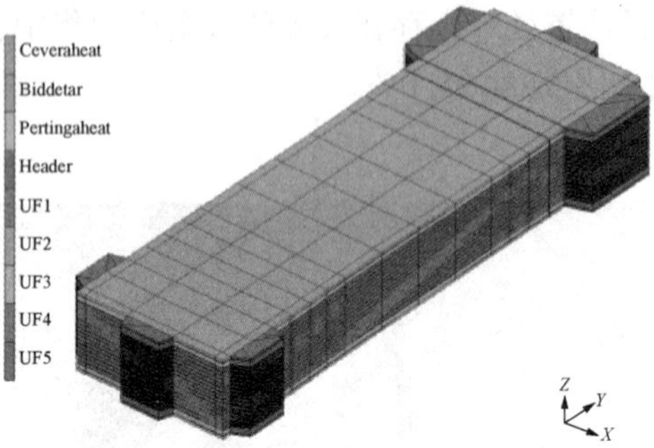

图 11　网格划分

图 12　计算结果

（4）脱乙烷塔

脱乙烷塔材料为 Q345R，塔体操作温度-13～98℃，设计温度-20～120℃。操作压力 1.8～2.6MPa，设计压力 3MPa；考虑极端环境最高温度 43.1℃、最低温度-42.8℃影响，塔体外表面设为绝热壁面条件。

从图 13～图 17 可以看出，在脱乙烷塔介质进出口处（开孔接管位置）存在较大的应力分布，最大等效应力达到 227.76MPa，塔体最大应力变化幅度达到塔体屈服强度的 70.1%。考虑极端工况环境，塔体开孔处均存在较大的应力集中，最大应力变化幅度达到塔体屈服强度的 73.2%。

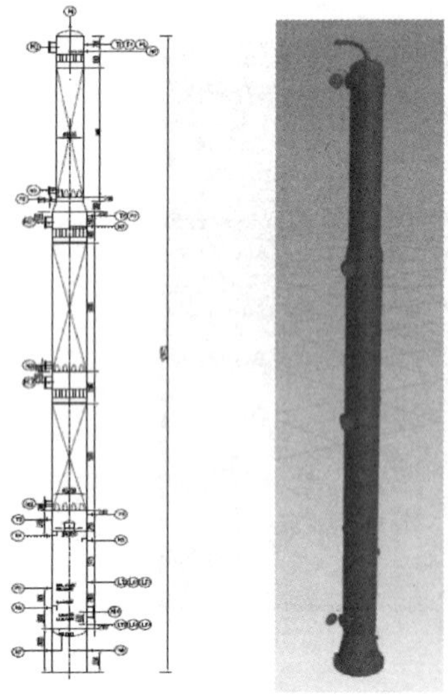

图 13　计算模型

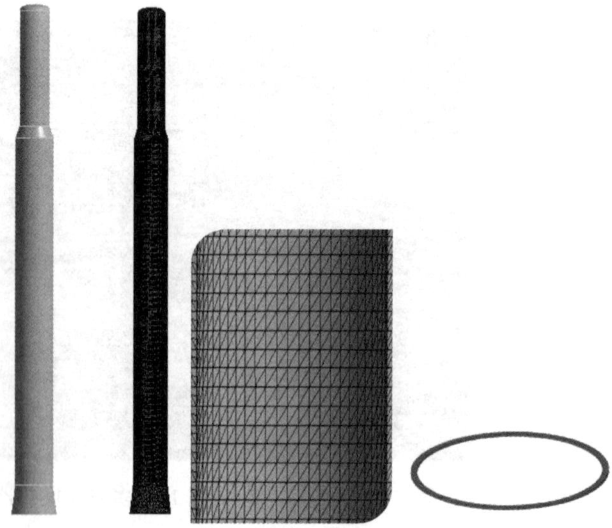

图 14　网格划分

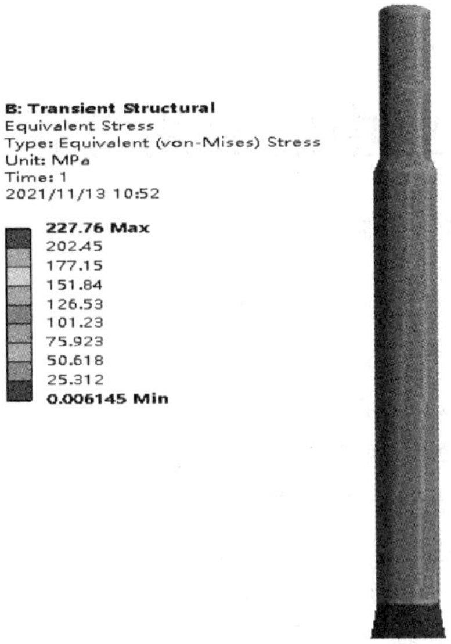

图 15　常温 10℃

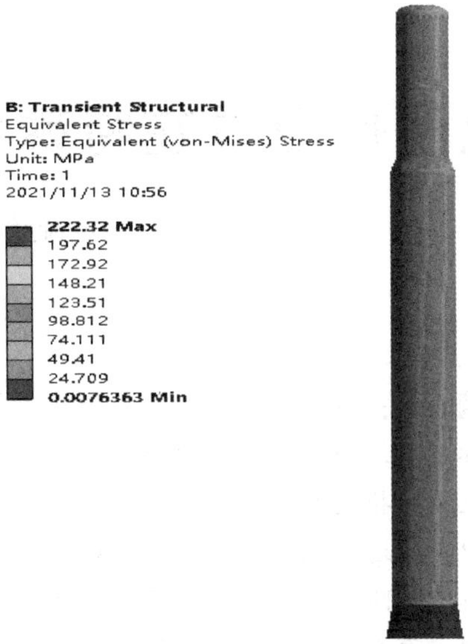

图 16　环境温度-42.8℃

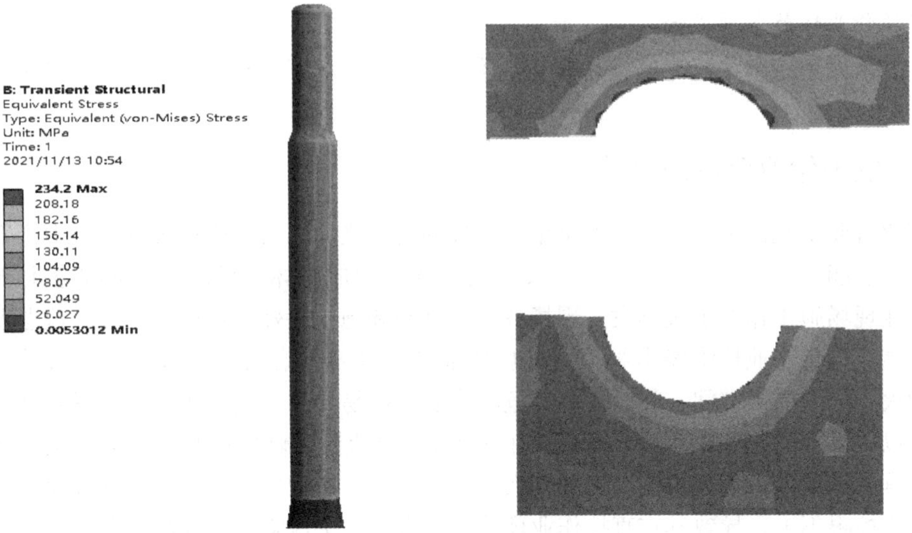

图 17　环境温度 43.1℃

4　结语

（1）运用有限元法对深冷装置关键设备及部位温度载荷进行分析，可以得出：对于不同材料，由于材料的热膨胀系数不同，导致设备的应力应变不同。深冷装置关键设备的平均等效应力随着温度变化成正比例关系，随着温度增大，应力和应变均成比例增大；温度减小，应力和应变成比例减小。交变工况下材料应力变化幅度比较大，易导致疲劳失效。

（2）该厂深冷装置在复杂温度载荷下的风险隐患点主要分布在：塔器进出口接管开孔、塔底焊缝位置、塔体变径、冷箱底部等位置，以上部位均易出现疲劳失效，应加大巡检和检维修力度，必要时可安装应变监测装置或光纤监测装置进行监测，保证现场装置服役安全。

电子作业票在特殊作业中的应用与探索

郭诗锋　赵　璐

（中国石化上海高桥石油化工有限公司炼油二部）

摘　要： 本文简要描述了电子作业票的应用背景、系统建设，全流程管控，以及实际应用。中国石化集团公司印发"关于加快推进电子作业票工作的通知"，高桥石化大力推进特殊作业全流程电子化管控系统，实现票证去纸质化。电子票应用过程中，通过作业许可申请、JSA 分析、措施落实、票证签发等八大环节的应用实施，打造风险管理区域化、作业开票流程化、作业监控立体化的管控新模式。实际应用中，存在票证签发时效低下等问题。本文对其进行归类并分析，并根据实际情况提出推进本地化部署、JSA 及安全交底引用等改进措施和完善人员定位、集成缺陷管理系统等下一步工作设想，以期能有效提升电子作业票开票效率，更好地管控直接作业环节各项风险。

关键词： 电子作业票；直接作业环节；施工特殊作业；全流程管控；优化

1　电子作业票应用背景

炼化行业是我国最容易发生安全生产事故的行业之一，易发生火灾爆炸、中毒窒息等事故，继而引起人员伤亡、财产损失以及对周边环境造成破坏。目前，企业安全生产形势严峻，企业现场施工作业事故频发，现场各类检维修和施工特殊作业体量巨大，地点零散、不确定性高。炼化企业检维修作业、"双边"作业通常涉及易燃易爆、有毒有害物质，还经常进行动火、进入受限空间、临时用电等危险作业，极易导致火灾、爆炸及中毒窒息事故的发生。在以往事故的统计中，承包商直接作业环节（包括检维修作业和"双边"作业）事故占很大的比重，承包商由于人员流动性和受教育程度参差不齐的原因，票证管理难度大，施工作业安全管控跟不上，导致其在直接作业环节中一直是一个风险等级较高的存在。

传统作业票为纸质票证，采用手工开票，书面流转模式。传统纸质作业票人员信息杂乱、开票资料繁杂，需手工填写，不仅易手误，而且效率低。风险识别主要依赖人为经验，分析全面程度深度因人而异，风险分析漏项、不到位情况较为常见。使用纸质作业票问题诸多，如不在现场签票，代签，作业信息不全，作业人员身份未确定等。开票签字审批流程中存在大量重复性的工作，不仅审批效率低，还容易出现差错，存档难、统计难，易导致部分人员不按流程规范审批，不按流程规范作业，引发伤亡等事故。电子作业票系统使得作业票无纸化，以移动终端，现场定位为主，审批高效化，严格规范各个流程，将安全责任落实到人，实现作业现场过程的标准化，信息化，高效化，让安全监督真正落实到每一步操作、每一次作业。

2020 年 10 月 14 日，工信部与应急管理部联合发布了《"工业互联网+安全生产"行动计划（2021—2023 年）》，提出到 2023 年底，工业互联网与安全生产协同推进发展格局基本形成，工业企业本质安全水平明显增强。行动计划提出支持工业企业、重点园区将数字孪生技术应用于安全生产管理，实现关键设备全生命周期、生产工艺全流程的数字化、可视化、透明化。通过工业互联网在安全生产中的融合应用，增强工业安全生产的感知，加速安全生产从静态分析向动态感知的转变，提升工业生产本质安全水平。同年，12 月 22 日，工业和信息化部、应急管理部和中国石化集团公司联合召开“工业互联网+安全生产”试点推进会。会议要求，把国家试点作为中国石化数字化转型的重要内容。梳理石油化工生产过程和环节中的安全隐患，构建网络安全生产监管平台，实现安全生产全过程、全要素、全产业链的连接和监管，围绕安全生产安全风险隐患的感知、预测、预警、处置和评估，为制定行业实施指南提供支撑，为国家危险化学品安全生产治理体系和治理能力现代化积累经验。

2021 年 5 月 8 日，集团公司下发“总经理 2 号令”，明确了“建立作业许可电子管理系统”，“建立高风险数据库”以及完善现场风险防控措施，规范作业票全流程管理等要求。6 月 16 日，集团公司印发了《中国石油化工集团有限公司 HSE 管理体系手册》(中国石化 HSE 办〔2021〕16 号)，将未到现场安全确认签批作业列为安全生产禁令，并着重强调“对高风险作业实施视频监控”等要求。2021 年 7 月 20 日，集团公司印发了“关于加快推进电子作业票工作的通知”，各生产企业保证于 2021 年 8 月底前实施系统建设，2022 年底实现系统上线运行。

2 电子作业票系统及流程建设

2.1 电子作业票应用预期

现场直接施工作业环节是安全管理的重点和难点，作业票是明确施工内容、辨识作业风险、落实安全措施的作业许可，是守牢现场施工作业安全的第一道关口。

数字化电子作业票(简称电子作业票，电子票)，不再受限于纸质材料，以安全施工法律法规、标准规范及企业管理制度为核心，依托互联网、电子作业票平台、移动防爆终端设备等先进技术，由电子作业票系统生成标准化的电子作业票模板，通过信息化管控、视频监控等手段，实现作业申请、开票、审批、监护、验收、统计全过程信息化、标准化、流程化闭环管理。支持实时查看作业办票、审批许可流程，记录监管信息，通过信息化和智能化手段实现作业全过程的实时管控与痕迹管理。

电子票作业许可证，以承包商施工作业的直接作业环节作为管控对象，实现作业许可证线上快速高效办理，同时建立全流程作业安全监管模式，规范作业许可流程和落实关键风险控制点。解决直接作业环节监管难点，达到风险管理区域化、作业开票流程化、作业监控立体化，切实推进现场作业标准化、办票过程可视化、管理执行数字化。也减轻以往纸质票证需留存一年的整理归档工作、数据统计分析工作。

通过传统安全+互联网技术，兼顾安全管理能力与工作效率，打造作业安全管控新模式(见表 1)。新模式主要体现在三方面。建立一张风险图。即建立知识经验不断积累的作业风险库，强化作业前、作业中、作业后风险辨识，有效指导 JSA 分析的开展；管住一条作业线。即管住以承包商现场直接作业环节为核心，“7+N”高风险特殊作业(见表 2)的作业许可的作业申请、JSA、气体分析、措施落实、安全交底、票证签发、作业过程、验收归档等八大环节的作业线。构建一张监控网。即构建以信息化手段辅助全过程，实现作业过程中人员变更、作业中止、气体分析的可视化监控网，打造风险管理区域化、作业开票流程化、作业监控立体化的管控新模式。

表 1　施工过程安全管控新模式

施工过程安全管控新模式	建立一张风险图	生产场所设备缺陷、介质危害、环境风险
		特殊作业机具常见风险
		特殊作业类型对应的常见风险
	管住一条作业线	作业前在线 JSA 分析
		关键措施落实拍照取证
		采用移动应用并行签发
		承包商入厂教育培训监管
		现场风险告知保留电子痕迹
	构建一张监控网	基于项目的作业许可监控
		承包商施工人员资质监控
		安全检测分析监控
		风险告知监控
		许可证执行监控
		属地检查及安全督查

表 2　电子作业票使用范围

序号	作业类型	序号	作业类型
1	动火作业(特级、一级、二级)	5	受限空间作业
2	临时用电作业	6	盲板抽堵作业
3	高处作业	7	动土作业
4	起重作业	N	非特殊作业

2.2　电子作业票的全流程管控

基于现场直接作业环节，电子作业票以安全管理为切入点进行场景构建，支撑各级管理人员、现场应用人员的业务操作应用，实现一整套信息化解决方法，从而夯实本质安全，提升管理效率。

电子作业票系统建立在中国石化安全管理信息系统中，基于石化智云开发，采用“平台+应用+服务”的技术路线，相关服务和应用是石化智云的有机组成部分。其中承包商问题提报、作业安全支持移动端应用，并基于中国石化移动应用平台进行开发。充分利用工业物联网的现有资源采集现场的数据，基于石化智云平台 IaaS 层(Infrastructure as a Service，即基础设施即服务)的计算资源、存储资源、网络资源及工业 PaaS 层(Platform as a Service 的缩写，是指平台即服务)的通用技术服务和业务服务，扩展安全类的技术服务和业务服务，并基于此进行生产类安全业务的应用开发，实现电子作业票一站式全流程操作、批量全流程开票、作业过程智能化全流程管控等功能。最终形成集团管控安全业务的解决方案。提高作业现场开票效率和作业过程智能化管控水平。

按照施工作业过程，电子作业票开发了作业申请(基本信息填报)、JSA 分析、气体分析录入、措施落实确认、安全交底(入厂管理)、票证签发、作业过程、作业验收/关闭和作业归档八大部分模块(电子票实施过程见图 1)。本文以动火作业开票为例，介绍动火作业电子作业票开票流程(动火作业开票流程见图 2)。

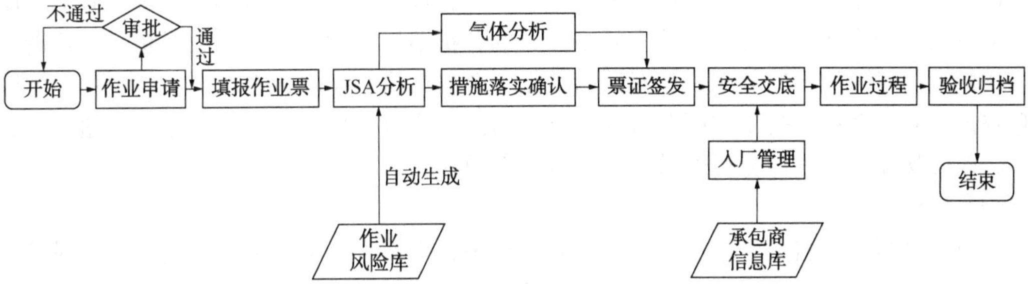

图 1　电子票实施过程

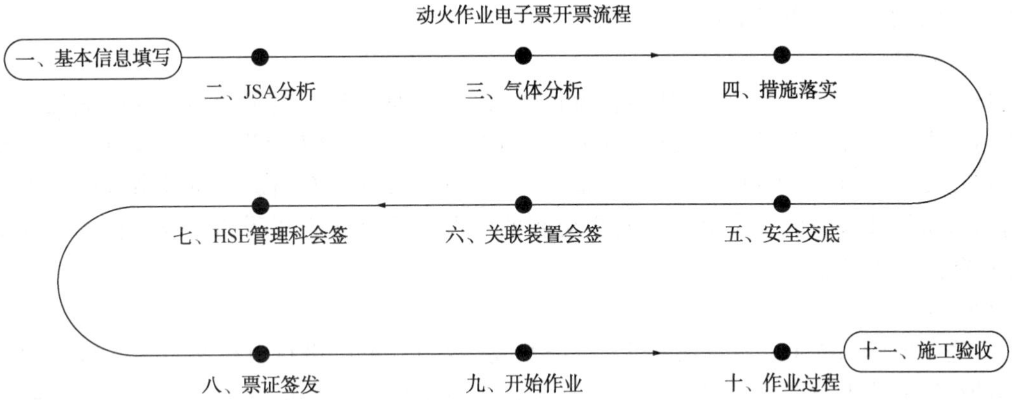

图 2　动火作业电子作业票开票流程

（1）作业申请

施工作业前，装置确定次日作业详细内容后，装置专业技术人员与施工承包商一起商定施工机器具、作业人员及监护人员名单等有关事项。在安全管理信息系统中“作业安全”栏目下填写作业的基本信息，提交后生成票证及其编码。带有编码的电子票引入施工申报和风险研判系统进行下一步操作。还可通过引用以往的票证重新开票，减少重复信息的填写，提高开票效率。实现作业申请登记、在线审批，强化事前申请。

（2）JSA 分析

事前建立作业活动风险、施工机具风险、作业环境风险、人员行为风险等 4 类风险库。建立动态施工作业 JSA 风险库，具有支持在线作业安全风险分析（JSA）的功能。依托已建立的作业风险库，按照“风险管控最有利”的原则，由开票人或装置（专业科室）负责人担任 JSA 小组组长，由工艺、设备、安全、电气、仪表和施工单位等有关人员组成小组成员，对作业全过程存在的安全风险进行分析，根据识别出的安全风险，从技术、管理和个体防护等方面，制定有效的防控措施。当作业前进行风险识别时，系统会自动根据作业步骤、施工机具和环境列出对应风险后果及防范措施，并由专业人员对 JSA 分析结果签字确认。

安全措施落实人（工艺员、设备员、安全员）还可根据经验和现场作业环境补充安全控制措施。JSA 新识别风险自动入库，实现风险库动态更新。为特殊作业 JSA 分析提供智能化、数据化支撑。

（3）气体分析录入

对于动火作业和受限空间作业，还需填报气体分析数据。装置人员提前网上申报气体分析需求，分析结果数据和 LIMS（实验室信息管理系统）关联，直接获取分析化验系统相关气体分析数据。作业当日开始作业前，装置专业技术管理人员用移动防爆终端将实验室气体检测结果录入电子作业票系统并上传实验室开具的分析结果照片。若分析数据超时，须借助于便携式检测仪对气体再次分析并比对试验数据，合格后将数据填入系统，实现现场气体检测信息登记。对于动火、受限空间等对气体分析时限有要求的作业，对气体分析有超标、超时提醒，以确保作业时气体分析有效，确保制度有效执行。

（4）措施落实确认

由JSA分析结果自动生成需要落实的安全措施，由装置人员和施工承包商进行现场逐项落实，落实后需在系统内通过身份认证进行签字确认。如果现场安全措施满足不了此施工作业，在安全措施落实时，可根据经验和现场作业环境补充安全控制措施。措施逐项落实后，措施落实的复核工作由安全管理人员完成。

（5）安全交底

JSA分析和安全措施确认完成后，流程进入安全交底阶段。气体分析可在此流程环节同步进行。由作业开票人组织相关专业人员对监护人及动火作业人员进行安全交底，并由开票人、接受交底人员（施工单位负责人、监护人及作业人员）双方确认。通过刷卡或刷脸等方式进行身份认证来完成安全交底，安全交底模块贯穿整个作业开票和作业过程，若有变动（人员新增）可再次进行交底。

（6）票证签发

交底完成的前提下，票证流转至“票证签发”环节，可以进行审核签发。各级审批人通过移动终端完成电子票证的签发。具有电子化人员定位功能，将电子票系统与巡检系统集成，签发时通过NFC读取现场巡检点位信息来确认落实人员现场签发。一级、特级动火作业票，还需要装置所在HSE管理科会签。如果涉及到其他单位（装置），需要由所涉单位负责人会签。根据特殊作业类型自动确定具有审批资格的审批人（岗位设定），其他人审批无效。

（7）作业过程

票证签发后，由开票人或监护人在移动终端点击“开始作业”，实现票证作业开始。移动终端由监护人持有，实现标准化监护。在作业过程中动态监控，记录作业人或监护人的更换、入场、离场情况，和记录作业中的气体分析数据，并实时记录作业开始、暂停、恢复和终止情况。作业全过程痕迹管理。

（8）作业验收/关闭、归档

作业结束后，由甲乙双方共同现场确认进行施工作业的验收。验收时将上传现场照片的方式进行系统内的备份，票证自动归档，确保闭环管理。

移动终端系统中还有动态看板模块，即统计分析，通过系统、定性、定量的方法，统计分析作业许可办理情况。同时能够统计一定范围内的作业数量及作业状态，再根据各票证作业类型、施工作业所在单位、作业级别、年度等条件进行统计，提供柱形图和饼图等图形显示。

3 电子作业票优势

（1）电子票系统实现电子化，实现监控全过程。电子作业票系统即作业安全管控系统，与集团公司的中国石化安全管理信息系统3.0的无缝集成，可与承包商管理模块、风险动态库以及施工机具管理等模块进行数据交互，作为智能工厂的一部分，主数据保持一致，能够实现与智能工厂系统的有效整合。另外，作业安全管控系统可与设备缺陷系统进行有效整合，使得两个系统作业计划能够有效关联并保持一致性，实现大数据的联动。

（2）职责明晰提高效率。电子作业票依据不同的作业等级授权相应的开票/审批人员，每人的确认内容、开票时间、审核节点等都能显示，且可以随时线上调阅。开票/审批人员培训熟练掌握操作流程后，可以节省开票/审批时间，增加施工作业的有效时间。

（3）电子票开票过程智能核查。开具电子作业票，要严格按照相关制度要求分专业认真进行 JSA 分析，做好安全措施现场落实确认、现场签发及作业过程的管理。开票过程有操作失误或漏项提醒、气体分析超时提醒，当系统核查发现时间前后矛盾、JSA 未全部完成、安全措施落实漏项、承包商人员人证不符等问题时，或不完成某关键步骤，无法进行下一步流程操作，步骤不遗漏，减少人为失误。最终实现作业票的智能管理。实施电子票的作业，作业时甲方监护人必须持有防爆手持智能终端进行现场监护。

（4）电子票签发留痕存档便捷。电子作业票的实行实现了票证无纸化，使得票证全流程得到监控，票证每一步都留有记录，并确保票证能够现场签发，且后续的电子票证归档减轻了以往纸质票证需留存一年的整理归档工作。

4 电子作业票应用情况

2021 年 7 月 26 日公司安环部组织召开电子作业票系统工作推进会；8 月 10 日开始在高桥石化炼油一部开展试点工作，对各项功能进行调试优化；2021 年炼油区域大检修期间选取炼油一部 3 号酮苯装置作为试点装置，检修全过程使用电子作业票，能够有效提升现场直接作业环节管控。检修圆满结束后，公司大力推进电子作业票的全面应用。2022 年 6 月以来，各单位检修作业明显增加，据统计 6、7 月份公司开具有效电子作业票 3272 张（见图 3），2022 全年开具有效电子作业票 17189 张。电子作业票能够稳定、连续应用，符合现场管控要求。电子票应用优势很明显，但是同时存在部分问题影响票证签发的时效性等不足。公司关注电子作业票使用过程中出现的问题，进行分类梳理和分析，研究解决对策，结合试运行经验，与系统开发方优化调整系统流程，做到反馈问题及时清零。

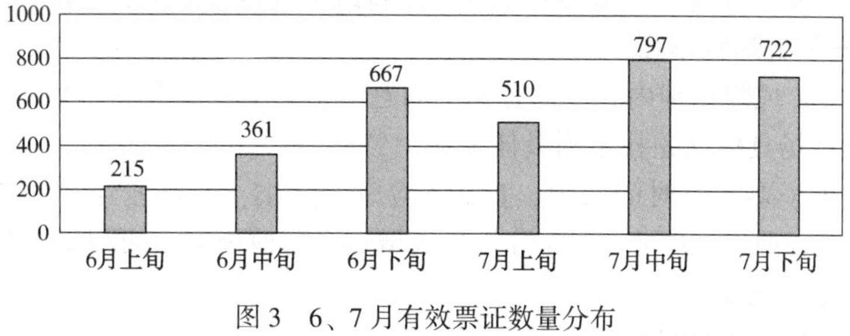

图 3　6、7 月有效票证数量分布

4.1　系统运行不稳定

问题描述：移动终端电子票系统运行不稳定，时常出现卡顿现象，且存在因系统原因造成现场审批不能及时完成的情况，缩短了作业有效时间，极端情况需采取开纸质票的方式。而且，电子票每天集中在 8：00 至 9：00 时段签发，大量数据交互造成电子票响应过程延缓，甚至电子票服务器宕机，系统长时间无响应，票证无法及时完成，无法开始施工作业，施工作业有效时间缩短。据统计，6~7 月共开具有效电子票 3272 张，因系统卡顿、稳定性不足问题造成的无法签发或签发时间延长的共有 51 张票证，占比 1.56%。

原因分析：电子票系统依托中国石化安全管理信息系统，此系统除为高桥石化电子票服务外，还为其他分公司服务，系统整体数据量大，可能存在卡顿现象。

4.2 信息填写调用不畅

（1）目前盲板作业票证填写的基本信息中盲板图提交后无法打开查看，且缺少盲板锁等相关信息。

原因分析：盲板图、盲板锁等信息需依托的工艺管理系统盲板台账计划年底上线，故电子票系统与盲板台账的集成暂缓进行。

（2）临时用电票不能与动火作业票相应关联。因制度要求临电票和动火票开票人不是同一人，而系统内只能将开票人自己账号开具的票证进行关联，从而导致临电作业无法与动火作业关联，需重复填写大量基本信息。

原因分析：系统初期开发时有关于集成开票功能的设想，并已实现了电脑端多张票同步录入基本信息的功能；但集团公司新的作业许可制度变更为多岗位分别担任不同类型作业的开票人后，因涉及到多个不同人员、集成开票使用率低，未再继续开发。

（3）电子票新开票可以引用之前相关票证，引用开票不完善。电脑端引用后可以正常开票。防爆终端引用后内容空白，无法继续下去。

动火作业票引用后气体分析出现多条。引用票证气体分析条目会有两条（一条原来的，一条新增的）。不能删除，必须填写（否则流程走不下去），建议引用票证只有一条气体分析，或增加删除按钮。

气体分析录入模式不能对接 LIMS 系统数据，为手动录入。

气体分析存在超时不提醒情况。所有级别动火作业气体分析超时，系统都默认 1h 提醒。制度规定一级动火、特级动火暂停作业超过 0.5h 应重新进行气体比对分析，但是系统无提醒，不能体现电子票的优势。

原因分析：电子票电脑端开票引用是成熟程序，移动终端开票是新增功能，存在引用异常，需要时间磨合优化。气体分析录入，目前气体分析需求为网上申报，其结果未与 LIMS 系统数据对接。分析成绩为手动录入系统。后期将优化程序，自动获取 LIMS 系统数据。气体分析超时应新增提醒功能，区分设置，一级、特级动火设置为 0.5h 提醒。

4.3 JSA 分析针对性不强

问题描述：JSA 风险识别内容库内容不足问题。JSA 分析需调用 JSA 库里的内容，但是有时候存在针对现场具体问题找不到最佳条项。

原因分析：电子票实施时间较短，JSA 风险库容量小，最好能经常性地完善和动态更新，JSA 识别内容资源增加库容。JSA 分析模块增加自修改内容，可以对与施工风险差异较大条目进行修改编辑或新增。

4.4 安全交底不能自动跳转

（1）安全交底步骤完成后，交底的票证不能自动跳转，会继续留存在安全交底步骤中，若碰到多项相似作业，如同时有多项盲板作业时，安全交底很容易混乱，不能较快区分已完成交底的作业和待交底的作业。

（2）由于盲板作业要求一块盲板一张票，大多数盲板作业一个作业点涉及很多块盲板，每张票证逐一安全交底从而导致签发时间较长。6~7 月全公司共开具有效票证 3272 张，平均签发时长为 53 分钟，其中盲板票共 742 张，平均签发时长为 63 分钟，有 562 张盲板票签发时长超出总体票证平均签发时长，盲板票证平均签发时间较其他类型作业平均签发时间明显增加(见图4)。

原因分析：盲板作业一般为一个施工点多块盲板同时需要作业、开票，作业量大，施工力量不足，且在施工单位、施工人员、施工风险及落实情况相类似的情况下，目前需要逐个票证进行各个步骤的现场落实和身份认证工作，故矛盾较为突出。

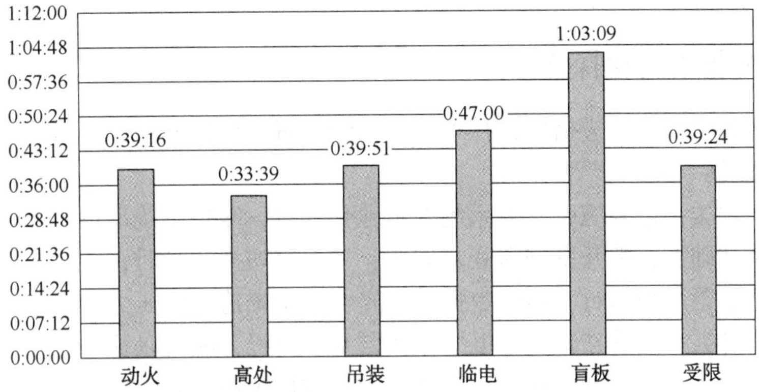

图4　6、7月各类型票证平均签发时间

4.5　票证签发不便捷

(1) 电子票现场签发时间长，或系统记录显示为未在现场签。签发时电子票防爆终端需通过NFC读取外操巡检牌，实现票证签发与现场施工点位置关联。如果某种原因关联不到，系统就会在"是否在现场签发"模块下记录"否"。

原因分析：实际票证签发操作时，有时存在终端信号不好，或NFC交换数据不好，存在现场点位无法识别或需要多次识别才可读取成功的问题，造成施工点位置信息读取不到较为常见。外操巡检点数量较少或在高处，可能存在作业点离巡检牌或定位点较远的情况，签发时不能在有限时间内进行碰点后的现场签发。此外，施工作业地点不属于前期装置划分的工艺单元，如外操室、办公楼，无法选择到匹配的位置。目前，在外操巡检牌的基础上，新增了NFC定位卡电子票标签，但数量仍较少。有时候会因签发设备或现场标签不好用，而关联不到，造成显示为票证未在现场签发。外操巡检牌数量少，部分在高处，需增加电子票标识卡。

(2) 签发过程中，由于签发权限设置，在使用同一人账号登录进行电子作业票全流程操作时，需要通过筛选或切换账号登录方式才能找到票证进行签发，拖慢签发速度。

(3) 动火作业票签发顺序问题。动火作业电子票，需要HSE管理科和装置签发，签发顺序是先管理科，后装置。从日常管理来看，管理科对装置有监督权。强调先科后装置的签发顺序，不利于快速签字。

人员增加问题。电子票运行时，需要增加施工人员，但是查找不到该人员，无法增加该人员。

原因分析：

签发权限及签发优先级别，仍需系统优化。电子票防爆终端数量不够，达不到签票人一人一台，电子票操作过程需多人切换账号，开票效率下降。目前各装置平均有2台开票防爆终端。在签发流程优化的基础上，增加开票终端。

新增人员查找不到，主要是人员完成公司的一级教育及相关认证后，信息没有及时进入票证系统，或在系统中没有被确认。

(4) 电子作业票暂停或终止，有时存在甲乙双方人员或监护人共同或理解有误，出现一方提出暂停/结束，而另一方仍认为作业票处在运行状态。甲方监护人先于乙方离开施工现场，而乙方仍在施工情况。

原因分析：甲乙双方对口头作业暂停或终止理解有误或没有听清楚，不能同时在电子票系统对此进行操作。

5 电子作业票优化探索

鉴于以上问题，提出改进措施，探索更优系统设置，便捷操作，提升开票及使用体验。

5.1 改进措施

(1) 系统问题类：拟实施电子票系统的本地化部署，缩短系统反馈时间，增强系统稳定性；在账号登录基础上，拟开发刷卡登录方式，方便在切换账号时，能够快速进行身份认证并登录。优化电子票系统运行，增强数据运行高峰对系统造成的压力和冲击，运行稳定。

(2) 基本信息类：完善临时用电电子作业票开票流程，改变以往一张临电票只能关联一张动火票的问题，一张电票可关联多张火票，同时增加拉送电时间登记完善票证信息。增加同类型票证引用开票，缩短基本信息填写时间，优化 JSA 分析、电子票引用等开票体验。

(3) 安全交底类：经过对兄弟单位应用情况的调研，拟引进青岛炼化的 JSA 引用和安全交底引用功能的开发，从而减少重复工作，通过批量开票的操作将同一作业点的各项作业进行关联，再通过左右翻页的方式进行各个票证的 JSA 分析和安全交底，改善以往需要每张票证完成后再回到主页面进行找寻的问题；同时增加“已交底”和“未交底”标签，方便快速查找待交底票证。

(4) 票证签发类：增加 NFC 电子标签现场布点，改善以往施工作业点距离现场 NFC 点位远而导致的签发时间增加的问题，同时补充完善生产区域外等无生产巡检点的公共区域内的 NFC 定位点，提高定位准确性。优化电子票与现场外操巡检点牌读取及关联，实现现场快速签发。对 NFC 标签读取关联不到的，进行二次提醒，确保现场签发。

(5) 票证审核类。优化电子票开票人以及审批人，实现快速审批。完善签发人员定位功能，系统以人员定位形式完成身份认证，在满足现场管控的同时，能够通过先进技术来简化目前刷卡、刷脸和登录账号等身份认证的步骤，进一步提升电子票开票效率，提升现场管控能力。

(6) 票证人员类。进一步优化承包商人员信息库，完善承包商及人员资质资格信息。优化电子票施工人员信息，不用人工输入核对人员证卡，实现信息一次录入，电子化核对、判别。

(7) 暂停验收类。优化电子票终止/验收模式，强调甲乙双方必须同时验收，票证才能验收完成，归档成功。今后将增加作业暂停/终止确认。为避免作业暂停时对施工单位的交代不到位或理解偏差的情况，在作业暂停时要求属地人员和施工单位人员对暂停进行签字确认。

5.2 下一步改进设想

(1) 融合检维修一般作业票和特殊作业票。目前检维修工作票和特殊作业的电子签票没有完全融合，开票、签发、权限、规则、票证升级等规则存在差别，且签发过程复杂、JSA 重复分析。下一步设想是将设备缺陷系统检维修作业票、特殊作业电子作业票系统进行全流程打通，目前正在分步推进，电子作业票系统中对检维修作业票留有预留接口，待缺陷(检维修作业电子票）系统上线后方可投用。

（2）完善盲板电子票中的盲板图等功能。进一步完善盲板作业的专业数据管理，待工艺管理系统建成后与其盲板台账平台进行集成，补充完善电子作业票系统中盲板图、盲板锁等专业数据，促进两个系统数据同步更新管理，加强专业技术管理的同时提升施工现场的作业管控。增加盲板编号字段，根据盲板台账信息选择装置下的盲板，并自动带出盲板材质等信息。开发批量开票、JSA 分析、安全交底、批量签发功能，改善同批开具多张盲板票需多次、重复进行身份认证的情况，缩短盲板票签发时间。

（3）优化气体分析自动录入功能。拟将 LIMS 系统与电子作业票系统进行集成，开票时自动推送气体分析需求至 LIMS 系统，气体分析结果自动返回至电子票系统，自动填充相应结果。改变需要手动填写气体分析需求单和不定时查询分析结果的现状，减少重复性工作，减少气体分析录入任务并优化气体分析时效。同时能够进一步提升直接作业环节的全流程管控。

（4）完善系统的人员定位功能。通过人员定位进行身份认证，希望在满足现场管控的同时，能够通过先进技术来简化目前刷卡、刷脸和登录账号等身份认证的步骤，进一步提升电子票开票效率，提升现场管控能力。

（5）提升作业风险分析适用性。优化作业风险库，将特殊作业涉及的风险拆分为“固定风险”和“补充风险”两类，固定风险指的是根据作业类型一定会出现的风险，在作业风险分析过程中默认被选中，同时允许现场风险分析识别人员从补充风险中选择或添加风险内容，共同构成作业风险分析结果。

（6）新增作业许可流转可视化。在作业许可列表中，通过可视化的方式展示整个作业许可流程的完成状态，方便开票人及时作业的进展情况。

（7）优化作业许可批量操作。为每个特殊作业点编制序号，通过作业点序列号进行匹配，针对同一检维修许可下拥有相同作业点序列号的特殊作业建立关联关系，当现场进行安全交底的时候，会进行作业人员的校验，一个作业人只需要进行一次操作便可同步完成全部作业的交底。同时优化票证签发定位功能，建立区域定位和批量票证之间的匹配机制，确保现场签发定位过程的准确性。

（8）新增现场作业签发情况统计和作业验收超期统计功能。增加现场作业签发情况统计功能，以签发地点为视角，确保各签发人员现场签发，避免远程签发的情况发生。增加作业验收超期统计的功能，查找作业结束后延期验收或未验收的作业许可，保证作业的闭环管理。

（9）加强电子作业票应用培训。将相关内容加入到三大员培训、青工培训等培训计划中，分层次、分重点进行培训；开展电子作业票开票竞赛，通过盲抽选取参赛选手，对模拟场景进行 JSA 分析并开具特殊作业电子作业票，对 JSA 分析结果及开票速度进行评比打分。提升现场作业电子票开票效率，使基层员工在原有基础上，能更加熟练地掌握电子作业票开票流程，同时提高风险识别能力，对直接作业环节风险有效管控。

6 结语

施工作业电子化，实现全流程管控，适应了工业互联网与安全生产协同推进发展大格局。大力推进电子票八大环节的作业全流程管控系统，大力开发工业互联网在安全管理中的应用，努力从事后查证转至事前预防，作业申报降低了作业随机性，做好风险事前管控，实现全过程监控。

虽然目前在系统卡顿、安全交底、票证签发和作业过程等模块解决了一些问题，经过系统整体优化探索，改进提升了系统本地化、安全交底、票证引用、人员签发等，达到有效提升电子作业票开票效率，精准管控各类人员，更好地管控现场直接作业环节各项风险。下一步，将融合一般作业票和特殊作业票管控系统，完善 LIMS 系统等数据引用，“一次”人员认证，“一键”审批等，完全打通特殊作业纸质票与电子作业票升级运行的“最后一公里”。最终实现传统安全监管与智能线上安全管控的“握手”，关口前移，防患于未然。

【作者简介】郭诗锋，男，现任中国石化上海高桥石油化工有限公司炼油二部 HSE 管理科副总监、科长，高级工程师，大学学历。主要从事炼油 HSE 管理工作。电话：13817605831，邮箱：guoshifeng. gqsh@ sinopec. com。

极端高温环境对干粉灭火器温度-压力的影响

张清波

（中国石油消防应急救援吐哈油田支队）

摘　要：干粉灭火器是我们处置初期火灾的重要消防器材，合理配置和使用干粉灭火器会极大提升初期火灾处置成功率，然而，由于灭火器配置环境恶劣，造成灭火器失效或超压，往往会造成初期火灾处置失败，甚至引发安全事故。文章从干粉灭火器配置环境出发，实测了部分地区高温对灭火器的温度压力影响，研究了极端高温环境对干粉灭火器温度-压力影响的原因，提出了防止干粉灭火器超温超压的基本措施，文章对干粉灭火器的安全使用和成功处置初期火灾具有积极的意义。

关键词：极端高温；环境；干粉灭火器；温度；压力；影响

1　引言

干粉灭火器具有使用简单、技术成熟、灭火效率较高、制造成本低等优点，是目前世界各国使用率最高、应用范围最广泛的灭火器具，尤其是手提式干粉灭火器，普遍配置在民用建筑、工业场站和其他不受干粉影响场所，为消灭后控制初期火灾发挥了重要的作用。据博研咨询市场调研，我国干粉灭火器行业市场规模持续增长，2019 年达到 16.7 亿元。然而，在干粉灭火器普遍配置和使用的过程中也存在着大量因灭火器功能失效而引发的事故。如：2005 年 8 月，安顺双阳飞机制造厂一员工进行干粉灭火器操作示范时灭火器突然发生爆炸，弹飞物直接击中下颜和鼻骨，造成其颈椎骨骨折，经医院抢救不治身亡。

灭火器为什么会爆炸，究其原因主要原因是超压，或者是说，筒内压力大于筒体的承压能力，造成筒体爆裂。造成灭火器超压的一个重要原因是高温，配置或储存环境高温，造成灭火器瓶体超压。

2　干粉灭火器的使用温度要求

干粉灭火器的结构主要由通体（金属材料）、器头（金属材料）、喷粉管（橡胶）、灭火剂、驱动气体等组成。灭火器正常压力范围 1.0～1.4MPa，驱动气体多为氮气，充装压力 1.2MPa（20℃），灭火剂为 ABC 干粉灭火剂（50%磷酸二氢铵，25%硫酸钡等）或 BC 干粉灭火剂（碳酸氢钠），灭火剂充装量：（8±0.16）kg，在筒体标签明显位置有使用温度范围：-20～55℃。根据《建筑灭火器配置设计规范》GB 50140—2005 和《建筑灭火器配置验收及检查规范》GB 50444—2008 相关要求，灭火器设置点的环境温度不得超出灭火器的使用温度范围。

GB 50140—2005 条文说明认为：在环境温度超出灭火器使用温度范围的场所设置灭火器，必然会影响灭火器的喷射性能和安全使用，并有可能爆炸伤人或贻误灭火时机。所以本条规定灭火器不得设置在环境温度超出其使用温度范围的地点。也参照了美国标准的规定：

“灭火器不得安放在温度超出适用温度范围的场所内”和英国标准的要求：“灭火器不应被置于标记在灭火器上的温度范围之外的贮藏温度”。灭火器使用温度范围见表 1。

表 1　灭火器的使用温度范围

灭火器类型		使用温度范围/℃
水型灭火器	不加防冻剂	+5～+55
	添加防冻剂	-10～+55
机械泡沫灭火器	不加防冻剂	+5～+55
	添加防冻剂	-10～+55
干粉灭火器	二氧化碳驱动	-10～+55
	氮气驱动	-20～+55
洁净气体(卤代烷)灭火器		-20～+55
二氧化碳灭火器		-10～+55

3　配置环境和使用温度要求的差别

3.1　配置环境气象温度

据天气网报道，在中国境内，绝对最高气温出现在新疆维吾尔自治区的吐鲁番，1975 年 7 月 13 日的吐鲁番民航机场还曾观测到目前中国的极端最高气温 49.6℃。绝对最低气温在黑龙江省的漠河，在 1969 年 2 月 13 日漠河测得中国现有气象资料中的极端最低气温纪录-52.3℃。干粉灭火器在我国使用范围非常广，从温度极高的新疆吐鲁番到温度极低的黑龙江漠河都有使用。

2023 年夏季全国高温，据新疆日报报道，7 月 16 日，吐鲁番盆地出现 52.2℃极端高温，火焰山景区温度计显示温度 83℃。国家级气象观测站测得极端高温排行前 10 位均为新疆各地，其中吐鲁番、托克逊等地极高温 48℃以上。

按照国标规定，氮气驱动的干粉灭火器使用温度范围-20～+55℃，即最低温度零下 20℃，最高不应超过零上 55℃。条文解释原文：“灭火器设置点的环境温度不得超出灭火器的使用温度范围”。从制定该条的目的来看，使用温度范围表述用词并不完全准确，如果表述为储存或配置环境温度范围更准确。从规定的温度范围来看，我国很多地方配置的干粉灭火器都会出现超规定温度配置的情况存在。

3.2　配置环境及灭火器实测温度数据

2023 年 7 月至 8 月间，经对 MFZ/ABC8A 手提式干粉灭火器进行温度-压力实测，获得如下数据：

（1）吐鲁番鄯善县实测数据

序号	日期时间	11	14	16	17	19	24	25	26	27	28	29	30	31	1	2
1#	温度	28.5	41	63.5	56	51	50.1	50.7	56.3	55.5	58.6	35.9	32.5	37.6	38.2	42.6
	压力	绿区	黄区	黄区	黄区	黄区	黄区	黄区	黄区	黄区	黄区	黄区	黄区	黄区	黄区	黄区
环境温度		29	41	43	45	40	34	40	42	43	44	35	31	29	35	36

（2）吐鲁番鲁克沁镇实测数据（第一点）

序号	日期 时间	19 日 7：00	20 日 7：00	21 日 7：00	22 日 7：00	23 日 7：00	24 日 7：00	25 日 7：00	26 日 7：00	27 日 7：00	28 日 7：00
测温部位	灭火器箱	54.3	64.4	66.5	64.5	71.8	61.3	67.2	66.2	69.8	68.2
	灭火器	48.2	55	55.4	53.9	58.7	49.5	55.1	56.3	59.7	59.1
	灭火器压力	绿区	黄区	黄区	黄区	黄区	黄区	黄区	黄区	黄区	黄区
当日环境温度		43	44	45	45	46	30	42	46	48	46

（3）吐鲁番鲁克沁镇实测数据（第二点）

序号	日期 时间	19 日 7：00	20 日 7：00	21 日 7：00	22 日 7：00	23 日 7：00	24 日 7：00	25 日 7：00	26 日 7：00	27 日 7：00	28 日 7：00
测温部位	灭火器箱	60.9	63.8	60.5	61.7	67.1	63.4	61.8	65.2	63.7	64.2
	灭火器	55.6	55.3	54.9	55.1	56.9	55.2	56.7	56.8	55.7	56.1
	灭火器压力	黄区	黄区	黄区	黄区	黄区	黄区	黄区	黄区	黄区	黄区
当日环境温度		43	44	45	45	46	30	42	46	48	46

3.3 气象温度和配置环境实测温度的差别

气象温度一般为国家或地方设立的气象观测站获得数据，和实地测试温度存在一定差异，如 2023 年 7 月 16 日，吐鲁番盆地气象温度 52.2℃极端高温，火焰山景区温度计实测温度 83℃，温差 30.8℃，鄯善县天气预报温度 45～29℃，实测温度 63.5℃，温差 18.5℃，7 月 17 日，鄯善天气预报温度 45～31℃，实测温度 52℃。见图 1、图 2。

通过上表实测数据比对，实测灭火器温度远高于环境温度，第 1 组数据实测 15 次，其中 5 次大于国家标准规定的使用温度范围；第 2 组数据实测 10 次，其中 5 次大于国家标准规定的使用温度范围，实测温度与环境温度差：最大 20℃，温差均值 15℃。

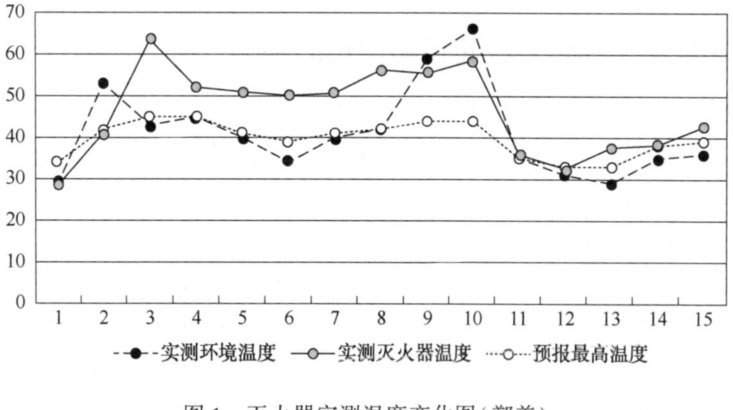

图 1　灭火器实测温度变化图（鄯善）

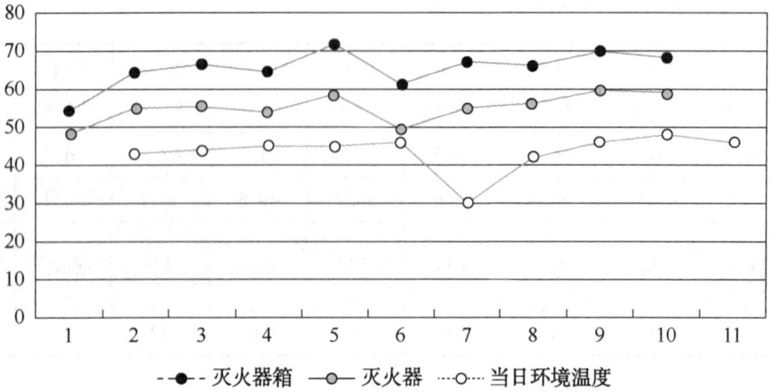

图2　灭火器实测温度变化图(鲁克沁)

3.4　气象温度和实测温度差别的原因和关系

造成气象温度和实测温度差的主要原因有如下几个方面：

(1) 地理位置的影响，主要指太阳辐射。太阳辐射是太阳以电磁波的形式向外传递能量，是地球光热能的主要来源。影响太阳辐射的因素有纬度位置、天气状况、海拔高度、日照时长。

(2) 地形地貌的影响，主要考虑风和环境湿度的影响，这也是造成不同地域温差大的主要因素，如吐鲁番盆地海拔高度范围-154~819m，其中艾丁湖海拔-154m，高昌区海拔878m，鄯善火车站665m，考虑海拔高度、季风、环境湿度等的影响。

(3) 测试精度及数据平衡，温度测试仪器有水银温度计、电子温度计、金属温度计等，本次测温采用希玛手持式高精度红外非接触测温仪，型号为AR852B，测量范围-50~700℃，精度0.1，测量数据取10天连续测温，测温时间段保持在当地最高气温时间区间，约为每天下午17点至20点之间。

通过不同地点，相近时间，同规格灭火器，连续10天对3组手提式干粉灭火器的测温数据观察分析，基本情况为：以当天天气预报实时数据为基准，测试点地表温度最高，温度越高差别越大，最高温差20℃；灭火器瓶体温度均高于环境温度约10~15℃，最大温差25.8℃。

4　极端高温天气对灭火器储存和使用的影响

吐鲁番实测地表温度，夏季+60℃，冬季-20℃，温差近80℃，按照灭火器驱动气体氮气温度-压力变化特性，压力变化范围在0.29MPa之间，强烈的温度压力变化对灭火器造成的影响主要有以下两个方面：

4.1　加速橡胶件的老化脆化

手提式干粉灭火器喷粉软管是用丁苯橡胶、三元乙丙橡胶压制而成，好的软管内衬细钢丝网。由于提高温度可引起橡胶的热裂解或热交联，提高活化性，加速橡胶氧化反应速度，即加速老化现象——热氧老化。光对橡胶起破坏作用的是能量较高的紫外线，光波越短、能量越大，紫外线除了能直接引起橡胶分子链的断裂和交联外，橡胶因吸收光能而产生游离基，引发并加速氧化链反应过程。

4.2　灭火器瓶体超温超压

干粉灭火器驱动气体一般为压缩氮气，正常压力1.0MPa~1.4MPa，低于1.0MPa喷射距离不足，大于 1.4MPa 为超压状态，影响安全使用。灭火器压力变化主要依靠驱动气体压力，氮气是一种惰性气体，化学性质较为稳定，受热膨胀率不大。根据理想气体方程(克拉伯伦公式)可以推出：单位体积纯度 99.9 的氮气受热每增加 1℃压力增加 1/273。

灭火器出厂或维修充装压力为 1.2MPa，当灭火器瓶体温度升高 10℃，理论压力升高 0.04MPa，温度升高 30℃，压力升高约 0.1MPa，如果灭火器充装环境为 20℃，当瓶体温度达到 60℃时，相当于温度升高 40℃，灭火器压力升高 0.15MPa，灭火器压力临近黄区。实际测试中，受充装环境温度，氮气的纯度等条件影响，夏季高温时段灭火器压力基本处于超压状态。从实测数据看，3 组灭火器分别测试 10 天，只有第一组第一天在绿区，其他均在黄区或黄区临界点。

4.3 对灭火器筒体内的化学物质起催化作用，可能产生气体

干粉灭火器主要成分由灭火剂(基料)和改进其物理性能的添加剂(疏水剂、防结块剂、流动促进剂等)组成。其中 ABC 干粉灭火剂主要为 $NH_4H_2PO_4$为基料，BC 灭火剂以 $NaHCO_3$为基料，如果灭火器中的基料不够纯净，ABC 灭火剂和 BC 灭火剂混合，在高温下会发生反应，产生 CO_2气体，进一步增加灭火器超压风险。

5 灭火器温度-压力变化

灭火器温度升高，导致瓶内压力升高，主要过程是瓶体受热传热给瓶内的驱动气体(氮气)，驱动气体温度升高，压力随之升高。

如果把氮气近似当作理想气体，根据理想气体压力公式(克拉伯伦公式)：

$$pV=nRT$$

式中 p——气体压强；

V——气体体积；

n——气体摩尔数；

R——气体常数；

T——气体的绝对温度。

由此可推出结论：

在体积不变的条件下，气体温度上升 1℃，压力上升 1/273，气体下降 1℃，压力下降 1/273。

假设：室温 20℃时充装灭火器压力为 1.2MPa，当储存环境温度到 50℃时，灭火器瓶体温度 50℃，瓶内氮气温度近似 50℃，气体温度升高 30℃，灭火器压力升高应为 30×1/273=0.1MPa，即 1.3MPa。如果灭火器充装压力为 1.4MPa，此时灭火器受热升压可达 1.5MPa 以上，进入超压状态；同理，如果充装压力 1.0MPa，当冬季环境温度下降至-20 时，温差达到 40℃，压降为 0.15MPa，灭火器压力进入欠压红区，即使按照充装压力中点 1.2MPa 计算，压力也将接近红区。

6 防止干粉灭火器温度-压力超限的思考

由于极端高温环境的存在，给干粉灭火器的使用提出了更高的要求，如何避免干粉灭火器在极端高温环境超温超压，主要从如下几个方面考虑：

(1) 提高标准要求温度范围。目前，干粉灭火器配置标准适用于我国大部分地区的正常气温环境，对部分高温、高寒区域并不适用，在这些情况下，干粉灭火器普遍存在违规使用

的情况，适当修订标准以避免违规违法情况有一定意义。

（2）提高灭火器筒体抗高温能力。考虑选用合适的灭火器筒体材质，使筒体传热率降低，以防止气体超压。

（3）使用温度变化率小的驱动气体，以防止气体超压。

（4）采取防晒保温措施。对可能存在高温超压的干粉灭火器采取防嗮措施，目前，大部分措施是装箱，但是由于金属灭火器箱具有极高的传热效果，干粉灭火器在短时间内既能到达和外界的热平衡，无法达到预期效果。针对极端高温环境，可研制适宜的恒温或绝热保温型灭火器箱，预防干粉灭火器超温超压。

7 结语

“水火无情人有情”火灾事故往往会给人们带来巨大的财产损失和精神伤害，确保消防设施器材完好有效，及时处置初期火灾是我们有效预防和减少火灾损失的重要举措，用科学的方法解决消防设施失效将取得事半功倍的效果。在这个科技高速发展，产品细分加剧的时代，重视消防设施器材的普遍适用性和特别存在性，研制更为适宜的产品，将为我国消防事业的发展发挥更加显著的作用。

参 考 文 献

[1]《建筑灭火器配置规范》(GB 50140—2005). 中华人民共和国建设部，第 5. 1. 5 条.

[2]《中国新闻网》. 2023 年 7 月 17 日，社会新闻.

[3] 庄爽，张少禹，李姝. 干粉灭火器压力升高的原因分析. 消防科学与技术，2008 年 1 期，27 页.

【作者简介】张清波，男，2018 年 1 月中国石油大学(北京)成人教育安全工程专业毕业，现在中国石油吐哈油田分公司消防支队工作，工程师职称，主要从事油田防火监督等工作。电话：18690209781，邮箱：36068882@ qq. com。

炼油生产装置空气预热器拆除安装的安全控制要点

李广军

（中国石油新疆寰球工程公司）

摘　要：对炼油厂生产装置的空气预热器拆除及安装过程中的施工要点和安全管理经验进行汇总总结，以指导现场作业，提高管理效率。

关键词：预热器；拆除安装；过程安全；控制

在2022年中国石油克拉玛依石化公司大检修（II标段）中，有7套装置的加热炉空气预热器低温段改造项目，共包括：一联合车间Ⅰ套蒸馏装置、Ⅱ套蒸馏装置、Ⅲ套丙烷脱沥青装置、二联合车间90×10^4t/a柴油加氢装置、150万吨/年柴油加氢改质装置、三联合车间Ⅰ套高压加氢装置及Ⅱ套高压加氢装置等7套装置加热炉空气预热器低温段节能改造内容。除了Ⅲ套丙烷装置外，其他六套装置的空气预热器低温段都是先拆除，再回装（堆积木）。施工过程中克服了工期紧、作业面狭小、缺少参考数据等困难，特别是III丙烷装置低温段因顶部烟气入口段无法加固移除（空预器入口烟道L型垂直段约18m，加内衬浇筑料重量，预估重量约100t，装置周边设备及管道布置密集，无大型吊车站位空间，拆除困难且拆除后无摆放场地，只能采用加固上部的抽出塞装法），需将绿植移除后进行换填，浇筑地坪，对高、中段需整体制作支撑框架，下部低温段用自制滑道配合倒链平移完成更换，施工难度大，安全风险高。方案经工程管理部、监理单位和安环中心会审后实施，耗时25天更换完成。本文以最具代表性的Ⅲ套丙烷装置为主要实例，对空气预热器拆除安装的安全实施要点进行总结，便于后期的施工和监理参考和借鉴，预热器示意图见图1。

1　前期管理准备

1.1　施工前需现场踏勘，结合现场实际编制空气预热器低温段安装专项施工方案，明确施工方法、管理人员、机具设备和进度计划，上报业主及监理审批。

1.2　吊装前应对参加施工的人员进行安全技术交底，使施工人员了解工程概况、工期，对施工方案、关键技术、特殊工艺要求、安全措施、质量标准、工序交接等均需了解和掌握，同时对施工人员进行一次系统全面的安全教育培训，特殊工种必须持证上岗。

1.3　按照工程工作量及施工安全技术方案的要求，对所有机具设备及吊车的相应规格、型号和数量并进行清点核实、质量检查和试验运转，保证器具设备的精确、有效及安全可靠。

2　吊装条件确认

2.1　需要在Ⅲ套丙烷脱沥青装置空气预热器建东侧放置$t=30$mm的钢板，使滑道胎具

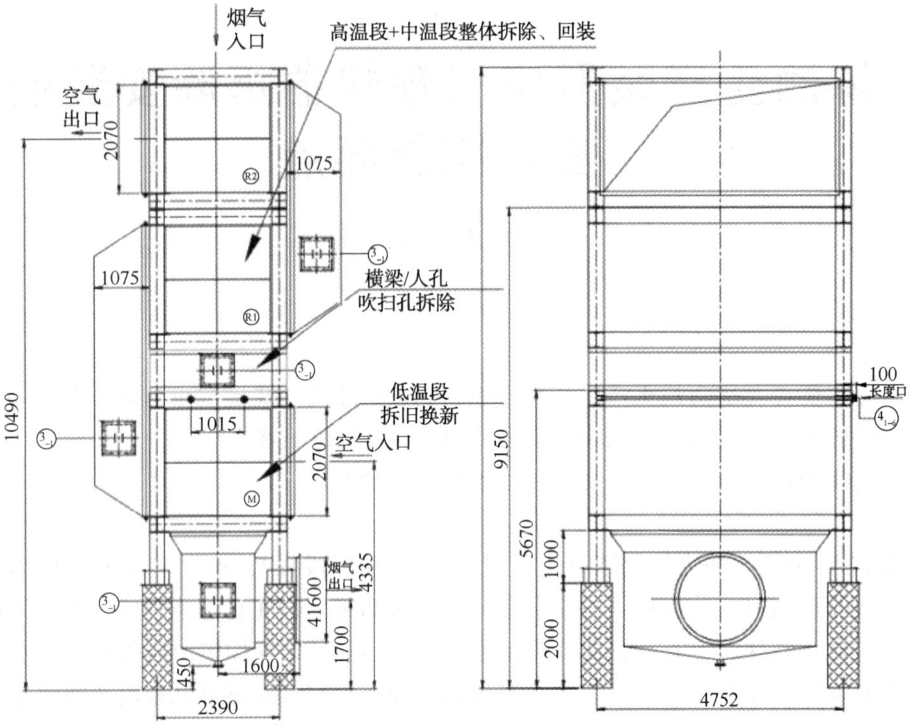

图 1　组合式空气预热器分段拆装示意图

放置在钢板上，增大胎具与地面的接触面积，避免产生因局部压强过大导致地面塌陷的风险产生。

2. 2　吊车建东侧支腿需要 30mm 厚钢板放置在新建混凝土地面上。

2. 3　Ⅲ套丙烷脱沥青装置无需拆除上部的中/高温段，施工过程中需要拆除并更换新低温段设备。

2. 4　220t 吊车位于空气预热器建东南侧，保证吊装作业半径为 12m。吊车配重为 74t，杆长选用 31. 7m，吊装载荷 56t，吊装立面图见图 2。

2. 5　Ⅲ套丙烷脱沥青装置需拆除低温段重量约为 30t，新低温段设备重量为 30t。计划选用 220t 汽车吊进行吊装，钢丝绳型号为 Φ40mm×22m 共计 2 根。

2. 6　吊装计算：

实际载荷=(设备重量+锁具重量)×动载系数=(30t+1t)×1. 1=34. 1t(计算按较重的设备重量进行计算)

负载率=实际载荷/额定载荷=34. 1/56=0. 608=60. 8%<70%，因此，选用吊车工况满足现场要求。

2. 7　根据各部件的受力重量选用吊耳(见图 3)。

2. 7. 1　旧低温段(拆除)距设备顶部 1100mm 处，在 4 根型钢柱东西面上，对称焊接 4 个 30t 级板式吊耳。

2. 7. 2　新低温段(安装)距设备顶部 1100mm 处，在 4 根型钢柱东西面上，对称焊接 4 个 30t 级板式吊耳。

Ⅲ丙烷装置空气预热器吊装立面图

设备参数			
设备位号			
设备名称	组合式空气预热器		
设备规格	2700×2650×5400/2700mm		
设备重量	30t		
吊装参数(主吊)			
机型	徐工2200型220t汽车吊	后配重	74t
工况	主臂	吊钩重量	0.5t
杆长	31.7m	吊具重量	3.5t
半径	12m	吊装重量	34t
额定载荷	56.0t	负载率	60.0%

选用2根 ϕ52mm*20m钢丝绳扣，每根1圈使用，通过4个25t卸扣与吊耳连接。

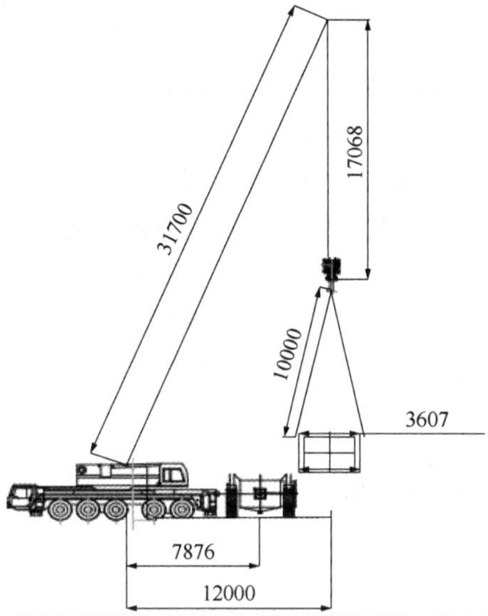

图2　吊装参数及立面示意图

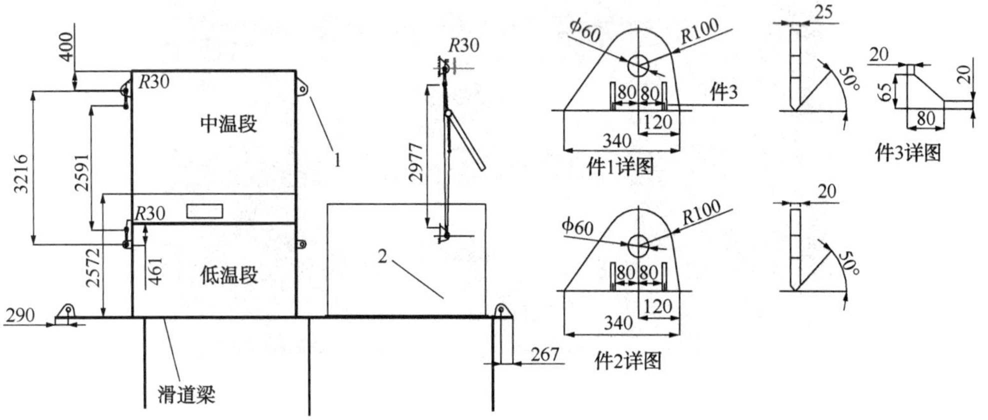

说明：
1.件1吊耳焊接到距中温段顶部500mm的位置，轨道梁上吊耳距两端500mm的位置。
2.件1按要求开坡口；件2按实际尺寸预制。
3.全部焊缝满焊，焊脚高度为相焊件中较薄者厚度。
4.焊接完毕后着色探伤，I级合格。
5.本图尺寸为mm。

图3　吊耳位置及尺寸样图

2.7.3 中温段高处中温段底部横梁 900mm 处，在 4 根型钢柱东西面上，对称焊接 4 个 30t 级板式吊耳。

2.7.4 滑道胎具于 4 角处，对称焊接 4 个 30t 级板式吊耳。

3 施工流程

3.1 割断空气预热器风道入口 900×650 连接件的 650mm 连接处，断开空气预热器建西侧所连接清洗口阀门，将建北侧两根仪表线固定在立柱上，并拆除建北侧低温段与中温段的侧面弯头箱，将空气预热器底部与出口烟道断开连接。

3.2 对空气预热器低温段下方进行割除，割除点选择为低温段与空气预热器底座连接处，H 型钢保留至低温段。使用 4 个 10t 千斤顶将低温段底座与地面接触的位置支撑住。割除底座上部喇叭口的上下焊缝，并将割除的部分整体抽出(割除高度为 400mm)。

3.3 施工顺序：断开原低温段附属管道→拆除原低温段底座喇叭口→底部支撑梁安装(焊接)→支撑梁筋板安装→立柱底板与立柱安装→支撑梁至地面辅助支撑安装→新立柱与原设备中温段立柱夹板安装→立柱顶部牛腿筋板安装→顶部连接梁安装→新增框架建西侧连接至西侧加热炉立柱→放置滑道胎具→滑道横梁增加限位板→搭设脚手架并在设备本体上焊接吊耳→悬挂倒链→切割低温段并落在滑道上→吊装原低温段通过滑道横向拉出→吊装新低温段通过滑道进入原低温段空间→新低温段与原中温段焊接→结构框架、滑道胎具拆除→原有烟风道、设备保温恢复→烟风道支撑拆除。

4 对空气预热器加固控制措施(图 4)。

图 4 加固及支撑节点做法

4.1 安装并焊接 4 根 HW250 横梁在原基础型钢上端面。

4.1.1 H 型钢下侧翼板需要割除 10mm 躲避原立柱与基础型钢的焊缝。

4.1.2 H 型钢下方需要掏洞，避让基础上的地脚螺栓，使 H 型钢上翼板能完全贴合在原基础立柱上。

4.1.3 立柱底部安装底板，镶嵌进横梁缝隙中并添加筋板。

4.1.4　对下方混凝土基础进行包裹钢板处理，每个基础四周都安装钢板并焊接连接起来。

4.1.5　将建西侧与建东侧包裹后的混凝土立柱使用 *DN*150 钢管焊接连接。

4.1.6　横梁底部于混凝体基础外侧添加 4 根 *DN*200 钢管竖直安装连接至地面，辅助支撑。

4.1.7　新安装的横梁与包裹后的混凝土立柱之间添加筋板焊接连接(图 5)。

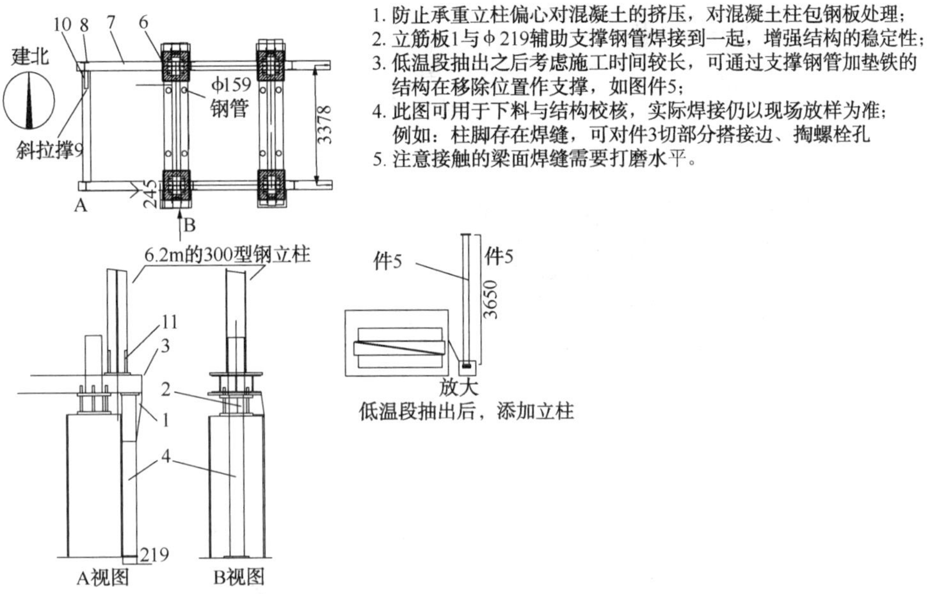

图 5　支撑结构支柱节点示意图

4.2　吊装安装 4 根立柱，立柱型号为 HW300 型钢，立柱与原设备立柱间隙为 50mm。

4.2.1　立柱生根在 4.1.3 中安装的底板上，立柱顶部安装并焊接牛腿板，牛腿板为 $t=30$mm 钢板，位于中温段顶部横梁的下方。

4.2.2　立柱安装完后进行找正工作，垂直度符合钢结构安装规范要求。

4.2.3　牛腿板上方安装并焊接筋板与原高温段立柱进行焊接，牛腿板选用 $t=30$mm 钢板，高度为 700mm，以上焊缝均满焊。

4.2.4　新建立柱与原设备立柱中温段的间隙，采用 $t=20$mm 钢板进行填充，采用 800×75mm 的钢板条，横向填充进中温段缝隙内，两侧焊接角焊缝，将新建立柱与原设备立柱连接起来。共计 16 个均满焊(图 6)。

4.3　安装焊接顶部横梁，使用 HW250 型钢。

4.4　横梁上方与中温段顶部 2 层 H 型钢添加筋板，每侧添加两个，位置为原设备立柱向内侧 600mm 位置。

4.5　使用两根 *DN*200 钢管，将建西侧新建立柱与空气预热器建西侧加热炉框架进行连接，保证新建框架整体稳定性。

4.6　在滑道横梁下方增设 4 根 *DN*150 管道与地面接触，安装位置为建南建北侧滑道横梁下方(图 7)。

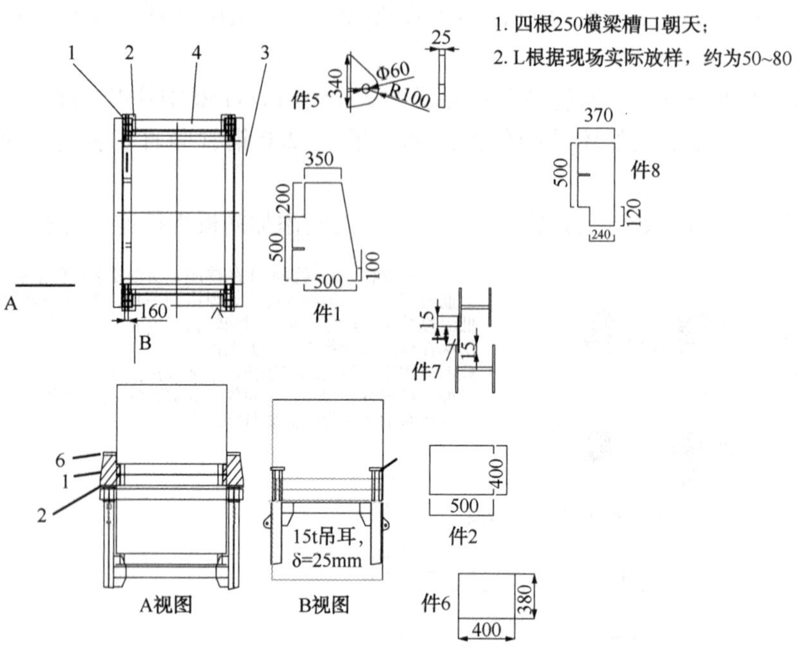

图 6　支撑结构支柱节点示意图

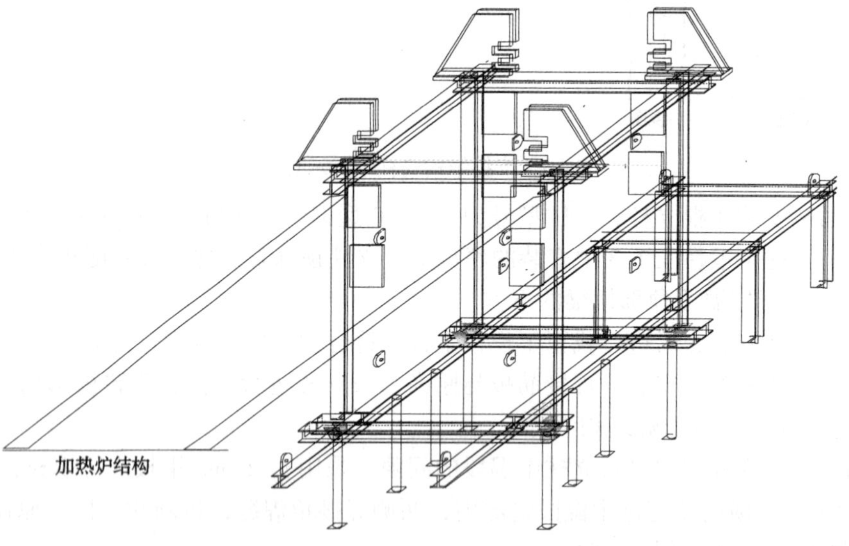

图 7　支撑结构支柱节点示意图

5　低温段吊装过程

5.1　切割 4 根混凝土上侧立柱，切割长度为 400mm。

5.2　吊装滑道胎具至制定位置，将滑道横梁焊接在切割后的 4 根立柱上。

5.3　滑道安装材料需要 HW250×250 型钢 10 根，包括 2 根 9m、4 根 2.6m、4 根 3.2m；10 号槽钢 1 根，每根 3.2m；*DN*100 钢管斜撑 8 根，其中 6 根 1m，2 根 1.4m(图 8)。

5.4　在原设备低温段建东建西侧搭设脚手架，要求脚手架与设备本体之间留出间隙，保证焊接施工作业面。

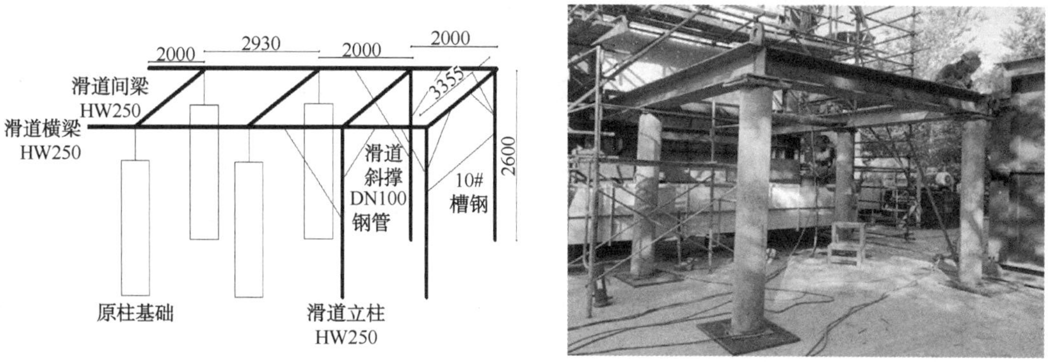

图 8　滑道结构尺寸参考图及现场实物照片

5.5　在低温段箱体上建东建西侧每侧焊接 4 个 30t 吊耳，并悬挂 4 个 10t 倒链，不预紧。

5.6　在滑道与低温段底部空隙填充型钢或垫铁，均为满焊。

5.7　割除低温段上方，割除部位选在中温段下部横梁位置，横梁保留至中温段。

5.8　预紧倒链，并将低温段底部与滑道之间填充的型钢慢慢抽出，使用倒链将低温段缓慢落到滑道横梁上，摘钩并使用胎具建东侧两台 5t 倒链，将低温段向滑道方向(建东侧)拖动，直到低温段整体位移出设备本体(图 9)。

5.9　抽出过程中要做到如下措施：

5.9.1　原低温段脱离建西侧原设备立柱位置时，使用 2 根 *DN*200 管道支撑在混凝土基础立柱断面与中温段底部衡量之间。

5.9.2　待低温段脱离建东侧原设备立柱位置时，使用 2 根 *DN*200 管道支撑在混凝土基础立柱断面与中温段底部衡梁之间。保证吊装施工期间框架整体稳定性。

5.10　吊车使用平衡梁，将空气预热器低温段吊装至吊车建南侧运输车辆上。

5.11　将新的空气预热器低温段吊装至滑道建东侧，并使用滑道建西侧两个 5t 倒链将新增低温段向建西方向位移，位移至原空气预热器中温段正下方后，通过 10t 倒链将新增空气预热器沿竖直向上方向位移 150mm 左右，与中温段底部对接(图 10)。

图 9　低温段现场拖拽及滑滚照片

图 10　现场起吊入装新低温段参考图

5.12　对接完毕后，将新低温段与滑道横梁之间空隙使用型钢进行填充，填充满之后开始新低温段与中温段焊接施工，焊接完毕后，将滑道胎具拆除。

5.13　将原有底部烟道出口恢复至新低温段底部，吊装至新增低温段底部并恢复4根立柱割除部分，焊接连接，再进行出口烟道恢复焊接施工。

5.14　将新增低温段与原风道出口连接，并按照原绝热层厚度，对空气预热器整体进行绝热层恢复。

5.15　待施工整体验收合格之后，将脚手架、风道临时支撑与中/低温段临时支撑进行拆除施工，拆除过程中严禁高空抛物，施工人员必须严格系挂五点式安全带。

5.16　管道临时支撑。

5.16.1　空气预热器建西侧水冲洗管道增加临时支撑，需要 *DN*80 钢管 5.4m 2 根，10#槽钢 1m 1 根。

5.16.2　空气预热器建北侧仪表管线，需要在底座横梁上增设角钢支撑，需要 L=30 角钢 2m。

5.16.3　空气预热器建南侧入口风线需要增加临时支撑，需要 DN80 钢管 3.9m 2 根，10#槽钢 1m1 根。

6　其他六套装置的低温段安装方法及注意事项

6.1　安装顺序：加固进出口烟道、风道——拆除侧箱盖、高温段(高温段+中温段)、低温段——更换新低温段——逐个回装。

6.2　因装置内位置狭小受限，烟道及风箱位置较高，脚手架搭设时需考虑好附着和拉结点，保证架体的稳定和安全，需现场验收挂牌。见图11。

图11　烟道处脚手架搭设参考图

6.3　因业主签证要求吊车不能超过300吨和不超过规定的天数，现场吊车需考虑好站位和吊幅，还要保证效率，考虑好每个施工环节衔接紧密，尽快完成吊装任务。

6.4　因方案中不能精准估出每个高、中、低温段的重量，再加上风箱内结垢物较多，所以要按预估值的1.5倍的放大系数，Ⅱ套蒸馏装置吊离低温段时就出现超估算值较大的现象。

6.5　无论是拆离烟囱还是风箱体，吊装前都要准确多次确认接触部位是否完全分离，风箱体之间割断后可采用千斤在箱体四个角进行顶升分离的办法，烟囱烟道接缝处法兰螺丝拆除后仍有可能不能完全分离的现象，均需考虑到各种未知可能。

7 安全管理其他注意事项

7.1 作业前需与生产车间做好交接，做好停工后的能量隔离，对作业环境的有毒可燃气体检测合格，安排好属地方和施工方的对接负责人及安全监护。

7.2 作业人员进行培训交底，掌握相应的操作技能及应急知识。电工、架子工、起重工等必须持证上岗。设备安装工程存在高处作业，易发生高空坠落和高空坠物伤害，对高空作业的防护措施重点检查控制。

7.3 吊装前应进行计算，制订吊装方案。核算被吊物的重量，正确选择吊装机械、绳索，确定最佳吊装工法，严格按吊装方案实施，未经项目技术负责人批准，不得任意改变吊装方案(图 12)。

图 12 低温段拆除安装参考图

7.4 起吊位置，必须计算被吊物的重量，捆扎栓系要牢靠，吊耳焊接完后要进行检查，起吊前应进行试吊，防止在吊装过程中出现重物倾斜或滑移脱落。

7.5 吊车驾驶员、起重工要有相关部门颁发的特种作业操作证，并在有效期内。起重工必须熟悉吊装方案、设备性能、操作信号和安全要求，起吊前起重人员必须明确分工，交底清楚，并分头对所负责分工的使用的绳索、卡具及配件和设备进行检查，以防发生意外事故。

7.6 断开原空气预热器管道连接时需要为原管道增设临时支撑，支撑要可靠并经过验收，避免发生管道倒塌变形或位移等质量安全隐患。

7.7 安装底部横梁过程中，施工空间狭小，此期间严禁交叉作业避免发生人员挤伤的情况。

7.8 安装 HW300 型钢立柱时需要用经纬仪测量立柱垂直度，保证立柱垂直安装避免施工后期发生受力不均匀导致框架整体坍塌的风险。

7.9 在增设新框架与加热炉之间的连接管道时，严禁交叉作业，同时吊装过程要缓慢小心，避免连接管道与老管道发生碰撞导致管道损坏。

7.10 新低温段回装至原有空间内部，并使用倒链将其拉起后，使用型钢将新空气预热器底部与滑道横梁缝隙进行填充，避免在焊接过程中新低温段因局部受力部分导致倾倒的风险。待焊接完毕整体稳固之后再将填充的型钢抽出。

7.11 在恢复 4 根原有立柱的焊接施工结束之后，需要在对接焊缝位置添加筋板，对原有立柱破坏处增强稳固性。

7.12 新/旧低温段在滑道上拖动的过程中，要求倒链使用人员统一节奏，每次同速度按每次 1 米进行拉动倒链。

7.13 对框架拆除的部分总重量的预估，按照预估设备总重量设计钢结构的节点及梁柱的大小，结构焊接完成后进行焊缝的检测。

7.14 焊缝合格后对设备的拆除切割，吊耳的设置按照设备总重设置，吊链吊装注意的是吊链的平均受力，不能单点受力，每个人拉吊链的速度均匀。

7.15 在滑动轨道在施工时，下边的滚棍一定放正，否则往外拖运的时候容易倾斜，拖拽的时候两个吊链拉力要基本相同，对应的滚杠数量一样，位置也要对应。

7.16 将需要更换的设备，拉倒足够可以吊装的位置，使用相应的吊车把设备更换下来，安装新的设备之前把下面的滚杠放好，两侧的数量也相同，位置也一样，然后用以上同样方法拉进，等到设备到了安装位置，用倒链把设备吊起就位，就位需吊链均匀受力，使用四个支腿把设备硬性临时支撑起来，防止吊链疲劳受力断裂，然后再开始焊接设备。

8 结语

无论新改扩项目还是检维修项目，施工过程和安全密不可分，管理好质量就是最大的本质安全，实施前都需要制定严密的实施方案，按照规范标准执行严格的操作流程，本文通过炼油厂装置的空气预热器低温段改造和检修，对方案审批、设备进场、工序把关、检查验收等过程中的质量安全要点进行不断完善和总结，可推动项目施工队伍的内部管理和提高工作效率，保质且安全地实现项目检维修和工程建设的控制目标。

浅析远程应急指挥调度系统在消防抢险救援中的应用

忽俊杰

（中国石油消防应急救援吐哈油田支队）

摘　要：油田一般地处戈壁荒漠地带，地域辽阔，战线长。风险相对较高，突发事件时有发生，如何利用现有科技、网络、数字通信技术，确保在第一时间收集救援现场的各类资料，调集相关专家，组成抢险救援指挥组，实现对突发事件现场的"零距离"处理和指挥。文章通过对油田抢险救援现状的介绍，分析可视化远程调度系统在油田消防应急抢险救援指挥中发挥的重要作用，为今后在消防灭火救援过程中加快信息交流速度，提高决策效率提供一条建设性思路。

关键词：远程应急；消防；抢险救援；应用

1　引言

油田一般都远离城镇，多在戈壁荒漠较为偏僻地区，内部道路纵横交错，条件较差为砂石简易路面。其生产作业区的产品如石油、轻质油、烃等又具有易燃、易爆、易蒸发、易产生静电、易流动等特点，潜在危险性极高，一旦作业区储罐、装置、管线、油井发生泄漏、井喷，会迅速扩散并波及周边设施、设备，极易形成殉爆并形成大面积流淌火和立体火灾，引起严重的连锁反应，极具破坏性。此类事故应急抢险救援时，往往需要多位应急专家共同"会诊"灾情，群策群力，制定救灾方案，确保事故救援的科学性和有效性。这种新的作战指挥模式也就是我们说的"扁平化指挥"，其特点就是将后方指挥调度中心与前线指挥部合二为一，精简指挥层级，缩短信息传递时间，将各参战力量拧成一股绳，最终提高抢险救援效率。而传统的做法是各级应急组织、部门到达现场后，与事故单位相关人员及油田应急领导共同组成指挥部，各种信息由下向上的顺序汇聚到指挥部，再由指挥部将命令从上向下层层发出，俗称"科层式(金字塔)指挥"，是一种以等级为基础的指挥模式，弊端就是指挥层级过多，流程繁琐，不利于信息及命令的快速传递，易耽误宝贵的作战时间。所以要打赢未来战争，消防指挥模式必须要创新，必须要改变传统的指挥思维方式。可视化远程调度指挥平台的开发及应用，为改变这一传统思维模式提供了有效的技术支持。这个平台完全适用于突发性事件或其他特殊情况的处理和控制。解决了指挥中心"看不到灾情态势发展、见不到应急力量分布、搞不清险情处置进度"等问题，实现了兵力分布的直观可视化、灾情态势的视频动态化、指挥调度的扁平化管理，极大地缩短应急抢险救援反应时间，切实提高企业消防应对突发事件的快速反应能力。

2　油田消防应急抢险作业使用可视化远程指挥系统的必要性

2.1　运筹帷幄，决胜千里

应急救援与组织指挥是一个系统工程，前线指挥部与后方指挥调度中心是整个系统工程中的神经中枢，尤其是后方指挥调度中心可以根据灾情的需要，迅速调集相关石油化工事故处置专家、应急救援专家，以及供水、供电、医疗救护、环境保护、工程抢险等应急联动力量组成专家组，通过与前线指挥部及各前沿参战指挥员的沟通交流和观看多角度、多方位传回的高清影像，迅速了解现场灾情发展，才能及时、准确做出决策，制定出专业的救援方案及作战力量编成方案，协助指导组织开展灭火救援行动。

2.2　统一领导，垂直管理

当油田发生灾害事故时，单凭消防一家的应急力量和资源有时会显得捉襟见肘，相关应急单位又因为职责不明、机制不顺，往往在配合救援中，反应迟缓、使得救援形不成合力，一盘散沙。尤其在大型灾害事故现场，由于救援面积大、参战单位多，人员、车辆、应急设备分散，如果指挥部不能时时掌握现场各救援力量分布，就无法协调各战斗单元之间的配合关系，这将严重影响救援质量和效率。此时就需要多个应急救援部门联动联勤，多兵种汇聚形成整体优势，集中力量打歼灭战。而可视化远程指挥调度系统则恰恰能弥补这种不足，尤其在较大规模、多种力量的协同参战中，可实现现场指挥与救援指挥中心构成一个灵活、多元、一体化的有机整体，由中心协调各方，统一发布命令。

2.3　精准定位，动态管理

油田区域面积较大，尤其跨区域调动部队增援时，抢险救援车驾驶员面对四通八达，纵横交错的路面，往往是一头雾水，很难选择准确的行车路线，从而无法在较短时间内快速赶到灾害现场。指挥调度中心更是无法动态掌握车辆的行驶路线、速度和位置。只能通过无线通信设备(对讲机、车载台)来联系，有时因为通信距离过远或干扰联系不上。抢险救援车辆安装可视化远程指挥调度终端后，指挥中心通过大屏上的GIS电子地图，就可以精准定位车辆，实现对车辆的动态监控，并通过终端传回的影像察看前方道路情况，甚至随时发布语音或文字指令调整车辆运行状态和停靠位置。

2.4　记录音像，搞好战评

《公安消防部队灭火救援战评规定》公消[2007]343号第三条灭火救援战评的主要内容有：“受理报警、力量调度和出动情况，灾情的发展过程及采取的技术、战术措施情况，组织指挥、协同作战和战斗保障情况，现场纪律、战斗作风和完成任务情况，主要经验教训和改进措施”。传统的消防战评一般都是召开专题会，通过观看图片、影像资料，再由各级指战员口述，最终形成战评资料，此种战评会议既不完整也不严谨，很难客观、详实反映灾害现场整体情况。可视化远程指挥调度系统有强大的储存空间，可自动储存各个环节的音、视频资料，在战评时可通过回放将不同节点的兵力分布、路线进攻、协调配合、单兵操作等直观显示，也为事后进行案例分析和学习教研，提供有力依据和视频教程。

3　可视化远程调度指挥系统简介及在油田消防扁平化指挥作战中的应用

3.1　简介

可视化远程调度指挥系统(图1)，是一套基于IP网络，集视频指挥调度、视频会议、远程监控、移动视频，信息、数据功能于一体的综合通信平台。前端人员和应急抢险车辆通过单兵手持终端和车载终端(选配照明灯具，应对深夜环境下作业)，依托国内强大的移动4G/5G网络平台，可与后方指挥调度中心迅速建立稳定的双向语音、双向视频、数据交换的高质量实时通信，虽隔千里也可轻松实现看得见，呼得通，联得动。

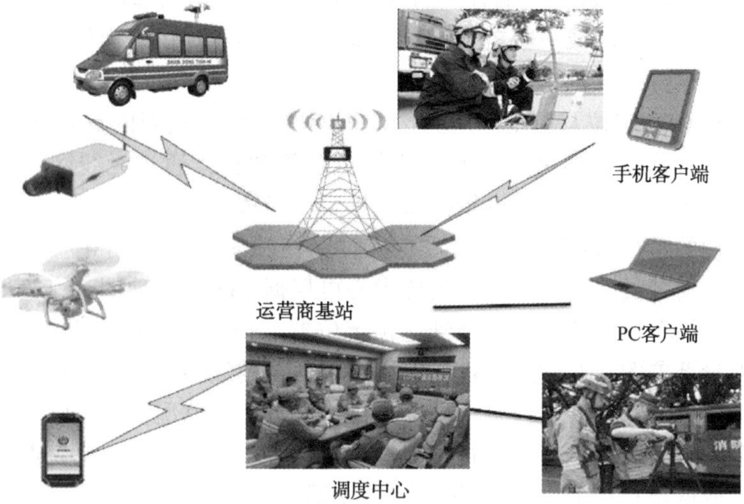

图1 可视化远程调度指挥系统

3.2 运用

3.2.1 建立顺畅的扁平化、专业化远程指挥作战体系

扁平化指挥，简单说就是在灭火救援中，简化上下级之间的隶属关系，减少指挥层级，实现指挥中心对现场的"零距离"指挥，一句话就是横向指挥到面，纵向指挥到点。这种新的指挥模式，解决了过去多个单位、多重指挥、各自为战、信息延误滞后、作战效率低下的问题，可有效发挥联合作战指挥部的根基和核心职能作用，扩大了指挥覆盖面、强化了信息、数据快速传递和交流。在大型灾害现场，当首批消防应急救援力量到达现场后，通过车载终端和手持终端，快速在前后方之间搭建一个通声、像的平台，实现与指挥中心语音、图片、视频等信息的双向交流，指挥中心通过可视化指挥调度这个强大的信息平台，将收集到的各种信息进行筛选、汇总、整理、分析。迅速制定出作战方案，并通过GIS电子地图各种应急车辆、人员的定位分布，直接指挥开展应急救援工作，减少处置中的人为耽搁，使应急救援人员能够抓住转瞬即逝的机会，快速高效地完成救援任务。所以消防应急救援扁平化指挥的有效运用，是提高消防部队灭火救援工作质量和效率的重要保障。

3.2.2 迅速召开远程专家组会议，准确制定处置方案

随着科技的发展和通信工具的进步，消防远程决策、远程指挥将逐渐取代传统的靠前指挥方式，消防指挥人员及各类应急救援专家、技术人员可在足不出户的情况下，在消防指挥调度中心即可全面了解灾害信息及现场的情形，分析灾情，完善相应的救援措施。这种极其方便、可靠的"专家组"指挥方式，有效地解决了在特殊灾害、大型灾害现场，由于指挥员个人专业素质、对灾害的认识、临机决断等方面存在的一些薄弱环节，导致灭火救援行动失败。在油田抢险救援中，由于油田作业区的原料及贮存物质等种类繁多，不但具有易燃易爆性，还存在大量毒性、放射性、腐蚀性危险化学品，一旦因为工艺流程、人员因素、设备问题等原因造成误操作或外泄，其潜在的危险就会发展成为灾害性的事故，任何一个点发生火灾都能在很短时间内蔓延开来，迅速燃烧形成区域火海，这种灾害的救援就需要指挥中心根

据应急预案，调集行业专家、技术人组成专家组，发挥专业特长，根据现场态势，分析燃烧物质以及罐区情况，制定最为合理、正确的灭火抢险救援处置方案，并组织协调指挥火灾扑救、疏散物资、关阀断料、供水供电、医疗救助等工作。所以在指挥调度中心集结“专家组”指挥是对传统前线指挥这一弊端方式的改革和进步，可视化远程指挥调度系统的投入使用，为指挥调度中心实现区域全覆盖及科学决策、精准指挥提供有力保障。

3.2.3　实现应急抢险车辆远程指挥、定位、导航及现场管理

一是应急车辆 GPS 定位及调度。应急抢险车辆的车载终端因内置 GPS 芯片，在奔赴灾害现场时，开启车载终端后即可迅速获取坐标位置等数据，通过无线网络(4G/5G)，就可以将数据时时传送至可视化远程调度指挥系统平台，指挥中心通过大屏上的 GIS 电子地图就可以直观看到车辆的运行轨迹(方向、位置、速度)。二是应急车辆导航及管理。当应急车辆行驶至偏远地区驾驶员路况不明时，指挥中心可根据 GIS 电子地图上车辆所处位置为车辆进行人工导航，引导车辆迅速、准确地到达预定位置。指挥部还可根据现场图传来的资料，绘制出各阶段力量部署图，并通过指挥调度平台传送至前线指挥员的手持终端上，布局车辆作业位置。三是应急车辆监管及告警。调度指挥中心可根据路况及天气情况设定应急车辆行驶速度，系统全程自动监控，当车辆行驶速度超过设置值时，系统自动发起报警，提示驾驶人员注意安全。调度指挥中心还可根据灾情的发展，在 GIS 电子地图上，标注出危险地带(警戒区、轻危区、重危区)，设置围栏告警，当有应急车辆误入警戒区后，即可触发报警，提醒车辆驶离危险区。

4　对比

消防抢险救援、灭火指挥中引入可视化调度系统与传统调度功能相比较，有着其不可逾越的优势，在此对二种调度指挥模式特点、功能、性能做以对比，对比情况如表 1。

表 1　传统调度与可视化调度功能对比表

对比项	传统指挥	可视化指挥
调度力量、信息传递	指令下达方式只能通过有、无线方式，无法实现信息的快速传递及反馈	多种调度方式(语音调度、视频调度、GIS 调度)，动态监控，且可实现分组管理及信息群发或指定发送
现场及危险区域标定	现场用警戒带部分圈定，由安全员监督车辆、人员进入	GIS 地图上圈定危险地带，设置围栏警告，车辆及人员进入时即触发报警
车辆、人员定位	通过通信(有线、无线)了解车辆、人员轨迹及灾害现场大至方位	通过 GIS 电子地图，直观显示车辆、人员运动轨迹(方位、速度)
火情侦查、灾情掌控	人工侦察，描述现场情况及态式发展，不准确、不全面	现场相关音频、图像、视频等信息时时回传，精准掌握灾情发展

5　结语

油田专职消防队伍作为油田开发建设保驾护航的一支专业化应急抢险救援队伍，近年来随着我国科学技术的进步，尤其是通信技术迅猛发展的大背景下，如何应用新设施、新技术，更好地为油田的安全生产服务，已成为消防队伍面临的一项紧迫任务。面对天灾人祸、突发事件、重大隐患等诸多问题，消防队伍作为肩负抢险救援先锋队，必须未雨绸缪，在消防抢险救援中将传统的科层式指挥方式转变为扁平化这种新的指挥体系，精减指挥层级，减少传统的“上传下达”时间，在指挥中心实现最快的命令传达，最优的部署安排，突破传统

的前后方联动指挥及靠前指挥的局限，通过网络、通信手段，确保“信息采集快，指令下达快”，为消防指挥、应急抢险、灭火救援、火情侦察等提供远距离、高速率的图传信息，提高应急指挥调度的速度和效率。这必将对加强队伍的现代化、正规化建设，提高队伍战斗力，起到推动作用，能更好地为油田的持续发展、长治久安保驾护航。

参考文献

[1] 郭铁男，李世雄，朱立平，等．中国消防手册．第九卷[M]．上海：上海科学技术出版社，2006.

[2] GB 50313—2000，消防通信指挥系统设计规范．

[3] 公安消防部队灭火救援战评规定(试行)的通知公消[2007]343 号．

[4] 跨区域视频监控联网共享技术规范 DB33/T 629—2007.

【作者简介】忽俊杰，男，现在中国石油消防应急救援吐哈油田支队工作，主要从事消防 119 调度及消防无线通信等。电话：13179955228，邮箱：xjthhjj@ 126. com。

石油化工油品储运 QHSE 风险管理与消防安全

冯小洲

（中国石油消防应急救援吐哈油田支队）

摘　要：石油及其产品（以下简称油品）被称为工业血液，油品储运是油气勘探、钻井、采油、炼化等生产链中成果的体现，是能源使用中承上启下的重要环节。其生产链长，生产工艺和过程复杂，工艺条件苛刻，作业方式多样，衍生物繁多，主要风险有火灾、爆炸、中毒、挥发、腐蚀、环境污染等，正确认识石油产品储运环节的 QHSE（质量、健康、安全、环境）风险管理，从人员、机器、物料、方法、环境等方面入手，将油品储运消防安全管理与 QHSE 体系要求努力融汇贯通，才能有效预防和减少火灾等危害。

关键词：油品储运；风险管理；危害因素辨识；消防安全

1　引言

2021 年 4 月 29 日，《中华人民共和国消防法》第三次修订，2021 年 6 月 10 日，是《中华人民共和国安全生产法》第三次修订，QHSE 管理体系作为一种安全工作管理模式，是落实安全生产法规的一种方法和手段。其核心是风险管理，特点是系统性，油品的特性注定其储运过程充满风险，必须始终对人、机、料、法、环等生产要素和消防安全高度重视，落实全员、全方位和全过程的风险管理，采取针对性的防火、防爆、防静电、防蒸发及泄漏、防中毒及腐蚀等措施，防止造成一失万无的重大伤亡和财产损失。

2　油品储运中存在的问题

2.1　设备故障问题

设备故障是导致油品储运安全问题的直接原因。油品设施设计和施工的不合理、设备不防爆、防静电措施不到位、管线的腐蚀、操作条件、机械振动引起的设备损坏以及高温高压等压力容器和管道的损坏，极易引起泄漏及爆炸。如管线、容器的腐蚀老化、意外破损、热胀冷缩、震动疲劳、密封垫圈老化、损坏等都会导致介质泄漏，遇到火、热、电、摩擦、撞击等就会发生火灾、爆炸。图 1 为油品储运简易流程和主要设施。

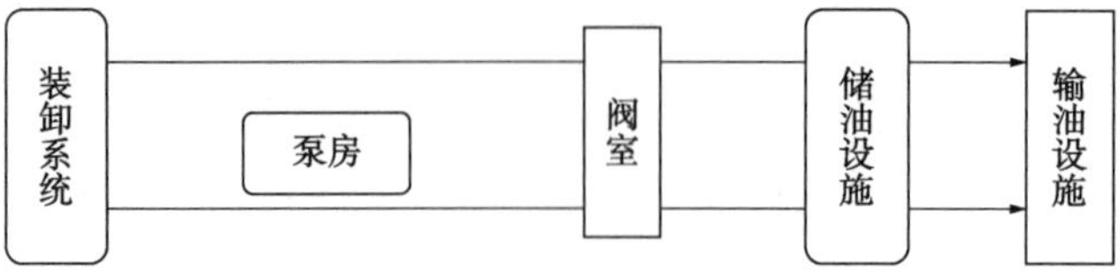

图 1　油品储运简易流程和主要设施

2.2 人员管理问题

人员的管理问题是导致事故发生的主观因素，主要体现在以下几个方面：

2.2.1 对油品储运中的消防安全管理认知不足，重视不够

认为消防安全是一种被动管理和事后管理，消防安全无非就是消防设施和器材，只有在发生事故时才用得上；在主观能动性、人员能力、动态管理、执行落实、工作质量等方面将就凑合，表现为不愿管、不会管、不检查、不会查、不整改。实际上，消防安全具有很强的社会性、专业性和综合性，以 QHSE 体系量化审核标准为例，虽然在 7 个审核要素 31 个审核主题、总分值 12835 分中，消防安全审核主题分值为 220 分，权重比仅为 1.7%，但是，在危害辨识、风险评价和控制措施、能力培训和意识、设备设施管理、应急管理、危化品管理、安全监督检查等 10 余个审核主题中都涉及消防安全。

2.2.2 操作人员违规操作、误操作

例如错开(闭)阀门，未关严阀门，该置换的容器及管道未置换或置换不彻底，都会造成超压、超温、油气泄漏。

2.2.3 操作人员对于工艺操作系统缺乏了解

不能认真细致地研究系统的操作要求、物料特性、工艺流程，将其按照类似的设备、系统一概而论，生搬硬套。

2.2.4 任意删改操作规程

系统的操作规程是经验教训的积累，但是由于操作的繁琐，致使操作人员删改规程，经过几次操作没有发生事故，便形成侥幸心理，思想麻痹，久而久之形成了习惯性违章。

2.2.5 缺乏严格的岗位培训

上岗职工没有进行针对性的岗位培训，无证上岗，没有明确操作的规范，特别是一线人员的防火能力和应急处置实战技能欠缺，对消防系统的操作技能不熟悉、不掌握，日常演练流于形式，针对性和实用性不强，属于整体性“顽症”。

2.2.6 监管机制不力

缺乏监管机制，或者是监管机制执行不到位，会使操作人员思想麻痹，违章警惕性低，不能充分认识到习惯性违章的严重危害性，对其听之任之，最终导致事故的发生。

2.3 设备腐蚀问题

设备的腐蚀，是石油工业中金属设备损坏的主要原因之一。腐蚀事故会造成重大的经济损失、严重的人员伤亡事故和环境污染灾难。主要体现在以下几点：

2.3.1 大气腐蚀

大气腐蚀损失的金属约占总损失量的 50%以上，而碳钢和普通低合金钢的大气腐蚀又占大气腐蚀总损失的一半以上。

2.3.2 土壤腐蚀

土壤中水分和盐类使得土壤具有了电解质的特征，会使金属发生电腐蚀，土壤中的空气、酸性矿物质或来自生命代谢的酸性物质会影响土壤的酸度，从而加速金属的腐蚀。

2.3.3 硫化氢腐蚀

硫化氢是油气开采过程中常见的一种腐蚀性气体，主要来自含硫油田伴生气和硫酸盐的还原菌分解，它能导致金属产生缺陷裂纹、变形。

2.3.4 二氧化碳腐蚀

二氧化碳是天然气或石油的伴生气。溶入水的二氧化碳在同等 pH 的条件下对钢铁腐蚀

性比盐酸还要强，能使管道和设备发生早期腐蚀，在油气田发生率高，危害性大。

2.4 预警系统问题

岗位人员有时对安全监测、报警、预警设备或仪器的反馈信息不重视，对预警设备或仪器的运行和维护管理措施不落实。

3 油品储运的风险管理和危害因素辨识

国务院安委会《关于实施遏制重特大事故工作指南构建双重预防机制的意见》都明确指出："把安全风险管控挺在隐患前面，把隐患排查治理挺在事故前面，扎实构建事故应急救援最后一道防线"。而危害因素辨识是风险管理工作的前提和基础，为做好油品储运风险管理工作，做到关口前移，防范各类事故的发生，必须首先做好危害因素辨识工作。风险管理"三步曲"见图2。

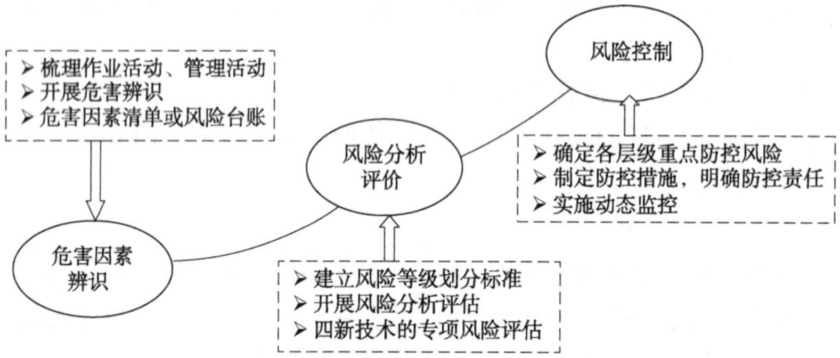

图2 风险管理"三步曲"

知己知彼，百战不殆。首先要对油品储运过程的危害因素或风险在概念上明确，危害因素有三种分类方法，即依据《生产过程危险和有害因素分类与代码(GB/T13861)》《企业职工伤亡事故分类标准(GB 6441)》《职业病危害因素分类目录(国卫疾控发〔2015〕92号)》进行分类。

3.1 危害因素的三种分类

3.1.1 根据危害因素性质分类

依据《生产过程危险和有害因素分类与代码》(GB/T 13861)，规定了生产过程中各种主要危险和有害因素的分类与代码，适用于各行业在规划、设计和组织生产时，对危险和有害因素的预测、预防，对伤亡事故原因的辨识和分析。

1 人的因素：与生产各环节有关的，来自人员自身或人为性质的危险和有害因素。 2中类10小类	11 心理、生理性危险和有害因素： 1101 负荷超限：体力负荷超限听力负荷超限；视力负荷超限；其他负荷超限； 1102 健康状况异常； 1103 从事禁忌作业； 1104 心理异常：情绪异常；冒险心理；过度紧张；其他心理异常； 1105 辨识功能缺陷：感知延迟；辨识错误；其他辨识功能缺陷； 1199 其他心理、生理性危险和有害因素 12 行为性危险和有害因素： 1201 指挥错误：指挥失误；违章指挥；其他指挥错误； 1202 操作错误：误操作；违章作业；其他操作错误； 1203 监护失误； 11299 其他行为性危险和有害因素

续表

2 物的因素：机械、设备、设施、材料等方面存在的危险和有害因素。 3 中类 28 小类	21 物理性危险和有害因素： 2101 设备、设施、工具、附件缺陷：强度不够；刚度不够；稳定性差；密封不良；应力集中；外形缺陷；外露运动件；操纵器缺陷；制动器缺陷；控制器缺陷；其他设备、设施、工具、附件缺陷；防护缺陷。 2102 无防护：防护装置、设施缺陷；防护不当；支撑不当；防护距离不够；其他防护缺陷；电伤害； 2103 带电部位裸露：漏电；雷电；静电；电火花；其他电伤害；噪声； 2104 机械性噪声：电磁性噪声；流体动力性噪声；其他噪声；振动危害； 2105 机械性振动：电磁性振动；流体动力性振动；其他振动危害；磁辐射； 2106 电离辐射：非电离辐射；运动物伤害； 2107 抛射物：飞溅物；坠落物；反弹物；土、岩滑动；料堆(垛)滑动；气流卷动；冲击地压其他运动物伤害； 2108 明火； 2109 高温物质：高温气体；高温液体；高温固体；其他高温物质； 2110 低温物质：低温气体；低温液体；低温固体；其他低温物质； 2111 信号缺陷：无信号设施；信号选用不当；信号位置不当；信号不清；信号显示不准；其他信号缺陷； 2112 标志缺陷：无标志；标志不清晰；标志不规范；标志选用不当。标志位置缺陷；其他标志缺陷； 2113 有害光照； 2199 其他物理性危险和有害因素
	22 化学性危险和有害因素： 2201 爆炸品； 2202 物品危险压缩气体和液化气体； 2203 易燃液体； 2204 易燃固体、自燃物品和遇湿易燃物品； 2205 氧化剂和有机过氧化物； 2206 有毒品； 2207 腐蚀品； 2208 粉尘与气溶胶； 2299 其他化学性危险和有害因素 23 生物性危险和有害因素： 2301 致病微生物：细菌；病毒；真菌；其他致病微生物； 2302 传染病媒介物； 2303 致害动物； 2304 致害植物； 2399 其他生物性危险和有害因素

续表

3 环境因素：生产作业环境中的危险和有害因素。 4 中类 50 小类	31 室内作业场所环境不良： 3101 室内地面滑； 3102 室内作业场所狭窄； 3103 室内作业场所杂乱； 3104 室内地面不平； 3105 室内梯架缺陷； 3016 地面、墙和天花板上的开口缺陷； 3107 有有害物质的内部通道和地面区域； 3108 房屋基础下沉； 3109 室内安全通道缺陷； 3110 房屋安全出口缺陷； 3111 采光照明不良； 3112 作业场所空气不良； 3113 室内温度、湿度、气压不适； 3114 室内给排水不良； 3115 室内涌水； 3116 室内物料贮存方法不安全； 3199 其他室内作业场所环境不良 32 室外作业场地环境不良： 3201 恶劣气候与环境； 3202 作业场地和交通设施湿滑； 3203 作业场地狭窄； 3204 作业场地杂乱； 3205 作业场地不平； 3206 航道狭窄、有暗礁或险滩； 3207 脚手架、阶梯和活动梯架缺陷； 3208 地面开口缺陷； 3209 有有害物的交通和作业场地； 3210 建筑物和其他结构缺陷； 3211 门和围栏缺陷； 3212 作业场地基础下沉； 3213 作业场地安全通道缺陷； 3214 作业场地安全出口缺陷； 3215 作业场地光照不良； 3216 作业场地空气不良； 3217 作业场地温度、湿度、气压不适； 3218 作业场地涌水； 3219 植物伤害； 3299 其他作业场地环境不良 33 地下（含水下）作业环境不良： 3301 隧道/矿井顶面缺陷； 3302 隧道/矿井正面或侧壁缺陷； 3303 隧道/矿井地面缺陷； 3304 地下作业面有害气体超限； 3305 地下作业面通风不良； 3306 水下作业供氧不当； 3307 支护结构缺陷； 3308 非正常地下火； 3309 非正常地下水； 3399 其他地下作业环境不良 39 其他作业环境不良： 3901 强迫体位； 3902 综合性作业环境不良； 3999 其他作业环境不良

4 管理因素：管理上的失误、缺陷和管理责任所导致的危险和有害因素。 6 中类 5 小类	41 职业安全卫生组织机构不健全 42 职业安全卫生责任制未落实 43 职业安全卫生管理规章制度不完善： 4301 建设项目“三同时”制度未落实 4302 操作规程不规范 4303 事故应急预案及响应缺陷 4304 培训制度不完善 4399 其他职业安全卫生管理规章制度不健全 44 职业安全卫生投入不足 45 职业健康管理不完善 49 其他管理因素缺陷

3.1.2 根据事故分类

依据《企业职工伤亡事故分类标准》(GB 6441)，综合考虑起因物、引起事故发生的诱导性原因、致害物、伤害方式等，将危险因素分为 20 类。

01 物体打击	02 车辆伤害	03 机械伤害	04 起重伤害	05 触电
06 淹溺	07 灼烫	08 火灾	09 高处坠落	10 坍塌
11 冒顶片帮	12 透水	13 放炮	14 火药爆炸	15 瓦斯爆炸
16 锅炉爆炸	17 容器爆炸	18 其他爆炸	19 中毒和窒息	20 其他伤害

3.1.3 根据职业危害性质分类

依据《职业病危害因素分类目录》将职业病危害因素分为：

粉尘	52 种	化学因素	375 种	物理因素	15 种
放射性因素	8 种	生物因素	6 种	其他因素	3 种

3.2 危害因素辨识方法

要做好危害因素辨识工作，必须遵循全面性、系统性、科学性和预测性原则，一般分为经验法与系统安全分析方法两类。

3.2.1 简单通用的辨识方法

(1) 现场观察：是一种通过检视生产作业区域所处地理环境、周边自然条件、场内功能区划分、设施布局、作业环境等来辨识存在危害因素的方法。

(2) 交流访谈：通过对当事人沟通交流访谈，通过分析险情、事故、事件等，辨识其日常工作中可能存在的危害因素。

(3) 安全检查表：根据制度、标准等开发检查表，按照检查表对现场诸如物质的摆放、相互间距离、有效期等等进行检查，发现其中的危害因素；

(4) 危害因素辨识清单：根据以往制作的该类型作业活动的危害因素辨识清单，辨识本次作业活动可能具有的危害因素；以及因果分析法、未遂事故法等。

3.2.2 系统的安全分析主要方法(表1)

表1 针对辨识对象适用的危害因素辨识方法

辨识对象	频率	辨识方法
日常作业活动	活动开始前	JSA/JHA(工作安全分析/工作危害分析) SCL(安全检查表法)
新、改、扩及变更	特定时间	PHA(预先危害分析)、HAZOP(危害与可操作性分析)、FMEA(失效模式与影响分析)
设备拆除	特定时间	SCL、WI(故障假设分析)
关键设备/复杂工艺大型装置	定期开展	FMEA、HAZOP、QRA(定量风险分析)
一般设备、设施	定期开展	SCL
设计阶段	同时	PHA、HAZID(危险源识别分析)
新工艺、新材料、新技术等	新工艺、新材料、新技术应用之前	BS(头脑风暴法)、ETA(事件树分析法)、FTA(故障树分析法)

选取辨识方法时一定要注意使用对象，如专业人员与普通工线员工的区别。

4 油气储运的风险防控与消防安全措施

4.1 认真落实石油化工消防规范和标准要求

有关油品安全的规范主要有《石油天然气工程设计防火规范》(GB 50183)《石油化工企业设计防火标准》(GB 50160)《石油天然气钻井、开发、储运防火防爆安全生产技术规程》(SY 5225)等，应在油品生产储运的设计、施工、验收、运行、管理等全过程链中严格落实相关规范和标准要求。

4.2 做好油品储运过程中的管理控制和操作控制

4.2.1 油品储运管理控制

(1)危害辨识；(2)安全标签；(3)安全技术说明书；(4)安全储存；(5)安全输运；(6)安全处理与使用；(7)废物处理；(8)接触监测；(9)培训教育；(10)医学监督。

4.2.2 油品储运操作控制

(1)工艺参数监控：实时监控温度、压力、液位等。

(2)变更工艺：选用可将危害减少到最低程度。

(3)隔离：拉开作业人员与危险源的距。

(4)通风：降低作业场所中可燃、有毒等气体浓。

(5)个体防护：正确选择和使用个体防护用品。

(6)卫生：保持作业场所和作业人员的卫生清洁。

4.3 控制与消除火源(包括明火、摩擦撞击火花、电气火花、静电火花、雷电火花等)

防爆区域内的各种电气设备(电机、开关、灯具、阀门应采用防爆型)，所有设备、管线、法兰等应有可靠的接地线和跨接线，各种易产生静电的场所都应有防静电措施。劳保护具上岗，各种油罐、建(构)筑物都应有可靠的防雷、避雷设施。定期检测防雷、防静电接地电阻是否达到安全要求。

4.4 加强油品储运设施设备的维护管理，及时发现和消除各类隐患

从油田生产、储运设施设备的设计、选型、选材、布置及安装均应符合国家规范和标准，按规定进行制造、安装和维护。

4.5 强化和开展有针对性的安全需求培训和应急处置演练

将 QHSE 管理体系相关审核主题与消防安全管理联系与融合，突出“预防火灾能力培训、消防设施操作技能培训、提高应急处置能力培训“的三大主题，培训可采取灵活多样的形式。如课堂学习、实地参观、实际演练、安全技能比赛、看录像、研讨交流、现场示范等。

4.6 加强设施设备的防腐蚀工作

采油及集输系统的腐蚀主要包括油井的防腐、集输系统中相关管线和设备的防腐及注水系统的防腐等。针对不同的腐蚀特点采取相应的防护措施，例如：对于集输系统管线除增加防腐层外，还可用电化学保护、加注缓蚀剂的方法；对于注水系统可添加缓蚀剂阻垢剂、杀菌剂等水处理用剂。

5 结语

“徒善不足以为政，徒法不能以自行”。千法万规在执行，再好的技术，再完美的规章，在实际操作层面，也无法取代人自身的素质和责任心。做好油品储运安全，需要行业的所有人员、所有岗位，所有部门付出真诚的努力和行动，真正履行好应有的职责，增强意识、落实责任，加强管理，完善措施，全力保障油品储运的安全与发展，共建平安和谐社会。

参 考 文 献

[1] 胡月亭.《安全风险预防与控制》. 团结出版社，2018 年版，87 页.
[2]《石油天然气工程设计防火规范》. 中国计划出版社，2004 年版，第 6 页.
[3]《生产过程危险和有害因素分类与代码》(GB/T 13861—2009). 国家标准化管理委员会发布.

【作者简介】冯小洲，男，现在中国石油吐哈油田分公司消防支队工作，主要从事油田防火监督等工作。电话：13999693558，邮箱：fxz279un@ 163. com。

应急管理体系的建设与实践

宋　洋　莫　菲　王耀辉　陈星合　浦　磊　王相涛

(中国石油天然气股份有限公司塔里木油田分公司)

摘　要：国家应急管理目标是形成统一指挥、专常兼备、反应灵敏、上下联动的中国特色应急管理体制，而油气田企业应急管理体系建设正是在新时代应急管理体制改革下的深化蜕变，努力实现依法应急、科学应急、智慧应急、形成共建共治共享的应急管理新格局。本文以塔里木油田应急管理体系建设与实践为例，重点从应急组织体系、应急制度体系、应急预案体系、应急保障体系以及应急平台体系五个方面实践做法，持续健全完善油田应急管理体系。通过本文的介绍，为其他油气田在应急管理体系建设方面提供新的思路与方法。

关键词：组织体系；制度体系；预案体系；保障体系；数智化应急平台

企业应急管理是应对各类突发事件而开展的应急准备、应急处置与救援等全过程管理。目前在应急管理体系建设方面，从国家层面(公共卫生、公共安全等)、省市层面(交通运输、防洪防汛等)以及基层单位或站队层面(消防救援、公安边防等)开展了系列研究，针对各个领域应急管理体系建设背景，分析了加强应急管理的必要性和本领域应急管理存在的问题，并给出具体实践做法。在石油与天然气等能源企业领域，尽管各大油气田早已开展了应急管理体系建设，但针对钻探风险高、自然环境恶劣、社会公共基础设施薄弱的超深层油气田，尚未形成系统、完整的应急管理体系。

因此，本文以塔里木油田应急管理体系建设为例，介绍、分析油田应急管理体系建设的背景和面临的问题，重点阐述油田在应急管理体系的应急组织体系、应急制度体系、应急预案体系、应急保障体系以及应急平台体系五个方面实践做法，并总结其实际成效。

1　塔里木油田应急管理体系建设背景

塔里木盆地是我国最大超深层含油气盆地，钻探区域集中在塔克拉玛干沙漠和天山、昆仑山前，地表地下双复杂，自然环境恶劣，社会公共设施薄弱，在石油天然气勘探开发过程中，高温高压、有毒有害、易燃易爆的风险与生俱来，井控安全、地面系统、施工作业等方面的风险较大：

(1) 井控难度系数持续攀升

随着油田勘探开发向超深层挺进，“三高”井、“三超”井、环空带压井、浅层高压井等高风险井数量不断增多，采油气井口装置泄漏风险日益突出，钻完井、修井作业的井控风险极大。

(2) 地面系统风险日益突出

油气藏类型多样，富含硫化氢、二氧化碳等多种介质。地面系统点多、线长、面广，装备设施逐渐老化，油气泄漏风险日益增大。

（3）施工作业风险管控难度大

油气勘探开发涵盖物探、钻井、地面工程建设、装置运行及检维修、装置废弃封停等诸多环节，涉及大量高危作业，管控难度较大。

2 塔里木油田应急管理体系建设早期存在的问题

近年来，油田应急管理体系机构、预案、制度、保障方面不断健全，总体上较好地落实了国家、集团公司应急管理的政策法规要求。但不论是油田应急险情的考验，还是 QHSE 体系审核、日常检查，均暴露出油田应急管理工作仍需要进一步提升，在应急队伍演练、物资储备以及信息化建设方面还存在以下问题：

（1）应急演练实战化水平有待提高。应急演练重“演”不重“练”的问题较为突出，队伍“独”练不“合”练，演练分散化情况比较严重。

（2）应急物资装备保障能力有待提高。依据相关标准，各应急资源站点存在部分物资装备的数量配备不全，物资装备的实用性有待进一步验证。

（3）应急指挥信息化建设和应用有待提高。应急指挥平台部分信息报送和数据监测等功能尚不完善，还未实现在油田基层方面的大规模推广应用。

3 塔里木油田应急管理体系建设与实践

油田公司根据时代发展持续推进应急管理改革，随着应急管理工作推进的逐步深入，油田应急管理体系涵盖的范围逐渐扩大，从以生产安全事故为主逐渐扩大到覆盖事故灾难、自然灾害、社会安全和公共卫生四个方面，管理体制从“单线管理”转变为“统一领导、分类管理”。油田公司应急管理体系建设日臻完善，形成“4+1”体系模式，即：“应急组织体系、应急制度体系、应急预案体系、应急保障体系”+“应急平台体系”。

3.1 与时俱进，持续健全组织体系

油田建立健全了“1+N”应急组织体系，即：“一个应急领导小组”+“N 个专业应急组”。根据油田现状，分设工程技术、地面工程、公共安全、公共卫生以及新闻媒体共五个专业应急组，二级单位根据实际应急抢险需求下设各专业应急组，如图 1 所示。

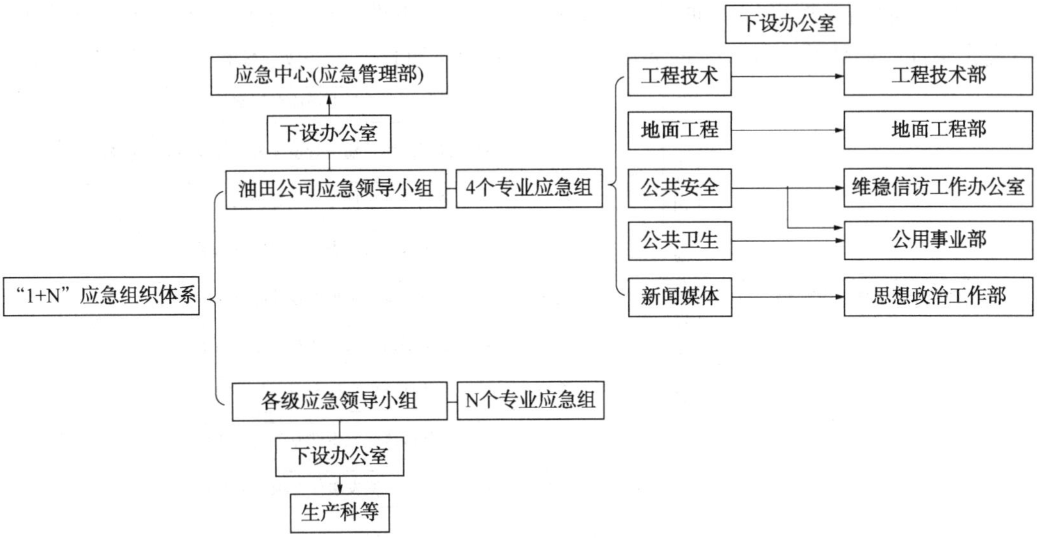

图 1 塔里木油田“1+N”应急组织体系

油田公司应急领导小组是油田公司应急管理工作的最高领导、议事和协调机构，统筹油田应急管理工作。各专业应急组负责分管业务领域的风险识别防控、专项应急预案制修订和演练策划组织，在应急领导小组的统一领导下组织突发事件应对处置。

3.2　结合实际，持续完善制度体系

面对油田相对复杂的应急管理大环境，基于集团公司应急管理制度，结合历年应急管理工作中梳理的重点难点，建立了“1+3”应急制度体系，即 1 个公司级制度《应急管理规定》和 3 个配套管理制度：《应急预案管理办法》《应急物资储备管理办法》《应急信息工作管理办法》，如图 2 所示。

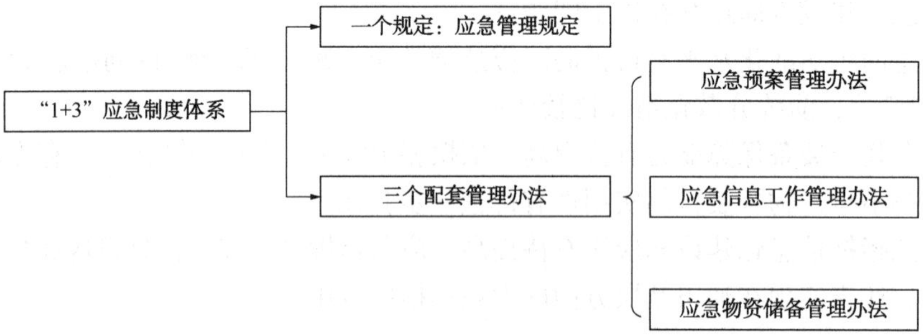

图 2　塔里木油田“1+3”应急制度体系

《应急管理规定》为纲领性制度，对应急管理的组织架构、职责分工、应急准备、应急处置等各方面进行总体规范，是其余应急管理制度的总体依据；《预案管理办法》对油田公司各级应急预案的编制、评审、发布、备案、宣教、培训、演练、评估、修订及监督等管理工作进行具体规范；《应急物资储备管理办法》对油田公司各级应急物资的购置、储备、调拨、使用、监督等工作进行具体规范；《信息工作管理办法》对紧急信息报送的时限、要素、责任、考核等工作进行具体规范。

3.3　预防风险，持续优化预案体系

油田建立了“1+N”应急预案体系，即：1 个总体应急预案+N 个专项应急预案。公司级应急预案体系基于风险辨识评估工作，从风险等级评定、应对处置组织工作复杂性等方面进行论证构成，涵盖井控事件、油气厂站事件、油气管道事件、环境事件、生活小区建筑火灾、自然灾害事件、群体性事件、恐怖袭击事件、公共卫生事件、新闻媒体事件，如图 3 所示。

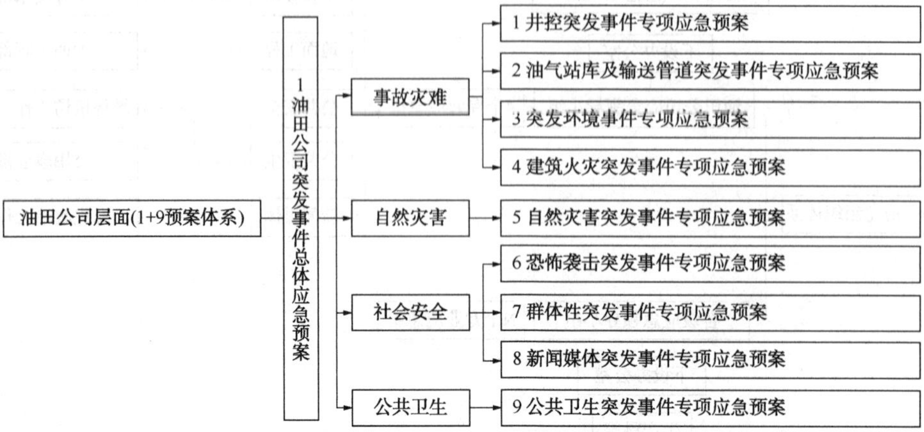

图 3　塔里木油田“1+N”应急预案体系

应急预案是为有效应对突发事件而预先制定的行动方案。突发事件的具体处置与救援行动、配套保障，由现场指挥部结合具体事件情况研究制定各类专项方案并组织实施，但处置初期因事项头绪众多、队伍磨合不足，容易出现组织不畅、协同不力等问题。

针对上述问题，油田公司创新推动油田公司级专兼职队伍及各部门《应急响应工作手册》制度。该手册是油田总结历次实战经验，结合各部门、应急队伍的职责和实际，编制的包含应急处置全过程关键环节的指导性操作手册。该手册作为油田应急预案的补充和支撑，以应急队伍、业务管理部门为基本单元，精细化、标准化应急行动程序和内容，实现“每个基本单元自主有序应急行动、应急队伍与相应管理业务部门随时对接、下层及各路自行做好预设工作、现场应急指挥工作有效简化”的目标。

3.4 多路并进，持续完善保障体系

油田建立了囊括“应急站点+应急物资装备+应急队伍+应急联动”的应急保障体系，即：3 类应急站点，3 个应急物资装备储备库、4 类 17 支专兼职应急队伍，油田内外 4 种力量的应急联动，如图 4 所示。

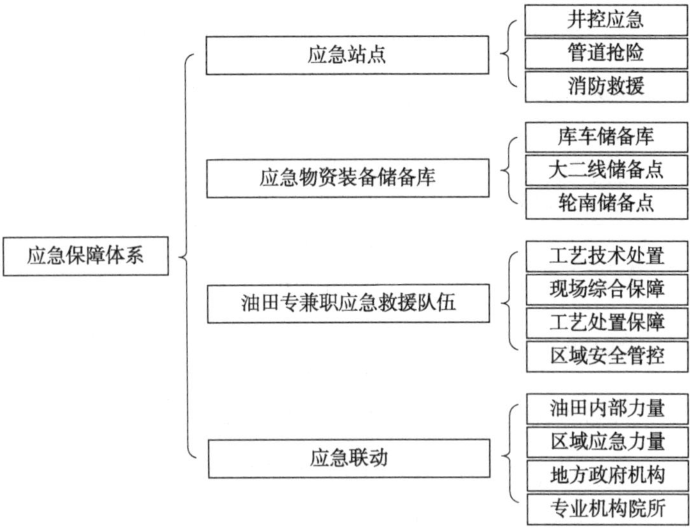

图 4　塔里木油田应急保障体系

（1）应急站点

油田建立了井控应急保障、油气管道抢险、油气场站消防救援 3 类应急站点。其中井控应急保障依托各井控应急站点，构建了“1+2+N”保障网络，形成了 2 小时井控应急圈。其中“1”是指大二线井控应急站点，主要提供井控装备保障；“2”是指轮南、库车井控应急站点，主要为现场提供技术支持；“N”是指 N 个临时支撑点，为偏远井做好现场保障。

（2）应急物资装备储备库

油田针对存在的突发事件风险，在各二级单位、基层单位储备应急物资。其中一级物资储备库 3 个，二级物资储备库 11 个，应急物资储备点 21 个。储备物资涉及发电照明类、特种车辆类、器材工具类、躯体防护类、通信保障类、侦查检测类、井控类、管道抢险类、消防救援类、综合应急类、其他类等 11 个种类。

油田系统梳理应急救援队伍物资装备配备需求，对照油田内外部资源现状，以“明确配套原则、建立配置标准、对标储备装备、形成更新机制”的工作方法快速完成缺项补充、弱项升级，稳步推进重点工作落地。

（3）油田专兼职应急救援队伍

围绕事故抢险、生产应急以及公共救援等工作，油田建设了囊括工艺技术处置、工艺处置保障、现场综合保障以及区域安全管控等4类17支专兼职应急队伍，其中专职6支，兼职11支，具体职责划分如表1所示。

表1　油田专兼职应急队伍职责划分表

序号	队伍类别	队伍名称	主要职责
1	工艺技术处置	井口切割重置(专职)	井口清障、切割、重置等工艺技术处置
2		井控装备保障(兼职)	防喷器组、管汇、远控房等井控装备常规(仅靠常规机具)拆、安作业
3		供液保障(专职)	作业现场压井液倒、转、供，性能维护
4		压井作业(兼职队伍1)	压裂车组、泥浆上水罐群及附属设备摆放、连接、试压等运维，实施压井施工作业
5		压井作业(兼职队伍2)	
6		管道抢维修(专职)	开孔、封堵、焊接、补强等管道修复作业
7	工艺处置保障	破拆清障(专职)	钻试修井场、油气站场、交通意外、自然灾害等事故现场破拆、清障
8		消防救援(专职)	人员搜救、火灾扑救、油气驱散、喷淋掩护
9		水电保障(兼职)	现场用水、用电全系统保障，并负责日常运维、及后期拆除
10	现场综合保障	视讯数据支持(兼职)	视频传输和工艺技术数据采集、网络信号保障、视频会议终端系统组建、调试、运维。无人机高风险区域空中侦察、地理测绘
11		特车保障(兼职)	油罐车、水罐车、翻斗车等运输车辆，吊车、多用机、推土机等特种车辆保障
12		车辆保障(兼职)	越野、大巴、中巴等载人车辆保障
13		物资供应(兼职)	现场应急物资采购，保障采购渠道畅通，新购应急物资管理、分发
14		后勤保障(兼职)	现场生活、会务、住宿等后勤保障
15	区域安全管控	交通管制(兼职)	现场车辆交通管制与引导、区域安全警戒及人员管控
16		气防监测(专职)	可燃、有毒有害气体监测，三级安全区域、防爆区域划分
17		气象支持(兼职)	现场风向、风速等气象信息预测分析

在建立健全专兼职应急队伍的同时，着力提升应急演练实战化水平，每月组织应急队伍开展野外应急拉练，并总结提炼“四实四不”实战演练策划标准：①演练场景实，不脱离实际；②程序执行实，不遗漏环节；③队伍拉动实，不装模作样；④总结评估实，不草草了事。

（4）应急联动

油田公司坚持应急资源共建共享的原则，依托油田内部区域应急力量、地方政府机构和专业机构院所，建立了应急响应联动机制，初步构建了“油田区域化小应急”“盆地一体化大应急”的应急救援联动新格局。

3.5 数智赋能，持续强化应急平台支撑

伴随着油田数智化转型的步伐，依托智能生产与应急指挥平台(如图5)，构建了起较为完备的数智化生产与应急指挥体系。

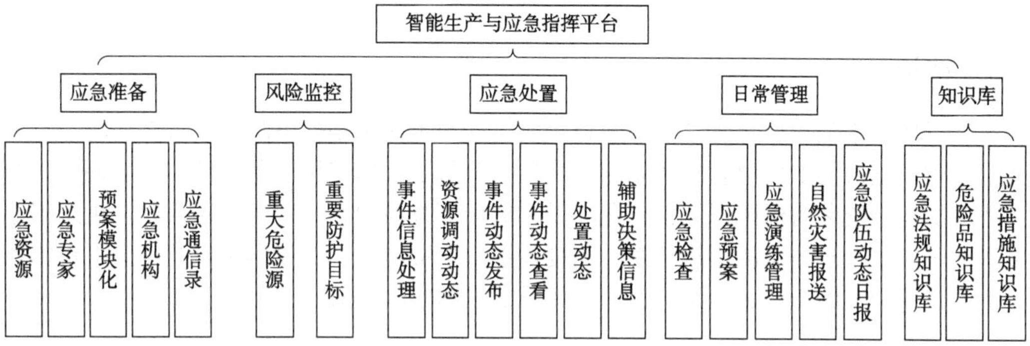

图5 塔里木油田智能生产与应急指挥平台

以井控事件为例，油田公司Ⅰ级井控预案启动后，平台系统以图表方式直观呈现响应流程、信息报送等预案内容。

(1) 应急响应阶段，平台系统能快速定位事发井地理位置，自动检索回传就近监控画面，快速与事发井建立视讯连线，同时根据事件类型快速筛选应急物资清单。

(2) 首次会议阶段，平台系统提供现场视频同步回传，应急领导小组通过系统直观了解事故现状、事发经过、事件可能造成影响以及需要支援力量；系统根据事件类型自行编辑现场指挥部机构草案和专家库名单，审核通过后系统推送调遣信息至相关人员，便于人员快速赶赴现场。

(3) 过程跟踪阶段，平台系统实时掌握人员、装备、物资的行进位置、速度和预计到井时间，有利于指挥部指导现场抢险部署。

(4) 现场指挥阶段，现场指挥部通过平台系统掌握各专业组当日值班动态、重点工作落实等日常信息；关键抢险环节监测排量、压力等主要参数，以便实时发布作业指令和指挥施工；后方支持组依托系统组织多方会商诊断、资源筹集等工作。

4 塔里木油田应急管理体系建设的实际成效

(1) 建立健全“1+N”应急组织体系，突出了专业领域领导、部门对专项突发事件应急管理的主体责任，实现了业务管理与应急管理的深度融合，形成了“应急领导小组办公室抓综合、专业应急组抓业务领域”的齐抓共管工作格局。

(2) 建立健全“1+3”应急制度体系，保障了应急管理工作各环节有章可循，对各级应急管理工作依法合规、有序开展起到了有效的指导作用。对油田公司在统一各方、团结力量、协同作战方面，能更好地激发制度优势。

(3) 建立健全“1+N”应急预案体系，明晰了在应急响应阶段，油田领导、机关部门、应急救援力量的正确响应程序；在现场处置阶段各路人员知道本队或本组人员具体操作，做到协同高效，为应急处置与救援工作争取主动。

(4) 建立健全塔里木油田应急保障体系，加强了对油田专兼职应急救援队伍、油田物资装备储备以及应急站点统一管理、协调，训练多支专业素质过硬的救援队伍，配备科学实用的应急救援设备，保障应急物资装备齐全，为应急响应、应急处置和救援工作的高效处置提

供关键保障。

（5）建立健全智能生产与应急指挥平台，构建形成跨层级、跨专业、跨部门的联合指挥调度中心，提高应急指挥调度现代化水平，为突发事件应对处置提供更智能、更专业的支持。

5 结语

本文以塔里木油田应急管理体系建设为例，介绍了油田钻探风险高、自然环境恶劣、社会公共基础设施薄弱的应急管理体系建设背景，分析了油田建设应急管理体系早期面临的应急实战演练、物资装备保障以及信息化建设和应用等方面问题，针对上述问题，重点阐述了塔里木油田应急管理体系的组织体系、制度体系、预案体系、保障体系以及应急平台体系五个方面的建设和实践做法，总结应急管理体系建设的实际成效。

参 考 文 献

[1] 张新，林晖，王劲峰等．中国数字化公共卫生应急管理体系建设的科技策略建议[J]．武汉大学学报(信息科学版)，2020，45(05)：633-639.

[2] 蒋明雷，郭清，姜振晶等．公共安全突发事件应急管理体系建设思考[J]．城市与减灾，2023(04)：42-45.

[3] 康云．四川交通运输厅“6·24”山体垮塌公路交通应急保障管理的案例分析[D]．电子科技大学，2018.

[4] 胡兴俊，陈明，黄春华．对如何完善洪湖东荆河防洪决策管理体系的思考——以2010年洪湖东荆河夏秋防汛为例[J]．科技风，2015(03)：178.

[5] 段正波．全灾种任务下消防救援队伍管理体系建设及应急救援能力提升对策研究[J]．消防界(电子版)，2023，9(03)：37-39.

[6] 李力．新一代公安指挥中心管理体系及技术探讨[J]．警察技术，2019(04)：4-7.

【作者简介】宋洋，男，现就职于中国石油塔里木油田分公司应急中心的应急指挥中心，主要从事应急管理研究。电话：0996-2138190，邮箱：songy-tlm@petrochina.com.cn。

油田企业专兼职应急救援队伍建设管理思考

闫炳芳[1]　李　娜[2]　莫　菲[1]　王耀辉[1]　王相涛[1]　陈星合[1]　宋　洋[1]

（1. 中国石油天然气股份有限公司塔里木油田分公司；
2. 中国石油集团安全环保技术研究院有限公司）

摘　要：国家加强生产安全事故应急能力建设，鼓励生产经营单位建立应急救援队伍，配备相应的应急救援装备和物资，提高应急救援的专业化水平。油田企业作为典型的危化品生产企业，井喷失控、火灾爆炸等风险居高不下，一旦发生事故给企业带来严重的事故损失和负面影响，因此需做好专兼职应急救援队伍建设，有效化解危机，保障企业安全生产。本文通过剖析油田企业应急救援队伍建设管理现状，提出当下队伍建设存在的问题和不足，规划油田企业专兼职应急救援队伍建设的专业方向，最后从企业和政府两个维度提出应急救援队伍管理提升的建议。

关键词：油田企业；专兼职队伍；应急救援队伍；建设规划

1　引言

石油、天然气作为国民经济重要的支柱产业，为国民经济发展提供了重要的能源和基础原材料及配套产品。油田企业作为石油、天然气等能源产品的供应方，承担着维护国家石油能源安全的重要责任。

受油气勘探储量及开采环境影响，油田作业场所具有点多、面广、线长、作业环境恶劣等特点，许多生产工艺涉及高温、高压、高含硫，原料及产品多为易燃易爆、有毒有害物质，极易引发井喷失控、火灾爆炸、人员中毒等生产安全事故，从而导致人员伤亡、设备损毁、环境污染，甚至会给企业带来巨大的负面舆情。

专兼职应急救援队伍作为油田企业突发事件应急抢险的专业救援尖兵，是应急救援不可或缺的重要力量，在突发事件发生时，专兼职应急救援队伍按照职能定位快速启动，将事故消灭在初始状态，从而避免事故后果的扩大。因此，加强油田企业专兼职应急救援队伍建设，提升企业突发事件应对能力尤为必要。

2　应急救援队伍建设管理现状

2.1　队伍建设管理要求

《中华人民共和国安全生产法》（中华人民共和国主席令第八十八号）明确要求“鼓励生产经营单位和其他社会力量建立应急救援队伍，配备相应的应急救援装备和物资，提高应急救援的专业化水平。”《国务院安委会办公室关于进一步加强国家安全生产应急救援队伍建设的指导意见》（安委办〔2022〕12号）明确要求油气开采和管道输送领域应依托国有企业建立专业应急救援队伍，发挥安全生产应急救援队伍在应急救援力量体系中的作用，切实维护人民群众生命财产安全。《关于加强基层应急队伍建设的意见》(国办发〔2009〕59号)要求，加强基层应急救援队伍建设，完善基层专业应急救援队伍体系，完善基层应急队伍管理体制机制和保障制度，形成统一领导、协调有序、专兼并存、优势互补、保障有力的基层应急队伍体系。

2.2 队伍建设管理问题分析

因油田企业突发事件风险高、应急抢险救援专业性强，企业虽积极探索和开展应急救援队伍建设，但在队伍建设中仍面临不少问题。

(1) 应急救援队伍建设及投入不足。未能根据企业规模、风险及需求建设数量匹配的应急救援队伍，有些企业甚至未曾建立专职救援队伍，而只与外部救援机构签署救援协议。此外，应急救援队伍经费投入不足，也是制约队伍能力提升的突出问题，因资金受限导致救援人员、救援装备配备不到位、更新不及时，影响队伍救援水平的发挥。

(2) 应急救援队伍功能定位单一。油田企业最突出的风险是井控风险，井控抢险救援涉及到多个专业相互配合、协同作战，不单单只局限于切割清障、压井、灭火等。从现状来看，油田企业多侧重于消防救援队伍建设，对其他职能救援队伍建设关注不够，消防队承担了多项救援职能，企业应急救援抢险需求超出了消防队的既有功能。

(3) 应急救援队伍专业能力欠缺。油田企业专职救援人员多为非应急救援专业出身，接受系统化的培训不够，对应急装备的使用和维护、现场救援应急处置、灾情发展趋势研判等缺乏经验。此外，部分专职救援队伍人员不固定、变动频繁，救援队伍不稳定，进而影响队伍的战斗力。

(4) 应急救援队伍管理机制有缺陷。多数企业对应急救援队伍的管理一直未曾作为重点工作来抓，导致对不同专业救援队伍的管理要求不统一、覆盖范围不全面、执行措施不清晰，且队伍运行过程中也存在对制度要求落实不到位、上级管理单位对队伍检查考核手段不足等情况，从而导致制度保障作用发挥不足。

3 应急救援队伍建设规划

油田企业为应对井喷失控、火灾爆炸、有毒有害气体泄漏、环境污染、自然灾害等突发事件风险，应按照应急抢险专业职能合理规划专兼职应急救援队伍建设，以便在事故发生时高效迅速、协同配合。

3.1 专职应急救援队伍规划

(1) 井口切割重置队伍。承担油气井井喷抢险救援任务，包括组织和操作切割装置等专业技术处置装备，实施井口清障、切割、拆除、重置，制定并落实现场喷淋降温、冷却掩护、油气驱散等防护措施等。

(2) 供液保障队伍。承担泥浆卸转、维护、供送任务，包括制定并落实压井液维护方案，定期检测压井液性能参数，现场布置泥浆罐组、转浆罐、卸浆罐及配套动力设施等。

(3) 消防救援队伍。承担现场人员搜救、火灾扑救、油气驱散、喷淋掩护任务，包括制定人员搜救、火灾扑救方案并组织实施，设置水枪阵地，配合工艺技术处置，实施油气驱散、喷淋降温等。

(4) 管道抢维修队伍。承担油田企业集输及长输管线日常保驾维护任务，包括开孔、封堵、焊接、补强等管道修复作业。

(5) 气防监测队伍。承担现场可燃、有毒有害气体监测任务，包括结合现场地理环境，实行梯次气防监测，划分三级安全区域、防爆区域等。

3.2 兼职应急救援队伍规划

（1）压井作业队伍。负责制定压裂车组施工设计并组织实施，组织压裂车组、高低压管汇、泥浆上水罐群及附属设备的摆放、连接、试压等运维。

（2）装备保障队伍。负责组织现场所需防喷器组、井口控制系统、放喷管线等所有井控装备现场操作和井控装备现场巡查。

（3）水电保障队伍。负责制定电力设备设施布置方案，敷设电缆线路，提供现场电力保障；负责制定现场用水保障方案并组织实施；负责临时搭建的水电保障设备设施日常运维、故障处理及后期拆除。

（4）特车保障队伍。负责实时调度周边区域运输车辆和特种车辆。

（5）车辆保障队伍。负责实时调度周边区域小客车及客运车辆。

（6）视讯数据支持队伍。负责现场及周边重要点位视频传输和工艺技术数据采集，保障采集终端系统正常运行；负责搭建无线集群对讲系统，并提供 WIFI 信号；负责搭建现场视频会议终端系统并保障稳定运行；负责无人机高风险区域空中侦察、地理测绘。

（7）物资供应队伍。负责掌握各类应急物资采购渠道，事故发生后启动采购快速；负责新购应急物资的跟踪、到货验收、调配与分发。

（8）交通管制队伍。负责现场车辆交通管制与引导，疏散管制区域内人员、车辆，确保现场交通有序。

（9）气象支持队伍。负责监测事故抢险现场风向、风速等气象信息，并及时上报，分析、预测 24 小时气象情况。

（10）后勤保障队伍。负责现场生活、会务、住宿等后勤保障，包括后勤物资装备日常看护和运维，以及照明灯具、劳保用品、生活用品等物资的发放和回收。

4 应急救援队伍管理提升建议

4.1 企业层面

（1）结合企业实际需求优化专兼职救援队伍建设与职能定位。企业一年中需要专兼职队伍开展应急救援的次数有限，除了必须建设的专职队伍外，可将部分救援职能合并赋予专职队伍或单独建设兼职队伍，从而减少企业对救援队伍建设的投入。

（2）从管理规范化角度细化应急救援队伍管理机制。专兼职应急队伍应建立完善的值班备勤、学习教育、演训演练、考核考评、风险防范、设备物资管理与维护等管理制度，推进专兼职应急队伍建设规范化和应急管理提升。

（3）为专兼职队伍配备完善的基础设施及装备物资。企业应为专兼职救援队伍提供值班、训练等用房和场地，并根据企业突发事件风险情况为队伍配备应急救援装备及物资，以便在应急救援时取用。

（4）深化队伍成员技能培训，强化训练演练。应急队伍应针对职能定位和企业突发事件应对需要，制定岗位技能提升计划，开展岗位业务培训和专项培训，提升岗位履职能力，提高业务素质和专业素养。科学制定训练演练计划，组织开展针对性现场熟悉、业务训练和实战演练。此外，专兼职队伍之间建立沟通交流机制，定期组织联合应急演练，增强队伍之间的协同联动，打好配合、形成合力。

（5）完善救援人员激励机制，加大投入确保队伍稳定性。企业应建立应急救援激励机制，根据救援人员战训成绩、业务水平和抢险作用发挥，给予奖励立功和奖金兑现，以此调动救援人员的积极性。同时加大对救援队伍建设的资金、制度和保障性投入，为人员提供岗位晋升通道，从而优化人员结构、稳定队伍构成、促进救援能力提升。

4.2 政府层面

（1）完善对应急救援队伍建设的监督和管理。政府相关部门应加大对油田企业应急救援队伍建设的监督和管理，通过定期检查队伍应急机制、人员配备情况，提出针对性的指导意见，督促企业不断完善队伍建设，保证企业安全发展。

（2）完善区域应急救援队伍协调联动机制。地方政府应掌握企业专兼职应急救援队伍建设情况，结合所处地理位置、企业分布等，统筹做好救援队伍建设与运行管理，提升政府对队伍的调度能力、协调能力和指挥能力，并鼓励和协调企业间签署救援协议，实现资源共享和应急联动。

（3）推进应急救援队伍救援人员职业化、专业化发展。应急管理部组建后，消防部队与安全生产等应急救援队伍一并作为综合性常备应急骨干力量，担负综合性应急救援的重任。虽从国家层面推动了应急救援职业化、专业化改革，但在具体政策完善、捋顺内部管理关系、提升专业队伍服务质量、保障救援人员合法权益等方面仍需进一步在实践中落实落细。

5 结语

油田企业专兼职应急救援队伍建设具有十分重要的意义和作用，不仅能够为企业安全生产构建坚实的应急保障力量，也能帮助企业将突发事件迅速消灭于初始萌芽状态，避免事故扩大、减少事故损失。结合油田企业风险特点，规划建设专兼职救援队伍，健全队伍运行管理机制，加强人、财、物投入力度，完善各种保障措施及物资配备，强化队伍日常培训与实战演练，充分发挥应急救援队伍对企业安全生产的保驾护航作用，企业应急救援能力才能切实得到提升。

参 考 文 献

[1] 孙立臣，张鲁涛，陈亚华．加强油田企业应急救援体系建设的思考[J]．职业卫生与应急救援，2012，30(03)：118-119.

[2] 张春艳，茆文革，孙佳佳等．大型危化企业专职应急救援队伍能力建设探讨[J]．工业安全与环保，2021，47(07)：74-78.

[3] 孙立臣，张鲁涛，陈亚华．加强油田企业应急救援体系建设的思考[J]．职业卫生与应急救援，2012，30(03)：118-119.

[4] 李清连．石油化工企业专职应急救援队伍建设方法与建议[J]．消防界(电子版)，2021，7(08)：60-61.

[5] 金萍，张健威，郭璐．强化井喷失控应急救援队伍建设的思考[J]．油气田环境保护，2021，31(04)：60-62.

【作者简介】闫炳芳，男，现在塔里木油田应急中心工作，担任应急指挥中心副主任，主要从事过油气生产、安全体系建设、应急管理等工作。电话：13899098412。

测井用新型放射性防护服的研究

许先俊　郑伟群　刘君华　李华锋

（中国石油集团测井有限公司）

摘　要：石油测井使用的放射源活度较大，目前使用的铅衣防护服防护效果不佳，其原料铅是一种对环境和人不友好的物质；防辐射服多是针对低能射线的单一射线防护服。在对伽马源^{137}Cs和中子源$^{241}Am-Be$射线分析的基础上，本文利用MCNP模型，同时采用无毒物质钨合金、轻质高效物质氧化钆及碳化硼，设计了一种中子/γ一体化辐射防护材料，对其厚度和屏蔽效果进行了研究，并将MCNP模型模拟结果和实际试验结果进行了比较和验证，两种结果符合较好。结果表明13mm厚的复合屏蔽材料对γ射线和中子剂量的屏蔽率的值分别为20.52%和30%，同时该屏蔽材料制成的防护服样品质量约6.5kg，满足石油测井穿戴性要求。

关键词：屏蔽材料；防护服；MCNP；氧化钆；钨合金

石油勘探和开采活动中，大量使用放射性同位素进行测井施工。在测井施工过程中使用的放射性同位素：伽马源^{137}Cs和中子源$^{241}Am-Be$分别为Ⅳ类源和Ⅱ类源，具有较高的电离辐射剂量。这类核辐射产生的各种高能射线（γ射线及中子射线等）不但造成了一种新的环境污染（核污染），还对机体组织的危害相当大。石油测井使用放射性源的场景是移动式的，需要兼顾放射源安全和操作方便，为提高辐射防护水平和施工效率，须同时满足放射性防护的有效性和操作人员的穿戴舒适性；另外，石油测井使用的传统防护服的屏蔽材料是铅金属橡胶，铅金属是美国ATSDR组织列出的第二大有毒有害物质。这就对防护服的屏蔽效率、物理性能、屏蔽材料的设计、组合、功能和结构一体化等提出了更高的要求。

1　核辐射防护服现状

传统的辐射防护材料一般是由铅、铁和混凝土等制备而成，而随着各种有机或无机高分子材料被不同学者相继研发使用，也逐渐被加入到放射性屏蔽材料的领域。采用新型复合金属材料、高分子聚合物、稀土元素复合材料等屏蔽材料制作的防护服，以取代传统铅金属防护服。

国外在辐射防护服研制方面处于领跑局面，γ射线防护方面，美国Radiation Shield Technologies公司通过对高分子材料聚乙烯和聚氯乙烯进行改性，研究出了具备重金属防护特性的屏蔽材料，用该类材料制备的防护服重量仅为传统铅防护服的20%～30%，厚度为0.38mm时该防护服对130keV的γ射线的防护效率达50%。德国Medical index公司使用钨金属做屏蔽材料的原料，研制出了X、γ射线防护服；中子防护方面，日本东丽公司将硼的化合物粉末与聚乙烯树脂共聚，采用熔融皮芯复合纺丝工艺研制了防中子辐射纤维材料，用该纤维材料加工成的屏蔽材料具有较好的防护中子辐射的效果，其热中子屏蔽率可达40%。由于辐射防护的具有特殊的作用和地位，所以各国对其核心技术都采取一定的保密措施。

国内在辐射防护方面处于跟跑状态，在γ射线防护方面，较多地采用含铅防护服，如张家港普泰核护、郑州波尔登研制的γ防护服在军事、石油测井等领域应用较广。也有新的屏蔽材料用以取代铅，陈辛等制备了一种钨/镍合金，其屏蔽效果比铅屏蔽材料的要好很多，河南双辐的中子防护服也有投入应用，多用于核电站等领域，所涉的防护中子能级为热中子。

石油测井辐射防护现状：石油测井所用的放射源种类较多，勘探开发测井一次用源可能在一枚以上；所用放射源的能级较高，如^{137}Cs的γ射线能量为0.662MeV，^{241}Am-Be的中子平均能量为4.5MeV。防护服类型多为铅橡胶防护服，重量6-10KG，这类防护服主要是针对γ射线进行防护，0.5mmPb的屏蔽效率约5.6%；对中子射线的防护更弱，且有伴生γ射线。一次测井中子源照射的有效剂量分别为157.63μSv，按照每年80口井计算，中子源测井总的年有效剂量为12.61mSv，而很少有公司配备和采取减少中子辐射照射的防护用品，研究发现多地油田测井工作人员中均有少数人员个人年有效剂量大于5mSv。

综合上述调研，认为国内目前的防护服防护目标多为单一射线，防护的射线能级较低，所以制备屏蔽性能优良的复合辐射防护材料，成了本文研究的重点—屏蔽效率较高的中子/γ一体化防护服，以期在石油测井中能最大限度地减小辐射给人体带来的危害。

2　复合防辐射屏蔽材料选取与设计

2.1　射线分类分析

^{137}Cs是石油测井常用的γ放射源，半衰期约30.17年，衰变产物为^{137m}Ba，如图1，衰变产生0.662MeV的γ射线，该能级的γ射线与物质的相互作用方式主要有光电效应和康普顿散射。对于^{137}Cs源，使用时主要需要防护的射线为0.662MeV的γ射线。

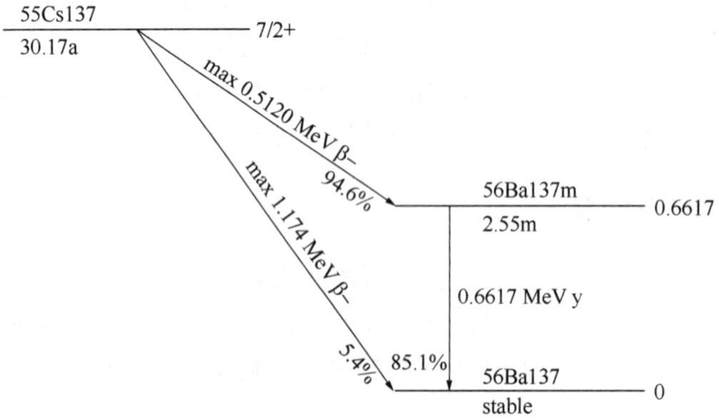

图1　^{137}Cs的衰变图

强度为20居里的^{241}Am-Be的照射能量分析，见表1，一次装源和取源的测井活动中，该中子源主要发生中子射线照射和γ射线照射。

分析表1，在实际使用中需要对平均能量为4.5MeV的中子射线和占γ射线总能量90%的59.53keV能级的γ射线进行防护，既可以最大程度地削弱人体接收的^{241}Am-Be中子源的辐射剂量。

表 1 ^{241}Am-Be 一次装源和取源的辐射剂量分析

射线类别	有效剂量/μSv	占比/%	平均能量	占比/%
中子照射	36.66	60	4.50MeV	—
γ照射	24.08	40	26.34keV	2.4100
			32.18keV	0.0174
			33.20keV	0.1260
			43.23keV	0.0730
			55.56keV	0.0181
			59.53keV	35.900
			98.97keV	0.0203

2.2 复合屏蔽材料

对中子和伽马射线有屏蔽作用的复合屏蔽材料是本文研究的主要对象，采用 MCNP (Monte Carlo n-particle transport code) 模拟程序进行材料屏蔽性能研究。对于窄束 γ 射线，在透射过吸收体时，在受照物质的吸收作用下，γ 射线的强度会在入射时强度的基础上按照指数模式变弱，由公式(1)表示：

$$I=I_0 e^{-\mu d} \tag{1}$$

屏蔽率 S 采用下列公式(2)：

$$S=\left(1-\frac{I}{I_0}\right)\times 100\% \tag{2}$$

式中，I 为有屏蔽材料时某点的粒子强度；I_0 为无屏蔽材料时该点的粒子强度。d 表示制备样品的厚度。线性衰减系数 μ 的大小表示的是该材料屏蔽 γ 射线的性能高低，其大小程度由入射光子的强度和受照体的密度大小来决定。将吸收体的线性衰减系数和其密度做除法运算，得到质量衰减系数 μ_m，用以评价吸收体屏蔽性能的指标，其单位为 cm^2/g，由于得到的这一指标与吸收物体的密度大小无关，可以方便地对实际应用屏蔽材料作出考量。

2.2.1 屏蔽材料选取思路

2.2.1.1 筛选 γ 射线屏蔽元素

大多数原子序数较大的元素(铅、钨、钼、铋、铁、稀土元素等)都具有较好的 γ 射线防护效果，尤其是铅屏蔽材料具有屏蔽性能好、价格便宜，但是铅及含铅化合物废料有毒不环保、不容易加工、废料回收困难；钼、铋、铁的防护效果不如铅和钨。钨的密度高、无毒，防护效果比铅优。用 MCNP 模型模拟钨和铅的 γ 射线屏蔽效果，从表 2 得知，当光子能力高于 0.5MeV 时，钨的衰减系数明显高于铅的，所需材料厚度较小，这是因为钨的高密度特性弥补了原子序数较小的特点。

表 2 钨和铅的衰减特性

能量	衰减系数		衰减 10 倍所需厚度	
	钨[a]	铅	钨[a]	铅
0.1MeV	64.8	60.4	0.036	0.038
0.2MeV	11.5	10.6	0.20	0.22
0.5MeV	2.14	1.70	1.08	1.35

续表

能量	衰减系数		衰减 10 倍所需厚度	
	钨[a]	铅	钨[a]	铅
1.0MeV	1.08	0.77	2.14	2.98
1.25MeV	0.929	0.598	2.48	4.62

[a]合金：90%的钨，6%的镍，4%的碳。

另外，从某公司的钨合金产品试验结果看，对于^{137}Cs，在同样的铅当量屏蔽效果下，钨合金制备屏蔽材料重量减轻约比传统铅橡胶材料重量减轻 20%~30%，厚度可减少 60%。

稀土元素对低能 γ 射线具有较好的防护效果。见图 2，利用 WinXCom 软件模拟 0-100keV 范围内的各屏蔽元素的质量衰减系数，对于^{241}Am-Be 中子源的主要 γ 射线 59keV，钆元素具有更强吸收峰，吸收效果理想。

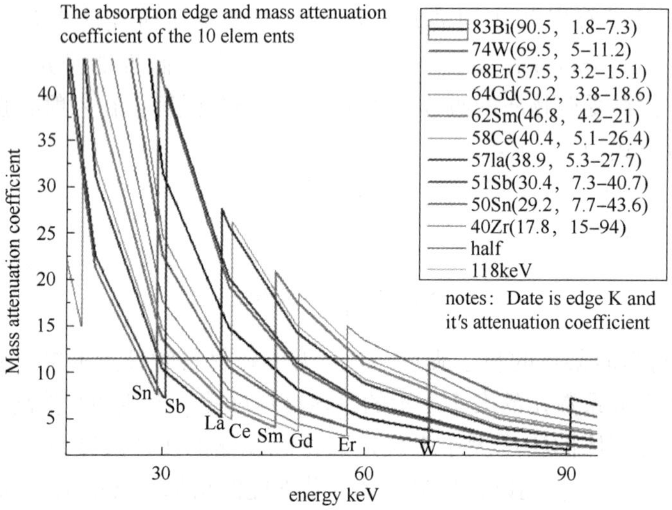

图 2 各防护元素的质量衰减系数

使用 MCNP5 软件对 59keV 能级 γ 射线进行模拟计算，各防护元素屏蔽性能参数如表 3 所示。

表 3 各屏蔽元素的屏蔽性能参数

^{241}Am-Be/γ 射线 59keV							
屏蔽层	铅	氧化铒	氧化钆	氧化钐	氧化铈	钨	锑粉
材料密度 ρ	11.340	8.640	7.400	8.350	7.130	19.340	6.690
I	0.580	0.580	0.580	0.580	0.580	0.580	0.580
I_0	1.000	1.000	1.000	1.000	1.000	1.000	1.000
μ_m	4.770	10.150	8.830	8.280	6.640	3.370	7.290
厚度/cm	0.010	0.006	0.008	0.008	0.012	0.008	0.011
粉体面积质量/kg	1.142	0.537	0.617	0.658	0.820	1.616	0.747

总体上，对低能 γ 射线，稀土元素的屏蔽效果较金属元素明显优异。特别是对于 59keV 的 γ 射线同样的屏蔽率，氧化钆的粉体面积重量较传统材料铅、钨和锑粉轻 17%-62%不

等，且氧化钆本身的质量衰减系数μ_m明显大，氧化钆材料密度ρ也是较低的。

综上，通过质量衰减系数对比，氧化钆具有吸收很强的59keVγ射线的吸收能力，可以弥补钨的吸收边局限性，另外氧化钆的密度约7.40g/cm^3，远低于铅和钨的密度。对于662keV的γ射线，钨具有较铅更强的屏蔽能力，且在重量、厚度及环保上较铅有明显优势，故可使用氧化钆和钨合金复合进行59keV和662keVγ射线防护。

2.2.1.2 筛选中子射线屏蔽元素

中子是一种不带电的中性粒子，按能级的大小可分为高能中子(>10MeV)、快中子(0.5MeV-10MeV)、中能中子(1keV-0.5MeV)和慢中子(<1keV)。中子与物质发生两种相互作用：快中子的散射和减速；慢中子的吸收，或产生γ射线。对于石油测井所用的20居里^{241}Am-Be中子源进行防护，首先要对快中子进行减速，然后对慢中子和伴生γ射线进行吸收。

氢元素做成的材料是相对较好的中子减速物质，表4是常见元素的快中子慢化到热中子所需碰撞次数。

表4 常见元素将中子能量从1MeV慢化到0.025eV所需要的碰撞次数

元素	H	D	He	B	C	O	Fe	U
质量数	1	2	4	10	12	16	56	238
碰撞次数	18	24	41	65	111	146	485	2088

常见的含氢量较高的物质如表5，聚乙烯是碳氢化合物，在表中几种物质中含氢量最高，而且聚乙烯复合材料具有良好的机械加工及热加工性能，可方便地加工或组装成各种形状；通过偶联剂改性稀土颗粒的尺寸等方法可以改善与聚合物相容性问题；聚乙烯对核辐射有较强的耐受力，在长期核辐射条件下，其物理机械性能相当稳定，所以本文当中选取聚乙烯作为制备屏蔽材料的基体。

表5 一些屏蔽材料中的含氢量

材料	化学组成	含氢原子数/(原子/cm^3)
水	H_2O	6.7×10^{22}
石蜡	$(—CH_2—)_n$	8.15×10^{22}
聚乙烯	$(—CH_2—CH_2—)_n$	8.3×10^{22}
聚氯乙烯	$(—CH_2CHCl—)_n$	4.1×10^{22}
有机玻璃	$(C_4H_8O_2)_n$	5.7×10^{22}
石膏	$CaSO_4\cdot2H_2O$	3.25×10^{22}
高岭土	$Al_2O_3\cdot2SiO_2\cdot2H_2O$	2.42×10^{22}

天然B中^{10}B的含量约20%，^{10}B的热中子吸收截面很高，约3837cm^2。含B的化合物碳化硼(B_4C)具有较高的热中子吸收截面，硼俘获中子放出的γ射线能量约0.47MeV，易于屏蔽。碳化硼聚乙烯复合材料方便加工成型，性能稳定。

稀土元素钆(Gd)作为高Z元素有较高的γ射线屏蔽能力，其同位素^{157}Gd的热中子吸收截面约为^{10}B的66倍，见图3。通常以氧化钆(Gd_2O_3)形式存在于天然环境中，无环境污染性，热稳定性强；俘获中子后放出的γ射线能量和铅的几乎接近。所以Gd_2O_3兼具热中子俘获和中能γ射线屏蔽能力，具有良好的替代铅作为放射性射线屏蔽材料的潜力，为提高中子吸收效果，可以选用稀土钆和碳化硼做填料，与聚乙烯做基体制备屏蔽材料。

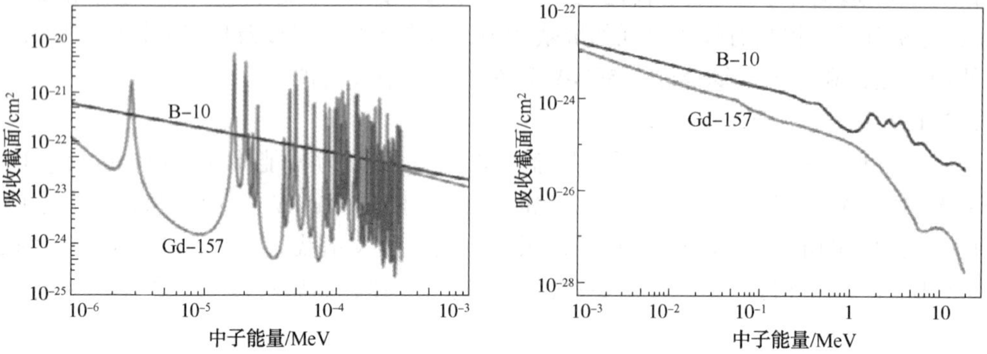

图3 硼与钆的中子吸收截面

2.3 屏蔽结构设计

复合材料采用"重-轻-重"的结构进行设计，外层重元素钨合金进行γ射线屏蔽和中子减速，中间层氧化钆和碳化硼聚乙烯进行热中子吸收，内层钨合金对剩余的γ射线和中子防护产生的次生γ射线进行屏蔽。

通过对比国内外的防护产品和使用的放射源，发现可参考屏蔽效果的目标较少，本次复合屏蔽材料设计屏蔽目标是：①能屏蔽^{137}Cs 中伽马剂量 18%~23%，能屏蔽镅铍中子源中伽马 87%~95%；②屏蔽^{241}Am-Be 源中子能量 28%~35%，防护服样品总重量小于 8kg。

2.4 复合材料屏蔽性能 MCNP5 模拟

γ和中子屏蔽性能测试的 MCNP5 模型如图 4 所示，该装置右侧圆形开口(直径 10cm)处放置屏蔽材料，所用探测器分别为中子探测器和碘化钠探测器，放射源是 2 居里^{241}Am-Be 和 2 居里^{137}Cs，为模拟石油测井现场，屏蔽材料距离放射源 1m 处。

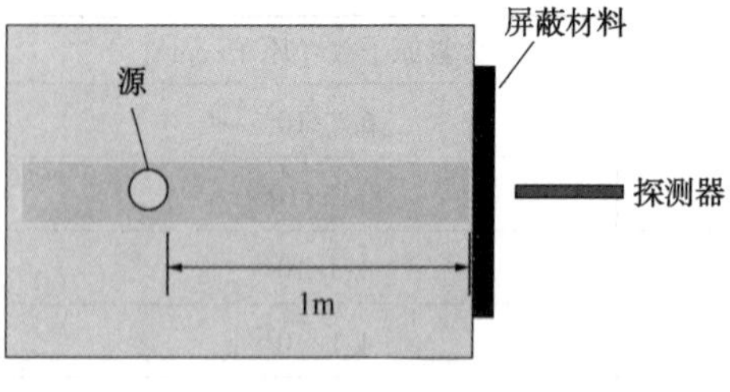

图4 屏蔽性能测试模型

利用 MCNP5 模型对不同厚度的复合屏蔽材料进行模拟测试，其中氧化钆粉末和碳化硼粉末有纳米级和微粉级别两种，用以比较颗粒物理形态对屏蔽性能的影响。为保证复合材料的力学性能等，钨合金粉末与橡胶，氧化钆粉末、碳化硼和聚乙烯采取适当的添加比例。

试验步骤：①确定钨合金粉末的最大添加比例，分成 1~100 份进行添加试验，添加 100 份钨合金粉时，确定了单层的最佳γ射线防护厚度，钨元素的质量分数为 89%，密度为 8.12g/cm^3。

② 选择不同比例的氧化钆粉末、碳化硼和聚乙烯基体进行混合制备防中子和γ射线材料，经模拟认为如下质量分数的材料效果好：10%$Gd_2O_3$20%B_4C70%PE。其次比较纳米粉和微粉的屏蔽效果区别，材料密度为 2.31g/cm^3。

③ 根据所定的目标确定复合材料的γ和中子复合屏蔽材料的最佳组合。

不同厚度的含钨橡胶层的屏蔽性能见表 6，根据屏蔽指标，3mm 厚度既可能达到 2 种源的γ射线总体屏蔽率。

表 6　不同厚度含钨橡胶层的屏蔽效率

材料厚度/mm	计数	误差	屏蔽率/%
0	6.60×10^{-6}	0.0011	
2	5.58×10^{-6}	0.0022	15.45
2.5	5.34×10^{-6}	0.0021	19.09
3	5.13×10^{-6}	0.0023	22.27
3.5	4.90×10^{-6}	0.0023	25.76
4	4.61×10^{-6}	0.0024	30.15

表 7 为中子射线模拟屏蔽结果，在外层和内层分别为 2mm、1mm 钨橡胶层情况下，达到 90%中子剂量屏蔽率和半值层所需要的厚度。B_4C 含量越高，达到半值层及 90%的厚度越薄，氧化钆含量高低对屏蔽效果影响不明显，可能是和中子能量太高有关系。图 5 模拟过程中考虑到快中子和慢中子的总的屏蔽情况，依据防护目标，将中间层厚度预定为 10mm，预计中子剂量屏蔽效率 29%。

表 7　复合材料^{241}Am-Be 中子屏蔽(MCNP 模拟计算结果)

钨橡胶层/mm	中间层 Composition & content/%(质量)	S90%, n/cm	Σ(cm^{-1})	HVL/cm	R^2
2(外)+1(内)	10%Gd_2O_3/10% B_4C/80% PE	9.1	0.381	2.5	0.994
2(外)+1(内)	20%Gd_2O_3/10% B_4C/70% PE	9.3	0.372	2.7	0.994
2(外)+1(内)	30%Gd_2O_3/10% B_4C/60% PE	9.8	0.289	2.8	0.995
2(外)+1(内)	10%Gd_2O_3/5% B_4C/85% PE	9.2	0.373	2.6	0.996
2(外)+1(内)	10%Gd_2O_3/20% B_4C/70% PE	8.9	0.395	2.2	0.996
2(外)+1(内)	PE	11.3	0.275	3.3	0.995

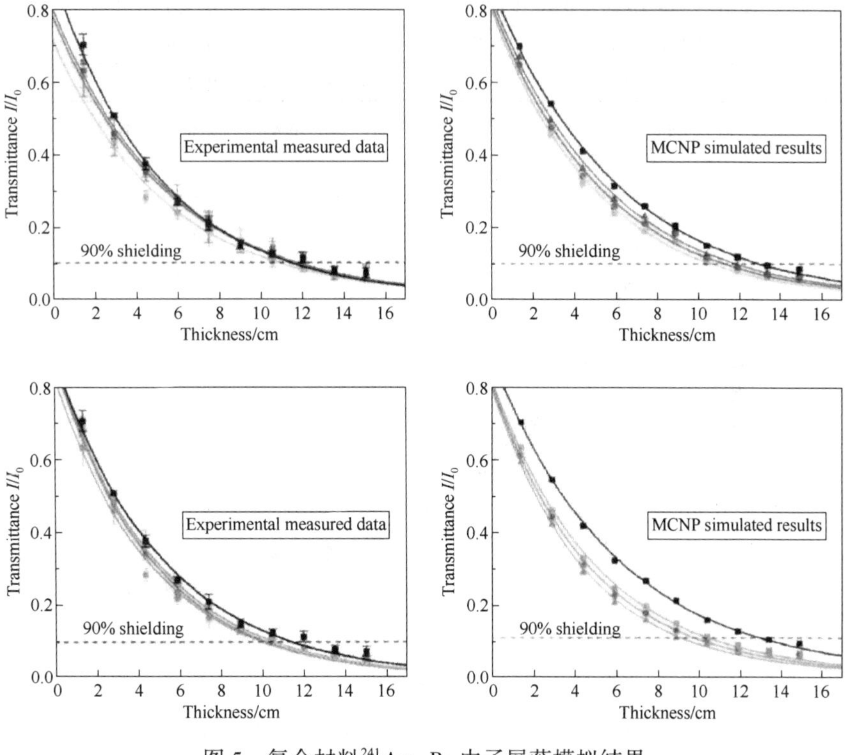

图 5　复合材料^{241}Am-Be 中子屏蔽模拟结果

3 复合材料屏蔽性能实验测试结果

确定各层材料的厚度为：最外层 2mm，中间层 10mm，最内层 1mm。复合材料整体的厚度为 13mm，做成 18cm 长度正方形形状进行测试。将实验得到的屏蔽率结果与模拟得出的屏蔽率数据进行对比，见表 8，对于两种源的 γ 射线总体屏蔽率达到了预期值，为 20.52%。分析表 9 及图 6，纳米粉体的中子剂量屏蔽率的半值层为 2.4cm，微粉体材料的半值层为 2.5cm，各项屏蔽性能纳米粉体率占优。研究表明纳米 Gd_2O_3 对复合材料的性能提升明显优于微米 Gd_2O_3，且在较薄的材料厚度时(6cm 以下)，填料的纳米处理对复合材料辐射屏蔽性能的提升尤为明显。

表 8 复合材料 γ 射线屏蔽性能模拟值与实验值对比

	材料厚度/mm	计数	误差	屏蔽率/%
模拟值	0	6.60×10^{-6}	0.0011	22.73
	13(2+10+1)	5.10×10^{-6}	0.0024	
实验值	0	69.88μGy/h	—	20.52
	13(2+10+1)	55.54μGy/h	—	

表 9 复合材料中子屏蔽性能实验值

材料厚度/mm	中间层组成和含量/%(质量)	S90%，n/cm	Σ(cm^{-1})	HVL/cm	R^2
13(2+10+1)	Nano10%Gd_2O_3/10% B_4C/80%PE	9.5	0.303	2.6	0.987
13(2+10+1)	Nano20%Gd_2O_3/10% B_4C/70%PE	9.8	0.285	2.8	0.986
13(2+10+1)	Nano30%Gd_2O_3/10% B_4C/60%PE	10.4	0.264	3.1	0.985
13(2+10+1)	Nano10%Gd_2O_3/5% B_4C/85%PE	10.1	0.291	2.7	0.992
13(2+10+1)	Nano10%Gd_2O_3/20% B_4C/70%PE	9.2	0.320	2.4	0.994
13(2+10+1)	micro10%Gd_2O_3/20% B_4C/70%PE	9.2	0.319	2.5	0.991
	PE	11.3	0.259	3.5	0.995

备注：^{241}Am-Be 中子源，源标号：402 * *，活度 6.4 * 10^{10}Bq，Nano 表示填料颗粒为纳米粉体，micro 表示填料颗粒为微粉体。

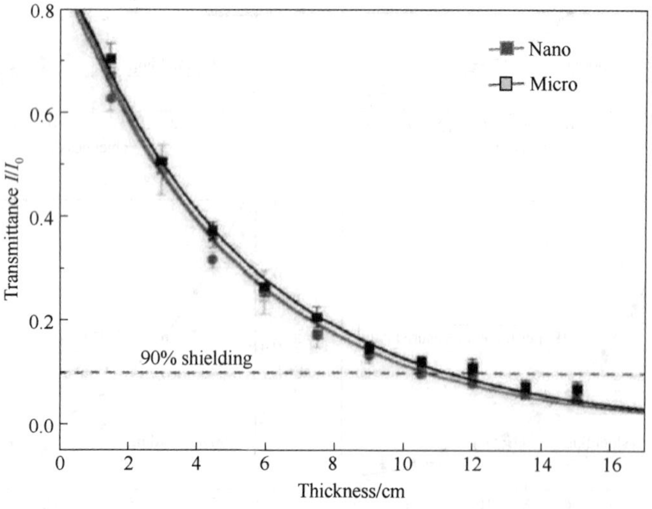

图 6 复合材料^{241}Am-Be 中子屏蔽率试验结果

根据我们内部的测试数据不同厚度的屏蔽性能，决定使用10mm厚度的氧化钆、碳化硼和聚乙烯做中子屏蔽材料，此时实际防护效果为30%，符合设计目标。同时我们认为大于10mm时由于重量过高，不利于穿戴舒适性。

最终，为满足石油测井放射源使用场所的工作要求，设计了由上述复合材料组成的防护服样品，样品总量约6.5KG，从防护效果测试和穿戴性上接近预期目标。

4 结语

（1）针对石油测井使用的特殊放射源，使用MCNP模型，设计了一种厚度为13mm，重量适中的中子/γ一体化防护服材料样品，其结构构成是外层2mm厚钨合金橡胶，中间层是10mm厚纳米粉体的氧化钆和碳化硼与聚乙烯基体的复合成分，内层是1mm的钨合金橡胶。

（2）所制备的中子/γ一体化复合屏蔽材料对^{137}Cs和^{241}Am-Be的伽马射线综合屏蔽率为20.52%，对^{241}Am-Be的中子剂量屏蔽率为30%。

（3）采用纳米粉体可以有效提升复合材料的中子屏蔽率，填料的分散性提高有利于增大与中子作用的概率。纳米材料的小尺寸效应、表面与界面效应和量子尺寸效应在提高防护材料的屏蔽效果和其他性能上具有较大潜力。

（4）采用无毒物质钨和低密度氧化钆，提高了对环境的友好型，符合社会发展需求，可预见轻质无铅高效的一体化复合屏蔽材料具有良好的应用前景。

参 考 文 献

[1] 李利娜，孙润军，陈美玉，等．辐射防护材料的研究进展[J]．合成纤维，2019(10)：21-25.

[2] Nambiar S，Yeow J T W. 2012. Polymer-Composite Materials for Radiation Protection[J]. Acs Appl Mater Interfaces，4(11)：5717-5726.

[3] 李江苏，戴耀东，张瑜，等．聚丙烯酸钐/环氧树脂辐射防护材料的制备工艺及性能[J]．原子能科学技术，2011，45(1)，117.

[4] 董宇，戴耀东，常树全，等．WO_3/CeO_2/环氧树脂基辐射防护材料的制备及性能研究[J]．材料导报，2012，26(S2)，184.

[5] 陈俊，黄宏林，钱玉英，等．2008. 稀土在防辐射高分子材料中的应用[J]．四川稀土，(3)：14-17.

[6] 高静，丁谦学，梅其良，肖学山．核辐射综合屏蔽材料研究进展[J]．材料导报，2023，37(20)：21120255

[7] 何颖，刘峰，蒋丹枫，周江，刘夏杰，李珂娴，沈先荣．基于钨/钆三层结构的中子/γ一体化辐射防护服材料的设计[J]．材料导报，2022，Vol. 36，No. 13.

[8] 柳伟钧，王强华．防中子辐射纤维及复合材料开发[J]．上海建材，2012，第六期，P12.

[9] 梁威，杨青芳，马爱洁．生物高分子材料聚乳酸的改性研究进展[J]．中国个体防护装备，2004(6)，19.

[10] 李江苏，张瑜，孙浩，等．氧化钐/环氧树脂与聚丙烯酸钐/环氧树脂辐射防护材料的制备工艺、微观结构及性能[J]．复合材料学报，2011，28(1)，43.

[11] 熊俊，宋涛．中国组织工程研究与临床康复，2010，14(12)，2209.

[12] 杨涛，石敏，万星辰，等．棉纺织技术，2020，48(6)，17.

[13] Chen X. The research on tungsten-nickel alloy material to theγ-ray shieldingproperties[J]. Jiangxilinergy，2008(4)：25-28.

[14] 伏亚萍，严源，喻正伟，陈亮平，孔令海，孙朋．^{241}Am-Be中子源测井的辐射剂量估算与防护措施探讨[J]．中国辐射卫生．2022年4月第31卷第2期．

[15] 耿雪．2011—2013年某油田测井放射工作人员个人剂量监测结果分析[J]．工业卫生与职业病，2015，41(1)：61-62，65. DOI：10. 13692/j. cnki. gywsyzyb. 2015. 01. 018.

[16] 麦维基，贾育新，刘小莲，等．南海石油测井放射工作人员受照剂量分[J]．中国辐射卫生，2013，22(3)：295-296.

[17] 田崇彬，马军营，楚彩芳，等．2008—2011年某油田测井放射工作人员个人剂量监测结果分析[J]．中国职业医学，2013，40(4)：380-381.

[18] 赵盛，霍志鹏，钟国强，等．中子及伽马射线复合屏蔽材料的研究进展[J]．功能材料，2021，52(3)，3001.

[19] D′MELLOW B，THOMAS D J，JOYCE M J，et al. The replacement of cadmium as a thermal neutron filter [J]. Nuclear Instruments and Methods in Physics Research Section A：Accelerators，Spectrometers，Detectors and Associated Equipment，2007，577(3) ：690-695.

[20] MA Z X，ZHANG Q T，LIU J L，et al. Preparation of luminescent polystyrene microspheres via surface-modified route with rare earth (Eu^{3+} and Tb^{3+}) complexes linked to 2，2′-bipyridine[J]. Rare Metals，2015，34(8) ：590-594.

[21] 唐国宏，张兴华，陈昌麒．碳化硼超硬材料综述[J]．材料导报，1994(4)：69-72.

[22] 赵盛，霍志鹏，钟国强，张宏，胡立群．改性钆/硼/聚乙烯纳米复合材料的制备及对中子和伽马射线的屏蔽性能[J]．高等学校化学学报．2022，43(6)，20220039.

[23] 项长龙，滕晓波，贾清秀．高能辐射防护纤维材料的研究进展[J]．北京服装学院学报(自然科学版). 1001-0564(2020)01-0091-09.

[24] 张晶晶．硅橡胶基复合材料的制备及防辐射性能研究[D]．成都理工大学．2020.

[25] 张磊，贾铭椿，龚军军，夏文明．基于MCNP的快速计算γ射线质量衰减系数的方法研究[J]．海军工程大学学报，1009-3486(2018)05-0106-07.

[26] 何国龙．碳化硼-铅复合屏蔽材料的制备与性能研究[D]．大连理工大学．2013.

[27] 龙鑫曦明，潘蕾，张浩然，高立新，王若凡．中子辐射防护用 B_4C/PI 复合材料的制备及性能研究[J]．功能材料，2096-8000(2022)10-0050-07.

【作者简介】许先俊，男，现在中国石油集团测井有限公司质量安全监督中心工作，主要从事安全环保技术研究。电话：15268916339，邮箱：xuxianjuncq@cnpc. com. cn。

工程建设项目突发事件应急协调管理系统构建

王绍祥　朱德鹏　李孜虎

（中国石油集团测井有限公司）

摘　要：本文笔者结合企业一线工程建设项目施工应急协调管理存在的一些问题，主要从风险预警、应急预案、管理机制、技能培训等方面系统总结了工程建设项目应急协调管理的一些问题，并据此建立了工程建设项目突发事件应急协调管理系统，对于提高应急协调管理人员对突发事件的处置能力和降低突发事件对企业、社会造成的损失和影响有着重要意义。

关键词：工程建设；突发事件；应急协调管理；系统构建

工程建设项目是国民经济发展的重要组成部分，但由于建设规模庞大、施工周期长、工序复杂等因素，导致其存在着各种突发事件的风险。这些突发事件不仅对工程建设项目本身造成了巨大损失，还会对周边环境和人员的生命安全带来严重威胁。因此，建立一套完善的工程建设项目应急协调管理系统，有效促进社会和谐稳定发展，作为安全管理中不可或缺的一部分—工程建设项目应急协调管理，在我国高质量发展阶段显得尤为重要。

1　突发事件概述

1.1　工程项目突发事件

工程建设项目突发事件是指在工程建设项目实施过程中，由于各种原因导致的突发情况，突发事件发生的因素有很多，如人为因素、自然因素、技术因素等，通常表现为预测难度大、变化快、风险系数高。与普通突发事件不同的是，工程建设项目突发事件通常会对项目进度、质量、安全和环保等方面产生重大影响，其危害程度更大。因此，建立健全工程建设项目应急协调管理系统，提高应对突发事件的能力至关重要。

1.2　工程建设项目突发事件的内在机理

工程建设项目突发事件的内在机理包括多种因素，这些因素可能相互作用、相互影响，从而导致突发事件的发生。①人为因素：包括管理不善、技术水平低、安全意识淡薄、违规操作、非法行为等。例如，工人在施工中没有严格遵守操作规程和劳动纪律，使用不合格材料等。②自然因素：包括气象、地质、地形等自然条件。例如，地震、洪水、台风等极端恶劣天气事件，地质灾害、地质变形等问题。③技术因素：包括工程设计、施工、监理等环节的技术问题。例如，工程设计不合理、施工过程中的技术失误、质量问题、监督不力等。④其他因素：包括管理体系不健全、应急预案缺乏、应急资源不充足、应急演练不到位等问题，这些都可能增加突发事件发生的概率和加剧突发事件的危害程度。

2　工程建设项目应急协调管理现状

在许多工程建设项目中，应急协调管理往往没有得到足够的重视，大家认为发生事故的概率很小，甚至不会发生，由于思想上的麻痹大意而将该项工作浮于表面，流于形式，未真正做到“事前预防、事发应对、事中处置”。

2.1 安全隐患排查不到位

许多企业主业生产需要基建项目等硬件设施做支撑，两项业务有着不同的技术标准和规范要求，不同业务潜在的风险和可能发生事故的概率也不一样。因此，从某种程度上讲，企业安全管理制度在工程建设项目实施过程中缺乏相关性和指导性，导致出现责任部门以偏概全，风险辨识不彻底或管理模板复制套用、职责落实不到位的现象。另外，建设单位、施工单位、监理单位未严格履行监督检查机制，定期对施工现场进行监督检查，并对检查出的问题列出清单，及时跟踪整改。

2.2 预警系统功能不完善

基建行业已初步形成基本工程建设项目预警理论系统。但企业工程建设领域的风险预警大多停留在战略层次和职能层次，未完全纵向贯通，没有针对性地深入企业面临的各种具体风险中进行预警研究。在多项风险指标反映出工程建设项目状态发生变化时，没有一套科学完善的系统及时向项目决策者发出预警信号，帮助决策者对突发情况做出迅速、准确、高效的反应。

2.3 应急预案可操作性不强

应急预案是工程建设项目应急管理的重要组成部分，甚至是应急管理的“指南针”，其可操作性的程度直接关系到应急响应的效果。目前，许多工程建设项目预案内容不完整，应急预案的制定忽视了实际情况和现场环境，没有充分考虑到突发事件的种类、可能性、危害程度，以及地方应急管理部门的专业应急救援能力。同时预案缺乏必要的细节支撑和操作手册指导，没有充分考虑具体的操作要点、环节衔接、人员技能水平、应急资源的调度等因素。其次，现实中往往对应急预案的演练和评估重形式而轻实效，缺乏现场突发事件对应急预案匹配性和有效性的客观检验，应急管理人员未及时解决应急演练过程中存在的问题，提升人员实战能力，并举一反三，对预案及时进行修改完善。

2.4 应急协调管理机制不健全

主要表现在按照工程建设项目突发事件等级程度的不同，各层级应急管理部门职责权限和工作界面划分不清，响应程序存在脱节或冗余情况，特别是横向管理部门资源应急协调方面未明确相关人员职责，联动效果不佳，以及存在我方应急程序与地方应急管理部门应急救援程序衔接不紧密等情况。

2.5 应急技能培训不到位

如果对应急协调管理人员的应急技能培训不到位，即使有了完备的应急预案，也不能保证企业对突发事件做出有效分析和响应。企业在现实发展过程中，未严格制定与应急预案、应急演练衔接紧密的年度应急培训计划，未结合现场基建项目施工情况和基建管理人员普遍专业技能素质编制具有基建特色的培训教材，未建设应急培训基地并配套应急救援设备，对培训效果的考核、评估体系的完善还需加强。

3 工程建设项目应急协调管理系统构建

工程建设项目应急协调管理系统的构建对于整个工程建设项目的质量、安全、环保管控都非常重要，只有建立一套科学、完备、实用的应急协调管理系统，才能为工程建设项目安全、质量、经济、高效实施保驾护航。见图1。

主要应急协调管理程序：(1)风险识别并预警；(2)应急准备；(3)应急处理；(4)应急恢复。

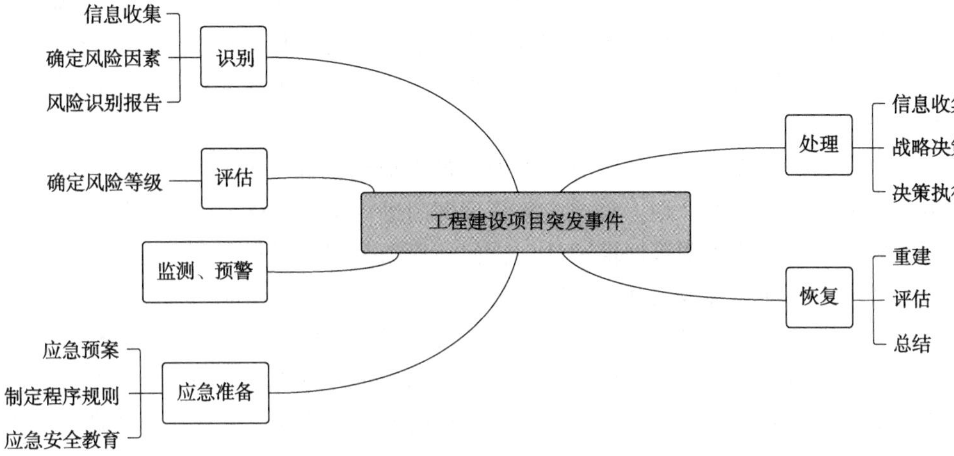

图1 工程建设项目应急管理系统构建图

3.1 风险预警

风险预警就是要把风险遏止在萌芽状态中，即预防和消除危险源。通过关联企业 EISC 系统，对项目定期排查出的安全隐患进行统计、SWOT 分析、处理，并对隐患可能导致的后果进行定性分级评估。结合安全投入、隐患治理、指标体系、技能培训、安全制度等要素，应用预测预警技术，建立预测模型，用数值定量表示基建项目安全建设状态，拟合出项目未来安全建设趋势的预警指数图。

3.1.1 预警临界状态和安全阈值

从人、机、料、法、环等方面对工程建设项目在不同工序、不同安全状态下进行预警指标分解，研究设置临界状态和安全阈值，利用预警模型对事故发生的概率、造成的损失、可接受的程度进行定性或定量规定。在预警规则研究和建设项目实际情况的基础上，得出安全预警级别划分级数、划分标准等。

3.1.2 预警等级划分

高风险等级-预警等级Ⅰ级-预警信号红色；风险等级中级-预警等级Ⅱ级-预警信号橙色；风险等级较低-预警等级Ⅲ级-预警信号黄色；风险等级低-预警等级Ⅳ级-预警信号蓝色。

3.1.3 预警报警

根据预警程序，参照预警标准，验证预警指标是否超出安全临界状态或安全阈值，针对不同的预警级别，发出对应的预警信号，提出相应的应急措施，及时降低或消除安全隐患。

3.2 应急预案

建立针对不同类型突发事件的应急预案，明确各部门的应急响应职责、流程和措施，编制应急响应指南和操作手册，强化应急演练，确保在突发事件发生时能够快速有效地响应和处置。

3.2.1 编制预案

应急组织机构设置、岗位职责分配、规章制度制定，是编制一套完整应急预案的根本保证。在应急指挥领导小组的统一组织下，工程技术部门作为应急组织中的技术保障小组，与项目的生产部门、安全部门、物资管理部门、设备管理部门建立起紧密的联系，共同组成工程建设项目突发事件应急管理小组。同时与项目所在地业内专家建立合作关系，邀请行业专家对应急管理小组工作进行指导，包括对应急技术操作标准、同行业典型事故案例、本单位安全生产资料、危险源、设备技术等内容进行系统全面分析，并编制应急响应指南，评估事故危害不同等级应对措施和应急响应程序的完整性，确保应急预案的科学性和可操作性。

3.2.2　应急培训和演练

基于应急预案响应程序，对各级应急管理人员组成结构和专业技能素质进行调研分析，结合各单位上报的应急培训计划，公司应急管理部门进行统一审核、平衡、汇总，有针对性编制下发本单位年度应急协调管理培训计划，包括培训范围、课程内容、提升目标等，着重开展应急管理理论培训和实战演练，使应急管理人员能够熟练操作应急设备，具备利用地方应急救援机构开展应急救援的能力。其次做好信息收集和共享，善于应用 EISC 系统数据，科学进行预警和应急响应。培训结束后根据考核指标，对应急协调管理人员的综合能力进行考核评估，将其作为职称评审、绩效发放、提拔重用的参考依据，倒逼应急协调管理人员不断提升风险辨识和应急实战的能力。

3.2.3　应急资源准备

在项目施工前要做好应急保障准备工作，对应急设备和应急物资定期检查其配置情况和性能状况，重点应急设备由专人管理，并与技术人员建立联系，保证应急物资和设备随时处于“待命”状态。同时发挥好横向部门间资源共享协调机制作用，确保在突发事件发生时物资和设备能够快速有效地调配到位。

3.3　应急机制与响应程序

针对企业在工程建设项目实施过程中存在的问题，围绕企业战略目标和远景规划，确定总体思路，建立一套以矩阵组织为核心的涵盖项目建设组织管理、过程管理、要素管理的项目管理运作模式有着非常重要的意义。

3.3.1　完善机制

按照工程建设项目突发事件等级程度的不同，构建应急管理三级组织架构，厘清部门职责界面，划清职责权限，通过进度控制、质量控制、信息管理，完善工程项目施工环节上的综合管理，消除各环节脱节，衔接不紧凑的弊端。打破传统用人机制，降低企业内部转岗人员比例，实时引进社会专业技能型人才，探索与地方应急管理部门人才交流机制等。建立工程建设项目应急协调管理激励约束机制，严考核硬兑现。强化应急联动机制建设，确保应急预案与地方应急管理部门应急救援程序紧密衔接，打通横向管理部门间资源应急协调机制，发挥联动效能作用。

3.3.2　优化处置流程

以项目管理体系为基础，明确项目范围、进度、质量、HSE 要求等要素管理，通过编制操作手册，固化流程标准、下发指导性文件、修订考核制度等，实现项目控制的连续性、时效性、可追溯性。在突发事件发生后，按照应急预案要求，启动应急响应程序，组织相关部门和人员迅速进入应急状态，根据突发事件的性质和严重程度，采取相应的应急处置措施，包括现场安全防护、事故隔离、人员疏散、救援抢险、应急修复等，最大可能地抢救伤员和降低财产损失程度。专人记录应急处置过程、措施和效果，编制应急处置报告，向应急领导小组组长汇报，并向其他有关部门通报，为后续事故调查和应急处置提供重要参考依据。

3.3.3 恢复工作

在应急处理完成后，对工程建设项目的恢复工作就显得尤为重要。及时修复维护受损设备，恢复物资、设备、能源等供应链。清除现场垃圾和污染物，减少对周边环境的影响。对突发事件造成的损失和影响进行评估并制定恢复方案，包括对项目进度重新规划，调整工期和进度计划等，确定恢复的优先等级和时间表。

4 结语

为解决工程建设项目突发事件应急协调管理中存在的问题，需要进一步提高应急协调管理者的思想认识，不断完善应急管理体系，强化应急预案的可操作性。主要从风险预警、应急预案、机制程序三个方面构建完整的应急协调管理系统，确保突发事件发生时应急协调管理小组能够迅速、准确、有效地响应，保障人民群众生命财产安全。

参 考 文 献

[1] 王海涛，吴国玉．工程建设项目突发事件应急管理体系研究[J]．建设科技与管理，2018，35(6)：129-131.

[2] 王宏杰，刘宇超．工程建设项目突发事件应急管理系统构建[J]．建筑科技与设计，2020(1)：64-65.

[3] 王宏杰，王俊，刘宇超．工程建设项目突发事件应急管理体系研究[J]．建筑经济，2019，40(8)：56-60.

[4] 李锋，李京娜．基于 AHP 的工程建设项目突发事件应急管理模型研究[J]．价值工程，2019(3)：105-108.

【作者简介】王绍祥，男，中国石油集团测井有限公司，工程师，主要从事基建管理工作，电话：18602958356。

情景模拟在石油测井跨区域作业应急协调中的应用

邓又俊　郑伟群　辛守涛

（中国石油集团测井有限公司质量安全监督中心）

摘　要：随着石油、天然气等资源的需求不断增加，跨区测井作业逐渐成为一种常见的作业方式，跨区域作业涉及的区域广泛，环境复杂，风险因素较多。情景模拟作为一种先进的决策支持工具，可以帮助应急人员者更好地理解和应对潜在的紧急情况，保障跨区域作业的安全。本文阐述了跨区域测井作业风险与应急协调难点，对情景模拟在井控应急协调中的应用情况进行了介绍。

关键词：应急协调；跨区域；情景模拟

中国石油集团测井有限公司（以下简称“公司”）主要从事国内外油气田测井、录井、射孔、测试等完井和工程技术服务和技术咨询，现有作业队伍854支，服务区域覆盖长庆、西南、新疆、天津、辽河、大庆、吐哈、华北、塔里木、青海、吉林、海外等12个作业区域。随着跨区域测井作业次数增加，应急协调成为确保作业安全的重要环节。由于跨区作业面临着复杂的环境和多样化的风险因素，为了更好地应对潜在的紧急情况，情景模拟被引入到公司应急协调中。本文阐述了跨区测井作业的风险和应急协调难点，介绍了情景模拟在应急协调中的应用。通过模拟不同场景和评估潜在风险，情景模拟可以优化应急响应流程、提高协调机制效果，并为决策者提供决策支持。

1　石油测井作业跨区域风险分析

测井被称为“车轮上的行业”。测井工程是一个多工种、多工序、立体交叉、连续作业的系统工程。近年来，随着公司市场领域的不断扩大，队伍跨区域作业已成为常态，跨区测井作业涉及不同地区、不同油田企业、不同政府部门、不同作业队伍之间的协调配合，所面临的风险也越来越大。主要存在仪器落井、井喷事故、特种设备事故、放射性物品、民爆物品、交通事故、火灾爆炸、危险化学品等事故风险；以及自然灾害、公共卫生、疫情、恐怖袭击、突发舆情事件控制与信息发布、群体性、环境、重污染天气等突发事件风险。

2　跨区域应急协调难点

当前，国家要求政府和企业有效整合应急力量和社会公共资源，加强应急管理部门之间的协调联动，提高应对自然灾害和事故灾难的能力。然而，在面对跨区域情况时，仍存在以下问题：

（1）缺乏一套完整而有效的责任追究机制，各部门往往从自身角度出发，导致责任推诿，从而降低整体应急管理水平。

（2）跨区域信息共享机制不够完善，由于涉及不同区域，局部和地方利益影响下的危机事件信息不对称，导致重要信息无法在相关区域间有效流通和共享，从而降低了应对跨区域突发危机的能力和效果。

（3）缺乏专门的智慧协调组织体系，当前跨区域应急管理职能仅组建临时性的应急管理指挥机构，资源和信息在短时间内难以有效整合，导致应急处置反应速度慢、应变能力差，部门间联合行动难以开展，从而延误应对危机的黄金时机。

（4）缺乏协同联动应急预案和跨区域应急演练，导致跨区域事故发生时不能充分发挥应急管理优势和特长，导致救援资源调动不及时，救援行动不协调。

（5）人员应急管理和培训不足，应急技能是发生突发状况或事故后保障生命安全的最后一道防线，但大多数人缺乏应急意识和责任感，应急知识和技能不足，导致突发事件应急响应能力下降。

3 情景模拟在跨区域应急管理中的应用

情景模拟是一种基于场景设计、事件推演和角色扮演的应急协调方法。在石油测井跨区域应急协调中，情景模拟可以模拟不同区域，不同风险之间的相互作用和影响，评估潜在风险，提高协调效率。首先，情景模拟可以优化应急响应流程。通过模拟不同场景，可以发现应急响应流程中的瓶颈和不足之处，并及时进行优化。例如，模拟可能出现的交通堵塞、信息传递延迟等场景，提出改进措施，确保应急响应流程更加高效、顺畅。其次，情景模拟可以提高协调机制的效果。在跨区域应急协调中，不同地区之间需要紧密合作、资源共享。通过情景模拟，可以发现合作中的问题，加强沟通协商，建立更加紧密的协调机制。例如，模拟可能出现的资源调配问题、信息共享障碍等场景，加强各地区之间的沟通协调，确保资源利用最大化。此外，情景模拟还可以提供决策支持。在紧急情况下，决策者往往面临巨大压力和时间限制。情景模拟可以为决策者提供更加全面、准确的信息，帮助他们做出更加科学、合理的决策。例如，模拟可能出现的环境变化、人员伤亡等场景，为决策者提供数据支持和参考，确保决策更加科学、可靠。

4 石油测井跨区域作业井控应急处置情景模拟

4.1 情景模拟工具方法

井控应急处置情景模拟应急演练工作组织的核心团队由主持人，导调组，参演人员组成，主持人负责引领和管理整个演练过程，导调组负责组织和设计演练方案，参演人员负责应急处置工作和演练总结。实施过程分为动员导学，场地推演，集中复盘三个过程(图1)。

4.2 情景概要

某日上午10时，测井公司西南分公司某队到陕西安塞油田跨区域生产作业时发生硫化氢泄漏险情。测井队井口岗人员张某在井口作业过程中突然晕倒，胸前佩戴的硫化氢检测仪持续报警(图2)。

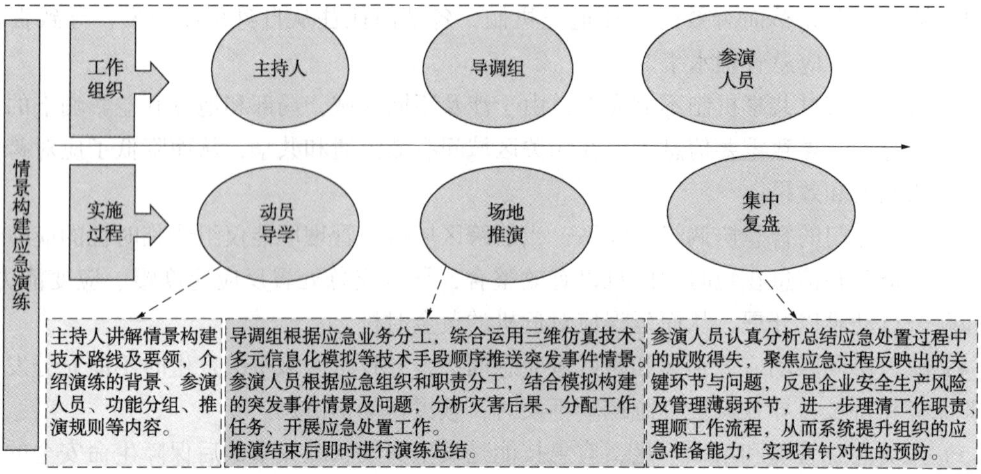

图 1　情景构建应急演练程序

图 2　硫化氢中毒情景模拟

4.3　应急处置及协调措施

(1) 井口岗人员李某发现张某晕倒后，立即报告作业队长(图 3)，作业队长立即启动现场处置方案，指示绞车工鸣笛发出报警信号，操作工程师立即停止测井施工，安排 HSE 应急救援人员穿戴正压式呼吸器，抢救伤员，同时监测硫化氢浓度(图 4)。其余人员撤离至应急集合点，做好应急处置准备。

图 3　报告作业队长

图 4　现场监测硫化氢浓度

(2) 作业队救援人员将张某移至空气新鲜处，解开其衣物，保持通风，检查张某的生命体征，立即进行心肺复苏急救措施(图 5)。

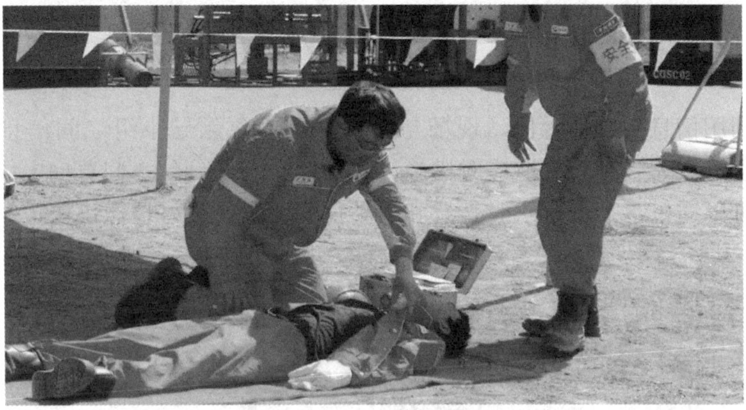

图 5　硫化氢中毒现场急救

(3) 作业队长向属地所在基层生产单位陕西安塞项目部应急办公室汇报硫化氢泄漏情况及人员伤害情况。安塞项目部应急办公室根据事故情况，结合防爆相机传输数据研判后向公司应急指挥中心汇报(图 6)。

图 6　硫化氢中毒现场监控视频

（4）公司应急值班人员立即向井控应急领导小组成员报告事故信息，井控应急领导小组通过中国石油工程作业智能支持中心(EISC)(图7)，部署应急救援工作，提出应急救援指导意见。派出由公司技术专家、属地项目部生产经理等组成现场工作组，负责现场应急抢险指挥，执行井控应急领导小组指令，组织做好事故处置过程。并与油田企业、地方政府、公安、消防、医院和媒体的协调工作，协助事故单位开展应急协调、处置工作。

图7　公司井控应急领导小组

（5）公司利用信息共享平台保障现场与公司井控应急领导小组之间信息传递及时、畅通；主动监测主流媒体，及时采取应对措施；保障应急资金到位；起草向上级报告的事故信息。各参与方可以通过这个平台实时查看和更新信息，以便更好地做出决策和行动(图8)。

图8　信息共享平台

（6）应急指挥中心利用GIS地图系统，采用现代导航技术、交通实时信息进行线路选择和优化，确保救援队伍顺利达到目的地，最大程度减少交通延误。

（7）公司二级单位之间建立有快速、可靠的通信渠道，视频和电话会议、即时通信工具等，确保信息的准确传达和接收，各部门可以及时沟通和协调行动，共同解决问题。

（8）公司建立有生产单位、基层单位、作业队三级应急物资储备，各生产单位根据本单位各基地所处的地理环境、所属队伍施工区域及业务特点，制定本单位应急储备物资配置标准(表1)。突发事件发生后，应急指挥中心与相关部门、机构、企事业单位、其他地区或单位建立资源共享的机制，共同制定应急资源调度方案，实现跨区域的资源互助和协作。应急指挥中心和现场工作组将协调各单位的资源分配，包括人力、设备、物资等。资源的调配和协作应基于实际需求和优先级，确保资源的有效使用图9~图11。

表1 基层单位级应急物资配置标准

序号	种类	物资名称	计量单位	数量	备注
1	安全防护	正压空气呼吸器	套	4	
2	安全防护	空气呼吸充气机	台	1	选配
3	安全防护	便携式防爆箱	个	2	有射孔业务
4	安全防护	铅衣	副	2	涉源单位
5	安全防护	铅手套	副	2	涉源单位
6	安全防护	铅眼镜	副	2	涉源单位
7	安全防护	中子防护服	套	2	涉源单位
8	检测器材	辐射射线检测仪	台	1	涉源单位
9	检测器材	四合一气体检测仪	台	1	
10	检测器材	电雷管测试仪	个	1	有射孔业务
11	报警设备	蜂鸣报警器	个	1	
12	照明器材	应急发电机	台	1	选配
13	通信设备	防爆对讲机	套	1	
14	通信设备	手持喇叭	个	2	
15	照明器材	防爆手电筒	把	8	
16	防洪防汛	铁锹	把	10	
17	防洪防汛	防洪沙袋	条	50	根据实际需求

图9 应急物资协调

图 10 应急队伍协调(消防队)

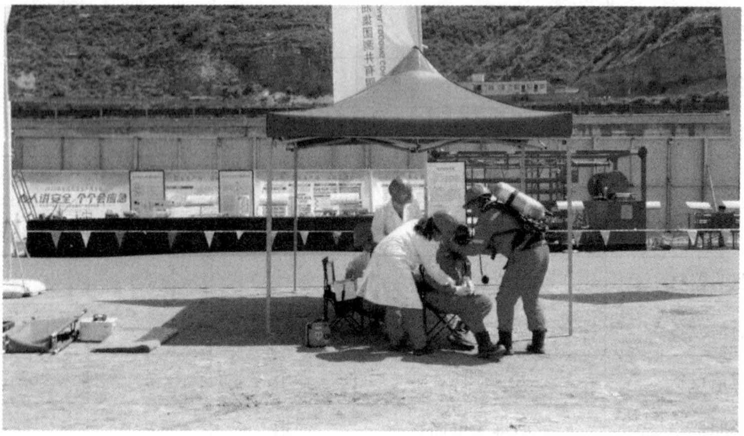

图 11 应急队伍协调(医疗人员)

5 结语

情景模拟在石油测井跨区域应急协调中具有显著的优势。通过模拟不同场景，进行“情景-任务-能力”分析，能够找出企业应急响应流程中的问题，提高协调机制的效果。然而，情景模拟也存在一定的不足之处，如场景设计难度较大、事件推演不够准确等。因此，未来需要进一步改进和完善情景模拟方法，加强跨区域应急协调的合作与交流，提高应对突发事件的能力。

参 考 文 献

[1] 肖川，宁占金，宋丙剑等．“情景模拟”教学模式在抢险救援指挥与技术专业实践教学中的应用研究[J]．华东科技，2023(01)：146-148.

[2] 张冰玉．从跨区应急体系中透视中国制度优势的源动力[J]．法治与社会，2021：87-89.

[3] 陈珑凯，梁虹，唐敏康．应急管理协调的痛点、难点和着力点[J]．应急管理研究，2020：15-17.

【作者简介】邓又俊，男，现在中国石油集团测井有限公司质量安全监督中心工作，主要从事安全环保技术研究。电话：18821622396，邮箱：dengyoujuncq@ cnpc. com. cn。

石油行业应急协调管理体系建设实践与思考

彭 勇 冯建超 李建波 邱 阳 杨 君 冯 斌 栾顺纲

（中国石油集团测井有限公司质量安全监督中心西部监督分中心）

摘 要： 本论文旨在探讨石油行业应急协调管理体系建设的实践与思考。通过对国内外石油行业应急管理现状的比较分析，发现应急管理对于石油企业生产安全和社会稳定的重要性。在此基础上，结合石油行业特点，从法律法规体系、组织体系、预案体系、资源保障和信息化技术应用等方面展开深入研究，以期提高石油企业应急管理水平，有效应对各类突发事件。

关键词： 石油行业；应急管理；协调管理体系；突发事件；安全保障

石油行业是国民经济的重要支柱产业，其生产运营涉及复杂多样的风险，如火灾、泄漏、爆炸等突发事件，可能造成严重的人员伤亡和环境破坏。因此，建立健全高效的应急管理体系，成为保障石油企业生产安全和环境保护的迫切需求。本论文将对石油行业应急协调管理体系建设进行深入研究和探讨，旨在为石油企业的应急管理工作提供有益借鉴和参考，提高其应对突发事件的能力和水平。

在引言部分，我们将介绍石油行业应急管理的背景和意义。首先，强调石油行业的特殊性，其生产活动存在较高的风险和复杂性，需要建立健全的应急管理体系。其次，指出应急管理在石油企业生产安全和社会稳定中的重要作用，有效的应急管理可以最大程度地减少事故损失，保障石油企业的可持续发展。

在摘要部分，我们将简要概述论文的研究目的和内容。首先，介绍论文的研究背景和意义，强调石油行业应急管理的重要性和现实需求。然后，概述论文的主要研究内容，包括应急管理概述、法律法规体系、组织体系、预案体系、资源保障和信息化技术应用等方面的探讨。最后，指出论文的研究目的，即提高石油企业应急管理水平，为其生产安全和社会稳定做出更大贡献。

通过摘要和引言的设计，我们将清晰地表达本论文的研究意义和目标，并为读者提供论文的主要内容和研究方向的概览。

1 石油行业应急管理概述

1.1 应急管理概念与特点

应急管理是指在突发事件发生时，针对不同的紧急情况，通过预先制定的应急预案和科学的组织措施，以最小的损失实现应急处置和恢复生产生活秩序的管理活动。它包括预防、准备、响应和恢复四个阶段，旨在确保应急情况下资源的有效调配和组织的高效运作，降低事故的影响程度。

1.2 石油行业应急管理意义

石油行业应急管理的意义不仅在于保障石油生产企业的生产安全和经济利益，更关乎国家和民众的生命财产安全，以及环境的可持续保护。在石油行业中，生产设施复杂多样，同时涉及原油开采、运输、储存、加工和销售等多个环节，一旦发生事故，后果可能非常严重。因此，建立完善的应急管理体系，加强应急能力建设，对于防范事故的发生，及时应对突发事件，限制事故扩散蔓延具有重要的现实意义。

1.3 国内外石油行业应急管理现状比较

目前，国际上许多石油生产国和消费国都高度重视石油行业的应急管理建设。例如，美国、加拿大、澳大利亚等发达国家已经建立起相对完善的应急管理体系，并积累了丰富的应急管理经验。与此同时，我国石油行业的应急管理也在逐步完善中，但与国际先进水平相比，还存在一定差距。

在国内，石油行业应急管理主要受到法律法规的指导，涉及多个部门和单位的协调合作。然而，由于石油行业涉及范围广泛，部门之间的信息共享和资源整合尚不够充分，导致应急处置时的协调难度较大。此外，应急预案的编制和演练也面临一些挑战。

为了提升石油行业应急管理水平，需要深入研究国际上应急管理的最佳实践，结合我国石油行业的特点，探索适合中国国情的应急管理模式，并持续优化完善相关制度和措施。

2 石油行业应急管理法律法规体系

2.1 国际石油行业应急管理法规概述

国际上，各个石油生产国和消费国都制定了相应的法律法规来规范石油行业的应急管理。这些法规涵盖了石油生产、运输、加工和销售等各个环节，在事故防范、应急预案编制、应急演练、应急资源储备等方面作出了具体规定。例如，美国《石油污染法》(Oil Pollution Act)、欧盟《石油泄漏预防和应急处置法规》等，都对石油行业的应急管理提出了明确要求。

2.2 国内石油行业应急管理法规体系

在中国，石油行业的应急管理主要受到一系列法律法规的指导。其中，最重要的是《中华人民共和国安全生产法》和《中华人民共和国环境保护法》。这两部法律明确了石油企业应急管理的法律责任和义务，要求企业建立健全应急预案，提高事故应急处置能力，并加强事故防范措施。此外，还有一系列相关规章和标准，如《石油天然气行业安全生产标准化法规体系》《石油化工企业安全生产标准化法规体系》等，为石油行业应急管理提供了具体指导。

2.3 石油行业应急管理法规体系存在的问题

尽管我国石油行业应急管理法律法规体系在逐步完善，但仍存在一些问题。首先，法律法规体系相对分散，不同部门和单位发布的法规往往涉及重叠和交叉，导致应急管理工作的协调性不足。其次，一些法规内容相对陈旧，无法适应石油行业快速发展和技术进步的需要。再者，对于应急演练和资源储备等方面的要求相对模糊，缺乏具体操作指南。

针对上述问题，需要进一步加强跨部门协调，形成更加统一的法律法规体系，明确各个环节的应急管理责任，加强法规的宣传和培训，确保各方都能深刻理解应急管理的重要性和紧迫性。同时，需要及时修订和更新法规，与石油行业的发展保持同步，提高应急管理的针对性和实效性。此外，还应完善应急演练和资源储备的具体要求，明确各类事件应急处置的具体流程和步骤，以提高石油企业应对突发事件的能力。

综上所述，国内外石油行业应急管理法律法规体系的建设和完善是确保石油生产安全和环境保护的重要保障。通过加强法规制度建设，规范石油企业的应急管理行为，进一步提高应急处置水平，我们将能够更好地应对各类突发事件，最大限度地降低事故损失，为石油行业的可持续发展保驾护航。

3 石油行业应急管理组织体系建设

3.1 应急管理组织机构与职责划分

建立科学合理的应急管理组织机构是石油行业应急管理体系建设的基础。应急管理组织应当明确各级组织机构的职责与权限，确保信息传递畅通，决策高效快捷。在企业层面，应急管理组织可设立应急管理部门或办公室，负责应急预案的制定、演练与评估，应急资源的调配与管理，以及应急培训与演练等工作。同时，要明确企业领导层在应急事件中的决策角色，确保应急管理工作与企业其他部门的密切合作。

3.2 应急管理人员队伍建设与培训

构建一支专业化、高素质的应急管理人员队伍对于提高石油行业应急管理水平至关重要。应急管理人员应具备较强的应急处置能力、丰富的应急经验和科学的决策能力。在人员选拔上，应重视经验丰富、技能娴熟的从业者，并注重培养青年人才，确保应急管理队伍的持续稳定发展。

另外，应急管理人员的培训也是提高应急管理水平的重要手段。通过定期组织应急培训，不断提高人员的应急处置能力和应变能力，使其能够在紧急情况下迅速做出决策，并协调好各部门间的合作。培训内容可以包括应急预案的熟悉程度、应急资源的调配方法、应急演练的技巧等。同时，还可以通过组织模拟演练、实地考察等方式进行实践操作，提高应急管理人员的应急处置能力。

3.3 石油企业内外部协调与合作机制

石油行业应急管理涉及多个部门和单位，要实现信息共享和资源整合，需要建立良好的内外部协调与合作机制。在内部，不同部门之间应建立紧密的沟通渠道，确保信息的及时传递和交流。在外部，石油企业应与相关政府部门、行业协会、应急救援机构等建立合作关系，形成联动机制。同时，要与社会公众建立有效沟通，增强公众对应急管理工作的认知和理解。

为加强内外部协调与合作，可以制定联合应急预案，明确各方在应急事件中的责任和角色。另外，建立应急指挥中心，集中统一指挥应急处置工作，提高决策的效率和准确性。在应急事件发生时，通过联合行动，形成合力，共同应对各类突发事件，最大限度地减少事故损失。

综上所述，石油行业应急管理组织体系建设是确保石油行业生产安全和环境保护的重要保障。通过建立科学合理的组织机构，培养专业化应急管理人员队伍，加强内外部协调与合作机制，石油行业将能够在应急事件中高效应对，最大限度地保障生产稳定和公众安全。

4 石油行业应急预案体系建设

4.1 应急预案编制与修订

应急预案是应对突发事件的重要依据和指导文件，是石油行业应急管理的核心内容。应急预案编制应根据石油企业的实际情况和特点，明确不同类型事件的应急处置措施和流程。针对不同阶段和不同程度的事故，应急预案应当划分为多个层次，从日常常态管理到突发事件处置，确保全面细致覆盖各类突发情况。

预案的修订是应急管理体系持续改进的重要环节。应急预案应当与企业的生产经营发展保持同步，根据实际需求和演练评估结果进行定期更新，确保预案的时效性和实用性。此外，还应充分吸纳国际先进经验和技术，结合国内外相关研究成果，不断提高预案编制水平。

4.2 应急预案分类与内容要点

根据不同事件类型和应急处置要求，可以将应急预案划分为多个分类。例如，火灾、泄漏、爆炸、溢油等不同类型的事故可以分别编制相应的应急预案。应急预案应当包括预警机制、应急响应程序、责任分工、资源调配、信息通信、社会协调等内容要点。同时，还要明确应急处置的时间节点、各环节的限时要求，以及相关人员的联系方式和应急设备的调配方案。

4.3 应急预案演练与评估

应急预案演练是检验预案有效性和人员应急处置能力的重要手段。定期组织应急预案演练，可以有效提高人员的应急反应能力和应变能力，增强组织协调和资源调配能力。演练内容可以模拟不同类型的事故，按照预案要求组织应急处置工作，全面评估预案的实际可行性和应急处置效果。

演练后的评估是及时发现问题、改进完善的重要环节。对演练过程中发现的问题和不足进行分析和总结，制定改进措施，修订预案，以不断提高石油企业应急管理水平。

综上所述，石油行业应急预案体系建设是保障石油企业生产安全和环境保护的重要措施。通过科学编制与修订应急预案，合理分类与明确内容要点，加强预案演练与评估，石油行业将能够有效应对各类突发事件，最大程度地减少事故损失，实现生产稳定和社会安全的双赢局面。

5 石油行业应急资源保障

5.1 应急资源需求分析

应急资源是指在突发事件中进行应急处置和灾害恢复所需的物资、设备、人力等资源。石油行业应急资源需求主要包括人员、应急设备、应急物资等方面。首先，要根据石油企业的规模和特点，分析各类应急事件发生的概率和可能的影响范围，从而确定相应的应急资源需求。

5.2 应急资源调查与建设

在明确应急资源需求后，需要进行全面的应急资源调查与建设。调查内容包括各类应急设备的数量和性能，应急物资的储备量和种类，以及应急人员的技能水平和培训情况等。同时，还要对应急资源的储备和维护进行规划，确保资源的有效利用和更新换代。

应急资源的建设不仅包括自有资源的储备，还可以与其他企业或机构进行资源共享与合作。例如，可以与应急救援机构签订合作协议，利用其专业化的应急救援队伍和设备来增强石油企业应急处置能力。同时，还可以与供应商建立合作关系，确保及时获取所需的应急物资。

5.3 应急资源储备与管理

应急资源的储备与管理是应急管理体系中不可或缺的一环。首先，要对应急资源进行分类和编码，建立完善的储备档案，确保资源的完整性和准确性。其次，要对资源进行定期检查和维护，确保设备的正常运转和物资的有效性。对于易腐蚀、易变质的物资，要进行定期更换和更新。

在应急资源管理中，还要建立应急资源调配机制。一旦发生突发事件，要迅速调动和调配所需的应急资源，实现最优资源配置。这需要事前明确各类应急事件的应急资源调配方案，并建立相应的信息通信系统，确保资源调配的及时性和高效性。

综上所述，石油行业应急资源保障是确保石油企业在突发事件中有效应对的重要保障。通过科学分析和调查应急资源需求，建设完善应急资源库，建立资源调配机制，石油企业将能够在应急处置过程中迅速调动所需资源，最大限度地减少事故损失，保障生产安全和社会稳定。

6 石油行业信息化技术在应急管理中的应用

6.1 信息化技术与应急管理的关系

信息化技术是现代社会的重要支撑，也是提高石油行业应急管理水平的重要手段。信息化技术包括大数据、云计算、物联网、人工智能等，它们可以帮助石油企业实现信息共享、智能决策和高效运作，从而提高应急管理的响应速度和准确性。信息化技术与应急管理相结合，可以为石油企业提供更强大的应急处置能力。

6.2 石油行业应急管理信息化平台建设

建设应急管理信息化平台是推进石油行业应急管理信息化的关键步骤。该平台应包括实时监测系统、信息共享系统、决策支持系统等多个模块，用于收集、处理、分析和传递应急管理相关信息。实时监测系统可以通过传感器、监控设备等实时监测石油生产过程中的各类数据，帮助预测潜在危险并及时报警。信息共享系统可以实现石油企业内部和外部不同部门之间的信息共享与交流，提高信息的透明度和准确性。决策支持系统可以利用大数据和人工智能技术，为应急决策提供科学参考和预测分析。

6.3 信息化技术在应急决策中的应用

信息化技术在应急决策中发挥着关键作用。通过建设信息化平台，石油企业可以实时掌握生产过程中的各项数据和信息，对潜在风险进行预警和预测。在应急事件发生时，可以通过信息化平台迅速启动应急预案，调配应急资源，实现高效决策和快速响应。此外，信息化技术还可以帮助应急管理人员进行虚拟仿真和演练，提高应急处置能力和应变能力。

6.4 信息化技术在信息发布与公众互动中的应用

在应急事件发生时，及时发布准确的信息对于维护社会稳定和公众安全至关重要。信息化技术可以帮助石油企业实现快速、准确的信息发布。通过建设信息发布平台，可以将事故情况、应急处置措施等信息及时发布给公众，增强公众对事件的了解和信任。同时，信息化技术还可以通过社交媒体、手机 App 等渠道与公众进行互动，及时回应公众关切和疑问，维护社会舆论稳定。

综上所述，石油行业应急管理信息化技术的应用是提高应急管理水平的重要途径。通过建设信息化平台，应用信息化技术进行应急决策，以及实现信息的及时发布与公众互动，石油企业将能够在突发事件中更加高效、精准地进行应急处置，最大限度地减少事故损失，保障生产安全和社会稳定。

7 石油行业应急管理体系评估与改进

7.1 应急管理绩效评估指标体系建立

应急管理绩效评估是石油行业应急管理体系持续改进的重要手段。建立科学合理的评估指标体系是评估工作的基础。评估指标应当综合考虑应急预案的完备性、应急资源的充足性、应急演练的实效性、应急处置的效率等多个方面。评估指标可以定量化或定性化，根据实际情况和需求进行合理设置。

7.2 应急管理体系漏洞分析与改进

通过应急管理绩效评估，可以发现应急管理体系中的漏洞和不足之处。这些漏洞可能涉及预案内容的缺失、资源储备的不足、演练效果的不理想、组织协调得不够紧密等方面。在发现漏洞后，要及时进行深入分析，找出问题的原因，并制定相应的改进措施。

改进措施可以包括修订应急预案，增加新的应急情况和处置方案；加强应急资源储备，确保关键资源的充足性；改进演练方案，增加演练的频次和复杂度；加强内外部沟通与合作，增强组织协调能力等。改进措施的落实需要全员参与，形成科学合力。

7.3 持续改进与应对新挑战

应急管理体系的改进是一个持续的过程。石油行业处于不断发展变化之中，新的技术、新的风险随时可能出现。因此，应急管理体系必须不断更新，及时应对新的挑战。

持续改进的关键在于不断学习和总结经验教训。石油企业可以定期组织应急演练和事故模拟，从中总结经验教训，发现问题并解决问题。同时，还要关注国内外石油行业应急管理的最新发展动态，借鉴先进经验，提高应急管理水平。

此外，应急管理体系改进还需要加强科技支撑。可以结合人工智能、大数据、物联网等先进技术，提高应急管理的智能化水平，增强预警和决策能力。与此同时，加强应急人员的培训，提高应急处置的专业水平和应变能力，也是持续改进的重要环节。

综上所述，石油行业应急管理体系的评估与改进是提高应急管理水平的必经之路。通过建立科学合理的评估指标体系，发现并改进应急管理体系中的漏洞，持续改进并应对新挑战，石油企业将能够在应急事件中做出更加高效、明智的决策，最大程度地保障生产安全和社会稳定。

8 结语

在石油行业应急协调管理体系建设的实践中，我们深刻认识到应急管理对于石油企业生产安全和社会稳定的重要性。通过对国际石油行业应急管理法规体系和国内石油行业应急管理法规体系的研究，我们建立了科学合理的法律法规体系，为石油企业的应急管理工作提供了明确的法律依据。同时，我们注重应急管理组织体系的建设，建立了专业化的应急管理人员队伍，强化内外部协调与合作机制，提高了应急处置的效率和准确性。此外，我们还充分应用信息化技术，建设了应急管理信息化平台，提高了应急决策的科学性和时效性。通过这些努力，石油企业在应对突发事件和事故处置方面取得了显著成效。

在石油行业应急协调管理体系建设的未来展望中，我们将紧密结合实际，针对当前存在的问题和挑战，制定更加贴近实际的发展目标和措施，以进一步提高应急管理水平和能力。

(1) 加强法律法规建设与落实。在未来，我们将继续加强与相关部门的合作，推动石油行业应急管理法律法规的建设和修订。同时，加强对法律法规的宣传和培训，确保各石油企业和相关从业人员深刻理解和遵守相关法规，增强法律法规的执行力。

(2) 加强应急预案建设与演练。我们将持续加强应急预案的编制与修订工作，并注重应急预案的分类和细化。加大对应急预案演练的力度，提高应急预案的实施效果和针对性，同时不断总结经验教训，优化预案内容和流程。

(3) 强化应急资源保障。在未来，我们将进一步加大应急资源的储备力度，确保关键应急资源的充足性。加强应急资源调配机制的建设，推动应急资源的合理调配和高效使用，实现应急资源的最优配置。

(4) 持续推进信息化技术应用。在未来，我们将不断推进信息化技术在应急管理中的应用。加强信息化平台的建设和优化，提高数据的实时传输和分析能力。积极探索人工智能、大数据等新技术在应急管理中的应用，提高应急决策的智能化水平。

(5) 加强应急管理培训与交流。我们将加强对应急管理人员的培训与交流，提高他们的应急处置能力和应变能力。推动建立应急管理人员的职业发展通道，吸引更多优秀人才投身于应急管理领域。

(6) 持续改进与创新。应急管理是一个不断改进和创新的过程。我们将不断总结经验教训，吸取国内外石油行业应急管理的先进经验，积极探索适合石油行业的创新应急管理模式。同时，鼓励石油企业开展科技创新，推动应急管理工作向更加智能、高效、精准的方向发展。

通过上述六项具体措施的实施，我们有信心进一步提高石油行业的应急管理水平，增强石油企业的应急处置能力，为石油行业的稳健发展和社会的安定和谐贡献更大的力量。同时，我们也将积极响应未来社会变革的挑战，不断创新应急管理模式，推动石油行业应急管理工作朝着更高水平迈进。

参 考 文 献

[1] 宋昊炜 . 石油行业应急管理现状与问题分析[J]. 石油经济问题，2021，39(2)：45-50.

[2] 张占松 . 石油企业应急预案编制与演练[J]. 石油与化工自动化，2019，45(4)：78-82.

[3] 彭晓波 . 石油行业应急资源保障研究与实践[J]. 石油勘探与开发，2018，45(3)：64-68.

【作者简介】彭勇，男，中油测井质量安全监督中心西部监督分中心，电话：15609908800。

数字化监控技术在测井监督领域的应用

孙大鹏　郭　磊　熊　胜　曹冠平

（中国石油集团测井有限公司质量安全监督中心）

摘　要：随着数字化监控技术的发展，其在安全监督工作中得到越来越广泛的应用。视频监控系统可以全天候对作业区域进行探测，获取施工现场的图像信息，实现对作业过程的全程跟踪监测。通过智能识别、分析，车辆监控管理系统可以实现安全风险的预判和预警，对出现的安全隐患进行智能提示，保障监督工作的主动性。同时，监控系统还可以辅助事故原因调查，对监督工作提供直接的图像数据支持。与此同时，安全监督工作也推动着各类监控技术的持续进步，在保障隐私前提下，促使监控技术朝着更高清晰度、更高速稳定、更智能分析的方向发展。安全监督与数字化监控技术的深度融合，将显著提升监督工作的效率与效果，使监督工作由被动到主动，更精细化和智能化，有力推进企业安全管理水平的提高。

关键词：视频监控；交通安全；固定场所；高清化；数据分析

“科技兴安”是我国重要的发展战略，旨在通过推进安全科技创新，加强安全生产信息化建设，提高安全生产水平。中油测井在落实科技兴安战略方面进行了诸多的实践和应用，如视频监控与安防系统、大数据分析与预警、人工智能与物联网等。尤其是 HSE 监督与视频监控技术的配合，大幅提升了对测井主要风险领域的监管效率。

1　视频监控技术与 HSE 监督的配合

1.1　交通安全领域

测井行业是“车轮上的企业”公司把交通安全列为七大风险之一，从监督检查数据中也可以看出交通安全的问题隐患占比较高。公司交通安全呈现出以下几个特点：

① 车辆数量多，现有各类车辆 2600 台(其中“两客一危”车辆 261 台)。

② 动用频率高，单车年均行驶 1.4 万公里，每天路途行驶车辆超过 800 台，公司年均行驶 3600 万公里。

③ 道路环境差，作业区域涉及黄土塬、沙漠、戈壁、山区等，对车辆性能和驾驶技术要求高，行驶过程中稍有不慎可能发生交通事故。

大多数交通安全类的问题隐患是在驾驶员驾驶车辆过程产生的，监督人员无法通过现场检查发现，只能通过视频监控技术和驾驶习惯预警系统来实现。随着公司近几年来在交通安全方面的不断投入，视频监控和驾驶习惯预警技术已经在公司内部监督检查得到了广泛的应用。这些技术为监督人员提供了强大的工具，以监督驾驶员行为、预防交通事故发生。

(1) 车辆轨迹查询功能

车辆轨迹查询功能是车辆管理系统中的重要功能之一，它可以帮助监督人员查找被检队伍车辆的位置，并规划检查路线。通过输入车辆的车牌号、施工队伍编号等信息，监督人员可以实时查询车辆的位置、行驶轨迹等信息，方便监督人员快速到达测井施工队伍位置。此外，车辆轨迹查询功能还可以帮助监督人员分析车辆的行驶规律，制定更加合理的检查路线。

（2）车内摄像头检查

车内摄像头检查是车辆管理系统中的另一项重要功能，它可以通过车内安装的摄像头实时监测驾驶员的状态，如疲劳驾驶、司乘人员是否系安全带、驾驶员周围有没有影响驾驶安全的物品、驾驶员是否接打电话、吸烟等。监督人员可以通过车辆管理系统在电脑上实时查看驾驶员的状态，及时发现和纠正驾驶员的不良行为，增强驾驶员的安全意识。

（3）车辆监测设备检查

车辆监测设备检查是车辆管理系统中的另一项重要功能，它可以通过安装在车辆上的监测设备实时监测驾驶员的驾驶行为，如是否超速、前后左右车距等。监督人员可以通过远程监控实时查看车辆行驶状态，车辆监测设备还设置了报警功能，对超速、接打电话、疲劳驾驶等不安全的驾驶行为进行记录统计。此外，车辆安装的 GPS 系统，利用卫星定位功能监测车队是否编队行驶。

1.2　施工现场的实时监控

视频监控技术在保障测井作业现场施工安全方面发挥着重要的作用，同时也为无法到达作业现场的监督人员提供了检查手段：

（1）观察作业现场员工的站位和状态

通过高清摄像头捕捉的画面，监督人员可以实时观察施工人员的站位和状态，比如施工人员所处位置是否会被撞击、是否会发生高处坠落、是否会意外触电、是否会接触到转动的设备，包括不合理的动作。

（2）观察员工操作是否规范

合理的摆放摄像头可以对员工主要施工环节进行监控，例如是否同侧搬运测井井下仪器、钻台上下的员工是否按照操作规程连接井下仪器，最重要的是可以监控放射源装、卸过程和射孔施工中的装枪作业，当然射孔现场要使用具有防爆功能的视频监控设备。

（3）员工劳保用品穿戴情况

合理的穿戴劳动保护用品是避免施工现场意外伤害的最后一道防线，监督人员可以通过施工现场的视频监控设备观察员工的劳保穿戴情况，如吊装作业时，司索指挥人员是否穿戴反光背心指挥作业；高处作业时，登高人员是否穿戴防坠落安全带；在进行可能泄漏高压气体或者产生飞屑的作业时，是否佩戴护目镜；此外，在可能出现硫化氢的井场内井口周围员工是否携带气体检测仪，在指定位置摆放正压式空气呼吸器。

（4）车辆、设备和工具的摆放

生产高峰期，每天同时作业的施工队伍有很多，监督人员无法赶到现场，视频监控技术的介入恰好解决了这道难题，通过在测井现场合适位置摆放摄像头，监督人员可以观察现场车辆、设备设施和工具摆放情况，车辆摆放不当很容易导致碰撞事故或堵塞通道，桥射联做现场检查防喷设备管线、注脂控制器、空压机、工具房等大型设备设施的摆放位置是否合理，设备间是否留有充足操作空间，是否远离井场其他危险源。见图 1。

再者，利用摄像头监控临时存放的工具、备件是否有乱堆乱放情况。并查看施工队伍是否设置警戒线，是否有无关人员进入该区域。

图 1　现场设施

1.3　重点固定场所的监控

公司有很多重点要害场所和部门，如民爆品库、放射源库、信息档案中心、仪修工艺车间、仪器制造车间、各种实验室、料库等。经过多年的建设升级，这些地方的视频监控技术逐渐发展成熟，甚至是行业领先。

（1）视频监控覆盖放射源、民爆品库全区域

设置高清摄像头，覆盖仓库周边、门禁系统、存放区等重点区域。视频监控设备具备夜视功能，确保 24 小时不间断监控，采用网络高清摄像头与监控中心实时连接，监控人员可以远程查看监控画面，对库区情况实施统一监管，监督人员可通过内网接入监控系统随时查看。定向高清广角摄像头和球形旋转摄像头相结合对库区实施全方位监控，没有监控盲区，确保监控画面全面清晰。

（2）重点要害场所出入口及周边的实时监控与智能识别

门禁系统设置多组高清摄像头，监控员工和货物出入情况，对异常情况实施现场检查。设置车辆、人脸识别系统，记录进出车辆牌照，配合监控查看车辆情况。人脸识别非法入侵者。

（3）自动化仓储系统

—自动化存储和检索系统（AS/RS）：使用储存架和取货机构，可以进行三维立体的货物自动化存储和提取。

—自动导引车（AGC）：可以按照程序设定的路径，实现仓库内货物的自动运送。

—机器人分拣系统：使用机器视觉和机械手机器人，实现对货物的自动识别分拣。

—自动取货系统：使用机械手或捕获设备进行货物的自动取放。

—仓储管理系统（WMS）：管理和控制自动系统的软件系统。

—控制系统：实现对自动化设备的集中监控和控制。

高科技手段的介入大大减轻了库房人员工作负担，降低了人员与物品的接触，减少了人工操作的失误和违规，自动系统的数据统计分析，可以清晰了解货物流转情况、货物性能等信息。同时，也为监督人员检查提供了便利，日常检查只需要调取异常记录和故障信息即可。

1.4 监控数据应用

数字化监控系统和测井作业中产生的大量数据对于安全管理和监督机构十分重要，主要应用有以下几点：

（1）视频与设备运行数据回放，主要是针对一些无法现场检查的重要施工环节，比如装卸放射源过程，监督人员可以通过放射源装卸视频的回放，查找操作人员是否存在违规行为。从测井资料质量的角度来讲，对不同井下仪器的测速是有明文规定的，在井底、井口、套管底部几个重要位置的测速也是有严格要求的，监督人员通过对绞车黑匣子数据的回放可以查询测井仪器在井下不同深度的速度，判断施工队伍是否超速。

（2）事故原因调查，通过视频回放可以真实完整地还原事故发生全过程，并作为重要证据提供给地方执法部门，找到事故责任方和发生原因。分析监控数据，确定事故发生前的工作环境、设备状态、人员行为等重要细节。找到可能导致该事故的原因，如操作不当、设备故障、环境变化等直接原因、间接原因、重要影响因素等，并给出预防措施，避免类似事故再次发生。同时可以制作成安全经验分享，作为培训案例。

（3）原始测井资料检查，监督人员可以检查测井资料常规要求，这包括检查测井曲线的深度、各单项测井曲线幅度、形态及数值等；核实电缆零长并记录。这个步骤是为了在之后的深度校正上避免因仪器零长而产生的深度误差；检查测井曲线的平滑度和连续性，平滑度和连续性好的曲线更有可能反映地层的真实情况，而突变或不连续的曲线可能是由于测量误差或其他因素引起的；检查测井曲线的重复性，对于同一地层或同一测量点，多次测量的结果应该具有一致性；检查测井资料的完整性，完整的测井资料应该包括所有需要的测量项目和参数，如自然电位、声波时差、电阻率等；

（4）制定监督检查计划，依据监控数据，确定重点监督对象和时段，有针对性地制定监督检查计划。

2 技术发展方向

不断发展的监控技术已经成为公司监督机构得力的助手，帮助监督人员实时地、全面地监督交通、作业现场和重点场所的安全状况。我们也期望这项技术在以下几个方向逐渐完善：

（1）高清化：随着摄像头技术的不断提升，未来视频监控将越来越高清化，提供更加清晰的画面和更多的细节信息。这将有助于提高监控的准确性和可靠性，更好地保障施工现场的安全。

（2）高速、稳定的网络环境：测井大多数施工现场处在野外，网络环境较差，建议给野外小队配置移动网络信号放大器，视频传输的高清化同样离不开良好的网络环境。

（3）设备稳定性：前端视频监控设备需要在恶劣的施工环境下长时间稳定运行，对设备品质要求较高，目前在用的视频监控设备有一部分已经出现故障，维修成本高、更换周期长。使用单位应留有一定数量的备份机器，同时二级单位应该和厂家合作成立维修小组，或者培训维修人员，维持设备稳定性。考虑到兼容性，物资供应单位应选择口碑好的同一品牌视频设备。

（4）智能化：人工智能技术的发展将为视频监控带来更多的智能化功能，如自动识别异常、自动报警等。这将进一步提高视频监控的效率和准确性，降低事故风险。交通安全方面可以将更多的驾驶习惯判定加入车辆管理系统中，如弯道减速、急加速急减速的统计；现场施工方面可以加入虚拟警戒线、劳保穿戴识别、异常行为识别等功能。

（5）数据分析：大数据技术的战略意义不在于掌握庞大的数据信息，而在于对这些含有意义的数据进行专业化处理，在于提高对数据的“加工能力”，通过“加工”实现数据的“增值”随着大数据技术的发展，视频数据分析将成为未来的发展趋势。通过对监控系统产生数据的挖掘和分析，可以提取有价值的信息，为安全监督管理提供支持。这将有助于更好地了解施工现场的安全状况，制定更加有效的安全措施。

3 结语

数字视频监控系统的应用，极大提高了测井作业过程中的安全监管力度。通过安装在运输车辆、施工现场、重点区域的高清摄像头，监管部门可以远程查看各个环节的实时动态，大幅增加了监管的覆盖面。2023 年监督部门通过各类监控技术发现问题隐患占比 6.6%，而两年前这个占比几乎为零。

在车辆行驶监控方面，可以有效减少交通安全事故的发生。施工现场监控可以发现违规操作和隐患，保证作业规范性。对重要场所和业务操作的实时监测，可防范事故发生。借助视频内容研判事故原因，进行事故防范。

当然，监控技术也面临着技术不完善的问题。随着 AI、大数据、无人机、云计算等技术进步，未来监管系统将实现智能化、精细化。测井公司将继续优化各类数字化监控体系，推动监管工作机制化改造。科技赋能安全监管，必将全面提升企业安全管理水平。

参 考 文 献

[1] 大数据环境下如何实现公共安全视频监控数据的智能分析应用郑凯著.

【作者简介】孙大鹏，男，质量安全监督，监督数据分析，监督行业发展规划，电话：13998778721。

放射源库房智能仓储系统设计与应用
——以中国石油测井西南分公司为例

陈茂柯　赵志恒　徐培刚　刘　晗　伍玉平　向宇亚

（中国石油集团测井有限公司西南分公司）

摘　要：基于中油测井西南分公司所属位于四川隆昌市的放射源库房基本现状，分析放射源库在健康、安全管理及运行方面存在的部分弊端和难点。为解决相关问题，提出利用网络信息化、机械化和数字化等先进技术，开展放射源库智能仓储系统的设计并投入应用，实现了放射源自动存取，辐射剂量监测和放射源状态实时监控，数据信息实时传送，安全管理制度与流程融合软件平台系统等安全联动与信息化管理等功能，有效减少放射源出入库时间，工作人员的劳动强度，不断提高放射源库房的健康和安全管理水平。通过该智能仓储系统的应用，进一步验证了安全有效性，为放射源库的信息化、智能化安全健康管理与发展方向，提供了新的借鉴和思路。

关键词：测井；放射源；辐射；职业健康；安全管理

1　引言

放射性测井技术在油气田、煤田、金属资源与水资源的勘探与开发中应用广泛，且随着人工放射源技术、测量技术、信息传输与处理技术的不断进步而处在快速发展中。放射源的利用给人类带来巨大利益的同时，随之而来的风险也给社会和环境增加了负担。辐射往往是在不易被察觉的情况下对人体神经系统、心血管系统、生殖系统等造成极大的伤害，一旦发生事故将给用源企业和社会造成重大损失。因此，保障用源企业安全生产和员工职业健康离不开科学有效的管理。

中油测井公司西南分公司作为放射性测井的用源企业，多年前已按照相关标准和要求，在四川隆昌市建设并使用放射源库房，在库房中存储了密度、中子等各类测井工艺技术所需的放射源。然而，目前在放射源流转、借还源流程、人员接触与工作时间和信息化安全管控等方面都存在一定弊端和难点，主要表现为以下几个方面：(1)借还源操作流程复杂，使用行吊结合长柄工具进行放射源的人工存取，其劳动强度大，作业人员在操作中存在受伤的风险；(2)作业人员工作时间长，操作人员在放射源库内长时间近距离接触放射源，存在辐照剂量水平超标的安全风险；(3)放射源库信息化管理系统缺失，仍利用规章制度、纸质流转单及台账、人员监督管理的方式，放射源身份识别、出入库剂量检测全部依赖作业人员手动操作记录，信息传递滞后，数据容易出现偏差，数据统计分析难度大，不满足放射源精细化管理的要求。

因此，如何利用互联网+模式的相关技术，采用先进自动化设备，整合放射源存储和交接环节的各类管理信息，实现自动化操作、信息化管理、实时监控和预警功能的放射源库综合智能管理系统尤为重要。

2 智能仓储系统设计与功能

2.1 总体设计方案与要求

基于互联网环境下的放射源智能仓储管理系统(图 1)，以放射源流转监管为核心和生产自动化运行为主线，利用信息网络和自动化设备等，如工业机器人、RFID 射频识别、工业相机智能检测等先进技术，开发包含放射源出入库管理、身份识别及剂量检测、机器人智能控制等模块的放射源智能仓储管理系统，实现放射源出入库自动化、身份识别及剂量检测标准化、数据记录传递信息化及安全管理制度流程化，并与 EISC 系统融合，数据实现传递、共享、互通、预警等功能，放射源出入库标准化、无人化、智能化。

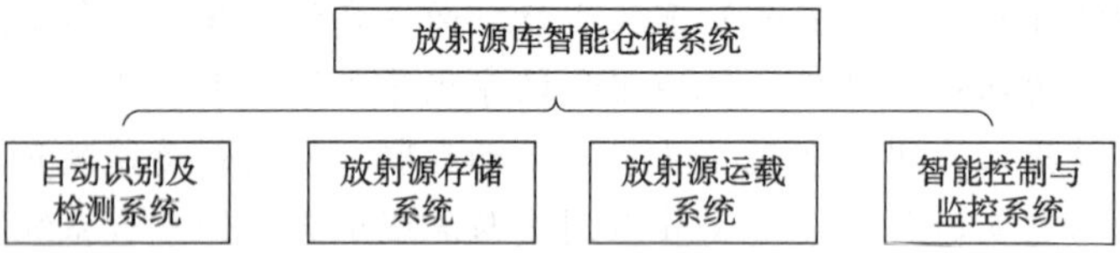

图 1　放射源库智能仓储系统构成

2.2 自动识别及检测系统

对每一枚放射源赋予特殊的“数字身份”，实现对每枚放射源精准化的电子身份识别，并将放射源出入库及流转工作流程融入软件系统中，结合放射源流转单，可自动匹配识别出需要出入库的放射源信息，同时依托在线式辐射检测，实时检测出入库放射源的辐射剂量信息等。

2.3 放射源存储系统

放射源存储系统设计内容主要包括标准存放坑和立体屏蔽仓两个主要部分，其中屏蔽仓主要用于刻度源即专门用于测井仪器校对刻度，示意图如图 2、图 3 所示。

图 2　放射源存放坑

图 3　放射源立体屏蔽仓

(1) 标准化测井源存放坑设计，按照放射源封装的实际大小，定制符合目前尺寸的标准提篮及源坑盖，提篮可满足单套测井源的规范存放、在库身份检测、探测器无线充电等功能，实现源坑盖确保辐射屏蔽效果达到国标最高限值 50%以下。

(2) 立体屏蔽仓设计，根据实际大小，定制立体刻度源的屏蔽仓，将刻度源从地底源坑存储转为地面立体存储，拓展源库存储空间，专业化屏蔽材质确保辐射值低于 0. 25mSv。仓门根据任务需求可自动开启或闭合，仓内高精度传感器实时检测放射源是否放置到预定合适位置。

2.4　放射源运载系统

运载系统设计需要满足两个基本功能，即对放射源的转运和抓取(图 4、图 5)，实现源与坑的一一对应。设计并采用了专用的放射源转运轨道，采用高精度工业机器人，将每颗出入库的放射源放入检测区，自动检测电子身份、辐射剂量等；同时标准移载台可实现放射源出入库转运，配套助力系统，便于安全、省力放置或拿取放射源。搬运工业机器人，其臂展 2830mm，臂承重 500kg，覆盖 60 个源坑和 14 套屏蔽柜的放射源抓取与放置，同时机器人根据抓取物件不同，自动快速更换抓手。

图 4　放射源转运轨道

图 5　放射源抓取机器人

2.5　智能监控与安全监测系统

安全监控系统设计包括安全控制和智能化管控两个方面。在安全控制系统方面，设计并采用了全景高清摄像机监控、辐射剂量实时检测、电控安全栅栏、紧急锁定按钮、实时状态校验等全方位安全措施。在智能化管控方面，设计并建立管控平台并结合开发的软件并嵌入管理制度流程，实现远程平台下单，智能信息传递，交接双方在值班室人脸信息确认，即可实现库内对放射源的自动提取或归还。同时系统平台内置智能算法，对提还源路径和任务分析，选择最优路径进行自动化出入库操作；大数据看板，可对源库所有放射源实时信息、交接信息等准确展示。同时，库房管理人员可在值班室人机界面上简单操作，即可实现所需放射源的出入库。监控系统与管理平台见图 6 所示。

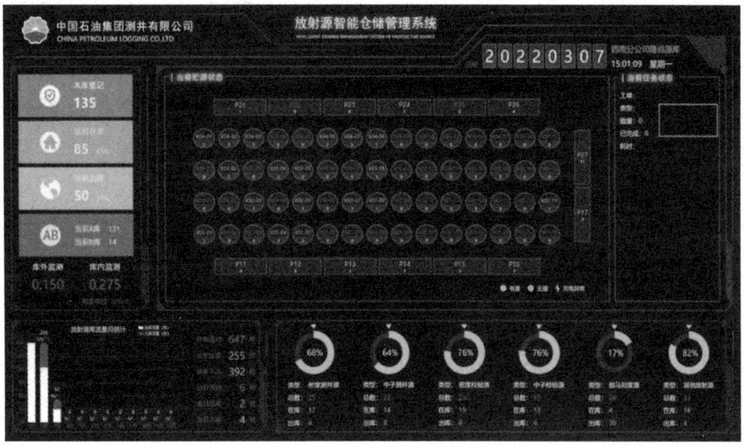

图 6　放射源仓储管理系统管理平台

3 智能仓储系统应用情况

中油测井公司放射源智能仓储管理系统自 2022 年全面建设完成后，积极投入应用，已实现了放射源出入库自动化、安全管理流程标准化、数据记录信息化等功能。

在生产效益方面，截止目前已稳定运行 500 余天，收发放射源 3200 余枚，单套提还源时间由先前平均 25 分钟降低至约为 8min，提还源效率较以往大幅度提升，放射源出入库的整体工作效率不断提高。

在职业健康方面，大大降低了作业人员劳动强度及接触放射源时间，每年库管员减少接触放射源 760 余小时，职工健康效益显著提升。

在推广价值方面，各级辐射与健康管理部门及石油测井行业内多家单位数次前来放射源库参观、调研和指导，均获得了高度的评价，该智能仓储系统在放射源储存库建设方面具有较高的推广应用价值。

4 结语

（1）针对传统放射源库在实际运行和健康安全管理等方面的一些问题，设计并建设了基于信息化、数字化和机械化等先进技术的放射源智能化库仓储系统，由自动识别监测、存储、运载和监控管控四个子系统构成。

（2）采用了先进自动化设备，整合放射源存储和交接环节的各类管理信息，实现自动化操作、信息化管理、实时监控和预警功能，实现放射源出入库自动化、身份识别及剂量检测标准化、数据记录传递信息化及安全管理制度流程化等，具有安全、健康、高效、自动和智能等运行特点。

（3）智能化放射源仓储系统建设并获得了良好的应用效果，表明该系统对放射源行业和相关企业在绿色、安全、健康发展等方面具有重要的推广应用价值和借鉴意义。

参 考 文 献

[1] 金勇，陈福利，柴细元，等．核测井技术的发展与应用[J]．原子能科学技术，2004，38(增刊)：201-207.

[2] 潘自强．放射源安全管理中一些问题的讨论[J]．辐射防护，2002，22(5)：257-262.

[3] 魏澜波，王兆平，李厨荣，等．某油田测井放射源库风险评估探讨[J]．工业卫生与职业病，2014，40(2)，144-146.

[4] 唐辉，徐彬，王艳，等．四川省城市放射性废物库放射源自动抓取与安防联动系统的开发与应用研究[J]．辐射防护，2022，42(6)，611-616.

【作者简介】陈茂柯，男，现从事健康安全环保管理及相关研究与应用工作。

基于“55533 模型”的“412 培训模式”在中油测井安全培训中的应用

王永刚[1]　张　磊[2]

（1. 中国石油集团测井有限公司；2. 中国石油集团测井有限公司西南分公司）

摘　要：随着现代化生产方式的普及，企业面临越来越多的安全风险。尤其在石油石化行业存在与日俱增的安全风险和隐患。因此，增强员工的安全意识和技能，特别是实际操作能力，成为企业保持安全稳定生产的重要手段。本文通过基于“55533”模型的“412 培训模式”在中油测井的具体应用进行总结，展示了一种如何做好安全培训，如何提升员工安全实操能力的具体实践。

关键词：安全培训；员工安全意识；事故预防；效果评估；战斗力

1　引言

安全是企业可持续发展的重要前提和基础保障。随着社会经济的快速发展和科技进步，企业面临越来越多的安全风险，从而导致产生的各种事故和灾害，给人们的生命财产造成极大威胁。因此，加强安全工作，增强员工安全意识和技能，防范和减少事故发生，已成为企业安全稳定生产的必要手段。本文旨在通过具体实践，探讨如何增强员工的安全意识和技能，以及如何进行有效的安全培训。

2　安全培训的必要性

事故预防的需要。安全培训是为了提高员工的安全素质和技能，预防和减少事故发生。事故可能会导致人身伤害、财产损失等严重后果，影响企业的声誉和经济效益。因此，加强安全培训，增强员工的安全意识和技能，可以有效地预防事故的发生，保障生产安全。法律法规的要求。根据《劳动法》《安全生产法》等法律法规的规定，企业必须对员工进行岗位安全培训，并确保其掌握相应的安全知识和技能。如果企业未能履行上述义务，将承担相应的法律责任。因此，加强安全培训也是企业遵守法律法规的必要手段。增强员工安全意识。安全培训不仅可以提高员工的安全技能，更重要的是可以增强员工的安全意识。只有具备了正确的安全意识，才能真正做到事故预防和安全生产。通过培训，员工可以深入了解安全知识，认识到安全的重要性和必要性，自觉遵守安全规定，形成良好的安全习惯。

3　问题分析

依据中油技服安全文化感知度调查结果，从实际培训管理体系三个层面来看，目前公司 HSE 培训管理还处在从培训初级阶段向培训管理阶段过渡的中间阶段，公司目前师资质量不高、理论培训多，实操示范少，培训质量控制不够，能力转化效果差。

(1) 制度层面。一是公司初步形成了安全人才发展与培训策略，把安全能力评估作为晋升及上岗首要条件，但是目前配套的人才评价机制还不够精准和完善。二是培训制度管理方面，公司建立了比较完善的 HSE 培训制度，但是在制度落地上还存在一定差距。

(2) 资源层面。目前安全课程体系、讲师体系、资料库等资源基本具备，但是质量不高、针对性不强，一定程度上影响了培训效果。

(3) 运作层面。运作层面目前存在问题的是培训实施、评估跟踪和培训内化较弱，具体表现在师资专业度不够，课程质量不高，存在“走过场”情况，培训评估跟踪不够，员工培训转化度较小等方面。

4 安全“战斗力”

习近平总书记在强军思想中明确指出“我在军队强调最多的，就要要求军队能打仗，打胜仗，牢固确立战斗力这个唯一的根本标准，“战斗力”是军队存在的意义”。对于企业来说，员工的安全能力在企业的安全管理中就好比军队的“战斗力”。企业传统管理对安全培训关注得多，但对员工安全能力关注不够，具体表现在理论培训多，实操训练少，教师及课程内容不统一，未形成标准化训练课程。而习近平强军思想中特别强调“军事训练”，通过训练将理论转化为实实在在的“战斗力”。在强军思想的启发下，我们将安全培训的重心从组织实施培训转到员工的“安全战斗力”上。

5 “55533”员工安全能力模型

“55533”员工安全能力具体是指，“五懂、五会、五能、三第一、三提醒”。

(1) 五懂。懂生产工艺、技术原理、设备结构、危险特性、岗位应急。五懂是员工上岗的素质要求。懂生产工艺，就是要懂生产工艺流程，懂生产工艺的关键操作环节，懂生产过程压力、温度、流量、浓度等参数的阈值和极限值；懂技术原理，就是要懂工艺的设计原理，懂作业环节的运行原理，懂火灾、爆炸等事故机理；懂设备结构，就是要懂设备构造与工作特性，懂设备使用与维护方法，懂设备维护保养及检修方法，懂设备防护装置的使用；懂危险特性，就是要懂岗位操作过程中存在的各类风险，懂岗位场所可能隐藏的爆炸危险，懂作业环节的各种职业有害因素，懂作业环境的危险、风险大小，懂不安全行为易造成的事故后果；懂岗位应急，就是要懂岗位应急处置内容，懂正确的事故应急逃生途径，懂正确的工伤事故急救方法。

(2) 五会。会生产操作、异常分析、设备巡检、风险辨识、处置险情。五会是员工上岗的能力要求。会生产操作就是熟练设备安全操作要点会操作生产设备，会根据参数变化调节操作，会岗位设备开停及解并列，会填写操作票、工作票等工作记录，会风险分析落实安全措施；会异常分析就是会根据参数变化趋势判定生产系统是否存在异常，会根据检测化验数据判定检修工作是否能安全进行和进一步采取通风、置换等安全措施，会根据声音和振动判定设备完好状态；会设备巡检就是依据巡检作业程序和设备主要技术参数，通过视、听、触、味、嗅“五感”，或用温度、振动测量仪器、工具会巡检分析设备异常；会风险辨识就是会辨识工艺、设备缺陷及失效，会有效辨识可能出现的泄漏而导致的火灾和爆炸，会辨识可能造成职业病、中毒的劳动和作业条件，会排查隐患；会处置险情就是岗位生产异常会第一应急处置措施，会正确的应急逃生方法，会正确的急救措施，会使用消防、气防等应急设备、器材。

（3）五能。能遵守工艺纪律、能遵守安全纪律、能遵守劳动纪律、能制止他人违章、能遵守抵制违章指挥。是员工上岗的行为要求。能遵守工艺纪律就是能严格遵守工艺规程和岗位操作规程，能在作业中严格监控各项工艺指标；能遵守安全纪律就是能严格遵守安全生产制度，能正确佩戴个人防护用品，能正确使用应急设备设施，能严格执行危险作业工作许可，能做到不违章指挥、不违章操作；能遵守劳动纪律就是能遵守安全生产禁令，工作时间不空岗、串岗、睡岗，不聊天、不扰乱工作秩序，不做与工作无关的事情；能制止他人违章就是及时发现不安全行为，能制止违章行为；能抵制违章指挥就是敢于拒绝违章指挥。

（4）三第一。岗位员工第一次把工作做好，第一时间发现问题，第一反应正确。

（5）三提醒。发现同事健康异常征兆提醒，发现同事不良习惯提醒，发现未及时就诊或服药提醒。

“55533”各专业安全技能模型清单见表1。

表1 “55533”各专业安全技能模型清单

55533安全技能模型	数量	操作岗位						
技术研发	1	中子管及中子发生器设计调校						
仪器制造	6	仪器调校	产品检验	车工（含数控车工）	铣工（含数控铣工）	钳工	电焊工	
裸眼测井作业	6	作业队长	操作工程师	绞车工	测井工	特车驾驶员	放射性物品押运员	
随钻测井	5	随钻作业队长	随钻操作工程师	随钻定向工程师	随钻地质导向工程师	随钻测井工		
生产测井	6	作业队长	操作工程师	绞车工	测井工	特车驾驶员	放射性物品押运员	
试井调配作业	5	作业队长	操作工程师	绞车工	测井工	特车驾驶员		
射孔作业	7	作业队长	操作工程师	绞车工	测井工（装炮工）	特车驾驶员	民爆物品押运员	射孔取心工
桥射联作	6	作业队长	操作工程师	测井工（装炮工）	特车驾驶员	吊车操作工	泵工	
录井作业	4	作业队长	操作工程师	地质工	地质化验工			
射孔弹制造	2	班长	制造工					
测井应用	2	解释评价岗	岩石物理实验岗					
服务支持	5	放射源库保管员	民爆品库保管员	民爆品库检验员	危险化学品保管员	危险品库保安		
	5	危货运输驾驶员	汽车驾驶员	打捞工程师	消防设施操作员	车辆检验员		
物资装备	3	仪器维修工	物料仓库保管员	行吊操作岗				
QHSE监督	6	QHSE现场监督员	QHSE远程监控岗	质量检验员	计量检定与维修岗	专用计量装置应用及方法研究岗	高温高压试验岗	
合计	69							

裸眼测井作业——测井工“55533”安全技能模型示例见表2。

表2 裸眼测井作业——测井工“55533”安全技能模型示例

5懂	具体内容	5会	具体内容	5能	具体内容	3第一	3提醒
懂工艺技术	1. 电缆头制作工艺 2. 测井施工工艺 3. 打捞工艺 4. 湿接头测井工艺	会生产操作	1. 会制作电缆头、马龙头 2. 会连接拆装仪器 3. 会使用井口工具 4. 会装卸放射源 5. 会使用正压呼吸器 6. 会使用气体检测仪 7. 会操作辐射检测仪	能遵守工艺纪律	测井工艺流程	在应急情况下“第一反应是正确的”	发现同事健康异常征兆提醒
懂危险特性	1. 井喷失控危险 2. 有毒有害气体危险 3. 放射源危险 4. 机械伤害危险 5. 物体打击危险 6. 高处坠落危险	会故障分析	1. 电缆头、马龙头故障分析 2. 绞车故障分析 3. 磁记号故障分析 4. 正压呼吸器故障分析 5. 气体检测仪故障分析	能遵守操作纪律	1. 测井队上井注意事项 2. 作业队质量安全环保设备设施注意事项 3. 作业队测井放射性物品使用注意事项	在日常操作时“第一次把事情做对”	发现同事不良饮食嗜好提醒
懂设备原理	1. 马丁代克工作原理 2. 滑环工作原理 3. 绞车工作原理 4. 正压呼吸器原理 5. 气体检测仪原理	会设备检查	1. 电缆头、马龙头通断绝缘检查 2. 仪器外观及连接顺序检查 3. 井口双保险设置检查 4. 放射源外观检查 5. 正压呼吸器检查 6. 气体检测仪检查	能遵守劳动纪律	测井作业队劳动纪律	在巡回检查时“第一时间发现问题”	发现同事不良生活习性提醒
懂法规标准	1. 安全生产法等HSE法律法规 2. 石油测井作业安全规范(企业标准)	会风险辨识	1. 掌握风险辨识方法 2. 会辨识风险 3. 能根据风险采取适当的控制措施	能制止他人违章	发现同事违章及时干预制止		
懂操作流程	1. 测井施工流程 2. 打捞施工流程	会应急处置	1. 井喷失控时应急处置 2. 硫化氢中毒时应急处置 3. 放射源意外照射时应急处置 4. 机械伤害时应急处置 5. 物体打击时应急处置 6. 食物中毒时应急处置 7. 高处坠落时应急处置	能抵制违章指挥	拒绝违章指挥并上报		

6 具体实施过程

针对公司71个岗位，开发了具体的“55533”内容，将每一个岗位的能力转化为具体的训练项目，再通过实战训练，形成实实在在的战斗力，以驾驶员防御性驾驶能力训练为例，公司连续6年组织开展全覆盖的防御性驾驶能力训练和评估，每一名驾驶员经过8学时的理论培训和不少于30分钟的实际驾驶训练，坚持6年后，绝大多数驾驶员能讲清楚防御性驾驶"1-3-5"基本原理，并能在实操中灵活应用，培训效果凸显，受到了广大员工的一致好评，并以此为模板，先后开展了绞车工能力训练和吊装作业人员安全能力训练。

训练过程：

（1）培训过程的四个核心。对比习近平强军思想对"战斗力"要求及实战化军事训练要求，我们以员工安全能力为安全培训的唯一标准，从四个方面12个关键点出发，提升培训效果效率。分别是课程设计上的人课匹配、课程开发、课程审核。讲师授课方面的授课意愿、授课技巧、知识经验。教学管理上的课前动员、课中监督、课后跟踪。学员状态方面的学习意愿、精神状态、身体状态。

（2）在课程设计方面。做到人课匹配，以吊装安全培训为例，培训前摸底学员、筛选学员，对学员学历、经历、从事过哪类吊装作业，从事的岗位是驾驶员、司索工、吊装指挥等进行了详细了解。在掌握了学员的具体情况后，在培训目标要求指导下进行课程开发，针对生产经营中从事的桥射联作、生产测井、随钻录井设备动迁、厂内吊装等具体吊装场景，围绕关键要点进行课程开发，形成课件后送主管部门审核，按照提出的意见和建议修订完善。

（3）在讲师授课方面。充分调动讲师授课意愿，充分授权，提高讲师的授课荣誉感和获得感，例如强调吊装培训的战略意义及领导高度重视，领导参加开班式等。授课教师充分应用授课技巧，做到"目中有人、心中有书"，强调以学员为中心，保持目光交流，尽量让学员发言，授课教师结合自身经历，亲身感受进行适当分享拓展等。

（4）在教学管理方面。做好课前动员，课中监督和课后跟踪，在开班初进行"破冰行动"，开展学员自我介绍，讲述参加培训的目的意义，对学员进行分组，例如在防御性驾驶培训师培训班中对60名学员分为4组，每组15人，选任组长，宣布出勤、互动等激励政策，形成小组间的竞争机制，每组配一名助教协助管理小组。在一系列的措施下，完成了全员提早就位，课堂踊跃发言，学员积极参与，强化了学员的"存在感、获得感"。突出实操课程，提高训练水平，在吊装实操训练中，分组准备，每组设置绞车驾驶员、吊装指挥、司索工、现场监督4个角色，进行多次练习，提高各岗位实操"战后力"。

（5）课后跟踪方面。下课后及时与学员进行沟通交流，了解学员期望，分析思考改进措施。在学员状态方面，从学习意愿、精神状态和身体状态三个方面进行提升，在破冰、分组、发言等措施的激励下，充分调动学员学习意愿，避免"听不懂""不参与"等情况，时刻关注学员精神状态，尊重注意力28分钟规则，45分钟及时休息，关心关怀学员，避免出现感冒、腹泻等影响身体状态情况。

7 结语

中油测井梳理研发、制造、服务、评价4个板块71个岗位的"55533"具体内容，结合七大风险(放射性物品、民爆物品、道路交通、现场作业、吊装作业、海上作业、海外社会安全)深入一线与员工探讨交流，最终确定了岗位核心的操作内容。开发了标准化视频课程，精准匹配了1.5万道测试试题。对岗位来说，岗位需求什么技能就培训什么标准化视频、进行训练然后测试。对岗位员工安全能力进行画像，促进员工不断进步，例如在道路安全风险控制中，经过系统研判，交通风险控制的核心是驾驶员防御性驾驶能力，将防御性驾驶能力转化为具体的一个良好的心态，观察、预判、操作，放眼远方、环顾四周、留有余地、引人注意、目光移动(1-3-5)操作要点，驾驶员要了解和知晓车辆盲区，行车过程中的交通自然环境和人文环境，在这些风险的预知之后，才能开车上路。下一步，中油测井将以安全“战斗力”为最核心内容，接续努力，利用岗位“55533”模型和培训“421”模型，严格训练，不断提升员工的安全战斗力。

参 考 文 献

[1] 本质安全型员工导读. 北京：化学工业出版社.

[2] 培训管理实操. 北京：人民邮电出版社.

[3] 防御性驾驶全攻略. 北京：化学工业出版社.

【作者简介】王永刚，男，中国石油测井有限公司质量安全环保处，高级工程师，QHSE体系管理，电话：18629661007，邮箱：646100946@ qq. com。

计算机视觉技术在测井现场作业人员不安全行为管理中的应用

陈建华　肖文杰　魏　龙

（中国石油集团测井有限公司质量安全监督中心）

摘　要： 测井作业人员的不安全行为管理是测井作业安全管理中复杂棘手的问题。利用计算机视觉技术替代安全监督管理人员实施现场监管，有利于提升测井作业现场安全管理效率，实现自动化安全测井作业。针对测井作业安全管理现存问题，提出一种基于计算机视觉技术的测井作业人员不安全行为管理方法。首先对测井作业现场人员所处位置及运动轨迹进行视频信息的采集、处理以及算法的识别和推理，再根据目标对象的行为进行安全判断与预警，以期达到自动识别和监测潜在不安全因素的效果。相比传统安全管理方式，采取机器学习算法进行测井作业现场安全管理能进一步提升测井作业现场视频监控设备的利用率以及规范测井作业人员的不安全行为，对提升测井作业现场安全管理的智能化和自动化有显著作用。

关键词： 计算机视觉技术；测井作业安全管理；行为识别；自动化

现阶段，测井作业现场的安全管理总体上还是基于专业化监督、QHSE体系审核与专项检查等方式展开，较多地依赖于安全管理相关人员的主观依据进行决断。虽然与传统模式相比已经加入了大量摄像监控设备等电子技术，期望实现代替人工安全监督的目标，但总体来讲，测井作业现场的安全管控还不够自动化和智能化，只能做到对危险行为的“可见”却不能做到“理解”，随之带来的弊端则是导致安全投入与安全效益的边际效用递减，“低老坏”问题依旧突出，安全事故尚未根本上杜绝。安全事故的发生不仅会对测井作业人员造成严重影响，还会造成工期拖延、经济损失，甚至会影响企业的稳定长远发展。调查显示，事故发生的原因90%是人员的不安全行为，但是由于受人的主观意识影响较大，如何运用技术手段减少测井现场作业施工中人员的不安全行为是测井现场安全管理的焦点问题。

一些学者将目光转移到信息化、数字化、智能化安全管理。但目前国内测井作业现场的安全管控方式大多为在测井作业现场安装监控摄像头，行车记录仪、车辆GPS定位等技术来辅助安全监督管理人员管理测井作业现场，这一举措虽在一定程度上缓解了人工进行安全巡检的巨大压力，但由于监测图像与视频等采集的信息和测井作业现场未能达到良好的衔接，安全监管的实时性差，自动化程度低，因此，测井作业安全管理时效并不显著。计算机视觉技术在近几年取得了巨大进展，并已落地成为具体应用，如人脸检测、劳保穿戴检测等。监控技术的普及为计算机视觉算法提供丰富的影像资料作为训练样本，从而使测井作业安全管理能够减少施作业人员的不安全行为、保证测井作业的安全生产。

本文基于计算机视觉技术，提出一种安全管理方法，用于测井作业人员位置及运动轨迹的识别与预测，通过对测井作业人员位置与运动轨迹进行信息采集、处理以及算法识别及推理，判断出测井作业人员所处位置以及预测其运动轨迹的危险程度，在必要时及时发出预警通知并采取相应措施。弥补了规章制度难以量化和实效性差的问题，实现智能化、高效、实时、精准的测井作业安全管理。

1 基于计算机视觉技术的测井作业人员不安全行为管理可行性分析

1.1 测井作业人员不安全行为分析

通过对各类规范、文献以及现阶段所发生的生产安全事故的总结，主要将测井作业现场公认的人员不安全行为分为两类：第一类是避免作业人员出现在其不应出现的位置，即不安全区域的管理；第二类是避免作业人员自身行为对其造成潜在危害，即作业人员位置及运动轨迹的管理。本文主要利用计算机视觉技术对测井作业现场的相关人员进行不安全行为的检测、识别、跟踪及预测。

1.2 计算机视觉技术应用于测井作业人员不安全行为的可行性分析

计算机视觉技术是人工智能技术中的一个重要分支，利用摄像头电子设备取代“人眼”进行监管工作，用各种算法代替“大脑”进行思维活动。而我们要做的就是通过信息处理使计算机达到“智能化”，再搭配摄像头与图像采集等多种设备进行信息收集，达到计算机视觉技术代替人眼进行测井作业现场安全管理的实际效果。计算机视觉技术广泛应用于诸多领域。在公共安全领域，该技术广泛用于动态人脸和图像的识别；在公共交通领域，该技术主要用于车辆与路口的感知、身份的识别等；在医疗领域，其主要用于病理、病变的检测，图像的分析、建模与仿真；在工业和农业领域，其主要用于产品的质量检测等。

借鉴计算机视觉技术在诸多领域中的应用，提出基于计算机视觉技术的测井作业人员不安全行为的安全管理方法，将其应用于测井作业施工区域中人员不安全行为的检测、识别、跟踪及预测，利用机器替代安全监督管理人员在测井作业现场实施安全监管，实现对测井作业现场不安全隐患的“可见”与“理解”，实现“智能化”实时安全管控，提升测井作业安全管理实效。具体来讲，就是通过摄像机等电子摄影设备拍摄测井作业过程中施人员的各种具体操作画面，对其中的人员进行定位和算法识别，利用计算机的机器学习技术自主判断测井作业人员所处位置和其运动轨迹是否存在潜在危险，进而代替人力做出测井作业现场安全管理的判断，是否需要发出安全预警告知相关工作人员。通过这样的方式以期在测井作业安全管理中应用计算机视觉技术来达到操作便捷、反馈实时等要求，实现安全测井作业的目的。

现阶段，计算机视觉技术是人工智能领域中发展最广、技术较为成熟的方向。研究表明，机器视觉能力已经在大量单项视觉任务中超过人类视觉精度水平，由此可见，计算机视觉技术可在测井施工现场大规模推广与实施。

在测井作业现场应用计算机视觉技术辅助安全管理，有利于提高测井行业整体信息化水平，避免浪费大量人力资源进行人工监督检查，为测井作业安全管理提供一个全新的方向和思路，实现测井作业的“智能化”发展。计算机视觉技术具有较好的实际操作性及较低的监管成本，将该系统在测井作业现场布设好之后，无需过多的人工参与即可进行测井作业全过程无间歇监管工作。与传统的安全管理模式相比，既提升了测井作业现场的安全管控实效，又更好地将测井作业安全管理成本控制在理想范围内，切实提升了测井作业现场安全管理水平。现阶段的计算机视觉技术发展较为完善，处理图像和视频的延迟率很小，可以实现实时监控，且监控的覆盖率高，有效提升测井作业现场安全管理效率。

2 基于计算机视觉技术的测井作业人员不安全行为管理研究

将计算机视觉技术与测井作业人员不安全行为管理结合，对安全事故易发但管理难度较大的人员定位、不安全行为识别两类关键因素展开研究，以期对测井作业现场人员不安全行为的精确管理，实现高效、可视化测井作业安全管理。

2.1 测井作业人员的定位问题

测井现场作业场景相对固定，现阶段对于作业人员的定位技术主要包括室外定位技术和室内定位技术两种形式，室外定位技术主要采用安装在工程车辆上的 GPS 来实现，该技术已经相对成熟并且已经实现广泛应用；而室内定位技术在结合实际综合考虑了精度、受环境影响大小、成本价格和是否适用于复杂场景等多要素后，最终确定选用计算机视觉技术进行定位，见表 1。计算机视觉技术精度高，仅需要监控视频即可展开工作，还能够顺利应用于复杂场景，优势突出。

表 1 室内定位技术利弊对比分析

定位技术	优点	弊端
红外线技术	精度高、隐蔽性强	成本高，不适用复杂环境
超声波技术	精度高、适用范围广泛	受温度和湿度环境影响
RFID 技术	部署简单、可穿透障碍物	精度一般，不适用于大型设备
蓝牙技术	体积小、距离短、不受视线影响	受环境影响较大，不适用复杂环境
WiFi 和超宽带（UWB）技术	精度高、穿透力强、安全性高、抗干扰能力强	部署复杂，成本较高，易影响测井地面等许多系统工作
计算机视觉技术	适用于大型场景、精度高	受光线因素影响

2.2 测井作业人员的不安全行为安全管理

国内外大量的调查统计表明，70%~90%的安全事故是由人的不安全行为引起的。海因里希在其事故法则基础上又深入研究，提出了“事故致因理论”，认为人的不安全行为是事故发生的第一要因。因此，想要提升测井作业现场安全管理实效，就必须重点着手于现场测井作业人员的安全管控。据调查分析，测井公司可致员工伤害事故的前五类作业分别为电离辐射伤害、火工品作业、吊装作业、高空作业和机械伤害事故，可将这些伤害事故划分为多个不安全区域，逐一进行安全管理。当测井作业人员位置处于不安全区域内时，视为出现不安全行为，例如行走在无防护措施的临边井台、在行车过程中未系好安全带、进入特殊作业区域等。利用计算机视觉技术进行现场测井作业人员的定位以及不安全行为的识别，实现对测井作业人员不安全行为的安全管理。

2.2.1 测井作业人员不安全区域的安全管理

将测井作业人员的不安全区域主要分类为电离辐射区域、装炮区域、坠物区域、高空区域和机械伤害区域。距离危险区域越近，危险系数越高，因此，可以对这 5 个区域分别分类规定警告范围与危险范围，警告范围在危险范围外部设置，对电离辐射区域和装炮区域，当无关人员进入警告范围时，则由系统发出危险信号，提醒测井作业现场管理人员要求无关人员撤离该区域；对坠物区域、高空区域和机械伤害区域，当作业人员进入警告范围时，则由计算机系统对其进行警告提醒；当作业人员穿过警告范围进入危险范围时，则由系统发出高度危险信号，要求作业人员撤离该区域，从而避免事故的发生。

测井作业现场的监控设备采集信息，传输给计算机视觉系统，系统在自动识别和将其划定具体不安全区域后，根据预先训练好的算法规则，自动识别采集信息中存在的不安全区域信息，将识别结果同测井作业人员所处位置进行对比，根据设定范围判断所监控的测井作业人员是否处于警告范围和危险范围内，并根据其危险距离的大小适时发出警告或撤离指令，确保人员安全。具体实施路径见图1。

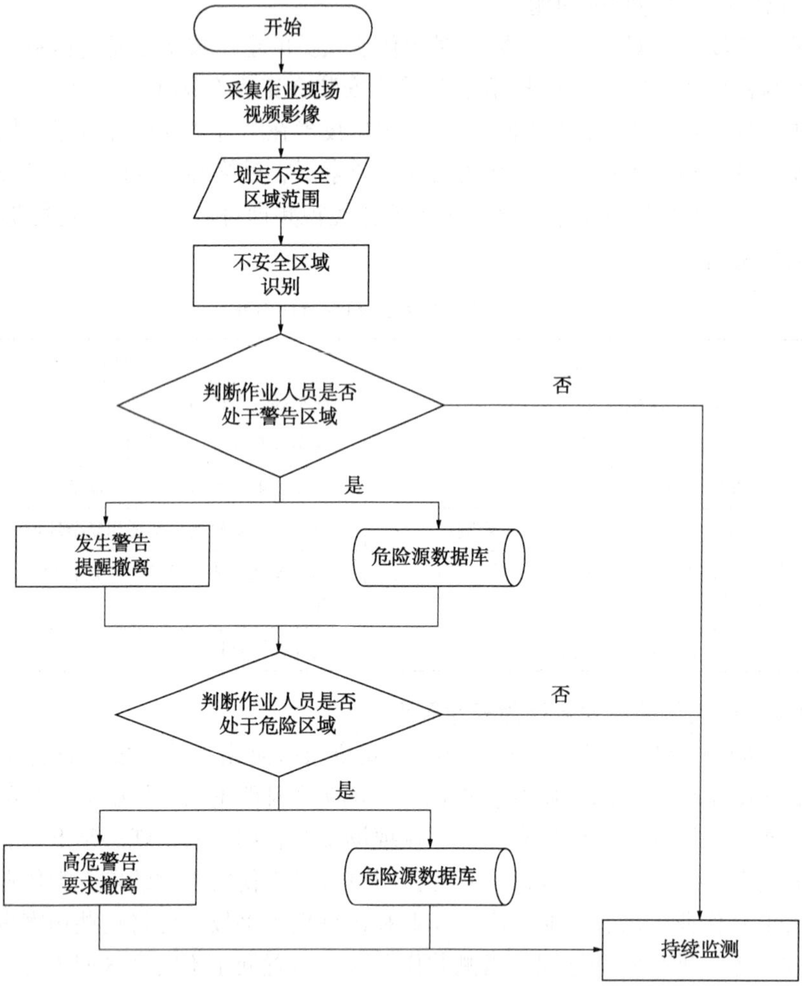

图1 人员不安全区域安全管理实现路径

2.2.2 测井作业人员位置及运动轨迹的安全管理

通过分析测井作业人员的运动轨迹可以实现预测其运动方向的效果。通过短时间内连续对同一目标对象进行定位，将这些位置点进行连接，便可以得到作业人员这段时间内的具体运动轨迹，运动轨迹是由多个时间节点的多个不同位置组合而成的，因此也更全面地表达出目标对象的行为，从而对后续的安全监测工作提供便利条件。除了需要监测测井作业现场操作人员的运动方向外，还需要监测作业人员的运动速度，速度越快则意味着系统为该目标进行预警的时间越短，该目标面临危险的程度则越大。通过分析目标对象的运动方向和速度，预测其将来可能的运动位置。

测井作业现场监控设备将采集的信息传输给计算机视觉系统，系统会对现场测井作业人员的位置进行定位与识别，并判断其是否处于不安全区域。持续监控人员的位置，可获得其运动速度、推算出其运动轨迹等信息，辨别其是否存在危险，若存在危险则按照危险源数据库的经验采取算法对其进行轨迹修正与调整，并及时向该人员发出警报提醒，实现确保测井作业人员人身安全的效果。当然，在这个阶段，由于人的主观性较强，会增加其运动的不确定性，对目标对象运动轨迹的预测是较难实现的一个难题，还需要进行深入研究。预期实现路径如图 2 所示。

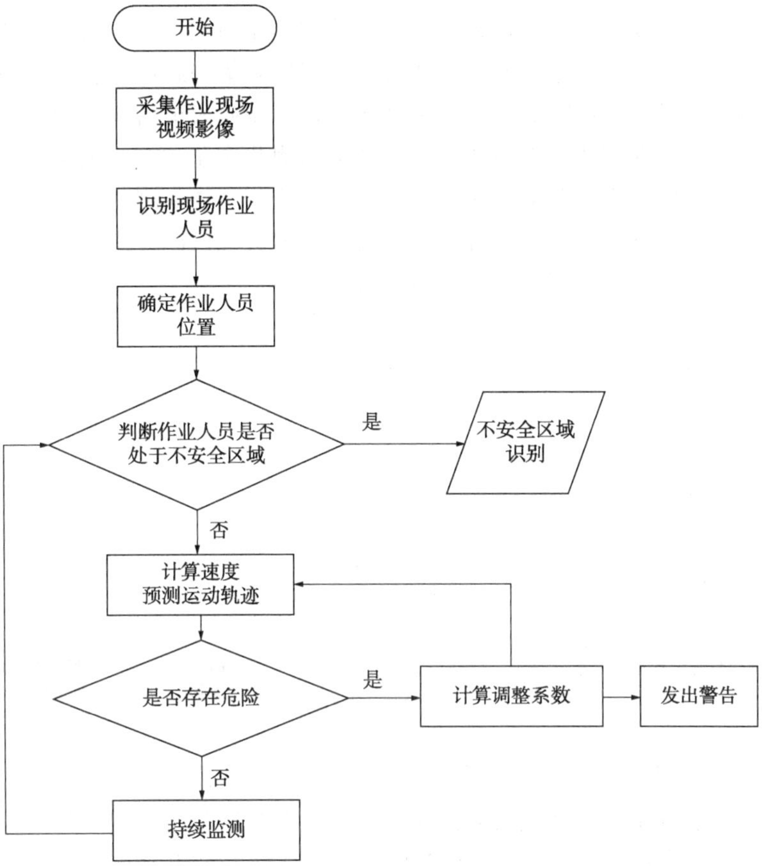

图 2　人员位置及运动轨迹安全管理实现路径

2.3　计算机视觉技术在测井作业人员不安全行为管理中的实施路径

通过测井作业现场已架设的监控设备与计算机视觉技术结合应用，对测井作业人员的具体行为进行机器识别与判断，依靠计算机视觉技术对测井作业人员的不安全行为进行识别、感知与评估，实现测井作业现场的安全监测、控制和预警，提升测井作业人员在测井作业现场的安全性。基于计算机视觉技术的测井作业人员不安全行为管理主要分为 3 个阶段，即信息采集阶段、信息处理阶段和信息应用阶段。

信息采集阶段，主要是通过各种影像采集设备采集测井作业人员工作图像和视频，将该信息输入计算机，利用计算机视觉技术对其进行图像的数据增强、尺寸调整和归一化预处理，对处理后的可用数据进行基于卷积神经网络(CNN)的分类目标识别算法，从而实现对采集图像的分类处理，并开展算法训练，使其转化为能够被计算机视觉系统识别和应用的信息，具体运作过程如图 3 所示。

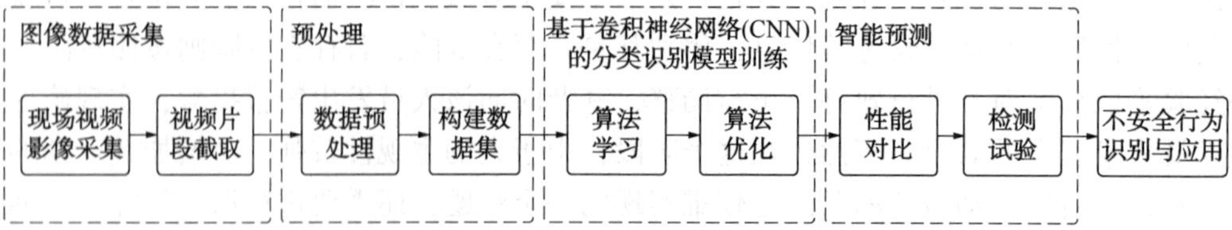

图 3　测井作业现场测井作业人员不安全行为识别流程

信息处理阶段，主要应用物体识别、物体跟踪和动作识别技术，实现计算机自动识别和处理测井作业现场潜在的安全隐患问题。通过辨别现场采集的影像信息，识别出哪些作业人员的行为和运动轨迹是存在危险的，并根据算法进行对作业人员后续行为的分析与检测和运动轨迹的预测，从而掌握作业人员在测井作业现场的测井作业动态，确保作业人员与潜在的安全隐患保持安全距离，实现对测井作业现场的动态监测。建立测井作业危险源数据库，对已经发生过的危险情景进行建模并结合计算机视觉技术实现目标对象的自动检测，通过规则推理，预测潜在危险，其主要实现方式如图 4 所示。

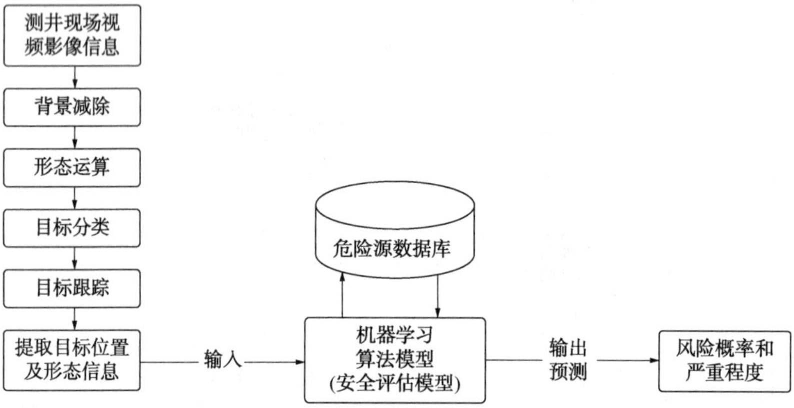

图 4　测井作业现场测井作业人员不安全行为处理流程

将采集的影像信息输入计算机系统，利用自然语言处理工具(NLP)和机器学习算法对图像信息进行分析和信息抽取等工作，挖掘其中与测井作业安全事故相关的内容，根据其属性特征选择算法进行属性定义与重要程度度量，筛选出对预测方案有较大影响的因素，从而计算出风险发生的概率和严重程度。在此阶段，主要是利用计算机视觉技术识别和监测测井作业人员的位置和运动轨迹，从而有效监控测井作业现场的异常工作状态，为后续工作打好坚实的技术基础。

信息应用阶段，首先选择合适的机器学习算法，将测井作业现场的具体信息输入计算机系统，通过算法自动识别出该行为的潜在危险源以及严重程度，将决策结果输出，并将整个体系运用于基础的事故案例中进行反复训练与预测，不断提升计算机精度与准确性。做好以上工作之后，则可以将该系统运用于实际测井作业现场中判断和监测作业人员所处环境是否安全，若安全，则可继续测井作业；若不安全，则立即向现场测井作业管理人员发出警报，及时防止各类安全事故发生。此外，详细记录好测井作业现场测井作业人员闯入不安全区域的行为及其位置与运动轨迹存在安全隐患的情况，将其作为潜在事故诱因储存于危险源数据库中，从而得到对危险程度更专业化的评估。基本运行流程如图 5 所示。

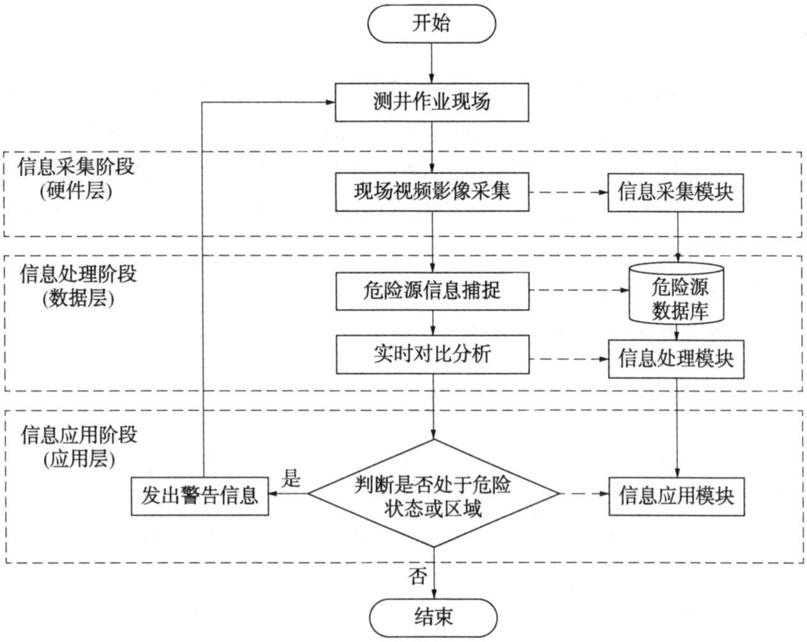

图 5　基于计算机视觉技术的测井作业人员不安全行为管理基本运行流程图

3　计算机视觉技术在测井作业安全管理中的缺陷与解决措施

3.1　计算机视觉技术在测井作业安全管理中的缺陷分析

将新兴的计算机视觉技术应用于测井作业人员不安全行为的安全管理中，提出消除测井作业现场安全隐患的方法，在实际应用过程中存在以下缺陷：

一是提出将计算机视觉技术用于测井作业安全，管理测井作业人员的不安全行为只对最基本的人员的行为和运动路径进行研究，而未能对复杂环境下人的不安全行为进行深入探讨。

二是只提出了基于计算机视觉技术的测井作业安全管理的路径设想，未将其应用于实际测井作业现场进行检验，实际应用过程的精确性等需要通过大量的数据进行验证，作为该方法持续改进完善的依据。

3.2　计算机视觉技术在测井作业安全管理中的持续改进措施

针对上述缺陷，后续对计算机视觉技术在测井作业安全管理中的应用研究主要采取以下措施：

（1）进一步研究计算机视觉技术在特殊项目测井作业过程人员不安全行为中的应用，从单一目标对象拓展至多个目标对象，逐渐扩大安全管理范围，从而实现计算机视觉技术与测井作业安全管理的多方位结合，并通过实际应用来判断该方法的实效。

（2）不只将视线局限于人员不安全行为，还可拓展至监测危险品使用、地面系统、井下仪器等目标对象的安全隐患，从而形成较为系统的测井作业安全管理系统。

（3）计算机视觉技术在测井作业领域应用尚不成熟，后续研究将尽力提升算法计算精度和模型信息识别的准确性。通过提升对测井作业人员不安全行为识别的准确性，使所提出的方法更具有适用性。

4 结语

本文提出了充分利用测井作业现场已有的视频采集设备采集的图像信息，通过计算机视觉技术进行测井作业人员不安全行为识别的方法。初步探讨了该方法实现的可行性与技术实现路径，尤其在易引发安全事故但管理难度较大的人员定位、不安全行为识别两类关键因素识别方面提出了较为详细的应用流程。该方法的提出在传统测井作业施工区域上引入计算机视觉技术，量化人的主观不确定性，改变传统人工监督检查模式，实现人力监管的解放，为实现数字化安全管理提出了新的思路，对提高安全生产的可靠性与科学性、切实提升测井作业安全管理的实际效率具有重要的借鉴意义。

参 考 文 献

[1] 方伟立，丁烈云．工人不安全行为智能识别与矫正研究[J]．华中科技大学学报(自然科学版)，2022，50(08)：131-135. DOI：10.13245/j.hust.220817.

[2] 周兆银，田书函，谢艳，蔡硕累．计算机视觉技术在施工人员不安全行为管理中的应用[J]．重庆大学学报，2022，45(S1)：74-78.

[3] 程昱昊．基于轻量型神经网络的矿工不安全行为识别算法研究[D]．中国矿业大学，2022. DOI：10.27623/d.cnki.gzkyu.2022.000289.

[4] 李代强．基于多尺度特征引导网络的作业人员行为识别研究[D]．四川师范大学，2022. DOI：10.27347/d.cnki.gssdu.2022.000339.

[5] 段品生，周建亮．基于姿态特征的建筑工人不安全行为刻画方法[J]．安全与环境工程，2022，29(03)：1-8. DOI：10.13578/j.cnki.issn.1671-1556.20210652.

[6] Khan Muhammad, Khalid Rabia, Anjum Sharjeel, Tran Si VanTien, Park Chansik. Fall Prevention from Scaffolding Using Computer Vision and IoT-Based Monitoring[J]. Journal of Construction Engineering and Management, 2022, 148(7).

[7] 张知田，郁润，郭红领．面向计算机视觉的工人不安全行为结构化描述方法研究[C]//中国图学学会建筑信息模型(BIM)专业委员会．第七届全国 BIM 学术会议论文集．第七届全国 BIM 学术会议论文集，2021：517-521. DOI：10.26914/c.cnkihy.2021.044806.

[8] Kong Ting, Fang Weili, Love Peter E. D., Luo Hanbin, Xu Shuangjie, Li Heng. Computer vision and long short-term memory: Learning to predict unsafe behaviour in construction[J]. Advanced Engineering Informatics, 2021, 50.

[9] Liu Wenyao, Meng Qingfeng, Li Zhen, Hu Xin. Applications of Computer Vision in Monitoring the Unsafe Behavior of Construction Workers: Current Status and Challenges[J]. Buildings, 2021, 11(9).

[10] Chian Eugene, Fang Weili, Goh Yang Miang, Tian Jing. Computer vision approaches for detecting missing barricades[J]. Automation in Construction, 2021, 131.

[11] 杨鹏，孟宪兴，王志泉，韩东升，吴钟旺，吴月华．基于计算机视觉的化工企业人员不安全行为自动识别技术研究[J]．山东化工，2021，50(14)：134-135+137. DOI：10.19319/j.cnki.issn.1008-021x.2021.14.054.

[12] 杜俊凤．基于计算机视觉的建筑工人临边作业不安全行为识别研究[D]．四川师范大学，2021. DOI：10.27347/d.cnki.gssdu.2021.000852.

[13] 宋知霖．基于深度学习的不安全驾驶行为检测算法研究[D]．沈阳工业大学，2021. DOI：10.27322/d.cnki.gsgyu.2021.000705.

[14] 王帅．基于计算机视觉的公共场所行人不安全行为检测技术及实现[D]．中南财经政法大学，2021. DOI：10.27660/d.cnki.gzczu.2021.002386.

[15] 王璐璐．基于语义推理的施工危险区域工人侵入行为识别与定位方法[D]．华中科技大学，2021. DOI：10. 27157/d. cnki. ghzku. 2021. 005668.

[16] 彭厚信．基于 CenterNet 的建筑工人不安全行为推理与自动识别研究[D]．华中科技大学，2021. DOI：10. 27157/d. cnki. ghzku. 2021. 005416.

[17] 孙龙龙，王其宽，施凯，顾嘉浩，雷吉烽．基于知识图谱的建筑安全领域计算机视觉研究综述[J]．安全与环境工程，2021，28(02)：44-49. DOI：10. 13578/j. cnki. issn. 1671-1556. 2021. 02. 006.

[18] Guo Brian H. W.，Zou Yang，Fang Yihai，Goh Yang Miang，Zou Patrick X. W.. Computer vision technologies for safety science and management in construction：A critical review and future research directions[J]. Safety Science，2021，135.

[19] 谢定坤．多模态融合的施工现场工人不安全行为识别方法研究[D]．华中科技大学，2020. DOI：10. 27157/d. cnki. ghzku. 2020. 001027.

[20] 李韬．基于计算机视觉的隧道施工不安全行为侦测技术及实现[D]．中南财经政法大学，2020. DOI：10. 27660/d. cnki. gzczu. 2020. 002531.

[21] Weili Fang，Lieyun Ding，Peter E. D. Love，Hanbin Luo，Heng Li，Feniosky Peña-Mora，Botao Zhong，Cheng Zhou. Computer vision applications in construction safety assurance[J]. Automation in Construction，2020，110(C).

[22] Weili Fang，Peter E. D. Love，Hanbin Luo，Lieyun Ding. Computer vision for behaviour-based safety in construction：A review and future directions[J]. Advanced Engineering Informatics，2020，43(C).

[23] Hanbin Luo，Jiajing Liu，Weili Fang，Peter E. D. Love，Qunzhou Yu，Zhenchuan Lu. Real-time smart video surveillance to manage safety：A case study of a transport mega-project[J]. Advanced Engineering Informatics，2020，45.

[24] 王垚．有限空间作业不安全行为图像识别技术研究[D]．西安建筑科技大学，2019. DOI：10. 27393/d. cnki. gxazu. 2019. 001623.

[25] Weili Fang，Botao Zhong，Neng Zhao，Peter E. D. Love，Hanbin Luo，Jiayue Xue，Shuangjie Xu. A deep learning-based approach for mitigating falls from height with computer vision：Convolutional neural network [J]. Advanced Engineering Informatics，2019，39.

[26] Weili Fang，Lieyun Ding，Hanbin Luo，Peter E. D. Love. Falls from heights：A computer vision-based approach for safety harness detection[J]. Automation in Construction，2018，91.

【作者简介】陈建华，男，现工作于中国石油集团测井有限公司质量安全监督中心，高级工程师，从事测井技术管理与专用计量方法研究，电话：13609288360，邮箱：chenjianhua. cnlc. cnpc. com. cn。

油气井用民爆物品可视化监管系统与应用

陈茂柯[1]　徐培刚[1]　李华锋[2]　侯文平[2]　夏大坤[2]

（1. 中国石油集团测井有限公司西南分公司；2. 中国石油集团测井有限公司）

摘　要：油气井爆破作业是油田增储上产的重要一环，针对油气井用民爆物品全流程可视化监管手段不足，设计了油气井用民爆物品可视化监管系统，通过油气井用民爆物品在生产制造、购买、储存、领取、运输、现场交接、使用、退还等环节中闭环流转，对射孔弹、电雷管等油气井用民爆物品全生命周期监管，实现了油气井爆破作业多部门间民爆物品的数据共享，管理职能融合，利用民爆物品要素数字化、民爆物品流转信息化、重点风险管控可视化的系统管理工具，统一协同监管，有效规范作业人员行为，提前预判和预警安全风险，对提升爆破作业现场民爆物品安全监管水平具有借鉴意义。

关键词：油气井；民爆物品；可视化；监管；预警

1　引言

近年来，国家坚持以习近平新时代中国特色社会主义思想为指导，坚持人民至上、生命至上，统筹发展和安全要求。国家主管部门持续强化民爆物品监管，先后颁布了《民用爆炸物品安全管理条例》、《从严管控民用爆炸物品十条规定》和《爆破安全规程》等法律法规和行业规范，民爆行业的安全生产状况保持了相对稳定，但安全问题仍然突出。在国家工信部发布《“十四五”民用爆炸物品行业安全发展规划》，要求推动新一代信息技术与民爆行业深度融合，初步建成“工业互联网+安全生产”支撑体系，杜绝重大安全事故，力争不发生较大安全事故。同时为保障我国的能源安全，国内油气田积极增储上产，油气井爆破作业作为增储上产的重要一环，必须适应能源规模化开发的需要。油气井爆破作为特殊爆破工程，具有一次性、瞬间性、不可预见、破坏性大等特点，发生事故后，通常后果严重，造成社会影响恶劣，现油气井作业现场民爆物品流向管控主要采用纸质记录的方式，存在管理手段不先进等问题，主要表现在以下几方面：

（1）油气井爆破作业组织，涉及多部门，多单位线下协作，信息互通机制欠缺，容易出现民爆物品监管盲区；

（2）纸质记录信息传递滞后，库房储存、民爆物品交接、作业现场装配人工填写民爆物品数量、编码信息，工作量大，数据准确性、真实性不可控；

（3）在民爆物品流转全流程，无法确保员工按要求交接、登记、保管、装配和使用民爆物品，无法实现民爆物品全生命周期精准监管；

（4）油气井爆破作业环节多，各流转环节信息壁垒情况突出，无法全面掌握民爆物品实时管控情况等不利因素或管理风险，不能满足国家对于民爆物品精细化、可视化监控的要求，难以适应国家能源发展的新任务新需要，亟须通过建立油气井用民爆物品全流程可视化监控系统来解决民爆物品精细化管理要求，实现民爆物品管理要素数字化，民爆物品流转信息化，重点风险管控可视化，提升民爆物品全过程有效动态监控能力，实现安全预警和信息化安全生产管控的技术保障。

2 系统概述

油气井用民爆物品可视化监管系统框架主要包括：制造管理功能模块、射孔任务管理功能模块、运输配送管理功能模块、仓储管理功能模块、现场管理功能模块、综合查询功能模块。

该系统对油气井用民爆物品(射孔弹)的生产制造、购买、储存、运输、现场交接、使用、退还形成闭环整体，让民爆物品生产、射孔任务调度安排、储存管理、民爆车辆运行调度、作业现场使用等生产场景在线协同流转，促进公司内部相关职能相互融合，协同管理。将工作流引擎技术融入流程执行中，通过对生产场景流程化的安全设定，作业人员须按步骤操作，不得逾越安全制度，利用物联网设备收集信息，对人员身份、车辆信息和轨迹、民爆物品型号、人员行为进行大数据对比、核对、记录、流转，同时满足数据采集、数据交互的安全性需要，形成各流程环节制式化的功能性表单，同步对库房的民爆物品监管、生产施工动态提供详细的数据统计，根据数据性汇总统计分析，实现民爆物品全生命周期数字化、可视化动态监管，对民爆物品库房、运输途中、作业现场潜在风险和突发事故进行预警，最终形成全方位可视化安全管理方案。可视化监控界面如图 1 所示。

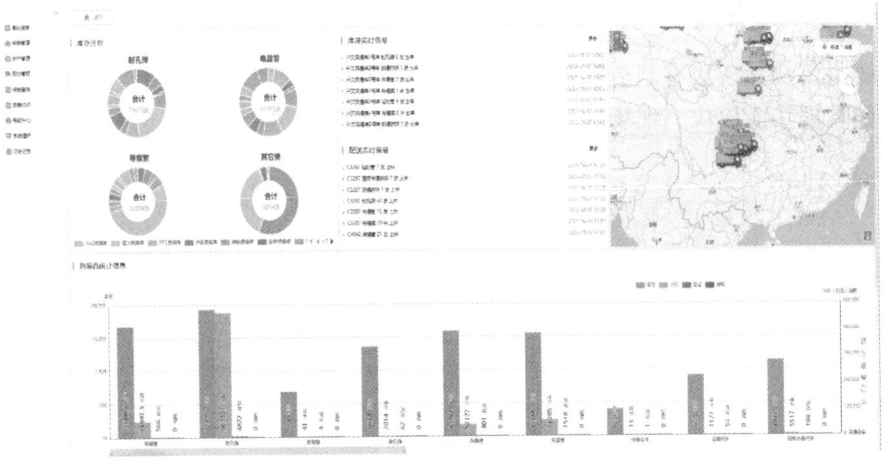

图 1 系统可视化监控界面

3 系统网络设计

系统采用 B/S 架构设计，设有功能菜单和目录导航，操作便捷。系统网络基于内网网络环境，与外网安全隔离，由服务器、用户终端、网关、内网网络、运营商内网专用数据隧道、防火墙以及移动终端等组成。系统运用物联网技术将油气井爆破作业生产组织过程中的主要设备终端(包括 PC 端、移动防爆终端、手机 App 端)与数据库连接，远程访问管理平台，进行信息交换和通信，以实现智能化识别、定位、追踪和可视化监控管理，系统网络设计如图 2 所示。

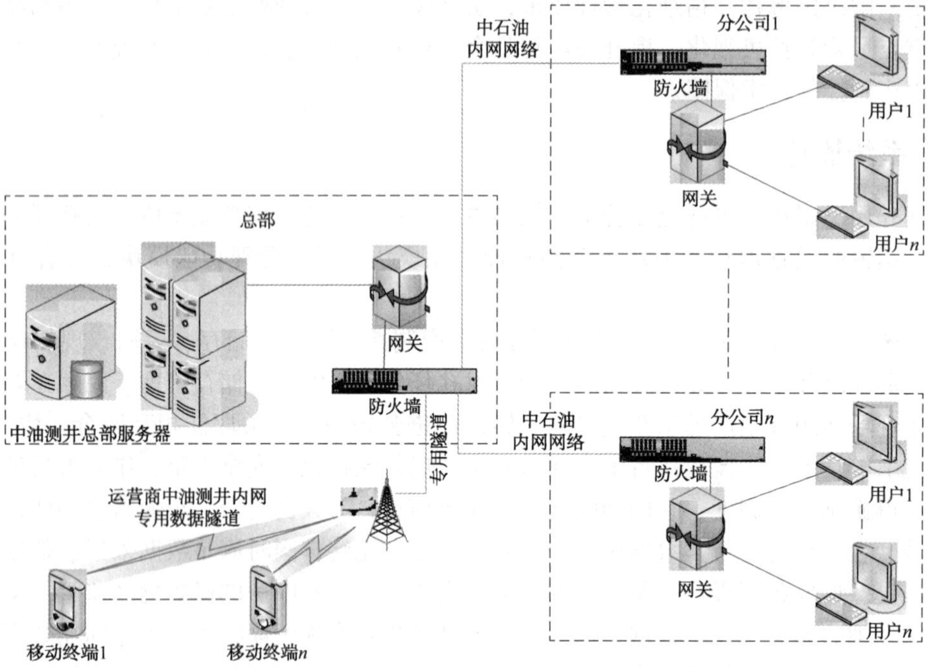

图 2　系统网络设计图

4　系统功能设计

该系统主要功能模块有制造管理功能模块、射孔任务管理功能模块、运输配送管理功能模块、仓储管理功能模块、现场管理功能模块、综合查询功能模块等，系统功能模块如图 3 所示。

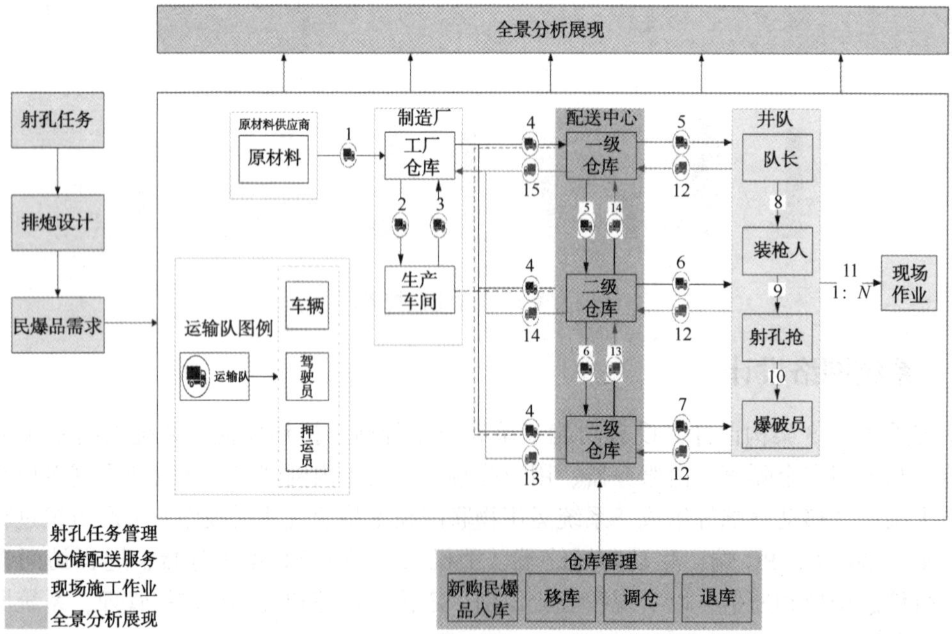

图 3　系统功能模块示意图

4.1 制造管理功能模块

该模块通过射孔弹自动化生产线对射孔弹进行贴码，核验射孔弹二维码信息，完成射孔弹装箱、打包并贴箱码。射孔弹箱码信息包括生产批号、包装数量、规格型号、流水号、生产日期、生产厂家、编码类别、箱码数量、起始射孔弹号，作为油气井用民爆物品追溯管理的基础数据信息，生产后自动录入系统，便于射孔弹流转过程中的快速读取、精确识别、可视化显示。

4.2 射孔任务管理功能模块

该模块通过在射孔任务准备阶段的全流程线上协同，利用排炮设计软件自动生成的民爆物品需求，作为单井射孔任务所需民爆物品的唯一合法依据，与生产调度、民爆物品库房、车辆管理中心、作业小队共享，打破信息传递的壁垒，形成数字化民爆物品需求清单，杜绝后续篡改数据，确保民爆物品管理流程安全受控，生产组织各环节紧密配合，提高生产管理效率。

4.3 运输配送管理功能模块

该模块通过对接行车安全监控平台，获得电子地图数据，利用 GPRS 技术，调度员接受并查看待安排任务，根据 GPS 车载终端配送需求和就近可使用的运输车辆，按实际需求情况安排运输车辆，运输管理模块能够自动判断配送运输任务是否可行，包括但不限于：车辆年检是否合格、车辆运输的民爆物品是否有性质抵触、车辆是否超载等。调度员可查看民爆物品运输车 GPS 定位，运输民爆物品清单、民爆物品载运路线情况，实现民爆物品运输可视化动态实时监管，预警民爆物品运输途中风险。民爆物品运输可视化监管如图 4 所示。

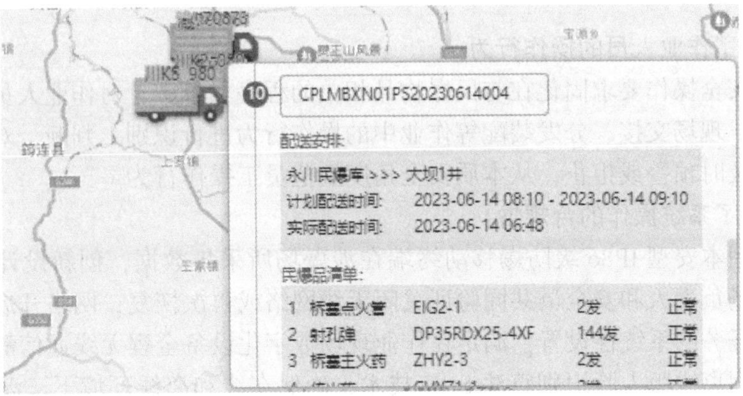

图 4 民爆物品运输可视化监管

4.4 仓储管理功能模块

该模块通过民爆物品库房管理单位定期对仓库中的民爆物品盘点整理，若涉及民爆物品在仓库间进行转移、民爆物品出入库管理，按射孔任务模块中生成的民爆物品清单，库管员复核数据后发放，并同步更新库房台账数据，形成库房民爆物品数字化交接清单，杜绝民爆物品出、入库房过程中出现多交接、少交接、错误交接，实现民爆物品库房台账盘存实时化，对库房管理可视化实时监控。

4.5 现场管理功能模块

该模块通过匹配包括待办任务、施工人员岗位确认、民爆物品交接、分发、装配登记、回收、发射登记、领退申请、小队台账以及完成施工等 11 项现场民爆物品使用场景，事前预制合规性效验逻辑，对现场作业人员逾越和偏离程序的操作行为给予提醒、警告或制止，确保每一步操作严格按照程序执行，并将数据同步采集上传。

4.6 综合查询功能模块

该模块通过库房、车辆、小队民爆物品台账查询，交接流水查询，民爆物品运输任务交接流水查询，民爆物品状态查询，基于射孔弹或电雷管编码信息进行民爆物品流向信息的查询等12项查询功能，按民爆物品当前流转状态生成动态报表，利用民爆物品流向管理的可视化数据，大大提高安全检查的覆盖率和及时性，同时为管理层提供生产、安全和经营决策依据。

5 系统的实用价值

5.1 优化了生产资源的配置

该系统打通数据壁垒，共享民爆物品存量、射孔器材需求与生产单位调度、排炮人员、库房管理人员实时共享，便于就近选择库房、提前准备射孔器材、新购或调用已有民爆物品资源，实现民爆物品资源的优化配置。

5.2 实现了民爆物品的全生命周期可视化管控

该系统适用于常规电缆射孔、桥射联作、管柱传输射孔等47项主要涉爆施工工艺场景，实现涉爆作业的全覆盖，同时构建了射孔任务创建、射孔排炮设计、民爆物品配送、民爆物品库房交接、作业队现场使用等26项作业业务流程，其中涉及民爆物品业务流程20项，优化规范了现场变更等6项特殊业务场景，基本覆盖了现有的生产场景，满足民爆物品全流程线上闭环管控要求，实现民爆物品管理数据全、动态清、方向明、定位准的可视化管控目标。

5.3 规范了作业人员的操作行为

该系统将安全操作要求固化在与民爆物品相关的程序场景中，对作业人员在民爆物品库房交接、运输、现场交接、分发装配等作业中的操作行为进行识别、判断，对逾越规则的行为进行预判，及时预警或拒止，从本质安全角度规范员工操作行为。

5.4 强化了系统操作的合规性

该系统采用本安型IP86级防爆移动终端在涉爆场所采集数据，创新设计双人脸验证控网功能，由现场负责人和安全员共同验证关闭无线网络或再次恢复，网络开启时，无法执行民爆物品交接任务的系统性设置，满足在作业现场数字化设备全程无线通信静默的要求。人员交接确认采用离线版人脸识别算法SDK技术，确保在线和离线环境下，涉爆人员识别的准确率高于95%。

5.5 加强了数据传递的安全性

该系统服务器、移动终端、PC端均部署在中国石油集团内网环境，并采用SSL证书验证技术，搭建从客户端浏览器和Web服务器之间的安全通道，保证数据传递的安全、可靠、准确。

6 系统应用效果

当作业单位调度员将射孔任务信息推送至民爆物品可视化监管系统中，由施工单位接收、完成排炮设计。系统已自动将作业井数据信息、射孔器材和民爆物品需求信息等生产基础信息进行了初步的收集和汇总，系统将生成的汇总信息，同步推送至生产调度、民爆物品库房、车辆调度中心。签收信息后，生产调度安排作业队和指定领取民爆物品的库房，作业单位安排库房保管员，车辆调度中心安排民爆物品运输车辆、驾驶员和押运员，统一汇总后流转至作业小队，作业小队进行民爆物品的交接领取、储存、现场分发、使用、退还、退库。协同过程中，作业队、生产作业单位、安全监管部门等同步进行管理、协调、监督的职责，打破了信息传递过程中的壁垒，优化组织流程，提升安全生产效率，避免出现监管的盲区。

以重庆页岩气区块 Z209 井为例，现完成油气井爆破作业施工 35 段，监控射孔弹流向 1680 发、电雷管 268 发，导爆索 209 米，开展民爆物品运输交接 72 车次，实现了民爆物品库房交接、现场交接、民爆物品分发、民爆物品装配、民爆物品回收、民爆物品退库的无纸化交接应用如图 5 所示，与系统上线前相比民爆物品交接效率提升 20%，民爆物品运输和现场使用环节违章次数较系统使用前下降 62. 3%，在民爆物品库房管理、运输和现场使用环节杜绝了账实不符的情况。

任务单号	CPLMBXN01PS20230517006
业务来源	CPLMBXN01LY20230517008 铜梁民爆库->足209 领用出库

交接流水1

交付方	四川石油射孔器材有限责任公司车队	接收方	射孔项目部C4395队
车辆号牌	川AS0869	交付时间	2023-05-18 10:36:54
交接内容	**1、电雷管/ZPW180/2h-A2(5.5)/正常/16发；**		
电雷管 ZPW180/2h-A2(5.5) (共16发)	**★7330413200749~00764合16发**		
交付人信息			
姓名	田贵林	姓名	颜培培
联系方式	134××××5388	联系方式	181××××5832
所属岗位	驾驶员	所属岗位	押运员
接收人信息			
姓名	叶耀伟	姓名	廖庆勇
联系方式	181××××2900	联系方式	180××××3090
所属岗位	爆破员	所属岗位	队长/安全员

民爆品交接专用

交接流水2

交付方	四川石油射孔器材有限责任公司车队	接收方	射孔项目部C4395队
车辆号牌	川A2H70U	交付时间	2023-05-18 10:37:10
交接内容	**1、导爆索/80RDX/正常/12.0米； 2、射孔弹/DK34RDX21-2/正常/96发； 3、桥塞主火药/ZHY2-3/正常/2发； 4、桥塞点火管/EIG2-1/正常/2发； 5、传火药/CHYZ1-1/正常/2发；**		
射孔弹 DK34RDX21-2 (共96发)	**★DK34RDX21-2SC23050622304579~04674合96发**		
交付人信息			
姓名	冯泽洪	姓名	杨成芬
联系方式	139××××7489	联系方式	152××××5582
所属岗位	押运员	所属岗位	押运员
接收人信息			
姓名	廖庆勇	姓名	叶耀伟
联系方式	180××××3090	联系方式	181××××2900
所属岗位	爆破员	所属岗位	队长/安全员

图 5 民爆物品现场交接记录表

7 结语

油气井用民爆物品可视化监管系统是基于 B/S 框架设计的安全监管系统，它集生产要素配置、民爆物品流向追溯、安全风险预警、数据分析等功能于一体，显著提升了安全管理的覆盖面、时效性和及时性。

该软件便捷化的操作设计，丰富的涉爆作业生产场景融合，实时准确的库房、运输数据显示，定制化的流程性表单传递，将民爆物品全流程数据进行可视化、准确化、实时化的展示，显著提高了作业流程中民爆物品管控信息的共享性，降低作业过程中的安全风险，为“互联网+安全”积累了宝贵的经验。

参 考 文 献

[1] 国家安全生产监督管理总局，爆破安全规程：GB 6722—2014[S]. 北京：中国标准出版社，2015.

[2] 杨祖一. 完善民爆行业安全标准保障民爆生产安全[J]. 国防技术基础，2010(07)：3-5.

[3] 中华人民共和国工业和信息化部. “十四五”民用爆炸物品行业安全发展规划[Z]. 2021-12-3.

[4] 陆大卫，油气井射孔技术[M]. 北京：石油工业出版社，2012.

[5] 李庆伟，陈国华. 关于油气井用火工品动态管理中的几点思考[J]. 中国石油和化工标准与质量，2019，39(06)：78-79.

[6] 宋晓辉. 民爆物品可视化监控系统[J]. 石油科技论坛. 2011(1)：57-58.

[7] 王亚君，吕京晶，邢慧茹，何银玉. 大数据在高风险工种风险管理中的应用探讨[J]. 爆破，2022，39(03)：210-213.

[8] 赵智聪，朱忆，李胜前，赵一鸣. 基于OPC架构的民爆生产管理系统[J]. 机电产品开发与创新，2021，34(05)：85-88.

[9] 郝绪伟. 民用爆炸物品安全生产标准化管理经验探讨[J]. 当代化工研究，2021(20)：177-178.

【作者简介】陈茂柯，男，高级工程师，现从事健康安全环保管理及相关研究与应用工作。

智能视频巡检在LNG接收站中的应用研究

刘思勤[1]　付嘉俊[2]

（1. 国家管网集团海南天然气有限公司；2. 安徽省川佰科技科技有限公司）

摘　要：现阶段LNG接收站的安全管理手段，主要依赖人工巡检与监控技术相结合的方式，其中人工巡检仍然是最主要的巡检方式。但随着巡检要求的提升和巡检技术的进步，减少人工巡检频次、提高巡检效率成为该领域较为迫切的需求。本文针对LNG接收站实际巡检业务，应用三维场景建模、视频融合和算法识别等技术。通过对现有巡检方法的分析，提出了一种基于智能视频巡检的LNG接收站巡检方案。

关键词：智能视频巡检；LNG接收站；三维场景建模；视频融合；算法识别

我国液化天然气(LNG)的发展前景持续向好，随着接收站数量的不断增加和规模的不断扩大，其自动化、智能化水平的要求也在提高。而对于建设期较早的接收站来说，大部分设备的运行状况还需人工巡检进行观测、记录，为了确保接收站平稳、安全运行。此研究针对接收站重点防控区域的管理需求，充分利用厂区原有加新增摄像机，融入视频智能识别技术，实现重点监控区域摄像机画面融合、多源数据的信息融合，达到视频智能巡检的效果。从而提高管理人员工作效率，强有力支撑接收站各项业务和管理需求。

LNG接收站的总体工艺包括LNG装卸船、LNG储存、LNG增压气化外输、LNG装车、BOG处理及火炬系统。本文针对LNG接收站的储罐区、装车区应用智能视频巡检技术进行研究，旨在提出一种基于智能视频巡检技术的LNG接收站巡检方案，以提高巡检效率、降低运行风险和维护成本。

1　现阶段巡检痛点问题

1.1　巡检环境差

LNG接收站多沿海分布，巡检环境条件恶劣，巡检质量难以保证。人员长期面临高温、低温、高风、高处作业等恶劣的环境难题，从而大大降低了巡检的质量。

1.2　巡检强度高

LNG接收站根据重点区域的划分多为2h一次、1h一次进行日常巡检，全厂上百个关键巡检点。人工巡检工作强度大，巡检项目多，容易产生疏漏，影响巡检数据的准确性。

1.3　人员风险

人工巡检不可避免的需要人员前往现场进行设备的检查、记录，因此会增加人员暴露在危险场所的频次。如储罐作为重大危险源，现行巡检方式为每1h进行一次人工巡检，在未安装电梯的情况下，人员仅靠爬梯的方式上罐巡检，不能为巡检人员提供充足的安全保障。

2 应用技术综述

为解决以上业务痛点问题，智能视频巡检结合了物联网、UE 场景技术、视频融合、AI 视频识别等多种先进技术，应用于接收站储罐区，槽车区两个较为关键的区域。

2.1 物联网技术

利用物联网技术，实现站内实时监控区域实时监控、跨镜头追踪，利用摄像头对目标设备进行实时监控和记录，调用摄像头播放实时监控画面。

2.2 UE 场景技术

通过 UE 场景技术，结合站里的三维实景倾斜模型，结合重点建筑精细化建模，构建园区底图数据。在平台中实现拖动、飞行、定位、放大、缩小等功能。

2.3 视频融合技术

视频融合技术在平台中展现接收站重点防控区域所有的监控视频画面，形成真正意义上重点防控区域四维视频融合监控体系。通过对视频资源建设和优化，将离散的具有不同视角的传统监控视频与监控场景的三维模型进行视频融合，形成场景内不同视频画面之间的空间关联，实现四维视频融合的一体化监控体系，支持在单一画面中对整体区域的全局立体监控、分画面中监控细节展示、用户可自定义的视频自动巡逻监控和智能分析等功能。通过这种虚实融合技术，可以达到在接收站重点防控区域内实时融合不同位置的动态视频到一个虚拟三维现实环境，达到全景一体化，一目了然。

2.4 AI 视频算法识别技术

对厂区人的不安全行为、物的不安全状态进行实时检测，出现安全隐患及时进行报警弹窗提醒，对厂区设备(如仪表、阀门)的状态进行实时监测，出现异常情况进行及时报警。有效地解决了现场监控“不离人”的尴尬境况。

2.5 数据采集与处理

对接站内 DCS 系统、激光云台系统等，实时获取表计度读数、环境参数等数据，将识别感知信息作为系统数据分析的基础数据，与视频识别数据进行融合处理，实现设备状态判别、生产环境监控、报告自动生成等核心功能。

3 应用成效

为解决巡检岗位的工作难题，结合站上使用的《LNG 接收站巡回检查标准化手册》进行设计，以储罐、槽车为试点，通过上述技术支持，初步取得以下成效。

3.1 可视化程度提升

3.1.1 四维全景融合一张图

建立可视化平台，目前仅对储罐区、槽车区进行可视化展示，采用超现实三维技术，达到 LNG 接收站的现场实况直观可视，图 1 为槽车装车区的可视化展示。

3.1.2 实时画面跨镜头追踪

人员在三维场景中点击一个坐标位置，可根据点位和球机位置自动测算附近摄像头并调用该实时监控画面，节省人员反复确认现场位置调取监控的时间，提高工作效率，图 2 为跨镜头追踪大门车辆出入实时监控画面。

图 1　槽车装车区全景融合图

图 2　北大门跨镜头追踪画面

3.1.3　多点视频挂屏显示

根据调取需求，将多个关键位置视频画面进行固定展示，实时同步，强化接收站可视化功能(图 3)。

图 3　视频挂屏展示

3.2 智能化水平提升

3.2.1 视频融合自动巡检

根据配置的巡检路线、巡检频次，定时或手动触发在场站各区域自动巡检。巡检根据配置进行漫游，所至区域加载此处融合实时视频(图4)。后台搭载各类智能识别算法，对仪表、阀门等设备进行状态识别检测，并将结果进行同步展示，实现重点区域设备的智能视频巡检(图5)。

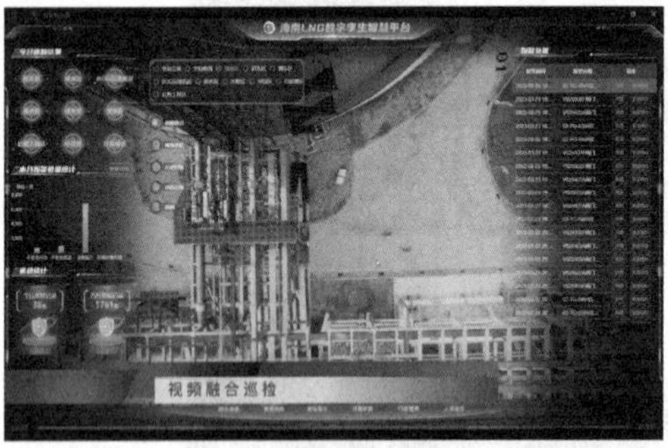

图4 储罐底视频融合巡检

图5 储罐顶仪表智能识别检测

3.2.2 智能识别人员行为

厂区摄像机除了对设备的自动视频巡检外，常态化对人员的不安全行为进行识别监测，发现人员PPE穿戴不整齐、吸烟、离岗、睡岗等问题及时进行报警信息弹窗提醒，并对报警画面进行记录、报警类型合并同类项统计，报警信息可追溯(图6)。对人员的不安全行为进行约束，增强人员安全意识。

安全服检测

安全帽检测

睡岗检测

离岗检测

图6 智能算法识别

3.3 人工巡检强度降低

储罐区、槽车区作为重点管控区域，目前基本可实现人工巡检频次的缩减。储罐区实现罐顶仪表、阀门等关键设备的智能视频巡检，罐体液位、温度等监测仪器设备数据的自动采集、分析；槽车区装车状态的实时监控，装车撬压力、温度实时显示，装车流程智能化识别、可视化展示(图 7)。缩短人员暴露在危险场所的时长，为人员安全提供保障。

图 7　槽车装车实时监控

4　结语

本次的应用研究表明，智能视频巡检技术对于提高 LNG 接收站巡检的效率和准确性有较为显著的成效，能够有效解决传统人工巡检中的一些问题，如耗时、易出错等。且现阶段的技术较为成熟，针对大多数接收站实用性和可行性较高，能有效的提高巡检效率，降低人力成本，增强设备运行的安全性。但不同的接收站依旧存在差异，方案的适用性和可实施性需进行综合性评估。

参　考　文　献

[1] 郭红振，秦赛雷，周怀发(中国石化青岛液化天然气有限责任公司；北京燃气集团(天津)液化天然气有限公司). LNG 接收站巡检设计与优化[J]. 科技与创新，2022，(6)：55-56，60.

[2] 董红军，马云宾(中国石油管道公司；中国石油管道科技研究中心). 输油气站场智能巡检系统设计与实现[J]. 油气储运，2020，第 39 卷(5)：570-575.

[3] 王巨洪，张世斌，王新，李荣光，王婷. 中俄东线智能管道数据可视化探索与实践[J]. 油气储运，2020，39(2)：169-175.

[4] 张晓瑞，张洪磊(新地能源工程技术有限公司). LNG 接收站的数字化管理研究[J]. 商品与质量，2021，(42)：73-74.

[5] 周守为，朱军龙，单彤文，等. 中国天然气及 LNG 产业的发展现状及展望[J]. 中国海上油气，2022，第 34 卷(1)：1-8.

[6] 完颜泽，张虎俊，王朗(中国石油勘探开发研究院；河北石油职业技术大学管理工程系). 全球 LNG 贸易网络特征及中国 LNG 进口现状分析[J]. 中国矿业，2022，第 31 卷(7)：1-13.

[7] 张月平(中石化洛阳工程有限公司). 浅述我国 LNG 接收站建设[J]. 河南化工，2018，第 35 卷(2)：9-13.

[8] 房卓，张民辉，沈忱，等. 环渤海地区 LNG 码头布局关键问题和选址研究[J]. 水运工程，2022，(2)：46-50，57.

[9] 柴少强，王雪，朱星昊(中交一公局第七工程有限公司). 基于三维全景视频融合技术的全时空监控方法关键技术探讨[J]. 科技创新与应用，2022，第 12 卷(12)：19-23.

炼化企业应急演练的分析与研究

李　楠

（中国石油锦州石化公司质量安全环保处）

摘　要：石油炼化行业是高危险行业，能量及各种危险化学品的集中，导致一旦出现事故往往会造成巨大损失。为提高企业的安全管理，保证企业与员工的生命安全、财产安全，开展应急演练，对提高员工对异常情况下的应变能力、协调能力及处理能力有着十分重要的意义。

关键词：石油炼化；应急演练；分析

1　引言

众所周知，石油炼化行业是高危险行业，在化工生产过程中存在的巨大能量和有害物质，一旦发生重大事故，往往造成惨重的生命财产损失和环境破坏。例如，某石化企业，曾经发生一起特别重大的井喷事故，事故发生时，大量含有毒有害的物料从井口喷出，并在周围蔓延开来，周围人员在没有采取任何应急措施的情况下，吸入了有毒有害的物质，最后，事故造成两百多人死亡，上万人不同程度中毒，十几万群众不得不紧急疏散，社会影响非常恶劣，而造成严重后果的原因之一就是应急处置不当。所以，通过以上事故案例，可以看出化工行业出现事故的严重性，同时也说明了开展应急演练的必要性。

2　加强应急管理，提高企业的应对能力

应急管理作为安全管理的分支和延伸，是应对于特重大事故灾害的危险问题提出的，日益得到政府和企业的高度重视。地方政府也在积极参与到石油炼化企业的应急演练中来，应急演练是应急管理中非常重要的部分，而这些活动主要包括建立应急救援体系、编制现场应急处置预案并开展应急演练等。

因为化工企业的突发事故具有不确定性、突发性和威胁性，仅健全救援体系和编制现场处置预案是远远不足的，必须要在日常工作中开展有针对性的应急演练，充分让每一名员工掌握出现紧急情况下处理方案，方可保证在实际处理中快速、准确、有效。

2.1　应急演练的分类

应急演练根据类型可分为桌面式，即面对面口头进行叙述、功能式，即单个组织模拟现场实际操作，和综合式，即多个组织和个人相互参与，相互协调，统一指挥进行演练，三种演练方法在综合程度、领域、要求标准存在一定的差异，各有所长，各有所短，主要根据其操作的对象不同而定。

桌面演练最简单，又称口头演练，是演练人员集中起来，针对出现的异常，大家口头叙述处理方法及注意事项，最后由评价人员对演练情况点评。优点是演练气氛轻松，演练地点随意，员工有充分思考时间，处理的过程会比较全面，可以进一步提高员工的应急处理能

力。缺点是模拟程度低，往往演练的结果不能再现实中充分运用。

功能演练是模拟现场处理，由演练总指挥下达演练指令后，员工现场模拟整个处理操作，可以采用现场挂牌的方式表示动作，利用“开”“关”“停”不同的牌子显示操作情况，评价人员根据员工现场挂牌对班组演练情况点评。优点是模拟程度高，演练效果较好，可以较为准确地检验员工对应急预案的掌握情况；缺点是员工对现场处理往往不是很充分，对预案不能充分掌握。

2.2 应急演练的形式

综合演练作为复杂程度最高的演练形式，是集合多个功能演练一体化，所以综合演练比起其他类型的演练，操作起来更复杂需要更多部门的相互配合和统一协调，而这类演练往往操作起来非常不容易，必须做到统一指挥，协调一致，而且演练过程中，各种不确定的现场时有发生，所以，综合演练更适合与政府和地方各部门参与的演练，因为这样，可调配的资源更加的充足，顺利，也能达到预期所期望的效果，才能从整体上对应急体系作出综合的考量。

3 演练重在实效，全面提升员工应急能力

开展应急演练的目的主要有两个方面：一方面，检验应急预案是否符合现场处理需要，进一步发现预案中的不足，补充与完善，使之更加贴近实际。另一方面，检验员工对应急预案的掌握程度。为达到演练的目的，应做好以下几方面：

4 演练准备阶段工作

为使应急演练顺利有效开展，演练的准备工作必不可少。主要有以下几点：

一是成立演练组织机构，确定演练人员，成立演练评价小组，收集相关信息，对演练过程中有重要职责的单位及个人进行调研，保证演练能够顺利开展。

二是制定演练方案及相关评价表，描述演练的过程及注意事项，并组织成立演练评价小组，明确演练各小组分工和职责，确定演练总指挥、副总指挥、专家组人员，各应急力量小组负责人等，保证在演练时顺利进行，避免演练时出现盲区与重叠。

三是应急演练动员。总策划单位负责组织召开演练动员会，宣布演练目的、演练规则、演练纪律、注意事项，并检查演练准备情况，落实演练各项事宜。

5 应急演练实施阶段

此重点工作做好演练的过程控制、演练评价及演练过程的记录，演练过程控制是要对演练中的每个重要步骤、重要环节全面监控，保证演练的各个环节能够紧密有效的衔接。演练评价是由演练评价小组成员针对现场演练组织、演练人员、演练处置、演练方案的制定等情况按照评价标准进行点评，指出演练中的优点及不足，并根据出现的问题制定整改方案。演练记录就是对演练的全过程进行记录，便于以后的学习与检查。

6 应急演练总结阶段

针对演练情况，单位做好归纳总结，全面总结演练过程中人员、物资、方案、现场处理等各方面准备及应急处理情况，落实整改措施，并形成演练总结，为以后的演练和实际处理提供保障。

应急演练注意事项：

一是演练务求真实。具体就是在演练发展进程上，在应急处理的顺序上，在决策与行动的实施上，切实按照事件应急处置的真实过程进行策划。如演练的题目定为某一台设备泄漏着火，首先要先及时报火警，并安排人员向车间及公司汇报，通知周围相关单位及装置内无关人员及时撤离等工作。

二是避免演练搞形式主义，只“演”不“练”。演练要从实战出发，每次一演练都要精心组织，演练前让员工充分学习预案，对预案全面掌握，演练时一切以实际出发，认真配合，评价人员对处理情况认真检查，这样才能真正考察和验证参演员工、单位应对突发事件的应变能力和反应速度，从演练中发现问题。

三是注重细节。为确保在出现突发事故时处理全面，要求在演练过程中不仅认真执行，同样演练过程中细节不能忽视。例如在演练时员工报火警的方式是否正确、现场接警位置是否合理，撤离时是否沿上风向等均不能忽视，否则在实际处理中会贻误时机或造成不必要伤亡。

四是把握关键环节，注重演练整体完整。在演练的实施过程中，经常出现偏离演练实际目的的现象，所以作为演练的策划者必须及时纠正偏离演练实际目的的现象，并通知演练总指挥做出一定调整，以保证演练顺利进行，确保演练的完整性。例如：消防队未进行现场勘查就盲目开展救援行动；事发单位的警戒工作还未实施，救护人员就已经开始进入现场部署警戒工作了；救援人员在没有接到需要救援的指令时，便进入现场开展人员救护工作等类似现象，都必须极力避免，确保演练的整体效果完整可操作。

五是要把演练规则及现场安全规定提前通知各参演单位及人员，不能把演练演成真正的事故。

7 结语

综上所述，应急演练开展的好与不好直接影响应急管理在安全管理的实效性，做好应急演练是需要不断的努力和实践，不断总结演练效果，这样才能从根本上解决应急演练缺乏实效性的问题所在，应急演练还可以提升各相关部门、基层单位、班组员工对异常情况下的应对能力、指挥能力、统一协调能力，为企业安全平稳运行提供保障。

参 考 文 献

[1] 蔡乐，熊德其等．基于GIS的船运液化气泄漏事故大气扩散模拟研究．交通环保，2005，26(2)：5-7.

[2] 侯希平．成功处置危险化学品泄漏事故的几点启示．中国应急管理；2011，11：44-47.

[3] 成强．浅谈化工生产安全应急预案：凡是预则立，不预则废．民营科技；2009，9：12.

[4] 陈立峰，叶军．浅谈石油化工火灾泡沫灭火剂的应急保障．中国西部科学；2011，10(30)：5-6.

[5] 沈郁，于风清．石油化工企业事故应急救援预案现状及改进建议．中国安全科学学报；2004，14(10)：99-104.

[6] 焦桐祥．试论石油化工企业的应急演练．中国安全生产科学学报；2009，5(1)：181-184.

储油囊在成品油道路运输应急处置中的应用与探索

李　剑　彭　程　张　龙　卢勇旭

（中国石油运输有限公司山东分公司）

摘　要： 成品油道路运输已经成为普遍现象，安全问题也随之产生。油罐车泄漏事故处置危险且复杂，处置不当极易引发燃烧、爆炸、环境污染等次生事故，后果严重。文章通过现场应急演练等方式模拟泄漏事故发生后应急处置过程，探讨储油囊在成品油道路运输应急处置过程中特点及不足，进一步探索提高成品油罐车应急处置效率、降低次生风险的途径。

关键词： 储油囊；应急；成品油；道路运输

1　引言

某随着油罐车运输量不断增加，安全问题越来越受到关注。陆地油罐车运输中，如果发生泄漏事故，就会导致严重后果。储油囊作为一种应急过程中可临时储存油品的装备，一定程度上提高了油罐车泄漏事故处置效率，同时其携带、应用也存在一定局限性。

2　油罐车泄漏事故特点

成品油道路运输多为加油站配送任务，车辆经过道路涉及高速公路、临河（湖）路段、市区及乡村道路，发生交通事故后，一旦出现油品泄漏，由于环境错综复杂，极易引发着火、爆炸、环境污染等次生事故。

2.1　交通中断

油罐车在高速公路或者在城市道路上行驶，如果发生泄漏事故或出现着火事故，为了避免次生事故发生，政府相关部门会进行交通管制，继而导致交通中断，此时就会出现交通严重阻塞，应急救援也会受到一定影响。

2.2　事故现场环境复杂

当油罐车运输过程中产生泄漏事故时，事故现场环境非常复杂。无论是在人口密集的城市，还是在地处偏远的高速公路，消防用水都非常不方便。道路地下还会铺设一些管网，如果有油品通过，应急处理就非常困难。如果事故现场周围有沟渠、农田或者河流等，油罐车泄漏还会导致环境污染。

2.3　容易引发燃烧爆炸

油罐车运输的各种燃油，如汽油、柴油等，由于燃点低、点火能比较小，而且在空气环境中容易蒸发，扩散之后就容易转变为蒸汽，在低洼处聚集，只要在空气环境中有很小的点燃能量，就很有可能导致燃油闪燃，甚至爆炸。当油品在空气环境中变成蒸汽之后，就会与空气混合，当浓度达到可燃临界值，遇火就会突然燃烧，甚至会发生爆炸事故。例如，汽油闪点很低，为-50～-20℃；柴油的闪点是55摄氏度。所谓闪点，是可燃性液体在使用、贮存以及运输过程中需要达到的挥发性指标。汽油的闪点低，容易挥发，很容易引发消防事故。

2.4 油罐车泄漏的毒害性强

油品在特定环境中挥发，变成蒸汽之后就会导致空气环境毒性增强，人在呼吸过程中，这些有毒的物质就会进入呼吸系统，伤害人体器官。当空气环境中汽油蒸汽含量达到0.28%时，10min以内人体就会有所反应，如发生头晕症状；当汽油在空气的含量达到1.15%～2.20%时，人体就会表现为急性中毒症状，此时人是很难承受的；如果汽油的蒸汽在空气中含量更高，人会立即晕倒，不再有知觉，面临严重的生命危机。

另外，一些蒸汽还会引发慢性中毒，表现为头晕、疲倦等症状，经常接触油品的人会出现皮肤脱脂、干燥的问题，甚至会引发皮炎，导致接触油品部位出现神经麻木症。

3 应用现状及场景

储油囊应用场景主要分为三种，前两种情景仅需要各地配送中心应急物资库配备30m^{3}储油囊，出现事故后可作为救援队携带物资，可以满足现场临时储存油品的需求，运输公司已纳入应急物资库配备目录并按标准为各单位配备，第三种情况使用主体为驾驶员及押运员，由于受到储油囊体积、重量等不变因素影响，市面上暂时没有针对性产品。

3.1 救援车辆无法靠近

发生油罐车事故后，救援车辆(倒油用罐车)无法靠近事故车辆进行近距离倒油作业，同时事故车辆需要吊装或转运处理，此时30m^{3}容积储油囊可作为临时储油容器，快速、安全地进行倒油作业。待现场应急处置完成后，再对储油囊内油品进行安全处置。

3.2 水体污染时的污油收集

交通事故导致车辆罐体破损，油品泄漏流入水体，救援队伍在水面放置围油栏，使用水面收油机进行污油回收时，储油囊可作为临时储存设施，收集至一定数量后由转油泵抽至救援油罐车拉运至危废处理单位。此时储油囊作为污油收集容器使用。

3.3 发生泄漏后驾驶员第一时间应急

交通事故导致车辆罐体破损油品外泄，驾驶员押运员现场无法有效封堵漏点，为避免油品进一步泄漏污染环境、引起着火爆炸事故，驾驶员及押运员可第一时间利用随车储油囊进行油品倒运，通常情况下车辆刮擦导致油罐车某一仓室出现破损，单一仓室容积不超过15m^3，随车储油囊可以针对泄漏仓室进行倒油。

4 随车储油囊效果验证

2020年10月，中国石油运输有限公司联合储油囊厂家在山东分公司某配送中心开展储油囊适用性评价应急演练，选用的产品为15m^{3}储油囊，折叠后体积约为80cm×50cm×30cm，重量约为30kg，为方便取用，储油囊存放位置为驾驶室主驾座位后方的床铺上，经过现场多次演练调整，发现由于储油囊体积偏大、重量偏重，存在驾押运员无法快速取用、占用驾驶室空间等问题，在随后的讨论中也发现储油囊由于材质特点，考虑油罐车实际运行条件，在温度变化大、阳光照射情况下影响使用寿命等问题。

5 结语

储油囊与同容积金属制油罐相比具有重量轻、易折叠、包装体积小、运输方便、易操作、不易产生爆炸性气体等优点，可用于油罐车溢漏时临时储存容器，但也存在着许多不足之处，特别是在作为随车应急物资时，一是折叠后体积及重量偏大，仅凭驾驶员、押运员两人无法快速取用；二是储油囊使用寿命受温度、光照影响较大，油罐车辆一年四季户外运行，夏季、冬季温差及阳光照射将会严重影响其使用寿命；三是储油囊在油罐车的日常存放位置需要进一步优化，避免挤占驾驶室，同时要满足取用方便要求。

参 考 文 献

[1] 欧建华．陆地油罐车泄漏事故的特点与应急处置措施[J]．现代制造技术与装备，2019，(5)：218、220.

[2] 周苏东，马善金，伍开军．浅谈油罐车突发泄漏事故的应急处置措施和方法[J]．环境工程，2018，(36)：961-964.

[3] 边归国，陈宁．福建省危险化学品公路运输事件现状及应急处置的研究[J]．中国应急管理，2009，(6)：23-26.

[4] 杨建雄，姬惠元，李万利，蔡利海，黄忠耀．美军软体油罐发展概况[J]．特种橡胶制品，2010 年 4 月，(第 31 卷-第 2 期)：55-58.

【作者简介】李剑，男，中国石油运输有限公司山东分公司质量健康安全环保部任主管，主要从事危化品道路运输日常风险辨识、隐患排查及应急管理等双体系及标准化建设工作，电话：18299985342。

浅析油气田企业全生命周期应急演练组织协调工作方法

宋　洋　莫　菲　王耀辉　陈星合　浦　磊　王相涛

（中国石油天然气股份有限公司塔里木油田分公司）

摘　要：应急演练是提高企业领导干部危机意识，增强企业员工安全技能，检验应急预案科学性和可操作性，提高企业综合应急抢险能力的重要活动。若应急演练不到位，应急预案、抢险能力等未得到有效检验，遭遇油气井喷、油气着火爆炸等突发事件发生时，不仅不能满足及时进行应急处置，降低事件影响，还可能导致一场严重的事故灾难。针对如何组织协调做好应急演练，本文倡导树立“实战化应急演练”的理念，提出了全生命周期应急演练的“4+4”(四个阶段、四实原则)组织协调工作方法，为油气田企业提升应急演练效果、强化应急抢险能力提供了参考。

关键词：应急演练；全生命周期；实战演练；四实原则

近年国家出台了《安全生产法》《突发事件应对法》《危险化学品安全管理条例》等法律法规，要求政府、危险化学品企业、特种设备使用单位等必须编制应急预案，配备应急救援人员和必要的应急物资、装备，并定期举行应急演练。然而，实施过程中部分油气田企业应急演练浮于形式，没有达到演练的目的。为促进油气田企业应急演练取得实效，根据应急演练的组织流程，将应急演练的全生命周期细分为 4 个阶段进行分析，并总结形成“四实原则”指引应急演练组织协调工作，推动油气田企业落实应急法规、制度，持续推进应急管理水平和实战能力提升。

1　深刻认识油气田企业开展应急演练的重要意义

油气田企业主要从事勘探开发、化工生产、生产保障等业务，涉及人员众多、业务环境复杂多变，特别是在石油天然气勘探开发过程中，高温高压、有毒有害、易燃易爆的风险与生俱来，井控安全、地面系统、施工作业等方面的风险日益突出，这就对应急抢险能力提出了更高的要求。

井喷失控、油气站库及输送管道泄漏着火等企业各级应急演练是油气田企业综合应急抢险能力的试金石和磨刀石，对检验企业各级应急预案的科学性、实用性，应急物资装备储备的合理性、应急救援队伍的抢险能力等具有重要意义。总之，应急演练是油气田企业检验应急管理水平和提升应急抢险能力的重要途径。

2　厘清应急演练问题，准确定位不足之处与薄弱环节

(1) 应急演练培训不到位

部分企业领导对应急管理认识不到位，对应急演练工作不够重视；基层站队应急管理薄

弱，岗位人员应急演练意识和技能长期以来不托底，提升困难。

（2）应急资源保障不到位

部分企业不重视专兼职应急队伍的建设，尤其是对兼职应急保障队伍不重视；应急队伍缺乏有效的锻炼，没有实战经验和技能；部分企业在应急演练中，不能根据演练方案和事故情景调运应急物资，也不实际安装试运转，虽然平时在搞维护保养，但具体能不能用，还需要进一步检验；部分单位应急物资入井后，不能正常使用、不完好，缺乏有效的维护和保养。

（3）应急演练重演不重练

部分企业应急演练受限于演练人员的应急知识和技能、演练成本以及演练模拟实际场景的难度、演练规模等，油气田企业通常会预先制定应急演练脚本，各参与部门机构、演练人员会按照规定程序步骤执行。由于提前熟知脚本内容，“演练”变成了“表演”、“演习”变成了“演戏”，长此以往，演练问题得不到暴露和解决，企业应急预案、响应流程得不到有效检验，应急救援队伍抢险能力得不到实战锻炼。

（4）演练情景设计实战性不强

部分企业应急演练方案情景设置简单，不符合实际，模拟事故灾情较轻，影响区域范围小；应急演练实战性不强，不能体现事故的突发性和紧迫性；采取的应急处置措施简单，不能有效锻炼领导的应急响应能力，不利于培养员工的应急意识与避灾思想，达不到开展应急演练的目的。

（5）应急演练趋于形式化

部分企业专兼职应急队伍演练存在走形式、演练记录不规范、演练评估不到位、演练后整改措施不落实或软性整改等问题；部分企业基层站队应急演练问题整改措施照搬照抄，对待问题整改敷衍了事。

3　全生命周期应急演练组织协调工作方法的探索

3.1　树立“实战化应急演练”理念

油气田企业应急能力建设是油气安全生产的最后一道防线，开展行之有效的实战化应急演练是检验和筑牢应急防线最有效的手段。实战化应急演练是针对事先设置的突发事件情景及其后续的发展情景，由参演人员利用应急处置涉及的设备和物资，通过实际决策、行动和操作，完成真实应急响应的过程。实战演练贵在“实”，包括方案翔实、场景现实、人员真实、准备扎实、评估落实等。

油气田企业常态化组织开展实战化应急演练对于油气田企业梳理油气井井喷失控、油气站库及输送管道泄漏着火爆炸等生产安全突发事件的应对流程、资源需求等有较好的促进作用，可以有效预防、控制、消减突发事件对企业生产、经营和职工生活造成的危害和影响。

3.2　总结提炼应急演练的全生命周期四个关键阶段

从全生命周期的角度看，可以将应急演练活动比作一个生命体，有萌芽、成长、成熟、结果的生命周期，结合应急演练活动流程，本文将企业应急演练的生命周期分为孕育、筹备、实施、总结四个阶段。

（1）孕育阶段是萌芽期。该阶段是应急演练能力逐步积累的过程。主要是对企业管理人员进行有关应急演练的知识、技能、组织能力等培训，使管理人员可以较全面地规划应急演练，并根据规划内容制定应急预案。

（2）筹备阶段是成长期。该阶段开始于正式演练的前一段时间。主要由企业管理人员组织工作组筹备应急演练所需的人员、经费、场地、物资、装备、医疗、通信、安全等各个方面，确保演练活动可以正常进行。

（3）实施阶段是成熟期。首先是企业管理者接收到事故报报警告后，立刻启动应急预案，安排抢险救援组赶赴现场进行应急处置；其次，在应急演练控制过程中，企业管理者发出应急指令、指挥抢险组救援、控制危险蔓延；随后，应急队伍、物资装备等应急资源赶赴现场，实施应急处置；最后，处置完毕后，清理现场，撤离现场。

（4）总结阶段是结果期。该阶段为主要以演练点评、总结、提升为主，根据演练经验修订、完善已有预案，对演练活动进行归档、备案，供企业后期参考学习。

3.3 准确把握应急演练“四实原则”，促进演练有实效

（1）演练统筹规划要实用

应急演练应从应对突发事件的需求出发，针对本行业、本单位面临的主要风险，结合事故发生规律，依据国家有关法律法规和应急预案规定，编制年度应急演练计划和3年应急演练规划，明确演练频次、级别、时间和区域，才能保证应急演练工作的有序开展。

（2）演练情景构建要实际

科学的情景构建是油气田企业应急管理工作从“事后抢险救灾”向“事前防灾准备”的关键。企业开展事故灾难类的应急准备，需要基于本地区的风险分析，研究本地区事故灾难的典型情景，以有限的“情景”引导地区的应急资源发挥最大化的准备作用。“情景”最终决定了应急准备的方向，所以需要企业结合地区特性，有针对性地、符合实际地进行情景构建。

（3）演练实施过程要实战

一是突出人员真实：根据应急预案和演练工作方案，演练活动各职责机构人员应始终保持“人员、岗位、职责”一致，不“虚设人员”或“角色扮演”；二是突出装备实操：本着装备能实操则实操的原则，参演操作人员按实际情景完成装备实操过程，确保演练全过程真实完整；一是突出场地真实：比如，通过在真实井场喷真水、压缩空气，模拟油气真实井喷；或利用利旧油气处理装置，预先布置在演练场地，点油气真火，模拟油气泄漏、着火。

（4）演练现场评估要实时

演练结束后，集合参演人员，开展实时的现场评估，可以较准确、客观地反映出演练过程，是完善企业应急预案、改善应急管理不足的重要依据。现场评估的内容可以是：a. 演练的整个组织、控制过程；b. 应急预案的针对性、有效性及对所设置应急程序的合理性；c. 队伍和人员的应急反应、应急技能；d. 对应急设备、设施的可靠性。e. 应急物资的适用性、日常维护及更新。

4 结语

本文基于油气田企业应急演练实践经验，介绍了开展应急演练对油气田企业检验应急管理水平和提升应急抢险能力的重要意义，厘清了目前应急演练培训和保障不到位、重演不重练、情景设计实战性不强、演练趋于形式化等存在问题，并从树立“实战化应急演练”理念、应急演练的全生命周期四个关键阶段以及准确把握应急演练“四实原则”三个方面开展全生命周期应急演练组织协调工作方法的探索，着力提升油气田企业演练实战化水平。

参 考 文 献

[1] 吴悦．油田联合站应急演练存在问题及改进措施研究[C]//中国环境科学学会(Chinese Society For Environmental Sciences)．中国环境科学学会2023年科学技术年会论文集(四)．中国环境科学学会2023年科学技术年会论文集(四)，2023：446-449.

[2] 陈国华，邹梦婷．突查式应急演练规范化模式研究与实践探索[J]．中国安全科学学报，2016，26(09)：157-162.

[3] 杨德屏，郭红玉，熊治等．基于全生命周期的企业应急演练效果评估体系研究[J]．工业技术创新，2016，03(04)：702-706.

【作者简介】宋洋，男，现就职于中国石油塔里木油田分公司应急中心的应急指挥中心，主要从事应急管理研究。电话：0996-2138190，邮箱：songy-tlm@ petrochina. com. cn。

大数据技术在城市燃气管道事故防控中的应用

孙国锋　田飞宇

（中国石化天然气分公司华北天然气销售中心）

摘　要：近年来，社会进步迅速，我国的城市化建设的发展也有了进步。城市地下燃气管道组成结构复杂、服役寿命较长，且易受到违章占压、腐蚀、外力破坏等因素的影响，存在极大的安全隐患，严重威胁城市的公共安全。传统的地下管道事故防控技术已无法满足日益增长的安全需求，将管道事故防控与前沿信息技术相结合已成为当前的研究热点。总结地下燃气管道事故防控技术研究现状，将大数据技术应用于地下燃气管道事故防控（包括监测布点、风险评估、风险预警与突发事故应急决策）之中，对大数据技术在管道事故防控中的应用难点及解决措施进行综述，以期为中国地下管道事故防控向信息化、智能化方向发展提供参考。

关键词：大数据技术；城市燃气管道；事故防控；应用

近年来随着我国城市化进程的加快，城市人口激增，加快了城市天然气管道的铺设，大部分城市已形成了密集的天然气管道网。影响燃气管道安全的因素有很多：首先是城市天然气管网的复杂性和密集性；其次，城市建设中的一些不合理规划和现有管道老龄化现象突出；此外，由于燃气本身极易扩散，又属于易燃易爆物质，且爆炸下限低，一旦发生泄漏，极有可能形成火灾、爆炸事故。因此，城市燃气管网的风险评价研究引起了广大科研工作者的重视。

1　城市地下燃气管道事故防控技术研究现状

城市地下燃气管道的事故防控包括事故风险评估、事故预警、事故应急处置三部分，国内外学者在事故防控技术的研究上已取得大量的成果。其中燃气管道的风险管理已由传统的定性化向定量化发展，地下管道事故防控与地理信息系统（Geographic Information System，GIS）、物联网、大数据技术的联系也日益密切。针对在应急救援中单目标和一对一的资源分配方法难以有效解决应急救援中资源分配的问题，提出可利用线性规划方法得到更符合实际救援需求的资源分配方案，并采用动态规划思想中的多阶段资源分配方式建立新的应急救援资源分配模型，通过组合救援资源及对多个目标的比重进行调整，可减少救援任务的执行时间，增强救援资源的能力，解决了应急救援中救援任务和救援资源的动态性问题。

2　风险评价方法

2.1　基本步骤

根据国内外文献和工程经验总结，管道风险评价方法是将事故后果和概率结合，直观量化风险等级。管道风险评价的方法很多，各有优缺点，但是其基本步骤可以总结如下：1）定义系统和范围，辨识危险源，并用可以量化的指标描述；2）确定事故风险指标的计算公式，进行事故情景概率和事故情景后果的综合计算；3）根据具体情况，如天气、地理位置、周围建筑，进行风险系数修正，综合计算事故风险值；4）根据风险的大小和社会可接受程度划分风险等级，采取适当的措施减少风险，直至风险达到可接受范围。

2.2 重要事故风险指标计算

事故后果风险指标计算是风险评价基本步骤中的重点，这里以城镇燃气管道为案例进一步具体说明。城市燃气管道的重要事故包括燃烧（射流火、闪火），爆炸（受限空间爆炸和开敞空间爆炸）等。事故的概率一般通过历史数据法或者专家权重评分的方式进行确定，这里不再赘述。而事故后果的风险指标一般通过实验或者软件计算获得。这里以某城镇埋地燃气管道为例，利用 Phast 软件模拟计算开敞空间，常温常压下的重要事故后果的伤害面积。现有某城镇埋地燃气管道，已知该管道总长 800m，压力级制为中压 A，管径 200mm，埋地深度 0.8m，周围环境为开敞空间，常温常压，风速 1.5m/s。该地区由于监管良好，建立了该管段的历史数据库，结合地方燃气行业专家的评估，可以初步得到管道事故后果的发生概率，以方便后续综合风险计算。

3 对城市燃气管道安装技术的相关分析

3.1 燃气管道的安装穿越技术

在进行城市燃气管道安装的过程中，会有着较多的因素影响，比如在施工的时候需要考虑到穿越一些特殊的地形条件，穿越道路或者是河流等等，怎样处理这些问题，成为了相关施工部门考虑的重点。由于城市的交通较为繁忙，如果在进行管道安装的时候影响到交通运行，最终会使得人们的生活质量因此下降，市政部门也很难允许燃气管道的安装占用交通道路，在这种情况下，施工单位需要有效的使用燃气管道安装穿越技术，在最大的程度上发挥出其技术优势。相关的施工部门需要协调各个单位，做好相对应的沟通，制定最为合理的施工设计方案，一般来说需要结合实际的施工现场情况，来使用定向钻法、顶管法等技术方法，而且也需要有对于非开挖定向钻技术的运用，该技术可以在实际的施工环节不需要开挖沟渠，施工的效率非常高，会在最大的程度上防止施工过程中影响到城市居民的生活以及交通，降低施工成本的投入，是燃气管道的安装穿越技术的主要技术方法构成。

3.2 燃气引入管技术

对于城市燃气管道的安装来说，其一般都会有把室外的燃气管道与室内的燃气管道进行连接的步骤，在这个步骤之中，就需要使用燃气引入管技术来完成相关的工作，经常使用的燃气引入管方法有两种，第一种是地上引入法，第二种是地下引入法。在地上引入方法中，主要是把燃气引入管放在地上，燃气管道在建筑外墙区域铺设，在外墙的表面选取适合的地面高度，把它引入到建筑物的内部，而且在地上引入方法中，还可以细分出两个种类，一个是低位管，一个是高位管。对于地上引入管法来说，其优点是不用在地面进行开挖施工，但是其劣势是管道比较容易受到破坏，因此在进行相关的施工操作的时候，要对于燃气管道进行保护。在地下引入法中，其适用的施工条件范围较小，因为该方法虽然有着一定的隐蔽性，但是不利于城市燃气管道的检测维护。地下引入法是经过建筑物内的厨房燃气管道引入，在地下相距地上 0.5m 的位置安装清洁口，同样需要在燃气引入管外部设置一层保护层。

4 大数据技术在地下管道事故防控中的应用难点

中国的管道信息化管理应用时间较短，技术研究也较为落后，大数据的应用存在一定障碍，其主要原因有：①基础数据获取受限。目前中国管道的设计、施工等资料多为二维图纸，且某些管道建设年限较长，基础资料存在缺损；同时，可能存在施工时更改施工线路但未及时更新资料存档等情况，导致管道的具体位置、走向等基础资料获取困难。此外，管道的历史数据也存在事故状态不明、事故原因不清、记录不全等问题，进一步增加了管道基础数据集成的难度。②大数据获取、传输、集成技术不成熟。目前，中国现有的监测设备不能满足各类管道参数的获取需求，且由于中国尚未对监测传感器制定数据标准，使得不同类型传感器所获取数据的传输与集成存在困难。用于事故防控的大数据多数为半结构化与非结构化数据，数据格式复杂，这类数据的存储对大数据降噪、过滤、聚类存储技术的研究有着极高的要求。③大数据价值挖掘技术不成熟。大数据的价值体现在事故特征、参数、发生规律等与大数据间的相关性展示之中。目前的数据库技术对半结构化与非结构化数据的预处理能力较弱，暂不能实现数据的快速标准化，导致事故防控分析的实时性不强。同时，大数据本身对所发现的规律不具有解释能力，从繁杂的大数据中分析得出某些错误规律是较容易发生的，如何构建正确的大数据价值挖掘模型是大数据应用的难点。④大数据共享平台建设不成熟。在城市地下燃气管道的管理过程中，不同的数据归属于不同的企业或部门，某些数据还存在产权部门化现象，这对数据的共享造成了困难。

5 结语

我国的风险评价体系起步较晚，是在国外风险评价体系的基础上提出的。实际上不同的国家和地区的风险标准是有差异的，例如针对地震频发、周围有危险建筑的高风险地区的燃气管道等。因此建立适应我国国情的科学、规范、系统的风险评价方法是目前亟待解决的问题。

参 考 文 献

[1] 黄小美，李百战，彭世尼，等. 基于层次分析和模糊综合评判的管道风险评价[J]. 煤气与热力，2008（2）：13-18.

【作者简介】孙国锋，男，中国石化天然气分公司华北天然气销售中心，天然气管道运行安全管理，电话：18622253322，邮箱：18622253322@163.com。

建筑工程施工中的安全控制管理分析

温宇鹏

（中国石油天然气股份有限公司广东销售分公司质量健康安全环保部）

摘　要：现代房屋建筑工程建设规模越来越大，施工现场环境越来越复杂，存在的安全风险也越来越多。建筑企业一定要对施工过程中的安全隐患进行重视，根据可能发生的安全因素进行分析，并逐一找出解决的办法从而进行遏制和管理。基于此，本文对建筑工程施工安全控制的重要性以及建筑工程施工中的安全控制管理的措施进行了分析。

关键词：建筑工程；施工；安全控制；管理

1　建筑工程施工安全控制的重要性

建筑行业在我国社会的发展中起着至关重要的作用，同时建筑行业的安全生产也受到了社会的广泛关注。为了保证施工人员的人身安全，保证项目的顺利开展，施工人员的安全应及时由专业人员进行有效的控制。在建筑工程施工过程中，一旦遇到极端恶劣的天气，再加上露天的施工环境，会降低施工人员在作业过程中的安全系数，存在很大的安全问题。针对这一问题，国家有关部门要注意及时完善相关法律法规和安全管理制度，确保施工人员的安全。建筑施工企业还应更加重视生产安全，培养专业的管理人员，加强安全控制，确保建筑工程全过程的安全。

2　建筑工程施工中的安全控制管理的措施

2.1　重视施工组织设计工作

施工组织设计是现代房屋建筑工程施工管理的基础，决定了如何施工、管理，因此，项目管理单位应明确施工质量、进度、安全等方面的管理目标并细分为各个环节，同时完成职责分工。因此，建筑工程施工安全管理需要以科学的组织设计工作为前提，在工程勘察报告、设计图纸和业主要求的基础上，明确组织设计方案。如工程设计图纸和招投标工作完成后，项目管理单位应组织技术负责人、施工单位、监理单位和设计单位对工程进行技术公开，明确施工质量标准。在此基础上，项目管理单位应明确施工管理形式，然后细化到安全管理的各个方面，以实现安全管理目标和责任划分；同时，通过合理的制度建设，为安全管理责任监督、方法实施，提供制度支持和指导；在建立制度时，要明确责任，明确奖惩，使各施工管理人员明确自己在安全管理中的作用，提高班组安全责任意识。只有这样，才能形成从基层到领导的全覆盖的安全管理文化，为实际的安全管理建设奠定可靠的基础。

2.2　加强施工人员的安全意识

施工单位必须对施工人员上岗前进行岗前培训和安全教育，确保安全教育和安全标准深深扎根于全体施工人员的心中，从而确保所有施工人员熟悉安全标准和防护设备的使用。并对操作人员进行专业的考核，确保大型机器的操作能够准确无误。经过一系列的安全教育，要保证施工人员有自我保护意识，保证相关人员的操作熟练安全，还要保证施工人员佩戴安全设备，确保一切安全。所有施工人员都要意识到当前工作的潜在风险，严格按照安全规范和操作规范执行工作，确保安全教育和安全规程能够有效地进行和实施。

2.3 提高管理体系的运行能力

在配备安全防护设施的基础上，完善安全管理措施，细化安全管理体系，有效提高安全管理体系运行能力。因此，应采取以下措施加强安全管理：实施责任管理制度，强化安全管理能力，将安全管理与施工管理相结合，作为施工标准考核的依据，提高施工区域安全防护能力；开展危险因素调查，为施工人员创造安全施工环境；定期开展安全防护检查工作，防止安全事故的发生，确保施工区域具有较高的安全性，减少安全事故的发生；由消防保安部门定期提交安全检查报告，以加强安全管理效能。

2.4 强化安全隐患排查管理

在建筑工程过程中，一旦风险控制方案失效，就会形成安全隐患，最终导致安全事故。在此基础上，相关施工企业应及时完善隐患调查管理方案，并在明确主要管理内容的基础上进一步细化，主要包括调查项目、内容和频率，尤其对于重大安全隐患的定位要加强调查。分析隐患的内容，制定隐患控制方案。管理人员应及时落实方案的具体内容，实现隐患排查的闭环管理。在进行隐患排查的过程中，安全是没有保障的，所以要让施工人员在危险区域暂停作业，及时疏散现场，设置相应的警戒线，防止其他人员进入。安全隐患调查处理完毕后，施工企业应当及时对处理结果进行评价、验证，确保安全控制管理的有效性。

2.5 基于 BIM 落实信息化管理

BIM 即建筑信息系统，是一种融合了计算机软件、数据库的综合性管理平台。就安全管理而言，项目管理单位可以利用 BIM 软件三维模拟功能构建的可视化工程设计模型，结合施工进度模拟功能，对各个环节存在的安全风险点进行预测，同时对相应的安全风险管控方法进行模拟分析，进一步提升风险识别应对机制的可行性；利用 BIM 的信息交互机制，强化各个单位及部门之间的信息沟通，在安全管理方面实现信息化监督与协同化管理；另外，针对各类安全问题进行广泛的信息采集，结合现场实际施工管理情况发现更多的风险，持续加强施工过程中的安全管理。

2.6 提升安全责任意识

在落实安全管理制度、配套设施完备的基础上，施工单位应针对安全管理工作，为企业员工、施工人员开展安全培训，提升施工安全管理的人员参与度。为此，安全意识培训内容应为：

（1）相关管理人员：定期为员工开展安全知识宣讲，以此提升施工人员与辅助人员的安全防护意识，促进全员参与安全防护工作，为安全防护管理制度的正常运行奠定基础。

（2）安全管理人员：要以安全管理条例为内容，给员工进行施工安全培训，增强施工人员操作的规范性和安全性，减少不当操作而引发的安全事故，进而保障工程建设质量。

（3）施工管理人员：定期检查施工区域的安全防护设施，如安全绳、安全带、安全帽等，在施工人员实施高危施工前期，带领安全员仔细检查自身携带的安全设施，确保施工的安全性；如高空作业前，要仔细检查安全绳、安全带的牢固性。

（4）施工管理人员：应对施工人员开展安全事故案例宣传活动，以此提升施工人员自我防护意识，减少安全事故发生，提升工程建设安全管理能力，促进建筑工程安全施工健康发展，推动安全管理工作在工程建设中获取良好效果。

2.7 升级安全监测监督技术

针对房屋建筑工程施工现场的安全管理，只依靠管理者进行监督是无法做到面面俱到的，尤其是一些隐匿性的安全风险，需要借助现代技术系统强化管理。比如，在基坑支护系统的安全监测方面，利用现代仪器对其重点部位的形变情况进行监测，或是采用无损检测设备对工程结构体内部的损伤进行检测，这将有助于及时发现安全风险，做好补救工作。再如，针对现场人员的安全管理，安装智能化人脸识别门禁系统及现场安全监控系统，能够杜绝对外来人员及不佩戴安全帽的人员进入工地，对现场不穿戴安全装备的作业人员发出警告等。另外，项目管理单位还要基于工程安全管理的需求，构建完善的信息沟通及管理机制，建设项目及企业的安全管理信息库，通过多渠道信息的沟通协作及大量的安全信息分析，进一步提升安全管理水平。

3 结语

综上所述，建筑工程中危险因素众多，应深入开展安全防护知识的普及工作，结合安全管理条例，制定相对完善的安全管理制度，为工程施工配置全套防护设施，提升施工人员的自我防护能力，全面提高工程建设的安全防护水平，贯彻落实安全施工规范，减少人员伤亡事故的发生，促进施工企业健康发展。

参考文献

[1] 袁晟. 建筑施工项目管理的安全控制分析[J]. 建材与装饰，2018(48)：132-133.

[2] 郭伟，王子铭. 建筑工程的施工技术质量控制探讨[J]. 住宅与房地产，2017(35)：141.

[3] 谭宁. 建筑工程施工质量安全控制与管理探讨[J]. 居舍，2017(35)：166.

[4] 戴禹舜. 浅谈建筑工程施工中的安全控制管理[J]. 黑龙江科技信息，2011(24)：313.

加强产销贸一体化提升公司整体效益

戴温馨

（中国石油运输有限公司）

摘　要：本文探讨了加强产销一体化对提升公司整体效益的重要性。产销一体化作为一种战略管理方法，将生产与销售环节相互融合，以达到资源优化、提高交付效率和市场敏感性的目标。在现代商业竞争中，实现产销一体化对企业的竞争优势至关重要。本文阐述了产销一体化的概念和理论基础，本文重点讨论了实施产销一体化战略的关键策略，同时，探讨了推进产销贸一体化的政策和环境支持。研究表明，成功实施产销一体化战略可以提高企业的资源利用效率、提高产品交付速度、增强市场竞争力，并对公司整体效益产生积极影响。最后，本文提出了未来研究的展望，指出了加强产销一体化战略在全球化、数字化时代的挑战和机遇。

关键词：产销；一体化；公司整体效益；策略

在当今全球化和高度竞争的商业环境下，企业为了在市场中立于不败之地，需要不断寻求创新与优化，以提高其整体效益。在这个背景下，加强产销贸一体化已经成为了一个备受瞩目的战略方向。产销贸一体化是指将生产、销售和贸易等环节有机融合，形成一个紧密协作、高效运营的体系，以实现资源最优利用，快速响应市场需求，并提高公司整体绩效。本文旨在深入研究加强产销贸一体化对公司整体效益的重要性及影响，另外，加强产销贸一体化已经成为企业在竞争激烈的市场中保持竞争优势的不可或缺的因素，而本文的研究将为企业在这一方向上迈出成功的步伐提供宝贵的指导。

1　产销贸一体化的概念和理论基础

1.1　产销贸一体化的定义

产销贸一体化是指企业在生产、销售和贸易等关键环节之间实现高度协同与紧密融合，构建一个无缝连接的运营体系，以优化资源配置、加速市场响应和提高整体效率。这种一体化战略旨在消除部门间的信息壁垒，促进资源整合与共享，实现生产能力与市场需求的精准匹配，从而为企业创造持续竞争优势。

1.2　产销贸一体化的价值和优势

产销贸一体化的价值在于提供全面、系统化的解决方案，有效地应对复杂多变的市场环境。其优势主要体现在通过产销贸一体化，企业能够更准确地预测市场需求，使生产计划与销售目标相匹配，从而避免过剩生产和库存积压，降低成本，实现资源最优配置。产销贸一体化也加强了生产与销售之间的沟通与协作，使企业能够更快速地响应客户需求，缩短产品交付周期，提高客户满意度。通过实时共享市场信息和客户反馈，企业能够更敏锐地感知市场动态，迅速调整战略与产品定位，保持市场竞争优势。同时，产销贸一体化打破了各部门之间的信息孤岛，促进了信息流通与共享，有助于快速准确地做出决策，提高企业整体效率与灵活性。

1.3 相关理论支持和实证研究回顾

产销贸一体化的概念得到了管理学、供应链管理和市场营销等领域的理论支持。在供应链管理中，强调整合供应链各环节的协同优化，与产销贸一体化的目标相契合。同时，市场导向理论认为市场需求是企业战略的核心，产销贸一体化正是为了更好地满足市场需求。实证研究表明，成功实施产销贸一体化战略的企业通常具有更高的市场份额、更好的业绩表现和更高的客户满意度。许多企业在实践中采取产销贸一体化策略，如苹果公司和丰田汽车等，都取得了显著的商业成功，这些案例为产销贸一体化战略的实施提供了有力的经验支持。

2 产销贸一体化对公司整体效益的影响

2.1 提升供应链效率与运输特色结合

产销贸一体化对公司的供应链效率有显著影响。通过将生产与销售环节紧密结合，企业能够更准确地预测市场需求，从而优化生产计划和库存管理。这有助于避免过度生产和废品损失，减少了生产环节的闲置成本。此外，由于生产与销售之间的信息传递更加迅速和精确，供应链各环节能够更好地协同运作，减少了运输时间和流程中的等待和浪费，进一步提升了供应链的运作效率。运输特色的结合是产销贸一体化的重要方面。随着生产与销售的紧密结合，企业可以更灵活地选择运输方式和路线，根据销售地点和客户需求优化运输方案。例如，采用区域性仓储和配送中心，能够降低物流成本和配送时间，提高运输的准时性和可靠性。这种运输特色的结合有助于加强公司在物流管理上的竞争力，并为客户提供更优质的物流服务。

2.2 降低成本和提高利润：运销一体和仓配一体的实现

产销贸一体化的实现可以显著降低企业的运营成本，进而提高利润水平。通过产销贸一体化，企业能够避免生产与销售之间的信息滞后和信息不对称，从而降低生产过程中的浪费和损失，减少库存积压和仓储成本。同时，准确预测市场需求和及时响应客户需求，有助于降低销售环节的存货和滞销风险，节约了销售成本。运销一体的实现能够进一步降低销售和物流成本。通过紧密协作，销售部门可以提供准确的销售预测，使得物流部门能够优化运输方案，减少物流成本。销售和物流一体化还可以简化订单处理和交付流程，减少人力和时间成本，提高物流效率。这些成本的降低和效率的提升为企业带来了显著的经济收益，提高了企业的整体利润水平。

2.3 加强市场竞争力：整合产销贸一体化策略

产销贸一体化对公司的市场竞争力具有重要的影响。通过整合产销贸一体化策略，企业能够更好地理解市场需求和趋势，实现产品和服务的快速调整和优化。通过紧密结合生产与销售，企业可以更准确地定位目标市场和客户群体，提供更符合市场需求的产品。这有助于企业获得竞争优势，拓展市场份额，同时降低市场风险。产销贸一体化还能够增强企业对竞争对手的响应能力。通过快速了解竞争对手的行动和市场动态，企业能够灵活调整市场策略，制定有针对性的竞争对策。这种灵活性和敏锐度使企业能够更好地应对激烈的市场竞争，保持市场地位，不断开拓新的市场机会。

2.4 提升客户满意度和忠诚度：运输特色在满足客户需求中的作用

运输特色在产销贸一体化中扮演着关键的角色，对提升客户满意度和忠诚度有着积极的影响。通过运输特色的整合，企业能够更加精准地满足客户的需求和要求，提高交付的准时性和可靠性。客户在得到及时和准确的交付后，将感受到更高的满意度，增加对企业的信任和忠诚度。运输特色还有助于提供个性化的服务，满足客户不同的交付需求。例如，提供灵活的运输选择和快速的配送服务，能够满足紧急订单和特殊需求，从而增强客户体验。这种个性化的服务能够有效提高客户的满意度，建立良好的客户关系，促进客户的忠诚度和再购买率。

3 加强产销贸一体化的关键策略和方法

3.1 优化内部组织结构和流程

优化内部组织结构和流程是实现产销贸一体化的重要策略。首先，企业应建立跨部门的协作机制，成立产销贸一体化的领导小组或委员会，将生产、销售、贸易等相关部门的代表纳入其中，确保各部门之间的信息沟通和资源共享。其次，企业需要明确产销贸一体化的目标和任务，并制定明确的绩效考核机制，激励员工积极参与和推动产销贸一体化的实施。此外，优化内部流程也是实现产销贸一体化的重要步骤。企业应该重新设计生产与销售流程，消除信息壁垒和瓶颈，实现生产计划与销售预测的紧密对接。通过引入先进的信息技术和管理系统，如企业资源计划软件和客户关系管理系统，实现生产、销售和贸易等环节的数据共享和整合，提高决策效率和信息准确性。

3.2 加强供应链管理和合作

加强供应链管理和合作是产销贸一体化的另一项关键策略。企业应该与供应商建立紧密的合作伙伴关系，实现与供应商之间的信息共享和资源整合。这有助于提高供应链的可靠性和灵活性，降低原材料采购成本，缩短供应链的交付周期，提高生产的敏捷性。同时，加强与分销商和零售商的合作也是至关重要的。企业应该与销售渠道的合作伙伴共享销售数据和市场信息，以更好地了解终端市场需求。通过与渠道伙伴紧密合作，企业可以根据市场需求进行灵活调整，提高产品的销售效率和覆盖率。此外，企业还可以考虑与物流服务提供商建立战略合作关系。选择可靠的物流合作伙伴，能够优化物流运作，提高物流效率，同时降低物流成本，为客户提供更加便捷和高效的物流服务。

3.3 创新营销模式和渠道

创新营销模式和渠道是加强产销贸一体化的重要策略之一。企业应该结合产销贸一体化的特点，探索和采用新的营销模式和渠道。首先，企业可以采用直销模式，将生产与销售紧密结合，直接面向客户销售产品，以降低销售环节的中间环节成本，并直接了解客户反馈。其次，企业可以开发多元化的销售渠道，包括线上渠道、线下渠道和移动渠道等，以满足不同客户群体的需求，并扩大产品的市场覆盖面。最后，创新营销模式和渠道还可以结合数字化营销策略，利用社交媒体、数据分析和个性化推荐等技术手段，实现对客户的精准定位和个性化营销，提高营销的效果和转化率。通过创新营销模式和渠道，企业可以实现产销贸一体化战略的深度融合，增强市场竞争力，提升客户满意度，并促进销售和生产的协同发展。

3.4 引入信息技术支持

引入信息技术支持是加强产销贸一体化的另一个关键方法。企业应该借助先进的信息技术工具和系统，对产销贸一体化进行支持和优化。首先，企业可以采用企业资源计划系统，实现生产、销售、贸易等业务环节的数据整合和共享，提高信息的准确性和及时性，支持决策的科学化和精准化。其次，企业可以运用客户关系管理系统，对客户信息进行全面管理和分析，实现客户需求的有效捕捉和响应，提高客户满意度和忠诚度。同时，运用供应链管理系统，优化供应链协同和物流运作，提高供应链的效率和灵活性。引入信息技术支持还包括数据分析和人工智能等技术的应用。通过对大数据的挖掘和分析，企业可以深入了解市场需求和客户行为，为产品优化和市场策略提供有力支持。借助人工智能技术，企业可以实现智能化的生产和销售预测，提高决策的准确性和效率。

4 推进产销贸一体化的政策和环境支持

4.1 政府政策和法规的作用

政府政策和法规在推进产销贸一体化方面发挥着重要作用。政府可以出台支持产销贸一体化的优惠政策，如税收优惠、资金补贴、研发资助等，鼓励企业实施产销贸一体化战略。此外，政府还可以制定相关法规和标准，规范产销贸一体化的运作，保障企业的合法权益，促进产销贸一体化的健康发展。政府还可以提供市场信息和数据支持，帮助企业更好地了解市场需求和趋势，为产销贸一体化的决策提供科学依据。政府还可以促进产销贸一体化的交流与合作，组织行业交流会议和展览，搭建产销贸一体化的合作平台，促进企业之间的合作与资源共享。

4.2 金融机构和资源的支持

金融机构在推进产销贸一体化方面扮演着重要角色。金融机构可以提供融资支持，为企业的产销贸一体化项目提供资金支持，降低企业实施产销贸一体化的融资成本。同时，金融机构还可以提供风险管理服务，帮助企业降低经营风险，增强企业在实施产销贸一体化过程中的稳健性。除了资金支持，金融机构还可以提供智力支持。通过金融机构的专业团队和顾问，企业可以获得关于产销贸一体化的咨询和指导，提高企业在产销贸一体化方面的管理水平和决策能力。

4.3 行业协会和组织的合作

行业协会和组织在推进产销贸一体化方面具有积极的作用。行业协会可以促进行业内企业的交流与合作，推动行业的整体发展。通过组织行业内的研讨会和培训活动，行业协会可以提高企业对产销贸一体化的认知和理解，传播最佳实践和经验。此外，行业协会还可以代表行业向政府提出建议，争取政策和环境的支持，为产销贸一体化营造良好的发展环境。行业协会还可以开展调研和研究工作，为产销贸一体化提供市场和行业数据支持，帮助企业科学决策。

5 案例：某油田接转站天然气产、运、销项目

5.1 项目依据及必要性

某油田采油厂给中国石油运输有限公司某分公司发出工作联络函，委托在接转站建设1套回收处理能力达到 $10\times10^4m^3/d$ 天然气处理装置。这个项目既能解决油田生产的困难，又能实现分公司的转型高质量发展，是落实公司转型发展要求的重要举措，实施此项目十分必要。

5.2 工作内容

运输公司某分公司在接转站建设天然气回收处理装置1套，对接转站的天然气进行处理，并组织产品的销售。

5.3 工作量

根据当前及今后近几年的生产需要，计划建设 $10\times10^4m^3/d$ 深冷液化处理能力的处理撬装式装置，包含天然气增压设备、净化装置，中冷和深冷装备，混烃和 LNG 充装设备及装车鹤管各 2 个，以及配套的安装工作量。产量 LNG 约 60t/d、混烃约 23t/d，年生产时间：8000h。

5.4 项目实施单价

支出湿气单价为 1.0 元/m^3，支出设备租赁费用单价为 0.7 元/m^3；收入 LNG 单价为 4200 元/t(二季度均价)，混烃单价为 2600 元/t(青某油田销售价格)。

5.5 预计总价款

支出总价款 9453 万元(含湿气价款 3300 万元，设备租金 2275 万元，产品运销费用 2465 万元，维检修费用、人工成本、管理费、药剂费等 1413 万元)；收入总价款 10289 万元(含 LNG 销售收入 8316 万元，混烃销售收入 1973 万元)。

5.6 经济效益分析

年利润为 836 万元，利润率为 8.13%。该项目采取增压管输或 CNG/LNG 产运销模式对天然气进行回收处理，既能使天然气得到合理循环利用，实现节能减排、保护环境和创造经济效益，又能有效解决当前存在的产输矛盾，激发油田产能的更好发挥。

6 结语

在当今竞争激烈的商业环境下，加强产销贸一体化已成为企业实现持续发展和提升整体效益的关键战略。本文深入探讨了产销贸一体化的概念、理论基础以及对公司整体效益的影响。为实现产销贸一体化，我们提出了关键的策略和方法，包括优化内部组织结构与流程、加强供应链管理和合作、创新营销模式与渠道，以及引入信息技术支持。这些措施在实践中被证实有效，使企业能够更好地响应市场变化、提升竞争力、降低成本、提高客户满意度。总之，加强产销贸一体化不仅是提高公司整体效益的有效途径，更是实现企业在激烈竞争中立于不败之地的重要策略。通过深化产销贸一体化战略，企业能够在未来取得更加卓越的成就，引领行业的发展，创造更加辉煌的明天。

参 考 文 献

[1] 建立“精益运营管理转型”体系，助力实现企业整体效益提升[J]. 化工管理，2019(01)：4-8.

[2] 王津兰. 管理会计工具应用与公司整体效益提升探讨——以中国石油大港油田公司为例[J]. 财会通信，2018(28)：53-58+129.

[3] 黄伟和，刘海. 基于整体效益最优的钻井市场管理体制机制研究——以中国石油天然气集团有限公司为例[J]. 国际石油经济，2018，26(05)：85-93.

[4] 戴勇，彭景云，吴大奎等. 采用“工程地质一体化”技术服务模式提升工程服务企业整体经济效益——以中国石油川庆钻探工程公司为例[J]. 天然气工业，2013，33(11)：125-129.

[5] 孙建业. 积极适应企业集团管理体制的新变化——完善中国石油管理体制的初步思考[J]. 北京石油管理干部学院学报，2008(05)：15-20.

【作者简介】戴温馨，女，就职于中石油运输有限公司北京调度中心，主要从事危化品运输，运销一体业务、乘用车租赁等与运输生产相关行业，电话：18611328077。

基于“协同共管”理念的承包商安全管理实践分析

赵玲花　刘　翔　刘鑫磊　刘永奇　张学萍

（国家管网集团联合管道有限责任公司西部甘肃输油气分公司）

摘　要：本文通过分析承包商HSE培训实践，分析各类承包商安全管理难点、重点，就如何针对性地提升承包商管理措施进行探究，旨在落实安全责任、准确识别风险及狠抓“两个现场”管控，坚决贯彻立安全发展理念，弘扬生命至上、安全第一的思想。

关键词：承包商；安全管理；措施提升

在相继出台《承包商管理十项措施》《承包商管理专项提升方案》等制度基础上，将工程建设、检维修承包商管理列为重大安全风险管控，对承包商日常检查、培训计划、风险管理、应急管理、安全文化、制度体系完整性和组织机构6个方面发现问题较多的领域进行强化管理，并结合安全现状，对每一类承包商安全管理中所面临的具体问题进行梳理和分析，强化、优化管理措施。

1　狠抓承包商资质审查，严禁不具备安全资质条件的承包商入场施工

严格承包商推荐资质和能力审查。根据项目类型建立针对性的承包商选商标准，明确不同类型项目承包商的企业和人员资质要求。对重点高风险类项目，在调研承包商市场资源充足的情况下，对资质的选择遵循“就高不就低”的原则，严禁安全管控能力弱的承包商参与分公司重点高风险项目选商。

建立承包商信息共享及预警机制。进入施工高峰季节以后，加强对承包商合同签订情况进行梳理，重点关注承揽项目较多且跨区域承揽项目的承包商，对其同时承揽项目的能力进行评估，发现承揽项目数量明显超出其能力的，及时预警，暂停新增项目并加强已实施作业现场的安全管理。

2　狠抓施工人员能力认定，严禁不具备作业资格和能力的人员入场施工

严格承包商人员能力评估。项目开工前严格按照《承包商作业前安全准入评估标准》，结合工程建设项目或检维修项目具体的承包商人员能力要求，对项目经理、安全员和技术员的资质及能力进行评估，选用具备同行业、同类型项目工作经验的关键人员。

严格人员、设备入场核查。作业开始前做好人员入场前资质审查、机具报验，关注承包商人员的三级安全教育培训考核结果和能力认定，核查机具设备完好性、仪器设备定期检验记录、人员操作技能、操作规程的配备等内容，确保现场人员和机具设备与选商文件、合同、获批准的施工方案内容一一对应。

狠抓人员变更管理。严格核查承包商关键人员到岗履职情况，无特殊情况不予变更，禁止非关键岗位人员跨班作业或随意变换工种。

3 狠抓安全技术交底，严禁未经技术交底和安全教育入场施工

严格落实技术交底。施工合同签订后、项目开工前强化技术交底，明确作业内容、作业工序、作业风险及防护措施、应急管理、工作质量要求及注意事项，细化项目管理各方职责及安全管理要求。作业实施前做好技术交底，明确施工现场安全管理要求，培训作业内容、存在风险及防范措施、应急管理要求等内容。作业实施期间加强监督承包商安全监护人组织现场作业人员，对当日作业内容、风险防控措施及应急处置措施进行交底。未进行安全技术交底的项目严禁开工。

严格作业方案审查。项目技术交底结束后，紧盯作业单位根据作业内容及现场技术交底要求编制施工方案及专项作业方案、监理单位编制监理方案，对于未交底编制方案、方案未审批的项目严禁开工。

强化承包商三级安全教育。强化项目谈判阶段对工程施工和维检修承包商项目经理、项目负责人、项目管理人员、安全员、工程监理人员持有公司 HSE 培训证书情况的审查，严禁无证或持无效证书人员进入项目实施管理团队；强化承包商项目经理、现场负责人、安全员、技术员、监理人员等二级安全教育及考核，对考核合格人员纳入二级安全教育考核合格人员清单，对于未参加培训、考核不合格人员，禁止入场作业；强化入场作业前所有作业人员的入场三级安全教育及考核，考核合格者发放入场许可证，考核不合格人员严禁入场作业。

4 狠抓施工风险辨识，严禁未开展安全风险辨识或风险辨识不清入场施工

严格作业前安全分析。狠抓安全技术交底结束后的施工作业风险辨识评价，制定相应的控制措施，建立项目工作前安全分析表。在项目实施期间对承包商及项目管理人员开展当日作业内容风险研判、识别作业风险，并对安全措施落实情况进行监督检查，严禁未开展风险分析辨识、风险管控措施不具体的项目开工作业。

狠抓风险管控措施落实。一是属地单位、业务主管科室、质量安全环保科对作业现场各项安全措施落实情况进行监督检查，发现措施落实不到位的及时督促整改，并纳入季度承包商 HSE 绩效考核。二是针对高风险作业，业务主管科室集中组织开展作业方案及风险辨识评价结果评审，并就作业现场安全措施落实情况进行检查，对作业方案未按规定程序完成审批，或作业许可证签发前未到现场检查确认，或监护人员未到现场的，禁止开展作业。

5 狠抓现场安全监护，严禁未对承包商作业进行全过程监护在场施工

抓实日常安全监督监护。根据《作业许可管理程序》特殊作业“双监护”管理要求，针对涉及特殊作业的工程建设及检维修项目，业务主管科室在开工前明确作业单位监护人，属地单位应根据特殊作业级别安排符合许可级别要求的作业监护人，严格执行持证上岗、无监护不作业要求。属地单位作业现场实现承包商作业全过程、全天候、全覆盖监控，承包商连续施工 24 小时以上的，现场须驻守监控人员，属地单位和施工方各派一人，实行双人 24 小时监控，无监护不得开展施工作业；各级监督监护人员检查发现问题、违章行为及时记录，并按照“谁检查谁考核”原则，根据考核标准对承包商进行考核。

提升安全监督质效。建立属地单位、质量安全环保科、专家驻站的安全监督机制。属地单位安全管理人员每日对作业现场安全措施落实情况进行监督检查，质量安全环保科通过“现场+云端”方式，对每日作业风险管控情况进行抽查验证及远程监督，针对高风险作业，聘请专业人员开展驻站监督，通过日、周、月安全监督报告，跟踪通报作业过程风险管控及问题整改情况，督促承包商严格落实风险管控措施。

6 狠抓包保责任落实，严禁承包商监管责任不清或未落实入场施工

在深入研究《工程建设、检维修及劳务承包商管理风险管控方案》基础上建立完善分公司承包商包保责任制，分层级落实承包商安全监管责任，分公司领导结合四联点等活动，对联系点作业区承包商作业开展监督检查；各基层单位主要领导结合日、周、月巡检等活动，对属地输油气站场、阀室、线路的承包商作业及零星维修项目开展监督检查；业务科室、基层作业监护人员监护过程中对承包商安全措施落实情况、人员不安全行为等进行监督检查；质量安全环保科每月对分公司包保责任履行情况进行统计，并在监督月报中进行通报，促进各层级严格履行包保责任，避免承包商包保责任不清或未落实入场施工，杜绝以包代管、包而不管。

7 狠抓 HSE 合同约定，严禁未明确承包商安全环保主体责任入场施工

严格合同责任主体约定。在项目合同签订阶段在合同中明确承包商安全环保的主体责任，约定质保期、质保金、事故责任等责任追究事项，确保甲乙双方的责任与权利约定有效落实。

严格 HSE 协议约定。在项目合同签订阶段在 HSE 协议“双方安全生产违约责任与处理”条款中明确违约考核明细，考核明细标准不得低于《承包商安全监督管理程序》承包商违章分类及违约处理标准。

严格承包商履约监督。定期对承包商合同履行情况进行监督检查，组织开展问题整改，确保合同约定事项按期开展。加强不定期抽查，督促承包商落实合同约定事项，定期组织实施承包商专项检查，对合同约定条款履行情况进行抽查验证，编制承包商专项检查报告，通报承包商合同履行情况。

8 狠抓承包商应急管理，严禁未组织承包商开展应急预案审查和应急演练入场施工

严把项目承包商应急预案审查关。强化项目承包商的施工现场生产安全事故应急预案编制，落实甲乙方限时“双报告”及联动应急处置，加强应急预案评审；严禁未制定应急预案或应急预案未评审项目入场作业。

狠抓长驻承包商应急管理。加强长驻承包商自身应急管理体系建设，根据项目实施期间可能引发的事故事件，细化应急响应程序及处置措施，确保承包商预案与分公司应急响应程序有效衔接、联动，并针对承包商应急预案，定期开展应急演练。

提升承包商事件应急处置能力。加强项目实施期间的承包商应急演练。对于高风险、涉及特殊作业或者施工周期超过半个月的项目，至少开展一次应急演练，两个及以上承包商在同一区域作业的，应组织开展联合应急演练。

9 狠抓承包商考核问责，严禁未落实考核问责措施而继续施工

深化承包商 HSE 绩效考核。根据项目实施过程中项目安全管理、关键人员履职、安全措施落实等方面存在问题，按照《承包商 HSE 绩效考核标准》在承包商季度考核中进行兑现。符合承包商违章分类及违约处理标准的，按照合同和 HSE 协议约定通过罚款、停工整改等方式对承包商进行考核问责。发生承包商事故事件，根据合同及 HSE 协议约定，对承包商及相关人员进行考核；根据分公司安全环保责任书及事件考核方案，对相关单位和责任人进行考核问责。

突出施工问题/隐患整改。加强承包商作业现场安全检查，在实时项目专项检查基础上对检查发现问题下发问题整改通知单，由属地单位督促落实问题整改及验收确认。各层级安全监督人员发现承包商作业现场存在事故隐患无法保证安全的，或者发现危及员工生命安全的紧急情况时责令停止作业，整改合格经作业区验证符合安全条件后方可开工。

10 狠抓"黑名单"制度落实，严禁选用已列入"黑名单"的承包商

严查关键人员履职。加强对承包商项目经理、安全员、技术员、监理人员在岗履职情况进行监督检查，发现不在岗情况及时记录、考核并反馈主管科室。严防关键人员以次充好、身兼数职、擅离职守、履职不力或失职人员等现象出现，违规者列入"黑名单"实行职业禁入。

狠抓违反"十大禁令"处罚。在开展作业监护、安全监督、安全检查过程中，针对违反"十大禁令"行为或其他严重违章行为的承包商人员，一经发现，立即列入"黑名单"并清除出场，所在施工单位停工整顿，未经审查合格不得开工。

11 结语

安全管理是一场持久战。有什么样的甲方，就有什么样的乙方。归根结底，要做好承包商安全管理，首先必然要先从自我开刀此外，还要重点关注承包商施工人员的安全行为，定期组织承包商负责人开展施工过程隐患互查帮扶活动，让承包商负责人以"执法者"的视角看待安全，安全管理人员对其发现的违章行为从原因、相关制度规定的解读、可能导致的后果等进行分析讲解，强化对承包商的安全合规警示。每月开展"视频查隐患"活动，组织安全管理人员、班组员工与承包商一起从录制的视频中查找不安全行为，由问题引出相应的安全规章制度并进行学习，提高承包商单位的安全施工水平。

参 考 文 献

[1] 浅析承包商管理措施提升. 邓飞，钟秀敏，郭本涛，杨寒，《工程管理前沿》，2023 年 1 期.
[2] 承包商的有效管理. 雷波.《建筑模拟》，2019 年 6 期.
[3] 承包商 HSE 管理与实践，郑辉《基层建设》，2019 年 18 期.

新形势下油气与煤炭资源协调共采探索

朱 丹 刘云鹏 李晔舟 王 磊

（中国石化华北油气分公司）

摘 要：针对鄂尔多斯盆地石油天然气与煤炭矿权重叠“面积大、数量多、风险高”的特点，以中国石化华北油气分公司大牛地气田为研究背景，首先从地质特征、国家政策和开采工艺三个方面分析了造成石油天然气与煤炭矿权重叠的原因，然后从企业安全生产和国家能源战略两个方面分析了交叉开采造成了典型问题，最后从标准化体系构建方面提出了油气与煤炭矿权重叠区交叉开采的思考与建议。研究成果对油气企业和煤炭企业安全生产、国家能源保供都有一定的指导意义。

关键词：矿权重叠；交叉开采；bow-tie；风险矩阵；协调共采

1 引言

鄂尔多斯盆地位于我国中西部地区，为中国第二大沉积盆地，盆地具有地域面积大、资源分布广、能源矿种齐全、资源潜力大、储量规模大等特点，其中天然气、煤层气、煤炭三种资源探明储量均居全国首位，石油资源居全国第四位；据统计，目前盆地内石油总资源量约 86×10^8t，天然气总资源量约 110000×10^8m^3，埋深 2000m 以浅的煤炭总资源量为 40000×10^8t。此外，还含有水资源、地热、岩盐、水泥灰岩、天然碱、铝土矿、油页岩、褐铁矿等其他矿产资源。该盆地对保障我国能源需求、加强战略能源储备、实现可持续发展具有非常重要的战略意义。

由于石油、天然气、煤炭等资源成藏地质年代的不同，在盆地内垂向上形成了深层为天然气、中深层为石油、浅层为煤炭（按照经济可采煤层埋深统计）的共生特点，平面上形成了“半盆油、满盆气、全盆煤”的特点。当石油、天然气、煤炭等资源在盆地内进行勘查或开采时，必然会导致矿权重叠现象的发生，进而产生不同矿产资源的交叉开采现象，其中华北油气分公司以天然气和煤炭交叉开采现象最为突出。

华北油气分公司拥有石油天然气勘探开发区块 26 个，总面积约 2.64×10^4km^2，跨陕、甘、宁、蒙、豫、晋等 6 省区 19 市 54 区旗县，目前勘探开发主体位于鄂尔多斯盆地。本论文以中国石化华北油气分公司大牛地气田矿权重叠现象为例，分析了造成矿权重叠的原因，以及矿重叠区天然气与煤炭交叉开采存在的突出问题，并从风险管控和协调共采两个方面，提出矿权重叠区资源交叉开采标准化体系构建的思考与建议，一方面满足企业安全生产需要，另一方面保障国家能源保供需求。

2 研究背景

2.1 矿权重叠现状

以中国石化华北油气分公司大牛地气田为例，该气田位于鄂尔多斯盆地陕西、内蒙古交界处，横跨两省区四区县旗（内蒙古自治区，乌审旗、伊金霍洛旗；陕西省，榆林市榆阳区、神木市），气田总面积约 2003km^2。目前气田共与 18 家煤炭企业存在着矿权重叠现象，重叠面积 1324.1km^2，占比 66%；重叠区有井位约 1297 口，占比 65%；场站 44 座，占比 58%；集气管线 50 条，占比 63%，图 1 所示为大牛地气田与煤矿矿权重叠现状及油气设施统计。

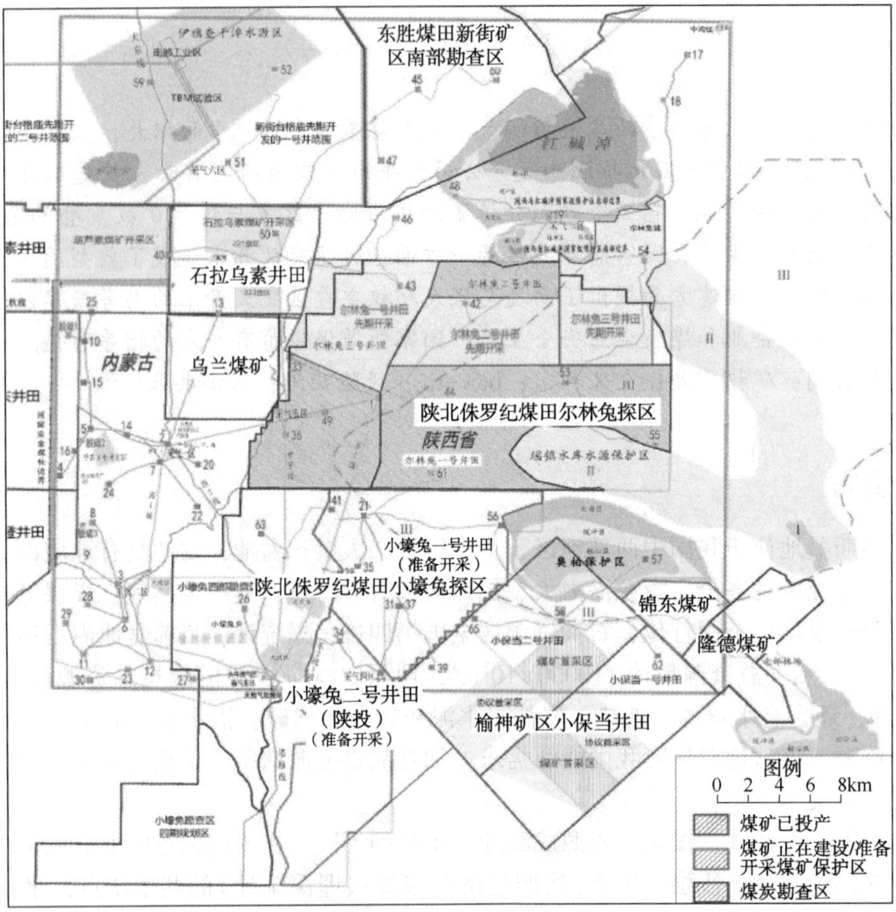

图 1　大牛地气田与煤矿矿权重叠统计表

2.2　矿权重叠原因分析

本论文对造成油气与煤炭矿权重叠的原因进行了深入分析，认为主要是由于内在原因、外在原因和直接原因三个方面导致：

2.2.1　内在原因

由于石油天然气与煤炭成藏地质年代不同，在垂向上形成了“深部天然气、中深部石油、浅部可采煤炭”的资源叠置现象（如图 2 所示）。石油天然气主要产层有上古生界二叠系下统下石盒子组和山西组、石炭系太原组、下古生界奥陶系马家沟组等，石油开采深度一般在 1200~2000m，天然气开采深度一般位于 2000~3300m；煤炭自下而上共分布 3 套煤层，包括石炭-二叠系、三叠系和侏罗系，主要可采煤层深度一般位于 300~900m。

2.2.2　外在原因

由于国家政策和相关法律方面的规定，在平面上形成了石油天然气与煤炭等多种矿业权

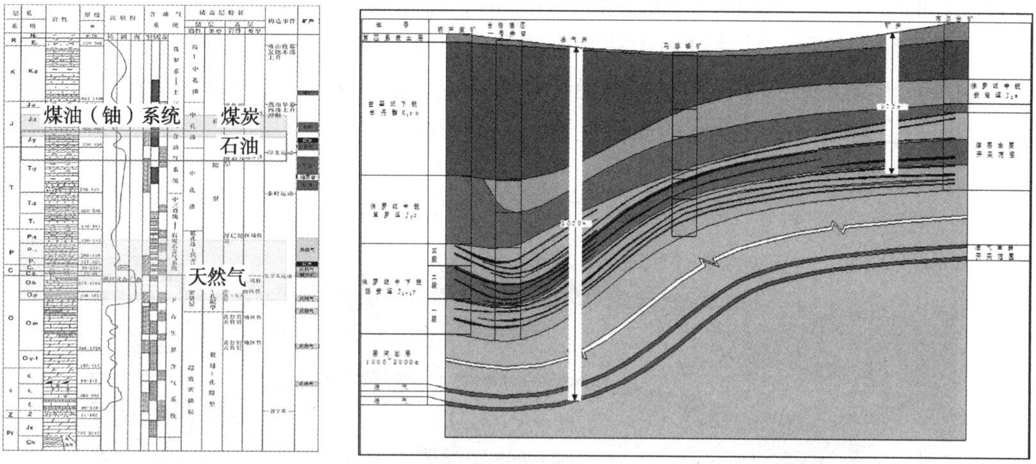

(a)资源分布地质年代示意图　　(b)鄂尔多斯盆地大牛地气田工程地质剖面图

图 2　鄂尔多斯盆地石油天然气与煤炭资源垂向分布示意图

相互压覆的现象(图 3 所示为鄂尔多斯盆地石油、天然气、煤炭、期铀矿等多种资源平面压覆情况)。一方面矿业权的归属主体不同，石油天然气的矿业权设置归属国家相关部委，煤炭的矿业权设置归属各省、自治区和直辖市；另一方面，《国土资源部关于完善矿产资源开采审批登记管理有关事项的通知》(国土资规〔2017〕16 号)第九条(2)对新立采矿权申请范围与已设矿业权垂直投影范围重叠作了明确要求：油气与非油气之间，新立采矿权与已设矿业权重叠，双方签订了互不影响和权益保护协议的(如图 4 所示)。

图 3　鄂尔多斯盆地资源平面压覆示意图

图 4　采矿权登记管理相关规定

2.2.3　直接原因

由于石油天然气开采与煤炭开采是两种完全不同的工艺，在同一矿权重叠区内进行同时开采，过程中必然存在着不同工艺之间的交叉作业(图 5 所示为油气开采与煤炭开采工艺之间可能存在的交叉)。一方面，石油天然气开采时，要从地面向地下进行钻井，由于煤炭埋深较浅，油气埋深较深，钻井过程中钻井轨迹必然会穿过煤层，煤炭采掘过程中可能遇到井筒，影响煤炭正常开采；另一方面，煤炭开采后形成大范围采空区，引起上覆岩层移动甚至是地面塌陷，会对地面油气设施的安全性造成一定影响。

图 5　油气开采与煤炭开采交叉作业示意图

2.3　矿权重叠后果分析

石油天然气与煤炭矿权重叠区交叉开采，可能会带来两方面影响：一方面安全风险较大，会对企业的安全生产造成一定影响；另一方面制约资源开采，会对国家能源保供需求造成一定影响。

2.3.1　影响企业安全生产

(1)“bow-tie”风险分析

本论文采用“bow-tie”分析法(也称为“蝴蝶结分析法”，是以蝴蝶结的方式进行风险分析的一种方法，主要用于风险评估、风险管理及事故调查分析、风险审计等，可以更好地说明特定风险的状况，以帮助人们了解风险系统及防控措施系统)研究油气与煤炭矿权重叠区交叉开采有害因素可能导致的顶上事件、风险后果以及预防措施和减缓措施，共识别出 7 类交叉开采重大事故的演变过程，其中对天然气开采的风险有 3 类(如图 6 所示)，对煤炭开采的风险有 4 类(如图 7 所示)。

(2) 风险矩阵风险

依据《中国石化安全风险评估指导意见》，按照中国石化安全风险矩阵，对交叉开采的初始风险值和剩余风险值进行定量评估，结果如表 1 所示。交叉开采一方面可能导致煤炭井下火灾爆炸、窒息中毒、冒顶片帮等安全事故，另一方面可能导致油气田火灾爆炸、站场坍塌、管线刺漏等安全事故；其中：可能导致的煤矿火灾爆炸事故风险最大，事故后果最为严重，评估结果为 F6(64)。

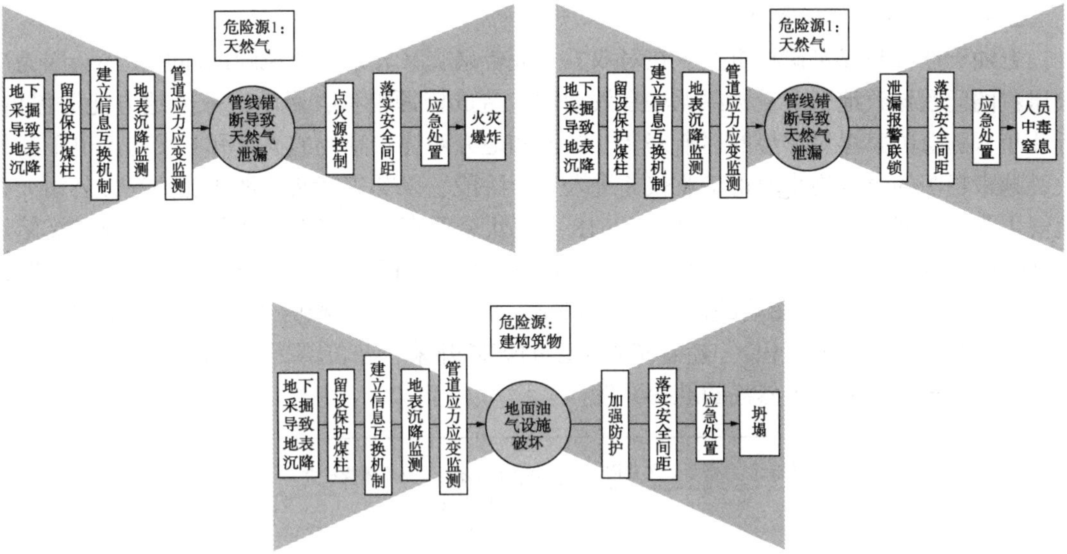

图 6　交叉开采对天然气开采带来的风险

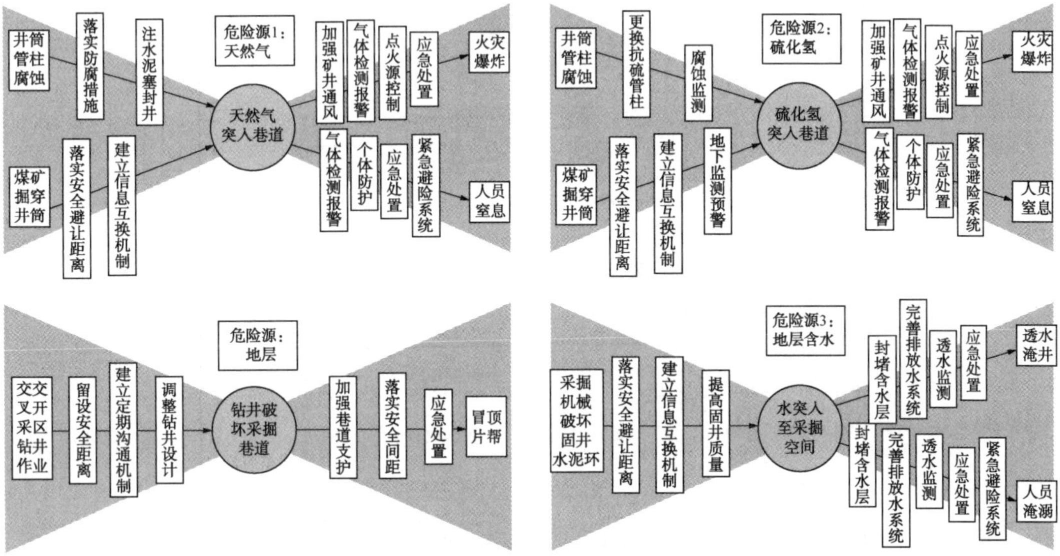

图 7　交叉开采对煤炭开采带来的风险

表 1　交叉开采风险评估结果

发生位置	事故名称	初始风险评估		
		评估结果	风险等级	风险指数
煤　矿	火灾爆炸	F6	重大	64
煤　矿	窒息中毒	E6	重大	46
煤　矿	冒顶片帮	E6	重大	46
油气田	火灾爆炸	G4	重大	43
煤　矿	透　　水	E5	较大	32
油气田	窒息中毒	G3	较大	29
油气田	坍　　塌	E2	一般	10

2.3.2　制约国家能源保供

石油天然气与煤炭矿权重叠，在对双方企业带来交叉开采安全风险的同时，还会因为矿权压覆的问题导致地下大量资源无法有效动用，造成资源浪费，影响国家或地方能源保供。近几年，随着国家煤炭形势的逐渐好转，国家和地方对煤炭企业的支持和开发力度也不断加大，越来越多的煤矿逐步取得矿业权并进入生产阶段。以鄂尔多斯盆地华北油气分公司大牛地气田为例，截至2022年底，已累计与18家煤炭企业存在矿权重叠现象；气田内三级储量共 $9440\times10^8m^3$，其中煤炭压覆的资源约 $4663.12\times10^8m^3$，占比近50%；气田总面积为 $2003km^2$，其中开发不受影响的仅为 $432.44km^2$，占比气田总面积的21.6%（图8中阴影部分所示气田开发不受影响面积）。随着越来越多的煤矿开采，井位部署、地面油气设施建设将更加困难，极大制约了天然气的勘探开发。

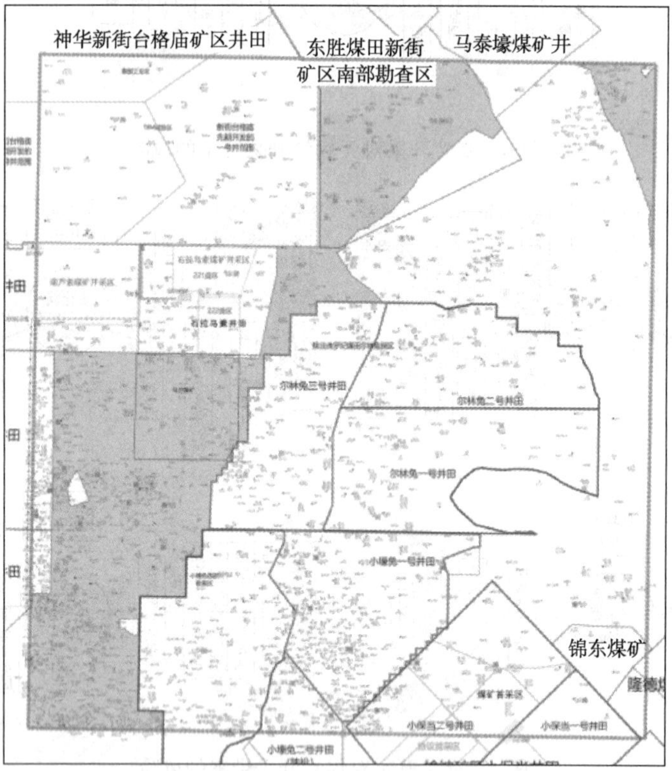

图8　鄂尔多斯盆地大牛地气田开发不受影响区域分布图（阴影部分）

3　协调共采思路

3.1　国内外研究现状分析

通过查阅、研究国内外相关文献，关于矿产权重叠现象，在国内外（地区）较为普遍；但是因为对资源的产权和国家法律规定不同，面临的问题均不统一。矿产资源权的重叠问题，开采分为几种情况：合作经营、优先原则、合理开发。

① 矿业权重叠企业间通过合作、合伙等形式联合勘探开发矿产资源，互利双赢，安全有序开发。美国部分州允许矿业权重叠，鼓励不同矿业权所有人共同投资、分享收益。美国联邦《能源政策法》规定：煤层气开采要以保护煤炭开采，不浪费煤层气资源为原则；采用联合开发的方式方法，该地区的土地拥有者及矿业权所有者可选择销售或租界煤层气所有

权、参与经营开发或放弃经营并享有分红；开发煤层气进行钻井时，煤矿主可提出申请，享有反对权。

② 优先原则。即矿业权设置时间优先原则，谁先拥有探矿权或采矿权，谁就拥有开发同一区域其他矿种的优先权。台湾地区“矿业法”第三十一条规定：矿业申请地与他人矿业申请地或矿区重复，如矿质为异种，主管机关应即通知申请在先者或矿业权者，限于 90 日内优先申请设定矿业权，如不依限申请，即取消其优先权。

③ 合理开发。澳大利亚联邦法律规定土地所有权和矿业权分开，所有矿产资源归政府所有，土地归所有人所有。允许矿业权重叠设置。采矿权申请人在递交采矿权申请时，要向重叠矿业权人和政府同时递交采矿权申请。重叠矿业权人可以同意、拒绝、协商合作开发，如果重叠矿业权人拒绝申请，由政府作出最终决定。其中一方的作业不得干扰重叠矿区另一方作业。假如重叠区内双方同时申请采矿权，则需要协调合作制定合理开发计划，由政府批准。

随着我们国家对能源需求的不断增长，石油、天然气、煤炭的开发力度进一步加大，多资源矿权重叠区交叉开采矛盾日益突出。不仅影响到区域内矿产资源的勘查与开发利用合理布局，也阻碍矿产的实现资源到资产、资本的转换。现阶段单矿种开发模式不利于矿产资源的充分合理有效利用，造成较为严重浪费和环境污染。在资源紧缺、环境问题突出的境况下，妥善处理矿权重叠问题，显得尤为重要与迫切。

由于缺少相应的法律法规，我国矿产资源开发的管理主要是靠政策。但是，矿产资源开发的有关的政策有些模糊，缺乏可操作性，甚至政策文件间发生冲突。国内对资源开采的法规和标准较多，但是目前国家标准均是对单一矿产权的规范，未对多种矿产资源开采行为进行规范，目前缺少矿权重叠区油气与煤炭协调开采的方式方法。

3.2 华北油气分公司研究思路

在当前国家能源需求不断增长的形势下，实现石油天然气与煤炭资源的协调共采，变得尤为重要和迫切。

为最大程度实现石油天然气与煤炭协调共采，满足国家能源保供需求，华北油气分公司制定了“一矿一案”协调共采思路，即依法合规、尊重现状的前提下，根据天然气与煤炭资源的开采布局和开发时序，相互协调，统一部署，在空间上相互避让、在时间上同步开采。

总体思路见表 2 所示。

表 2 “一矿一案”协调共采思路

序号	协调共采类别	具体思路	适用情况
1	开发空间避让	在矿权重叠区内，根据地下油气与煤炭资源的地质分布特征，结合地面布局现状，划分各自优化开采区，在时间上同步开采，在空间上相互避让	油气企业与煤炭企业均已取得采矿权，矿权重叠面积较大，但是部分重叠区域内油气设施较少
2	开发时序避让	在矿权重叠区内，根据地下油气与煤炭资源中长期的开发规划，在全部或部分重叠区内优先开采一种资源，全部开采结束后，再开采另一种资源	(1) 油气企业与煤炭企业均已取得采矿权，矿权重叠面积小 (2) 油气企业与煤炭企业一方取得了采矿权，另一方只取得了探矿权

续表

序号	协调共采类别	具体思路	适用情况
3	预设油气开采条带	在矿权重叠区内，留设用于油气开采的保护条带	(1)煤炭企业已取得采矿权，矿权重叠区内油气设施较少。(2)煤炭企业只取得了探矿权，矿权重叠面积较小
4	复合开采	综合上述三种开采思路，根据油气与煤炭资源总体开发布局和地质分布特征，同时上述采用两种或三种开采思路：双方共同规划、加快油气开采、重点设施保护、符合条件弃置、合理补偿退出	矿权重叠面积较大

其中，“预设油气开采条带”(本论文称作“油气走廊”，如图9所示)的方式，不受时间和空间的限制，能够最大程度地动用地下资源。“条带”内部署天然气设施，条带外进行煤炭开采；通过合理设置条带尺寸，可最大程度地减少资源占压，实现双方利益最大化。但是，预设“油气走廊”条带的方式也有一定的适用条件，需针对处于勘查阶段的煤矿或区域，而且重叠面积相对较小。

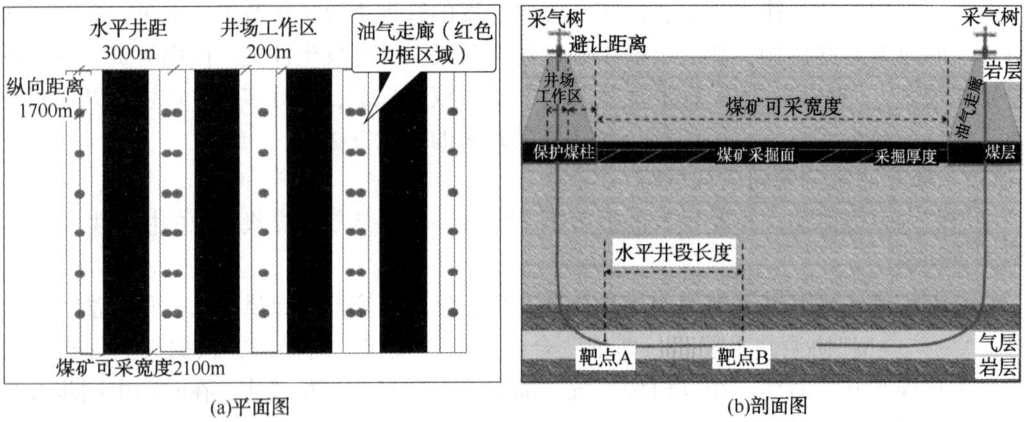

图9 “油气走廊”留设示意图

4 结论与建议

4.1 结论

(1) 矿权重叠区天然气与煤炭交叉开采风险大，一方面煤炭开采之后形成的地面沉降区对天然气设施的生产安全造成威胁，而且采空区钻井也将面临更大的安全风险；另一方面天然气开发时钻井穿过煤层，给煤矿井下作业活动造成潜在威胁，一旦碰撞可能发生井下火灾爆炸事故。因此，必须高度重视交叉开采安全风险。

(2) 矿权重叠在带来安全风险的同时，资源在开采方面还会受到相互制约。由于天然气与煤炭开采工艺的不同，同一区域内无法对两种资源同时进行开采。因此，必须根据不同资源的开发布局和开发时序，加强顶层设计，统一规划部署，通过划分优先开采区、预设开采条带等方式，实现协同共采。

（3）无论是交叉开采风险管控，还是天然气与煤炭协调共采，都涉及到企业双方的安全与利益。因此，双方之间必须通过管理上的不断合作、技术上的不断进步，才能实现共赢。

4.2 建议

（1）建议油气企业与煤矿企业构建有效的协调防控机制，双方定期沟通交流、定期交换相关资料、实现信息共享，从源头管控风险，避免产生交叉作业活动，避免发生安全生产事故。

（2）建议油气企业与煤矿企业构建联合工作小组，定期会商解决交叉开采过程中存在的重大事项，共同研究编制天然气与煤炭协同共采方案。

（3）建议油气企业与煤矿企业共同研究交叉开采避让技术规范和管理要求，共同申报和编制相关标准，实现依法合规。

参考文献

[1] 付金华，范立勇，刘新社，等. 鄂尔多斯盆地天然气勘探新进展、前景展望和对策措施[J]. 中国石油勘探，2019，24(04)：418-430.

[2] 罗世兴，沙景华，吕古贤，等. 鄂尔多斯盆地矿权重叠问题探析[J]. 中国矿业，2012，21：201-204.

[3] 吴文盛，刘小磊. 中国矿业权重叠问题探析[J]. 石家庄经济学院学报，2014，37(2)：55-58.

[4] 涂庆，于光，黄启，等. 鄂尔多斯盆地能源矿产矿权叠置问题对策分析[J]. 中国矿业，2013，22(4)：15-18.

[5] 李润生，王震. 我国油气矿权管理制度改革的对策建议[N]. 中国能源报，2015-11-02(004).

[6] 国土资源部关于完善矿产资源开采审批登记管理有关事项的通知[Z]. 自然资源部，2017.

[7] 李冰毅. 基于 Bow-tie 模型的甲醇污水净化站风险分析[J]. 安全、健康和环境，2019，19(04)：43-46.

[8] 张武星. 石化企业安全风险分级管控中的问题与对策[J]. 安全、健康和环境，2019，19(09)：46-49.

[9] 刘云鹏. 气煤重叠区交叉开采安全技术研究[J]. 当代石油石化，2019，27(01)：27-31.

[10] 黄炳香，赵兴龙，张权. 煤与煤系伴生资源共采的理论与技术框架[J]. 中国矿业大学学报，2016，45(04)：653-662.

【作者简介】刘云鹏，男，现工作单位为中国石化华北油气分公司石油工程技术研究院，高级工程师，国家注册安全工程师，主要从事重大风险管控、安全技术研究及安全标准化方面的工作。电话：15638561816，邮箱：lypxhx@163.com。

定力矩紧固广泛应用是泄漏安全的源头保障

郑永博　陈兴虎　陈攀峰　高青松　张振泰

（中国石油天然气股份有限公司庆阳石化分公司机动设备处）

摘　要： 法兰螺栓定力矩紧固是系统性的过程管理工程，法兰密封面损伤、密封垫片质量不合格、螺栓预紧力不精确、设备操作条件变化等因素，都可能造成法兰泄漏。在设备维修、安装，特别是大检修等工程施工中对法兰螺栓定力矩紧固进行过程管理，从而降低了物料介质的泄漏，提高了设备及人员的安全性，工程施工效率得到有效提升，资源得到更有效的利用，在实际工程施工中保证了装置检修"零泄漏"的效果，确保装置一次开车成功。

关键词： 法兰；密封；泄漏；定力矩紧固；过程管控；培训

庆阳石化在2022年大检修中，针对近几年石油化工行业事故频发，因泄漏产生事故比率较大，认真总结了以往检修经验，经过横向纵向调研、查阅历史数据、综合分析研判，决定对所有装置符合定力矩紧固要求的静密封点实施法兰密封标准化施工管理工作并聘请第三方技术服务团队监督法兰管理全过程。自开展工作以来，在公司领导的关心和指导下，在各运行部的大力支持配合下，按照公司检修要求标准化作业流程进行有效服务监管，实现既定目标，为装置开工、运行做出突出贡献，特总结分享如下：

1　定力矩紧固目标

庆阳石化2022年大检修是庆阳石化深入推进高质量发展，促进"十四五"规划落地，加快建设效益突出的城市型精品炼化企业的重中之重的任务，检修时间紧，任务重，要求高。根据《中国石油炼化企业静密封管理规定》《中国石油炼化企业静密封安装管理指导意见》相关文件精神，以及庆阳石化公司法兰密封管理的总体要求，在2022年大检修中对所有装置符合定力矩紧固要求的静密封点实施法兰密封标准化施工管理工作，以公开招标方式引进两家专业法兰密封标准化施工管理技术服务团队作为第三方，对定力矩紧固施工进行技术指导和现场监督，全面规范法兰、垫片、紧固件的选择及安装，全面管控定力矩紧固的施工质量，实现"零热紧，装置气密一次过"的目标，确保装置安全平稳运行。

2　法兰密封标准化施工管理技术服务主要内容

（1）庆阳石化公司检修装置的法兰静密封点，对法兰技术服务，对法兰螺栓数据进行现场复核，计算螺栓紧固力矩值，编制现场施工指导挂牌；

（2）对大检修施工人员进行培训，对施工机具进行扭矩校验；

（3）严格按照法兰密封标准化施工方案进行现场监管，包括垫片的检查，紧固件清洗与润滑的检查，密封面的检查，紧固工具的确认，紧固过程的监管和力矩抽检等环节（抽检比例不少于25%以上）；

（4）监管过程应用智能化管控系统，完工后出具完工报告等记录文件。

3 实施定力矩法兰管理过程控制

3.1 前期准备是做好服务监督的基础

法兰定力矩管理涉及多个环节、方方面面工作，要想保证定力矩紧固工作达到预期目标，必须从基础抓起，“细节决定成败”，必须注重每个细节的管理，因此我们从基础工作开始，逐一环节落实管控措施，主要有：

（1）建立协调机制，编制作业指南

成立了检维修协调组织，明确各方职责，建立以机动牵头，各运行部、定力矩公司、施工方组成的协调小组，要求运行部、施工单位专人负责，建立有效的沟通协调机制，层层抓落实，多次进行内部宣讲、贯彻、落实，达到上下一致、统一思想，统一标准、统一规范、统一流程，便于工作高效执行。

编制作业指导文件指南，对每个作业质量控制点，从法兰拆卸、螺栓清洗、密封面清理检查、合口检验、力矩值确认、机具校验等全过程提出具体量化管理办法及考核标准，做到有据可依，依规办事。

（2）严把机具校验关口，确保力矩准确

古语说的好“手巧不如家什妙”，要想定力矩工作做好，工具是关键，紧固机具是做好定力矩施工的基本保障，为了保证定力矩紧固效果，要求定力矩服务单位进厂后第一时间组织了定力矩紧固机具校验工作。实践证明机具校验关至关重要，从机具入场校验结果汇总看，机具不合格率占40%，由于发现及时、严把机具入场校验关，及时、有效避免了因机具问题而导致的紧固质量不达标，为确保大检修实现法兰密封零泄漏目标奠定了有力基础。

专业公司依据各家施工单位作业量，进行机具质量、数量检查，对于不符合要求的及时出具整改建议，既保证机具质量合理率又保证紧固高峰期机具数量充足使用。

（3）做好培训工作是保证紧固相关的重要环节

方案再好、机具在精准需要人来操作，因此人员技术水平高低对定力矩紧固效果十分重要，如何保证施工人员都能掌握定力矩紧固操作技能，是检维修工程重要一环，因此要求定力矩三方监督机构必须做好施工队伍人员技能培训工作。为保证按照法兰标准化作业流程施工，第三方机构组织了多次培训，包括理论和现场实操，力争培训面达到100%。先后组织实施了对大庆化建、中油六建等施工单位的培训，分别从技术技能要求规范到作业人员怎样按照法兰及密封面检查、紧固件清洗检查、法兰对中回装、密封垫片更换、螺栓螺母润滑、法兰紧固工艺等六大步骤进行系统的理论培训。

对理论培训合格人员进行实操培训。严抓监督和考核，以确保培训合格方可上岗作业。如北京海泰斯共组织对大庆化建已经完成4次理论培训、5次实操培训。

3.2 加强现场巡察技术指导，强化现场监督、做好过程管控工作

基础筑牢后、现场日常巡视指导环节是关键，因此，第三方服务单位的技术人员进行现场巡视监督，实时检测，发现问题及时督促整改。

（1）做好数据复核

第三方服务单位进场组织人员力量，第一时间进行现场数据复核，梳理台账，及时发现问题。对于排查初步发现的问题第一时间反馈属地单位与施工方。

（2）做好拆卸法兰过程管控

关键法兰拆卸过程管控非常有必要。对于关键位置法兰，采取科学的拆卸步骤、专业的拆卸工具，能够减少螺栓损耗、法兰接触面损伤。

对于关键法兰，提前喷松动剂、煤油等手段，减小拆卸摩擦力，节省拆卸时间、延长螺栓使用寿命。

（3）做好螺栓清洗区与成品库检查

利旧螺栓清洗与检查的质量关系到后期装置安全运行，我们重点关注螺栓清洗区与成品库，保证螺栓清洗到位、成品库垫片放置规范，避免不规范引起螺栓混乱与垫片损伤。

（4）做好挂牌及智能化管理

现场工作的规范管理是做好定力矩后续管理的重要一环，因此，我们坚持做到对排查完数据及时整理汇总，进行力矩值计算确认，并导入智能化系统，制作法兰管理标牌。

（5）做好法兰密封面检查

法兰及密封面检查是密封的基础，我们组织人员第一时间对拆解法兰督促清理检查，及时反馈进行修复，并建立问题法兰清单，做到闭环管理。

（6）做好法兰回装质量管控

回装管控在法兰管理中是不容忽视的一个时间节点，因此，严格回装过程中管控至关重要，坚持不放过一个法兰密封面和垫片的检查，螺栓清洗不到位、无润滑不回装，做到问题法兰不解决不合口、问题螺栓不合格不紧固。

（7）做好紧固过程监控及验收

紧固过程管控是定力矩管理的重要环节之一，我们始终坚持紧固过程中巡检，保证按照紧固力矩及步骤进行，并监控法兰间隙，保证法兰平行度。最终进行力矩校验，保证力矩值符合要求。并对校验合格法兰喷漆做标记，便于后期螺栓松动第一时间发现。

（8）做好现场质量控制表单化管理与可视化管理

通过每个质量控制点确认，保证无遗漏；并实行标签可视化管理，一目了然了解定力矩进度。

（9）做好质量抽查工作

为保证工程质量，组织质量小组，对已紧固完成的法兰进行交叉互检（垫片对中度、螺栓规格材料、螺栓松紧度、法兰间隙等），避免螺栓漏紧，二次检验，保证质量。

（10）做好沟通汇报，保证信息畅通

建立各运行部属地与施工方微信群，保证工作沟通畅通，建立好问题反馈沟通机制。并每天日报反馈问题，保证问题及时了解并解决。

4 几点体会

2022 年庆阳石化大检修工作实践，使我们真正体会到定力矩管理规范化的重要性。

（1）属地认真负责，全力支持和配合第三方服务单位工作是开展工作的基础。庆阳石化建立机动部牵头协调小组，保证问题有跟踪、执行有力度。避免了只发现问题，而无人解决问题的尴尬局面。

（2）装置拆卸过程管控非常有必要，对于关键位置法兰，采取科学的拆卸步骤、专业的拆卸工具，能够减少螺栓损耗，延长使用寿命。如加氢装置反应器头盖等大螺栓，不使用大扭矩工具、未按流程拆卸，造成螺栓拆卸不下来。

（3）提前准备螺栓润滑脂（高温抗咬合剂、二硫化钼等），避免因螺栓润滑不到位造成下次检修螺栓拆卸困难和紧固力矩损耗。如催化换热器拆卸，因上次检修周期未涂抹润滑高温抗咬合剂，造成此次检修螺栓拆卸困难。

（4）对于不拆卸高温法兰进行力矩校验非常有必要，接受第三方建议，对检修不拆卸的高温部位、振动部位等法兰进行力矩校验，发现大量螺栓松动情况，以后检修此部分纳入管理能提前发现隐患，避免运行过程中泄漏，造成紧急停车等不可控因素。

（5）在定力矩紧固三方技术服务过程中，三方监管的选择是十分必要的。例如：在定力矩紧固工程中，发现大量法兰密封面、螺栓问题，阻止和避免回装过程中野蛮施工，从而保证紧固质量可控，大大提高了装置气密通过率，节省气密时间，避免冷紧热紧，为装置调试及长周期运行打下了坚实的基础。

（6）从今年大检修法兰定力矩紧固三方服务看，对于检修装置来说，法兰密封面受损是肯定存在的，现场采取了相应的补救措施，但仍然存在风险，建议检修时提前确定法兰在线修复及线下修复厂家及预案，发现法兰缺陷能及时修复，从根本上解决法兰缺陷问题，确保运行平稳安全。

参 考 文 献

[1] 段继鹏. 高压加热中分面法兰泄漏的处理[J]. 华电技术，2011(3)：33-35.

[2] 中国国家标准化管理委员会. 压力容器：GB 150—2011[S]. 2011.

[3] ASME. 压力边界螺栓法兰连接装配指南：ASME PCC-1—2010[S]. 标准网，2011.

[4] 法兰螺栓定力矩紧固在工程施工中的应用. 张伟《化工管理》2020 年 7 月

【作者简介】郑永博，男，一直从事设备技术、安全管理工作，电话：15719653575，邮箱：zyqhzyb@ 126. com。

质量流量计在气液两相介质中的安装方式探索

曹建平　贺新文　李福诚　梁　宵　线昭德

（中国石油庆阳石化公司储运运行部）

摘　要：目前很多石油化工企业，在计量仪器的选择上，因质量流量计具有计量精度高，平时维护简单，故障率低、运行可靠，因此使用数量很多；在被计量的介质中，有液体，气体，气液两相，在计量单一液相的介质时，质量流量计安装时，U 形弯常常向下安装（在管道下方），在计量气液两相介质时，比如计量液化石油气，质量流量计在安装时，U 形弯可以向上安装，也可以向下安装，其计量精度高，U 形弯向上或向下，哪种安装，计量精度高？中石油庆阳石化公司，在 2017 年的液化气计量升级改造项目中，因限于位置，质量流量计 U 形弯安装在管线上方（倒装），2023 年 6 月，按中石油专家组意见，流量计 U 形弯安装在管道下方（正装），对计量气液两相的液化气会更加准确，于是，2023 年 8 月，进行改造。

本文根据改造前后数据对比，进行探索、研究，在液化气装车及卸车过程中，确保了装车吨位准确性，而且消减了装车过程中的安全风险，实现安全、计量、效益同步提升。

关键词：质量流量计；U 形弯向上/向下；计量精度

庆阳石化公司建厂时，因限于当时资金预算、技术条件等，液化气、丙烷、丙烯等液态烃产品装车采用涡街流量计进行粗略计量，由于涡街流量计不能进行温度补偿，只能粗略测量流量，从而导致计量数据准确率低、误差大，在实际作业中，超装或少装问题成常态化，单车最大误差超 1.2t，此种情况，必须返回装车鹤位进行卸车或补装，这样不但增加了工作量，而且存在重大的安全风险，造成物料的损耗，降低企业的经济效益。

随着质量流量计的推广及应用，质量流量计在液化气两相介质的计量使用情况逐渐增多。其准确度一般可以达到 0.2%，具有良好的稳定性、量程比宽、可靠性高等特点。2017 年，庆阳石化公司在液化气装车系统中使用质量流量计代替涡街流量计。

1　质量流量计

1.1　测量原理

质量流量计采用科里奥利原理进行流量的测量，不仅能直接测量被测介质的质量流量，还可直接测量介质的温度和密度，测量结果与被测介质的其他参数如组分、密度、压力、黏度和流动状态等无关。科氏力质量流量计是运用流体质量流量对振动管振荡的调制作用即科里奥利力现象为原理，以质量流量测量为目的的流量计，一般由传感器和变送器组成。在有流体流经流量管时，流量管由安装在其端部的电磁驱动线圈驱动，其振幅小于 1mm，频率约为 80Hz，流体流入流量管时被强制接受流量管的上下垂直运动。在流量管向上振动的半个周期内，流体反抗管子向上运动而对流量管施加一个向下的力；反之，流出流量管的流体对流量管施加一个向上的力以反抗管子向下运动而使其垂直动量减少。这便导致流量管产生扭曲，在振动的另外半个周期，流量管向下振动，扭曲方向则相反，这一扭曲现象被称之为科里奥利(Coriolis)现象，即科氏力。根据牛顿第二定律，流量管扭曲量的大小完全与流经流量管的质量流量大小成正比，安装于流量管两侧的电磁信号检测器用于检测流量管的振动。当没有流体流过流量管时，流量管不产生扭曲，两侧电磁信号检测器的检测信号是同相位的；当有流体流经流量管时，流量管产生扭曲，从而导致两个检测信号产生相位差，这一相位差的大小直接正比于流经流量管的质量流量。

1.2 结构形式

质量流量计由于采用集成化设计、连续式测定，其结构简单、可靠性高，可得到与质量流量成正比的线性信号，无需特殊运算。科氏力式质量流量计一般由传感器和信号处理系统组成，而流量传感器又是一种基于科里奥利力效应的谐振式传感器。这种传感器的敏感元件——振动管，是处于谐振状态的空心金属管，又称测量管。科氏力式质量流量传感器的测量管有多种结构形式，按照传感器测量管的数量可将其分为单管型、双管型和连续管型三种结构。根据测量管的形状，又可分为直管型和弯管型两大类。

弯管型的振动系统刚度较低，谐振频率也较低，相位差为毫秒级，电信号较易处理，同时可选用较厚的管壁，因此，其耐磨及抗腐蚀性能较好。但弯管型由于管形复杂，容易积存残渣及气体，引起附加误差，其结构尺寸也比较大。

因弯管式质时流量计具有其他型号不可比拟的优势，而得到更广泛的用途。

1.3 质量流量计的优点

(1) 直接测量质量流量，有较高的测量度。它可测量的流体种类较多，如高黏度的液体、含有固形物的浆液、含有微量气体的液体、有足够密度的中高压气体等。

(2) 科氏力质量流量计的测量管的振动幅小，可视作非活动件，测量管路内无阻碍件和活动件，对管路的压损小，运行寿命长。

(3) 它对流速分布不敏感，因而对上下游直管段基本无要求。测量值对流体黏度不敏感，流体密度、温度变化对测量值的影响微小。

2 气液两相用质量流量计使用方法

质量流量计测量气液两相流体时，问题较多，当气体含量较少且分布比较均匀时，大部分生产厂家表示此时流量计测量结果是准确的。在液体中混杂气体时多时少的状态下，分布在流量计传感器测量管上的科里奥利力不均衡，造成振动频率不稳定，流量计不能实现稳定的测量，外部表现为流量计的团状流动报警，即俗称的一股一股地流动。要使用流量计准确进行液化气的计量，需要注意下面几个问题。

2.1 要有足够的背压

一般要求流量计下游侧的压力即背压应大于测量介质饱和蒸汽压的1.25倍与经过流量计永久压力损失的2倍。当背压满足要求时才能避免，液化气在流经流量计时产生气化。即 $p>1.25\mathrm{Pa}+2\Delta p$，液化气的饱和蒸汽压随液化气的组分而变化，一般为0.5~0.6MPa。为保证流量计满足背压条件，输送压力一般应大于0.8~1.0MPa。在下游侧安装自励式调压阀是很好的做法。

2.2 实时监控流量计的运行状态

通过将流量计数据联网等方式，将流量计的测量数据、运行数据、报警信息等进行记录，便于检查和判断流量计的运行情况，对空管、气化等状态实施监控，及时发现问题。如：在流量计启动时，如果存在气体或空管的情况下，流量计会产生团状流报警信息。运行过程中夹杂气体时流量计的密度会发生变化，通过及时监控，也能及时发现问题加以解决。

2.3 进行传感器的压力修正

无论何种设计型式和制造商的科里奥利力式质量流量传感器，检定压力同实际运行压力的不同都会对测量造成影响，产生这种影响的原因是流量计传感器测量管内部的高压影响测量管的刚性所造成的。在设计上，增加流量管的壁厚可以降低压力的影响，但壁厚的增加会降低灵敏度，从而降低测量精度。质量流量计在标定条件和测量条件不同时流量系数的计算方法：新流量系数=原流量系数×[1-(压力效应)×(实际压力-标定压力)]。对于压力变化大的场合，可以外加一个压力变送器，接到质量流量变送器上进行压力补偿。如果压力变化不大，可以通过上述公式的流量系数进行修正，也可以达到补偿的目的。

2.4 流量计应安装在管道的低点

对于断续输送的液化气，管道高处的气较难排除，若将流量计安装在管道的高点，需要很长时间将气体带走后，流量计才能正常工作，因此应将流量计安装在管道的低点。

2.5 降低输送温度

降低输送温度即可以降低饱和蒸汽压，将管道埋入地下，在管道外边喷涂凉凉胶或纳米太空涂料等做法可以有效的降低储罐、管道的温度。

2.6 选用较大口径的流量计

在条件允许的情况下，选用较大口径的流量计可以在很大的程度上避免流体在流量计处产生气化。不同于其他油品的测量，为使流量计实现稳定可靠的计量，在选用流量计时可以牺牲部分准确性指标，选用较大口径的流量计。

2.7 规范输送过程的操作

在输送前应充分灌泵；输送完毕应尽快关闭流量计的下游阀门；

3 2017年改造简介

3.1 技术确定

(1) 因存在气相返罐，改造后贸易结算仍以地磅作为最终结算依据(尽管质量流量计量精度高，但少量液化气沿气返线回到球罐，且返罐气体因室温高低而不同)

(2) 改装质量流量计，信号传输与定量装车系统兼容。

3.2 改造流程(图1)

(1) 将液化石油气鹤位涡轮流量计及连接短管自法兰面拆除。

(2) 拆除位置安装质量流量计。

(3) 因限于环境位置，流量计U形弯如图1，安装在管道上方。

3.3 改造结果

(1) 原涡轮流量计在实际作业中，超装或少装问题成常态化，单车最大误差超1.2吨，，使用质量流量计后，每车误差在0.2t左右。

(2) 改造结果符合预期

(3) 自2017—2023年，流量计工作5年，计量精度高，平时维护简单，故障率低、运行可靠。

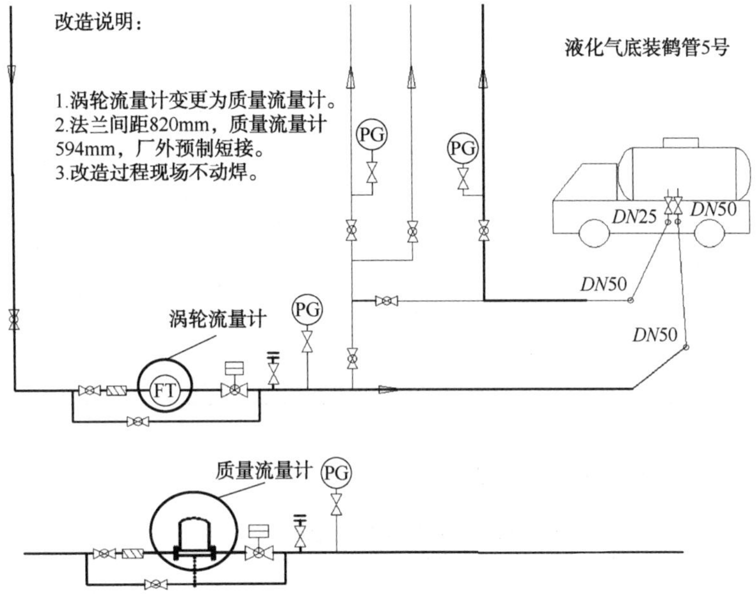

图 1　质量流量计改造工艺流程图(局部)

4　2023 年改造简介

(1) 2023 年 6 月，按中石油专家组意见，流量计 U 形弯必须安装在管道下方(正装)，对计量气液两相的液化气会更加准确，于是，2023 年 8 月，进行改造。

(2) 流量计的 U 形弯高度 0.75m，管道离水泥地坪 0.3m，在原有流量计正下方开挖 0.6m 深，0.4m 宽，0.6m 长的坑，随后水泥砂浆抹面。

(3) 将流量计 U 形弯放入坑内(四周不能有任何接触，否则影响流量计的计量精度)，处于自由状况时，连接法兰。

5　数据比对

随机抽取 2020 年 11 月份岗位记录表，随机抽取 2023 年 8 月改造后，9 月份岗位记录，统计表见表 1。

表 1　液态烃装车鹤位流量计比对统计表

日期	鹤位	车号	比对节点	过磅量/kg	流量计量/kg	误差±/kg
						过磅-流量计
2023/9/22	液 4#	甘 M68929	气相返罐前	81800	81920	-120
			充装结束	24620	24736	-116
2023/9/22	液 5#	甘 M64400	气相返罐前	10280	10304	-24
			充装结束	24560	24704	-144
2023/9/22	丙烷 1#	甘 M57953	气相返罐前	10700	10718	-18
			充装结束	23320	23728	-408
2023/9/25	丙烷 2#	陕 EC1402	气相返罐前	10610	10620	-10
			充装结束	23340	23728	-388

续表

日期	鹤位	车号	比对节点	过磅量/kg	流量计量/kg	误差±/kg 过磅-流量计
2023/9/26	液 1#	川 R65738	气相返罐前	9864	9882	-18
			充装结束	23120	23120	0
2023/9/26	液 2#	甘 M58168	气相返罐前	10340	10440	-100
			充装结束	24260	24712	-452
2023/9/26	液 3#	川 F85997	气相返罐前	9320	9328	-8
			充装结束	24780	24704	76

该表为 2023 年改造后：U 形弯向下。

液态烃装车鹤位流量计比对统计表见表 2。

表 2　液态烃装车鹤位流量计比对统计表

日期	鹤位	车号	比对节点	过磅量(kg)	流量计量(kg)	误差±(kg) 过磅-流量计
2020/11/6	液 4#	甘 M29196	气相返罐前	9980	10016	-36
			充装结束	22920	23104	-184
2020/11/5	液 5#	川 R65738	气相返罐前	9820	9840	-20
			充装结束	23120	23088	32
2020/10/29	丙烷 1#	甘 M23130	气相返罐前	10120	10140	-20
			充装结束	22980	23134	-154
2020/11/14	丙烷 2#	甘 A72771	气相返罐前	10600	10626	-26
			充装结束	24440	24730	-290
2020/11/1	液 1#	鄂 FTK726	气相返罐前	9800	9792	8
			充装结束	24760	24704	56
2020/11/18	液 2#	甘 M27083	气相返罐前	9980	10130	-150
			充装结束	22800	23096	-296
2020/10/21	液 3#	甘 M29081	气相返罐前	10120	10128	-8
			充装结束	23000	22992	8

该表为 U 形弯向上：2020 年 11 月份统计。

表 2“充装结束”这一栏：

2023 年改造后，单车计量误差平均-201kg；

未改造(U 形弯向上)2020 年，单车计量误差平均-118kg；

本组数据分析：液化气为气液两相状态，气相液相同时流经流量计后，进入槽车，进入槽车的气相又返回球罐，此种情况下槽车地磅称重，因此，“充装结束”这一栏的数据是地磅称重与流量计差值(负值主要是返罐的气相成分)。

上表“气相返罐前”这一栏：

2023 年改造后，单车计量误差平均-42. 5kg；

未改造(U形弯向上)2020年，单车计量误差平均-36kg；

本组数据分析：液化气经质量流量计装入槽车，(气相未返球罐)气相液相全在槽车内，地磅称重；“气相返罐前”这一栏数据是地磅称重与流量计差值，该数据能较真实地反映流量计的计量精度。

6 结语

庆阳石化公司液化石油气装卸车采用质量流量计进行装车数据的计量，在测试调校过程中，质量流量计完全能够弥补涡街流量计在使用过程中存在的各种缺陷，在液化气装车过程中很好地发挥了计量功能。让计量误差从原来的单车1000kg，降低至200kg。

然而，在质量流量计的安装方式上，出现了科氏力式质量流量计传感器“U形弯”向上和向下的两种方式，从随机抽取的岗位记录，通过比对分析，在计量气液两相介质时，尤其针对常温液化石油气的计量，质量流量计的两种安装方式，对计量精度影响均不大。

从上面的数据分析中，科氏力式质量流量计U形弯向上的安装方式，计量精度可能会更高一些，在装车现场的管理中，我们还会对计量工作做精，做细，充分发挥质量流量计高精度的特点，做好计量工作及贸易交接工作，并对同行业提供参考。

【作者简介】曹建平，男，现任储运运行部设备工程师。电话：13884166353，邮箱：544704980@qq.com。

天然气管道受工业园区建设影响发生屈曲变形案例分析

杨合建　邢晓永

[国家管网集团(福建)应急维修有限责任公司]

摘　要：本文通过对某屈曲变形的天然气管道进行宏观、无损检测、理化性能及周边环境变化的综合分析，确定屈曲变形产生的主要原因及采取的应对措施，做好长输管线的完整性管理，确保该段长输天然气管线安全稳定运行。

关键词：屈曲变形；拉伸实验；刻槽锤断；内弧侧；外弧侧

1　项目概况

2019年6月，国内某天然气管道公司在进行16寸长输天然气管线内检测过程中发现一处约10%变形量的信号严重异常点，影响后续检测作业。经开挖验证后发现缺陷位于一55°弯头本体上(水平弯)的屈曲变形，实测最大变形量为44.5mm(11%)，为保证管道安全运行及后续内检测作业顺利进行，同年7月，该变形弯管顺利完成不停输换管。

2　检测与分析步骤

为进一步明确缺陷成因，本文对缺陷管道进行分析，结合周边自然环境变化，初步判定缺陷成因。分析工作主要包括：宏观检测、无损检测、理化性能和综合分析等。

2.1　宏观检测

2.1.1　宏观检查

屈曲位于热煨弯头外弧侧，原环氧粉末防腐层完全脱落；内弧侧防腐层局部脱落，其他未完全脱落的防腐层存在环向裂纹。如图1所示。

2.1.2　轴向尺寸测量

热煨弯头全长约3.4m，其中弯管长约3.2m，两端直管长250mm，弯曲角27.6°。如图2所示。

2.1.3　弯管圆度测量

在弯管外表面标记轴向等间距分布的环套，相邻环套轴向间隔100mm。采用直尺投影法测量每个环套水平直径，采用软尺测量周长，并计算圆度，计算结果显示，弯管变形后直径和圆度出现了不均匀现象，其中屈曲处和下游变形较大，屈曲上游变形较小。

2.1.4　屈曲高度、宽度

采用游标卡尺对屈曲高度和宽度进行测量，屈曲环向分布于外弧侧1：00至5：00，最大高度位于3：00，高约28mm；屈曲轴向宽度约60~80mm。屈曲宽度沿环向从中间到两边逐渐增大，屈曲高度沿环向从中间到两边逐渐降低。

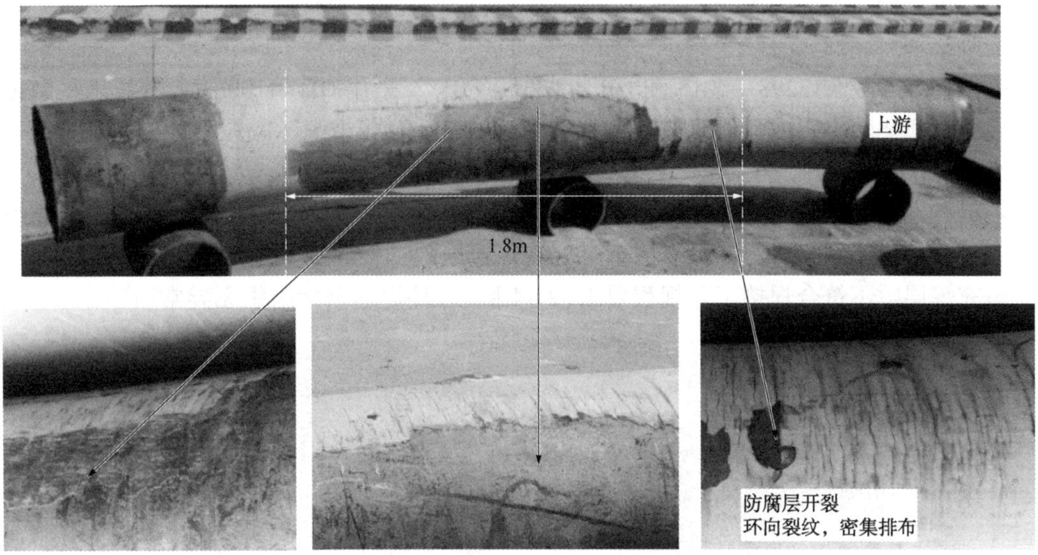

图 1　热煨弯头防腐层形貌

2.1.5　屈曲处壁厚测量

在屈曲部位画等距网格，环向网格线以 15min 为间隔，轴向网格线以 20mm 为间隔，如图 3 所示。采用超声波测厚仪对 17×15 个点进行了壁厚测量，与未变形处相比，屈曲处壁厚增大。

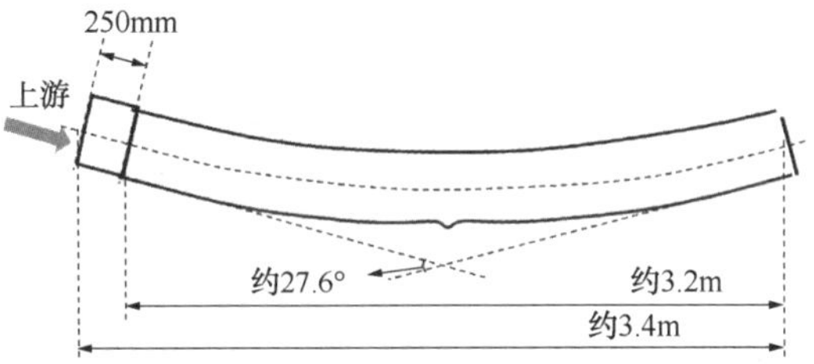

图 2　轴向尺寸测量示意图

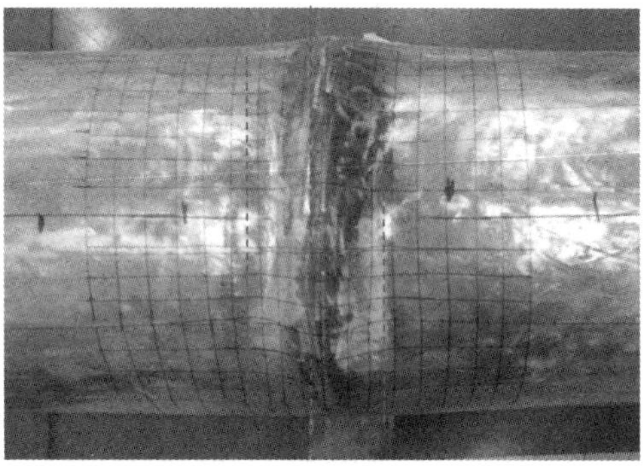

图 3　屈曲处壁厚测量网格

2.2　无损检测

依据 SY/T 4109—2005《石油天然气钢质管道无损检测》，对热煨弯头环焊缝和屈曲部位进行磁粉、超声检测和射线检测，均未发现超标缺陷。

2.3　理化性能检测

对热煨弯头的直管段、环焊缝、弯管直段管体、外弧侧、内弧侧和屈曲部位分别取样进行化学成分、金相组织、力学性能检测。

2.3.1　化学成分分析

依据标准 GB/T 4336—2016，采用 ARL 4460 直读光谱仪对直管段、弯管直段管体和屈曲部位材料进行化学成分分析；依据标准 ASTM A751-14a，采用 TC600 氧氮分析仪进行氮(N)元素分析，结果显示，以上三处材料化学成分(碳、硅、锰、磷、硫、铬、钼、镍、铌、钒、钛、铜、硼、铝、氮等)符合 GB/T 9711.2—1999 标准要求。

2.3.2 金相组织分析

依据标准 GB/T 13298—2015 和 GB/T 4335—2013，采用 OLS 4100 激光共聚焦显微镜对直管段、外弧侧管材、内弧侧管材和弯管直段管体进行金相组织、晶粒度分析，分析结果金相组织无异常。

依据标准 GB/T 13298—2015，采用 OLS 4100 激光共聚焦显微镜对上游环焊缝金相组织进行分析，结果如图 4 所示，焊缝区未见宏观焊接缺陷；根焊 1 层、填充焊 1 层、盖面焊 1 层，填充焊层数不符合焊接工艺规程要求(2~4 层)，环焊缝金相组织无异常。

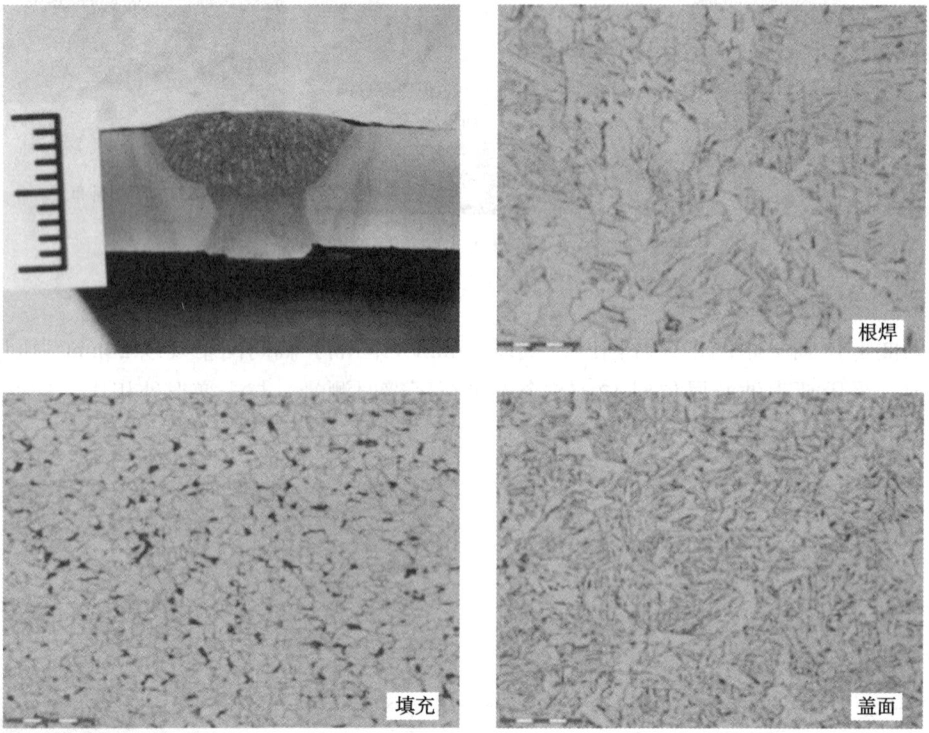

图 4 环焊缝金相组织

依据标准 GB/T 13298—2015 和 GB/T 4335—2013，采用 OLS 4100 激光共聚焦显微镜对管屈曲变形部位金相组织、晶粒度进行分析，屈曲部位的金相组织发生变形，屈曲部位与非屈曲部位的组织一致，均为 PF+B 粒+少量 P，晶粒度均为 10~11 级。

2.3.3 力学性能检测

依据相关标准规范对直管段、上游环焊缝、弯管直管段、外弧侧、内弧侧、屈曲处进行力学性能试验。结果显示：硬度、屈服强度、抗拉强度、伸长率、屈强比、夏比冲击、吸收功等均满足 GB/T 9711.2—1999 标准要求。

3 综合分析

3.1 周边环境变化

该段管线设计压力 7.5MPa，常年运行压力 4-6MPa，于 2006 年建设完成，当时该区域为水田。由于地方经济发展需要，该区域 2013 至 2014 年间由地方政府调整规划建成工业园区。屈曲弯管埋设位置如图 5 所示，周边环境变化包含工业园区建筑物、覆土、下游公路、车辆动载等。同时，调研发现该弯管处于淤泥质软基之中。屈曲弯管上游两侧建筑载荷对称挤压软基，使弯管上游直管段受到平衡的推力，相当于固支。

图 5　失效弯管所处位置示意图

3.2　屈曲形成时间

屈曲弯管下游公路 2010—2011 年建成，2013 年进行的第一次内检测未发现屈曲，2014 年工业园区建成，2019 年进行的第二次内检测发现屈曲。在形成弯管屈曲的时间段内，主要的环境变化是工业园区的建设，屈曲应是在工业园区建设过程中逐步形成。

3.3　屈曲形成原因

弯管发生失效的可能影响因素有：管段材料性能、管道运行工况变化、下游公路的影响、工业园区建筑施工影响以及弯管处淤泥质软基等因素。

弯管本体、环焊缝及直管段理化性能检验结果均满足相关标准要求，管段材料性能未发现异常，不是弯管发生屈曲的主要原因。

管道运行工况长期低于设计压力，流速低于 10m/s，满足管道内气压波动，管道运行工况变化不是弯管发生屈曲的主要原因。

公路建成之后 2013 年进行的第一次内检测未发现屈曲变形，车辆动载对下游管道产生的垂直向下载荷不会造成弯管的实际屈曲形成，公路建设和车辆动载不是弯管发生屈曲的主要原因。

由此可知屈曲应是在工业园区建设过程中逐步形成的。分析屈曲弯管周边建筑活动情况可知，建筑施工等载荷挤压软基向周围移动，如图 6 所示，下游管段与 2 号楼距离最近，受软基移动的影响向远离 2 号楼方向偏移，在管系约束情况下，使弯管受到弯矩及轴向载荷作用。因此，2 号楼的建设造成弯管屈曲可能性最大。

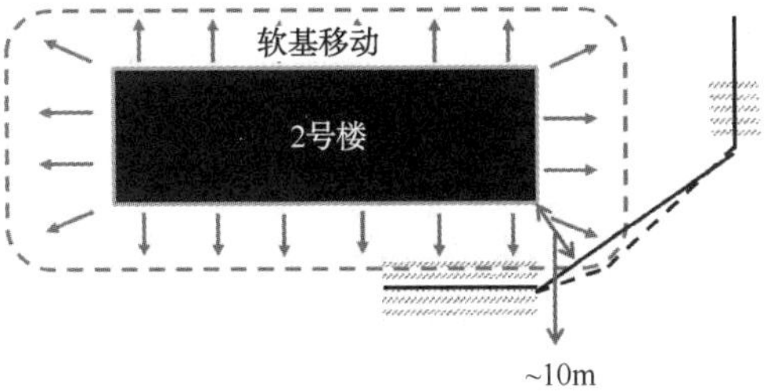

图 6　弯管屈曲形成过程示意图

4 结论及建议

（1）通过对弯管、环焊缝理化及及前后直管段的无损检测、理化性能分析，材料性能及施工质量满足标准要求，不是造成屈曲变形的原因。

（2）弯管屈曲变形是外部载荷挤压地下软基而引起管道局部偏移，偏移过程中弯管局部变形集中最终形成；内压波动或停输无内压、下游公路建设和车辆动载等均不是弯管屈曲的主要载荷来源，工业园区 2 号楼建设引起的载荷形式造成弯管屈曲可能性最大。

（3）换管作业后，应定期对弯管进行应力应变监测，掌握弯管的服役状态，对于其他处于软基中的管道，沿线的第三方工程建设也会带来类似风险，应开展专项隐患排查。

（4）在线路日常巡护过程中，应加强工业园区管线地面环境和建设作业情况的监测，包括地面沉降、第三方施工等，若发现异常的环境变化，应及时进行风险分析，采取必要的预防措施，若无有效措施，也可考虑改线，彻底解决隐患。

【作者简介】杨合建，国家管网集团(福建)应急维修有限责任公司，焊接经理，主要从事大型 LNG 接收站检维修、应急抢修、长输石油天然气管道不停输开孔封堵、带压焊接、设备设施完整性管理相关工作。电话：13799667213，邮箱：13799667213@139.com。

谈提升企业专职消防队应急救援能力

陈　健

（中国石化安庆石化消防队）

摘　要：社会的发展进步，促进了企业的规模扩大和多元化现象，企业相伴而生的各种隐患也相继出现，需要一支正规化、专业化和职业化的消防队伍保驾护航。如何提升企业专职消防队应急救援能力就成为了一个迫在眉睫的重要课题。本文从目前企业专职消防队伍的基本现状、存在的隐患或问题、产生问题的原因，应对措施等方面，提出了提升应急救援能力的有效途径和方法，一定程度上保障了社会稳定和"一方平安"。

关键词：专职消防队；应急救援；能力提升

随着现代社会的发展，企业规模的扩大和多元化，企业生产过程中的安全风险越来越多，如何应对风险，消除隐患就成了迫在眉睫的课题。除正常的工艺、设备以及安全举措消除风险隐患外，企业专职消防队的应急救援能力就是重要因素之一。作为企业专职消防队，如何提高应急救援能力？就要正视队伍的基本现状、全面深刻查找存在的隐患或问题、认真地分析造成问题的原因，积极寻求提升应急救援能力的有效途径和方法，形成精准的措施，才能保障社会稳定和"一方平安"。

1　企业专职消防队的现状

按照《中华人民共和国消防法》规定，对于生产、储存易燃易爆危险品的大型企业，必须建立单位专职消防队，维护安全生产。原公安部消防局、应急管理部等国家有关部委高度重视，与地方政府积极推进企业消防队伍建设，相继出台一系列政策要求，培养锻炼企业专职消防队的业务素质，多渠道多手段提升应急救援能力。目前企业专职消防队伍已经成为国家消防力量体系的重要组成部分。

中国石化根据生产过程中涉及的易燃易爆、有毒有害的危险化学品性质，以及生产高温高压、易燃易爆的工作环境，深知安全风险高、监管难度大，防范事故任务艰巨。按照法律法规要求，中国石化 59 家企业依法建立了专职消防队伍，其中油田企业 9 家，炼化企业 36 家(含长城能化下属 3 家煤化工企业)，销售企业 14 家，根据企业加工能力，共建有 150 个消防站，约 1500 台消防车，近万名专职消防人员，构筑了石油石化企业安全生产最后一道坚实防线。2012 年以来，原国家安全监督管理总局、应急管理部还依托中石化专职消防队，建设了燕山、齐鲁、茂名、中原、扬子、安庆等 15 家国家危险化学品应急救援基地。

中石化集团公司为提升应急救援能力，在油田、炼化、销售三个板块，每年都对消防设施维护保养、更新完善，都有很大稳定的投入。同时也对企业专职消防队进行了工作指导。2022 年 6 月 30 日，永生董事长提出了"中国石化专职消防队伍建设要站排头"的要求。亮功副总经理多次听取相关汇报，召开会议研究消防队伍情况。2023 年 7 月 12 日，组织总部相关部门、事业部(专业公司)召开专题会议，研究部署专职消防队伍建设工作。党组领导的高度重视，为我们推进专职消防队伍建设指明了方向，提供了坚强保障。

多起事故证明，中石化所属专职消防队伍已经成为企业安全生产不可或缺的保障力量。在2019年“利奇马”台风、2021年河南暴雨洪灾，以及2021年“5. 31”沧州鼎睿燃料油罐火灾、2023年“4. 29”淄博苯罐火灾等危化品火灾事故救援中，石化消防队按照国家指令，积极开赴现场救援，都立下战功，获得国家应急管理部委和当地政府的表彰奖励。在2022年“6. 8”“6. 18”火灾事故中，企业消防队始终坚守火场最前线，敢打善拼、顽强作战，为成功扑灭火灾发挥了关键作用。日常工作中，这支队伍积极融入企业中心工作，积极承担消防监护、防火监督、消防培训等工作。据不完全统计，各企业专职消防队每年开展高风险作业监护超10万次，开展应急消防培训120多万人次，完成新(改)扩建项目消防“三同时”工作3000余项。此外，企业专职消防队伍积极履行央企的政治责任和社会责任，为集团公司争得了荣誉，展示了中国石化“党和人民好企业”的良好形象。

2 企业专职消防队中存在的问题及原因分析

(1) 队伍素质参差不齐。一是队员文化程度不一致。由于历史原因和各地招收队员的标准不一致，导致了企业专业队员文化程度各不相同，有初中、高中、中专、大专、大学等不同层次，给队员教育带来了一定难度；二是队伍制度建设上不一致。有的队伍勉强能够应付应急救援工作需要，但在队伍管理中制度缺失，仅靠口头约定，造成了在实际工作中执行没有依据。国家队制度建设相对完善，但都是近几年成立，制度建设还需进一步健全；三是在落实制度上不一致。有的队伍管理能力强，制度落实上相对坚决、快速。但是有的队伍制度落实上拖拖拉拉，很长时间得不到回音，如在执行国家安全生产应急救援中心文件《关于规范国家安全生产专业应急救援队作战训练防护服标识标志的通知》中，各队落实情况就表现不一致，需要进一步提高执行力。四是消防应急专业人员断层。由于退休人员的增多，没有引进高校毕业生等原因，目前很多岗位专业技术人员缺失，如：防火专业、消防设备管理、消防信息专业等。

原因分析：主要是管理部门相关领导在思想上没有高度重视，没有加强队伍的综合性培训工作。没有真正把提高队伍素质作为应急救援工作的基础，没有认真执行国家的相关应急救援的政策规定。

(2) 队伍装备配备不统一。企业专职消防队根据所在区域的情况，配备了一定数量的装备器材，但是从队伍建设的正规化、专业化、和职业化建设方面的要求相比，还有很大的差距：表现在装备不齐、装备老化落后，跟不上现代消防应急工作的需要，难以满足在事故应急抢险救灾状态下的应急救灾工作时的基本条件。企业专职消防队普遍在建立装备器材配备和定期更新机制上不够健全，需要针对性增配与企业危险特性和生产装置灭火救援任务需求相匹配的装备。

原因分析：一是各地企业的资金投入不一致；二是企业的认知程度不一致，有的企业认为装备的投入，是安全最稳固的坚实屏障，有的企业肤浅地认为工艺、设备、安全等专业都已经做了大量工作，应急救援的投入就不需要过多，投入就是“画蛇添足”。

(3) 改善营房基础设施老化。根据《关于进一步加强国有大型危化企业专职消防队伍建设的意见》及《危化企业消防站建设标准》规范要求，普遍存在消防站营房漏水、训练场地不足或老化、训练设施缺失或破损、配套业务用房不达标等问题。需要各企业专职消防队，对照标准，梳理问题，加强整改。对于新建或升级改造的消防站，要严格执行《危化企业消防站建设标准》，提升队伍基础设施建设水平。

原因分析：新标准是从现代消防工作需要，从队员基本生活工作训练的角度考虑出台的，老旧营房设施标准已经不适应现代消防工作需要。

(4) 专职消防人员待遇偏低。目前消防员的待遇仍处于较低水平，同比企业二类作业部辅助岗位还低。此外，队伍近年来队员通过自己努力取得了一级消防工程师证、注册安全工程师等证件，但是依据规定要经过一定程序后才能得到相应待遇，落实待遇工作遥遥无期，严重影响了队员的工作积极性和进取心，对整个消防队伍应急救援能力的提升有很大的负面影响。

原因分析：对消防员的职业不够重视，认为平时就是训练之类的事情，考证花费了不必要的时间和精力，缩短了训练时间。加上企业资金投入的重点是生产部门，对辅助部门的投入相对就少，消防队伍就更加少，就形成了专职消防人员待遇较低。

(5) 应急救援经验交流不充分。尽管有区域会议，或者有专业性的培训，但从提升队伍整体素质看，交流次数、人数和交流的层面都是很少的，都很难达到充分交流、完美结合的状态。需要各专业、各区域针对不同情况深入探讨，找出问题的症结，制定有效的措施，形成一定规范、科学的处置方法。

原因分析：现代社会各项技术突飞猛进，各种不稳定因素剧增，安全隐患的表现形式千奇百怪，加上企业各专业队由于都忙于自己的业务技能的提高，有“各自为政”现象，很少大面积与他队之间的交流合作，造成了各专业队处理事故时的片面性和单一性，影响了队伍应急能力的提升，也影响事故处置效果。

3 提升企业专职消防队应急救援能力的建议

(1) 加强系统培训，提高人员素质。目前中国石化应急救援工作主要任务是消防气防监护、日常应急培训、消防监督检查以及突发事件综合应急救援职责。因此我们要围绕这些职责，开展相关培训，一是加强消防队员的培训。以石化企业专职消防队为切入点，明确消防队的职位定位、职业规划，强化一日生活制度，加强危险化学品应急救援的训练，从危险化学品火灾爆炸基础知识、典型生产工艺和设备知识、生产装置消防设施基础知识，结合具体灭火救援、气防救援和高风险作业监护等案例，真正提高队员的体能训练、消防预案演练和装备器材操作等能力。二是加强管理人员的培训。要从管理人员的基本素质、提升管理技巧、决策能力等方面，提高消防指挥人员的能力，使各级消防指挥人员成为人民信得过的“安全使者”，真正的人民财产和生命的“保护神”。

(2) 配备必须装备，提升装备档次。提升应急救援能力，除人员因素外，装备设施就是最主要的因素了。中国石化所属的油田、炼化企业现有消防车、气防车 1500 多台，还有消防无人机和消防机器人，主要类型有泡沫消防车、举高消防车、通信指挥车、干粉消防车、气防车、抢险救援车和远程供水系统。我们要根据自己所服务的范围和对象，一是要统筹考虑，配备必要的装备，满足消防应急工作的需要。二是加大装备维护保障力度。企业设备(装备)管理部门要将消防装备纳入管理范围，制定完善消防装备维护、保养制度，足额保障消防装备维修费用，严禁随意减少检维修项目，挤占、缩减车辆、装备、器材检维修费用，确保消防装备应修尽修，完好备用。三是要做好计划，按照服务具体情况，按照车辆、装备、器材使用周期，轻重缓急地做好装备的更新换代工作。此外要加强应急指挥信息化建设，加大通信设施设备投入。当前首先要解决最基本的突发状态下的信息传送问题，要实现消防队伍与企业及总部应急指挥中心的互联互通，满足应急救援现场看得见、听得着、能说话的基本要求。

(3) 善营房设施，推进营房文化。营房文化有很多方面，包括消防人员在日常的言行举止、服装标识、营房宣传、营房设施的投入、营房设施的摆放，对于提高应急救援能力有着重要的作用。需要各企业专业队周密部署，稳步推进，加强教育引导，做精做细做实应急救援人的精神食粮，以此推进应急救援能力的提高。一是要摸排营房建设中的现状，按照《国家安全生产应急救援队内务管理规范》内容，对比差距，找出问题和不足，认真分析原因，特别是影响队员生活工作的问题，如存在营房漏水、训练场地缺失或老化，训练设施缺失或破损等问题，要尽快制定整改措施，积极解决。二是要按照国务院安全生产委员会办公室、应急管理部、国务院国有资产监督管理委员会《关于进一步加强国有大型危化企业专职消防队伍建设的意见(安委办〔2023〕3号)》要求，明确营房维修费最低比例，足额保障营房维保费用。计划性地在2024年12月底前，对照国有大型危化企业专职消防队伍建设要求和《危化企业消防站建设标准》，全面开展建设，改善营房设施，确保2025年1月至5月，顺利通过应急管理部、国务院国有资产监督管理委员会和国有大型危化企业总部成立联合工作组，对国有大型危化企业专职消防队伍建设工作的验收。三是要积极做好营房文化的宣传报道工作。通过传统媒体、网络和日常的会议，以及宣传标牌等多种形式，宣传应急救援先进典型，弘扬先进事迹和先进人物，形成一种营房文化，增强消防应急人员自豪感和荣誉感，激发消防应急人员的巨大潜力，促进应急救援能力的提升。

(4) 切实落实政策，提升队员待遇。国务院安全生产委员会办公室、应急管理部、国务院国有资产监督管理委员会(安委办[2023]3号)强调，要提高消防员待遇，参照企业一线员工工资标准上限，制定专职消防队员工资待遇标准，明确工资、绩效、津贴、福利等待遇保障，购买人身意外伤害、补充医疗保险。根据专职消防队员灭火救援的现实表现，实行定期增资和专项奖励。建议有关部门明确国家应急救援队员身份，落实国家制度规定，并办理证件，增强队员社会荣誉感，提高队伍凝聚力。同时出台政策，对于积极向上的优秀消防人员，考证时减少手续，取得证件后落实适当待遇，激发学习热情，鼓励队员自学成才，带动大家共同进步。

(5) 加强沟通交流，分享信息经验。现在社会是信息社会，各项工作的发展进步离不开沟通交流，应急救援工作更是如此。我们一要通过专题会、座谈会、案例分析等形式，分享经验，举一反三，才能防患于未然，促进整体应急救援水平的提高。二要打破区域界线，开展不同专业的工作交流，在充分展示各专业特点和特长的同时，相互汲取经验管理、战训、装备等方面的成功经验，取长补短，共同进步。三是要形成制度。要把成功经验编制成册，留下痕迹，作为教科书，为后人积累经验，改进方法提供参考依据。

总之，新时期消防应急工作要坚决按照“对党忠诚、纪律严明、赴汤蹈火、竭诚为民”的训词要求，千方百计努力打造一支思想过硬，技术精湛的应急救援队伍，做到统一指挥、统一行动，这样才能保证国家和人民生命财产的安全。

参考文献

[1] 中国石油化工集团有限公司安全监管部. 消防员必读(第四版). 北京：中国石化出版社，2023.

【作者简介】陈健，男，中国石化安庆分公司消防支队综合科科长(办公室主任)。电话：13645560969，邮箱：chenjian. aqsh@ sinopec. com。

输气站场 ESD 误触发原因分析及预防措施探讨

彭太翀

（国家管网集团西气东输公司）

摘　要：天然气管道输气站场 SIS（安全仪表系统）是保障站场在天然气大量泄漏、火灾爆炸等紧急情况下的最有力保障措施，SIS 系统的 ESD（紧急关断）功能起到将站场与干线隔离和放空站内天然气的作用。尽管 SIS 系统具有高可靠性，然而自 2009 年以来，西气东输站场平均每年仍然会有约 1.5 次的 ESD 误触发，造成压缩机组停机、用户停输、站场天然气放空等，对生产运行造成较大影响，特别是对于热电厂、玻璃厂、化工厂等下游用户，停输将造成很大损失。通过对 2009 年以来西气东输公司发生的 ESD 误触发事件进行原因分析，总结归纳出输气站场各类 ESD 误触发的预防措施，为保障站场安全生产提供重要参考。

关键词：天然气输气站场、安全仪表系统、ESD 误触发防治

国家管网集团西气东输公司目前运营管道总长近 17000 多公里，管网年一次管输能力超 $1900\times10^8m^3$，下游用户 640 余家，管辖 290 余座站场，每一座站场的安全平稳供气都至关重要。作为易燃易爆场所，每座天然气输气站场均设置有 SIS（安全仪表系统），该系统是站场在天然气大量泄漏、火灾爆炸等紧急情况下的最有力保障措施，SIS 系统的 ESD（紧急关断）功能起到将站场与干线隔离和放空站内天然气的作用，从而避免事故进一步扩大。输气站场 SIS 系统一般按照 SIL 1 或 SIL 2 等级进行设计，具有高可靠性。尽管如此，然而据统计，自 2009 年以来，西气东输站场平均每年仍然会有约 1.5 次的 ESD 误触发，造成压缩机组停机、用户停输、站场天然气放空等，对生产运行造成较大影响，特别是对于热电厂、玻璃厂、化工厂等下游用户，停输将造成很大损失。为有效避免 ESD 误触发，通过对 2009 年以来西气东输公司发生的 ESD 误触发事件进行原因分析，总结归纳输气站场各类 ESD 误触发的预防措施，为保障站场安全生产提供必要参考。

1　ESD 误触发原因分析

1.1　ESD 触发条件

要解决输气站场 ESD 误触发问题，首先要了解站场 ESD 触发条件。在此所述输气站场指的是分输站和压气站，不包括储气库。

（1）分输站 ESD 触发条件包括：站场 ESD 按钮、调控中心 ESD 命令。

（2）压气站 ESD 触发条件包括：一级全站 ESD 触发条件，有站场 ESD 按钮、调控中心 ESD 命令、压缩机厂房 2 个及 2 个以上火焰探测器报警；二级压缩机厂房 ESD 触发条件，有压缩机厂房 2 个及 2 个以上可燃气探测器浓度高高报警、压缩机厂房 ESD 按钮、站控室

区域 ESD 按钮；三级压缩机组 ESD 触发条件，有机组现场 ESD 按钮、机组控制屏上的 ESD 按钮、站控机组 ESD 命令、机组自身保护 ESD 命令。在此主要探讨的是全站 ESD 触发事件和压气站二级 ESD 触发事件的预防。

1.2 ESD 误触发原因

ESD 触发的直接原因就是上述 ESD 触发条件满足，而 ESD 误触发都涉及间接原因或者管理原因。主要有以下几类误触发因素：

(1) ESD 程序不完善，缺少保护逻辑。不同厂商生产的 SIS 系统产品在性能上有差异，如果不了解产品的性能，那么在使用过程中就会有些注意不到的地方，给投产后的站场生产运行埋下隐患。一是 SIS 系统控制器与远程 I/O 模块间通信中断，导致控制器无法采集到接入远程 I/O 模块的压缩机房火焰报警信号或者 ESD 按钮信号，这些信号为常闭触点，当通信中断时控制器采集到的信号由 1 变为 0，满足 ESD 触发条件，进而触发 ESD 逻辑。二是 SIS 系统控制器发生冷启动(人为或设备故障自行冷启动)，造成常 1 的 ESD 触发条件信号由 1 初始化变为 0，满足 ESD 触发条件，进而触发 ESD 逻辑。三是 ESD 按钮信号未在程序中设置延时滤波，当被感应雷电或其他干扰源干扰时，立即由 1 变为 0，触发 ESD 逻辑。

(2) 对施工作业人员管理不善。站场经常会有施工作业，在工艺区、机柜间、配电室或站控机等区域有施工作业人员活动，他们对站内的设备设施并不都了解，如果疏于对这些人员的管理，则有可能会发生作业人员对 SIS 系统进行误操作而触发 ESD 的情况。一是 SCADA 系统集成商擅自远程对站场 PLC 或 ESD 程序进行修改和下载，造成 ESD 触发条件信号错误而导致 ESD 触发。二是 SCADA 系统运维人员与站场人员沟通不清楚，指挥站场人员对 SIS 系统 ESD 按钮 DI 端子进行了错误的断开操作，导致 ESD 触发。三是物业人员在站场工艺区进行绿植修剪时，所用油锯误伤 ESD 按钮的仪表回路电缆，导致 ESD 触发。四是自动化工程师对 ESD 程序修改错误，解除 ESD 休眠前未发现 ESD 程序处于触发状态，解除 ESD 休眠后导致 ESD 触发。五是消防仪表维护测试作业人员在机柜间进行可燃气体探测器报警复位时，错误地按下火灾报警控制柜旁边的压缩机厂房火焰报警控制器报警按钮，导致 ESD 触发。

(3) ESD 按钮、信号回路或 DI 卡件故障。一是新站区 SIS 系统与老站区 SIS 系统间的 ESD 联锁信号回路出现虚接，造成新站 SIS 系统的 ESD 联锁信号回路断开，使得联锁信号由 1 变为 0，引发新站 ESD 逻辑触发，继而又反过来触发老站 ESD 逻辑，造成全站 ESD 动作。二是 ESD 按钮内部触点接触不良，导致回路电阻超过临界值，使得 ESD 按钮信号短时间内由 1 变为 0，导致 ESD 触发。三是 ESD 按钮回路中的浪涌保护器故障引起 ESD 按钮回路断开，使得 ESD 按钮信号由 1 变为 0，导致 ESD 触发。四是 SIS 系统 DI 卡件故障，导致该卡件上所接 ESD 按钮常 1 信号丢失，导致 ESD 触发。五是在压缩机厂房外安装的 ESD 按钮接线盒内部被大量雨水进入并浸泡，ESD 按钮回路接线端子处发生电解腐蚀断开，使得 ESD 按钮信号由 1 变为 0，造成二级 ESD 逻辑触发。六是站场 1#UPS 故障停机，2#UPS 逆变器带载过程中保护性重启，导致 UPS 输出闪断，造成可燃气体及火焰报警系统掉电重启，重启过程中产生火焰报警，导致 ESD 触发。

(4) 火焰探测器检测信号异常。此类故障主要是指在未发生火灾的情况下，压缩机厂房内的火焰探测器却识别为检测到了火情，并给出火焰探测器报警信号，且满足 2 个或 2 个以上火焰探测器报警，从而触发 ESD。一是压缩机厂房两台火焰探测器朝向在用机组箱体烟道，叠加鸟类活动的干扰产生火焰误报警，满足ESD触发条件。二是压缩机厂房内机组涡轮轴承机箱内盖与动力涡轮扩张支持段连接法兰存在滑油泄漏，机组运行过程中聚集的泄漏滑油接触动力涡轮喇叭口外壁高温处，产生较多高温油烟，引发两台火焰探测器先后产生报警，满足ESD触发条件。三是压缩机厂房内火焰探测器故障，给出火焰报警信号，导致ESD触发。

2 ESD误触发预防措施

要避免站场ESD误触发，应当在日常生产运行和维护检修两个方面采取措施，分别由站场值班人员和维修队或作业区自动化专业人员实施。除此之外，还应当开展专项的排查工作，以便系统性发现SIS系统存在的不足，尽快制定整改提升方案。

2.1 站场日常生产运行注意事项

(1) 施工过程严格遵循相关管理规定，按照施工方案及安全预案进行施工，严禁施工方未经允许进入机柜间，做好对施工人员的监护，杜绝施工人员误拍ESD按钮，误操作火气系统设备。

(2) 在实施可能会触发ESD的作业前，务必先进行ESD休眠操作，避免在施工过程中造成ESD误触发。建议的ESD休眠操作方法为：先在上位机下发ESD休眠命令；确认休眠成功后，检查确认SIS系统所有DO输出指示灯不亮(即无DO输出信号)，再将SIS系统相关DO输出端子断开。如果所使用的SIS系统不具备断开DO输出端子的条件，则根据实际情况采取相应措施，以防SIS系统意外输出控制信号造成现场设备误动作。

(3) 在现场施工作业完成后，应及时恢复ESD功能，即解除ESD休眠，但应注意正确的操作方法。建议的解除ESD休眠方法为：先确认SIS系统DO输出指示灯不亮(即无DO输出信号)后，插好DO输出端子；通过在线查看ESD程序，以及查看站控机中的报警信息，确认无ESD按钮按下报警、无火焰探测器或可燃气体探测器报警等(即无ESD触发条件满足)，进而确认解除ESD休眠不会造成ESD触发；最后解除ESD休眠。

(4) 将无人站PLC系统、SIS系统控制器钥匙开关打到RUN位置，以此防止未经许可的人员通过软件远程对控制器进行启动、停止和下载程序等操作，防止意外情况发生。

(5) 日常巡检时检查所有ESD按钮盒防爆挠性管的密封性能，确保不存在雨水渗入情况。

(6) 识别ESD按钮处于穿线管最低点的情况，应在ESD按钮垂直段的下方装设排水式隔离密封件，排水口置于下方。

(7) 杜绝ESD按钮电缆在地面上的部分存在裸缆无保护情况，以防受到器械损伤。

(8) 对站内易被碰撞到的ESD按钮，尤其是在站场进站大门附近处ESD按钮，应增加防护栏和警示标识等保护措施。当ESD按钮附近有施工时，应做好安全告知及监护工作。

(9) 注意压缩机厂房内火焰探测器的朝向，使探测器视野范围避开热源，避免直接朝向高温设备。对运行燃驱压缩机组巡检时，注意检查排气蜗壳外轴承箱喇叭口，每次停机后对箱体外凝析油迹检查、清洁，确定喇叭口内部是否产生润滑油蒸汽，以免诱发火焰探测器报警。

(10) 日常巡检对压缩机厂房进行检查，做好漏洞封堵，确保厂房内无飞鸟停留，以免对火焰探测器造成干扰。特别是对于Honeywell FS24X 911型号的火焰探测器，当在该探测器和热源之间有物体来回移动且频率接近火焰的判定频率时，可能会引起探测器报警。

2.2 维护检修过程中注意事项

(1) 严禁未经属地单位授权，在异地对本地 PLC 系统、SIS 系统进行远程操作，包括对控制器进行启动、停止、下载程序和修改配置等。

(2) 任何可能影响 SIS 系统正常运行的操作，必须告知站场值班人员，并在作业前与站场人员一起完成 ESD 休眠等操作，防止 ESD 误触发。

(3) 在 SCADA 系统春(秋)检时，补充对新老站区 SIS 系统间的联锁信号回路接线检查，若发现松动则进行紧固。

(4) 在进行 ESD 按钮回路电阻测试时，建议对浪涌保护器通道电阻也进行检测，以便及时发现浪涌保护器通道电阻异常偏大问题。

(5) 在 SCADA 系统春(秋)检时，应认真查看 SIS 系统日志，对故障信息进行及时处理。

(6) 建议对老旧的 ESD 按钮(5 年)、可燃气体探测器(10 年)、火焰探测器(10 年)、ESD 系统模块(15 年)、ESD 按钮回路中的浪涌保护器(15 年)等进行预防性更换。

(7) 具备条件的 SIS 系统，对其 DI 卡件和所接入的 ESD 按钮进行升级，使 ESD 按钮所接 DI 通道具备回路诊断功能，可自动识别回路断路和短路故障，防止由此而导致的 ESD 误触发或拒动作。

2.3 ESD 系统专项排查工作

(1) 对于 HIMatix F30、F35 型号的 SIS 系统，核查确认所有 ESD 按钮均只接入到 F30 或 F35 模块。

(2) 核查确认 ESD 程序中对各 ESD 按钮已添加 500ms 延时，过滤扰动信号，使得在系统正常时，ESD 按钮按下 500ms 后才会触发 ESD。

(3) 对于具有回路诊断功能的 ESD 系统，核实确认常闭 ESD 按钮的 DI 通道故障响应模式应为 HOLD(保持)或 1，确保在 DI 卡件故障时保持 ESD 按钮输入信号不变。

(4) 核实确认站场所使用的 SIS 系统在发生冷启动时，是否会造成 ESD 逻辑误触发，若会则应增加保护逻辑。

(5) 核实确认 SIS 系统中 ESD 按钮、可燃气体器探测器报警、火焰探测器报警信号的 DI 硬件通道与 ESD 程序中通道和变量的一致性，若有不一致情况则及时更正。

(6) 对于接入到远程 I/O 模块的压缩机厂房可燃气体探测器报警、火焰探测器报警等 ESD 触发条件信号，查检确认这些触发条件的有效性是否与远程 I/O 模块的通信状态进行了关联。应确保只有在远程 I/O 模块与 F30 模块间的通信状态正常时，这些触发条件才有效。

(7) 排查新老站区 SIS 系统间联锁信号回路中的继电器是否为安全型继电器，若不是则应更换。

(8) 检查压缩机厂房内火焰探测器的朝向，避免直接朝向高温设备导致产生火焰报警。

3 设计提升建议

结合生产运行经验，建议对国家管网集团设计与工程建设准则(DEC)的《输气管道工程站场及阀室控制系统技术规格书》中关于 SIS 系统的部分内容进行补充细化和完善，从设计层面提升 ESD 逻辑执行的安全可靠性。

(1) 关于 ESD 按钮回路诊断功能，建议关键水力节点的站场和设有不可中断分输用户的站场，其 ESD 按钮采用 2oo2D(二选二带诊断)或 2oo3(三选二)；其他分输站场 ESD 按钮采用 1oo1D(一选一带诊断)。

(2) 在控制系统方面，建议：一是每个 ESD 按钮应设置独立的信号回路，不应使用多个常闭按钮串联后共用一个信号回路，采用多选机制的按钮应分别接入不同的 DI 卡件；二是 ESD 触发条件信号使用独立的 DI 卡件，避免与其他信号共用同一个 DI 卡件，防止其他信号回路可能引发的 DI 卡件故障；三是 ESD 触发条件应设置一定时间的滤波延时，比如 ESD 按钮设置 500ms 延时，避免受外界如感应雷干扰造成 ESD 误触发；四是 SIS 系统应设置保护逻辑，在检测到系统运行状态正常及控制器与(带 ESD 触发条件信号的)远程 I/O 模块通信正常时才执行 ESD 逻辑，避免在系统断电上电或者控制器与(带 ESD 触发条件信号的)远程 I/O 模块通信中断时造成 ESD 误触发；五是 ESD 逻辑涉及的输入和输出卡件的故障响应模式应设置为保持，避免卡件故障时造成 ESD 误触发或设备误动作。

(3) 在 ESD 逻辑方面，建议压缩机厂房同一位置的两个火焰探测器，其中一个仅报警，另一个参与联锁，当有 2 个或以上参与联锁的探测器报警时才触发 ESD 逻辑，提高火焰检测的准确性和可靠性。

4 结语

随着生产运行安全管理的要求愈发严格，必然会对生产异常事件抓得越来越紧，毫无疑问站场 ESD 触发事件是日常关注的焦点，很容易让人联想到站场发生了火灾、爆炸或其他紧急情况。然而事实上，站场的生产运行是比较平稳，任何一家公司都不会有平均每年执行 1~2 次全站 ESD 的紧急情况。因此，在保障站场 SIS 系统可用性的同时，应尽可能地提升站场 SIS 系统的安全可靠性，减少其误动作的频次。通过对历年 ESD 误触发事件的分析和处置，可以得到以下结论：

(1) ESD 误触发事件是完全可以减少和避免的，需要在前期的设计和后续的生产运行维护方面共同努力。完善的设计能够保障 SIS 系统不会有先天性的功能缺陷，比如 ESD 按钮回路诊断功能、控制系统运行状态自诊断功能等。后续细致的生产运行维护能够避免因人为的误操作导致 ESD 逻辑误触发，保障系统的故障能够提前发现和处理。

(2) 要预防 ESD 误触发，必须要从技术和管理两个方面入手，要对症下药，系统解决。因为技术上的缺陷是管理手段无法解决的，比如 I/O 卡件故障响应模式的设置、ESD 触发条件的延时滤波等。同样，管理上的疏忽大意也是技术手段无法解决的，比如站场外来人员对设备的误操作、站场运行人员未正确执行 ESD 休眠等。

(3) 随着技术的不发展，SIS 系统的设计和功能将会越来越完善，软硬件性能也会越来越高，其本体故障导致 ESD 误触发的概率将会越来越小。从近些年的事件原因分析也可以看出更多的是人为因素间接导致的 ESD 误触发。因此今后更重要的还是加强管理，提高各层级员工的安全责任意识，做好现场风险识别和控制，管好高风险作业，避免员工思想上麻痹大意，杜绝低级失误。

参 考 文 献

[1] 焦春锋. 安全仪表系统在输油气管道中的应用[J]. 化工管理，2019(17)：59.

[2] 管文涌，王新园，杨阔. 站场 ESD 系统触发回路可靠性及提升措施[J]. 油气储运，2019，38(10)：1151-1158.

[3] 吕长达. 火焰探测器的分类及选型应用[J]. 中国仪器仪表，2022(04)：54-56.

[4] 严密，管文涌，田家兴等. 带诊断电阻的 ESD 按钮选型分析[J]. 电气自动化，2015，37(06)：111-113.
[5] 冀强胜. 中缅管道 ESD 系统误触发原因分析与预防[J]. 自动化应用，2021(08)：34-36.

【作者简介】彭太翀，男，工作于国家管网集团西气东输公司，高级工程师，本科，现主要从事天然气长输管道生产运行管理工作。电话：13554398143，邮箱：pengtaichong@163.com。

基于数据采集与分析的智能化安全管理方案

王海桃[1]　梁　花[2]

(1. 国家能源集团　国能新疆化工有限公司；2. 新疆赛道安环检测服务有限公司)

摘　要：随着云计算、大数据、物联网、人工智能等技术的快速发展，安全管理也在发生革命性的变革。有别于传统安全生产管理，安全生产数字化依托先进成熟的GIS、视频AI分析、红外热成像等技术手段，将工厂进行数字化、信息化、智能化集成，建立安全生产管控"一张网"，从危化品管理、重大危险源管理、风险分级管控、隐患排查治理、作业安全管理、应急管理等方面入手，进行数字化管控，将风险控制作为核心，强化事前预防，变事后处理为主动监管。安全生产数字化管理，能够构建职责明确、管理科学、反应敏捷、运转高效的安全生产管理长效机制、做到事故隐患的预测预警、实现风险管控及隐患排查治理双重预防机制、实现安全管理信息化、标准化、精细化。

关键词：物联网；AI分析；模型；安全管控；数据融合

化工生产过程中常常涉及多种危险化学品，存在高温、高压等特殊工况，较其他工业部门有更大的危险特性。一旦发生事故，可能导致重大人员伤亡和财产损失，造成严重环境破坏和社会影响。因此，化工厂安全生产管理有着更高的要求。本文提出一种基于智能采集和分析的管理方案，通过视频AI、高光谱、热成像等多维感知技术，实现化工企业的人员管理、车辆管理、作业安全管理等场景物联智能感知，并与企业信息化系统、生产系统、管理系统结合，实现多维的数据融合，以及业务间的应用融合，实现化工生产系统性管理。

1　搭建云架构物联平台

物联系统总体规划的要求和设计原则，必须满足项目规划功能需求为基本前提，防止因应用系统在设计上的缺陷而造成系统处理能力不足。提供海量物联数据的采集、接收、集成、转换、标准化以及智能推送，准确描述现场实际物理情况，为设备、生产等业务应用提供时钟同步、定位、图像识别、事件推送、GIS、大数据等基础的物联接入能力及泛在感知服务。

1.1　设计策略

在数据层和应用层之间增加数据缓存层，提供全局数据服务，充分利用系统大内存或共享内存，更好地实现数据并发访问，大大减少数据库往返次数。此外，物理上增加地位对等的集群服务器，通过负载分配算法分配相应服务器来响应客户端请求，对数据库、文件系统、代码性能等进行优化设计，也可大大提升系统性能。

1.2　关键技术

通过组件复用的方式，能提供更优的领域解决方案，提高研发及问题修复效率。通过将产品分布式部署，增强产品在大型应用场景下的系统容量及性能扩展，显著提升服务可用率，减小单点故障影响整个平台的可用性。通过 AI 分析模型上传、远程训练平台导入等方式，扩大场景适宜性，实现目标或行为的检测识别。

2　物联 AI 分析模型

物联模型是工业物联的基础。物联终端模型和工业设备模型，覆盖化工行业内主要装置，基于模型的集成与共享，模型与系统的紧密绑定，简化了业务应用使用数据的复杂度，拥有模型化建模能力。

2.1　人脸识别模型

通过对重点出入口、道路部署人脸抓拍系列摄像机，后端建立人脸库，对通行人员人脸进行抓拍，确认人员身份信息；当陌生人闯入后，抓拍陌生人员信息后，对比检索，不在企业名单库，可进行报警提示；当在企业盗窃、前科等重点关注名单库的人员，进入厂区，进行报警，提示相关人员前往处理。见图 1。

2.2　人员聚集模型

在生产作业过程中，由于员工之前发生冲突或发生意外事故，造成多人聚集的现象，第一时间通知现场负责人，迅速响应。见图 2。

图 1　人脸比对示意图

图 2　人员聚集示意图

2.3　人员倒地模型

员工一旦发生意外事故，出现倒地昏迷等情况，及时识别并通知相关负责人，第一时间进行处理。见图 3。

2.4　人员离岗模型

在部分监管作业中，需要长期有人值守，擅离职守有可能发生事故风险，对于擅自离岗人员，超过设定的离岗时间，通知相关负责人进行处理。见图 4。

图 3　人员倒地示意图

图 4　人员离岗示意图

2.5　剧烈运动模型

人员若出现奔跑、聚集打架等剧烈运动行为，及时发现，避免造成人身意外安全，通知相关负责人处理。见图5。

图5　剧烈运动示意图

2.6　接打电话模型

某些重点区域不允许接打电话，会造成安全隐患，对于接打电话行为要及时通知相关负责人进行处理。

2.7　安全帽佩戴模型

作业人员需全程佩戴安全帽，降低风险隐患，通过在AI摄像机或AI超脑中部署安全帽佩戴监测算法，识别作业人员是否佩戴安全帽，提升作业行为规范。见图6。

2.8　明火烟雾识别模型

企业设备生产过程因高温、泄漏，极易导致发生火灾，导致区域发生严重的爆炸事故；通过在AI摄像机或AI超脑中部署明火检测、烟雾算法，识别明火报警提示，提高消防处置效率。见图7。

图6　安全帽佩戴监测示意图

图7　明火烟雾识别示意图

2.9　未穿工服识别模型

针对工服情况进行素材的收集，有针对性地训练，实现未穿工作服的智能检测。

2.10　重点区域吸烟监测模型

通过热成像视频技术，针对蓝星集团厂区模拟人员抽烟行为进行素材的收集，有针对性地训练，实现抽烟行为智能检测。

2.11　工作位识别模型

针对特殊作业智能识别，对装卸作业过程是否合规进行识别，通过车辆停放后鹤管到达工作位素材的收集，有针对性地训练，实现智能分析效果。

3　化工厂智能化应用

3.1　视频监控系统应用

化工企业场景可分为公共区域视频监控、涉及生产区的工业电视系统以及热成像火点、测温的设备应用。通过监控前端部署的网络摄像机、球机等设备，将采集到的信息实时传送至各个监控中心。

针对化工企业生产区、公共区的不同监控需求，设计满足生产区安全管理的工业电视监控，满足自然监控的无死角覆盖，做到生产和日常安防的24h全方位、高清化监控，并通过智能化前端，对异常人、车、事件实现智能分析，做到实时告警。

3.2 作业安全监管应用

通过接入前端固定摄像机、移动单兵、移动布控球等设备，结合移动视频技术、远程通信技术、气体探测及 LBS 等进行集成应用开发，形成高效联动的作业现场全过程监控解决方案，有序地对相关信息进行管理、显示和控制，并通过督察大队、属地单位及上级监管部门等联合监控，提高风险发现、监控、预警、分析研判和应急处置能力，实现化工企业受限空间作业的全过程有效监控。

移动视频监控系统可与多种传感器有效集成，实现作业现场环境的多维信息采集，如与气体传感器集成，尤其是受限空间作业，现场作业人员可以在第一时间获知危险，避免事故的发生；管理人员可以及时获取现场环境气体浓度变化，避免救援时机延误，阻止事故后果扩大。

3.2.1 穿戴合规监测

在施工现场，对施工人员穿戴合规进行智能识别，如识别安全帽是否佩戴，识别劳保服、识别护目镜等，当发现作业人员穿戴不合规是，并向中心发送报警信息，平台通过发送报警短信至相关区域安全负责人，提醒管理人员记录及处理。并且中心可以通过远程喊话的方式，进行作业现场问题纠正。

3.2.2 人员信息管理

在各类单位下添加的人员、证件信息，设置不同的角色。从事相应作业活动时智能识别，将不合规人员排除在外，降低作业风险。此外，设置人员和企业积分，积分低于合格线的负责人和施工单位不可承接作业。

3.2.3 人员行为异常

（1）人员倒地

球罐区、装置区阀门处等长时间作业易吸收危险气体发生晕厥倒地，对因中毒晕厥、电力检修触电倒地等行为应及时发现报警，避免造成重大事故。当作业人员出现倒地的行为时，后端发出报警信息提示。

（2）危险区域闯入

在作业过程中，为了预防作业人员进入作业范围以外的装置区或罐区，导致事故发生，装置区外围布置摄像机，进行虚拟入侵布防，开启人体去误报后，当目标越过用户设置的警戒面时，超脑 NVR 将对 IPC 推送的报警图片结合越界规则进行目标二次识别，如果由人体触发，系统自动产生报警。

（3）危险区域滞留

对球罐区、放射源等可能影响人员身体健康，导致中毒晕厥或人身伤亡的区域，对长期滞留的人员进行报警提示。通过视频结构化分析，对人体识别，并设置检测报警时间。作业人员进入危险区长时间滞留即报警提示。

（4）人脸布控

通过建设可进入装置区的人脸库，在装置区主要通道布置摄像机进行人脸抓拍，对不具有进入特定装置区的访客、或其他部分工作人员，通过陌生人报警功能，实现实时的人脸布防及报警。

3.3 双重预防机制应用

开展安全生产风险分级管控和隐患排查治理双重预防机制建设，是要斩断危险从源头

(危险源)到末端(事故)的传递链条，形成风险辨识管控在前、隐患排查治理在后的“两道防线”，是全面落实企业安全生产主体责任的基础工作。

双重预防机制的数字化，是对风险分级管控、隐患排查治理核心业务进行流程重构，本质上是通过新兴数字技术减少信息成本、提高管理效率，推动企业双重预防机制高效持续运行。

3.3.1 安全风险清单

全员参与化工厂风险辨识活动，利用系统中内置风险辨识方法，科学地评估出风险等级，制定出切实有效的风险管控标准、形成完整的风险数据库。同时，根据风险等级情况，在系统中生成动态的风险四色图、运行数据自动统计、管控结果动态展现、安全隐患实时提醒。

3.3.2 隐患排查治理

通过系统跟踪隐患的整改落实和关闭，实现隐患全过程管理：隐患排查、隐患上报、隐患登记、整改措施制定。基于工作流引擎、表单引擎、可视化引擎等平台支撑，建立涵盖企业风险分析对象、风险分析单元、风险事件、管控措施、隐患排查任务、隐患排查记录的线上线下融合，实现安全风险分级管控和隐患排查治理的管理闭环。切实提高企业双重预防机制建设效率，提升企业风险防控和隐患治理能力的目标。

3.4 区域人车管控应用

通过精密定位技术在工业生产管理中的应用，采用“互联网+”大数据管理创新模式，实现对内部人员、外部人员。车辆、仓储物资的分类定位管理。通过全厂全覆盖定位管理，保障人员安全，避免生产隐患。从人员调度岗位考核、外部人员及车辆管控，设备及储物资搜寻与清查，区域安全管控，数据可视化统计分析等方面实现高效的厂区管理和综合保障区安全生产，建立健全生产经营长效机制。

3.4.1 对人的安全管控

实时跟踪定位。系统通过人员佩戴的定位识别卡精准获取人员的位置信息，并依据识别卡的不同属性进行分类管理与查询。电子地图不仅可以显示全域人员位置信息，还可查询人员历史轨迹，方便事后追责等。

设定电子围栏。企业通过系统自主划定电子围栏，一旦人员违规进入划定区域，系统立即告警，通知管理人员及时采取相关措施。

智能考勤。系统支持卡/指纹/人脸三种识别方式，安检门、闸机、人脸指纹识别机无缝对接，可为考勤管理提供有效的数据支撑.

人员定位系统的出现提高了企业安全生产管理效率和工作效率，同时还能大大增加了安全性、便捷性，为企业创造了一个安全便捷高效的信息化环境。

3.4.2 对车的安全管控

车辆实时定位管理。可视化查看车辆的位置分布，便于工作调遣，提升生产效率；在发生危险时，可依据车辆分布位置信息快速救援。

外来车辆管理。通过对接访客管理系统，可实现外来车辆智能预约登记，实现智能化管理。设定外来车辆权限，实现电子围栏功能。

3.4.3 对物的安全管控

物资异常移动告警。物资轨迹信息实时查询，异常报警，根据实时移动轨迹进行物资追踪。

物资信息一键查询。物资数据与标签信息统一，管理人员可一键查询相应物资的实时位置、轨迹记录、名称、属性等详细信息。

物资精准定位找寻。通过物资所携带的定位标签，实时定位物资的精准位置，并可根据工作人员的实时位置和目标物资的位置进行路径规划，实时导航，便于查找物资。

视频联动精准把控。与视频监控系统联动，发生异常状况或抽检时，可实时调动相应位置的实时监控视频，全方位、多角度监控目标。

3.5 设备巡检应用

智能巡检系统是一种基于智能化技术开发的自动化巡检管理系统，它可以通过移动设备对设备进行智能识别、数据采集、故障诊断等智能化巡检操作。

相较于传统巡检方式，智能巡检系统不仅大大提高了巡检的效率，而且通过数据分析还可以实现故障预测、优化维修计划等更高级别的应用，极大地避免了设备的突发性故障，并减少了不必要的维修次数，将巡检管理变得更为智能、便捷。

智能巡检系统主要由智能巡检终端、智能巡检管理系统、云平台等部分组成。其中，智能巡检终端是设备的感知器官，它通过内置的高精度传感器和高清摄像头等设备对设备进行全面的检测和数据采集；智能巡检管理系统则是智能巡检系统的"大脑"，它对采集的数据进行智能分析和处理，实现故障诊断和预测，同时为管理人员提供可视化巡检报告；云平台则是智能巡检系统的"神经网络"，它负责数据的传输和处理，实现远程监控和设备的智能控制。

智能巡检系统的使用方法非常简单。只需通过移动设备对设备进行扫码或者输入设备编号，就可以自动完成设备的检测和数据采集。同时，智能巡检系统还可以根据设备的实际运行情况制定出相应的巡检计划，定期自动对设备进行巡检。管理人员也可以在云平台上实时监控设备的运行状态，同时接收到故障预警信息以便及时组织维修。

4 应用前景

随着科技的不断发展，人工智能技术在化工生产中的应用前景将会更加广阔。大数据、云计算等技术的快速发展，为人工智能技术在化工生产中的应用提供了更加广泛的支持。

智能化生产控制的进一步发展：随着新技术的不断涌现，化工企业可以更加智能化地实现生产控制和优化。将人工智能技术应用到化工生产中，可以实现更加高效和智能的生产方式，从而进一步提高生产效率和质量水平。

多维度监测与控制：采用多种传感器和监测设备，掌握物品、装置等设备多个维度实时反馈，通过人工智能技术对多维度数据统计、分析和反馈实现多维度物品的预测、故障预判及早排查可能的问题隐患；通过改进生产管理工具，在保证生产规模的基础上，实现生产的多维度优化，提升生产质量和制造附加值。

安全生产管理的进一步优化：人工智能技术可以通过数据分析、模型预测、风险评估等手段来实现安全事故的预防和管理。通过对生产过程中的各个环节进行全面的安全控制和预测，将在保证生产安全的同时提升整个企业的竞争力。

参 考 文 献

[1] 作业现场异常事件视频智能识别及报警技术[J]. 安全、健康和环境，2020，20(12)：2+61.

[2] 折小江，刘江，王兰豪. AI视频图像分析在选煤厂智能化中的应用现状与发展趋势[J]. 工矿自动化，

2022，48(11)：45-53+109
[3] 陈勇琪. 工业现场有毒气体检测仪的设计[D]. 武汉纺织大学，2016.
[4] 孙乐朋，陈泰利，张磊. 化工安全生产中智能化过程控制的应用及优化[J]. 化工管理，2022(08)：99-101. DOI：10. 19900/j. cnki. ISSN1008-4800. 2022. 08. 031.
[5] 张旭. 化工智能化生产中计算机技术的运用研究[J]. 2020.
[6] 蒙宁文. 企业智能化改造项目风险管理[D]. 北京邮电大学，2019.

【作者简介】王海桃，男，任职于国能新疆化工有限公司，从事工艺、安全管理工作，电话：18690986734，邮箱：10521013@ceic. com。

基于社会力模型的油田作业人员安全疏散研究

同　霄[1,2]　徐自强[1,2]　朱　恒[1,2]　李云昊[1,2]

(1. 长庆油田分公司油气工艺研究院；2. 低渗透油气田勘探开发国家工程实验室)

摘　要：在油田开发过程中发生溢流井喷、一氧化碳和硫化氢泄漏等突发事件时，井场作业人员需要迅速疏散，本文基于社会力模型，通过编写程序，建立真实的老井作业现场模型，将现场压裂队、试油队等作业人员按照工作区域分为四组，计算井场作业人员撤离至应急集中区域的应急疏散过程，计算结果可以间接反映作业人员的真实疏散水平，评估应急疏散效果。进一步分析仿真计算结果，识别疏散路径中的拥堵节点，以此优化井场布局，结果表明优化后疏散时间可由41s降低至34s，使疏散总用时缩短17.1%，有效提高了作业人员的疏散效率。在本文工作的基础上，今后的研究将不断改进社会力模型，同时进行实际的疏散演练实验，利用计算结果指导实际的应急疏散。

关键词：应急管理；井喷溢流；安全疏散；社会力模型

安全生产是企业发展的生命线，对于石油开发企业而言，井控安全是安全管理的重点，在钻井、压裂、试油、修井过程中，一旦发生井喷失控，大量原油或天然气会喷出井口并伴随发生燃爆，从而导致井喷失控着火，同时硫化氢等有毒有害气体也逸散至地面，对井场作业人员甚至周围居民造成人身安全威胁。据不完全统计，从1949年至今，我国发生严重井喷失控与着火的恶性事故达200余口。2003年12月23日晚21时15分，重庆市开县高桥镇小阳村境内的中石油西南油气田分公司川东北气矿罗家16H井，在起钻作业中，突然发生井底溢流，造成井喷失控，共造成近万人不同程度的硫化氢中毒，其中243人死亡，6万余名群众紧急疏散，直接经济损失近亿元。目前针对油气田作业现场井喷失控后的研究主要集中在消防灭火、有毒有害气体扩散等方面，对油气田现场作业人员的应急疏散研究较少。按照井喷失控应急预案，一旦发生井喷且抢装井口失败后，当发生爆炸和火灾等严重意外事故时，所有作业人员必须首先撤离至安全区域后再开展应急抢险。为了确保现场作业人员的人身安全，有必要开展油田井场作业人员安全疏散方面的研究，为避免作业人员受到危害提供理论依据。

目前组织大规模的人员在特定区域内和特定情境下开展疏散演习实验是比较困难的，同时如何准确追踪人员的运动轨迹也存在技术瓶颈，随着计算机仿真技术的不断发展，建立人员疏散模型已逐渐成为安全疏散研究领域的主流方法。计算机仿真可以通过设定人员的行为规则，模拟疏散过程，与疏散实验相比，可以减少大量的人力物力成本。按照不同规模的研究尺度，疏散模型可以细分为宏观和微观两类，宏观模型是基于流体动力学的理论，将人员的移动类比为流体的流动，采用偏微分方程来计算人流的速度随时间的变化规律。虽然宏观模型具备计算速率高的优点，但是由于无法反映人员个体差异及相互作用，在研究和应用中存在一定的局限性。微观模型能够反映个体的运动行为、运动轨迹、复杂交互等行为动力学特征，近年来受到广泛的关注与研究。微观模型中最具代表性的为离散型元胞自动机模型和连续型的社会力模型。由于元胞自动机模型在描述个体运动方面规则相对固定，移动方向受限，为了更加真实反映油田作业现场的疏散过程，讨论运动个体间的相互作用，针对油田井场作业人员的安全疏散问题，本文选用社会力模型开展研究，计算结果对评估作业人员的疏散水平、分析作业井场的安全薄弱环节、制定应急指挥方案、优化井场布局和规划疏散路径等具有一定的指导意义。

1 社会力模型

社会力模型将行人视为满足力学定律的质点，如式(1)所示，t 时刻质量为 m_a 的行人以速度$\overrightarrow{w_\alpha}$移动，$\overrightarrow{F_\alpha(t)}$为行人所受到的合力。

$$m_\alpha \frac{\mathrm{d}\overrightarrow{w_\alpha}}{\mathrm{d}t}=\overrightarrow{F_\alpha(t)} \tag{1}$$

随着行人所受外力的改变，行人的运动也随之变化，如式 2 所示，行人受四种作用力的共同约束：$\overrightarrow{F_\alpha^0}(\overrightarrow{v_\alpha},\ v_\alpha^0\overrightarrow{e_\alpha}$是由行人自身主观意识作用产生的驱动力，$\sum_\beta \overrightarrow{F_{\alpha\beta}}(\overrightarrow{e_\alpha};\ \overrightarrow{r_\alpha}-\overrightarrow{r_\beta})$是行人与行人之间的作用力，$\sum_B \overrightarrow{F_{\alpha B}}(\overrightarrow{e_\alpha},\ \overrightarrow{r_\alpha}-\overrightarrow{r_B})$是人与边界或障碍物之间的排斥力，ξ 是随机变量，代表了行人的不可预知行为。

$$\overrightarrow{F_\alpha(t)}=\overrightarrow{F_\alpha^0}(\overrightarrow{v_\alpha},\ v_\alpha^0\overrightarrow{e_\alpha})+\sum_\beta \overrightarrow{F_{\alpha\beta}}(\overrightarrow{e_\alpha},\ \overrightarrow{r_\alpha}-\overrightarrow{r_\beta})+\sum_B \overrightarrow{F_{\alpha B}}(\overrightarrow{e_\alpha},\ \overrightarrow{r_\alpha}-\overrightarrow{r_B})+\xi \tag{2}$$

在社会力模型中驱动力是决定行人以期望速度向目的地运动的力，如式 3 所示，v_α^0 是理想状态下行人的速度，$\overrightarrow{e_\alpha}$为行人移动的期望方向，$\overrightarrow{v_\alpha}$为行人的实际移动速度，$\tau_\alpha$ 为松弛时间，用来修正实际速度和期望速度的差距。

$$\overrightarrow{F_\alpha^0}(\overrightarrow{v_\alpha},\ v_\alpha^0\overrightarrow{e_\alpha})=m_\alpha\frac{(v_\alpha^0\overrightarrow{e_\alpha}-\overrightarrow{v_\alpha})}{\tau_\alpha} \tag{3}$$

行人运动过程中通常会遇到来自其他行人的干扰，为避免与其他行人发生碰撞，在社会力模型中用力的形式来表现这种行人之间的避让行为。行人之间作用力分为两种：社会心理力和社会物理力，如式 4 和式 5 所示。

$$\overrightarrow{f_{\alpha\beta}^{SOC}(t)}=A_\alpha\exp\left(\frac{r_{\alpha\beta}-d_{\alpha\beta}}{B_\alpha}\right)\overrightarrow{n_{\alpha\beta}} \tag{4}$$

$$\overrightarrow{f_{\alpha\beta}^{phy}(t)}=k\cdot \mathrm{g}(r_{\alpha\beta}-d_{\alpha\beta})\overrightarrow{n_{\alpha\beta}}+K\cdot \mathrm{g}(r_{\alpha\beta}-d_{\alpha\beta})\nabla v_{\alpha\beta}^t\overrightarrow{t_{\alpha\beta}} \tag{5}$$

$\overrightarrow{f_{\alpha\beta}^{SOC}(t)}$是 t 时刻的社会心理力，$A_\alpha$ 为行人间相互作用强度，$r_{\alpha\beta}$为行人间的半径之和；$d_{\alpha\beta}$为行人间的中心距离，B_α 为行人间相互作用力的范围，$\overrightarrow{n_{\alpha\beta}}$为行人 β 指向行人 α 的单位向量，通过行人的位置计算得到。

$\overrightarrow{f_{\alpha\beta}^{phy}(t)}$是 t 时刻的社会物理力，$k$、$K$ 分别为行人发生接触时的正压力系数和滑动摩擦力系数，$g(r_{\alpha\beta}-d_{\alpha\beta})$为分段函数，当 $g(r_{\alpha\beta}-d_{\alpha\beta})>0$ 时 g=1，表示行人发生接触，当 $g(r_{\alpha\beta}-d_{\alpha\beta})<0$ 时 $g=0$，表示行人不发生接触，$\nabla v_{\alpha\beta}^t$为行人 α 和 β 在切线方向上的相对速度，$\overrightarrow{t_{\alpha\beta}}$为行人接触的切向量。

行人与边界或障碍物之间的作用包括避让作用力和挤压作用力，如式(6)所示，角标 B 代表障碍物，其余参量的含义与式(3)至式(5)一致。

$$\overrightarrow{F_{\alpha B}}(\overrightarrow{e_{\alpha}},\ \overrightarrow{r_{\alpha}}-\overrightarrow{r_{B}})=A_{B}\exp\left[\frac{(r_{\alpha}-d_{\alpha B})}{B_{B}}\right]\overrightarrow{n_{\alpha B}}+k\cdot g(r_{\alpha}-d_{\alpha B})\overrightarrow{n_{\alpha B}}+K\cdot g(r_{\alpha}-d_{\alpha B})\nabla v_{\alpha}^{t}\overrightarrow{t_{\alpha B}} \quad (6)$$

2 计算模型

2.1 井场概况

长庆油田属于低渗透油田，为了提高单井产量，在钻完井后，对新井进行试油压裂，此后随着地层压力的降低单井产量会逐年递减，为了稳产增产，后期必须进行注水开发或对新老层系重复压裂改造，即老井压裂。目前新钻油井采用丛式井大井组开发工艺，陆上油气田一个丛式井井场平均有 15 口井左右，占地面积较大；与新钻油井不同的是，老井压裂作业的井场一般都是开发数年之后的生产井，井场周边的临时征地早已恢复原始功能，生产井所在的永久征地面积较小，老井压裂过程中所涉及的动力机械设备多，使得井场空间相对变小，同时由于黄土塬区地形沟壑纵横，井场一般位于黄土梁、峁顶部，四周临空面、台阶较多，从而导致作业人员的应急逃生方向选择受限，本文针对老井压裂作业现场，开展人员应急疏散研究。

计算模型选择陕北地区某老井压裂作业的井场，井场布局如图 1(a)所示。井场长 80m、宽 40m，北侧和西侧为深沟，南侧为高约 15m 的台阶，东侧为井场的出入口，宽约 10m，是该井场唯一的应急出口。根据现场实际测量，老井压裂作业涉及到的机械设备主要包括：6 台压裂车，用于向井内注入高压、大排量压裂液，编号为 D1-D6，外形尺寸 11.0m×3.0m；7 具储液罐，用于配制压裂液和储存返排液，编号 T1-T7，外形尺寸 10.0m×3.0m；1 台仪表车，用于实时监测施工动态，外形尺寸 9.0m×3.0m；1 台起重机，用于下管柱等吊装作业，外形尺寸 12.0m×3.0m；3 具彩钢房，为作业人员的休息生活设施，编号为 H1-H3，外形尺寸 6.0m×3.0m。此外，井场内有 5 口生产井，编号为 W1-W5，有围栏防护，占地面积 7.0m×3.0m，目前正在进行老井压裂作业的为 W2 井。

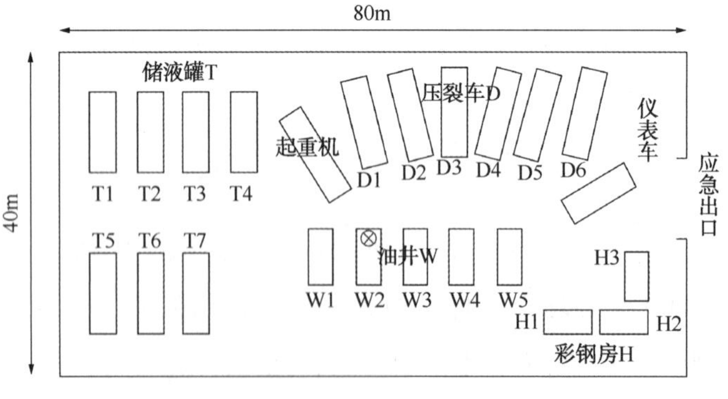

图 1 油田井场布局和作业人员分布示意图(a)

作业人员组成方面，老井压裂作业通常由压裂队、试油队、技术组和其他四类人员构成，其中压裂队主要负责操作压裂设备，作业人员工作范围在压裂车和起重机旁，试油队主要负责配制压裂液，作业人员工作范围在储液罐附近，技术组人员在仪表车内进行实时监控和技术支持，其他人员是指在生活休息区轮流倒班的休息人员，如图 1(b)所示，该井场内共有 21 名作业人员。

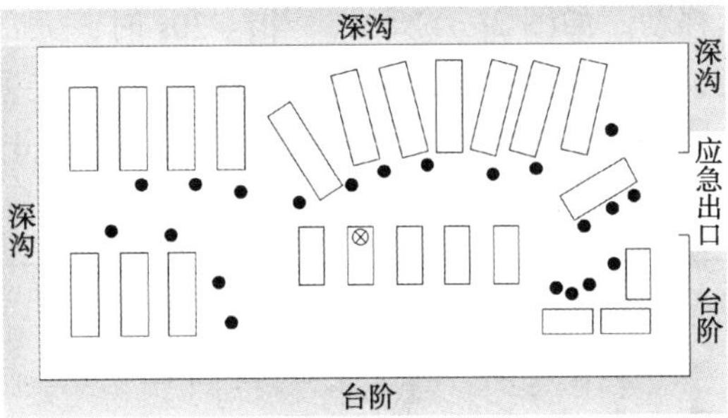

图 1　油田井场布局和作业人员分布示意图(b)

采用社会力模型，基于 MATLAB 编写程序，计算井场作业人员的安全疏散过程，初始时刻人员分布于各自的工作区域，当发生井喷失控并伴随燃爆等突发事件时，井场内所有作业人员迅速撤离至应急出口。在计算中，为了便于模拟疏散过程，简化了人员从储液罐二层移动到地面、车辆内人员移动下车、屋内人员离开房间的过程。

2.2　计算参数

在采用社会力模型开展人员疏散仿真计算中，疏散速度对结果的影响较大。由于井喷失控后伴随着火灾爆炸，烟气会导致能见度降低，根据 Seike 等对不同能见度下行人的应急疏散速度实验研究发现，随着消光系数的从 0.30m^{-1}增高至 0.98m^{-1}(能见度降低)，人员的移动速度从最初的 1.83m/s 下降至 1.46m/s。同时考虑到油田井场作业人员绝大多数为成年男性，穿戴专业的劳保，有一定的负重，根据 Chen 等开展的不同负重行人移动速度测试，当人员负重增加 10kg 时，移动速度平均会降低 27%。综合上述学者的研究成果，结合对现场作业人员的移动速度观测，本文选取的行人最大期望速度为 1.5m/s，最小期望速度为 1.2m/s，其余计算参数选择如表 1 所示。

表 1　社会力模型计算参数

参数	取值	参数	取值
松弛时间 ξ	0.5s	行人与边界作用范围 B_B	0.5m
最小期望速度 $v^0_{\alpha\,min}$	1.2m/s	行人的最小半径 $r_{\alpha\,min}$	0.35m
最大期望速度 $v^0_{\alpha\,max}$	1.5m/s	行人的最大半径 $r_{\alpha\,max}$	0.45m
行人间相互作用强度 A_α	160N	行人的最小质量 $m_{\alpha\,min}$	60kg
行人间相互作用范围 B_α	0.5m	行人的最大质量 $m_{\alpha\,max}$	90kg
行人与边界作用强度 A_B	160N		

3　结果分析

3.1　疏散过程

设置在计算中每秒保存一次计算结果，从而分析井场作业人员的移动过程。随着突发事件的发生，人员向着应急出口撤离。如图 2(a)所示，当 $t=10s$ 时，仪表车附近的技术组人员离出口最近，已经成功撤离，彩钢房附近的其他人员也无阻碍地移动至出口附近，压裂队人员沿着油井和压裂车之间的通道向着应急出口移动，离应急出口最近的试油队人员在起重机和油井 W1 之间形成了短暂的拥堵，影响了 6 名人员的撤离，同时 1 名试油队人员沿着油井南侧与山体之间的通道向着彩钢房方向移动。如图 2(b)所示，当 $t=20s$ 时，各组人员保持正常疏散，压裂队人员移动至仪表车处，在此沿着仪表车南北两侧的通道发生分流，试油队人员拥堵解除，并继续移动。如图 2(c)所示，当 $t=30s$ 时，大部分人员已成功疏散，试油队人员移动至仪表车处，同样发生分流，仪表车与压裂车 D6 之间的距离较窄，人员移动至此处时发生了拥堵现象，一定程度上延迟了疏散进程。如图 2(d)所示，当 $t=40s$ 时，人员已基本疏散至应急出口。

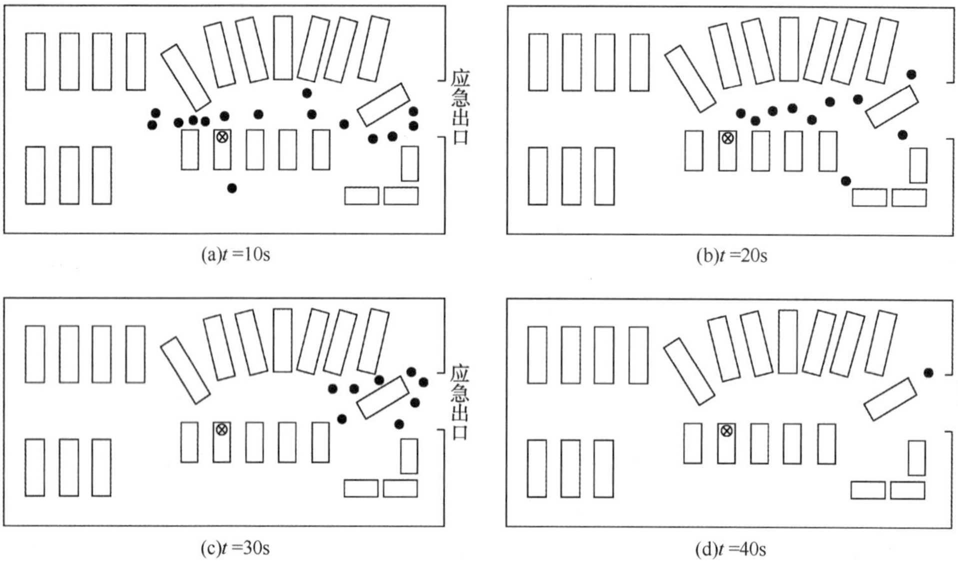

图 2　井场作业人员应急疏散过程

3.2　井场布局优化

为了更好的指导实际应急疏散，本文绘制得到在整个疏散过程中井场人流密度的叠加云图，如图 3 所示，该图可以反映人员的移动轨迹及移动过程中的聚散程度。可以看出在起重机和油井 W1 之间、压裂车和油井之间的通道、仪表车和压裂车 D6 之间及彩钢房 H3 附近均出现了人员集中的现象，图中编号为 P1~P4，结合人员初始分布状态进一步分析，P1 和 P3 处的人员集中是因为通道狭窄导致的排队拥堵现象，与井场内设备布置有关，不合理的设备摆放会导致疏散时间变长。P2 和 P4 处的人员集中是因为初始状态时该点人员较多导致人流密度较大，这与作业人员的作业地点有关，不影响人员的疏散过程。

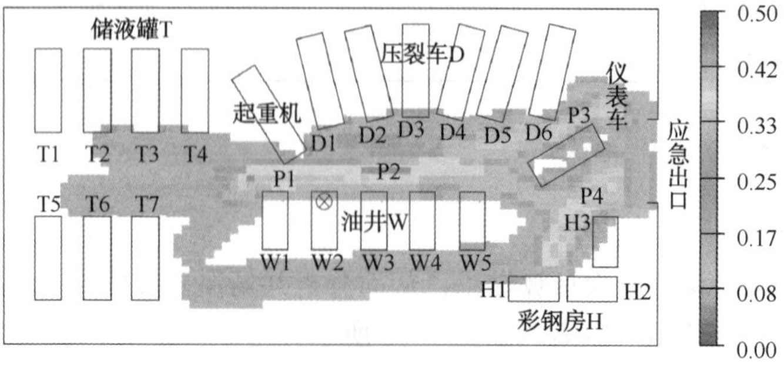

图 3　井场人流密度叠加云图

由于起重机和仪表车的停放位置不合理，导致人员的移动受阻，为了缩短疏散时间，提高疏散效率，确保人员安全，本文结合现场调查，优化了井场布局。在不影响油井 W2 作业的情况下，将起重机和压裂车 D1 位置互换，增大与油井 W1 之间的距离，同时将仪表车移动至压裂车 D6 的东侧，由此保持应急出口处的畅通，相关的作业人员也移动至新的对应位置，优化后的井场布局如图 4 所示。

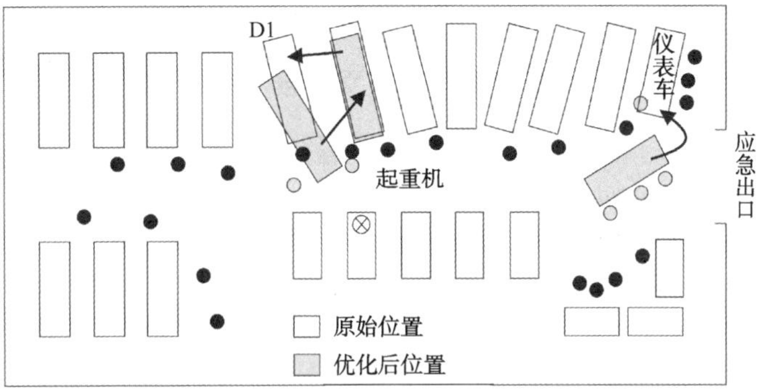

图 4　井场布局优化示意图

对于优化后的井场布局，进行人员疏散计算，在相同的计算参数下，绘制得到井场人流密度的叠加云图，如图 5 所示，可以看出，井场内人员集中程度显著降低，表明优化后的井场中人员移动较为顺畅，未出现拥堵排队现象。

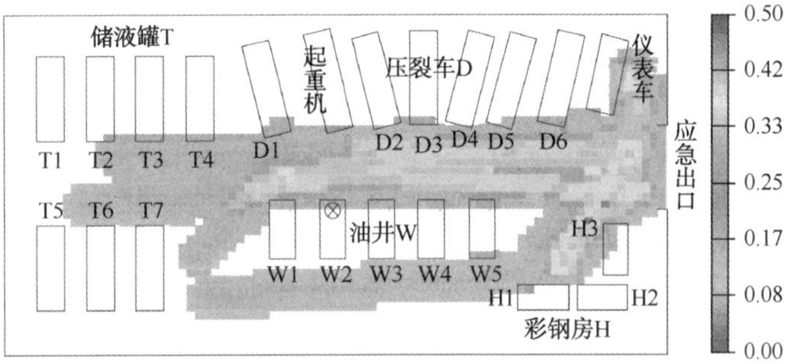

图 5　井场布局优化后人流密度叠加云图

在计算过程中，记录优化前后两种工况疏散人员随着时间的变化曲线，如图 6 所示。井场原始布局工况下，完全疏散作业人员需要 41s；井场布局优化后，疏散作业人员需要 34s，可节约 7s，疏散总用时缩短 17.1%。由此可见利用社会力模型研究井场作业人员的疏散过程不仅可以评价目前人员的疏散水平并预测疏散结果，而且根据计算得到作业人员的常规疏散路径，可以优化井场布局，进一步缩短疏散时间，保障作业人员的人身安全。

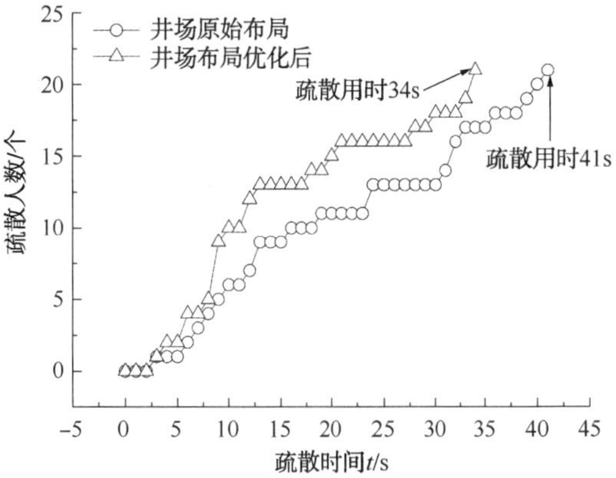

图 6　井场布局优化前后疏散曲线对比

4　结语

(1) 利用社会力模型计算油田老井压裂井场作业人员的疏散过程，可以反映作业人员的疏散水平，预测疏散时间，评估疏散效果。

(2) 计算结果可以为优化井场布局提供依据，井场布局优化后疏散时间由 41s 降低至 34s，疏散总用时缩短了 17.1%。

（3）本文在计算中提出工作的基础上，今后的研究将不断改进模型和算法，例如考虑更加全面的行人个体特性，如面临突发事件时心理素质水平和道德水平，赋予更多的人性，这样才能仿真结果才能更加准确，并实际指导井场作业人员的应急疏散。

参考文献

[1] 张兴全，李相方，李玉军，杜钢，徐大融，任美鹏. 钻井井喷爆炸事故分析及对策[J]. 中国安全生产科学技术，2012，8(06)：129-133.

[2] 滕五晓. 公共安全管理中地方政府的责任及其作用——以重庆市开县井喷事故灾害为例[J]. 社会科学，2005(12)：65-71.

[3] 卿玉，杨令瑞，罗园，段慕白. “三高”油气井井喷失控全过程带火抢险救援技术[J]. 中国安全生产，2019，14(09)：54-55.

[4] 杨冬冬，陈国明，师吉浩. 海洋平台井喷含硫天然气扩散危险区域研究[J]. 中国安全生产科学技术，2017，13(08)：114-120.

[5] 张培红，陈宝智，刘丽珍. 大型公共建筑物火灾时人员疏散行为规律研究[J]. 中国安全科学学报，2001，11(2)：22-26.

[6] Zheng X，Zhong T，Liu M. Modeling crowd evacuation of a building based on seven methodological approaches [J]. Building & Environment，2009，44(3)：437-445.

[7] Henderson L F. On the fluid mechanics of human crowd motion[J]. Transportation Research，1974，8(6)：509-515.

[8] Zhao D，Yang L，Jian L. Occupants´ behavior of going with the crowd based on cellular automata occupant evacuation model[J]. Physica A Statistical Mechanics & Its Applications，2008，387(14)：3708-3718.

[9] Burstedde C，Klauck K，Schadschneider A，et al. Simulation of pedestrian dynamics using a two-dimensional cellular automaton[J]. Physica A：Statal Mechanics and its Applications，2001，295(3-4)：507-525.

[10] Helbing D，Molnar P. Social Force Model for Pedestrian Dynamics[J]. Phys. rev. e，1995，51(5)：4282-4286.

[11] 陈力，杜彩肖，姚萌，王高洋，梁博洋，王敬瑜，刘思琪，李雨哲，崔海航，周敏. 基于社会力模型的地铁站微观人群传染与防控[J]. 中国感染控制杂志，2022，21(01)：22-29.

[12] 徐云龙，徐堆，夏文安，等. 白鹭湖大型丛式井组井工厂钻井实践[J]. 钻采工艺，2017(6)：4-7.

[13] 朱亚军，李进步，陈龙，等. 苏里格气田大井组立体开发关键技术[J]. 石油学报，2018，39(2).

[14] 李洪波，王卫忠. 陕北地区丛式井钻井技术[J]. 石油天然气学报，2005(s4)：90-92.

[15] Seike M，Kawabata N，Hasegawa M. Evacuation speed in full-scale darkened tunnel filled with smoke [J]. Fire Safety Journal，2017(91)：901-907.

[16] 牟瑞芳，杨锐，王列妮. 熟悉环境条件下的公共场所人员疏散仿真模型研究[J]. 中国安全生产科学技术，2015(5)：181-186.

[17] Yu W，Johansson A. Modeling crowd turbulence by many-particle simulations. [J]. Physical Review E Statistical Nonlinear & Soft Matter Physics，2007，76(4)：1-5.

[18] Lakoba T I，Kaup D J，Finkelstein N M. Modifications of the Helbing-Molnár-Farkas-Vicsek Social Force Model for Pedestrian Evolution[J]. Simulation Transactions of the Society for Modeling & Simulation International，2005，81(5)：339-352.

[19] 单庆超，张秀媛，张朝峰. 社会力模型在行人运动建模中的应用综述[J]. 城市交通，2011，09(6)：71-77.

【作者简介】同霄，男，长庆油田分公司油气工艺研究院，高级工程师，工学博士，主要研究方向为油气田安全生产与环境保护，邮箱：tonghse@126. com。

石油储罐安全附件风险诊断评价方法研究

刘沛华[1,2]　何战友[1,2]　徐自强[1,2]　张　彪[1,2]　陈　妍[1,2]

(1. 长庆油田分公司油气工艺研究院；2. 低渗透油气田勘探开发国家工程实验室)

摘　要： 长庆油田各类石油储罐数量众多，为了确保储罐安全运行，必须在罐顶安装呼吸阀、液压安全阀和阻火器等储罐附件，液压安全阀装于油罐顶部与呼吸阀配合使用，保护油罐免遭破坏。本文主要通过调查长庆油田现用石油储罐安全附件的使用现状，分析影响石油储罐安全附件在实际运行过程中的关键因素，建立适用性评价递阶层次结构模型，形成储罐适用性评价方法；通过对石油储罐安全附件的室内实验数据和生产现场在用的储罐安全附件现场实验数据进行分析，评价不同因素影响效果；最终形成长庆油田石油储罐附件技术选型规范和适用性评价规范。

关键词： 储罐；安全附件；层次分析；适用性评价

储油罐是一种用于油品储存的容器，在石油领域有着极其广泛的应用，石油储罐和油库是易燃、易爆高危场所，一旦发生事故，后果十分严重。安全附件在储油罐中的应用，主要是为储油罐的安全提供充分的保障，以避免和消除储油罐发生各种安全事故主要的安全附件包括阻火装置、呼吸阀和安全阀等。安全阀是呼吸阀的安全备用设备，它的吸气和呼气的动作压力略高于呼吸阀，在呼吸阀一旦失灵或在冬季其活瓣冻结时，液压安全阀的液封就会被破坏从而保护油罐免遭破坏，液压安全阀装于油罐顶部与呼吸阀配合使用。油区内部四季温度和季节风变化较大，对于石油储罐附件的开启频率、保温防冻和安装方位影响较大，有必要展开风险诊断评价方法研究。

层次分析法是指将一个复杂的多指标决策问题作为一个系统，把目标分解为多个指标或准则，进而分解为多指标的若干层次，通过定性指标模糊量化方法算出层次单排序(权重)和总排序，以作为目标(多指标)、多方案优化决策的系统方法，在安全评估、风险评价以及安全管理等领域有着广泛的应用。

本文通过调查长庆油田现用石油储罐安全附件的使用现状，分析不同区域、不同储罐所使用的石油储罐安全附件规格和数据，进而分析石油储罐安全附件在实际运行过程中的关键影响因素；建立适用性评价的递阶层次结构模型，形成储罐适用性评价方法；通过对新型石油储罐安全附件和传统石油储罐安全附件的室内实验数据分析和生产现场在用的储罐安全附件现场实验进行数据分析，结合石油储罐安全附件运行的关键影响因素进行统计分析，最终评价不同因素影响效果；形成长庆油田石油储罐附件技术选型规范和适用性评价规范。

1　长庆油田石油储罐附件现状普查分析

石油储罐阻火器、呼吸阀、液压安全阀缺失、失效，轻者因油气挥发会造成区域环境空气质量下降，严重的会导致储罐吸瘪、涨裂、着火等事故。当机械呼吸阀发生故障时，液压安全阀能代替机械呼吸阀进行排气或放气。因此开展石油储罐附件普查分析，必须掌握长庆油田石油储罐基本情况。

1.1 石油储罐基本情况调查分析

目前，长庆油田各类石油储罐 947 具，其中 $10\times10^4m^3$ 大型石油储罐 27 具，10000～50000m^3 石油储罐 55 具，1000～5000m^3 石油储罐 331 具，1000m^3 以下石油储罐 534 具。石油储罐储油高度和储油温度对储罐附件安全有效运行至关重要，其中储油高度影响罐内油气压力，储油温度夏天影响罐内油气压力、冬天影响呼吸阀冻堵情况，进而改变呼吸阀、液压安全阀的开启状态和使用寿命。石油储罐储油高度控制在油罐安全液位范围内(即在额定库容的 85%)，不得超限运行。详细情况如表 1 所示。

表 1 石油储罐的极限、安全液位

储罐类型	极限液位	安全液位	
		上限	下限
固定顶油罐	额定罐容的 90%	额定罐容的 85%	高于油罐进出口管线最高点 100cm
浮顶油罐	额定罐容的 90%	额定罐容的 85%	油位高度保证浮船支柱底端距罐底 50cm

原油储罐储油温度应高于原油凝点，并低于设计最高储油温度，金属油罐最高储油温度应低于原油初馏点 5℃，高于原油凝固点 3℃，原则上原油存储温度不得高于 35℃。其中：(1)运行储罐油温控制在 25～35℃范围内；(2)静置储罐油温控制在 20～35℃范围内；(3)收发油前必须将温度加热 30～35℃。

石油储罐一般故障主要有 6 类，其中由于呼吸阀失灵，安全阀冻结，阻火器锈蚀或堵塞，进出油速度过快，油罐上部原油冻结，底部加热运行等都可能导致储罐抽瘪或鼓包，因此，呼吸阀、阻火器、安全阀等储罐附件应定期检测和日常维护，按照季节指定不同的维护制度。

1.2 环境温度及季节风调查分析

长庆油田各采油单位主要位于甘肃省陇东和陕西省陕北区域，横跨 11 个县级行政区，油区内部四季温度和季节风变化较大，对于石油储罐附件的开启频率、保温防冻和安装方位影响较大，通过分析油区的极端温度和主力风，确定开展低温工况和大风工况下储罐附件试验分析边界条件，为制定储罐附件检测和日常维护制度提供数据支撑。

长庆气区历史最低气温为-31.6℃，最高气温为 41.2℃，地面极端最低温度为-41.2℃，极端最高温度为 75.7℃；历史最大风速 22.3m/s。

1.3 全油田石油储罐附件分布情况

现阶段长庆油田石油储罐附件应用广泛，石油储罐附件主要分为：呼吸阀、阻火器、液压安全阀、泡沫发生器。本次我们主要以呼吸阀、阻火器、液压安全阀为样本进行分析，统计了长庆油田分公司采油厂、采气厂、输油处等 22 个二级单位的石油储罐附件的应用现状。长庆油田目前共有呼吸阀 2198 件、阻火器 3452 件、液压安全阀 1563 件，三种总计 7213 件。

在 *DN*80 到 DN200 口径之间，除了 *DN*150 呼吸阀合格率低于 90%，其他口径呼吸阀、阻火器和液压安全阀合格率都不低于 90%。

2 油储罐附件安全运行关键影响要素分析

2.1 储罐附件普查问题及原因剖析

根据长庆油田 2021 年储罐附件检测普查工作，并结合 2019—2022 年华北检测中心抽查情况，对 7213 件储罐附件统计分析，其中不合格项 563 件。

呼吸阀不合格原因有 7 项：呼吸阀缺少阀盘(21.8%)；开启压力不符(51.5%)；锈蚀严重(7.3%)；导向套断裂(7.8%)等。阻火器不合格原因有 8 项：通气量小，压力损失过大(61%)；缺阻火芯(20.5%)；锈蚀严重(5%)；阻火芯散架(4.2%)等。液压安全阀不合格原因有 4 项：筒体锈蚀腐烂(9.2%)；开启压力不符合(87.8%)等。

2.2 储罐附件安全运行影响要素分析

根据石油储罐附件常见问题，确定储罐附件安全运行影响要素为四大类 14 项，包括管理要素、人员要素、环境要素、产品要素。

(1) 管理要素：储罐附件运行中存在的问题有绝大部分是可以通过提升管理来进行解决的，比如安装作业不规范、采购验收不严格、第三方检测机构检测问题等，管理要素中最主要的管理制度，通过切实有效的规章制度和作业指导流程可以有效的解决以上问题。

(2) 人员要素：主要指相关人员的能力水平和责任心，在储罐附件安全运行中，人的作用不可忽视。未正常维护加速锈蚀、检测人员能力不足导致性能参数判断错误、二次拆装操作不当导致部分配件损坏等问题都可划分到人员要素中。

(3) 环境要素：呼吸阀、阻火器、液压安全阀的锈蚀和老化都是由于其安装的重油污、酸碱、腐蚀性罐内环境因素引起的，而外部环境的低温和大风也影响着储罐附件的堵塞、冻结，环境要素对储罐附件的安全运行有着重要的影响。

(4) 产品要素：储罐附件产品的材质重量、等级、型号、结构等产品要素同样影响着储罐附件的安全运行。根据对储罐附件不合格原因分析，产品口径等级不匹配、材质选用易腐蚀的铁或铝、结构缺陷等问题占有一定比例，因此产品要素是评价储罐附件安全运行的重要影响要素之一。

2.3 储罐附件安全运行关键影响要素确定

层次分析法主要原理是：以问题所带的数据资料和评价依据为基础，把目标问题所涉及的各个影响因素进行分类，构造一个各影响因素之间相互联系的层次结构，主要层次包括目标层、指标层以及方案层。同一层内各个因素的权重可以通过它们之间进行两两比较而得到。下一层因素的重要程度，既要考虑本层各因素间的比较，又要考虑上一层的权因子。由此，计算组合权重并逐层计算直到最后一层，最后得到哪个方案相对最优。

层次分析法的主要步骤如下：

(1) 明确目标，建立递阶层次结构图；

(2) 一级和二级指标层各影响因素权重赋值；

(3) 构造判断矩阵；

(4) 层次单排序及其一致性检验；

(5) 方案的综合排序。

储罐附件安全运行影响要素层次结构模型见图 1。

要素层 C 对目标层 A 的组合权重计算结果如表 2 所示，14 个二级要素的组合权重排序为：性能参数>型号等级>采购验收>材质重量>低温>维护保养>维保能力>结构>腐蚀性>定期检测>二次拆装>大风>检测能力>汽油比。

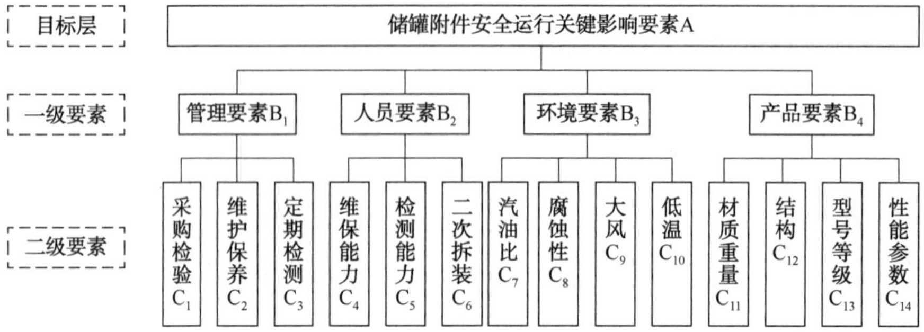

图 1　储罐附件安全运行影响要素层次结构模型

表 2　A-C 权重计算表

A	B_1	B_2	B_3	B_4	组合权重
	0.1834	0.0622	0.1172	0.6373	
C_1	0.6371	—	—	—	0.1168
C_2	0.2582	—	—	—	0.0474
C_3	0.1047	—	—	—	0.0192
C_4	—	0.6371	—	—	0.0396
C_5	—	0.1047	—	—	0.0065
C_6	—	0.2582	—	—	0.0161
C_7	—	—	0.0538	—	0.0415
C_8	—	—	0.2929	—	0.0574
C_9	—	—	0.1015	—	0.0126
C_{10}	—	—	0.5518	—	0.0056
C_{11}	—	—	—	0.1178	0.0751
C_{12}	—	—	—	0.0550	0.0351
C_{13}	—	—	—	0.2634	0.1678
C_{14}	—	—	—	0.5638	0.3593

3　储罐附件风险诊断评价方法研究

3.1　储罐附件评价指标选取

根据检测标准及储罐附件安全影响要素分析，分别对呼吸阀、阻火器、液压安全阀的适用性评价指标分类如下：(1)外观；(2)结构；(3)产品认证；(4)性能；(5)经济性。

3.2　储罐附件评价指标权重计算

根据前述内容，可将储罐附件适用性评价指标分为一级指标和二级指标，其中二级指标是对一级指标的细化和分类，建立呼吸阀、液压安全阀、阻火器的递阶层次结构模型如图 2~图 4 所示。

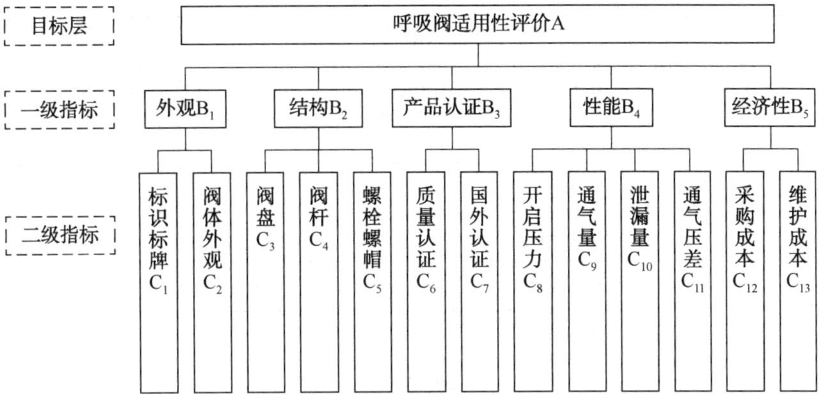

图 2　呼吸阀递阶层次结构模型

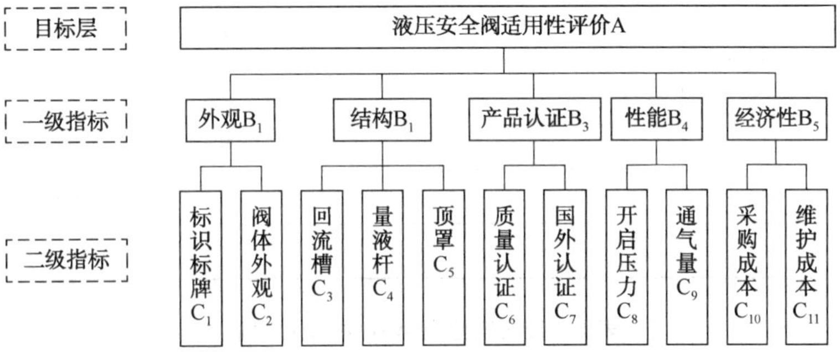

图 3　液压安全阀递阶层次结构模型

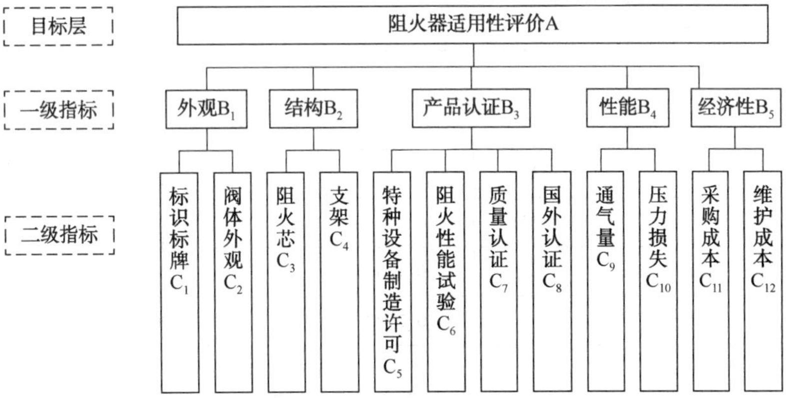

图 4　阻火器递阶层次结构模型

呼吸阀指标层 C 对目标层 A 的组合权重计算结果如表 3 所示，13 个二级要素的组合权重排序为：开启压力 = 通气量>采购成本>维护成本>通气压差>阀盘 = 阀杆>阀体外观>质量认证>泄漏量>螺栓螺帽>标识标牌>国外认证。

液压安全阀指标层 C 对目标层 A 的组合权重计算结果如表 4 所示，11 个二级要素的组合权重排序为：开启压力 = 通气量>采购成本>维护成本>阀体外观>回流槽 = 量液杆 = 顶罩>质量认证>标识标牌>国外认证。

表 3　呼吸阀 A–C 权重计算表

A	B_1	B_2	B_3	B_4	B_5	组合权重
	0. 0794	0. 1567	0. 0531	0. 4625	0. 2484	
C_1	0. 2500	—	—	—	—	0. 0198
C_2	0. 7500	—	—	—	—	0. 0595
C_3	—	0. 4286	—	—	—	0. 0672
C_4	—	0. 4286	—	—	—	0. 0672
C_5	—	0. 1428	—	—	—	0. 0224
C_6	—	—	0. 7500	—	—	0. 0398
C_7	—	—	0. 2500	—	—	0. 0133
C_8	—	—	—	0. 3908	—	0. 1808
C_9	—	—	—	0. 3908	—	0. 1808
C_{10}	—	—	—	0. 0675	—	0. 0312
C_{11}	—	—	—	0. 1509	—	0. 0698
C_{12}	—	—	—	—	0. 6000	0. 1490
C_{13}	—	—	—	—	0. 4000	0. 0993

表 4　液压安全阀 A–C 权重计算表

A	B_1	B_2	B_3	B_4	B_5	组合权重
	0. 0794	0. 1567	0. 0531	0. 4625	0. 2484	
C_1	0. 2500	—	—	—	—	0. 0193
C_2	0. 7500	—	—	—	—	0. 0580
C_3	—	0. 3333	—	—	—	0. 0509
C_4	—	0. 3333	—	—	—	0. 0509
C_5	—	0. 3333	—	—	—	0. 0509
C_6	—	—	0. 7500	—	—	0. 0388
C_7	—	—	0. 2500	—	—	0. 0129
C_8	—	—	—	0. 5000	—	0. 2126
C_9	—	—	—	0. 5000	—	0. 2126
C_{10}	—	—	—	—	0. 6000	0. 1760
C_{11}	—	—	—	—	0. 4000	0. 1173

阻火器指标层 C 对目标层 A 的组合权重计算结果如表 5 所示，12 个二级要素的组合权重排序为：阻火性能试验>通气量=压力损失>采购成本>特种设备制造许可>维护成本>阻火芯=支架>质量认证>阀体外观>国外认证>标识标牌。

表 5　阻火器 A-C 权重计算表

A	B_1	B_2	B_3	B_4	B_5	组合权重
	0.0542	0.1161	0.3518	0.2982	0.1797	
C_1	0.2500	—	—	—	—	0.0136
C_2	0.7500	—	—	—	—	0.0407
C_3	—	0.5000	—	—	—	0.0580
C_4	—	0.5000	—	—	—	0.0580
C_5	—	—	0.2634	—	—	0.0927
C_6	—	—	0.5638	—	—	0.1984
C_7	—	—	0.1178	—	—	0.0414
C_8	—	—	0.0550	—	—	0.0194
C_9	—	—	—	0.5000	—	0.1491
C_{10}	—	—	—	0.5000	—	0.1491
C_{11}	—	—	—	—	0.6000	0.1078
C_{12}	—	—	—	—	0.4000	0.0719

3.3　石油储罐附件风险诊断评价方法方法

（1）定性评价方法

外观：目测储罐附件的外观，查看是否有唯一性铭牌标识，查看阀体外观是否完整无损。

结构：目测储罐附件，检查其结构是否完整且符合标准和使用要求，所有结构应完整、配件齐全。查阅厂家提供的出厂试验数据、出厂合格证、质量认证等相关资料，综合评价承压能力是否满足标准。

产品认证：检查生产厂家提供的相关资料，阻火器应有阻火器的阻火性能试验报告和特种设备制造许可。检查阻火器、液压安全阀和呼吸阀是否有质量认证和国外相关认证证书。查阅厂家提供的阻火器、阻火呼吸阀、带接管阻火呼吸阀的阻火性能试验报告，评价分析其阻火性能。

经济性：根据储罐附件的采购成本、维护成本和平均使用寿命，计算年均采购成本和维护成本，比较其经济性。

（2）定量评价方法

① 呼吸阀原始工况下开启压力诊断评价：将呼吸阀正确安装在检测台上，调整压力，使检测台内的压力逐步升高或降低，由压力计读取压力值，每分钟读取一次压力值，然后将阀盘分别转动 90 度和 180 度重复上述检测，每一工况测三次，取 9 个压力值的算术平均值。检测结果应符合相关规定。

② 呼吸阀原始工况下通气量诊断评价：将呼吸阀正确安装在检测台上，调整流量，使检测台内的流量逐步升高或降低，达到额定流量；由流量计、压力计分别读取流量值和压力值，每分钟读取一次，每一工况测三次，取 3 次的值算术平均值。通气量检测结果应符合相关规定。

③ 呼吸阀原始工况下泄漏量诊断评价：将呼吸阀正确安装在检测台上，调整压力至0.75倍的开启压力，测量呼吸阀出口的流量，每分钟测读一次，共三次，取算数平均值，作为其泄漏量，口径≤150mm泄漏量应<0.04m³/h，口径≥200mm。泄漏量应<0.4m³/h。

④ 呼吸阀低温工况下开启压力诊断评价：根据长庆油气区地域气象数据，将被检对象安装在低温检测装置的试验架上，调整低温箱温度，当温度达到目标值并稳定后向低温箱内连续输入相对湿度不低于90%的常温空气，使阀盘未开启前达到内外结霜，检测不同温度条件、不同冻堵工况下的开启压力等参数。

⑤ 呼吸阀大风工况下开启压力诊断评价：根据气象数据，调整变频风机改变风速，用固定式检测装置对被检对象进行检测，检测方法及结果判定参照原始工况。

⑥ 液压安全阀原始工况下通气量诊断评价：将液压安全阀正确安装在检测台上，调整流量，使检测台内的流量逐步升高或降低，达到额定流量；由流量计读取流量值，每分钟读取一次，每一工况测三次，取3次的值算术平均值。通气量应符合相关规定。

⑦ 液压安全阀原始工况下开启压力诊断评价：按液压安全阀的压力等级将液封介质加入到储液桶内，将液压安全阀正确安装在检测台上，调整压力，使检测台内的压力逐步升高或降低，由压力计读取压力值，每分钟读取一次压力值，每一工况测三次，取3个压力值的算术平均值。检测结果应符合相关规定。

⑧ 阻火器原始工况下通气量诊断评价：将阻火器正确安装在检测台上，通过调整电机气源，使罐内压力逐步上升，通气量随着压力的增加逐步增加，直至达到额定通气量，取三次测试的平均值作为本次检测的结果并记录每次的额定操作压力。

⑨ 阻火器原始工况下压力损失诊断评价：将阻火器正确安装在检测台上，调整流量，压力计数值稳定后读数，每分钟由压力计读取一次压力值，测定有阻火器下的压力 p_y，每一工况测三次，取3次压力值算出阻火器 p_y 算术平均值。从检测台上取下阻火器，待流量稳定后，测定无阻火器下的压力 p_w，每分钟由压力计读取一次压力值，共三次，取3个压力值的算术平均值，算出 δ_p。检测结果应符合以下规定。

4 储罐附件适用性评价室内试验分析

4.1 室内试验样品选型

由统计资料可知呼吸阀、阻火器和液压安全阀在用最多的口径是*DN*100和*DN*150，因此室内试验的每一类样品均涵盖这两个口径。本次室内评价采购传统样品13件，其中阻火器4件，呼吸阀4件，液压安全阀4件，组合呼吸阀和阻火器1件。采购新型储罐附件样品14件，其中分体式呼吸阀2件，阻火呼吸阀6件，带接管阻火呼吸法4件，抽屉式阻火器2件。

4.2 室内试验诊断内容

根据储罐附件风险诊断评价方法，主要开展了常温、低温和大风3种工况下9项性能参数诊断试验，对标技术规范，确定技术指标，为现场应用提供重要的技术支撑，为编制长庆油田石油储罐附件选型技术模板和指导手册提供技术依据，具体诊断内容见表6。

完成3种工况下开启压力试验809组，通气量试验119组，压力损失试验6组，泄漏量试验15组。

表 6　储罐附件风险诊断内容

诊断对象		诊断内容
传统产品	呼吸阀	开启压力、通气量、泄漏量
	液压安全阀	开启压力、通气量
	阻火器	压力损失、通气量
	呼吸阀+阻火器	开启压力、通气量
新产品	阻火呼吸阀	开启压力、通气量、泄漏量
	分体式呼吸阀	开启压力、通气量、泄漏量
	带接管阻火呼吸阀	开启压力、通气量、泄漏量
	快开式抽屉阻火器	压力损失、通气量

4.3　室内试验性能对比结果

根据室内试验，新型储罐附件分体式呼吸阀、阻火呼吸阀、带接管阻火呼吸阀、抽屉式阻火器与传统呼吸阀、阻火器的性能对比结果如表 7 和表 8 所示。

表 7　新型与传统呼吸阀性能对比

序号	储罐附件名称	样品编号	性能对比			
			原始工况开启压力试验	原始工况通气量试验	原始工况泄漏量试验	低温工况全开压力试验
1	呼吸阀	S-10-1H	不符合	不符合	不符合	/
2	呼吸阀	S-10-2H	不符合	不符合	不符合	不符合
3	呼吸阀	S-15-1H	不符合	不符合	不符合	/
4	呼吸阀	S-15-2H	不符合	不符合	不符合	/
5	分体式呼吸阀	S-10-8H	符合	符合	符合	/
6	分体式呼吸阀	S-15-5H	符合	符合	不符合	/
7	阻火呼吸阀	S-10-3HZ	不符合	不符合	不符合	/
8	阻火呼吸阀	S-10-5ZH	不符合	不符合	不符合	不符合
9	阻火呼吸阀	S-10-6ZH	不符合	符合	符合	/
10	阻火呼吸阀	S-10-7ZH	不符合	不符合	不符合	不符合
11	阻火呼吸阀	S-15-4ZH	不符合	不符合	不符合	/
12	阻火呼吸阀	S-15-7ZH	不符合	符合	符合	/
13	带接管阻火呼吸阀	S-10-4JZH	不符合	不符合	不符合	不符合
14	带接管阻火呼吸阀	S-10-9JZH	不符合	不符合	符合	/
15	带接管阻火呼吸阀	S-15-3JZH	不符合	不符合	不符合	/

由表 7 可见，原始工况开启压力试验，新型分体式呼吸阀的性能优于传统呼吸阀、阻火呼吸阀和带接管阻火呼吸阀；原始工况通气量试验，分体式呼吸阀和阻火呼吸阀的性能优于传统呼吸阀和带接管阻火呼吸阀；原始工况泄漏量试验，新型分体式呼吸阀、阻火呼吸阀和带接管呼吸阀的性能优于传统呼吸阀。

表 8　新型与传统阻火器性能对比

序号	储罐附件名称	样品编号	性能对比	
			原始工况通气量试验	原始工况压力损失试验
1	阻火器	S-10-10Z	不符合	不符合
2	阻火器	S-10-11Z	符合	符合
3	阻火器	S-15-9Z	符合	符合
4	阻火器	S-15-10Z	符合	符合
5	抽屉式阻火器	S-10-12Z	符合	不符合
6	抽屉式阻火器	S-15-11Z	符合	不符合

由表 8 可见，原始工况通气量试验，新型抽屉式阻火器与传统阻火器性能相近；原始工况压力损失试验，传统阻火器性能优于抽屉式阻火器。

通过试验可见，传统产品和新型产品，新采购的样品都有大概率的不合格现象发生，建议加大验收检测力度，提高抽检比例，条件允许情况下 100%检测，以保证新购储罐附件的性能符合使用要求。

5　结语

本文采用层次分析法对储罐安全附件的适用性进行评价。确定了储罐附件风险诊断评价指标，从外观、结构、产品认证、性能和经济性等五方面，选取了评价呼吸阀的 13 个二级指标、评价阻火器的 12 个二级指标、评价液压安全阀的 11 个二级指标；分别构建了呼吸阀、阻火器和液压安全阀的评价指标体系，建立了递阶层次结构模型，对各指标的权重进行了计算赋值，建立了石油储罐附件适用性评价方法；确定了评价标准依据，对不同评价指标制定了定性评价方法和定量评价方法；并通过室内试验验证了适用性分析方法的有效性。

对长庆油田石油储罐按附件选型提出以下建议：长庆油田地处西北，呼吸阀应选择全天候呼吸阀。分体式呼吸阀在安装空间允许的情况下，可选择使用。带接管阻火呼吸阀适用于汽油比高的储罐，可外接管路进行 VOCs 回收。阻火呼吸阀可替代呼吸阀与阻火器的组合模式。极端低温或全天候呼吸阀常因低温而冻堵的情况下可选择带夹套保温呼吸阀，但要求现场具备使用供带夹套保温呼吸阀使用的热源条件。强腐蚀环境可选择塑料呼吸阀，但应重点关注其阀体强度。抽屉式阻火器可替代传统阻火器使用。

参　考　文　献

[1] 王宝轩，沈功田，闫河等. 大型石油储罐健康管理方法应用研究[J]. 机械工程学报，2017，53(16)：125-133.

[2] 陈勇文. 储油罐安全附件常见问题及维护措施[J]. 化工设计通信，2022，48(08)：13-15.

[3] SY/T 0511. 1—2010 石油储罐附件第 1 部分：呼吸阀[S].

[4] SY/T 0511. 1—2010 石油储罐附件第 2 部：液压安全阀[S].

[5] 邓雪，李家铭，曾浩健，陈俊羊，赵俊峰. 层次分析法权重计算方法分析及其应用研究[J]. 数学的实践与认识，2012，42(07)：93-100.

[6] 王霞，段庆全. 基于改进层次分析法的油气管道风险因素权重计算[J]. 油气储运，2019，38(11)：1227-1231.

[7] 杨振林，刘金兰. 基于层次分析法的特种设备风险评价体系研究[J]. 压力容器，2008，No. 190(09)：28-33.
[8] 冯云飞，孟繁博，朱富斌，陈杨. 基于灰色层次分析法的长输管道风险评价[J]. 油气储运，2013，32(12)：1289-1294.
[9] 艾婵，张俊，舒安庆等. 风险评估技术在大型球罐安全管理中的应用[J]. 轻工科技，2014，30(07)：141-142+144.
[10] Q/SY 08007《石油储罐附件检测技术规范》.

【作者简介】刘沛华，男，现在长庆油田分公司油气工艺研究院从事油气田安全环保技术、火灾防控技术和管道储运风险控制技术等研究工作。电话：17791892829，邮箱：lpeih_cq@petrochina.com.cn。

油田企业“工业互联网+安全生产”框架研究及建设实践

任小荣[1,2]　何战友[1,2]　徐文龙[1,2]　徐自强[1,2]

(1. 长庆油田公司油气工艺研究院；2. 低渗透油气田勘探开发国家工程实验室)

摘　要：油田企业涉及勘探开发、项目建设、生产组织、运行维护等复杂工程及业务，新的发展形势下，相较于油田企业庞大的QHSE管理体系、繁多的管理要素而言，企业发展过程中逐渐暴露出安全生产监管人员数量不足、监督手段单一、监管能力有限等现实问题。近年来，随着大数据、云计算、人工智能、移动互联等为代表的新一代信息技术的迅速发展，与多学科深度交叉融合，成为推动社会变革、创新发展的重要力量。国家“工业互联网+安全生产”发展战略，为油田企业强化安全监管提供了新的发展机遇。通过对油田企业“井、站、线”组成的生产单元及系统的分析，结合油田企业安全管理理念、管理模式、管理制度、管理体系，系统研究并探索性提出了油田企业实现“工业互联网+安全生产”的框架，介绍了长庆油田“工业互联网+安全生产”的初步探索与建设成效，为油田企业安全生产监管朝着数字化、智能化方向发展提供了可借鉴的经验。

关键词：工业互联网+安全生产；油田企业；信息化；数字化；智能化；安全管理

安全生产事关人民群众的切身利益，是社会稳定的重要组成部分，是事关民生的重要内容，是影响党和政府形象的重要因素，是实现深化改革总目标的重要保障。当前，我国油气行业安全生产状况虽然总体向好，但仍处于事故的多发期、易发期，每起事故都牵动百姓的利益，甚至生命健康和生命安全。迫切要求油气企业加大安全管控力度，创新安全技术和管理方式，增强风险防控能力，从根本上提升油气行业安全发展水平。

近年来，以大数据、云计算、人工智能、移动互联等为代表的新一代信息技术发展迅速，与多学科深度交叉融合，成为推动社会变革、创新发展的重要力量。“十四·五”规划纲要明确提出，充分发挥海量数据和丰富应用场景优势，促进数字技术与实体经济深度融合，赋能传统产业转型升级。2020年10月，国家工业和信息化部、应急管理部联合发布了《“工业互联网+安全生产”行动计划(2021—2023年)》，文件指出“安全生产”是实现工业高质量发展的重要保障，实现工业高质量发展，必须把安全生产问题放在首要位置，不断提升安全监管能力，消除安全生产隐患，防范化解安全生产风险。

油田企业涉及勘探开发、项目建设、生产组织、运行维护等复杂工程及业务，新的发展形势下，相较于油田企业庞大的QHSE管理体系、繁多的管理要素而言，企业发展过程中逐渐暴露出监管人员数量不足、监督手段单一、监管能力有限的现实问题。国家推行“工业互联网+安全生产”发展战略，就是为安全管理进行信息化、数字化、智能化赋能，构建基于工业互联网的安全生产风险快速感知、风险实时监测、风险超前预警等新能力，实现资源动态调配，增强工业安全生产的感知、监测、预警、处置和评估能力，从而加速安全生产从静态分析向动态感知、事后应急向事前预防、单点防控向全局联防的转变，推动油田企业安全生产朝着数字化转型、智能化方向发展。

1 油田企业安全生产监管难题

1.1 安全生产管控压力逐年加大

近年来，我国油气对外依存度持续攀升，2020 年，我国油气对外依存度分别达到 75% 和 41%，油气自主供应能力仍然是我国能源安全面临的最大挑战。加快油气田勘探开发，是当前及今后一个时期油田企业的重要任务。作为高危行业，油田企业危险因素和不确定因素较多，发生安全事故的概率较高，连锁反应强，安全生产责任重大，面临诸多风险和挑战，有的事故一旦发生，由于救援不及时或应急处理不当，往往容易造成事态扩大，引发更大的次生灾害。

1.2 安全生产管控水平有待提高

当前，油气行业传统的安全管理体系庞大，管理要素繁多，安全监管人员数量不足、监督手段单一、监管能力有限，无法实现上游业务作业领域、作业过程的安全监管全覆盖，且对生产作业重大风险感知灵敏度低，重要环节难以实现全面管控，监管薄弱环节与盲点多，承包商安全事故数量占比较高，HSE 管理仍然处于严格监管阶段。如何通过新技术、新理念，加强和提升安全管理效能，确保广大员工的安全和健康，实现安全、清洁生产，既是油田企业生存发展的关键，也是油气行业迫切需要研究解决的难点课题。

1.3 安全生产信息化监管资源亟待整合

油田企业井站数量、管道设施、风险源点在持续增长，国家对安全生产要求日益严格，原有的职责孤立、管理分散、信息壁垒的监管模式已不能适应现代化系统性管理需求，亟需开展企业内部跨岗位、跨部门、跨专业的共享性、信息化协同工作。2020 年 8 月，国务院国资委发布《关于加快推进国有企业数字化转型工作的通知》，明确了国有企业数字化转型的基础、方向、重点和举措。在新的发展形势下，油田企业必须坚持科技创新，加大油田安全生产技术研发及应用投入，推动数字化技术与安全管理有效结合，确保单个作业单元安全生产受控，油田整体安全生产形势可控，为实现油田高质量发展保驾护航。

2 研究思路

按照国家工业信息化部、应急管理部下发的“工业互联网+安全生产”行动计划为指导，围绕油田企业安全生产监管难题和技术“瓶颈”，基于油田企业工业互联网基础，以提升安全生产管理能力为目标，针对以“井、站、线”组成的生产单元及生产系统，构建“工况感知、智能预警、紧急处置、平台管控”为核心的安全生产监管技术体系和管控机制，实现对生产单元的精准预警、生产过程的主动监控、紧急情况的远程处置、安全业务的信息化管理，达到机械化换人、数字化减人、智能化管控的安全管理要求和措施保障，以此全面提升油田企业的本质安全水平。

3 研究现状及先进经验

在安全生产应急预警方面，壳牌应用数字孪生技术，对油田现场进行分析、预测、诊断，优化生产和决策。在云计算安全管理方面，道达尔应用物联网与模拟仿真人工智能技术，将云计算服务运用到其数字转型项目和数字工厂中。在安全风险模型算法方面，沙特阿美应用 ERP 系统的数字化技术，将先进的成像和深度学习算法运用到非常精密的三维地球模型中，提高公司发现及回收油气的能力，同时降低勘探和开发风险，提高安全作业生产水平。在大数据管理方面，埃克森美孚运用“数据湖”技术，通过一个可监控数百万个传感器数据的人工智能程序管控旗下分散在全球的炼厂和化工厂，旨在监测石油流量等重要数据和信息。

近年来，国内油田企业积极推进数字化、智能化建设，建立了行业数据规范和综合指标体系，提升了数据集成与数据共享效率，构建了智能生产指挥中心，以及智能信息、智能计量、智能巡检、智能车辆管理等系统，形成“井站一体、电子巡护、远程监控、智能管理”新局面，为智能安全技术的深入研究与应用提供了坚实的基础条件。

4 油田企业“工业互联网+安全生产”框架探索

油田企业“工业互联网+安全生产”的研究与发展，应建立在已有的数字化、智能化和对工业互联网的研究基础上，并按照“数据+平台+应用”的数字化、智能化模式，构建完整的、系统的安全生产一体化监管框架，实现对油田安全生产全域、全流程覆盖。见图 1。

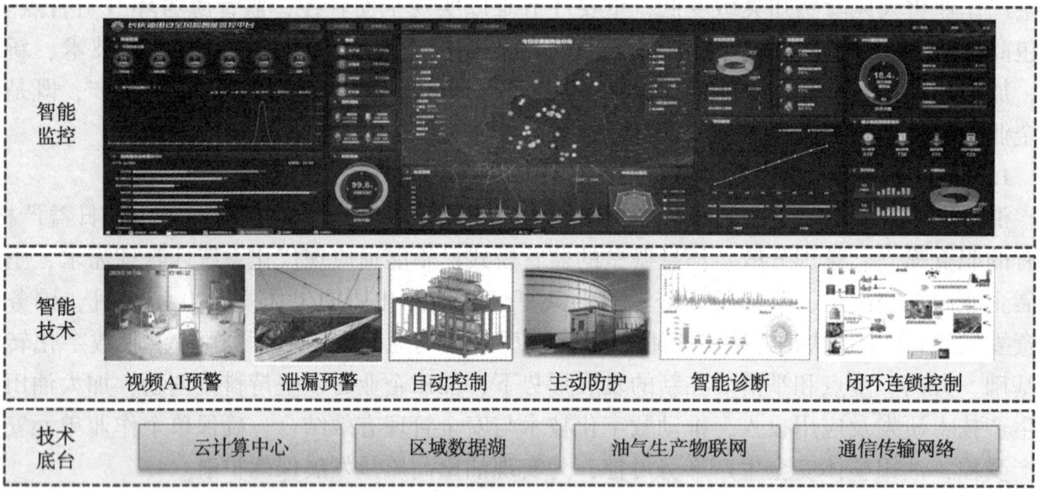

图 1　油田企业“工业互联网+安全生产”总体框架图

探索油田企业“工业互联网+安全生产”总体框架内容，主要包括 4 个方面：

（1）基于工业互联网的安全生产工况智能感知。借助油田企业完备的工业互联网基础，引进、集成、创新运用边缘计算、参数感知、智能终端等新一代信息化技术，形成以单点自动采集、参数实时监测、信息片段抽取、终端紧急报警等为主要组成的工况智能感知技术架构，对油气水井、重点设备、集输管网、生产场站等工况进行实时感知。

（2）基于“云”计算的安全生产智能预警预测及事前控制。以“双重预防”为管控核心，结合安全风险防控和隐患管理等业务内容，开发建设基于 AI 算法、大数据分析、参数诊断等为主要组成的算法模型，依托油田企业“云”计算中心，实现安全生产工况的即时预警和趋势预测，作出事前处理控制指令，为决策提供快捷的分析结果及依据。

（3）基于自动化控制的安全风险智能应急处置。针对工况异常、油气泄漏、即时预警、重大隐患等安全生产预警报警信息，利用先进的自动化控制、远程指挥、一键停车等智能石油工程技术，对生产工艺安全、作业过程安全、重大危险源、高后果区风险等进行智能监控，紧急状况下自动启动应急机制，实现应急处置。

（4）基于 QHSE 管理体系的安全风险智能管控。以安全智能化管理为目标，整合油田勘探开发、生产组织、服务保障等业务领域 QHSE 体系要素，按照“数据+平台+应用”的模式，创新开发一体化智能化监管系统，整合管理需求，尤其在工况快速感知、超前预警监测、系统联防联控、全局协同监管等方面，形成了安全生产一体化监管新方向。

5 建设实践

长庆油田作为国内最大的低渗透油气田，面对生产设施基数大，风险源点多；生产作业量大，承包商队伍多；用工数量少，安全监管人员有限等制约安全稳定发展的主要难题，紧跟国家安全生产发展战略，通过工业互联网与油气安全生产的融合，攻关形成了快速感知、实时监测、超前预警、联动处置、全局管控为核心的油气生产安全智能预警与管控关键技术，在工况快速感知、超前预警监测、系统联防联控、全局协同监管等方面取得了成效。

5.1 工况快速感知（图 2）

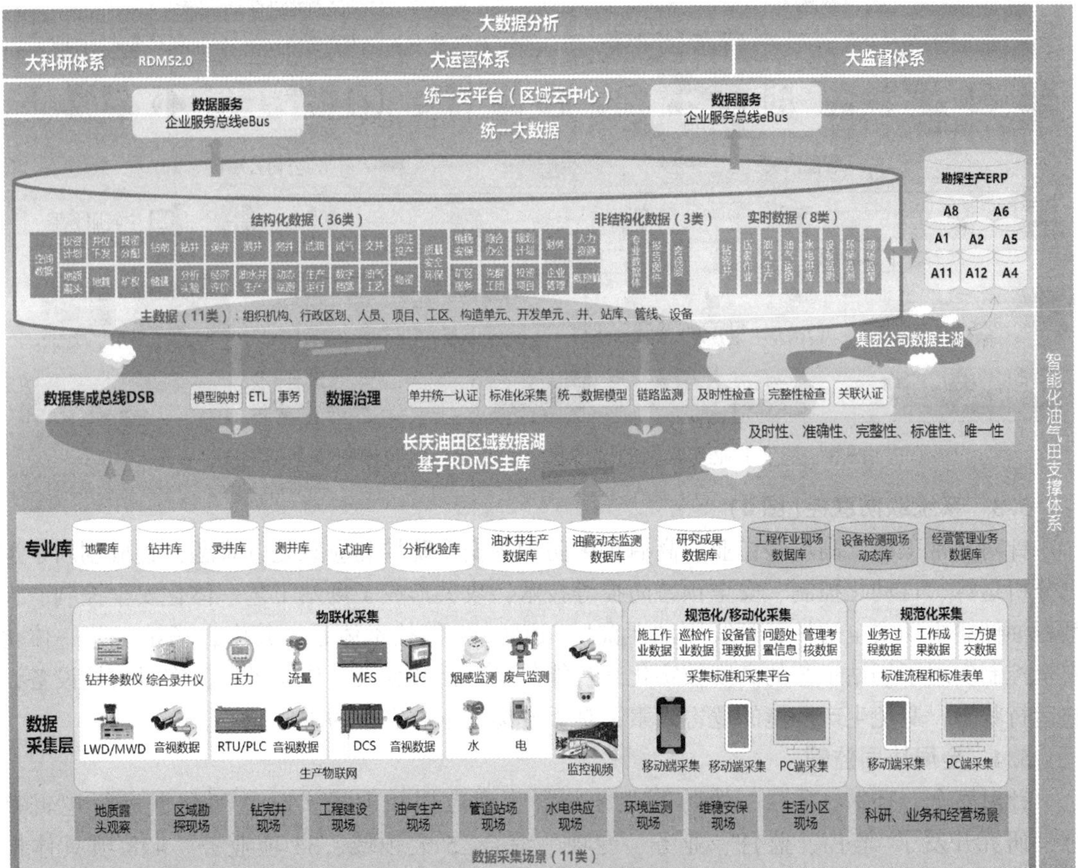

图 2 基于工业互联网的安全生产工况智能感知架构图

长庆油田通过引进、集成、创新运用物联网、边缘计算、视觉分析等新一代信息化技术，针对钻完井现场、工程建设现场、油气生产现场、管线场站现场等 11 类工况场景，按照“人、机、物、环、法”安全风险辨识规范，研究搭建了物联化采集、移动化采集、规范化采集工况数据的感知层，通过数据归集形成 13 个专业数据库，研究制定了安全生产数据全域治理规则，实现数据的深度挖掘和目标化准备。

5.2　超前预警监测(图 3)

结合长庆油田作业现场、生产现场、区域环境等工况场景，依托长庆油田“云”计算服务中心，采用数字“孪生”建模、AI 智能分析、趋势预测等规范和方法，研发了“智能井”“智能管线”“智能场站”“大型动设备诊断”“视频 AI 智能预警”“作业过程监控”等 6 大类 86 项 AI 智能分析算法模型，构建了智能井工况诊断、集群式管线泄漏监测、视频 AI 智能预警等智能化安全监控新型能力体系，实现了安全生产从静态分析向动态感知、事后应急向事前预防、单点防控向全局联防的革新与转变。

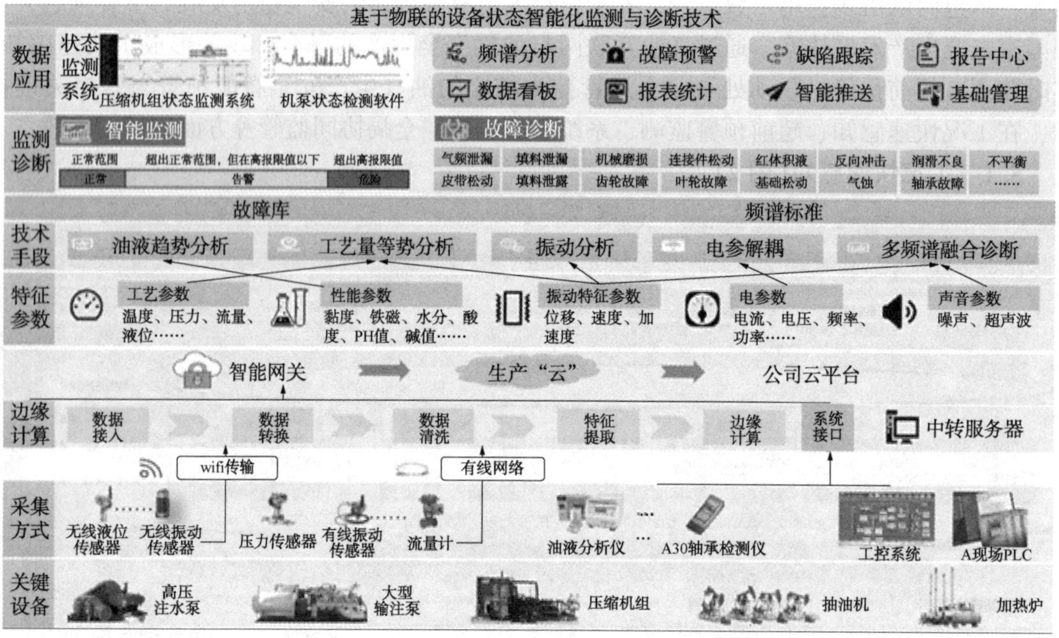

图 3　基于工业互联网的设备状态智能化监测与诊断技术架构图

5.3　系统联防联控(图 4)

针对异常工况、高风险作业、高后果区防护等安全防控和应急处置难题，集成创新了逻辑分析运算、自动化控制、安全预警防控等技术，攻关形成了场站工艺一体化安全控制、大型石油储罐主动安全防护、管线原油泄漏“三道防线”等技术体系。其中，场站工艺一体化安全控制实现了场站工艺的高度数字化、智能化运行，减少人员作业风险，实时监控设备设施运行状态，避免生产环境的危害因素，是提升场站本质安全的重要抓手。

5.4　全局协同监管

针对安全、环保、质量、消防等业务监督管理数据和现场实时监测数据进行逻辑整合，研究开发了“监控、监督、业务、专项、综合”5 大领域、33 项业务、478 项具体模块的管控平台，设计开发了“监视监控、智能预警、辅助管理、在线应用、协同决策、展示共享”等 6 大功能，构建了工况实时监测、安全风险感知、超前预警和应急处置的能力体系。见图 5。

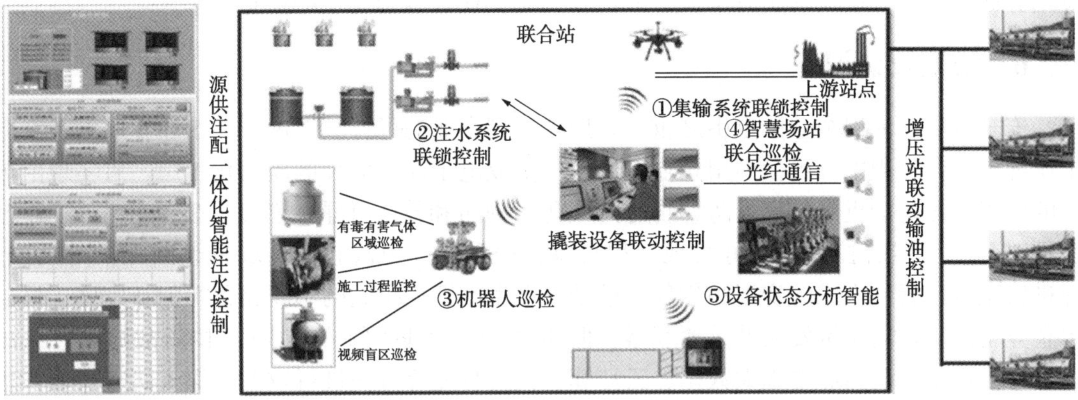

图 4　联合站工艺流程闭环管控技术架构图

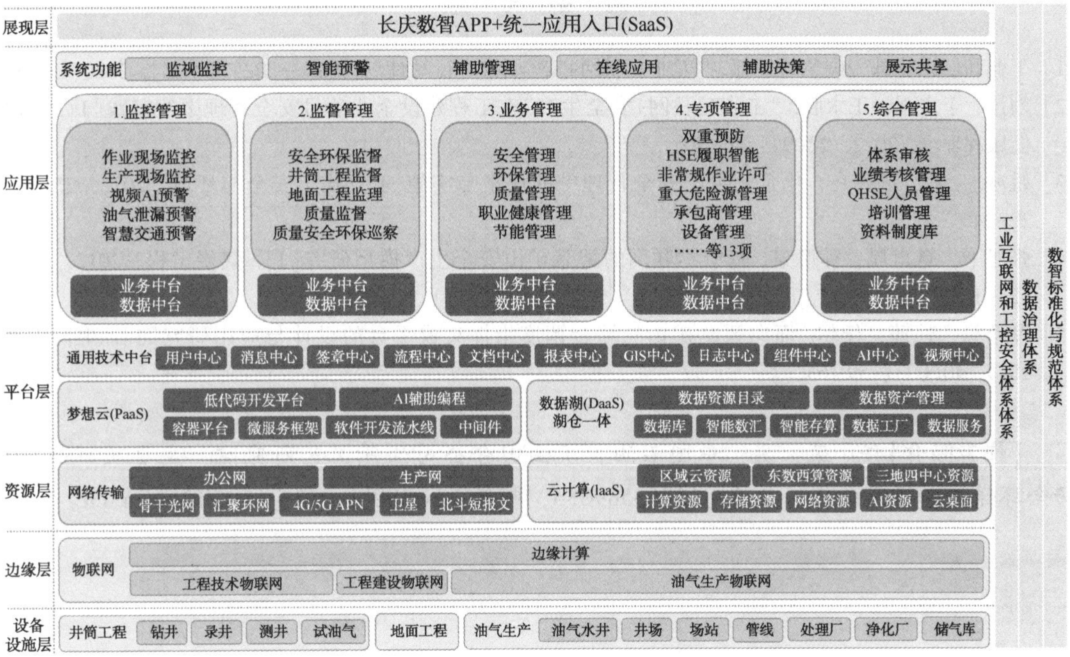

图 5　长庆油田安全风险智能管控系统架构图

（1）监视监控功能。依托作业现场、生产现场固定视频摄像头和移动布控球，通过平台集成，实现对作业过程、生产状况、“双高”风险点等现场的实时监视监控。

（2）智能预警功能。依托生产现场附加 AI 算法的高清摄像头和监测仪器、感应探头(泄漏监测、可燃气检测、火焰探测、气云成像)等设备，实现对风险点的预警防控。

（3）辅助管理功能。结合各层级 QHSE 业务监管需求，整合、优化、开发相关功能模块，服务于业务主管部门、直线部门、监督监理和二级单位管理需要。

（4）在线应用功能。根据监督监理、生产单位、基层单位以及操作岗位工作需求，开发工作分发、填报、跟踪、统计、分析等功能模块，实现 QHSE 基础工作的在线应用。

（5）协调决策功能。运用平台的各类监管信息，结合属地政府、集团公司、油田公司工作要求，结合大数据分析结果，及时向公司领导和业务主管部门提供工作建议与决策依据。

（6）展示共享功能。对各层级普遍关注的指标、要素、参数，集成在不同层级的管理与应用界面，便于各层级的实时掌握、分析，同时实现各级管理层的信息共享。

6 结论及认识

安全生产是油田企业的重中之重，直接关系到企业的可持续发展。在工业互联网和安全生产深度融合过程中，可使油田企业安全生产变成电子巡视监控的现代化工厂，可实现由传统的油气泄漏防治重点依靠人防、物防向人防、物防和技防并重的转变，实施建设“工业互联网+安全生产”管控体系，可实现远程自动实时监控、风险预警、联锁切断保护等功能，促进安全生产管理模式的变革和创新，推动安全生产管控机制的不断完善和创新发展，是油田企业全面实现高质量发展的重要利器。但随着“工业互联网+安全生产”国家战略朝着纵深推进，油田企业仍然需要在大数据、云计算、人工智能等方面进行攻关，深入研究智能算法和应用场景模型，强化以“井、站、线”组成的生产单元及生产系统安全风险智能化管理。

参 考 文 献

[1] 工业和信息化部、应急管理部. “工业互联网+安全生产”行动计划(2021—2023 年)[Z]. 2020-10-10.

[2] 刘涛，于富强，王永胜. “工业互联网+安全生产”在工程建设企业项目安全管理中的实践[J]. 安全、健康和环境. 2022，22(9)：46-50.

[3] 姚冰. 工业互联网在石化企业生产安全管理中的探索与实施[J]. 化工安全与环境，2022，35(30)：22-24.

[4] 张旭平，赵甫胤，孙彦景. 基于物联网的智慧矿山安全生产模型研究[J]. 煤炭工程，2012，(10)：123-125.

[5] 谭章禄，韩茜，任超. 面向智慧矿山的综合调度指挥集成平台的设计与应用研究[J]. 中国煤炭，2014，40(09)：59~63.

【作者简介】任小荣，男，中国石油长庆油田分公司油气工艺研究院，主要从事油气田安全环保技术研究工作，电话：15353589633，邮箱：rxr100_ cq@ petrochina. com. cn。

长庆油田原油管线泄漏应急处置方法与实践

何战友[1,2]　柴　锐[3]　陈智鑫[1,2]　刘沛华[1,2]

(1. 长庆油田分公司油气工艺研究院；2. 低渗透油气田勘探开发国家工程实验室；
3. 长庆油田分公司质量健康安全环保部)

摘　要：本文从长庆油田管道运行现状及失效情况统计分析入手，介绍了长庆油田实行的管线泄漏预防控制体系，由于油气泄漏具有突发性的特点，后果及影响会随处置时间的延长而放大，发现事故后报送是否及时、组织调度是否到位、抢险处置是否得当、补救措施是否有效，均对事件的影响及后果起着决定性作用。对于原油的泄漏应急处置首先应开展泄漏源截断，然后再结合地形特点进行拦收油工作，及时对泄漏事件进行控制并尽量消除对环境的影响。

关键词：油气管道；腐蚀失效；泄漏预防；应急处置

随着社会发展，环境污染事件，已成为广泛关注的重点，近年来，特别是墨西哥湾、大连管道爆炸泄漏、渤海溢油、兰郑长成品油泄漏等水体污染事件更成为媒体和公众关注的焦点。长庆油田地处37万平方公里的鄂尔多斯盆地，勘探、开发区域沟壑纵横、生态脆弱，自然环境敏感，水系复杂，有延河、洛河、泾河等黄河各级支流40余条，城市、城镇饮用水源地20多处，生产设施点多、线长、面广、高度分散。加之湿陷性黄土特性、城乡基础设施建设和偷盗原油等不法行为使原油泄漏风险显著增加。随着属地政府对环境监管日益严厉，针对原油管线泄漏应急处置方法的研究越来引起人们的重视。

1　长庆油田管道现状分析

长庆油田正处在大发展时期，泄漏风险成为影响企业安全发展、清洁发展的重大风险已是共识。按照GB 3838—2002《地表水环境质量标准》中石油类0.05mg/L的限值，原油一旦进入水体，就会造成水体污染。“十一五”以来，油田长输管道、集输管线以及单井管线因打眼偷盗、第三方施工破坏、自然灾害等因素共发生过多起对环境有影响的原油泄漏事件。

1.1　管道类别及现状分析

长输管道是油田管网的主动脉，口径粗、跨度长、压力高、排量大，走向复杂、隐蔽。一旦破损，封堵难、瞬时泄漏量大，对环境安全影响大，后果严重。近几年，油田靖咸线、庆咸线、靖惠线等主要长输管道均因偷盗或第三方施工发生过原油泄漏污染事件。长输管道管理难度大、风险高，发生事故难控制，是油气泄漏防治的重中之重，容不得半点马虎。要加强巡护、排查及施工监护，保证管道埋深和加套措施。强化“三道防线”运用，落实“四级责任”，完善警示标识，有效运用泄漏在线检测手段等多重技术屏障，消除潜在风险。发现险情，一定要第一时间发现、第一时间处置。

集输管线是油田管网的骨架，站间输送的桥梁，相对分散，管径、长度适中，途径地形复杂，穿跨越点多，大部分周边环境敏感，涉及河流、水源地众多，易受城乡基础建设和自然灾害影响引发泄漏事件。集输管线涉及环境敏感区多，管理形势严峻，是油气泄漏防治的重点，不容丝毫大意。一旦发生泄漏，处置不当，就有可能造成颠覆性水体污染事件。必须在设计初，严把路由关，避开环境敏感区、地质灾害易发区；运行时，极端天气下果断采取措施。有效落实“三防四责”体系，避免进入水体污染各级水源。同时要强化应急演练，提升快速反应能力。

单井管线是油田管网的支线，数量大，管径小，单管距离短，总程长，引发事件因素多，难免发生泄漏，一旦处置不当，仍会造成较大影响。单井管线基数大，致泄漏因素多，是泄漏防治的基础，不能掉以轻心，不能忽视。作业时，一定要严细方案编制、审批，落实《反违章六条禁令》，强化作业现场监护和巡查。油气泄漏的特点是突发性，后果及影响随处置时间的延伸而放大，发现报送是否及时、组织调度是否到位、抢险处置是否得当、补救措施是否有效，均对事件影响后果起着决定性作用。一旦发生事件，一定要高度敏感，高度重视，切不可因迟报、瞒报贻误抢险时机，强化媒体应对，避免“小事件”造成“大影响”。

1.2 管道失效现状分析

通过对 2015~2021 年长庆油田管道的失效年限和失效原因统计(图 1)，可得知管道投产 6~10 年后为失效高发时段，腐蚀穿孔是导致管道失效的首要因素，占比高达 90.9%。

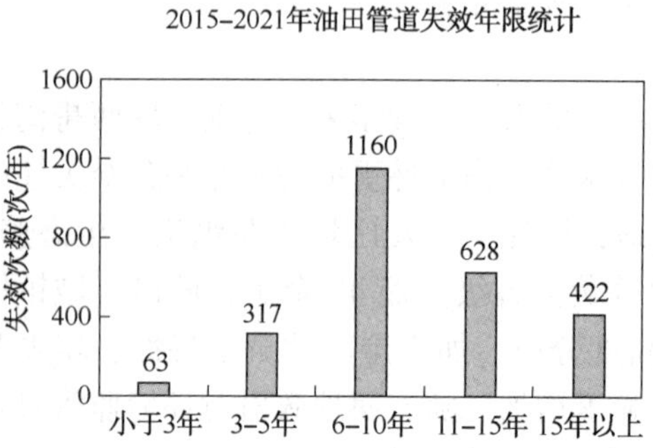

(a)失效年限

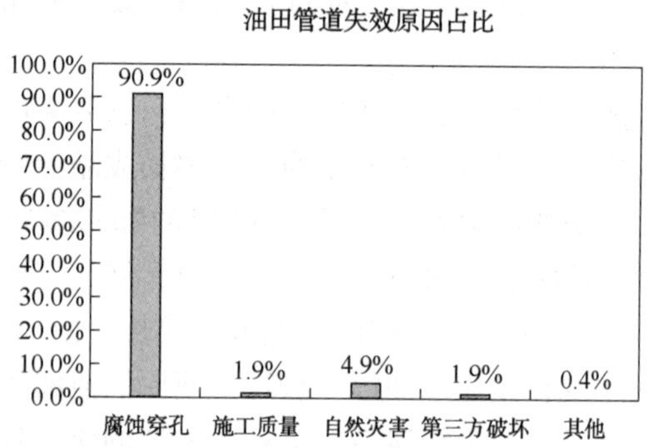

(b)失效原因

图 1 长庆油田管道失效统计

油田管道失效主要以内腐蚀穿孔失效为主，经常发生在管道中下部，部分发生在焊缝或焊缝附近，如图 2 所示。由于集输管道普遍含有一定量 CO_2(0.02~9.33%)、H_2S(0.02~8.74g/m^3)和腐蚀性细菌(SRB)会加重管道的腐蚀情况，且腐蚀会与结垢相互作用会加剧局部腐蚀，导致油田管道的腐蚀速率在 0.537~1.227mm/a 之间。长庆油田地处黄土高原，土壤电阻率普遍在 50Ω·m 以上，故油田管道外腐蚀整体较低。

2 原油管线泄漏预防控制体系

近年来为预防原油泄漏，长庆油田公司建立了“三防四责”体系，各基层单位全面落实管线巡护职责，充分利用数字化监控平台，积极建设预防性基础设施，探索和形成了一系列预防油气泄漏及应急处置的方法，切实消减了原油泄漏风险。原油泄漏预防重点突出“三防”，即“人防、技防、物防”，如图 3 所示。

2.1 “人防”体系

“人防”以人员巡护管道为主，主要巡护方法有“四级”承包巡护、社会有偿巡护、驻点看护等，可通过北斗轨迹定位、首末站签字确认、设施贴标签、巡线确认箱等方式确认巡护

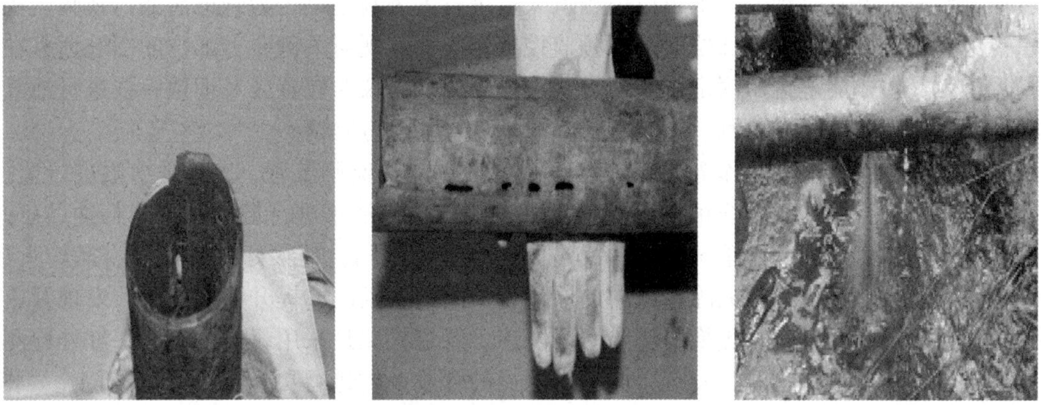

图 2　管线腐蚀穿孔

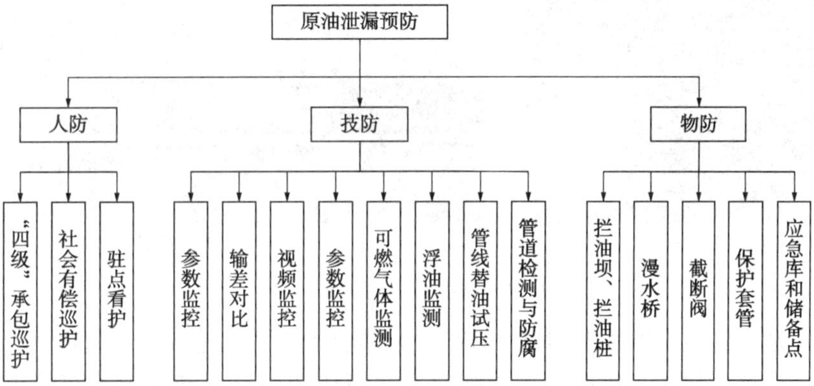

图 3　"三防"体系图

效果。"四级"承包巡护是建立厂(处)、作业区(大队)、生产单元、生产岗位四级管线巡护承包管理制度，明确各级巡护职责，确定巡护周期，规范巡护方法，提升巡护效果。社会有偿巡护是单位按照就近原则，与管线所在村镇的村民建立有偿的信息沟通机制，村民依据协议要求对约定的区域，按照规定的周期和频次对管线进行巡护，发现管线异常信息及时报告所属单位。驻点看护是针对特殊气候条件、重要施工的管段、重点交通要道、大型穿跨越等关键和要害部位安排专职队伍或专门人员进行驻守看护，确保管线隐患问题能够得到及时地发现和处置。

为保障巡护效果可采取北斗轨迹定位的方式进行验证，北斗管道巡护仪由巡护人员随身携带，巡线信息随时传入计算机监控系统，通过查看监控数据，验证管道巡护率及到位率；也可以采用在规定的时间内，巡护人员首末站签字确认方式，在重要管桥、管带上贴巡护标签方式，以及在管道沿线规定的位置设置巡线确认箱等方式保障巡护效果。

2.2　"技防"体系

"技防"主要是通过对运行参数的适时监控及现场环境的监测等手段确认管道运行状况，保障隐患信息能够第一时间发现。参数监控是对管道运行的压力和流量等重要参数设定运行区间，超过设定限值，监控系统对异常情况及时报警，提示值班人员管线运行异常，值班人员也可以通过参数曲线变化情况判断管线是否泄漏，对长输管线，还增加了管道泄漏定位功能。输差对比是通过定时对上游站的输出量和下游站的接收量进行比对，当站间输差较大时，监控系统能够及时预警，也可以由当班人员进行人为判定是否为管道泄漏。视频监控是在重点穿跨越、敏感水系等部位安装视频监控摄像头，实现对关键要害部位的24h远程在线监控。可燃气体监测是运用固定式和便携式可燃气体检测仪对装置区及埋地管线进行油气浓度监测，通过油气浓度的监测、报警方式及时发现管线泄漏险情。

浮油监测是在河流、水库等关键水体等部位设置浮油监测装置，24h对水质进行监控。管线替油试压是指用高于管线正常运行压力1.2~1.5倍的清水进行替油试压。替油试压时，停井、关闭井口生产闸门、单量闸门、混进闸门、套管闸门，连接好井口流程，撤离人员，警戒隔离试压区域，用清水剔除管线内的原油，关闭进站闸门，提升管线压力，发现管道薄弱环节后，及时进行维护、更换，消除管线隐患。管道检测是采用超声波探伤、红外检测等仪器，对管道壁厚进行检测，发现壁厚减少明显的管段及时进行更换，消除管线隐患。图4为输油管道内防腐方法。

(a)液体防腐材料　　(b)涂敷器

图4　输油管道内防腐方法

管道防腐是对管道内壁采取HCC内涂、EP防腐等技术措施以减缓管道腐蚀速度，首先对管线内壁进行喷砂除锈，然后利用压缩空气将液体防腐材料和涂敷器在管道内推动涂敷3~5次，如图4所示，可进行多次涂敷使管道内涂层达到一定厚度。长庆油田开发50年来，围绕地面管道和场站的失效控制技术攻关试验，先后形成“在线挤涂、工厂预制、内衬修复”等13项内防腐技术(图5)；“环氧粉末预制、无溶剂环氧喷涂、聚烯烃冷缠胶带、碳纤维和环氧套筒修复”等13项外防腐技术；以及“视频、超声、涡流、电火花”等4项小口径管道内检测技术，并在油田规模化应用。

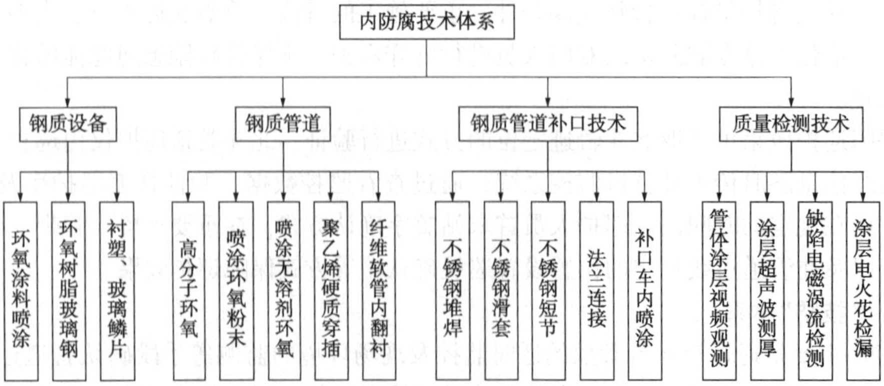

图5　长庆油田内防腐技术体系

2.3　“物防”体系

“物防”是通过设置管道紧急截断装置和拦油设施(图6)，泄漏状态下可减少管道油品泄漏量和降低环境污染程度，便于快速开展应急处置。在敏感区干沟、重点穿跨域设置拦油坝、拦油桩，可将泄漏原油控制在一定的区域内，防止油品进入敏感水系，便于油品快速回收。在道路、河流穿越处加装保护套管，可提高管道的安全运行率。

(a)拦油坝

(b)拦油桩

(c)漫水桥

(d)截断阀

图 6　拦油设施

在小河沟处设置漫水桥，管线泄漏时可通过安装在漫水桥上的固定拦油装置，将泄漏原油拦截回收，不致因水位上升过快而使拦油装置失去效用。对河流穿跨越管线加装截断阀，可在事故状态下实施紧急关断，有效减小油品泄漏量。

在管道沿线关键和要害部位设置应急库和储备点，配备收油机、运输船，漂流艇、特种车辆，抢险工程车，围油栏、拦油网、吸油棉、夜间照明灯具，帐篷、防寒衣、救生衣，应急发电机，雨鞋雨衣、摸鱼衣、草袋子、尼龙袋、对讲机、漏勺(配吸油棉)、马勺、自制抢险器材(铁栅栏、长钩、罩滤、油水分离桶)等环保专用物资，事故状态下便于快速取用。见图 7。

3　原油泄漏应急处置方法(图 8)

在做好“人防、技防、物防”工作的同时，应建立相关的管道信息档案：包括管线风险档案，需统计基本信息、变更信息、泄漏动态信息，环境风险管网信息图，明确管线走向、穿跨越情况、敏感点信息；应绘制厂、作业区、生产单元应急抢险平面图，包括抢险点、队伍分布、重要场站、河流、水库、应急库、物资储备点、道路等情况，便于发生泄漏事件后应急方案的快速编制和实施，及时开展相应的应急处置。

井组出油管线发生泄漏的处置方法是，岗位员工立即停止抽油机、关闭生产闸门，关闭进站阀组的单量、混进阀门。站间管线发生泄漏的处置方法是，立即停止输油泵，关闭外输闸阀，关闭下游进站阀组的阀门，切换流程、远程截断，管线泄压。在关闭阀门的同时，最

(a)动态斜面收油机

(b)运输船

(c)充气式橡胶围油栏

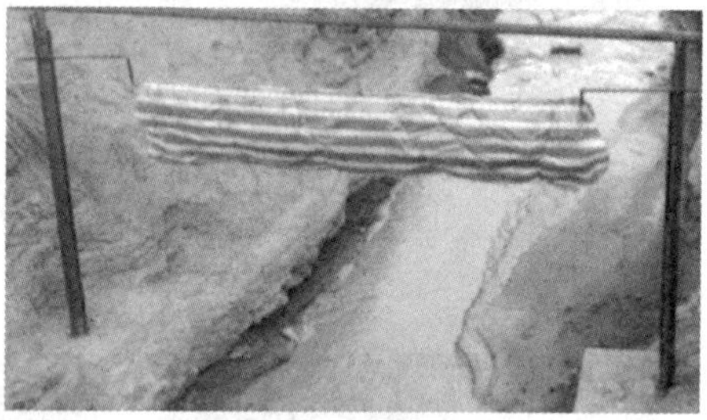

(d)拦油网

图 7　应急抢险装备

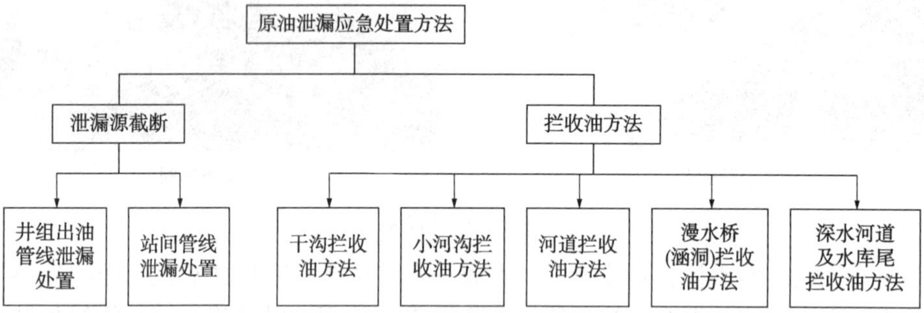

图 8　原油泄漏应急处置方法

先到达泄漏点的抢险人员，应在泄漏点安装自制导流工具，将泄漏油水转移至储存容器中，最大限度地，缩小污染面积，减轻拦收油的负担。见图 9。

(a)管道发生泄漏

(b)将油水转移至储存容器

图 9　减少原油外泄量方法

关闭阀门后，应遵循“离泄漏点最近、便于抢险”的原则，根据不同的环境，从 5 种不同的拦收油方法中选择一个最适合的：

（1）干沟拦收油方法依托已修建的拦油坝阻挡收容泄漏的原油，也可根据现场工作环境、进行机械或人工筑坝，围堵泄漏原油，控制事态，用马勺、自吸泵回收拦截的原油，用镰刀、砍刀清除黏油杂草树枝，用耙子集中回收，用铁锹清理坡道及沟壑表面油污装袋回收，用清洗机冲洗石崖、石块上黏的油污，最后喷洒土壤修复剂恢复生态。

（2）小河沟拦收油方法依托拦油坝或选择较宽的地方用机械、人工筑坝，安装导流管快开阀配合使用，导流管将水放出，原油漂浮在上层，用笊篱、马勺、自吸泵进行回收，河道泥地上的污油用扫把扫到水里用吸油棉吸收，最后水面上的油膜用撕薄的吸油棉吸收。

（3）河道拦收油方法是在水面上搭起自制铁栅栏，配合草帘子、吸油棉等挡住原油，或利用事先建设好的河道拦油桩等设施，布放吸油拖栏、小型 PVC 围油栏沿水流方向 30°角斜拉，随着水流将浮油引导到可以作业的岸边进行机械或人力清理，回收的油水利用简易储罐或分离水桶使油水分离回收，水面残留油膜可用凝油剂吸附回收。

（4）漫水桥或涵洞拦收油方法是在漫水桥底部或涵洞内放入预制好的专用拦油栅栏，配 PVC 围油栏、吸油棉等进行拦收原油。

（5）深水河道及水库库尾拦收油方法是用 PVC 围油栏、橡胶围油栏、充气式围油栏等拦油设施拦油，自航式收油机、转盘转刷式收油机、浮动油囊、冲锋舟、橡皮艇等收油设施收油。该方式用于暴雨等极端天气下引起的原油泄漏，是最有效的拦截方式。

4 结语

油气泄漏具有突发性的特点，后果及影响会随处置时间的延长而放大，发现事故后报送是否及时、组织调度是否到位、抢险处置是否得当、补救措施是否有效，均对事件的影响及后果起着决定性作用。一旦出现管线泄漏突发事件，应及时采取快速停泵、紧急截断、油头围堵、就地拦截、及时清理等处置措施。同时，应按照应急预案的要求，做好信息上报、信息发布、现场警戒、安全监护、应急监测、污染处置、生态恢复、调查评估等工作。

因此，各油气生产单位必须遵循“第一时间发现、第一时间报告、第一时间控制、第一时间处置”原则。以“人防、物防、技防”为出发点，坚定“一切事故都可以预防”的理念，严细管理，强化责任落实，不断完善以“三级防控”为主要内容的场站重点防控、以“三防四责”为基础的油气管道泄漏链式防控、以“应急预警系统”为平台的监控对象环境风险立体防控、以“快速有效响应”为特点的应急抢险能力建设，切实打好“管道整治攻坚战”，“安全环保持久战”，为长庆油田的持续稳产和西部大庆提质增效保驾护航。

参 考 文 献

[1] 张圣柱，CHENG Y F，王如君，等. 油气管道周边区域划分与距离设定研究[J]. 中国安全生产科学技术，2019，15(1)：5-11.

[2] GB 3838—2002. 地表水环境质量标准. 北京：中国环境科学出版社，2002.

[3] 周建新，吴轩，郭再富. 美国管道事故对我国油气管道安全的启示[J]. 中国安全生产科学技术，2014，10(增刊1)：73-78.

[4] YUAN M，ZHANG H，WANG B，et al. Future scenario of China's downstream oil supply chain：An energy，economy and
environment analysis for impacts of pipeline network reform[J]. Journal of Cleaner Production，2019，232：1513-1528.

[5] 付明福，张明星，朱晓曼，等. 油气长输管道作业分级定量风险评价方法研究及应用[J]. 中国安全生产科学技术，2019，15(7)：137-141.

[6] Li-wei WANG，Xiao-gang LI，Cui-wei DU. In-situ corrosion characterization of API X80 steel and its corre-

sponding HAZ microstructures in an acidic environment[A]. Journal of Iron and Steel Research(International), 2015(02): 135-144
[7] 秦晓霞. 埋地管道土壤腐蚀性与防护研究[D]. 中国石油大学, 2009
[8] 生迎夏, 曾晓, 王益敏等. 埋地石油管道交流腐蚀风险等级评估[J]. 中国安全生产科学技术, 2012, 8(10): 108-112.
[9] 李莉, 张玉志, 张斌, 等. 油气管道运行维护技术研究进展及展望[J]. 油气储运, 2017, 36(3): 249-254.
[10] 郑洪龙, 黄维和. 油气管道及储运设施安全保障技术发展现状及展望[J]. 油气储运, 2017, 36(1): 1-7.
[11] 李琴, 席御僖, 黄志强等. 腐蚀缺陷管道评价标准保守性对比分析[A]. 中国安全生产科学技术, 2015(01): 151-155
[12] 刘冲, 杜扬, 张培理, 等. 多分支管道油气爆炸特性大涡模拟[J]. 中国安全生产科学技术, 2019, 15(1): 134-138.
[13] 李为卫, 谢萍, 杨明, 等. 油气输送管道用钢管标准的发展历程及趋势[J]. 油气储运, 2019, 38(6): 601-608.
[14] 龚敏, 余祖孝, 陈琳. 金属腐蚀理论及腐蚀控制[M]. 北京: 化学工业出版社, 2009
[15] 梁永宽, 杨馥铭, 尹哲祺, 等. 油气管道事故统计与风险分析[J]. 油气储运, 2017, 36(4): 472-476.
[16] CHEN X F, WU Z Z, CHEN W T, et al. Selection of key indicators for reputation loss in oil and gas pipeline failure event[J]. Engineering Failure Analysis, 2019, 99: 69-84.

【第一作者简介】何战友，男，现任长庆油田油气工艺研究院副院长，主要从事油气田安全环保、新能源开发、QHSE 信息化建设及绿色低碳技术研究等工作，电话：029-86590798，邮箱：hzy1_ cq@ petrochina. com. cn。

空冷器类设备灭火救援探究

柳光泽　潘　辉　姚剑飞

（中国石油大连石化分公司）

摘　要：通过分析空气冷却器的设备结构与工艺条件，对不同工况下空气冷却器的风险进行识别，并针对风险的危害与影响制定了早期的工艺处置方案和消防安全措施。同时根据空气冷却器的设备结构特点和工艺状况制定了消防救援安全规范，进一步规范了停车距离、救援时限和救援人员服装的要求。

关键词：空冷器；风险识别；消防处置；安全防范

1　空冷器设备简介

空冷器是一种使用空气作为冷却剂，用于工艺介质降温、冷却、冷凝的设备。空冷器中包含压缩气体、油气、轻质油品等多种危险物料，并具有密封点多、材质易熔等特点。在日常使用过程中，内部管束受工艺介质、阻垢剂、催化剂、冷却剂等流体冲刷、腐蚀作用下减薄，一旦发生泄漏极易引发火灾。同时，空冷器安装于装置区的最上层，泄漏着火后，着火物料会带压喷溅而出，形成立体、大面积、多点燃烧，往往还伴随着爆炸、复燃等，如处置不当，还会导致空冷框架、附件管线坍塌，下方机泵烧毁，火势不断扩大。

1.1　空冷器结构分类

1.1.1　空冷器结构

空冷器的主要部件由管束、轴流风机、构架和附件四部分组成，其基本结构见图1、图2。

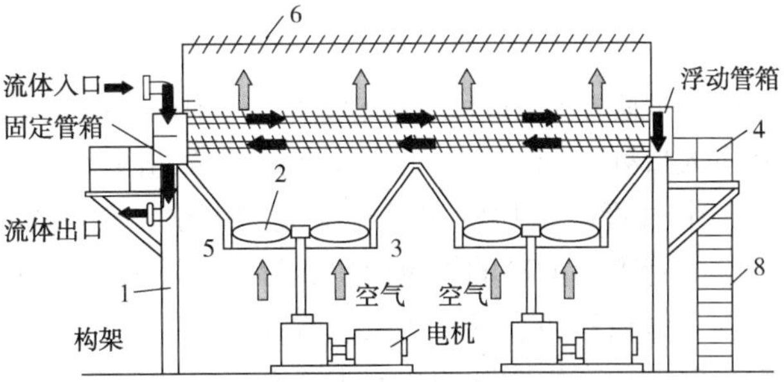

图1　空冷器结构（一）

1—构架；2—风机；3—风筒；4—平台；5—风箱；6—百叶窗；7—管束；8—梯子

1.1.2　空冷器分类

空冷器按管束布置方式可分为水平式和斜顶式；按通风方式可分为鼓风式和引风式；按冷却方式可分为干式湿式和干湿联合式；按结构大致可分为管翅式、表面蒸发式和板式等。

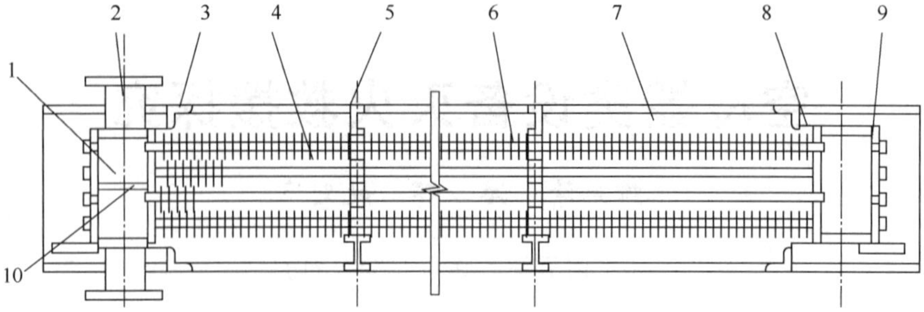

图 2　空冷器结构(二)

1—固定管箱；2—出入口；3—挡风梁；4—翅片管；5—横梁；6—翅片管支持件；
7—侧梁；8—挡风梁；9—活动管箱；10—管程隔板

2　空冷器设备事故特点

2.1　泄漏

当空冷器内介质温度、压力急剧升高时，空冷器内外压差增加会导致焊口开裂或法兰泄漏，或因空冷器法兰垫片材质不合格压力过大时，造成空冷器内物料的大量泄漏，遇到高温设备或者在静电作用下燃烧形成火灾，使相邻设备受到火势威胁。

2.2　着火

由于空冷器多为易熔材质，当空冷器发生泄漏着火时，空冷器在高温作用下迅速损坏并导致其中物料大量泄漏，泄漏介质遇点火源或高温设备会形成立体燃烧或大范围流淌火，如果冷却保护措施不当或不及时，空冷器下方框架会出现变形倒塌，对相邻设备和参战人员造成灾难性事故。

2.3　威胁地下水系统

泄漏到地面的物料形成流淌火，对扑救人员和车辆构成威胁，如果泄漏的物料进入下水系统会对其他生产装置和污水处理厂带来火灾爆炸的危险。

3　空冷设备事故风险评估

3.1　重点部位

空冷器发生火灾爆炸的危险主要来自设备故障和运行中产生的泄漏，空冷器易泄漏部位有如下几处：翅片管介质入口处、翅片管向下弯曲变形部位的内壁、湿式空冷器翅片管靠近管箱部位无翅片的外壁、带衬管的翅片管在衬管末端的内壁、有可能产生介质涡流的部位等。干式空冷、联合空冷的管束内壁冷的管束内壁；湿式空冷翅片管外无翅片部位等湿式空冷翅片管外无翅片部位等。管箱丝堵、管箱法兰、管线焊口、阀门等。

在石油炼制过程中，对设备产生腐蚀的物质主要有：硫的化合物、无机盐类、环烷酸烷酸、氮的化合物等氮的化合物等。这些杂质虽然含量很少，但危害却极大。此外在原油加工过程中加入的溶剂及酸碱化学剂也会形成腐蚀介质，加速设备的腐蚀。对于空冷器来说最典型的腐蚀类型就是常减压装置初、常顶冷凝冷却系统及加氢装置分馏塔顶系统的低温（$t<120℃$）$HCl-H_2S-H_2O$ 形腐蚀。

同时，部分空冷器管束的焊接质量存在缺陷，当空冷器发生压力波动时，这些裂纹逐步扩展，波动达到一定程度发生介质大量泄漏。此外，热胀冷缩同样会造成管束变形，焊口开焊，导致介质泄漏。

3.2 次生灾害

空冷器泄漏着火时如果得不到及时封堵扑灭会使泄漏介质流入地沟、下水系统，导致下水井起火，当泄漏部位逐渐增大，火势会越来越大，给操作人员造成伤害，烧伤，对周边设备及框架造成损坏，甚至引发灾难性后果。

空冷器泄漏着火无法控制时，导致上游装置进行紧急转阀、倒罐，给装置恢复生产带来麻烦，火炬还需排放多余的物质，造成环境污染。会造成装置停工导致下游装置波动大，也有可能相继停工。

空冷器设备外接管线设置的阀门大多为手动切断阀门，发生火灾事故时，无法通过远程控制迅速关断，且空气冷却器占地面积大，设备内管束较多，即使已关闭空冷器的出入口阀门，仍然会有大量的物料沿破口流出。

空冷器设备处于框架最上层，发生立体火灾后，消防力量很难在较短时间到达泄漏着火点，所以初期消防应急处置的效果不好，一旦火灾扑救不及时，受火灾热辐射导致框架失稳，可能会造成整个框架结构的坍塌，导致发生失控型火灾。

4 空冷设备消防应急处置

4.1 空冷设备事故处置原则

扑救空冷器火灾时首先要明确战术，采取“上下合击，四面包围”的战术。应充分利用固定、半固定消防设施，发挥举高类消防车及大功率泡沫消防车，同时结合工艺处置进行灭火；当处置空冷器泄漏时，应采取“堵截包围”的战术，重点控制泄漏区域内的火源，同时结合工艺处置对泄漏物质进行驱散、覆盖和收集。

结合事故现场地形以及事故规模大小，应注意对下水系统封堵以及对空冷器管束、进出口法兰、法兰垫片连接处、风机的支撑部件、框架进行冷却，防止事故扩大。

4.2 空冷设备事故处置消防处置关键技术及方法

4.2.1 现场侦察

到达现场后要立即成立侦检小组，对现场进行侦察，确定有无人员被困和伤亡，确定需要保护的重点装置和部位，要查明泄漏部位、物料储量情况，制定恰当合理的关阀、断源、隔离措施。警戒小组对各道路口进行警戒、疏散无关人员、车辆禁止非抢险人员、车辆进入现场。

4.2.2 力量部署

初期火灾情况下，根据靠近火点快速灭火的原则，应选择距离火点较近的位置停车。对于已经形成稳定燃烧阶段，参考 GB 50160—2008《石油化工企业设计防火标准》条文说明中对 4.2.12 条制定防火间距的原则和依据的说明：“防止或减少火灾的发生及发生火灾时工艺装置或设施间的相互影响。参考国外有关火灾爆炸危险范围的规定，将可燃液体敞口设备的危险范围定位 22.5m，密闭设备定为 15m。”，又因设备能够安全地承受比对人体高得多的热辐射强度，建议根据装置消防道路情况选择上风方向，地势较高处，距中心火点约 50~60m 范围，便于紧急避险的位置停靠。

泄漏情况下，应首先确定泄漏范围，划定警戒区，根据现场风向、消防道路情况和泄漏介质的特性选择安全的停车距离，并时时对泄漏情况进行监控，调整警戒区，调整车辆位置。参考 GB 50160—2008《石油化工企业设计防火标准》条文说明中第 5.2 条第 4 款的内容:“可燃气体扩散范围:(1)正常操作时,甲、乙 A 类工艺设备周围 3m 左右;(2)液化烃泄漏后,可燃气体的扩散范围一般为 10~30m;(3)甲 B、乙 A 类液体泄漏后,可燃气体的扩散范围为 10~15m;操作温度等于或高于其闪点的乙 B、丙类液体泄漏后,可燃气体的扩散范围一般不超过 10m;(5)氢气的水平扩散距离一般不超过 4.5m。(6)《英国石油工业防火规范的报告》:汽油风洞试验,油气向下风侧的扩散距离为 12m。)”综合考虑可能的泄漏量、泄漏压力、现场风向、可燃气体突然发生爆炸的后果,建议停车距离如下:

液化烃、可燃气体泄漏,建议车辆停在上风或侧上风方向警戒区 500m 外。

可燃液体泄漏,建议消防车停在上风或侧上风方向警戒区 100m 外。

有毒气体泄漏,建议消防车停在上风或侧上风方向警戒区 200m 外。

4.2.3 实施救援

4.2.3.1 火灾事故救援要点

i. 冷却保护

消防队要利用周边固定水炮、移动炮、遥控炮、举高车臂架炮对空冷器、框架等薄弱部位和相邻设备及周边的设施实施冷却保护,冷却要均匀,不留空白点,防止发生次生灾害。

位于空冷器框架上部发生火灾易形成立体式火灾,可利用举高车臂架炮对着火部位和邻近设备实施冷却保护。利用半固定消防竖管出泡沫枪加强冷却保护或灭火。

位于空冷器框架中部发生火灾易形成立体式火灾,可充分利用固定、半固定消防设施和举高消防车及大功率泡沫消防车进行灭火,火灾扑救中应注意加强对火点上部的冷却保护,对形成的流淌火进行堵截消灭,防止火势蔓延,造成火势扩大。

被流淌液体火焰包围的无保温的中间罐、回流罐及常温、常压容器要优先考虑冷却。

ii. 防止扩散

位于空冷器框架底部发生火灾易形成流淌火,具有火势蔓延速度快,工艺处置困难的特点。使用干粉和泡沫联用的方法为最有效的灭火方法,可采取堵截包围、逐片消灭的战术措施,车辆和水枪阵地应形成四面包围,不能留有空白点。同时要防止火势向上蔓延加强火点上部的冷却保护。

iii. 持续侦检

设置观察哨,携带测温仪不间断检测空冷器温度变化情况、作战助理时时与车间工艺人员沟通工艺处置及压力变化情况,并及时向指挥员报告,以便及时调整战斗部署。

4.2.3.2 泄漏事故救援要点

i. 控制火源

切断事故区域内的强弱电源,熄灭火源,停止高热设备,落实防静电措施。进入警戒区人员严禁携带、使用移动电话和非防爆通信、照明设备,严禁穿戴化纤类服装和带金属物件的鞋,严禁携带、使用非防爆工具。

ii. 控制泄漏物质

液化烃空冷器泄漏可采取蒸汽进行封堵驱散。利用周边固定水炮、水幕发生器、移动炮出开花、雾状射流(严禁利用直流水柱喷射,防止直流水柱冲击产生静电引爆可燃气体)对泄漏现场进行驱散封堵,降低浓度,控制泄漏范围;控制泄漏可燃气体向加热炉、配电室、操作室等存在火源部位扩散,同时对抢险人员进行掩护。对泄漏到低洼处的可燃气体利用水枪进行驱散,降低泄漏区的可燃气体浓度。对泄漏的可燃液体要采取泡沫覆盖、筑堤导流的方法,控制泄漏范围,减少挥发,防止遇火源发生着火。

对于可燃液体泄漏，根据泄漏介质的理化性质，采用有针对性的泡沫灭火剂对泄漏介质进行泡沫覆盖，减少挥发，同时本着“先地面后高空”的原则，在泄漏介质表面覆盖较厚的泡沫层，防止一旦发生火情，框架流淌火流到地面引起燃烧。

iii. 收集泄漏物质

对泄漏区内的下水井采取泡沫覆盖、海草席封堵的方法，防止可燃液体沿下水系统扩散；设置围堤，阻止泄漏液体漫流同时对泄漏的液体实施泡沫覆盖，防止燃烧。

iv. 持续侦检

侦检人员利用检测仪不间断检测泄漏可燃气体浓度及范围并及时调整警戒区域、作战助理时时与车间工艺人员沟通工艺处置及压力变化情况，并及时向指挥员报告，以便及时调整战斗部署。

4.2.3.3　火场安全保障

i. 严禁在有可能下“火雨”或被地面、平台火焰包围的区域设置灭火阵地。

ii. 严禁物料没有切断就灭火，防止复燃、复爆。

iii. 严禁冷却水进入着火介质为禁水物质的换热器内。

iv. 消防车选择上风或侧上风、地势较高、上无管廊、下无窨井管沟的位置停放，车头朝向便于紧急撤离的方向，保持应急避险道路畅通。撤离后以中队为单位清点人数，并及时向指挥部汇报，撤离信号为电台、高音喇叭通知辅以鸣汽笛“两短一长”。再次进攻必须经侦查检测安全后由指挥部统一下令进攻。

4.2.3.4　个人防护

4.2.3.4.1　个人防护装备

i. 参战人员做好个人防护，所有进入安全警戒区内人员必须着隔热服，佩戴正压式空气呼吸器，携带可燃气体/有毒气体报警器。

ii. 需进入火场进行处置时，应由生产操作人员和消防人员共同实施，进入前必须进行登记，佩戴避火服、空呼、通信设施，并做好掩护。

4.2.3.4.2　救援位置选择

i. 防止闪燃、闪爆，要利用移动炮灭火设施，水枪手要尽量寻找坚实掩体实施灭火，防止扑救过程中二次爆炸伤人。

ii. 参战人员要时刻注意头上脚下，防止高空落物和跌落下水井中，避免造成伤害。

iii. 消防人员严禁走入被泡沫层覆盖的燃料溢出区域，以防复燃伤人。

iv. 水枪手严禁站在无保护措施的高空位置上射水，以防坠落伤人。

5　结语

空冷器设备事故，无论是火灾还是泄漏，如果处置不当都将造成极其严重的次生灾害，因此在日常工作中，要积极对各个装置的空冷器设备风险进行研判，有针对性地做好抢险救援演练工作，同时属地单位应做好设备检测与日常巡检，做到“预防为主，防消结合”。

参考文献

[1] GB 50160—2008(2018 年版)石油化工企业防火设计标准[S]. 2008.

[2] 陈晓环. 空气冷却器的研究与应用[J]. 科技创新与应用. 2013(17)59-59.

[3] 郭俊峰. 湿式空气冷却器[J]. 石油化工设备，2019(1)52-60.

[4] 王震. 空气冷却器浅谈[J]. 科技视界. 2014(20)120-121.
[5] 康青春. 灭火救援指挥[M]. 河北：中国人民武装警察部队学院. 2006：137-138.
[6] 蔡世千. 空气冷却器在石油化工生产中的应用[J]. 兰化科技. 1990(1)55-58.
[7] 李诚. 浅谈空气冷却器在化工领域中的应用[J]. 化工设备与管道. 2002(5)22-23.
[8] 颜兵，魏城瑶. 酸性水汽提塔顶空气冷却器管束腐蚀泄漏原因分析及对策[J]. 硫酸工业. 2021(12)52-54.
[9] 范冰. 加氢裂化装置高压空冷泄漏原因分析及整改措施[J]. 中国化工贸易. 2013(8)168-168.
[10] 褚亚丽. 浅谈危化品泄漏事故处置[J]. 邢台学院学报. 2011(2)191-192.
[11] 李岩. 危险化学品泄漏事故应急处置关键技术分析[J]. 居舍. 2017(24)136-136.
[12] 邓天永，陈阵，王璐，张婷. 塔顶空气冷却器腐蚀与防护[J]. 石油化工腐蚀与防护. 2011(2)20-23.
[13] 于凤昌. 连续重整脱戊烷塔顶空气冷却器的腐蚀及防护. 炼油技术与工程. 2012(1)48-51.
[14] 徐剑，胡崇海，杨秀丽，毛卫. 常顶空冷器腐蚀开裂原因及对策. 石油化工腐蚀与防护. 1999(2)18-19.
[15] 黎焕珍. 关于危险化学品泄漏事故应急处置关键技术分析. 资源节约与环保. 2019(2)84-84，92.

基于情景构建的某海底原油管线泄漏事故演化及应急能力分析

吴开锦　邱宝年　郭文涛　梁薛成

[中海石油(中国)有限公司湛江分公司]

摘　要： 重大事故情景构建是最近几年应急管理领域的热点研究方法，而海底管道作为海上油气田开采过程中一种输送流体介质的重要设施，具有连续、快捷、输送量大的诸多优点。在海底管道迅猛发展过程中，海底管道的安全问题始终为人们所关注。本文假设南海西部海域某海底原油管线遭遇第三方渔船锚击，发生原油泄漏，模拟原油泄漏扩散情况，并对事故演化各阶段所面临的应急任务进行分解，明确应急处置措施，提出改进建议。

关键词： 情景构建；海底原油管道；泄漏事故；应急处置；事故演化

海底原油管道作为海上油气田开采过程中一种输送流体介质的工具，具有连续、快捷、输送量大的诸多优点。在海底管道迅猛发展过程中，海底管道的安全问题始终为人们所关注。同陆上管道相比，海底管道运行风险更大，失效概率更高，这主要与其工作环境条件密切相关，运行在海底的管道既可能受到波浪、海流、潮汐、腐蚀等作用，也可能面临抛锚、平台或船舶落物、渔网等撞击拖挂危险，很容易发生事故。情景模拟作为预测和应对风险的重要工具，对于海底原油管道的安全管理具有重要意义。

情景构建是基于事故的自然发展规律，利用“底线思维”和“情景—应对”的理论和方法，对未来可能发生的重大突发事件进行场景假设模拟、梳理应对任务、分析能力差距、提出应急对策，以完善应急预案、推进应急演练、强化应急准备、提升应急处置能力的一种系统工作方法。

情景模拟是一种基于假设和推演的技术，通过模拟海底原油管线的潜在风险和事故场景，评估其可能的影响和应对措施。通过情景模拟，我们可以预测海底原油管线的薄弱环节和潜在风险，检验应急预案的有效性，并采取针对性措施进行防范和应对，提高应急响应的效率和准确性。

本文基于情景构建的方法，建立南海西部海域某海底原油管线由于第三方渔船锚击破坏，导致原油泄漏的重大事故场景，利用相关软件，对该场景原油泄漏扩散情况进行模拟，并对该场景各阶段所面临的应急任务进行分解，明确应急措施，提出改进建议。

1　海底原油管道第三方破坏原因分析

2001 年根据 PARLOC 的北海钢质海底管道事故统计分析表明，海底原油管道失效原因中，第三方破坏占比 46%、腐蚀占比 25%。在中国海油 1986—2016 年，海底管道事故统计中表明：腐蚀和第三方破坏分别占比 37%、33%，是海底管道最主要的破坏方式。根据上述两者的统计数据可见，第三方破坏和腐蚀是造成海底管道失效的主要因素。

第三方破坏是管道失效的主要诱发因素之一。海底管道的第三方破坏形式主要包括渔业活动、航道作业、施工作业、海洋环境与自然灾害等。海底管道第三方破坏事故树模型，如图 1 所示。

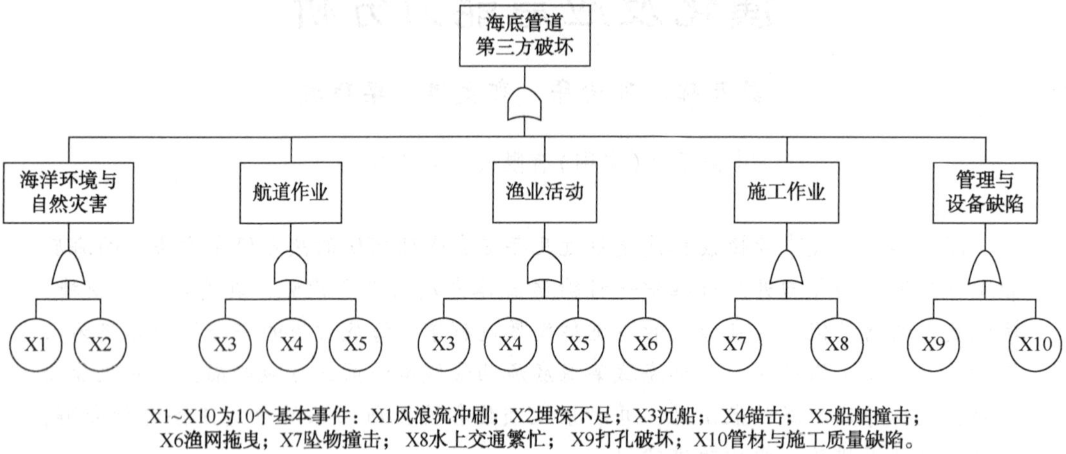

图 1　海底管道第三方破坏事故树

2　事故情景构建

2.1　情景主体信息(表 1)

表 1　事故主体信息

类型	参数
管道起始点	起点：海上采油平台；终点：陆岸终端
介质	原油
管层	双层保温
容积/方	3519. 1
海管段长度/km	32. 5
陆管段长度/km	0. 211
管道壁厚	17. 5mm
管线公称直径	内径：16in；外径 22in
海管设计压力/MPa	6. 1
海管设计温度/℃	80
管道材质	API 5L X65
投用时间	2010 年
设计寿命	15 年
实际运行压力/MPa	1. 4~1. 9MPa
实际运行温度(℃)	60

2.2 事故情景描述

（1）原油泄漏风险分析。当本管道失效，原油泄漏时，泄漏可能引起火灾和爆炸事故，造成人员伤亡及财产损失。泄漏不仅使所输油品大量流失，由于漏出的油品往往会污染海洋水质，对生态环境和社会影响很大。原油泄漏后对生态环境有长期的负面影响，除了溢油直接损失，处理事故还需要花费油品回收、清洗、环境净化等费用。泄漏事故的后果危险分为短期危险和长期危险，短期危险是突然发生并需要立即采取措施的危险，而且危害的持续时间比较短，如火灾、爆炸等，将立即造成人员伤亡和财产损失；长期危险是危害持续时间较长的危险，如海洋水质污染、对海洋中物种多样性的影响和整个生态系统的影响等，这属于长期性危害，如果不立即采取补救措施，随着时间的推移，其危害性可能更大，而且原油泄漏后对生态环境的负面影响更长远，危害更大。

（2）地理环境分析。海底原油管道位于南海西部海域，沿线所涉区域涉及渔业捕捞、旅游休闲娱乐区、海洋保护区、二长棘鲷及长毛对虾国家级水产种质资源保护区（核心区），如果发生海管泄漏，将会对周围海洋生态环境造成极大影响。

（3）气象水文分析。本海管所在海域年平均气温22.9℃，其中年最高气温35.4℃，年最低气温2.9℃。每年5~11月份为台风季节，夏季风级通常3级~4级，最大阵风6级~7级，风向西南；冬季一般6级~7级，最大阵风9级~10级，风向东北。百年一遇风速可达60.2m/s，有效波高达4.5m，海流表层速度可达1.9m/s，底层速度达1.11m/s。海区最大潮差达5.03m。本海管位于南亚季风气候区域内，夏季主要受偏南风控制，冬季主要受偏北风控制，常年主导风向为NNE，占全年的17.5%，每年10月至次年3月盛行东北偏北风，4月和9月为季风转换时期，风向多变；次主风向为SSW，5月至8月盛行西南偏南风。

（4）情景设定。本文构建情景的气象条件为：夏季，风向：NNE，风速：7.5m/s，无降雨，气温25℃，海水表温：28℃，表层流向SSW，流速：0.4m/s；应急情况设定为第三方渔船锚击本海管，造成管道破损原油泄漏，泄漏原油迅速污染附近海域，并随风浪逐步扩散。由于海管下岸压力正常波动较大，无法及时发现海管小型泄漏的压力降，且监测报警系统未报警，导致原油泄漏时间长达3小时。

2.3 事故情景演化过程

（1）发生阶段

某年7月16日凌晨2：10，某渔船在出海捕鱼作业过程中，锚击本海管，造成本海管破损，原油泄漏。

2：20，渔船作业人员发现海面上有油污出现，但因抱有侥幸心理，未及时上报，并迅速逃离了现场；事故发生后，因平台海管下岸压力有0.5MPa的正常上下波动，所以未能及时发现泄漏导致的压力降，且监测报警系统异常，未发出报警信号，导致本海管原油一直在持续泄漏，造成大量原油泄漏。

5：30，有守护船发现海面有大量油污片漂浮，且在不断扩散；

5：31，守护船立即向附近油田汇报此事件，各油田立即进行自查，并通知守护船开展溢油现场可燃气体或有毒有害气体浓度监测，查看溢油位置是否满足人员、船只和设备安全进入条件；

5：35，确定本海管管理责任单位。

5：36，中控人员立即将海管泄漏的消息通知油田总监，油田总监指示中控密切关注海管压力，并指令安全监督组织人员登临平台守护船对海管区域进行巡线检查，确认泄漏点位置；

5：55，安全监督报告油田总监，守护船在海管路由距离平台3公里处发现海面有大片油膜，面积约9平方公里，溢油量约0.8吨，同时不断有气泡从海面以下冒出。

（2）扩大阶段

5：55，油田总监接到报告后，立即宣布启动现场应急响应程序：

指令生产监督开展海管关断、扫线、泄压；

指令报房做好值守，密切关注天气情况；

指令安全监督协调溢油应急物资，做好溢油处置准备；

指令维修监督协调应急抢修物资，做好海管抢修准备；

指令守护船在泄漏点附近警戒；

5：57，总监向上一级单位应急值班室报告事故情况和进展，并请求支援；

5：58，应急值班室将信息上报应急指挥中心主任；

5：59，应急指挥中心主任接到报告后，请示应急领导小组组长，启动应急预案；

6：01，应急指挥中心向生态环境部珠江流域局、广西海警局、北海海事局、集团公司应急值班中心同时汇报事故情况；

6：02，应急指挥中心与油田现场进行视频会商；

6：04，应急指挥中心指示油田结合地图系统实现事发地自动定位，收集整理事发现场信息、数据和视频图片；结合海上溢油突发事件应急预案，分析和判定溢油事件的事件等级和影响程度。

6：05，应急指挥中心协调环保工作船准备就位；并通过气象预警平台关注气象信息动态，查看适合抢险处置气象窗口和处置条件时段；

6：10，应急指挥中心利用以下手段开始组织人员监视追踪溢油情况：

① 进行溢油漂移预测（见图2、图3），借助溢油漂移软件计算其溢油面积、扩散范围、扩散方向、扩散速度等，确定油膜中心点坐标，作为直升机和船舶巡航的依据，为溢油回收和防污染损害提供保障；

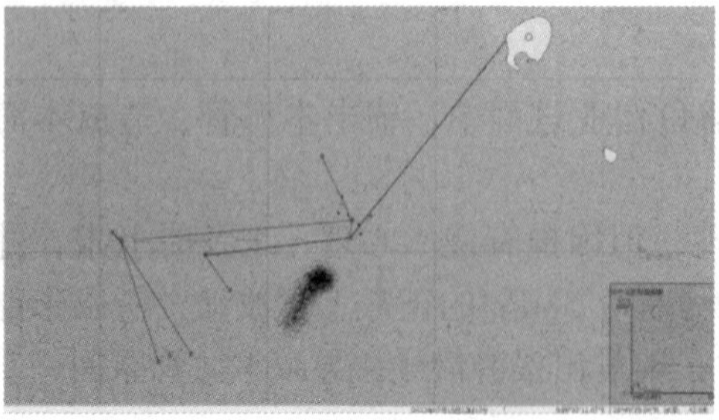

图2　海上溢油漂移轨迹图

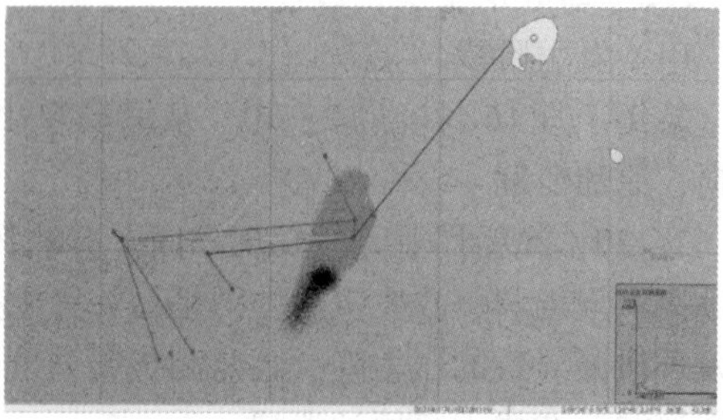

图3　海上溢油漂移残迹图

② 安排直升机扩大搜索范围，根据漂移预测反馈对可能到达的范围进行进一步搜索识别；

③ 安排船舶跟踪监视溢油的漂移动态，跟踪拍照或录像，并记录其漂移轨迹变化；

6：20，结合现场情况及漂移预测结果，技术专家组经过研判，做出溢油处置策略：

① 调用600m充气式橡胶围油栏，尽快赶往事发海域；

② 派遣利用无人艇进行海面溢油监测；

③ 现场注意作业安全、防止人员落水；

6：40，环保工作船抵达现场，在泄漏区域使用舷侧内置式收油系统进行机动回收；

7：00，携带围油栏的守护船抵达现场，采用两船呈“U”形拖带600m围油栏在溢油源洋流下游方向围控溢油，并布放撇油器开展收油工作；

7：15，广西海警局执法船抵达事故海域，开展警戒巡逻和秩序维护任务；

7：20，北海海事局海巡船抵达事故海域，开展海上船舶航行引导；

8：40，现场溢油已基本清理完毕，仅剩余少量薄油带，环保工作船向应急指挥中心汇报后开始启动溢油分散剂喷洒设备，通过船用喷洒臂进行溢油分散剂喷洒作业。

（3）应急结束阶段

9：40，现场险情得到控制，海面油污已处置完毕，现场向应急指挥中心汇报处置结束环节；

9：45，应急指挥中心向生态环境部珠江流域局、广西海警局、北海海事局、集团公司应急值班中心汇报处置结束环节。

10：00，填写《现场溢油应急处理报告》，并报给公司应急指挥中心。

11：00，召开相关会议，开展事故分析；

10天后，从以下几方面进行善后处理：

① 对事态发展进行监控，并对整个事态进行评估；

② 资金保险组负责与保险机构联系，申请理赔事务；

③ 确保环境污染得到消除；消除事故后果影响，清理现场，解除警戒，恢复正常的生产秩序和社会秩序；

④ 组织更新观念、完善体制、改进政策、对外宣传重塑形象。

⑤ 应急恢复前应制定相应的计划并采取相应的防护措施，防止发生次生灾害。

⑥ 现场清理前应进行必要的调查取证工作，包括录像、拍照、绘图等，并将这些资料连同事故的信息资料移交给事故调查组。

⑦ 组织开展溢油对环境的评估工作。

14天后，生产设施恢复生产。

2.4 事故影响

（1）次生衍生危害

本次事故造成9平方公里的海域污染，本管道涉及渔业捕捞、旅游休闲娱乐区、海洋保护区、二长棘鲷及长毛对虾国家级水产种质资源保护区（核心区）。原油泄漏将对这些区域的生态环境产生巨大影响。事故的次生衍生危害主要表现为环境和生态灾难、渔业资源受损、破坏海洋生态系统等几个方面。

环境和生态灾难：本次事故因原油泄漏，原油中含有的大量的有毒物质，如苯、芳香烃和硫化氢等，被一些海洋生物摄入体内，导致海生物中毒，甚至死亡。

渔业资源受损：本管道原油泄漏对渔业资源造成了影响。泄漏的原油污染海洋水域，破坏渔业生态环境，影响了鱼类繁殖和生长。

破坏海洋生态系统：本管道原油泄漏对海洋生态系统造成严重的破坏。原油会污染海洋水域，破坏海洋生态链，影响海洋生物的繁殖和生长，导致渔业资源减少、生物多样性下降。

(2) 财产损失

① 设备设施损失

事故直接造成本管道破损。

② 物料损失

事故不仅造成大量原油损失，还包括溢油物资的损耗。

③ 赔偿费用

事故发生后，要面临海洋环境污染造成的政府罚款等。

④ 生态恢复费用

由于所造成的海洋生态环境破坏需长时间耗费大量人力、物力和财力进行修复，面临事故后生态恢复费用。

(3) 服务中断

事故造成油田等相关生产设施停产，涉事海域航道中断。

(4) 经济影响

公司受事故影响，难以按计划完成年度原油生产目标，而且泄漏的原油也造成了巨大的经济损失。

(5) 社会影响

事件发生后，由于有关媒体报道，对公司产生许多不利的负面影响，网络及社会舆论议论公司的失责，政府及媒体对公司产生巨大压力。

3 事故单位应急能力分析与评估

3.1 应急任务和差距分析

在情景演化基础上，本次情景构建需要识别各个演化阶段应急任务，分析各个应急任务所需要的应急资源，初步提出差距分析方向，为应急能力分析提供参考。各个演化阶段的主要应急任务应包括：

(1) 预防与应急准备；

(2) 监测预警；

(3) 应急响应；

(4) 恢复重建。

各个情景演化阶段应急任务和初步差距分析参见表 2。

表 2 情景演化阶段应急任务和差距分析

演化阶段	可能后果	应急任务	差距分析
船舶驶入海管路由区域	1. 船舶外力破坏海底管道； 2. 海底管道破损，原油泄漏	1. 对船舶进行动态监测与行为识别，辨识海底管道是否遭受来自船舶的破坏，实现海底管道第三方破坏风险监测，提前预警 2. 船舶驱离	开展船舶预警行动分析，确定船舶监测技术是否能够满足船舶危险行为提前预警
海管遭第三方破坏，原油开始泄漏	海管破损，原油少量泄漏	1. 监测报警，发出报警信号； 2. 紧急关断； 3. 负压保护	1. 分析溢油监测报警能力； 2. 分析本海管紧急关断和紧急泄压能力； 3. 分析本海管负压保护能力

续表

演化阶段	可能后果	应急任务	差距分析
原油大量泄漏	原油泄漏污染附近海域，破坏海洋生态系统	1. 应急扩大(升级)； 2. 海面溢油清理； 3. 海底管道堵漏维修	1. 分析应急资源保障能力，如应急设备数量状况，应急人员配置状况； 2. 分析应急现场处置能力，如调度通信系统能力； 3. 分析现场溢油漂移预测能力
环境污染等次生灾害控制	原油泄漏导致海洋环境污染	1. 原油处理废料的处理； 2. 海洋环境污染应急	分析公司废料收集及处理能力

通过对情景演化阶段应急任务和差距分析得出以下结论：

（1）公司对船舶各监测信息相对孤立，缺乏智能诊断功能，无法实现提前预警功能；

（2）公司海底油气管道泄漏监测报警水平相对落后；

（3）油田综合应急预案，预警内容中没有对预警进行分级；

（4）公司应急指挥系统信息化水平较为落后，无视频监控集成及生产应急指挥系统；

（5）应急值班人员对应急指挥系统操作不熟练，如应急值班人员对系统的应用及功能介绍不熟练。

4　应急能力提升建议

（1）建议公司从以下方面建立或完善应急响应支持系统

① 基于 VR 技术的海底油气管道泄漏应急演练模块。基于虚拟现实技术(VR)构建包含海底管道封堵作业、海面火灾爆燃救援、船舶失稳救援以及溢油应急清理四种场景的应急演练模块，从而提高应急演练针对性和反应效率；

② 海底油气管道泄漏风险数字化管理与预警模块。建立海底油气管道泄漏风险数字化管理模块，根据管道检维修数据和历史事故信息评估管道状态，预测事故发生概率，并根据结果发布警告，提示管道管理人员实施维修干预，提升管道可靠性；此外，该系统应包含管道光纤传感数据，根据管道重点部位的应力应变监测结果发布预警信息；

（2）建议加强对应急值班人员应急指挥系统的培训，提升应急值班人员应急处理能力；

（3）应急资源调查报告不完善，建议在应急专家库中补充井控、船舶、直升机、溢油、消防和应急等专业专家；

（4）建议进一步提升应急资源管理，加强溢油应急物资的管理，定期进行维护和检查，确保设备的可用性和可靠性；

（5）建议同主管部门在管线集中的海底走廊，设立醒目的海上标志，提醒其他用海者防止对海底管线的误操作；

（6）建议油田进一步加强巡检管理，完善检测和监测设备的水平，进一步提升泄漏检测和监测能力；

（7）建议进一步加强员工的安全培训和溢油应急培训，提升员工的安全意识和溢油应急处理能力，确保员工在溢油事故发生时能够迅速做出反应，有效地进行处置；

（8）建议进一步完善海上溢油预警系统，提升海上溢油预警能力，以便快速发现并应对溢油事故；

（9）建议制定海上溢油演练规划，进一步加强企业、政府海上溢油多方联动机制，将应急演练的“推演”和“练习”提升为常态化的应急管理，提高应急演练的紧张感，采用多种演练方式（专题研讨会、桌面演习、竞技性演习、技术演练、功能演练、综合演习），逐步建立积累式应急演练机制。

参 考 文 献

[1] 臧泉龙，张传合，李新松，等. 应用重大事故情景构建技术推演冷能空分装置火灾爆炸事故应急处置[J]. 现代职业安全，2021(2)：90-93.

[2] 李晓秋，刘怀增，李胜军，等. 海底管道第三方破坏事故树分析与监测预警方法研[J]. 云南化工，2021. 5. 36.

[3] 邵景志. 输油管道安全重要性和安全技术探讨[J]. 化工管理，2013，(04)：23.

[4] 宗学聪，李新松，轩红超，等. 海底油气管道泄漏事故树分析及泄漏溢油应急处置[J]. 现代职业安全. 2022(11)

[5] 李新宏，陈国明，李秉军. 海洋油气管道泄漏事故应急管理体系构建研究[J]. 油气田地面工程. 2022，41(05).

炼化企业防台风应急准备的思考与实践

李洪飞　吕　笛　李志刚

（中国海油惠州石化有限公司）

摘　要：近年来国内大型炼化项目大多选址沿海地区建设，而我国东部沿海年登陆台风数8~10个，具有发生频次高、范围广、危害大等特点，严重影响炼化装置的安全平稳生产。文章结合相关规范及气象观测数据提出简易的抗台能力评估模型，对大型炼化企业抗台风能力进行分析，总结防台实践中的脆弱环节，结合台风灾害对大型炼化企业的影响和防台风应急准备工作中的若干问题，从停工退守、抗风加固、应急通信、应急物资和防灾演练等多个方面提出可行的思考与建议。

关键词：炼化企业；防台风；应急准备；应急资源；防灾演练

随着石油炼化企业大型化、规模化的发展，陆运已经难以满足炼化装置大型塔器的运输需求，海运在原油和成品油运输中，有着运量大、运费低、安全性高等特有优势，近年来国内大型炼化项目也大多选址沿海地区建设（如表1所示）。但受西北太平洋和南海台风的影响，我国东南沿海地区台风灾害具有发生频次高、范围广、危害大等特点，同时因炼化行业的高风险性，台风灾害给沿海炼化企业的安全生产带来很大挑战，又因台风灾害的区域性特点，给外部应急救援增加了难度。因此，对炼化装置进行抗台能力分析，完善应急准备，提高自救能力，是十分必要的。

表1　我国新建与规划的炼化一体化项目

序号	项目	规模	选址
1	盛虹炼化一体化项目	1600万吨/年炼油、110万吨/年乙烯	连云港市徐圩新区石化产业基地
2	裕龙岛炼化一体化项目	总规划4000万吨/年炼油。一期拟建设2000万吨/年炼油，2套150万吨/年乙烯	烟台市龙口裕龙岛
3	广东石化炼化一体化项目	2000万吨/年炼油、120万吨/乙烯	揭阳市大南海石化工业区
4	浙石化炼化一体化项目	总规划4000万吨/年炼油、280万吨/年乙烯。一期规模为2000万吨/年炼油、140万吨/年乙烯	舟山市岱山县鱼山岛绿色石化园区
5	中科炼化一体化项目	总规划1500万吨/年炼油、100万吨/年乙烯。一期1000万吨/年炼油、80万吨/年乙烯	湛江市经济技术开发区东海岛新区
6	古雷炼化一体化项目	总规划1600万吨/年炼油、120万吨/年乙烯工程等。一期100万吨/年乙烯	漳州市古雷石化基地

续表

序号	项目	规模	选址
7	辽宁盘锦炼化一体化项目	1500 万吨/年炼油、160 万吨/年乙烯	盘锦市辽东湾新区起步区
8	广西石化炼化一体化项目	120 万吨/年乙烯	钦州港经济技术开发区石化园区金鼓片区
9	岳阳炼化一体化项目	100 万吨/年乙烯	岳阳市汨罗市西岗工业园区
10	埃克森美孚(惠州)项目	160 万吨/年乙烯	惠州市大亚湾石化区
11	海南炼化百万吨乙烯项目	100 万吨/年乙烯	儋州市洋浦经济开发区石化功能区

1 炼化装置抗台风能力

风载荷设计中常用的参数为基本风压，要明确装置能抗多少级台风，首先要明确基本风压和台风风速之前的换算关系。

根据贝努利(Bernoulli)方程风压为 $\omega=\frac{1}{2}\rho\nu^2$，其中 ω 为风压(kN/m^2)，ρ 为空气密度(kg/m^3)，ν 为风速(m/s)。带入 $\rho=\frac{r}{g}$，其中 r 为重度(kN/m^3)，g 为重力加速度 $g=9.8$(m/s^2)，得到 $\omega=\frac{r\nu^2}{2g}$。在标准状态下(气压为 1013hPa，温度为 15℃)，空气重度 $r=0.01225$(kN/m^3)，纬度为 45°处的重力加速度 $g=9.8$(m/s^2)，得到 $\omega\approx\frac{\nu^2}{1600}$。

炼化装置在结构设计中选取的基本风压可推导出一个对应的基本风速，如表 2 所示。

表 2 风压-基本风速对应表

序号	基本风压/(kN/m^2)	基本风速/(m/s)	序号	基本风压/(kN/m^2)	基本风速/(m/s)
1	0.55	29.66	5	0.75	34.64
2	0.60	30.98	6	0.80	35.78
3	0.65	32.25	7	0.85	36.88
4	0.70	33.46	8	0.90	37.95

根据《建筑结构荷载规范》GB 50009—2012 定义基本风速为“按当地空旷平坦地面上 10m 高度处 10min 平均的风速观测数据，经概率统计得出 50 年一遇最大值确定的风速”。而我国气象局(CMA)台风风速采用 2min 平均最大风速。上述两个风速并不相同，其取值地貌和时距不同，如果要想进一步讨论炼化装置抗台风能力，需要对上述风速进行换算。

关于 10min 风速和 2min 风速的换算，行业内有不同的方法，WMO 推荐使用 $\nu_{2min}=1.053\times\nu_{10min}$，朱瑞兆通过对京津地区多年风速统计结果指出 $\nu_{2min}=1.103\times\nu_{10min}$，林雯等人根据在漳浦县对三个台风的观测数据提出离海风 $\nu_{2min}=1.087\times\nu_{10min}$，本文采用 $\nu_{2min}=1.087\times\nu_{10min}$ 进

行换算。

台风地貌为海面，对应《建筑结构荷载规范》中的 A 类地貌；而基本风速中的平坦地面，可近似为 B 类地貌，根据规范进行地貌之间的换算，得出$\nu_A=(1.28)^{0.5}\times\nu_B$。

所以基本风速换算成为台风，风速$\nu_{台}=1.087\times(1.28)^{0.5}\times\nu_{基}$，即$\nu_{台}=1.23\times\nu_{基}$。根据上述公式得出基本风压与风力等级的对应关系，如表 3 所示。

表 3　风压-台风风速对应表

序号	基本风压/(kN/m^2)	基本风速/(m/s)	风力等级	台风风速(m/s)	台风等级
1	0.55	29.66	11	36.48	12
2	0.60	30.98	11	38.11	13
3	0.65	32.25	11	39.67	13
4	0.70	33.46	12	41.16	13
5	0.75	34.64	12	42.61	14
6	0.80	35.78	12	44.01	14
7	0.85	36.88	12	45.36	14
8	0.90	37.95	13	46.68	15

在结构设计中，根据《建筑结构可靠性设计统一标准》GB 50068—2018，风载荷作为可变载荷应选取 1.5 的分项系数(2019 年前规范分项系数取值为 1.4)，极限风载荷折算到极限风速系数为 1.22，可计算出基本风压所对应的极限风速，如表 4 所示。

表 4　风压-极限承受风速对应表

序号	基本风压/(kN/m^2)	台风风速/(m/s)	风力等级	极限承受台风风速(m/s)	极限承受台风等级
1	0.55	36.48	12	44.51	14
2	0.60	38.11	13	46.49	15
3	0.65	39.67	13	48.39	15
4	0.70	41.16	13	50.21	15
5	0.75	42.61	14	51.98	16
6	0.80	44.01	14	53.69	16
7	0.85	45.36	14	55.34	16
8	0.90	46.68	15	56.95	17

沿海地区炼化装置基本风压取值多为 0.75kN/m^2，由上可见，对于基本风压取值 0.75kN/m^2 的炼化装置，其能承受的基本风速为 12 级，能够承受的台风风速约为 14 级，极限承受台风风速约为 16 级。

3　防台应急准备

3.1　确认紧急停工的节点

明确炼化装置能够承受的台风等级，可以根据对台风的预报，制定停工停产的触发条件，目前我们对台风路径的预报准确率较高，但是对于台风的影响范围、风雨强度等预测存在很大的不确定性，同时炼化企业的一次紧急停工会对经济效益及后续生产造成较大影响，所以制定科学合理的停工停产节点非常重要。

对于炼化装置，正常的停工退料至少需要72h，根据2012—2021年台风路径72h预报误差的中位数分别为182.6km，72h路径误差甚至可能超出十级风圈半径，不足以支持做出停工决策，24h预报路径误差已低于70km，但台风强度仍有很大的不确定性。平衡台风预报的准确率与停工过程的安全，建议考虑台风登陆前12h生产装置的开始紧急停工退守安全状态：

登陆前12h：蜡油加氢装置、煤柴油加氢装置、制氢装置停、芳烃联合装置、焦化装置、脱硫联合气体脱硫装置、酸性水气体装置、废酸再生装置停工；

登陆前11h：重整预加氢装置、重整装置停工；

登陆前10h：常减压装置、催化装置、汽柴油加氢装置停工；

登陆前9h：气分、MTBE、烷基化装置停工；

登陆前2h：进行人员撤离或安置。

各装置建立停工网络表，明确重要节点，以常减压联合装置为例，如表5所示。

表5　常减压联合装置停工网络表

<table>
<tr><th>装置单元</th><th>-10h</th><th>-9h</th><th>-8h</th><th>-3h</th><th>-2h</th></tr>
<tr><td>常减压</td><td>切断进料</td><td>加热炉火嘴熄火；减压破真空、停各侧线机泵</td><td colspan="2">退出部分重油，至常、减压塔液位60%</td><td>系统静置，人员撤离</td></tr>
<tr><td>催化裂化</td><td>切断进料</td><td>再生器单器流化；停气压机、加热炉</td><td colspan="2">再生器卸部分催化剂，闷床，停主风机；分馏系统部分退油，稳定系统部分退油</td><td>系统静置，人员撤离</td></tr>
<tr><td>气分</td><td></td><td colspan="2">随催化装置切断进料而进料中断，停热源；外送部分液化气</td><td colspan="2">系统静置，人员撤离</td></tr>
<tr><td>烷基化</td><td></td><td colspan="2">随气分装置切断进料而进料中断、退酸进废酸罐；切断加氢液化气进料、外送部分液化气</td><td colspan="2">系统静置，人员撤离</td></tr>
<tr><td>MTBE</td><td></td><td colspan="2">随气分装置切断进料而进料中断，退甲醇、液化气</td><td colspan="2">系统静置，人员撤离</td></tr>
</table>

3.2　加固抗风薄弱部位

3.2.1　抗风薄弱部位统计

2018年22号台风“山竹”于广东台山海宴镇登陆，登陆时中心附近最大风力达到14级，某炼化企业距离登陆点300余公里，企业驻地测得风速12级，经受灾统计，如表6所示。此次台风未超出装置设计抗风能力，生产装置结构完好，未出现停工停产事故，主要损失项目为保温材料(塔器、管道)，其次电缆槽盒、各类厂房的彩钢瓦顶棚以及防火涂料也是损失较为严重的项目。由此可见，加强保温抗风改造是炼化装置提高防台能力较为经济和直接的做法。

表6　某炼化企业主要受灾点统计

序号	受损项目	受损点位数量
1	保温材料	217
2	电缆槽盒	68

续表

序号	受损项目	受损点位数量
3	厂房顶棚	32
4	防火涂料	31
5	门窗	15
6	照明设施	13
7	防雨罩	10
8	凉水塔防漂水墙板	4
9	边沟围堰	3
10	风帽	3

3.2.2 保温加固方案

（1）对地面高度超过15m且没有保温背带的立式设备，采取以下加固措施：

a. 每圈铝板采用一道20×0.5mm的不锈钢捆扎带进行加固(原有的钢带不拆除)。钢带位于环缝上方100mm处(如已有钢带的，新钢带位于铝板中间)，不锈钢带与铝板之间用5×12mm的铆钉定位，铆钉的间距为500mm，且保证每块铝板与不锈钢带的定位铆钉的数量不少于两个。

b. 每圈铝板拼接环缝、纵缝上的自攻螺钉间距不得大于150mm，并用5×12mm的铆钉加固，每隔一个自攻螺钉加一个铆钉，铆钉的间距≤150mm。

c. 抗风圈上下及抗风圈中间各采用一道20×0.5mm的不锈钢带进行加固，上下两道钢带紧贴抗风圈，不锈钢带与铝板之间用5×12mm的铆钉定位，铆钉的间距宜为500mm，采用两个及以上铆钉固定每块铝板与不锈钢带。

（2）对地面高度超过10m、*DN*3000以上的卧式设备，每圈铝板采用一道20×0.5mm的不锈钢带进行加固，钢带位于纵缝右边100mm处，不锈钢带与铝板之间用5×12mm的铆钉定位，铆钉的间距为500mm，且保证每块铝板与不锈钢带的定位铆钉的数量不少于两个。

（3）对地面高度超过10m、保温后*DN*4800mm以上的管线弯头部位，使用20×0.7mm铝板内衬弯头部位外侧中心线两侧25°角方位，铝板长度同于弯头长度，外部保温的每个分节与内衬铝板之间采用铆钉可靠固定，弯头和与其搭接的直管段部位要分层固定。

（4）对地面高度超过30m、保温后*DN*800mm以上的附塔管线，每圈铝板采用一道20×0.5mm的不锈钢带进行加固。不锈钢带与铝板之间用5×12mm的铆钉定位，铆钉的间距为500mm，采用两个及以上铆钉固定每块铝板与不锈钢带。弯头部位外侧中心线两侧25°角方位内衬20×0.7mm铝板各一条，铝板长度同于弯头长度，外部保温的每个分节与内衬铝板之间采用铆钉可靠固定，弯头和与其搭接的直管段部位要分层固定。

3.3 提高应急通信网络韧性

对于大型炼化企业，为保障厂区通信的全覆盖，一般采用无线中继功能的对讲系统，大型自然灾害事故下，一旦中继台受破坏会导致全厂对讲网络中断；而无线自组网对讲机，采用多级转接中继技术，仅仅依靠对讲机本身的中继功能就可以实现无中心自组网通信，每个移动终端都具有通信和跳转功能，可大大提高通信系统的韧性和可靠性。

依托微信、短信平台建立多样化的应急信息发布渠道，实现应急信息的统一、全覆盖发布，尽早建立统一事故画面，及时分享事故信息，相互协作，高效利用应急响应关键资源。

3.4 防台防汛物资和装备预定位

应急资源预定位的理论，即判定应用程序中所需的、匹配的应急资源，并将其预先安置到调用成本最低的位置，以在周围突发事件发生时最大效率的利用和支持受威胁地区，以提供最快、最有效地资源和支持。

台风事故发生后，尽快将关键应急物资和装备送至事故现场，可极大地减少事故影响。目前行业的一般做法是设置全厂性应急物资库，集中存储应急物资和装备，但台风事故与一般生产安全事故不同，其带来的危害往往是大面积、地区性的，事故点外部的支援不能及时到达或无暇他救，同时潜在事故点与应急物资和装备储存点之间的运输安全性和时效性也得不到保障。因此应开展防灾脆弱性分析，平衡运输成本、风险成本和鲁棒成本，对不同地点的物资和装备的需求进行预分析、对防台防汛物资和装备的存储点进行预定位，设置分级、分散、适用的应急物资和装备存储库，形成覆盖面积广、灵活、强健的应急物资和装备供应网络，缩短运输时效。

3.5 运行情景构建技术开展防灾演练

运用情景构建技术模拟建立重大灾害事故情景，通过科学地推演突发事件演化过程，明确处置目标，针对薄弱性环节开展有针对性的演练，梳理有效的处置措施和应急任务，开展必要的应急准备战略性研究，筹备应急资源，为提高防灾应急能力提供科学依据。通过防灾演练评估出有效的灾害预防与削减措施，建立标准化、分级化的防灾应急响应清单，明确每个部门、每个员工的应急响应程序及触发条件，简化响应程序、提升响应敏捷性。

4 结语

随着炼化行业的规模化发展、行业本身的风险特点及能源保障的社会属性，防范台风事故灾害成为沿海炼化企业的应急管理的重要关注点，企业应厘清自身防灾能力，评估装置防台等级；合理制定应急停工程序和步序，建立权威、科学的停工退守程序；积极开展应急准备，树立“宁可十防十空，绝不可失防万一”的防灾思想，提高对自然灾害的应对意识与能力。

参 考 文 献

[1] 建筑结构荷载规范：GB 50009—2012[S]. 北京：中国建筑工业出版社，2012.

[2] 赵永平，张必成，陈永利等. 不同时距平均风速换算关系的研究[J]. 海岸工程，1998，7(3)：62-66.

[3] 朱兆瑞. 风压计算的研究[M]. 北京：科学出版社，1976.

[4] 林雯，方平治，雷小途，赵兵科，曾智华. 台风条件下不同时距最大平均风速之间的转换系数研究[J]. 热带气象学报，2016，v. 32(01)：42-50.

[5] 王晴，许映龙，董林，黄奕武. 2012—2021 年中央气象台台风 3~5d 路径预报误差分析[J]. 海洋预报，2022，v. 39；No. 178(06)：25-33.

[6] 李洪飞. 炼化行业应急管理中桌面演练的组织与实践[J]. 化工安全与环境，2022，v. 35；No. 1629(17)：20-24.

【作者简介】李洪飞，男，在中海油惠州石化有限公司从事应急管理工作，主要从事消防应急方向的研究。

无人艇在海上石油平台应用的可行性研究及应急管理中的探索应用

焦仕立　邱宝年　崔常府

［中海石油（中国）有限公司湛江分公司］

摘　要：明确了一种在海上石油平台应急管理首次应用的无人艇总体功能要求与性能指标，根据总体功能设计目标进行无人艇船体平台和搭载设备模块化功能分配。将智能化无人艇的特点与海上石油平台的应急管理和日常使用需求进行结合，提出具体功能需求和操作方法，取得了一系列适合海上平台的无人艇控制技术思路和解决思路，总结目前的应用情况和发现的问题，介绍了取得的成果，分析其应用前景与改进方向。

关键词：无人艇；应急管理；巡视守护；性能指标；海上平台模块化

某海上油田作业公司目前由5个海上油气装置和1个陆岸终端组成，现有26座平台，海管37条，海缆19条，海上巡查工作量大，费用高，快速反应一体化观测和应急救援设备缺乏。随着海上平台数量和作业量的逐步增加，原有平台守护拖轮巡检的模式难以满足海缆、海管和重要海域的日常巡检要求，急需一种低成本高效率的船只解决巡检、小型货物运输和应急处理需求。近年来，随着激光雷达、无人驾驶等技术都得到了飞速发展，无人艇由于其智能化程度高、应急出动速度快，使用成本低和操作性能良好等优势。作为多功能智能化平台引入海油石油开发领域后，成为海上采油平台海管海缆巡检、海上平台守护、无人平台巡视和小型货物运输的利器。

1　海上平台无人艇功能与指标需求

海上无人艇项目在设计阶段，主要根据海上油田巡视、守护和应急管理需求，对比平台有人守护拖轮和无人艇的特点，制定了有针对性的设计指标。

1.1　总体功能性要求

在功能性设计方面，海上平台无人艇需要达到以下6个方面的设计功能：发生人员落水等事故时，能够快速应急出动，自主航行至事发水域开展对落水目标的搜索，并开展应急救援。能够在水域按照规划区域及路径执行自主巡逻任务，对海管及海缆进行巡检。能够通过自主航行实现平台间的小型物资运输。针对非法入侵船只进行侦察、监控取证，并喊话驱离。能够对无人的井口平台、井口安全等进行定点值守、巡逻，对异常情况发出警示。能够对事发水域进行取样和实时分析回传。

1.2　智能无人艇平台性能及技术指标

要想满足功能性设计目标，智能无人艇作为设备的支撑平台，不仅仅需要有较强的通信和传输能力，自身安全性、经济性和模块化能力也是非常关键的。

无人艇平台技术指标需要满足以下几个方面：抗倾覆方面具备自扶正、全船进水不沉能力；具备单吊点吊放能力；在满载排水量状态下，以巡航速度航行续航能力120海里以上；有效投荷考虑到加装设备和货物运输需要，需要不小于200kg载重能力；海上工况通常风浪较大，适航性方面需要海况4级安全航行，最高航速不低于20节；为了增加高速性能，选择了单体深V船型；考虑到平台吊装空间限制，要求船总长小于5.8m；船总宽小于1.95m。

1.3 智能无人艇控制指标

具备融合电子海图、雷达、激光雷达、视觉、AIS等感知设备的导航信息，后台生成综合性的障碍物概率判断与决策体系，并上传至基站端显示应用的能力；感知设备针对距离智能无人艇200m以内以上小目标的检出率不低于90%；导航雷达能根据任务系统通过网络送来的距离和方位信息，对该区域里的目标自动进行航迹起始的连续追踪；感知设备针对海上特定目标如：船舶、岛礁、灯塔等的识别准确度不低于85%；智能无人艇在相对目标航速20节时可实现对1000m以内范围的动静态障碍物安全避障；智能无人艇在多障碍目标(360°探测范围内目标同时出现的数量不低于5个)复杂情况下能够实现安全避障；智能无人艇具备自动进港、出港的航行能力；具备应急救援抛放救生筏并安全靠近落水人员协助营救的能力。

智能无人艇具备按照规划路径贴线航行的能力，2级海况下贴线精度小于等于2m；智能无人艇能够根据预设路径自主航行，当障碍物(水面高度不低于0.5米)出现在预设软迹上时，距离小于100m时智能无人艇能够重新规划路径并按照新的避让路径行驶；智能无人艇具备定点值守能力，且在值守状态下能够设置能源节省模式，并能够实时监测自身位置，有位置偏移时可及时回复至指定位置；智能无人艇具备全船关键设备上电自检的能力，能够上报所有设备状态且对异常情况可以在基站端报警显示；智能无人艇控制系统具有数据信息存储、信息回放能力；智能无人艇具有图像信息、视频信息、数据信息传输能力；智能无人艇控制系统具有各舱室环境温湿度感知、进水检测等功能，并能上报到任务系统；智能无人艇具备运行过程中对自身健康状况的自我监控能力，且可以对异常情况进行预警提示；智能无人艇具备在失联情况下通过应急北斗等通信手段，不间断自动发送自身位置的能力；智能无人艇具备失效保护控制电路，保证智能无人艇出现故障时，能够迅速将智能无人艇设置为停止航行状态，智能无人艇的控制系统具备冗余备份能力；智能无人艇的控制系统在紧急情况下具备在基站端一键断电和关机的能力。

2 无人艇控制系统组成介绍

无人艇系统主要由无人艇平台、手持遥控器与岸基显控系统三大部分组成，见图1。

无人艇自主控制子系统包含控制硬件和控制软件两部分，其中控制系统硬件按照局域有线网络加分布式处理计算机架构形式进行设计，控制系统软件按照功能分层与分布式部署方式设计。

2.1 控制系统硬件总体框架

无人艇自主控制硬件系统总体架构主要由基本控制模块、智能网关模块、ADDA模块、控制配电箱、开关控制模块等设备组成。设备具体组成及连接关系如图2所示。

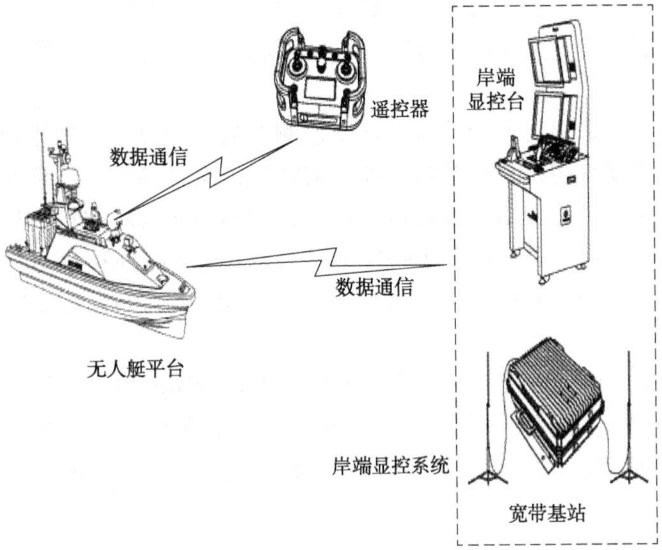

图 1　无人艇系统组成图

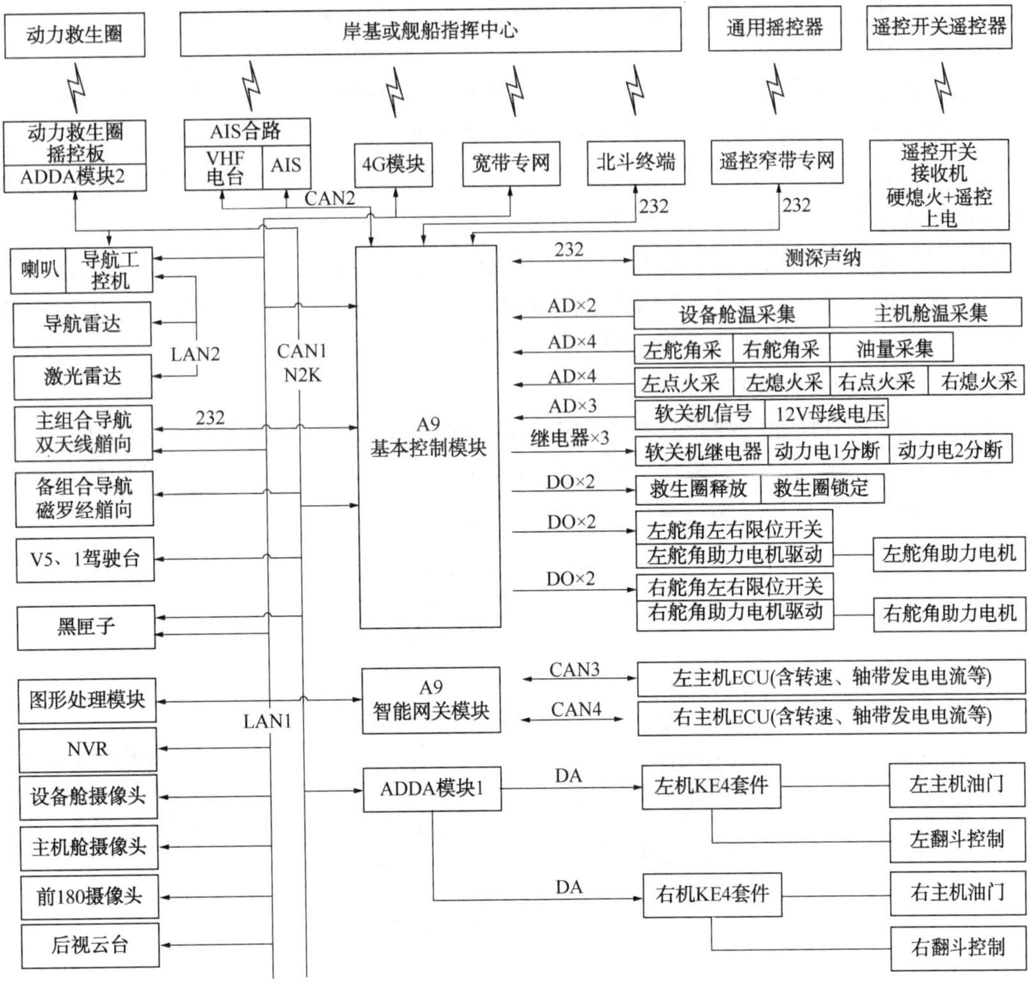

图 2　控制硬件系统组成框图

无人艇主控系统控制信息主要通过 LAN 以及 CAN 总线进行交互，控制系统的主要设备包括无人艇基本控制模块、ADDA 实时嵌入式处理模块、配电模块以及适配海洋环境的加固改装工控机等。

基本控制模块负责采集无人艇系统的环境监测参数，如温度，船体运行状态信息等；对采集输入信息进行处理并转发至工控机，如导航雷达，组合导航等信息通过以太网转发给工控机；输出执行功能，对处理结果进行执行输出，如驱动无人艇的自主运行等。

ADDA 实时嵌入式处理模块具有 4 路模拟信号输出，4 路模拟信号采样，2 路数字信号采样等功能，可通过 CAN，RS232 实现隔离通信。主要功能是控制柴油主机的油门、油门反馈和倒车翻斗控制。

配电模块根据无人艇艇配电需求自主研发的弱电控制实时嵌入式模块，可远程监测各输出回路电压、电流状况，可对声光报警、广播、探照灯等每个输出回路进行单独开、关控制，使用 CAN 总线通信，接受主控制器的查询与控制，并对发生的电源切换、过流、过压等进行声光报警。

2.2 发动机控制模块

无人艇采用 1 台主机，该主机油门油门通过机械软轴控制，点火熄火通过仪表按键面板开关控制，主机状态信息，如水温、油压、转速、轴带发电输出电流等通过 CAN 总线发送至仪表按键面板上显示。

控制设备上采用倒车翻斗、喷嘴舵角和发动机转速协调控制的仿人智能控制策略，实现了对无人艇的完全运动控制，提高了其操纵性和灵活性；

采用喷泵推进系统，左右舵角通过助力泵电机控制，舵角位置信息通过舵角传感器电压输出至舵角表头，倒车翻斗通过机械软轴控制。

对于喷泵左右舵角的控制，采样的舵角液压控制系统具有电子助力泵，该泵能接收正反转信号实现舵的左右运动，该控制系统由 A9 基本控制模块发出，经物理限位开关后至功率驱动模块，通过该驱动模块驱动助力泵的正反转运动。

2.3 应急模块硬件模块

应急系统如图 3 所示，要求具有独立电源供电管理系统，在电源总开关关闭状态下能由漏水传感器触发，触发后应急模块和北斗终端自动上电，然后自动向岸基基站回传漏水报警信号，并自开启舱底泵和船端报警信号灯。

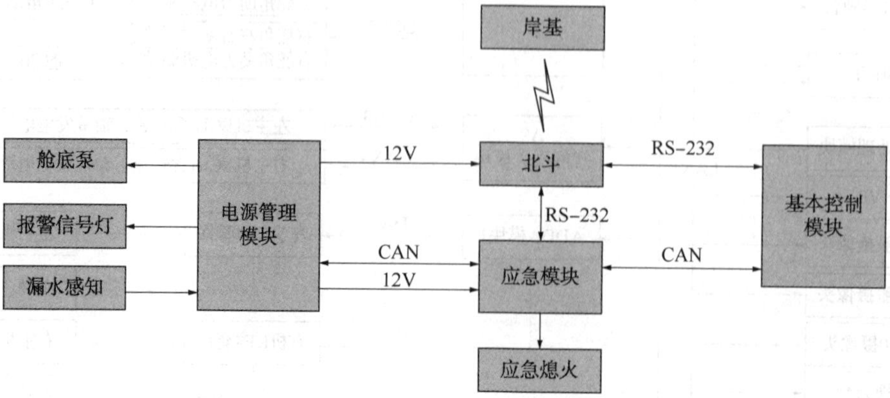

图 3　应急系统框图

应急系统和主控系统通过 CAN 总线通信，在航行过程中若主控系统出现异常或失控情况下，应急模块能通过北斗终端向岸基基站端回传报警信号和本船定位失控情况下，应急模块能通过北斗终端向岸基基站端回传报警信号和本船定位信息，并自动开启船端报警信号灯，岸基基站端能通过紧急开关实现应急熄火。

2.4 无人艇艇载通信系统

由于海上通信受公用网络密度低、海上平台障碍物遮挡和无人艇位置低通信信号差等不利因素，需要使用多种通信方式，确保能够收放自如、控制稳定、丢失后找得回来，需要使用多种应急通信手段进行通信，包括：

4G 公网模块，适合在近岸水域有公网覆盖条件下的使用；

Mesh 专网模块，为双天线模式，是艇载最主要的通信模块，该模块负责传输控制命令流和视频图像；

窄带数传通信模块，用于 1km 范围内遥控器的操作，当无人艇靠泊、靠岸、回收等过程中，将采用此控制方式；

应急北斗，为应急通信模块。当无人艇发生故障、失联等紧急情况下，通过该模块向控制基站发送短波文播报自身位置并接收岸基指令。

执行任务过程中，指控中心通过宽带通信系统发送控制指令、获取无人艇状态信息、视频数据、雷达数据、任务载荷数据等；具备多网融合切换的能力，使用者能够根据不同设备信号强弱选择通信条件良好的设备，以保证覆盖范围内通信条件总是处于最佳网络状态。当宽带通信系统断链或者通信链路极不稳定的状态下，北斗短报文应急通信系统可对无人艇进行远程操控，获取无人艇状态信息、下发控制指令等；近距离范围内使用数传遥控器通信系统，实现无人艇的布放回收等操作。

2.5 控制基站

控制站用来显示目标视频信息和不同传感器采集的环境信息，也可进行路径规划的电子海图系统，还可以综合显示包括无人艇的导航定位信息以及工作状态等在内的信息。航行控制基站端可给无人艇下发任务实现自主航行，同时基站端也有操作手柄和油门推杆等遥控操作装置，能够在紧急情况下对无人艇实施人工干预。任务基站端可对无人艇上的艇载设备实现远程操控，包括艇载视觉设备的方向、方位调整，救生设备的释放等。

水面无人智能平台岸基控制基站采用竖式驾控台，驾控台配备有大尺寸双屏显示屏幕、船舶专用油门控制器、工业级舵角摇杆、声光告警器，以及紧急急停、任务切换等快捷按键。兼容支持当前最新的航行监控系统软件，可满足对水面无人智能平台的远程遥控驾驶、自主任务规划、环境态势感知、平台状态监控等功能需求。

2.6 应急管理系统接口

无人艇上配备的光电吊舱系统可以在 3 级海况下稳定跟踪锁定目标，通过可见光和红外光摄像头进行实时观测。艇体还有前后 2 个摄像头，都可以通过数据链传输至基站，并通过以太网接口接入公司应急管理系统的视频监控画面，可以为远程决策提供第一手现场资料。

无人艇的救生设备接口，可以实现应急救援救生筏抛放功能，将靠近被救人员后，可以将搭载的救生筏抛放至船尾。无人艇采用了内置泵推系统，可以低速安全靠近落水人员，无人艇周围配备了抓手方便营救落水人员。

无人艇具备实时海水含油监测和取样功能，可以在可疑海域进行实时监测，取样查证。无人艇配备了警示灯、喊话喇叭，具备对未知船舶进行查证、警告和驱离功能。

3 关键控制技术思路

3.1 避障方法与思路

针对全局路径规划，可使用栅格化地图配合路径规划方法进行。通过地图获取周边环境可航区域如图 4 所示，并按照指定的分块大小，对地图栅格化如图 5 所示，按照可航-1，不可航-0 的方式进行栅格节点的简单性质标记。

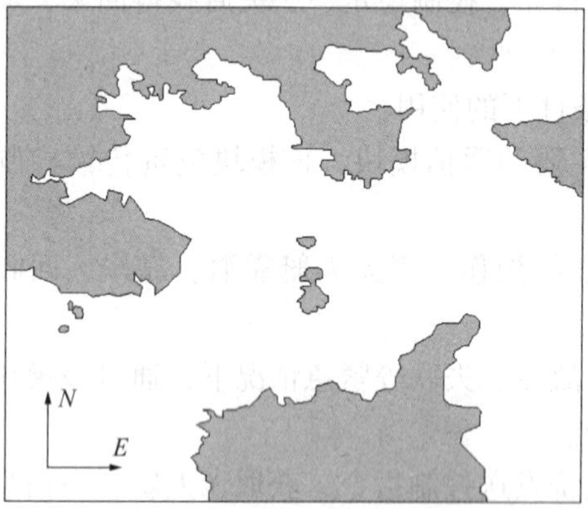

图 4 获取全局环境信息

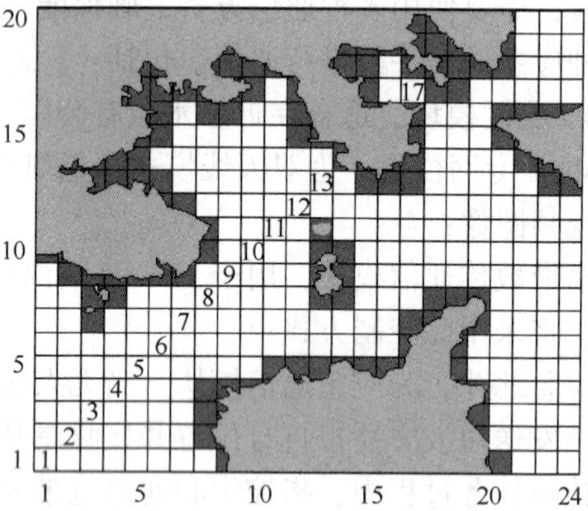

图 5 地图栅格化

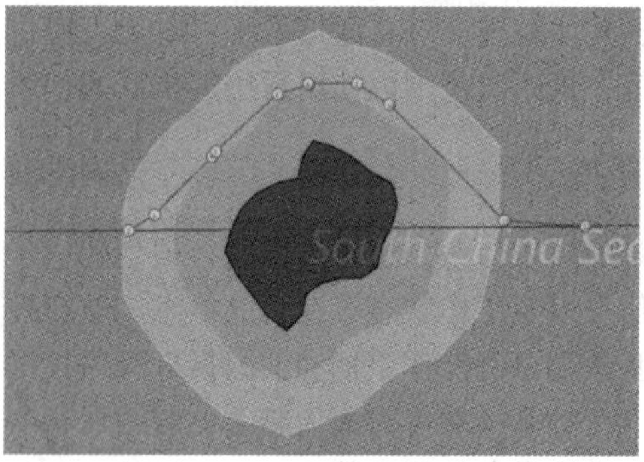

图 6 获取全局环境信息

再用雷达设备对周边环境进行扫描，对障碍物进行在原始扫描数据上进行边界膨胀，划分为不可航区（黑）、威胁区（深灰）、低威胁区（灰白）三部分，如图 6 所示。

3.2 航速航向控制

因为海上风浪较大，无人艇航向和航速测量扰动非常大。为了减少平台钢结构等对磁性罗盘的扰动，提高航向策略精度，针对无人艇经常在空旷海域行使的特点，采取了双 GPS 天线定位的策略。控制策略方面采用自适应扰动前馈与鲁棒控制律相结合的方法提高控制精度，控制原理图如图 7 所示。

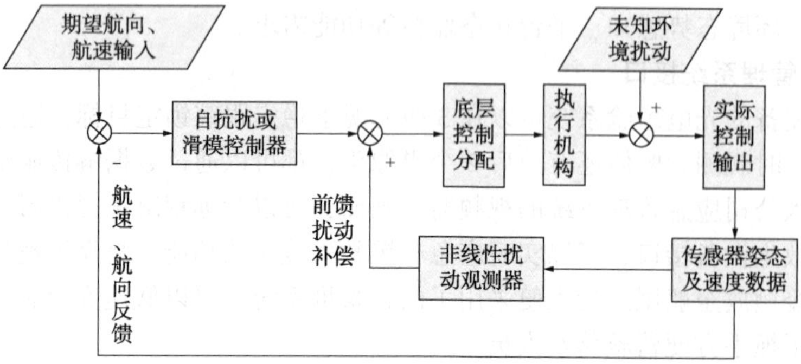

图 7 航向航速自动控制框图

3.3 定点待命与实现思路

控制要求为在无人艇暂无任务需要执行时，无人艇在以指定位置为中心、指定距离为半径的圆形区域内待命。

实现思路 1 非连续定点模式。无人艇导航进入定点区待命，当漂出定点区后，自动新规划路径进入怠速区，转入怠速模式，这种模式需要反复进出定点区域，船只需要反复在区域边缘徘徊，能耗较高。思路 2 为无人艇艏向将始终朝向指定定位点，并以渐进收敛的方式靠近怠速区与缓冲区交界处，当收到较大干扰船只出定点区域后，船只再重新启动导航直至船首朝向定位点中心。实际使用经验表明，定常海流或慢变流的作用下，最终无人艇将保持艏向逆流，与定位点距离保持平衡状态，从而实现在持续定点控制的同时，做到自动调整迎流角，达到节能的目的。

经过不断使用和优化，已经实现了无人艇的稳定可靠定点待命功能，大大减少了操作人员的工作量。

3.4 无人艇快速收放

传统无人艇收放一般采用人工挂钩和解钩，存在速度慢，作业风险大的问题，影响出动速度和效率。

本次无人艇海上应用，创新性采用了遥控+净水释放器释放，侧锚挂网回收的模式，大大提高了收放效率。海上采油平台主甲板距离海面高度通常在 25～50m 左右，吊车臂展在 20～30m，在高处居高临下进行无人艇的收放，操作视野良好。

主要风险在于无人艇桅杆集成了天线、光电舱、摄像头和通信天线，设备繁多又非常脆弱。无人艇吊点也在桅杆根部，下方和回收中过程回收网很容易钩挂到昂贵的电子设备，造成较大损失。为了解决这个问题，目前采取的主要措施包括：(1) 对重要设备进行移位，尽量放置在桅杆光滑非突出位置，避免磕绊。(2) 增加了保护支架，放置回收网和吊带钩挂到重要设备。后续船型设计建议优化桅杆位置，将中部桅杆移位到船尾，货物放置到船中靠船头位置，避免吊钩对于桅杆设备的伤害。

4 无人艇应用场景探索应用

4.1 日常货物和应急物资运输

无人艇的送货方面，放置货物到船只上主要采用直接放置到货箱和无人艇一直吊装下海和人员在靠船甲板或者栈桥使用 6m 碳纤维杆钩挂送入货箱的方式，方法比较稳定。

货物回收上中心平台可以采用回收网吊车回收到甲板的方式，但是大多数井口平台受甲板面积和人员熟练程度限制，难以满足无人艇整体吊装要求。目前主要采取无人艇在基站远程倒车至栈桥附近后，碳纤维杆钩钩取货物的方法，经过多次食品、配件配送和应急物资运输，证明该方式操作简单、收放货物效率高。

4.2 无人艇应急海面巡查和应急救援应用

无人艇的应急巡查方面，无人艇具备 10min 推出吊装并吊放到海面投入巡检的快速响应能力，航速最高可达 30 节，可以迅速达到事发海域开展视频巡检、在线含油分析和现场取样作业，也可以通过搭载救生筏模块，实现救生筏抛入水营救落水人员任务。通过应急管理平台，可以将现场视频直接连接公司应急处理中心，传输现场实时画面为科学决策提供直接依据，可有效降低应急人员作业安全风险，更为高效安全地实现应急救援工作。

5 结语

本次无人艇在海上石油平台应急管理的首次应用，发挥了无人艇响应速度快，智能化、低成本的优势，解决了很多无人艇应用过程中的困难，取得了多项技术和应用创新，开辟了海上无人艇在海上石油平台的新领域，成功实现了预期设计目标，每年为公司节约柴油消耗和拖轮租赁费用超亿元。经过本次现场使用和摸索，为无人艇后续推广使用积累了宝贵经验。后续无人艇平台还将搭载海管检测系统，轻型石油勘探设备等海油石油勘探开发工具，进一步增强环境检测和保护力度，降低开发和运营成本，为进一步建设海油强国提供技术支撑。

参 考 文 献

[1] 吴恭兴，邹劲，万磊，等．喷水推进无人艇的基础运动控制系统设计[J]．控制理论与应用，2010，27(2)：6.

[2] 陈艳．地图矢量数据栅格化的一种简便方法[J]．现代测绘，1994(01)：9-12.

[3] 冯文川，赵茁．无人艇海管检测系统的研制及应用[J]．油气储运，2021.

外输管线光纤振动预警系统应用效果评价

陈　颖　兰　挺　白江涛　郭　戈　王　宽

[中国石油长庆油田(榆林)油气有限公司]

摘　要：利用原外输管线同沟敷设的光缆作为传感器，采用光纤振动检测技术，实时感应管道沿线的土壤振动信号，通过智能识别分析，对威胁管道安全的机械施工、人工挖掘和自然灾害等危险事件进行预警和定位，通知巡线人员赶赴现场查看，可以及时制止破坏事件进一步恶化，有效保护管线安全，防止管线泄漏。本文对上古天然气处理总厂外输管线光纤振动预警系统的使用情况进行分析总结，对光纤振动检测技术在外输管线上的应用效果进行评价。

关键词：光纤振动；管线；泄漏；监测

1　引言

上古天然气处理总厂产品外输管线共4条，分别为燃料气、乙烷、稳定轻烃和液化石油气，自处理总厂清管区至兰州石化乙烯厂进站阀室止，全线总长21公里，下穿公路、铁路、沟壑、河流、村庄等高后果区。传统巡护主要依靠人工巡检，工作强度大、效率低、成本高、时效性差，不能事先预警，一旦发生泄漏后果不堪设想。利用原外输管线同沟敷设的光缆作为传感器，采用分布式光纤振动检测技术，实时感应管道沿线的土壤振动信号，通过智能识别分析，对威胁管道安全的机械施工、人工挖掘和自然灾害等危险事件进行预警和定位，通知巡线人员赶赴现场查看。同时，在秦长城、浪木河、加油站等8处高后果区安装高清视频监控，采用4G无线远传、太阳能供电方式，与光纤振动预警系统联动，可以及时有效的制止破坏事件进一步恶化，保护管线安全，防止管线泄漏。

2　系统原理及架构

2.1　光纤振动传感技术原理

分布式光纤振动传感技术基于瑞利散射原理。瑞利散射示意见图1。外界的任何振动波(包括声波)，都会对光纤内的玻璃晶格产生影响，造成晶格的同频振动；一定强度的光打入光纤后，就会收到约千分之一的瑞利散射回波，这些回波会将晶格的振动信息带回来；当对这些信息解调分析后，再经过降噪，解析，还原等一系列算法，就可以将振动区域的振动信息进行采集分析，并确定振动区域的位置。分布式光纤振动传感其单通道监测距离可以达到50km以上，振动监测频率范围可实现1kHz以上，空间定位精度

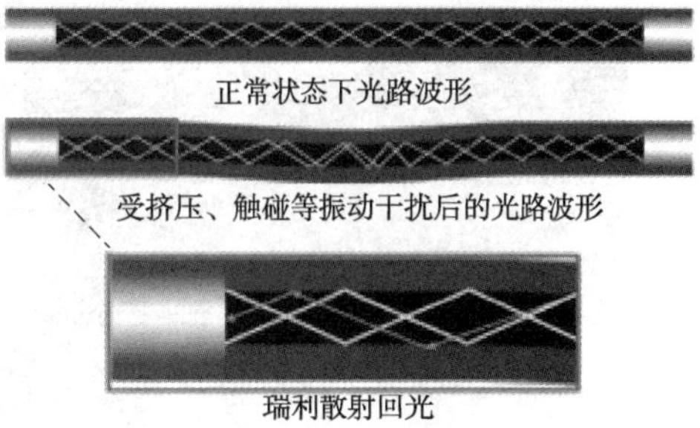

图1　瑞利散射示意图

可以达到5m以内。

2.2　系统架构(图2)

分布式光纤振动预警系统结构简单，硬件设备由监控主机与远端单元两部分构成，主机完成光的发送与接收、信号分析处理、报警信息管理发送、系统运行管理等工作，安装在综合楼机柜间，接入监测管线光缆的一端；远端单元为无源模块。主要完成环形光路的构成，可灵活安装，接入监测管线光缆的另一端。其他设备还包括摄像机。

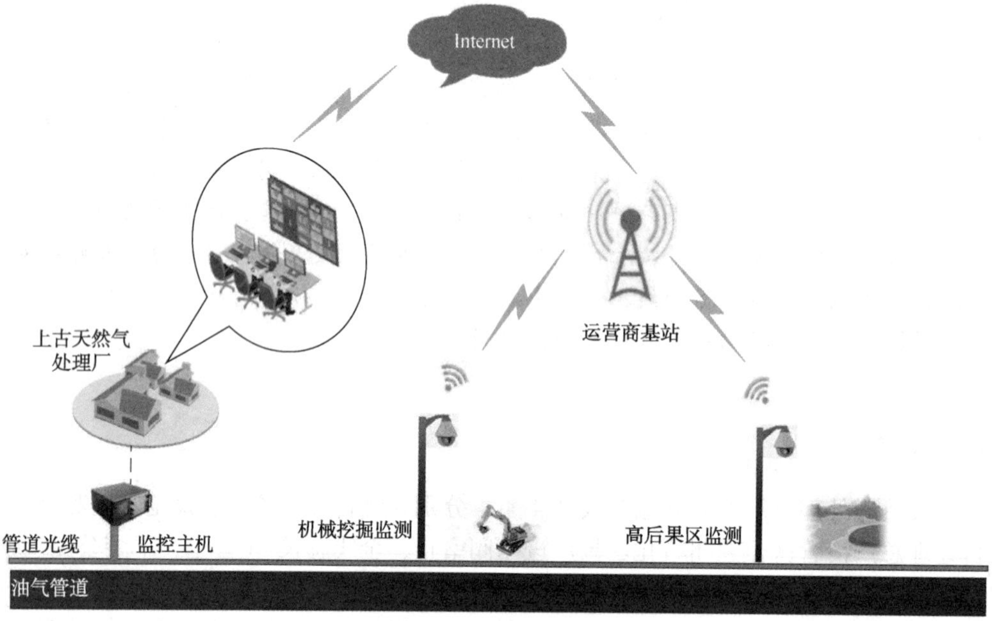

图2　系统架构示意图

3　光纤振动预警系统应用

3.1　管线沿线勘查

系统实施人员对上古天然气处理总厂至兰州石化乙烯厂(21km)管道光缆沿线进行现场勘察，现场确认管道沿线地形地貌、同沟光缆敷设情况及光纤质量、管道光缆沿线振动干扰情况以及高后果区视频联动区域现场环境。见图3。

图3　高后果区现场勘察

3.2 传感光纤优选测试

使用时域反射仪 OTDR 测试上古天然气处理总厂至兰州石化乙烯厂管道同沟敷设光缆中的备用纤芯，总计48芯光缆，测试了其中12芯，全部符合光纤预警系统传感需求，传感光缆的全程传输衰减≤0.25dB/km，传感光纤接头衰减≤0.06dB。见图4。

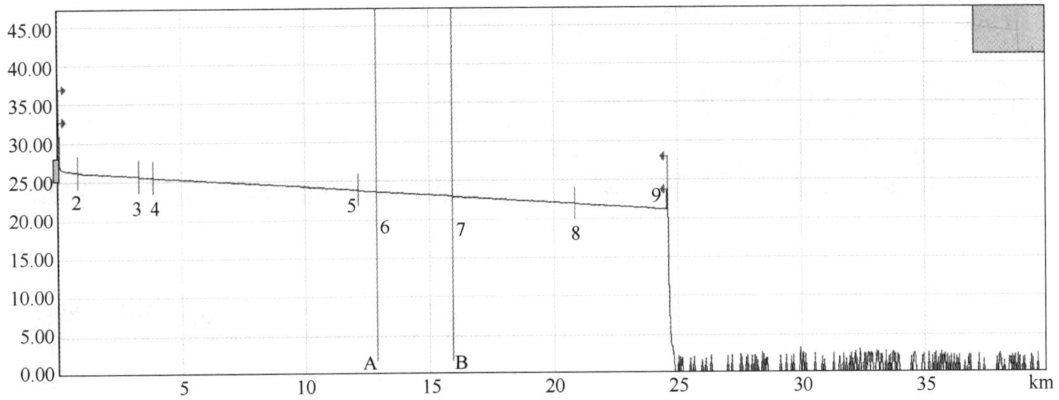

图4 OTDR 测试曲线

3.3 管道光缆里程信息的标定

管道同沟敷设的光缆在敷设时在光缆接头盒处会有盘缆，导致管道同沟敷设的光缆里程与管道里程桩不能一一对应，为了提高光纤预警系统的报警定位精度，需在管道沿线做管道光缆数据标定，确认每个参考报警定位桩的光缆里程，为了保证报警定位精度控制在50m以内，需对管道光缆沿线每隔150m做一次管道光缆数据标定，并对有可能危害管道安全的区域或临时施工点应增加临时标定点。各标定点记载 GPS 坐标、地貌情况、所属巡护中队及行政村信息等。

3.4 振动模型采集

因管道沿线地形地貌不同，管道沿线的振动信号通过土壤/地面传输到传感光纤上振动模型也有区别。监控主机传感光纤信号调试完成后，应在管道光缆沿线模拟人工挖掘施工、机械挖掘施工，并采集振动信号模型，做振动数据库模型学习与建立。同时结合海隆信息公司在以往管道光纤预警项目上采集的机械信号，训练出人工智能识别模型，并将此模型导入到预警设备中。

3.5 系统调试

3.5.1 大锤敲击测试(图5)

系统调试阶段，在阴保桩附近地面，采用大锤敲击的方式进行定位调试，通过大锤敲击定位阴保桩处光缆的位置及距离信息。通过大锤敲击实验，可以得出，在有人为等因素在管线上部进行破坏时，系统能及时识别，并将信号传输至调度室进行报警，识别范围控制在10m内。

3.5.2 车辆通过测试(图6)

在试验测试过程中，重型车辆通过管道附近引起光信号的变化幅度较高，小轿车等小型车辆经过时不会引起明显的信号变化。现场实际观察测试中的车辆通过典型信号特征。

3.5.3 机械挖掘测试(图7)

通过挖掘机活动测试实验，可监测管道两侧20m范围内的横向机械入侵，并通过记录入侵信号强度判断光缆敷设位置。

图 5　人工敲击测试

图 6　重型车辆通过测试

图 7　挖掘机现场测试

3.6　模型优化及报警阈值设定

现场使用锤子、挖掘机、电镐在管道横截面两侧多次敲击测试，通过数据模型采集软件记录入侵信号强度并进行深度学习，分析信号强度，并总结各个信号特征，以此提高识别准确率。经过多次验证，对管线经过不同环境的区域分段设置不同报警阈值。

4　系统验收测试

为评价光纤振动预警管理系统的工作指标，总厂组织人员对光纤振动预警系统进行现场测试，检验光纤预警系统在上古天然气处理总厂至兰州石化乙烯厂(21km)管道光缆附近或上方有机械(挖掘机、夯土机)非法作业或者管线泄漏时，系统是否能够发出报警并输出准确位置，并对系统监测设备测量距离、定位精度、报警准确率、振动响应时间等指标进行验证。

4.1 测试要求

(1) 时间要求：人工敲击、机械挖掘施工持续时间均不小于 120s。

(2) 距离要求：

人工敲击：垂直管道走向、距管道中心线两侧 0~2m 范围内。

机械挖掘：施工前，应使用探管器确定管道准确位置。位置确认无误后，在垂直管道走向、距管道中心线两侧 2~5m 范围内按方案规定的距离机械挖掘作业。

(3) 现场测试人员和中控监测记录组人员应认真完成照片或视频影像资料的采集。现场测试人员可通过视频将现场振动测试情况与中控室监测记录组人员分享，实时关注现场挖掘情况、系统采集的振动信号以及系统报警情况。

(4) 测试现场或系统发生意外，及时终止测试，查明情况并解决后，再进行测试。

4.2 测试数据

4.2.1 测试位置 16-9#(表 1)

表 1 16-9#测试统计表

上古至乙烯厂管线光纤振动预警系统振动测试记录			
测试时间	2022 年 8 月 6 日	现场负责人	刘书记
测试位置	16-9#	土壤情况	沙土
测试类型	人工作业、机械作业	周边环境	远端煤矸石加工厂

测试情况记录

序号	距离管道中心距离/m	报警位置（中控室）	作业位置（现场）	报警时间（中控室）	开始时间（现场）	报警类型	测试类型（现场）	定位精度/m	振动响应时间	报警响应时间
1	4m	16-9#-4m	16-9#-1	2022-08-06 08：55：37	2022-08-06 08：54：37	机械	机械作业	3m	2s	60s
2	4m	16-9#-8m	16-9#-2	2022-08-06 09：05：20	2022-08-06 09：04：25	机械	机械作业	6m	2s	55s
3	4m	16-9#-6m	16-9#-4	2022-08-06 09：10：29	2022-08-06 09：09：36	机械	机械作业	2m	2s	53s
4	1m	16-9#-2m	16-9#-0	2022-08-06 09：57：31	2022-08-06 09：55：01	人工	人工作业	2m	2s	90s
5	1m	16-9#-6m	16-9#-0	2022-08-06 10：02：10	2022-08-06 10：00：35	人工	人工作业	6m	2s	95s
6	1m	16-9#-3m	16-9#-0	2022-08-06 10：07：27	2022-08-06 10：06：17	人工	人工作业	3m	2s	70s

4.2.2 测试位置 19-15#(表 2)

表 2 19-15#测试统计表

上古至乙烯厂管线光纤振动预警系统振动测试记录			
测试时间	2022 年 8 月 6 日	现场负责人	刘书记
测试位置	19-15#	土壤情况	沙土
测试类型	人工作业、机械作业	周边环境	远端双河新村农机土路

测试情况记录

序号	距离管道中心距离/m	报警位置（中控室）	作业位置（现场）	报警时间（中控室）	开始时间（现场）	报警类型	测试类型（现场）	定位精度/m	振动响应时间	报警响应时间
1	1m	9-15#-14m	9-15#-0	2022-08-06 10：26：09	2022-08-06 10：24：30	人工	人工作业	10m	2s	99s
2	1m	9-15#-3m	9-15#-0	2022-08-06 10：31：20	2022-08-06 10：29：50	人工	人工作业	3m	2s	90s
3	1m	9-15#-53m	9-15#-50	2022-08-06 10：40：55	2022-08-06 10：39：45	人工	人工作业	3m	2s	80s
4	4m	9-15#+3m	9-15#-1	2022-08-06 10：44：41	2022-08-06 10：43：30	机械	机械作业	4m	2s	71s
5	4m	9-15#+6m	9-15#-2	2022-08-06 10：57：57	2022-08-06 10：56：55	机械	机械作业	8m	2s	62s
6	4m	9-15#-24m	9-15#-20	2022-08-06 11：06：21	2022-08-06 11：05：33	机械	机械作业	4m	2s	48s

4.2.3 测试位置 8-10#(表 3)

表 3 8-10#测试统计表

上古至乙烯厂管线光纤振动预警系统振动测试记录			
测试时间	2022 年 8 月 6 日	现场负责人	刘书记
测试位置	8-10#	土壤情况	沙土
测试类型	人工作业、机械作业	周边环境	近端秦长城南侧公路

测试情况记录

序号	距离管道中心距离/m	报警位置（中控室）	挖掘位置（现场）	报警时间（中控室）	开始时间（现场）	报警类型	测试类型（现场）	定位精度/m	振动响应时间	报警响应时间
1	1m	8-10#+4m	8-10#-0	2022-08-06 11：38：05	2022-08-06 11：36：30	人工	人工作业	4m	2s	95s
2	1m	8-10#+3m	8-10#-0	2022-08-06 11：42：41	2022-08-06 11：41：14	人工	人工作业	3m	2s	87s
3	1m	8-10#+6m	8-10#-0	2022-08-06 12：19：33	2022-08-06 12：18：16	人工	人工作业	6m	2s	77s

续表

序号	距离管道中心距离/m	报警位置（中控室）	挖掘位置（现场）	报警时间（中控室）	开始时间（现场）	报警类型	测试类型（现场）	定位精度/m	振动响应时间	报警响应时间
4	4m	8-10#+1m	8-10#-2	2022-08-06 12：00：13	2022-08-06 11：59：10	机械	机械作业	3m	2s	63s
5	4m	8-10#-4m	8-10#-2	2022-08-06 12：05：09	2022-08-06 12：04：04	机械	机械作业	6m	2s	65s
6	4m	8-10#-27m	8-10#-20	2022-08-06 12：08：53	2022-08-06 12：07：03	机械	机械作业	7m	2s	50s

5 结语

5.1 系统指标测试结果

本次验收测试总计测试18组数据，其中人工敲击9组，挖掘机挖掘施工9组，通过现场反复测试，测试结果如表4所示。

表4 测试结果统计表

序号	指标名称	合同要求	测试结果	备注
1	监控距离	>40km	24.18km	上古天然气处理总厂至兰州石化乙烯厂管道光缆长度总计24.18km，实际监测24.18km
2	定位精度	≤±50m	≤±50m	详见测试记录表
3	报警准确率	≥90%	≥90%	系统运行期间及现场测试期间系统未发生误报警
4	振动响应时间	≤3s	2s	详见测试记录表

5.2 技术应用中存在的不足

（1）因目前无法真实模拟管线泄漏工况，因此该技术对于管线泄漏信号的检测预警功能暂时无法做出评价、认识；

（2）该系统灵敏度较高，导致报警信息量大（如正常的车辆通行振动等），需进一步通过智能学习分析，剔除非必要报警信息，提高监控管理效率和科学准确性。如系统统计报警准确率低<90%，则需要对系统再次优化，对系统报警情况分析，发现有不影响管道生产运行的干扰事件报警，及时修改系统参数，逐步优化系统模型，提高系统报警准确率。

5.3 结论

分布式光纤振动监测系统基于光纤振动传感技术，可以高精度地感知外输管线周域和内部的所有振动事件，为保护管线安全提供可靠高效的技术手段，大幅降低巡线人工工作量，该技术可拓展监测地质、道路、水、气、电等领域，应用前景非常广泛。

5.4 下一步计划

（1）关注系统报警准确率数据，如系统报警准确率低于90%，及时派遣工程师现场处理；

（2）管道光缆沿线耕种区域及人员活动密集区域，建议可增加太阳能供电摄像机及扬声器，系统发生报警时，可联动摄像机弹出报警现场时实时画面，如有非法人工挖掘施工或机械挖掘施工时，可通过扬声器远程喊话，制止破坏管道的事件发生；

（3）利用本项目已建光纤预警系统，可增设管道清管器跟踪模块，实现对清管过程中清管器实时跟踪，可解决了长期以来管道行业清管器跟踪只能通过定点监测而无法实时跟踪清管器位置的难题；

（4）根据实际应用需求预警系统报警信号传输至其他平台调用。

参 考 文 献

[1] 尹婧. 分布式光纤振动监测系统的应用研究. 数码世界，2019，03(22)

[2] 董小卫. 分布式光纤声波振动传感系统研发及应用. 基础科学·物理学，2020，第6期

[3]《管道线路安全预警系统软件使用手册》

【作者简介】陈颖，男，长庆油田(榆林)油气有限公司工程师，主要负责数字化管理工作，电话：185800297976。

基于海油平台电子围栏预警设计

刘　阳

[中海石油(中国)有限公司天津分公司]

摘　要：近些年来，跟随海洋资源不间断开采，海上船舶的总数也在不停地扩增，海上石油平台周围船舶通航量也逐渐变多，平台周围的管道布施、线缆铺设，外来船舶的违章航行，极易造成作业生产安全隐患与海上交通事故。以往对于海上石油平台周围船只过往指挥仅使用人工查看与 VHF 通信，不仅缺少过往船只数据，而且所需的人、物力资源过多，综合效率低下。现如今我国大力发展海洋强国，海上科学发展飞速，随之而来的海上石油平台周围安全问题也急需解决。现代智能辅助指挥系统、船舶图像信息指挥、船舶信息精准定位等技术皆可应用到海上石油平台的电子围栏应用当中，助力于平台周围船只监控效率，减少事故的频发，提高执法力度等。至此，开展一种结合北斗船舶自动识别系统(Automatic Identification System，AIS)与视频监控(Closed Circuit Television，CCTV)技术的平台电子围栏系统研究。

关键词：船舶识别检测系统；北斗 AIS；视频监控；YOLO-v4；电子围栏

随着陆地油气资源的日益减少，开采难度逐渐增加，油气产业将目标移至了海洋，海底存储着极其充足的石油存储量，根据国际能源署估算，地球油气资源的五分之二存在于海底；另据美国石油地质学专家估计，世界上光水下 300m 左右就有约 1000 亿吨的石油、500 亿吨的二次可开采原油以及 300 亿吨石油。丰富的海洋资源是社会经济发展的重要支撑，在海洋强国建设的背景下，经济快速增长，由速度发展向质量发展阶段的转变成为海洋资源高质量发展的重要策略。

对海洋石油平台来讲安全生产作业至关重要，为了有效监视违法人员在海上石油平台进行非法作业，保护国有资源不遭受损失，也为了减少人力物力、节能增效，本研究结合现有的海上平台电子围栏技术基础上改进升级，加强电子围栏使用效率，提升海洋石油平台安全等级，这对促进我国海洋经济高质量发展进而加快建设海洋强国具有重要意义。

1　研究数据与方法

1.1　主要研究内容

该研究以围绕海洋石油平台应用需求，针对具体的电子围栏设备，研究并设计完成基于北斗导航定位系统和视频监控的虚拟电子围栏系统，侧重于目标区域视频信息处理和区域内进出入目标监测。本研究将电子围栏技术与机器视觉目标检测技术进行结合，研究出一条设施简便、价格低廉、安全保证性高的虚拟电子围栏系统，该系统可以架设在海洋石油平台任意区域。

(1) 主体为北斗卫星定位系统的相应技术，使用北斗系统所获得的定位数据以及北斗系统的短报文功能作为船舶定位数据来源，实现定位和通信双实现，以此来对来访船只进行定位和数据传送。

(2) 若船只无安装 AIS 北斗导航定位系统，则通过监控镜头采集到的视频信息，对进入石油平台领域内的船只进行识别检测，检测到属于入侵船只时报警，起到警告作用。

1.2 技术路线

利用北斗系统的通播功能，将船舶位置、行驶速度等状态在北斗系统中实时显示，将 AIS 数据跟北斗系统相结合，北斗终端接收船舶 AIS 动态数据，由北斗系统实时传送到接收基站，提升了平台对船舶监管效率。

结合电子围栏的实际应用场景与使用需求，将在传统的电子围栏应用中加入视频采集模块来监管关闭 AIS 的船舶或未搭载 AIS 的船舶，使用 YOLO-v4 模型来进行训练，对收集到的视频数据进行采集、读取和处理，来识别目标信息，将视频采集终端与北斗数据终端进行整合，设计一套完整可操作的基于视频监控和北斗定位监控的虚拟电子围栏系统。具体技术路线如图 1 所示。

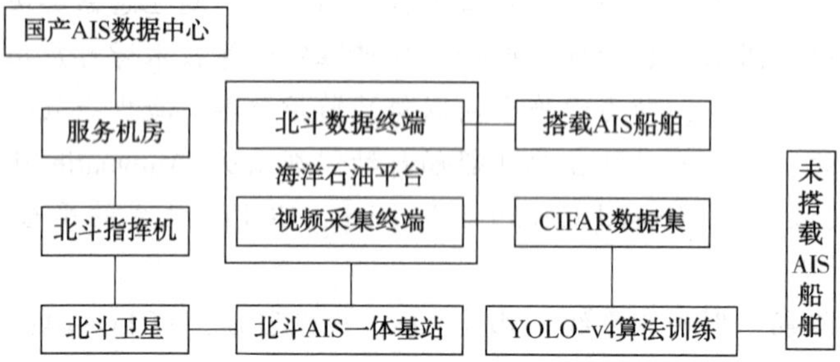

图 1　技术流程图

2　卫星定位船舶系统

2.1 GPS 定位技术

在船舶进展的推动下，高精度定位是船舶应用中不可或缺的重要组成部分，如果定位信息不明确，会导致船舶在海上的施工将难乎其难。GPS(Global Positioning System)全球定位系统是使用 GPS 卫星信号完成授时、导航与定位的技术。在船舶应用方面，GPS 所支持的持续、高准确度的位置数据对船舶导向确点、确定船舶在规定航路上开展生产作业等方面发挥着至关紧要的作用。

2.2 北斗定位系统

北斗卫星导航系统是中国主动研制的导向和通信卫星系统。1994 年开始，北斗卫星研究正式开启，往后的 26 年间，我国已送 55 颗北斗卫星。在多个领域发挥着至关重要的作用。

北斗系统的组成是由空间、地面和使用终端组成。提供四种服务：授权、公共、广域差异和短报文。

2.3 船舶北斗定位系统的应用

在船舶海上导航中，船载卫星导航系统是不可缺少的，在船舶定位、船舶与陆地通信以及船舶自身求救等方面发挥了很多作用。现阶段，使用最多的导航和定位技术是卫星导航系统和蜂窝无线电定位系统，虽然北斗导航系统建设较晚，但也因此具有后发优点，与相对较高的 GPS 利用率相比，北斗系统不仅具备高精度定位，导航等功能，还提供短信通信功能。北斗导航系统主要有以下优点：

（1）短报文通信能在移动通信网络覆盖不到的区域提供稳定、准确的通信功能

（2）北斗用户终端较为轻便，设备购置成本低，服务费免费。

（3）北斗系统由中国自主研发，具有完全自主知识产权，安全、稳定、可靠。

（4）船舶监测中能实时采集数据与岸基之间的数据交流。

对于整个海油平台系统来讲，北斗导航系统满足船舶定位要求，并且兼顾短信通信的功能，完成平台与船舶、船舶与岸基、岸基与平台三者之间的数据交流。

2.4　船舶监控系统

随着海洋资源的挖掘，海上石油平台的数量与海上船舶的流量日益增多，要监管平台周围来往的船只需要耗费大量的人力物力，因此诞生了船舶监控技术，船舶监控技术是一种高效的检测手法，能够实时显示船舶数据。现阶段有三种的监控方式：沿海 CDMA 网络监控、卫星监控、AIS 系统监控，AIS 监控系统（图 2）通过船载 AIS 系统发送实时数据达到监控船舶的目的，AIS 系统监控覆盖的区域广泛，实现船舶动态监控。

图 2　AIS 船舶监控系统

2.5　船舶自动识别系统（AIS）的工作原理

（1）AIS 系统的网络通信体系结构

AIS 系统网络通信组成包括了公开系统互通（OSI）模型的第一至四层。表 1 表示自动识别系统层次结构模型。

表 1　自动识别系统通信层次结构

	应用层	
	表示层	
	对话层	
	传输层	
	网络层	
信道A		信道B
链路层LME		链路层LME
链路层DLS		链路层DLS
链路层MAC		链路层MAC
物理层		物理层
接收机A	发射机A/B	接收机B

（2）自组织时分多址技术（SOTDMA）

为了协调网络设备通信，避免信道阻塞与信息干扰，使用组织时分多址技术，各 AIS 设备自动地在每时帧中选择信息发送。SOTDMA 技术的工作原理如图 3 所示。

（3）时间同步

所有的 AIS 设备间进行通信时必须时间同步，常用的时间同步方法分为协调世界时（UTC）直接同步，如果不能获取 UTC 时间，则采用 UTC 直接计时的 AIS 广播。

2.6　船舶自动识别系统（AIS）信息采集

（1）现平台上接收 AIS 信息主要使用 VHF 的简易 AIS 信息接收

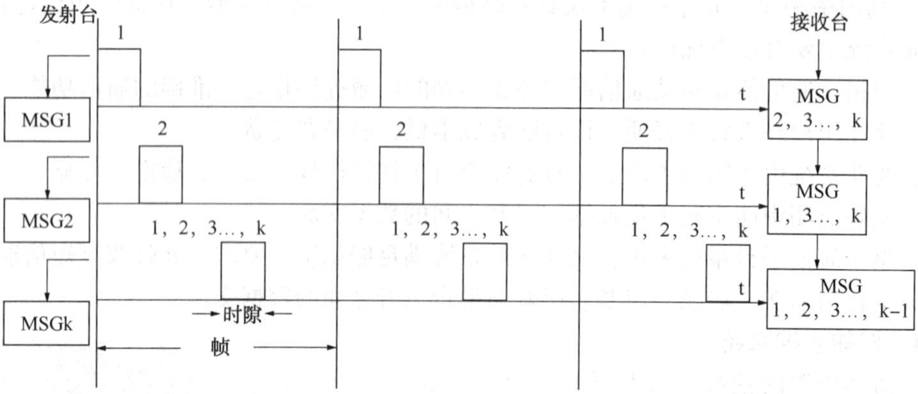

图 3　SOTDMA 技术原理

AIS 设备借助 VHF 在 161. 975MHz 和 162. 025MHz 两个频道进行信息广播的，依据这个信息可搭建一个简单的 AIS 信息接收器，接收器包括以下两个部分。

一、无线高频电路。

二、模拟音频信息的回复。

简易 AIS 信息接收器的系统构成如图 4 所示。

(2) 专业的北斗 AIS 信息接收

当前，市场上已生产出专用的北斗 AIS 信息收发设备，配套的设备涵盖 VHF 天线、北斗 AIS 收发机、外置北斗天线等。北斗 AIS 基站则是由北斗 AIS 一体化基站和北斗 AIS 基站系统平台组成。专业北斗 AIS 信息接收器系统示意图如图 5 所示。

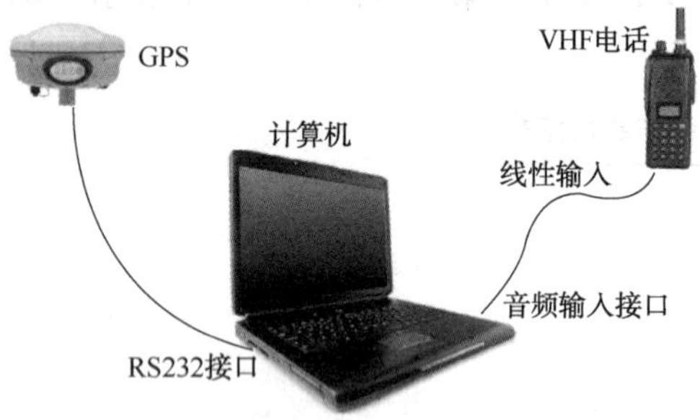

图 4　简易 AIS 信息接收装置示意图

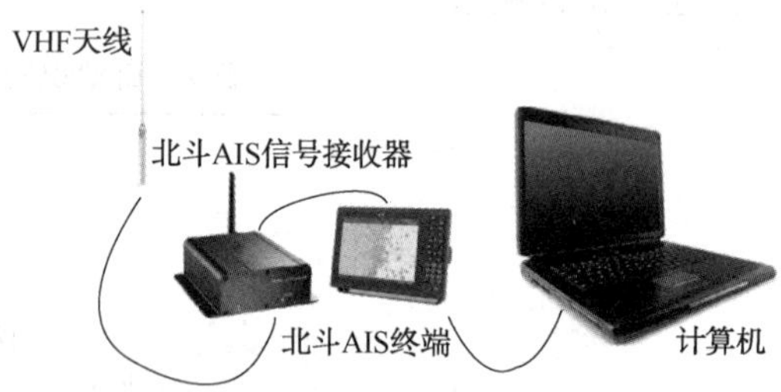

图 5　专业北斗 AIS 信息接收器示意图

3　视频船舶目标自动提取

3. 1　船舶目标自动提取

由于海上货运流量的不断加剧，海上交通环境也变得日益复杂，因此有必要对海上石油平台周围的船舶数据进行监控。现如今平台上的对周围船只检测数据基于 AIS 设备的探测和雷达系统，如果 AIS 设备和雷达系统受到天气影响，无法使用 AIS 与雷达对平台周围船只监控，则需要另一种手段达到对平台周围船只的监控，于是诞生出船舶目标自动提取这一概念。

3. 2　目标自动提取

目标自动提取是机器视觉代替人类视觉感知的概念，完成对图像中目标属性的处理(例如目标大小、目标形状和目标位置等)及后目标分类等任务，其中包括增强与恢复图像信息、目标提取、图像分割、图像分类等相关内容。

3.3 船舶目标自动提取流程

图像船舶目标自动提取流程可以分为数据预处理、ROI 区域建模、目标自动提取，目标自动提取流程如图 6 所示。

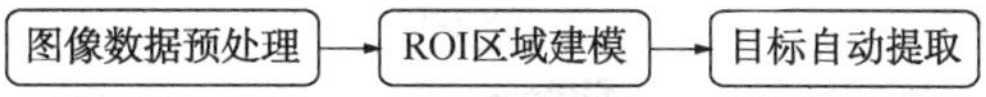

图 6　目标自动提取流程图

(1) 图像数据预处理：是指对图像数据初始的基本处理，其中包括大气校正、辐射定标、正射校正、图像均衡化、图像去噪等。预处理的主要目的是使图像更加清晰便于提取目标，增强图像效果便于区别图像中的背景和目标。

(2) ROI 区域建模：后续需要对背景图像的目标区域进行区域选取，选取后通过对目标区域建立 ROI 区域，从而对该区域内的全部信息进行识别分析。

(3) 目标自动提取：在提取出 ROI 区域后，根据不同的特征来提取目标船舶，且通过电脑自动识别出所需的目标物的能力。

3.4 船舶目标视频监控

以技术层面出发可将视频监控系统分成两种：模拟视频监控和数字视频监控。

(1) 模拟视频监控系统

模拟视频监控是由摄像机拍摄视频，将信息传输到计算机，再对图像进行分析、处理。模拟视频监控系统传输模拟视频信息的距离短；系统拓展能力差，其系统结构如图 7 所示。

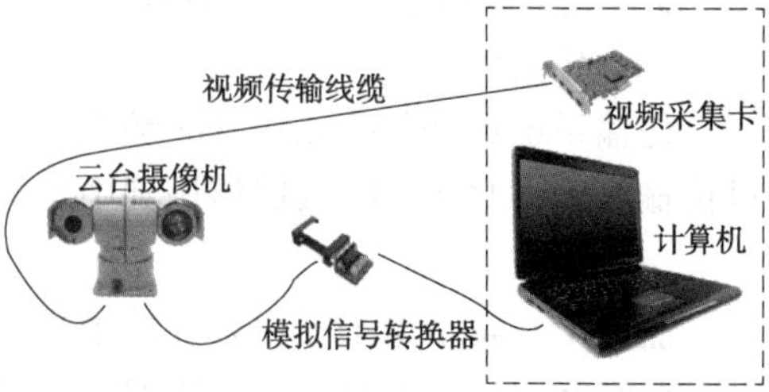

图 7　模拟视频监控系统结构

(2) 数字视频监控系统

数字视频监控系统硬件部分由云台摄像机、镶入式插件、网络信号传送设备和视频监控终端构成。软件单元包括：视频传输单元、运动目标检测与跟踪单元。图 8 为分布式方式的数字视频监控系统结构。

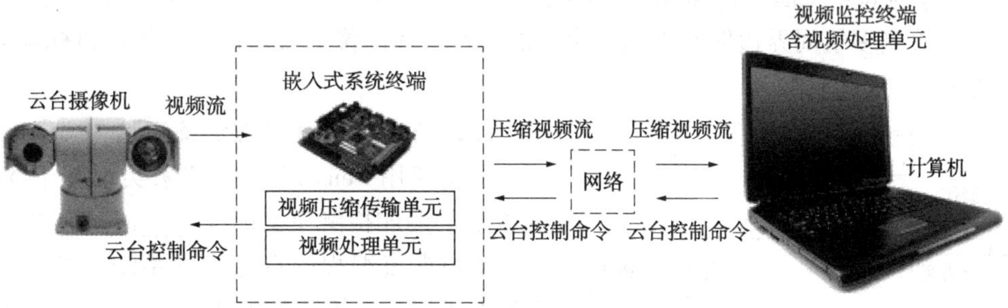

图 8　分布式数字视频监控系统结构

3.5 电子围栏整体结构设计

由于平台电子围栏的需要，融入现有的北斗 AIS 数据收集与船舶视频检测系统，设计如图 9 所示的平台周围船只监测系统组成。操控平台周围船只监控系统组成由前端数据采集、数据传送模块、中央控制中心。终端把收集到的北斗 AIS 信息传送到中央控制中心内的计算机当中，AIS 信息解码后对对应船只监控分析，再使用数字视频服务器控制监控终端。同时，中央控制中心通过网络端查收数字视频回传的实时视频数据，处理后存入数据库。图 9

为平台船舶监控系统组成。

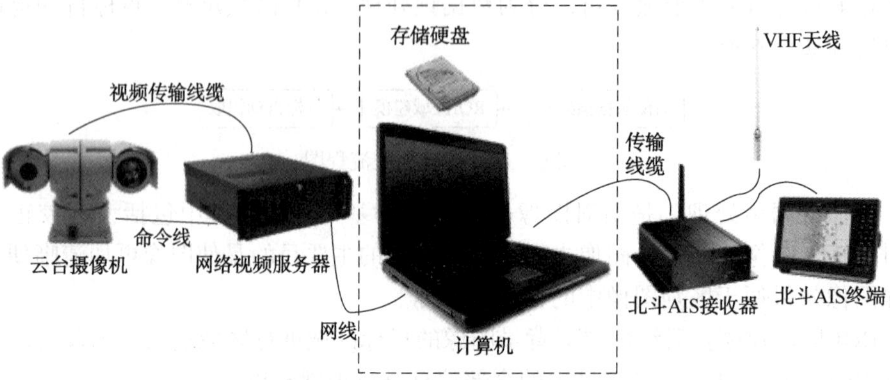

图 9　平台船舶监控系统构成

系统硬件部分各功能模块如下：

(1) 信息采集前端

数据收集前端由平台四周船只 AIS 数据收集与全天时影像检测的收集。使用专业的北斗 AIS 设备收集数据信息，影像收集前端由云台摄像机构成。

(2) 传输系统

传输系统数据包括北斗 AIS 数据、影像信息。北斗 AIS 收集端使用 VHF 天线搭建，通过传输线路将北斗 AIS 数据传送到中央控制室。

(3) 监控中心

监控中心属于电子围栏系统的中央控制站，由计算机和存储信息库。电脑端使用软件带动人机交互端口，对收集到的影像收集处理和信息存储。

4　基于 YOLO-v4 算法的船舶识别

4.1　YOLO 算法介绍

YOLO 作为 one-stage 的目标检测算法，YOLO 算法流程非常简单，速度具备优势，可以单神经网络检测多组周界边框和类别几率，能够在整体图像上直接训练，优化目标检测性能也非常方便。

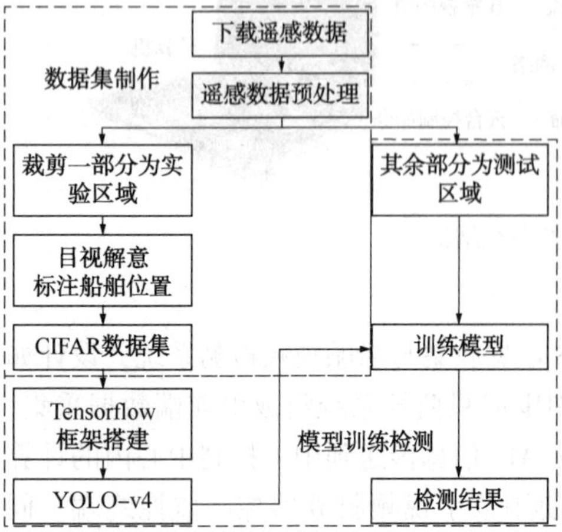

图 10　船舶检测模型流程图

4.2　YOLO-v4 算法训练实验

本文使用 Tensorflow 框架来实现基于 YOLO-v4 算法的船舶检测模型训练，Tensorflow 框架是一个基于数据流编程的符号数学系统，被广泛应用于各类机器学习算法的实现，YOLO-v4 模型训练阶段则是建立简易训练样本模型，因无现场数据源，则以卫星遥感数据代替。借助 CIFAR(Canada Institude For Advanced Research)数据库中下载训练样本 400 张船舶样本作为样本训练，采用目视解意的办法对图像中的船舶数据进行判别。成功搭建出训练模型后对船舶进行检测实验，具体实验流程图如图 10 所示。

4.3 YOLO-v4 模拟船舶提取实验

以渤海东北部为例实验 YOLO-v4 的船舶识别效果，经一系列卫星遥感影像预处理，通过感兴趣区域 ROI 截取部分海域(图 11)作为实验区域进行样本训练。

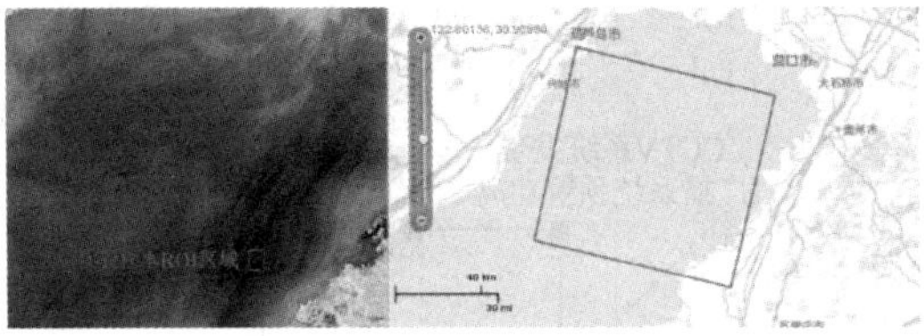

图 11　实验区域

采用目视解译的方法对所得到的 ROI 区域影像进行判别，获取其中包含船只的部分建立样本参考点，利用 CIFAR 数据库中的 ship 数据(图 12)进行样本识别培养，对所有包含船舶目标的图像使用 labelImg 工具进行框选标注，生成名称与图像一一对应的文件。

与完成样本数据集的构建后，将数据集放入 YOLO-v4 算法网络中进行训练，获取最佳权值文件。将未参与训练的遥感影像裁剪成 300×300 大小图像存入文件夹，利用训练得到的权值文件进行船只的检测并自动统计船只数量，处理后图像输出，计算结果如图 13 所示。

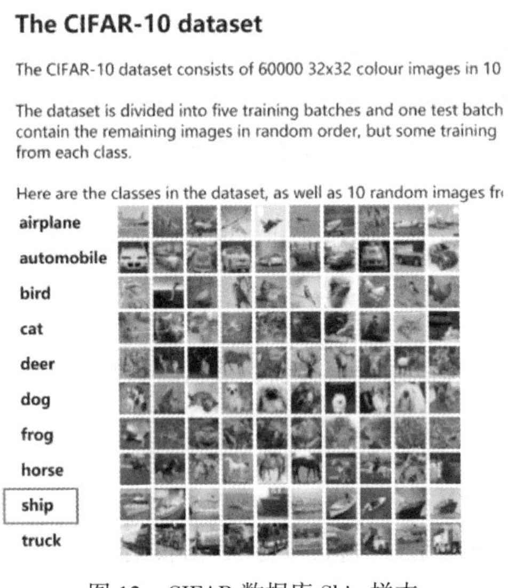

图 12　CIFAR 数据库 Ship 样本

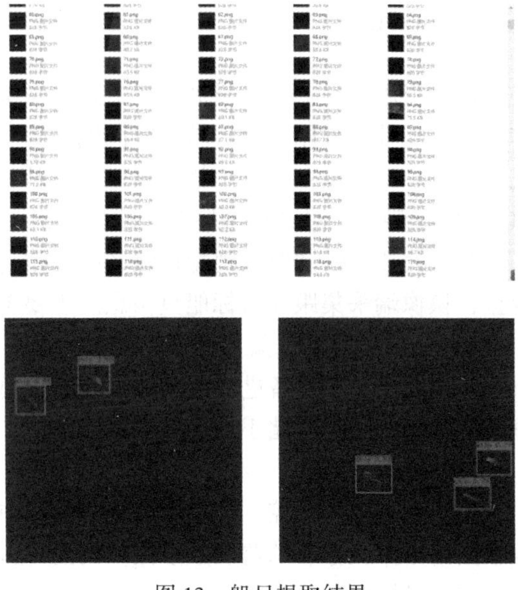

图 13　船只提取结果

4.4 实验结果分析

本次实验中，平均 mAP 综合 73.4%，计算速率为 23fps，能够达到对船舶全天时识别的基本要求。发现通过 YOLO-v4 实现的目标船舶检测能够很好地发现并识别海上船舶，从识别时间与准确率的角度分析，此模型具备实时识别船舶能力。

5 海油平台电子围栏应用

海洋石油平台作为海上具有大面积的建筑物，对附近的航道、锚地、航线航路规划都有一定的影响，在不影响其他船舶正常作业的情况下也要保证平台自己安全，在有船舶无意靠近时，通过 VHF、北斗 AIS 短报文向现场船舶进行预警信息提示，并在管理平台上形成报警，提示平台监管人员，在船舶尚未安装 AIS 设备时通过信号灯或广播设备进行预警通知。如图 14 所示。

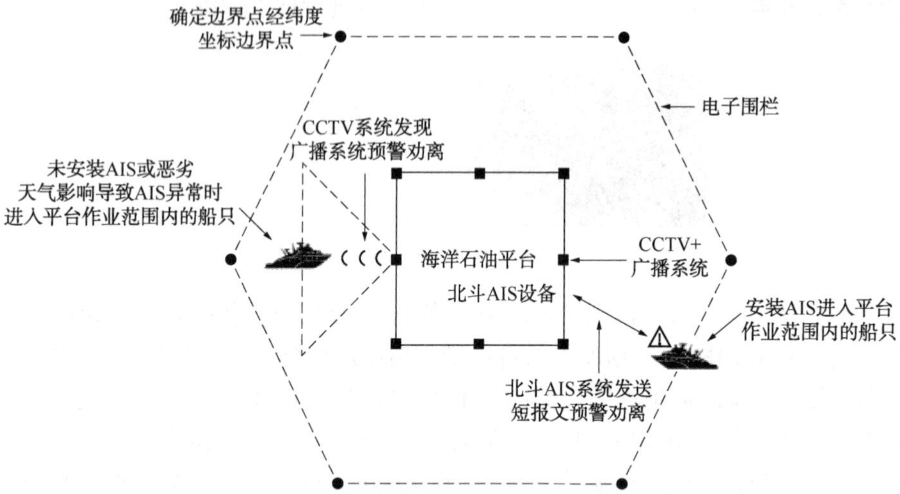

图 14　平台电子围栏系统应用示意图

6　总结

海洋资源开发的飞速发展，船只通航量级不断扩大，对海洋石油平台的生产作业带来些许影响，尤其是加剧作业区域安全问题。为了保证己方船只安全作业、外来船只远离，本研究提出一种海油平台电子围栏预警设计，基于 AIS 的船舶视觉跟踪控制系统，结合了 AIS 与 CCTV 的优势，同时具备目标船只的数据和视频数据。

基于北斗 AIS 和船只视觉检测系统使用自动化的需求，使用北斗 AIS 传输的船只经纬度数据，摄像端采集跟踪目标船只信息。主要工作如下：

（1）AIS 信息的采集与处理

使用北斗 AIS 设备进行 AIS 数据收集，通过中央控制系统服务器达成 AIS 数据的识别与分析，得到的结果存储于对应的数据库中。

（2）视频监控

使用数字视频监控、数字影像服务器与中央控制中心计算机整体结合，检测计算机利用数字网络影像服务器端监控数字摄像机同时影像，跟踪船只信息，达到数据收集。

（3）目标船舶检测算法

在目标视频监控的基础上对进入作业区域内的船舶进行检测，结合 YOLO-v4 算法进行船舶信息提取，可建立扩充数据库达到对己方/外来船舶的识别分析，该算法有较好的检测效果，可不断提升改进。

参 考 文 献

[1] 洪刚. 文化自觉视域下的中国海洋文化发展研究[D]. 大连理工大学，2018.

[2] 荆曦. 基于北斗的船舶动态监控及其应用[D]. 大连海事大学，2015.

[3] 王灵军，陈强. GPS 卫星数据接收方法及计算机导航系统开发[J]. 青海师范大学学报(自然科学版)，2010，26(04)：89-91.

[4] 冯素园. 浅谈北斗导航卫星定位系统现状、发展及应用[J]. 通信世界，2016(17)：227.

[5] 胡曼青. 一种基于北斗的卫星通信系统[J]. 科技视界，2015(01)：148-150.
[6] Wei，J.，Chiu，CH.，Huang，F. et al. A cost-effective decentralized vehicle remote positioning and tracking system usingBeiDou Navigation Satellite System and Mobile Network. J Wireless Com Network 2019，112 (2019).
[7] 马广龙. 基于 GIS 地图和 AIS 混合站基础上的海事交管系统研究[J]. 电脑编程技巧与维护，2016 (13)：74-76.
[8] Wang，R.，Miao，K.，Deng，H.，Sun，J. Application of Computer Image Recognition Technology in Ship Monitoring Direction. In：Kountchev，R.，Mironov，R.，Nakamatsu，K. (eds)New Approaches for Multidimensional Signal Processing. Smart Innovation，Systems and Technologies，vol 270. Springer，Singapore. (2022).
[9] 马立新，孙文强. 基于 AIS 网络的差分 GPS 数据广播[J]. 世界海运，2006(03)：52-53.
[10] 靳智. 基于 AIS 的控制河段船舶视觉跟踪控制系统研究[D]. 重庆大学，2012.
[11] 康晓东，郑程军，戴维迪. 基于 TCP/IP 协议的时间自动同步系统设计与实现[J]. 计算机工程，2006 (15)：103-105.
[12] 刘桂华，刘焕玲，肖宇峰，张华. 智能视频分析在输电线舞动监测中的应用[J]. 工具技术，2012，46 (03)：81-84.
[13] 姚力. 网络视频监控系统结构研究[J]. 信息记录材料，2018，19(04)：129-130.

【作者简介】刘阳，男，现就职于中海石油(中国)有限公司天津分公司，主要研究方向为钻完井技术、应急管理和防灾减灾工作。电话：15222779359，邮箱：liuyang5@cnooc.com.cn。

方钻杆下旋塞失效分析与预防对策研究

邹光贵　王鹏程　文志明　张耀明　张绪亮　郭海清

(中国石油塔里木油田公司)

摘　要：方钻杆下旋塞是钻试修现场最常用的内防喷工具，在塔里木现场运用过程中偶有失效事件发生，本文结合某井旋塞失效表现形式进行分析，从设计、加工、使用三个方面找寻预防措施，成功解决了旋塞带压打开难题，对方钻杆下旋塞的制造方和使用方有一定的借鉴意义。

关键词：旋塞，刺漏，力矩，预防

1　引言

方钻杆下旋塞在现场运用十分广泛，其结构简单、操作方便、维护简易、可靠性高。生产现场在用的方钻杆下旋塞规格有 3-1/2″、4″、4-1/2″、5″、5-1/2″，压力级别有 35、70 和 105MPa。在现场使用过程中，方钻杆下旋塞失效事件偶有发生，某井在溢流处理过程中发生方钻杆下旋塞关闭后无法带压打开，现场多次尝试无果，后被迫实施钻杆剪切，给现场生产带来困扰，也曾经使得旋塞的运用受到质疑，结合旋塞回收后分析研究，查找具体原因，并有针对性地提出预防对策。

2　方钻杆下旋塞的结构及基本原理

方钻杆下旋塞由本体、上下阀座、球体、旋钮等组成，见图 1，旋塞阀的开关依靠人工操作专用扳手驱动旋钮，旋钮带动开孔球体旋转实现。其打开状态过流面积大，过流孔规则，关闭后依靠球体和阀座的金属面贴合密封，有压力助封作用。

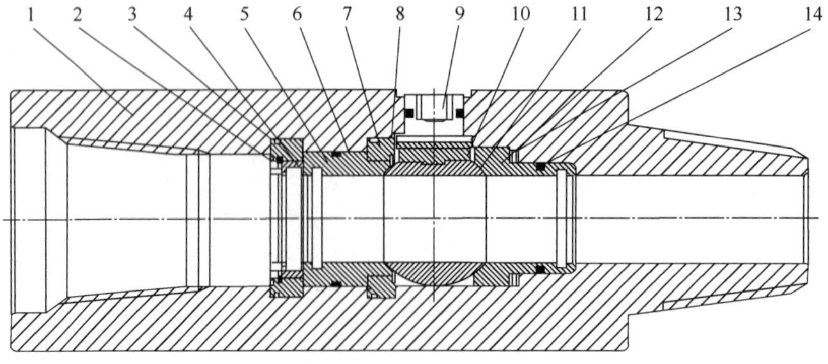

图 1　旋塞结构示意图

1—本体；2—孔用挡圈；3—卡环；4—挡圈；5—上阀座；6—上阀座密封件；7—挡环；8—定位环；9—旋钮；10—拨块；11—球体；12—下阀座；13—叠簧；14—下阀座密封件

3 某方钻杆下旋塞无法打开事件简要经过

某在钻进至井深4600.00m发现溢流后关井，在立压升至6MPa时关5-1/2″方钻杆下旋塞。第一次反挤压井后套压5.5MPa，打平衡压9.3MPa开方钻杆下旋塞正挤压井后关闭。第二次反挤压井后需正挤压井，发现方钻杆下旋塞无法打开，现场尝试了多次无果，后决定采用剪切防喷器剪断钻杆以建立正循环通道，剪切后观察立压25.5MPa。

4 原因分析

4.1 外观检查及开关力矩测定

对其外观进行冲洗，手动开关操作，旋塞能正常活动，发现钢球表面有泥浆残留，判断阀体与阀座接触面部分存在间隙。如图2所示。

图2 球体上下表面存在泥浆残留

使用扭矩扳手测量空载开关扭矩为610~660Nm。

因球体与阀座的密封失效，方钻杆下旋塞无法单向承压，无法测量压差开启扭矩。

将旋塞母扣堵死，阀体内腔憋压，利用扭矩扳手测量整体承压下旋塞开关扭矩，测得35MPa时为920~990Nm，50MPa时为1150~1320Nm，详细数据见表1。

表1 旋塞开关力矩测定表

序号	通径内压力/MPa	开启力矩/Nm	关闭力矩/Nm
1	0	645	648
2	0	660	654
3	0	610	623
4	35	990	945
5	35	960	978
6	35	950	920
7	50	1320	1260
8	50	1180	1150
9	50	1300	1250

4.2 解剖检查

对故障旋塞其进行拆解，检查情况如下：

拆出上阀座和球体后，发现上球阀座密封面及钢球均有腐蚀及刺的痕迹，球阀座刺深约1.5~2mm，钢球面刺深约2~2.5mm，如图3所示。

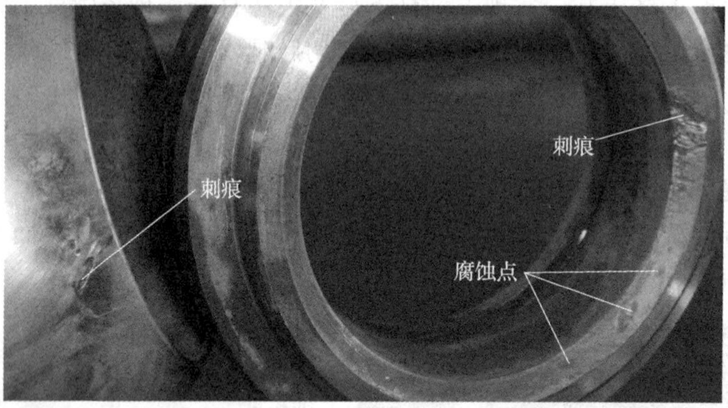

图3 阀座与球体密封面腐蚀与刺痕

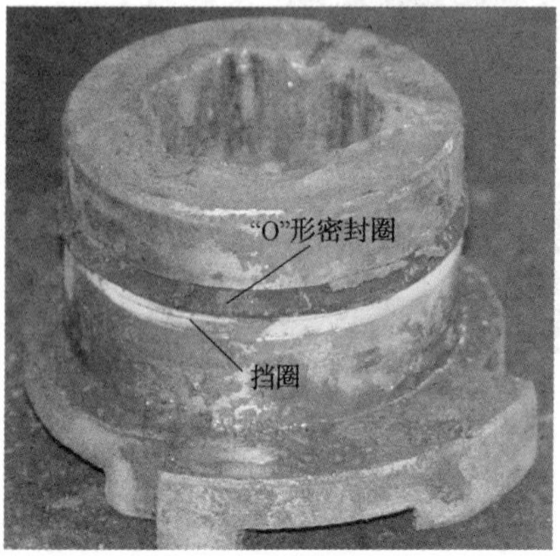

图4 旋钮的O形密封圈与挡圈的组合顺序不与设计要求不一致

将球体及十字滑块拆除后，用扭矩扳手测其旋钮旋转力矩为高达50Nm。拆出旋钮后检查发现旋钮的O形密封圈与挡圈的组合顺序不与设计要求不一致。见图4。

清洗检查旋钮本体发现其承压台阶面有较深的拉伤痕迹，如图5所示。

检查发现拨块传动键槽变形，变形量位置与打开旋塞传递力矩所需的接触面一致，如图6所示。

拆解、清洗完毕后，对其关键部件尺寸进行测量。其尺寸见表2。

4.3 带压打开旋塞未成功原因分析

(1) 旋钮受过大扭矩力后上部外径膨胀变形，致使旋钮与旋钮孔的间隙配合变为过盈配合，旋转阻力增大；

图5 旋钮的拉伤痕迹

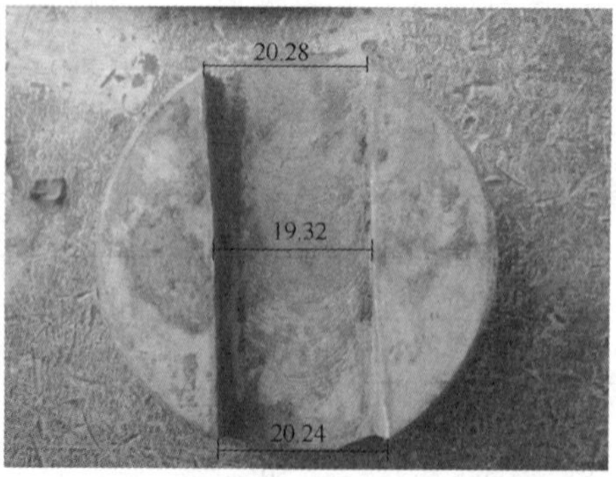

图6 拨块变形图

表 2　关键部件尺寸测量表

类别	测量 1/mm	测量 1/mm	测量 1/mm	判断
球体外径	106.03	106.03	106.03	无变形
旋钮上部外径	46.00	46.08	46.10	存在变形
旋钮下部外径	45.80	45.90	45.86	有微量变形
旋钮孔内径	45.88	45.90	45.90	无变形

（2）含铁矿粉的重泥浆进入旋钮与旋钮孔间隙并形成充填，导致转动摩阻力变大；

（3）旋钮限位与本体接触面磨损拉伤，在压力作用下可能形成相互黏合，造成旋塞带压开启力矩变大；

（4）带压打开旋塞操作过程中片面强调开启力矩，施加平衡压力不够精细。

5　应对措施及实施效果

结合上述原因分析，制定了如下应对措施：

（1）提高旋钮的强度设计，提高旋钮和旋塞本体旋钮孔处限位台阶面的表面光洁度和硬度，提高拨块的强度和韧性。

（2）在长度允许的情况下，旋钮 O 形密封盘根槽设两道，既降低重泥浆对旋钮与本体间隙的充填，又增加旋钮处密封能力。

（3）优化带压打开旋塞的操作步骤，总体思路：在旋钮处加载合适的恒定扭矩，避免人力施加扭矩波动大、不安全的情形；利用小排量泵以 0.5MPa 为台阶分步找寻合适平衡压，同时要在每一台阶静止等待 2 分钟，避免错过合适平衡压力点。

（4）加工专用带压打开旋塞工具，用以克服腔室带压后旋钮紧贴本体限位台阶。

四条措施实施以来，油田未出现方钻杆下旋塞无法带压打开的情形，让井控现场管理者在生产指挥中对旋塞的使用更加有信心，为现场井控安全生产提供了可靠的装备保障。

6　结语

方钻杆下旋塞在现场运用广泛，在溢流处理过程中时常需要进行带压打开作业，当打压打开出现困难时严重扰乱井控应急生产组织，厂家应严格控制出品质量，现场使用过程中要注意对其加强维护保养，本文提及的带压打开旋塞方案具有较好的推广价值。

参　考　文　献

[1] 陈浩，宋周成，王晓萍，等. 方钻杆旋塞阀的失效分析[J]. 天然气工业，2007，27(12)：80-82

[2] 王世宏，冯耀荣. 方钻杆上部旋塞阀失效分析及其改进建议[J]. 石油工业技术监督，1997，13(7)

[3] 谢娟，王德玉，李才良等. 方钻杆旋塞阀的失效与受力分析[J]. 石油矿场机械，2007，36(12)49-51

[4] 任连城，李帅，袁力，等. 钻井用内防喷压差自密封式旋塞阀结构改进[J]. 石油矿场机械，2019，48(1)31-35

[5] SYT5525—2009 旋转钻井设备　上部和下部方钻杆旋塞阀[S].

【作者简介】邹光贵，男，在塔里木油田油气工程研究院工作，高级工程师，研究井控工艺与装备，电话：13579049370，邮箱：378821061@qq.com。

立体空间水体石油污染综合应急处置技术研究

吴　亮[1]　高　阳[2]　尹建国[1]　林　辉[3]

［1. 中海石油环保服务（天津）有限公司；2. 中国海洋石油集团有限公司；
3. 中海油能源发展股份有限公司］

摘　要：石油勘探开发活动已经深远地影响着人类居住的环境，尤其是海洋环境。传统的溢油应急技术仅能满足对海面溢油的清除，对于水体和地下水层等立体空间的污染无法提出有效的解决方法。本文通过对溢油污染的来源进行分析，总结水体溢油污染的围控和处置措施，从而提出立体空间综合溢油应急响应技术的概念，以期为水体、地下水层的溢油污染应急响应技术发展提供一定的支持。

关键词：溢油；三维；应急响应；水体；含水层

随着经济的高速发展，人们对能源的需求已经触及到地球的每一寸肌肤，从海湾、开阔海域、深水区到陆地湖区、河岸区等等，但凡是有石油储量的地方，都存在或计划进行石油勘探开发，而且如今随着技术的发展，石油勘探开发活动远远比早期活动复杂得多，对环境的影响也要深远得多。然而在2010年中国渤海蓬莱19-3油田溢油事故发生以前，人们很少去思考溢油从非人工组件中泄漏出来的应对措施，虽然在此之前也曾发生过类似事故。人们并不真正清楚当溢油存在于水体中而非海面上时采用何种措施去定位、跟踪、清除溢油，对溢油最终进入地下水、含水层的过程也并不十分了解，进而导致其他环境问题的发生。

溢油发生的原因不尽相同，然而溢油应急响应的策略在原理上却基本相同：监视监控、制定策略、调配资源以清除泄漏的溢油。

随着事故的不断发生，溢油发生的原因也超越了原来的理解范畴。不断改变的观点已经迫使石油公司和溢油应急响应组织来重新审视目前所使用的应急响应策略，去寻求创新的技术和理念来应对溢油的挑战。

基于应急响应实践经验以及实验室数据分析，本研究通过分析溢油的原因，提出新的应急响应策略，向溢油应急响应组织提出新的概念，即三维溢油应急响应。将有助于石油公司面对新的挑战，并引导其制定合适的环境政策，最终较小石油工业活动对人类、对环境所产生的影响。

1　溢油的来源

2008年5月发生在英国北海的Tordis以及2011年夏天发生在中国渤海的蓬莱19-3油田溢油事故，引起了大众对溢油污染事件的极大关注，两起事故发生的原因都不在于人工组件的问题，而是所谓的地质性泄漏（图1），是由于认为因素导致地质断层以及人工操作失误，这正好可以认为地层中的原油已经进入水体的三维空间中。

对于溢油二维应急响应的过度关注已经影响到了整个溢油应对历史上响应策略以及设备的发展。石油企业和溢油应急组织对于水面溢油已经通过溢油回收技术或者吸附消散技术进行处理，但是并未深入思考溢油对于水体及海底生态系统的破坏(图 2)，这个问题已经对其他行业组织产生影响并可能对我们的后代产生不良影响。

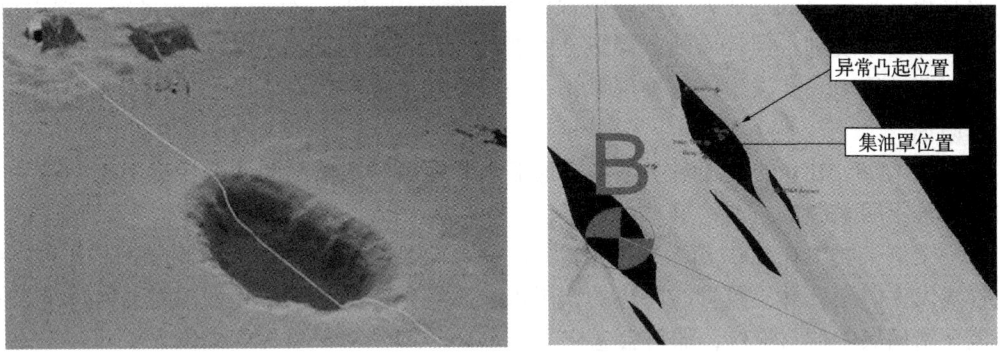

图 1　2008 年 Tordis(右)以及 2011 年蓬莱 19-3(左)在海床中的泄漏源示意图

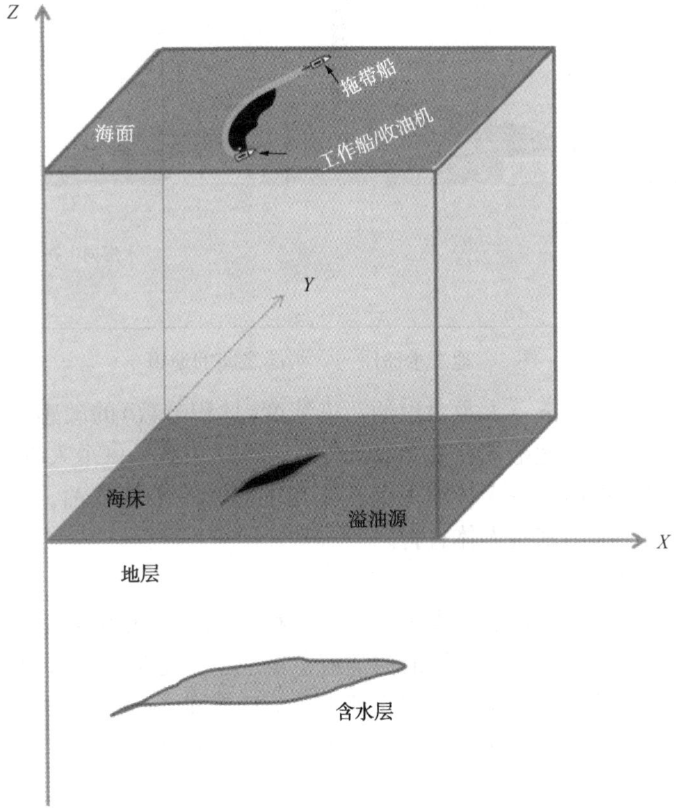

图 2　地质性溢油及三维应急响应示意图

应对地质性溢油，最主要的挑战是没有有效的方法去封堵其泄漏源头，迟缓的行动会导致溢油大量泄漏，进入水体、漂浮到海面上造成水体及海面的大面积污染，这将花费巨大的资金去处理溢油，而收效却可能甚微。再者，不推荐使用化学消油剂，因为化学消油剂使得溢油变成小油滴，难以回收并长期存在于水体中，对整个水生生态系统产生危害，这是不可接受的。

1.1 对含水层的影响

地层断裂会导致地层中储藏的石油及油水进入含水层中，无论该地下水是否被石油公司利用或是被其他行业或普通人使用。尽管土壤结构不均匀时，石油不能完全渗透到土壤中，而且运移非常不规则，但轻质油或轻组分可能通过某种土壤迅速运移。在 90 年代中国西北地区的一些油区中确实发生过这种现象，在一些极端个例中曾有农民的饮用水井中在一夜之间全是原油。

根据 2013 年 MEP 的一项对中国乡村地下水及地表用水情况的调查，有 798 户村民的饮用水曾经被不明来源的石油污染。

另一个例子发生在 2007 年，在中国北方一个以泉水著称的城市近郊的一座山上，一条输油管线发生泄漏，并导致管线周边的饮用水水库发生污染。试想，如果溢油通过泉水间隙进入地下水储层中(见图 3)，那将会怎样呢？

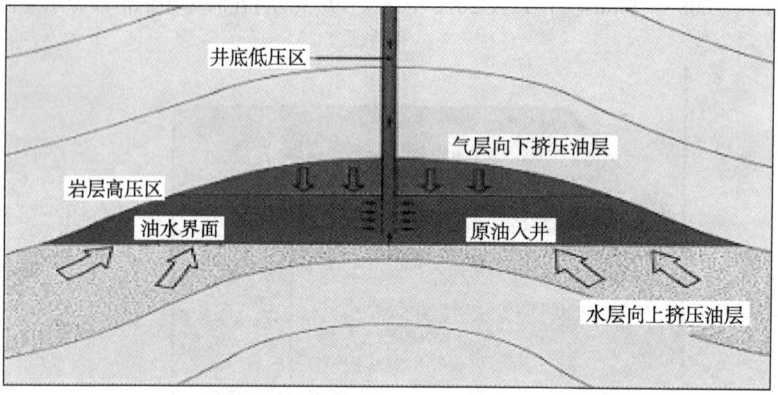

图 3　地下水储层与含水层之间的通道

在没有仪器帮助的情况下，人类对汽油污染浓度(体积分数)的敏感度在 0.05ppm 以上，而对于原油，人类的感知浓度范围在 0.2ppm 以上，所以并不是每个人都可以立即感知到有害水体。这就类似于当你面对一大杯油污水，往其中滴入一小滴汽油，虽然感知不出汽油，但是你依然不会去喝，因为其对人体有害。

1.2 对水体的影响

在深水环境中，由于多种自然因素影响，如颗粒沉积、风化等因素原油颗粒可能会沉降到水底，或悬浮于水体中。这对于二维的溢油应急响应，只能通过某种方式将油扩散到海面才可以采取响应措施，并将海面溢油处理完即表示响应终止，也或者根本就无法处理。但对于三维溢油应急响应，处置工作还远远没有结束。当溢油在留存于水体或海底中时，还会有很多挑战：

(1) 当溢油悬浮在水体中时，很难追踪和定位；

(2) 没有有效的围控方法和设备去围控溢油；

(3) 没有有效的撇油器或其他设备去回收溢油；

(4) 黏度往往很高，难以用泵回收；

(5) 随着深海海流高速漂移。

不论溢油是在含水层亦或在水体中，目前的处置技术并不成熟，也没有人可以知晓在经历一次灾难性的溢油事故后究竟有多少油残留于水体中。

1.3 地质断层的敏感地质条件

大多数的含水层在油层以下，而含气层在油层以上，水库是通过含水层进行源源不断的补给，为了确认地质条件是否会导致地层断裂，应该重点关注以下几点：

(1) 水库库区地层可能有大断层、大尺度破裂缝隙；

(2) 不同区域的压力不同；

(3) 有浅层气存在；

(4) 含水层与水库之间的通道敏感脆弱。

水汽蒸发形成云层，并形成降水落入海洋或者陆地，降水落入地面，形成溪流最终还是汇入海洋。降水、地表水流，汇聚着新鲜淡水进入湖泊和含水层(见图4)。

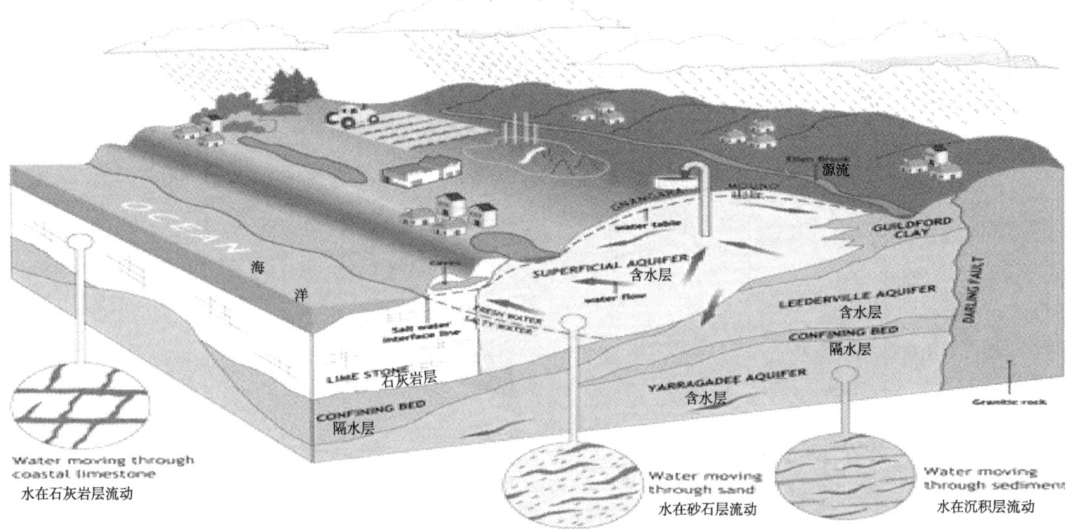

图4 含水层来源示意图

如果地下水来自于周边地区，而这些地区收到石油污染，那么将进一步导致含水层发生污染，其污染扩散风险就大大增加。

1.4 操作性失误

未经评估的注水和水力压裂是地质性溢油的两个主要因素，而人类本身就是这一原因的罪魁祸首。注水是目前保持油田产量的一个主要技术，然而，注入效率低可能导致过早突破，产生较差的注入剖面(通道、裂缝和漏区)，从而通过加大注水压力来实现，这就有可能导致局部地层压力过高最终使地层破裂，发生地质性溢油事故。

水力压裂是开采岩石储层中原油的另一种技术，是在充分了解压裂与地下水资源的关联关系的基础上，通过水力压裂技术增加油或天然气流进入井筒，进而提高产量。

依据石油企业的观点，水力压裂不存在使饮用水发生溢油污染的风险，因为压裂是在深层的含水层下进行的，并不会影响到含水层，然而这些含水层是正是饮用水井中水的来源，在有些情况下水力压裂正是饮用水污染的最大威胁。在开发浅层石油或浅层天然气资源的地方，钻井活动可以直接在我们抽取饮用水的含水层中进行。

2 三维溢油应急响应措施

常规的溢油响应或二维响应仅仅对表面溢油污染进行判断和处理。然而三维溢油应急响应提出了新的要求，需要我们用三维的视角来进行预防和响应。

2.1 预防

从地质调查和实际资料中收集到信息，越详细的资料越有利于进行预防和反应。在勘探生产活动中，及时进行动态监测和补充调查，将有效避免最坏情况的发生。

除了关注钻井设计、套管设计和储层特征，利用单一减压井或减压井群来释放地层压力也是可以提前采取的措施。为了节约成本，已有的井可以在紧急情况下作为减压井使用，因此，在早期设计阶段就需要经过详细计划以满足该井后期可以作为减压井来使用。

为了处理沉底油，需要三维模型来跟踪它的行为和归宿，以便于对其进行定位。由中海石油环保服务(天津)有限公司联合国家海洋局第一海洋研究所开发的二维溢油漂移轨迹预测系统-中国近海海域溢油漂移预测与决策支持系统已经被广泛应用，该系统利用表面流的数据库来对海洋表面的溢油速度和方向进行预测(见图5)。这些数据库的经验和知识，无论是实时的还是模拟的，都可被用于三维溢油数值模型开发。

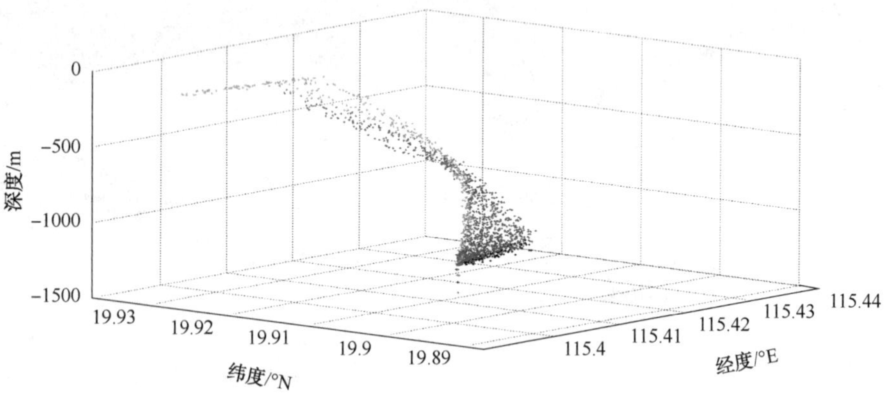

图5　深水三维溢油运动轨迹

2.2 三维应急响应

一旦预防措施失败，将启动应急响应。图6是收到应急警报后三维应急响应的流程图，不仅考虑到二维的水面应急响应，还需要考虑有合适的设备和设施来进行三维应对。

不同性能的渔网状深水吸油拖栏可以有效的进行三维应急响应，在三维数值模型以及深水ROV的支持下，渔网状吸油拖栏可以被固定在预期的范围以对水下溢油进行围控，或者成网兜状固定在溢油源上方以便随流向摆动以达到围控的目的，见图7。

在中国渤海的蓬莱19-3的溢油应急响应过程中，中海石油环保服务(天津)有限公司在溢油点海面上布放了闭环式的围油栏[见图8(a)、图8(b)]，以将海底盖帽泄漏出的溢油进行围控。

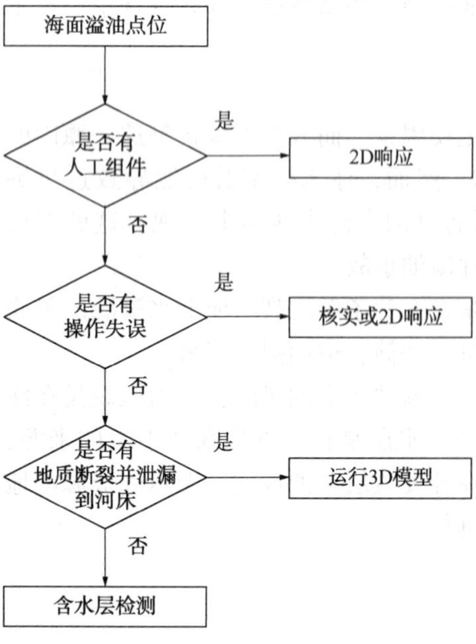

图6　三维应急响应流程图

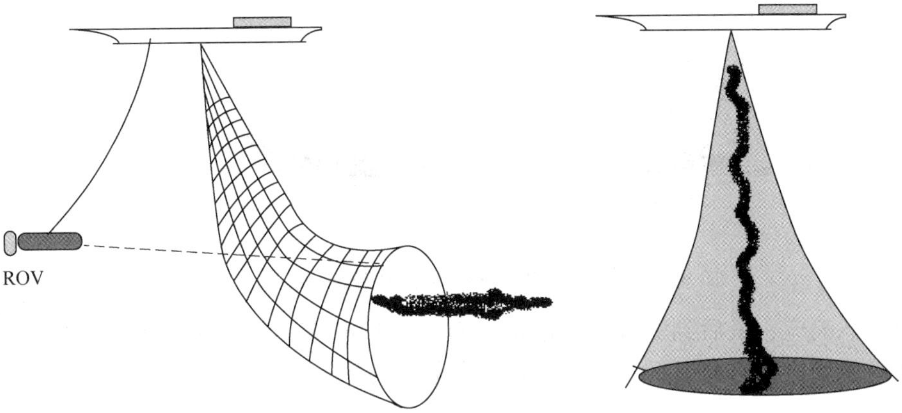

图 7　用于覆盖海床漏油及水体溢油的围油栏示意图

HYSY253 2011-6-25 14-25-04

(a)

(b)

图 8　蓬莱 19-3 事故中所布放的闭环状围油栏

在三维溢油应急响应过程中消油剂应该被禁止使用，因为消油剂中含有的有毒溶剂有很大的副作用，并会长期存在于水体中，导致后期生态系统恢复成本较高。推荐溢油应急组织使用工业凝胶剂毒性较小的凝油剂（见图 9），并可再回收利用。

3　结语

溢油的三维应急响应是一个长期且重要的发展方向，溢油应急响应从预防到源头控制，

图 9　在托盘的帮助下使用渔网状吸油拖栏回收凝油

再到二维应急响应，最后到三维应急响应，对于保护海洋环境、保护水资源具有重要的意义。三维应急反应将有助于石油公司和应急响应组织在环境应对方面保持竞争性和先进性。

参 考 文 献

[1] Guidance for Complying with BOEM NTL No 2010-No6 on WCD for Offshore Wells，SPE，2010.

[2] Norway Report. Strategic Analysis of the Global Status of Carbon Capture and Storage. Global CCS Institute，2009.

[3] 刘月；溢油沉潜特征的实验研究[D]；大连海事大学；2013 年.

[4] 郑克芳，田天，于梦璇等，中美溢油应急管理对比研究[J]，海洋开发与管理，2015，32(1)：84-87.

[5] 杨世莉，孙冰，严志宇等，海水中沉底油的风化特性及鉴别方法研究[J]，海洋科学，2014，38(8)：46-51.

[6] 张兆康，冯权，刘玉清，水中沉底油和半沉底油的清除[J]，中国海事，中国海事，2014(6)：22-25.

[7] 刘洋，马龙，姜海波等，下沉油应急监测技术综述[J]，中国航海，2012，35(4)：96-99

[8] 赵玉慧；张友篪；孙培艳. 化学消油剂在溢油污染控制中的应用及其今后发展方向[J]. 海洋环境科学；2006 年 S1 期：97-100.

[9] 包木太，管丽君，马爱青等. 化学消油剂乳化效果影响因素研究[J]，中国海洋大学学报，2012(9)：53-58.

[10] 夏文香，林海涛，李金成等，分散剂在溢油污染控制中的应用[J]，环境污染治理技术与设备，2004(7)：39-43.

【作者简介】高阳，男，中国海洋石油集团有限公司质量健康安全环保部，高级工程师，主要研究方向为海洋石油企业应急管理，电话：010－84528659，邮箱：gaoyang5@cnooc.com.cn。

危化品企业双重预防机制建设应用实践

龙德才　黄鸿恩　夏书培

（中海福建天然气有限责任公司）

摘　要： 开展安全生产风险分级管控和隐患排查治理双重预防机制建设，是要斩断危险从源头（危险源）到末端（事故）的传递链条，形成风险辨识管控在前、隐患排查治理在后的"两道防线"，极大减少事故发生概率和危害程度。中海福建天然气有限责任公司是危化品重大危险源企业，也是应急管理部全国第二批"双重预防机制"试点单位，通过多年探索实践，高质量完成了双重预防机制建设与运用，有效调动了员工参与安全生产积极性、主动性，实现隐患排查数量和整改率双提升，设备完好率也得到了明显提高。

关键词： 危险化学品；双重预防；风险管控；隐患治理

在当代社会中，危险化学品企业的安全管理成为各界关注的焦点，危险化学品的生产、储存和运输涉及的风险巨大，一旦发生事故，可能导致严重的人员伤亡、环境污染和财产损失。能源行业作为我国重要的生产行业，其安全生产对于国民经济的建设有着重要的意义。因此，为了保护人民生命财产安全和维护社会的可持续发展，建立一套完善的双重预防机制势在必行。传统的预防机制主要侧重于事后救援和事故处理，但随着科技的发展和社会的进步，企业必须转变思维，从被动应对转向主动预防。双重预防机制作为一种全新的安全管理理念和方法，在危化品企业中具有重要的建设意义，这种机制通过有效地识别潜在的风险和危险源，提前采取预防措施，极大地减少了事故的发生概率和危害程度。

2017 年 3 月至今，中海福建天然气有限责任公司（简称福建 LNG，下同）双重预防机制建设，历经三个阶段，现已逐步完善并高效应用，一是起步阶段（2017 年 3 月至 2018 年 2 月），作为福建省双重预防机制试点单位，全面梳理了安全风险清单、隐患排查清单、绘制风险分级管控图和应急管理"一图一卡一册"；二是提升阶段（2021 年 9 月至 2022 年 3 月），作为应急管理部全国第二批"双重预防机制"试点单位，高分通过福建省应急厅双重预防机制数字化建设工作现场评估；三是应用阶段（2022 年 10 月至今），气电集团统一开发的双重预防机制模块与福建省应急管理厅安全风险监控平台实现对接，应急管理部化学品登记中心官微推广福建 LNG 双预防机制建设良好实践。本文对该公司双重预防机制建设过程经验进行总结分析，有助于我们强化机制运行效果，同时也可为其他企业双重预防机制建设提供参考与借鉴。

1　相关概念

1.1　双重预防机制

2016 年，国务院颁布了《实施遏制重特大事故工作指南构建双重预防机制的意见》，强调对各个行业的生产进行风险防控和隐患排查，最大限度地保障安全生产的总体目标；2021

年 6 月 10 日，双重预防机制被正式写入《中华人民共和国安全生产法》，从国家的重视程度，足以可见双重预防机制对于企业安全生产的重要性。

1.2 区域负责制

区域负责制就是将厂区划定具体装置区域，每个区域由专人负责，区域责任人主动查找本区域内安全隐患，主动制止本区域内人员违章，以实现区域安全自主管理，最终实现"人员面貌精神饱满、设备设施完好无缺、物资器具摆放有序、作业活动安全规范、环境卫生干净整洁"的工作目标。

2 双重预防机制建设

2.1 工作保障机制

2.1.1 成立领导小组

公司党委高度重视，第一时间成立由公司总经理担任组长的领导小组，通过党委会、安委会和现场工作会等形式，推进解决过程中的困难和问题，确保高质量完成试点建设任务。

2.1.2 编制实施方案

2021 年 8 月 17 日，公司发布《福建 LNG 建设福建省危险化学品双重预防机制试点单位的实施方案》（福建 LNG〔2021〕161 号），明确"五有"工作要求，即：有科学完善的工作推进机制、有责任明确的风险分级管控、有全面覆盖的隐患排查治理、有线上线下相融合的信息化平台、有奖惩分明的激励约束制度；并将试点工作建设与三年行动任务相结合，通过建立网格化区域管理机制，做到责任层层分解、过程全员参与，确保试点建设各项工作落到实处。

2.1.3 开展全员培训

通过动员会、培训研讨和座谈交流，组织全体员工开展分层次、有针对性的专题培训，并将双预防机制建设纳入安全培训计划。2021 年 8 月至 11 月，委托应急管理部化学品登记中心专家对业务骨干多次开展安全风险清单、双预防系统应用培训。福建 LNG 多次支持福建省安全生产检查督导和经验分享，展现安全管理人员专业素养的同时，助力双重预防机制深化实施。

2.1.4 完善管理制度

修订发布第 7 版 HSE 管理体系，将现有制度与双预防机制建设有效融合，实现一体化管理。更新完善《风险分级管控程序》《隐患排查与治理管理办法》《员工安全生产考核及奖惩办法》等体系文件，构建企业主体责任落实的长效机制。

2.1.5 与"区域负责制"融合并推

按照属地化管理原则，公司划定 60 个责任区域作为业务部门管理区域的单元，任命责任区区长作为各区域管理者代表，全面履行"一岗双责"，采取有力措施消除各类风险隐患，促使员工向安全管理者转变。结合"党员示范区"和"党员示范岗"，共同打造高标准的"责任区"，提高安全管理效能。

2.2 风险分级管控

2.2.1 划分风险单元

按照"功能独立、大小适中、易于管理"的原则，选取所有生产装置、储存设施或场所作为风险分析对象，将 4 个重大危险源和 3 个非重大危险源装置划分为 7 个安全风险分析对象，涵盖 23 个安全风险分析单元。具体如下：

（1）LNG 储罐装置（一级重大危险源，6 个分析单元）：储罐 T-0201～储罐 T-0206；

（2）LNG 槽车站内装车装置（三级重大危险源，1 个分析单元）：站内槽车装车单元；

（3）LNG 槽车站外装车装置（三级重大危险源，1 个分析单元）：艾默生槽车装车单元；

（4）BOG 处理系统装置（四级重大危险源，2 个分析单元）：BOG 再冷凝单元、BOG 直接外输单元；

（5）LNG 接收站仪控装置（非重大危险源，3 个分析单元）：5#6#储罐控制室单元、码头控制室单元、站外槽车控制室单元；

（6）LNG 接收站生产装置（非重大危险源，5 个分析单元）：公用工程单元、海水单元、汽化单元、卸料单元、外输单元；

（7）LNG 接收站供电装置（非重大危险源，5 个分析单元）：主变电所单元、区域变电室单元、海水变电室单元、柴油发电机、110KV 变电室单元。

2.2.2　辨识评估安全风险

各专业人员对分析单元可能产生的事故进行风险辨识，并选取 23 个最严重事故进行分析，根据分析单元的风险等级，绘制安全风险空间分布图，对各风险单元分区分级管控。见图 1。

序号	装置名称	单元名称	最严重后果	风险等级
1	LNG储罐装置	储罐T-0201	储罐泄漏引发火灾、爆炸	较大风险
2		储罐T-0202	储罐泄漏引发火灾、爆炸	较大风险
3		储罐T-0203	储罐泄漏引发火灾、爆炸	较大风险
4		储罐T-0204	储罐泄漏引发火灾、爆炸	较大风险
5		储罐T-0205	储罐泄漏引发火灾、爆炸	较大风险
6		储罐T-0206	储罐泄漏引发火灾、爆炸	较大风险
7	LNG槽车站内装车装置	站内槽车装车单元	LNG/BOG泄漏引发火灾、爆炸	较大风险
8	LNG槽车站外装车装置	艾默生槽车装车单元	LNG/BOG泄漏引发火灾、爆炸	较大风险
9	BOG处理系统装置	BOG再冷凝单元	LNG/BOG泄漏引发火灾、爆炸	一般风险
10		BOG直接外输单元	BOG泄漏引发火灾、爆炸	一般风险
11	LNG接收站生产装置	公用工程单元	柴油泄漏引发火灾、保障	一般风险
12		海水单元	柴油泄漏引发火灾、爆炸	一般风险
13		汽化单元	LNG\BOG泄漏引发火灾、爆炸	一般风险
14		卸料单元	LNG/BOG泄漏引发火灾、爆炸	一般风险
15		首站外输单元	NG泄漏引发火灾.爆炸	一般风险
16	LNG接收站供电装置	主变电所单元	火灾、爆炸、人员窒息	低风险
17		区域变电室单元	火灾、爆炸、人员窒息	低风险
18		海水变电室单元	火灾、爆炸、人员窒息	低风险
19		柴油发电机	火灾、爆炸、人员中毒	低风险
20		110KV变电室单元	火灾、爆炸、人员中毒	低风险
21	LNG接收站仪控装置	5#6#控制室单元	火灾、爆炸、人员窒息	低风险
22		码头控制室单元	火灾、爆炸、人员窒息	低风险
23		站外槽车控制室单元	火灾、爆炸、人员窒息	低风险

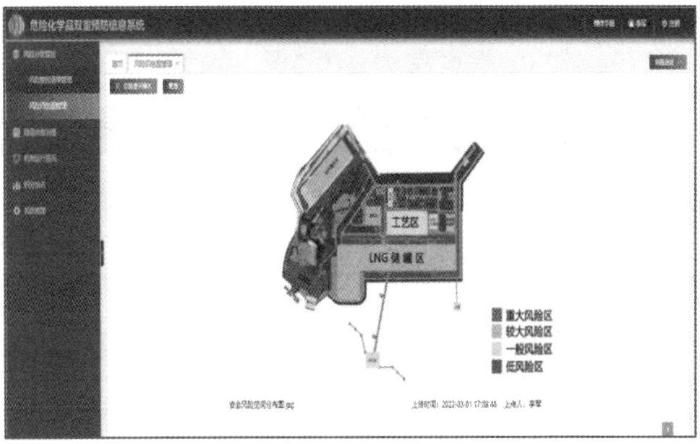

图 1　23 个安全风险分析单元和安全风险空间分布图

2.2.3　制定管控措施

从工程技术、维护保养、人员操作、应急措施等方面制定管控措施 961 项（见图 2），管控措施由各专业审核，并经公司相关负责人评估和应急管理部化学品登记中心专家审定，根据运行情况每年对管控措施进行评审，及时纠正偏差。

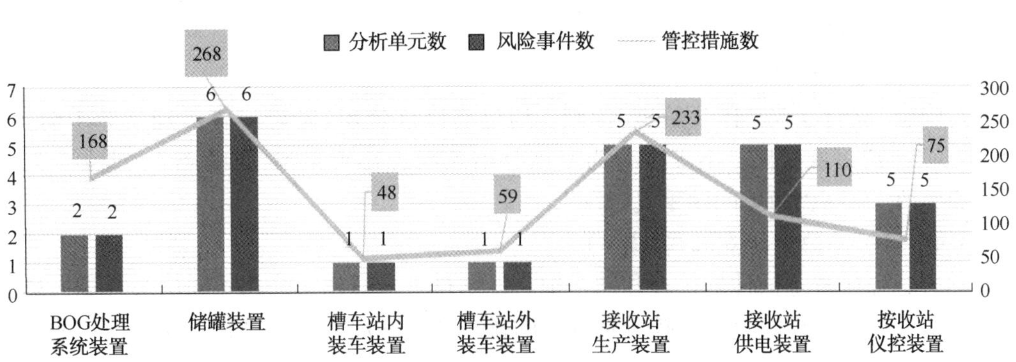

图 2　风险单元及管控措施分布统计图

2.2.4　实施分级管控

根据不同风险等级，由公司职代会、安委会、部门、基层处室和班组实施四级分级管控，上一级负责管控的安全风险，相关的下一级必须同时负责管控，并逐级落实具体措施。见表1。

表1　福建 LNG 接收站安风险单元分级管控情况

级别	单元/个	管控层级
低风险	8	基层处室和班组
一般风险	7	相关部门
较大风险	8	公司安委会
重大风险	0	公司职代会

2.3　隐患排查治理

2.3.1　明确隐患排查任务

根据相关法规要求，结合日常巡检等计划性隐患排查内容，从961项管控措施制定了隐患排查任务714项，涉及管理、工艺、电气、仪表、消防等专业岗位70人(见图3)。

已设置排查任务：714项；未设置排查任务：0项

序号	单位名称	装置名称	单元名称	风险事件	隐患排查内容	排查周期	初始排查时间	排查人员	任务状态
1	技术部	LNG接收站仪控…	接收站5#6#储罐…	火灾、爆炸、人…	1、岗位人员进入现场是否正确佩戴安…	12小时	2022-03-02 08:00:00	赵华杰…	已配置
2	技术部	LNG接收站仪控…	接收站5#6#储罐…	火灾、爆炸、人…	仪控巡检人员中是否有1人持化工仪表…	1年	2022-03-02 00:00:00	戴岳锟…	已配置
3	技术部	LNG接收站仪控…	接收站5#6#储罐…	火灾、爆炸、人…	1、二氧化碳灭火器、超细干粉装置是…	15天	2022-03-29 00:00:00	张勤…	已配置
4	技术部	LNG接收站仪控…	接收站站外槽车…	火灾、爆炸、人…	1、岗位人员进入现场是否正确佩戴安…	1天	2022-03-02 08:00:00	赵华杰…	已配置
5	技术部	LNG接收站仪控…	接收站5#6#储罐…	火灾、爆炸、人…	1、人员是否按时巡检；2、巡检后数据…	12小时	2022-03-02 08:00:00	张勤…	已配置
6	技术部	LNG接收站仪控…	接收站码头控制…	火灾、爆炸、人…	电气巡检人员中是否有2人持高压电工…	1年	2022-03-02 00:00:00	许建伟…	已配置
7	技术部	LNG接收站仪控…	接收站5#6#储罐…	火灾、爆炸、人…	室内温度指标是否在20℃-26℃，湿度…	12小时	2022-03-02 08:00:00	张勤…	已配置
8	技术部	LNG接收站仪控…	接收站码头控制…	火灾、爆炸、人…	室内温度指标是否在20℃-26℃，湿度…	12小时	2022-03-02 08:00:00	张勤…	已配置
9	技术部	LNG接收站仪控…	接收站码头控制…	火灾、爆炸、人…	仪控巡检人员中是否有1人持化工仪表…	1年	2022-03-02 00:00:00	戴岳锟…	已配置
10	技术部	LNG接收站仪控…	接收站5#6#储罐…	火灾、爆炸、人…	电气巡检人员中是否有2人持高压电工…	1年	2022-03-02 00:00:00	李欢欢…	已配置

图3　福建 LNG 接收站仪控装置隐患排查任务清

2.3.2　开展隐患排查

通过双预防机制信息平台和手机APP，实现全员隐患排查任务推送和执行情况跟踪监督，解决线下全员参与难、员工脱岗、漏检等日常安全管理难点、痛点问题。同时，结合“区域负责制”建设，做到定期排查与日常排查相结合、专业排查与综合排查相结合，确保全员安全生产责任制的落地实施。

2.3.3　隐患治理验收

坚持隐患“立行立改、闭环管理”原则，通过制修订公司《隐患排查治理指导手册》，开展“区域负责制”月度考核、不安全行为专项整治及隐患排查整治“回头看”，遏制“三违”、督促隐患整改，避免“隐患问题重复出现”。

2.3.4　移动端隐患排查流程(图4)

移动端隐患排查包括计划排查和随手拍。计划排查：适用于公司不同层级管理人员、不同岗位专业人员按照风险分级管控分析确定的排查任务和周期开展排查。随手拍：适用于公司全员开展规定任务外的隐患排查。

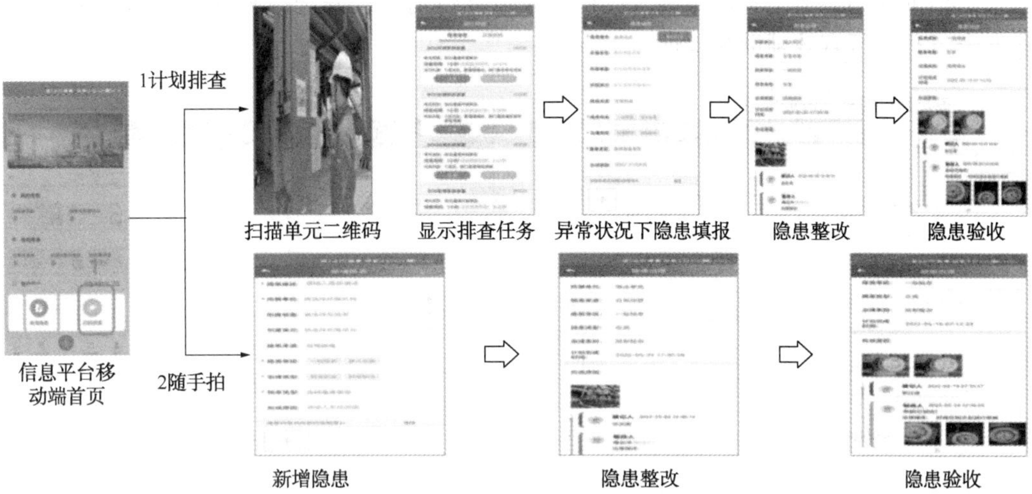

图 4　移动端隐患排查流程示意图

2.4　信息化系统

2021 年，公司直接部署使用应急管理部化学品登记中心“双预防信息平台企业端”，实现无缝对接政府端。2022 年，公司开展安全风险智能化管控平台建设(图 5)，包括安全基础管理信息、特殊作业许可、双重预防机制、重大危险源、智能巡检、人员定位等六大模块，实现功能全面链接、信息互联互通，对数据深度挖掘，形成安全生产风险管控大数据中心，提高管理效率。

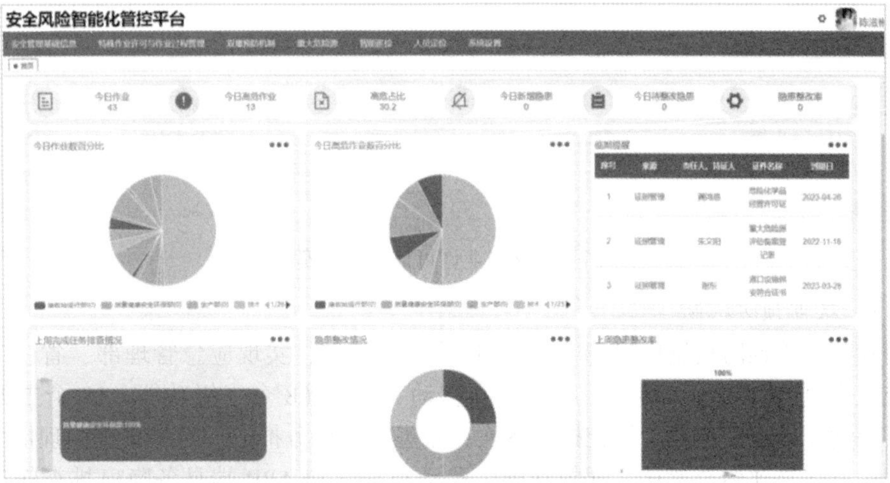

图 5　福建 LNG 安全风险智能化管控平台

2.4.1　安全基础管理信息

安全基础管理信息模块(图 6)作为平台其余模块基础数据来源，包含 13 类合规证照、22 种危化品档案、9564 台(套)设备信息，281 名公司员工和 288 名承包商基础信息，实现“一张台账，管理联动”，提高企业数据治理能力。

2.4.2　特殊作业许可

特殊作业许可模块(图 7)通过标准化作业相关数据，电子化作业许可证办理、审批流程实现特殊作业申请、审查、安全条件确认、许可、监护、验收全流程信息化、规范化、程序化管理。借助移动终端，实现对签票过程中人员到位情况、安全措施落实等内容进行确认，对作业全过程进行有效辅助和管理。

图 6　安全基础管理信息功能模块

图 7　特殊作业许可信息功能模块

2.4.3　双重预防机制

公司自建双重预防机制模块于 12 月 2 日接入政府端，实现应急管理部、省、市数据共享，系统包含电脑管理端、移动小程序端和移动 APP 端(8 个一级功能，18 个二级功能)。电脑端具备动态监控安全风险管控措施落实、隐患排查任务推送、隐患排查治理情况跟踪监督、机制运行效果评估及考核奖惩等功能；移动小程序和 APP 端具备隐患排查任务和巡检任务接收、现场隐患排查情况实时上报、隐患治理全程跟踪等功能。见图 8。

2.4.4　重大危险源

实现重大危险源负责人的安全包保责任履职结构化电子记录、在线考核，重大危险源实时监测指标信息、统计分析等功能，对重大危险源实现全方位的在线监测及预警分析。

2.4.5　智能巡检

通过预制巡检任务、巡检路线和检查标准库，借助移动终端，实现对巡检过程中人员到位情况、检查项目和检查标准等内容进行确认，并对巡检全过程进行有效辅助和管理。智能巡检系统能够与双重预防机制建设有机结合，打通数据接口，作为落实隐患排查和隐患闭环

图 8　特殊作业许可信息功能模块

管理的重要手段，辅助双重预防机制落到实处。

2.5　激励约束机制

2.5.1　奖罚制度

公司执行《员工安全生产考核及奖惩办法》，对安全管理各项工作进行监督、检查和考核。对违规行为采取安全生产约谈、HSE 扣款等，设置安全生产奖罚权限，不间断检查督导，形成长效机制，保证各项安全管理工作的有效落地和实施。

2.5.2　先进评选

对做出突出贡献的，将予以专项 HSE 奖励，并纳入公司年度绩效考核、安全责任制考核，与工资薪酬和奖金直接挂钩

2.6　持续改进

公司每周对双重预防机制运行效果进行分析，查找原因，及时制定整改措施，持续改进。每年对双重预防机制安全风险管控措施适宜性、隐患排查任务可操作性等内容进行评估，并对评估存在问题查找深层次原因，制定整改措施，持续改进。

3　实施效果

3.1　隐患排查数量与整改率实现双提升

公司 2021 年全年累计发现隐患 597 项，2022 年累计发现隐患 723 项，隐患同比增加 21.1%，隐患整改率由 93.8%提升至 99.6%。该成效的取得从当前看，分析原因包括：一是公司实施“双重预防机制”后，有效调动了员工参与安全生产工作的积极性、主动性，提升了一线员工隐患排查能力，以往的巡检“盲区”得到了进一步的消除，隐蔽问题不断发掘，使隐患排查数量得到了进一步的提升。二是从隐患整改率来看，隐患数量的增加并未降低隐患整改率，反而大幅提升了 5.8%，经调查，由于平台实现了隐患排查情况实时上报、隐患治理全程跟踪，有利于隐患处理责任人实时掌握隐患情况，实现立行立改，有效提高了隐患整改效率。见图 9。

3.2　公司全员安全生产责任制得到进一步落实

自双重预防机制建设以来，公司借助人员定位系统实现了在岗人员实时位置监控，可实

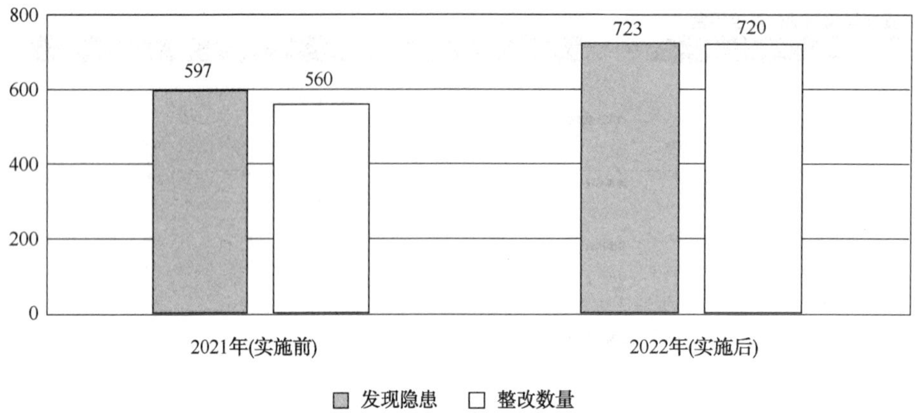

图 9 “双重预防机制”实施前后隐患数据对比

时查询在岗人员数量、轨迹等，倒逼公司值班领导、员工履职尽责，强化了公司领导力建设。2022 年公司实现各级领导干部现场巡回检查 320 次、领导现场值带班 365 次，岗位安全责任清单更新 228 份，更新公司 JHA 库数据 151 份，全年累计安全工时 175.9 万小时，进一步推动落实公司全员安全生产责任制。

3.3 特殊作业实现了全过程电子化闭环管控

借助平台实现了动火作业、高处作业、吊装作业等八大特殊作业申请、审批、实施、关闭全过程电子化闭环管理，优化提高了作业审批流程，强化了作业过程监管，借助平台数据统计功能实现每月承包商 HSE 量化考核，公司承包商人员素质整体提升。2022 年公司累计办理作业许可 8919 份，合格率 100%（同期提升 2.8%），全年未发生人员伤亡事故，助力公司实现“零事故、零伤害、零污染”的 HSE 管理绩效。见图 10。

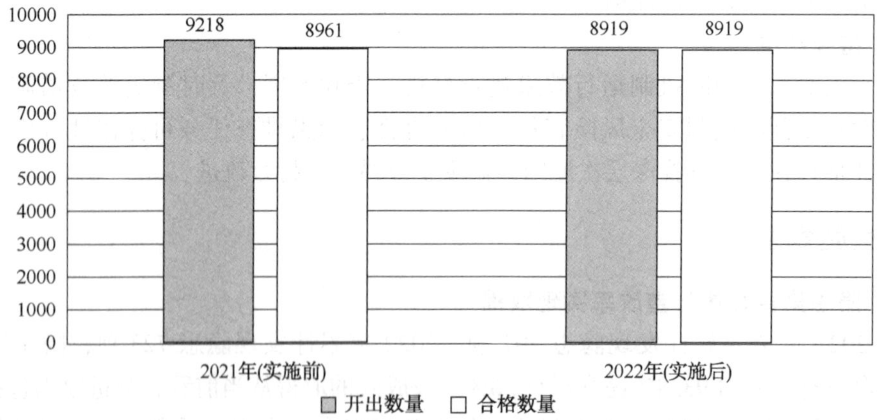

图 10 “双重预防机制”实施前后作业许可情况对比

3.4 公司重大危险源管理水平得到提升

公司借助平台可实现 24 小时实时监测、超前预警，平台人员定位巡检、计划性隐患排查等功能可进一步促进重大危险源主要负责人、技术负责人、操作负责人认真履行各自安全职责，提升了企业自身的安全监督管理水平，强化了重大危险源安全管控，有效防范较大事故，坚决遏制重特大事故。

3.5 公司设备设施完整性管理水平得到提升

通过双预防平台巡检 APP，及时发现并处理仪表空压机 B 超温跳闸故障、耙式过滤器震动超标等异常工况问题。2022 年，共完成 318 项计划性日常维修，处理缺陷 1600 余项，关键设备完好率 98.74%（同期提升 5.2%），提高设备设施本质安全水平。

4 结语

通过双重预防机制数字化建设，公司有效调动了员工参与安全生产的积极性、主动性，提升了一线员工隐患排查能力，促进全面深入发现各类隐患，提升了公司风险分级管控和隐患排查治理水平，前移事故预防关口，实现了安全风险层层逐级管控，使全员安全生产责任制在企业真正地得到落实。

参 考 文 献

[1] 兰博文. 风险分级防控和隐患排查治理双重预防机制建设[J]. 中国石油石化，2017(08)：133-134.

[2] 马旭. 双重预防机制信息化系统在危险化学品企业安全管理中的应用[J]. 化工设计通信，2023，49(07)：136-138.

[3] 余元创. 双重预防机制在油库重大危险源及隐患管理中的应用价值研究[J]. 中国石油和化工标准与质量，2023，43(13)：1-3.

[4] 张宇炜. 危化品企业双重预防机制建设的思考[J]. 化工管理，2023(18)：17-19.

[5] 刘帅. 基于双重预防机制的数字化平台的建立与应用[J]. 石油工业技术监督，2023，39(04)：53-56.

[6] 刘旭涛. 石油工程企业安全风险分级管控和隐患排查治理双重预防机制建设的思考[J]. 中国石油和化工标准与质量，2022，42(24)：7-9.

HSE 监督助手的应用与实践

邓小飞　许　潇　马文宏　王维利

（中国石油塔里木油田监督中心）

摘　要：本文介绍了塔里木油田监督中心 HSE 监督传统监督模式依靠人工存在诸多不便以及对监督作用发挥完成的制约影响，阐述了塔里木油田依靠信息化建设开发具有塔里木油田特色的 HSE 监督助手，实现 HSE 监督检查计划制定发布、检查隐患记录智能录入对标、监督报表审批把关、隐患数据分析等监督全程在线无纸化详细过程，展示了 HSE 监督助手其主要功能，体现了通过信息化建设为监督工作减负增效的实际应用效果，为各企业安全监督或隐患排查整改工作提供新型的管理思维或经验。

关键词：传统监督模式；信息化建设；HSE 监督助手；减负增效

随着社会不断发展，安全愈发引起社会各方重视，众多生产企业均设置专职安全监督机构，塔里木油田监督中心 HSE 监督履行整个油田各领域安全监督责任，工作面广、涉及专业领域多，传统监督模式依靠人工录入监督检查问题、对标等，耗费大量时间，制约监督作用进一步发挥。针对面临的问题，塔里木油田监督中心积极探索，利用信息化手段开展智能监督建设，开发和应用 HSE 监督助手实现监督检查全流程在线，有效提升监督工作质效，为各生产企业提供了安全监督减负增效和信息化建设新思路，探索一条提升监督效能进而更好保障安全生产的新途径。

1　传统 HSE 监督存在的问题

塔里木油田传统的 HSE 监督工作，主要依赖于监督人员现场监督记录、人工隐患录入对标以及手动统计分析的方式进行，存在以下问题：

（1）工作耗时耗力效率低。现场监督人员大多需要手工填写监督记录，且需要人工对发现的现场问题从繁多的法规标准、制度规范要求中进行对标工作，需要耗费大量的时间和精力，同时监督现场还缺乏在线监督和智能预警的手段。

（2）信息收集困难。HSE 监督信息来源多、收集复杂，油田施工信息不能实时查询，临时增加的施工作业易存在监督盲区，且监督工作涉及的标准数量庞大，存放又较为分散不易携带，不利于工作开展，增加了信息收集的难度。

（3）隐患资源未有效利用。现场发现的问题、隐患数据量大，缺少比较全面、规范的基本要素、分类要求，导致现场检查或问题整理过程中时部分关键信息缺失，且仅依靠人工分析效率较低，费时费力，很难实现对数据的多维度分析。

2　HSE 监督监督助手建立方式

为解决传统 HSE 监督工作存在的问题，监督中心开展信息化建设探索与实践，通过构建基础数据库、搭建监督工作平台、互通跨系统数据、建立隐患分析模型等方式，自主开发 HSE 监督助手，实现监督工作减负提效。

2.1 构建基础数据库

(1) 构建采标库。结合油田和监督检查需求实际情况，梳理常用法规标准制度 700 余项，并按照 7 个类别、18 个专业进行分章节拆解，建设常用标准自动拆解和智能关联等功能，分专业、分类别构建线上监督采标库。HSE 监督检查过程中，在实现移动端随时随地快速标准检索查询的同时，通过关键字匹配与智能关联、历史隐患对标引用，做到 HSE 监督检查隐患快速采标。见图 1。

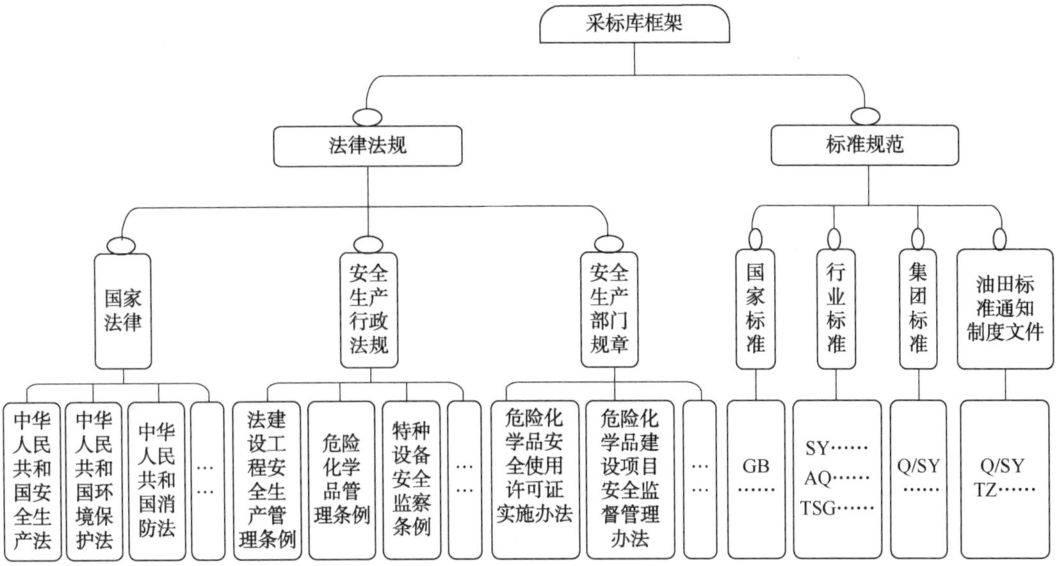

图 1 采标库专业标准基础框架图

(2) 构建隐患库。筛选近五年油田审核及监督检查发现隐患 5.8 万余项，设置隐患数据入库规则，开展隐患数据清洗，筛选高质量以及隐患要素全面的隐患 1.9 万余项，构建基础在线隐患数据库，拆解历年历史隐患问题，通过录入查找关键字段，实现同类型现场的历史隐患智能匹配、快速查询和引用，提示 HSE 监督人员现场验证历史隐患整改情况；同时建立隐患描述规范性模板 1500 余条，实现隐患录入初步智能化，有效提升 HSE 监督检查隐患描述规范性，双管齐下节省隐患录入时间。见图 2。

(3) 构建事故事件库。收集行业事故事件案例 65 例(30 例事故案例、35 例事件案例)，对事故事件信息分解后录入形成事故事件库。HSE 监督到达不同检查地点，录入关键字段，自动匹配提醒事故事件，便于监督人员针对性开展警示教育，让基层员工深刻吸取已发生事故事件的经验教训，从而起到警钟长鸣、遵章守法的作用。

2.2 搭建监督工作平台

(1) 监督任务发布接收。构建线上监督任务发布、接收和监督检查情况同步跟踪统计功能，同时明确专项监督任务来源、相关检查要求或监督检查表，做到检查来源清、重点明、有依据、可跟踪。

(2) 监督检查执行过程智能化标准化。开发隐患语音录入功能，筛选梳理设置隐患简述与对应智能隐患描述模板，确定隐患描述模板，实现隐患快速智能录入、智能对标与分级判

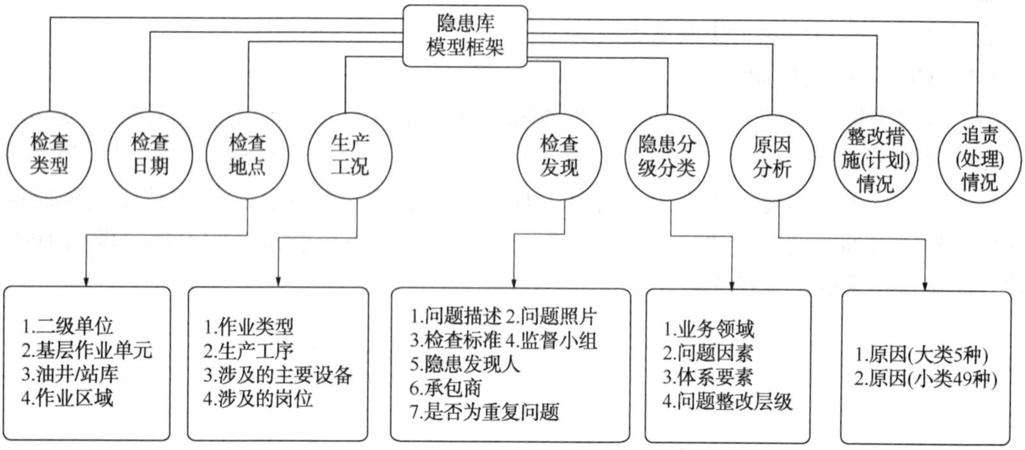

图 2　隐患库模型框架

定；依托隐患库与事故事件库，构建监督检查隐患、事故事件与检查地点之间关联，同步提示对应地点历史 HSE 监督检查隐患验证以及推送同类型地点历史事故事件；设置离线监督模式，在无信号地点也可进行同步更新上传入库，建立电子签章(电子签名)与标准化监督检查记录单，实现隐患记录单标准化与在线派发，提升现场监督检查效率。见图 3。

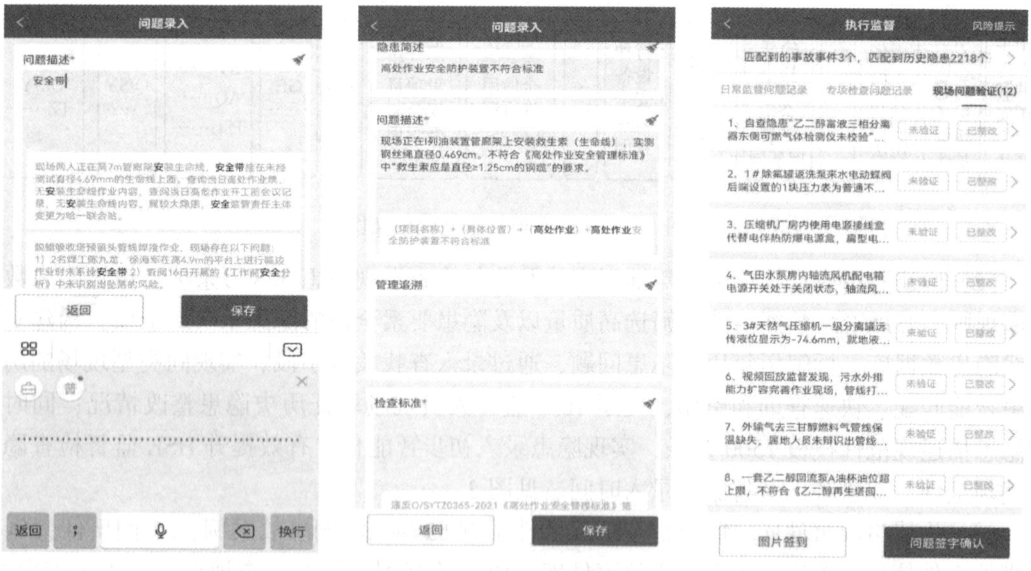

图 3　隐患快速智能录入及采标示意图

(3) 监督检查隐患完善及审批讨论。建立隐患移动端完善功能，HSE 监督在返程途中即可对当天检查隐患进行完善描述和隐患要素归类，并且开发日报、半月报、月报自动生成功能，设置隐患监督在线完善、组内讨论确认、中心审批三级流程，极大降低了返回驻地后完善时间，加班时间有效降低。见图 4。

2.3　互通跨系统数据

打通数据信息上传/下载的取用通道，实现"数据桥"功能，HSE 监督检查发现隐患一键推送至油田隐患监控平台，提醒现场验证整改情况，便于隐患跟踪闭环。见图 5。

图 4　隐患 PC 端与移动端在线完善功能界面示意图

图 5　监督检查隐患一键推送功能界面图

2.4　建立隐患统计分析模型

引入“大数据”分析模型，将线下按照业务领域、单位归属、体系要素、问题因素、管理层级等多维度的数据分析工作内容，复刻至 HSE 监督助手内，实现分析结果动态实时查看，监督检查过程、二级单位评价排行、安全管理专项评价等动态分析与输出展示，为精准 HSE 监督检查和油田风险管控提供有效指导，有效盘活 HSE 监督检查隐患问题资产。

3　取得效果

3.1　研发完成特色 HSE 监督助手

开发贴合监督工作实际的 HSE 监督助手，移动端突出前端现场检查实用性，实现监督检查业务全程线上管理、无纸化办公，隐患对标采标、审批报送高效便捷；PC 端侧重后端业务管理高效性，大幅降低人工统计分析、总结报告工作量，充分释放监督重要精力。逐步实现 HSE 监督业务的线上管理、智能监督，打造具有教科书、记事本、分析器功能的数字化工作平台，实现对现场监督人员工作的提效减负。

3.2 工作时效大幅提升

经过 HSE 监督助手熟练运用，做到 HSE 监督检查流程在线化、工作移动化、记录无纸化、初步智能化，隐患录入、对标节约时间达 70%以上，监督检查记录单书写用时由 30 分钟以上变为“一键”智能生成，数据统计分析节约时间达 50%以上，监督工作效率大幅提升，适合推广使用。

3.3 隐患数量质量双增长

通过 HSE 监督助手的开发探索与实践应用，综合利用油田相关信息平台，塔里木油田监督中心 HSE 监督 2022 年发现一般隐患 2449 项、较大及以上隐患 518 项，单次检查发现隐患平均数为 1.71 项/次(2021 年 1.11 项/次)，同比实现数量质量双增长；监督检查广度、力度与深度不断增强，监督震慑作用发挥更充分、风险管控责任进一步压实。

4 结语

通过 HSE 监督助手的不断探索与应用，塔里木油田 HSE 监督开启新型在线监督工作新篇章，传统与数字化的融合，初步实现 HSE 监督工作流程在线化、数据可视化、工作移动化、记录无纸化、工作智能化的转型，大幅度提升了 HSE 监督工作效能，为企业安全绿色发展进一步夯实了安全监督基础。随着未来信息化和数智化建设应用的不断深入，将会给 HSE 监督工作带来更大的改变和便利，也会使 HSE 监督管理模式变得越来越科学、完善，HSE 监督信息化的探索、建设也必将会成为未来监督工作发展的新趋势。

参 考 文 献

[1] 郑乃通. 油田企业 HSE 监督管理工作改进措施[J]. 现代职业安全，2021，(5)：66.

[2] 王连革. 油田企业 HSE 监督管理工作中存在的问题及改进对策[J]. 中国石油和化工标准与质量，2018，38(14)：77-78.

[3] 邹立超. 油田企业 HSE 监督管理问题及对策[J]. 石油石化节能，2017，7(6)：46-48，11.

[4] 谢竹. HSE 监督信息系统的设计与实现[J]. 中国管理信息化，2017，20(12)：47-48.

[5] 孙凯峰，于文秀. 探析石油企业 HSE 监督管理方法[J]. 吉林劳动保护，2011，(S1)：287-289.

HSE 实景培训课件开发技术实践

邓小飞　令进儒　唐福俊　殷小勇

（中国石油塔里木油田监督中心）

摘　要： 当前安全环保业绩不仅是衡量一个企业管理水平的关键指标，更是决定企业发展甚至生存的决定因素，其中员工安全能力更是重中之重。本文着重探讨利用视频技术制作员工能力提升培训课件过程，具有一定的实用意义。

关键词： 视频技术；培训

1　背景

塔里木油田公司 HSE 监督承担油田全探区安全生产和作业活动的监督检查，涉及物探、工程技术、地面建设、开发储运、生产辅助、科研支撑、后勤保障等业务领域和多个专业，按照油田公司“两新两高，少人高效”的要求及业务快速发展，目前仅有 38 名 HSE 监督，每名监督都要承担自己熟悉专业外的监督任务，受个人工作经历和专业限制，对不熟悉专业的作业现场监督检查不够专业深入，发现隐患能力待进一步提升。

2　存在问题

在 HSE 监督日常能力提升培训工作中存在以下问题：

（1）现有部分培训课件注重知识点宣贯培训，不符合 HSE 监督检查现场实战实训实用的要求，待进一步整合完善与开发针对性的培训课件。

（2）缺少物探、配电、常见设备设施等方面的现场监督检查的培训课件，监督人员依据经验进行监督检查，造成标准不统一，影响监督效能。

（3）当前培训受场所限制，大部分以课堂培训为主，没有生产作业现场代入感，受训人员难于理解，也不符合油田公司“培训实操化”要求。

（4）现有利用 PPT 课件培训效果受培训老师个人能力影响很大，目前对优秀老师培训过程没有形成视频或影音资料，造成优秀培训资源的浪费。

3　解决措施

根据生产实际和监督检查工作需要，选取部分重点内容制作视频监督课件，包括物探、工程建设、重大危险源以及特种设备等专业领域；课件内容对理论知识做简单介绍，注重现场风险点，以监督检查的视角，突出简洁实用；课件利用现场拍摄和动画制作相结合的方式，同时对部分课件尝试采用 VR 技术，营造虚拟场景，还原作业现场，模拟监督检查过程，更好为监督检查提供实战化场景。

4 建设过程

4.1 需求调查

开展视频课件需求征集，根据生产作业现场实际及监督人员意见，选取《脚手架监督检查要点》等12视频课件，同时确定制作《脚手架监督检查要点》《施工现场临时用电监督检查要点》VR视频，同时确定视频课件技术规格。见表1~表3。

表1 现场实用视频培训课件清单

序号	需求	展现形式	
		实景拍摄	动画
1	脚手架监督检查要点	√	√
2	重大危险源监督检查要点	√	√
3	施工现场临时用电监督检查要点	√	√
4	防雷防静电接地系统监督检查要点	√	√
5	油气处理场站的联锁监督检查要点	√	√
6	安全阀分类及监督检查要点	√	√
7	消防喷淋/雨淋系统工作原理与监督检查要点	√	√
8	高压电力系统停电检修作业监督检查要点	√	√
9	物探采集项目(三维、二维、电磁)工作原理与监督检查要点	√	√
10	变电所监督检查要点	√	√
11	立式储罐的内部构造、功能、运行原理及监督检查要点	√	√
12	特种作业人员及特种设备操作人员持证监督检查要点	√	√
13	VR视频	√	VR

表2 动画视频课件技术规格

格式	动态比特率	分辨率	帧速率	音频	比特率
H264/AVC	不低于8Mbps	1920×1080	25帧/秒	AAC	384Kbps

表3 VR视频课件技术规格

格式	分辨率	帧率	观看方式
MP4(H264)	4096×2048	24	360°观看

4.2 策划阶段

策划阶段对整个视频课件制作过程非常重要，只有前期充分调研实际需求，针对需求打造课件，才能收到现场欢迎。

(1) 现场调研，制定方案。提前收集梳理和课件相关的国家及地方法律法规、行业标准、集团公司和油田公司有关制度要求，和现场人员充分交流讨论，确定视频课件制作的具体内容，完成视频课件制作方案，确定时间、任务节点。

(2) 编写脚本，组织审核。根据视频课件详细内容，逐个设计课件脚本，明确动画部分和拍摄部分，细化拍摄和动画制作要求，编制脚本。脚本作为下一步拍摄、后期剪辑制作的核心，让拍摄过程有据可依，避免制作过程中出现内容失误，让整个视频拍摄制作都井井有条。同时与相关专家、现场人员定期进行沟通，根据专家的意见和建议，对脚本进行修改和调整，确保脚本内容准确、专业以及符合实际现场要求。脚本确定后不能再进行结构性调整，避免返工贻误工期。脚本编写过程结合以下特点：

（1）涉及设备展示介绍及应用场景的内容适合视频拍摄，场景真实、周期短。

（2）对设备的内部结构和工作原理是无法现场拍摄的，需要采用动画技术表现。动画技术分为二维动画技术和三维动画技术，其中复杂管线工艺流程、规范条例等适合采用二维动画表现；设备的内部结构和运动机理适合采用三维动画表现。

二维动画采用 Animate、Adobe After Effects 等软件制作，二维动画主要依靠绘制和处理图像来表现运动和变化，再按照时长进行动作设计连成画面，添加音效，最终导出视频格式。见图 1。

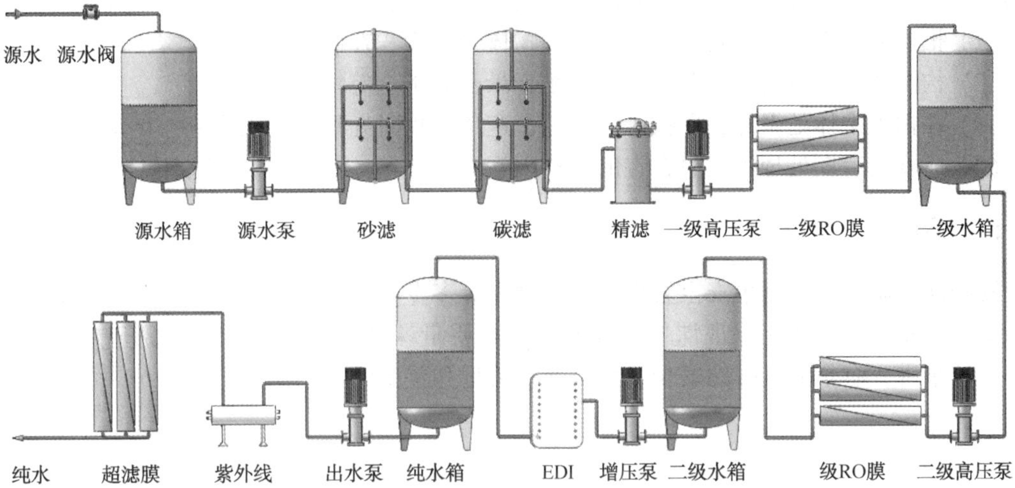

图 1　二维动画展示

三维动画采用 3DMAX 软件对设备一比一建模，通过光源设置和贴图制作达到仿真效果，采用粒子特效技术模拟物理运动机理和流体状态，再通过 Vray 渲染器生成序列帧图片，视频后期软件将序列帧图片最终合成视频。见图 2。

图 2　三维动画展示

VR 视频内容专业性强，需要创建脚手架虚拟施工场景和临时用电虚拟施工场景，以及虚拟人物模型；首先对真实的施工现场 360 度仿真建模，根据标准规范制作 VR 动画内容；为保证视觉体验舒适，制作过程中要进行多次体感测试，采用专业的渲染农场，其背后由庞大的计算机集群构建而成，保证项目质量和进度。

本次视频课件制作包含了拍摄视频、二维动画、三维动画、VR 动画等多种类型文件，需要使用专业的视频编辑软件，如 Adobe Premiere Pro、Final Cut Pro 等进行视频合成；在视频中添加后期特效、字幕、配音解说、音效等；在完成视频后期处理后，将视频导出为规定的格式。选择适当的分辨率、帧率和编码设置，以确保视频的质量和兼容性。

4.3 拍摄制作

根据脚本设计进行场景规划和建模，分别进行现场拍摄和动画制作，完成素材整理剪辑、合成配音等后期制作。该过程需要应用大量的视频拍摄，对施工场景、操作步骤等进行现场拍摄采集，为了更加准确、高效地完成这部分工作，拍摄过程要做到以下几个要点：

（1）拍摄前构思突出主题，避免将各种物体全部堆积在画面中。

（2）构图适当注重美感，避免场景过小、景全人不全等情况。

（3）在拍摄主体处聚焦，保持画面清晰，避免变焦时导致的拍摄模糊、晃动。

（4）适度的后期处理拍摄时存在的不利因素。

5 结语

视频课件制作是一个集安全管理、视频制作等多专业协作的过程，设计多个环节，只有把每个环节做到位，才能保证课件的高质量。高质量课件对员工安全能力提升是非常有效的，长远来讲，对企业良好的安全业绩是非常关键和重要的。

基于 ICS 的中联公司应急指挥体系建设及应用

马晓涛

（中联煤层气有限责任公司）

摘　要：鉴于煤层气资源勘探、开发、输送、销售和应用工作的复杂性，借鉴突发事件应急指挥系统（ICS）思想建立煤层气勘探、开发、输送作业模式下的应急指挥体系，分别从应急组织机构建立、应急响应管理以及为保证应急有效性需要做的后期处置与应急保障工作进行了介绍，为中国海油煤层气开发建设的应急指挥智慧系统提供借鉴。

关键词：煤层气开发建设；应急预案；智慧应急系统；应急管理

作为清洁能源的煤层气是未来能源构成的重要组成部分，对煤层气的勘探开发日益受到人们的关注。由于煤层气资源勘探、开发、输送等作业的复杂性，每一阶段都存在安全性问题。煤层气应急管理再次受到行业及社会各界高度重视，应急管理体系的建设健全将直接影响事故防控及应急处置能力，同时减少事故对于现场人员、作业环境、社会财产及企业声誉的危害减损。我国煤层气作业相较英美等国起步较晚，应急管理仍待完善和提升；与西方发达国家应急管理体系相比，西方发达国家起步早，相对成熟，能够有效应对各类事故的发生，其应急管理系统、应急管理体系等受到国际社会的广泛认可。其中最具代表性的美国 ICS（Incident Command System），由行动组、计划组、后勤组和财务行政组一套组织架构组成，适用范围广泛。同时探究其应用于中国海油煤层气应急管理的可行性。

1　ICS 应急指挥体系概述

美国 ICS（Incident Command System）应急指挥体系起源于消防部门。1970 年美国加利福尼亚州发生一场持续 13 天的大火，损失重。由于当时控制、消灭火势缺乏统一协调、指挥。火灾后，加州创建了指挥与控制系统——“火界”（FIRESCOPE）。在 20 世纪 70 年代进行了改良、完善，现已成为美国应急管理中广泛采用的标准现场指挥体系。ICS 对应急指挥组织机构的设置有明确的要求，并在应急指挥表现出一定的分级响应特征，而应对始终是属地为主。在应急指挥组织机构设置方面则表现出一定的模块化、标准化，以及弹性特征。在实践中，ICS 能够有效避免指挥混乱、缓解沟通障碍、明确领导、减少重复工作、降低支出、促进人员及资源整合以及保障救援人员安全。

2　对比中美应急管理的异同

中美应急指挥管理异同体现在中美应急指挥组织机构特征，主要包括中美应急响应主体、中美应急响应组织设置、组织设置的标准化、组织设置的导向、各部门之间的沟通合作、中美应急指挥组织响应。中、美两国的应急指挥参与主体都表现出一定的分级性、分类性。中美将突发事件划分为不同的等级，同样都是分级响应突发事件，中国和美国在应急指挥的主体方面存在差异。中国和美国应急指挥组织的设置都表现出伸缩性和临时性的特征，差异主要表现在组织设置的标准化、组织设置的导向、各部门日常的沟通合作三个方面。详见表 1 所示。

表 1　中美应急指挥体系异同

<table>
<tr><th colspan="2">项目</th><th>中国应急</th><th>美国应急</th><th>备注</th><th></th></tr>
<tr><td colspan="2">中美应急指挥组织机构特征</td><td>分类、分级响应</td><td>分级响应、属地指导</td><td>分类分级响应提高指挥效率，需要良好的协调机制</td><td></td></tr>
<tr><td colspan="2">中美应急指挥响应主体</td><td>四个级别</td><td>五个级别</td><td>划分原则：将不同的突发事件划分为严重程度不同的级别</td><td>共性：参与的主体都是根据事件的影响而分级参与响应的</td></tr>
<tr><td rowspan="4">中美应急指挥组织设置</td><td></td><td>伸缩性、临时性</td><td>弹性、临时性</td><td>临时性组织适用于具有较大不确定性的应急管理</td><td>中国和美国应急指挥组织的设置都表现出伸缩性和临时性的特征</td></tr>
<tr><td>组织设置的标准化</td><td>非标准化</td><td>标准化</td><td></td><td></td></tr>
<tr><td>组织设置的导向</td><td>以事件为导向</td><td>以目标为导向</td><td></td><td></td></tr>
<tr><td>各部门日常的沟通合作</td><td>缺少部门间沟通合作机制</td><td>非常重视各部门间的沟通合作</td><td></td><td></td></tr>
<tr><td colspan="2">应急指挥响应</td><td>条块分割</td><td>扁平化的统一协调</td><td></td><td></td></tr>
</table>

3　中海油中联集团应急管理体系构建与应用

3.1　中联应急指挥体系 ICS 的设计

ICS 通常包括了行动组、计划组、后勤组和财务行政组四个功能小组。根据煤层气开发、输送工作实际，可通过以下步骤建立相应的应急指挥体系，使之具备 ICS 特征以实现高效应急。

（1）建立组织机构

通过建立树形的应急组织机构（图 1），可明确应急事件时的指挥权及指挥链条，有效明确层级关系及汇报途径，避免多头管理带来的混乱。中联公司应急组织体系包括中联公司级应急组织、分公司级应急组织和现场级应急组织。中联公司通过树形应急组织机构的建立，明确了应急事件时的指挥权、指挥链条，明确了层级关系及汇报途径，避免多头应急管理带来的混乱。

（2）建立标准化的术语

中联公司级应急组织由中联公司应急委员会（以下简称“应急委员会”）、中联公司应急办公室（以下简称“应急办公室”，下设应急值班室）、物资保障组、技术专家组、公共资源保障组、资金保险组、派出工作组（根据需要设置）等组成。中联公司在应急预案中，通过使用标准化的术语，明确了应急组织机构功能、设施资源以及职位名称，使应急指挥沟通更加高效。

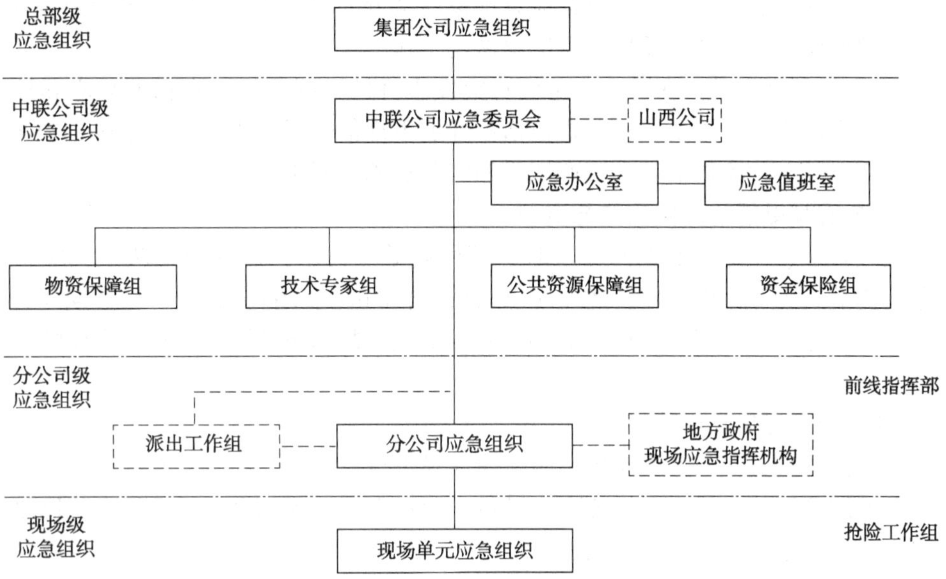

图1　组织机构

（3）明确各岗位职责

明确的岗位职责确保应急小组相关人员能够按照根据层级权限和个人职责承担相应的责任，将各应急岗位的专业属性体现在整体的应急组织机构之下。

① 中联公司应急委员会，主要由应急委员会主任、常务副主任、副主任、应急委员会成员组成。应急委员会主任的职责，作为主要负责人对本单位的生产安全事故应急工作全面负责。应急委员会常务副主任职责，领导应急办公室的管理工作。应急委员会副主任职责，处理分管生产安全事故、自然灾害事件、公共卫生事件和社会安全突发事件等专项突发事件的应急工作，协调公司各部门进行支持。应急办公室的主要职责，制定中联公司应急管理规划，负责中联公司应急管理及能力建设。应急办公室成员职责，制定应急值班计划，落实应急值班安排，处理往来电话、邮件等做好会议记录和应急响应行动记录。

② 应急值班室职责，做好应急信息传递工作，接到事故或险情报告立即通知应急办公室。协助应急办公室做好会议记录和应急响应行动记录，对传真、录音等原始材料妥善保存。当班工作当班完成，认真做好交接班记录。

③ 技术专家组职责，贯彻应急委员会的应急决策，为应急委员会提供专业建议。参与突发事件事后的应急恢复工作。

④ 物资保障组职责，彻应急委员会的应急决策，为应急委员会提供专业建议。负责管理与采购有关的财务工作，核实应急人员工作时间与设备调用等有关的成本数据，进行成本效益分析。

⑤ 资金保险组职责，贯彻应急委员会的应急决策，为应急委员会提供专业建议。

对于保险范围内的事件，及时向保险公司递交出险通知书，处理有关人身及财产保险和理赔等后续事务。

⑥ 公共资源保障组职责，贯彻应急委员会的应急决策，为应急委员会提供专业建议。负责人员安置、应急指挥场所安保及保密管理。

⑦ 分公司应急职责，各分公司是现场处理应急事件的直接领导和指挥单位，主要应急职责包括开展事件信息报告工作；根据应急预案启动分公司级应急响应，组织开展环境污染消除、生产建设恢复、公司形象恢复等应急恢复工作。

⑧ 现场单元应急职责，现场单位是应对突发事件的一线组织，在初期响应和控制事态发展中起到决定性作用，主要应急职责包括：开展事件信息报告工作，根据应急预案启动现场级应急响应，开展污染物清理、生产恢复和应急资源恢复工作。

3.2 准备现场处置的应急设施与资源

在煤层气开采、输送作业期间，及时了解所属单位需求，做好应急队伍、应急处置专家、应急物资及后勤等保障工作；建立应急人员集合的应急指挥室；统筹作业期间各方所需的车辆等资源；根据突发事件可能引发的次生事故，配备必要的应急救援器材、设备和物资。

3.3 建立应急通信及保障

每季度对公司机关部门及所属单位应急通信录进行更新，公司应急指挥中心建立并逐步完善应急管理信息系统。对应急指挥中心设备、卫星电话、视频会议、电话会议网络进行测试，确保应急指挥系统通信联络的畅通；

3.4 建立专项应急预案

煤层气开采、输送作业专项应急预案应至少包括：火灾、爆炸应急预案；井控事件应急预案；环境污染应急预案、重大交通事故应急预案；危险化学品事故应急预案；反恐怖袭击事件应急预案等。

4 结语

重视对组织和个人的培训，落实各要素及调配关系。个人与组织的培训是影响 ICS 应急指挥体系的关键因素。在开展煤层气勘探开发、输送等作业前，组织现场人员应急管理培训，掌握现场概况，认真履行现场应急组织机构及岗位职责，落实所需要的组织、人力等要素及其调配关系。

确保应急指挥体系与应急预案相协调，重视应急演练。应急指挥体系是保证应急预案具体落实组织、人力、物力、财力各要素调配关系的总和。应急指挥体系应当与应急预案相协调。同时应急指挥体系是一个统一指挥、分工明确、协调配合，在发生生产安全事故时能迅速启动的体系。应急预案的有效演练是 ICS 有效性的重要因素，在作业前根据现场的需要，开展应急演练，针对演练的不足逐步完善改进，对需要改进的内容要进行及时跟踪，直至完成。

煤层气开采、输送工作复杂、作业环境恶劣，对人员、设备的安全要求越来越高，建立应急管理指挥体系是确保现场作业安全的保障，随着物联网、大数据等现代信息技术的快速发展，构建应急指挥管理体系与智慧应急指挥系统，能够解决现场应急指挥、演练中信息沟通、资源调配等问题，提高现场智慧应急管理水。

参 考 文 献

[1] 刘铁民. 重大事故应急指挥系统(ICS)框架与功能[J]. 中国安全生产科学技术, 2007, (4): 3-4.

[2] 贾群林, 刘鹏飞编著. 突发公共事件的应急指挥与协调[M]. 北京: 当代世界出版社, 2010: 22-32.

[3] 刘成林编著. 美国的森林火灾扑救指挥系统[M]. 北京: 中国林业出版社, 2008: 1-72.

[4] 刘铁民. 突发事件应急指挥系统与联合指挥[J]. 应急救援(中国公共安全学术版), 2006, (3): 31.

[5] 朱恪钧, 谭晓梅主编. 地方政府应急管理实践研究[M]. 四川: 四川人民出版社, 2009: 66-67.

[6] Thomas Phelan. Emergency Management and Tactical Response Operations[M]. 林毓铭, 陈玉梅译. 北京: 知识产权出版社, 2011: 23-98.

[7] 夏保成编著. 西方公共安全管理[M]. 北京: 化学工业出版社, 2006: 98.

[8] 夏保成编著. 美国公共安全管理导论[M]. 北京: 当代中国出版社, 2006: 71-103.

[9] 刘学彬. 对完善我国应急管理决策指挥体系的思考-以汶川特大地震的抢险与救援为例 http: //www. scge. gov. cn/Item/11785. aspx

[10] 王辉. ICS应急管理海洋石油工程项目海上连调期间的应用[J]. 中国石油和化工标准与质量, 2019, 69-70.

消防救援队伍“三快”初战机制应用分析

殷 欣 王 阔 尹立祥 郑翔宇

（中国石油抚顺石化公司消防支队）

摘　要：自“三快”初战机制改革以来，中国石油抚顺石化公司消防支队全面落实抚顺石化公司员工代表大会会议精神，按照指示、根据要求、对照标杆，坚持把初战机制改革作为首要工程来抓。中国石油抚顺石化公司消防支队以“三快”为切入点，边探索、边改革、边完善，不断提升初战与“救早灭小”能力，持续推动作战指挥向正规化、专业化、职业化转型升级。“三快”初战机制改革以来，对整个初战机制改革工作进行专题研究，真正做到超前谋划、统一部署、明确分工。为保证改革掷地有声，中国石油抚顺石化公司消防支队党政主要领导亲自督办、亲自问效，制定“三快”初战机制改革工作方案，如何进行快速接警、快速出动、快速处置！消防探索建立“三快”初战处置机制，结合一些案例和实际救火过程中的亲历发表一点点见解。

关键词：三快；初战机制；执勤救援消防

围绕“三快”初战机制改革提出了有针对性的工作举措及建议。消防支队党委就推进“三快”初战机制改革工作，提出要在战斗思维上形成合力、战斗硬件上提供战力、战斗软件上实现效力，对标综合型单兵、合成型队站、战斗型机关、现场型赛考的灭火救援工作思路，切实以提高初战打赢能力为抓手，推进现代化指挥体系建设。就进一步抓好初战机制改革、加快推进现代化消防指挥体系建设要求：一是要提高政治站位，增强“三快”初战机制改革的责任感。建设现代化作战指挥体系是石化专职消防救援队伍重要工作，是高效处置各类突发事件的重要保证，务必把思想和行动切实统一到要求部署上来，突破传统作战指挥模式，加速推进改革工作，在“以快制胜”上做足文章、下足功夫，不断完善现代化指挥体系。二是要强化组织领导，深化“三快”初战机制改革工作。从接警处置科学精准，响应出动便捷迅速，快速战斗展开高效等三个方面抓好落实。同时要明确责任分工，灭火救援指挥部要发挥牵总作用，积极协调各方，认真进行谋划、加强对下指导、定期对上汇报。三是要革新工作方法，确保初战机制改革取得实效长效。在优化接处警流程、执勤训练模式和初战环节上找准突破口，罗列“三快”初战机制改革工作清单，不断提高风险监测能力，强化精准快速调派，提升辅助决策水平。

随着石油化工企业在国家经济中的地位的日益重要，化学工业生产本身面临安全生产和环境保护方面的问题也越来越突出，对专职消防队而言，如何就化工生产过程中的火灾扑救及事故的处理开展工作，显得尤为重要。随着石油化工企业的高质量发展，一旦发生火灾，以最快的速度到场处置。达到“快速出动、快速到场、快速处置”的目标。

1 “三快”谋篇布局把方向

深入贯彻落实习近平总书记关于应急管理工作重要指示批示精神，着力提升重大安全风险防范和应急处置能力，应急管理部近日印发《“十四五”应急救援力量建设规划》《规划》进一步明确了“十四五”期间专业应急救援力量、社会应急力量、基层应急救援力量建设思路、发展目标、主要任务、重点工程和保障措施。党的十九届四中全会提出要推进国家治理体系和治理能力现代化，应急管理工作作为国家社会治理的重大内容，推进应急管理体系和能力现代化是一项紧迫而长期的任务，防范化解重特大安全风险、提高防灾减灾救援能力、确保人民生命、企业财产安全和社会稳定是应急管理和专职消防部门在新时期背景下的重要课题。2019 年 11 月 29 日，习近平总书记在主持中央政治局就我国应急管理体系和能力建设第十九次集体学习时强调：要发挥我国应急管理体系的特色和优势，借鉴国外应急管理有益做法，积极推进我国应急管理体系和能力现代化。借鉴国家应急管理部消防救援局部署开展“一短三快”为突破口。深化队伍间的应急联动机制，加强“一主一辅、联合作战”的执勤模式形成常态化。执勤状态建设和执勤战斗模式改革的基础上，2023 年 2 月 22 日，中国石油抚顺石化公司消防支队“学报告、抓落实、强执行”工作研讨会，科学合理制定灭火救援“三快”改革试点工作推进会，向消防救援同行们借鉴了创新做法。

2 “三快”压实责任　提升素质强效能

2.1 改造接处警系统，提升接警流程效率

在接警处置环节，以往的接警处置模式受人为因素影响较大，火情发生以后，报警人会因语速过快、紧张、方言口音、答非所问、不听引导等原因，讲不清楚火灾发生的详细地址和灾情类型；话务人员从报警人描述的重要信息、情警发布时间、调派力量时间过长。为缩短接警处置用时，实现准确、快到快处，对火警受理设备现场测试研发的形式，改变传统接警处置模式。改造接处警系统功放与外扩音箱。为了达到接警快的要求，提高临警反应速度，火警受理时间非常关键，信息的准确、及时是救援行动开始第一步。首先，加强电话员接警处置环节的能力训练，通过接处警考核来提升电话员接听、书写速度，抓住提前发布出动信号时机，利用接警电话和扩音设备的联通以及电铃和车库大门的联动等，尽可能地缩短火警受理和警情发布的时间，为指战员着装出动赢得宝贵时间；设备调试后火警电话打入，保证警铃区域全覆盖，广播声音响度音色清晰。楼内所有人都能听到报警信息，可以为指战员着装出动提前做了准备。根据警情信息调派，改变过去“先询问、后调派、再出动”的模式为“边询问、边扩音、边调派”的新模式，接警效率提升近 80%，比过去的 65s 缩短至当前的 40 秒以内。

2.2 聚焦实战　练而为战，提升出动快效率

在出动快环节，基层队转接到支队指挥中心调车命令后，首先 119 电话由抚顺石化公司消防支队指挥中心把警情转接给归属本辖区消防站话务室，然后话务员确认并手写出车单，再启动警铃与扩音系统，基层指战员跑至车库着装登车，往往实际出动时间超过 1min，2~3min 的情况也很普遍。火场救援，分秒必争，为抢夺宝贵的救援时间，加强车辆人员的优化调整，结合队伍年龄结构、身体素质，强化一出动力量的人员调整。首车指战员全部安排在 2 楼的执勤室紧挨楼梯两侧。战斗员到达车库的时间就更短了。现在，在新的接处警模式下，如果是辖区单位的火情，结合实战需要优化个人防护装备配备标准；各指战员根据功能单元的岗位职责，每天早晚检查时，将自己的个人防护装备摆放在消防车上，一旦有警情可以第一时间登车，登车后再着装，提高出动速度。实行“先登车再着装”模式；随车装备器材标准化、标识化。实现“一接扩音、闻令即动、快速登车出动”的目的。

2.3 不断摸索初战模式，深化企消联动，提升快速行驶效率

在车辆行驶环节。过去，执勤消防车出动后，辖区装置道路占道情况不明，道路货物堆放、装置道路被施工占用、铁路道桥限高限重限宽等情况，火警受理室在调派基层中队出警时很难掌握路况信息。在新的初战机制模式下，规范出警消防车辆警灯警报器的使用。利用行车记录仪对出警行驶情况进行记录，能够全程掌握灭火救援消防车辆行驶途中道路状况和车辆状态，为战评提供到场时间信息，为以后辖区站指挥员参考选择最优路线；基层中队在对辖区六熟悉时，针对辖区道路情况每天开展巡道做到心中有数，特别是第一出动力量的驾驶员要选择驾驶技术过硬、对辖区路况熟悉、道路应急处置能力比较强的驾驶员。严管辖区道路占道审批，辖区出警行驶到场效率明显提升。

2.4 坚持固本强基，以创新谋打赢，提升战斗展开效率到场战斗展开环节

基层中队参加灭火战斗时，应根据火场实际情况。基本掌握火场的情况后，指挥员果断确定作战意图，下达的作战命令参战人员立即实施扑救。明确初战力量的任务分工，根据作战力量单元明确战斗员的职能任务，保证消防员到场明职责、知任务、懂行动，确保消防站到场后能够根据分工第一时间展开，做好灭火准备。以“快到、快处”为目标，完善消防站基本战斗编成，并对执勤力量进行“四定”，即定车、定人、定岗、定位置，规范战斗班组设置，细化基本作战单元和作战行动编成，确保每一个班组都有“明白人”。同时，针对性开展技战术操法训练，以各类培训为抓手，结合岗位特点，大力提升基层指战员素质效能。在基层中队执勤战斗模式的基础上，“先侦查、后部署、再展开”的固有观念和职责不清、分工不明、秩序混乱的状态。为做好初战到场后迅速展开工作，从途中决策、火情侦察、战斗展开、组织供水等方面逐一开展模拟训练，查找不足，落实整改机制，有效提升队伍应急初战响应能力。制定训练操法和实战规程，每周开展两次不同的灾害类型演练，主要火情侦察、初战快速控火操、消防车双干线出三支水枪操两辆泡沫车出移动式水炮（布利斯）火场枪炮协同操、供水等实战运用广泛的操法训练。在战训部门的指导下，固定了“1+1”供水模式，通过1辆主战车、1辆固定供水车，保证现场供水快速准确、不间断。优化号员分工，从车辆编队、装备编配、人员编号、作战模式等四个方面。器材箱内装备归类标识，与号员乘坐位置同侧摆放，下车快速展开。

3 “三快”初战机制改革

提速增效　以快制胜，通过接警、出动、战斗展开全面升级，基层中队执勤战备模式的创新，优势凸显。

3.1 全神贯注　靶向施策　转变革新

“三快”初战机制改革以来自己的切身体会，以及队站针对“三快”做出的创新性工作做法，主动接受新思路、新观念，主动学习新知识、新装备，主动研究新战法、新模式，着力在接警处置、人装协同、作战机制、协同配合等多方面做出的积极探索。常态化开展辖区熟悉、实战演练、预案编制、器材应用等战训基础工作，整合力量装备、融合信息资源，对提高作战行动效能的实际成效。如何做好“三快”初战机制改革提出了几点要求：一是要立足实际。“三快”初战机制改革工作的目的是为了缩短到场时间，快速展开作战，达到快速有效的灭火和救援，但本质上不能远离实际，不能偏离实战，更不能不切合实际。因此，“三快”初战机制改革工作既要达到快速的效果，又要贴近实战，不能华而不实，不能空喊口号，不达目的。二是要群策群力。要发挥大家的聪明才智，根据日常的训练和作战实际，改

进灭火救援战斗中不合理，不科学的地方，运用现代化科技手段做好辅助，科学制定一整套动作编程，从接警人员的科学处警、迅速调派、准确定位、快速反应、道路熟悉、途中指挥、信息传输、力量编程、操法运用到、力量前置等达到“快速出动、灭早灭小”的效果。三是要完善机制。要结合此次练兵成果，认真领会，加快修订方案，完善机制，形成属于石化消防支队自己的“三快”初战机制。真正让“三快”在灭火救援实战中发挥运用，获得高效，破解短板和难题，让抚顺石化消防支队救援队伍在改革道路上越改越好。

3.2 “三快不足、查摆问题、补齐短板，发挥实战效能

“三快”练兵活动机制实体化运行以来，推进上还存在的薄弱环节，对进一步查摆问题、补齐短板、改进工作提出了明确的要求：一是要重视整建制灭火作战编成推广应用要常态化强化日常训练，确保作战编成发挥实战效能。二是要全面推进全员岗位大练兵工作要坚持议训、研训、参训，统筹抓好全员岗位练兵各项工作，以组织比武对抗的形式检验练兵成果切实提升练兵水平。三是要夯实战训业务基础工作要把数字化预案编制、实战化熟悉演练录入、警情信息录入等方面工作做实、做细，确保信息准确并服务实战。四是要不断加强作战训练安全管控工作要建立健全作战训练安全组织，加强专项培训和示范指导，进一步提升基层大队、基层中队作战训练安全管控水平。五是建强灭火救援人才队伍建设要建立灭火救援人才梯次培养机制，培养一批能够攻坚克难的尖刀力量。

4 结语

“三快”初战机制的运用，使“接处警时间短、出动到场快、战斗展开快”的三个环节效率明显提升，比过去节约了近2.5min。“三快”初战机制改革为着手点，检验了执勤备战救援准备情况，提高了快速出动反应能力。下一步，中国石油抚顺石化公司消防支队将根据辖区特点，更加深入探索“三快”初战机制改革工作，总结经验，补齐短板，不断提升消防救援队伍实战能力。将以此次“三快”为契机，进一步瞄准实战需求、优化新模式，补齐短板不足，做实做细各项灭火救援准备工作，坚决扛起中国石油抚顺石化公司消防支队的职责使命，勇做防范化解重大隐患风险、应对处置各类灾害事故的‘排头兵’和‘先行者’。“三快”初战机制改革的成果做法，充分发挥了广大消防指战员的聪明智慧，集思广益，不断创新出更多贴近实战的好做法，对内，坚持加强锤炼人员素质，不断提高队伍攻坚打赢能力。船靠舵，帆靠风，利射还要靠强弓。为了切实有效的做到救人，灭火快，中国石油抚顺石化公司消防支队坚持聚焦实战，在双管齐下中铸好救援“强弓”，切实提升消防救援队伍初战打赢制胜的能力。

参 考 文 献

[1] 2021年，国家应急管理部消防救援局部署开展“一短三快”初战机制改革。所谓“一短三快”，即接警时间短、响应出动快、途中行驶快、到场展开快。

【作者简介】殷欣，男，中国石油抚顺石化公司消防支队一大队工程师，电话：13604133255，邮箱：yinxin123@petrochina.com.cn。

成品油公路配送油气损耗污染治理研究

胡飞虎

（中国石油运输有限公司海南分公司）

摘　要：如何将成品油公路配送过程中的油气损耗控制到最低，最大程度地减少油品资源浪费、降低油气挥发造成的大气污染是成品油配送中需要解决的一个重要问题。通过分析成品油性质、成品油运输特点及实际中的损耗现象，从油库发油环节、公路配送环节、加油站油气损耗3方面探讨了损耗原因及采取的管控措施，提出了关于控制油品损耗、防治大气污染的若干技术措施和建议，对于降低成品油二次配送过程中的油气损耗可提供实践经验借鉴。

关键词：成品油；公路配送；油气损耗；污染治理

中国石油运输有限公司作为成品油承运企业，肩负着成品油保供配送的社会责任与义务。一直以来，有效控制公路配送损耗已成为成品油公路运输企业必备能力和核心竞争力。本文结合今年集团公司开展的提质增效专项行动，从设备管控、人员管控以及强化质量计量方面进行阐述，通过采取措施有效降低成品油公路配送损耗，加强大气污染治理，对于提升企业发展质量、增加经济效益，树立中国石油良好形象有重要现实意义。

1　成品油运输特点及损耗问题

1.1　成品油性质

石油及其产品是多种碳氢化合物的混合物，是一种以液态形式存在的商品，蒸发性强是成品油的主要性能之一，在受热时，其液体表面的自由分子很容易克服液体引力，成为蒸汽分子离开液面而扩散到空间，造成成品油蒸发损耗，若不及时回收，油气挥发到空气中将对大气造成污染。

1.2　成品油运输特点

成品油配送分为一次配送和二次配送，一次配送是炼油厂完成石油炼制工作后，成品油经火车、轮船或管道一次调运入成品油销售公司油库；二次配送即本文提到的成品油公路配送，是运输公司油罐车从销售公司油库装油，再将油品运输到加油站卸油的过程。

1.3　成品油损耗问题

过去的二次配送运输交接采取的是罐车交接的方式，即通过油罐车罐容表和对油罐车进行计量的方式，计算出双方成品油交接数量。但是，由于油库发油准确度、计量单位不统一、路途油品蒸发损耗、油罐车容积标定不准确、不法人员私自对罐车进行改造、存在罐中罐和大罐与小罐（自用油箱）相连以及到站计量后私自接卸等不确定因素，造成油品损耗较大，远远超出国标及甲乙双方规定的数值，给企业造成较大的经济损失，若出现油品泄漏将对环境造成污染。

2 成品油二次配送环节损耗管控

2.1 油库发油环节

2.1.1 油库发油损耗原因

成品油从炼厂经火车、轮船或管道一次调运进入销售公司油库，这一环节存在非正常损耗和接卸损耗。油库在进行付油时，同样会因为计量误差产生相应损耗，从国家关于计量标准要求上，油库发油误差控制在2%以内即为合规，这就导致可能会出现油库付油本身不足量，从而影响油品配送到站损耗的认定。同时，油库发油采用V_{20}标准体积付油（V_{20}标准体积是指成品油在20℃下的体积，是一个衡量），在此前提下，油库发油准确与否与发付温度、体积密切相关，若发付温度不够，也会造成油品发付损耗。油库在发付油品过程中，油品装入车辆后，油气会通过车辆罐顶呼吸阀进入大气中。

2.1.2 损耗管控措施

（1）定期检定油库付油流量计，保证使用良好。油库付油流量计经海南省计量行政管理部门检定合格，基本误差在±2.0‰范围内的，每6个月检定一次，铅封完好，承运方现场参与检定工作，对检定结果无异议。

（2）在油库发油台安装油气回收装置，油气回收装置及时将油气进行回收，一方面防止油气进入大气产生污染，另一方面及时回收油气避免损失。

（3）油库付油标准密度和温度以油罐测量数据为准。因夏季和秋季日晒较强，在地面敷设的输油管线暴晒后影响付油管线油品温度，发油鹤位当日首次发油或空置间隔1h间断发油时，油库计量员应与承运商驻库计量人员共同测量罐车对应油仓油品温度，当温度超过规定值时，应重新计算实际发付数量。

（4）油库计量员与车队驻库管理人员在第一仓实测交付的基础上，共同监督同一鹤位品号油品的第二仓油温，确认付油实测温度与油库付油系统设置温度不超过规定值，当超过规定值时，重新计算实际发付数量，同时查明原因重新在付油系统内设置付油温度数据。

（5）油库采用流量计系数法（仪表系数法）足额付油，油库应在进行付油流量计检定后，邀请承运商参与对油库付油管理系统中的流量计基本误差值E进行修正。确保发货数量偏差不足以影响地罐交接结果超过额定损耗率。采用流量计系数法（仪表系数法）计量交接公式如下：

实付体积$V_{t实}$=应付体积$V_{t应}\times(1+E\%)$

应付体积$V_{t应}$=标准体积V_{20}/V_{CF20}

标准体积V_{20}——加油站配送计划量

E=（被检定流量计的计量值-标准量器的计量值）/标准量器的计量值×100%

2.2 公路配送环节

2.2.1 配送环节损耗基本概念

配送环节是指油罐车从油库将油品灌装到车内，然后由运输公司配送到加油站的过程。配送环节损耗即在整个配送环节造成的油品损耗，其包括：蒸发损耗、人为损耗、到站未卸尽损耗、挂壁损耗等。

2.2.2 损耗管控措施

（1）减少热辐射。减少热辐射的方式，目前主要采用银灰色或白色防腐涂料及淋水降油温，以降低罐内温差变化，减少由于罐内受热造成的蒸发损耗。在油罐车表面涂刷强反光银色漆料，不仅具有防腐作用，还可减少油罐接受阳光热量；或在油罐车罐顶加装厚隔热层或反射隔热板，降低罐内油温，从而减少油罐蒸发损耗。

（2）改造车辆施封工艺。在油罐车每个卸油口连接法兰处新焊接一个宽 5cm、长 10cm 的铜片，便于对卸油口手柄进行施封。另外，为每个卸油口配备一个防尘盖，当车辆装油后，将防尘盖盖于卸油口处，并通过两条铅封斜对角对拉的方式对防尘盖进行施封，确保卸油口防尘盖无法开启，不给不法分子可乘之机，杜绝了承运人员在路途私接私卸油品时造成的油品损失，以及接卸不当造成的油品泄漏污染和油气挥发的大气污染。

（3）安装车辆监控设备。首先，运输公司所提供公路油罐车符合 GB 1589—2016《汽车、挂车及汽车列车外廓尺寸、轴荷及质量限值》）和 GB 7258—2017《机动车运行安全技术条件》，满足国家、行业和企业标准。作为运输公司，对承运人员及运输车辆最直接、最直观的管理方式便是车载 GPS 和车载视频，车载视频是运输公司管理的重要手段。车载视频安装至少 4 个摄像头，1 个位于罐体左侧用于监控卸油口，1 个位于车顶用于监控罐顶量油口，1 个位于罐体右侧用于监控是否切断视频电源，1 个位于驾驶室内用于监控驾驶员是否安装开关，在驾驶室内关闭摄像头。

（4）宣传国家法律法规。运输公司持续向承运人员宣贯国家及公司对于打击盗卖油品行为的坚决性，以及盗卖油品的严重性，在驾驶员心里慢慢形成高压线，再通过设备设施等管控手段，在驾驶员身上达到标本兼治的效果。亦可以联系当地法律从业人员到运输公司授课，从法律角度对承运人员进行教育。

2.3 加油站油品损耗现状和管控措施

2.3.1 地罐体积计量交接基本概念

地罐体积计量交接，简称地罐交接，是指二次配送车辆配送到站后，将油品卸入加油站地罐，最终通过置于加油站地罐内的液位仪进行计量，来确定加油站实际收油标准体积的一种交接方式。

地罐交接与罐车交接的主要区别在于运输罐车仅是油品运输的载体，不再是交接依据。交接依据为加油站地罐内的液位仪，通过液位仪探杆对卸入地罐油品进行计量，并将计量得到的数据通过加油站办公室内的液位仪显示屏进行显示，双方交接人员从而得到此次配送油品的标准体积。

地罐交接的优点显而易见：一是在接卸油效率上明显提升，之前是罐车交接，需要对油罐车进行计量，通过一系列手工计算得出交接油品体积；二是工作人员安全系数明显提升，使用罐车交接方式，工作人员需要在卸前上车辆罐顶进行计量，卸油结束后需要再次上罐顶查看是否油品已卸尽；三是控制损耗效果明显改善，通过地罐交接可以最大限度规避人为因素对损耗造成的影响。

2.3.2 加油站地罐交接应具备的条件

（1）地罐符合 GB 50156—2012《汽车加油加气站设计与施工规范》，不符合地罐交接标定的地罐要及时列入改造计划进行整改，在整改前可采用罐车计量交接。

（2）地罐标定方法由成品油销售公司选定（承运商参与选定），承运商对检定过程监督，对检定结果无异议后在《加油站地罐标定结果确认单》上签字确认，容积表得到双方认可。

（3）液位仪测量精度要求：油位准确度不大于±0.5mm，水位准确度不大于±0.5mm，温度准确度不大于±0.2℃，液位分辨率不大于±0.01mm。重复性精度不大于±0.1mm，最低油位 100mm，最低水位 16mm。

（4）地罐液位仪基准以人工检尺数据为准，液位仪读数与手工计量之间油高相差不超过±2mm、油温相差不超过±0.2℃，否则对液位仪内读数进行相应调整，调整过程需托运方、加油站、运输公司三方共同在场确认。

（5）所使用计量器具必须符合《成品油计量管理规范》要求。

2.3.3 加油站接卸流程设计

（1）收货方、承运方双方共同参与交接计量的全过程，严格执行相关标准和交接协议要求，自觉接受对方监督。加油站计量交接以液位仪为准取数（保留小数点后一位），接卸过程无特殊情况要求，禁止对应加油机进行加油作业，双方确认并记录卸油前后液位高度、体积、温度（拍照留存备查），承运方未确认液位数据，收货方拒绝卸油。在承运方离站前任何一方发现交付计量数据偏差较大、存在争议，而向另一方提出复查请求时，另一方应积极配合查找原因。

（2）卸油结束后，为避免油罐车罐体内壁有挂壁油品未卸尽造成油品损耗，加油站必须要求承运人员拆除卸油管线且前后开动车辆两次，让挂壁油尽量流到罐底，通过试水桶接卸尾油后导入地罐内。

（3）加油站接卸操作严格按照《加油站管理规范》要求执行。所有卸油操作结束后，双方记录液位仪显示数据，接卸人员在 HOS 系统（站级后台管理系统）中点击“操作结束”，打印《加油站计量验收入库单》，核对验收入库单上的数据与液位仪计量数据是否一致。

验收入库计量公式如下：

标准体积 $V_{20}=V_t \times V_{CF20}$

验收质量 $m=V_{20}\times(\rho_{20}-0.0011)$

验收入库 V_{20} = 卸后 V_{20} − 卸前 V_{20}

损耗量 = 验收入库 V_{20} − 油库原发量 V_{20}

超定额损耗量 = 损耗量 − 定额损耗量

损耗率 = 损耗量/油库原发量 $V_{20}\times1000$

期间加油机付油量 V_t = 卸油前加油机泵码数 − 卸油后加油机泵码数

期间加油机付油量 V_{20} = 付出量 $V_t\times[1-a(t_{油温}-20)]$

a 为成品油温度体积修正系数，柴油为 0.00085，汽油为 0.0012。

2.3.4 油气挥发损耗污染控制

承运人员将车辆行驶至加油站后，首先连接好静电夹，做好静电导流确保接卸油安全。在加油站卸油口安装油气回收装置，在卸油过程中，卸油口的油气回收装置及时将油气进行回收，一方面防止油气进入大气产生污染，另一方面可及时回收油气避免资源浪费。

3 结语

成品油公路配送是成品油从油库到油站的必然通道，通过从油库发油源头、运输车辆路途、油站地罐接卸，从每一个环节着手抓好损耗、油气挥发污染管控，控制住“三道关”即控制了成品油的配送损耗和油气污染控制，通过一系列有效措施避免成品油销售企业经济损失和大气污染。

参 考 文 献

[1] 贾勇. 成品油运输过程中损耗问题的成因及防范措施[J]. 化工设计通信，2017，43(6)：32.
[2] 徐佳楠. 成品油损耗的原因分析与降损措施[J]. 化工管理，2017(10)：129-130.
[3] 孙志前. 成品油运输中损耗问题的成因及其防范[J]. 化工设计通信，2017，43(1)：23.
[4] 吕圣杰. 成品油运输损耗分析及其控制策略探讨[J]. 现代商业，2016(4)：29-30.
[5] 鲁振华. 成品油销售企业油品损耗管理研究[D]. 成都：成都理工大学，2016：51-52.
[6] 刘英平. 成品油在运输储存环节中损耗控制研究[J]. 现代商贸工业，2009，21(8)：294-295.

消防灭火救援安全现状及对策研究

王瑞珩

（中国石油吉林油田公司消防支队）

摘　要： 近些年随着经济发达城市化进程逐渐加快，全国各地高楼大厦拔地而起，人们的生活水平有了显着的提升改善。但建筑数量和种类增加的同时，也带来了更大的安全隐患。这种现象给消防救援队伍带来了很大的挑战。消防救援队伍需要不断在发展中提升专业素质能力，才能应对瞬息万变的火灾情况。本文重点分析灭火救援安全方面的现状及存在的主要问题和具体应对策略，为优化消防灭火救援工作提供参考。

关键词： 消防救援队伍；灭火救援安全；救援现场；逃生自救

在人民生活水平不断提升的大背景下，人民群众也更加关注工作、生活中的安全问题，因此消防的灭火救援工作日益受到重视。消防救援工作者往往把自身的生命安全置之度外，从而豁出去保障了人民的生命和财产安全。但在近些年，由于火灾事故次数和类型的增多，为消防救援工作增加了相当的困难。因此，灭火救援单位也应当关注消防救援工作的实际困难问题，并采取了相应的举措以维护灭火救援工作者的自身安全。首先要求灭火救援队伍更加重视消防员业务素质、技术的提升，加大对消防救护工作的科技保证；同时，消防救护部门还要根据自己工作职责的特殊性，努力把更多的初起火灾扑救、逃生急救、报警求助等的方法传播给广大市民群众，以促进国家公安工作的全面开展，从多方面维护人民群众生命财产平安，保障社会稳定。

1　消防灭火救援现状分析

1.1　复杂条件下的灭火救援现场，提高了消防救援工作的难度

消防灭火救援与群众的日常生活息息相关，但是就目前消防灭火救援的运行现状分析，还是存在部分问题。首要的问题就是救援场所的复杂性。由于当前经济社会的发展水平的提升，火灾事故发生的频次越来越多，同时针对火灾事故发生的原因也越来越无法判断。消防救援人员来到事故现场进行灭火救援时，如不能准确地查明火灾事故发生的原因，会给灭火救援人员带来很大的困难。随着城市化发展的深入，城市里的住宅密度越来越大，在灭火救援活动中，既要保证不危害其他住宅，又要保证减少火灾事故危害，变得非常困难。另外，当针对有危化物单位发生爆炸时，消防救护的人员在救助过程中，不仅需要注意于防止危险化学品的危险，也需要随时小心于防止发生爆炸的危险。同时由于救援地点人口稠密，如果不能及时对现场社会秩序进行合理的维护，有可能会引发踩踏事件。不过根据目前对消防在灭火救援现场的实际状况分析，救援现场的复杂性也给救援人员操作提供了一定的难度。

1.2 消防救援人员缺乏自我防护意识，理论知识和实战经验不足

灭火救护队员也是十分值得尊重和敬仰的，因为他们总是将自己的人身安全置之度外，而且任何一场抢救都要冒着生命危险去抢救他人的性命和财物。而任何一个灭火救护队员在参加灭火救护之前，往往都将自身的人身安全置之度外。虽然他们拼着竭尽所能的方式去保护别人的生命财物和人身安全，可是对自身的生命安全却并不能充分地注意。由于部分灭火救护队员在参加消防救护之前，并没有进行过切实有效的安全训练，又或是在训练过程中也不能充分了解训练信息。所以，当消防救护现场突发可能系数较高的情况后，部分灭火救护队员并没有在第一时间采取相应的方法加以处理。同时也正是由于部分灭火救援队伍还不能将自身防护能力置于首位的现状，使得近些年灭火救援队伍在灭火救护活动中受伤比例比较大。同时很多灭火救护队伍参与现场消防救护的时间很少，尽管已掌握了相应的基础知识，但缺少实战经验，这也是造成自身防护能力较差的又一个因素。

1.3 消防救援人员数量紧缺，专业素质和能力水平有待提高

消防救护工作虽然操作非常简单，只能用水及化工药剂把明火熄灭，但具体的消防救护操作对灭火救护工作人员的技术素养也是一个相当挑战的。由于火势在进行的过程中，可能因为风力等外在原因，导致火势迅速蔓延到无法控制的地步。所以灭火救助员在消防救助活动中，不但要对火势实施扑救，而且必须对起火原因和火势扩散的情况加以研究。这一连串的项目也对灭火救援工作人员的专业素养有了更高的要求，不过就目前灭火救援人员素质而言，在很多领域也尚有欠缺。由于消防救护工作人员本来是一个危险性很大的工种，所以只有极少部分人愿意参加消防工作。其很高的危险性造成了消防救护人才的短缺，导致消防救护机构在招收灭火救护人才时逐步减少录取要求。降低征收难度的行为也就容易导致灭火救援部队的工作人员专业素养较差的现象，不少灭火救援工作者在进入部队以后还来不及进行相应的理论知识训练和实践经验便投身到了灭火救援事业中。在遇到大火后，有些缺乏经验的火灾救护队伍会操之过急，一时之间无法完成正常的救护服务。而在消防救灾活动当中，因为错误的救援情况发生，会对自身安全产生相当大的危害。

1.4 个人防护装备及灭火救援器材不够完善，难以应对复杂火灾事故

在消防灭火救援的活动中，消防器材与设备质量也一样十分关键重要，而消防器材种类、设备品质又与灭火救援工作的作业质量、效率等都密切相关。所以，每一地区的消防救援工作者在进行灭火救援作业之前，都必须首先确认自己是否安装有相应数量的个人防护装备。但是从目前灭火救援作业现状来看，部分地区消防救援工作者的个人防护设备并不完善。另外，在灭火救援器械配置上也面临着一定的不足，由于当下消防站门仍使用着几年前甚至十几年前的消防器材设备，且更新与换代速度也较为滞后，因此高精尖的消防器材设备并不能普遍应用到救援中。而齐全的器械配置，也成为了灭火救援作业顺利开展的重要保障。器材装备的陈旧落伍化，在一定程度上增加了灭火救援工作者的生存难度。而救援设备的落伍化，在一定程度上也导致了灭火救援工作效率和质量的降低，从而给灭火救援工作人员和火灾现场的群众生命财产安全造成了一定的危害。而现有器材装备，虽然能够扑救内部简单的火灾事故，可是在处理外部环境十分复杂的火灾事故时却往往又会捉襟见肘，心有余而力不足，形成了目前我国在灭火救援力量建设中所遇到的最大问题之一。

1.5 消防科普知识宣传不到位，人员逃生自救能力不足

在当今社会中，新装饰材料、新兴业态也如雨后春笋般出现，将大量的新型材料应用到了室内装修中，新的室内游戏场所也不断涌现，如密室逃脱、自剧本杀等，加之中高层建筑的数量日渐增多，都对消防工作提出了更高的要求，而在此背景下，要想更有效保障广大人民群众的生命安全，使人们能够时刻警惕着火灾事故的发生，从根本上将火灾险情扼杀在了摇篮之中，就必须重视政府对消防科普知识教育的大力宣传。许多新型材料推广在工厂、商场、医院等人群较密集地方，却没有注意火灾扑救、居民自救逃生等方面的科普教育工作，加之高层住宅的居民和街道等也没有充分宣传灭火科普知识，使得不少居民都不具有逃生自救意识，在火灾事故发生时不知怎样逃生，安全知识匮乏。

2 消防灭火救援安全问题改进措施

2.1 完善消防制度管理规定，规避灭火救援安全风险

面对灭火救援现场上复杂的情况，有关单位必须建立健全的管理策略。因为灭火救援人员常常要保障别人的财物和生命，甚至还可能牺牲自身，那么有关单位就必须建立健全的管理体系，并针对在事故现场灭火救援人员的行为做出相应的限制措施。在消防救援的实际活动中，要针对出现的情况来提出适当的控制措施。在管理体系建立的过程中，必须是对自身的保障制度做出了相应的调整。要根据灭火救援人员的内在安全情况，以及在救援中的一系列安全情况做出了相应的研究，针对在救援活动中出现的情况做出了详细研究。在管理时要明确对灭火救援工作人员的行为加以限制，注意灭火救援工作人员本身的安全问题，同时规定灭火救援工作人员在消防救护队伍中应采用科学规范的处理工作手段，以避免无谓的问题伤亡。

2.2 提高消防救援人员自我安全防护意识，做自身安全的第一责任人

几乎每个的灭火救援队员都将“舍己为人”的概念铭刻于心，所以在消防救助的活动中，灭火救援队员们都希望摒弃个人利己主义观念，来挽救别人的性命与财产安全。不过如果每一个灭火救援队员身后也都是一个完整的人，那么就一定要培养每一个灭火救援队员的自身安全保护能力。所以，各个灭火救援机构都会定时地对灭火救援队员开展教育，使其能够清楚只有保护好自身的个人安全才能拯救更多的人。那么首先，就需要每一个灭火救援队员在开展消防救助任务之前就需要先配备好一整套自身保护设施，比如，最基本的头盔、灭火防护服以及空气呼吸器等等。这种保护装备在消防救护任务实施的过程中，可以在很大程度上对灭火救护队伍发挥保护的效果。其次，要对灭火救护队伍进行必要的理论培训。规定他们在消防救护活动中一旦出现了差错现象，不要私自作出判断，而必须及时作出记录并向上司报告。以防止因为自身的错误判断，而导致自己不可避免的损失。

2.3 提升消防救援人员综合素质，加强消防救援人员应急处理能力

关于目前灭火救援队伍的专业知识素质偏低的处理方针是加大对灭火救援队伍综合素养的训练，从总体上提升灭火救援队伍的专业知识素养。各灭火救援机构应当注重加强灭火救援队伍的素养训练工作，在不开展外出救护任务前，应加大对灭火救援队伍的综合素养和基础知识的训练。通过讲座式的方法对灭火救援队伍进行知识补充，对灭火救援队伍的训练不要只停留在理论知识方面，更应该从实际层面开展相应的培训。对从事灭火救援事业的灭火救援工作者来说，通过实际与理论知识的融合，可以提升自身的灭火救援素质。做好全要素实战化训练教育，剔除了“演”的成分，强调“练”的效果，以提高全建制队站在实战的能力。同时针对各类火灾事故救护项目，进行了针对性培训，以提升火灾救护人才的整体素养和紧急处理能力。

2.4 加大科技装备投入，实现消防高精尖装备提档升级

各灭火救援单位应当注意保护设施和器材配备在灭火救援活动中的必要性，增加对防护设施和灭火救援设备的资金投入。首先，要给每一位灭火救护工作人员配齐配全自身防护器材，并需要根据辖区的火灾特征，针对性安装各项特种防护设施。除此之外，还要通过大量引入优秀的消防救护设备，对自身原有的器材配备进行技术提升，并通过提高器材配备水平来提升消防救护工作的效率，从而提高整个地区消防救护工作效率。

消防灭火救援队伍必须与时俱进。在当代消防灭火救援工具的调整、完善进程中，有针对性地进行消防器材更新换代、提高消防装备水平也非常重要。一方面，要通过了解国外优秀消防器材的技术长处，根据当前消防救护任务的实际需要，针对性地调整工艺、更新器材装备；另一方面，还必须通过定期维护和保养消防器材，为消防设备的质量一直保持优异表现提供保证。除了以上这些方法之外，还必须注意消防员自身保障设施的完善，以确保在消防、抢险救护任务运行时人员的安全；与此同时，还应与当地的实际消防、抢险救护工作情况相结合，增强技术含量高、针对性强、具有良好适应性的综合个人防护武器、专用工程灭火车辆、专用武器装置等的研制能力，并采购专用、综合型灭火救护武器，包括综合防护化学武器车辆及举重车、多功能抢险工程救援车、起重气垫、快速堵漏仪器等，从而以高精尖技术辅助消防救护项目的高效实施。需注意，对于加速作战指挥与调度网络、通信联络体系的建立也同样非常重要，因为它将对统一指挥与调度工作带来有利效果，能有效地实现对突发事件救援任务的统一指挥以及统筹调配、快速反应。

2.5 构建联动制度、强化消防科普知识的传播力度

从根源上来讲，因为消防灭火救助是一个服务全社会的事业，需要全社会的力量参与，共同完成，所以一定要做好统筹、构建以灭火队伍为主体的全民社会救助联勤联动制度，同时加强对这项事业的规范化建设，在立法的层面确定救援事业的各个主体的责任。同时在全社会加强对灭火科普知识的传播工作，为消防安全事业顺利开展创造一个有效保障，也可以让广大居民群体逐步提高逃生自救本领。首先，可以联合已有的社会救助力量，包括消防、治安、卫生、交通、环卫等部门社会救助力量，由紧急救助机构和联勤联动机构共同组成的合力，同时制订好各机构和各部门联合组织抢险救助任务的具体工作、任务，并及时进行演练。然后，还应该在社会上大力传播消防的科普知识，如通过社会告示版、社区广告栏等途径开展宣传活动，在一些城市主要公共场所液晶屏幕上滚动传播火灾的科普知识及其避险方法。最后，也应该参考欧美以及日本等先进国家的经验，如全员大训练、大演习等，以便让对火灾的安全意识更为深入人心。

3 结语

当代消防灭火救灾事业与国家生活息息相关，为国民经济建设带来的作用极为巨大，所以应该受到关注。中国城镇化步伐的加速，使得各种火灾事件时有发生，灭火救援成为保障经济社会稳定的关键领域，所以应当注意灭火救援项目的安全。尽管中国消防改造后提升势头明显，但消防综合管理能力、消防救护能力尚有待全面提高，需要不断加强专业化人员的培训和团队建设，加大消防科普知识的宣传力度，为社会安全稳定和群众生命安全保驾护航。

参考文献

[1] 李群. 消防部队灭火救援安全现状及对策初探[J]江西化工，2018，1(135)：131-132.

[2] 甘玉荣. 消防部队灭火救援安全现状分析及对策[J]建筑工程技术与设计，2017(16)：2879-2879.
[3] 张威东，张玮. 当代消防灭火救援工作的问题及对策探究[J]. 科技资讯，2019，17(02)：135-136.
[4] 张济源，赫晓光. 试析当代消防灭火救援工作的问题及对策[J]. 科学与财富，2017(07)：236-236.
[5] 高健. 当代消防灭火救援工作的问题及对策[J]. 中国科技纵横，2017(23)：169-170.

【作者简介】王瑞珩，男，吉林油田公司消防支队战训科科员，主要负责应急管理等工作，电话：13943871115，邮箱：wangruiheng@ petrochina. com. cn。

“四项机制”推进常态化全员隐患排查整改深入开展

王小鹏　丁希瑞　孟庆杰　王俊敏

（中国石油塔里木油田分公司）

摘　要：新《安全生产法》要求生产经营单位应当建立健全并落实生产安全事故隐患排查治理制度、全员安全生产责任制。哈得采油气管理区按照上级安排部署，自2021年上半年开始实施常态化全员隐患排查整改，但是在实施过程中还存在着一些突出问题亟待解决。在此背景下，哈得采油气管理区探索建立的常态化全员隐患排查整改“四项机制”，有效解决了存在的问题，提高员工隐患排查整改主动性、积极性，为安全生产提供更有力的保障。

关键词：陆上油田；安全管理；隐患排查；四项机制

哈得采油气管理区是塔里木油田公司勘探开发潜力最大的探区，辖区内的哈得逊、富满油田分别是我国整装海相沙漠油田和超深断控缝洞型碳酸盐岩油田之最，我国最深的科学探井—深地塔科1也在富满油田。管理区负责十余个油气藏、五百多口油气水井、十余座计转站、转油站、10座零散气回收站、3座联合站的管理，目前原油处理能力445×10^4t/a，天然气处理能力$770\times10^4m^3/d$。哈得采油气管理区作为塔里木油田产能提升的主力之一，负责管理的油气场站多，处于上产阶段导致各类施工作业多，这些因素给安全管理带来了巨大的挑战。单纯依靠安全管理专业部门以及相关岗位开展安全管理工作已经不能适应当前的安全生产形势，因此，哈得采油气管理区结合本单位特点以及常态化全员隐患排查整改工作存在问题，探索建立“四项机制”推进常态化全员隐患排查整改工作深入开展，提高员工隐患排查整改主动性、积极性，为管理区安全生产保驾护航。

1　常态化全员隐患排查整改存在的问题

新《安全生产法》要求生产经营单位应当建立健全并落实生产安全事故隐患排查治理制度，采取技术、管理措施，及时发现并消除事故隐患，同时要求落实全员安全生产责任制，要把生产经营单位全体员工的积极性和创造性调动起来，由“一把手”工程向“一盘棋”的思想转变。哈得采油气管理区按照上级安排部署，自2021年上半年开始实施常态化全员隐患排查整改，推动全员参与，常态化持续开展，但是在工作开展过程中，发现存在以下问题：一是全员参与程度不高，总体呈现为基层站队员工参与多，机关职能部门员工参与少，原因在于基层站队员工能够结合日常巡检排查隐患，而机关职能部门只能通过业务专项检查来排查隐患，频次较低；二是员工参与积极性不高，缺乏有效的激励机制，员工参与隐患排查的动力不足；三是员工隐患排查技能不足，排查深度不够，排查出的隐患多集中在现场低老坏问题，对管理缺陷和人的不安全因素排查较少；四是数字化、信息化手段应用不足，员工排查的隐患上报、录入系统不方便，过程繁琐，一定程度上打消了员工开展隐患排查的积极性。为提升常态化全员隐患排查整改效果，更加深入地落实全员安全生产责任制，形成人人关心安全生产、人人提升安全素质、人人做好安全生产的局面，管理区建立常态化全员隐患排查整改“四项机制”。

2 “四项机制”的内涵

常态化全员隐患排查整改“四项机制”，其主要思路为“鼓励发现问题、奖励整改隐患、从严处理事故”，具体内涵为以下四个方面：一是优化正向激励机制，丰富激励措施，加大激励力度，由单一物质奖励向“物质+精神”双奖励转变，突出即时性、有效性，增强仪式感、认同感，积极营造“比学赶帮超”的浓厚氛围；二是完善底线倒逼机制，推行网格化管理，结合生产动态科学设定隐患排查底线指标，压实隐患排查整改责任；三是深化 HSE 工具应用机制，加大应用隐患排查清单、安全经验分享、安全里程碑等 HSE 工具，提升员工安全能力水平，指导员工精准开展隐患排查整改；四是建立持续改进机制，定期开展线上、线下专题调研，真实掌握员工的感受、想法和困难，及时调整纠偏，推进隐患排查整改全员参与、常态化改进。建立常态化全员隐患排查整改“四项机制”的目的是通过机制引导鼓励、倒逼全员真发现隐患、发现真隐患，推动常态化全员风险隐患排查整改走深走实。

3 “四项机制”的具体实施

3.1 优化正向激励机制，提升全员主动性、积极性

(1) 实施全员隐患排查整改线上积分、兑现、竞赛。开发上线隐患排查助手应用软件，员工发现隐患可以随时使用手机或者防爆移动终端进行上报、录入系统，软件具备隐患描述检索匹配功能，录入人只需在输入关键字即可检索出类似隐患，在此基础上进行简单修改完善即可完成隐患描述，降低隐患录入难度，减轻负担。软件设有积分系统，可根据积分规则对员工隐患排查整改进行自动积分，同时管理区开展积分擂台赛活动，每月对个人积分情况排名公示，重点突出排名前三的员工，以此来激励表现优异员工，提升其荣誉感，也能激发其他员工的积极性。此外，广泛征集员工意见，在软件中建立积分商城，员工可以使用个人积分兑换奖品，让员工得到实实在在的奖励。

(2) 定期评比、奖励隐患排查整改突出贡献者。定期对员工发现上报隐患进行梳理、分析，按照发现、追溯、整改三个层面，设立重大隐患发现奖、典型较大隐患发现奖、管理缺陷追溯奖、举一反三整改奖，对有突出贡献的员工及时进行奖励。

(3) 加大专项宣传展示、激励引导。在管理区主页上设置常态化全员隐患排查整改专栏，动态展示个人积分排序情况。每月在管理区重要会议上由主要领导对突出贡献者进行颁奖，并向其家属发送感谢信，同时通过各种媒介渠道宣传报道相关先进事迹，提升员工自豪感、荣誉感。加大结果应用，隐患排查整突出贡献者优先推荐为各级年度安全先进个人，同时在分配安全相关专项奖时优先考虑、重点激励。

3.2 完善底线倒逼机制，提升全员责任感、紧迫感

(1) 建立网格化责任区。根据人员岗位职责，划分隐患排查整改物理或者业务网格责任区，其中管理区领导按照分管业务、安全生产承包点划分网格，职能部门人员按照管辖业务划分网格，基层站队人员按照属地或具体业务、项目、作业等划分网格。各层级人员首先立足本网格开展隐患排查整改，再发挥专长覆盖其他网格，稳扎稳打开展好工作，确保隐患排查整改全覆盖。

(2) 动态设置底线指标。根据季节特点、生产特征、事故事件规律，结合重点项目建设、装置检修、专项检查等重点工作安排，每月设置、发布各层级隐患排查数量底线指标，做到实事求是、突出重点。

3.3 深化 HSE 工具应用，提升全员执行力、创造力

（1）编制隐患排查清单、图册。基于各岗位工作职责和工作内容，根据曾经排查出的隐患、发生的事故事件情况，梳理出各级网格、各套装置、各个点位、各类作业易出现的各种隐患，编制形成隐患排查清单，并挑选出其中典型隐患形成岗位隐患排查图册，图文并茂，各级人员对照清单、图册排查，提升隐患排查的针对性、可操作性，让查什么、怎么查变得更简单易行。

（2）深化 HSE 工具应用。加大安全经验分享力度，岗位员工立足自身发现的典型隐患，各单位突出身边发生的各类事件(异常)，管理区聚焦行业内典型事故，在班前会、生产例会等场合进行分享，促进隐患排查整改抓早抓小。做实安全里程碑活动，各单位梳理分析上一年度频发的典型违章行为，分类设定阶段里程碑目标，纠正、固化员工安全习惯，对实现目标并取得成效的单位，组织庆祝仪式并进行激励。优化“红丝带”活动，在员工排查发现隐患后现场系挂红丝带，并通过风险地图、信息化工作平台等方式实时显示隐患的具体点位、整改责任人、整改时限和监控措施，定期推送提醒相关责任人，倒逼加快隐患整改。

（3）提升数智化水平。加快“安眼”系统应用，把设置远程视频监控、接入监控平台作为高危作业实施的前提条件，设置视频监督岗位，加大对高危作业过程的监督。统筹常态化全员隐患排查、业务部门专项检查、油田公司及管理区专职监督检查，每半月开展大数据分析，每月研判安全形势，提出改进方向，进行风险预警。

3.4 建立持续改进机制，提升全员参与感、认同感

（1）开展线上线下调研。每季度通过微信小程序对常态化全员隐患排查整改效果、员工反响等进行线上问卷调查，每半年开展现场调研，全面掌握员工的参与情况和认可程度，听取员工的意见和建议，针对性优化工作机制，及时纠正理解执行偏差，让常态化全员隐患排查整改工作顺应员工意愿，提升全员的认同感。

（2）组织各级领导履职测评。每年年底组织员工对管理区领导、各单位负责人进行线上无记名测评，验证各层级领导干部对常态化全员隐患排查整改工作的重视程度、推动力度以及常态化全员隐患排查整改工作开展的实际成效，年度 QHSE 委员会会议上对测评结果进行公示，对排名靠后且情况属实的，由上级领导对其进行安全生产约谈，促进各级领导干部提高认识、履职尽责。

（3）编制典型问题汇编。每年分类梳理员工排查发现的典型隐患形成汇编，注明隐患发现人并提出整改措施，同时对照持续完善隐患排查图册，让员工隐患排查成果有形化。

4 结语

通过建立、实施常态化全员隐患排查“四项机制”，哈得采油气管理区有效解决了在常态化全员隐患排查整改工作中出现的问题，全员参与程度显著增高，员工参与的积极性、主动性明显提升，员工排查隐患的能力得到强化，隐患排查手段更加数字化、智能化，具有推广和借鉴意义。

参 考 文 献

[1] 屈金坡. “四个机制”隐患排查治理体系的构建与实施[J]. 现代矿业，2021(09)：232-233.

[2] 张可信. 化工企业隐患排查治理管理程序探讨[J]. 中国公共安全，2015(03)：14-18.

[3] 尹桂超，李宁，王殿明，徐金文. 浅谈隐患排查治理工作的重点和难点[J]. 山东化工，2018，47(15)：204-206.

基于系统管理的塔里木油田井控管理体系构建与实践

郭海清　王鹏程　邹光贵　郑何光　张绪亮

（中国石油塔里木油田分公司）

摘　要：塔里木油田是陆上深井超深井重点勘探区域，地质构造极其复杂，加之作业区域分散、地型地貌特殊，高压高产高含硫，作业队伍众多，井控安全面临巨大挑战。如何有效实施井控管理一直是困扰塔里木油田的难题之一。在不断总结井控管理实践经验的基础上，借鉴 HSE 管理体系标准，按照“PDCA”管理模式，塔里木油田构建了包含“管理准则、本质安全、过程管控、审核评估”4 个一级要素、18 个二级要素的完整井控管理体系，实现了井控管理由碎片向系统、由单项向综合的转变，开创了以系统化思维、体系化手段进行井控管理的先河。

关键词：井控；管理体系；风险防控

塔里木油田的勘探开发过程中，始终伴随着巨大的井控风险。盆地历经“整体挤压、分层变形、垂直叠置、联动递进”八期构造变形，地质构造极其复杂，加之作业区域分散、地型地貌特殊，井深超过 8000 米，地层压力高达 170MPa，部分区块 H_2S 含量达 61 万 ppm，平均年度溢流 50 井次以上，井控安全面临巨大挑战，属于极高井控风险盆地。自塔里木石油勘探开发指挥部 1989 年成立，开始大规模进行油气勘探开发起，1990 年至 2005 年共发生 14 起井喷事故，平均每年发生一次井喷失控。

在不断的总结经验教训的基础上，塔里木油田从井控装备集中统一管理、井控装备升级改造、井控工艺总结配套等方面逐年进行井控管理探索，逐步从本能管理向制度管理、监督管理进行提升，并于 2006 年至 2017 年实现了连续 12 年杜绝井喷失控的良好业绩。但随着勘探目标向塔中溢漏同层的缝洞型碳酸盐岩目的层、库车山前高压高产气层目的层等井控高风险对象转移，作业队伍和作业人员井控技能的不稳定、井控管理出现松懈等因素影响，又相续于 2018 年、2020 年发生了重大井控险情，造成了井喷，对塔里木油田井控管理提出了新的挑战。

1　塔里木油田井控管理的三个阶段

回顾塔里木油田的井控管理，可以分为三个阶段：

从 1989 年塔里木勘探开发指挥部成立开始大规模勘探开发至 1996 年，因参与钻井、试油的作业队伍分别来自中原油田、华北油田、大庆油田等不同单位，很多队伍未经历过深井、高压、高产油气井钻井和试油作业过程中的井控风险，管理方式也不适应油公司管理模式下的钻井、试油作业过程，井控管理基本处于作业本能阶段，不系统、不成章法。发生井喷事故后，往往只强调从具体井控装备、井控操作环节进行总结改进。

从 1997 年至 2005 年，塔里木油田开始进行井控的制度化管理探索，从迪那 2 井压井施工中井口套压控制失误、塔中 823 井井控关键环节操作失误等事例中不断总结管理原因，逐步建立起了井控装备管理、井控培训管理、钻开目的层验收管理、试油作业管理等一系列专项管理制度，逐步形成了比较完整的井控管理专项制度系列。

从 2006 年至 2017 年，塔里木油田井控管理在完善制度基础上，建立了完整的井控管理网络和详尽的井控岗位责任制，并按专业制订了可操作性强、融合关键管理与关键操作要求的《塔里木油田钻井井控实施细则》《塔里木油田试油井控实施细则》《塔里木油田井下作业井控实施细则》等技术文件，配备并强化了井控监督、井控管理、井控考核力量，实现了严格的井控监督管理。

2 油田井控管理存在的薄弱环节

但 2018 年和 2020 年又再次发生了重大井控险情，迫使塔里木对井控管理薄弱环节开展系统反思，与中石油集团整体持续向好的安全管理对标，发现还存在以下薄弱环节：

一是基于“一切事故都是可以避免的”的井控预防理念理解认识不深刻，在深井超深井钻探过程中，面对高压、高产、高含硫、压力窗口窄等客观井控风险因素，未系统建立从井控设计、队伍选择、人员能力资质把关、装备配套、技术措施执行落实、过程监督检查、关键环节确认、井控工艺匹配、应急处置准备等方面的安全屏障。已建立的井控管理制度之间未进行系统性分析，部分环节关联性欠缺。

二是未充分借鉴 HSE 管理体系中有效的经验做法和最佳实践，未固化传承 HSE 体系管理经验和塔里木油田安全文化建设成果，结合油田井控管理实际进行管理提升，井控管理缺少体系化思维、系统性管理。

三是未在井控管理中引入合理的“PDCA”戴明管理模式，形成“计划(Plan)、实施(Do)、检查(Check)、处理(改进)(Action)”的自我完善、自我提升、闭环式系统管理模式。

具体表现在塔里木油田在井控管理过程中，缺少“体系”系统思维，部分涉及到井控工作的业务，梳理还不系统全面，存在“碎片化、零散化”现象；制度、标准要求不够统一，作业队伍来自不同单位、不同区域，对井控工作的理念认同、制度标准、管理要求规定不一致，要求不统一；执行落实不完全到位，井控工作中仍然存在重设备轻管理、重硬件轻软件、工作界面不够清晰，执行中存在推诿扯皮、执行不到位现象；对作业队伍和岗位人员的井控技能、井控素质重视不够，井控过度依赖于提升井控装备承压能力、依赖于井控装备的直接关井功能，对作业队伍、岗位人员关键操作失误对井控的影响预防措施不足；对如何将井控溢流“早发现、早关井、早处置”的预防理念转化为预防行为、转化为更完善更可靠的井控安全屏障研究不足。

3 油田井控管理的体系构架

基于以上反思，结合塔里木油田已经形成的“井控管理是油田安全管理的重要组成部分、井控风险是油田的重大风险、油田井控管理有长期的经验积累和技术总结、油田井控管理有《井控管理规定》《井控培训管理办法》《井控实施细则》等管理制度基础、油田井控管理已基本涵盖钻井、试油、井下作业、油气生产全过程，基本实现了对人、设备设施、井控工艺、应急管理等全要素管理”的井控风险共识和井控管理基础，塔里木油田正式提出了“以井控风险管控为核心，以现有管理制度流程为基础，以简洁清晰易行为目标，进一步强化职责归位、细化管理要求、完善制度标准，进一步提升井控管理的指导性、有效性和可操作性，建立系统、完整、可控的井控制度体系”目标。

塔里木油田井控管理体系是根据国家相关法律法规以及石油行业、集团公司井控制度标准，结合钻完井、采油气领域井控风险特点、难点，围绕“五个及时”“四个降低”的井控工作目标和“不发生重大井控险情”“不发生井喷失控事故”的红线底线要求，借鉴国内外先进作法，传承自身实践经验，在坚持油田公司主导、承包商共同参与的“四统一(统一井控制度标准、统一井控技术培训、统一井控装备服务、统一井控应急处置)”井控管理模式基础上，以适合油田公司“两新两高”管理体制特点、满足塔里木油田井控风险防控需求为目标进行构建。

建成的塔里木油田井控管理体系要实现：有利于反观对照，即通过系统整合，更利于反观存在的问题和不足，对照开展更加系统全面、更加符合实际、更加科学规范的井控工作；有利于应对挑战，即通过全面推进，可整体提升油田井控管理水平，以便适应日益严峻的外部形势和日趋复杂的地质挑战；有利于长远发展，即通过长期坚持，可引导形成塔里木井控安全文化，为油田高质量发展营造更加有利的内外部环境。

塔里木油田井控管理体系具体做法是在坚持“四统一”井控管理模式基础上，建立适合“两新两高”体制、满足风险防控需求的井控管理体系，通过 4 个一级要素、18 个二级要素、61 个三级要素具体展现。

其中，体系建设以实现“井控安全”为总体目标，保障目标实现的有“四大关键要素(即 4 个一级要素)”：

以机构职责、制度标准为核心的井控“管理准则”要素，突出建立完全涵盖油田领导层、机关部门、二级单位、作业队伍的完整井控管理网络，明确各层级、各单位、各岗位的井控职责，实现井控管理纵向到底、横向到边；突出统一的井控制度标准、管理要求、技术规范，实现标准统一、管理统一，执行统一、考核统一，消除作业队伍的地域差异、单位差异、管理差异。

以方案设计、装备设施、人员能力、队伍资质为基础的井控“本质安全”要素，突出从设计源头实施井控风险防控、从人员井控素质能力保证实现“能岗匹配”、从井控装备设施确保关井安全可靠、从队伍资质满足井控安全作业基础条件，从而实现井控本质安全基础。

以风险防控、隐患治理、井控工艺、专家井控、应急处置等为重点的井控“过程管控”要素，突出在钻井、试油、井下作业、采油气等生产全过程中，对每个作业对象、每项作业任务、每个作业环节实施全方位、全天候、全员的井控风险辨识、防控措施制订落实、作业过程监控、重点环节把关、工艺技术匹配、溢流发现处置等全过程有效管控，实现井控溢流“早发现、早关井、早处置”从理念转化实际管理要求。

以监督检查、考核激励、评估审核为手段的井控“审核评估”要素，突出井控管理过程中自我监督检查、发现问题、改进完善、闭环管理，实现井控管理从严格监督型逐步向自我提升、自我改进型井控管理体系转变。

四大关键要素中，“管理准则”是核心，驱动“本质安全”“过程管控”“审核评估”有序运行。见图 1。

图 1　塔里木油田井控管理体系架构

4　油田井控管理的体系文件

支撑和保障井控管理体系运行的是体系文件。油田公司井控管理体系文件共分为 4 个层级，并呈逐级包含关系。分别为井控管理体系手册、油田公司井控制度标准、二级单位和承包商井控管理要求、基层队伍井控风险防控措施。见图 2。

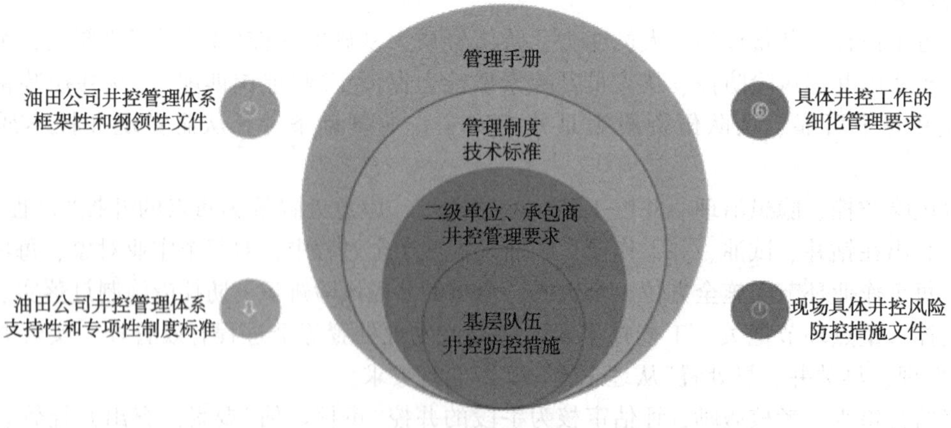

图 2　塔里木油田井控管理体系文件结构

井控管理体系手册是指导油田公司井控管理体系建立与运行的根本准则。各二级单位、承包商结合自身实际，建立与油田公司井控管理体系相匹配的管理体系，明确管理机构、管理网络、管理文件等，不再编制井控管理体系手册。

油田公司井控制度标准是用于支撑体系有效运行的管理制度和技术标准，指导和规范日常井控工作，主要包括井控管理规定、实施细则、技术标准、操作手册等。

二级单位、承包商井控管理要求是在油田公司井控制度标准基础上编制的更细化、更符合本单位实际的执行性文件。

基层队伍井控风险防控措施是在区域井控风险防控预案、单井设计、井控细则、井控操作手册基础上，结合现场具体的施工作业内容、作业井周边环境、队伍人员及设备配备等实际情况编制，用于识别、防范、管控特定井控风险的操作性文件，包括但不限于风险识别及控制措施、应急预案或处置措施等。

在 4 个一级要素下，对井控管理方法、管控要点和行为准则集成凝炼形成了 18 个二级要素、61 个三级要素，涵盖钻完井、采油气、弃置报废以及井控装备、井控工艺等井控相关的所有业务，明确细化了井控管理的具体事项、管理要求、职责划分、支撑文件，用于具体指导各层级、各单位、各作业队伍实施完整的井控管理和井控作业。每个要素都有对应的管理内容和管理要求。各要素之间相互作用、相互促进，有机衔接、良性循环，并按“PDCA”模式运行，实现油田公司井控管理水平的持续提升。见表 1。

表 1　油田公司井控管理体系要素表

一级要素(4)	二级要素(18)	三级要素(61)
管理准则	组织机构	管理网络、职责分工、人员配置
	制度标准	管理制度、技术标准、井控细则、操作手册
	合同协议	权利义务、费用保障、违约责任
本质安全	方案设计	设计资质、方案设计编制、方案设计评审、设计执行跟踪、设计后评估
	队伍资质	队伍资质核验、人员资质核验、关键设备核验
	人员能力	能力评估、井控培训、人员变更
	装备设施	采购质量控制、车间检维修、使用与维护、技术攻关升级、报废管理
过程管控	风险防控	风险识别与判定、风险分级管控
	开工验收	验收范围、验收标准、验收程序、不合格项处理
	作业许可	许可范围、许可流程、旁站监护
	专家井控	专家标准、专家选拔、专家使用
	工艺技术	山前高压气井井控工艺、台盆区碳酸盐岩井控工艺、高压盐水井控工艺、工艺过程管理、研究及试验
	隐患排查	隐患排查、隐患治理
	远程支撑	监控系统、作业过程监控、预警报警、决策支撑
	应急处置	应急准备、应急响应、评审改进、攻关升级
审核评估	监督检查	检查组织、检查标准、问题整改
	考核激励	考核规则、组织实施、结果应用
	评估审核	体系审核、管理评审、改进提升

二级要素 1：组织机构

健全完善的组织机构是实现井控高效管理的基础。塔里木油田推行以油田公司为主导的“四统一”井控管理模式，更需要强有力的组织保障。通过组建覆盖甲乙双方、机关基层的井控管理网络，明确各自的井控职责，配备合理的管理力量，确保井控工作合理分配、有序推进。

二级要素 2：制度标准

井控制度标准是开展井控工作的基本遵循。油田公司结合自身体制特点和井控风险管控需求，在总结多年实践经验的基础上，系统建立井控管理制度和技术标准体系，规范明确甲乙方、各层级井控工作标准，实现标准统一、步调一致，确保各责任主体各司其职、各尽其责。

二级要素 3：合同协议

合同协议是油田公司与承包商之间业务合作的契约遵循。塔里木油田井控工作坚持油田公司统一管理，甲乙双方在井控工作中的工作内容、工作标准、权利义务、违约责任及费用保障通过合同协议进行约束。

二级要素 4：方案设计

方案设计是实现井控安全的源头保障。塔里木油田坚持“先设计后施工、无设计不施工”的原则，地质设计、工程设计、施工设计中必须有井控设计内容，明确井控风险和防控措施。

二级要素 5：队伍资质

承包商施工队伍资质是承揽工程技术服务业务的先决条件。在油田范围内提供工程技术服务的队伍，必须按规定取得集团公司相应的技术资质和油田公司市场准入资格，按资质级别和准入范围承揽相应的工程项目。

二级要素 6：人员能力

人员能力是保障井控安全的关键和根本。人的井控安全意识和技能水平直接决定井控工作的成败，通过开展针对性的井控能力评估和实操化的井控技能培训，实现全员能岗匹配，打造钻试修井现场四个“井控明白人”，培育合格的井控团队，既是消减作业过程井控风险的现实需要，也是实现油田井控安全长治久安的根本保障。

二级要素 7：装备设施

井控装备设施是油气井压力控制的关键设备，是井控安全的核心保障。井控装备设施配套的完整性、性能的可靠性对井控工作至关重要。塔里木油田始终坚持主体井控装备由油田公司统一提供、统一安装、统一试压、统一维护的“专业化”保障模式。井控装备及设施的管理包括采购、检维修、使用维护、技术攻关、报废等环节。

二级要素 8：风险防控

风险防控是识别和管控井控风险，防止井控事故发生的第一屏障。风险分级是实施精准防控的基础，精准防控的目的是通过防控资源的统筹协调、合理配置，以最小的投入达到最佳的效果。油田通过系统识别勘探开发全过程井控风险，科学实施风险分级，合理配套防控措施，系统强化过程管控，达到削减井控风险、杜绝井控事故的目的。

二级要素 9：开工验收

开工验收是作业前安全确认的必须程序。油气井开钻验收、开工验收和钻开油气层验收，是针对作业井后续施工风险，重点评估作业队伍是否做好施工准备、是否具备风险应对能力，确保现场技术措施、设备设施性能、人员技能水平、井控应急准备以及现场管理满足后续施工风险的防控要求。

二级要素 10：作业许可

井控作业许可是系统识别、评价和控制作业风险的管理方法和必要程序。通过许可程序，达到针对性管控特殊关键作业环节井控风险的目的。井控作业许可管理按照属地管理原则，由建设单位明确许可范围、许可流程、风险识别和管控要求。

二级要素 11：专家井控

专家井控是确保现场井控问题正确处置、关键环节风险受控的有效手段。基于长期实践，油田公司建立“专家井控”制度，明确井控专家的聘任条件和配备标准，严格选拔聘任和使用考核，确保井控专家是能解决井控问题的“真专家”，并通过对井控专家的统一调配管理和“盯驻井”制度的执行落实，充分发挥好各井控专家的风险防控职能。

二级要素 12：工艺技术

井控工艺技术是确保油气井安全钻探和开采必备的方法和工具。基于塔里木油田井控高风险特点，经过长期探索并反复验证，总结形成的适合塔里木复杂地质工程条件的钻完井、采油气井控工艺和配套技术，是指导员工正确操作的依据，对保障井控安全有着至关重要的作用。塔里木油田针对山前超高压油气井、台盆区碳酸盐岩缝洞型高含硫油气井、高压盐水层的钻试修井井控风险，按照“立足一次井控、做好二次井控、防范三次井控”的原则，配套形成了系列针对性井控工艺技术。

二级要素 13：隐患排查

隐患排查是及时发现并消除井控不安全状态、防止发生井控事故的第二屏障。通过定期系统排查和不定期专项检查，及时发现钻完井、采油气作业过程中的井控问题隐患，并追踪溯源、分析研判、有效治理，确保问题隐患从源头整改销项，达到杜绝井控事故的目的。

二级要素 14：远程支撑

依靠信息化技术实施远程支撑是实现井控高效管理的有力手段。通过实时记录远传现场作业视频和工程施工参数，结合专家经验与软件支持，对井漏、溢流等井控异常信息自动识别、报警，让技术支撑和决策层及时掌控现场情况，远程监督指导、集成调度支持，协同现场快速正确应对各类井控突发事件，第一时间控制或消除井控风险隐患。

二级要素 15：应急处置

应急处置是防止井控突发事件事态恶化、扩大的最后防线。应急工作贯穿于事前准备、事发救援、事终善后全过程。井控突发事件发生后，通过安全、科学、高效的应急处置，能防止事态扩大、减少事件损失、控制事件影响。塔里木油田始终坚持“预防为主、常备不懈”的应急处置理念，事先对井控突发事件危害辨识和分析评估，制定针对性的应急预案和处置措施，并通过实战化演训，系统提升井控应急处置能力。

二级要素 16：监督检查

监督检查是强化制度执行、促进履职尽责、发现隐患问题、推动管理提升的必要手段。油田公司建立健全井控监督检查工作机制，通过对各井控管理网络成员单位、职能部门及钻完井、采油气作业现场的井控关键环节、重点部位、管理过程进行监督检查，及时发现并整改隐患问题，预防和控制井控事故事件的发生。

二级要素 17：考核激励

考核激励是促进井控工作落实落地的关键。通过将井控工作目标任务分解传递到各执行层，对工作质量进行客观公正评价考核，按合同约定和考核制度及时兑现，激励甲乙方单位员工履职尽责，高质量完成各项井控工作任务。

二级要素 18：评估审核

评估审核是检验油田井控管理体系运行效果、促进管理提升的必要环节。通过有计划地对井控管理体系运行状况进行审核、评价，查找井控管理的薄弱环节和要素短板，制定改进措施，持续提升完善，确保井控管理体系的科学高效运行。

5 结语

塔里木油田构建的井控管理体系，充分借鉴了 HSE 管理体系的系统化、体系化管理思想，符合“PDCA”管理模式自我完善提升、自我运行改进的管理原则，充分传承固化了油田井控管理多年的实践经验，既保持了井控管理的持续性、一贯性，又满足了塔里木油公司体制下世界级井控风险管控的需求，达到了“系统、完整、简洁、适用”的目标，为油气田企业井控管理提供了创新性实践样本。塔里木油田井控管理体系自发布实施后，在井控管理实践中也见到了良好效果。与同期相比，塔里木油田井控溢流次数减少了 23%，井控隐患排查发现增加了 68%，完全实现了“不发生重大井控险情”“不发生井喷失控事故”的红线底线要求。

参 考 文 献

[1] 刘国愈，雷玲. 海因里希事故致因理论与安全思想因素分析[J]. 安全与环境工程，2013，20(1)：5.
[2] 丁浩，张星臣. 石油企业实施 HSE 管理体系研究[J]. 中国安全科学学报，2004，14(10)：4.
[3] 游峰岩. 基于 PDCA 理论的变电站作业风险控制研究[D]. 华北电力大学，2015.

剪切闸板防喷器专用高压控制系统的研制

邹光贵　王鹏程　文志明　郭海清　张绪亮　王　华　秦　浩　林发权

（中国石油塔里木油田分公司）

摘　要：近年来，随着塔里木油田高压高产气井、压力窗口窄的碳酸盐岩目的层井勘探开发，井控安全问题日益突出。作为井口安全的最后一道屏障，能确保剪切闸板防喷器在紧急情况下可靠工作的防喷器控制系统重要性更加突出。常规防喷器控制系统在紧急情况下实施剪切时的，存在使用剪切前往往要先控制其他防喷器动作，造成管汇压力需要较长时间恢复、控制系统管汇压力低（10.5Mpa），无法直接剪断钻具、紧急情况剪切时，操作步骤复杂，极易发生操作失误，造成剪切闸板不能顺利剪断钻具等问题。因此，本文基于上述不足，主要从系统额定压力、系统管汇压力、蓄能器预充压力、液压元件额定工作压力以及气泵液气比等参数方面研制了剪切闸板防喷器专用高压控制系统，额定工作压力提升至25.2MPa。该系统能够一键联动剪切“关”与高压储能器旁通“开”、气泵自动补压，蓄能器隔离阀“关”动作，实现了高压一键剪切功能。

关键词：防喷器控制系统；高压；剪切操作；一键联动

1　引言

近年来，随着超深超高压井的不断开采，对于地质条件非常复杂的塔里木油气田，出现井口安全事件，造成了巨大的经济损失，这对现有井控系统提出了更高的要求，特别是剪切防喷器控制系统，作为井口安全的最后一道屏障，剪切防喷器控制系统的稳定和提高事关紧急情况下能否有效控制井口的关键。

近年来，TZ726-2X，BZ3-1X 都在最后关头未能顺利完成剪切钻具动作，导致发生重大井控险情，很大原因是因为在进行剪切操作时，整个剪切作业流程时间长，步骤繁琐，容易出错；防喷器控制系统储能压力低、压力恢复慢等原因造成无法剪断钻具，导致井口无法及时有效的得到控制。

目前，国外公司如 CAD、NOV、GE、Cameron 和斯伦贝谢等设计研制的高压防喷器早已在生产中投入使用，例如 CAD 公司研制的高压剪切控制系统，其蓄能器的储液量很大，可以保证有效剪切钻具，升压速度也很快，并且高压剪切的功能控制可实现高低压自动切。但尺寸大、价格昂贵，并不能完全适用于塔里木油田。

国内生产防喷器控制装置的厂家主要有北京石油机械有限公司、河北华北石油荣盛机械制造有限公司、广州石油机械厂、上海神开石油化工装备有限公司，其剪切闸板的防喷器组所匹配的防喷器控制系统蓄能器容积几乎成倍增加，但是大多数控制系统的额定压力仍是21MPa，蓄能器预充压力是 7MPa，仅能够满足常规钻井要求，无法满足超高压钻井需求，并且控制系统的储液量都偏低，且系统的升压速度普遍较慢，防喷器控制系统的整体性能较国外差距很大，可能会导致因关闭液量不够或系统压力恢复慢而造成无法操作防喷器的现象，造成井喷事故。

因此本文基于目前塔里木油气田钻井面临的实际问题、国内防喷器系统不足之处以及国外防喷器系统的优势等方面，通过分析研究剪切控制系统的机理，研制了剪切闸板防喷器专用高压控制系统(Shear ram special high pressure control system，SRSHPCS)，来提高整个井控系统的可靠性，为钻井安全生产提供重要保障。

2 剪切闸板防喷器专用高压控制系统的设计

剪切闸板防喷器专用高压控制系统设计依据石油天然气钻采设备、钻井井口控制设备及分流设备控制系统规范，即防喷器油路额定压力21MPa，强度试压31.5MPa，系统额定压力为强度试压的80%；根据现场提供闸板防喷器的关闭液量和剪切力计算蓄能器容积、蓄能器预充压以及蓄能器可用液量；油箱的有效容积至少等于蓄能器储存液量的2倍；泵系统总输出液量应能在15分钟内使蓄能器从预充压力升至工作压力；通风口总面积需要大于吸油口总面积，依据上述规范要求以及相应公式计算得出，得出剪切闸板防喷器专用高压控制系统设计参数如表1。

表1 高压剪切专用控制系统设计参数

<table>
<tr><th colspan="2">设计参数及规格配置</th><th colspan="2">设计依据</th></tr>
<tr><td>系统额定压力</td><td>25.2MPa</td><td>防喷器油路额定压力21MPa，强度试压31.5MPa，系统额定压力为强度试压的80%</td><td rowspan="4">17~25.2MPa时可用液量为104L
大于剪切7/8in~5钻具所需液量</td></tr>
<tr><td>蓄能器容积</td><td>8×40L</td><td rowspan="3">根据现场提供闸板防喷器的关闭液量和剪切力计算得到</td></tr>
<tr><td>蓄能器预充压力</td><td>(13±1)MPa</td></tr>
<tr><td>蓄能器可用液量</td><td>150L</td></tr>
<tr><td>油箱有效容积</td><td>450L</td><td colspan="2">油箱的有效容积至少等于蓄能器储存液量的2倍</td></tr>
<tr><td>泵系统组成</td><td>2×QYB60-115L气泵</td><td colspan="2">泵系统总输出液量应能在15min内使蓄能器从预充压力升至工作压力</td></tr>
<tr><td>油箱通风口</td><td>2个</td><td colspan="2">通风口总面积需要大于吸油口总面积</td></tr>
</table>

由于现场提供的剪切闸板防喷器关闭液量和剪切力都较大，根据行标SY/T 5053.2—2020中对蓄能器最小容积的要求计算，得到的专用剪切控制台需要的蓄能器容积都偏大，专用剪切控制台蓄能器容积为320L，最多不超过480L，并且系统额定压力不宜过高。因此，结合现场闸板防喷器的使用情况，这里参考信德防喷器和荣盛防喷器的配置参数进行分析计算，先初定专用剪切控制台型号为FK320-1，系统额定压力为25.2MPa，蓄能器预充压力为13MPa；其次基于防喷器的开启油量、关闭油量、关闭比、剪切压力以及低压密封等参数，通过计算并校核剪切闸板的关闭时间来确定专用剪切控制台的最终型号，具体计算参数结果如表2所示。

如表2，可以看出专用剪切控制台的蓄能器容积和系统额定压力越高，关闭闸板防喷器的剪切力越大，所需要的关闭时间越短。但因为关闭剪切闸板的时间主要来自液压油充满防喷器腔体的时间，由于液体的不可压缩性，补压的时间实际很短，关闭时间主要是高压液体充满闸板腔的时间。所以综合考虑现场使用条件和安全因素，确定专用剪切控制台型号为FK320-1，蓄能器容积320L，系统额定压力为25.2MPa，蓄能器预充压力为13MPa。

表 2　闸板防喷器剪切时间计算过程

防喷器型号 参数 （剪 5-7/8in 钻具）	FZ28-105 楔形锁紧		FZ28-140 同轴式锁紧		FZ35-70 楔形锁紧		FZ35-70 同轴式锁紧		FZ35-70 同轴锁紧+ 增压缸		FZ35-105 楔形锁紧		FZ35-105 同轴式锁紧		FZ28-105 手动锁紧带 增压缸		FZ28-140 手动锁紧带 增压缸		（2）FZ35-70 楔形锁紧	
剪切所需最大操作压力/MPa	25.2		21		25.2		25.2		19		19		19		11		10.7		19.5	
关闭液量/L	38.2		47.6		35		55		71.5		61.32		78.31		67		78.4		48	
剪切力 P_2/MPa		t/s	P_2/MPa	t/s	P_2/MPa	t/s	P_2/MPa	t/s	P_2/MPa	t/s	P_2/MPa	t/s	P_2/MPa	t/s	P_2/MPa	t/s	P_2/MPa	t/s	P_2/MPa	t/s
V_0=480L P_1=31.5MPa	23.1	20.5	22.2	22.6	23.4	19.4	21.5	26.8	20.1	30	21	26.9	19.6	32.1	20.5	28.6	19.6	32.2	22.2	22.7
V_0=320L P_1=31.5MPa	20.2	21.7	19.2	23.5	20.6	20.5	18.4	28.5	16.8	31.4	17.7	27.6	16.2	34	17.2	28.6	16.2	32.2	19.1	22.9
V_0=320L P_1=25.2MPa	17.1	23	16.3	24.8	17.4	21.8	15.7	29.9	14.5	32.9	15.2	29	14.1	35.5	14.8	28.6	14.1	32.2	16.3	24.3

通过泵系统设计、油箱容积设计、油箱通风口设计、承压管线壁厚设计以及螺纹强度校核，最终确定 FK320-1 专用剪切控制台配置参数，如表 3 所示，并且将本系统与常规控制系统进行了参数对比。

表 3 控制系统性能参数对比

	FK320-1 高压剪切专用控制系统	常规防喷器控制系统
剪切操作	（1）剪切关与旁通开一键联动，同时气泵启动，10s 后蓄能器隔离阀自动关闭 （2）剪切开与旁通关一键联动	所有转阀在中位→打开旁通阀→剪切转阀扳到关位→关闭蓄能器隔离阀→启动气泵
系统额定压力	25. 2MPa	21MPa
系统管汇压力	25. 2MPa	10. 5MPa
蓄能器预充压力	13±1MPa	7±0. 7MPa
液压元件额定工作压力	35MPa	21MPa
气泵液气比	75 : 1	50 : 1
管线壁厚	ϕ34×6. 5mm	ϕ34×5mm
外形尺寸	2000mm×2000mm×2800mm	约 7000mm×2500mm×2800mm

将 FK320-1 高压剪切专用控制系统与常规防喷器控制系统进行对比，前者在剪切步骤、系统运行时间以及系统管汇压力的方面均有了很大的提升，如表 3 所示，剪切步骤从原先五步操作提升为一步到位，极大地简化了操作流程和操作时间以及操作难度，蓄能器压力的提升有助于减少剪切操作时的打压时间，同时气泵气液比的提升能够实现快速增压至剪切压力，降低了增压时间，从而降低了剪切关井时间。综上所述本系统能够在发生井喷时，快速的处理井控险情。

3 剪切闸板防喷器专用高压控制系统样机生产

基于设计参数，利用专业软件绘制专用剪切控制台结构示意图，如图 1、图 2 所示。

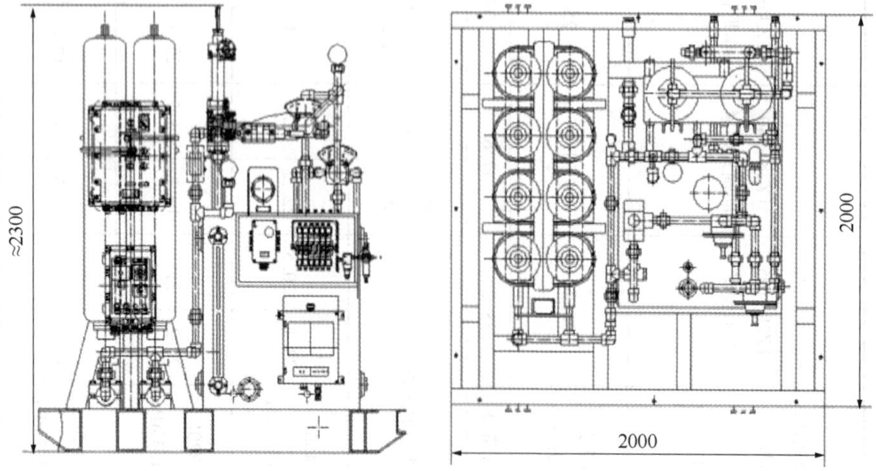

图 1 剪切闸板防喷器专用高压控制系统结构示意图

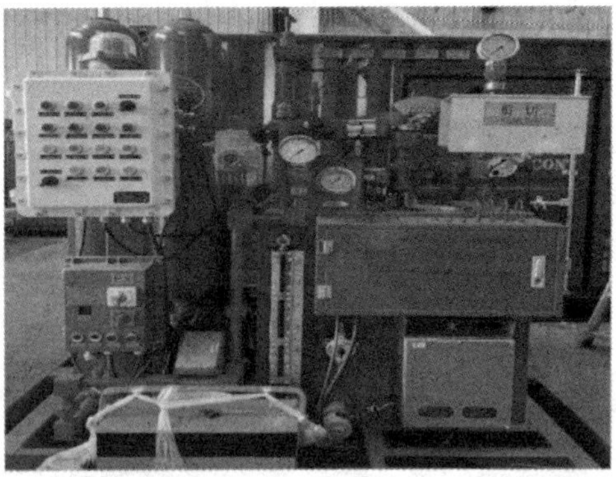

图 2　剪切闸板防喷器专用高压控制系统样机

4　剪切闸板防喷器专用高压控制系统测试

按照试验规程，专用剪切控制台在厂内完成了调试工作，分别进行了泵启停试验、泵系统总流量试验、溢流阀启闭特性试验、调压阀调压范围试验、系统打压试验、剪切旁通联动试验、油密封试验、蓄能器卸荷阀性能试验、报警试验（蓄能器压力低、气源压力低、管汇压力低、油箱液位异常、剪切关、UPS 使用），同时外接高压泵，完成了 47.25MPa（1.5 倍系统额定压力）的静压试验，验证了控制系统的承压和控制能力，并在井控车间完成了现场调试工作。

4.1　出厂测试

如图 3 所示，出厂测试方面主要测试了气泵、溢流阀、剪切旁通联动、调压阀以及阀密封特性。经过测试，气泵在启动过程中无异常现象，并且气泵的启停测试中，压力稳定在设计压力 25.2MPa 左右，压力波动极小，在 0~0.1MPa 内，同时压力增至 25.2 时，气泵能够自动停止，压力低至 25.2 时，能够快速的进行打压；溢流阀在进行低压溢流和高压溢流测试时，调定与闭合测试值均达到了设计要求；调压阀调压正常，变化梯度小于设计要求 3MPa；三位四通转阀在处于开位时稳压 5min 压降在 0.1MPa，处于关位和中位时，稳压压降在 0.2MPa，均满足设计要求；在进行剪切旁通联动试验时，剪切转阀打到关位，旁通阀能够自动到开位，同时气泵启动，10s 后蓄能器隔离阀能够自动关闭；剪切转阀打到开位，旁通阀自动到关位，开关各试验多次，在整个试验中没有异常现象产生。本系统在出厂测试中，各项指标均达到了要求，即出厂测试合格。

4.2　井控车间测试

如图 4 所示，经过塔里木应急中心井控车间针对 FK320-1 高压剪切专用控制系统性能测试，蓄能器压力从 13MPa 升到 25.2MPa 的时间仅 7min20s，远远达到了设计要求 15min 以内；剪切转阀打到关位，旁通阀自动到开位，同时气泵启动，10s 后蓄能器隔离阀自动关闭，剪切转阀打到开位，旁通阀自动到关位，如此反复进行开关多次测试，剪切转阀与旁通阀均能实现一键联动；气泵的启动与停止测试，当蓄能器压力低于设定压力（20+0.5）MPa 时，气泵自动启动；升至设定压力 0.4~25.2MPa 时，气泵自动停止；溢流阀在压力分别为 27.8MPa、27.8 以及 28.2 等多次测试中，均能自动启动，满足设计压力要求 28.2MPa，在压力分别为 23MPa、22.7 以及 23.2 等多次测试中，均能自动闭合，满足设计压力要求 23.2MPa；调压阀能够灵活且快速的实现 21~1MPa 的调压范围；蓄能器压力、气源压力、管汇压力、剪切关、UPS 均能在设定报警值快速且灵敏地实现声光报警。综上，经过井控车间的多次测试，各项指标均完美地达到了设计要求。

图 3　专用剪切控制台系统厂内试验

图 4　塔里木井控车间调试

塔里木井控中心对所使用的剪切闸板防喷器试验前均进行了高低压稳压，检验合格后进行剪切试验，剪切钻具从左到右依次为塔里木常用的 5½″S135×9. 65mm 为塔里木非标钻杆、4″S135×9. 65mm 钻杆(如图 5 所示)。采用 FK320-1 高压剪切专用控制系统配合 FZ23-105

剪切闸板防喷器对上述钻具进行了一键剪切联动试验。

图5 高压剪切专用控制系统一键联动剪切试验

搬动控制系统“关”手柄后，旁通阀自动到“开”位，储能器压力从25.2MPa下降至18MPa，管汇压力从10.5MPa同步升至18MPa，同时气泵自动启动，蓄能器隔离阀自动关闭；其中5½″S135×9.65mm塔里木非标钻杆剪断压力为15.2MPa，剪断时间为6.35s；4″S135×9.65mm钻杆剪断压力为14.7MPa，剪断时间为6.05秒，顺利实现了一键联动、高压快速剪切功能。

5 剪切闸板防喷器专用高压控制系统创新点

本系统与常规系统相比，在多方面进行了创新，如压力源设计、阀位开关设置以及控制回路等方面：

(1) 系统不仅配备一套由气动泵组组成的动力源，而且另外配备备用压力源接口，可以在需要时引入压力源，实现系统的快速补压。

(2) 气动油泵带有自动启动、停止的控制装置，在正常工作中即使自动控制装置失灵，溢流阀也可以迅速溢流，保证系统安全。

(3) 剪切闸板防喷器的开、关动作由控制系统上的三位四通转阀控制，且只能本地操作，剪切“关”动作自动联动高压储能器旁通阀“开”、气泵自动启动补压、10s后蓄能器隔离球阀自动“关”功能，一个动作一键剪切功能。

(4) 专用剪切控制台的控制回路可以远程气动调压，当气源突然失效时，控制压力可以自动恢复为初始设定值或调定值。

(5) 系统最高压力可达到31.5MPa，额定工作压力25.2MPa，具备高压直接剪切、自动打超高压的功能，保证塔里木油田在用所有型号、规格的剪切闸板防喷器均能实现剪切功能。

6 结语

本文从实际现场面临的问题和剪切控制系统国内外研制现状出发，研制了高压剪切防喷器专用控制系统，与常规控制系统进行对比，再次验证高压剪切专用系统的优势所在，主要包含以下几方面。

(1) 本系统设计基于现场常用的剪切闸板防喷器配置参数，并且结合现场剪切闸板防喷器的使用情况，最终确定型号为FK320-1，蓄能器容积320L，系统额定压力为25.2MPa，蓄能器预充压力为13MPa。

(2) 管汇工作压力由10.5MPa提升至25.2MPa，可实现高压直接剪切，满足目前塔里木所有在用剪切闸板防喷器剪切常用钻杆本体的需要。

(3) 实现了一键剪切联动功能，使紧急情况下闸切闸板防喷器的剪切动作由 5 个减少到 1 个，有效防止紧急情况下人员误操作的可能，实现了剪切闸板防喷器控制专用，防止与其他防喷器控制的操作干扰

(4) 在现场推广后，可大大提升剪切闸板防喷器动作的可靠性，缩短剪切时间，保障井口最后屏障的安全，为油田井控安全提供有力支撑。

参 考 文 献

[1] 陈浩，何航宇，敬佳佳，等. 剪切闸板防喷器剪切性能评价[J]. 科学技术与工程，2022，22(7)：2682-2688.

[2] 刘冰，李涛，赵永杰，等. 剪切闸板防喷器剪切钻具断口凸起高度评估[J]. 2019.

[3] 朱敬宇，陈国明，朱渊，等. 井喷事故场景下闸板防喷器剪切能力评估与提升[J]. Journal of China University of Petroleum，2021，45(5).

[4] 黄显萍. 剪切闸板防喷器工作机理分析及结构改进[D]. 西南石油大学，2014.

[5] 李治伟. 塔里木井控装备配套技术研究[D]. 西南石油大学，2011.

[6] 沈孝鱼. 深水钻井作业条件下闸板防喷器剪切能力研究[D]. 中国石油大学(华东)，2020.

[7] 陈永胜，张凤丽，王仕强等. 闸板防喷器-窜动钻具动态剪切机理研究[J]. 石油机械，2022，50(09)：19-27+35.

[8] 刘立兵，许宏奇，陈艳东等. 国内外防喷器技术现状及发展趋势探讨[J]. 内蒙古石油化工，2022，48(05)：100-105.

[9] Liu B，Li T，Zhao Y，et al. Mechanical properties of a coiled tubing blowout preventer ram in the shearing process[J]. Natural Gas Industry B，2019，6(6).

[10] Blowout prevention system that includes blind shear ram[J]. Sealing Technology，2019，2019(8).

【作者简介】邹光贵，男，塔里木油田油气工程研究院高级工程师，研究井控工艺与装备，电话：13579049370，邮箱：378821061@ qq. com。

浅析无人机技术在城镇燃气管网安全运行中的应用

刘瑞鹏

（中石油昆仑燃气有限公司河南分公司）

摘　要：近年来，燃气安全生产事故频发，给社会及人民的生命和财产安全带来巨大损失，作为燃气企业持续提升安全管理水平已成为城镇燃气企业的必修课题。本文从管控城镇燃气企业燃气泄漏重大风险措施入手，分析了无人机技术在城镇燃气管网安全管理中的补充应用效果。本文主要阐述了无人机在燃气行业的应用现状，并结合本企业使用无人机在智能巡检、安全管理、应急救援过程中的实际情况，分析无人机在城镇燃气安全管理过程中的使用优势及不足，旨在为无人机在城镇燃气管网安全运行过程中的应用提供参考借鉴。

关键词：　无人机技术；智能巡检；安全管理；应急救援

近年来，燃气事故频发，尤其是湖北十堰“6·13”天然气爆炸事故、宁夏“6·21”LPG爆炸事故等一系列震惊全国的重特大燃气事故发生后，燃气安全已成为国家及全社会的关注焦点，提升城镇燃气安全风险管控能力也成为城镇燃气企业的必修课题。目前，随着清洁能源替代的推广及城镇化进程的加速，各地城镇燃气覆盖范围和农村“煤改气”村村入户工作任务日益增长，给燃气企业安全供应过程中的巡检维护、泄漏检测、客户安检等方面带来了更多挑战。由于部分燃气埋地、架空管网地处位置复杂，燃气用户安全用气认知水平参差不齐，燃气管网巡护的任务逐渐加重，常规的人巡手段在检测效率上已难以满足需求。为提高燃气管网的巡检技术水平及效率，有效防控管网破坏、泄漏等重大燃气风险，借助数字化管网的建设和智能化技术的应用，无人机巡检可为燃气管网提供高效便捷的工作模式，成为安防巡检升级补充的重要途径之一，在城镇燃气安全运行中具备一定优势。

1　无人机在管道巡检方面应用现状

自20世纪80年代以来，民用无人机技术开始逐渐发展壮大，特别是近十年来民用无人机生产和应用在国内外蓬勃发展，低空、慢速、微小型无人机数量的应用领域越来越多，目前已在警用安防、线管巡检、农业植保、物流运输、环保监测、应急救援等多个领域得到有效应用。

1.1　无人机技术简介

无人机是新一代电子信息技术与航空工业技术深度融合的产物，是自动化、智能化、网络化的重要载体，也是全球战略性新兴科技的热门发展方向之一。现代无人机综合了自动驾驶、人工智能、数据分析等高新技术，在管道巡检、数据处理、建模和分析展现出巨大的应用价值和发展潜力，受到了世界各国的重视。当前无人机技术在智能化、灵活性、低成本、低风险和高精度等方面表现了明显优势。

(1) 高分辨率影像的采集；无人机通过搭载的传感器和摄像头，有效获取到远距离的高分辨率图像数据和地面上所拍摄的图像信息，实现高分辨率影像的采集，从而实现高分辨率的影像采集。

(2) 精度高；无人机航测成果精度高，能够快速获取测量区域地理信息数据，并保证数据的精度和质量。

(3) 智能化；无人机通过搭载各种传感器和软件，能够实时获取和解析环境信息，实现自主导航和避障，使其在复杂环境下的操作更加灵活和智能，从而更好地完成航拍任务。

(4) 机动灵活；无人机可以在复杂的地理环境和任务环境下进行起飞和降落，适应不同情况下的操作需求。这种机动性使得无人机在测绘、地质勘查、农业测绘、物流运输等领域中得到了广泛应用。

1.2 无人机技术在管线巡护方面应用现状

我国石油、天然气管线具有运行里程长、建设年代跨度大等特点，加之石油、天然气与生俱来的燃烧爆炸危险性，给传统以人为主的管道巡检维护带来巨大压力。为有效提升油气管网安全巡护技术水平，无人机技术在油气管网安全管理中的应用引起了人们的关注及实践，目前无人机技术已在油气管网巡护工作中得到有效应用，研究表明无人机技术的应用能够一定程度上弥补传统人工巡护的缺陷和不足，在油气管网巡护方面的应用也越来越广泛。

中石油西气东输管道公司在 2012 年 11 月利用无人机在管道之间进行巡检试验在巡查过程中可以同时拍摄管道附属设施及管道沿线的地质情况等。2016 年，无人机巡检技术被中国石油西南油气田分公司川东北气矿引入，该技术对多条油气田管道进行无人机正射巡检和视频巡检，巡检结果表明人工巡检的不足能够在无人机巡检技术中得到很好的弥补，更好保障燃气管道安全。张云翀等研究了无人机在油气管道智能化巡检技术的应用趋势及应用优势，结合无人机巡检应用案例，认为使用无人机智能化巡检系统作业效率是传统方式的数倍；李亚军等研究了无人机技术在管道巡检、建设规划方面的应用技术，认为无人机技术；鲁培松等结合高压燃气管道特点及巡护难点，对比了不同类型无人机的使用性能，结合佛山市高压管道省实际对无人机在高压管道巡检方面的应用成效进行论证，认为无人机巡线具有高工作效率、受外部环境因素影响较小、巡视质量高、安全性能好等优点。

2 无人机对燃气管网巡检的优势

燃气管线无人机巡检主要优势无人机搭载可见光、热成像设备，进行管道沿线巡视，高点掌控全局状态，提高管道沿线巡检效率，减轻工作压力。

在燃气管网巡检过程中采用无人机系统是具有显著优势的，特别是南阳、三门峡、巩义等地区，多为中山、低山、浅山丘陵等地貌，有着更明显的优势，相比传统人工巡线更安全、更精细、更高效、更专业；无人机在燃气管线上空沿线巡航，实时监控检查燃气管线上图像状况，包括巡线任务规划、图像/影像数据管理、巡线结果展示等；融合航空、影像、数据链通信技术及后台分析系统，充分利用无人机作业环境适应性强、准确性高，效率高，巡线速度快、及时反馈等优势，能够提高燃气管线巡检工作效率及运行安全，不断完善燃气管网的智能化和管理水平。主要优点体现在以下几个方面。

2.1 远距离

无人机搭载激光甲烷泄漏巡检仪，可从空中实时探测甲烷气体，最远检测距离达到

100m。云台俯仰角度易于调节，适用多种检验场景，灵活检验难点区域及设备。

2.2 自动化

在配套的应用程序上，可规划任务并随时查看飞行航线。实时显示甲烷浓度与历史浓度曲线，并记录巡检路线信息。根据自动记录的位置、时间和事件，还可智能生成巡检报告，打造自动化工作流。

2.3 超精准

具备极高的检测灵敏度，静态检测限低至5ppm，可有效检出微量泄漏。响应快速，只需25毫秒即可获取一组浓度数据，满足飞行中的实时动态检测需求。720p可见光摄像头助您从空中掌握可疑目标的全局信息，并记录留档。

2.4 智能巡检

无人机载激光甲烷泄漏巡检仪，可迅速检测甲烷浓度状况，提高巡检效率及准确度。结合移动端巡检应用，无人机激光甲烷泄漏巡检解决方案可为工厂、管道、居民楼、城市综合体、山地等复杂及危险环境提供智能、精准、可靠的巡检解决方案，不仅提高了工作效率又保障管道巡线员的人身安全。

3 无人机在燃气管网安全运行方面的技术应用

3.1 利用三维建模技术，高效测绘燃气管道

利用无人机+相机+制图平台，生成架空燃气管道实景三维图像；通过三维建模平台标注低压管道主线、支线，弯头、三通、阀门、调压箱等关键点，并提取关键点坐标，代替手持RTK设备定位管道，解决手持RTK设备测量因不便打点、信号不稳定造成的定位不准确等问题。结合Excel函数映射功能，可快捷完成低压架空管道测绘数据汇总工作，上传生产管理系统，形成数字化管道成果。特别对农村自建房低压管道测绘，由三个月时间才能完成的低压测绘工作缩短为一个月即可完成，极大地提升了测绘数据的准确性和工作效率。

同时，在敷设埋地管道回填前，可利用该项技术设备，提取管沟高程坐标，与RTK现场采集的管道控制点坐标进行核验，提高管道定位的准确性和测绘效率，为后期查询管道位置提供准确的影像资料。

3.2 搭载甲烷激光检测仪，提高管道泄漏检测效能

利用无人机+手持终端+甲烷激光检测仪进行管网泄漏检测，激光检测仪红外激光能持续稳定指向已规划管道被测区域，可定向、精准、检测架空管道异常情况，实时显示检测浓度，记录检测位置，最低可检测浓度达5ppm。可利用手持终端上同步观测泄漏检测情况；可用于楼栋立管户外、户内无人、长期到访不遇用户的户内泄漏检测，能及时排查燃气泄漏的安全隐患，给现场安检、巡线人员提供了极大的帮助，降低了现场人员通过人工检测工作量，检测效率也明显提高。生成包含报警点位置、浓度记录，为后期预判处置提供详细资料支持。

3.3 智能巡航，排查燃气管网异常

利用无人机挂载H20相机，通过控制平台自带的航线规划功能，可将包含有起点、终点的管道走向数据导入到控制平台中，无人机即可自动沿导入的航线完成巡检任务。通过H20相机的实时录像功能，全程记录巡检影像，在巡检过程中发现异常情况可随时中断自动巡检；利用H20变焦功能，进行近距实时观测管道沿线是否有施工、占压等情况，同时，也可导出录像文件，进行人工二次排查，发现可疑地段，进行现场确认。

3.4 应急抢险，现场监测与指挥调度

无人机受地形、夜间等环境条件限制较小，可以随时、灵活进入现场进行监测，主要优势体现在，无人机可通过搭载可变焦高清摄像装备，调整悬停高度和拍摄角度，实现多维度拍摄和全方位现场细节展示，也可对现场进行应急测绘，通过图传设备将事故现场情况回传至现场指挥部。无人机还可以实现 50km 的远距离数据传输，为清楚掌握受灾管道实际情况提供了有力的技术支撑。决策者依据回传数据能够全面准确地掌握现场情况，做出科学有效的应对指挥，同时还能搭载气体检测器对现场可能泄漏有燃气的进行检测。

在郑州"7·20 特大暴雨"自然灾害期间，巩义中石油昆仑燃气有限公司(以下简称巩义公司)所在巩义市区域受灾严重，由于部分燃气管网所在地貌多为浅山丘陵，在暴雨期间存在洪水、塌方等安全隐患，针对现场燃气管网、无人值守场站的受灾情况人员难以第一时间前往现场进行检查确认，针对突发的地质灾害事件，巩义公司遥控无人机快速到达受灾现场，对受损管道与场站进行航拍，实时传输反馈管网受损信息，为应急决策、应急抢险提供有效信息，提高了应急抢险效率，避免了人员冒险查验带来的安全风险；同时，还避免了滑坡、泥石流等可能产生的次生灾害，在保障自然灾害应急抢险的顺利实施方面起到了重要作用。

4 无人机在实践应用中存在的问题

虽然无人机在安全生产和应急救援中有上述优势，但是相比国外无人机在应急救援应用中的不断发展与完善，我国无人机在日常实践应用过程中还面临着许多挑战。

4.1 机制不健全

我国低空空域管理严格，开放进程缓慢。低空空域是无人机参与管网巡护的主要空域，而目前全国范围内对无人机的管理多是限制飞行、禁止飞行，即使进行空域申请，审批程序也复杂繁琐，无法适应无人机灵活使用的要求。无人机作为新兴朝阳产业，发展速度快，低空空域的严格管控在一定程度上限制了无人机的发展。

4.2 技术支撑存在短板

无人机近几年发展迅猛，应用场景多样，但依旧存在不少技术短板，其中续航问题最为突出。目前大部分无人机配备的电池缺乏足够的动力，例如无人机普遍续航时间只有几十分钟，氢燃料无人机最长续航时间为 4.5h，都不能完全满足全天候工作中对时间的要求。

4.3 应用区域有限制

现有的无人机自动避障功能还不太完善，我们开展的旋翼无人机巡检，在空旷的乡野、山地有很大的运行优势，但是对于人员稠密、建筑密集的城市区域，无人机飞行高度较低，受信号稳定性、安全性等因素影响，使用效能受到限制。

4.4 专业的无人机操作手缺乏

无人机属于高新技术产品，日常维护管理、技术操作，特别是参与日常工作和应急救援任务时都需要由专业技术人员来运作，但现阶段无人机还处在初步发展阶段，缺乏系统的专业人员培训机制和应急无人机常备支援力量。公司无人机操作手只有一人拥有操作手证书，而且还存在操作不规范、无法胜任复杂任务等问题。

5 结语

综上所述，在保障城镇燃气管网安全运行过程中，无人机技术借助其自身远距离、自动

化、超精准、智能化等优势，在燃气管道测绘、泄漏监测预警、智能巡航及应急抢险等方面展现出较好的应用成效，能够有效弥补传统巡检的不足和漏洞，能够促进燃气企业提高管网系统的智能化管理水平，对燃气管网安全运行具有重要作用和现实意义。

参 考 文 献

[1] 刘宗涛. 无人机在管道巡护过程中的应用实践[J]. 石化技术，2017(12)：238.

[2] 刘英男，单鲁维，龙大平，周世彬等. 无人机在长距离油气管道管理中的应用[J]. 中国化工贸易，2013(12)：478.

[3] 汪洋，葛枫，高明等. 集输气管道无人机巡检应用探案[J]. 工业设 i+，2020(20)：23-24.

[4] 张羽翀，胡云鹏，孙磊峰，等. 无人机在油气管道巡检中的应用[J]. 中国安防，2021(12)：105-108.

[5] 李亚军，闫一锦. 无人机技术在燃气行业应用探讨[J]. 科技创新导报，2018，15(13)：17-18.

[6] 鲁培松，文陈鼎，黄锦华，等. 无人机在城镇高压燃气管道巡线中的应用[J]. 全面腐蚀控制，2023，37(6)：21-25.

[7] 许振裔. 分析无人机技术在燃气管网安全运行上的应用[J]. 科技创新导报，2018. 15(22)，16.

【作者简介】刘瑞鹏，男，中石油昆仑燃气有限公司河南分公司，电话：15517599799。

海上平台应急设备设施安全水平优化研究

王祺来　平朝春　贾津耀　秦雅琦　曹　杨

（中海油研究总院有限责任公司）

摘　要：基于中国海油海上消防能力和应急救援应对突发重大事故事件需要，为进一步提升中国海油海上平台设备设施应急能力及重大事故事件能力，开展海上平台在事故情况下关键应急设备设施应急启动及本质安全研究，在合规基础上开展事故情景下海上平台应急电源、消防泵、火气系统、救逃生等设备设施在防爆性能、应急响应等方面的优化研究，以强化海上平台设施事故事件应对能力和应急救援能力，进一步提升提升海上平台设备设施安全化水平，对控制事故扩大、减少人员伤亡和财产损失有重要的意义。

关键词：海上平台；应急设备设施；安全优化；本质安全；事故应对

1　引言

当前中国海油海上消防能力和应急救援难以全面应对突发重大事故的需要，海上平台的消防设施、应急救援能力需进一步提升。为提升海上平台应急设备设施应对重大事故事件的能力，开展事故情景下海上平台关键设备设施事故应急方面优化研究，进一步提升海上平台设备设施安全化水平，对控制事故扩大、减少人员伤亡和财产损失有重要的意义。

研究针对目前海上应急设备设施启动规范及设计原则现状进行梳理，并结合调研已建在役平台现状，掌握目前中国海油海上平台应急设备设施应用情况，分析总结现状并提出提升建议。选取海上平台在天然气泄漏蔓延作为重大事故场景开展应急启动能力研究，对应急设备设施限制进行分析，进一步提高海上平台自身消防救援能力，开展应急电源、消防泵等关键应急设备设施在应急响应和防爆性能方面优化方向。探索在事故状态下满足要求的关键设备设施，进一步提升关键设备的应急启动适应能力。具体研究内容如下：

（1）已建在役平台应急设备设施设计规范梳理及设计配备调研总结；

（2）天然气泄漏蔓延至平台安全区后相关应急发电、供电、消防设备应急响应、安全保障及抑制措施分析；

（3）本质安全应急设备技术要求及应用情况；

（4）提高应急设备设施安全性的分析与建议。

2　规范梳理及设计现状

经过多年的钻研探索、施工建造及现场实际事件经验总结，海上平台应急设备设施在规范应用及研究设计中已形成较为完善的经验基础，并取得良好效果。

2.1　规范梳理

海上平台应急设备设施规范主要涉及消防安全系统、电气系统及应急设备设施相关规范标准。对于上述系统，都有完善的现行规范标准(国家法律法规、国外标准、国家标准、团体标准、行业标准、企业标准)可以参照。

海上平台项目设计中，消防安全规范可按照系统进行划分，总共梳理主要规范标准约64部，其中常用类规范标准20部。电气系统根据设备技术规格书标准目录、设备厂家标准澄清、产品型式试验等要求，总共梳理主要标准规范约182部，其中常用类规范标准84部。机械应急设备设施涉及的主要规范标准约14部。

2.2 设计现状

2.2.1 消防系统设计现状

典型消防水系统配置情况及布置通常由消防泵、消防环形管网、雨淋阀及喷头构成，消防泵配置主要原则如下：

(1) 至少配备两套由相对独立动力源驱动的消防泵。每种动力源驱动的单套消防泵满足任何一个火区一次火灾所需要的消防水量。消防泵主备用泵的组合有“电消+电消”，“电消+柴消”，“柴消+柴消”等方式，对于电动消防泵的电源，存在主电源和应急电源两种情况。

(2) 消防泵布置在非危险区(安全区)，消防泵错层或同层分开布置，雨淋阀与其所控制的火区错区放置。

(3) 对于渤海地区或海水腐蚀严重地区柴油消防泵多设置在房间内。

除消防水系统外，对已建平台消防系统现状总结来看，消防系统主要类型还有：气体灭火系统、高压细水雾灭火系统、高倍泡沫灭火系统、直升机甲板泡沫系统、湿粉灭火系统、消防软管、灭火器。不论何种消防系统，都要求反应迅速，同报警、关断等系统联动。

2.2.2 电气系统设计现状

海上平台一般根据应急负荷需要，设置相应容量的应急柴油发电机作为应急电源，当主电源失电后的45s之内，应急发电机组应自动启动，并向应急负荷连续供电至少18h。对部分无人平台可不设应急发电机。

正常工况时：应急段母联开关闭合，应急机开关断开，通过正常降压变压器供电。应急工况时：应急段母联开关断开，应急机开关闭合，通过应急发电机供电台风期间：通过台风发电机为部分关键保障设备供电。

2.2.3 机械设备设计现状

目前海上平台常根据应急供电需求，配置柴油发电机满足应急置换、压井、消防、黑启动等工况需求。当主电失电时，应急机自动启动。

应急柴油发电机多布置于平台应急机房内。应急机房设于平台安全区内，配置有进、排气百叶窗，应急机启动时开启百叶窗。少数应急柴油发电机采用集装箱成橇形式直接布置于甲板安全区内。

目前使用的应急柴油发电机组均为船用柴油机，且具备主电失电45s内达到额定输出功率的能力。同时根据使用条件，现有应急柴油发电机组均为非防爆设备。

3 现场实际现状及应急设备设施应用情况

3.1 现场实际现状统计

针对中国海油各分公司现场调研反馈，共收集75个在役平台现场应急设备设施应用情况。其中，天津分公司19个，海南分公司8个，上海分公司9个，深圳分公司28个，湛江分公司11个。

梳理在役平台典型平台消防水系统配置情况及布置位置，根据平台类型主要可分为井口平台、中心平台、无人平台及特殊类型平台。

消防水系统配置情况总结如下：

（1）井口平台典型消防系统配置，井口平台规模中，最大火区喷淋水量中，采用柴消+电消占比最大。

（2）中心平台典型消防系统配置，中心平台规模大，最大火区喷淋水量大，采用柴消+柴消占比最大。

（3）无人平台典型消防系统配置，主要分为三种类型模式：

① 最大火区喷淋水量小的无人平台，无人驻守井口平台在有条件的情况下可不设消防泵，由守护船或支持船通过消防炮灭火；

② 采用海水泵兼做消防泵或通过钻井船、消防船消防能力连接平台消防管网满足消防用水需求；

③ 钻井船消防能力无法满足的规模较大无人平台须自身设置消防泵。

（4）FPSO/岸电/热采平台消防系统配置，主要分为三种类型模式：

① FPSO 规模大，需同时整体考虑上部组块及船体消防，通常采用多台消防泵形式；

② 岸电平台由于电气房间多，电气房间面积大，通常采用高压细水雾系统或依托栈桥相连平台消防水系统；

③ 热采平台规模中，最大火区喷淋水量中，单平台采用柴消+柴消，双平台采用柴消+电消形式。

3.2 应急设备设施应用情况

根据梳理 75 个在役平台应急设备设施实际应用情况，情况总结如下：

（1）当消防泵组合为“电消+电消”时，通常采用 1 台电消挂应急、1 台电消挂主电模式。

（2）当消防泵组合为“电消+柴消”时，通常采用电消挂应急（有主电时主电供，没主电时应急机供电）

（3）电动消防泵启动方式包括：直接启动、星三角启动、软启动器。电动消防泵现场实际启动时间范围普遍在 3~10s，柴油消防泵现场实际启动时间范围普遍在 10~20s，满足 NFPA20 规定电动消防泵的启动不超过 10s，柴油消防泵的启动不超过 20s 的要求。

（4）应急发电机现场启动时间普遍在 10~45s，满足 45s 启动要求。

（5）除个别平台存在部分本安类仪表、开关、传感器、探测器外，各平台考虑应急发电机及消防泵布置区域均属于非危险区，相关应急发电机、供电电缆、消防设备本身均属于非防爆设备，没有本安型机械、电气及消防设备应用情况。

3.3 分析总结及结论建议

根据现场实际反馈的应急设备设施应用情况及存在的问题，建议在如下方面进行加强和优化，以提高消防设备及电气设备的安全性和可靠性：

（1）按照消防泵操作规程启动，按照相应 PM 内容进行日常维护保养，特别是关键部件的维护，以降低启动失败率；

（2）建议定期更换故障率相对较高的电子元件并加装防护罩；

（3）对于渤海地区或海水腐蚀严重地区，建议将消防泵设置在房间内或加装防护罩保证消防泵处于良好环境。

（4）进一步加强应急机和应急供配电系统的日常维护，特别是辅助系统的维护，以进一步降低启动故障率；

（5）对故障率相对较高的启动马达、启动蓄电池等，建议进行定期更新；

（6）建议增加应急机应急供配电系统的智能检测手段和相关房间的温湿度监测；

（7）对于采用软启动器进行启动的电动消防泵，建议定期检查软启动器功能和状态，发现隐患和问题及时排查更换；

（8）定期对电动消防泵进行启动测试，对不满足启动时间要求的情况及时进行整改；

（9）项目建设过程中严格按照按规范要求选取室外电气设备原件的防护等级，并对厂家产品严格把控，生产运维阶段定期检查维护。严格按规范要求对应急、火灾相关回路电缆进行设计和敷设。

（10）建议根据需要设置 UPS 及蓄电池在线监控系统通过实时监控蓄电池运行状况，指导 UPS 及蓄电池维护，提高其可靠性。

4 天然气泄漏蔓延限制分析及应对措施

4.1 天然气蔓延限制分析

研究选取海上平台在天然气泄漏蔓延作为重大事故场景开展应急启动能力研究，对应急设备设施限制进行分析。

4.1.1 应急设备设施限制分析

（1）柴油消防泵

针对柴油消防泵进行市场调研，在天然气泄漏蔓延条件下可考虑将柴油消防泵及其附属配件设为防爆或者隔爆，隔爆柴油消防泵启动消防泵的方式可以采用气体驱动代替 UPS 驱动，即从电启动改为利用平台仪表风系统可压缩气体启动的方式，后燃烧柴油供能，消防泵整体做隔爆处理，理论上可避免可燃气体向外蔓延的影响。

（2）电动消防泵

针对电动消防泵进行市场调研，在天然气泄漏蔓延条件下可考虑相应应急机、供电电缆以及电动消防泵均需要设为防爆或者隔爆，并且仪控逻辑需满足该工况情况下可实现正常启动。

（3）应急发电机

针对应急发电机进行市场调研，目前厂家拥有成熟防爆柴油机机型，可满足在一级 2 区危险区使用，但目前厂家没有可在一级 1 区使用的机型，现有机组要求进气空气不含可燃气体，可燃气体吸入可能导致机组超速损坏等后果，因此在可燃气弥漫环境中使用还需为机组提供洁净的空气助燃。

4.1.2 电气设备和电缆限制分析

根据固定平台安全规则，在天然气泄漏蔓延的危险区，需采用本质安全型(ia)电气设备和电缆，在规定的试验条件下(包括正常工作和规定的故障条件)产生的电火花和热效应均不得点燃规定的爆炸性气体混合物的电路。所以该电路的传输功率很小，因此目前只能应用于弱电设备中，如温度、压力、流量、液位界面、报警、自动调解、通信等系统。

4.1.3 现有安全保障及仪控抑制措施逻辑限制分析

（1）当平台危险区出现天然气等可燃气体泄漏，若应急发电机、消防泵所处的非危险区环境仍安全，未检出到天然气，则可正常启动应急机，消防泵可启动但不启动喷淋。

（2）当应急机、消防泵房间内或所处区域蔓延天然气等可燃气体时，会导致火气报警，由于目前现场应急机、消防泵未设置防爆，考虑到应急设备设施启动不对平台带来安全隐患的原则，在蔓延天然气环境下启动存在引起火灾或爆炸的风险，因此仪控逻辑上应急发电机、消防泵被抑制无法自动启动。

(3) 当应急发电机、消防泵已处于运行过程中，应急机、消防泵房间内发生火气报警时，应急发电机会联锁火气系统自动关停并辅以应急机房间外手拉阀关闭应急机切断供电，消防泵通过现场确认就地关闭消防泵。

4.1.4　限制分析总结

综上所述，应急设备设施在天然气蔓延安全限制条件如下：

(1) 应急发电机及柴油消防泵弥漫可燃气环境限制

应急设备及柴油机机型无法应用于天然气弥漫环境，需布置在与外界隔离的独立房间中，同时因进气空气需满足不含可燃气体的要求，洁净空气助燃需求量大，根据估算1000kW 柴油机需要的助燃空气量在 $7000Sm^3/h$ 左右，按 1200kPa · A 的空气罐考虑，燃烧1h 所需的空气，容积约为 $583m^3$，难以实现。

(2) 电气设备和电缆的电压和电流限制

目前电动消防泵通过厂家调研可整理隔爆避免电火花和热效应不点燃规定的爆炸性气体，但电气设备和电缆只能应用于弱电设备中，如温度、压力、流量、液位界面、报警、自动调解、通信等系统，无法应用于启动电动消防泵系统。

(3) 仪控逻辑抑制消防系统正常启动限制

现有保障及抑制逻辑考虑应急发电机、消防泵所处区域如若蔓延可燃气体火气报警时，启动有引起火灾或爆炸的风险，会抑制应急设备启动满足设备启动不对平台带来安全隐患的原则。

4.2　天然气蔓延条件应对措施

4.2.1　应急设备设施应对措施

为使应急发电机或柴油消防泵在平台天然气弥漫的环境下使用，应采取措施有：

(1) 应急柴油发电机或柴油消防泵应布置在与外界隔离的独立房间内；

(2) 天然气弥漫工况应抑制进气百叶窗的开启；

(3) 房间内备有足量的压缩空气供机组燃料。

4.2.2　应急发电及供电系统应对措施

为使电气房间或电气设备在平台天然气弥漫的环境下使用，应采取措施有：

(1) 严密关闭所有进出电气房间内气体通道，防止天然气蔓延进入电气房间；

(2) 对于天然气蔓延区域，关闭室外非防爆电气设备，只保留允许在 0 区运行的本安型电气仪表设备；

(3) 增加室外本安照明灯具，天然气蔓延时关闭非本安照明灯具，只保留本安照明灯具；

(4) 关闭所有可燃气体蔓延区域内的电伴热系统供电。

【作者简介】王祺来，男，现就职于中海油研究总院有限责任公司，海洋工程给排水/消防安全工程师，主要从事给排水、消防安全及工艺设计研究工作，电话：010-84522197，邮箱：wangql26@cnooc.com.cn。